böhlau

Studien zu Politik und Verwaltung

Herausgegeben von
Christian Brünner · Wolfgang Mantl · Manfried Welan

Band 93

John W. Boyer

Karl Lueger (1844—1910)

Christlichsoziale Politik als Beruf

Aus dem Englischen übersetzt von Otmar Binder

BÖHLAU VERLAG WIEN · KÖLN · WEIMAR

Gedruckt mit der Unterstützung durch:

Bundesministerium für Wissenschaft
und Forschung, Wien

Österreich-Kooperation

Universität Wien

Amt der Niederösterreichischen Landesregierung

ÖVP Klub der Bundeshauptstadt Wien

Erzdiözese Wien

Kulturabteilung der Stadt, MA 7,
Wissenschafts- und Forschungsförderung

Bibliografische Information der Deutschen Nationalbibliothek:
Die Deutsche Nationalbibliothek verzeichnet diese Publikation in der Deutschen
Nationalbibliografie; detaillierte bibliografische Daten sind im Internet über
http://dnb.d-nb.de abrufbar.

ISBN 978-3-205-78366-4

Das Werk ist urheberrechtlich geschützt. Die dadurch begründeten Rechte, insbesondere die der
Übersetzung, des Nachdruckes, der Entnahme von Abbildungen, der Funksendung,
der Wiedergabe auf fotomechanischem oder ähnlichem Wege, der Wiedergabe im Internet
und der Speicherung in Datenverarbeitungsanlagen,
bleiben, auch bei nur auszugsweiser Verwertung, vorbehalten.

© 2010 by Böhlau Verlag Ges.m.b.H. und Co.KG, Wien · Köln · Weimar
http://www.boehlau.at
http://www.boehlau.de

Umschlaggestaltung:
Judith Mullan

Umschlagabbildung:
Karl Lueger, 1907, ÖNB Bildarchiv, Pf118003D14

Gedruckt auf umweltfreundlichem, chlor- und säurefrei gebleichtem Papier.

Druck: CPI Moravia

Für Barbara

Inhaltsverzeichnis

VORWORT
9

ERSTES KAPITEL
Der österreichische Liberalismus und der Aufstieg der Mittelstandspolitik
11

ZWEITES KAPITEL
Karl Lueger und die Radikalisierung der Wiener Demokratiebewegung
73

DRITTES KAPITEL
Das Ende der Liberalen und die Eroberung Wiens durch die Antisemiten
123

VIERTES KAPITEL
Die Christlichsozialen konsolidieren ihre Macht in Wien
179

FÜNFTES KAPITEL
Das Allgemeine Wahlrecht und die Gründung der Reichspartei
249

SECHSTES KAPITEL
Luegers Tod. Interregnum
303

SIEBTES KAPITEL
Der Weltkrieg und die Revolution
361

Inhaltsverzeichnis

ACHTES KAPITEL
Ignaz Seipel und die Neuordnung der Christlichsozialen Partei
413

ABKÜRZUNGEN
457

ANMERKUNGEN
461

BIBLIOGRAPHIE

Archivalische Quellen
561

Amtliche Veröffentlichungen
563

Zeitgenössische Druckschriften und Memoiren
516

Sekundärliteratur
570

Dissertationen
585

REGISTER
589

Vorwort

Dieses Buch basiert zum Teil auf zwei Veröffentlichungen von mir zu Karl Lueger und dem Christlichen Sozialismus, die 1981 und 1995 bei University of Chicago Press erschienen sind; es enthält aber auch wesentliches neues Material, das in der Zwischenzeit zu meiner Kenntnis gelangt ist, sowie ein Schlusskapitel über Ignaz Seipel, den bedeutenden Führer der Christlichsozialen Partei der Zwischenkriegszeit, und über seine Beziehung zu der von Lueger gegründeten Partei. Die Lebensgeschichten und politischen Karrieren von Karl Lueger und Ignaz Seipel stellen die Klammern dar, zwischen denen sich die turbulente Geschichte des österreichischen politischen Katholizismus während eines halben Jahrhunderts, von den 1880er bis in die 1930er Jahre, entfaltete.

Ein Teil dieses neuen Materials, das in das vorliegende Buch Eingang gefunden hat, entstammt dem umfangreichen privaten Tagebuch eines prominenten katholischen Politikers aus Mähren, Egbert Graf Belcredi, mit detaillierten Aufzeichnungen aus den 1880ern und frühen 1890ern über die Beziehungen des Autors zu Karl von Vogelsang und anderen führenden Persönlichkeiten der Anfangszeit der Wiener christlichsozialen Bewegung. Professor Lothar Höbelt, der Belcredis Tagebuch im Zuge seiner Recherchen im Moravské zemské muzeum in Brünn entdeckte, hat mir freundlicherweise eine Kopie überlassen, wofür ich ihm zu großem Dank verpflichtet bin.

Eine Reihe von Kollegen in Chicago und in Wien haben zur Fertigstellung dieses Buches beigetragen. In Chicago konnte ich auf die Mitarbeit einer ganzen Reihe hochbegabter ehemaliger und gegenwärtiger Dissertanten zählen; das gilt in erster Linie für Maureen Healy, Cathleen Giustino, Matthew Berg, Greg Eghigian, Andrew Bergerson, Anthony Steinhoff, Paul Hanebrink, Robert Beachy, James Bjork, Robert Hogg, Derek Hastings, Jonathan Gumz, Thomas Grischany, John Deak, Kati Vörös, Ke-chin Hsia, Daniel Koehler, Patrick Houlihan und Richard Grainer. Sie alle habe mir einzeln und im Verein geholfen, meine Gedanken über die diesem Buch zugrundeliegenden Probleme zu klären und auf den Punkt zu bringen. In Wien möchte ich mich bedanken bei den Professoren Gerald Stourzh, Margarete Grandner, Lothar Höbelt, Oliver

Rathkolb, Fritz Fellner und bei Dr. Helmut Wohnout; von allen habe ich in wesentlichen Belangen Unterstützung erfahren. Bei Mag. Leopold Kögler bedanke ich mich für seine Hilfe bei der Bereitstellung von Quellenmaterial. Dr. Eva Reinhold-Weisz und ihren Mitarbeitern und Mitarbeiterinnen im Böhlau Verlag danke ich für ihre moralische Unterstützung und das lebhafte Interesse, das sie dem Buch von Anfang an entgegengebracht haben.

Ich schließe mit einem besonderen Dank an Mag. Otmar Binder für die Übersetzung dieses umfangreichen, komplexen Textes in flüssiges, gut lesbares Deutsch. Sein breites Allgemeinwissen, seine Stilsicherheit und sein unablässiges Ringen um Präzision in sprachlicher und inhaltlicher Hinsicht haben die Zusammenarbeit mit ihm für mich zu einem wahren Vergnügen gemacht.

John W. Boyer
April 2009

1. Kapitel

Der österreichische Liberalismus und der Aufstieg der Mittelstandspolitik

Der Wiener Handwerksstand und die Anfänge des politischen Antisemitismus

Die politische Landschaft des Kaiserreichs erfuhr in den österreichischen Kronländern in den 1880er und frühen 1890er Jahren eine grundlegende Umgestaltung. Es ist verschiedentlich versucht worden, diese Umgestaltung als eine Radikalisierung der Massenpolitik zu deuten, und man hat dabei aus ihren Elementen ganz unterschiedliche Kausalketten konstruiert. Übereinstimmung besteht in der Forschung jedenfalls darin, dass diese Radikalisierung die Folge einer wachsenden ethnischen Abgrenzung unter den einzelnen Volksgruppen und einer sich verschärfenden wirtschaftlichen Notlage all derer war, die sich in Schlüsselbereichen der Arbeitswelt infolge der Industrialisierung gesellschaftlich an den Rand gedrängt und zu Verlierern abgestempelt fühlten. Es waren aber auch andere Faktoren beteiligt. So waren die späten 1880er und die 1890er Jahre durch neuartige anti- bzw. postliberale Statuszwänge und organisatorische Initiativen gekennzeichnet, welche die Autorität und Effizienz der traditionell herrschenden Eliten bedrohten.

Diese in Wellen verlaufenden Veränderungen hatten zwei Wesensmerkmale. Zum einen war ihr Schauplatz zumeist die Großstadt, zum andern waren neue Wählerschichten zur Mitwirkung eingeladen. In den drei Jahrzehnten vor 1914 gewann die Stadt per se immer mehr an Bedeutung, was sich in ihrem politischen Machtzuwachs, in ihrer zunehmenden administrativen Effizienz und in ihren wachsenden wirtschaftlichen Ressourcen widerspiegelt.

Hand in Hand mit dem Wachstum der Bevölkerung und der Mehrung des Wohlstands ging eine weitere Entwicklung: Die städtische Zivilgesellschaft wurde viel stärker durchorganisiert, wobei gleichzeitig den potentiellen Wählern mit Hilfe neuer Kommunikationsmöglichkeiten mehr politische Information zugänglich gemacht wurde.

Das Ergebnis war eine Reihe lokaler und regionalpolitischer Implosionen in den 1890ern, auf die nach 1907 eine den ganzen Staat erfassende konstitutionelle Explosion folgte. Den Parteien der tschechischen Nationalisten in Böhmen und Mähren sowie den Christlichsozialen und Sozialdemokraten in Wien und Niederösterreich gelang es, mächtige regionale Solidargemeinschaften zu etablieren, die in zweifacher Hinsicht bedeutsam waren: sie stellten kollektive Macht auf nie dagewesene Weise in den Dienst gemeinsamer Ideale und gewannen unter Bürgern mit ganz verschiedenem sozialen und wirtschaftlichen Hintergrund eine große und leidenschaftlich politisierte Anhängerschaft. Darüber hinaus begründeten sie auch neue Formen politischer Ästhetik, was in der westlichen Reichshälfte zur Umgestaltung der politischen Praxis beitrug.

Die Wirkung dieser Gruppierungen wurde indirekt dadurch verstärkt, dass jede von ihnen von der Schwäche der allenfalls defensiv agierenden deutschnationalen liberalen Fraktionen profitierte, die der Gründergeneration der österreichischen Liberalen, den Schöpfern des konstitutionellen Systems von 1867, nachgefolgt waren. Die neuen sozialen und politischen Kräfte standen nicht nur im Wettbewerb mit den deutschnationalen liberalen Gruppierungen, deren Erinnerung und Bindung an die heroischen Grundsätze des Liberalismus klassischer Prägung von Jahr zu Jahr schwächer wurden, sondern sie machten sich in zunehmendem Maß auch untereinander Konkurrenz. Diese bis zur Verschränkung führende Konvergenz war von besonderer Bedeutung, da sie einen Multiplikationseffekt erzeugte, der die öffentliche Präsenz dieser Parteien und ihren Einfluss auf die konkrete Politik enorm steigerte.

Dieses Buch zeichnet vor allem die Geschichte *eines* Mannes nach und die historische Bahn *einer* dieser neuen radikalen politischen Bewegungen: des Christlichen Sozialismus, dessen Heimat die Kaiserstadt Wien war. Für Karl Lueger, den brillanten großstädtischen Populisten und einen der erfolgreichsten mitteleuropäischen Politiker des ausgehenden 19. Jahrhunderts, gilt in besonderer Weise, was Max Weber über Politik als Beruf ausgeführt hat.[1] Lueger gründete Ende der 1880er Jahre die Christlichsoziale Partei, deren Wahlsiege 1895 und 1896 zu einem die gesamte politische Landschaft Mitteleuropas erschütternden Beben führten. Nicht nur überflügelten die Christlichsozialen binnen kurzem die ehrwürdige Liberale Partei in Wien und in Niederösterreich, sie benützten auch nach 1897 die Hauptstadt des Kaiserreichs als Versuchsfeld für ihre gegen die österreichischen Sozialdemokraten gerichteten und ausschließlich dem eigenen politischen Interesse dienenden Maßnahmen.

Der Wiener Handwerksstand und die Anfänge des politischen Antisemitismus 13

Die Geschichtsschreibung des Habsburgerreiches hat in letzter Zeit eine große Bereicherung erfahren durch Historiker, deren Hauptaugenmerk den Themen Identität und Erinnerung gilt, die ja angesichts der Herausbildung verschiedener Konzeptionen von Europa seit Maastricht besonders zeitgemäß sind. Im Besonderen wird hier das Vorhandensein vielfach hybridisierter Formen ethnisch-nationaler Selbsteinschätzung betont. Andere Forscher haben Entschlossenheit und Erfolge in der Landespolitik der späten Monarchie hervorgehoben sowie die Kreativität, die Politiker und politische Organisationen zu einem erstaunlich frühen Zeitpunkt zwischen 1880 und 1914 auf lokaler, regionaler und sogar staatlicher Ebene bewiesen, indem sie zum einen die Sphäre der politischen Kommunikation und der Artikulation von wesentlichen öffentlichen Anliegen ausweiteten und zum anderen die Effizienz der dafür zuständigen administrativen Einrichtungen erhöhten.[2] Die Arbeiten beider Forschergruppen legen den Schluss nahe, dass die Tragfähigkeit der politischen Einrichtungen der Monarchie in der Vergangenheit unterschätzt wurde. Immer wieder war man ja zum Ergebnis gekommen, der Untergang der Monarchie sei unvermeidbar gewesen. Tatsächlich waren aber ungezählte Bürger dieser Monarchie – großteils mit Identitäten, die Klasse, Konfession und ethnische Zugehörigkeit in erstaunlich flexibler Weise verbanden – bereit, die Herrschaft eines administrativ-parlamentarischen Rechtsstaates zu akzeptieren, der stets von neuem den Versuch unternahm, die Autorität der Krone mit den Bedürfnissen einer dynamischen Zivilgesellschaft in Einklang zu bringen. Diese Zivilgesellschaft versuchte ihrerseits, unter der Schirmherrschaft der kaiserlichen Verwaltung eine verstärkte Selbstregierung durchzusetzen. Professor Gary Cohen hat den Sachverhalt so ausgedrückt: »In den letzten Jahrzehnten vor dem Ersten Weltkrieg entwickelte sich eine dynamische Zivilgesellschaft in den beiden Hälften der Doppelmonarchie, jeweils mit mehreren Massenparteien und Interessengruppen, die einen starken Rückhalt in der Bevölkerung hatten.« Cohen hat auch mit Nachdruck darauf hingewiesen, dass es »gegen Ende des 19. Jahrhunderts mehr evolutionären Wandel in den Beziehungen zwischen Gesellschaft und Regierung gab, als man bisher eingeräumt hat. Es kam zur Ausbildung politischer Strukturen, die in der Bevölkerung fest verankert waren. Diese erfassten wesentliche Bereiche des Staates, im Besonderen Einrichtungen auf Gemeinde-, Bezirks- und Landesebene, und bemächtigten sich zunehmend der Aufmerksamkeit der ministeriellen Behörden, um diese auf diverse innere Belange zu lenken.«[3]

Einen wesentlichen Anteil an der Entwicklung einer tragfähigeren und autonomeren Zivilgesellschaft hatte die Verbreitung der österreichischen Wählerschaft. In den 1880ern wurden bestimmte Gruppen des Mittelstandes in das politische System mit einbezogen, denen es gelang, starke politische Identitäten aufzubauen und sich auf unerwartete und oft schockierende Weise bemerkbar zu machen. So wurde ein großflächiger Prozess in der ganzen Monarchie und ganz besonders im kaiserlichen Wien in Gang gesetzt, der das Erlernen politischer Wettbewerbstechniken zum Gegenstand hatte. Eine grundlegende Vorbedingung für die aktive Ausübung bürgerlicher Rechte war die Schaffung einer stark kompetitiven politischen Kultur in der *Reichshaupt- und Residenzstadt*, welche regelrecht als Lehrwerkstatt zur Vermittlung der Techniken staatsbürgerlicher politischer Teilhabe und politischer Identitätsbildung funktionierte. Im Gefolge der von Karl Lueger ausgelösten politischen Revolution kamen die Wähler in Wien in den Genuss unzähliger Debatten zu lokal- und regionalpolitischen Themen, in denen die jeweiligen Funktionäre ihre politischen Fähigkeiten und ihre Schlagkraft stets von Neuem unter Beweis stellen mussten und in denen ihr unermüdlicher Einsatz für kleine bis mittelgroße Interessengruppen unmittelbar praktische Auswirkungen zeitigte, die den Bürgern in ihren Eigenschaften als Steuerzahler und Konsumenten öffentlicher Dienstleistungen zugute kamen.

Psychologisch und strukturell gesehen kam Wien unter Karl Lueger die Rolle eines Wegbereiters bei der Errichtung des Gebäudes moderner kompetitiver und partizipatorischer Strukturen zu. In diesen Prozess wurde eine große Zahl von Wählern der Mittelschicht und zuletzt auch der Unterschicht mit einbezogen. Was sich von einem zentralen Standpunkt auf der Ebene des Staates wie politische Anarchie ausnahm, verstellte die Sicht auf die Bereitstellung von Bausteinen der Macht für den Mittelstand in Wien und seinem Umland, dem Kronland Niederösterreich, die dann nach 1907 in dem umfassenderen Rahmen des allgemeinen männlichen Wahlrechts aufgingen. Wien wurde so zum Versuchsgarten für die beispielhafte, langsame Heranzüchtung einer immer vielfältigeren und dichteren urbanen politischen Kultur, in der sich stabile Muster für die Artikulation gesellschaftlicher Interessen und für politische Vernetzung herausbildeten. Diese politische Kultur wurde nicht nur von den Christlichsozialen, sondern letzten Endes auch von den Sozialdemokraten mit Erfolg weitergeführt.

Moderne Wahlpolitik beginnt in Wien mit dem Jahr 1848. Nachdem die politischen Amateure, die in Wien in den ersten Monaten des Jahres 1848 die Revolution ins Rollen brachten, Metternich und sein »System« beseitigt hatten, ergaben sich zwei charakteristische Ausgangslagen in Bezug auf die Positionen, die für die spätere liberale Politik in Wien bestimmend werden sollten. Die beiden waren nicht durchwegs miteinander unvereinbar und auch nicht immer in sich homogen, aber sie waren fraglos existent – sowohl in den Augen der an der Revolution Beteiligten wie im späteren historischen Rückblick.

Unter den eher konservativ eingestellten Kräften des mittleren und gehobenen Bürgertums, die vor der Aufgabe standen, ein politisches System zu schaffen, bildete sich zum einen eine Rhetorik bürgerlicher Einmütigkeit und Selbstbehauptung heraus, die teilweise auf den vormärzlichen kulturellen Privilegien des Bürgertums aufbaute. Dies war auch eine Reaktion auf die schikanöse und ineffiziente Führung der Geschäfte durch den Wiener Magistrat, der lokalen Wiener Behörde des Staatsapparates, die dann 1850 zur städtisch selbstverwalteten Bürokratie wurde. Man postulierte hier ganz allgemein die Existenz einer ungeteilten, einheitlichen Wiener Bürgerschaft im Hinblick auf die passiven bürgerlichen Freiheiten. Sobald es freilich um die Zuerkennung aktiver politischer Rechte ging, wandelte sich diese auf den Bürger abstellende Gesinnung in eine Sprachregelung, welche die unteren Stände der österreichischen Gesellschaft ausschloss. Dies war jedenfalls die Begriffswelt des *Juridisch-politischen Lesevereins* und der Anhänger der Pillersdorfschen Verfassung mit ihrem restriktiven Wahlrecht.

Die politische Rhetorik dieser Observanz ging von einem ungeteilten, einheitlichen Wiener Bürgertum aus, das sich aus allen Abstufungen des Besitzes sowie aus den verschiedenen Professionen und der Intelligenz zusammensetzte: von den Großbürgern (von denen viele proto- oder frühindustrielle Unternehmen besaßen) bis zu den Kleingewerbetreibenden der Vorstädte. Die meisten Angehörigen dieser Gesellschaft fühlten sich gegen das Proletariat gleichermaßen durch ihren Status abgesichert wie durch ihre Besitzverhältnisse. Diese bürgerliche Rhetorik war besonders deutlich ausgeprägt in den Proklamationen der Führung der Nationalgarde. Die Nationalgarde war selbst ein Symbol für diese Einheit des Bürgertums, verlangte doch ihr Gründungsstatut vom 10. April 1848 die aktive Mitwirkung aller Steuerzahler, Haus- und Grundbesitzer und Beamten in der Stadt, während alle Taglöhner, Handwerksgesellen und Fabriksarbeiter gezielt ausgeschlossen wurden.[4] In den Debatten im provisorischen Wiener Gemeindeausschuss, der im Mai 1848 als Organ mit befristetem Mandat gewählt worden war, um der Stadt eine neue politische Verfassung zu geben, findet sich diese Sprache immer wieder; sie preist in höchsten Tönen das einheitliche, ungeteilte Bürgertum einerseits als Träger politischen Fortschritts und politischer Tugenden und andererseits als Garant für soziale Stabilität und die

Erhaltung der Statusprivilegien.[5] Spannungen, die vor 1848 innerhalb des bürgerlichen Lagers bestanden hatten, wie jene zwischen den zunftmäßig registrierten Handwerkern und den sogenannten *befugten* Handwerkern, die außerhalb der Zünfte tätig waren, sollten dadurch entschärft werden, dass sich jetzt beide im neuen politischen Bürgertum ebenso wiederfanden wie in der städtischen Verteidigungstruppe. Der politisch isolierte Katholikenführer J. M. Häusle bemerkte 1849, wie stark die politische Strategie des Bürgertums in den Jahren 1848–49 in den kulturellen Werten des Vormärz verwurzelt war.[6] Diese Werte wurden jetzt umgestaltet, indem sie in den Kontext liberaler politischer Rechte gestellt wurden – freilich ohne gleich auch die Institutionen so anzupassen, dass sie deren wahren Intentionen entsprachen. Zugleich rang man sich zu einer Kenntnisnahme der »Massen«, die den Anführern des Gemeindeausschusses unablässiges Kopfzerbrechen bereiteten, nur ansatzweise und ohne klare Linie durch. Die stehende Bezeichnung, deren sich die Führer der Nationalgarde für die Stadtbevölkerung bedienten, war »Bürger, Garden und andere Bewohner«. Es war offenbar schwierig, einen prägnanten Begriff für die Teile der Bevölkerung zu finden, die weder Bürger noch Gardemitglieder waren.

Die zweite politische Tradition, die sich in Wien im Jahr 1848 abzeichnete, war die von einer kleinen Gruppe linksliberaler Demokraten, Universitätsstudenten und Journalisten getragene demokratische Bewegung. Sie huldigte aus historischen Gründen einer explizit linksliberalen Rhetorik, wie sie sich in verschiedenen Nuancierung andernorts in Europa herausgebildet hatte, lehnte rundweg alle sozialen Unterschiede ab und damit auch die darauf aufbauenden politischen Unterschiede innerhalb des Bürgertums und forderte stattdessen den neuen, voll wahlberechtigten, freien männlichen Bürger jenseits von Klassen- und Kastengrenzen, den modernen *citoyen* französisch-jakobinischer Prägung. Diese Perspektive verwarf das Ideal eines Bürgertums, das ein Bollwerk aus Besitz, Steuerleistung und Bildung darstellen sollte.[7] Vertreten wurden diese Anschauungen von den radikalen Anführern im *Sicherheitskomitee*, wie Joseph Goldmark, Ernst Violand und Adolf Fischhof und deren Gesinnungsgenossen. Es versteht sich von selbst, dass sowohl die Nationalgarde wie auch der Gemeindeausschuss immer wieder in Widerspruch zu diesem Komitee gerieten.[8] Die Anführer beider Organisationen begrüßten seine Auflösung im Gefolge der Arbeiterunruhen Ende August 1848. Übrigens spielten auch die damaligen revolutionären Arbeiterorganisationen, soweit sie überhaupt konkrete politische Vorstellungen hatten, mit der gleichen Idee einer einheitlichen ungeteilten Bürgerschaft nach dem *citoyen*-Modell.

Unterschiedliche politische Auffassungen zwischen den Vertretern der liberalen Bürgerschaft und den radikalen Demokraten waren allerdings nur ein Teil der Ursachen dieses sich lang hinziehenden Konfliktes. Entfremdungstendenzen innerhalb der vermeintlich einheitlichen bürgerlichen Klasse stellten schon Ende April und im Mai 1848 das hehre Ideal in Frage. Von entscheidender Bedeutung war hier das politische Schwanken der Wiener Kleinbürger, insbesondere der Kleingewerbetreibenden in den Vorstädten, die in den Kompanien der vorstädtischen Nationalgarde in der Überzahl waren. Wolfgang Häusler hat zu Recht ihre politische Weltsicht als ein »Einerseits-Andrerseits« bezeichnet, was sich auf ihre doppelte Gegnerschaft gegenüber dem Großkapital und der aufsteigenden Arbeiterklasse bezieht.[9] Diese Auseinandersetzungen innerhalb des Bürgertums spiegeln sich wider in Klagen von Hausherren über die Aufsässigkeit ihrer Mieter und in einschlägigen Artikeln der radikaldemokratischen Presse.[10]

Ein frühes Beispiel kollektiven Auftretens der kleinbürgerlichen Schicht ärmerer Handwerker ereignete sich in Wien Mitte April 1849. Es kam damals zu einer Großdemonstration von Handwerksmeistern, die von den Hausherren – Bürger wie sie, wenn auch wohlhabendere – eine Herabsetzung der Mieten für Geschäftslokale und Wohnungen verlangten.[11] Radikaldemokratische Zeitungen gingen sogar einen Schritt weiter und forderten von den Hausherren den Verzicht auf die Mieteinnahmen von mehreren Monaten. Dies stellten sie als ein Gebot der Nächstenliebe dar. Sie insinuierten darüber hinaus, dass die Mieten, die so mancher Hausherr verlangte, in Wahrheit Wuchermieten seien, die durch versteckte Machenschaften noch allmonatlich höher getrieben würden. In den noch verbleibenden Monaten der Revolution in Wien kam es zu zahlreichen Auseinandersetzungen zwischen Bürgern der unteren Schicht und Hausherren.

Die prinzipielle Bereitschaft, mit der Akademischen Legion und mit den Arbeitern zu sympathisieren, die sich bei einigen Kompanien der vorstädtischen Nationalgarde im Mai und nochmals im August 1848 zeigte, schuf ein latentes Misstrauen im mittleren und gehobenen Bürgertum gegenüber den kleinbürgerlichen Handwerkern.[12] Ärmere Handwerksmeister hatten wohl gemischte Gefühle, wenn sie sich eingestehen mussten, dass sie eigentlich die politische Emanzipation des Pöbels förderten. Das Verhalten von Handwerkergruppen in Deutschland, die Petitionen an das Frankfurter Parlament richteten, macht jedenfalls deutlich, dass für sie eine klare Trennlinie bestand zwischen ihrem Stand und dem ihrer Arbeiter sowohl im Hinblick auf das soziale Programm als auch auf die gesellschaftliche Anerkennung. Es ist anzunehmen, dass ähnliche Vorurteile auch in Wien gegeben waren. Die allgemeine Euphorie während der ersten Monate der Revolution und die gemeinsame Interessenlage, die für Arbeiter und Kleinbürger hinsichtlich sozialer Anliegen bestand – beide hatten eine Mieter-Vermieterbeziehung mit einem Hausherrn vor Ort; beide hofften auf staatliche Unterstützung in ihrer wirtschaftlichen Notlage – verwischten die Trennlinien, die am unteren Ende des Bürgertums Klassen und Kasten gegeneinander abgrenzten. Dreiundvierzig der hundert in den Gemeinderat gewählten Männer waren jedoch Hausherren, und ihre Haltung gegenüber den als politisch unzuverlässig geltenden kleinen Handwerksmeistern wurde immer ablehnender.[13]

Die Entwicklung des städtischen Wahlrechts innerhalb der neuen Wiener Gemeindeordnung von 1848–49 zeigt ein allmähliches Abrücken des gehobenen und mittleren liberalen Bürgertums von den kleinen Gewerbetreibenden. Zu keinem Zeitpunkt wurde in den Jahren 1848 und 1849 ernsthaft daran gedacht, den untersten Schichten der Wiener Gesellschaft das Wahlrecht auf Gemeindeebene einzuräumen. Die anhaltenden Querelen im Zusammenhang mit dem Wahlrecht vom August 1848, das als kurz befristete Übergangsregelung gedacht war, und die endgültige Fassung von 1849–50 hatten nur das Bürgertum zum Thema und nicht das Ideal allgemeiner und gleicher politischer Rechte. Der Gemeindeausschuss beschloss im August 1848, noch vor der detaillierten Ausformulierung der Gemeindeordnung, ein provisorisches Wahlrecht für die im Herbst geplanten Gemeinderatswahlen; viele lokale Funktionäre erwarteten, dieser Beschluss würde in der vorliegenden Form in den endgültigen Gesetzestext übernommen werden. Der Gemeindeausschuss, der für dieses Wahlrecht verantwortlich zeichnete, war im Mai aufgrund von Direktiven gewählt worden, die von Pillersdorfs Ministerium vorgegeben waren. Sie schrieben für die Erlangung der Wahlberechtigung einen Mindestsatz von 20 fl an jährlichen Steuern vor.[14] Die Mitglieder des im Mai gewählten Gemeindeausschusses waren wahrlich politisch keine Radikalen, und das Wahlrecht, das sie Ende August – unmittelbar nach der Unterdrückung der Arbeiterunruhen im Prater – vorstellten, verkörperte die Hoffnung der Liberalen auf ein durch Freiheiten und Rechte definiertes einheitliches, ungeteiltes Bürgertum. Dieses Wahlrecht war auf Steuerzahler beschränkt und blieb deshalb ein rein bürgerliches Instrument, wenn es auch auf jede kuriale Struktur verzichtete und ausnahmslos allen Bürgern offenstand, auch dem bescheidensten kleinbürgerlichen Handwerksmeister.[15] Dass manch einem liberalen Delegierten die Liberalität dieses Vorschlags nicht ganz geheuer war, geht aus einem Vorschlag Leopold Neumanns hervor: Er wollte den Anteil der Intelligenz am Stimmrecht so groß wie möglich machen, als Gegengewicht zum politischen Einfluss, der vom »Proletariat des Steuerminimums« ausgeübt werden würde. Dieser verächtliche Ausdruck bezieht sich auf die Gruppe, die man dann in den 1880er Jahren als die »Fünf-Gulden Männer« bezeichnete.[16] Die Mehrheit des Gemeindeausschusses akzeptierte jedoch unter der Führung von Moriz Stubenrauch die Aufnahme der Kleinbürger in das einheitliche, ungeteilte Bürgertum.[17] Es zeigt sich hier, dass es dem Gemeindeausschuss wichtiger war, das Proletariat zu isolieren als das Bürgertum zu spalten. Stubenrauch, der zu den eher fortschrittlich eingestellten Mitgliedern des Gemeindeausschusses gehörte, erklärte, die das Bürgerrecht und den Status der Gemeindemitglieder betreffenden Vorschriften des neuen Statuts sollten möglichst restriktiv gestaltet werden, um eine Überschwemmung der Stadt mit proletarischen Familien auf der Suche nach Zuwendungen durch die öffentliche Hand zu verhindern.[18]

Anfang Oktober 1848 wurden nach dem neu erstellten provisorischen Wahlrecht Wahlen zum Gemeinderat abgehalten; dieser sollte den Gemeindeausschuss der Anfangszeit ersetzen. Zwischen Oktober 1848 und März 1849, als der neue Gemeinderat die neue Gemeindeordnung für die Stadt wieder auf die Tagesordnung setzte, hatte jedoch das Verhalten der unteren Schichten des Bürgertums während der Latour-Unruhen im Oktober 1848 bei vielen Gemeinderäten Zweifel aufkommen lassen, ob es tatsächlich ratsam sei, diesen Leuten die gleichen politischen Rechte einzuräumen wie dem übrigen Bürgertum. Wie Johann Häusle im Juni 1849 bemerkte, hatte die konservative Mehrheit des Gemeinderates die Stadt spätestens Ende Oktober 1848 fluchtartig verlassen und hielt sich noch etwas darauf zugute, sich dergestalt der Besudelung durch die revolutionären Ereignisse entzogen zu haben.[19] Als der Gemeinderat im Frühling 1849 wieder zusammentrat, um seine Debatte über die neue Gemeindeordnung fortzusetzen, schlug das Redaktionskomitee vor, die meisten Punkte des Wahlrechts vom August 1848 unverändert beizubehalten. Anfang Juni 1849 lehnte jedoch eine Mehrheit des Gemeinderats Stubenrauchs ursprünglichen Entwurf ab und stimmte für ein Kurienwahlsystem.[20] Dieses teilte die Wähler in Kategorien ein, denen eine komplizierte Bewertung von Steuerleistung und Bildung zugrunde lag. Alle 5 fl and 10 fl Gewerbetreibenden wurden durch dieses System in die Dritte Kurie verwiesen; die Kontrolle der Zweiten fiel der Intelligenz zu und den kleinen Hausherrn, während die größten Steuerzahler die Erste Kurie kontrollierten. Jede Kurie hatte das Recht, 48 Delegierte zu wählen. Die Erste Kurie war nicht einfach der Hort des industriellen Großbürgertums, sondern, wie *Die Presse* in ihrer Verteidigung des Planes ausführte, die Kurie der »großen[21] Mittelklasse der zunächst höher Besteuerten«, in erster Linie also die Kurie der Wiener Hausherren, die in vielen Fällen einfach wohlhabende Gewerbetreibende und Kaufleute waren.[22] Das Kuriensystem, das der Gemeinderat in seine endgültige, im August 1849 beschlossene Fassung der Gemeindeordnung aufnahm, sollte sich als der maßgebliche Faktor erweisen, der die Wiener Politik der nächsten siebzig Jahre bestimmte.

Der letzte Schritt zur Isolierung der kleinen Gewerbetreibenden erfolgte in der endgültigen Fassung des Statuts, die von Innenminister Alexander Bach im Februar 1850 vorgenommen und am 6. März 1850 promulgiert wurde. Im Gegensatz zum Entwurf des Gemeinderats vom August 1849, der die ärmsten Gewerbetreibenden einschloss, setzte Bach eine Erhöhung des für das Wahlrecht in Wien entscheidenden Mindeststeuersatzes durch, um die Fünf-Gulden Männer von der Wiener Politik fernzuhalten.[23] Bach äußerte wiederholt seine Ansichten zu diesem Thema in den Debatten des Ministerrats zur Stadionschen Verfassung, die am 4. März 1849 in Kraft trat. Dabei bestand er auf einem Mindeststeuersatz von 10 fl zur Erlangung des Wahlrechts in Städten mit mehr als zehntausend Einwohnern mit dem Hinweis, es sei »der Zweck des höheren Zensus in den größeren Städten, die zahlreichen Kleinbürger, welche in der Regel ein schlechtes Element der Wählerversammlungen [sind], auszuschließen«.[24] In diesem Sinn äußerte er sich auch in den Ministerratsdebatten zur Wiener Gemeindeordnung im Jahr 1850: »Um bei dem dritten Wahlkörper die große Zahl der Wähler zu beschränken, wurde für angemessen erkannt, die Steuerquote auf wenigstens 10 fl. festzusetzen.«[25] Bachs Abänderungen im Winter 1849/50 erfolgten mit Zustimmung prominenter Mitglieder des Gemeinderates; sie sind daher nicht als Willkürakt eines neoabsolutistischen Beamten anzusehen, wie man vielleicht versucht ist zu vermuten. Speziell die konservativeren Mitglieder des Gemeinderats, wie *Die Presse* in ihrem Kommentar zur endgültigen Fassung zu verstehen gab, waren mit der Revision sehr wohl einverstanden.[26]

Fassen wir zusammen: Nach dem Zusammenbruch der Revolution von 1848 bot das Wiener Stadtwahlrecht von 1850 dem österreichischen Bürgertum erstmals die Möglichkeit, über ein Wahlsystem zu entscheiden. Die Regierung bestand zwar auf einigen Abänderungen, aber im Großen und Ganzen entsprach das Endergebnis den Intentionen des Gemeinderates, den kleinen Handwerkern und Ladenbesitzern für die nächsten fünfunddreißig Jahre alle politischen

Rechte vorzuenthalten. Die Pläne für kuriale Interessenvertretungen in den Kronländern, die Schmerling, Perthaler und Lasser 1860–61 vorlegten, waren zwar stark den Ideen der Stadionschen Konstitution von 1849 und den Vorschlägen Bachs aus den 1850er Jahren verpflichtet, nahmen aber hinsichtlich des Bürgertums die gleichen ideologischen Grundpositionen ein, denen die Stadtväter von Wien in den Jahren 1849–50 Ausdruck verliehen hatten.[27] Das politische Bürgertum, dem die Liberale Partei ihre Erfolge in den 1860er und 1870er Jahren verdankte, war größtenteils die von der *Presse* angesprochene und um wohlhabende Handwerker und die Intelligenz erweiterte Gruppe der Mittelklasse; nicht das klassische Hochbürgertum, das die Führungsschicht in der Kurie der Handelskammer und der Industrie stellte, sondern solider mittlerer und gehobener bürgerlicher Mittelstand. Wiens Liberalismus war selbst nach 1850 noch überwiegend prä- oder protokapitalistisch; seine Wählerschaft rekrutierte sich in erster Linie aus Hausherren, Beamten, gut situierten Handwerkern und wohlhabenden Kaufleuten. Indem sie die unteren Schichten des Bürgertums gezielt von der aktiven Teilnahme am politischen Prozess ausschlossen und darauf beharrten, das einheitliche Bürgertum könne für sich Vorzüge beanspruchen, die ihm als Ganzem inhärent seien, schufen die frühen Liberalen eine anomale Situation, in der das untere Bürgertum zwischen 1850 und 1885 zu einem politischen Schattendasein verurteilt war.

Zwischen 1867 und 1879, also in der Ära liberaler Regierungen, erhielten die 10 fl. Gewerbetreibenden in Wien das Recht, an Wahlen zum Abgeordnetenhaus teilzunehmen.[28] Dies ermöglichte einer kleinen Gruppe von Demokraten, die unter den Wiener Liberalen noch am ehesten einer linksliberalen Mentalität nahestanden, den Einzug ins Parlament. Ferdinand Kronawetter und Johann Umlauft waren typische Vertreter dieser Subkultur.[29] Insgesamt blieben die Demokraten jedoch isoliert. Als in den 1870er und frühen 1880er Jahren ein Prozess der Erosion ihrer lokalen politischen Basen in Wien begann – teilweise als Reaktion der Wähler auf die *citoyen*-Rhetorik der Demokraten und auf ihre Unterstützung der frühen Arbeiterbewegung –, war es für einen kühl kalkulierenden jungen Demokraten namens Karl Lueger nicht schwer, das Ideal eines einheitlichen, ungeteilten Bürgertums langsam umzugestalten zu einer radikaleren Bürgerpolitik, die er dann als Brücke zu den Christlichsozialen nutzen konnte.

Die radikalen Demokraten, die 1848 die Revolution in Wien mitauslösten hatten, hofften, ihre Leistungen würden u.a. zur Etablierung einer homogenen politischen Kultur in der Stadt beitragen. Die spätere Bereitschaft der österreichischen Sozialdemokraten, die Erinnerung an diese Demokraten hochzuhalten, obwohl sie durchaus keine Sozialisten waren, ist an und für sich schon ein Hinweis auf die linke Stoßrichtung ihrer Ideale. Ganz anders verhält es sich mit der Generation österreichischer Liberaler, die 1867 an die Regierung kamen: ihnen ging es um eine Neudefinition von Volk mit dem Ziel, das Proletariat von der aktiven Teilnahme am politischen Prozess auszuschließen. Sie empfanden auch wenig Neigung, den unteren Schichten des Kleinbürgertums nennenswerte politische Privilegien einzuräumen. Zwischen 1873 und 1885 erwies sich die von den Liberalen erträumte politische Freiheit, als deren Träger sie die mittleren und oberen Schichten des Bürgertums im Verein mit dem kleinen, aber mächtigen Hochbürgertum industriell-kapitalistischen Zuschnitts, das sich in Österreich nach 1848 allmählich herausbildete, erkoren hatten, als verlockender als die konkurrierenden Träume der Demokraten von 1848 von einem allgemeinen Bürgerrecht. Bis in die frühen 1880er Jahre sicherte das restriktive Wahlrecht der Gemeindeordnung von 1850 den Liberalen in Wien eine starke lokalpolitische Vormachtstellung. Die meisten etwas besser gestellten Gewerbetreibenden gehörten der Dritten Kurie an und neigten zu liberalen oder liberal-demokratischen Ansichten. Mochten die Demokraten auch gegenüber dem einengenden Gemeindewahlrecht kritisch eingestellt sein, so verband sie doch mit den Liberalen ein kompromissloser Antiklerikalismus und mindestens ein gemäßigter wirtschaftlicher Liberalismus. Und mochten die wirtschaftlich schwächsten Handwerker auch über den Verlust ihrer politischen Rechte empört sein, so waren sie doch nicht einmal ansatzweise dazu bereit, sich gegen die etablierte Ordnung aufzulehnen. Ohne Sprecher und ohne überzeugende wirtschaftliche Leitidee blieb den untersten Schichten des Bürgertums nur Resignation übrig.

Dies änderte sich jedoch grundlegend mit dem wirtschaftlichen Zusammenbruch von 1873 und der anschließenden Depression. Unter den kleinen Gewerbetreibenden entstand eine Protestbewegung, die enorme Auswirkungen auf die bürgerliche Politik in Wien haben sollte. 1849–50 hatten sie ihre politischen Rechte verloren; 1880 forderten sie (und ihre Nachfolger) diese nicht nur zurück, sondern knüpften daran noch viel weitergehende Forderungen, die sich aus ihrer verzweifelten Situation ergaben. Sie waren außerdem auch zahlenmäßig stärker geworden: Der relative Anteil der 5 fl. gewerblichen Steuerzahler in der Stadt war zwischen 1848 und 1880 um 60 Prozent gestiegen, was auch einen Hinweis auf die prekäre wirtschaftliche Lage liefert, in der sich viele dieser Handwerksbetriebe befanden. Als die Liberalen sie 1850 auf ein totes Gleis abschoben, waren diese Männer nur ein Faktor von mehreren innerhalb eines reich gegliederten Bürgertums gewesen; mittlerweile stellten sie eine zahlenmäßig eindrucksvolle Quelle radikaler politischer Unzufriedenheit dar. Dazu kam noch, dass diese Männer sich den Liberalen in keiner Weise verpflichtet fühlten. Sie standen als erstklassiges Material für eine Gegenbewegung zur Verfügung, die ihre wirtschaftlichen Probleme aufgriff und zum Angriff auf die heiligen Kühe der österreichischen Liberalen blies. Nicht alle Handwerker in Wien waren 5 fl. Männer und nicht alle 5 fl. Männer waren rabiate Judenhasser, weder vor noch nach 1880. Und doch war das Kleingewerbe die erste große soziale Gruppe in Wien, die sich dem politischen Antisemitismus verschrieb. Ohne die massive Ablehnung des wirtschaftlichen Liberalismus und seiner Vertreter durch das Kleingewerbe wäre es den Christlichsozialen niemals möglich gewesen, sich als plausible Alternative zur Hegemonie der Liberalen zu etablieren.

Infolge des Wahlrechts auf nationaler und lokaler Ebene, das die kleinen Gewerbetreibenden durch Reformen zwischen 1882 und 1885 erhielten, gewann diese Gruppe entscheidenden Einfluss auf die Politik der 1880er Jahre. Was die Liberalen nie über sich gebracht hätten, nämlich die politisch aktive Bürgerschaft durch Einbeziehung der untersten Schichten steuerzahlender Bürger zu vergrößern, das setzte Eduard Graf Taaffes klerikal-slawischer Eiserner Ring unverzüglich und mit Nachdruck durch. Der Niedergang des politischen Liberalismus, der auf gesamtstaatlicher Ebene nach 1879 einsetzte, musste zwangsläufig zu tiefgehenden Änderungen im politischen System Österreichs führen. Einerseits gewann eine neue politische Klasse, die neuartige soziale und kulturelle Ziele durchsetzen wollte, Einfluss auf die Politik des Kabinetts, andererseits änderten sich auch im weiteren Verlauf des Jahrzehnts die Themen, die in der öffentlichen Meinung von Bedeutung waren.

Das neue Bewusstsein ihrer Angreifbarkeit hatte eine verminderte Toleranz der Liberalen Partei für Dissidententum in ihren eigenen Reihen zur Folge, wie radikale Demokraten vom Schlag eines Ferdinand Kronawetter und Karl Lueger bald erfahren mussten. Der Antiklerikalismus verlor spätestens in den frühen 1890er Jahren seine Wirkung als Zauberformel, mit der man zuvor die Einheit der Partei jederzeit hatte wiederherstellen können. Es hatte in der Tat den Anschein, als würde sich Österreichs politische Kultur, getragen von politischen Bewegungen mit breit gefächertem, starkem Rückhalt in der Wählerschaft, unversehens an neuen, thematisch eigenständigen Kondensationspunkten wie Nationalismus, Sozialismus und Antisemitismus niederschlagen.

In Wien, wo die Deutschnationalen nur mit Schwierigkeiten Fuß fassen konnten und der Sozialismus unter den negativen Nachwirkungen anarchistischer Ausschreitungen in den 1880er Jahren zu leiden hatte, war der Antisemitismus das prominenteste neue Thema am politischen Horizont. Er funktionierte als kurzfristiges Allheilmittel sowohl für unzufriedene Kleingewerbetreibende, die nach einer plausiblen Erklärung für ihre wirtschaftlichen Schwierigkeiten suchten, als auch für politische Aktivisten, die mit eingängigen Parolen bei ihrer Wählerschaft punkten wollten. Die Art, wie die Wiener jüdische Gemeinde plötzlich in den Brennpunkt des öffentlichen Interesses gerückt wurde, war für die ortsansässigen Juden schockierend und schwer verständlich. Nachdem sie sich jahrzehntelang mit Erfolg um wirtschaftliche und kulturelle Integration in die österreichische Gesellschaft bemüht und zwischen 1848 und 1868 die volle gesetzliche und politische Emanzipation durchgesetzt hatten, mussten sie jetzt erkennen, dass man ihnen eben diese Integration und die Verinnerlichung bürgerlicher Wertvorstellungen zum Vorwurf machte.

Der Niedergang des Handwerkerstandes in Wien

Im Jahr 1881 belief sich die Zahl der in Wien gesetzlich registrierten erwerbssteuerpflichtigen Betriebe insgesamt auf 49.543, von denen 28.474 auf die Industrie und 21.069 auf den Handel entfielen.[30] Mit der Einschränkung, dass Wiener Industriestatistiken dieser Zeit nicht hundertprozentig verlässlich sind, bezahlten von diesen Betrieben 20.214 den Mindeststeuersatz von 5 fl. und weitere 17.084 10 fl., den zweitniedrigsten Satz. Auf die zwei niedrigsten Steuerklassen entfielen also ingesamt 37.298 Betriebe, die für etwa 75 % des gesamten Erwerbssteueraufkommens verantwortlich waren. Diese Zahlen sind auch ein Hinweis auf die bescheidene Größe und die ebenso bescheidenen Gewinne dieser Betriebe.[31] Bei diesen beiden Gruppen von Steuerzahlern, die ja nach 1885 die Dritte Kurie beherrschten, fanden die Christlichsozialen von Anfang an massive Unterstützung. Im Gegensatz zur neuen Mittelschicht von Bürokraten, Beamten und Angestellten in Industrie und Handel, deren Einkommen zwar hartnäckig unterhalb des Wünschenswerten blieb, deren Arbeitsplätze aber einigermaßen sicher schienen angesichts der zunehmenden Industrialisierung der Wirtschaft, kämpfte das Kleingewerbe spätestens um 1890 um das nackte Überleben. Österreichs wirtschaftliche Modernisierung nach 1848 und, in nochmals verschärfter Form, nach 1859 stellte den Stand der kleinen Handwerker vor enorme Herausforderungen.³² Die größte Bedrohung ging aus von der zunehmenden Mechanisierung und Konzentration z.B. in der Textilindustrie, im Baugewerbe, in der Metall-, Eisen- und Maschinenindustrie und im Möbelbau. So litt etwa die Textilindustrie in Wien unter ausländischer und regionaler (böhmischer) Konkurrenz wegen der technischen Rückständigkeit ihrer Manufakturen, die nicht in großem Stil produzieren konnten. 1850 gab es 452 in Wien ansässige Seidenfabrikanten, die 8.616 Arbeiter und Arbeiterinnen beschäftigten. Im Jahr 1887 waren es nur mehr 83 mit insgesamt 1.134 Arbeitern und Arbeiterinnen.³³ Noch katastrophaler fiel der Niedergang in der Zunft der Baumwoll- und Wollweber aus: Von 1.281 im Jahr 1848 ging die Zahl der eingetragenen Meister auf 176 im Jahr 1887 zurück. Soweit die Textilherstellung in Niederösterreich überhaupt überlebte, geschah dies in Gestalt einiger weniger größerer, mechanisierter Fabriken, von denen sich die meisten in ländlichen Gebieten ansiedelten, um den Arbeitslöhnen in Wien auszuweichen. In ähnlicher Weise vergaben in den 1860er und 1870er Jahren bedeutende Handelsfirmen der Bekleidungsindustrie in großem Umfang Aufträge in Heimarbeit, um die Nachfrage aus dem Ausland ebenso wie den Wunsch der lokalen Bevölkerung nach billiger neuer Bekleidung befriedigen zu können.³⁴

Das von der Mechanisierung diktierte völlig neue Tempo und die geänderte Marktlage in Wien, für die im Wesentlichen das ständige Einströmen verarmter Arbeiter in die Stadt, der Reiz des Neuartigen und der Komfort der neuen großen Einzelhandelsgeschäfte, die zunehmende Verfügbarkeit und Verlässlichkeit des Gütertransports und nicht zuletzt die Bestimmungen des Handelsgesetzes von 1859 verantwortlich waren, führten dazu, dass industrielle Hersteller und Großhändler dem Handwerksstand seine angestammten Domänen streitig machten. Mochten sie sich noch so sehr um die Wahrung ihrer Unabhängigkeit bemühen, die kleinen Handwerker gerieten immer mehr in die Mühlen unpersönlicher wirtschaftlicher Prozesse, die sie weder verstehen noch beeinflussen konnten.

Gustav Schmoller, der für die Notlage der Handwerker sehr viel Verständnis hatte, lieferte eine zutreffende Analyse ihres Dilemmas, als er 1870 schrieb: »Die Krisis des Handwerks ist keine Sache für sich, sie ist nur eine Folge der allgemeinen Aenderungen unserer gesammten wirtschaftlichen Verhältnisse.«³⁵

Die Krise von 1873 und die darauffolgende Depression, deren schlimmste Auswirkungen sich erst allmählich Mitte der 1880er Jahre zurückbildeten, traf die Handwerker mit der schmalsten Kapitalbasis am schwersten. In vielen Fällen waren die von ihnen angewandten Produktionstechniken schon vorher veraltet gewesen, und ab 1873 verfolgten die größeren, wirtschaftlich stärkeren Industrieunternehmen landauf landab eine Politik der Konzentration und der Monopolisierung.[36] Sinkende Löhne und anhaltender Preisverfall führten 1873 im Verein mit der Verschärfung des Wettbewerbs für die österreichischen Exporteure vor allem nach der Einführung restriktiver Zölle durch Deutschland zu einem immer desaströseren Verdrängungswettkampf auf dem heimischen Markt.[37] Ein typisches Beispiel für diese Entwicklung ist der Schuhfabrikant Alfred Fränkel, der in den frühen 1880ern in einer Wiener Vorstadt eine mechanisierte Schuhfabrik gründete, um Frankreich und die Balkanländer zu beliefern. Er musste bald feststellen, dass österreichische Schuhe gegenüber vergleichbaren Produkten aus Deutschland, der Schweiz und den Vereinigten Staaten nicht wettbewerbsfähig waren. Als auch noch die negativen Auswirkungen des österreichisch-rumänischen Handelskrieges von 1886–87 hinzukamen, beschloss Fränkel, seine Produkte ausschließlich auf dem heimischen Markt zu vertreiben und konzentrierte sich dabei auf Wien. Im Mai 1887 eröffnete er zu diesem Zweck eine Kette von zehn Einzelhandelsgeschäften und bedrohte damit das wirtschaftliche Überleben von Hunderten kleiner Wiener Schuster. Fränkel unterbot nicht nur die Preise seiner Mitbewerber – für ein vergleichbares Paar Schuhe verlangte er 10 bis 20 Prozent weniger als ein Schuhmachermeister –, er zahlte auch höhere Löhne und stellte seinen Arbeitern Firmenwohnungen zur Verfügung. Auf diese Weise warb er den ortsansässigen Schustern die fähigsten Gesellen ab.[38]

Mit dem Jahr 1880 war also eine Situation entstanden, die für den Wiener Handwerksstand durch drei Hauptfaktoren bedrohlich war: das mechanisierte Fabrikswesen, das System der Heimarbeit und die vielen großen und kleinen Einzelhändler, die sich als Mittelsleute zwischen Hersteller und Konsumenten schoben; sie boten Fertigware zumeist in werbewirksamer Aufmachung und zu Konditionen an, die der kleine Handwerker in seiner beengten, schmutzigen Werkstätte nicht bieten konnte. Die Konsumenten aus der Mittelschicht ebenso wie viele Angehörige der unteren Schichten verlangten eine größere Auswahl zu günstigeren Preisen. Indem sie diese neuen Konsumentenwünsche befriedigten, trugen das Spezialgeschäft und der Einzelhändler – gewollt oder ungewollt – dazu bei, die wirtschaftliche Grundlage des Handwerks zu vernichten.

Nicht alle der etlichen Hundert Gewerbe, die in Wien ausgeübt wurden, sahen sich in gleicher Weise bedroht, obwohl manche, wie das Tischler- und

Kunsttischlergewerbe, mit allen drei der genannten Faktoren gleichzeitig zu kämpfen hatten. In seiner Untersuchung von 1894 unterscheidet Eugen Schwiedland zwischen Gewerben, die sich bereits infolge mechanischer Fertigung als überholt erwiesen hatten (Textilien, Uhren, Spielkarten, Klaviere, Maschinenteile, Werkzeug, Wachs- und Seifenprodukte, Bier) und solchen, die trotz einer bestehenden Bedrohung wenigstens den Anschein der Selbstständigkeit wahrten, indem sie entweder fabriksmäßig vorgefertigte Teile in ihrer Werkstatt zusammenbauten oder sich auf die Reparatur von Fabriksware verlegten (Hutmacher, Handschuhmacher, Schlosser und Tischler).[39]

Die zweite Bedrohung für die Unabhängigkeit dieser Handwerker war der *Verlag*, das System der Heimarbeit, das besonders in der Bekleidungsfertigung weitverbreitet war. Hier wurde aus dem vormals unabhängigen Meister ein »Stückmeister«, der mit ein oder zwei Lehrlingen oder Gesellen in seiner eigenen Werkstatt arbeitete (meist einer Ein- oder Zweizimmerwohnung, in der er auch mit seiner Familie lebte), wo er Kleidungsstücke oder Schuhe derselben Art für einen großen Hersteller *(Konfektionär)* fertigte.[40] Das Konfektionssystem stellte eine einzigartige Verflechtung von kommerziellem und industriellem Kapital dar, da manche Hersteller nicht nur ihre Produkte en gros exportierten, sondern auch Detailgeschäfte für den Verkauf von Fertigwaren und für die Bestellung von Qualitätsartikeln betrieben. In seiner Untersuchung der Herrenbekleidungs-Industrie in Wien stellte Friedrich Leiter 1895 fest, dass von den 3.119 Schneidern im Großraum Wien etwa 1.900 als Stückmeister für große kommerzielle Hersteller arbeiteten; die verbleibenden 1.200 waren sogenannte Kundenschneider, die für ein höheres Entgelt qualitativ bessere Kleidung nach Kundenwunsch herstellten.

Die dritte und in gewisser Hinsicht gefährlichste Herausforderung, mit der die kleinen Handwerksbetriebe in Wien konfrontiert waren, war die Zunahme der kleinen und mittleren Detailgeschäfte nach 1848. 1852 gab es in Wien zwei Detailschuhgeschäfte. Diese Zahl stieg bis 1890 in denselben Bezirken der Stadt auf 79. Statt der fünf Geschäfte für Herren- und Damenbekleidung, die es 1860 gab, hatte die Stadt 1890 134 derartige Etablissements. Im Jahr 1855 gab es 17 Möbelgeschäfte in der Stadt, 1890 waren es 134.[41] Eine noch provokantere Art des Detailverkaufs, der sich für das Handwerk als ruinös erwies, war der *Gemischtwarenverschleißer,* der ein buntes Sortiment von Nahrungsmitteln, Bekleidung, etc. führte. Diese Läden standen in direkter Konkurrenz zu den Handwerkern, die gewohnt waren, mit ihrer Kundschaft persönlich zu verhandeln, und machten sich auch die Besitzer anderer kleiner Läden, wie z.B.

Milchhändler und Gastwirte, zu Feinden. Spätestens in den 1890ern hatten dann die Detailhändler dem Handwerker einen wesentlichen Teil seines Selbstverständnisses genommen – seine Fähigkeit, durch Verhandlung mit seiner Kundschaft den Verkaufspreis mitbestimmen zu können.[42] Die meisten kleinen und mittleren Geschäfte für Bekleidung, Schuhe, Möbel, Regenschirme oder Uhren bezogen ihre Waren im Rahmen des Verlagssystems.[43]

Die Randständigkeit des kleinen Handwerkers war offensichtlich. Außerstande Kunden dazu zu bewegen, in seine Werkstatt zu kommen, war er gezwungen, an einen Händler zu verkaufen. Er hatte wenig oder gar keinen Kredit und konnte seine Rohstoffe nicht en gros zu den günstigen Rabatten einkaufen, die dem Verlag offenstanden.[44] Seine Wohnbedingungen waren oft genug Substandard, obwohl in der Mehrzahl der Fälle noch weit besser als die des durchschnittlichen Gesellen, der gezwungen war, eine Schlafmöglichkeit für die Nacht in einem schmutzigen, verlausten Zimmer zu mieten. Seine Berufsausbildung war in vielen Fällen mangelhaft. Für viele Meister bestand ihre Tätigkeit ausschließlich in der Teilfertigung eines Artikels oder bestenfalls in der Herstellung eines einzigen Artikels; sie waren außerstande, das gesamte Spektrum ihres Gewerbes zu überblicken. Ein Wiener Schuhmachermeister, der 1902 interviewt wurde, hatte zum Beispiel nie die Technik zur Herstellung von Schuhoberteilen gelernt.[45] Im Jahr 1895 unterstützte die Regierung einen »Meisterkurs« im Technischen Gewerbemuseum für 49 Schuster, die bereits im Besitz des gesetzlichen Meistertitels waren. Ein Bericht über den Ausbildungsstand dieser Männer hielt fest, dass kein einziger von ihnen die Fertigung eines kompletten Schuhs hätte planen oder ausführen können. Keiner verfügte auch nur ansatzweise über Kenntnisse des menschlichen Fußes; keiner hatte auch nur rudimentäre Begriffe von Buchhaltung. Ein Drittel der Teilnehmer konnte nicht einmal eine Schuhsohle fachgerecht mit dem Schuhoberteil verbinden.[46] Und diese Abgründe fehlender Ausbildung waren keineswegs auf die Schuhindustrie beschränkt.

Um als unabhängige Hersteller überhaupt überleben zu können, beuteten die Handwerksmeister oft genug die Arbeitskraft ihrer Gesellen und Lehrjungen aus. Gerade weil sich die Handwerker in unmittelbarer physischer Nähe zum Proletariat befanden, nahmen ihre politischen Konflikte mit der Arbeiterschaft eine persönliche, feindselige Note an, die im neutraleren – und arroganteren – Benehmen der wohlhabenderen Fabrikanten meist fehlte. Mochte der Handwerksmeister auch das Großkapital beneiden und verabscheuen, seine Angst galt der Gewerkschaftsbewegung als Kraft der sozialen und wirtschaftlichen Gleichmacherei.

Die Frage, was die Regierung zugunsten der Handwerker unternehmen könne, beschäftigte zwischen 1880 and 1914 Österreichs Politiker, Bürokraten und, begreiflicherweise, vor allem die Handwerker selbst. Unter den Hunderten von Vorschlägen und Gegenvorschlägen, die nach 1875 vorgebracht wurden, waren nicht wenige, die einander diametral widersprachen, selbst wenn sie von ein und derselben Partei präsentiert wurden; aber es zeichneten sich doch in der österreichischen Politik der frühen 80er Jahre zwei grundsätzlich mögliche politische Reaktionen auf das Handwerkerproblem ab.

Die erste Vorgehensweise – man könnte sie die »positive« nennen – war die offizielle Doktrin der großen kommerziellen und industriellen Lobbies innerhalb der Handelskammer und der Industriellenkammer und, wenn auch unausgesprochener Weise, auch die der höheren Beamtenschaft im Handels- und Finanzministerium. Dieser Denkschule zufolge war es am ehesten möglich, den Handwerksmeistern Hilfe zu bieten, indem man ihnen half, ihren technologischen und ausbildungsmäßigen Rückstand aufzuholen, die Bildung von Vereinen – wie z.B. Einkaufskooperativen zur Beschaffungen von Rohmaterialien en gros – zu ermutigen, denjenigen Werkstätten, die für ihre Herstellung auf Maschinen umstellen wollten, staatliche Beihilfen zu gewähren und unter den Handwerkern selbst die standesmäßige Solidarität zu fördern. Diese Vorgangsweise verband die Tradition der Liberalen in Bezug auf kooperative Selbsthilfe mit einer maßvollen Dosis staatlicher Unterstützung. Man würde den Handwerkern Hilfe gewähren, aber im Übrigen den Markt unangetastet lassen. Ein Kommentar aus der Niederösterreichischen Kammer für Handel und Industrie zum Problem der Handwerker im Jahr 1874 – »Die Handwerker müssen verstehen, dass eine Verbesserung ihrer Lage nur durch Selbsthilfe möglich ist« – fasst diese Haltung zusammen.[47]

Die zweite Vorgangsweise, die aufgrund ihrer restriktiven Intentionen eher als »negativ« zu bezeichnen ist, sah mit Unterstützung der Regierung eine Reihe von Reformen vor: So sollten zum Beispiel die Handwerker einen »Befähigungsnachweis« erbringen, um den Meistertitel führen zu können; Konfektionäre sollten in ihrem Recht beschränkt werden, Aufträge für Maßkleidung anzunehmen; für die Handwerksmeister sollte die Mitgliedschaft in den Zünften verbindlich vorgeschrieben und diese mit Rechten ausgestattet werden, wie sie zur Zeit nur Beamten im Handelsministerium zustanden; der Steuersatz für Großunternehmer sollte angehoben werden, um ihren Wettbewerbsvorteil einzuschränken. Die Fürsprecher der zweiten Vorgangsweise machten sich auch Ideen der »positiven« Schule zu eigen, wie z.B. die Gewährung günstiger staatlicher Darlehen. Antiliberale Reformanhänger zeigten sich wenig begeistert von der Idee, berufsbegleitende Ausbildungsprogramme für Handwerker einzuführen, da die Mehrzahl der Meister weder Zeit noch Neigung zur Teilnahme hatte. Während die Handwerker und ihre politischen Vertreter staatliche Eingriffe bei ihren »Feinden« forderten, lehnten sie selbst gewöhnlich jede Form von staatlicher Kontrolle ab. Nach 1885 wurde diese Haltung oft als »antisemitisch« beschrieben, aber restriktive Programme fanden auch bei vielen Handwerkern, die mit den Liberalen sympathisierten, ein offenes Ohr.

Für die Protestbewegung der Handwerker der frühen 80er Jahre war die Gewerbeordnung von 1859 der bevorzugte legislative Sündenbock. 1859 hatte die Regierung die alte Zunftordnung der Monarchie abgeschafft und freien Zugang zu Handel und Gewerbe geschaffen für alle Individuen und Körperschaften, die über das nötige Kapital verfügten, um ein Unternehmen gründen zu können.[48] Die Beweggründe dafür waren einerseits der Druck vonseiten großer Handels- und Industrieunternehmer gewesen und andererseits die Notwendigkeit, die finanzielle und kommerzielle Infrastruktur der Monarchie zu stärken. Dabei sanktionierte die Gewerbeordnung von 1859 vielfach nur die bestehende Praxis; selbst vor 1848 hatten liberal gesinnte Beamte und erfinderische Unternehmer Mittel und Wege gefunden, die komplizierten und widersprüchlichen Beschränkungen, die ihnen die österreichische Handelsgesetzgebung auferlegte, zu umgehen.[49]

Das Gesetz von 1859 unterschied zwischen »freien« und »konzessionierten« Gewerben; für erstere war zur Unternehmensgründung nur eine Anmeldung erforderlich, letztere bedurften der Genehmigung durch die lokale Verwaltungsbehörde. Die meisten Gewerbe wurden zu »freien« erklärt, und Antragstellern, die um eine Genehmigung für ein konzessioniertes Gewerbe nachkamen, wurden möglichst wenige Hindernisse in den Weg gelegt.[50] Viel Freiraum wurde Unternehmern bei der Definition ihres Gewerbes eingeräumt. Handwerker und Fabrikanten hatten das Recht, Gesellen aus anderen Berufen zu beschäftigen, wenn sie zusätzliches Personal brauchten. Das alte Netzwerk traditioneller Zünfte, eine bis ins 20. Jahrhundert reichende Besonderheit der österreichischen Wirtschaft, wurde umgewandelt in eine Reihe von obligatorischen Genossenschaften,[51] in denen sich die Rolle der alten Zünfte umkehrte: war in der Vergangenheit die Zugehörigkeit zu einem Handwerk von der Zugehörigkeit zu einer Zunft abhängig, so bestimmte das Gesetz jetzt, dass der Eintritt in ein Gewerbe automatisch die Mitgliedschaft in der lokalen Handwerkszunft zur Folge hatte.[52]

Die Gewerbeordnung von 1859 trug zwar zur Beschleunigung des Niedergangs des Kleingewerbes bei, war aber nicht die eigentliche Ursache.[53] Das Gesetz war von Bedeutung im Zusammenhang mit antisemitischer Politik, da es den Juden uneingeschränkten Zugang zur industriellen Produktion und zum Handel eröffnete.[54] Als die Liberalen 1867 ans Ruder kamen, unternahmen die Anführer des Wiener Handwerksstandes den Versuch, den Zünften eine schlagkräftige Interessenvertretung zu geben, den *Wiener Gewerbegenossenschaftstag*, der sich aus den Obmännern und anderen Delegierten aller Zünfte in Wien zusammensetzte und in unregelmäßigen Abständen zusammentrat.[55] Der *Tag* beteiligte sich an karitativen Unternehmungen und setzte sich für handwerksfreundliche Steuerreformen und für das Wahlrecht der Fünf-Gulden Männer ein; von gesetzgeberischen Maßnahmen zur Beschränkung des Wettbewerbs war kaum die Rede. Das sollte sich jedoch in den späten 1870ern radikal ändern. Erste Anzeichen einer feindseligeren Haltung unter den österreichischen Handwerkern wurden sichtbar, als auf einem von der Gesellschaft für die Förderung der Handwerksmoral 1879 abgehaltenen Kongress in Prag Beschlüsse gefasst wurden, welche die Einführung einer Befähigungsprüfung forderten.[56] Der *Gewerbegenossenschaftstag* gab im Gegenzug in Wien im Oktober 1879 eine Erklärung ab, in der verstärkter staatlicher Protektionismus gefordert wurde.

Nachdem Eduard Taaffe nach den Wahlen von 1879 die Führung des Kabinetts übernommen hatte, unterbreitete das Handelsministerium dem Parlament Novellierungen zur Gewerbeordnung von 1859, die sich jedoch als geringfügig herausstellten. Sie hatten hauptsächlich das Verhältnis zwischen Arbeitnehmern und Arbeitgebern zum Gegenstand, ohne in nennenswerter Weise die zunehmend protektionistische Mentalität der Handwerker zu berücksichtigen.[57] Der Gesetzesentwurf von Ende November 1879 löste in der gesamten Monarchie bei den Handwerkern einen Sturm der Entrüstung aus. Wenn es irgendein Einzelereignis gibt, mit dem man den Beginn der modernen antisemitischen Bewegung in Österreich datieren kann, dann ist es die öffentliche Reaktion der Handwerker auf dieses Gesetzesvorhaben. Ferdinand Kronawetter beobachtete im Jänner 1880, dass viele einfache Wiener Handwerker, die sich bis dahin kaum mit der komplizierten Materie der Gewerbeordnungsreform beschäftigt hatten, jetzt an ihren Stammtischen leidenschaftlich über die Mängel des Regierungsentwurfes diskutierten.[58] Eine Handwerkerversammlung in Brünn meldete sich zu Wort mit einem Memorandum, das kategorisch eine umfassendere Reform forderte als die vom Handelsministerium ins Auge gefasste. Anfang Februar 1880 brachte Franz Löblich im Abgeordnetenhaus einen Vorschlag ein, der eine Rücknahme des Novemberentwurfs durch die Regierung vorsah sowie die Ausarbeitung einer gesetzlichen Grundlage zur Eindämmung der »skrupellosen Gewerbefreiheit«, die den Handwerkern so zusetze.[59] Nachdem Georg Ritter von Schönerer und andere sich für Löblichs Vorschlag ausgesprochen hatten, wurde er mit großer Mehrheit angenommen. Viele Liberale stimmten ebenfalls dafür.

Löblich war ein Alsergrunder Bezirkspolitiker mit untadeligen demokratischen Referenzen. Seit Anfang der 1870er in der Handwerkerbewegung tätig, wurde er zum Obmann des *Wiener Gewerbegenossenschaftstags* gewählt und gab diesem ein ausgeprägt protektionistisches Profil. Für ihn lag das Handwerkerproblem außerhalb des Rahmens herkömmlicher Politik. Sein Versuch, die Wiener demokratische Bewegung und das »reaktionäre« Programm des Handwerksstandes auf einen Nenner zu bringen, zeigt, welche wichtige Rolle wirtschaftlichen Problemen in der Wiener Lokalpolitik allmählich zukam.

Taaffes Kabinett gab schließlich gegenüber der öffentlichen Meinung klein bei und zog den Entwurf von 1879 zurück. Im Folgenden kam es zu einer wichtigen Änderung in der Zusammensetzung des Gewerbeausschusses im Abgeordnetenhaus. Im November 1881 beharrten die klerikalen Konservativen in Taaffes Koalition darauf, dass die Führung dieser Kommission die neuen Machtverhältnisse im Parlament widerspiegeln müsse.[60] Der Eiserne Ring wählte dann kraft seiner zahlenmäßigen Überlegenheit Franz Zallinger, einen konservativen Abgeordneten aus Tirol, zum neuen Vorsitzenden, und Egbert Graf Belcredi, ein Anhänger Karl von Vogelsangs und entschiedener Befürworter konservativer Sozialpolitik, wurde Sprecher der Kommission. Belcredi war entschlossen, das Ende der »Verschleppungspolitik« der Liberalen, wie er sich abschätzig ausdrückte, einzuläuten und die Parlamentsmehrheit von der »Dringlichkeit dieser wahrhaft brennenden Frage« zu überzeugen.[61]

In Wien fanden die Handwerkerproteste bald den Weg in die städtische Politik. Als Reaktion auf die wachsende Feindseligkeit gegen fliegende Händler hielt der Gemeinderat im September 1880 öffentliche Anhörungen unter dem Vorsitz von Karl Lueger zu diesem Thema ab.[62] So gut wie alle Zünfte, die bei diesen Anhörungen vertreten waren, sprachen sich für ein vollständiges Verbot des Straßenhandels aus. Zwei Tage nach dem Ende dieser Anhörungen beschloss Josef Buschenhagen, ein armer Uhrmacher, der überzeugt war, sein Geschäft werde ruiniert von den jüdischen Straßenhändlern, die im Ausland hergestellte Uhren an Straßenecken sowie in Wirtshäusern und Weinstuben feilboten, eine Protestversammlung von Landstraßer Handwerksleuten zu organisieren, um seine Kollegen in ihrem Entschluss zu bestärken, dass der Straßenhandel eingedämmt werden müsse.[63] Diese Versammlung fand am 11. Oktober 1880 statt, wieder in Anwesenheit von Karl Lueger. Der Erfolg der Versammlung und die Sympathie, die ihm dabei entgegenschlug, ermutigten Buschenhagen, noch eine Versammlung einzuberufen, in der es um weiter gesteckte Ziele gehen sollte. Noch gab es wenig offen zur Schau getragenen Antisemitismus, obwohl die ethnische Zugehörigkeit der fliegenden Händler allen bekannt war.[64]

Am 25. Oktober 1880, als Buschenhagen seine zweite Großkundgebung für Landstraßer Handwerker abhielt, war eine Reihe von liberalen und demokratischen Lokalpolitikern anwesend. Um der Vielfalt der vorgebrachten Beschwerden gerecht werden zu können, empfahlen die Organisatoren als dringend nötige Maßnahme die Schaffung einer neuen politischen Gruppierung, die sich ganz den Anliegen der Handwerker verschreiben sollte. Karl Lueger schlug vor, die Versammlung möge zwecks organisatorischer Vereinfachung fünfzehn Personen für einen Lenkungsausschuss namhaft machen, dem auch sein Freund Ignaz Mandl und er selbst angehören wollten.[65] Die Führung der Wiener Handwerkerbewegung ging allerdings nicht an Buschenhagens *Gesellschaft zum Schutze des Handwerks*, die er im Frühjahr 1881 gegründet hatte; vielmehr setzten sich Franz Löblich und der schon seit längerem bestehende *Wiener Gewerbegenossenschaftstag* an die Spitze der sich rasch ausweitenden Protestbewegung, indem sie für Herbst 1881 einen nationalen Handwerkskongress in Wien einberiefen. Ein Ad-hoc-Komitee des *Tags*, dem auch Löblich, Buschenhagen, und ein Neuling in der Wiener Handwerkspolitik, der Mechaniker Ernst Schneider angehörten, organisierte den Kongress, der vom 13. bis 15. November 1881 tagte, von etwa 3.000 Teilnehmern besucht wurde und sich durch seine aggressive Atmosphäre diametral von den beschaulichen Reden und Gegenreden in der Handelskammer unterschied.[66]

Die Beschlüsse des Handwerkerkongresses enthielten in der von Löblich schriftlich fixierten Form eine Reihe von Forderungen. Die obligatorischen Genossenschaften von 1859 seien zu reorganisieren und in ihren Befugnissen zu stärken. Ein jeder, der ein Handwerk ausüben wolle, habe auf Grundlage mehrjähriger praktischer Berufserfahrung einen Befähigungsnachweis zu erbringen. Die Regelung der Arbeitsbedingungen für Lehrlinge müsse ausschließlich Sache der Handwerksmeister sein. Der Straßenhandel sei völlig abzuschaffen. Für das Kleinbürgertum seien spezielle Industrie- und Handelskammern einzurichten – zusätzlich zu den bestehenden, wo man den Handwerkern mit wenig Respekt begegne. Und schließlich sei allen erwachsenen Männern, die als Meister ein Handwerk ausübten und direkte Steuern zahlten, das Wahlrecht zu verleihen.[67]

1882 fanden zwei weitere wichtige Schritte in der Politisierung der Handwerker statt. Erstens billigte im Oktober 1882 der Kaiser das Gesetz, das allen männlichen Bürgern, die mindestens 5 fl. im Jahr an direkten Steuern zahlten, mit vollendetem 24. Lebensjahr das parlamentarische Stimmrecht verlieh. In Wien bedeutete dies die Verleihung des Stimmrechts an Tausende von Handwerkern, die noch nie hatten wählen können.[68] Für Taaffe und die konservative Mehrheit im Parlament, die dieses Gesetz gegen die Einwände der Liberalen durchsetzten, waren die Fünf-Gulden-Männer ein leicht zu handhabendes Werkzeug, um die Vormacht der Liberalen in Wien und in anderen Städten zu brechen. Zweitens beschloss das Parlament im März 1883 ein von Egbert Graf Belcredi vorbereitetes Gesetz, das die Gewerbeordnung von 1859 in wesentlichen Punkten revidierte:[69] Schaffung einer Struktur, in der die Gewerbe insgesamt in drei Gruppen eingeteilt wurden, nämlich in freie, konzessionierte und Handwerksgewerbe; Einführung eines Befähigungsnachweises; und eine Neuformulierung der Vorschriften bezüglich der obligatorischen Zunftmitgliedschaft. Alle unabhängigen Gewerbebetriebe wurden mit sofortiger Wirkung entweder als frei klassifiziert, wenn für sie kein besonderer gesetzlicher Titel erforderlich war, oder als konzessionierte Gewerbe oder als Handwerke. Alle Fabriken, Einzel- und Großhandelsunternehmen und alle auf Heimarbeit aufbauenden Unternehmen wurden mit sofortiger Wirkung zu freien Gewerben erklärt, die auch nicht den für das Handwerk geltenden Einschränkungen unterlagen. Ob ein bestimmtes Gewerbe als Handwerk anzusehen war, wurde im Einzelnen nicht vom Gesetz bestimmt, sondern der Entscheidung durch das Handelsministerium überlassen, das die Zuordnung durch Verwaltungserlass vornahm. Fabriken, die Waren herstellten, die auch von Handwerkern erzeugt wurden, waren von allen gesetzlichen Kontrollen ausgenommen, denen letztere unterlagen. Ein Befähigungsnachweis war erforderlich, um als Meister in einem Handwerk tätig werden zu können. Dieser Nachweis wurde nicht durch eine Prüfung erbracht, sondern einfach durch die Zeit, die jemand als Lehrling und Geselle gedient hatte. Lokale Verwaltungsbehörden waren befugt, gegebenenfalls in Einzelfällen nach Ansuchen eine Dispens zu erteilen. Zwei Schlüsselbestimmungen des Gesetzes, die später Anlass zu heftigen Kontroversen gaben, waren die Paragraphen 37 und 38. Darin wird festgelegt, dass die Eigentümer von Betrieben des Handelsgewerbes nur dann zur Herstellung einschlägiger Artikel befugt waren, wenn der Eigentümer oder einer seiner Geschäftsführer die Befähigung für dieses spezielle Handwerk besaß. Handwerksmeister und Fabrikanten hatten das Recht, Arbeitnehmer mit der Herstellung von Artikeln aus dem Bereich anderer Handwerke zu beauftragen, wenn solche Artikel für das Endprodukt unumgänglich erforderlich waren. Das Gesetz behielt das System der Zwangsmitgliedschaft in den Zünften von 1859 bei, nahm aber Fabriksbesitzer und ihre Arbeitnehmer von dieser Bestimmung aus. Belcredis Gesetz verwarf die Idee des gleichen Wahlrechts für die Handwerksgesellen in den Zünften. Arbeitnehmer konnten nicht Mitglieder in diesen Vereinen werden, sondern waren den Zünften einfach lose »zugeordnet«; sie hatten ihre eigene Versammlung, die *Gehilfenversammlung*.

Mit Ausnahme von Paragraph 38, durch den der Herstellung von Handwerkswaren in Groß- und Einzelhandelsbetrieben formale, aber in der Praxis leicht zu umgehende Einschränkungen auferlegt wurden, nahm das Gesetz von 1883 die meisten Mitbewerber der Handwerker von seinen Bestimmungen aus. Trotzdem bedeutete es für die Handwerker eine wesentliche Verbesserung, und zwar insofern, als die durch das Gesetz getroffene Unterscheidung zwischen Fabriks- und Handarbeit dem Staat die Möglichkeit gab, nach 1885 wesentlich umfassendere Arbeiterschutzbestimmungen in den Fabriken durchzusetzen. Die Gewerbeordnung von 1883 muss als nur teilweise geglückter Versuch der Handwerker gesehen werden, sich Erleichterung im Kampf gegen den Druck der wirtschaftlichen Modernisierung zu verschaffen. Belcredi selbst fürchtete, »es kommt zu spät, und wird die Katastrophe nicht mehr aufhalten«, während viele unter seinen reichen aristokratischen Freunden das Gefühl hatten, er sei in seinem Bemühen um die Handwerker »zu weit« gegangen.[70] Spätestens 1890 war offensichtlich, dass das Gesetz die beabsichtigte Wirkung nicht erreichen würde und der hart erkämpfte »Befähigungsnachweis« für die Handwerker in der Praxis des industriellen und kommerziellen Wettbewerbs keinen effektiven Vorteil mit sich brachte. Nach Belcredis eigener Einschätzung lag die Schuld bei der »Versöhnungspolitik«, die Taaffe gegenüber mächtigen industriellen und kommerziellen Interessen verfolgte, und er beklagte immer wieder, dass die Beamten, deren Aufgabe es war, die neuen Gesetze umzusetzen, ihren größeren Zielen ablehnend gegenüber standen.[71]

Politischer Antisemitismus und der Widerstand der Handwerker

Die wichtigste Waffe im Arsenal der Wiener Handwerkerbewegung, mit der sich diese Anfang der 1880er Jahre gegen wirtschaftliche Bedrängnis und Statusbedrohung zur Wehr setzen wollte, war der politische Antisemitismus. Auch andernorts in Mitteleuropa setzten Handwerkerbewegungen auf antisemitische Propaganda, aber nirgendwo sonst zog der Antisemitismus der Handwerker ähnlich gravierende Veränderungen in der städtischen Politik nach sich wie in Wien. Der Antisemitismus in Wien war weniger dafür bemerkenswert, was er war, als dafür, was er schließlich möglich machte: die Beseitigung der liberalen Vormacht in der Stadt. Die spezifische Funktion, die der Judenhass in der Bewegung erfüllte, hing davon ab, an welchem Platz der einzelne politische Akteur innerhalb seiner Organisation stand und wie klar ihm seine Position innerhalb des Parteiganzen und sein Wirkungskreis bewusst war. Dies ist ein Umstand, der in einem Großteil der Literatur zum Antisemitismus nicht genügend beachtet wird. Die meisten politischen Parteien – und dies gilt insbesondere für so vielstimmige wie die Christlichsoziale Koalition – haben mehrere Führungsebenen. Vor 1895, als der Partei die Ressourcen der Stadt Wien noch nicht zur Verfügung standen und ihre Organisation dementsprechend einfacher war, gab es in dieser antisemitischen Koalition mindestens drei Schichten des Eliteverhaltens. Alle Fäden liefen zusammen in den Händen Karl Luegers und einer Gruppe politischer Vertrauter, wie Albert Gessmann, Robert Pattai, Alois Prinz Liechtenstein und Franz M. Schindler. Dieser Elite an der Spitze, die sich aus der Reichsratsdelegation der Koalition unter Zuziehung Schindlers rekrutierte, der Beziehungen zur *Reichspost* (dem wichtigsten Organ der Partei nach 1897) und zur Kirche hatte, arbeiteten zwei deutlich unterschiedene, aber miteinander kommunizierende Subeliten zu. Auf der städtischen Ebene gab es die Mitglieder der antisemitischen Delegation zum Gemeinderat; ebenso der Partei nahestehende Journalisten, die für Bezirks- oder Stadtblätter arbeiteten; Vorsteher von Bezirken, in denen Antisemiten den Bezirksausschuss kontrollierten; Obmänner der größeren Handwerkszünfte und anderer Interessengruppen (von denen manche der Gemeinderatsfraktion angehörten); und einflussreiche Kleriker wie Joseph Scheicher und Roman Himmelbauer, die sich auf radikal klerikale politische Agitation konzentrierten. Diese Elemente stellten zusammen eine Elite auf dem nächst niedrigeren Rang dar, wo ihnen wichtige eigene Aufgaben zukamen. Unterhalb dieser sekundären Elite hatten die Antisemiten – wie auch die Liberalen – einen großen Kader von Wahlkreisaktivisten und Helfern, die eine tertiäre Elite der untersten Ebene darstellte: klerikale Anführer katholischer Freiwilligenorganisationen; prominente Mitglieder lokaler Hausherrenvereine; antisemitische Mitglieder der lokalen Bezirksausschüsse; antisemitische Pfarrer; Besitzer lokaler Gasthäuser, die antisemitischen politischen Klubs als Treffpunkt dienten; und einfache Bürger, die ein Verlangen nach Vorwahlkumpanei und Agitation umtrieb.

Nach 1895 wurde diese dreiteilige Struktur insofern verkompliziert, als die Christlichsozialen die Macht in der Stadtverwaltung übernahmen. Die maßgeblichen Anführer der Christlichsozialen Ende der 90er Jahre – Männer wie Lueger, Gessmann, Liechtenstein, Weiskirchner, Schindler, Strobach und Funder – waren nur informell oder marginal mit der antisemitischen Bewegung von vor 1887 verbunden. Sobald es Lueger und seinen Mitstreitern gelungen war, die Partei zu einen und die Wahlen von 1895/96 zu gewinnen, verblieben nur wenige aus der ersten Kohorte antisemitischer Politiker oder Journalisten in der Führungsschicht. Die einzige Ausnahme war Robert Pattai. Männer wie Ludwig Psenner, der Begründer des Christlichsozialen Vereins im Jahr 1887, Ernst Schneider, Cornelius Vetter, Ernst Vergani und Josef Gregorig mussten feststellen, dass ihnen der Zugang zur eigentlichen Führungsspitze versperrt war. Außer für Franz Schindler galt dasselbe für den Großteil des radikalen Klerus: die Partei benutzte ihn als vielseitig einsetzbaren Helfer, ohne sich deshalb je in einem nennenswerten Ausmaß »klerikal« infizieren zu lassen.

Volkstümlicher Antisemitismus war in Österreich keine Erfindung der 80er Jahre, im Gegenteil: in seinen klerikalen, aristokratischen und bürgerlichen Formen hat der Antisemitismus eine lange Tradition in der österreichischen Geschichte.[72] Vor der langsamen Integration der Juden in die Zivilgesellschaft nach 1848 war ihre Akzeptanz im Allgemeinen von eigennützigen Erwägungen bestimmt. Dass die österreichische Aristokratie die Juden gegen Maria Theresia verteidigte, war ein klassisches Beispiel informeller Toleranz; es erklärt sich daraus, dass beide Parteien einander brauchten. Die Reformen von Joseph II. verallgemeinerten diesen zunächst auf einzelne Gruppen beschränkten Utilitarismus und weiteten sein Anwendungsgebiet aus: Juden sollten funktionierende produktive Bürger werden, weil das Wohl der Gesellschaft und des Staates dies erforderte. Die Verehrung, die Österreichs Juden für den »guten Kaiser Joseph« empfanden, war eher ein Ausdruck der Dankbarkeit für das, was er bewirkt, als für die Motive, die ihn in seiner Wirksamkeit geleitet hatten.

Als Franz Joseph im Jahr 1895 beiläufig im Gespräch mit Philipp zu Eulenburg bemerkte, die »Ostjuden« beherrschten die österreichische Presse, sprach er als Mitglied einer Aristokratie, die die »jüdische« Beherrschung der *Neuen Freien Presse* ablehnen mochte, sich aber zugleich über die Nützlichkeit des Blattes für die österreichische Wirtschaft im Klaren war.[73] Österreichs Juden hatten mit der österreichischen Hocharistokratie einen wichtigen Wert und einen Umstand gemeinsam: Beide Gruppen standen dem Habsburgerstaat völlig loyal gegenüber, und die Kultur beider Gruppen hatte den flexiblen, multinationalen Charakter des Reiches im Ganzen als Voraussetzung. Solange das Reich ein ausgewogenes, multinationales Amalgam blieb, in dem die Hocharistokratie nach wie vor in führenden Rollen an der Verwaltung und Rechtsprechung beteiligt war, brauchten Österreichs Juden den radikalen Antisemitismus nicht zu fürchten. Mochte Franz Joseph zur ideologischen Ausrichtung der in jüdischem Besitz stehenden Presse auch ambivalent eingestellt sein, so hatte er doch nie Grund, die Loyalität der Juden gegenüber seiner Dynastie zu bezweifeln.[74]

In der klassischen Periode der jüdischen Emanzipation in den 60er Jahren erhielt der Umstand, dass die Integration der Juden in das politische und wirtschaftliche Leben Österreichs vom funktionalen Standpunkt aus von Nutzen war, zusätzliches Gewicht durch Warnungen, dass der Fortbestand der Vorurteile Österreichs Status im internationalen Wettbewerb beeinträchtigen würde.[75] Zu den Neuerungen, die der Liberalismus in der politischen Landschaft Österreichs bewirkte, gehörte eine Rhetorik der allgemeinen Rechte, wenn diese Rechte auch mehrheitlich in ihren sozialen Konsequenzen sehr rasch wieder eingeschränkt wurden. Die jüdische Bourgeoisie in Wien fand die Kombination von universellen Rechten und Klassenpatriarchat sehr wohl vereinbar mit ihrer eigenen säkularen, quasi-assimilierten Haltung. Das Vereinsstatut der Israelitischen Kultusgemeinde liest sich wie eine Miniaturausgabe der Gemeindeordnung von 1850. Dass moderne, bürgerliche Juden in der Lage waren, ständische bzw. klassenmäßig definierte Privilegien gegenüber der jüdischen Unterschicht – deren Zahlen in den Jahrzehnten nach 1870 zunahmen, da mehr und mehr arme Juden aus den östlichen Gebieten des Reichs nach Wien strömten – ebenso wie gegen die orthodoxen Fraktionen innerhalb des jüdischen Rabbinats geltend zu machen, sollte angesichts einer ähnlichen Mischung von standesmäßigen, klassenmäßigen und antiklerikalen Elementen in der liberalen Bewegung nicht überraschen.

Es wäre jedoch naiv zu glauben, dass die meisten gebildeten oder gar die halbgebildeten Nicht-Juden die Integration der Juden in die bürgerliche politische Kultur in den 60er und 70er Jahren einfach aus Respekt für ein Konglomerat von Menschenrechtsidealen akzeptierten. Das »Schweigen«, mit dem damals das jüdische Problem übergangen wurde, die angeblich idyllische Periode, die einige wohlhabendere Juden behaupten ließ, sie hätten aufgehört, sich als Juden zu fühlen, war trügerisch. Wenn es ein Schweigen gab, dann ein auf beiden Seiten absichtsvoll eingehaltenes. Die Juden wurden akzeptiert, aber nicht in erster Linie deshalb, weil ihre wirtschaftliche und soziale Integration ein Gebot des Anstands war, sondern weil diese sich auch als nützlich erwies.[76] Auch Österreichs Liberale Partei erwies sich im Sinne ihrer nichtjüdischen Mehrheit als ebenso fähig, dieses zweckgerichtete Schweigen in den 90er Jahren zu beobachten, während viele Wiener Juden voll Verzweiflung darauf warteten, dass sie ihre Stimme zur Verteidigung der Rechte und Freiheiten der Juden schlechthin erhob.[77]

Es gab also in Österreich eine eindeutige Kontinuität zwischen altem und modernem Antisemitismus: Einerseits richtete sich der tatsächliche Standard der Toleranz, die den Juden von der Allgemeinheit entgegengebracht wurde, nach Nützlichkeitsüberlegungen und nicht nach einem Ideal der Menschenrechte; andererseits wurde in der Öffentlichkeit die Reaktion auf die Juden sorgfältig moduliert und kontrolliert durch den der Wiener bürgerlichen Kultur innewohnenden Respekt für die öffentliche Ordnung. In den frühen 80er Jahren war der Antisemitismus des Volkes eine Mixtur aus wirtschaftlichem Protest, kalkuliertem Opportunismus und irrationalen Ängsten, versetzt mit traditionellem katholischem Antijudaismus und, in vereinzelten Fällen, unverhohlenem Rassenhass. Ein frühes Beispiel für die in Wien zirkulierenden Pamphlete, in denen sich der wirtschaftlich begründete Antisemitismus Ausdruck verschaffte, stammt aus dem Jahr 1880: *Oesterreich ein Juwel in jüdischer Fassung* von Austriacus, in dem die meisten der im wirtschaftlichen Antisemitismus gängigen Stereotypen bemüht werden. Austriacus fürchtete sowohl die Juden als auch die Sozialdemokratie zu einer Zeit, als für Klagen über »jüdische« Sozialisten noch jede Grundlage fehlte – was vielleicht ein Hinweis darauf ist, dass der gefährlichste Feind für die Handwerker Sozialisten im Allgemeinen waren und nicht spezifisch »jüdische« Sozialisten. Austriacus verteidigte den landbesitzenden Adel mit seinem »soliden Reichtum« gegen die »Geldaristokratie« des Finanzkapitals. Die Juden weigerten sich, körperliche Arbeit zu leisten, »weil Händearbeit wohl ehrlich nähren, nicht aber die Erreichung des einzigen Lebenszweckes der Juden, das goldene Kalb, verwirklichen kann; er wirft sich daher mit Vorliebe auf den Handel, welcher nebstbei die Unehrlichkeit am sichersten maskirt.«[78] Eines der am stärksten von Austriacus betonten Klischees war somit die angebliche Faulheit der Juden und ihre Neigung zu betrügerischen Machenschaften. Dass seine andere Stereotype des durchtriebenen, übermotivierten Juden schlecht zur ersten Figur passte, bereitete Austriacus keine Probleme. Er hätte seine Argumentation in der Behauptung zusammenfassen können, die Juden hätten für die Öffentlichkeit nicht mehr den funktionalen Nützlichkeitsmehrwert, der für die Toleranz erforderlich sei. Seine Argumentation war radikal wirtschaftlich-utilitaristisch, ohne offen rassische Erwägungen miteinzubeziehen.

In seinem Pamphlet von 1892, *Die Judenfrage in Oesterreich*, benützte Ernst Vergani dieselben Stereotypen, erweiterte sie aber um das Motiv des Rassenhasses.[79] Vergani unterschied zwischen wirtschaftlichem und religiösem Antisemitismus einerseits und rassischem Antisemitismus andererseits. Selbst wenn es den Juden gelänge, sich wirtschaftlich oder religiös zu assimilieren, machten trotzdem ihre rassischen Eigenschaften ihren Ausschluss ebenso unvermeidbar wie wünschenswert. Verganis Einstellung zur Rassenfrage war zwar die Grundlage, auf der seine Zeitung, *Deutsches Volksblatt*, aufbaute, aber die geschäftliche Seite seines Zeitungsunternehmens verriet viel über den Utilitarismus des rassischen Antisemitismus. Seine Zeitung prosperierte dank der Anzeigen, die große Handels-, Industrie- und Bankkonzerne schalten ließen, um sich der Gunst des Blattes und (immer wieder auch) seines Stillhaltens zu versichern.[80] Dass viele dieser Firmen im Besitz oder unter der Führung von Juden standen, bereitete Vergani offenbar keine Schwierigkeiten.

Die extremste Form des Antisemitismus, der Rassismus, war in Wien kaum je in unvermischter Form anzutreffen, sondern meist nur im Verein mit traditionelleren wirtschaftlichen, religiösen und kulturellen Argumenten. Ungeachtet der Brutalität der auf rassischen Argumenten aufbauenden Rhetorik fehlte dieser Form des Antisemitismus jede Plausibilität, um die jüdische Gemeinde in Wien einzuschüchtern. Rassische Argumente verfingen nicht in einer großen, wohlhabenden, multiethnischen Reichshauptstadt mit einer sehr großen jüdischen Gemeinde, besonders in Anbetracht der Tatsache, dass viele Juden in Unternehmen tätig waren, an denen auch Nichtjuden der Mittelschicht beteiligt waren. Die von Heuchelei triefenden Briefwechsel zwischen Antisemit und Jude, die von der liberalen Presse so gerne in referierender Form veröffentlicht wurden (wie zum Beispiel die Briefe des Erz-Antisemiten von der Landstraße, Cornelius Vetter, an den jüdischen Gemeindevorstand Salo Kohn, in dem Vetter sich Kohn anbiederte mit der Bemerkung, er, Vetter, empfinde mehr Freundschaft für Kohn als die meisten anderen Antisemiten in Wien), waren weder überraschend noch vermeidbar.[81] Die wirtschaftliche und soziale Integration (wenn nicht Assimilation) der Juden war in der zweiten Hälfte der 80er Jahre sehr weit fortgeschritten und, solange der zivil- und strafrechtliche Rahmen, den der liberale Staat aufgebaut hatte, intakt blieb, gab es keine Angriffsfläche für kategorischen Rassismus. Die meisten politikinteressierten bürgerlichen Juden fürchteten in den 90er Jahren viel mehr die wirtschaftlichen und klerikalen Implikationen des Antisemitismus als seine rassistische Rhetorik.

In Wien zeigten sich die ersten Auswirkungen des modernen Antisemitismus in den 70er Jahren in nationalistischen Zirkeln der Universität. 1875 klagte der berühmte Wiener Chirurg Theodor Billroth über die Scharen von armen und (seiner Meinung nach) schlecht vorbereiteten jüdischen Studenten aus Ungarn und Galizien, welche die medizinische Fakultät der Wiener Universität bevölkerten. Er war überzeugt, dass der Versuch der Juden, einer seiner Meinung nach ethnisch und national eigenständigen Gruppe, sich an die deutsche Umgebung zu assimilieren, zum Scheitern verurteilt sei. Seine wenig schmeichelhaften Kommentare zum Ausbildungsstand und dem finanziellen Status der ostjüdischen Studenten trugen dem Chirurgen Grußbotschaften ein vom *Leseverein der deutschen Studenten,* einer deutschnationalen Studentenvereinigung.

Der studentische Antisemitismus an Universitäten wie Wien und Graz hatte eine dezidert rassische Konnotation. 1878 begannen verschiedene Burschenschaften in Wien, Juden von der Mitgliedschaft auszuschließen.[82] Bis spätestens 1889 hatten die führenden Wiener Studentenverbindungen alle jüdischen Mitglieder, einschließlich der getauften, ausgeschlossen.[83] Ab dem Ende der 70er Jahre unterhielt Georg von Schönerer enge Beziehungen zu national eingestellten Studentenverbindungen in Wien. Ihr Antisemitismus und parallele Entwicklungen in Deutschland und Russland regten ihn im Jahr 1882 dazu an, den Judenhass zu einer Säule seiner großdeutschen Bewegung zu machen.[84] In der Bevölkerung wurden die ersten antisemitischen Regungen sichtbar im Februar 1881, als Karl von Zerboni, ein bankrotter Offizier und Antisemit seit Ende der 60er Jahre, ein kleines Blatt gründete, den *Oesterreichischen Volksfreund,* der zweimal im Monat erschien.[85] Zerboni verwendete das Blatt als Propagandaplattform für eine noch zu gründende antisemitische politische Partei. Sein Traum sollte sich innerhalb eines Jahres erfüllen. Am 11. Februar 1882 gründete eine Gruppe von Handwerkern und Fabriksbesitzern zusammen mit einigen Rechtsanwälten und Lehrern den *Oesterreichischen Reformverein,* den ersten Verein in Wien mit dezidert antisemitischem Programm.[86] Die meisten Gründungsmitglieder des *Reformvereins* waren politische Unbekannte, aber in der Person von Robert Pattai fand der Klub einen Führer mit Potential. Pattai war ein junger national eingestellter Anwalt aus Graz, der in den 70er Jahren an der dortigen Universität studiert hatte. Anfangs engagierte er sich politisch bei den Liberalen in Neubau.[87] Er hatte damals schon die Bekanntschaft Schönerers gemacht und an den vorbereitenden grundsätzlichen Überlegungen teilgenommen, die in dessen Linzer Programm gipfelten. 1882 beschloss er dann, selbst aktiv zu werden, indem er sich eine seinen ehrgeizigen Plänen entsprechende Organisation schuf. Der Antisemitismus war für Pattai – wie auch für andere »homines novi« der 80er Jahre – der bequemste Einstieg in die Politik, der es zudem überflüssig machte, sich in langen Jahren zu einer Vertrauensstellung innerhalb der Liberalen Partei emporzudienen. Der *Reformverein* bot Pattai – im Mai 1882 übernahm er den Vorsitz – ein perfektes Forum für seine Reden über die dringende Notwendigkeit, die österreichische Gesellschaft durch radikale wirtschaftliche Reformen zu verjüngen. Pattais breitgefächerte politische Kontakte trugen ihm nicht nur eine lukrative Anwaltspraxis ein, sondern auch den Ruf, es mit Fragen nicht so genau zu nehmen, die einem Puristen in Rassenfragen wie Schönerer heilig waren. Er erwarb sich den Ruf eines »Salon-Antisemiten«, der in seiner Rhetorik nie zur Vulgarität eines Schneider oder Gregorig absank. Dass er dabei seine Arbeitskontakte zu Regierungsstellen nie abreißen ließ, trug ihm den hartnäckigen Argwohn der orthodoxeren Deutschnationalen ein.

Unmittelbar nach der Gründung des *Reformvereines* im Februar 1882 fanden im März und April mehrere Versammlungen untereinander zerstrittener Handwerkergruppen statt. Der uns schon bekannte Wiener Uhrmacher Buschenhagen organisierte am 20. März 1882 eine Versammlung von 400 Handwerkern unter dem Titel, den Antrag der klerikalen Seite auf Verleihung des Wahlrechts an die Fünf-Gulden Männer unterstützen zu wollen. Die Versammlung verkam rasch zu einem johlenden Haufen, der von einem unbedeutenden Journalisten namens Franz Holubek aufgepeitscht wurde.[88] Schönerer war ebenfalls anwesend und hielt eine lange Rede, in der er die Rechtsprechung, die Presse und den Einfluss der Juden auf das öffentliche Leben attackierte. Die Versammlung stand im Zeichen einer seltsamen Mischung aus alten, wiederaufgewärmten politischen Forderungen (die Demokraten plädierten in Wien seit fast zwanzig Jahren für das Fünf-Gulden Wahlrecht) und antisemitischen Ausfällen. Auch war weder diese noch eine der nachfolgenden Veranstaltungen ein wirkliches Novum in der Wiener Politik, da die Rüpelszenen an die Kundgebungen der Demokraten in den 70er Jahren erinnerten. Sie lockten allerdings jetzt mehr Menschen an[89] und die radikale linke Rhetorik hatte einem antisemitischen Jargon Platz gemacht hatte. Die öffentliche Aufmerksamkeit, die ihre Kundgebung erzeugte, ermutigte Holubek und Buschenhagen zu einer weiteren Auflage, die auf der Wieden am 4. April 1882 stattfand.[90] Dabei wollte Holubek ein Zehn-Punkte Programm zur Befreiung Österreichs von den Juden vortragen. Dieses Programm – zu seiner Verlesung kam es nicht, da ein Vertreter der Polizei die Versammlung kurzerhand auflöste – sah Einschränkungen des Aufenthaltsrechts, die Wiedereinführung der Kopfsteuer, das Verbot von Grunderwerb, strenge Beschränkungen für Arbeitnehmer und die Entlassung aller Juden aus dem öffentlichen Dienst vor.[91]

Die Holubek-Buschenhagen-Schönerer Versammlungen vom März und April 1882 wurden zwar rasch Teil der Folklore des frühen Antisemitismus in Wien, aber in ihren praktischen Auswirkungen waren sie von untergeordneter Bedeutung. Holubek schied bald aus der Bewegung aus und kehrte in die verdiente politische Obskurität zurück.[92] Buschenhagen wurde ein großdeutscher Politiker des zweiten oder dritten Gliedes, der bis spätestens 1885 jeden Kontakt zum Hauptstrom des Wiener handwerklichen Antisemitismus verloren hatte.[93] Die vielleicht wichtigste Entwicklung innerhalb des Wiener Antisemitismus im Jahr 1882 war die zunehmend dominante Rolle, die Schönerer zukam. Georg von Schönerer trat getreulich dem Reformverein bei und figurierte zusammen mit Pattai und weniger bedeutenden Mitgliedern auf der Rednerliste einer jeden der monatlichen Versammlungen.[94] Er hegte jedoch noch andere Pläne für seine Bewegung, die wesentlich höher zielten als auf Abhilfe für die bedrängten Handwerker und gründete im Juni 1882 den rivalisierenden *Deutschnationalen Verein* in Wien. Dieser Verein, dem Journalisten, Lehrer, Gymnasialprofessoren und wohlhabendere Kleinunternehmer angehörten, war eine wesentlich passendere Plattform für Schönerers Politik, die durch eine Mischung religions- und rassenpolitischer Zielsetzungen gekennzeichnet war. Im Gegensatz zum *Reformverein* hatte der neue großdeutsche Verein die Wählerschaft des gesamten Staates im Visier, auch wenn er in Wien nie mehr erreichte als einen Zusammenschluss durchgeknallter Rassisten mit nur mäßig besuchten Veranstaltungen.[95] Dank der Anstrengungen schönerianischer Agitatoren in Wien und Niederösterreich sickerte krude »Alle Juden raus«-Propaganda nach Wien und in die kleineren Städte Niederösterreichs durch, teils aus Ungarn und Deutschland importiert, teils vor Ort selbst fabriziert.[96]

Schönerers Rhetorik und die abstoßende Taktik seiner Anhänger erzeugten zwar kurzfristige Aufmerksamkeit, aber die Anführer des *Reformvereins*, allen voran Robert Pattai und Ernst Schneider, waren darauf erpicht, ihre Organisation in eine pragmatische politische Bewegung umzuwandeln. Obwohl sie angeblich mehr als 1.000 Mitglieder zählte, war es für die Gruppe schwer, sich dauerhaft zu etablieren, da sie ihre Versammlungen allmonatlich in einem anderen Stadtteil oder einer anderen Vorstadt abhielt. Schönerer versuchte, eine Beschränkung auf das Wählerpotential der »deutschen« Handwerker durchzusetzen unter Ausschluss etlicher Hundert assimilierter tschechischer Handwerksmeister. Ernst Schneider war sich der Sinnlosigkeit eines derart kleinlichen Sektierertums bewusst und wies Vogelsang gegenüber im März 1883 mit Nachdruck darauf hin, dass Schönerers Interesse an einer Handwerksreform offenbar im Schwinden sei: »Was Schönerer in social politischen Dingen macht, ist meiner Überzeugung nach nicht ernst zu nehmen.«[97] In der Entschlossenheit, mit der er ins Rampenlicht drängte, durchaus Robert Pattai ebenbürtig, kandidierte Schneider für einen Parlamentssitz in einer Nachwahl in Hernals im April 1882; dabei stellte er sich unter Verzicht auf antisemitische Rhetorik als ehrenwerter Unternehmer dar, der sich aus eigener Kraft emporgearbeitet hatte und seit 1872 eine mittelständische feinmechanische Werkstätte mit mehr als 50 Arbeitern betrieb.[98] Schneiders selbstverleugnendes Demokratentum fand wenig Anklang – er wurde nur Dritter – und so beschloss er, seinem Handwerkerprogramm ein schärferes, stärker antisemitisches Profil zu geben. Seine Beziehungen zu Schönerer verkamen sehr schnell zu persönlicher Animosität. So teilte er diesem im April 1882 mit, er wolle im Reformverein nichts mit »prussophilen« Projekten zu tun haben, und schlug vor, der Verein solle sich auf ein Programm der Handwerksreform beschränken.[99] Schönerer seinerseits begegnete Schneider immer mit Misstrauen und hielt ihn für ein Werkzeug der Klerikalen und einen Polizeispitzel.[100]

Obwohl Schneider Vogelsang gegenüber Schönerers Verdienste anerkannte, weil dieser »die antisemitische Bewegung in Gang gebracht habe«, hatte er spätestens Mitte 1883 von Schönerers großdeutschen Bestrebungen genug.[101] Er schmiedete Pläne, wie er selbst der neue Schönerer der Wiener Handwerkerpolitik werden könne, und setzte zu diesem Zweck auf ein Konkurrenzprogramm voll antisemitischer Virulenz, das Schönerers Ton kopieren sollte, ohne sich auf nationalistische Verbrüderungen einzulassen.[102] Nach seiner Wahl zum Vizepräsidenten des *Reformvereins* Ende 1882 baute Schneider die soziale Basis des Vereins aus durch die Anwerbung neuer Mitglieder aus den Reihen der finanziell weniger gut gestellten Handwerker.[103] Viele von ihnen waren Böhmen oder Mährer der ersten oder zweiten Einwanderergeneration, die sich in Wien assimiliert hatten und viel mehr interessiert waren an Forderungen nach staatlicher Unterstützung für das Handwerk als an Schönerers Pangermanismus.[104] Dies war besonders ausgeprägt bei den großen Handwerkszünften, wie z.B. bei den Schustern.

Robert Pattai fand sich auf eine Position in der Mitte zwischen Schönerer und Schneider verwiesen. An Schönerer beeindruckte ihn die Loyalität, die der engere Führungskreis ihm infolge seiner geradezu charismatischen Ausstrahlung entgegenbrachte; zudem standen Schönerer beträchtliche finanzielle Ressourcen zur Verfügung. Dies war von nicht geringer Bedeutung in einer Stadt, wo eine Wahl bis zu 5.000 fl kosten konnte. Umgekehrt war Pattai klar, dass allein Schneiders Strategie erfolgversprechend war, wenn der *Reformverein* je eine Wahl in Wien gewinnen wollte: möglichst viele ärmere Handwerker als Mitglieder zu werben – selbst auf das Risiko hin, dass sich unter ihnen einige assimilierte Wiener Tschechen befanden.

Der erste Bruch im *Reformverein* ereignete sich im Frühjahr 1884, als Schneider der Gruppe – mit dem Argument, sie könne mehr von der Unterstützung bereits erfolgreicher Kandidaten profitieren als von der Aufstellung eigener Leute – vorschlug, die Wiederwahl Karl Luegers, der in Landstraße für den Gemeinderat kandidierte, zu unterstützen.[105] Schönerer legte unmittelbar darauf seine Mitgliedschaft im Reformverein zurück und beklagte dessen zunehmend verwässerte Grundsätze. Diese prompte Reaktion brachte Pattai in Verlegenheit, aber als Präsident des *Reformvereins* konnte er sich nicht von Schneiders Verhandlungen mit Lueger distanzieren. Nachdem er solchermaßen zwischen die Fronten geraten war, beschloss Pattai im Mai 1884, sich selbst auf der politischen Bühne zu versuchen, indem er bei einer parlamentarischen Nachwahl in Mariahilf, die durch den Abgang Josef Kopps notwendig geworden war, kandidierte. Dafür brauchte Pattai Geld; er schloss einen Pakt mit Schönerer, in dem er sich verpflichtete, seine Kampagne auf der Basis des Linzer Programms zu führen und im Fall eines Wahlsieges der großdeutschen Fraktion im Parlament beizutreten. Schönerers Gegenleistung bestand in der Finanzierung des Wahlkampfes. Glücklicherweise verlor Pattai die Wahl, zwar knapp, aber doch deutlich, und sein Schönerer gegebenes Versprechen war somit – jedenfalls für den Augenblick – hinfällig; 1885 sollte es ihn dann wieder einholen.[106]

Zwei Entwicklungen im Jahr 1885 halfen Pattai aus seinem Dilemma. Ende 1884 organisierten einige loyale Schönerianer in Mariahilf, dem Bezirk, wo Pattai erfolglos sechs Monate zuvor für das Parlament kandidiert hatte, den *Politischen Bezirksverein Mariahilf-Neubau*. Für die Geschichte des Wiener Antisemitismus war dies ein entscheidender Schritt, da es sich hier um den ersten effektiven antisemitischen Verein in einem der traditionellen Vorstadtbezirke handelte.[107] Pattai und sein Gefolge schlossen sich sofort diesem Klub an und setzten sich binnen weniger Monate an seine Spitze.[108] Mitte April 1885 traten die schönerianischen Dissidenten geschlossen aus und bildeten den rivalisierenden *Deutschen Bezirksverein Mariahilf*. Es gelang jedoch dem ursprünglichen, von Pattai dominierten *Politischen Bezirksverein Mariahilf-Neubau*, eine brauchbare Zahl von Anhängern im Bezirk zu gewinnen und schließlich die Führung im Bezirksausschuss zu übernehmen. Pattai hatte jetzt seine eigene organisatorische Basis außerhalb des *Reformvereins*.

Die Gemeinderatswahlen vom März 1885 führten schließlich zu einer Krise im *Reformverein*. Bei der Erstellung der Landstraßer Kandidatenliste votierte die Gruppe gegen den im Jahr davor etablierten Präzedenzfall, den Kandidaten der Demokraten gegen den der Liberalen zu unterstützen, und entschied sich für die Aufstellung einer eigenen Liste. Cornelius Vetter und Leopold Hollomay wurden als Gegenkandidaten zu den zwei Demokraten Ignaz Mandl und Franz Schallaböck aufgestellt. Obwohl der Vorstand des *Reformvereins* für Vetter und Hollomay votiert hatte, warb Schneider persönlich für Mandl und Schallaböck, die auch prompt beide gewählt wurden. Was in den Augen seiner Kritiker noch schwerer wog, war Schneiders Weigerung, den nationalistischen Gymnasiallehrer Anton Schnarf in seiner Bewerbung um einen Sitz in der Zweiten Kurie in Mariahilf zu unterstützen; Schnarf unterlag bei der Wahl. Für Pattai war das Maß von Schneiders »pro-tschechischen« Machinationen jetzt voll und er legte die Präsidentschaft im Reformverein mit 10. April 1885 nieder.[109] Ein Woche später ließ sich Schneider in einer Wahl voller Irregularitäten zum Präsidenten wählen.

Pattais Abkehr von Schneider führte zu einem Stimmungsumschwung bei den Großdeutschen zu seinen Gunsten. Als er im Juni 1885 für Mariahilf für das Parlament kandidierte, gelang es ihm, eine Koalition von Wählern mit dem neuen Fünf-Gulden Wahlrecht mit älteren, nationalistischen, schönerertreuen Wählern zustande zu bringen. Diesmal war er jedoch nicht auf Schönerers Geldmittel angewiesen, denn seinen Wahlkampf bestritt jetzt der *Politische Verein*.[110] Pattais Wahl war ein Meilenstein in der Geschichte des frühen Wiener Antisemitismus, lieferte sie doch den Beweis, dass dieser wirkungsvoll von einem traditionellen, unabhängigen Verein auf Bezirksebene eingesetzt werden konnte. Angesichts dieses Präzedenzfalls schmolz die Nützlichkeit des viel loser organisierten *Reformvereins* rasch dahin.[111]

Die Idee einer antisemitischen Bezirksorganisation war so verlockend, dass Vetter und Hollomay im Oktober 1886 versuchten, in Landstraße auf gleicher Basis einen *Politischen Verein* zu organisieren.[112] Hier stießen sie jedoch auf einen gut organisierten Klub der Demokraten, der von Karl Lueger beherrscht wurde. Wie sich 1890/91 zeigen sollte, als Lueger die Karrieren von Vetter und Hollomay zerstörte, war es schwer, gestandenen demokratischen Politikern Bezirke abspenstig zu machen, solange sich diese bereit fanden, den Antisemitismus in ihr Programm aufzunehmen.

Ein Außenstehender musste 1886 wohl zum Schluss kommen, die Wiener antisemitische Bewegung stecke bis zum Hals in einem Sumpf persönlicher Querelen, und die Liberalen reagierten auf diesen Anblick mit verständlicher Geringschätzung, vor allem was die Zukunft dieser Bewegung betraf. Als politisches Thema war der Antisemitismus per se besonders in der Dritten Kurie ergiebig, und wäre bei besserer Organisation und Disziplin noch ergiebiger gewesen.

In den Jahren 1886–89 kamen zwei neue Faktoren hinzu, die für die spezifische Ausprägung des Wiener Antisemitismus von entscheidender Bedeutung waren. Zum einen führte der Einfluss, der von Ludwig Psenner, Karl von Vogelsang und den führenden Köpfen des niederen Klerus ausging, dazu, dass die antisemitische Bewegung eine feingesponnene, aber trotzdem wirkungsvolle pseudoreligiöse Fassade erhielt, die ihr ein Mehr an Respektabilität und kulturellen Ressourcen verschaffte. Zum anderen machten mit Karl Lueger und Albert Gessmann die zwei Wiener Demokraten, die für die Führung einer wiederbelebten antisemitischen, christlichsozialen Bewegung in erster Linie verantwortlich werden sollten, einen Prozess persönlich-politischer Wandlung durch.

Die Radikalisierung der Handwerkerbewegung

Die auf die Gewerbeordnung von 1883 folgenden Jahre machten allen bewusst, dass dieses Gesetz keineswegs das von den Handwerkern gewünschte Allheilmittel darstellte. 1885 beklagte sich Ernst Schneider bei Vogelsang: »Seit [18]83 haben wir das Gewerbegesetz als eine ›Socialreform‹ und fragen Sie sich gütigst, was ist geschehen, was *kann* geschehen? Sind denn die Juden und Judengenossen nicht überall und in jeder Weise beflissen, die Wirkung des Gesetzes zu beseitigen und zwar für die Juden zu beseitigen?«[113] 1890 stellte der Jahresbericht der Wiener Handelskammer fest: »Vielfach kritisch sind im allgemeinen die kleingewerblichen Verhältnisse.«[114] Da nach 1883 keine wesentlichen Reformen des völlig willkürlichen Systems der Lehrlingsausbildung stattfanden, bedeutete auch der Befähigungsnachweis nicht, dass die nachrückenden jungen Handwerker besser ausgebildet waren. Der Meisterbrief führte auch nicht zu einem verminderten Wettbewerb innerhalb der einzelnen Gewerbe, von denen damals viele schon von vornherein einen Überschuss an registrierten Lehrlingen und Gesellen aufwiesen. Auch nach der Verabschiedung des Gesetzes zeigte sich kein Rückgang bei den neuen Meistern, die in Wien einen Gewerbebetrieb eröffneten, wobei die meisten von ihnen bereits die Arbeitserfahrung besaßen, die zur Erlangung des Meisterbriefs nötig war.[115] Da das Gesetz von 1883 keine Prüfung vorsah, sondern lediglich die Anzahl der Gesellenjahre festlegte, die es für die Zuerkennung des Meistertitels zu absolvieren galt, gab es keine Methode, mit der man die Qualität der Ausbildung hätte messen können. Richard Weiskirchner räumte 1895 ein, dass der Meisterbrief in Gewerben, wie z.B. der Hutmacherei, ohne Aussagekraft war.[116] Und der Paragraph 38 des Gesetzes von 1883, der für die Betreiber neuer kommerzieller Etablissements, wie z.B. von Konfektionshäusern, einen Befähigungsnachweis vorschrieb, konnte leicht dadurch umgangen werden, dass man einen befähigten »Strohmann« als Co-Direktor oder Vorarbeiter anwarb oder Bestellungen ausschließlich an Subunternehmer vergab, also an Handwerker, die im Besitz eines Meisterbriefs waren, statt an unabhängige Gesellen.

Die zweite größere Neuerung der Gewerbeordnung, die Stärkung der Rolle der Zünfte, zeigte mehr Auswirkungen, allerdings nicht in wirtschaftlicher Hinsicht. Zunächst muss man sich jedoch vor Augen halten, dass die Zünfte nach 1883 an mehreren Schwächen litten. Die Anwesenheitszahlen bei den Sitzungen verschiedener Handwerksvereine waren durchwegs niedrig. 1894 belief sich die Gesamtzahl allgemeiner Mitgliedsversammlungen, die von den insgesamt 125 Handwerks- und Handelszünften in Wien abgehalten wurden, auf 227, d.h. weniger als zwei pro Jahr und Zunft.[117] 45 Vereine versammelten sich nur zweimal im Jahr, 53 überhaupt nur einmal.[118] Versammlungen zur Wahl der Vorstände der Zünfte waren ebenfalls durch niedrige Beteiligung gekennzeichnet – üblicherweise lag die Wahlbeteiligung bei den größeren Zünften bei etwa 30 bis 35 Prozent.[119] Diese Zahlen erklären die Klagen über den in vielen Gewerben fehlenden Korpsgeist, die in Kreisen der Industrie häufig zu hören war.[120] Die lange Tagesarbeitszeit, die für Meister die Regel war, und der Umstand, dass jeder von ihnen völlig auf sich gestellt war und Misstrauen allen anderen gegenüber empfand, sind der Grund dafür, warum alle Versuche, ein kollektives Ethos unter den Handwerkern zu schaffen, auf Schwierigkeiten stießen, während gleiche Bemühungen unter den gebildeteren christlichsozialen Schichten der Beamten sowie der Haus- und Grundbesitzer viel leichter zum Ziel führten.

Wenn auch die Handwerkszünfte sich als Subjekte kollektiver Aktionen ungeeignet erwiesen, so eigneten sie sich doch für einen anderen Zweck auf geradezu ideale Weise. Die tatsächliche Macht in den Zünften lag bei ihren Vorstehern. Obwohl die Größe dieser Exekutivkomitees ganz verschieden war, waren ihre Spitzenpositionen mehrheitlich mit ansehnlichen Gehältern und Spesenkonten ausgestattet. Von der Summe der Einkünfte, die durch Mitgliedsbeiträge und aus Investitionen im Jahr 1890 in die Kassen der Wiener Handwerkszünfte flossen, wurden fast 50 Prozent (201.453 fl.) für interne Verwaltungszwecke ausgegeben, nicht etwa für externe Zielsetzungen, wie berufsbildende Maßnahmen, karitative Aktivitäten oder die Versicherung der Mitglieder.[121] Johann Jedlička, der Vorsitzende der Zunft der Tischler und ein Intimus von Ernst Schneider (und Anhänger Luegers), erhielt 2.000 fl. im Jahr für sein Amt.[122] Das bedeutete, dass viele Zünfte, besonders die größeren, über gutbezahlte Agitatoren und Lobbyisten sowie über eigene Budgets für Propaganda und politische Aufgaben verfügten. Oft waren die Gebäude Eigentum der Zünfte und dienten den größeren unter ihnen nicht nur als administrative Zentralen, sondern auch als bequeme Zentren politischer Koordination.[123] Die wesentliche Rolle der Vorsteher war weniger eine wirtschaftliche als vielmehr eine politische: die Handelskammer hielt fest, dass die Beschäftigung, die viele von ihnen als einzig der Mühe wert erachteten, »Gewerbepolitik und Verwaltung« sei.[124]

Der Einfluss der Zunftvorsteher wurde nach 1886 in dem Maße deutlicher, als sich ihnen Gelegenheiten boten, ihr Amt für parteipolitische Zwecke auszunützen. Bis Mitte der 80er Jahre war der *Wiener Gewerbegenossenschaftstag* eine politisch neutrale Körperschaft. Die Gewerbeordnung von 1883 verlangte, dass sich alle bereits bestehenden Zünfte neu konstituierten und zu diesem Zweck Neuwahlen für ihren Vorstand ansetzten. Dieser Vorgang bot neuerlich Gelegenheit, den Antisemitismus in das politische Programm der Zünfte zu hieven. Schon im August 1884 hatte Schneider an Vogelsang geschrieben, dass Franz Löblichs Entfernung aus der Handwerkerbewegung dazu führen werde, das antisemitische Lager innerhalb der Zünfte zu stärken.[125] Mit dem praktischen Zusammenbruch des *Reformvereins* im Jahr 1886 zog sich Ernst Schneider von der Politik auf der Bezirksebene zurück – er wurde nie in den Gemeinderat gewählt – und konzentrierte sich auf die Förderung des Antisemitismus innerhalb der Führungsstruktur der Zünfte mit Hilfe des *Wiener Gewerbegenossenschaftstags*.[126] Auf Betreiben von Vogelsang und Lueger, die dafür jeweils verschiedene Motive hatten, schuf Schneider so eine Machtbasis für eine antisemitische Politik, die gegenüber dem traditionelleren, auf Bezirksvereinen beruhenden Nexus ein Novum darstellte. Der Kampf gegen die Liberalen in Wien, wie Schneider Vogelsang gegenüber *ad nauseam* versicherte, erforderte beträchtliche Finanzmittel; der Wiener Gewerbegenossenschaftstag war dafür eine potentielle Quelle.[127]

Spätestens im Oktober 1887 hatten viele ältere liberale Zunftvertreter ihre Mitgliedschaft im *Tag* zurückgelegt, und Schneider zog die Wahl von Ferdinand Maier, einem Ex-Demokraten von Mariahilf und Vorsteher der Zunft der Zierfedernerzeuger, zum neuen Vorsteher durch. Er selbst behielt sich die Position des Geschäftsführers vor, von der aus er die Organisation über die nächsten zwanzig Jahre beherrschte. Noch folgenreicher war allerdings, dass Schneider und seine Helfershelfer dazu übergingen, in vielen größeren Zünften konspirative Gruppen zu installieren mit dem Ziel, die Positionen des Vorstehers und des stellvertretenden Vorstehers mit ihren Leuten zu besetzen. Dieser Vorgang nahm zehn Jahre in Anspruch, aber bereits 1890/91 hatten Schneiders Verbündete die Kontrolle über die drei größten Handwerkszünfte der Stadt an sich gebracht: die der Schuster, der Schneider und der Tischler. Es waren dies genau diejenigen Gewerbe, deren Handwerker am stärksten auf die von jüdischen Händlern und Konfektionären dominierte Konsumgüterindustrie angewiesen waren.

Es gab noch einen Bruch gegen Ende der 1880er Jahre, der weiteren Unmut bei den Meistern hervorrief und sie für die Verlockungen des Antisemitismus noch anfälliger machte. Spannungen zwischen den Gesellen oder Gehilfen und den Handwerksmeistern gab es zwar schon seit den 1860ern und 1870ern, aber noch 1873 konnte eine liberale Zeitung behaupten, dass doch »dem Gewerbestand in der Arbeiterbewegung sein gefährlichster Gegner erwachsen [ist], weil dieser Stand vollständig desorganisiert, in der krassesten Zerfahrenheit begriffen und daher der Arbeiterbewegung fast willenlos preisgegeben ist.«[128] Ende der 1880er Jahre spitzte sich der Konflikt zwischen den beiden Subkulturen jedoch zu. An Konflikten gab es keinen Mangel, angefangen von Streiks und Lohnforderungen bis zur Forderung nach kooperativen Vereinen, die in Arbeiterkreisen immer wieder erhoben wurde. Es war den Sozialdemokraten nahestehenden Gruppierungen gelungen, in vielen Zünften die Kontrolle über die Gehilfenvereine an sich zu bringen, ebenso wie über die Komitees, die die obligatorischen Krankenkassen verwalteten, deren Organisation jede Zunft in eigener Regie zu übernehmen hatte.[129] In vielen Zünften engagierten sich die Gehilfen stärker in der politischen Agitation als ihre Arbeitgeber.[130]

Viele Gehilfen waren in religiösen Dingen indifferent und reagierten auf die Frömmigkeitsbezeugungen, die ihnen von den Zunftvorstehern und anderen führenden Persönlichkeiten nahegelegt wurden, mit offener Ablehnung. Die Gewerkschaftsbewegung war für die Handwerker eine neue und so ominöse Bedrohung, dass Joseph Blaschek, der Herausgeber eines wichtigen katholischen Organs der Handwerkerbewegung, von der Regierung 1891 sogar ein Verbot aller sozialistischen Gewerkschaften forderte.[131] Da sich die Agitation unter den Arbeitern auf die von den Zünften gesponserte Einrichtung der Gehilfenversammlung konzentrierte, fand die Feindschaft zwischen Handwerksmeistern und ihren Gesellen bereits vorhandene Strukturen vor, in denen sie weiter schwären konnte. Diese Spannungen zwangen umgekehrt die Handwerker dazu, ihre Kritik an der industriellen Rechten den neuen Verhältnissen anzupassen. Johann Jedlička kam jedenfalls im Juli 1896 zu diesem Schluss. Während eines Streiks, an dem mehrere Hundert Tischlergehilfen beteiligt waren, bemühte er sich, bei 600 seiner Handwerkskollegen eine Aussperrung der Arbeiter durchzusetzen und warb zu diesem Zweck um Unterstützung bei einem Ad-hoc-Komitee von 25 Fabrikanten in der Holz- und Möbelindustrie.[132] Jedlička musste dabei erkennen, dass selbst der verbohrteste Antisemit, wollte er nicht von vornherein jede Chance verspielen, sich nicht auf einen gleichzeitigen Kampf an zwei Fronten einlassen konnte. Mit den Kapitalisten gemeinsame Sache zu machen, war vielleicht für die Meister noch eher machbar als die letzte Würde ihres Standes und ihre wirtschaftliche Sicherheit zu opfern, indem sie den »roten« Arbeitern den Neun-Stunden-Tag zugestanden. Als später im selben Monat eine Delegation von Industriellen bei Ministerpräsident Kasimir Badeni vorstellig wurde, um gegen sozialistische Streikaktivitäten in Wien zu protestieren, nahm daran auch der kooptierte Handwerkerführer Johann Köhler teil, damit er die Sicht der Gewerbetreibenden in dieser Sache vortrage.[133] Der Umstand, dass es zu derartigen informellen antisozialistischen Kooperationen zwischen Industrie und Gewerbe kam, bedeutete keineswegs, dass die antiindustrielle Stoßrichtung der Handwerksbewegung im Schwinden war; er bedeutete aber sehr wohl, dass die Fürsprecher des Handwerks nach 1890 bei ihren Versuchen, zwischen neuen Feinden und neuen Freunden zu unterscheiden, vor sehr schmerzlichen Alternativen standen.

Hätte sich der politische Antisemitismus in Wien mit Ernst Schneiders konspirativem Treiben im *Genossenschaftstag* und Robert Pattais Mariahilfer Aktivitäten erschöpft, dann wäre die Liberale Partei in Wien bis 1918 an der Macht geblieben, wie dies ihren deutschen Vettern in großen Städten wie Berlin, Frankfurt und Hamburg gelang. Die josephinische Bürokratie wusste mit solchen Leuten umzugehen: Egbert Belcredi notierte in seinem privaten Tagebuch, dass mehrere Regierungsstellen bedeutende Aufträge von Ernst Schneiders Firma abgezogen hatten, um ihn für seine Rolle in der Handwerkerbewegung zu bestrafen.[134] Wären sie sich selbst überlassen geblieben und hätten sie nur ihre eigenen beschränkten Ressourcen zur Verfügung gehabt, dann wären die Wiener Handwerker und ihre vormaligen Bezirkschefs wie Ernst Schneider von den Liberalen in die völlige Bedeutungslosigkeit zurückgedrängt worden.

Der radikale Klerus und die Restauration der Mittelstandsgesellschaft

Die zweite größere Interessengruppe, die Mitte der 80er Jahre die antisemitische Bewegung in Wien stärkte, war der Wiener und niederösterreichische Klerus. Ungeachtet der Versuche von Handwerkerführern wie Schneider, die Handwerkszünfte ins Fahrwasser des Antisemitismus zu manövrieren, wären die Zünfte allein nie in der Lage gewesen, die Führungsrolle im Kampf gegen die Liberale Partei zu übernehmen. Die Liberalen besaßen in Wien ungeheure Ressourcen. Es standen ihnen nicht nur alle Dinge zu Gebote, die ganz pragmatisch erforderlich waren, um in Wien Wahlen zu gewinnen – Geld, freiwillige Helfer, Organisationen, im Umgang mit den Massen erfahrene Redner, Propagandaeinrichtungen vor Ort – sie vermittelten auch das Bild einer berechenbaren, verantwortungsbewussten Partei. Wenn die Wähler auch an manchen Punkten des liberalen Programms Anstoß nahmen, so konnte doch niemand bestreiten, dass die Partei die Stadt ordentlich verwaltete. Dieser Aura von gemeindepolitischer Legitimität und administrativer Professionalität hatten die Antisemiten im Jahre 1886 nichts entgegenzusetzen.

Der katholische Klerus war infolge seiner organisatorischen Ressourcen und seines traditionellen Antijudaismus für die Antisemiten nützlich. Nicht nur agitierten manche Kleriker mit Geschick auf Bezirksebene, wo sie mit den Mitteln ihrer Freiwilligenorganisationen und Pfarreien die Arbeit der politischen Klubs und Bezirkskomitees der christlichsozialen Bewegung unterstützten; sie steuerten auch ein willkommenes Korrektiv für den exzessiven Radikalismus von Männern wie Schönerer bei. Mochten auch einzelne Kleriker durch ihr »radikales« Betragen auffällig werden, der Umstand, dass sie Repräsentanten einer großen, konservativen Organisation wie der Kirche waren, verlieh der Bewegung einen Anstrich von kultureller Solidität und einen hyperpatriotischen Firnis, dessen sie dringend bedurfte. Dass bestimmte Kirchenleute im Bestreben, ihre eigene Bedeutung für die Bewegung in Szene zu setzen, zu den größten Scharfmachern im antisemitischen Lager gehörten, mag zwar als Ironie erscheinen; aber selbst die radikalsten Antisemiten unter ihnen, wie Joseph Scheicher, trugen dazu bei, die Bewegung als solche in besser berechenbare, habsburgtreue Fahrwasser zu dirigieren. Die Kleriker waren nicht die einzige derartige Kraft, die zur Bewegung stieß und sich mildernd auswirkte – die Hausherren waren möglicherweise in dieser Hinsicht sogar noch effektiver – aber sie waren die erste Gruppe, die den politischen Antisemitismus offen unterstützte.

Nach 1867 sah sich der niedere Klerus in Österreich einem von liberalen Politikern kontrollierten politischen Regime gegenüber, dem wenig daran gelegen war, das aus dem 18. Jahrhundert stammende, dem josephinischen Katholizismus verhaftete Ideal eines in den Dienst am Staat eingebundenen Klerus weiter zu perpetuieren. Die stärker antiklerikal Eingestellten unter den Liberalen hätten eine noch weiter gehende soziale Isolation des Klerus nicht ungern gesehen. Kleriker, die der Autorität des neuen liberalen Staates Widerstand leisteten, mussten mit Demütigung und Ungnade rechnen. Das Beispiel von Bischof Franz Rudigier[135] in Linz war bestenfalls von bittersüßer Art: Rudigier ein Held – aber sein Widerstand gegen das Regime wirkungslos und für ihn selbst demütigend.

Die liberalen kulturellen Einrichtungen in Wien sowie in den Kleinstädten und Marktgemeinden Niederösterreichs untergruben ebenfalls den Respekt, den man früher dem Klerus entgegengebracht hatte. In diesem Sinn war der österreichische Liberalismus dem der Franzosen ähnlicher als den deutschen Spielarten. Zum stärker isolierten Status der Katholiken in Deutschland, wo ja die Mehrheit der Bevölkerung protestantisch war, fand sich in Österreich keine Parallele. In einem Land, in dem fast alle wenigstens dem Namen nach katholisch waren, konnte der Katholizismus jedoch leicht ein Gegenstand persönlicher Indifferenz werden. Der Antiklerikalismus der unteren und mittleren Schichten des Wiener Bürgertums datiert jedenfalls ursprünglich aus der Zeit vor der liberalen Ära in Österreich. Der Beitrag der Liberalen zu dieser Haltung bestand in der Etablierung zahlreicher offen antiklerikaler Symbole, unter denen das neue Schulsystem einen herausragenden Platz einnahm. Die bedeutenderen liberalen Wiener Zeitungen der 60er und 70er Jahre spielten alle das Prestige der Priesterschaft herunter, und die Boulevardpresse mit ihrer kleinbürgerlichen Leserschaft war ebenfalls antiklerikal eingestellt.

Der Säkularismus der 60er und 70er Jahre hatte unmittelbare Auswirkungen auf den Nachwuchs der Kirche. Ab den 60er Jahren verzeichneten viele österreichische Priesterseminare einen stetigen Rückgang der Neuanmeldungen.[136] 1875 waren diese auf 179 Studienanfänger in den 18 Diözesanseminaren Cisleithaniens gesunken. Anton Erdinger, der Direktor des katholischen Priesterbildungsseminars in St. Pölten, bemerkte im Jahr 1876, es sei »durch die Taktik des Liberalismus« so weit gekommen, dass in den bürgerlichen Familien seiner Diözese, die früher die meisten Kandidaten in sein Seminar entsandt hatten, »der Priesterrock als eine Schande gilt, weil man ihn zum Symbol der Borniertheit und Volksverdummung gestempelt hat«.[137] Die Erneuerung der klassisch liberalen Idee der Unabhängigkeit auf Gemeindeebene bot der liberalen Bewegung die Möglichkeit, ein System lokaler Eliten auf eben dieser Gemeindeebene zu etablieren, das zum Klerus in einem Konkurrenzverhältnis stand. Die Gemeinde wurde in noch größerem Umfang zum Verbreitungsinstrument des liberalen Antiklerikalismus als die liberalen gesetzgeberischen Aktivitäten auf der nationalen Ebene.

Die Herausforderung, mit der sich der Klerus nach 1880 konfrontiert sah, bestand darin, das traditionelle Ideal des josephinischen *pastor bonus* als Funktionsträger innerhalb des kaiserlichen Verwaltungsstaates zu überwinden und für sich eine neue öffentliche Rolle zu finden, die dem direkten Einfluss des Staates entzogen, aber parteipolitisch relevant war. Anfang der 1880er Jahre wurde der österreichische Klerus aus seiner Passivität gerüttelt von einer Gruppe rühriger Priester, die das *Correspondenzblatt für den katholischen Clerus Österreichs* herausgaben. Das *Correspondenzblatt* war das erste Organ, das sich ausschließlich mit den beruflichen Anliegen des österreichischen Klerus beschäftigte. Es finanzierte sich durch Abonnenten und Anzeigen, ohne Unterstützung aus aristokratischen oder bischöflichen Quellen, von denen andere katholische Zeitschriften abhingen. 1888 hatte das Blatt bereits fast 7.000 Abonnenten – und das in einem Jahrzehnt, in dem die meisten anderen katholischen Blätter ums Überleben kämpften.[138] Das *Correspondenzblatt* war ein erster Fall von »Selbsthilfe« seitens des dissentierenden katholischen Journalismus und sollte ein Jahrzehnt später zum Vorbild für die christlichsoziale *Reichspost* werden.

Das *Correspondenzblatt* wurde von Priestern aller Altersgruppen gelesen, die eigentliche Zielgruppe des Blattes aber waren Priester, die in den 60er und 70er Jahren ausgebildet worden waren, und die Seminaristen der 80er Jahre. Die Verfasser von redaktionellen Beiträgen entstammten zumeist ebenfalls diesen Generationsgruppen. Sie waren größtenteils Priester, die entweder als junge

Kleriker den Niedergang und die Aufkündigung des Konkordats miterlebt hatten oder in den 70er Jahren ihre Ausbildung absolviert und den politischen Zusammenbruch der Kirche mit Empörung quittiert hatten.[139]

Ende der 60er und in den 70er Jahren befand sich die österreichische katholische Kirche in einer neuen Lage, in der sie weitgehend auf ihre eigenen Ressourcen angewiesen war. Sie hatte zwar weniger öffentliche Macht, aber dafür mehr Entscheidungsspielraum, um ihre internen Angelegenheiten zu ordnen. Die Kleriker profitierten also von der sozialen Dynamik und der organisatorischen Flexibilität, die das liberale Zeitalter der österreichischen Gesellschaft gebracht hatte. Mit ihrer vitalen Presse, der Zurückdrängung der staatlichen Zensur und der politischen Förderung, die sie den mittleren Schichten des österreichischen Bürgertums angedeihen ließ, bot die liberale Bewegung auch jüngeren Klerikern die Vision einer Gesellschaft, die weniger autoritär, weniger hierarchisch gegliedert und weniger rigid war als die des Vormärz. Sie begriffen bald, dass der einzige Weg, die Liberalen zu übertreffen, darin bestand, sie nachzuahmen.

Das *Correspondenzblatt* wurde von zwei Augustiner Chorherren aus Klosterneuburg gegründet, Berthold Egger und Roman Himmelbauer. Die Augustiner stellten weitere wichtige Mitarbeiter wie Rudolf Eichhorn und Gustav Piffl. Die bedeutendste Einzelpersönlichkeit im Mitarbeiterstab des Blattes war Joseph Scheicher.[140] Er war Priester und kam aus einer armen niederösterreichischen Bauernfamilie. Scheichers Karriere war eine der schillerndsten in der modernen österreichischen Kirchengeschichte. Nach seiner Priesterweihe 1869 erhielt er eine Landpfarre im südwestlichen Niederösterreich zugewiesen, wo er sich bemühte, eine kleine katholische politische Bewegung aufzubauen. Bischof Josef Fessler von St. Pölten ermöglichte ihm später ein Doktoratsstudium am Frintaneum, dem nach seinem Gründer so genannten »höheren Priesterbildungsinstitut für Weltpriester zum heiligen Augustin in Wien«,[141] und 1878 wurde er zum Professor für Theologie am Priesterseminar in St. Pölten ernannt. In kultureller Hinsicht gehörte Scheicher zu den radikalsten Führern der antisemitischen Bewegung – ein wütender Liberaler bezeichnete ihn einmal als violetten Revolutionär.[142]

Wie viele andere christlich-soziale Führer war auch Scheicher ein »self-made man«. Er gab später zu, er habe sich für die Priesterlaufbahn entschieden, weil ihm als Sohn eines Kleinbauern kein anderer Weg zur höheren Bildung offenstand; dies gelte, wie er behauptete, auch für viele seiner Kollegen.[143] Scheichers Stolz auf seinen eigenen sozialen Aufstieg und seine Ablehnung derer, die solch hart erarbeitete Leistungen heruntermachen wollten, war bei ihm allgegenwärtig. Als Professor an einem Provinzseminar mit einem Fuß in der Tür zur intellektuellen Respektabilität, einerseits ausgesprochen stolz auf seine Herkunft und Bildung, andrerseits in einer ständigen Abwehrhaltung gegenüber möglicher, auf dieselben Umstände zielender Kritik, war Scheicher der prototypische Anführer des österreichischen christlichen Sozialismus in seiner Frühphase.

Dass sich der klerikale Radikalismus zuerst in der Kaiserstadt und in Niederösterreich und nicht in den isolierteren Alpengebieten zeigte, sollte nicht überraschen. In Wien und St. Pölten bekleideten in der liberalen Ära Männer das Bischofsamt, die sowohl gegenüber dem liberalen Regime einen möglichst konfliktfreien Kurs steuern als auch von der Wiener Presse akzeptiert werden wollten.[144] Matthäus Binder (1872–93) in St. Pölten und Johann Kutschker (1875–81) und Cölestin Ganglbauer (1881–90) in Wien waren Bischöfe mit neo-josephinischen Sympathien, die Konflikte mit der Regierung tunlichst vermieden, während sie gegenüber ihrem Klerus auf dem ihnen traditionell geschuldeten Gehorsam bestanden. Inspirierende Führungspersönlichkeiten waren sie allesamt nicht, und es war nicht verwunderlich, dass sich der niedere Klerus in Wien und Niederösterreich anderweitig nach politischer Führung umsah.[145] Diese Bischöfe lösten auch in Rom nur wenig Begeisterung aus; besonders Ganglbauer galt im Vatikan als verkappter Liberaler, da er sich weigerte, dem liberalen Regime konsequenten Widerstand zu leisten.[146]

Neben der mangelnden Entschiedenheit der bischöflichen Führung war der kulturelle Druck der respektgebietenden liberalen Presse in Wien viel gegenwärtiger als in den ländlichen Diözesen, in denen der soziale Wandel langsamer vonstatten ging. Dass es spätestens 1880 so gut wie keine katholische Politik mehr in Niederösterreich gab, bedeutete auch, dass der niedere Klerus keine bischöflich-aristokratischen Rivalen hatte, anders als in Tirol, wo es noch lange nach 1900 erbitterte Fehden zwischen konservativ-katholischen und christlichsozial-katholischen Fraktionen gab.[147]

Das erste und hartnäckigste Problem, das von den priesterlichen Journalisten im *Correspondenzblatt* behandelt wurde, war die Forderung nach Gehaltserhöhung und Pensionsregelung, die sogenannte Kongrua Frage. Die *congrua* (erg. *portio*) war das gesetzlich definierte Mindestgehalt, das dem österreichischen Klerus vom Staat garantiert wurde.[148] Seit Jahrzehnten war der Episkopat nicht in der Lage gewesen, das Problem der standesgemäßen Entlohnung des Klerus zu lösen. Die bischöflichen Forderungen nach einer Erhöhung der Gehälter des

Klerus waren im Vormärz bei der Regierung auf taube Ohren gestoßen. Das neoabsolutistische Regime kam zwar in gesetzlichen Belangen der Kirche entgegen, blieb aber untätig in Hinsicht auf die materielle Wohlfahrt des Klerus. Als dann die Liberalen nach 1867 an der Macht waren, setzten sie eine großzügige Revision der Gehälter der öffentlichen Bediensteten durch, der Klerus hingegen ging leer aus. 1871 ließen die Liberalen dann verlauten, sie zögen ein entsprechendes Gesetz auch für die Kleriker in Erwägung; was aber tatsächlich den Großteil ihrer Aufmerksamkeit in Anspruch nahm, war die antiklerikale Gesetzgebung der Jahre 1873–75. 1872 verabschiedete das Parlament dann tatsächlich ein Notstandsgesetz, mit dem ein Fonds von 500.000 fl. zur Unterstützung bedürftiger Kleriker geschaffen wurde. Diese Zuwendungen waren jedoch ein nicht eben feingesponnener Versuch des liberalen Erziehungsministers Carl von Stremayr, der Empörung des Klerus über die gesetzliche Entprivilegierung der Kirche den Wind aus den Segeln zu nehmen. Dass die Liberalen diese Zuwendungen über eine Erhöhung der Besteuerung des höheren Klerus finanzierten, trug ihnen den Zorn des Episkopats ein, und in vielen Diözesen verboten die Bischöfe ihrem Klerus, diesbezügliche Anträge zu stellen. Viele Kleriker reagierten auf die Pattsituation, die zwischen der Regierung und den Bischöfen bestand, mit Verbitterung, die noch verstärkt wurde einerseits durch die offen zur Schau getragene Geringschätzung der Liberalen und andererseits durch den ebenso offenkundigen Mangel echten Interesses seitens der Bischöfe.

Die Gruppe rund um das *Correspondenzblatt* war in den 80er Jahren ein strategisch wichtiges Forum für die Agitation des niederen Klerus zugunsten erhöhter Gehälter. 1884 organisierten die Herausgeber eine Petition an das Parlament, in der sie nachdrücklich darauf hinwiesen, dass viele Kleriker in »Noth und Entbehrungen« lebten.[149] Die Petition hielt auch fest, dass die Formeln für die Berechnung der Kongrua für Verwirrung sorgten, so dass viele Priester unsicher waren, auf welches Einkommen sie tatsächlich Anspruch hatten. Die Petition war ein spektakulärer Erfolg – innerhalb weniger Monate hatten 6.000 Priester das Dokument unterschrieben.[150] Das Blatt ermutigte zudem die Priester, sich als politische Menschen zu begreifen, als aktive Bürger, deren Aufgabe es sei, aufzuwachen und ihre politischen Rechte auszuüben.[151] Eine akzeptable Kongrua sei kein Almosen der Regierung; sie gehöre zu den »Rechten« des Klerus.[152]

Die Unzufriedenheit der Kleriker war das Ergebnis eines Prozesses relativer Zurücksetzung, der ihnen Anlass zur Sorge um ihren sozialen Status gab. Zwei verwandte Themen ziehen sich als roter Faden durch die Petitionen und Aufsätze, in denen die Notlage des Klerus in dramatischer Form beschrieben wird: das Heranziehen bürgerlicher Vergleichsgruppen, um die unbefriedigende Situation des Klerus zu verdeutlichen, und die damit verbundene Notwendigkeit, anstelle der niedrigsten akzeptablen Entlohnung ein standesgemäßes Einkommen zur Verfügung zu stellen, das mit der Würde und gesellschaftlichen Stellung des Klerus vereinbar war.[153] In einer Petition wurde kritisiert, dass die Priester »herabgedrückt« worden seien, bis ihr Gehalt vergleichbar war mit dem der untersten Klasse von Staatsdienern, die einem »niedrigeren« Stand angehörten.[154] Ein Artikel aus dem Jahr 1892 betonte, dass die Würde eines Klerikers von seiner »materiellen Stellung« abhänge und dass eine unzureichende Kongrua seine »Würde und Unabhängigkeit« gefährde;[155] zudem werde dadurch eine anständige Lebensführung unmöglich gemacht.[156] Der jüngere Klerus werde sich niemals mit einem Gehalt zufrieden geben, das bloß dem eines Arbeiters oder eines Angehörigen der untersten Klasse der Staatsbediensteten entsprach, da dies für Priester eine »Demüthigung« bedeute. Die Ausbildung eines Arbeiters sei »wohlfeil«, während für Priester eine Entlohnung nur dann angemessen sei, wenn sie deren viel längerer und kostspieligerer Ausbildung Rechnung trage.[157]

Männer, die überzeugt waren, dass ihre Bildung und ihre Aufgabe in der Verwaltung des kulturellen Erbes sie für eine gehobene soziale Position qualifizierten, mussten das Fehlen einer angemessenen Kongrua als Hinweis auf ihre gesellschaftliche Marginalisierung verstehen. Die »Demüthigung«, die für Priester darin bestand, dass sie in finanzieller Hinsicht nicht besser gestellt waren als Lohnarbeiter und ein dementsprechend geringes Ansehen genossen, ist auch in anderer Hinsicht aufschlussreich: sie zeigt, dass der österreichische Klerus nach wie vor nicht in der Lage war, sich in der Arbeiterklasse auch nur eine bescheidene Gefolgschaft zu sichern.[158] Die klerikale Einkommenspolitik, in der ältere, vergessene oder verdrängte Vorrechte noch lebendig waren, gepaart mit neuen, noch nicht anerkannten Ansprüchen, spielte eine entscheidende Rolle in der Motivation jüngerer Kleriker, nach politischen Lösungen für die Ursachen ihrer Unzufriedenheit zu suchen.

Der Klerus war somit ein geeigneter Verbündeter für Gruppen, die ebenfalls in einer vergangenheitsorientierten Sicht ihrer gegenwärtig bedrohten sozialen Stellung befangen waren, nämlich für die Handwerker und Ladeninhaber in der Dritten Kurie. Der Anspruch der Kleriker auf öffentliche Wertschätzung, wie sie Staatsbeamten oder älteren Lehrern entgegengebracht wurde, war nicht gänzlich von der Hand zu weisen; daher kam der Klerus hinsichtlich seiner Klassenzugehörigkeit auch für ein Bündnis mit den etablierteren und gebildeteren Segmenten der christlich-sozialen Koalition in Frage: den Hauseigentümern, Tausenden von Staatsbeamten und Lehrern sowie den mittleren und oberen Angestellten in großen Teilen der Privatwirtschaft. Dies machte die Priester zum Zünglein an der Waage. Sie konnten sich wahlweise der Ressourcen beider Segmente bedienen, was ihnen auch zwischen 1895 und 1918 zu bemerkenswertem Erfolg verhalf.

Die Kongrua war lediglich ein Thema von vielen in einer langen Liste klerikaler Kritikpunkte am neuen liberalen Status quo. Joseph Scheicher beschreibt hier die typische Erfahrung eines jungen niederösterreichischen Kooperators, der voll Begeisterung vom Priesterseminar kommt: »Vor allem findet er an dem ersten, vielleicht auch am zweiten und dritten Ort seiner Wirksamkeit gar nichts. Niemand wartet auf ihn, Bettelleute ausgenommen, und eine Zahl Kinder. Der Priesterstand erscheint wenigstens gewissen Leuten als der letzte, als ein solcher, den eben jemand ergreift, welcher entweder schwachen Verstandes ist oder die Mittel nicht hatte, einen anderen Stand wählen zu können.«[159] Nach der Schätzung von Matthäus Bauchinger waren 95 Prozent der männlichen Bevölkerung Wiens – nach Maßgabe der Kriterien, auf die es ankam – nicht mehr katholisch.[160] In ländlichen Gebieten war die Situation um nichts besser. Die liberalen Werte hatten ja nicht bei der städtischen Wählerschaft Halt gemacht; und die Kleinbauern hatten außerdem zusehen müssen, wie die Agrarreformen der Jahre 1848/49 ihre Lebensbedingungen radikal veränderten. Für wohlhabende Bauern stellten die liberale Politik und die unabhängigen kommunalen Institutionen eine Alternative zur kulturellen Abhängigkeit vom Ortspfarrer dar, und für diejenigen, die unter den Reformen litten, war die Kirche einfach Teil eines mitleidlosen Establishments. Der Klerus wurde gehasst oder ignoriert.

Viele Priester waren überzeugt, dass die lange Bindung der Kirche an die Regierung des Kaiserreichs schuld an ihrem Prestigeverlust sei. Scheicher zitierte Ernst Verganis berüchtigten vulgären Satz, er sitze lieber mit zehn Juden am Tisch als mit einem Priester. Für ihn bestand der wahre Kern dieser Zuspitzung in der unabweisbaren Erkenntnis, dass »der Kirche ... in Wien die Volksthümlichkeit abhanden gekommen [war]. Sie war im Laufe der Zeit Staatskirche, Hofkirche, Regierungsinstitut oder wie immer man sagen mochte geworden.«[161]

Eine der möglichen Antworten auf die missliche Lage des Klerus war der Antisemitismus.[162] Unter den verschiedenen Gruppen der antisemitischen Bewegung war der Klerus zwar die einzige, die sich nicht über wirtschaftliche Konkurrenz seitens der Juden beklagen konnte, aber immerhin waren Juden maßgeblich an den liberalen Blättern beteiligt; darin kam der Klerus für gewöhnlich schlecht weg. Außerdem wurde von diesen eine kulturelle Rivalität angezettelt, die in den Augen des Klerus ebenso unheilvoll war wie der wirtschaftliche Wettbewerb für die kleinen Gewerbetreibenden. Ärmere Juden dienten zudem den Klerikern als Vergleichsmaßstab, der ihnen immerhin zu einer gewissen unwohlwollenden Selbstachtung verhelfen sollte. Indem sie sich zur Absicherung ihrer eigenen Stellung in der Gesellschaft auf lang etablierte Muster des katholischen Antijudaismus beriefen, attackierten die Kleriker eine nicht dominierende Minderheit. Für einige wenige spiegelten sich im Rassenhass sogar Motive der Gewalttätigkeit: Pater Heinrich Abel erinnerte sich mit Vergnügen, wie sein Vater einmal einen Juden mit einem Knüppel traktiert hatte.[163]

Dass der Antisemitismus dazu herhalten musste, den angeblichen moralischen Verfall des österreichischen Staates nach 1867 zu erklären, war vielleicht die bemerkenswerteste Instrumentalisierung, die er in den Händen der Kleriker erfuhr. Unter den Priestern im unmittelbaren Umfeld des *Correspondenzblattes* war wohl Joseph Deckert am stärksten vulgärantisemitisch geprägt; in seinen zahlreichen Pamphleten und Essays jedoch bevorzugte er den indirekten Weg, indem er die Entartung von Regierung und Gesellschaft in der liberalen Ära geißelte und zur Erklärung die Juden bemühte. Deckert zeigte sich überzeugt, dass die Juden den Untergang des Staates verursacht hatten, in dem die christliche Kultur an oberster Stelle gestanden war.[164] Die »Judenherrschaft« habe das innerste Wesen des österreichischen Staates verändert, indem sie ihn zwang, seine christlichen Ursprünge und seine christliche Ethik zu verleugnen. Die Gesellschaft sei jetzt ein »kranker Körper« geworden.[165] Die rigoros exklusionistische Gesetzgebung, die Deckert der Gesellschaft verordnen wollte, hätte die interkonfessionellen Gesetze der liberalen Ära beseitigt: »Das öffentliche Wohl erheischt es, dass der verhängnisvolle Schritt zurückgethan werde, dass die Juden-Emancipation, weil sie verfassungsmäßig gegeben, so auch verfassungsmäßig genommen werde.« Anstelle bürgerlicher Gleichberechtigung sollte den Juden »ein von christlicher Humanität dictirtes Fremdenrecht« zuerkannt werden.[166]

Die Priester aus dem Umfeld des *Correspondenzblattes* offerierten ihren Kollegen zwei Lösungen für das Problem ihrer schwindenden Effektivität: die Wahl eines aggressiveren und – im engen Wortsinn – demokratischeren Tones in allem, was die Kirche betraf, und eine Strategie, die noch viel dringender war: die praktische Umsetzung der latenten inneren Bereitschaft, sich mit den sozialen und wirtschaftlichen Forderungen der wichtigsten Berufsgruppen auseinanderzusetzen. Der letztere strategische Ansatz brachte den Klerus nach 1887 dazu, sich auf den Wettbewerb der Parteipolitik einzulassen. Eine neue, angriffslustige Haltung – Scheicher benutzte Schönerers Ausdruck »eine schärfere Tonart« – würde auch Würdenträger in anderen kirchlichen Rollen wieder ins Spiel bringen. Zudem würde sich dadurch das Bild des Klerus in der Öffentlichkeit verbessern und die Priester, die einerseits mit ihrer Rolle als niederrangige klerikale Bürokraten unzufrieden waren und andererseits doch mehr Einfluss innerhalb des Erziehungssystems forderten, von ihrem alten Stigma befreien. Der Klerus solle gemeinsame Sache mit der antisemitischen Bewegung in Wien und Niederösterreich machen, da diese, wie das *Correspondenzblatt* behauptete, als »Brücke« zum »wahren Christentum« dienen werde: »Er [der Antisemitismus, Anm. d. Verf.] sei die Brücke zum wahren Christentum. Durch ihn werde vor allem das durch die liberalen Zeitungen so arg erschütterte Ansehen des Klerus wieder etwas aufgebessert.«[167]

Der Wendepunkt kam im Jahr 1887. Joseph Scheicher gab eine klare Wahlempfehlung an die Katholiken zugunsten von Joseph Ursin ab, einem Parteigänger Schönerers, der im November 1887 in einer Nachwahl für einen Sitz im Niederösterreichischen Landtag kandidierte. Dies war die Geburtsstunde der Idee der »Vereinigten Christen«, einer Koalition des klerikalen, nationalen und antisemitischen Protests gegen den Wiener Liberalismus. Scheicher war jetzt zur Einsicht gekommen, dass seine früheren Versuche, eine rein katholische politische Bewegung in Niederösterreich auf die Beine zu stellen, zum Scheitern verurteilt gewesen waren und dass sich der Klerus mit anderen antiliberalen Gruppen verbünden müsse.[168]

Priester tauchten plötzlich bei weltlichen politischen Versammlungen auf; allmählich wurde ihnen auch gestattet, das Rednerpult mit anderen Lokalgrößen zu teilen. Der *Katholische Schulverein* und das Netzwerk kleiner katholischer Freiwilligenverbände in Wien wurden von antisemitischen Klerikern in ihrem Sinn ausgerichtet. 1890 wurden zwei antisemitische Priester in den Gemeinderat gewählt und ein weiterer, Josef Schnabl, gewann eine Stichwahl für den Landtag. Obwohl Scheichers persönliches Beispiel und seine Ermahnungen im *Correspondenzblatt* von entscheidender Bedeutung waren, war der Einzug der Kleriker in die Bezirkspolitik und in Wahlkämpfe ein genuin kollektives und oft keiner Einzelpersönlichkeit zuzuordnendes Phänomen.

Scheichers Versuch in den 70er Jahren, eine konservative Bewegung zu gründen, war von seinen Kollegen im Klerus ignoriert worden. Jetzt, 15 Jahre später, war ihre Zustimmung überwältigend. 1888 tauchten im *Correspondenzblatt* erstmals in einem neuen Ton verfasste Kommentare auf von Klerikern, die entdeckten, dass ihr Prestige sich dramatisch verbessert hatte. Nach ihrem Beitritt zu den »Vereinigten Christen« fanden die Kleriker: »Nun stand uns der Weg zu allen Vereinen und Versammlungen frei; wir wurden mit Freude aufgenommen, unsere Worte fanden Anklang, selbst unsere Presse fand Würdigung.«[169] Mit Luegers Unterstützung gelang Schnabl 1890 der Einzug in den Niederösterreichischen Landtag, da »das Volk seinem Clerus wieder vertraut«.[170] Ein Priester stellte fest, »Wir Priester bekommen jetzt nach und nach wieder die Möglichkeit mit Leuten zu sprechen, die Kraft der Wahrheit an solchen zu erproben, welche es bis jetzt fast als Schande betrachtet hätten, mit einem Geistlichen zu reden.«[171] Im Oktober 1894 unterzeichneten 200 Wiener Priester einen Dankesbrief, den sie Karl Lueger überreichten, in dem sie ihrem Vertrauen in die Wirksamkeit politischer Aktion Ausdruck gaben: »Im Vereine mit ihren Gesinnungsgenossen suchten sie die gelockerten Bande zu festigen, die zerrissenen anzuknüpfen, so dass die Masse des Volkes wieder mit Vertrauen aufblickt zu seinem Priester, in ihm seinen Freund und Berather erblickt, sein Wort hört und selbst durch den einen oder anderen unwürdigen Träger des priesterlichen Amtes in seinem Vertrauen sich nicht erschüttern lässt.« Das Schreiben führt dann die Ergebnisse dieser Neubelebung an: die Kleriker könnten sich jetzt gegen ihre Kritiker zur Wehr setzen, die Politik erweise sich als förderlich für den Kirchenbesuch, und dem Klerus seien »einflussreiche politische Rechte« zugestanden worden.[172]

Unter den verschiedenen Berufsgruppen, die Teil der antisemitischen Koalition wurden, waren zwar die Priester numerisch die kleinste, sie brachten aber trotzdem den Antisemiten eine wesentliche Verstärkung. Polizeiberichten aus den Jahren 1895–96 zufolge waren Mitglieder des Klerus maßgeblich beteiligt an Versammlungen, politischen Veranstaltungen und Spendenaufrufen.[173] Während christlichsoziale Führer wie Joseph Strobach, ein Immobilienbesitzer, darauf spezialisiert waren, ihre eigenen Interessengruppen zu vertreten, waren Kleriker tendenziell Allzweck-Agitatoren, denen Gessmann und Lueger eine Vielzahl von routinemäßigen organisatorischen Aufgaben übertragen konnten. Die Bedeutung des Klerus lag deshalb nicht so sehr darin, dass er als Wählerschicht wichtig war, sondern als ein Kader von Organisatoren, die sich in die größeren Parteistrukturen integrierten, die ihrerseits getragen wurden von den politischen Klubs, den Zünften und den Bezirkswahlkomitees. Die zwei Ströme waren nicht identisch, es kam sogar zu Spannungen zwischen ihnen, aber in dem Ausmaß, in dem Katholikenvereine allmählich zu antisemitischen Sammelbecken wurden – das Wirken von Josef Dittrich in der Leopoldstadt stellt ein ausgezeichnetes Beispiel für diesen Prozess dar: sein katholischer Verein wurde ein führendes Element in der lokalen christlichsozialen Bezirksorganisation – trug der niedere Klerus mit bei zum Wahlerfolg Karl Luegers in den Jahren 1895/96.

Einige Kleriker fühlten sich jedoch in ihrer neuen Karriere als antisemitische Agitatoren offenbar nicht recht wohl. Dies ergibt sich aus einer Äußerung von Friedrich Gustav Piffl, einem jungen Wiener Priester und nachmaligem Kardinal von Wien in der Zwischenkriegszeit, der 1894 in seinem privaten Tagebuch notierte: »Wenn man im politischen Getriebe so viel herumkommt wie ich früher, wird man furchtbar ›tolerant‹, man paktirt mit Allen, die nur irgendwie Berührungspunkte zeigen. Geht es anders, wenn man vorwärts will?«[174]

Die Unsicherheit in Bezug auf die klerikale Politik, der Piffl Ausdruck verlieh, wurde ironischerweise auch von Politikern und Wahlhelfern der antisemitischen Bewegung in Wien geteilt. Um sich der selbstgewählten Aufgabe als würdig zu erweisen, sah sich der Klerus in Wahlversammlungen oft genug gezwungen, selbst die strammsten Bezirkspolitiker noch an Aggressivität zu überbieten. Ludwig Psenners *Oesterreichischer Volksfreund* warnte 1890 die katholischen Priester: »Wir wollen keine Priesterherrschaft und wählen einen Priester nur dann, wenn derselbe thatsächlich gezeigt hat, daß er sich uneigennützig und unerschrocken um Recht und Gerechtigkeit, um das Volkswohl angenommen hat.«[175]

Zunächst reagierte der österreichische Episkopat auf den klerikalen Radikalismus nur zögerlich. 1890 erklärten die Bischöfe, alle Priester, die sich um ein öffentliches Amt bewarben, müssten sich der Zustimmung ihres Bischofs vergewissern, bevor sie den Amtseid leisteten.[176] Der Episkopat veröffentlichte auch einen gemeinsamen Pastoralbrief unmittelbar vor den Parlamentswahlen von 1891, der die Hetzpropaganda in der Nationalitätenfrage verurteilte und sich von der christlichsozialen Bewegung distanzierte, ohne sie jedoch ausdrücklich zu verurteilen.[177] Kardinal Gruscha wies den Wiener Klerus mit Nachdruck darauf hin, dass Priester, die gegen die Politik der Regierung protestieren wollten, dazu der Erlaubnis durch die Erzdiözese bedurften. Er verbot außerdem die Verteilung jeder Art von Literatur in den Kirchen mit Ausnahme von Erbauungsliteratur, eine deutliche, wenn auch wirkungslose Kritik an der

Verwendung der Kirchen für politische Zwecke durch den niederen Klerus.[178] Gruscha war schon über siebzig, als er Kardinal von Wien wurde. Wenn auch die Androhung seines Missfallens Joseph Scheicher davon abhielt, in Wien vor katholischen Vereinen zu sprechen, so gab es doch genug andere antisemitische Kleriker, die bald in diesen Gruppen zu führenden Stellungen aufrückten. Gruscha konnte sie unmöglich alle kontrollieren oder disziplinieren.

Nachdem Rom sich im Jahre 1895 über Karl Luegers Bewegung wohlwollend geäußert hatte, musste sich der Klerus über seine Politik im weltlichen Bereich keine Sorgen mehr machen. Trotzdem waren der klerusinternen Unabhängigkeit, die Rom und der österreichische Episkopat zu tolerieren bereit waren, Grenzen gesetzt, und diese wurden in aller Deutlichkeit bestätigt nach dem katastrophalen Versuch Scheichers und anderer Priester aus dem Umkreis des *Correspondenzblattes* in den Jahren 1900–1902, in habsburgischen Landen eine klerikale Kongressbewegung auf die Beine zu stellen. Scheichers *Clerustag*-Bewegung wurde 1902 vom Episkopat mit derselben Leichtigkeit unterdrückt wie 1907 die *Jednota* Bewegung tschechischer Priester.[179] Rom war an einem politisch aktiven Klerus interessiert, nicht jedoch daran, den Klerus seiner disziplinären Verantwortung seinen Bischöfen gegenüber zu entbinden.

Kaiser Franz Joseph zeigte sich sehr besorgt über das Verhalten des niederen Klerus sowie über die Folgen, die dieses für das Nationalitätenproblem nach sich ziehen werde.[180] Spätestens Mitte der 90er Jahre wurde die Fähigkeit zur disziplinär straffen Führung des Diözesanklerus zu einem wichtigen neuen Kriterium bei der Auswahl der Kandidaten für das Bischofsamt durch die Regierung.[181] Indem sie sich jedoch ihrer Bedeutung als gesellschaftliche Akteure bewusst wurden und dieses neue Ideal in einem kollektiven Rahmen forsch artikulierten, erweiterten die österreichischen Kleriker ihr Amtsverständnis weit über das des Josephinismus hinaus. In einer ironischen Wendung der Geschichte ging zwar der Wunsch Joseph des Zweiten nach einer Integration der Kirche in die Gesellschaft letztendlich in Erfüllung, aber auf eine Weise, die den Kaiser zutiefst schockiert hätte.

Die Religion und der Antisemitismus der Handwerker

Das Interesse des Klerus an radikaler Politik stieß bei mehreren Führern der Handwerkerbewegung in Wien auf Wohlwollen. In den frühen 1880ern hatten Schönerer und Pattai von einem »praktischen Christentum« gesprochen, das eine normative Alternative zur »jüdischen Kultur« darstellen sollte, ohne dass sie freilich die Absicht hegten, ihrer Bewegung eine religiöse Ausrichtung zu geben.[182] Ende der 80er Jahre gab es in der Person Ludwig Psenners einen Lokalpolitiker, der diese beiden Ströme zusammenführen wollte. Psenner war ein antisemitischer Journalist aus Bozen, der Mitte 1884 das Blatt *Oesterreichischer Volksfreund* von Karl Zerboni übernahm. Sein Beitrag zur Blattlinie war eine bizarre Mischung, die aus Sozialdarwinismus und einer vagen christlichen Theologie bestand, wenn auch Psenner für sich die Bezeichnung »klerikal« ablehnte.[183] Nach einem Treffen mit Karl von Vogelsang avancierte er seinen eigenen Angaben zufolge zum Protegé des älteren Journalisten und erhielt auch von Egbert Graf Belcredi verdeckte Förderungen für sein Blatt. Allmählich passten sich seine Anschauungen der Orthodoxie an, wobei der Antisemitismus in seiner Werteordnung an oberster Stelle blieb. Psenner war jedoch überzeugt, dass der Antisemitismus allein nicht ausreichen würde, um einem politischen Kreuzzug den nötigen Zulauf zu verschaffen. Dazu sei etwas Positives nötig.[184] Er widmete daher sein Blatt der Verschmelzung von Antisemitismus und Christentum, indem er behauptete, die christlichen Institutionen, Ideale und kultischen Praktiken würden durch das österreichische Judentum bedroht. Für Psenner stellten die Juden das absolute Böse dar. »Die lange Hand des Judentums« war in seinen Augen nicht zu übersehen in Handel, Industrie, Bank-, Kredit- und Versicherungswesen. »Asiatische Fremdlinge« hätten sich in Dörfern und Städten eingenistet, wo es einst eine homogene Bevölkerung gegeben habe. Psenner gedachte der paradiesischen Tage, als es noch keine jüdischen Professoren gab, als es noch eine strikte Pressezensur durch den »christlich-conservativen Staat« gab, als die Jugend noch in Schutz genommen wurde vor »Irrlehren«, als man noch die Erlaubnis des Staates brauchte, um heiraten zu dürfen, und als der Staat noch das Handwerk gegen die »Schmutzkonkurrenz« schützte.[185]

Im März 1887 gründete Psenner zusammen mit dem Wiener Priester Adam Latschka den *Christlichsozialen Verein* in Alsergrund.[186] Dieser Verein war als Ersatz für den untergegangenen *Reformverein* gedacht, wobei man von der riskanten Annahme ausging, dass antisemitische Wähler einen katholischen Priester als Organisator und Agitator akzeptieren würden. Der Verein etablierte rasch Zweigstellen in jedem der Wiener Bezirke und hatte 1890 bereits 1.300 Mitglieder. Die strukturelle Schwäche des alten *Reformvereins* wurde dadurch überwunden, dass der Verein in jedem Stadtbezirk eine lokale Verankerung hatte. Die oberste Priorität bestand darin, Handwerker und Ladeninhaber zum Besuch der Versammlungen zu animieren.

Bei der zweiten Zusammenkunft des Vereins im Mai 1887 hielt Psenner eine Rede, in der er sich für konfessionelle Schulen als Vorbedingung einer wirksamen Gesellschaftsreform aussprach. Es kam zu einem Krawall, als einer der 60 sozialistischen Arbeiter, die sich Zutritt zu der Versammlung zu verschaffen wussten, Psenner zurief »Das brauchen wir nicht!« Ein Schlossermeister unter den Teilnehmern hielt dagegen und beklagte, dass die »familiären Beziehungen« von vor 1848 im heutigen staatlichen Umfeld verschwunden seien. »Schmutzkonkurrenz« untergrabe die »ehrliche Arbeit«. Nach diesem Kommentar ersuchte der Anführer der Arbeiter Psenner um die Erlaubnis, das Wort ergreifen zu dürfen. Als Psenner dieses Ansuchen negativ beschied, kam es zu tumultähnlichen Szenen zwischen den antisemitischen Handwerkern und den sozialistischen Arbeitern.[187] Dies war ein erstes Menetekel, in dem sich die spätere Feindschaft zwischen der antiliberalen Bewegung und der österreichischen Sozialdemokratie abzeichnete. Nicht einmal zwei Monate nach seiner Gründung war der *Christlichsoziale Verein* zu einem Vehikel des modernen Klassenkonflikts geworden.

Der *Christlichsoziale Verein* diente zwei Zielsetzungen: der ideellen und praktischen Förderung einer anti-schönerianischen Koalition zwischen klerikaler und antisemitischer Gesinnung; und der Bereitstellung eines flächendeckenden Ersatzes für den verblichenen *Reformverein* und eines politischen Gegenstücks zu Schneiders *Gewerbegenossenschaftstag* durch eine gesamtstädtische Organisation. Psenner war in seinen Bemühungen, das religiöse Interesse der Handwerker zu wecken, wie sich zeigte, nur mäßig erfolgreich. Klerikale Agitatoren wie der Jesuit Heinrich Abel begannen bald ihre Arbeit in Wien und unterstützten die quasi-missionarischen Aktivitäten des Vereins.

Warum erwies sich gerade die Religion in den Augen antisemitischer Anführer als wertvolles zusätzliches Mittel in der Wahlwerbung? Und wie stark sprach die Bevölkerung auf diese religiöse Komponente an? Anfang der 80er Jahre waren die meisten Mitglieder des Reformvereins antiklerikal eingestellt. Robert Pattai äußerte z.B. 1884 gegenüber Ernst Schneider die Befürchtung, Psenner verwässere den Antisemitismus der Handwerkerbewegung, indem er eine religiöse Komponente in ihre Agenda einführe.[188] Priester wurden in der Öffentlichkeit sowohl mit dem »Establishment« assoziiert wie ironischerweise auch mit dem wirtschaftlichen Liberalismus. Die Passivität der Kleriker in den 1870ern machte sie zur Zielscheibe eines Vorwurfs, der oft in Schneiders Briefen an Vogelsang auftaucht, sie verkehrten auf freundschaftlichem Fuße mit einflussreichen Juden und anderen Liberalen und weigerten sich, die wirtschaftlichen Probleme der Handwerker ernstzunehmen.[189] So sehr die antisemitischen Anführer die »Judenherrschaft« verabscheuten, so wenig wollten sie diese durch klerikale Allmacht in öffentlichen Belangen ersetzt sehen.

Die Religion hatte also innerhalb der antisemitischen Bewegung vielfältige Aufgaben. Wenn der Klerus die Handwerker überzeugte, dass ihr beruflicher Niedergang der Ausdruck nicht nur eines wirtschaftlich, sondern auch eines kulturell gesetzlosen Zustandes war, dann konnte dies sehr wohl für die Kirche positiv zu Buche schlagen. Die Kirche konnte auch den volkstümlichen Theismus ausnützen, der trotz des weitverbreiteten Antiklerikalismus in den Wiener bürgerlichen Schichten die liberale Ära überdauert hatte. Dieser Theismus, der bei Wienern der Mittelschicht oft die Form eines Glaubens an den »Herrgott« annahm, hatte mit institutionellem Katholizismus wenig zu tun. Der populäre Agitator Hermann Bielohlawek, ein christlichsozialer »self-made man«, der vom einfachen Handlungsgehilfen zu politischer Macht und zu Reichtum aufstieg, verkündete stolz seinen Glauben an die Vorsehung eines göttlichen Heilands, während er darauf bestand, dass die katholische Kirche absolut keinen Einfluss auf sein persönliches oder berufliches Leben habe.[190] Karl Lueger war ebenfalls ein solcher bürgerlicher Theist, der zwar an den providentiellen Schutz des Herrgotts glaubte, aber zwischen dem Wirken der Vorhersehung und jenem Roms sehr wohl zu unterscheiden wusste.

Soweit die antisemitische Koalition überhaupt imstande war, Stimmen aus den gehobeneren Schichten des Bürgertums an sich zu ziehen, muss man dort vermutlich andere kulturelle und soziale Vorbedingungen als gegeben annehmen. In diesen gehobeneren Schichten war die Identifikation mit der Religion des Volks und mit einem ausufernden Antisemitismus weniger ausgeprägt. Je tiefer verwurzelt und je stabiler die Zielgruppe war, welche die Christlichsozialen sich vornahmen, umso nachdrücklicher konzentrierten sie ihre Propaganda auf wirtschaftliche und technisch-professionelle Probleme. Der Antisemitismus war im Grunde eine negative Waffe. Er mochte mit Erfolg als Knüppel eingesetzt werden gegen die jüdische Durchdringung des Handwerkswesens der Stadt – aber bot er ein gesellschaftliches Zuhause? Religion war eine – wenn auch nicht die einzige – kulturelle Alternative. Trotzdem entwickelten viele Handwerksmeister und auch viele antiliberale gebildetere Wähler selbst nach 1895 nie ein ernsthaftes Interesse für christlich-religiöse Glaubenshaltungen oder kultische Praktiken und verließen sich stattdessen auf den vagen theistischen Moralismus, dem die christlichsoziale Partei in ihrer Propaganda das Wort redete. Für viele antisemitische Handwerker stellte der politische

Bezirksverein mit seinen provokant-ordinären Reden und seiner Kameraderie eine Stätte der Solidarität dar, in der die von vielen zweifellos akut erlebte persönliche Isolierung abgemildert war. Für diejenigen aber, die zu religiösen Haltungen neigten, war das Gefühl jederzeit abrufbar, Mitglieder einer mächtigen Bruderschaft zu sein. Franz Eichert, ein antisemitischer Journalist und ehemaliger Eisenbahnbediensteter, der sich Ende der 80er Jahre dem Katholizismus zuwandte, beschreibt den Geist sozialen Zusammenhalts bei Zusammenkünften katholischer Freiwilligenverbände so, als wäre das Gemeinschaftserlebnis und die Freude am gemeinsamen Ringen ebenso wichtig gewesen wie das Erreichen des eigentlichen Zwecks dieser Organisationen: »Fast jede der katholischen Versammlungen, die ich damals so eifrig besuchte, war ein feuriges Stahlbad für die Seelen, aus dem ein Funken- und Flammenregen heiliger Begeisterung sprühte; eine gewaltige Siedehitze, in der unter den Hammerschlägen heiligen Glaubensmutes die Waffenrüstung zum Kampfe für das von allen Seiten bedrohte Kreuz gehärtet wurde.«[191]

Die Religion verschaffte lokalen antisemitischen Führern auch Zugang zu organisatorischen Ressourcen, für die es so gut wie keinen Ersatz gab. Die kleinen Pfarrvereine, die verschiedenen frommen Zielsetzungen dienten, wurden jetzt zu Zentren der Agitation. Die größeren, in der ganzen Stadt vertretenen katholischen Vereine, von denen manche über Gebäude, Personal und eigene Zeitungen verfügten, wie z.B. der Katholische Schulverein, boten zudem den Antisemiten vielfältige Möglichkeiten, mit Tausenden von potentiellen Wählern in Kontakt zu treten. Alle katholischen Verbände, von kleinen Gruppen auf Pfarrebene über lokale Wohltätigkeits- und Frauenvereine bis zu den Klöstern vor der Stadt, waren potentielle Adressaten für Wahlspendenaufrufe.

Ein immer wieder an der christlichsozialen Bewegung zu beobachtendes Merkmal war ein Anflug von großbürgerlichem Klassenopportunismus, der sich – wenn überhaupt – hinter einer pseudoreligiösen Fassade verbarg. Alois Prinz Liechtenstein war der Meinung, der Religionsunterricht trage dazu bei, die Bevölkerung durch »strammeres Anziehen der gelockerten Disziplin« fügsamer zu machen.[192] Der *Oesterreichische Volksfreund* informierte die Bauern anlässlich der Landtagswahlen von 1890, wie nützlich die Religion für sie in ihrer Rolle als kostenbewusste Arbeitgeber war:

> Bauern, nur Eines noch: die Männer, die dem Christenthume keine Achtung bezeugen, sind nicht die richtigen. Wenn Ihr einen Knecht habt, der ein guter echter Christ ist, der macht seine Arbeit ordentlich und gewissenhaft, fleißig, treu und

redlich, auch dann, wenn Ihr nicht hinter ihm steht. Habt Ihr dagegen einen Knecht, der sich über seine Religion hinwegsetzt, der ist in der Regel auch nicht gewissenhaft und nicht genügsam und Ihr könnt ihn auch nicht genug bezahlen. Und wenn Ihr auch hinter ihm steht, leistet er Euch auch nicht das, was Euch ein echter Christ leistet.[193]

Wenn die Ergebnisse so befriedigend waren, war es dann verwunderlich, dass viele Handwerker und Bauern – ungeachtet ihrer eigenen religiösen Indifferenz – die Mithilfe der katholischen Theologen und der Freiwilligenverbände in ihrer politischen Partei begrüßten?

Karl von Vogelsang

Im Bemühen, Religion und radikale Handwerkspolitik zu einem Programm zu verschmelzen, wurde der Klerus in Wien und Niederösterreich durch die journalistische Überzeugungskraft von Karl von Vogelsang ganz wesentlich unterstützt. Dieser pragmatische Neuromantiker verteidigte die Anwesenheit des Klerus innerhalb der Kaderstrukturen der Partei, indem er ihn als eine Gruppe mit legitimen gesellschaftlichen Anliegen akzeptierte, und leistete so wesentliche Hilfestellung für den katholischen Flügel der christlichsozialen Bewegung. Vogelsang, der einer lutherischen Familie des niederen Adels aus Mecklenburg-Vorpommern entstammte, ist eine faszinierende historische Persönlichkeit. Sein Vater war 1793 im Kampf gegen das französische Revolutionsheer in der Schlacht von Wissembourg verwundet worden. Enttäuscht von der Revolution von 1848 und auf der Suche nach einer praktikablen Alternative zu der aus seiner Sicht instabilen Sozialordnung der traditionell protestantischen norddeutschen Staaten, konvertierte Karl von Vogelsang 1850 in Innsbruck zum Katholizismus. In seinem Heimatland als Konvertit mit aktiver Diskriminierung konfrontiert, suchte Vogelsang 1865 schließlich berufliche und persönliche Zuflucht in habsburgischen Landen. Es folgten diverse publizistische und kaufmännische Aktivitäten in Pressburg und Wien, und schließlich wurde Vogelsang 1875 Redakteur der katholisch-konservativen Zeitung *Vaterland*.

Karl von Vogelsang war in vieler Hinsicht ein in die Übergangsphase zur industrialisierten Moderne verpflanzter Mensch des frühen 19. Jahrhunderts und lehnte als solcher wesentliche Elemente der modernen Stadtkultur ab. Er stand der wachsenden Macht des österreichischen Beamtentums ebenso ablehnend gegenüber wie der Dominanz des industriellen Kapitalismus und er fürchtete die zunehmende Autonomie der unabhängig organisierten Arbeiterklasse. Auch die Parteipolitik erfüllte ihn mit zwiespältigen Gefühlen und er bemerkte einmal gegenüber Leo Graf Thun, politische Parteien, ob liberal oder konservativ, seien doch nur ein »Ringelspiel ... um das goldene Kalb«.[194]

Vogelsang scheint daher auf den ersten Blick nicht besonders gut in das Paradigma einer aufstrebenden sozialen Bewegung zu passen, die für ein neues und spezifisch städtisches System wettbewerbsorientierter Massenpolitik mitverantwortlich war und eben dadurch maßgeblich die künftigen Geschicke Österreichs beeinflussen sollte. In der Tat konnte man Vogelsangs etwas doktrinäre Ansichten zu Kapitalismus, Wucher und Zinswirtschaft sowie sein leidenschaftliches Eintreten für ständische Einrichtungen als eine Belastung für die christlichsoziale Bewegung sehen – und tat dies auch: sie wurden in den zwei Jahrzehnten nach seinem Tode schlicht ignoriert. Letztlich war Vogelsang doch nur ein – noch dazu autodidaktischer – Theoretiker, und die meisten erfolgreichen politischen Bewegungen dulden bestenfalls einen Anflug von Theorie, sobald sie einmal an der Macht sind.

In anderer Hinsicht jedoch war Vogelsang ein sehr moderner Mensch. Zum einen genoss er den Schlagabtausch in basispolitischen Auseinandersetzungen, und es erfüllte ihn mit zunehmendem Stolz, wie er es 1883 formulierte, dass man anfing, »diese Sprache [seine Sprache im Zusammenhang mit der Sozialreform, Anm. d. Verf.] zu verstehen, zu würdigen; unser Blatt ist nicht mehr bloß der Spott und das Gelächter der Gegner. Nur dadurch, dass das flammende Schwert der Ironie und der Leidenschaft für das Recht im *Vaterland* geschwungen wurde, hat es sich Ansehen und Achtung erworben.«[195] Er fand auch Geschmack an hitzigen Wahlschlachten und half dadurch, Wahlen als ein Mittel zur Feststellung öffentlicher Anliegen und der Art, wie diese von der Regierung behandelt werden sollten, zu legitimieren.

Ironischweise war es der Ex-Lutheraner Vogelsang, der dazu beitrug, dem traditionellen Verwaltungsstaat Grenzen aufzuerlegen und Kommunikationsformen zu entwickeln, mit deren Hilfe protestierende Sozialgruppen den Staat in die Schranken weisen und sogar demütigen konnten. Auch engagierte er sich, notabene als Konservativer, für das um seine Existenz kämpfende Kleinbürgertum und schließlich benutzte er das *Vaterland* als Sprachrohr, um radikale politische und soziale Ideen zu vertreten, was ihm oftmals den Widerspruch seines Förderers Leo Graf Thun und anderer Hocharistokraten eintrug.[196] Vogelsang unterstützte somit die Öffnung gegenüber brennenden sozialen Fragen und schuf politische Foren, was wiederum einen öffentlichen Dialog über wichtige sozialpolitische Belange mit neuen Wählern einleitete, die bisher nicht ernsthaft am politischen Geschehen teilgenommen hatten. Dabei war er sich jedoch nicht bewusst, dass die Entstehung der christlichsozialen Bewegung den parallelen Aufstieg der Sozialdemokratischen Partei als unvermeidliche Folge nach sich ziehen musste. Indem er sich jedoch zum Sprecher von Anliegen der unteren Mittelklasse und sogar von Teilen der Arbeiterklasse machte, wurde Vogelsang zu einem wichtigen, wenn nicht zum wichtigsten Anwalt für sozialen Wandel, und es war sicher im Sinne dieses Mannes mit seinen vielen inneren Widersprüchen, der als Konservativer einer radikalen politischen Erneuerung den Weg ebnete, dass Albert Gessmann ihn als den »geistigen Leiter und Urheber der ganzen Bewegung« würdigte.[197] Vogelsang seinerseits begriff sehr rasch, dass es sich bei Karl Lueger und Albert Gessmann um pragmatisch gesinnte Führungsfiguren handelte, die geeignet waren, Vertrauen einzuflößen, selbst wenn sich viele seiner konservativen Mitstreiter gegen eine Allianz mit ihnen sträubten.[198]

Vogelsang hatte als Sozialutopist begonnen und zu Beginn seiner Laufbahn den Pragmatiker Ludwig Windthorst und die Massenanziehungskraft des deutschen *Zentrums* beargwöhnt; gegen Ende seines Lebens näherte er sich jedoch sehr stark der Taktik Windthorsts an, wenn auch nicht dessen normativen Werten. Sein politischer Moralismus, der sich aus seiner Konzentration auf neo-romantische Sozialtheorien ergab, wurde durch seine unerhörte Flexibilität und durch seine Bereitschaft ausgeglichen, Mitstreitern in der frühen christlichsozialen Bewegung zu gestatten, sich auf die Glaubwürdigkeit und Integrität seiner politischen Moralität zu berufen, auch wenn sie nicht in Punkt und Komma mit seinen Theorien übereinstimmten. Das war möglicherweise der entscheidende Punkt in Vogelsangs Wiener Karriere: Was als Übung in konservativem Dogmatismus begonnen hatte, endete als ein glaubwürdiger moralischer Kreuzzug für praktische, zweckorientierte soziale Hilfestellungen zugunsten des österreichischen Mittelstands.

Vogelsangs Theorien, so antiquiert und undurchführbar sie auch gewesen sein mögen, hoben die frühe antisemitische Bewegung auf ein Diskursniveau, auf dem Oppositionsführer wie Victor Adler sich intellektuell herausgefordert fühlten. Adler jedenfalls erkannte in Vogelsang einen würdigen Gegner und respektierte sowohl seine Integrität als auch seinen politischen Einfluss.[199] Kein geringerer als Otto Bauer, ein weiterer Widersacher, bemerkte 1911, Vogelsangs theoretische Kritik habe »mit ihrer leidenschaftlichen Anklage zum ersten mal große Volksmassen in das politische Leben geführt, an dem vordem nur eine schmale Schicht vornehmer Edelleute, reicher Bürger, ehrgeiziger Doktoren teilgenommen hatte. Sie hat den volksfremden Liberalismus gestürzt, den Glauben an den Kapitalismus erschüttert, die großen sozialen Probleme auf die Tagesordnung gestellt. Das bleibt ihr geschichtliches Verdienst.«[200]

Wenn wir uns Otto Bauers Analyse anschließen, dann hat Karl von Vogelsang in der Tat zur Entfesselung moderner ideologischer Politik beigetragen, und sowohl er als auch die Partei, die er zu begründen half, waren maßgebliche Architekten beim Aufbau der politischen Kultur des modernen Österreich.

Zweites Kapitel

Karl Lueger und die Radikalisierung der Wiener Demokratiebewegung

Dass den Handwerkern auch die Ressourcen der Kirche zur Verfügung standen, trug zwar zur Stabilisierung der frühen antisemitischen Bewegung bei, aber im Klerus gab es keine Persönlichkeit, die in der Lage gewesen wäre, den politischen Antisemitismus aus dem Sumpf zu ziehen, in den er Mitte der 80er Jahre hineingeraten war. Auch Karl von Vogelsang war für diese Aufgabe ungeeignet. Erst unter Karl Luegers Führung eröffnete sich nach erfolgreicher Integration älterer Traditionen der Wiener Demokraten in den Antisemitismus der Handwerker gegen Ende der 80er Jahre die Aussicht auf langfristiges Überleben. Ohne Lueger und die demokratische Tradition, aus der er kam, wäre der Antisemitismus der Handwerker trotz seines religiösen Anstrichs nie imstande gewesen, die Liberale Partei zu zerstören. Die Kleriker konnten wertvolle Arbeit in der Wahlwerbung leisten, die Bewegung führen konnten sie aber nicht. Vogelsang setzte sich mit großem Ernst für soziale Reformen ein, in der politischen Kultur der Stadt aber war und blieb er ein Außenseiter. Radikale Sprache und journalistisches Hauen und Stechen reichten eben nicht aus, um Wahlen zu gewinnen. Die Handwerker brauchten Anführer, die durch die Schule der Liberalen gegangen waren, wo sie sich die Schablonen des Respekts und der Notabilität ebenso aneignen konnten wie die Kunst des Wahlmanagements; zudem mussten sie über ein besonderes Gespür verfügen und den politischen Wandel so vermitteln, dass er mit den historischen Vorzügen des Wiener Bürgertums in Einklang stand.

In der Geschichte der christlichsozialen Bewegung spielte Karl Lueger gleich mehrere Hauptrollen, so dass viele Beobachter – Zeitgenossen wie auch nachgeborene Historiker – den Christlichen Sozialismus und seine Person einfach als verschiedene Realisierungen ein und desselben Sachverhalts angesehen haben.[1] Es steht außer Frage, dass Lueger die dominierende Persönlichkeit war, die diese heterogene Partei formte und führte. Wir wollen uns jetzt der Beziehung zuwenden, die zwischen dieser komplexen und oft missverstandenen Persönlichkeit und einer Bewegung bestand, die sich ihren vielfältigen inneren Spannungen zum Trotz im Aufwind befand.

Karl Lueger wurde in Wien im Oktober 1844 geboren. Sein Vater war Soldat und arbeitete nach seiner Pensionierung zunächst als Schulwart im berühmten Theresianum und dann als Saaldiener am Polytechnischen Institut. Die kleinbürgerlichen Eltern identifizierten sich ohne Wenn und Aber mit den Wertvorstellungen und sozialen Grundsätzen der habsburgischen Monarchie: das Idol des Vaters war Feldmarschall Radetzky, die Mutter bot ein Muster an Frömmigkeit. Seine Familie mag für Lueger sehr wohl die Rolle eines »hothouse of ambition«, eines Treibhauses zur Züchtung des Ehrgeizes gespielt haben, wie Harold Lasswell es ausdrückt: Die Eltern nahmen einen ungewöhnlich intensiven Anteil an der akademischen und beruflichen Ausbildung ihres Sohnes, möglicherweise um dadurch die Dürftigkeit ihrer eigenen sozialen Stellung zu kompensieren.[2] Nach dem Besuch der lokalen Volksschule absolvierte Lueger seine Gymnasialausbildung am Wiener Theresianum. Er gehörte zu den wenigen Schülern, die keine Internatszöglinge waren, legte beim Lernen eine verbissene Energie an den Tag und »maturierte« als einer der Besten. Er war also schon früh im Leben mit den Sprösslingen der Reichen und Mächtigen in Wettbewerb getreten und hatte es geschafft, ihnen Respekt abzunötigen. Lueger fügte den traditionellen kulturellen Werten der bürgerlichen Gesellschaft sein eigenes unerbittliches Arbeitsethos hinzu. Dass er später den sozialistischen Plänen einer egalitären Gesellschaft nichts Positives abgewinnen konnte, war vielleicht eine Folge des seinerzeitigen Anschauungsunterrichts: Dieser hatte ihn gelehrt, dass man sich mit Talent und Energie auch über die Benachteiligungen einer Klassengesellschaft hinwegsetzen kann.[3] Während seiner Ausbildung am Theresianum entwickelte er gegen den Unterricht und die Bigotterie eines katholischen Pfarrers namens Anton Gruscha einen so starken Widerwillen, dass ihm jedes eventuell aus dem Elternhaus mitgebrachte Interesse an Religion abhanden kam.[4]

Lueger studierte ab 1862 Rechtswissenschaften an der Universität Wien. Er vermied jede engere Berührung mit deutschnationalen Studentenverbindungen und konzentrierte sich völlig auf sein Studium.[5] Seine natürliche Führungsgabe zeigte sich jedoch schon früh, als er 1863 in den Vorstand des *Deutschakademischen Lesevereins* gewählt wurde. Auch sein extremer Ehrgeiz war schon in der Studienzeit notorisch: so ließ er Mitstudenten gegenüber einmal die Bemerkung fallen, dass er eines Tages Wiener Bürgermeister sein werde.[6] Lueger blieb unverheiratet, obwohl ihm die Frauen zu Füßen lagen; sein politischer Ehrgeiz konnte sich daher ohne Behinderung durch familiäre Rücksichtnahme entfalten.

Von dem wenigen, was wir über diesen Lebensabschnitt Luegers wissen, verdienen die Eigenschaften, die für seine spätere Karriere entscheidend waren, besondere Erwähnung. Er war sehr stolz auf seinen Vater, der sich durch seine geringen schulischen Vorkenntnissen nicht abhalten ließ, die Vorlesungen der Professoren mitzuhören, denen er diente.[7] Lueger sprach gern von sich als einem »Kind des Volkes«, und dieses Selbstbild mag ihm im Verein mit seiner Bewunderung für »Kraftmenschen«, die sich über Statushindernisse einfach hinwegsetzten, geholfen haben, die Entbehrungen seiner Kindheit zu kompensieren.[8] Dieses Motiv erklärt vielleicht auch seine späteren wiederholten Versuche, Anerkennung in gehobenen bürgerlichen und aristokratischen Kreisen zu finden. Erich Graf Kielmansegg bemerkte einmal, Lueger habe sich habsburgischer gegeben als der Mann, der in der Hofburg residierte; er habe immer nach noch mehr öffentlichen Ehren Ausschau gehalten und bei Gelegenheiten, wo der Kaiser oder seine höchsten Würdenträger anwesend waren, regelmäßig in wenig subtiler Weise versucht, sich in Szene zu setzen.[9]

Luegers Geltungsbewusstsein und sein Stolz auf das, was er erreicht hatte, hingen unmittelbar mit den bestehenden gesellschaftlichen Machtverhältnissen zusammen, mit denen Männer seiner sozialen Herkunft im Wien der späten Kaiserzeit konfrontiert waren. Er war auf geradezu ideale Weise geeignet, die Führungsrolle in einer mehr oder weniger spontanen bürgerlichen Protestbewegung zu übernehmen. Was Lueger von vielen seiner mit ähnlichen Schwierigkeiten kämpfenden Zeitgenossen unterschied, war seine persönliche Unbestechlichkeit und seine politische Professionalität. Keine andere seiner Eigenschaften hinterließ einen ähnlich starken Eindruck bei den Wählern wie die absolute Ehrenhaftigkeit in allen Angelegenheiten, die ihn selbst betrafen, und seine vollkommene Identifikation mit öffentlichen politischen Normen. Reichtum bedeutete ihm nichts. Sein einziges Ziel war die berufsmäßige Ausübung politischer Macht.

Lueger begann seine Laufbahn als Jurist im Jahr 1869 als Konzipient in mehreren Kanzleien prominenter liberaler Anwälte. 1874 eröffnete er seine eigene Kanzlei; doch statt diese Karriere weiter zu verfolgen, ließ er sich auf die verworrenen Zustände der Wiener Lokalpolitik ein. Luegers politische Überzeugungen auf sozialem und wirtschaftlichem Gebiet lagen im Großen und Ganzen innerhalb des allgemein akzeptierten liberal-demokratischen Credo. In den Thesen, die er 1870 für sein Doktorat verteidigte, plädierte er für ein allgemeines Wahlrecht aller voll alphabetisierten männlichen Bürger und für Ansätze eines Arbeitnehmerschutzes. Derartige Positionen waren keineswegs radikal – allein die Alphabetisierungsklausel hätte in Wien Zehntausende vom Wahlrecht ausgeschlossen – für die österreichischen Liberalen hätten sie aber unter Umständen das Saatkorn für ein aufkeimendes Sozialbewusstsein bilden können. Dies war jedoch nicht der Fall; und dass Lueger daraufhin dem traditionellen liberalen Lager den Rücken kehrte, sollte sich als eine der entscheidenden Weichenstellungen in der Geschichte des politischen Lebens in Wien erweisen.

Mit der Rückkehr parlamentarischer Kontrolle auf gesamtstaatlicher Ebene im Jahr 1861 war die Stadt Wien wieder im vollen Besitz ihrer Selbstverwaltung, wie dies in der Gemeindeordnung von 1850 vorgesehen war.[10] Freie Wahlen fanden in allen drei Wahlkurien statt, und ein neuer Bürgermeister, Andreas Zelinka, trat sein Amt an. Zelinka, ein Anwalt aus der Inneren Stadt, war liebenswürdig und voll guter Absichten und nichts lag ihm ferner als neoabsolutistischer Bürokratismus; er erwies sich jedoch als unfähig, das oft ausufernde Geschehen im neuen Gemeinderat unter Kontrolle zu halten. Nach seinem Tod 1868 folgte ihm Cajetan Felder nach, ein mit allen Wassern gewaschener, ausgefuchster Josefstädter Rechtsanwalt, der den größten Stimmenblock im Gemeinderat, die liberale Mittelpartei, vertrat. Felder setzte sowohl auf effektive Verwaltung wie auch auf ehrgeizige Stadtentwicklung, und seine Amtszeit war seit dem achtzehnten Jahrhundert Wiens erste große Epoche des städtischen Auf- und Ausbaus.

Während des Wahlkampfs für den neuen Gemeinderat im Jahr 1861 waren informelle politische Gruppierungen aufgetaucht, die sich später zu politischen Vereinen verfestigten. Die wichtigste Partei in dieser Frühzeit der Stadtpolitik war die Mittelpartei, ein Sammelbecken von zunächst 60 und schließlich fast 80 – von insgesamt 120 – Gemeinderäten, die sich hinter Zelinka und Felder scharten und einen Mitte-Rechts-Block im Gemeinderat bildeten.[11] Die Mittelpartei konstituierte sich offiziell im Jahr 1862 und blieb mehr als drei Jahrzehnte das zentrale Bollwerk liberaler städtischer Macht. Sie war keine Partei des Großkapitals im buchstäblichen Sinn des Wortes, obwohl viele ihrer Mitglieder, was Reichtum und Bildung betrifft, durchaus als repräsentativ für die traditionellen Eliten des gehobenen Bürgertums um die Mitte des 19. Jahrhunderts gelten konnten.[12] Die Mittelpartei verteidigte das bestehende Kurialsystem, das den untersten Schichten des Bürgertums ihre Bürgerrechte vorenthielt und die schlechter gestellten Handwerker von der übrigen bürgerlichen Gesellschaft separierte. Sie musste in den 70er Jahren mehrere Aderlässe in Form von Sezessionen hinnehmen und das permanente Geplänkel zwischen ihren Randgruppen, stieg aber dann zu einem tragenden Element des größeren Mitte-Rechts *Fortschrittsclubs* auf, der sich 1882 konstituierte. Diese ganze Zeit über beharrte die Mittelpartei auf konservativ-bürgerlichen Lösungsvorschlägen für die Probleme, die in den Ereignissen von 1848 manifest geworden waren, und verteidigte sie gegen jegliche Kritik.

Es machte sich damals aber auch ein anderes Erbteil der Politik der Demokraten bemerkbar, das im Gegensatz zur Mittelpartei stand und auf ein Wiederaufleben der Ideale und Wertvorstellungen von 1848/49 hindeutete. 1861 zogen auch linksgerichtete Gruppen in den Gemeinderat ein, die ab 1865, als *Linke* und *Äußerste Linke* firmierend, progressive und sogar radikaldemokratische Ansichten vertraten. Die Äußerste Linke, eine wahre Bastion der Wiener Demokratiebewegung, hatte wohlhabende Gewerbetreibende wie Johann Steudel und Franz Löblich als Anführer. Unterstützung erhielt sie hauptsächlich von der Dritten, gelegentlich auch von der Zweiten Kurie, besonders in den vorstädtischen Bezirken; die meisten ihrer Delegierten waren Handwerker, selbständige Unternehmer, Angestellte oder Freiberufler.[13] Mit dem Erlass des Vereinsgesetzes von 1867 gründeten sowohl die linken wie die rechten Fraktionen des Gemeinderates politische Bezirksvereine, um eine tragfähige Basis für Wahlwerbung und Organisation auf der Ebene der Wahlbezirke zu haben. Zwischen 1868 und 1873 erhielt so jeder Bezirk (mit Ausnahme der Inneren Stadt) einen oder mehrere Demokratische Vereine, und unter Felders Führung baute auch die Mittelpartei einen Verbund von Bürgervereinen auf.[14]

Ungeachtet ihrer frühen Erfolge in der Dritten Kurie gelang es den Demokraten nie, mehr als 30 Prozent der Gemeinderatssitze zu erobern. Es blieb ihnen daher das Los nicht erspart, das jeder Gruppe droht, die sich auf Dauer mit einer Minderheitenrolle begnügen muss: sie wärmten jahraus, jahrein dieselben Vorschläge auf, verausgabten sich in Flügelkämpfen und suchten vergeblich Mittel und Wege, um ihrer permanenten Demütigung durch die dominierenden Liberalen zu entkommen. Die Bewegung der Demokraten litt auch an chronischer Koordinationsschwäche auf städtischer Ebene. Jeder Bezirksklub hielt seine Autonomie hoch gegenüber seinen Nachbarvereinen. Ihr gravierendstes Manko jedoch lag darin, dass die Demokraten außerstande waren, ihre politischen Ziele bündig zusammenzufassen, um sie ihrer Mittelstandswählerschaft nahezubringen und auch der Arbeiterschaft, die seit den späten 60ern an Bedeutung gewonnen hatte. Die Demokraten nahmen zwar wenigstens in der Theorie für sich in Anspruch, die Erben der liberalen Linken von 1848 zu sein, und ihr Antiklerikalismus und ihre Ablehnung des Kurienwahlsystems gaben diesem Anspruch auch eine unbestreitbare Plausibilität.[15] Die wahre Herausforderung für die demokratische Bewegung lag aber in ihrer Haltung zur vollständigen Umsetzung der linken Ideale von 1848, dem echten *citoyen*-Staat; diesbezüglich verhielten sie sich oft genug uninspiriert und halbherzig. Manche Demokraten, wie Ferdinand Kronawetter, gingen in ihren Ansichten über die demokratische Definition des einheitlichen, ungeteilten Bürgertums hinaus, die alle Schichten des Bürgertums, auch die unterste der Kleingewerbetreibenden, umfasste, aber das Proletariat ausschloss, und forderten gleiche politische Rechte für alle. Demokratische Journalisten wie Eduard Hügel nahmen aktiven Anteil an der allmählich sich formierenden Arbeiterbewegung der späteren 60er Jahre und versuchten, Arbeiter dadurch für die demokratische Sache zu gewinnen, dass sie liberale kooperative Pläne übernahmen. Das Ende der 60er und der Anfang der 70er Jahre war jedoch vom Standpunkt einer sozialen und politischen Zusammenarbeit zwischen dem Bürgertum und der Arbeiterklasse keine gute Zeit. Die Streiks der Gesellen in den Jahren 1870–73 und der ideologische Radikalismus der frühen sozialdemokratischen Bewegung bedeutete in Österreich das Aus für Hoffnungen jedweder Art auf eine sozial-liberale oder progressiv-arbeiterschaftliche Koalition.[16] Ganz ähnlich problematisch war die Haltung der Demokraten zur Situation der Handwerker. Obwohl für die Parteispitze ihre Wahl zum Gemeinderat von den 10 fl. Gewerbetreibenden der Dritten Kurie abhing, vertraten sie Anfang der 70er Jahre als Antwort auf die wirtschaftliche Notlage der kleinen Gewerbetreibenden wider Erwarten nur gemäßigte nicht-protektionistische Maßnahmen.[17]

1873 versuchten die Demokraten, ihre organisatorische Schwäche durch Zentralisierung zu überwinden und gründeten die *Demokratische Gesellschaft*.[18] Die Partei gewann fünf Sitze in Wien bei den anschließenden Herbstwahlen zum Reichsrat und war somit verhältnismäßig erfolgreich. Ende 1874 war dagegen der Stern der Demokraten schon wieder im Sinken, wie Cajetan Felder in seiner Autobiographie festhält.[19] Parteiinterne Fehden nahmen ebenso viel Raum ein wie der Kampf gegen die Liberalen, und diejenigen demokratischen Politiker, die 1873 ins Parlament gewählt worden waren, wie Johann Steudel und Johann Schrank, vernachlässigten ihre Wahlkreise zugunsten ihrer neuen parlamentarischen Rolle. Vielleicht noch wichtiger war, dass die Wähler Schwierigkeiten mit den Menschenrechtsparolen einzelner Demokraten wie Kronawetter und Johann Umlauft hatten. Ignaz Krawani, der Vorsteher der

Demokratischen Gesellschaft in Landstraße, schlug 1875 kurz und bündig vor, die Demokraten sollten sich von ihrem Selbstbild als einer Partei für die gesamte Gesellschaft verabschieden, den Kampf für ein allgemeines Wahlrecht aufgeben und sich mehr um ihre eigenen nationalen Wählergruppen kümmern. Dies war als Rüffel gedacht für diejenigen, die die mittelständische demokratische Bewegung auf einen Kurs in Richtung allgemeiner gesellschaftlicher oder politischer Rechte bringen wollten.[20] Die Mitgliederzahl der Demokratischen Gesellschaft sank von 1.400 im Jahr 1873 auf knapp über 200 – ein Siebtel – im Jahr 1876.[21] Die Liberalen unter Felder trugen ihr Scherflein zur Entzauberung der Demokraten bei, indem sie ihnen das Monopol auf einige Programmpunkte wie den Antiklerikalismus streitig machten.

Karl Lueger betrat 1872 die Wiener politische Bühne, indem er Mitglied des *Deutsch-Demokratischen Vereins* in Landstraße wurde, einem für seine spannungsgeladene, leidenschaftliche Lokalpolitik bekannten Bezirk.[22] Dieser Klub der Demokraten wurde von Ignaz Krawani, einem Demokraten im Stil von 1848, auf sehr autokratische Weise geführt. Zu den ersten Personen, auf die Lueger in diesem Klub stieß, gehörte ein junger jüdischer Arzt namens Ignaz Mandl, den sein leidenschaftliches Interesse an bürgerrechtlichen Reformen immer wieder auch in diverse Schlammschlachten verwickelte. Lueger und Mandl konnten sich mit Krawanis Führungsstil nicht anfreunden. Gemeinsam verließen sie den Verein schon wenige Monate später, und Mandl gründete mit acht gutsituierten Handwerkern und mittleren Geschäftsleuten im Juni 1872 einen demokratischen Gegenverein, die *Eintracht*. Bis Jänner 1873 hatte Mandl für seinen Klub 300 Leute angeworben, von denen sich viele zwanzig Jahre später in der Christlichsozialen Partei wiederfinden sollten.[23] Obwohl einige Lueger-Apologeten Mandl die Rolle eines »Radaubruders« zuweisen, der an Luegers Frackschößen hing, war es in Wahrheit Lueger, der durch den Umgang mit Mandl seinen intellektuellen Horizont erweiterte, und nicht umgekehrt.[24]

Völlig unerwartet stellte sich Lueger jedoch im Folgenden nicht auf die Seite von Mandls revisionistischer demokratischer Fraktion, sondern schloss sich nach seinem Austritt aus Krawanis Verein dem liberalen *Bürgerclub* in Landstraße an, was ihm die Patronanz Franz von Khunns eintrug, einem Vertrauten von Bürgermeister Felder. Luegers Kalkül bei dieser Entscheidung offenbart sich in einer Rede vom April 1875; darin bezeichnet er die älteren Demokraten als »Männer ohne jede Bedeutung, die völlig ungeeignet für politische Führerschaft sind«.[25] Lueger rechnete offenbar auf Felders Unterstützung bei seiner künftigen Karriere.

Nachdem die Zweite Kurie des Bezirks Landstraße Karl Lueger im Frühjahr 1875 auf ein Jahr in den Gemeinderat gewählt hatte, trat er der liberalen Mittelpartei bei. Luegers geflissentliches Buhlen um Felder währte jedoch nicht lange. Sein Ehrgeiz und seine überbordende Energie, die ihn dazu getrieben hatten, die Inaktivität der älteren Demokraten vom Schlag eines Steudel zu attackieren, kehrten sich bald auch gegen den autokratischen Felder. Lueger lehnte die eiserne Disziplin des Bürgermeisters und seine selbstherrliche Amtsführung im Gemeinderat ab. Dazu kam noch, dass Felder bei der Vergabe wichtiger Ämter großen Wert auf Alter und Erfahrung der Kandidaten legte, ein Prinzip, das auch in seiner Autobiographie immer wieder zur Sprache kommt. In diesem Szenario war offensichtlich dem jungen Anwalt jede Möglichkeit einer eigenen politischen Profilierung verwehrt.

Lueger war also für eine politische Betätigung neuen Stils bereit, und im Herbst 1875 bot sich ihm dafür durch Ignaz Mandl eine Gelegenheit. Im Oktober 1875 richtete der Landstraßer Bezirksausschuss, der von Mandl und seinen Parteigängern dominiert war, eine Petition an den Gemeinderat, um gegen angebliche Missstände und finanzielle Malversationen in der Verwaltung zu protestieren, die, wie in der Petition unterstellt wurde, die Dienstleistungen der öffentlichen Hand im Bezirk schwer beeinträchtigten; besonders hervorgehoben wurde der schlechte Erhaltungszustand der Straßen.[26] Zwar war der unmittelbare Adressat der Petition die städtische Verwaltungsbehörde, der Magistrat, aber Mandl versuchte ganz offenkundig, auch Bürgermeister Felder persönlich zu implizieren. Vor dem politischen Hintergrund, dass Felder 1873 im Gemeinderat einen Antrag auf Erhöhung der städtischen Steuern gestellt hatte, um das wachsende Defizit im Budget der Stadt abzudecken, war Mandls Aufstellung zur missbräuchlichen Verwendung öffentlicher Gelder besonders brisant.[27] 1876 fanden Mandl und Lueger ein noch zugkräftigeres Thema: die in vieler Hinsicht unzulängliche Verwaltung des Zentralfriedhofs durch den Magistrat. »Frisierte« Listen von Gehaltsempfängern, Bilanzfälschungen und generell schlechtes Management lieferten ihnen noch mehr Stoff, um Felders Fairness und Objektivität in Frage zu stellen.[28]

Während der Debatte zum Haushalt der Stadt im Jahr 1876 stieß Lueger ins gleiche Horn wie Mandl und kritisierte ebenfalls die Vertuschungsversuche und die vielen Ungereimtheiten im Zusammenhang mit dem Budget Wiens.[29] Seine Kommentare waren weniger scharf als die von Mandl, aber durch sein negatives Votum gegen den Budgetentwurf war klar, dass Lueger Felder ebenso sehr ablehnte wie Mandl. Felder versuchte, den Landstraßer liberalen *Bürger-*

club dazu zu bewegen, Lueger 1876 nicht ein zweites Mal kandidieren zu lassen (seine erste Periode war ja nur auf ein Jahr terminiert und das Ergebnis einer Nachwahl gewesen), aber Lueger hatte mittlerweile genügend öffentlichen Rückhalt, um das zu vereiteln.[30] Nach seiner Wiederwahl im April 1876 verschärfte er seine Kritik an Felder; ein Höhepunkt wurde Anfang September 1876 erreicht, als Lueger im Gemeinderat einen Antrag einbrachte, der Felder aufforderte, sich weniger parteiisch zu verhalten, und ihm einen selbstherrlichen Führungsstil vorwarf.[31]

Als der Landstraßer Bezirksausschuss nicht imstande war, einen neuen Bezirksvorsteher zu wählen, löste ihn der Gemeinderat auf Felders Betreiben im Oktober 1876 auf. Neuwahlen für den Ausschuss wurden angesetzt und stellten eine Probe aufs Exempel für Mandels und Luegers demokratische Splittergruppe dar. Die Liberalen gewannen jedoch nicht nur haushoch in der Ersten und Zweiten Kurie, sie schlugen sogar die Verbündeten von Lueger und Mandl in der Dritten Kurie. Lueger verstand das Wahlergebnis als Ablehnung seiner Linie durch die Wählerschaft und legte sein Gemeinderatsmandat zurück.[32]

Die Niederlage war für einen so jungen, ehrgeizigen Politiker wie Lueger ein Schock, aber – wie sich zeigen sollte – ein heilsamer. An der Anti-Felder-Polemik, die Mandl und Lueger in den Jahren 1975–76 entwickelt hatten, war doch etliches, das kleinlich anmutete und nach persönlicher Animosität klang. Trotz seiner selbstherrlichen Allüren genoss Felder bei den Wählern aller drei Kurien beträchtliches Ansehen. Sein Paternalismus der starken Hand und seine Fähigkeit, die Autonomie der Stadt zu verteidigen, sicherten ihm breite Unterstützung in der Bevölkerung. Es war nicht damit getan, Felder in der Öffentlichkeit Beleidigungen an den Kopf zu werfen; man musste klare politische Alternativen formulieren und sie den Wählern schmackhaft machen.

Lueger und Mandl nutzten die nächsten zwei Jahre, um ein solches Programm auszuarbeiten. Für ihr neues Wählerbündnis, dem sie den Namen *Wirthschaftspartei* gaben, diente ihnen die *Eintracht* als organisatorische Basis. Im März 1878 kehrte Lueger auf die politische Bühne zurück, indem er sich von der Dritten Kurie aus um einen Sitz im Gemeinderat bewarb. Er gewann überzeugend mit 531 von 958 Stimmen in einer Wahl, in der 13 weitere Anti-Felder Demokraten für sich Mandate im Gemeinderat erstritten.[33]

Die praktische politische Arbeit in den Jahren 1877–78 war sehr wichtig; in diese Jahre fällt aber zusätzlich noch die Entwicklung einer neuen theoretischen Grundlage für das Lueger-Mandlsche Programm, das ihm zu größerer Schlüssigkeit und Schlagkraft verhalf. Mandl hatte Ende der 70er Jahre die Bekanntschaft des Wiener Ökonomen Wilhelm Neurath gemacht und war in den Bann von dessen gesellschaftlichem Kollektivismus geraten.[34] Unter dem Einfluss der Arbeiten von Adolf Wagner und Wilhelm Roscher behauptete Neurath, dass wirtschaftlicher Fortschritt und eine prosperierende Volkswirtschaft wesentlich von einer sozial-eudaimonistischen Einstellung der Besitzenden und von sozialer Unterstützung der Armen durch den Staat abhingen.[35] Mandl war besonders angetan von Neuraths Forderung nach einem kollektivistischen gesellschaftlichen Ethos, das von der Regierung gefördert werden sollte. Um als Vorbild dienen zu können, musste sich jedoch die Regierung erst einmal selbst auf ehrliche und verantwortbare Normen stützen. Mandl entnahm Neuraths Theorie eine Doktrin öffentlicher sozialer Verantwortlichkeit, die nicht nur der Verwaltung in Wien zugute kommen, sondern auch eine Reihe neuer politischer Tugenden in die Wiener Gesellschaft einführen würde.

Weder Mandl noch Lueger übernahm unbesehen alle Neurath'schen Ideen; dazu waren diese in allzu vielen Fällen in sich widersprüchlich. Und vieles von dem, was Mandl stolz als eine ethische Revolution ausgab, waren nur seine eigenen, auf Kontroversen zielenden und selbst oft genug nicht übermäßig logischen Ansichten. Lueger hatte weniger Probleme mit ethischem Dogmatismus, da sein ganzes Streben nur ein Ziel hatte: die politische Macht zu erobern und auszuüben. Er unterschied sich von Mandl dadurch, dass er sich beim Gebrauch linksliberaler Schlagworte immer von deren Vermarktbarkeit in seiner Wählerschaft lenken ließ. Ältere Demokraten bezichtigten Ferdinand Kronawetter oft sozialistischer Neigungen, was in Luegers Fall fast nicht möglich war: Seine demokratischen Überzeugungen waren im Wesentlichen rein utilitaristischer Art, mit einem ausgeprägten Schwerpunkt auf antiproletarischen Privilegien. Das Volk war für Lueger identisch mit dem Bürgertum, in einem neuen, stärker verallgemeinerten Wortsinn, unter den Lueger auch das Kleinbürgertum subsumierte. Die Skrupel, die Mandel angesichts von Themen wie Antiklerikalismus und Antisemitismus empfand, waren Lueger fremd. Das Wiener Bürgertum war schon längst antiklerikal und antisemitisch eingestellt; in der politischen Welt der Demokraten kam einem Mann wie Joseph Schöffel in den 70er Jahren das Wort Saujud ebenso leicht über die Lippen wie das Wort Pfaffe.[36] Luegers Leistung bestand im Aufbau einer neuen politischen Bewegung, die diese traditionellen kulturellen Reflexe gegeneinander ausspielte.

Das Ergebnis, das Mandls und Luegers Interesse an Bürgerethos und Gemeindereform zeitigte, könnte man als Gemeindereform-Demokratiebewegung bezeichnen. Ihr anfängliches Programm war mit seiner Beschränkung auf städtische Finanzen und Stadtverwaltung inhaltlich bescheiden. Die aus Neuraths gesellschaftlichem Kollektivismus stammende Überführung von Unternehmen des öffentlichen Verkehrs und der Versorgung in städtisches Eigentum wurde zu einem Kernpunkt in Mandls Argumentation,[37] und Mandl dürfte sich diese Idee noch vor Lueger angeeignet haben. Selbst 1881 scheint Lueger noch mehr daran gelegen zu sein, den privaten Betreiber der Straßenbahn zur Wahrnehmung seiner Verpflichtungen der Öffentlichkeit gegenüber zu verhalten als die Straßenbahn zu kommunalisieren.[38] Lueger gab einer strikten Kontrolle privater Gesellschaften in gleicher Weise den Vorzug, wie er einer effektiveren Kontrolle des Magistrats das Wort redete. Er wollte, dass beide Faktoren politischer Kontrolle unterliegen, das private Kapital ebenso wie die öffentliche Verwaltung. Als er sich schließlich mit Nachdruck zur Kommunalisierung bekannte, was nach 1882 der Fall war, waren seine Motive pragmatischer als die Mandlschen. Für Lueger waren die Einkünfte und der Service, den die städtischen Industrien erbringen würden, wichtiger als ihr Beitrag zur Moral der Bürgergemeinde.

Mandl und Lueger schafften es in diesen Jahren, die Stadt als etwas anderes zu präsentieren als das Bollwerk politischer und kultureller Autonomie, das den älteren Demokraten vom Schlag eines Steudel und Löblich vorgeschwebt war. Ihre Gegner beschuldigten sie, Wien als »ein Sodoma und Gomorrha kommunaler Misswirthschaft« zu verunglimpfen, aber Mandl und Lueger beharrten hartnäckig darauf, dass die Stadt ein Vorbild abgeben müsse für möglichst effiziente und wirtschaftlich profitable öffentliche Dienstleistungen.[39] In der Theorie war dieses Ziel immer schon ein Teil des liberalen Credo gewesen, aber in der Praxis hatten die Liberalen unter den Bürgermeistern Zelinka und Felder ihre Energien auf Großprojekte wie Rathaus, Wasserversorgung, Kanalsystem, Schulbauten, etc. konzentriert, die durch große Anleihen finanziert wurden. Die Autonomie der Stadt gegen die Ansprüche der Monarchie zu schützen, gehörte zu den liberalen Kardinalaufgaben. Das ausladende, historizistischer Ästhetik verpflichtete Rathaus wird nur aus der Notwendigkeit verständlich, der Hofburg und den kaiserlichen Ministerien ein symbolisch gleichwertiges Bauwerk gegenüberzustellen. Felder war dem kommunalen Sozialismus weniger aus philosophischen Gründen abgeneigt als aufgrund von praktischen politischen Prioritäten, besonders nach dem Börsenkrach von 1873. Der Gemeinderat hatte 1872 die Erbauung eines städtischen Gaswerks ernsthaft erwogen, gab aber Mitte der 70er Jahre alle derartigen Pläne im Gefolge der zusammenbrechenden Finanzmärkte auf.[40] Zur Absicherung des überzogenen städtischen

Budgets waren unter wirtschaftlichen Gesichtspunkten unmittelbar verfügbare Abgaben und Pachteinkünfte von privaten Unternehmen wichtiger als Experimente mit neuartigen Kommunalisierungsprojekten.[41]

Der Konflikt zwischen Felder und Lueger resultierte auch aus ihren unvereinbaren Auffassungen bezüglich der Stadtverwaltung. Felder betont in seiner gesamten Autobiographie das »unpolitische«, rein administrative Wesen der Lokalpolitik.[42] Er war sehr stolz auf die Professionalisierung des Magistrats, gleichzeitig aber nicht in der Lage, Beamte, die Urteilsschwäche, Faulheit oder Schlimmeres bewiesen hatten, in entsprechender Weise zu disziplinieren. Besonders in Felders zweiter und dritter Amtszeit als Bürgermeister (1871–77) baute der Magistrat in ungenierter Weise seine Eigenständigkeit gegenüber dem Gemeinderat weiter aus. Ein bemerkenswertes Beispiel kam im Zuge eines Ehrenbeleidigungsprozesses Ende der 70er Jahre zu Tage, als ein städtischer Beamter unter Eid versicherte, er nehme grundsätzlich keine Notiz von dem, was im Gemeinderat beschlossen werde.[43] Die Verhältnisse, die Felder hier Platz greifen ließ, erinnern an eine Vormärz-Bürokratie in einem modernisierten Kostüm.[44] In seinem Herzen war Felder ein Verwaltungsbeamter, den das Schicksal dazu gezwungen hatte, sein Leben in der Politik zu verbringen. Lueger war im Gegensatz zu ihm ein Politiker, den die Notwendigkeit, Wahlen zu gewinnen, dazu zwang, sich so zu verhalten, wie es den Normen administrativer Rationalität entsprach.

Die *Vereinigte Linke* und die politische Neuorientierung der Demokraten, 1878–82

Cajetan Felder blieb bei der Behauptung, der Zentralfriedhof-Skandal und andere, von Mandl und Lueger unterstellte Malversationen entbehrten jeder Grundlage und existierten nur in den Köpfen der beiden boshaften Wortführer; später gebrauchte er für ihre Unterstellungen den Ausdruck »erlogene Denunciationen«. Die Kommission des Gemeinderates, die zu einer Untersuchung der Vorwürfe gebildet worden war, berichtete jedoch Mitte März 1878 von weitverbreiteter, wenn auch geringfügiger Korruption und Misswirtschaft.[45] Felders größter Fehler bestand nun nicht darin, dass er diese Dinge nicht schon früher abgestellt hatte, sondern dass er sich weigerte, gegen die betroffenen Beamten auch nur die geringsten Disziplinarmaßnahmen zu ergreifen, und stattdessen versuchte, die Affäre auszusitzen. Spätestens im Frühjahr 1878 begann selbst die liberale Presse, Unmut über Felders Verhalten zu zeigen.⁴⁶ Auch in liberalen Journalen tauchten Artikel auf, die auf eine Erneuerung der liberalen Führung drängten. Geschwächt von einer langen Krankheit und von den anhaltenden Kontroversen, legte Felder im Juni 1878 sein Amt nieder.

Felders Nachfolger war Julius von Newald, ein Lokalpolitiker vom Alsergrund und früherer Protegé von Bürgermeister Zelinka, der während Felders Regime der Mittelpartei als Vorsitzender gedient hatte.⁴⁷ Wie bei den meisten liberalen und christlichsozialen Bürgermeistern war auch Newalds Karriere das Ergebnis langjähriger Erfahrung auf lokal- und bezirkspolitischer Ebene und guter Beziehungen innerhalb seines Wahlkreises. Er kannte seine Freunde und Feinde aus unmittelbarer Nähe, da er seit 1864 praktisch täglich mit ihnen zu tun gehabt hatte.

Newald war eine konziliante Persönlichkeit voll guter Absichten und ohne Felders Ecken und Kanten. Seine Amtsführung unterschied sich denn auch sehr stark von der Felderschen; seine Wahl verschaffte der Mittelpartei jedoch keine Atempause. Während der nächsten Jahre verstrickte sie sich in erbitterte innere Kämpfe zwischen rivalisierenden Bewerbern um Felders Position, für die Newald nur als Platzhalter angesehen wurde. Wirklich zufrieden war mit ihm niemand, aber alle fanden, es lasse sich mit ihm leben. Der Großteil der Opposition, Lueger und Mandl inklusive, stimmte für ihn. Im August 1878 wurde die erste antiliberale Koalition, die *Vereinigte Linke*, aus verschiedenen Klubs und Vereinen gebildet, die sich im Wesentlichen nur in dem einen Punkt der Gegnerschaft zur Mittelpartei einig waren. Lueger schrieb für den neuen Block das Programm, das im August 1878 veröffentlicht wurde.⁴⁸ Es enthielt Angriffe auf das Kurialsystem und forderte ein einheitliches Wahlrecht für alle Steuerzahler. Interessanterweise findet sich darin keine Erwähnung kommunalsozialistischer Vorschläge zur Stadtentwicklung.⁴⁹

Die *Vereinigte Linke* war von Anfang an ein Gemenge heterogener Bestandteile. Sie umfasste jüngere, extrem ehrgeizige Demokraten wie Karl Lueger und ältere, gesetztere Demokraten aus der Vorstadt wie Steudel, Schrank und Löblich. Die Koalition funktionierte klaglos bei Themen wie der deutschsprachigen Kontrolle der Verwaltung und ihrer Bedeutung für die Eindämmung tschechischer Ansprüche; bei wirtschaftlichen und gesellschaftlichen Themen waren die *Vereinigten Linken* aber oft uneins.⁵⁰ Franz Löblich war beim Handwerkerproblem protektionistischer eingestellt als z.B. Ignaz Mandl und stand umgekehrt dem Vorschlag, das Gaswerk in städtisches Eigentum zu überführen, kritischer gegenüber.⁵¹ Die älteren Demokraten zeigten außerdem wenig

Neigung, den Magistrat zu attackieren. Sie hatten keine Skrupel bei Kritik an der staatlichen Verwaltung, aber da sie selbst sich ihre ersten Sporen in den 60er Jahren verdient hatten, als das Ideal städtischer Autonomie sich gegen eine Rückkehr zum Neoabsolutismus durchgesetzt hatte, vermieden sie es nach Tunlichkeit, die städtische Bürokratie in Verlegenheit zu bringen.[52]

Dazu kam noch als weiterer wichtiger Faktor die Rivalität zwischen den Generationen, durch die sich Lueger als »Überflieger« gegen Steudel, Schrank und Löblich, die alle einer älteren Generation angehörten, positioniert fand.[53] Ein besonderer Affront war Mandl vorbehalten: er beschuldigte den wesentlich älteren Löblich der Korruption, die im konkreten Fall angeblich darin bestand, dass er, Löblich, sich um Gemeindeaufträge für sein privates Unternehmen bemüht habe.[54]

Die Bildung der *Vereinigten Linken* versetzte Bürgermeister Newald in die Lage, eine zweite wichtige Entwicklung einzuleiten, indem er nämlich im Jahr 1880 einen politischen Linksruck vollzog. Anders als Felder war Newald der Überzeugung, es sei Aufgabe des Bürgermeisters, sich die Unterstützung verschiedener politischer Gruppen zu sichern. Da aber die Mittelpartei weiter eine maßgebliche Rolle im Gemeinderat spielte, führte Newalds Versuch, die *Vereinigte Linke* einzubinden dazu, dass er sich bei der Stadtregierung in wiederholten Fällen nur auf eine Minderheit stützen konnte. Als 1881 seine Wiederwahl anstand, versuchte eine Gruppe jüngerer Liberaler unter der Führung von Raimund Grübl und Guido Sommaruga (beide Rivalen Karl Luegers aus dessen Heimatbezirk Landstraße), Newald aus dem Amt zu drängen und ihn durch einen orthodoxeren Kandidaten zu ersetzen.[55] Dies gelang ihnen zwar nicht, aber ab Mitte 1881 konnte Newald im Fall ernsthafter politischer Bedrängnis nicht mehr mit der Unterstützung der Liberalen Partei rechnen.

In Wien waren diese Jahre von einer immer stärker werdenden gesellschaftlichen Umwälzung geprägt. Als der Antisemitismus sich 1882 zum ersten Mal in der Lokalpolitik bemerkbar machte, geschah dies außerhalb der traditionellen Strukturen des liberalen und demokratischen Lagers. Die Symptome mangelnder Einigkeit waren im Bündnis der *Vereinigten Linken* Anfang Jänner 1881 nicht mehr zu übersehen und schwächten die Basis, auf die sich Newald im Gemeinderat stützte. Acht ältere Demokraten unter Löblichs Führung kündigten ihren Austritt aus der Koalition an.[56] Der Ringtheaterbrand im Dezember 1881 verschärfte die Situation weiter; mit einer Opferbilanz von fast 400 Theaterbesuchern bot er der Mittelpartei die lang ersehnte Gelegenheit, Newald los zu werden und Luegers politische Karriere zu beenden.

Der Ringtheaterbrand am 8. Dezember 1881 hatte eine Kontroverse von großer Tragweite zur Folge.[57] Im Mittelpunkt stand die Frage nach der Verantwortung für den unzulänglichen Brandschutz im Theater am Abend der Katastrophe. Eine Woche nach dem Brand brachte die *Vereinigte Linke* eine Resolution im Gemeinderat ein, die Bürgermeister Newald generell aller Verantwortung entband und Säumigkeit bei der Polizei und Feuerwehr in den Raum stellte.[58] Die liberale Mittelpartei spielte jedoch bei diesem Verschleierungsversuch nicht mit und Mitte Dezember brachte Guido Sommaruga die erste von zwei Anfragen im Gemeinderat ein (die zweite folgte Ende des Monats), die beide Bürgermeister Newald aufforderten, darzulegen, was der Magistrat unternommen habe, um einen ausreichenden Schutz des Gebäudes wie der Theaterbesucher zu gewährleisten – speziell im Hinblick auf die in der Vergangenheit getroffenen Vereinbarungen zwischen der Stadt und dem niederösterreichischen Statthalter Heinrich von Possinger.[59] Newald antwortete nur ausweichend auf diese Fragen und Anfang Jänner verschärfte Possinger seinerseits die Gangart: in einem Artikel in der *Wiener Zeitung* deutete er an, Newald und der Magistrat hätten sich mit dem Hinweis, die Stadt sei nicht selbst für die Erstellung der Brandschutzvorschriften verantwortlich, geweigert, die entsprechenden Anordnungen umzusetzen.[60] Possinger schickte am 17. Jänner 1882 einen Vertreter in den Gemeindrat, um dort ein Schriftstück zu verlesen, das Newald persönlich der Unfähigkeit zieh.[61] Er ließ auch am 20. Jänner, ebenfalls in der *Wiener Zeitung*, die gesamte interne Korrespondenz veröffentlichen, die in letzter Zeit zwischen Statthalterei und Magistrat zu Fragen des Brandschutzes in Theatern geführt worden war. Noch nie zuvor war ein Wiener Bürgermeister in der Öffentlichkeit von einem kaiserlichen Beamten derart gedemütigt worden. Newald erhielt daraufhin den Besuch einer Delegation der Liberalen, der auch Grübl und Sommaruga angehörten, die ihm aus Rücksicht auf die Reputation der Stadt dringend zum Rückzug riet.

In einem verzweifelten Manöver versuchte Karl Lueger in letzter Minute, Ministerpräsident Eduard Taaffe als Vermittler zwischen Newald und Possinger zu gewinnen. Taaffe, der sich der politischen Dimension dieses Machtkampfes sehr wohl bewusst war, lehnte das Ansinnen mit der nüchternen Feststellung ab, Newald selbst müsse mit dem Statthalter seinen Frieden machen und sich mit der Demütigung, die fraglos damit verbunden war, abfinden; diese sei unvermeidbar. Lueger seinerseits riet Newald, einen Kompromiss, der einem Schuldbekenntnis gleichkomme, auszuschlagen. Am 24. Jänner 1882 legte Newald sein Amt nieder.

Luegers Rolle in diesem Skandal war bedeutsam und nicht ohne Folgen für seine weitere Karriere. Ende Dezember 1881 war Wiens Zweiter Vizebürgermeister, Johann Schrank, gestorben. Die Wahl seines Nachfolgers fand am 12. Jänner 1882 statt. Die *Vereinigte Linke* nominierte Lueger, der, wie es zunächst schien, gute Chancen hatte, gewählt zu werden. In der Woche vor der Wahl begann allerdings sein Rückhalt zu bröckeln. Wichtige Mitglieder der *Vereinigten Linken,* wie Josef Kopp und Josef Nikola, entzogen Lueger ihre Unterstützung, und in der Wahl stimmten mehrere Demokraten für Johann Prix, der in einem zweiten Durchgang mit 59 zu 47 Stimmen gewann. Prix war der De-facto-Kandidat der Mittelpartei gewesen, und sein Sieg war ein wichtiges Signal dafür, dass die Newald-Affaire Luegers Glaubwürdigkeit im Gemeinderat beschädigt hatte.[62] Eine Karriere, die noch vor weniger als einem Jahr so vielversprechend ausgesehen hatte, schien vor dem Aus zu stehen. Von Februar an setzte bei der *Vereinigten Linken* eine Austrittsserie ein, und viele ehemalige Parteigänger von Newald und Lueger konnten sich jetzt gar nicht schnell genug absetzen.[63] Luegers Treffen mit Taaffe hatte seinen Ruf in traditionellen demokratischen Kreisen ruiniert – voll Schadenfreude begrüßten lokale liberale Klubs Lueger als einen »Klerikalen« und »Slavophilen«, der es allem Anschein nach mit dem antiliberalen Ministerpräsidenten ausgezeichnet konnte. Für Luegers Entschluss, nach 1882 die Bezeichnung »liberaler Demokrat« abzulehnen, war die arrogante und hämische Behandlung ausschlaggebend, die ihm die liberale Presse im Zusammenhang mit seinem fruchtlosen Besuch bei Taaffe und dem darauffolgenden Niedergang der *Vereinigten Linken* hatte zuteil werden lassen.[64] Eduard Hügel bezeichnete Lueger als den »kommunalen Cato« Wiens, und dies war keineswegs als Kompliment gemeint.[65]

Eben noch ein angesehener junger Anführer mit engen Kontakten zum Bürgermeister, fand Lueger sich plötzlich allein auf weiter Flur. Er war jetzt in der Wiener Politik auf sich gestellt. Manche Demokraten kehrten in ihre vormaligen Fraktionen zurück, andere wechselten ins liberale Lager. Bezirkspartikularismus (in Wien auch »Grätzelgeist« genannt), persönliche Rachefeldzüge und der Mangel an organisatorischem und ideologischem Zusammenhalt bedeuteten das Ende des Bündnisses. Niemand war sich mehr sicher, was es bedeutete, »antiliberal« zu sein, auch Lueger nicht.

Dennoch waren die Erfahrungen, die Lueger an der Spitze einer großen Koalition gesammelt hatte, für ihn wertvoll. Mittlerweile fast vierzig, hatte er sich in den Augen der Öffentlichkeit als geschickter Politiker erwiesen, dem man es auch zutraute, eine gesamtstädtische Koalition anzuführen. Als ihm nach 1888 dazu eine zweite Chance geboten wurde, machte er dieselben Fehler nicht noch einmal.

Karl Luegers Anpassung an den politischen Antisemitismus

Die Zeit zwischen Februar 1882 und Ende 1887 war die wichtigste in Karl Luegers Dasein als Oppositionspolitiker. Erst angesichts seiner Niederlage und Demütigung konzipierte er eine drastische Neugestaltung volksnaher Politik in Wien. Zwei Tage vor der Auflösung der *Vereinigten Linken* hielt er eine Rede vor der Landstraßer *Eintracht*.[66] Nachdem er zuerst klar gemacht hatte, dass er kein Anhänger Taaffes war, enthüllte Lueger eine Skandalgeschichte: Im Herbst 1881 habe man versucht, ihn im Zusammenhang mit dem Bau der Stadtbahn zu bestechen; dabei seien große Geldsummen im Gespräch gewesen. Die Stadtbahn war ein Kernstück der Modernisierung des Wiener Verkehrsnetzwerks. Auch Lueger musste zugeben, dass es gewichtige wirtschaftliche Gründe gab, die für den Bau der Linie sprachen. Erich Kielmansegg vermerkte später in seinen Memoiren, Lueger habe ihm gegenüber bemerkt, er lehne die Stadtbahn ab, weil einflussreiche Hausbesitzer in Landstraße sie ablehnten.[67] Sie waren der Meinung, die Bahn werde durch ihre Lärm- und Rußentwicklung und durch die fortwährende Erschütterung der Häuser den Wert ihrer Grundstücke entlang der Trasse mindern und das Stadtbild mit einem hässlichen System von oberirdischen Stelzen und Viadukten für die Gleisanlagen verunzieren. Lueger kritisierte, wie viele andere, die ästhetischen Mängel des Projekts, aber seine verdeckten Gründe waren politischer Natur: Hausbesitzer waren Wähler.

Das Konsortium, das sich Hoffnungen auf den Zuschlag des Stadtbahnbaus machte, wurde von zwei Engländern, Joseph Fogerty und James Bunten, angeführt,[68] und Lueger war der Vorsitzende eines Gemeinderatskomitees, das eine Projektbewertung abgeben sollte. In seiner Rede in der *Eintracht* erklärte Lueger, er sei Anfang November 1881 mehrfach von Mittelsmännern des englischen Konzerns kontaktiert worden, die versucht hätten, ihn durch Bestechung zur Zusammenarbeit zu gewinnen. Er erwähnte auch, dass zwei andere Gemeinderatsmitglieder, Theodor von Goldschmidt und Rudolf von Gunesch, sich Direktionsposten für den Fall hätten zusichern lassen, dass der Gemeinderat die neue Bahn genehmige. Die zwei Männer klagten Lueger wegen Ehrenbeleidigung, und Wien hatte im Frühjahr 1882 seinen Skandalprozess.

Karl Lueger nahm jetzt für sich die Rolle des unschuldigen Opfers in Anspruch, das ohne eigenes Zutun in die Fänge der finsteren Mächte des Finanzkapitalismus geraten war. Seine Bestechungsvorwürfe waren wahrscheinlich nicht aus der Luft gegriffen, ihre Enthüllung jedoch folgte praktischen und nicht etwa moralischen Erwägungen – hatte er doch drei Monate zugewartet, ehe er damit an die Öffentlichkeit ging. Im November 1881 war Lueger noch an der Spitze der *Vereinigten Linken* gestanden, und derartige Anschuldigungen hätten für Mitglieder seiner Koalition ebenso kompromittierende Folgen haben können wie für seinen Freund Julius Newald. Erst nach dem Zerfall der Koalition, als Lueger nach einer Möglichkeit zur Revanche suchte, brachte er das Maß an Empörung auf, das ihn handeln ließ.[69]

Der Stadtbahnprozess und seine Nachwirkungen machten die Antisemiten auf Lueger aufmerksam. Zerboni, der Herausgeber des *Volksfreund*, schrieb an Lueger und gratulierte ihm zu seinem neu entdeckten Antikapitalismus.[70] Bei einer Versammlung von 1.000 enthusiastischen Anhängern Anfang März 1882 präsentierte sich Karl Lueger erstmals in seiner Rolle als politischer Outcast. Seine Rede gehörte dem »plebiszitären« Typ an, den Lueger besonders liebte. Detailliert listete er die Bösartigkeiten seiner Gegner und seine eigenen Tugenden auf, und wandte sich an die Öffentlichkeit, um sich und sein Schicksal den Wählern zu überantworten. Die internationalen Geldcliquen und Großkapitalisten vergifteten das öffentliche Leben in Österreich. Und das eigentlich Schlimme an der ganzen Sache sei, dass diese Leute keinen Begriff von *Vaterland* hatten.[71] Das Ganze spielte sich zwei Wochen vor der denkwürdigen, von Holubek und Buschenhagen inszenierten antisemitischen Versammlung ab: Luegers Auftritt spiegelte seine neuen Erkenntnisse über die politische Nützlichkeit des Antikapitalismus wider. Noch im November 1880 hatte er als Vorsitzender eines Gemeinderatskomitees zur Untersuchung des Straßenhandels eine vorsichtige Position bezogen. Damals weigerte er sich, eine völliges Verbot des Straßenhandels zu unterstützen, und plädierte dafür, die bestehenden Bestimmungen konsequenter umzusetzen.[72] Im Frühling 1882 bezog er dann plötzlich Stellung gegen den »überwuchernden Hausierhandel«, der den Gewerbestand der Handwerker in seiner Existenz bedrohe.[73]

Luegers Rede im März 1882 war sein erster Gehversuch als antiplutokratischer Underdog. Da Luegers öffentliche Rhetorik immer wieder kontrovers beurteilt wird, soll sie hier näher untersucht werden. Karl Renner beschrieb Luegers Wahlreden als inhaltsleer und bar aller origineller Ideen, als Ansammlungen von Klischees, die zwecks Werbewirksamkeit mit ein paar radikalen

Phrasen aufgeputzt wurden.[74] Eine sorgfältige Lektüre von Hunderten von Luegers Wahlreden zwischen 1880 und 1910 führt zum gleichen Ergebnis.[75] Wenn er im Parlament zu politischen Themen sprach, bewies Lueger ein ausgezeichnetes Gedächtnis für verwaltungstechnische Details und umfassende Kenntnisse der inneren Abläufe der österreichischen Bürokratie. Bei wirtschaftlichen und kulturellen Themen hingegen war eine Art bürgerliches Philistertum nicht zu übersehen. Um seiner Rhetorik wirklich gerecht werden zu können, muss man seine Unterscheidung zwischen öffentlicher und privater Kommunikation akzeptieren sowie zwischen dem Symbolcharakter von Worten, mit denen man politische Mobilisierung bewirken konnte, und ihrem Werkzeugcharakter zur Erledigung von Regierungsgeschäften. In einer Parlamentsrede vom Mai 1887 versuchte Lueger, Verständnis und Nachsicht für Ferdinand Kronawetters radikale Sprache zu wecken mit dem Hinweis, die Worte eines Politikers dürften nicht im buchstäblichen Sinn verstanden werden: »Wenn er einige harte Ausdrücke gebraucht hat, so sind diese nicht wörtlich in dem Sinn zu nehmen, wie es der Herr Regierungsvertreter gethan hat; wenn er z.B. von ›betrügen‹ spricht, so will er nicht etwa sagen, dass die Beamten zu ihrem eigenen Vortheile betrügen, sondern er braucht das Wort in dem Sinne, wie es in Wien häufig gebraucht wird. Der Herr Abgeordnete Dr Kronawetter spricht mehr oder weniger im Dialect und die von ihm gebrauchten Ausdrücke sind daher auch so aufzufassen, wie sie im Wiener Dialect gebraucht und verstanden werden wollen.«[76]

Luegers Kommentar verrät mehr über seine eigene Sprechweise als über die von Kronawetter.[77] Es gab oft eine deutliche Diskrepanz zwischen dem, was er sagte, und dem, was er meinte. Joseph Bloch sprach diese Eigenschaft mit seiner Bemerkung an, Lueger sei kein großer Radikaler, aber ein großer Schauspieler.[78] Lueger war sich des Unterschieds bewusst, der zwischen den Kanälen öffentlicher und denjenigen privater Kommunikation besteht, und dasselbe gilt für die meisten der damals führenden christlichsozialen Politiker, mit Ausnahme Ernst Schneiders.[79] Die Banalität vieler seiner Reden spiegelt Luegers eigenen kulturellen Hintergrund und den seines Publikums wider, aber ebenso die Probleme, die komplexe, theoriebefrachtete Aussagen für eine politische Koalition nach sich ziehen, zumal dann, wenn in ihr Interessengruppen gebündelt sind, die einander unablässig voll Argwohn beäugen. Für Luegers Zuhörer musste der Stil seiner Reden nicht einer eisernen Logik gehorchen. Viel mehr gefragt war die Fähigkeit, die Herzen seiner Wähler zu gewinnen und jedem Einzelnen das Gefühl zu geben, er, Lueger, nehme sich höchstpersönlich seiner Ängste, Wünsche und Befürchtungen an. Lueger war nicht der erste Politiker in Wien, der die Sprengkraft einer überzogenen, hyperbolischen Sprache ausreizte, aber was ihn so ungewöhnlich erfolgreich machte, war die Brillanz, mit der er schwierige kommunalpolitische Probleme auf ein einfaches Niveau herunterbrach, um die öffentlich-politischen Vorstellungen seiner Wähler, von denen viele der Welt hauptsächlich mit Wut begegneten, zu beflügeln.

Zwischen 1882 und 1885 machte Karl Lueger die Unsicherheit in der städtischen Politik zu schaffen. Viele Liberale begruben die Differenzen zwischen den Fraktionen, die sie Ende der 70er Jahre zu gegenseitiger Abgrenzung veranlasst hatten, und reorganisierten sich im *Fortschrittsklub*.[80] In den Gemeinderatswahlen von 1882 und 1883 gelang ihnen eine psychologische Wende: Sie instrumentalisierten das problematische Image, das Wien in den letzten Monaten von Newalds und Luegers Regierung bekommen hatte, zu ihrem Vorteil, indem sie es als erwiesen hinstellten, dass die *Vereinigte Linke* unfähig gewesen sei, die Stadt zu regieren. Sechs Kandidaten der Demokraten in der Dritten Kurie schafften es Mitte März 1883 nicht, gewählt oder wiedergewählt zu werden.[81] Luegers Isolation war vollständig, wenn man von Ignaz Mandl und einem Neuankömmling im Gemeinderat aus Neubau, Albert Gessmann, absieht. Letzterer, ein junger Bibliothekar der Universitätsbibliothek, war 1882 in der Zweiten Kurie gewählt worden und stellte einen der wenigen Lichtblicke für Luegers Zukunft dar. Gessmann avancierte sehr schnell zu Luegers rechter Hand und wurde sein wichtigster Berater, hauptsächlich weil die beiden einander in ihren Fähigkeiten ergänzten. Gessmann hatte nicht nur ein bemerkenswertes Gespür für neue politische Themen, er verfügte auch in höherem Maße als Lueger über einen kühl rationalistischen, knallhart kalkulierenden Organisationsstil. Ferdinand Kronawetter kannte beide Männer und charakterisierte sie wie folgt:

> Doktor Gessmann ist im Gegensatz zu Doktor Lueger ein kalt berechnender Charakter, der ein augenblickliches indvduelles Bestreben mit rechter Selbstbeherrschung zu unterdrücken versteht, wenn ihn sein Verstand und seine unbestreitbare Voraussicht an dem dauernden Erfolg zweifeln lassen. Er tritt noch immer zur rechten Zeit zurück, wenn es sein muss, um sich den Erfolg in der Zukunft zu sichern. Ich halte Lueger einer solchen Aktion unfähig. Er wäre nie zugunsten eines anderen zurückgetreten, denn er hätte bei seiner großen Eitelkeit und seinem maßlosen Ehrgeiz es gar nicht geglaubt, dass sein Gegenkandidat mehr Chancen zum Sieg hätte wie er.[82]

Zunächst befürwortete Gessmann die Strategie einer Verbindung von handwerklichem Antisemitismus mit anderen unzufriedenen bürgerlichen Gruppen in Wien, die dann in einer Koalition mit alpenländischen und böhmischen katholischen Kräften aufgehen sollte.[83] Um die Sache in Gang zu setzen, knüpfte er Kontakte zu führenden antisemitischen Agitatoren wie Schneider und Psenner, während Lueger sich auf den Wahlkampf auf Bezirksebene in Landstraße und Margareten konzentrierte. Luegers Hauptinteresse galt dem Thema des Wahlrechts für die 5 fl. Handwerker auf städtischer und regionaler Ebene. Antikapitalistische Rhetorik war an diesen Männern vergeudet, wenn sie nur auf gesamtstaatlicher Ebene wahlberechtigt waren.[84]

Luegers Suche nach einem neuen politischen Zuhause in der Zeit vor 1885 hatte ihn im Juni 1882 mit Adolf Fischhof im kurzlebigen Projekt der *Deutschen Volkspartei* zusammengebracht. Fischhof versuchte, in Wien eine supraethnische Partei auf die Beine zu stellen, die in der Monarchie eine Vermittlerrolle zwischen deutschen und slawischen Interessen spielen sollte.[85] Der Kern der Parteiführung in Wien sollte aus der ehemaligen *Vereinigten Linken* kommen: Kronawetter, Newald, Lueger, Mandl.[86] Der Plan misslang total und wurde, als sich keine öffentliche Resonanz einstellen wollte, von seinen Proponenten rasch wieder fallen gelassen. Interessanterweise illustriert die der *Volkspartei* zugrundeliegende Idee recht gut die Probleme, die in den 80er Jahren mit dem Status eines »Demokraten« verknüpft waren.[87] Was der Demokratie eines Steudel und Löblich in den 70er Jahren Kraft und Sicherheit verliehen hatte, war der Umstand, dass sie einen flexibleren Stil liberaler Lokalpolitik ermöglichte, ohne auf der einen Seite die antiklerikalen oder auf der andren die nationalen Ideale preiszugeben. Die demokratische Bewegung stellte keine Gefahr für das deutsch-österreichische Bürgertum dar und bedrohte deshalb auch die kulturelle Substanz des Liberalismus nicht. Das änderte sich jedoch nach 1879. Wenn man jetzt in Gemeindebelangen gegen die Liberalen war, musste man mit der Unterstellung rechnen, auch auf nationaler Ebene antiliberal zu sein. Da die Liberalen ja jetzt in der Opposition waren und Taaffes Regierung auf eine Reihe von Kompromissen mit den Tschechen, Polen und Klerikalen angewiesen war, konnten sich die Demokraten leicht den Vorwurf des Verrates an der deutschen Nation einhandeln. Tatsächlich wurde Ferdinand Kronawetter in der liberalen Presse Anfang der 80er Jahre attackiert als »Kosmopolit« in ethnischen Fragen sowie als verkappter Slavophiler und Kryptoklerikaler. Er hatte es gewagt, den Liberalen in sozialen und wirtschaftlichen Fragen zu widersprechen.[88]

Angesichts der Radikalisierung der öffentlichen Meinung unter den seit kurzem wahlberechtigten kleinbürgerlichen Wählern wurde die demokratische Bewegung in wirtschaftlichen und kulturellen Belangen von unten überholt. Indem er aus einer banalen Tatsache, nämlich der Gleichgültigkeit der meisten Wiener Handwerker gegenüber Rasse und Herkunft, eine Tugend machte, versuchte Fischhof, der demokratischen Bewegung neues Leben einzuhauchen. Er war allerdings nicht imstande, auf eine zweite große Herausforderung entsprechend zu reagieren: den handwerklichen Protektionismus. Die meisten ärmeren bürgerlichen Wähler waren so wenig pro-tschechisch wie sie pro-klerikal waren, aber sie verlangten immer mehr nach einer »special interests«-Politik, um ihre wirtschaftliche Sicherheit zu verbessern. Der liberale Gegenangriff auf Fischhof und die Demokraten war effektiv auf kurze, nicht aber auf lange Sicht. Bei den älteren Wählerkohorten, die schon in den 60er Jahren das Wahlrecht erhalten hatten, zog noch die nationalistische und antiklerikale Rhetorik; für die meisten Wähler in der Dritten Kurie, die das Wahlrecht in den 80er Jahren erhalten hatten, verlor sie aber sehr rasch ihre Brisanz. Die ominöseste Bedrohung für die demokratische Bewegung kam jedoch aus einer anderen Richtung, nämlich von den Predigern des Handwerkerprotektionismus »pur«. Wie ernst es Lueger war, mit Fischhof gemeinsame Sache zu machen, ist schwer zu entscheiden. Zweifellos sah er die *Volkspartei* als eine Option unter mehreren. Dass Albert Gessmanns parallel dazu eventuelle Berührungspunkte mit den Antisemiten erkundete, könnte ein Indiz dafür sein, dass Lueger in den Jahren 1882–83 auf Nummer Sicher gehen wollte. Als Kronawetter Lueger fragte, wie er das Potential des Antisemitismus einschätze, antwortete dieser, »man müsse die Strömung beobachten, und je nach der stärkeren Strömung, sei es die demokratische oder die antisemitische, sein Schiffchen lenken«. Fischhof, der ein prominenter Jude war, verlor bald den Glauben an Luegers Aufrichtigkeit. Als jemand Joseph Bloch Lueger als möglichen Anwalt in einer Verleumdungssache vorschlug, warnte Fischhof: »Ich warne Sie vor Dr. Karl Lueger! Er geht jetzt mit Ihnen, aber ich bin nicht sicher, dass er Sie nicht schließlich im Stiche lässt und vielleicht gar vor den Geschworenen in Gefahr bringt.«[89]

Karl Luegers Prioritäten bewirkten jedenfalls, dass er antiklerikale Propaganda vermied. Er sah nicht nur, wie verfehlt es wäre, seinen lokalpolitischen Feinden dadurch in die Hände zu spielen, dass er von sich aus einen Beitrag zur Realisierung ihres hauptsächlichen kulturpolitischen Zieles der Marginalisierung des Klerus leistete; es gab für ihn auch sonst keinen Grund, sich die Kirche zur Feindin zu machen. Dass es sich hier bei Lueger um einen verdeckten

»Klerikalismus« handelt, ist unwahrscheinlich. Er bewertete seine politischen Optionen mit unbestechlichem Realismus – es gab einfach in Wien keinen politischen oder kulturellen »Klerikalismus«, der diesen Namen verdiente. Gegen diesen Niemand Attacken zu reiten, nur um die liberale Ehre zu retten, wäre ganz offensichtlich töricht gewesen. Luegers Haltung führte im Mai 1883 zum Bruch mit Ignaz Mandl, als dieser bei einer Versammlung der *Eintracht* eine Resolution einbrachte, die Zustimmung zum Widerstand der Liberalen gegen die klerikalen Novellierungen des Schulgesetzes von 1883 signalisieren sollte. Lueger sprach sich gegen den Antrag aus, wobei er einschränkend festhielt, dass er zwar die Ideale des Schulgesetzes von 1869 hochhielt, aber nicht bereit war, die Geiferpropaganda der Liberalen Partei mitzutragen.[90] Mandl legte seine Mitgliedschaft in der *Eintracht* zurück und publizierte einen Zeitungsartikel, in dem er Lueger des Klerikalismus und Föderalismus bezichtigte.[91] Der Eindruck, es handle sich hier um Haarspalterei, ist nicht gerechtfertigt. Lueger hatte tatsächlich begonnen, sich von seinen früheren demokratischen Mitstreitern im entscheidenden Punkt des Antiklerikalismus abzusetzen. Nachdem er diesen Teil des liberalen Erbes ausgeschlagen hatte, war es für Lueger nicht schwer, sich in einem weiteren Schritt nach einem Ersatz dafür umzusehen. Wie er bald einsehen sollte, konnte er sich den Klerikalismus nicht leisten ohne das Gegengewicht des Antisemitismus und den Antisemitismus nicht ohne den Klerikalismus.

Mitte der 80er Jahre bestand das taktische Hauptziel Luegers darin, seine Glaubwürdigkeit als Gemeindepolitiker bei den neuen 5 fl. Wählern, die 1885 zum ersten Mal wählen sollten, zu untermauern. Im Frühjahr 1884 war sein Ansehen bei den Antisemiten soweit gefestigt, dass Ernst Schneider und Robert Pattai ihn unterstützten, als er für die Wiederwahl in den Gemeinderat als »Antikorruptionist« kandidierte. Der *Volksfreund* empfahl seinen Lesern, Lueger zu wählen, obwohl dieser es abgelehnt hatte, sich offen als Antisemit zu deklarieren.[92] Lueger gewann die Wahl, wenn auch überraschend knapp, nämlich 845 zu 728 – ein Hinweis darauf, dass die antisemitischen Wählerstimmen die Entscheidung gebracht hatten. Die Knappheit seines Sieges veranlasste Lueger, seine Anstrengungen für die im Jahr 1885 anstehenden Reichsratswahlen zu verdoppeln, wo er es mit einer durch das Hinzutreten der Fünf-Gulden Männer wesentlich vergrößerten Wählerschaft zu tun haben würde.

In der Hauptstadt schwoll die Zahl der registrierten Wähler hauptsächlich infolge der Wahlrechtsreform fast auf das Doppelte an: von 24.264 im Jahr 1879 auf 46.226 im Jahr 1885.[93] Die neuen Wähler stellten für alle Lager eine große Herausforderung dar. Die Leidenschaft, die jetzt in die Wiener Wahlkampagnen Einzug hielt, war ein Hinweis darauf, dass kein Politiker sicher sein konnte, ob seine Anhänger nicht insgeheim mit dem Gedanken spielten, die Fronten zu wechseln. Lueger hielt eine Reihe von Wahlveranstaltungen ab, in denen er sich auf Fragen konzentrierte, die für Gewerbetreibende von Bedeutung waren. Er brachte auch eine Aussöhnung mit Ignaz Mandl zustande und kittete damit den Bruch, der im Landstraßer *Demokratischen Klub* entstanden war. Dies löste zwar eine – überschaubare – Revolte unter den radikalen Antisemiten im *Reformverein* aus, aber Lueger war weder willens, sich als Antisemit zu deklarieren noch konnte er es hinnehmen, dass sich jemand von außen in die Landstraßer Politik einmischte.[94] Die Antisemiten gaben schließlich klein bei und auch dieser Bruch wurde repariert. Die Demokraten und die Antisemiten verzichteten darauf, einander Konkurrenz zu machen, und stellten im Juni 1885 jeweils nur in den Wahlbezirken Kandidaten auf, wo die andere Gruppe nicht antrat.[95] Diese Zusammenarbeit war eine rein taktische, da sowohl Pattai wie Vogelsang Demokraten vom Schlag eines Kronawetter und Mandl misstrauten. Pattai versicherte 1885 Vogelsang, dass man sich zwar auf die Unterstützung des handwerklichen Protektionismus durch Lueger verlassen könne, dass aber Demokraten wie Kronawetter unberechenbar und daher gefährlich seien.[96]

Am 27. April 1885 präsentierte Lueger sein Programm auf der größten Versammlung der damaligen Kampagne.[97] Es handelt sich dabei um ein bemerkenswertes Dokument, da Lueger ja bekanntlich in seinen späteren Jahren jede Art von programmatischer Aussage peinlichst vermied. Er kündigte an, dass er eine »neue« demokratische Bewegung repräsentiere, die mit einer Klassenpartei nichts gemeinsam habe. Sie sei vielmehr »auf dem breiten und sicheren Fundamente des ganzen Volkes, ohne Unterschied der Nationen oder Konfessionen, ohne Unterschiede des Ranges oder Standes« gegründet. Er verwarf den Vorschlag Schönerers, Galizien und Dalmatien abzutreten oder den beiden Ländern Autonomie zu gewähren; desgleichen verwarf er den Gedanken einer Zollunion mit Deutschland und schlug stattdessen eine protektionistische Gesetzgebung vor, um die »heimische Industrie« gegen die deutsche zu schützen. Lueger nahm einen mild negativen Standpunkt gegen den Antisemitismus ein, indem er alle Konfessionen als gleich vor dem Gesetz bezeichnete, ohne freilich die Juden namentlich zu erwähnen. Sein Schweigen zu den Themen Kirche und Klerikalismus lässt vermuten, dass er keinen Streit mit dem Klerus wollte. In jedem Fall konnten Phrasen wie »Gleichberechtigung der Konfessionen« und »freiheitliche Ausgestaltung des Schulwesens« ganz verschieden ausgelegt werden, wie Lueger selbst später zur Genüge bewies. Für den harten Kern der Schönerianer blieb Lueger ein »regierungs-, tschechen-, und judenfreundlicher Neudemokrat«.[98]

Um das Terrain wiederzugewinnen, das er durch sein Taktieren in Sachen Antisemitismus verloren hatte, prügelte Lueger auf den »Großkapitalismus« ein. »Schrankenlos«, erinnerte er seine Wähler, »habe ich die Korruption bekämpft und bin jederzeit dem Großkapital entgegengetreten, wenn es sich auf Kosten der Allgemeinheit bereichern wollte.« Er versprach hohe Einfuhrzölle und Gesetze zur Beschränkung des Wettbewerbs, bestand auf der »schrittweisen« Verstaatlichung der Versicherungs- und Kreditwirtschaft, vermied aber jede Erwähnung der Industrie und der Börse. Lueger brachte auch zwei Argumente im Zusammenhang mit der Arbeiterfrage vor, die nicht zu seiner übrigen Rede passen. Er befürwortete ein allgemeines Wahlrecht und die Abschaffung des Kuriensystems, verlangte Gesetze, die die Arbeiter vor der »Großindustrie« schützten und sprach sich gegen Taaffes antisozialistische Gesetzgebung aus. Was er forderte, war keine umfassende Gesetzgebung zum Schutz aller Arbeiter, sondern lediglich eine partielle, die den Hauptkonkurrenten der Handwerker den Wind aus den Segeln nehmen sollte. In einer Zeit, da die Arbeiterklasse politisch desorganisiert war, konnte Lueger durchaus eine arbeiterfreundliche Sprache riskieren. Seine Forderung nach einem allgemeinen Wahlrecht ging jedoch zu weit und er distanzierte sich auch später wieder von ihr. Möglicherweise brauchte er das Wahlrechtsthema, um seine Glaubwürdigkeit als Sozialreformer in den Kreisen der Arbeiterklasse zu stärken – war es ihm doch gelungen, einige Arbeiter zur Mithilfe in der Organisation seiner Wahlkampagne zu gewinnen.[99] Er legte jedoch Wert darauf, an das Wort *Arbeiterschaft* jedesmal den Zusatz »im weitesten Sinn des Wortes« anzuhängen, womit er alle nichtsozialistischen Arbeitnehmer meinte. Nach 1886 erwähnte Lueger das Thema Allgemeines Wahlrecht so gut wie gar nicht mehr. Wenn er tatsächlich je gewillt war, ein derartiges Gesetz zu unterstützen (was zweifelhaft ist), dann jedenfalls nur auf nationaler Ebene, nicht auf lokaler oder Länderebene, wo die tatsächliche administrative Macht lag.[100]

Die zitierte Rede stellt eine außergewöhnliche Leistung dar. Lueger hatte dem alldeutschen Gedanken eine Absage erteilt und sich vom extremen Antisemitismus distanziert, ohne deshalb Zweifel an seiner Loyalität den Handwerkern gegenüber aufkommen zu lassen, die die eigentlichen Empfänger seiner antisemitischen Botschaft waren. Er spickte seinen Vortrag außerdem mit Versicherungen, »gut« regieren zu wollen, so dass auch andere Wählergruppen der Mittelschicht sich angesprochen fühlten. Trotzdem war die Juniwahl eine große Hürde und die Ergebnisse waren dementsprechend knapp. Luegers Gegenkandidat war Johann Steudel, mittlerweile ein einfacher Liberaler, der aber noch immer über eine beträchtliche Anhängerschaft unter den 5 fl. Wählern verfügte. Lueger gewann die Wahl mit 1.403 Stimmen gegen Steudels 1.346, also keinesweg in beeindruckender Manier. Es gibt zu denken, dass Luegers Langzeitverbündeter, Ignaz Mandl, in Landstraße von Guido Sommaruga mit 2.685 gegen 1.518 Stimmen überrollt wurde, in einem Wahlkampf, bei dem Mandls jüdische Herkunft weidlich ausgeschlachtet worden war.[101]

Die Wahlen von 1885 waren ein Meilenstein in der politischen Geschichte Wiens, da die Wahlbeteiligung bei fast 70 Prozent der Stimmberechtigten lag.[102] In den Gemeinderatswahlen nach 1885 zeigte sich dasselbe Muster – die Regierung Taaffe übte Druck auf den Landtag Niederösterreichs aus, den 5 fl. Handwerkern mit dem Jahr 1886 das Wahlrecht auf Gemeinde- und Landesebene zu gewähren –, es ist aber infolge der bis 1891 bestehenden zeitlichen Staffelung der Gemeinderatswahlen in Wien schwierig, den genauen Umfang dieses Zuwachses zu errechnen.

Eine Änderung des Jahres 1885, die das Gesicht der Lokalpolitik veränderte, hing mit den von der Stadt geförderten Wählerversammlungen zusammen, die seit 1860 ein Teil des politischen Lebens Wiens waren. Diese überparteilichen, alljährlich im Frühjahr stattfindenden Versammlungen sollten gemäß ihrer ursprünglichen Intention ein neutrales Forum bieten, auf dem verschiedene Kandidaten um Unterstützung bei der Wählerschaft eines bestimmten Bezirks werben konnten. Da außerdem in vielen Bezirken die Liberalen mit den lokalen demokratischen Klubs informelle Absprachen trafen, wonach sie darauf verzichteten, in der Dritten Kurie Gegenkandidaten zu den Demokraten aufzustellen, sofern diese sich in der Ersten und Zweiten Kurie genau so verhielten, funktionierten die überparteilichen Wählerversammlungen als neutraler Boden; die Kandidaten der wahlwerbenden Parteien trafen aufeinander, ohne gegeneinander antreten zu müssen, weil ja die Verteilung der Kurien eine ausgemachte Sache war. Nach 1878 hielten sich die Demokraten nicht mehr an diese »Abmachungen« und stellten auch in der Zweiten Kurie Kandidaten auf, was die Wählerversammlungen zu modernen politischen Versammlungen werden ließ.[103] Es wurde also mit einem Wort immer offensichtlicher, dass die angeblich überparteiliche Natur der Wiener Rathauspolitik eine leere Hülse war und dass sich eine auf Parteien und politischen Klubs basierende Gemeindepolitik durchsetzte. Dieser Prozess kam zum Abschluss schon lange bevor sich die antisemitischen *Vereinigten Christen* im Jahr 1888 etablierten. Im März 1885 schaffte der Gemeinderat auf Antrag Karl Luegers die Wählerversammlungen ab.[104] Von da an besuchten demokratische, antisemitische und liberale Wähler jeweils ihre eigenen Wahlversammlungen. Die Folge war eine zunehmende Polarisierung der Wähler aller Klubs und Parteien, da es kein Forum mehr gab, auf dem Kandidaten mit verschiedenen Standpunkten die Probleme vor einem gemischten Publikum hätten diskutieren können.

Der bescheidene Vorsprung, den Lueger 1885 errungen hatte, bescherte ihm zwar einen Sitz im Abgeordnetenhaus – das war aber praktisch schon alles. Insgesamt zogen drei gegenwärtige oder ehemalige Demokraten Anfang 1885 ins Parlament ein: Ferdinand Kronawetter, Anton Kreuzig und Karl Lueger; eine politische Partei stellten diese drei nicht dar. Als Lueger 1886 sich im Parlament zur Behauptung verstieg, er gehöre einer neuen *Demokratischen Reichspartei* an, erntete er spöttische Zwischenrufe, wie »Was ist das für eine Partei?« und »Wo ist sie!«[105] Seine Isolation muss auch für ihn selbst peinlich gewesen sein.

Luegers Verhalten zwischen 1885 und 1887 wird besonders deutlich im Vergleich zu Kronawetter, der sein engster Kampfgefährte hätte sein können. Kronawetter genoss es, die Rolle des Störenfrieds zu spielen. Vom Temperament her ein Choleriker und seiner Überzeugung nach ein Freiheitskämpfer par excellence, benützte er sein Mandat immer mehr zur Kritik an Regierungsvorlagen. Moritz Benedikt bemerkte einmal über Kronawetter, »Die Gehirnzellen dieses Mannes waren mit den Prinzipien von 1789 ganz infiltriert.«[106] Im Gegensatz dazu ging es Karl Lueger in erster Linie um politischen Erfolg, ungeachtet der Begleitumstände.[107] Luegers Verlangen, sich die Handwerker günstig zu stimmen und seine unausgesprochene Stillhalteverpflichtung Taaffe und der Kirche gegenüber waren bald offensichtlich.[108] Lueger unterstützte eine Forderung des antisemitischen Gewerbegenossenschaftstags, den Handwerkern durch die Zünfte Zugang zu den Kreditressourcen der Österreichisch-Ungarischen Bank zu ermöglichen.[109] Er beharrte darauf, dass die Klerikalen nicht als Verräter an der deutschen Sache anzusehen seien und dass eine Diskussion der Arbeiterfrage keine geeignete Gelegenheit für Angriffe auf die Kirche sei.[110] Er verteidigte auch den von Alois Liechtenstein eingebrachten Gesetzesvorschlag zur Unfallversicherung, weigerte sich aber, dessen Ausdehnung auf Arbeiter im Handwerks- und Landwirtschaftsbereich zu unterstützen.[111] Kronawetter wollte hingegen, dass das Gesetz auf alle Arbeiter ausgedehnt werde, ohne Rücksicht darauf, wo sie ihre Tätigkeit verrichteten.[112] Vor allem kämpfte Kronawetter energisch gegen das antisozialistische Gesetz von 1886; er hielt Reden und nahm zusammen mit Victor Adler und Engelbert Pernerstorfer an einer Versammlung teil,[113] der Lueger mit Bedacht fern blieb. Dieser meldete sich auch in den hitzigen Debatten zur Gesetzgebung nicht zu Wort.

Eine taktische Volte, die Lueger in diesen Jahren erstmals erprobte, wurde zu einem festen Bestandteil seines rhetorischen Vokabulars. Er kritisierte die Verlängerung des Ausgleichs durch die Regierung im Oktober 1886 und zeigte sich empört darüber, dass die deutschsprachige Bevölkerung in Ungarn mehr oder weniger in »nationaler Knechtschaft« gehalten werde. Auch die Slawen würden von den Magyaren unterdrückt. Es sei beklagenswert, dass »zwei hochentwickelte Nationen, wie die deutsche und slavische[,] von einer sie weder an Zahl noch an Bildung überragenden Nation, den Magyaren, in fortwährender Abhängigkeit erhalten werden«.[114] Er wiederholte diese Feststellung später in der Rede noch einmal: die Deutschen und die Tschechen seien »Cisleithanier,« »ohne Unterschied in der Nation«, die von den Ungarn in einem Zustand der Unterwerfung und Verfolgung gehalten würden. Luegers Sprache stellt nicht nur einen brillanten Angriff auf Schönerer dar, sondern auch einen nicht ungeschickten Versuch, die Nationalitätenfrage in Österreich durch das Angebot einer alternativen Zielscheibe für politische Schlammschlachten zu entschärfen. Die ungarische Bedrohung erwies sich zudem als ausbaufähig: Nach seinem Wechsel zu den Antisemiten erweiterte Lueger »magyarisch« zu »judaeo-magyarisch«, um den Inbegriff des sozialen Übels schlechthin zu bezeichnen.

1884 und 1885 hatten die Antisemiten und die lokalen Demokraten auf informeller Basis kooperiert und jeweils den Kandidaten der anderen Gruppe unterstützt; Lueger konnte jedoch nicht sicher sein, ob und wie lange diese Partnerschaft halten würde.[115] Um einen Bruderkrieg zu vermeiden, schlug er für die Gemeinderatswahlen 1886 eine temporäre antisemitisch-demokratische Koalition vor. Statt wie bisher darauf zu setzen, dass man in Abwesenheit eines eigenen Kandidaten jeweils für den des anderen stimmte, einigten sich einige demokratische und antisemitische Bezirksverbände im Februar 1886 auf eine gemeinsame Kandidatenliste.[116] Diese Strategie zielte darauf ab, die in einer Gemeindewahl erstmals wahlberechtigten 5 fl. Wähler vor Verwirrung zu schützen. Lueger behauptete, er sei keineswegs offiziell der »Schneider Partei« beigetreten. Aber die Ad-hoc-Koalition ließ immerhin Ferdinand Kronawetter zur Feder greifen, um für eine liberale Lokalzeitung einen scharf formulierten Protest gegen den Antisemitismus zu schreiben. Für Kronawetter war eine taktische Zusammenarbeit mit den Antisemiten gleichbedeutend mit der Übernahme ihres Programms; er jedenfalls wollte damit nichts zu tun haben.[117]

Luegers Taktik ging indes voll auf, mit dem Ergebnis, dass 18 Antiliberale, davon 12 eng mit ihm assoziierte und einer ein deklarierter Antisemit, dem neuen Gemeinderat angehörten.[118] Unter den Lueger-Demokraten waren nicht wenige, die derselben Generation angehörten wie er und daher keine direkte Verbindung mehr zu den Demokraten der 60er Jahre hatten.[119] Viele sollten Lueger nach 1888 in den Antisemitismus folgen. Im April 1886 schlossen sich die im Gemeinderat vertretenen Antisemiten und Demokraten einem neuen Klub an, der *Demokratischen Linken* und institutionalisierten auf diese Weise die ursprünglich provisorische Koalition. Die *Demokratische Linke* des Jahres 1886 war die Keimzelle der Christlichsozialen Partei. Lueger hatte wieder eine kleine, aber ihm treu ergebene Schar von Gefolgsleuten.[120]

Es wurde allgemein immer schwieriger, sich gegen den Antisemitismus zu stellen. Die Bewegung war 1886 so zersplittert, dass Lueger gute Chancen gehabt hätte, als Kompromisskandidat akzeptiert zu werden. Vorschnelles Handeln hätte jedoch die Eifersucht anderer auf den Plan gerufen. Schönerer war wohl ebenfalls ein zentraler Faktor in Luegers Überlegungen. Schönerer direkt zum Kampf um die Führungsposition bei den regimekritischen Radikalen herauszufordern, war weder praktikabel noch wünschenswert. Lueger vermied es daher, sich ihn zum Feind zu machen, und als ihn die im Parlament vertretenen Alldeutschen im Mai 1887 aufforderten, eine Petition zu unterzeichnen, welche die Einwanderung von Juden in die österreichische Reichshälfte gesetzlich stoppen sollte, unterschrieb er. Einen Monat später, im Juni 1987, hielt Lueger eine wichtige Rede in Margareten, die man als seine »erste antisemitische Rede« bezeichnen könnte, im Gegensatz zu der Rede vom September 1887, die gewöhnlich von Historikern in dieser Rubrik angeführt wird. Lueger lancierte eine Attacke gegen die Ungarn und beschuldigte sie, »als Hauptstütze des liberalen Manchesterthums« die cisleithanische Seite der Monarchie zu unterminieren. Den Slawen könne man dergleichen nicht vorwerfen, da sie von den magyarischen Kapitalisten zu sehr unterdrückt würden. Statt sich aber mit dieser inzwischen vertrauten Gegenüberstellung von armen Tschechen und Deutschen hier und bösen Magyaren dort zufrieden zu geben, sattelte Lueger noch einen völlig überflüssigen Angriff auf die Juden drauf: Liberale Politik sei »ein Meisterstück tactischer Schlauheit, welches würdig wäre, im Talmud eine Stelle einzunehmen.«[121] Diese Bemerkung löste »stürmische Zustimmung und anhaltenden Beifall« aus. Die antisemitische Stoßrichtung war jedem klar, auch wenn Lueger August Rohlings *Talmudjude* allenfalls vom Hörensagen kannte.

Was noch fehlte, folgte Ende September 1887, als Lueger im Christlichsozialen Verein von den Eindrücken berichtete, die er im selben Monat auf einem Handwerkskongress in Linz gesammelt hatte. Lueger begann damit, dass er die Unterscheidung zwischen Antisemiten und Demokraten herunterspielte: ob Demokraten oder Antisemiten, die Sache laufe auf dasselbe hinaus. »Wenn die Demokraten die Corruption bekämpfen, so begegnen sie auf Schritt und Tritt Juden, und die Antisemiten bekämpfen auch corrupte Christen.« Trotz dieser Verbeugung vor den Antisemiten war sich Lueger natürlich bewusst, dass die Bezeichnungen nicht austauschbar waren, und er gab sogar zu, dass es eben so viele bösartige Christen wie unehrliche Juden gebe. Er wandte sich dann »unserer Religion« zu – wobei er jede Erwähnung des Katholizismus unterließ – und verteidigte das Recht des niederen Klerus, sich politisch-agitatorisch zu betätigen. Für seine eigene Person gab Lueger das Versprechen ab, »meine Religion« nie zugunsten der Juden zu verraten. Lueger vermied es, sich eindeutig im Sinne des Antisemitismus oder des politischen Klerikalismus festzulegen, es war aber klar, dass er willens war, mit jeder der beiden Gruppen zu verhandeln, um einen umfassenden Zusammenschluss herbeizuführen. Im folgenden Hauptteil seiner Rede befasste sich Lueger ausschließlich mit der Notlage der Handwerker. Der Hauptgegner, der jeden und alle bedrohe, sei der Kapitalismus, »welcher international ist, kein Vaterland und keine Religion hat und uns zu Knechten herabdrücken will«.[122] Lueger glich seine neu entdeckte Sympathie für die Antisemiten mit einem vagen Appell an das Christentum aus und gab dem Judenhass so einen respektableren und deutlich weniger alldeutschen Anstrich. Und dem Klerikalismus, der schließlich die organisatorischen Ressourcen der Kirche und ihre Finanzmittel erschließen half, nahm er durch Beimischung von säkularem Antisemitismus die Anstößigkeit.

Luegers Rede vom September 1887 führte zu einer heillosen und endgültigen Verwirrung in den Reihen der Wiener Demokraten, und bald war eine antiliberale Koalition das Thema Nummer Eins in den politischen Klubs und Salons. Eine derartige Koalition würde das informelle Bündnis verlängern, auf das sich die Demokraten und die Antisemiten vor der Gemeinderatswahl 1886 verständigt hatten; es bestand aber darüberhinaus die Möglichkeit, dass es auch mit anderen Gruppen zu einem dauerhaften Bündnis kommen konnte. Lueger erwähnte die Idee einer »Antiliberalen Liga« erstmals im Oktober 1887 auf einer Versammlung in Landstraße.[123] Auch andere Gruppen fanden an dieser Idee Gefallen, besonders der Wiener Klerus und Vogelsang; einige antisemitische Politiker, wie z.B. Robert Pattai, betrachteten hingegen eine große Koalition mit Argwohn, da sie fürchteten, ihre lokale Autonomie zu verlieren.[124]

Pattais Sorgen waren nur allzu berechtigt, wie sich bald zeigte. Im Juli 1887 starb Johann Ofner, ein altgedienter Liberaler, der an der Spitze der Partei in St. Pölten gestanden hatte. Dieser hatte sowohl einen Sitz im Reichsrat wie im Landtag innegehabt; sein Tod bedingte also zwei Nachwahlen im Herbst 1887. In der Wahl für den Parlamentssitz am 13. Oktober 1887 standen drei Kandidaten zur Auswahl: Leopold Wimmer, ein katholischer Fabriksbesitzer, der von Joseph Scheicher protegiert wurde; Joseph Ursin, Bürgermeister von Tulln, ein Gefolgsmann Schönerers; und Georg Granitsch, ein wohlhabender liberaler Wiener Anwalt. In der ersten Runde erhielt kein Kandidat eine absolute Mehrheit, was eine Stichwahl zwischen Ursin und Granitsch erforderte. Scheicher überredete den Katholischen Pressverein in St. Pölten dazu, Ursin zu unterstützen, um den Liberalen den Parlamentssitz zu entreißen. Am 15. Oktober schlug Ursin Granitsch mit knapper Mehrheit und war damit seit 1870 der erste von einer niederösterreichischen Stadtgemeinde in den Reichsrat gewählte Nicht-Liberale.[125]

Sechs Wochen später sorgten die Schönerianer und die Katholiken bei der Landtagswahl vom 24. November 1887 für eine Neuauflage dieses Manövers; diesmal kandidierte nur Ursin gegen einen liberalen Opponenten, Karl Heitzler. Wieder gewann Ursin – zur Verblüffung Scheichers und der Katholiken, die seit Jahren erfolglos versucht hatten, die liberale Vormacht im ländlichen Niederösterreich zu brechen. Vogelsang widmete der Zusammenarbeit, die zwischen den Alldeutschen und den Katholiken zustande gekommen war, mehrere lange Leitartikel, und legte den beiden Gruppen dringend nahe, diesen Prozess als Unternehmen mit offenem Ausgang weiterzuführen.[126] Gemeinsam mit Scheicher verkündete er denn auch sofort die Existenz eines neuen taktischen Bündnisses aller antisemitischen Gruppen in Niederösterreich, der *Vereinigten Christen*.[127]

Fünf Tage nach der Landtagswahl erkärte Karl Lueger, dass Ursins Sieg das erste Beispiel für das »stille Bündnis zwischen den Demokraten, Antisemiten und Conservativen« sei, dem er schon in der Vergangenheit das Wort geredet habe.[128] Für Wien war das Konzept der *Vereinigten Christen* auf den ersten Blick nur von geringer Relevanz, da das Kontingent deklarierter Schönerianer hier eher klein war, besonders in der alles entscheidenden Dritten Kurie. Trotzdem konnte der Fall eintreten, dass alldeutsche Wähler in Bezirken wie Landstraße und Josefstadt bei Wahlen in der Zweiten Kurie den Ausschlag gaben. Für Lueger machte daher eine *Vereinigte Christen*-Allianz in Wien sehr wohl Sinn und zwar in doppelter Hinsicht: Auf der Ebene der handwerklichen Wähler würde eine Koalition aus Antisemiten, Nationalen und Klerikalen die antiliberale Front stärken, und bei den Wählern der Zweiten Kurie, bei denen das nationale Element stärker ausgeprägt war, würden die *Vereinigten Christen* für einen alldeutschen Anteil bei Wahlen sorgen, ohne dass deshalb gleich die ganze Kurie Schönerer zufiel.

Angesichts der wachsenden Besorgnis bei älteren Demokraten wie Kronawetter über Luegers Flirt mit dem Antisemitismus sah dieser sich gezwungen, eine Weichenstellung für seine persönliche Zukunft vorzunehmen. Im Jänner 1888 teilte er seine Absicht mit, eine antiliberale Koalition von »Demokraten, Antisemiten, und Conservativen« anzuführen und fügte hinzu, er müsse sich keine ernsthaften Sorgen darüber machen, ob seine demokratischen Wähler ihm folgen würden: »Die Masse der demokratischen Partei ließ sich nicht beirren. Sie stand in allen Bezirken treu und fest« zu ihm.[129] Eine neue antiliberale Fraktion konstituierte sich im Frühjahr 1888 im Gemeinderat unter dem Namen *Bürgerclub*, und Lueger schloss sich ihr an. Der neue Klub, der sich ausdrücklich auf die schon weiter zurückliegenden Ideale des einheitlichen Bürgertums in Wien berief, vermied es, das Wort »demokratisch« in seinem Namen zu führen.[130] Lueger sollte bald ein neues Etikett entwerfen, das seiner Vision einer Verbindung von Mittelstandspolitik und Bürgertugend genauer entsprach.

Die Vereinigten Christen, 1888–1890

Die Koalition der *Vereinigten Christen* war mehr ein politisches Forum als eine tatsächliche politische Partei. Sie hatte keine zentrale Führung und kein offizielles Programm; jede Gruppe, die der Koalition angehörte, kooperierte auf einer von den Erfordernissen des Augenblicks diktierten Basis und nützte zugleich jede Gelegenheit, um ihre eigenen partikularistischen Ziele weiterzuverfolgen. Im Februar 1888 organisierte der Christlichsoziale Verein ein öffentliches Festessen, um das 50-jährige Priesterjubiläum von Leo XIII. zu feiern. Ein Bankett, das von seiner Intention her konfessionell war, wurde de facto in ein Propagandaspektakel der Antisemiten umfunktioniert. Lueger und Gessmann nahmen ebenso teil wie eine Abordnung des niederen Klerus von Wien, und Lueger hielt eine Ansprache vor den versammelten Gästen, in der er die liberalen Zeitungen als »diese modernen Propheten der Lüge und der Verleumdung«

denunzierte.[131] Luegers Anwesenheit bei einem klerikal-antisemitischen Bankett zu Ehren des Papstes veranlasste mehrere antiklerikale Demokraten, wie z.B. Ludwig Dotzauer, in der Gemeinderatswahl von 1888 das liberale Lager zu unterstützen. Die Mehrheit der Bezirksfunktionäre der Demokraten folgte jedoch Lueger, soweit sie nach 1888 überhaupt noch in der Politik verblieben. Die Demokraten der *Eintracht* Landstraße zum Beispiel änderten die Bezeichnung, die zur Deklarierung der politischen Orientierung des Vereins erforderlich war, einfach von *Demokratie* zu *Christlicher Sozialismus*.[132]

Die taktische Kooperation zwischen abgefallenen Demokraten, antisemitischen Zunftbrüdern und politischen Katholiken ließ sich vielversprechend an, aber weder Lueger noch Vogelsang hatten auch nur die mindeste Ahnung, wie man des undurchschaubaren Schönerer Herr werden könnte. Dann setzte das Schicksal den Hobel an: in einer der absurdesten Episoden des österreichischen politischen Lebens drangen Schönerer und sein betrunkenes Gefolge am 8. März 1888 spät abends in die Redaktion des *Neuen Wiener Tagblatts* ein und bedrohten die verängstigten Redakteure an Leib und Leben. Die Zeitung hatte in einem Extrablatt zuerst fälschlich den Tod des deutschen Kaisers Wilhelm I. gemeldet, um diese Nachricht in einem weiteren Extrablatt zu widerrufen. Schönerer war darüber in Wut und anschließend außer sich geraten.[133] Die Eindringlinge wurden festgenommen; da Schönerer aber parlamentarische Immunität genoss, war für ein weiteres Vorgehen der Behörden eine Parlamentsdebatte erforderlich. Schönerers Immunität wurde ordnungsgemäß aufgehoben und im Mai 1888 begann der Prozess, in dem er für schuldig befunden und zu einer viermonatigen Gefängnisstrafe verurteilt wurde. Der Adelstitel wurde ihm aberkannt und zusätzlich wurde ihm das aktive und passive Wahlrecht auf fünf Jahre, also bis Ende 1893, entzogen.

Schönerers Gefängnisaufenthalt währte vom August bis Dezember 1888. Wenn Lueger daraus irgendeinen Schluss zog, dann diesen: Er müsse sich nach Kräften bemühen, die Nicht-Schönerianer innerhalb der *Vereinigten Christen* zu einer Einheit zusammenzuführen. Das offensichtlichste Gegengewicht zum rassischen Antisemitismus und dem politischen Irrationalismus der Schönerianer waren die lokalen klerikalen Kräfte im Umfeld der katholischen Kirche. Im Jahr nach Schönerers Inhaftierung traten daher Luegers Beziehungen zu Vogelsang und anderen Klerikalen in Wien wieder stärker in den Vordergrund.[134] Vogelsang organisierte im Herbst 1887 eine Reihe von Treffen zwischen antiliberalen Politikern und katholischen Journalisten in der Hietzinger Villa der Gräfin Melanie Zichy-Metternich,[135] und Albert Gessmann überredete Lueger zur Teilnahme. In einem Brief an Anton Pergen äußerte sich Vogelsang lobend über eine Rede Luegers, in der dieser von einer »Socialreform auf christlicher Basis« gesprochen hatte.[136] Marie von Vogelsang, die Tochter und persönliche Sekretärin des Journalisten, erinnerte sich, dass Lueger Ende 1887 bei seinem ersten Auftritt anlässlich eines solchen Treffens ihrem Vater gegenüber kämpferisch erklärte, »uns trennt eine ganze Weltanschauung«.[137] Heinrich Abel bemerkte eine ähnlich schroffe Einstellung bei Albert Gessmann. Bei seiner ersten Begegnung mit ihm sei dieser »in religiöser Beziehung indifferent« gewesen.[138] Im Lauf des Jahres 1888 änderte sich das aber sehr schnell. Vogelsang saß im Februar anlässlich des Ehrenbanketts für Papst Leo XIII., bei dem Lueger in einer flammenden Rede die *Vereinigten Christen* verteidigte, auf dem Podium. Die nächste Ausgabe des *Vaterlands* fand sehr ausdrückliche Lobesworte für Lueger. Im Sommer 1888 setzt Luegers Korrespondenz mit Vogelsang ein, in der die beiden praktische politische Fragen diskutieren. Lueger zeigte sich besonders besorgt über Gerüchte, die von einer Verschiebung des Zweiten Katholikentags wissen wollten, und erkundigte sich bei Vogelsang nach eventuellen Bestrebungen in der Kirche, zur antisemitischen Bewegung auf Distanz zu gehen. Er warnte Vogelsang davor : »Geschieht es, dann ist eine Arbeit zerstört, die nicht mehr gemacht werden kann.« Er meinte damit die sich abzeichnende, breite, demokratisch-klerikale Allianz. Lueger gab seiner persönlichen Bewunderung für Vogelsang, den »Altvater unserer Bewegung«, offen Ausdruck.[139] Mit »Herr Baron sind einer der wenigen Menschen, die ich verehre und liebe«, resümierte er später die Wertschätzung, die er Vogelsang entgegenbrachte. Lueger sah in ihm »den Mann der Prinzipien, den Alten vom Berge«.[140] Er bewunderte an Vogelsang die Eigenschaften, mit denen er selbst große Schwierigkeiten hatte : klare Prinzipien und absolute Integrität des Denkens und Handelns im Einklang mit diesen Prinzipien.

Luegers Allianz mit den Katholiken war ganz offenkundig rein utilitaristischer Natur. Vogelsang seinerseits schätzte an Lueger die »wahrhaft großartige, opfervolle Thätigkeit im Interesse des christlichen Volkes«, gab sich aber keinen Illusionen hin in Bezug auf Luegers innere religiöse Einstellung.[141] Dies galt ebenso für junge Kleriker wie den jungen Gustav Piffl, der die Gelegenheit hatte, Lueger aus der Nähe zu beobachten.[142] Lueger war völlig unbelastet von Skrupeln in Bezug auf die katholische Sozialehre.

In den Monaten, die auf Schönerers Verurteilung folgten, lernte Lueger Vogelsangs journalistische und ideologische Führerschaft zu schätzen. Im September 1888 war er Gast bei Vogelsangs privater Geburtstagsfeier in dessen

Haus. Heinrich Abel war ebenfalls eingeladen und erinnerte sich später, dass sich das Gespräch hauptsächlich um die Wiener politischen Verhältnisse drehte. Lueger äußerte sich kurz, aber leidenschaftlich. Obwohl Lueger dabei sein Desinteresse an Religion einmal mehr betonte, soll Vogelsang nachher ausgerufen haben, »Jetzt haben wir den Führer für die ›Vereinigten Christen‹ gefunden.« Wenn dieser Kommentar nicht eine nachträgliche Erfindung ist, dann stellte Vogelsang damit eine zweischneidige Behauptung auf: einerseits machte Schönerers Inhaftierung die Installierung einer neuen zentralen Führung der *Vereinigten Christen* notwendig, und andererseits verdiente die Führung durch eine Einzelpersönlichkeit unbedingt den Vorzug vor einer losen Gruppierung miteinander rivalisierender Politiker. Vogelsang forderte im Anschluss eine Änderung im Namen der Koalition: »Das Wort Christen wird auch bleiben, das Wort Vereinigte ersetzen wir aber durch sozial«. Anstelle der »*Vereinigten Christen*« ergab das die »Christlichsozialen«. Vogelsangs Korrektur bewirkte die Konsolidierung des Wiener Antiliberalismus gegen Schönerer, für den der Ausdruck »christlichsozial« durch seine »klerikale« Konnotierung unerträglich war; dies geschah zu einem Zeitpunkt, da Schönerer eben fünf Jahre Auszeit vom öffentlichen Leben aufgebrummt worden war. Weniger als sechs Monate nachdem Lueger einen Protestmarsch gegen Schönerers Verurteilung angeführt hatte, bot sich ihm die Gelegenheit zu einem überraschenden politischen Coup. Laut Abel reagierte Lueger auf die Namensänderung mit verständlichem »Feuereifer«.[143] Im Dezember 1888 fand Egbert Belcredi Trost in dem Umstand, dass »der erwachende christliche Geist in Wien ... einige Männer wie Dr. Gessmann u. A. erweckt [hat] ... Das Aufleben des christl. Bewusstseins in Wien und Anderwärts ist eine hocherfreuliche Erscheinung.«[144]

Das Treffen im September brachte möglicherweise Karl Lueger auf die Idee einer »christlichsozialen Partei«, wobei »christlich« in seiner doppelten Bedeutung von Judenhass einerseits und Quasi-Klerikalismus andererseits zu nehmen ist, und »sozial« als eine Absichtserklärung, die sozialen Dienste und öffentlichen Investitionen auf das Wiener Bürgertum zu konzentrieren. Lueger hatte bereits das Beispiel eines Vereins vor Augen, der sich in Wien unter einem ähnlichen Namen mit Erfolg betätigte, Psenners *Christlichsozialer Verein*. Zwar unternahmen weder Lueger noch Gessmann sofort irgendwelche Schritte, um den neuen Slogan einzuführen, und die Polizeiprotokolle über die Gemeinderatswahlen von 1888 und 1889 enthalten, soweit noch vorhanden, keinen Hinweis darauf, dass die Bezeichnung »christlichsozial« in diesen Wahlkämpfen verwendet wurde. Aber mit November 1888 hörte Lueger auf, sich so wie früher als Demokraten zu bezeichnen, und der *Christlichsoziale Verein* war jetzt plötzlich *unser* und nicht mehr *Ihr* Klub.[145]

Das *Deutsche Volksblatt*, Ernst Verganis deutschnationale Tageszeitung, die ab Ende 1888 erschien, wurde von Vogelsang und auch von Lueger als Bedrohung empfunden. Vergani hatte seine Karriere als Bürgermeister einer Kleinstadt im ländlichen Niederösterreich begonnen. 1886–87 war er als Alldeutscher in den Reichsrat und in den Landtag gewählt worden, und es hatte kurz den Anschein, als sei er ein aufsteigender Stern unter den Schönerianern; dann kamen ihm jedoch sein Ego und seine Bestechlichkeit in die Quere.[146] Als Geschäftsmann berechnend und durchtrieben, führte er seine Zeitung in der bewährten Art der österreichischen liberalen Presse: er nahm Bestechungen an, gewährte Sonderbehandlungen und machte sich generell die verkommenen Verhältnisse in der Stadt zunutze; er ließ für sich selbst stattliche Häuser bauen und beutete seine Truppe schlechtbezahlter Redakteure und Journalisten erbarmungslos aus.[147] Viel mehr noch als die von Albert Gessmann kontrollierte *Reichspost* wurde das *Deutsche Volksblatt* zum Sprachrohr der am stärksten gegen die Arbeiterschaft eingestellten Elemente innerhalb der christlichsozialen Koalition. Leopold Kunschak fragte sich wiederholt, ob nicht Ernst Vergani eine größere Bedrohung für die flügge werdende christlichsoziale Arbeiterbewegung darstelle als alle Sozialdemokraten Wiens zusammen. Viel von Verganis Erfolg war seinem konsequenten Bemühen um Wähler im Angestelltenmilieu zuzuschreiben, deren Antisemitismus mit einer gewissen Dosis Antiklerikalismus versetzt war. Vergani kündigte an, sein Blatt werde weder verjudet noch verpfafft sein. Sein Antiklerikalismus, der sich nach Gründung der *Reichspost* 1893 noch weiter verschärfte, war ein Fixpunkt in seinem Programm. Daraus resultierte zwangsläufig eine Feindschaft mit Vogelsang. Verganis Nationalismus und seine Verherrlichung Bismarcks machten die Sache noch schlimmer. Vogelsang geriet – wie auch Lueger – in das Sperrfeuer zwischen Vergani und den katholischen Konservativen. Diese hielten jetzt konkretes Beweismaterial in Händen, dass vieles in der neuen antiliberalen Bewegung, über die Vogelsang begeisterte Artikel verfasste, in Wahrheit religiöser Etikettenschwindel war – und eine patriotisch verbrämte Bedrohung noch dazu.

Ende 1888, Anfang 1889 stand für Karl Lueger der letzte Schwenk in seiner an Kurskorrekturen reichen politischen Karriere auf dem Programm. Wie um das Ende eines Zeitalters und den Beginn eines neuen dramatisch zu akzentuieren, führte Lueger im Februar 1889 den öffentlichen Bruch mit Ignaz Mandl herbei, von dem er in puncto politischer Rhetorik so viel gelernt hatte. Mandl

Die Vereinigten Christen, 1888–1890

war schon lang den vigilanteren Antisemiten wie Cornelius Vetter und Leopold Hollomay ein Dorn im Auge gewesen, teils weil sie ihm seine erfolgreiche Politkarriere neideten, teils wegen seiner Religion. Schon im Gemeinderatswahlkampf von 1888 hatten die Antisemiten Anstoß an Mandl genommen, und Lueger hatte Mühe gehabt, die Dinge wieder ins Lot zu bringen.[148] Je näher die Gemeinderatswahlen von 1889 rückten, umso größer wurde der Druck auf ihn, Mandl fallen zu lassen. Er lavierte nach rechts und erklärte, Mandl habe sich geweigert, auf liberale Hilfe zu verzichten und sei deshalb in seinen Augen kein politischer Verbündeter mehr.[149]

Luegers Ambivalenz gegenüber Mandl, seinem ältesten und einflussreichsten Freund, hatte sich dramatisch zugespitzt nach einem Brief Ernst Schneiders von Ende Jänner an Vogelsang. Dieser gab sich darin schockiert über Luegers Gleichgültigkeit in der Sache Mandl, da er, Schneider, unter diesen Bedingungen die Möglichkeiten schwinden sah, weitere vormals schönerianische Nationalisten zu gewinnen. Jetzt, wo Schönerer aus dem Weg geräumt sei, könnten sich seine Anhänger von den stärker österreichisch geprägten Elementen der *Vereinigten Christen* angesprochen fühlen. Schneider brachte auch die leidige Frage von Luegers angeblich offenkundiger »Charakterlosigkeit« zur Sprache. Lueger scheine keine Prinzipien zu haben. Nicht ohne Berechtigung konnten seine Feinde von ihm sagen: »Erst liberal, dann Demokrat, dann Volkspartei, dann Antisemit, dann clerical, und jetzt durch die Zustimmung zur Mandl Wahl [sic] wieder liberal!«[150] Schneider hatte einen wunden Punkt berührt: Lueger konnte es sich tatsächlich nicht leisten, die Emotionen und Voreingenommenheiten seiner Wählerschaft zu ignorieren – besonders dann nicht, wenn er sie durch Stimmen aus dem nationalen Lager vergrößern wollte. Lueger verzieh Cornelius Vetter nie die Beleidigungen, die dieser Mandl zugefügt hatte, und 1891 setzte er durch, dass es für Vetter auf der antisemitischen Kandidatenliste für die Wahlen zum neuen, vergrößerten Gemeinderat keinen Platz mehr gab. Aber persönliche Freundschaft musste im Interesse der Einheit und Geschlossenheit der Partei zurückstehen.

Im Februar und März 1889 trafen die verschiedenen antisemitischen Klubs ihre Vorbereitungen für die Wahlen im Frühjahr.[151] Sie errangen dann 21 Sitze in der Dritten Kurie, ein Zugewinn von 9 Sitzen, und 4 Sitze in der Zweiten Kurie. Auf die Antisemiten entfiel eine klare Mehrheit aller abgegebenen Stimmen – 15.036 gegen 14.027 für die Liberalen.[152] Im Gemeinderat hatte der *Bürgerclub* jetzt 25 Mitglieder und wurde damit erstmals zu einem nennenswerten Stimmblock in dieser Körperschaft. Egbert Belcredi fand den »Umschwung in der öffentl. Meinung« bei der Wiener Wählerschaft »so erstaunlich als erfreulich«.[153] Als Ende April 1889 der Zweite Katholikentag stattfand, war klar, dass Karl Lueger teilnehmen würde. Als wollte er die Befürchtungen des hohen Klerus und der Konservativen bestätigen, die sich für eine Verschiebung ausgesprochen hatten, benutzte Lueger die Aufmerksamkeit der Öffentlichkeit für eine »Grußbotschaft« an die meist dem niederen Klerus angehörenden Delegierten, die alles, was die geistlichen Würdenträger zu sagen hatten, in den Schatten stellte. Im Gegensatz zu seinem üblichen dramatischen Flair gab sich Lueger bei dieser Gelegenheit merkwürdig zurückhaltend und kehrte vor allem Respektabilität und kulturellen Konservativismus hervor anstelle der Neuerungen, die seine Politik enthielt.[154] Unter den aristokratischen Teilnehmern des Kirchentages zeigte sich vor allem Alois Liechtenstein von Luegers Argumenten tief beeindruckt. Dieser war spätestens seit 1886 mit Lueger persönlich bekannt, als beide dem Gewerbekomitee des Abgeordnetenhauses angehört hatten. Im Gefolge des Sieges der Jungtschechen über die konservativeren Alttschechen in den böhmischen Landtagswahlen vom Juli 1889 legte Liechtenstein den Vorsitz im *Deutsch-Konservativen Centrumsklub* zurück; im Herbst 1889 gab er auch seinen Parlamentssitz auf. Liechtenstein beabsichtigte jedoch nicht, sich aus dem politischen Leben zurückzuziehen. Er führte Anfang 1890 Sondierungsgespräche mit christlichsozialen Politikern, um im Juni 1891 auf ihrer Liste wieder ins Parlament einzuziehen.[155] Die meisten Konservativen verstanden Liechtensteins Verhalten nicht und akzeptierten es auch nicht; er aber hatte schon zehn Jahre vor seinen aristokratischen Jagdfreunden begriffen, dass der politische Antiliberalismus der Antisemiten die beste Verteidigungsstrategie gegen den Egalitarismus der Sozialisten darstellte.

Luegers Allianz mit Klerikalen wie Vogelsang und Liechtenstein heizte die latente Fehde, die innerhalb der ursprünglichen *Vereinigten Christen* zwischen den Schönerianern und dem Rest der Antisemiten bestand, weiter an. Schönerers schriller Anti-Austrianismus kostete ihn Tausende von Wählerstimmen. Ein Polizeibericht aus Wien aus dem Jahr 1890 vermerkt, dass die neue Christlichsoziale Partei unter Kleinbauern und Handwerkern viele Anhänger gewonnen habe, die zuvor Schönerer unterstützt hatten.[156] Als Erich Kielmansegg die nordwestlichen ländlichen Gebiete Niederösterreichs bereiste, darunter die Bezirke Waidhofen an der Thaya, Horn und Zwettl, wo Schönerer die meisten Anhänger hatte, stellte er fest, dass das Interesse für die alldeutsche Sache in den Kleinstädten und Dörfern stark nachgelassen hatte.[157] Kielmanseggs Beobachtungen wurden durch die Landtagswahlen im Oktober 1890 bestätigt, als die Alldeutschen – mit einer einzigen Ausnahme – in allen Städten, in denen sie angetreten waren, verloren.[158] Kielmansegg bemerkte ebenfalls, dass viele Kleinbauern sich Schönerer durch ein Gefühl starker persönlicher Loyalität verpflichtet fühlten, aber nicht wegen seines Nationalismus, sondern wegen seiner Großzügigkeit als lokaler Großgrundbesitzer and wegen seines parlamentarischen Einsatzes zugunsten der Kleinbauern. Aus Polizeiberichten geht jedoch klar hervor, dass spätestens 1893 selbst in ländlichen Gebieten die kleinbäuerlichen Wähler in Scharen von den Schönerianern zu den Christlichsozialen überliefen.[159]

Dennoch machte Schönerers offensichtlicher Vorsatz zum politischen Selbstmord das Leben für besorgte Minister und Regierungsbeamte um kein Jota leichter. Erich Kielmansegg bezeichnete in einem Schreiben an Taaffe Schönerers neuen politischen Stil sogar als »Hochverrath«.[160] Eduard Taaffe empfand die neuerliche Radikalisierung der Alldeutschen als eine Bloßstellung seiner eigenen Person und als politisch gefährlich. Für seine Person dem Antisemitismus gegenüber indifferent, setzte Taaffe ihn Anfang und Mitte der 90er Jahre als Waffe ein, um den Widerstand der deutsch-österreichischen Liberalen gegen seine Koalition zu schwächen und sie für eine Zusammenarbeit mit seiner Regierung reif zu machen.[161] Taaffe ließ einmal Eduard Sturm gegenüber die zynische Bemerkung fallen, nur die Liberale Partei und nicht er, hätten Grund, »zwanzig Schönerianer« zu fürchten.[162] Taaffe hätte es nie für möglich gehalten, dass Nationalismus und Antisemitismus sich als so attraktiv und zugleich destruktiv erweisen würden für die Loyalität Tausender österreichischer Beamter – insbesondere Staatsbeamter – und Freiberufler. Die Forderung der Tschechen nach mehr Regierungsposten und die wachsende Unzufriedenheit der kleinen und mittleren Beamten mit dem Gehaltsschema ergaben zusammen eine hochexplosive Mischung. Nicht nur ging der schönerianische Nationalismus spätestens Mitte 1889 über das Maß des politisch Erträglichen hinaus, es kam noch im Norden die mindestens ebenso gefährliche Bedrohung durch die Jungtschechen hinzu. Weder Taaffe noch Franz Joseph hatten jungtschechische Siege bei den böhmischen Landtagswahlen 1889 in diesem Ausmaß kommen sehen.[163] Als slawische Version der säkularen Mittelstandsbewegung, aber mit größerer Streubreite und ehrgeizigeren ideologischen Zielen gefährdeten die Jungtschechen auf längere Sicht das Überleben von Taaffes sorgfältig austarierter Koalition.[164] Gustav Blome berichtete Egbert Belcredi, dass Beamte an der Spitze der Regierung zu allem Überfluss Luegers Gefolgschaft und die Jungtschechen irrtümlich für parallele Bewegungen hielten: »Oben verliert man jedes Verständnis der Situation. *Vereinigte Christen* und Jungtschechen werden in ein und denselben Topf geworfen.«[165] Alois Liechtensteins Rückzug von seinem sicheren steirischen Parlamentssitz im Jahr 1889 war symptomatisch für den Argwohn der Konservativen gegen das Anwachsen des panslawischen und des alldeutschen Nationalismus. Auch andere klerikale Politiker teilten Liechtensteins Einschätzung, aber nur wenige folgten seinem Vorbild, dem Nationalitätenkonflikt durch Eintritt in die antisemitische Wiener Politik auszuweichen.[166]

Im Februar 1890 berichtete Ernst Schneider Vogelsang von einem Gespräch zwischen Alois Liechtenstein und Taaffe: Taaffe habe Liechtenstein gewarnt, man werde gegen Antisemiten, die sich zu öffentlichen Provokationen hinreißen ließen, hart durchgreifen.[167] Als Ernst Vergani im November 1890 einen antisemitischen Kongress mit Rednern aus Deutschland, Frankreich und Ungarn organisieren wollte, bestand Taaffe gegenüber Kielmansegg auf einem polizeilichen Verbot.[168] Gegen Lueger und die Wiener Antisemiten unternahm die Regierung hingegen nichts. Zum Teil spiegelt sich nach 1890 in diesem Umstand zweifellos die übermäßige Inanspruchname des Kabinetts durch die Sozialdemokraten wider, die nach dem Hainfelder Kongress Anfang 1899 eine viel ernstere Bedrohung darstellten. Im Vergleich zu Victor Adler schien Karl Lueger beinahe erträglich, und es war genau dieser »Beinahe«-Status, der den Antisemiten Anfang der 90er Jahre das regierungsamtliche Wohlwollen sicherte.

Ab Oktober 1889 sprach Karl Lueger in seiner Korrespondenz mit Vogelsang von der neuen Christlichsozialen Partei als »unsere Partei«.[169] Im Februar 1890, in seiner ersten Parlamentsrede seit sechs Monaten, gab Lueger seiner neuen Allianz eine verbindliche Form und erklärte, es gebe jetzt eine neue Partei, zu deren wenigen parlamentarischen Vertretern er selbst gehöre.[170] Luegers Odyssee war endlich vorüber. Das erbarmungslose Tempo von Schönerers Radikalismus, die Bedrohung, die von der im Entstehen begriffenen Sozialdemokratie ausging, und sein eigener, sorgfältig angepasster Ehrgeiz, in eine gesamtstädtische Führungsposition aufzusteigen, hatten ihm dabei geholfen, die letzten etwa noch verbliebenen Zweifel zu zerstreuen, die sein Eintreten für eine explizite Mischung aus Antisemitismus, Demokratie und politischem Klerikalismus betrafen. 1888 und 1889 war Lueger mehr als vorsichtiger Beobachter fremder Fehler aufgefallen denn als Initiator von zentripetalen Prozessen. Sobald klar war, dass die *Vereinigten Christen* in ihrer ursprünglichen Form nicht mehr lebensfähig waren und dass Schönerers All-Deutschtum das ganze Unternehmen sprengte, schwanden bei Lueger die letzten Hemmungen, die ihn von der Suche nach einem neuen Rahmen abgehalten hatten: einem

Rahmen, der einen Ersatz bieten würde für seine ehemalige Verbindung zur Demokratie und der eine effektive politische Organisation für Wien und die ländlichen Teile Niederösterreichs ermöglichte. Angesichts von Schönerers Isolation gab es für seine Anhänger keine Hinweise auf eine mögliche alldeutsche Alternative. Es existierten zwar nach wie vor zahlreiche politische Bezirksorganisationen, die vor 1890 unter der deutschnationalen Flagge gesegelt waren.[171] Manche davon, wie der von Anton Baumann geleitete *Politische Bezirksverein Währing*, änderten aber unter gebetsmühlenartig wiederholten Beteuerungen persönlicher Loyalität zu Schönerer ihre Haltung und schlugen eine gemäßigte, unabhängige nationalistische Richtung ein, mit der sie 1895/96 de facto Mitglieder bei den Christlichsozialen werden konnten.[172] Andere Klubs, wie der *Politische Favoritner Bürgerverein* unter der Ägide von W. Ph. Hauck, blieben alldeutsch, arbeiteten aber trotzdem mit den Christlichsozialen zusammen und gaben ihren Vertretern die Anweisung, sich im Gemeinderat zum antisemitischen *Bürgerclub* zu setzen. Der *Bürgerclub* selbst blieb ein Amalgam verschiedenster Fraktionen, aber ab 1896 stellten die Christlichsozialen die große Mehrheit. Andere alldeutsche Vereine lösten sich überhaupt auf oder wurden zu offen deklarierten Christlichsozialen Vereinen.[173] Viele neuere Klubs, die sich nach 1890/91 besonders in den neu eingemeindeten Vorstädten formiert hatten, gaben sich neutrale Bezeichnungen, wie *Bürgerverein*, wurden aber de facto von christlichsozialen Politikern geführt.

Ein ähnliches Muster von Loslösung und Neuorientierung ist bei nationalistischen Politikern zu beobachten. Sie befanden sich jetzt in der Zwangslage, ihre Loyalität zu Schönerer beteuern zu müssen, während sie sich gleichzeitig vorsichtig von seiner Bewegung absetzten. Noch im März 1896 insistierte mehr als ein Drittel der christlichsozialen Gemeinderatsdelegation in der Öffentlichkeit, sie seien »Nationalisten« der einen oder anderen Art, und noch mehr legten Wert darauf, dass die Öffentlichkeit um die nationalen Sympathien wusste, die sie hegten.[174] Als die Realitäten der politischen Macht für die Partei im Jahr 1896 konkrete Gestalt annahmen, fand so etwas wie eine Parallelverschiebung statt: weg vom reinen Alldeutschtum und hin zu einem wenig klar umrissenen, nationalistischen Reformismus mit sozialen bürgerlichen Grundsätzen. Reiner, unvermischter Nationalismus war in der Wiener Politik keine zugkräftige Nummer, selbst nachdem Schönerer die Los-von-Rom Kontroverse vom Zaun gebrochen hatte. Die Verlagerung der politischen Loyalitäten wurde durch kulturelle Werte erleichtert, die den meisten potentiellen antisemitischen Wählern und den Anführern der Subeliten gemeinsam waren. Die soziale Bindekraft dieser Werte wirkte viel stärker in Richtung einer politischen Einheit, als man nach der Ausdifferenzierung der einzelnen Sekten vermuten würde; denn diese war tatsächlich rein nomineller Natur. Dr. August Kupka, ein Rechtsanwalt aus der Josefstadt, ist ein gutes Beispiel für eine derartige Entwicklung. Er war anfangs ein liberaler Nationalist, dann mutierte er zu einem Lueger-Demokraten; dann wurde er ein Christlichsozialer und nach 1896 ein mächtiges Mitglied der christlichsozialen Fraktion im Stadtrat. Ähnliche Muster wiederholen sich in den politischen Karrieren von prominenten Christlichsozialen wie Leopold Tomola und Leopold Steiner. Andere Antisemiten, wie Rudolf Polzhofer und Robert Pattai, betrachteten sich als deutschnational und zugleich als christlichsozial; dies war auch bei Theodor Wähner, dem einflussreichen Chefredakteur der *Deutschen Zeitung,* der Fall.

Wir müssen uns davor hüten, Luegers und Gessmanns Bereitschaft, mit gemäßigten nationalistischen Politikern zusammenzuarbeiten, statt ihnen einfach nur ihre Wähler wegzunehmen, als Akt politischer Großmut zu deuten. Es gab für sie keine Alternative. In vielen Bezirken der Stadt, besonders in solchen, wo ein starkes Gefühl lokaler, partikularistischer Loyalität herrschte, waren die antisemitischen Politiker mehr als nur Figuren mit einem Parteienetikett. Oft waren sie Geschäftsleute, die im »Grätzel« allgemein bekannt und beliebt waren, oder Gemeindepolitiker, die bei ganz verschiedenen Wählergruppen hohen Respekt genossen. In Währing z.B., der Domäne Anton Baumanns, wäre es für Lueger politischer Selbstmord gewesen, die eingewurzelten Führungskader beseitigen zu wollen. Luegers großer Erfolg im Umgang mit diesem nomenklatorischen Partikularismus beruhte nicht auf einer magisch-charismatischen Präsenz, sondern eher auf seiner pragmatischen Art, den auseinanderstrebenden Elementen der Antiliberalen einerseits die Rute ins Fenster zu stellen und andererseits zwischen ihnen diplomatisch zu vermitteln und ihnen so die Eingliederung in die Reihen der Christlichsozialen nahezulegen. Er war weniger ein spiritueller Hohepriester als vielmehr ein Einpeitscher in Fragen der politischen Taktik und eine Art Gewissen, das allen Antiliberalen vor Augen hielt, was auf dem Spiel stand und welcher Siegespreis winkte. Die Leute reagierten positiv auf ihn, da es ihm gelang, sie davon zu überzeugen, dass die Entwicklung zu ihren Gunsten verlief. Kompromisse zu schließen und alle politisch auf eine Linie zu bringen war die Grundvoraussetzung für künftige Erfolge, wie Lueger nie müde wurde zu wiederholen. Als politischer Erzieher war er ernst zu nehmen, konnte er doch auf fast dreißig Jahre Erfolge *und* Niederlagen auf dem Marktplatz der Wiener Gemeindepolitik zurückblicken.

Die Parteistruktur der Anfangszeit

Was war die christlichsoziale Partei zu diesem Zeitpunkt? Zunächst und für die ersten paar Jahre kaum mehr als ein Name; ein Name für den Status quo, in dem Lueger und Gessmann sich damals befanden, und für einen Verein von Ex-Demokraten, ex-liberalen Nationalisten der verschiedensten Couleurs und von radikalen Katholiken, der unterwegs war zu einer alles beherrschenden Stellung in der Stadtverwaltung.

Vor 1896 hatte jeder Bezirk der Stadt einen oder mehrere antisemitische politische Vereine, die für die lokale Mobilisierung der Wähler verantwortlich waren. Jeder derartige Klub hatte einen festen Kern loyaler Mitglieder, der sich in einem Stammkaffeehaus oder -gasthaus zur Arbeit versammelte. Die Führungskader dieser Klubs waren untereinander ebenso durch Freundschaften und gemeinsame Geschäftsinteressen verbunden wie durch Überzeugungen ideologischer Art. Es gab Klubs mit verschiedener Orientierung: Die meisten deklarierten sich als katholisch (wie die Zweigstellen der *Christlichsozialen Assoziation* oder der *Katholisch-politische Verein* in der Leopoldstadt) oder als säkular und demokratisch (wie die *Eintracht* in Landstraße oder die christlichsozialen *Bürgervereine* in Hernals und Hietzing). Die natürliche Rivalität zwischen den Klubs in einem jeweiligen Bezirk – die meisten Bezirke hatten nämlich mehrere – führte nur selten zu ernsthaften Störungen innerhalb der Partei. Die Pflichten, die sich aus der politischen Arbeit im Wahlkreis ergaben, wurden auch von den Zünften und den katholischen Freiwilligenorganisationen mitgetragen. Diese Gruppen spielten vielfältige Rollen, wobei sie manchmal auf Gemeindeebene eine gemeinsame Kandidatenliste unterstützten und manchmal ihre Geldmittel und Energie einer bestimmten Gruppe von Parteikandidaten zukommen ließen, die in besonderer Weise ein Ohr für ihre Interessen hatten. Der Klerus spielte eine wichtige Rolle im Netzwerk der katholischen Vereine, engagierte sich aber auch intensiv in den Bezirksvereinen. Nach 1890 konsolidierte sich der organisatorische Rahmen auch für die Arbeit der Christlichsozialen durch das Entstehen von Standesvertretungen in den einzelnen Bezirken wie den lokalen *Hausherrenvereinen* und den *Beamtenklubs*. Die Menschen sahen sich immer stärker in einer komplizierten Vielzahl externer sozialer Rollen, von denen jede eine gesonderte organisatorische Zugehörigkeit erforderte. Die Partei forderte oder erwartete nicht immer offene politische Loyalität von diesen Standesvertretungen. In vielen Fällen war es weit sinnvoller, wenn diese sich scheinbar neutral verhielten, wie dies für viele Verbände der Hausbesitzer zutraf. Dies erhöhte ihr Werbepotential für unentschlossene Wähler, die sich von einer eindeutigen politischen Atmosphäre leicht überrollt fühlten.

Das politische Leben in Wien blieb unter den Christlichsozialen ebenso wie unter den Liberalen kleinräumig lokalisiert und auf die Vermittlung unzähliger kleiner voluntaristischer, sozial und standesmäßig orientierter Organisationen angewiesen. Bis 1897 trafen Lueger und Gessmann keine Anstalten, eine dauerhafte zentrale Parteibürokratie ins Leben zu rufen. Wahlkampfplanung oberhalb der Klub- und Vereinsebene war in den Bezirken generell in den Händen eines Komitees von Wahlmännern, dem gewöhnlich die antisemitischen Bezirksräte angehörten sowie die Mitglieder des Bezirksausschusses, die Vorsteher der wichtigsten Klubs im Bezirk, die Zunftvorsteher (soweit sie im Bezirk wohnhaft waren), einflussreiche Priester und andere lokale Honoratioren.[175] Die Wahlmänner koordinierten auf einer Ad-hoc-Basis verschiedene Aufgaben im Zusammenhang mit Wahlversammlungen und der Drucklegung von Wahlwerbung direkt mit den Klubvorsitzenden, soweit diese nicht im *Bezirkswahlcomité* vertreten waren.

Wo die Christlichsozialen den Bezirksausschuss kontrollierten und somit den Bezirksvorsteher wählen konnten, wie dies nach 1896 zunehmend der Fall war, standen ihnen zusätzliche Ressourcen für die Organisation ihrer Versammlungen und ihrer Wahlwerbung zur Verfügung. Die Versammlungen fanden zum Teil für den ganzen Bezirk statt und gaben den Teilnehmern Gelegenheit, die Reden der Kandidaten zu hören und ihre Zustimmung zur Kandidatenliste per Akklamation auszudrücken, zum Teil waren sie auch auf die Wählerschaft eines Klubs beschränkt. Gewöhnlich fanden im Zug eines Wahlkampfes verschiedene derartige Versammlungen statt. Die Partei beschränkte im Normalfall den Einzugsbereich für Versammlungen auf einen Bezirk oder maximal auf zwei benachbarte Bezirke. Es wurde auch üblich, regelmäßig Versammlungen in der Zeit zwischen Wahlterminen zu veranstalten, um für soziale Interaktion zu sorgen und das Interesse der Wähler wach zu halten. Fallweise wurden Wahlkampfversammlungen auch von oppositionellen Strömungen innerhalb der lokalen Parteigruppierung für ihren Auftritt genutzt.

Oberhalb der lokalen Ebene war das *Zentralwahlcomité* angesiedelt, das sich für jede Wahl neu konstituierte und üblicherweise politisch neutral war, so dass sich alle Interessengruppen und Fraktionen der Partei unter seinem Dach vertreten fühlten.

Die vor 1896 für die Partei gebräuchliche Bezeichnung war *Vereinigte Christen*, obwohl gelegentlich auch die Bezeichnung *Bürgerclub* verwendet wurde.

Das System zentraler Komitees war ein fester Bestandteil lokaler und regionaler bürgerlicher Politik in Mitteleuropa. Es sorgte für Flexibilität, konnte nach jeder Wahl wieder aufgelöst werden und erfüllte damit Luegers Wunsch, das Bild einer starren Parteibürokratie zu vermeiden.[176] Die wichtigsten Parteimitglieder hatten Sitze im Zentralwahlkomitee; Lueger war der Vorsitzende. Es handelte sich bei diesen Leuten durchwegs um bekannte Politiker, die der Partei die meisten Stimmen brachten und bei Klubversammlungen und allgemeinen Wahlversammlungen in jedem Wiener Bezirk einen entsprechenden Zulauf garantierten. Von entscheidender Bedeutung war nämlich die numerische Größe der Versammlungen: Sowohl die eigenen Zeitungen wie die der Opposition berichteten über die Teilnehmerzahl bei den Versammlungen des vorhergehenden Abends, und die Polizei tat das Gleiche. Schwach besuchte Versammlungen waren eine Blamage und auch eine Einladung für rivalisierende Klubs oder Fraktionen, durch die Entsendung einer Truppe ihrer Anhänger die Versammlung zu sprengen. Diese Praxis war bei den Liberalen, Christlichsozialen und Sozialdemokraten gleichermaßen üblich; die beiden letzteren waren zahlenmäßig größer, was ihren Störmanövern einen höheren Nachrichtenwert verlieh. Der beste, ja der einzige Schutz gegen Störmanöver bestand darin, den Veranstaltungsort möglichst rasch mit eigenen Anhängern zu füllen. Ohne einen der großen Namen auf der Rednerliste, wie Lueger, Liechtenstein oder Pattai, konnte eine Versammlung oft schon allein an mangelndem Interesse scheitern.

Die Auswahl der Kandidaten war einer der sensibelsten und am wenigsten systematisierten Prozesse im politischen System der Stadt. Lueger bestritt, allein für die Nominierung der Kandidaten verantwortlich zu sein, und es gibt keinen Grund, das zu bezweifeln. Leopold Kunschak musste feststellen, dass Handwerksmeister und Hausbesitzer gleichermaßen Front machten gegen die Aufstellung von christlichsozialen Kandidaten des Arbeiterflügels. Lueger musste in diesem Punkt mitziehen, ob er damit einverstanden war oder nicht. Es war auch nicht unüblich, dass lokale Kandidaten sich in ihrem Bezirk um entsprechende Unterstützung umsahen, um sich dann dem *Zentralcomité* gleichsam als ein fait accompli zu präsentieren. Luegers Probleme mit Anton Baumann in Währing bei der Kandidatenauswahl machen den Grad von Anpassung und Kompromissbereitschaft deutlich, der erforderlich war, um in der Wiener Politik zu überleben. 1891 wehrte sich Baumann dagegen, dass Alois Liechtenstein seinem Bezirk als Kandidat für die Reichsratswahlen aufgenötigt wurde, wie es ihm schien. Er lehnte Liechtenstein als einen »fremdartigen Candidaten« ab, der keinerlei Beziehung zu Währing hatte, nicht dort wohnte und auch kein Angehöriger des Gewerbestandes war. Er misstraute auch Liechtensteins nebulosem, nicht rassischem Antisemitismus und seinem offenkundigen Klerikalismus.[177] Es gelang Lueger nicht, Baumann davon abzuhalten, Franz Frassl als unabhängigen Kandidaten gegen Liechtenstein und den Demokraten Kronawetter aufzustellen; Liechtenstein schlug Frassl problemlos in der ersten Runde und gewann anschließend die Stichwahl gegen Kronawetter. Baumann war aber nicht immer so glücklos in der Mitsprache bei der lokalen Kandidatenliste. Im Sommer 1895 beschloss er zum Beispiel, den Zunftvorsteher der Tischler, Johann Jedlička, von der Liste der Kandidaten für die Gemeinderatswahl in Währing zu entfernen. Jedlička war ein Luegerloyalist und ein Intimus von Ernst Schneider, aber seine finanzielle Unbedarftheit, seine Freundschaft mit prominenten jüdischen Gastwirten und seine tschechische Abstammung machten ihn Baumann missliebig, der an dessen Stelle einen seiner eigenen Leute sehen wollte.[178] Als Baumanns *Politischer Bezirksverein* Jedlička von der Kandidatenliste für die Septemberwahl strich, blieb Lueger nichts übrig, als dies zu akzeptieren, obwohl der Vorfall Probleme mit den Zunftangehörigen zur Folge hatte: Die gegen Jedlička gerichtete Aktion wurde als Versuch gedeutet, die Stellung der Zünfte innerhalb der Partei generell zu schwächen.[179]

Als sich die Antisemiten vor das Problem gestellt sahen, das Interesse der Öffentlichkeit in der Zeit politischer Windstille zwischen der Auseinandersetzung mit Badeni im November 1895 und den Gemeinderatswahlen im Februar 1896 wachzuhalten, verfielen sie auf den wirkungsvollen Kunstgriff, in lokalen Gasthäusern und Bezirksklublokalen Politik in dramatisierter Form darzubieten. Bezirksgrößen simulierten dort Gemeinderatssitzungen, bei denen ein Teil der Mitglieder des antisemitischen Vereins zum Gaudium und zur Erbauung der lokalen Klientel als »Liberale« und andere als »Antisemiten« agierten.[180] Mochte diese besondere Technik auch neuartig sein, so entsprach sie doch auf »Grätzelebene« zutiefst dem Wiener Instinkt zur Theatralisierung. Lueger empfand ein tiefes Unbehagen gegen einen politischen Stil, der Massen, Straße und Paraden instrumentalisierte. Er lehnte Menschenansammlungen außerhalb der herkömmlichen Versammlungslokale ab und unterschied sich in diesem Punkt diametral von Victor Adler. Er zog es vor, traditionelle liberale Techniken zu modernisieren und zu verbessern statt sie ganz aufzugeben.

Die Christlichsozialen brachen nicht grundsätzlich mit den Praktiken der Liberalen zur Beschaffung von Wahlfonds, schon weil sie es auch mit derselben Art von Wählern zu tun hatten. Die Zentralcomités der gegnerischen Lager organisierten einen *Zentralwahlfonds*, aus dem die Kosten für den Druck von

Propagandamaterial, für Saalmiete, Erfrischungen und gelegentliche Fälle von »ehrlicher Bestechung« bezahlt wurden. Jedes *Bezirkswahlcomité* hatte seinen eigenen Reservefonds, der durch freiwillige Beiträge lokaler Geschäftsleute und Parteiförderer und durch Zahlungen von auswärtigen Organisationen aufgefüllt wurde. Keine der beiden Parteien war eine Mitgliederpartei im strikten Sinn, und somit konnte keine mit Mitgliedsbeiträgen oder anderen Zahlungen seitens einer berechenbaren und stabilen Gruppe kalkulieren, wie das bei den Sozialdemokraten durch Gewerkschaften und Mitgliedsausweise der Fall war. Der *Zentralwahlfonds* war ein größerer Topf von Einkünften, aus dem die lokalen Ressourcen ergänzt werden konnten. Die Kosten für eine typische Versammlung konnten sich auf bis zu 200–300 fl. belaufen, was die finanziellen Möglichkeiten vieler lokaler Klubs überstieg. Die zentrale Parteifinanzverwaltung war auch auf Beiträge und Zuwendungen seitens geheimer auswärtiger Quellen, wie z.B. Banken und Klöster, angewiesen. Jede der beiden Parteien profitierte auch von informellen Arrangements und Schenkungen aus »unpolitischen« Quellen – der *Katholische Schulverein* war zum Beispiel eine finanzkräftige Gruppe, die in der Lage war, eigene Versammlungen zu veranstalten. Indem dieser Verein den Antisemiten erlaubte, sein Forum für politische Propaganda zu benutzen, unterstützte er de facto den *Zentralwahlfonds* der Partei, der somit seine Mittel anderweitig einsetzen konnte. Auch sympathisierende kommerzielle Interessen spielten eine wichtige Rolle in der Finanzierung beider Parteien. Typischerweise kamen liberale Wahlkampfspenden von größeren und stärker »kapitalistisch« operierenden Förderern, während die Antisemiten sich – wenigstens vor 1896 – aus vielen kleinen Beiträgen finanzierten. Die Liberalen waren zweifellos die wohlhabendere Partei, aber Karl Lueger verlor keine einzige Wahl aus Geldmangel.[181] Spätestens ab 1907 erhielten die Christlichsozialen massive finanzielle Unterstützung von Interessengruppen in Industrie und im Bankwesen, die hofften, auf diese Weise einen sozialdemokratischen Sieg bei den Wahlen dieses Jahres verhindern zu können.

Die Verankerung im Bezirk war also ein wichtiger Bestandteil sowohl antisemitischer wie liberaler Politik und färbte unweigerlich auf das Funktionieren des großflächigeren politischen Systems auf Gemeindeebene ab. Lueger kämpfte mit den Liberalen um die politische Vorherrschaft in der Stadt; trotzdem war er mit vielen von ihnen per Du. Raimund Grübl kannte er seit dreißig Jahren; Ludwig Vogler war einmal Mitarbeiter in seiner Anwaltskanzlei gewesen.[182] Viele Politiker beider Parteien waren Mitglieder im selben Bezirks-Hausherrenverein, wo sie miteinander weitab von der politischen Arena verkehrten. Den

Eliten und Subeliten der Christlichsozialen und der Liberalen war ein starkes Gefühl der Verwurzelung und der Teilhabe am gesellschaftlichen Leben des Bezirks gemeinsam, was einen deutlichen Unterschied zwischen ihnen und dem Massenorganisationsethos der Sozialdemokraten ausmachte. Der Umstand, dass diese soziale und kulturelle Verwurzelung ein Merkmal sowohl der Liberalen wie der Christlichsozialen war, hatte zur Folge, dass der Übergang von der liberalen zur christlichsozialen Herrschaft in Wien verhältnismäßig reibungslos und ohne große Brüche vonstatten ging, im Gegensatz zu den starken kulturellen Verwerfungen, die 1918/19 bei deren Ablöse durch die Sozialdemokraten entstanden.

Lueger musste nicht nur Rücksicht nehmen auf die Persönlichkeit seiner Kollegen, sondern auch auf die mächtigen gesellschaftlichen Interessen, die sie vertraten. Albert Gessmann, der über die Verteilung der finanziellen Mittel der Partei wachte, war selbst eine Figur, mit der man rechnen musste. Ernst Schneider konnte es sich leisten, in der Partei die Rolle des trunksüchtigen Rabauken zu spielen, weil die Zünfte ihre Hand über ihn hielten. Schneider warnte Vogelsang, er würde sich von niemandem drangsalieren lassen.[183] Joseph Scheicher war im Charakter ähnlich und reagierte mit heftiger Ablehnung, wenn er sich nicht mindestens als ebenbürtig behandelt fühlte. Gerade Scheicher betonte aber in seinen Memoiren, dass Lueger seine Kollegen »demokratisch« behandelt habe und dass er im christlichsozialen Parlamentsklub immer wieder zu rationalen Argumenten griff und ein diktatorisches Fiat vermied.[184]

1890–91 war die Struktur der Eliten in der christlichsozialen Koalition noch auf persönlichem Ansehen aufgebaut und nicht auf einer durchrationalisierten, hierarchischen Machtstruktur von der Art, wie die Sozialdemokraten sie binnen kurzem entwickelten. Im Prinzip ähnlich den liberalen Honoratioren in der Lokal- und Regionalpolitik, nur bescheidener, stellten die christlichsozialen Eliten eine neue Gruppe angesehener Bürger dar, die für die Wiener Politik zunehmend bedeutender wurden. Die meisten waren etwas unterhalb des für die Liberalen typischen Wohlstandsniveaus anzusiedeln. Eine Aufstellung des Berufs- und Standeshintergrundes der 68 Männer, die zwischen 1886 und 1891 mit einem antisemitisch-antiliberalen Wahlprogramm in der Dritten und Zweiten Kurie in den Gemeinderat gewählt wurden, zeigt die gut verwurzelte, sozial stabile Natur der christlichsozialen städtischen Elite. Vom beruflichen Hintergrund her bestand diese Gruppe aus 26 Kleingewerbetreibenden, 22 Inhabern von mittleren Firmen oder Läden (Stadtbaumeister; Inhaber von Firmen, die im Handelsregister geführt wurden; Inhaber mittelgroßer Fabriken, etc.), vier Anwälten, neun Lehrern (die meisten mit langer Berufserfahrung) und einem Arzt; die übrigen waren öffentliche oder private Angestellte.[185] 39 Kandidaten waren Hausbesitzer, darunter solche mit einträglichen Zinshäusern. Zehn bekleideten ein Amt in einer Zunft und nicht wenige waren auf Bezirksebene in einem karitativen oder schulbezogenen Gremium tätig oder hatten innerhalb ihrer Berufe verantwortungsvolle Positionen übernommen, bevor sie in den Gemeinderat gewählt wurden. Im Allgemeinen gehörten sie einer von zwei Kategorien an: Sie waren entweder Lokalpolitiker, die in ihrem Wahlbezirk einen politischen Klub führten, oder – und das galt für die Mehrzahl – sie waren wohlhabende oder in einigen Fällen sogar reiche Bürger, von denen die antisemitische Koalition annehmen konnte, dass sie sich aus staatsbürgerlichem Ehr- und Pflichtgefühl um ein Amt bewarben. Nur wenige hatten vor ihrer Wahl in den Gemeinderat noch keine organisatorische oder politische Erfahrung gesammelt. So gut wie keiner von ihnen entstammte der Klasse der armen 5 fl. Handwerker. Für sie als überwiegend gut situierte Vertreter des Bürgertums war das Paradigma des »notleidenden Handwerkers« ein symbolisches Konstrukt und nicht Teil ihrer Lebensrealität. Das Durchschnittsalter der Kandidaten lag zum Zeitpunkt ihrer Wahl bei 45 Jahren; zwei Drittel – 46 von insgesamt 68 – waren vor der Revolution von 1848 geboren. Dies bedeutet, dass sie zwar etwas jünger waren als der Durchschnitt der liberalen Kandidaten Mitte der 80er Jahre, aber sie waren noch immer sehr weit entfernt von der Jugendlichkeit der sozialdemokratischen Lokalpolitiker.[186] Weniger als 55 Prozent – 36 von insgesamt 68 – waren in Wien oder Niederösterreich zur Welt gekommen; es musste daher vielen das Gefühl vertraut gewesen sein, in ihrer neuen Heimat den Aufstieg geschafft und eine nicht unbeträchtliche persönliche Leistung erbracht zu haben. Gleichzeitig versuchten sie durch Überkompensation das Faktum zu vertuschen, dass sie gesellschaftlich noch nicht lange dazugehörten, und sie strengten sich doppelt an, um sich als verlässliche Mitglieder des Wiener Bürgertums zu präsentieren. Wie religiöse Neukonvertiten legten diese Männer größtes Gewicht darauf, ihre neue soziale Solidität offen zur Schau zu stellen, was bis zur Prahlerei führen konnte.

Es handelte sich also bei diesen Männern, wie gesagt, nicht wie bei den Liberalen um hoch angesehene Honoratioren. Sie gehörten nicht zur Prominenz des Landes, ja nicht einmal zur städtischen; ihre Notabilität war eine lokale, auf ihren Bezirk beschränkte. Extremer Reichtum war – anders als bürgerliche Solidität und Respektabilität – nie ein bestimmender Faktor in der Wiener Gesellschaft und ist es auch heute nicht. Nach jeder Gemeinderatswahl überprüfte die Polizei die persönliche Situation eines jeden neuen Kandidaten, um festzustellen, ob Solidität und Gesetzestreue auch in seinem Fall gegeben war. Zwischen 1886 und 1891 wurde nicht ein einziger antisemitischer Politiker als für ein öffentliches Amt ungeeignet abgelehnt. Wenige, die nicht über unabhängige Mittel verfügten, konnten es sich überhaupt leisten, in den 1890ern ein öffentliches Amt in Wien zu bekleiden, da ja ein Amt auf Gemeindeebene nicht mit einem Salär verbunden war. Das Festhalten der Partei an Besitz, gesellschaftlichem Ansehen und kulturellem Philistertum und ihr Misstrauen gegenüber einer Demokratie des uneingeschränkten Wahlrechts war 1895 ebenso stark ausgeprägt wie 1911.

Erst mit den niederösterreichischen Landtagswahlen im Oktober 1890 und den Reichsratswahlen im März 1891 gewann die unsichere Identität der neuen Partei deutlichere Konturen. Die Gemeinderatswahlen im Frühjahr 1890 bewiesen, dass der Antiliberalismus in Wien die alldeutsche Herausforderung erfolgreich bewältigt hatte. Zehn neue Kandidaten wurden in der Dritten und Zweiten Kurie gewählt.[187] In Franz Schindlers Urteil hatte der Landtagswahlkampf im Herbst 1890 den Startschuß für das Anlaufen der christlichsozialen Parteimaschinerie gegeben.[188] Mit der anschließenden Eingemeindung der vorstädtischen Bezirke eröffnete sich dann eine wahrhaft beeindruckende Aussicht für die Partei: die Möglichkeit, eine Großstadt mit fast zwei Millionen Einwohnern zu regieren.

Drittes Kapitel

Das Ende der Liberalen und die Eroberung Wiens durch die Antisemiten

Gegen Ende des Jahres 1890 fanden mehrere tiefgreifende Neuerungen in der Verwaltungsstruktur Wiens statt, die noch vor dem Ersten Weltkrieg die Voraussetzungen für grundlegende politische Veränderungen schufen. Die Eingemeindung der Vororte im Dezember 1890, die hier an erster Stelle zu nennen ist, führte zu einer wesentlichen Erhöhung der materiellen Ressourcen der Stadt und zwang alle wahlwerbenden Gruppen zu einem strategischen Umdenken. Die antisemitische Politik hatte sich in Wien bis 1890 in etwa an den vorgegebenen Strukturen der städtischen Wahlordnung orientiert. Die Dritte Kurie war bisher im Mittelpunkt der antiliberalen Strategie gestanden und innerhalb dieser Kurie wiederum speziell der große antisemitische Stimmblock der 5 bis 10 fl. Gewerbetreibenden. Durch die Eingemeindung der Vororte wuchs die Stadt flächenmäßig auf mehr als das Dreifache und gewann mehr als eine halbe Million Einwohner hinzu. Dies bot Lueger und seinen Leuten wesentlich mehr Gelegenheiten, die Liberalen das Fürchten zu lehren.

Zur Gemeinderatswahl von 1889 meinte Prinz Reuß, der deutsche Botschafter, in einer Depesche nach Berlin, die Antisemiten würden nicht nur die Stimmen der eingeschworenen Judenhasser erhalten, sondern noch viel mehr die der »echten Wiener Bürger«, deren Wahlverhalten seiner Meinung nach nicht primär von rassisch motivierter antisemitischer Hysterie bestimmt wurde, sondern von Enttäuschung über die Laxheit der liberalen Stadtverwaltung.[1] Die Christlichsozialen kamen allerdings erst nach 1890 in die Lage, diese Enttäuschung unter den Bürgerlichen in Stimmen der privilegierten Zweiten und Ersten Kurie umzumünzen. In die Zeit nach 1890 fiel in Wien auch die politische Emanzipation der Angehörigen bürgerlicher Schlüsselgruppen, wie der Staatsbeamten und Hausbesitzer, was Auswirkungen auf das Gleichgewicht der Kräfte hatte. Infolge der Besonderheiten der Gemeindeordnung von 1890 hatten diese Gruppen eine günstige Ausgangsposition für die Durchsetzung ihrer eng gefaßten ständischen Interessen. Indem sie ihre ständische Macht ausübten und sich auf Dauer als Faktoren im Wiener politischen System etablierten, bewirkten sie zwangsläufig eine gewisse Neuorientierung bei den politischen Bewegungen, die auf ihre Unterstützung angewiesen waren.

Die Eingemeindung der Vororte bildet den Abschluss eines bis in die 40er Jahre zurückreichenden Prozesses, der Wien ein gewaltiges Wachstum und Niederösterreich eine entsprechende Konsolidierung bescherte. Zwischen 1848 und 1890 wuchs die Bevölkerung der vorstädtischen Gemeinden von unter 200.000 auf 536.000 an.[2] Der Großteil der in die Zehntausende gehenden Einwanderer, die zwischen 1850 und 1890 auf der Suche nach Arbeit nach Wien kamen, ließ sich in den Vorstädten nieder. Hier waren die Lebenshaltungskosten mehr als die Hälfte niedriger und man war näher an den Industrieanlagen am Stadtrand. Dass die Eingemeindung der Vorstädte wünschenswert war, wusste man in Wien seit der Restauration der politischen Autonomie der Stadt in den 60er Jahren. Ab Mitte der 70er Jahre unterbreiteten mehrere Mitglieder des Gemeinderates und auch einige politische Klubs konkrete Vorschläge zu diesem Thema.[3] Bis zur Verschiebung der Verzehrungssteuerlinie im Jahr 1890 war dies logisch nicht zwingend gewesen; als aber das Kabinett Taaffe beschloss, die Grenze dieser Einfuhrsteuer so weit auszudehnen, dass die Vorstädte innerhalb zu liegen kamen, wurde die Idee der Einverleibung plausibler.[4] Die treibende Kraft hinter dem Einverleibungsplan war der niederösterreichische Statthalter Erich Kielmansegg. Er war der Ansicht, die anstehende Steuerreform mache die Maßnahme nicht nur notwendig, sondern biete auch den besten Zeitpunkt dafür. Die Beamten und Politiker, denen Kielmansegg seine Ideen vortrug, zeigten aber kein Interesse und auch Taaffe hatte Zweifel an ihrer politischen Praktikabilität.[5]

Im Dezember 1889 hatte in Wien ein neuer liberaler Bürgermeister, Johann Prix, sein Amt angetreten. Wie Cajetan Felder vor ihm und Karl Lueger nach ihm erwies sich Prix in seiner allerdings nur kurzen Amtszeit (1889–94) als starke, machtbewusste Persönlichkeit. Von Cajetan Felder verspottet als das »Chamäleon des Gemeinderats«, führte er die größte Gruppe innerhalb der Wiener Liberalen an, den *Fortschrittsklub*, der die Entscheidungsschwäche und politische Unbedarftheit des Bürgermeisters Eduard Uhl seit dem Ende der 80er Jahre immer wieder kritisiert hatte.[6] Als Kielmansegg Anfang April 1890 Prix auf seinen Plan ansprach, wollte der Bürgermeister sich nicht festlegen. Die Einverleibung der Vorstädte bedeutete Tausende zusätzliche Wähler mit potentiell unberechenbarem Wahlverhalten. Prix war sich auch noch nicht klar, wie weit sich die kaiserliche Regierung in die Abfassung einer neuen Gemeindeordnung einmischen würde. Von seiner Überzeugung her zwar ein konservativer Liberaler, war Prix – ebenso wie Lueger – trotzdem ein unbedingter Verfechter der städtischen Autonomie gegenüber der kaiserlichen Beamtenschaft.

Kielmansegg gewann in der Person des Kaisers selbst seinen wichtigsten Verbündeten für die Schaffung von Groß Wien. Franz Joseph war in seiner Sorge über den in den Jahren 1889–90 immer noch weiter zunehmenden politischen und nationalen Radikalismus zur Überzeugung gelangt, dass Taaffe keine geeigneten Maßnahmen zu Gebote stünden, um dieser Entwicklung zu steuern.[7] Im April 1890 beauftragte der Kaiser daher Kielmansegg, Pläne für die Neuordnung des Wiener Polizeirayons auszuarbeiten, um etwaigen Störversuchen in Zukunft effektiver begegnen zu können. Dieser nützte die Gelegenheit, um sein Eingemeindungsprojekt vorzutragen, und erklärte dem Kaiser, ein effektives System der Polizeikontrolle hänge unmittelbar mit einer stärker zentralisierten verwaltungstechnischen Kontrolle der Stadt und ihrer Vorstädte zusammen. Franz Joseph ließ sich von der Logik der Vorschläge überzeugen und sagte Kielmansegg seine uneingeschränkte Unterstützung zu.[8]

Der Umstand, der die ganze Sache schließlich spruchreif machte, war der vom Gesetz vorgeschriebene Finanzausgleich zwischen Wien und den Vorstädten. Dieser betraf die Verteilung des zusätzlichen Steueraufkommens, das durch die Einbeziehung der Vorstädte in die Verzehrungssteuer zu erwarten war. Mit dieser Aufgabe wurde Kielmansegg beauftragt, der die öffentlichen Anhörungen zum Steuerthema in eine Planungskonferenz zur Stadterweiterung umfunktionierte.[9] Er bildete ein Komitee aus prominenten Liberalen mit dem Auftrag, eine Gesetzesvorlage für den Landtag auszuarbeiten, und zwar auf der Basis des Entwurfs einer neuen Gemeindeordnung, den sein Büro bereits als Verhandlungsgrundlage vorbereitet hatte. Die Reibungslosigkeit und Schnelligkeit des Ablaufs lässt vermuten, dass Kielmansegg seine Taktik bis ins Detail mit den Spitzen der Liberalen Partei, inbesondere mit Johann Prix und Josef Kopp, abgestimmt hatte. In einem Punkt jedoch kam es zum Kräftemessen, das die Liberalen für sich entschieden: Sie zwangen Kielmansegg, sich von seinem vorschnell geäußerten Vorschlag wieder zu distanzieren, der das Procedere der Bürgermeisterbestellung im neuen Groß Wien betraf. Kielmansegg war ein Bewunderer der preußischen Tradition, die in größeren Städten dem deutschen Kaiser bei der Bestellung von besonders ausgebildeten Beamten – die notabene keine Lokalpolitiker waren – zum Amt des Bürgermeisters ein Bestätigungsrecht einräumte. Er wollte in diesem Punkt offenbar preußischer sein als die Preußen und hatte vorgeschlagen, den künftigen Wiener Bürgermeister einfach von Kaiser Franz Joseph ernennen zu lassen.[10] Liberale und Antisemiten reagierten auf den Vorschlag mit heller Empörung, und Kielmansegg steckte mit der Erklärung zurück, es habe sich nur um eine Anregung gehandelt. Angesichts einer selbstbewusst auf Autonomie pochenden Gemeindeverwaltung blieb Kielmansegg nichts übrig, als eine den Liberalen genehme Gemeindeordnung zu unterstützen. Von entscheidender Bedeutung für die Zukunft des Liberalismus in Wien war der Umstand, dass die Debatten und Verhandlungen auf Ministerebene zur neuen Gemeindeordnung die Abschnitte der Reformvorschläge noch nicht berücksichtigten, die das Wahlrecht der Angestellten im Vorfeld der niederösterreichischen Landtagswahlen im Herbst 1890 betrafen.

Die Landtagswahlen von 1890 brachten ein für die Wiener Liberalen katastrophales Ergebnis. Von der beherrschenden Stellung im Landtag, die sie vor 1890 innegehabt hatten (55 von 72 Sitzen insgesamt) rutschten sie auf 41 Sitze ab. Dabei entsprachen diese Zahlen noch nicht den tatsächlichen Verhältnissen, da ja 19 der 41 Sitze auf das Konto der privilegierten Kurien des Handels und der Industrie sowie der verfassungstreuen adeligen Gutsbesitzer gingen. In Wien selbst verloren die Liberalen die Hälfte der 18 Stadtbezirke. Was an diesem Ergebnis am meisten schockierte, war der Verlust bürgerlicher Bastionen wie Landstraße und Josefstadt, die an die Antisemiten fielen. Deren Erfolge lassen sich zum Teil dadurch erklären, dass die Fünf-Gulden Gewerbetreibenden erstmals im Wählerregister für den Landtag aufschienen; sie hatten zwar das Landeswahlrecht schon 1886 erhalten, konnten es aber erst jetzt zum ersten Mal ausüben. Man muss sich gleichwohl vor Augen halten, dass in Bezirken wie der Josefstadt, mit Gewerbetreibenden, die generell wohlhabender waren als ihre Zunftgenossen in der übrigen Stadt, die Fünf-Gulden Männer nicht allein für den Absturz der Liberalen verantwortlich sein konnten. Die Wahlergebnisse vom Oktober 1890 zeigen vielmehr, wie attraktiv der politische Antisemitismus für Hunderte dort wohnhafte Privatangestellte, Schul- und Gymnasiallehrer, kleinere und mittlere Staatsbedienstete sowie andere Wähler im Angestelltenverhältnis war, – und dies galt ganz besonders für die Jüngeren unter ihnen.[11] Von den knapp 53.000 für die Parlaments- und Landtagswahlen von 1890 registrierten Wählern waren ungefähr 13.000 Angestellte in behördlichen Einrichtungen des Staates, des Landes oder der Stadt.[12] Der politische Antisemitismus in dieser Wählergruppe sollte sich als entscheidend sowohl für die Modernisierung des Wiener Parteiensystems wie auch für die Entfaltung einer modernen Beamtenbewegung in Österreich erweisen.

Die Wiener Beamten und der Radikalismus, 1886–90

Der Gedanke eines kollektiven Beamtenprotests war 1890 noch neu. Im Jahr 1888 besetzte eine Gruppe von Handelsangestellten und anderen Angestellten die leitenden Posten im *Verband der Wiener Beamten* und steuerte diesen in ein antisemitisches Fahrwasser. Felix Hraba, ein antisemitischer Angestellter der Ersten Österreichischen Sparcasse und nachmaliger Wiener Stadtrat unter Lueger, wurde zum Obmann gewählt. Noch war jedoch der Einfluss des *Verbandes* wegen seiner diffusen Führungsstruktur, geringen Mitgliederzahl und beschränkten Finanzen marginal.[13] Es wurden keine Anstalten getroffen, die Gemeinderatswahlen von 1888 zu beeinflussen und auch das Jahr 1889 brachte dem *Verband* nur einen geringfügigen Bedeutungszuwachs.[14] Wie viele im Entstehen begriffene politische Vereine in Wien litt auch der *Verband der Wiener Beamten* an einem Mangel an Glaubwürdigkeit, zu dem noch als erschwerendes Moment die Ablehnung politischer Radikalisierung der Lehrer und Beamten seitens der Stadt und der kaiserlichen Verwaltung kam. Als ein von einer kleinen antisemitischen Gruppe dominierter Kader auf Elitenebene besaß er aber durchaus das Potenzial, Stimmung zu machen, Propaganda zu verbreiten und Protestversammlungen zu organisieren.

Bis in die 1890er Jahre hinein waren die kaiserlichen Behörden hinter einzelnen Lehrern und Beamten her, die sich in zu offenkundiger Weise radikal politisch betätigten. Unter diesen Umständen boten Berufsverbände die Sicherheit der großen Zahl. Die bloße Existenz des *Verbandes* und sein Versuch, die schwelende Unzufriedenheit mit der schlechten Entlohnung und anderen beruflichen Missständen zu instrumentalisieren, reflektiert bei ähnlicher Ausgangslage eine tendenzielle Verwandtschaft mit früheren sozialen Problemen im katholischen niederen Klerus. Womit sich die Liberalen jetzt konfrontiert sahen, war nicht eine einheitliche antisemitische Protestfront bürgerlicher Bediensteter mit den gleichen Klagen, sondern eine Koalition von Beschwerdeführern vor dem Hintergrund verschiedenster sozialer Notstände, ähnlich dem Bündnis der Kleingewerbetreibenden, das sich Mitte der 80er Jahre formiert hatte.

Von entscheidender Bedeutung für die Geschichte des Antisemitismus war der Umstand, dass die Unzufriedenheit unter den Beamtengruppen fast zehn Jahre nach der Radikalisierung der Kleingewerbetreibenden Platz griff.[15] Seit der Gemeinderatswahl vom März 1889, in der die Liberalen mehrere Zweite Kuriensitze knapp an die Antisemiten verloren hatten, machte man sich sowohl in der Liberalen Partei wie in der k.k. Regierung Gedanken über die Stimmenverluste gerade in der Kurie mit dem höchsten Prozentsatz an Staatsbeamten.[16] Offensichtlich hatten in dieser Beamtenschaft viele die Vorteile einer auf Wettbewerb basierenden Politik schätzen gelernt. Um der daraus resultierenden sozialen Unruhe zu begegnen, die von den Antisemiten zunehmend für eigene Zwecke ausgenützt wurde, hatten die Liberalen zwei Optionen: Sie konnten die Beamten und ähnliche Gruppen aus der privilegierten Zweiten Kurie verstoßen und in die von Kleingewerbetreibenden beherrschte Dritte Kurie stecken; oder sie konnten versuchen, die Loyalität der Beamten durch eine Kombination von hierarchischem Druck und in Aussicht gestellten Wohlfahrtsleistungen zurückzugewinnen. Das Dilemma, in dem sich die Liberale Partei Ende 1890 in der Beamtenfrage befand, wurde noch dadurch verschärft, dass schwierige Entscheidungen über die Gemeindeordnung bevorstanden, die mit der neuen Wahlordnung für Groß Wien Hand in Hand ging.

Die Aussichten für das Abschneiden der Liberalen bei den Landtagswahlen verschlechterten sich, als plötzlich Mitte September 1890 der Eindruck entstand, sie wollten das Beamtenproblem repressiv lösen. Am 11. September 1890 erklärte Rudolf Polzhofer, ein antisemitisches Mitglied des Gemeinderats, ihm sei der geheime Text eines liberalen Vorschlags für das neue Gemeindewahlrecht zugespielt worden, der offenbar von Kielmanseggs Büro im August 1890 ausgearbeitet worden sei. Am nächsten Tag, am 12. September, gab Karl Lueger bekannt, der Vorschlag sehe die Abschiebung mehrerer Kategorien von niederen und mittleren Staatsdienern (die Rangklassen XI–IX) in die Dritte Kurie vor sowie eine restriktive Neuerung für alle Schullehrer: Diese dürften zwar in der Zweiten Kurie verbleiben, es werde ihnen aber verboten, sich um ein politisches Amt zu bewerben.[17] Polzhofer weigerte sich, offenzulegen, wie er an das Dokument gekommen war. Da jedoch dessen Authentizität außer Zweifel stand, erzielte die Enthüllung die gewünschte Wirkung: Unmittelbar vor den Wahlen festigte sich bei vielen Beamten der Eindruck, die Liberalen hätten beschlossen, Wähler, die ihnen unliebsam waren, durch wahlgeometrische Maßnahmen zu eliminieren. Der mittlerweile auf antisemitischen Kurs gebrachte *Verband der Wiener Beamten* nützte sehr geschickt die Kontroverse aus und organisierte am 24. September 1890 eine Versammlung, um gegen die Vorschläge zur Änderung der Wahlordnung zu protestieren. Sie wurde von mehr als 2.000 aufgebrachten Staatsbeamten besucht.[18] Eine ähnliche Versammlung, an der Hunderte konsternierter Wiener Lehrer teilnahmen, fand am 27. September statt.[19] Bei beiden Anlässen beschuldigten antisemitische Redner die Liberalen, insgeheim hinter Kielmanseggs Plan zu stecken. Diese wiederum begriffen sehr schnell, wie groß die von den Antisemiten entfachte Empörung war; da die Wahlen innerhalb von weniger als einer Woche über die Bühne gehen sollten, war es einfach zu spät, den Schaden abzuwenden. Die *Neue Freie Presse* gab zu Polzhofers Zitaten den düsteren Kommentar ab: »Das letzte Wort scheint über dieses unselige Blatt Papier noch nicht gesprochen zu sein.«[20] Es war nur allzu verständlich, dass diejenigen Wähler, die ihre Wahlprivilegien bedroht sahen, den Liberalen in hellen Scharen davon liefen.

Die Unterstützung, die jüngere und rangniedrigere Staatsbeamte im Oktober 1890 den Antisemiten angedeihen ließen, war eindrucksvoll. Ein Standesblatt der Beamten, der *Sprechsaal des Beamtentages*, schätzte, dass mehr als 80 Prozent der Beamten in der XI., mehr als 50 Prozent in der X. und mehr als 13 Prozent in der IX. Rangklasse antisemitisch gewählt hatten.[21] Der *Sprechsaal* wies mit Nachdruck darauf hin, dass nur wenige unter diesen Wählern ihrer ideologischen Überzeugung nach Antisemiten seien; sie hätten vielmehr für Luegers Partei gestimmt, um die Liberalen für deren Arroganz und Gleichgültigkeit gegenüber ihren berufsbedingten Nöten und ihren politischen Rechten abzustrafen.

Die Ergebnisse der Landtagswahlen von 1890 schienen nichts Gutes für die Zukunft der Liberalen in Wien, ja sogar für die Monarchie insgesamt zu bedeuten. Der deutsche Botschafter, Prinz Reuß, berichtete über die Wahl in sehr pessimistischen Tönen nach Berlin und sah die Schuld in der übersteigerten Selbstsicherheit der liberalen Politiker, in der Faulheit der liberalen Wähler, die sich nicht aufraffen konnten, zur Wahl zu gehen, und in der Abkehr wichtiger Bürgergruppen von den Liberalen aus einem einfachen Grund: die Antisemiten gingen in ihrer Propaganda weit mehr auf deren Anliegen ein als die Liberalen.[22]

Reuß' Sorge war verständlich, und es mochte tatsächlich den Anschein haben, als sei der Aufschwung der Christlichsozialen nicht zu stoppen. In Wahrheit waren jedoch die Siege, die Karl Lueger 1895/96 einfuhr, alles andere als »unvermeidbar«. Der christlichsoziale Erfolg von 1895 war zuerst und zuvorderst das Resultat von vier Jahren liberaler Alleinherrschaft. In dieser Zeit hatte die Partei eine Reihe folgenschwerer politischer Entscheidungen getroffen, darunter als wichtigste den Beschluss ihrer Parlamentsfraktion zum Eintritt in die Koalition von 1893–95. Die schweren Wahlverluste von 1890 ließen die Liberalen jedoch nicht resignieren, sondern bewirkten das Gegenteil: sie waren ein Ansporn, die Arbeiten an der neuen Gemeindeordnung so rasch wie möglich abzuschließen. Dem neuen Statut fügten sie konsequenterweise den

Entwurf einer neuen Wahlordnung bei, deren Hauptzweck die Behebung jener strategischen Mängel war, die sie die Landtagswahlen gekostet hatten. In der Eröffnungssitzung des neu gewählten Landtags am 14. Oktober 1890 präsentierte Erich Kielmansegg die revidierte, mit den Liberalen abgestimmte Gesetzesvorlage. Nach stürmischen, von den Antisemiten provozierten Diskussionen verabschiedete die liberale Mehrheit Mitte Dezember 1890 das Gesetz.

Die wichtigste strukturelle Reform der Gemeindeordnung von 1890 war die Schaffung des Stadtrates, eines amtsführenden Komitees, das innerhalb des Gemeinderates angesiedelt war. Dieser Stadtrat sollte die zehn Sektionen des Gemeinderates als die Behörde ersetzen, der alle Arbeiten zur Vorbereitung von Gesetzesmaterien oblagen. Die Unfähigkeit der Sektionen, die steigende Aufgabenflut in ihrem Kompetenzbereich zu bewältigen, war in den Jahrzehnten nach 1861 evident geworden.[23] Gesetzesbeschlüsse wurden häufig über Monate verschleppt, besonders wenn sich Dispute über Fragen der Rechtsprechung ergaben. Die Sektionen boten auch Mitgliedern der Opposition die Gelegenheit, die Mehrheit unter Druck zu setzen, wenn auch oft nur in Form von Verzögerungen in der Bearbeitung von Gesetzesmaterien. Karl Lueger gehörte zum Beispiel selbst in der Zeit seiner erbittertsten Opposition nach 1885 mehreren dieser Sektionen an und trat oftmals in der Sektion für Rechtsprechung in der einflussreichen Rolle des Referenten auf.

Der neue Stadtrat sollte neben dem Bürgermeister und zwei Vizebürgermeistern 22 Mitglieder umfassen, die jeweils für sechs Jahre gewählt wurden. Der Bürgermeister fungierte auch als Ständiger Vorsitzender. Als einzigem amtsführendem Komitee innerhalb des Gemeinderates kamen dem Stadtrat enorme Machtbefugnisse zu. Anders als der versammelte Gemeinderat tagte er unter Ausschluss der Öffentlichkeit und seine Debatten wurden nur in Form von Zusammenfassungen veröffentlicht. Da seine Mitglieder, wie gesagt, auf sechs Jahre gewählt waren und diese mit großer Wahrscheinlichkeit von vornherein über eine Hausmacht in ihrem Wahlkreis verfügten, schufen die Liberalen auf diese Weise in Wien eine institutionalisierte politische Oligarchie, die seit 1848 ohne Beispiel war. Ehe der Stadtrat nicht eine Gesetzesmaterie freigab, war der versammelte Gemeinderat außerstande, auf Gesetzesvorlagen Einfluss zu nehmen.

Die Machtbefugnisse des Stadtrates waren zudem noch größer als die eines Lenkungsausschusses. Das neue Statut gab dem Stadtrat die Entscheidungsgewalt über alle Einstellungen und Beförderungen innerhalb der städtischen Verwaltung, ohne sie durch das Prinzip einer zwingenden Rechenschaftslegung gegenüber dem versammelten Gemeinderat zu ergänzen. Der Bürgermeister behielt zwar die Befugnis, einzelne Mitglieder des Magistrats zur Verantwortung zu ziehen, aber das Recht, über alle Posten innerhalb der städtischen Bürokratie zu verfügen, wurde jetzt den Politikern im Stadtrat übertragen.

Auch der Magistrat, das Heer der städtischen Beamten unter der Leitung von Karrierepolitikern, profitierte von der Abschaffung der Sektionen. In Zukunft würden ranghohe Räte nicht mehr gezwungen sein, regelmäßig zahlreichen Politikern in miteinander rivalisierenden Komitees ihre Vorschläge zu erklären. Alle Kontakte zwischen dem verwaltungspolitischen und dem legislativen Teil der Stadtregierung würden in Zukunft über den Stadtrat laufen. Seine Mitglieder erhielten ein großzügig bemessenes Salär. Der Umstand, dass im Stadtrat Parteipolitiker saßen, bedeutete eine Politisierung der Verwaltung und nicht eine Neutralisierung der Parteipolitik.[24]

Die Liberalen führten auf der Wahlbezirksebene ein gewisses Quantum Föderalismus ein, um ein Gegengewicht zu den oligarchischen Tendenzen der neuen Gemeindeordnung zu schaffen. Vor 1890 hatte jeder Bezirk der Stadt einen Bezirksausschuss und den Bezirksvorsteher gewählt. Die Rolle dieser Ausschüsse wurde im neuen Statut aufgewertet. Sie erhielten das Recht, Budgetforderungen zu stellen und dem Vorsteher in seiner Eigenschaft als Vertreter des Bezirks in der Stadtverwaltung entsprechende Weisungen zu erteilen. Der Bezirksausschuss behielt auch eine gewisse administrative Kontrolle über die lokale Schulbehörde und über die Armenfürsorge im Bezirk.[25]

Für die Liberalen waren diese strukturellen Änderungen nicht nur verwaltungstechnisch sinnvoll, sondern auch von lebenswichtiger politischer Bedeutung. Die Reduzierung der Macht des Gemeinderates diente strategisch der Abschirmung gegen das Störfeuer der antisemitischen Opposition.[26] Die administrativen Reformen ermöglichten eine effizientere Verwaltung der Stadt mit ihrer rasch wachsenden Bevölkerung – die Eineinhalb-Millionen-Grenze war bereits erreicht. Städtischer Zentralismus und eine politische Oligarchie würden ihnen, so die Hoffnung der Liberalen, ihr politisches Überleben sichern. In den Augen der christlichsozialen Koalition im Gemeinderat verschaffte das neue Statut den Liberalen einen enormen politischen Vorteil. Letztendlich waren es freilich die Christlichsozialen, die in den Genuss der liberalen Reformen kamen. Aufgrund schwerer politischer Fehler der Liberalen zwischen 1892 und 1895 konnten sich die Antisemiten des bereitstehenden Systems einer institutionalisierten, aber politisch kontrollierten Oligarchie bemächtigen, das in einem noch umfassenderen System städtischer Autonomie verankert war. Die strukturellen Reformen von 1890 machten den Siegespreis, den Karl Lueger mit seinen Erfolgen von 1895/96 errang, noch wertvoller.

Von ähnlich weitreichender Bedeutung waren die Hoffnungen, welche die Liberalen an das neue städtische Wahlrecht knüpften. Sie gaben der Wahlordnung eine Gestalt, die ihnen mindestens auf dem Papier einen großen Vorteil verschaffte. In der neuen Form war ein Gemeinderat mit 138 Sitzen vorgesehen, die sich, wie in der Wahlordnung von 1850, auf drei Wahlkurien verteilten. Jedes Mitglied des Gemeinderates sollte für sechs Jahre gewählt werden, was eine Neuerung gegenüber der dreijährigen Amtszeit in der alten Ordnung von 1850 darstellte. Auch die Wahl der Mitglieder wurde grundlegend reformiert. Die Wahlordnung von 1850 hatte vorgesehen, dass sich alljährlich in jeder Kurie je ein Drittel der Mitglieder der Wiederwahl stellen musste, so dass es in Wien kein Jahr ohne Gemeinderatswahlen gab. Die neue Ordnung führte eine Staffelung der Wahlen im Rhythmus von zwei Jahren ein, und dabei sollten sich jeweils alle Mitglieder derjenigen Kurie, die gerade an der Reihe war, der Wiederwahl stellen müssen. Um das System in Gang zu bringen, wurden für März/April 1891 allgemeine Wahlen in allen drei Kurien angesetzt. Der nächste turnusmäßige Wahltermin wurde für 1893 festgelegt; bei dieser Wahl würden dann alle Sitze der wohlhabendsten Kurie, der Ersten, zur Neuwahl anstehen. Die Wahlen der Zweiten und Dritten Kurie würden 1895 und 1897 stattfinden, und 1899 würde der Zyklus wieder von vorne beginnen.

Diese zyklische Ordnung der Kurienwahl brachte den Liberalen mehrere Vorteile. Die Antisemiten hatten immer von dem Umstand profitiert, dass jedes Jahr Wahlen stattfanden; jeder neue März bescherte ihnen dank Agitation und Propaganda einen weiteren Zuwachs. Nach 1891 kam dieser Schwung jedoch zum Erliegen.[27] Außerdem hatte die Dritte Kurie immer als erste gewählt und damit, gleichsam als Auftakt der jährlichen Wahlsaison, den Antisemiten die Gelegenheit zu eindrucksvollen Stimmengewinnen gegeben. Die Liberalen mussten fürchten, dass die Wähler in den oberen beiden Kurien schließlich diesem antisemitischen »Bandwagon«-Effekt erliegen könnten. Mit der zyklischen Wahlabfolge war den Antisemiten dieser prozedurale Vorteil genommen. Da die Erste Kurie zudem als erste zur Neuwahl anstand, rechneten die Liberalen mit wenigstens vier, vielleicht sogar sechs Jahren relativen Friedens, bevor sie 1897 wieder gegen die aufmüpfige Dritte Kurie antreten mussten.

Um auf Nummer Sicher zu gehen, nahmen die Liberalen die Verteilung der 138 Gemeinderatsitze auf die einzelnen Stadtbezirke nicht aufgrund einer strikten Pro-Kopf-Basis vor. Die Bezirke vom Ersten bis zum Zehnten, die als

Gewinner aus der Reform der Verzehrungssteuer hervorgegangen waren und deren Wähler der Stadtvergrößerung positiv gegenüberstanden, erhielten 93 der 138 Sitze. Auf die Vorstädte entfielen 45 Sitze, eine Zahl, die unter ihrem proportionalen Anteil lag.[28] Die Bezirke Eins bis Zehn wiesen auch mehr wohlhabende Wähler und mehr Wähler im Beamtenrang auf als die Vorstädte; auch die Mehrheit der jüdischen Wählerschaft war dort – und nicht in den Vorstädten – ansässig.[29]

Die wichtigste technische Neuerung, welche die Liberalen am Wahlrecht vornahmen, betraf jedoch die Neufestsetzung der steuerlichen und bildungsmäßigen Erfordernisse für die verschiedenen Kurien. Sie zielte darauf ab, die Zweite Kurie in jedem Bezirk zu vergrößern, um den Liberalen einen möglichst großen Stimmensockel zu garantieren. Die Wiener Wahlordnung von 1850 hatte die Wählerschaft in drei deutlich von einander geschiedene Gruppen eingeteilt.[30] Die Erste Kurie bestand aus den am höchsten besteuerten Grundbesitzern und Hausherren, die 500 fl. oder mehr an Hauszinssteuer, und aus Unternehmern, die mehr als 100 fl. an Gewerbe- oder Einkommensteuer zahlten. In der Zweiten Kurie befanden sich die Hausherren, deren jährliche Steuerleistung unter 500 fl. lag; außerdem bestimmte Gruppen von Staats-, Landes- und Gemeindebediensteten; Mitglieder des Klerus und Rabbiner, sowie alle promovierten Universitätsabsolventen und die höher qualifizierten städtischen Lehrer. In der Dritten Kurie befanden sich alle, die zwar weniger als 100 fl., aber mehr als 10 fl. Umsatz- oder Einkommensteuer im Jahr zahlten. Die unterste Kurie enthielt nicht nur Kleingewerbetreibende, sondern auch Inhaber oder Angestellte mittelgroßer Handels- oder Industriebetriebe. Ein merkwürdiger Aspekt dieser Wahlordnung war der Umstand, dass eine große Zahl von Beamten und Lehrern ausgeschlossen war, deren Gehalt zu einer Steuerpflicht von mindestens 10 fl. nicht ausreichte. Das Gesetz von 1850 verzichtete darauf, die nicht-akademische Intelligenz (Journalisten und Künstler) und die mittleren Angestellten privater Handelshäuser der Zweiten Kurie zuzuordnen, möglicherweise deshalb, weil sich in diesen Kategorien erst nach 1860 ein signifikantes Wachstum ergab.

Die Wahlordnung von 1850 teilte auch einige Hausbesitzer der Zweiten Kurie zu. Dies hatte eine Verbindung zwischen dem älteren Besitzbürgertum, in dem sich viele wohlhabendere, zumeist ungebildete Kleinunternehmer befanden, und den akademischen bzw. beamteten Eliten der Stadt zur Folge. Die patrizischen Väter konnten 1850 diese Vermischung von Intelligenz und Hausbesitz noch problemlos befürworten, da beide Gruppen sich durch Stabilität und Konservativismus das Recht erworben hatten, für die Liberalen zu stimmen.

Mehrere wichtige Entwicklungen ereigneten sich im Zeitraum zwischen den Wahlordnungen von 1850 und 1890. Die wichtigste fand im Dezember 1885 statt, als die Fünf-Gulden Männer das Wahlrecht auf Gemeindeebene erhielten. Indem sie der Dritten Kurie zugeschlagen wurden, hatte die Reformgesetzgebung wesentliche Anpassungen im politischen Status der Beamtengruppen und der diesen nahestehenden Gruppen vorgenommen, die 1850 noch vom Wahlrecht gänzlich ausgeschlossen geblieben waren. Nach 1885 jedoch durften alle Lehrer und alle rangniederen Staats-, Landes- und Gemeindebediensteten in der privilegierten Zweiten Kurie wählen, und die Größe dieser Kurie nahm zwischen 1885 und 1886 dementsprechend um 3.000 Wähler zu.[31]

Die Entscheidung der Wiener Liberalen, das Gros der unteren und mittleren öffentlichen Beamtenschaft und der Lehrer der Kurie der Intelligenz zuzuschlagen, war an sich nicht überraschend. Wenn die Fünf-Gulden Handwerker das Wahlrecht erhielten, konnte es den öffentlichen Bediensteten nicht vorenthalten werden. Ihrer eigenen Einschätzung zufolge verfügten sowohl Beamte wie Lehrer über die vier Kriterien, die der *Sprechsaal des Beamtentages* 1885 als Vorbedingung für die Mitgliedschaft in der Zweiten Kurie genannt hatte: Bildung, gemeinnütziger Dienst, Standesehre, öffentliche Respektabilität.[32] So verknüpfte das Blatt jeweils zwei Kriterien für individuelle Leistung mit Kriterien des Standesbewusstseins – ein Reflex der Geisteshaltung, die für die Wiener Mittelstandpolitik charakteristisch war. Mit der Zuerkennung eines privilegierten Wahlrechts signalisierten die Liberalen diesen Gruppen die ideell-symbolische Anerkennung ihrer Statusansprüche. Noch wichtiger für die Liberalen war jedoch eine Konsequenz auf pragmatischer Ebene: So konnten diese Wähler von den radikalen Tendenzen der seit kurzem in der Dritten Kurie etablierten kleingewerblichen Wählerschaft ferngehalten werden.

Zu ihrem Leidwesen mussten die Liberalen jedoch Ende der 80er Jahre erkennen, dass die neu wahlberechtigten Beamten und Lehrer zwischen ihrer Hoffnung auf bürgerliche Respektabilität und der Stimmabgabe zugunsten der Liberalen sehr wohl zu unterscheiden wussten. Viele Staatsbedienstete fingen an sich zu fragen, wie viel denn das ganze liberale Aufhebens über die Wichtigkeit gebildeter Staatsbeamter wert sei, wenn ganz offenbar niemand ernstlich daran dachte, finanzielle Taten folgen zu lassen. In den Augen nicht weniger verlor jetzt ein Axiom der 1870er Jahre, nämlich dass die Begriffe *Bürger* und *liberal* in Wahrheit synonym seien, an Boden. Spätestens 1890 machte sich soziale Unruhe in allen Rängen der Beamtenschaft bemerkbar. Am stärksten manifestierte sich die offene Feindschaft gegenüber den Liberalen unter den jüngeren

Juristen, die etwa Mitte der 80er Jahre in den Staatsdienst eingetreten waren; jedenfalls klagten besorgte liberale Parlamentarier über deren nationalistische und antisemitische Sympathien.[33] Selbst die Beamten der wichtigsten Ministerien waren nicht gegen die antiliberale Versuchung gefeit. 1895 erwähnte Graf Kálnoky Prinz Eulenburg gegenüber, in seinem Ressort hätten die meisten jüngeren Konzeptsbeamten mit Universitätsabschluss bei den Gemeinderatswahlen dieses Jahres antisemitisch gewählt, während die älteren Minsterialräte Lueger und den Antisemiten gegenüber weiterhin bei einer wohlwollenden »Neutralität« geblieben seien.[34]

Jeder Beamtenrang mochte seine eigenen Gründe dafür haben, warum man den Antisemitismus attraktiv fand. Zum Richteramt ließ man zwar nur wenige Juden zu, aber jüdische Anwälte gab es in Wien in den 1890er Jahren in großer Zahl. Vor Gericht kam es daher immer wieder zu konfliktträchtigen Auseinandersetzungen zwischen Nicht-Juden auf der einen und Juden auf der anderen Seite. Frustration über die langsame Beförderung und der Konkurrenzdruck seitens slawischsprachiger (oder auch seitens anderer deutschsprachiger) Kandidaten mündeten leicht in die Suche nach Sündenböcken; fündig wurde man dann bei den Juden im Anwaltsberuf oder an der juristischen Fakultät der Universität. Auch für Beamte ohne Universitätsabschluss, in den mittleren Rängen der Beamtenschaft, war möglicherweise die antisemitische Propaganda mit ihrer Betonung der überproportionalen jüdischen Präsenz an den Universitäten von Bedeutung. Unter diesen Männern waren nicht wenige, die ein Gymnasium oder eine andere Mittelschule besucht und abgeschlossen hatten. In vielen Fällen wären sie sehr wohl für eine weitere akademische Ausbildung in Frage gekommen, sahen sich jedoch in Ermangelung finanzieller Ressourcen gezwungen, den erstbesten Verwaltungsposten anzunehmen. Sie landeten in Rangklassen, die hinsichtlich Ansehen und Salär mit der ihrer Kollegen mit Universitätsabschluss nicht vergleichbar waren.[35] Wenn Lueger und andere Antisemiten gegen die »reichen Juden« wetterten, die sich an den Universitäten breit machten, dann spekulierten sie auch auf die Minderwertigkeits- und Neidgefühle dieser Leute. Der Antisemitismus wurde so zum Ventil für persönliche Ressentiments.[36]

Die eigentlichen Ursachen für die Unzufriedenheit der Beamten hatten jedoch mit antisemitischen Tiraden nur wenig zu tun; sie lagen tiefer. Der *Sprechsaal des Beamtentages* wies 1890 ausdrücklich darauf hin, dass die meisten Beamten keine »Antisemiten aus Überzeugung« seien; den Umstand, »dass viele Beamten Antisemiten sind, verschuldet nur die schlechte Politik der Liberalen gegen die Beamten. Viele Beamte sind eben Zwangs-Antisemiten.«[37] Diese Einschätzung wurde von einem unabhängigen Polizeibericht bestätigt.[38] Unzulängliche Gehälter, das Fehlen einer klaren und nachvollziehbaren Dienstpragmatik, das Fehlen einer Urlaubsregelung, ein miserables Pensionssystem, grassierender Nepotismus bzw. politische Protektion bei Einstellung und Beförderung, der Konkurrenzdruck von Seiten anderer Nationalitäten, die Verbitterung über die lange, schlecht bezahlte Probezeit, die es für Beamte am Anfang ihrer Laufbahn zu überstehen galt – das waren in den Augen der Staatsbediensteten die wirklich brennenden Probleme. Sie führten dazu, dass ihre einst selbstverständliche Allianz mit der Liberalen Partei immer brüchiger wurde.[39]

Die Überlegungen der Liberalen im Jahr 1890, ob diese Leute nicht besser in die Dritte Kurie abgeschoben werden sollten, kosteten sie die Landtagswahl. In der endgültigen Version der Wahlordnung von 1890 hatten Kielmansegg und die Liberalen alle beamteten Wähler in der Zweiten Kurie belassen. Sie nahmen jedoch andere Änderungen vor, die für die Zusammensetzung der »Kurie der Intelligenz« bedeutungsvoll waren und die als Ganzes unter der Bezeichnung »Prixsche Wahlgeometrie« bekannt wurden. Die neue Wahlordnung verfrachtete alle Haus- und Grundbesitzer, die im Jahr weniger als 200 fl. an Steuern zahlten, von der Zweiten in die Dritte Kurie. Es handelte sich hier nicht um eine große Wählergruppe und die meisten Wiener Grund- und Zinshausbesitzer verblieben in der Zweiten bzw. Ersten Kurie. Außerdem wurden mehrere Kategorien von Freiberuflern oder Quasi-Freiberuflern von der Dritten in die Zweite Kurie befördert. Apotheker, Notare, Heeresbedienstete, Personen mit Diplomen oder anderen Studienabschlüssen unterhalb des Doktorates und weitere Gruppen, die 1850 noch nicht in den Genuss des privilegierten Wahlrechts in der Zweiten Kurie gekommen waren, erhielten dieses jetzt zugesprochen. In einem noch bedeutungsvolleren Schritt beförderte das neue Gesetz viele Angehörige der neuen Klasse von Privatangestellten von Banken, Industrie- und Handelsunternehmen sowie von Zeitungen von der Dritten in die Zweite Kurie. Unter ihnen befanden sich viele Juden, deren Stimmen vorher für die Liberalen verloren waren, da sie in der Dritten Kurie hatten abstimmen müssen. Zu guter Letzt sorgten die Liberalen durch eine Justierung der für die Einteilung maßgeblichen Steuerleistung dafür, dass eine erkleckliche Zahl von Inhabern, Geschäftsführern oder Teilhabern von kleineren Handels- oder Industrieunternehmen von der Dritten in die Zweite Kurie verschoben wurde.

Die Dritte Kurie blieb weitgehend unangetastet bis auf den Umstand, dass sie durch die verschiedenen Beförderungen in die Zweite Kurie numerisch reduziert wurde. Indem die Liberalen bei der Neugestaltung der Zweiten Kurie darauf zielten, eine möglichst breite Vertretung der Bildungseliten der Stadt – einschließlich der Journalisten und Schriftsteller – mit mittelständischen Wirtschaftstreibenden aus Industrie, Handel, Gewerbe und Hausbesitz zu kombinieren, formten sie einen Wahlkörper, dessen bürgerlicher Charakter sich aus zwei Quellen speiste: Ältere Vertreter der politischen Bourgeoisie aus der Epoche von 1850 bis 1885, wie z.B. Hausherren und graduierte Akademiker, fanden sich darin Seite an Seite mit Berufsgruppen wie den Lehrern, die erst seit kurzem als Mitglieder des Bürgertums galten, oder den Angestellten großer privatwirtschaftlicher Unternehmen, die vor 1850 noch gar nicht in so großer Zahl vorhanden gewesen waren.[40]

Der Knackpunkt in der Wahlkampfstrategie der Liberalen in den 90er Jahren war daher die Annahme, dass sie mit Hilfe der Ersten und Zweiten Kurie in der Lage sein würden, den unvermeidlichen Sieg der Antisemiten in der Dritten zu kompensieren. Ein von offener Sorge getriebener liberaler Wähler hielt allerdings davon nur wenig. Er richtete im Oktober 1890 ein anonymes Schreiben an Kielmansegg mit den warnenden Worten, die neue Wahlordnung laufe auf eine Selbstzerstörung des Liberalismus hinaus und werde den Antisemiten im April 1891 mit an Sicherheit grenzender Wahrscheinlichkeit zum Wahlsieg in der Zweiten Kurie verhelfen. Dieser »Wiener Patriot« sah die Spannung zwischen den höheren und niedrigeren Rängen der Beamtenschaft als systemimmanent an; sie werde sich auch wohlgemeinten Beschwörungen der Standesharmonie widersetzen: Wenn ihre Vorgesetzten für die Liberalen stimmten, dann würden die Untergebenen reflexhaft antisemitisch wählen, ungeachtet ihres bildungsmäßigen oder familiären Hintergrunds. Der Patriot beschwor Kielmansegg, die Wahlordnung so zu ändern, dass die zwei untersten Rangklassen (X und XI) in der Dritten Kurie abstimmen mussten.[41]

Die zwei Wahlen im Frühjahr 1891 sollten zum Prüfstein für die liberale Wahlordnungsstrategie von 1890 werden. Für den 5. März 1891 waren landesweit Wahlen zum Abgeordnetenhaus mit seiner sechsjährigen Amtszeit angesetzt. Danach sollten Ende März und Anfang April die Gemeinderatswahlen stattfinden. Die Antisemiten organisierten eine effektive Kampagne für die Parlamentswahlen und erzielten teilweise ermutigende Ergebnisse. Von den 14 Sitzen in Wien und den Vorstädten sicherten sie sich sieben (Wieden, Margareten, Mariahilf, Neubau, Josefstadt, Sechshaus und Hernals). Dass sie in Neubau und Josefstadt siegten, war eine Bestätigung dafür, dass man mit der Ablehnung, die viele Wähler aus dem Beamtenstand der Liberalen Partei im Oktober

1890 entgegengebracht hatten, auch in Zukunft rechnen musste. Andererseits zeigte der Erdrutschsieg des Kandidaten der Liberalen in Landstraße, Guido Sommaruga, dass solid bürgerliche Bezirke immer noch bereit waren, einen Liberalen zu wählen – vorausgesetzt, man bot ihnen den richtigen Kandidaten und das richtige Wahlprogramm.[42]

Der Test für die liberalen Überlebenschancen in der Stadt folgte drei Wochen nach den Parlamentswahlen. Die Liberalen nutzten die Zwischenzeit und setzten die verschiedenen Kategorien der öffentlichen Bediensteten jeweils einzeln unter Druck, »richtig« zu wählen, wobei die Partei besonders in den letzten Tagen des Gemeinderatswahlkampfes einen Eifer an den Tag legte, der in den landesweiten Wahlen gefehlt hatte.[43] Selbst das *Deutsche Volksblatt* zeigte sich verblüfft ob der Energie und Hartnäckigkeit, mit der die Liberalen plötzlich ihren Wahlkampf führten.[44] Sowohl Antisemiten wie Liberale stellten Bewerber auf, deren beruflicher Hintergrund sie als besonders geeignet für die Kurien erscheinen ließ, in denen sie kandidierten.[45] Von den Kandidaten, die von der antisemitischen Koalition für die Dritte Kurie nominiert wurden, waren 20 eindeutig erkennbar als Besitzer von Handwerksbetrieben oder kleinen Geschäften; 16 waren Besitzer oder Geschäftsführer etwas größerer Betriebe, die man als mittelständische Gewerbebetriebe bezeichnen könnte (u.a. Stadtbaumeister, Fabriksbesitzer, Kaufleute mit Firmen, die im Handelsregister eingetragen waren), drei waren Anwälte, drei Rentiers, zwei Journalisten, und einer war ein katholischer Kleriker. 21 waren außerdem noch Hausherren. Die antisemitischen kleingewerblichen Kandidaten waren zumeist ältere Männer, die in ihrem jeweiligen Metier einen gewissen Erfolg aufwiesen – nicht wenige trugen Zusatztitel wie »Beeideter Schätzmeister« – und die schon früher in ihren lokalen Bezirksausschuss gewählt worden waren. Sieben der antisemitischen Kandidaten waren zudem Vorsteher von Zünften in der Stadt.

17 der liberalen Kandidaten waren einfache Kleingewerbetreibende; weitere 22 waren Vertreter des Mittelgewerbes, viele davon mit En-Gros oder Detailgeschäften, die im Handelsregister eingetragen waren. Einige liberale Kandidaten waren Geschäftsleute, die sich bereits als Standesvertreter profiliert hatten, u.a. als führende Mitglieder der Wiener Handelskammer. Die Liberalen brachten auch einen Arzt, einen Lehrer einer öffentlichen Schule, einen Privatangestellten und einen Journalisten. 19 der liberalen Kandidaten waren Hausherren. Die liberalen Kandidaten in der Dritten Kurie unterschieden sich also hinsichtlich der Berufe nicht nennenswert von ihren antisemitischen Gegenspielern, sie zeichneten sich allerdings innerhalb der Berufe, in denen beide Gruppen

vertreten waren, jeweils meist dadurch aus, dass sie prominenter und wohlhabender waren als ihre Konkurrenten.

In der Zweiten Kurie bestand ein ähnliches statusmäßiges Ungleichgewicht zwischen den beiden gegnerischen Kandidatenlisten. Von den 46 Kandidaten der Antisemiten waren 13 Vertreter des mittelständischen Gewerbes, meist Besitzer oder Geschäftsführer einer im Handelsregister geführten Firma. Außerdem fanden sich auf der Liste vier Anwälte, drei Ärzte, sieben Lehrer, sechs Kleingewerbetreibende und ein Dentist. Die Lehrer hatten jeweils eine relativ hohe Position innerhalb ihrer beruflichen Möglichkeiten erreicht – Direktor einer Bürgerschule, Oberlehrer an einer großen Volksschule, etc. Die übrigen Kandidaten auf der antisemitischen Liste waren Staatsbedienstete mittleren Ranges, Hausverwalter, finanziell unabhängige Hausherren und ein Journalist.

Die von den Liberalen aufgestellten Kandidaten weisen von der Berufszugehörigkeit her ein durchaus vergleichbares Profil auf, aber wie bei der liberalen Kandidatenliste der Dritten Kurie nahmen auch hier ihre Kandidaten durchwegs prominentere Positionen innerhalb ihrer Berufsgruppen ein als ihre antisemitischen Konkurrenten. Der typische antisemitische mittelgewerbliche Kandidat war Inhaber einer Engros-Lebensmittelhandlung oder einer kleinen Parfümfabrik; der typische Liberale war dagegen Besitzer einer Ziegelfabrik oder eines Architekturbüros. Die antisemitischen Kandidaten aus der Beamtenschaft waren gewöhnlich in der unteren Mittelschicht oder der Mittelschicht ihrer beruflichen Hierarchien verankert, im Unterschied zu den Liberalen, die meist der Mittel- und Oberschicht angehörten. In den Reihen der antisemitischen Kandidaten waren 13 Hausherren, bei den Liberalen waren es 16.

Die Wahlen der Dritten Kurie am 2. April 1891 brachten das von den Antisemiten erwartete Ergebnis. Sie hatten im Wahlkampf Themen wie den »Verrat« der Juden und den wirtschaftlichen Niedergang wieder aufgewärmt. Das vorhersehbare Resultat war, dass die antiliberale Koalition alle Bezirke mit Ausnahme der Inneren Stadt, Leopoldstadt und Fünfhaus gewann, insgesamt 33 Sitze; die Liberalen gewannen 13. Dieser Erfolg ließ die Antisemiten auf ein ähnliches Ergebnis bei den Wahlen in der Zweiten Kurie am 8. April hoffen; in diesem Punkt irrten sie aber. Am Abend des 8. April stand fest, dass die Liberalen sich noch einmal fünf Jahre Hegemonie in Wien gesichert hatten. Die Liberale Partei gewann 38 von insgesamt 46 Sitzen. An die Antisemiten fielen zwei Sitze in Ottakring, zwei in Währing, zwei in Favoriten und zwei in Hernals, der Rest der Stadt ging geschlossen an die Liberalen.

Zu dem Umstand, dass die Liberalen auch in Bezirken siegten, die ihnen in den vergangenen Jahren große Probleme gemacht hatten, wie in der Josefstadt und in Neubau, kam noch der durchwegs respektable Stimmenvorsprung hinzu. Mehrere Faktoren hatten zu diesem Erfolg beigetragen. Während der Parlamentswahlen Anfang des Monats hatte es Anzeichen dafür gegeben, dass viele Wähler aus der Beamtenschicht, die sich im Oktober 1890 in so großer Zahl von den Liberalen abgewandt hatten, zurückgewonnen werden könnten, wenn ihnen nur ein ausreichender Grund dafür geboten wurde. Auch der *Sprechsaal des Beamtentages* versicherte, diese Leute suchten eher nach Gründen, die Liberalen zu wählen, als nach solchen, die Partei im Stich zu lassen.[46]

Die Liberalen unter der Führung von Johann Prix nahmen sich diesen Rat zu Herzen und stellten in den Wochen unmittelbar vor der Wahl in der Zweiten Kurie ihren Wahlkampf unter völlig geänderte Vorzeichen. Sie organisierten in vielen Bezirken Wahlversammlungen, die ausschließlich dem Thema »Besserstellung der Beamten und Lehrer« gewidmet waren.[47] Die erfolgreichste derartige Aktion hatte Guido Sommaruga initiiert, der dafür seine Abneigung gegen den rein auf wirtschaftlichen Interessen basierenden, zielgruppenorientierten Stimmenfang, zu dem der Wiener Wahlkampf verkommen war, überwinden musste. Sommaruga veranstaltete eine ausschließlich auf ein Publikum von Beamten zielende Versammlung in Landstraße und stellte dort sein Programm vor, mit dem er die Lage der Staats- und Kommunalbediensteten seines Bezirkes verbessern wollte. Es handelte sich dabei um einen detailliert aufgeschlüsselten Forderungskatalog, anhand dessen er versprach, sich für eine Dienstpragmatik, Gehaltserhöhungen, Pensionsaufbesserungen, die Reduzierung der für Beförderungen erforderlichen Zeiten und ähnliche Anliegen einzusetzen. Wenn man den Vorsprung betrachtet, mit dem die Liberalen die anschließende Wahl im Bezirk Landstraße für sich entschieden, wird klar, dass Sommarugas Entschluss, seine ursprünglichen Skrupel zu überwinden und ganz gezielt um Stimmen bestimmter Interessenverbände zu werben, den Ausschlag für den Erfolg der Liberalen gegeben hat.[48]

Noch wichtiger waren indes die Aktionen von Bürgermeister Prix und Ernst von Plener, dem Anführer des Liberalen Clubs im Abgeordnetenhaus. Prix veranstaltete mehrere Wahlversammlungen, auf denen er den Kommunalbediensteten und Lehrern eine neue Ära materieller Besserstellung und Sicherheit für den Fall in Aussicht stellte, dass seine Partei weiter die Geschicke der Stadt bestimmte. Auf einer Versammlung in der Handelskammer am 31. März, bei der er und Plener die Hauptredner waren, gab Prix das Versprechen ab, die

Liberalen würden drei Dinge anpacken, sobald sich der neue Gemeinderat konstituiert habe: erstens das Problem der Gehaltsreform, zweitens die Dezentralisierung der städtischen Bürokratie durch Schaffung neuer Bezirksämter, und drittens die Einführung eines neuen Rangklassensystems für die Wiener Beamtenschaft. Plener hielt dann eine Grundsatzrede, in der er daran erinnerte, wie lange die Liberale Partei schon die Interessen der Staatsbediensteten und ihrer städtischen Kollegen befördere. Für ihn war es geradezu unvorstellbar, dass irgendein Staats- oder Gemeindebediensteter auf die Idee kommen konnte, gegen die Liberalen zu stimmen.[49] Über Nacht ließen die Liberalen 10.000 Exemplare der Prix-Rede drucken und verteilten sie in der ganzen Stadt – ein bemerkenswertes Zeugnis für ihren neuentdeckten Kampfgeist.

Nachdem sie sich erfolgreich der antisemitischen Herausforderung in der Zweiten Kurie erwehrt hatten, gewannen die Liberalen problemlos 44 der insgesamt 46 Sitze in der Ersten Kurie. Sie zogen in den neuen Gemeinderat mit einer Abordnung von 93 Mandataren ein und waren somit, wenigstens auf dem Papier, fast so stark wie 1890. Ihre Wahlsiege waren zugleich real und illusionär. Sie hatten unter Aufgebot aller Kräfte die Kontrolle über die entscheidende Zweite Kurie behalten, und zwar dadurch, dass sie in aller Form die Wichtigkeit der sozialen Anliegen der Beamtenschaft zur Kenntnis nahmen und sich zu ausdrücklichen Zusagen für eine Verbesserung ihrer Situation durchrangen. Die nächste Wahl in der Zweiten Kurie 1895 würde die Wähler in die Lage versetzen, diese Zusagen mit den tatsächlichen Leistungen zu vergleichen und ein dementsprechendes Urteil zu fällen.

Die österreichischen Liberalen hatten sich zu einer Partei des Volkes in einem universalistischen Wortsinn stilisiert – ungeachtet des Umstandes, dass ihre Politiker de facto ganz unterschiedliche Berufsgruppen der österreichischen Zivilgesellschaft repräsentierten.[50] Obwohl die Antisemiten in vielfacher Hinsicht die natürlichen Erben der Demokraten von früher waren, versetzte die Art, mit der sie sich beharrlich als eine völlig neue Alternative zu allem, wofür die Liberalen standen, ausgaben, diese in ein sehr heikles Dilemma. Der Universalismus war längst diskreditiert und das politische System stellte sich seit 1887 in Wien nicht mehr als eine einheitliche Bewegung dar, die mehrere Fraktionen umfasste; es zerfiel jetzt in zwei Parteien, die um dieselben gesellschaftlichen Interessenverbände warben. Hätten Liberalismus und Antisemitismus völlig verschiedene Wählerschaften gehabt, dann wäre das neue Parteiensystem leicht zu verstehen gewesen. Tatsächlich erhoben jedoch beide Parteien den Anspruch, im Namen des Mittelstandes aufzutreten – mit der Konsequenz, dass die Antisemiten sich nicht nur an die weniger gut gestellten Kleingewerbetreibenden wandten, sondern sehr wohl auch an die etablierten mittleren Schichten der Wiener politischen Gesellschaft.[51] Ein Handwerker mochte ein »Antikapitalist« sein, ein Bankier ein »Kapitalist«, aber wohin gehörte ein Schuldirektor? Oder ein Bauunternehmer?[52] Beide Parteien hatten spätestens 1890 ihr eigentliches »Stammterritorium« abgesteckt und ihre Kernwähler identifiziert. Für die Liberalen waren das die Haus- und Grundbesitzer der Ersten Kurie, für die Antisemiten die Handwerker und das Kleingewerbe der Dritten Kurie. Aber beide Parteien sahen sich weder ausschließlich bei den um ihre Existenz ringenden Heimarbeitern noch bei den plutokratischen Industriemagnaten verwurzelt, sondern auch im Bürgertum: bei mittelständischen Kaufleuten, bei im Handelsregister aufscheinenden Fabriksbesitzern, bei den Gymnasiallehrern, bei den wohlhabenderen Handwerkseliten. Das hatte eine Überschneidung der zwei Bewegungen in sozialer und ideologischer Hinsicht zur Folge, mochten auch einzelne Funktionäre sich noch so viel Mühe geben, jede Ähnlichkeit zwischen den Parteien in Abrede zu stellen. Dass sich zwei miteinander konkurrierende Parteien um dieselben Wählergruppen bemühten, wird auch durch die Tatsache illustriert, dass die Kategorien *Kleinbürgertum* und *Großbürgertum* nicht ausreichen, um die Komplexität der sozialen und berufsmäßigen Schichtung in Wien zu beschreiben.

Lueger und seine Parteigenossen hatten den erstrebten Wahlsieg in Wien weit verfehlt. Sie verfügten bloß über ein Drittel der Gemeinderatsmitglieder. Wenn die Hoffnungen, welche die Liberalen auf die neue zyklische Wahlordnung setzten, sich erfüllten, würden die Antisemiten in Wien vielleicht überhaupt nie zum Zug kommen. Der Antisemitismus hatte sich 1891 nur bedingt als tauglich erwiesen, um das Vertrauen der Wähler in die Liberalen zu untergraben. Den besten Beweis dafür lieferte eine offenherzige Wahlanalyse, die Verganis *Deutsches Volksblatt* am Tag nach der Wahl in der Zweiten Kurie veröffentlichte. Der Verfasser, der anonym blieb, widersprach darin den Schlagzeilen der Titelseite, dass nämlich das schlechte Abschneiden der Antisemiten auf das Konto der Prixschen Wahlgeometrie gehe. Stattdessen liege die Schuld bei den Antisemiten selbst: schließlich war es ihnen nicht gelungen, ihre Argumente so vorzubringen, dass sich die »gebildeten« Wähler der Zweiten Kurie davon angesprochen fühlten.[53] Das Rezept des Autors war ein stärkeres Hervorstreichen von Nationalismus und Antisemitismus, aber in einer Form, die nicht die Intelligenz der Wähler der Zweiten und Ersten Kurie beleidigte. Dieser Artikel bestätigt auf ironische Weise die Behauptung, die vom *Sprechsaal des Beamtentages* aufgestellt worden war: die meisten Beamten und Lehrer hätten hauptsächlich aufgrund ihrer Unzufriedenheit mit den Gegebenheiten ihrer beruflichen Situation gewählt und nicht primär aus eingefleischter ideologischer Überzeugung. Dasselbe galt auch für die Hausherren. Die Wähler in der Zweiten und Ersten Kurie in Wien stellten für jede Partei eine im Grunde höchst gefährliche Gruppierung dar: unabhängige Wähler, die schlagartig von einem Lager ins andere wechselten, sobald ihre Standesinteressen tangiert wurden.

Der Liberalismus und die Stadt, 1892–95

Die liberale Führung Wiens war auch in den Jahren vor Luegers Amtsübernahme ein in sich gespaltenes Haus. Sie wurde zudem das Opfer einer Reihe von schweren politischen und wahltaktischen Fehleinschätzungen, durch die ihr Ansehen in der Wählerschaft nachhaltigen Schaden nahm. Der Liberale Club im Gemeinderat war nicht annähernd so geschlossen, wie ihn die antisemitische Propaganda hinstellte. Innerhalb des Clubs gab es ganz unterschiedliche Cliquen: von dem kleinen Häuflein der Links-Liberalen unter Führung von Heinrich Friedjung und Adolf Daum bis zu der verhaltener agierenden Gruppe älterer bürgerlicher Politiker wie Moritz Lederer, Joseph Schlechter und Georg Boschan, denen hauptsächlich der selbstherrliche Führungsstil von Bürgermeister Johann Prix missfiel.[54]

Die Wahlen zum Stadtrat erwiesen sich gleichermaßen als trennend. Prix weigerte sich hartnäckig, den antisemitischen Forderungen nach einem Drittel der Sitze in der neu formierten Körperschaft nachzugeben, und die im Mai 1891 gewählten Kandidaten waren durchwegs Liberale. Obwohl sich der Liberale Club bemühte, die Sitze einigermaßen ausgewogen auf die verschiedenen Bezirke zu verteilen, sicherten sich Politiker aus der Inneren Stadt acht der 25 Sitze.[55] Den Liberalen machten auch andauernde parteiinterne Streitigkeiten zu schaffen, die über ethnische und Klassengrenzen hinweg verliefen. Wilhelm Stiassny, zum Beispiel, ein wohlhabender jüdischer Architekt aus der Leopoldstadt, lehnte die neuen oligarchischen Tendenzen, die sich im Stadtrat abzeichneten, und die Art, wie Bürgermeister Prix mit seinen Kollegen in der Parteiführung umsprang, kategorisch ab und stand damit nicht allein. Zugleich schlug Kritik aus der jüdischen Gemeinde in offene Feindseligkeit um, wenn die Liberalen sich nicht vehement genug zur Verteidigung der Juden bereitfanden oder deren gewählte Vertreter bei der Sitzverteilung in diversen Körperschaften benachteiligten. Leidenschaftliche Kontroversen verursachte auch der Vorschlag der *Oesterreichischen Union,* das traditionelle Naheverhältnis der Juden zur Liberalen Partei einer Überprüfung zu unterziehen. Sozialliberale, wie Julius Ofner, schlugen politisches Kapital daraus und bezichtigten die orthodoxen Liberalen, beim Thema Antisemitismus einen »weichen« Kurs zu steuern.[56] Diese Haltung schlug letztendlich den Liberalen zum Nachteil aus, als Teile der jüdischen Wählerschaft in der Inneren Stadt und der Leopoldstadt bei den Wahlen von 1895 und 1896 das Spiel nicht mehr mitmachten: Sie verweigerten den Liberalen die Gefolgschaft – oder gaben ihre Stimme aus purer Enttäuschung sogar einem Kandidaten der Antisemiten. Prix und seine Kollegen gerieten so in das Kreuzfeuer zwischen den zwei Lagern, von denen das eine nach einer Zurückdrängung der Antisemiten rief, während das andere sich mit ihnen arrangieren wollte.

Noch mehr war allerdings die sogenannte Wertpapier-Affäre im Oktober und November 1893 dazu angetan, liberale Gewissheiten zu erschüttern. Prix hatte eigenmächtig im Juli 1893 den Verkauf von 970.000 fl. an Wertpapieren aus dem Besitz der Stadt verfügt, um ein temporäres Budgetdefizit abzudecken. Dies war in der Vergangenheit gang und gäbe gewesen; 1891 hatte allerdings der Gemeinderat durchgesetzt, dass für derartige Transaktionen der Magistrat und der Bürgermeister einer formellen Genehmigung seitens des Gemeinderates bzw. des Stadtrates bedurften.[57] Viele Gemeinderatsmitglieder waren dagegen, die Kapitalreserven der Stadt aufzulösen und drängten darauf, der Magistrat möge die Finanzierungslücke im Budget aus einer 35 Millionen Kronen Anleihe abdecken, die demnächst unter dem Titel der Verbesserung der Wiener Wasserversorgung aufgelegt werden sollte. Es fügte sich jedoch zum Nachteil von Prix so, dass das Geld sofort benötigt wurde, und er ordnete den Verkauf an, ohne dazu vom Stadtrat oder vom Gemeinderat ermächtigt worden zu sein. Zum Eklat kam es, als Prix im Oktober 1893 darauf bestand, der Stadtrat möge ihn durch eine Abstimmung in aller Form von der Haftung für seine Vorgehensweise freistellen. Nicht nur forderten die Antisemiten daraufhin den Kopf des Bürgermeisters, auch eine starke Minderheit innerhalb des Liberalen Clubs stand dem eigenmächtigen Handeln von Prix ablehnend gegenüber. Moritz Lederer, einer von Prix' Konkurrenten und Liberaler mit informellen Kontakten zu Lueger, stimmte im Stadtrat gegen den Antrag auf Haftungsfreistellung. Prix verlangte daraufhin eine Vertrauensabstimmung im Liberalen Club selbst. Der Club stimmte zwar zu seinen Gunsten ab, aber erst nachdem mehrere Mitglieder ihr tiefes Unbehagen über Prix' Verhalten ausgedrückt hatten. Angesichts der nicht uneingeschränkten Unterstützung seitens seiner Parteifreunde legte Prix am 24. Oktober 1893 unerwartet sein Amt zurück.[58]

Die Liberalen waren außerstande, Prix durch einen kompetenteren Nachfolger zu ersetzen; ihr Club entschied daher kurz darauf, ihn noch einmal in das Amt des Bürgermeisters zu hieven, und übte zu diesem Zweck entsprechenden Druck auf seine Mitglieder aus. Anfang November wurde Prix in einer Abstimmung nach Parteilinie erneut zum Bürgermeister gewählt. Erich Kielmansegg empfahl zwar, Prix nicht noch einmal zu bestätigen und stattdessen Neuwahlen zum Gemeinderat abzuhalten, um den Rückhalt der jeweiligen Parteien in der Öffentlichkeit zu ermitteln, die neue kaiserliche Regierung folgte jedoch dem Rat von Ernst von Plener und bestätigte Prix' Wiederwahl. Die Episode zeigt allerdings auch, wie wenig geschlossen die liberale Mehrheit selbst unter einer so starken Führungspersönlichkeit wie Prix war. Nach seinem Tod im Februar 1894 folgte ihm Raimund Grübl im Bürgermeisteramt nach. Dieser war insgesamt von seinem Naturell her weniger streitsüchtig, und die Beziehungen zwischen der Liberalen Partei und ihren Wählergruppen gestalteten sich wieder etwas besser. Andererseits war Grübl ganz offensichtlich nicht die starke, zupackende Führungspersönlichkeit, die die Liberalen gebraucht hätten, um Karl Lueger in den Wahlen von 1895 Paroli zu bieten.

1891 bis 1895 waren wichtige Jahre in der Geschichte der städtischen Verwaltung, und man sollte die Leistungen der Liberalen nicht gering schätzen. Johann Prix sorgte auf administrativer Ebene für die reibungslose Integration der neu eingemeindeten Vorstädte und kurbelte ein massives Investitionsprogramm an, um ihre Versorgung mit öffentlichen Diensten und Einrichtungen dem Niveau der eigentlichen Stadt anzugleichen.[59] Von besonderem Weitblick zeugten die Anleihe für den Bau einer zweiten Hochquellenwasserleitung und die schon längst überfällige Ausarbeitung eines neuen Raumordnungsplans für die Stadt. Gleichzeitig verschlechterte sich permanent die Finanzlage, und die Investitionen in die Infrastruktur der Vorstädte stellten weitere große Belastungen für das ohnehin überdehnte und unterfinanzierte Budget dar. 1895 rechnete man mit einem Defizit von mehr als 3 Millionen Gulden. Die finanzielle Krise bildete den Hintergrund, vor dem die Liberale Partei zum letzten Mal als die Wien beherrschende politische Kraft in eine Runde von Wahlkämpfen eintrat.[60]

Diese Wahlkämpfe standen im Zeichen neu aufflackernder Unruhe, die von den unberechenbarsten Elementen der liberalen Wählerschaft ausging. Im Mai 1891, zwei Monate nach den Parlamentswahlen, drängte der *Erste Allgemeine Beamten-Verein* die Regierung Taaffe, sich den Anliegen der Staatsdiener nicht mehr länger zu verschließen. Obwohl in diesem Verein höherrangige Beamte der staatlichen Bürokratie den Ton bestimmten, gab er sich als Anwalt der gesamten Beamtenschaft. Seine Anführer überreichten bei einer persönlichen Audienz, die ihnen der Kaiser gewährte, im Namen der unteren und mittleren Ränge eine Petition, in der die wichtigsten der zahlreichen offenen Fragen (Gehaltserhöhung, Dienstpragmatik, Pensionsaufbesserung, etc.) angesprochen wurden; diese Forderungen hatten, wie schon beschrieben, bereits in den 90er Jahren den Kern einer auf den Beamtenstand zielenden politischen Agitation gebildet.[61] Auf diese Petitionskampagne sollten bald weitere folgen; innerhalb der nächsten zwei Jahre wurden vier weitere, mit den Unterschriften vieler Tausend Staatsdiener versehen, dem Parlament übergeben und zusätzlich dazu noch Dutzende, die von lokalen Beamtenvereinen initiiert worden waren.[62] Die Reaktion der Regierung auf die Petitionskampagne erwies sich als desaströs für die Liberale Partei. Mit einiger Verzögerung wurde Anfang 1892 eine Regierungsvorlage eingebracht, die eine einmalige Sonderzahlung für die Beamten der drei untersten Rangklassen vorsah; die Gesamtkosten dafür wurden auf 500.000 fl. festgesetzt – nicht mehr als ein Tropfen auf einen heißen Stein – und selbst dieses unzulängliche Stück Gesetzgebung wurde vom Kaiser erst Ende 1892 gebilligt. Die Antisemiten zögerten keinen Augenblick, den bescheidenen Umfang dieses Hilfspaketes für sich auszuschlachten. Sie beriefen eine Versammlung von 2.000 Staats- und Gemeindebediensteten ein, einzig zu dem Zweck, die Maßnahme lächerlich zu machen. Im sicheren Gefühl, auf eine politische Goldader gestoßen zu sein, begann Albert Gessmann, regelmäßige Protestversammlungen für Staats- und Gemeindebedienstete abzuhalten, bei denen er als Einpeitscher für eine unabhängigere Haltung gegenüber den Liberalen auftrat; zugleich wetterte er gegen die »kapitalistische Plutokratie«, welche die geistige Arbeit der Beamten so wenig zu schätzen wisse.

Dass die politische Stimmung unter den Staatsdienern sich radikalisierte, wurde Ende 1894 deutlich, als sich der *Verein der Staatsbeamten Österreichs* in Wien konstituierte.[63] Dieser Verein unterschied sich in seiner Gesinnung von dem schon seit längerem bestehenden *Beamten-Verein*. Victor Schidl, später eine der führenden Persönlichkeiten der österreichischen Beamtenbewegung, hielt in seinen Notizen fest, dass nach 1894 die Staatsbediensteten davon abrückten, »Hoffnungen« oder »Anliegen« auszusprechen; jetzt ging es nur mehr um »Forderungen«.[64] Unter der Führung einer Klasse von Beamten, die sich deutlich von den Spitzen des älteren *Beamten-Vereins* unterschied, zeigte sich der *Verein der Staatsbeamten* auch weit aggressiver, und sein Blatt, *Der Staats-*

beamte, vermied den salbungsvollen, unterwürfigen Ton, der die öffentlichen Äußerungen der Beamtenschaft in den 1870ern und 1880ern kennzeichnete. Mit Ende 1896 hatte der *Verein der Staatsbeamten* nach eigenen Angaben mehr als 13.000 Mitglieder und ließ im Herbst 1896 seine Muskeln spielen, indem er Dutzende von Versammlungen lokaler und regionaler Beamter in der gesamten Monarchie einberief.[65]

Auf kommunaler Ebene war die Gründung des *Vereins der Beamten der Stadt Wien*, der bereits Ende 1892 über fast 700 Mitglieder verfügte, eine weitere potentielle Herausforderung für die liberale Führung.[66] Johann Prix schaffte es tatsächlich, mit seinen Entscheidungen zur Neuordnung des Rangklassensystems, die im Wahlkampf von 1891 angekündigt worden war, die gesamte Beamtenschaft der Stadt gegen sich aufzubringen. Im Juni 1892 beschloss der Gemeinderat zwar großzügige Gehaltserhöhungen, die Teil eines neuen, der staatlichen Bürokratie nachempfundenen Rangsystems sein sollten.[67] Aber die Hoffnungen der Kommunalbediensteten erwiesen sich als verfrüht, da die Auswirkungen der neuen Gehaltsstruktur in der Praxis von einer zweiten Gesetzesvorlage abhingen, mit der die Zugehörigkeit zu den einzelnen Rangklassen des neuen Systems geregelt werden sollte. Die Liberalen zögerten die Entscheidung über diese zweite, viel wichtigere Vorlage hinaus, und als Prix sie schließlich im November 1892 vom Stadtrat absegnen ließ, stellte sich heraus, dass sie die unteren und mittleren Ränge der städtischen Beamtenschaft benachteiligte. Die Enttäuschung, die diese Regelung bei den Betroffenen verursachte, wirkte sich bei den Wahlen im Frühjahr 1895 für die Liberale Partei katastrophal aus.

DER CHRISTLICHE SOZIALISMUS UND DER APPELL DER KOALITION AN ROM

Zwischen 1891 und 1895 mussten sich die Christlichsozialen wie jede Minderheitspartei mit bloßem Reagieren begnügen. Trotzdem bezog die Führung eine Reihe attraktiver politischer Positionen, von denen aus sie die Liberalen attackieren konnten. Solange Eduard Taaffe das Amt des Ministerpräsidenten bekleidete, hielten sich die Christlichsozialen in ihrer öffentlichen Kritik an der Regierung zurück. Als Taaffe aber Ende 1893 seinen Abschied nehmen musste und sein Kabinett durch eine konservativ-liberale Koalitionsregierung mit Ernst von Plener als Finanzminister abgelöst wurde, entdeckten die Antisemiten eine gleichsam vorgefertigte Zielscheibe, die für sie von unschätzbarem

Wert war. Zwischen November 1893 und Juli 1895 wurde der Ton ihrer politischen Agitation noch aggressiver und kompromissloser, was sich daraus erklärt, dass ihr politischer Hauptgegner, die Liberalen, wieder wichtige Regierungsfunktionen übernommen hatte.

In den Beziehungen der Christlichsozialen zum Episkopat und zu den klerikal-konservativen Politikern in der Koalitionsregierung machte sich nach 1893 ebenfalls eine stärkere Reizbarkeit bemerkbar. Mit dem Tod Karl von Vogelsangs 1890 war der einzige potentielle Vermittler zwischen den beiden Lagern weggefallen, und Karl Lueger sah sich gezwungen, für die Öffentlichkeitsarbeit in erster Linie auf Ernst Verganis Blatt zurückzugreifen. Dies führte dazu, dass die latente Fehde zwischen den Christlichsozialen und den Klerikal-Konservativen sich zu einer kaum mehr verhüllten Rivalität steigerte. Nachdem der Hohenwart Klub[68] Ende 1893 der Koalition beigetreten war, kam ein weiterer einengender Faktor hinzu: Lueger kam nicht umhin, die etablierte Kirche als Verbündete der Liberalen anzugreifen. Als »Christ« müsse er jetzt mitansehen, wie sich »seine« Kirche auf die Seite seiner Todfeinde stelle. Die gegen den Episkopat und die Konservativen gerichtete Rhetorik aus dieser Zeit ist Zeugnis für das Dilemma, in dem sich die Christlichsozialen zu rabiater Selbstverteidigung genötigt sahen. Nachdem Lueger sein Prestige und seine politische Zukunft auf Gedeih und Verderb mit einer politischen Partei verknüpft hatte, für die sowohl religiöser Symbolismus wie niederer Klerus eine wichtige Rolle spielten, konnte er nicht zulassen, dass die Konservativen des Hohenwart Klubs geflissentlich unterstellten, die Christlichsozialen seien weniger »christlich« als andere politische Katholiken, die stärker der Orthodoxie verpflichtet waren.

Der erste größere Zusammenstoß zwischen den beiden Lagern ergab sich im August 1892 auf dem Linzer Katholikentag. Diese Tagung war von oberösterreichischen Konservativen organisiert und stand unter der Patronanz des autoritären Linzer Bischofs Franz Doppelbauer, der für Lueger nur Verachtung übrig hatte. Sie verlief zunächst ohne Zwischenfälle, bis eine Gruppe radikaler niederer Kleriker bei einer Sitzung des Ausschusses für Presseangelegenheit für einen Eklat sorgte:[69] Matthäus Bauchinger lieferte einen Frontalangriff auf das *Vaterland* und verstieg sich dabei zu der Forderung, der Ausschuss solle die Gründung einer neuen katholischen Zeitung in Wien empfehlen, in der sich aktuelle politische Entwicklungen deutlicher widerspiegelten. Weitere Mitglieder des Klerus stimmten in den Chor der Beschwerdeführer ein mit dem Ergebnis, dass Franz M. Schindler, der Ausschussvorsitzende, mit der Leitung eines permanenten Ausschusses betraut wurde, der das Problem im Anschluss an die Tagung einer Lösung zuführen sollte.[70] Schindler, ein geachteter Wiener Moraltheologe und seit Vogelsangs Tod Luegers Berater in katholischen Fragen, sah zwei Möglichkeiten: entweder es gelang, das *Vaterland* neu aufzustellen, seine Auflage zu erhöhen und die Zeitung generell als Plattform für eine Pluralität politischer Meinungen zu etablieren, oder man musste tatsächlich zu einer Neugründung schreiten. Schindler hatte sich schon zu Lebzeiten Vogelsangs zusammen mit Gessmann erfolglos darum bemüht, dem *Vaterland* durch Beschneiden des Einflusses, den Böhmen und Mähren qua Finanzierung besaßen, mehr redaktionellen Freiraum zu verschaffen. Er hatte deshalb wenig Illusionen, was die erste Option betraf.[71] Anfang 1893 hatte sich in Schindlers Ausschuss, in dem Roman Himmelbauer, dem Herausgeber des *Correspondenzblattes,* eine führende Rolle zukam, der Entschluss durchgesetzt, in Wien ein neues katholisches Blatt zu gründen. Es war dies die *Reichspost*, die mit der *Deutschen Zeitung* und besonders mit Verganis *Volksblatt* bald um den journalistischen Vorrang innerhalb des christlichsozialen Lagers ritterte. Die Finanzierung der *Reichspost* kam über freiwillige Beiträge von einfachen Klerikern und Mönchen zustande sowie durch ein stattliches Spendenaufkommen seitens nicht-kirchlicher Persönlichkeiten; Alois Prinz Liechtenstein gehörte ebenso zu den großzügigen Förderern der ersten Stunde wie Friedrich Graf Dalberg und Maximilian Baron Vittinghof-Schell. Albert Gessmann schoss eine größere Summe zu und sicherte sich so die Mitherausgeberschaft des Blattes. Als die *Reichspost* im Dezember 1893 erstmals erschien, war sie das einzige größere katholische Blatt der Monarchie, das nicht unter episkopaler Patronanz stand. Obwohl Schindler sich bemühte, die Zeitung auf einem Kurs zu steuern, der für den Hohenwart Club und für die Bischöfe keinen Anstoß bot, sahen die meisten Konservativen in ihr ein journalistisches Produkt aus demselben ideologischen Dunstkreis wie Verganis *Volksblatt*, das selbst vor Schmutzkübelkampagnen gegen das katholische Establishment nicht zurückschreckte.[72]

Die Beziehungen der Partei zum Episkopat verschlechterten sich im Oktober 1892 noch weiter, als Ernst Schneider den alternden Kardinal von Wien, Gruscha, in beleidigender Form attackierte.[73] Karl Lueger zwang Schneider zwar, sich öffentlich zu entschuldigen, aber der Schaden war bereits geschehen.[74] Die entscheidende Zuspitzung erfuhr der Konflikt zwischen den Antisemiten und den klerikalen Konservativen Ende 1893 mit der Bestellung von Antonio Agliardi zum Päpstlichen Nuntius in Wien: Agliardi wurde für die Bischöfe und ihre klerikalen Verbündeten zu einem permanenten Stein des Anstoßes. Obwohl seiner politischen Überzeugung nach ein Konservativer, empfand Agliardi für die Passivität des österreichischen Episkopats vor allem Verachtung.[75] Bald nach seiner Ankunft in Wien wurde er mit Franz Schindler bekannt. Es entstand eine persönliche Beziehung, und Schindler avancierte durch Agliardis Vermittlung zum inoffiziellen Sprecher der Partei in ihren Beziehungen zum Vatikan.[76]

Agliardi kam sehr rasch zum Schluss, die Christlichsozialen seien das Mittel der Wahl, um der katholischen Politik in der Monarchie ihren Schlendrian auszutreiben. Er ließ einmal dem eher schockierten Carl Lichnowsky gegenüber die Bemerkung fallen, die Antisemiten seien die »Partei der Zukunft« für den Konservativismus in Österreich.[77] Im Februar 1894 bat Agliardi Schindler um ein Parteiprogramm, das er Kardinal Rampolla, dem päpstlichen Staatssekretär, vorlegen wollte.[78] Schindler und Liechtenstein skizzierten die christlichsozialen Wahlziele und fügten für Rampolla eine Beteuerung der konservativen Ausrichtung der Partei und ihrer Loyalität zur bestehenden Ordnung hinzu.[79] Nachdem Lueger das Dokument gebilligt hatte, wurde es von Agliardi an Rampolla und von diesem im März 1894 an die *Unione cattolica per gli studi sociali* weitergeleitet. Rampolla hatte an den Kernpunkten des Programms nichts auszusetzen, gab aber gleichwohl Schindler den Rat, die Partei möge ihr antisemitisches Profil etwas zurücknehmen. Professor Giuseppe Toniolo von der *Unione cattolica*, der den liberalen Strömungen innerhalb des Katholizismus näher stand als dem Romantizismus Vogelsangs, zeigte sich zwar auch mit dem Programm im Großen und Ganzen einverstanden, versah aber Schindlers Vorschläge zur Regulierung der Wirtschaft durch eine nach Berufen gegliederte ständische Organisation mit Fragezeichen.[80]

Agliardi war kein politischer Vertrauter Rampollas und unterstützte auch nicht dessen erklärte Absicht, den Status der Monarchie im europäischen Machtsystem zu untergraben. Er konnte es sich jedoch nicht leisten, Rampollas Strategie, die auf eine Aussöhnung zwischen Frankreich und Russland und eine Isolierung und Spaltung der Mittelmächte zielte, offen zu konterkarieren.[81] Rampollas notorische Slavophilie sensibilisierte Agliardi für das habsburgische Nationalitätenproblem sowohl auf der päpstlich-kurialpolitischen wie auf der kirchlich-pastoralen Ebene. Einig wusste er sich jedoch mit Rampolla in der Verachtung, die beide Männer für die »josephinische« Haltung des österreichischen Episkopats dem Staat gegenüber hegten. Beide lehnten auch die Entscheidung des Hohenwart Klubs ab, 1893 der Koalition mit den Liberalen beizutreten.[82] Dass die Kardinäle Schönborn in Prag und Gruscha in Wien dieser Koalition ihren Segen erteilt hatten, ließ die politische Urteilsfähigkeit der beiden in den Augen von Rampolla und Agliardi noch suspekter erscheinen.

Der Christliche Sozialismus und der Appell der Koalition an Rom 151

1894 kam es zu einer Reihe von Zusammenstößen zwischen den Christlichsozialen und der regierenden Koalition, die mit dem Näherrücken der Gemeinderatswahlen von 1895 an Schärfe zunahmen. Im Juni 1894 gab das konservativ-aristokratische Komitee, das den österreichischen Katholikentag in diesem Jahr organisieren sollte, bekannt, dieser könne infolge politischer Uneinigkeit im christlichen Lager nicht stattfinden. Im Gegenzug beschlossen die Christlichsozialen, ersatzweise im November einen eigenen niederösterreichischen Katholikentag abzuhalten. Kardinal Gruscha war zwar mit dieser Tagung nicht einverstanden, gab aber seinen Widerstand auf, als er erkannte, dass die Antisemiten die Veranstaltung auf jeden Fall abhalten würden – auch wenn er seine ablehnende Haltung von der Kanzel herab publik machte. Gruscha weigerte sich allerdings, teilzunehmen für den Fall, dass Lueger oder Gessmann als Redner auftraten.[83] Schindler verstand es, mit Gruschas Berater Albert M. Weiss einen Kompromiss auszuhandeln – Lueger würde eine inoffizielle Begrüßungsansprache halten und sich anschließend entfernen, Gessmann würde überhaupt fernbleiben – und der Weg zum Katholikentag stand offen. Die Einigkeit, die bei der Tagung vorgetäuscht wurde, änderte nichts an der Tatsache, dass die Christlichsozialen den Erzbischof von Wien übergangen und sich selbst das Etikett »katholisch« angeheftet hatten. Noch beunruhigender war die Tatsache, dass es Alois Liechtenstein gelungen war, der Versammlung durch Kardinal Rampolla – Agliardi fungierte dabei als Vermittler – den päpstlichen Segen zu verschaffen. Sowohl Graf Kálnoky, der österreichische Außenminister, den eine starke Loyalität mit der Liberalen Partei verband, als auch Prinz Windisch-Graetz, der Premierminister, zeigten sich empört über diese Einmischung der römischen Kurie in die inneren Angelegenheiten der Monarchie.[84]

Weniger als zwei Wochen nach dem Katholikentag traf sich das Exekutivkomitee des österreichischen Episkopats in Wien unter dem Vorsitz von Kardinal Schönborn von Prag. Nachdem man zum Schluss gekommen war, dass eine nationale katholische Organisation nach dem Muster der Christlichsozialen nicht praktikabel sei, stimmte das Komitee für einen gesonderten Pastoralbrief an den niederen Klerus in allen österreichischen Diözesen, der die bischöfliche Autorität über die politischen Aktivitäten des niederen Klerus bekräftigen sollte.[85] Schönborn wurde beauftragt, mit Hilfe von Albert Weiss einen entsprechenden Entwurf auszuarbeiten. Möglicherweise hatten sich schon damals unter den Teilnehmern erste Bestrebungen zu einer Intervention in Rom bemerkbar gemacht. Ein entsprechender Beschluss kam aber nicht zustande; außerdem verabsäumte man es, einen Termin für die Vorlage des erwähnten

Pastoralbriefs festzusetzen. Durch Schönborns Säumigkeit verstrich wertvolle Zeit ungenützt.[86]

Im Dezember 1894, zwei Wochen nach dem Ende der Beratungen der Bischöfe, ließ Joseph Scheicher im Parlament eine schwere Attacke auf die Beziehungen zwischen Kirche und Staat in der Monarchie vom Stapel. Bis 1893, dem Todesjahr von Bischof Binder in St. Pölten, war es Scheicher untersagt gewesen, sich um einen Sitz im Abgeordnetenhaus zu bewerben. Er fand in Johann Rössler, der ein Jahr darauf zum Amtsnachfolger Binders berufen worden war, einen Bischof als Vorgesetzten, der bereit war, seine politischen Eskapaden zu tolerieren. Scheicher selbst war bereits zu einem bevorzugten Angriffsziel für die Liberalen und die Regierung geworden.[87] Franz Joseph hatte Rössler Anfang 1894 persönlich angewiesen, dem agitatorischen Treiben Scheichers ein Ende zu setzen.[88] Dessen Rede vom Dezember machte jedoch deutlich, dass er nicht daran dachte, sich in seinen Äußerungen zu mäßigen. Er verurteilte den traditionellen Missbrauch des niederen Klerus als »eine Art Jagdhund« des Staates: »Wir müssen wünschen und verlangen, dass die Kirche endlich einmal nicht als Staatskirche vor der Welt stehe.« Die Verwendung des Klerus als ein »Mittel der Polizei« beschädige seine pastorale – und politische – Effizienz.[89] Die Rede stellt zwar sprachlich und gedanklich nur die Essenz einer Rhetorik dar, wie sie seit 10 Jahren im Umkreis des *Correspondenzblattes* gang und gäbe war, aber noch nie zuvor hatte ein einfacher Priester im Parlament zu einer so direkten, aggressiven Sprache gegriffen.

Der kaiserliche Erziehungsminister Stanislaus Madeyski reagierte auf Scheichers Attacke mit der Feststellung »Ähnlich Reden sind in dem österreichischen Parlamente noch nie gesprochen worden!« und verwies mit frommem Nachdruck auf die tiefempfundene Verletzung seiner Gefühle »als Katholik«.[90] Der springende Punkt in seiner Replik kam als nächstes zur Sprache: Priester von Scheichers Schlag untergrüben durch ihre Angriffe auf die Beziehung zwischen Kirche und Staat in Österreich das Prinzip legitimer Autorität. Madeyskis Replik rief Lueger auf den Plan. Er verteidigte Scheicher und griff dabei gleich zu einem groben Keil: Wie könne ein Minister es wagen, die Vorzüge der Autorität zu predigen, der selbst die Autorität seines Amtes missbrauche, um seinen Verwandten Posten in der Staatsbürokratie zu verschaffen?[91]

Anfang Jänner 1895 setzten die Christlichsozialen in dieser Sache weiter nach. Gessmann und Schindler richteten im Namen der Herausgeberschaft der *Reichspost* ein langes Schreiben an Papst Leo XIII. und baten ihn um seinen päpstlichen Segen für das Blatt. Mit Agliardis Hilfe erhielten die Antisemiten ihre Approbation bereits zwei Wochen später, noch dazu mit der Erlaubnis, sie im Blatt abzudrucken. In der Zwischenzeit hatte auch Gessmann beschlossen, die Partei auf einen offensiven Kurs zu bringen. Er schlug vor, am 20. Jänner eine christlichsoziale Parteiveranstaltung in Linz abzuhalten, was einer Invasion Oberösterreichs, einer Hochburg des Katholizismus, gleichkam. Gestützt auf den Klang seines Namens schrieb Liechtenstein an Rampolla und bat um den päpstlichen Segen für den Werbefeldzug, der in Oberösterreich bevorstand. Dank Agliardis guten Diensten kam innerhalb von 48 Stunden auf telegraphischem Weg die erwünschte Antwort. So hatte die Partei am Ende den päpstlichen Segen gleich in zweifacher Ausfertigung und veröffentlichte ihn triumphierend – den ersten am 20., den zweiten am 25. Jänner – auf der Titelseite der *Reichspost*.[92]

Rampollas Telegramme öffneten ein wahres Hornissennest von Vorwürfen und Gegenvorwürfen. Die österreichischen Bischöfe kamen Ende Jänner zu einer Krisensitzung nach Wien und man war sich einig, dass eine Intervention in Rom jetzt unvermeidbar geworden war. Kardinal Schönborn sollte an der Spitze einer Delegation stehen, der auch Bischof Bauer aus Brünn und Albert M. Weiss angehörten. In ihrem Gepäck befanden sich drei Dokumente, deren Billigung durch den Vatikan die Bischöfe durchsetzen wollten: ein allgemeiner Hirtenbrief, der einen Angriff auf die Christlichsozialen darstellte; eine Reihe disziplinärer Verhaltensregeln für den niederen Klerus; und eine langatmige Auslassung zur sozialen Frage aus der Feder von Albert Weiss.[93] Die Bischöfe wären zwar befugt gewesen, ein solches Schreiben allein kraft ihres Amtes zu erlassen; so lange jedoch der Wiener Klerus auf Rückendeckung durch Agliardi und die Pro-Rampolla Kräfte in Rom hoffen konnte, hatten die Bischöfe keine Möglichkeit, ihre Autorität geltend zu machen. Verlautbarungen zu Hause, mit denen sie auf ihre Amtsautorität pochten, mussten wirkungslos bleiben, sofern es Schönborn nicht gelang, Rampolla zum Nachgeben zu bewegen. Die Reise der nachgeborenen josephinischen Bischöfe nach Rom, die dort um Hilfe bei der Disziplinierung ihres eigenen Klerus nachsuchen wollten, entbehrte nicht einer gewissen Ironie.

Vor seiner Abreise hatte Schönborn eine Privataudienz beim Kaiser und bat ihn, durch die Regierung Druck auf die päpstliche Kurie auszuüben.[94] Nach den Beleidigungen, die er von Lueger hatte einstecken müssen, war es für Stanislaus Madeyski ein besonderes Anliegen, sich hier gefällig zu erweisen. Mit Billigung des Kabinetts verfasste er ein entsprechendes Memorandum, das von Kálnoky dem Botschafter Österreichs beim Hl. Stuhl, Graf Revertera, übermittelt wurde; es enthielt eine Verurteilung der Christlichsozialen sowie die dringende Bitte an Leo XIII., mäßigend auf sie einzuwirken.[95]

Die Verhandlungen in Rom gestalteten sich schwierig und waren letztlich erfolglos; Schönborn selbst wurde praktisch während der gesamten Dauer der Mission kaltgestellt. Die liberale Presse erging sich in Wunschdenken, wie es in der Geschichte des österreichischen Journalismus wohl einmalig ist. Obwohl Leo XIII. eine Kommission der Kurie zur Anhörung der Bischöfe bestellte, war das Ergebnis vorhersehbar: der Kommissionsvorsitzende, Monsignore de Cavagnis, war ein Protegé von Rampolla. Revertera blieb während der ersten Wochen im Hintergrund, bis ihn Ende Februar die Geduld verließ. Es gelang ihm schließlich, eine persönliche Unterredung mit Rampolla herbeizuführen, in deren Verlauf es zu einem scharfen Wortwechsel kam.[96] In der Zwischenzeit hatte Rampolla Agliardi die Anschuldigungen mitgeteilt, gegen die sich die Christlichsozialen verteidigen sollten. Schindler wurde mit dieser Aufgabe betraut, schrieb eine lange Apologie der Partei und brachte sie persönlich nach Rom, wo der Papst ihn in Audienz empfing.[97] Sofern Kálnokys Memorandum überhaupt eine Wirkung hatte, dann eine negative: Rampolla zog es als Beweis heran, dass säkularer Druck auf innerkirchliche Angelegenheiten ausgeübt werde. Auch die ausführliche Berichterstattung, die der Mission von der Wiener liberalen Presse zuteil wurde, erwies sich als kontraproduktiv. Eine päpstliche Verurteilung der Antisemiten der Art, wie die *Neue Freie Presse* sie herbeizuschreiben suchte, wurde mit jedem Tag unwahrscheinlicher.

Das Ergebnis, zu dem die Kommission am Ende ihrer Beratungen am 14. März kam, stellte einen – wenn auch nicht uneingeschränkten – Sieg für Rampolla dar. Den Wiener Antisemiten wurde zwar nahegelegt, öffentlich ihre Loyalität den Bischöfen gegenüber zu bekunden, der österreichische Episkopat sollte jedoch nichts Schriftliches in die Hand bekommen, aus dem sich so etwas wie das Missvergnügen des Papstes über die Christlichsozialen hätte ablesen lassen.[98] Von einigen Feinabstimmungen in letzter Minute abgesehen, hielt sich Leo XIII. im wesentlichen an diese Empfehlungen. Agliardi erhielt die Anweisung, von den Parteiführern eine öffentliche Loyalitätserklärung zu verlangen, während Schönborn in Wien nicht mehr würde vorweisen können als eine vage Bekundung von Mitgefühl. Leo XIII. weigerte sich, die Christlichsozialen in schriftlicher Form zu verurteilen. Schönborn verließ also Rom nicht mit völlig leeren Händen, es bestand aber Einhelligkeit darüber, dass er, wie Revertera es ausdrückte, »blutwenig« für die sieben Wochen Mühsal in Rom bekommen habe. Philipp zu Eulenburg[99] stellte fest, der Kardinal habe unmittelbar nach seiner Rückkehr nach Wien einen sehr deprimierten Eindruck gemacht.[100]

Der Fehlschlag der Schönborn-Mission war für die Christlichsoziale Partei von großer Bedeutung. Mochten die Bischöfe auch noch so murren und klagen – mit den Christlichsozialen würden sie sich abfinden müssen. Das Gleiche galt für die katholische Aristokratie, die Vogelsang und Belcredi mit ihren Vorschusslorbeeren für Luegers »demokratischen« Kreuzzug äußerst skeptisch gegenübergestanden waren.[101] Die Liberalen waren vielleicht die größten Verlierer. Ernst von Plener selbst mag keine großen Erwartungen an die Mission geknüpft haben (jedenfalls lässt er dies in seiner Autobiographie durchblicken), aber die liberale Presse war wie vor den Kopf geschlagen. Statt die Christlichsozialen unmittelbar vor den Gemeinderatswahlen von 1895 in Verlegenheit zu bringen, lieferte die Aktion der Bischöfe der antisemitischen Presse neues Beweismaterial für eine Verschwörung, an der sich angeblich die liberalen und klerikalen Kräfte mit dem Ziel beteiligten, die »Christliche Demokratie« in Wien zu untergraben. Soweit die Presse die Hoffnung genährt hatte, Leo XIII. werde die Wahlchancen der Liberalen positiv beeinflussen, erwies sie sich als Opfer einer traurigen Fehleinschätzung.

Karl Lueger kam den Anweisungen, die seiner Partei von Agliardi, dem päpstlichen Nuntius, übermittelt wurden, in eigener bravouröser Manier nach: zunächst ließ er sechs Wochen verstreichen – Agliardi hatte das diesbezügliche Schreiben aus Rom bereits Anfang April erhalten und weitergegeben – und wartete die Gemeinderatswahlen ab. Erst nachdem diese unter Dach und Fach waren, konnte es sich die Partei seiner Meinung nach leisten, zu einer etwas »katholischeren« Haltung zurückzukehren. In einer Großveranstaltung, die am 16. Mai im Musikverein stattfand, erklärte dann die Parteiführung ihre Loyalität gegenüber der bestehenden sozialen Ordnung und ihren Respekt vor jeder Form etablierter Autorität, einschließlich derjenigen der Bischöfe.[102] Die hochtheatralische Inszenierung des Abends gab dieser Erklärung der Christlichsozialen fast etwas Unechtes. Lueger hatte sich an den Buchstaben von Agliardis Anweisungen gehalten, aber wohl kaum an ihren Geist.

Die Revolte der Beamten: Die Gemeinderatswahlen vom April 1895

Dem zyklischen Wahlsystem von 1891 zufolge war Anfang April 1895 die Zweite Kurie an der Reihe. Wie schon oben gesagt, waren in dieser Kurie in den meisten Bezirken Staats- und Gemeindebedienstete in der Mehrzahl; dazu kamen noch Lehrer öffentlicher Schulen und auch kleinere Hausherren. In der Josefstadt z.B. waren von den 1.366 Wahlberechtigten 800 Staatsbeamte, 50 Gemeindebedienstete, 80 Lehrer und 150 Privatbeamte; die übrigen 314 waren kleine Grund- und Hausbesitzer.[103] Die Josefstädter Verhältnisse wiederholen sich in ähnlicher Form in den anderen Bezirken (in Währing machte der Anteil der öffentlich Bediensteten mehr als 70 Prozent der gesamten Wählerschaft aus).[104] Das Ergebnis der Wahlen war die reinste Katastrophe für die Liberale Partei. Nach dem letzten Durchgang am 5. April stand fest, dass die Christlichsozialen sechzehn neue Sitze in der Zweiten Kurie gewonnen hatten. Während sie 1891 nur acht Sitze dazu gewonnen hatten, hatten sie jetzt 24, zwei mehr als die Liberalen. Die Liberale Partei verlor entscheidende Bezirke wie Landstraße, Neubau und Josefstadt, die 1891 noch mit überwältigender Mehrheit für sie gestimmt hatten.[105] Selbst in den liberalen Hochburgen Innere Stadt und Leopoldstadt konnten die Antisemiten ihren Anteil am Gesamtergebnis wesentlich steigern.

Zum Teil war diese Stärkung der Antisemiten die Folge des Eintritts neuer Wähler in den politischen Prozess bei den Wahlen von 1895. Aber ihre Beteiligung war nicht der Hauptgrund für das schlechte Abschneiden der Liberalen, und dies war ein Punkt, in dem sich die liberale und die antisemitische Presse einig waren. In 15 der insgesamt 19 Bezirke der Stadt erhielten die Liberalen 1895 rein numerisch weniger Stimmen als 1891, obwohl die Wählerschaft insgesamt zahlenmäßig gewachsen war. Als erschwerender Umstand kam hinzu, dass in den meisten Bezirken, in denen die Antisemiten vormals liberale Sitze errungen hatten, der Zuwachs an antisemitischen Stimmen größer war als die Zahl von Neuwählern in dem jeweiligen Bezirk, wenn man 1895 mit 1891 verglich. In Landstraße z.B. erhielten die Antisemiten 384 Stimmen mehr als 1891, die aktive Bezirkswählerschaft wies aber nur 280 Neuzugänge auf. Außerdem darf man nicht unterstellen, dass alle Erstwähler automatisch antisemitisch wählten.

Die Wahlbehörden waren sich einig, dass die Verluste der Liberalen durch eine Änderung im Wahlverhalten von drei Gruppen von öffentlich Bediensteten verursacht wurden: den Staatsbeamten, den Gemeindebediensteten und den Lehrern.[106] Die Behandlung, welche die Liberale Partei jeder dieser Gruppen zwischen 1891 und 1895 hatte zuteil werden lassen, zeigt deutlich den unglücklichen, verfahrenen Stil der Partei und ihren mangelnden Sinn für politische Prioritäten. Nachdem die Liberalen im November 1893 in die Koalition eingetreten waren, hielten die meisten Staatsbeamten die Zeit für gekommen für eine gesetzliche Neuordnung der Beamtengehälter. Die wenigen liberalen Politiker wie Max Menger und Eduard Suess, welche die politische Tragweite der wachsenden Ungeduld unter den Beamten erkannt hatten, beschworen Ernst von Plener 1894, dem Parlament ein umfassendes Gehaltsgesetz vorzulegen.[107] Die Klagen der Beamten über die Inflation der Verbraucherpreise, die 1891 eingesetzt hatte, wurden immer lauter. Die Standeszeitungen der Beamten veröffentlichen eine Serie von Enthüllungsberichten über die Unzumutbarkeit der finanziellen Situation, in der sich viele Beamtenfamilien befanden.[108]

Plener setzte sich jedoch über den dringenden Rat seiner Parteikollegen hinweg, da er der Meinung war, die Staatsbeamten könnten mit bloßen Scheinmaßnahmen bei der Stange gehalten werden. Er ließ das Gehaltsproblem fast ein ganzes Jahr lang schleifen und gab einer Delegation von Protestierenden im Juni 1894 das leere Versprechen, er werde alles in seiner Macht Stehende tun, um ihnen in ihrer Notlage zu helfen. Im Dezember 1894 zwang Robert Pattai Plener zu handeln, indem er dem Parlament einen Gesetzesentwurf vorlegte, der für die vier untersten Ränge der Bürokratie mit sofortiger Wirkung eine Gehaltserhöhung von 200 Gulden vorsah.[109] Plener wies eine derartige Extravaganz kategorisch zurück und verwies auf die Notwendigkeit einer ausgeglichenen Budgetgestaltung. Ein umfassender Gesetzesantrag von der Größe, wie Pattai ihn vorschlug, der zusätzliche Ausgaben in der Höhe von 8 Millionen Gulden verursachen würde, müsse zurückgestellt werden, bis es neue Steuereinkünfte gebe. Als Alternative schlug Plener zwei Überbrückungsmaßnahmen vor.[110] Länger dienende Beamte, die fünfzehn bis zwanzig Jahre nicht mehr befördert worden waren, sollten eine Abschlagszahlung in Höhe von 100 bis 200 Gulden erhalten; alle anderen Beamten in den drei untersten Rangklassen (XI–IX) würden außerordentliche Subsistenzzulagen erhalten, die sich je nach Rang und Dienstjahren zwischen 60 und 100 Gulden jährlich bewegten. Die Gesamtkosten von Pleners Vorschlag lagen knapp unter drei Millionen Gulden im Jahr.

Die Beamtenblätter und die antisemitische Presse antworteten auf Pleners Vorschläge mit blankem Hohn. Der erste war leicht durchschaubar als Alibimaßnahme, da die Anzahl länger dienender Beamter, die für die Zuwendung in Frage kamen, sich bei einer Gesamtzahl von 36.000 auf weniger als 2.000 belief – und was den zweiten betraf, so erachtete Plener überhaupt erst Mitte März 1895 die Zeit für gekommen, ihn dem Parlament vorzulegen.[111] Als die Wahlen in der Zweiten Kurie anstanden, hatte der zweite Vorschlag noch keine wesentliche Behandlung im Parlament erfahren. Statt barem Geld in der Hand hatten die Beamten nur vier Monate alte Versprechen. Lueger erinnerte seine

Wähler an die Beamtentagung von 1891, auf der Guido Sommaruga versichert hatte, die Rückkehr der Liberalen an die Macht werde eine Gehaltsreform für die öffentlich Bediensteten zur Folge haben. Er überließ es seinen Zuhörern, ihre eigenen Schlussfolgerungen zu ziehen. Die auf die Beamtenschaft zielende Propaganda der Liberalen kramte wieder alte Hüte hervor, wie z.B. die »Solidität« und »Reife« der Liberalen sowie die Bedrohung seitens der Klerikalen – Schlagworte, die begreiflicherweise nicht mehr verfingen. Zwar kehrten nicht alle Beamten den Liberalen den Rücken, aber eine für die Antisemiten ausreichende Zahl wechselte sehr wohl das Lager. Dass einige der antisemitischen Kandidaten für die Zweite Kurie auch nationalistische Programmpunkte vertraten – dies galt für 13 von insgesamt 46 Kandidaten, unter denen allerdings kein einziger reiner Schönerianer war – mag das Gewissen des einen oder anderen Wählers beruhigt haben, der nicht »klerikal« wählen wollte, bestand doch für ihn die Möglichkeit, »christlich-national« zu wählen.[112]

Die vielleicht auffälligste Veränderung der politischen Haltung war unter den männlichen Lehrkräften der Stadt zu konstatieren. 1891 waren die meisten von ihnen im liberalen Lager geblieben. Die Lehrer hatten in einem weitaus stärkeren Maß als die Staatsbeamten einen liberalen Antiklerikalismus als Teil ihres beruflichen Selbstverständnisses verinnerlicht. Im April 1895 wechselte jedoch eine erhebliche Zahl von jahre- und jahrzehntelang dienenden Lehrern die Seite und wählte antisemitisch.[113] Diese Änderung im Wahlverhalten der Lehrer war das Ergebnis mehrerer verfehlter Entscheidungen der liberalen Partei in Wien und Niederösterreich. Im Dezember 1891 hatte der Landtag ein Gesetz beschlossen, das die Lehrer der Vorstädte in das flächendeckende Schulsystem der Großstadt integrieren und den Wiener Lehrern insgesamt eine bescheidene Gehaltserhöhung bringen sollte. Um jedoch das überzogene Erziehungsbudget zu entlasten, beschlossen die Liberalen, gewisse zusätzliche Vergünstigungen zu streichen, die seit jeher mit der Position des beamteten Lehrers verbunden gewesen waren, insbesondere die Zulagen für die Beaufsichtigung sportlicher Aktivitäten und für den Unterricht von Fächern außerhalb des regulären Lehrplanes. Hunderte Lehrer hatten ein Zusatzeinkommen durch ihre Tätigkeit als Aufsicht oder als handwerkliche Ausbildner an ihren Schulen. Das Gehaltsgesetz von 1891 schaffte alle Zulagen für derartige Leistungen ab und machte diese verpflichtend für den Großteil der Lehrer, indem einfach das wöchentliche Deputat entsprechend erhöht wurde.[114]

Nicht genug damit, dass die liberalen Politiker mit dem Gesetz von 1891 die Lehrer – jedenfalls nach deren subjektiver Einschätzung – benachteiligten, begegneten sie den Protesten über den realen Einkommensverlust, die ihnen von Delegationen übermittelt wurden, auch noch mit Beleidigungen. Constantine Noske glaubte zu wissen, dass Lehrer faul sind und eine Woche für ein Arbeitspensum brauchen, das andere Leute in zwei Tagen erledigen. Er beschuldigte sie auch der Gier und der fehlenden Sensibilität für die Anliegen anderer Steuerzahler. Wenzel Lustkandl dachte im Niederösterreichischen Landtag laut darüber nach, ob sich denn die petitionswütigen Lehrer überhaupt die Mühe nähmen, zu lesen, was sie jeweils unterschrieben.[115] Diese Entgleisungen waren symptomatisch für ein tiefer liegendes Problem, das die Liberale Partei und die Lehrerschaft entzweite. Noske und Lustkandl gehörten nicht zu der Kohorte von Politikern, die für die Schulgesetzgebung von 1869 verantwortlich zeichneten. Für sie waren die Lehrer der öffentlichen Schulen einfach ein Teil des liberalen Familienerbes; sie betrachteten sie als eine verlässliche, weitgehend ruhig gestellte Klientel. Selbst in den sonst prinzipienfesten liberalen Lehrerzeitungen wurde Anfang der 90er Jahre immer wieder die Klage laut, die Liberalen behandelten die Lehrer als Stimmvieh, als Leute, die einfach nicht anders konnten, als liberal zu wählen, mochte man sie auch noch so ungerecht behandeln.[116]

Anders als bei den Staatsbediensteten spielte bei den Lehrern auch die erste massenhaft unterstützte sozialdemokratische Herausforderung eine Rolle; sie lieferte speziell dienstälteren Lehrern ein zusätzliches klassenideologisches Motiv für ihre Wahlentscheidung. Anfang der 90er Jahre vereinigte der hochmotivierte junge Karl Seitz – er sollte 1923 sozialdemokratischer Bürgermeister von Wien werden – seine Unterlehrer-Kollegen zu einer straff organisierten, aggressiven Bewegung. Die Unterlehrer waren die am schlimmsten ausgebeuteten Mitglieder der Lehrerschaft, die oft bis zu zehn Jahre als Hilfslehrer arbeiten mussten, ehe sie eine reguläre Anstellung erhielten.[117] Sie hatten so gut wie keine Arbeitsplatzsicherheit und waren erbärmlich schlecht bezahlt. 1894 übernahm Seitz als erstes die Kontrolle über den schon länger existierenden liberalen Lehrerverein *Die Volksschule;* 400 seiner Gefolgsleute traten dem Verein bei und wählten sofort eine radikalere Führung.[118] Seitz hoffte, *Die Volksschule* zu einem radikalen *Centralverein* für alle Lehrer, ohne Rücksicht auf Dienstalter und beruflichen Rang, ausbauen zu können. Die wichtigsten Forderungen von Seitz waren die Abschaffung der Bezeichnung Unterlehrer und die Schaffung einer allen Lehrern gemeinsamen Berufsbezeichnung, die keinen Bezug auf Seniorität oder Verwendung enthielt. Seitz versuchte auch, politische Protektion als Faktor bei der Neuanstellung von Lehrern zu eliminieren und Dienstzeit und Qualifikation als alleinige Kriterien zu etablieren.

Statt, wie erhofft, die dienstälteren Lehrer, die in dem liberalen Verein den Ton angaben, als Mitstreiter zu gewinnen, stieß Seitz bei ihnen jedoch auf offene Ablehnung. Die älteren beamteten Lehrer fühlten sich nicht nur abgestoßen durch seine Aggressivität, sie fanden auch seine Absicht, die internen Rangbezeichnungen abzuschaffen, zu tiefst beunruhigend, da dies ihren hart erworbenen Status zu entwerten drohte. Noch abträglicher für seine Sache war, dass Seitz und seine Leute bereits Anfang 1895 ihr Naheverhältnis zum österreichischen Sozialismus und dem österreichischen Proletariat offen zur Schau stellten und Mitte 1895 die erste sozialistische Lehrerzeitung in Österreich, die *Freie Lehrerstimme*, ins Leben riefen. Seitz' Einschwenken auf eine linksliberale soziale Programmatik – eigentlich genau die Art von Linksliberalismus, der die meisten bürgerlichen Wiener 1848 eine Abfuhr erteilt hatten – bewies, wie problemlos ein radikal demokratischer Forderungskatalog mit antiklerikaler Konnotation in die sozialistische Bewegung integriert werden konnte. Die Gruppe um Seitz – die *Jungen* – nahm für sich den Titel der kompromisslosesten Antiklerikalen innerhalb des Schulsystems in Anspruch, den bis dahin die liberalen Lehrer innegehabt hatten, und verband eine linksliberale Ideologie mit sozialistischen Werten. Dies bedeutete viel mehr als nur eine Wachablöse unter den Advokaten des Antiklerikalismus, der in seiner älteren, von Lehrern in den 70er und 80er Jahren vertretenen Form exklusiv auf Bürgertum und kulturelle Werte fixiert und aufs engste mit der Idee einer einheitlichen und ungeteilten bürgerlichen Gesellschaft verknüpft gewesen war. Nachdem es den Unterlehrern gelungen war, den Antiklerikalismus mit dem Sprengstoff des Klassenkonflikts anzureichern, erhöhte sich die Wirksamkeit beider Bestandteile gewaltig. Es ist durchaus denkbar, dass viele länger dienende Lehrer 1895 antisemitisch wählten, um ihren Ängsten und ihrer Verbitterung über die »Demokratisierung« der Lehrkörper durch die *Jungen* ein Ventil zu verschaffen.

Die Wahlen im Frühjahr 1895 brachten die Liberalen in eine unhaltbare Position. Zwar besaßen sie noch eine knappe Mehrheit im Gemeinderat, aber mindestens zehn der verbliebenen 72 Mitglieder waren bekannt für ihre antisemitischen Sympathien oder standen der eigenen Parteiführung so feindselig gegenüber, dass sie als unzuverlässig eingestuft werden mussten. Die Kerngruppe, auf die sich Bürgermeister Grübl in einem Notfall verlassen konnte, war nicht größer als die neue antisemitische Abordnung. In einem Interview mit der *Neuen Freien Presse* nach der Wahl skizzierte Grübl die Alternativen, die der Liberale Club hatte: entweder die Mitglieder des Clubs legten geschlossen ihre Ämter in der Stadtverwaltung zurück – was auch seinen eigenen Rücktritt als Bürgermeister miteinschloss – und erzwangen auf diese Weise Neuwahlen in allen drei Kurien; oder sie gingen Kompromisse mit den Christlichsozialen ein, in welchem Fall man Lueger das Amt des Ersten Vizebürgermeisters und Parität im Stadtrat anbieten müsse; oder – dritte und letzte Möglichkeit – sie lehnten Rücktritt wie Kompromisse gleichermaßen ab und behaupteten trotz der Schwächung ihrer Kräfte die Stellung.[119]

Von Beginn der Krise an war die Uneinigkeit unter den Liberalen groß. Grübl war zwar ihr Anführer, aber er war es nur nominell. Die Strategie der Partei wurde in Wahrheit von Albert Richter[120] bestimmt und der befand in enger Abstimmung mit der liberalen Presse, dass Grübls erste Alternative der einzig ehrenhafte Ausweg für die Partei war.[121] Wenn Neuwahlen zu weiteren christlichsozialen Siegen führten, was niemand ernsthaft bezweifelte, dann würden die Liberalen doch mindestens eine würdige Rolle als Opposition spielen können. Dieser Annahme lag die anmaßende Überzeugung zugrunde, dass Lueger außerstande sein werde, die Stadt zu regieren, und dass selbst im unwahrscheinlichen Fall seiner Bestätigung durch den Kaiser die Antisemiten sich durch ihre administrative Inkompetenz rasch ihr eigenes Grab schaufeln würden.[122] Sollte der Kaiser sich weigern, Lueger als Bürgermeister zu bestätigen, dann würde man die Stadt zeitweilig unter kaiserliche Verwaltung stellen; das Kabinett hätte dann Zeit gewonnen, Druck auf die Staatsbeamten auszuüben und sie schließlich doch noch dazu zu bringen, liberal zu wählen. Richters Strategie war deshalb aufs engste verknüpft mit den hysterischen Klagen der *Neuen Freien Presse*, das Kabinett hätte die staatliche Autorität einsetzen müssen, um die Wahlentscheidung in der Zweiten Kurie zu »lenken«.[123]

Mehrere Wochen lang herrschte ein unsicherer Friedenszustand, der von heftigen innerparteilichen und zwischenparteilichen Spekulationen gekennzeichnet war. Der Liberale Club trat mehrmals zusammen, und schließlich setzte Albert Richter gegen einigen Widerstand seine Strategie des kollektiven Rücktritts durch. Der neue Gemeinderat trat am 14. Mai 1895 zur Wiederwahl von Richter als Erstem Vizebürgermeister zusammen, nachdem dessen Amtszeit abgelaufen war.[124] Richter lehnte seine Wiederwahl umgehend ab. Ein zweiter Durchgang, bei dem mehrere liberale Abweichler mit den Antisemiten stimmten, resultierte in der Wahl Luegers. Dieser erklärte sich bereit, die Wahl anzunehmen und trat – der Posten des Vizebürgermeisters bedurfte keiner kaiserlichen Bestätigung – sein Amt sofort an. Noch am selben Tag trat daraufhin Raimund Grübl zurück mit der Begründung, er könne das Bürgermeisteramt mit Karl Lueger an seiner Seite nicht ausüben.[125]

Grübls Rücktritt am 14. Mai bedeutete, dass Karl Lueger vorübergehend an der Spitze der Stadtverwaltung stand. Er berief sofort die Vertreter aller politischen Gruppen zu einer Strategiesitzung im Gemeinderat ein, wo er einen großen Kompromissvorschlag vorlegte: Liberale und Antisemiten sollten sich dem freien Wettbewerb um den Posten des Bürgermeisters stellen; jede der beiden Parteien erhalte einen Vizebürgermeister und die dem Wahlergebnis entsprechende Zahl an Sitzen im Stadtrat. Die Liberalen lehnten den Vorschlag ab. Bei den Wahlen für das Amt des Bürgermeisters am 29. Mai wurde Lueger mit geheimer liberaler Unterstützung im dritten Durchgang gewählt.[126] Die Liberalen planten, Lueger zunächst das Amt des Bürgermeisters zu überlassen, um ihn anschließend um die Früchte seines Erfolgs zu bringen, indem sie nur politische Nebensächlichkeiten den Stadtrat passieren ließen. Lueger durchschaute diesen Plan und lehnte die Wahl ab; er erzwang so einen weiteren Wahldurchgang, von dem er sich eine Mehrheit im Gemeinderat erhoffte. Nach einer weiteren ergebnislosen Wahlrunde löste Erich Kielmansegg den Gemeinderat am 30. Mai auf und bestellte einen aus acht Liberalen und sieben Christlichsozialen bestehenden Zwei-Parteien Beirat unter dem Vorsitz eines niederösterreichischen Beamten, Hans von Friebeis, der die Stadt bis zur Abhaltung von Neuwahlen verwalten sollte.

Eine überaus heikle Frage, mit der sich der kaiserliche Ministerrat beschäftigte, deren Beantwortung aber durch Luegers Ablehnung seiner Wahl zum Bürgermeister hinfällig wurde, war folgende: Gesetzt den Fall, Karl Lueger hätte die Wahl am 29. Mai angenommen, welche Optionen hätte der Ministerrat gehabt? Am 20. Mai wurde diese Frage Erich Kielmansegg vorgelegt und er lieferte eine wohldurchdachte Antwort, in der er Luegers konservative, gemäßigte Haltung hervorstrich. Kielmansegg erkannte hinter Luegers demagogischer Fassade den nüchternen, hochprofessionellen Politiker und war zuversichtlich, dass Lueger, einmal am Ziel seiner Wünsche, viel »radikalen« Ballast abwerfen würde.[127] Mit seiner Empfehlung, Lueger als Bürgermeister zu bestätigen – vorausgesetzt, dieser verzichtete auf seinen Parlamentssitz –, rührte Kielmansegg an einen neuralgischen Punkt der österreichischen Bürokratie: Was würde Karl Lueger tun, wenn es ihm gelingen sollte, die politischen Ressourcen einer mächtigen Reichsratsabordnung mit den enormen institutionellen Ressourcen der Stadt Wien in einer Hand zu vereinen?

Die Septemberwahlen und das Ringen um Bestätigung: Der Aufstieg einer Massenpartei

Die Ereignisse von April und Mai 1895 versetzten beide Parteien in Alarmzustand. Kielmansegg riet zu einer Verschiebung der Wahlen bis zum Herbst, um allen Gelegenheit zur Abkühlung und den Liberalen auch zur Neugruppierung zu geben. Genau das Gegenteil trat ein. Viele liberale Politiker verließen die Stadt, um ihren Sommerurlaub anzutreten, während Lueger und Gessmann die christlichsozialen Kandidaten per Order verpflichteten, in der Stadt zu bleiben und den ganzen Sommer dem Wahlkampf zu widmen. Obwohl die Wahlen erst für Ende September anberaumt waren, begannen die Christlichsozialen ihren Wahlkampf schon im Juli. Fast drei Monate lang war die Stadt Schauplatz von Konfrontationen zwischen Anhängern der Liberalen und der Antisemiten, die zusehends hitziger wurden.

Jede Seite versuchte sich erwartungsgemäß in den üblichen schmutzigen Tricks und jede ertappte die jeweils andere dabei. Die Liberalen übten Druck aus auf kleine handwerkliche Gewerbetreibende in verschiedenen Bezirken, indem sie größeren industriellen und kommerziellen Unternehmen nahelegten, den Gewerbetreibenden mit dem Entzug von Aufträgen zu drohen.[128] Die Antisemiten ihrerseits verbreiteten Verleumdungen über angeblich großzügige Spenden der Liberalen an den tschechisch-nationalistischen Trägerverein der Comenius-Schule in Favoriten.[129] Es war eine Saison mit unterhaltsamen Ehrenbeleidigungsprozessen auf beiden Seiten; zwei antisemitische Journalisten wurden freigesprochen von der Anklage, in ihrem Blatt ehrenrührige Behauptungen über die Juden veröffentlicht zu haben; genauso wurde ein liberaler Journalist freigesprochen, der den radikalen Klerus als »Pfaffengesindel« bezeichnet hatte.[130] Der Anwalt des liberalen Zeitungsmannes verteidigte seinen Mandanten mit dem Argument, wenn Antisemiten ungestraft Juden beleidigen durften, müsse es doch wohl auch den Liberalen freistehen, den Klerus zu beleidigen.

Die Liberalen etablierten unter den Gewerbetreibenden eine Auffangorganisation für dissidente Handwerksmeister, den *Verein Freisinniger Gewerbetreibender,* der sich anfangs das Ressentiment einiger Bezirkspolitiker aus dem Handwerksstand gegen Anton Baumanns antisemitische Organisation in Währing zunutze machte. Bald gab es in jedem Bezirk der Stadt kleine Gruppen dieser Meister, die Kassen jeweils gut gefüllt mit Wahlkampfgeldern der Liberalen. Im Gegenzug kam es vor, dass antisemitische Stoßtrupps Versammlungen, die von liberalen Gewerbetreibenden organisiert worden waren, sprengten, indem sie die Redner niederbrüllten.[131] Die Liberalen ließen auch den aufmüpfigen tschechisch-nationalistischen Organisationen unter der Führung des Journalisten Wenzel Einert kleine finanzielle Zuwendungen zukommen. Sollte es für eine tschechisch-nationale Kandidatenliste reichen, dann würde das – so das Kalkül – Stimmen von den Antisemiten abziehen.

In den Versammlungen der Zweiten und Ersten Kurie herrschte ein ganz anderer Ton – Beweis dafür, wie raffiniert die Antisemiten es verstanden, ihre Propaganda den gesellschaftlichen Erwartungen ihrer jeweiligen Zuhörerschaft anzupassen.[132] Die Liberalen waren in der Zweiten Kurie ohnedies schon im Nachteil, und im August 1895 kam eine Entwicklung hinzu, die ihre Probleme noch weiter verschärfte. Ende Juni war die k.k. Regierung wegen der Cillischen Schulaffäre gestürzt worden, und Franz Joseph hatte Erich Kielmansegg als Vorsitzenden einer Übergangsregierung mit der Fortführung der Geschäfte beauftragt, bis eine reguläre Regierung unter Kasimir Graf Badeni dazu bereit war. Kielmansegg sah keine Veranlassung, sich auf die Rolle eines kurzfristigen Stellvertreters zu beschränken. Schon in seiner Eigenschaft als Statthalter hatte er sich ausführlich mit dem Problem der radikalen Politisierung der Beamten und Lehrer auseinandersetzen müssen.[133] Da die Liberalen ja nicht mehr in der Regierung vertreten waren, glaubte er, die Unmutsäußerungen der Beamten eindämmen zu können, ohne damit sofort den Anschein zu erwecken, er erweise damit lediglich der Liberalen Partei einen Dienst. Am 10. August 1895 veröffentlichte Kielmansegg seinen umstrittenen Beamtenerlass, der die Rechte der öffentlich Bediensteten im Hinblick auf das Abhalten öffentlicher Protestveranstaltungen zu Fragen der Politik oder ihres Berufsstandes einschränkte.[134] Der Erlass forderte ein Ende der öffentlichen politischen Agitation durch öffentliche Bedienstete bei Wahlkämpfen und einen maßvollen Ton bei erlaubten standes- bzw. gruppenbezogenen Protesten (wie z.B. in den Petitionen von Verbänden, bei Standesversammlungen, Beamtenkongressen u.Ä.); schließlich wurde mit Nachdruck darauf hingewiesen, dass Beamten jederzeit der reguläre Dienstweg für allfällige Beschwerden offenstand. Der Erlass sollte nicht nur für Beamte im Staatsdienst Geltung haben, auch die Verwaltungsbehörden in den Ländern waren gehalten, darauf zu achten, dass Lehrer an öffentlichen Schulen sich den gleichen Verhaltensregeln unterwarfen.[135]

Kielmanseggs Erlass war ein kapitaler politischer Fehler. Die meisten Beamten- und Lehrerorganisationen reagierten darauf mit Empörung und weigerten sich rundweg, ihn auch nur zur Kenntnis zu nehmen. Sie besuchten weiterhin Versammlungen und hörten nicht auf, sich für ihre Rechte einzusetzen, Petitionen abzufassen und ihren Protest zu artikulieren.[136] Die Antisemiten griffen das Thema auf, betonten immer wieder, dass die Liberalen die eigentlichen Urheber dieses Erlasses seien und forderten die Beamten auf, die unmittelbar bevorstehenden Gemeinderatswahlen zu einer Abstimmung über das Dokument umzufunktionieren.

Der Wiener Wahlkampf im Herbst 1895 war der erste, in dem die Antisemiten einen ernsthaften Propagandavorstoß in der Ersten Kurie unternahmen. Man organisierte Versammlungen von Hausherren, wo diesen die christlichsozialen Kandidaten so geschickt wie eindringlich vorgestellt wurden. Die Argumentationsplattform, die für diese Treffen entwickelt worden war, unterschied sich grundlegend von der aus den Versammlungen der Dritten Kurie bekannten. Hier wurden die Solidität, der Wohlstand, ja sogar die Bildung der Hausherren als Gründe angeführt, weshalb sie sich von den Liberalen abwenden sollten.[137] Der Antisemitismus spielte in der Agitation der Partei im Hausherrenmilieu eine völlig untergeordnete Rolle. Stattdessen bekannten sich die Christlichsozialen zum Ideal des bürgerlichen Haus- und Grundbesitzes, der einst die Basis für die patrizische Elite der Stadt abgegeben habe, jetzt aber durch das »mobile« Investitionskapital auf der einen und durch den radikalen sozialistischen Egalitarismus auf der anderen Seite bedroht werde. Da sich die Christlichsozialen konkrete Chancen ausrechneten, eine erkleckliche Anzahl von Sitzen der Ersten Kurie zu gewinnen, betonten sie, dass diese Wahl den wohlhabenderen Kreisen des Bürgertums eine ideale Gelegenheit biete, sich mit ihren weniger gut gestellten Kollegen zum gemeinsamen Besten zu verbünden. Daher auch Alois Liechtensteins beschwörende Appelle im September 1895, die Hausherren der Ersten Kurie müssten »Hand in Hand gehen, mit dem kleinen Gewerbetreibenden, mit der Masse des kleinen Mittelstands einerseits, und mit den Classen der Intelligenz anderseits.«[138] In gleicher Weise stellte man den Beamten die Stimmabgabe für die Antisemiten als Teil ihrer Bürgerpflicht vor Augen. Ein Sieg der Antisemiten würde bedeuten, dass einmal mehr die alte Bürgerschaft in der Stadt anstelle der staatlichen Verwaltung ans Ruder komme.[139] Kielmansegg war sich der Attraktivität dieser Position sehr wohl bewusst, wie aus einem seiner Berichte Ende Oktober hervorgeht, in dem er erklärt, Lueger erfreue sich nicht nur beim »gesamten Kleinbürgertum« in der Dritten Kurie großer Beliebtheit, sondern auch bei sehr vielen Vertretern der »höheren und höchsten Stände« in Wien.[140]

Der Herbstwahlkampf zeigte, dass es den Christlichsozialen gelungen war, die Effizienz ihrer Parteiorganisation wesentlich zu steigern, ein Umstand, der auch in Polizeiberichten über die Partei Ende 1895 Erwähnung findet.[141] Gessmann fing an, mit neuen Maßnahmen und Verfahren zu experimentieren, die sich gut eigneten, die älteren Gepflogenheiten auf Bezirksebene zu ergänzen, ohne sie zu verdrängen. Anfang Juni 1895 führte er z.b. eine zentrale Planung für Bezirksversammlungen ein.[142] Von diesem Zeitpunkt an sollten Versammlungen nur nach Absprache mit dem Centralkomitee der Partei stattfinden und bedurften seiner Bewilligung. Das Centralkomitee half auch bei der Finanzierung und bei der Suche nach geeigneten Rednern mit klingenden Namen. Gessmann ließ in den Wochen vor der Wahl auch Agitatoren aus kleinen deutschsprachigen Städten im Norden Böhmens und Mährens kommen.[143] Außerdem lancierte die Partei eine zweifache Kampagne, um ihre Finanzen aufzubessern.[144] Man übte Druck aus auf kirchliche Würdenträger, um sie zum Spenden zu bewegen, es wurden aber auch – und das war noch viel bedeutungsvoller – von lokal ansässigen Bezirkswahlwerbern, die von Tür zu Tür gingen, private Spenden eingesammelt. Der Klerus beteiligte sich an diesen Sammelaktionen ebenso wie kleine christlichsoziale Familienvereine, die sich Anfang der 1890er Jahre gebildet hatten.[145] Die Tür-zu-Tür-Taktik wurde auch auf die Präsentation der Kandidaten ausgeweitet, wobei die Kandidaten und ihre Anhänger die Straße entlang promenierten, Passanten ansprachen und sich in die anliegenden Wohnblocks und Häuser begaben, um bei den Bewohnern um Stimmen zu werben. Das war zwar noch nicht die umfassende Politik der Straße und der Parade, wie sie von den Sozialdemokraten entwickelt wurde, aber der Unterschied zur früheren Versammlungspolitik der Liberalen war doch unübersehbar.[146]

In diesen Monaten kam auch der Persönlichkeitskult um Karl Lueger zum Durchbruch. Auch vor 1895 hatte sich der »Doktor Lueger« schon außerordentlicher Beliebtheit erfreut, aber die ganze Maschinerie eines Kultes – Bilder, Medaillons, Plakate, Streichholzschachteln und ganz in Weiß gekleidete Mädchen, die bei Kundgebungen Blumen überreichten – hatte bisher in der Partei keinen Platz gehabt.[147] Erst als Kandidat für das Bürgermeisteramt wurde Lueger endgültig zur übermächtigen Projektionsfigur hochstilisiert und zum lebenden Symbol für die »Unterdrückung« des christlichen Volkes durch Juden und Liberale.[148] Luegers Image erwies sich als ideales Mittel, um die engstirnigen, ständisch definierten Forderungen der verschiedenen Gruppen in den Kurien zu überhöhen und ihnen eine stärker ins Universelle zielende Bedeutung und einen allgemeineren moralischen Sinn zu verleihen. Indem sie Lueger unterstützten, kämpften die Staatsbediensteten um mehr als eine Erhöhung ihrer

Gehälter: sie unterstützten auch die »Christen« und die ganze Stadt im Kampf gegen ihre »Feinde«.

Luegers Persönlichkeitskult wurde durch andere Formen politischer Inszenierung ergänzt. Im Winter 1895–96 brachten die Christlichsozialen eine Art politisches Volkstheater in Gasthäusern zur Aufführung. Darin stellten antisemitische Bezirkspolitiker Gemeinderatssitzungen für ein interessiertes Publikum nach, wobei die einen die Rolle der Liberalen und andere die der Antisemiten übernahmen. Dies war eine unaufwändige Art von Unterhaltung und bot auch eine willkommene Abwechslung zu den immer gleichen Reden in den Versammlungslokalen, ohne der Partei gleich die Entwicklung eines völlig neuen Erscheinungsbildes abzuverlangen.[149] Politisches Drama war zwar in Wien nicht unbekannt, aber strategisch koordinierte Inszenierungen waren doch ein neues Werkzeug in den Händen der Christlichsozialen.

Als im September die Gemeinderatswahlen stattfanden, wurde das Schicksal der Wiener Liberalen besiegelt – und zwar für immer. In der Dritten Kurie gelang es den Christlichsozialen nicht nur alle ihre Sitze zu halten, sie gewannen sogar die Sitze des Ersten Bezirks dazu, was zum großen Teil auf die intensive Wahlwerbung des katholischen Klerus zurückzuführen war.[150] Die Zweite Kurie folgte diesem Beispiel und unterstützte ebenfalls mit überwiegender Mehrheit die Christlichsozialen.[151] Viele Beamte und Lehrer waren noch immer nicht »antisemitisch« in dem Sinn, der für die Handwerker zutraf – es gibt Polizeiberichte von Ende 1895, die ausdrücklich festhalten, dass für den Protest der Beamten nach wie vor berufliche Überlegungen ausschlaggebend waren und nicht ideologische – aber Kielmanseggs Erlass hatte bei diesen Wählern eine tiefsitzende Verärgerung ausgelöst.[152]

Völlig unerwartet war das Ergebnis in der Ersten Kurie, in der Vergangenheit eine unerschütterliche Bastion liberaler Unterstützung:[153] 14 Sitze für die Antisemiten. In den neu eingemeindeten Bezirken fielen ihnen überhaupt die meisten Erste-Kurien-Sitze zu, und auch in mehreren alten Bezirken errangen sie eine immerhin beachtenswerte Position als Minderheit.[154] In der Gemeinderatswahl im Februar 1896 gewannen die Christlichsozialen vier weitere Erste-Kurien-Sitze, davon zwei innerhalb des alten Linienwalles (Margareten und Neubau). Nicht alle, aber eben doch eine signifikante Minderheit der Hausherren kehrten – noch dazu bei steigender Tendenz – der Liberalen Partei den Rücken. Als Lueger stolz verkündete, er vertrete das christliche Volk in seiner Gesamtheit, hatte er so Unrecht nicht. Seine Partei erhielt jetzt Zuwachs von allen Elementen des wahlberechtigten Bürgertums und seiner Untergruppen.[155]

Die Christlichsozialen verfügten jetzt über 92 Sitze im neuen Gemeinderat. Obwohl das Wahlergebnis bereits Ende September 1895 vorlag, trat der Gemeinderat erst am 29. Oktober zur Wahl des neuen Bürgermeisters zusammen. In der Zwischenzeit hatte Kasimir Graf Badeni das Amt des Ministerpräsidenten angetreten. Die Frage, wie mit der Bestätigung Luegers umzugehen war, stellte eine der ersten Krisen dar, die er zu bewältigen hatte, und seine Entscheidung ist in die Annalen der politischen Geschichte Österreichs eingegangen.[156] Badeni, ein Pole, war vorher Statthalter von Galizien gewesen und hatte sich dort den Ruf erworben, mit »eiserner Hand« zu regieren. Seine Kenntnis der Wiener politischen Szene bezog er fast ausschließlich aus seiner Lektüre der *Neuen Freien Presse* und aus Gesprächen mit liberalen Politikern, die zu Besuch kamen. Auch seine Kontakte zu den Mitgliedern des Polnischen Clubs waren nicht dazu angetan, seine vorgefasste Meinung über Lueger zu korrigieren: er hielt ihn für einen ausgemachten Demagogen.

Am 29. Oktober trat also der Gemeinderat zur Bürgermeisterwahl zusammen. Im ersten Durchgang wurde Karl Lueger mit 93 zu 41 Stimmen gewählt und nahm die Wahl sofort an. Der Ministerrat richtete an Kielmansegg, der wieder in das Amt des Statthalters von Niederösterreich zurückgekehrt war, abermals die Aufforderung, einen Bericht zur Frage von Luegers Bestätigung vorzulegen. Kielmansegg traf Lueger am 30. Oktober und stellte klar, dass er kein Problem mit Luegers angeblicher Demagogie habe. Was in Wahrheit einer Empfehlung zu Luegers Gunsten im Wege stand, war der Umstand, dass Lueger zugleich einen Parlamentssitz und das Amt des Bürgermeisters innehaben würde. Lueger antwortete zuerst ausweichend, bekannte dann aber Farbe: er dachte nicht daran, seinen Parlamentssitz aufzugeben.[157] Badeni bestritt später, dass Kielmansegg eine Empfehlung zugunsten von Lueger von dessen Verzicht auf sein Parlamentsmandat abhängig gemacht habe; Lueger hatte jedenfalls diesen Eindruck gewonnen, was auch gut zu der Feindseligkeit passt, die Kielmansegg ab November aus antisemitischen Kreisen entgegenschlug.[158] Kielmansegg überwand schließlich nach schweren inneren Kämpfen seine Skrupel und gab eine Empfehlung zugunsten von Luegers Bestätigung ab. Als erfahrener Realist wusste er nur zu gut, dass sich die Christlichsozialen nicht in Luft auflösen würden und dass die gesamte habsburgische Politik lernen musste, mit Karl Lueger auszukommen.

Hätte Badeni Kielmanseggs Rat beherzigt, wäre ihm später vieles erspart geblieben. Es gab jedoch zusätzliche Faktoren, die ihm eine andere Entscheidung nahelegten. Die liberale Presse machte aus ihrer Ablehnung Luegers kein Hehl, und die liberale Führung im Parlament lehnte ihn ebenfalls ab, wenn sie dies auch nicht offen zeigte. Der Präsident des Abgeordnetenhauses, Johann Baron Chlumecky, der den konservativeren aristokratischen und den wirtschaftlichen Flügel der Liberalen vertrat, teilte mit, er könne die Unterstützung der Liberalen für Badenis gesetzgeberisches Programm nicht garantieren, falls dieser Luegers Bestätigung befürwortete.[159]

In der weiteren Entwicklung des Jahres 1895 beschwerte sich Dezső Baron Bánffy, der ungarische Ministerpräsident, wiederholt bei Franz Joseph über die Verunglimpfung Ungarns, die zum festen Bestandteil der christlichsozialen Propaganda gehörte.[160] Badeni hatte als Pole zwar keine besonderen Sympathien für die Kampagne der ungarischen Presse gegen Lueger, ließ sich am Ende aber doch vom gemeinsamen Druck der Magyaren und Liberalen – der zwei konstitutionellen Partner von 1867, die sich überall in der Monarchie von radikalen bürgerlichen Bewegungen bedroht fühlten – umstimmen.

Am 4. November trat das Kabinett zusammen, um einen Beschluss in der Lueger-Frage zu fassen. Eine Mehrheit des neuen Kabinetts unter der Führung von Verteidigungsminister Zeno Welsersheimb stand aufgrund von Kielmanseggs Argumenten einer Bestätigung positiv gegenüber. Paul Baron Gautsch und Johann Graf Gleispach waren dagegen, die Empfehlung wurde aber mehrheitlich angenommen.[161] Badeni jedoch ignorierte den Kabinettsbeschluss und empfahl dem Kaiser, die Bestätigung abzulehnen. Obwohl Erzherzog Franz Ferdinand Franz Joseph beschwor, Lueger zu bestätigen, folgte der Kaiser Badenis Rat und lehnte Lueger als Kandidaten für das Bürgermeisteramt ab.[162]

Badenis Entscheidung war durch äußeren politischen Druck zustandegekommen, aber eine gewisse Rolle hatte dabei auch sein persönliches Geltungsbedürfnis gespielt. Carl Fürst Lichnowsky, der erste Sekretär der Deutschen Botschaft, berichtete, Badeni habe die Sache zu einem Kampf zwischen dem Demagogen Lueger und einer Verkörperung der Macht und Integrität namens Badeni hochstilisiert.[163] Hätte Badeni die Liberalen ignoriert und den Mehrheitsbeschluss seines Kabinetts respektiert, dann wäre zwar ein Wutschrei die Folge gewesen, aber die Liberalen hätten sich fügen müssen. Die liberalen Parlamentarier aus Böhmen und Mähren hatten mit großen Problemen zu kämpfen – und diese hießen nicht Karl Lueger.

Die Entscheidung des Kaisers, Lueger abzulehnen, wurde am späten Nachmittag des 6. November verlautbart und traf die christlichsoziale Führung wie ein Keulenschlag. Am 8. November verlangte Robert Pattai im Abgeordnetenhaus wutschnaubend eine Erklärung.[164] Badeni war nicht verpflichtet zu antworten, stellte sich aber gleichwohl der Kritik und rechtfertigte seine Entscheidung in anmaßender Wortwahl damit, dass die Regierung niemand für ein Amt empfehlen könne, dem es an »Objektivität« mangle.[165] Als Reaktion auf diese Beleidigung Luegers beschloss der antisemitische Bürgerclub, die Sache mit Badeni auf die Spitze zu treiben, und nominierte Lueger nochmals zum Bürgermeisterkandidaten. Als der Gemeinderat das nächste Mal zusammentrat und wieder Karl Lueger wählte, sah Kielmansegg in dieser Vorgangsweise eine Verletzung der Vorrechte der Krone, erklärte den Gemeinderat für aufgelöst und setzte wieder eine provisorische Verwaltung unter Hans von Friebeis ein.[166]

Unmittelbar nach der zweiten Auflösung des Gemeinderats am 13. November 1895 versammelte sich eine aufgebrachte Volksmenge vor dem Rathaus und dem Parlament und zog dann mit dem Kampfruf »Nieder mit Badeni!« und »Hoch Lueger!« durch die Stadt.[167] Das zentrale Wahlkomitee der Christlichsozialen trat wieder zusammen und lancierte gegenüber der Regierung eine Strategie gezielter Konfrontation bis zur Abhaltung der nächsten Gemeinderatswahlen, die Kielmansegg für Mitte Februar 1896 anberaumte. Die Wahlkampftaktiken, die im Herbst 1895 erstmals zum Einsatz gekommen waren – Wahlwerbung von Tür zu Tür, aggressives Eintreiben von Spenden, etc. –, wurden in noch größerem Umfang praktiziert. Luegers Persönlichkeitskult erreichte ein nie dagewesenes Ausmaß. Die Sprache der Parteiführer wurde noch aggressiver und scheute auch nicht vor direkten persönlichen Attacken auf einzelne Minister und Beamte zurück. Dass katholische Kleriker sich in etlichen Bezirken durch Agitation auf Wahlkreis- und Pfarrebene hervortaten, wurde von der Polizei mit Argwohn beobachtet. Predigten wurden oft genug zu offen politischen Hetzreden.[168]

Ein weiteres Novum in der österreichischen bürgerlichen Politik war das massive Bemühen der Partei, die Ehefrauen von antisemitischen Wählern der Dritten und der Zweiten Kurie zum Besuch politischer Versammlungen anzustiften. Ab Mitte November fanden Dutzende Versammlungen »christlicher Frauen« statt, oft genug mit mehr als 1.500 Teilnehmerinnen.[169] Für diese Initiative gab es einen rein pragmatischen Grund: In diesen Wochen reduzierte die Partei die Zahl der regulären Wahlveranstaltungen aus Sorge, die Wahlkampagne könnte zu früh zu ihrer »Höchstform« auflaufen.[170] Ein vorrangiges Thema bei den Veranstaltungen für Frauen bildete der Boykott jüdischer Geschäfte als Strafe für die angebliche Rolle der jüdischen Gemeinde bei der Verhinderung von Luegers Bestätigung. In der Vergangenheit waren Versuche »christlicher« Familienverbände, eine »Kauft nur bei Christen«-Kampagne zu organisieren, so gut wie erfolglos geblieben; diesmal hatte der Boykott aber tatsächlich, wie aus zeitgenössischen Berichten vom Ende Dezember 1895 hervorgeht, spürbare Auswirkungen auf den Umsatz von Geschäften, die sich in jüdischem Besitz befanden.[171] Mehrere dieser Veranstaltungen gerieten außer Kontrolle, und aufgebrachte Frauen zogen danach in kleinen Gruppen durch die Stadt, pöbelten Passanten und Ladenbesitzer an und schwangen unter »Hoch Lueger!«-Rufen ihre Regenschirme. (Die Presse erfand für sie die Bezeichnung »Luegers Amazonen«).[172] Der Polizei war diese Konfrontationspolitik neuen Stils zutiefst suspekt, und Franz Stejskal, der Wiener Polizeipräsident, charakterisierte Luegers Manöver Kielmansegg gegenüber als »Perfidie« und als »systematische Untergrabung jeder staatlichen Autorität«.[173] Stejskal versuchte sogar, wenn auch vergeblich, gegen Lueger Anzeige zu erstatten wegen »volksverhetzender« Wortwahl bei den Versammlungen der Frauen; so habe er Badeni vorgeworfen, er habe sich sehr dumm verhalten, und behauptet, das Kabinett stehe unter jüdischer Kontrolle.

Der neue Termin für die Gemeinderatswahlen war Ende Februar 1896. Kielmansegg plädierte jetzt dafür, dass die Regierung an ihrer Ablehnung Luegers festhalte und auf den nächsten Zug der Antisemiten warte. Badeni rang sich jedoch allmählich zu einer anderen Einschätzung durch. Im Dezember 1895 bemerkte er Philipp zu Eulenburg gegenüber, dass er persönlich manches im christlichsozialen Programm nachgerade ansprechend finde, und deutete an, wie sehr ihn das stark negative Echo, welches die ganze Sache in der Öffentlichkeit gefunden habe, schmerze.[174] Statt sich durch seine Entscheidung die Dankbarkeit der Liberalen gesichert zu haben, scheine er jetzt von einer arbeitsfähigen Mehrheit im Parlament ebenso weit entfernt zu sein wie im Oktober. Badeni zeigte sich außerdem schockiert über die gehässigen Attacken, denen Kielmansegg seit dem neuerlichen Zusammentreten des niederösterreichischen Landtags Ende Jänner 1896 ausgesetzt war.

Als sich Anfang Februar die Möglichkeit für einen Kompromiss abzeichnete, griff Badeni rasch zu: er wollte sich aus der Zwangslage befreien, in die Lueger ihn gebracht hatte. Mit Hilfe seines Sohnes Louis nahm Badeni insgeheim Kontakt mit Karl Lueger auf, wobei ein persönlicher Freund Luegers, Johann Zacherl, als Mittelsmann fungierte. Zacherl arrangierte Anfang Februar ein Geheimtreffen der beiden Männer, das nach Einbruch der Dunkelheit in Badenis Amtsräumen stattfand.[175] In einer langen Diskussion einigten sich die beiden auf ein Abkommen, das beiden Seiten ermöglichen sollte, das Gesicht zu wahren. Lueger erklärte sich bereit, einem christlichsozialen Ersatzmann den Vortritt zum Bürgermeisteramt zu lassen, wenn die Gegenseite bereit war, drei Bedingungen zu erfüllen: Erstens bestand Lueger auf der Position des Vizebürgermeisters während dieser Übergangsfrist, die nicht länger dauern dürfe als ein Jahr. Zweitens verlangte er, die Wahl dieses Strohmannes – es würde sich um Joseph Strobach, den Anführer der christlichsozialen Hausherren handeln – dürfe erst erfolgen, nachdem er selbst, nach nochmaliger, erfolgreicher Wahl zum Bürgermeister, aus freien Stücken auf das Amt verzichtet habe. Und schließlich, drittens und abschließend, erwarte er, Lueger, die öffentliche Einladung des Kaisers zu einer Privataudienz, bei der dieser ihn persönlich bitten sollte, im Interesse der Allgemeinheit einstweilen auf das Bürgermeisteramt zu verzichten.

Zunächst gelang es Badeni nicht, Franz Joseph zum Mitspielen bei diesem seltsamen Skript zu überreden; schließlich willigte der Kaiser aber doch ein.[176] Badeni versuchte, Eulenburg mit dem geschickten »Trick« zu beeindrucken, mit dem es ihm gelungen sei, Lueger den Ersatzmann-Kompromiss abzuringen; Eulenburg vermutete aber schon damals – und zu Recht –, dass es sich um bloße Spiegelfechterei handle.[177] Später gab Badeni in einem Gespräch mit Kielmansegg zu, dass in Wahrheit er selbst der Betrogene gewesen sei. Luegers eigentliches Ziel war die Audienz beim Kaiser und der alte Fuchs war gern bereit, noch ein Jahr auf das Bürgermeisteramt zu verzichten, wenn er in diesem Punkt seinen Willen durchsetzen konnte.[178]

Die Gemeinderatswahlen vom Februar/März 1896 brachten für keine der beiden Parteien Überraschendes, außer dass die Antisemiten noch mehr Sitze in der Ersten Kurie dazu gewannen. Eine Reihe von Zusammenstößen mit den Sozialdemokraten im zurückliegenden Wahlkampf hatte jedoch eine neue Entwicklung eingeleitet. Die sozialistische Führung unter Victor Adler war zum Schluss gekommen, die Gemeinderatswahlen seien der geeignete Zeitpunkt, um mit systematischer Wahlwerbung auf kommunaler Ebene zu beginnen. Zwar gaben sich die Sozialdemokraten keinen Illusionen bezüglich ihres Wahlerfolges hin, sie betrachteten aber ihren Einsatz als gute Gelegenheit, um Erfahrungen für die Parlamentswahlen zu sammeln, die 1897 stattfinden und erstmals eine Kurie einbeziehen würden, die auf einem allgemeinen Wahlrecht für Männer beruhte. Am 2. Februar 1896 veröffentlichte die *Arbeiter-Zeitung* das erste umfassende sozialistische Reformprogramm für die Stadtverwaltung, ein Dokument von historischer Bedeutung. Es enthält den Vorschlag, die institutionellen Machtmittel der Stadt dazu einzusetzen, alle herkömmlichen Quellen bürgerlichen Reichtums weitgehend auszutrocknen bzw. umzulenken, u.a.

durch die Aufkündigung der Geschäftsbeziehungen zwischen der Stadt und den Großindustriellen und durch die Schaffung kleiner Konsumgüterindustrien mit Monopolcharakter, wie gemeindeeigene Bäckereien oder Fleischgroßmärkte.[179] Andere Artikel in der *Arbeiter-Zeitung* attackierten die Hausherren und regten den Bau kommunaler Wohnungen durch die Stadt an, um private Wohnungsvermieter zur Mietpreissenkung zu zwingen.[180] Im weiteren Verlauf des Wahlkampfes im Frühjahr häuften sich die sozialistischen Störmanöver bei bürgerlichen – liberalen und christlichsozialen – Wahlveranstaltungen.[181]

Am 18. April versammelte sich der neu gewählte Gemeinderat zur Wahl des Bürgermeisters – der dritte Anlauf innerhalb von weniger als einem Jahr. Karl Lueger wurde erwartungsgemäß wieder gewählt (mit 92 gegen 42 Stimmen) und erklärte sich unverzüglich bereit, die Wahl anzunehmen. Am 24. April informierte Lueger offiziell den Bürgerclub über die Absprache, die er mit Badeni getroffen hatte.[182] Eine kleine Gruppe national gesinnter Gemeinderäte unter der Führung von Paul von Pacher war damit nicht einverstanden, die große Mehrheit, mit Gessmann an der Spitze, sprach sich aber dafür aus. Am 27. April wurde Lueger von Franz Joseph empfangen und die Begegnung verlief nach dem schon vorher vereinbarten Drehbuch. Lueger nahm sich einen Tag Bedenkzeit, um den Wunsch des Kaisers zu »prüfen«, und teilte am 28. April Hans von Friebeis, dem kommissarischen Leiter der Stadtverwaltung, mit, er ziehe sich vom Rennen um das Bürgermeisteramt zurück.[183] Lueger erklärte noch am selben Tag seiner nächsten Umgebung, er habe Badenis Zusage für einen Zeitplan: spätestens im Jänner 1897 werde er auf dem Bürgermeisterstuhl sitzen.[184] Im letzten Akt wählte man schließlich am 6. Mai Joseph Strobach zum Bürgermeister und dieser leistete am 19. Mai 1896 seinen Amtseid.[185] Zum ersten Mal in der modernen Geschichte Mitteleuropas hatte eine wichtige Großstadt eine Regierung ohne liberale Mehrheit erhalten.

Erich Kielmansegg hatte bisher die Idee eines Strohmannes im Amt des Bürgermeisters abgelehnt. Jetzt musste er nolens volens Strobachs Bestätigung empfehlen.[186] Er fand im Übrigen Strobach durchaus nicht ungeeignet und vermerkte, er sei intelligent, wenn auch ohne akademische Bildung, und habe sich aus eigenen Kräften emporgearbeitet. Der autodidaktische Strobach besaß einen lukrativen Schulbuchverlag und -vertrieb, und es war nicht anzunehmen, dass er bloß als Luegers Marionette agieren würde. Sein Aufstieg illustriert die wichtige Stellung, die mittlerweile den Hausherren in der christlichsozialen Parteielite zukam, verdankte er doch seine Bedeutung weitgehend dem Umstand, dass er die Funktion eines Stellvertretenden Vorsitzenden im Zentralverband der Wiener Hausbesitzer innehatte. Als die kommunalpolitische Elite der Christlichsozialen damit begann, ihre Mitglieder auch aus den Rängen der Hausherren zu rekrutieren, erreichte die Partei einen Zustand, der sie in ihrer gesellschaftlichen Zusammensetzung durchaus mit den früheren Liberalen vergleichbar machte. Sie war, mit anderen Worten, zu einer soliden bürgerlichen Partei geworden.

DER ENDGÜLTIGE SIEG: LUEGERS GRIFF NACH DER MACHT

Das Jahr, das unmittelbar auf Strobachs Wahl zum Bürgermeister folgte, war eines der denkwürdigsten in der Geschichte der Christlichsozialen Partei. Der Partei fiel sofort die Führungsrolle im Stadtrat zu, da alle liberalen Mitglieder zurücktraten und eine Rolle als Minderheitsfraktion innerhalb dieses Komitees ablehnten. Im November 1896 bestritt die Partei einen intensiven Wahlkampf für die Wahlen zum Niederösterreichischen Landtag und errang problemlos auch in dieser Körperschaft die Mehrheit (31 Christlichsoziale, zuzüglich sympathisierender Deutschnationaler und konservativer Aristokraten, gegen 28 Liberale).[187] Die Kontrolle des *Landesausschusses* – ein gewähltes Exekutivkomitee, das für die Agenden des Landes Niederösterreich verantwortlich war, soweit sie nicht Wien betrafen – gab der Partei eine weitere Reihe von entsprechend gut dotierten Beamtenposten an die Hand, die an Parteifunktionäre vergeben werden konnten, die noch kein bezahltes Amt in der Gemeindeverwaltung oder im Stadtrat innehatten. So wurden u.a. Albert Gessmann, Leopold Steiner und August Kupka 1897 zu Mitgliedern des Landesausschusses bestellt, wobei jeder für einen eigenen Bereich der Landesverwaltung zuständig war. Gessmann nahm sich die Schulverwaltung, was ihm einen überragenden Einfluss auf die Besetzung von Stellen in Niederösterreich sicherte.[188]

Nach dem Sieg über die Liberalen in der Landtagswahl wandte sich Karl Lueger der Auseinandersetzung mit den Sozialdemokraten zu. Der Wahlkampf im März 1897, bei dem es um Parlamentssitze ging, die für Wien in der neuen Fünften Kurie ausgeschrieben waren, verlief besonders hitzig. Organisatorisch gesehen konnten die Antisemiten nicht mit der eisernen Disziplin der Sozialisten konkurrieren.[189] Die Sozialdemokraten drehten sogar den Spieß um gegen Lueger, indem sie die Techniken zur Störung von Versammlungen, die von den Antisemiten 1895 im Kampf gegen die Liberalen perfektioniert worden waren, gegen ihre Erfinder einsetzten. Jetzt war Lueger an der Reihe, nach Polizeischutz zu rufen: ein Sich-Weiterdrehen der Spirale, dessen Ironie die liberale Presse mit Genugtuung zur Kenntnis nahm.

Die Ergebnisse der Wahl in der Fünften Kurie ließen jedoch keine Zweifel daran, dass Karl Luegers überragender politischer Instinkt intakt war. Alle fünf sozialdemokratischen Kandidaten – und das traf auch für Victor Adler und Franz Schuhmeier zu – mussten demütigende Niederlagen einstecken. Diese gingen zum Teil auf das Konto von Badenis Manipulation der Wahlkreisgestaltung in der neu geschaffenen Fünften Kurie: Keiner der potentiell sozialistischen Bezirke, wie Ottakring oder Favoriten, blieb selbständig oder wurde Nachbarbezirken mit ähnlicher Sozialstruktur zugeschlagen, sondern sie wurden im Gegenteil mit mehreren bürgerlichen Bezirken in einen Topf geworfen. Favoriten z.B. wurde mit Landstraße und Wieden kombiniert statt mit Meidling, so dass in jedem Fall das Ergebnis ein Überwiegen christlichsozialer Wähler war, und so wurde in allen fünf Wahlkreisen verfahren. Von den 216.809 Wahlberechtigten, die zur Wahl gingen, wählten fast 57 Prozent (117.102) antisemitisch. In den Landtagswahlen von 1896, die noch nach dem privilegierten Zensuswahlrecht stattfanden, hatten die Christlichsozialen 39.862 von insgesamt 58.967 abgegebenen Stimmen auf sich vereinigt. In den allgemeinen Parlamentswahlen nach eingeschränktem allgemeinem Wahlrecht konnte Lueger mehr als 70.000 neue Wähler gewinnen.

Der christlichsoziale Erfolg des Jahres 1897 in der Fünften Kurie war erstaunlich. Die Sozialdemokraten empörten sich darüber, dass Gessmann die Wählerlisten manipuliert habe. Zweifellos spielten auch dubiose Praktiken eine Rolle, aber es ist unzulässig, den Erfolg der fünf antisemitischen Kandidaten allein auf Manipulationen zurückführen zu wollen. Die k.k. Regierung hatte Kielmansegg und die Polizei dahingehend instruiert, ein genaues Augenmerk auf den Wahlvorgang zu richten, um zu verhindern, dass die Sozialdemokraten eventuelle Verluste dem politischen System zur Last legen konnten.[190] Obwohl zu einem späteren Zeitpunkt Wahlunregelmäßigkeiten in der Wiener Politik sich zu einem ernsten Problem auswachsen sollten, waren die Christlichsozialen des Jahres 1897 schlichtweg zu unerfahren, um Tausende Tote zur Wahlurne schreiten zu lassen.

Der Schlüssel zu Luegers Siegen lag viel eher in seinem Gespür für Kandidaten: sie mussten imstande sein, nicht nur ältere bürgerliche Wähler anzusprechen, die zweimal – in der Fünften Kurie und in der privilegierten städtischen – ihre Stimme abgeben durften, sondern auch neue Wähler in den Schichten für die Partei zu gewinnen, die sich politisch noch nicht als »Arbeiter« im marxistischen Sinn verstanden. Luegers diesbezügliche Auswahl zeugt von seiner Scharfsicht. Die Kandidaten Julius Axmann, Hermann Bielohlawek und Julius Prochazka waren Handelsangestellte (Commis), Karl Mittermayer war Restaurantkellner und Angestellter im Dienstleistungssektor.[191] Allein die antisemitischen Commis in Wien brachten Tausende potentieller Wähler, um die sich die Partei seit Anfang der 1890er bemüht hatte. Genauso wichtig war, dass es in Wien Tausende Angestellte sowohl im staatlichen wie auch im privatwirtschaftlichen Dienstleistungssektor gab – Bürogehilfen, Amtsdiener, Briefträger, etc. –, deren politische Ansichten sich oft genug als erstaunlich konservativ entpuppten. Indem sie bei diesen Wählern an deren tiefsitzenden habsburgtreuen Konservativismus appellierten, verstanden es die Christlichsozialen, sowohl genug ältere wie auch neue Wähler auf ihre Seite zu ziehen, und so der sozialdemokratischen Lawine Einhalt zu gebieten.

Kasimir Badeni hatte darauf bestanden, dass Karl Lueger mit der Krönung seines Ehrgeizes bis nach den Parlamentswahlen warten müsse. Nun, in der Glorie seiner Doppelrolle als einsamer Vorkämpfer bürgerlicher wie dynastischer Stabilität, forderte Lueger, dass Badeni seinen Teil der Absprache erfülle. Am 31. März 1897 trat Bürgermeister Joseph Strobach unvermittelt zurück.[192] Der Gemeinderat versammelte sich am 8. April und wählte Lueger zum fünften Mal binnen zwei Jahren in das Amt. Kielmansegg erhob formellen Einspruch wegen Luegers Unbotmäßigkeit gegenüber der Krone, räumte aber ein, dass der Regierung kein anderer Weg offenstand als Lueger zu bestätigen.[193]

Am 20. April 1897 legte Karl Lueger also seinen Amtseid als Bürgermeister von Wien ab.[194] In seiner Antrittsrede gab er einen Überblick über das Programm, das er für die Stadt ins Auge gefasst hatte. Er wollte die Grundversorgungsbetriebe kommunalisieren, die Armenfürsorge verbessern und die Stadtverwaltung effizienter gestalten. Lueger betonte, dass alle diese Vorhaben Geld kosten würden und ersuchte die k.k. Regierung, Wien einen größeren Anteil an der Verbrauchssteuer zu überlassen. Er stellte auch einen direkten Bezug her zwischen dem Profit, den die kommunalisierten Grundversorgungsbetriebe abwerfen würden und der dadurch eröffneten Möglichkeit, die finanzielle Situation der Beamten in der Stadtverwaltung zu verbessern. Nur am Rand kam Lueger in seiner Rede auf politische Themen zu sprechen und ließ sowohl die Juden als auch die Sozialdemokraten völlig unerwähnt. Er nahm aber sehr wohl gegen extremen Nationalismus Stellung und bestand darauf, dass die friedlichen Sozialreformprojekte nicht durch Hader zwischen den Nationalitäten behindert werden dürften und es keiner deutschsprachigen Partei gestattet sei,

Der endgültige Sieg: Luegers Griff nach der Macht

das Nationalitätenproblem zu ihren Gunsten auszunützen. Lueger drängte auf Zusammenarbeit mit der k.k. Regierung und wies darauf hin, dass sein Programm der Kommunalisierung ohne staatliche Mithilfe nicht zu realisieren sei. Aber ebenso wies er darauf hin, dass er durch eine freie Entscheidung der christlichen Bevölkerung in sein Amt gewählt worden war und dass es deshalb seine Aufgabe sein müsse, vordringlich deren Interessen – und nicht die der k.k. Regierung – zu vertreten. In den 1880ern hatte sich Egbert Graf Belcredi bitter über die hochrangigen kaiserlichen Beamten beklagt, die sich weigerten, die Anliegen der Handwerker und anderer protestierender Gruppen in Wien ernstzunehmen. Derselbe Belcredi war tief gekränkt, als Lueger, Gessmann und Schindler konservative Aristokraten, wie er selbst einer war, aus der Führung der antiliberalen Bewegung verdrängten. Karl Luegers Sieg war gleichermaßen eine schwere Niederlage nicht nur für die liberale Partei, sondern auch für die josephinische Bürokratie und den katholischen Hochadel.

Lueger-Anhänger organisierten am Abend seiner feierlichen Amtsübernahme eine Festbeleuchtung. In den überwiegend bürgerlichen Bezirken brachte die Partei eine respektable (und friedliche) Demonstration zustande, mit Kerzen in den Fenstern, Freudenfeuern und anderen Kundgebungen. Aber in den dichtbevölkerten Arbeiterbezirken der Stadt, wie Ottakring und Hernals, blieben viele Straßen Schluchten der Dunkelheit. Selbst in ästhetischer Hinsicht war die Stadt jetzt in zwei Lager gespalten: nicht mehr antisemitisch und liberal, sondern christlichsozial und sozialdemokratisch. Zum ersten Mal seit 1848 stand Wien vor dem Abgrund eines tiefgehenden ideologischen und kulturellen Dualismus, der nach 1897 die gesamte Politik erfassen sollte.

Viertes Kapitel

Die Christlichsozialen konsolidieren ihre Macht in Wien

Die Herausforderungen wie die Möglichkeiten, die den Christlichsozialen unmittelbar nach ihren Wahlsiegen von 1895 und 1896 in Wien bevor- und offenstanden, waren gewaltig. Mit bescheidenen Ressourcen hatten Karl Lueger und seine Kollegen dreißig Jahre liberaler Herrschaft in der Hauptstadt beendet. Dieser Vorgang stellte die größte Veränderung in der Wählerloyalität in einer großen mitteleuropäischen Hauptstadt vor dem Ersten Weltkrieg dar. Eine politische Bewegung, die noch vor zehn Jahren nicht mehr gewesen war als ein schlecht organisierter Trupp von Bezirkspolitikern, von denen kaum einer Erfahrung in der Regionalpolitik, geschweige denn in der öffentlichen Verwaltung vorweisen konnte, übernahm jetzt die Verantwortung für die Regierung einer europäischen Großstadt und für die, nach der böhmischen, zweitgrößte Regionalverwaltung im Habsburgerreich.

Die Ausübung dieser Macht setzte die Partei einem Erwartungsdruck aus, dem sie sich nur schwer entziehen konnte: sie musste sich bewähren und die in sie gesetzten Hoffnungen erfüllen. In diesem Konservativismus der Macht steckten sowohl Gefahren wie Vorteile. Einerseits würden die Wähler die Christlichsozialen bei der nächsten Gelegenheit abstrafen, sollte sich herausstellen, dass sie nicht imstande waren, für die Verwaltung des sich entwickelnden Wiener Großraums eine tragfähige Alternative zum liberalen Regime zu bieten. Wenn allerdings die Partei die ihr zur Verfügung stehenden Machtmittel dazu benutzte, wesentliche Reformen in der lokalen und regionalen Verwaltung gemäß ihren Wahlversprechungen durchzuführen, dann durfte Karl Lueger nicht nur auf das Überleben seiner Partei hoffen, sondern sogar auf ihre langfristige Dominanz in Wien.

Der hochfliegende politische Stil, den die Christlichsozialen Anfang der 1890er Jahre praktizierten, hatte Anlass zur Hoffnung gegeben, Luegers Herrschaft würde Wien nicht nur eine neue Regierung, sondern auch einen neuen Regierungsstil bescheren. Das größte Problem, vor dem Karl Lueger 1897 stand, war die Übersetzung dieses Wählerauftrags in ein Regierungsprogramm, das revolutionären und sozial konservativen Kriterien gleichermaßen gerecht wurde. Man muss bedenken, dass die Christlichsozialen genau zu dem geschichtlichen Zeitpunkt an die Macht kamen, als die geballten Kräfte der österreichischen Sozialdemokratie zu ihrem Marsch in Richtung Anerkennung und Positionierung antraten; zwangsläufig musste die antibürgerliche Stoßrichtung, die der Ästhetik, Taktik und den politischen Zielen der Sozialisten zugrunde lag, Auswirkungen darauf haben, wie die Christlichsozialen ihre eigene Mission definierten. Für die Sozialdemokraten symbolisierten die Christlichsozialen all das, was sie an der bürgerlichen Gesellschaft ablehnten. Die Wählerbasis der christlichsozialen Partei bestand keineswegs nur aus Kleinbürgern, denen von vornherein die Verachtung der Sozialisten galt, sondern enthielt auch eine zahlreiche Gefolgschaft aus den Rängen des mittleren und höheren Bürgertums. Diese bürgerlichen Gruppen machten in den Augen der Sozialdemokraten die gesamte Partei in klassisch marxistischem Verständnis zu einem Hindernis, das beseitigt werden musste, wenn sie selbst Erfolg haben sollten. In Anbetracht der klerikalen und antisemitischen Fassade der Partei und ihres unbestreitbaren Erfolgs bei der Rekrutierung einer Massengefolgschaft, bei der sie sich in mancher Hinsicht als geschickter erwies als die Sozialisten in einem ursprünglich von diesen erfundenen Spiel, überrascht es nicht, dass die Sozialdemokraten auf Luegers Bewegung mit Wut reagierten. Die sozialdemokratische Herausforderung bedeutete für die christlichsoziale Partei nach 1897 ein doppeltes Dilemma: Sie musste Mittel und Wege finden, die wirtschaftlichen Ressourcen und politischen Möglichkeiten ihrer Mittelstandswähler zu stärken, ohne an etablierten Mustern der Reichtums- und Einkommensmehrung zu rütteln und ohne zu viel an öffentlichen Ressourcen für soziale Gruppen einzusetzen, die den Christlichsozialen jeden Erfolg missgönnten. Sie musste außerdem ein politisches Programm realisieren, das aggressiv für sich in Anspruch nehmen konnte, im »öffentlichen Interesse« zu sein, und gleichzeitig das Wort »öffentlich« so neu definieren, dass es sich auf die Interessen eines Bürgertums bezog, das eben eine Phase rasanten demographischen Wachstums und beruflicher Diversifizierung durchlief.

Ein drittes großes Thema für die Partei war die Instabilität ihrer Basis. Der christlichsoziale Erfolg in den Jahren 1895–96 verdankte sich ganz wesentlich der massiven Enttäuschung nichtjüdischer Wähler in Wien und Niederösterreich angesichts der Entwicklung des Liberalismus in Österreich. Der vielfältige und oft unharmonische Charakter der christlichsozialen Koalition zwang die Partei jedoch, über eine Modifizierung der Spielregeln für die Wahlen in Wien nachzudenken. Die Partei wollte nicht nur sicherstellen, dass sie auf Erfolgskurs blieb, sondern wollte diesen Erfolg auch wie selbstverständlich erscheinen lassen – und möglichst eindrucksvoll noch dazu.

Dass die Partei jetzt in den Institutionen staatlicher Macht das Sagen hatte, hatte auch Auswirkungen auf ihre organisatorische und finanzielle Struktur. Einerseits wurde sie dadurch den Gefahren der Erstarrung und Stagnation ausgesetzt, andererseits verfügte sie über große finanzielle und professionelle Ressourcen. Karl Lueger und sein engster Vertrauter Albert Gessmann waren sich im Klaren darüber, dass die Partei sowohl in der Stadt wie im Land die Bürokratie beherrschen musste, sie sahen aber ebenso die Vorteile eines friedlichen, harmonischen Zusammenlebens von Partei und Beamtenapparat. Mit dem Magistrat der Stadt Wien kontrollierten die Christlichsozialen die zweitgrößte »staatliche« Bürokratie in Cisleithanien mit Hunderten hochqualifizierter öffentlicher Bediensteter, die vielleicht dazu gebracht werden konnten, die Partei bei ihren Regierungsagenden »freiwillig« zu unterstützen. Ohne zu zögern entschied sich Lueger für die behutsame Assimilierung der übernommenen, noch von den Liberalen eingestellten Beamtenschaft, statt sie durch administrative Zwangsmaßnahmen vor den Kopf zu stoßen.

Die christlichsoziale Vorherrschaft in Wien: Die städtische Revolution, 1897–1905

Die erste Priorität der christlichsozialen Partei im Jahr 1897 war die Konsolidierung ihrer Machtbasis in Wien. Konsolidierung bedeutete in diesem Fall in erster Linie drei Maßnahmen oder Maßnahmenkataloge: die Entwicklung neuartiger Programme zur Vergrößerung des Umfangs und der Effizienz kommunaler Dienste, was hauptsächlich dadurch geschah, dass diese in das Eigentum der Stadt überführt und als zusätzliche Einnahmequelle für das städtische Budget benützt wurden (Luegers Programm des kommunalen Sozialismus); die Sicherung des permanenten Zugriffs der Partei auf die Schaltstellen der Macht in Wien durch eine gründliche Revision der Stadtordnung und des Wahlrechts von 1890, um alle Hindernisse für das eigene Fortkommen zu beseitigen; und die Einflussnahme auf die kommunale Bürokratie der Gemeinde Wien (ebenso wie auf die Staatsbeamten der niederösterreichischen Landesregierung) durch verdeckte, der Partei dienliche politische Sanktionen, die so dimensioniert waren, dass sie weder das tägliche Geschäft der Stadtverwaltung ins Chaos stürzten noch dem k.k. Kabinett Anlass zum Einschreiten boten.

Jeder dieser Maßnahmenkataloge erforderte ausführliche Verhandlungen der Partei mit den Kabinetten der Jahre 1897 bis 1905 (den Kabinetten von Badeni, Gautsch, Thun, Clary-Aldringen und ganz besonders Koerber) und mit dem niederösterreichischen Statthalter, Erich Graf Kielmansegg. Dieser hegte ursprünglich starken Argwohn gegen die Christlichsozialen, lernte aber im Lauf der Zeit – von persönlichen Eifersüchteleien abgesehen – den antisozialistischen Grundtenor ihrer Politik schätzen. Statt die Projekte der Partei durch Einspruch zu blockieren oder zurechtzustutzen, zeigten sich die diversen Kabinette, so verschieden sie in anderer Hinsicht waren, gleichermaßen willens, die Anmaßungen und Manipulationen – siehe Gessmann – der Christlichsozialen aufgrund der Einschätzung hinzunehmen, zu der sie alle in gleicher Weise gelangten: Sie betrachteten die Partei als eine Art Puffer gegen gewalttätige nationalistische Ausschreitungen und gegen die Einmischungen der österreichischen Sozialdemokratie in die Angelegenheiten der Reichshauptstadt. Verschiedene Kabinette machten sich diese janusköpfige Natur der Partei zunutze, wählten zum Teil andere Wege als den von Badeni beschrittenen und bestätigten alle den Erfolg der christlichsozialen Strategie, jeden offenen Anschein von Regierungsnähe zu vermeiden – was sich am deutlichsten in Luegers Weigerung manifestierte, in ein Kabinett einzutreten – während die Partei ihre Gegnerschaft zum Sozialismus und ihre Zurückhaltung in der Nationalitätenfrage unterstrich.

Nach 1906 wurde offenkundig, dass Luegers Beschränkung auf Wien gleichzeitig ein Zuwenig und ein Zuviel bedeutete. Er hatte sich einerseits selbst unterhalb der Ebene angesiedelt, auf der er in der Lage gewesen wäre, die Politik des Staates mitzugestalten, und war andererseits unmittelbarer Leidtragender der Regierungskrisen, von denen die zentralen Institutionen des Staates erschüttert wurden. Erst jetzt brach die Partei gezielt mit der Beschränkung auf Wien und versuchte, ihre eigene Wählerbasis durch eine Neudefinition des nationalen politischen Systems, in dem sie funktionieren musste, zu vergrößern.

Karl Luegers viel gerühmtes Programm des kommunalen Sozialismus, das 1896–99 mit dem Bau eines neuen gemeindeeigenen Gaswerks und der Kommunalisierung der Straßenbahn und der E-Werke (in zwei Phasen mit Abschluss im Jahr 1902) begann und später durch solche Neuerungen wie eine städtische Hypothekenbank seinen krönenden Abschluss erfuhr, war schon für sich genommen ein eindrucksvoller Beweis für politischen Willen und wirtschaftliche Leistungskraft. Andere großangelegte Bauvorhaben, wie die Zweite Hochquellenwasserleitung, die schließlich im Dezember 1910 eröffnet wurde, und die

Vergrößerung des Zentralfriedhofs (einschließlich der Errichtung einer Kirche, die heute den Namen Karl-Lueger Gedächtniskirche trägt), waren Ergänzungen mit stark funktionsbetontem Charakter. Trotzdem kann man nicht sagen, dass Wien im Vergleich zu anderen europäischen Ländern fortschrittlicher war, was die kommunalsozialistischen Unternehmen betrifft. Eine deutsche Studie aus dem Jahr 1908 zur Entwicklung kommunaler Eigentumsstrukturen in Europa kam zu dem Schluss, dass Österreich als Ganzes sich »ungefähr im gleichen Stadium der Kommunalisierung befand wie Deutschland«.[1] Mit dem für Lueger typischen Gespür für nützliche Kontroversen, das 1897–98 auch zu einer öffentlichkeitswirksamen Fehde mit der Wiener Bankenwelt und ihren journalistischen Fürsprechern führte, verstand er es immer wieder, Vorgänge, die in anderen mitteleuropäischen Großstädten selbstverständliche institutionelle und organisatorische Neuerungen waren, zu politischen Symbolen der allerersten Ordnung umzumünzen. Das Gaswerk, dessen Kommunalisierung ja in die Anfangszeit von Luegers Amtsperiode als Bürgermeister fiel, wurde zum Paradebeispiel für christlichsozialen »Antikapitalismus«[2] hochstilisiert. Lueger schloss schließlich auch mit den Wiener Bankiers wieder Frieden und hatte nach 1902 keine Probleme, entsprechende Darlehen für die Stadt aufzunehmen. Dazu nahm er besonders die Vermittlung der Länderbank in Anspruch, deren Direktor August Lohnstein zu Luegers engerem Kreis gehörte.[3] Mochten die Christlichsozialen auch auf der Wahlkampfebene ihre Kommunalisierungsvorhaben als »antikapitalistisch« verkaufen, so rechtfertigte doch die kaufmännisch solide Basis öffentlicher Eigentümerschaft, auf der diese Projekte standen, viel eher die Bezeichnung »staatskapitalistisch« als »antikapitalistisch«.

Stephan Koren hat bemerkt, dass die Frage nach dem Konzept der verstaatlichten Industrie in Österreich – gemeinnützig oder gewinnorientiert – von Wirtschaftshistorikern nicht eindeutig zu beantworten ist.[4] Im christlichsozialen Wien jedenfalls strebte der kommunale Sozialismus auf geradezu enthusiastische Weise nach Gewinn. Profitmaximierung war von großer Bedeutung, denn diese bezeugte nicht nur die »Reife« der Partei in der Handhabung öffentlicher Angelegenheiten, sondern verhalf auch anderen Interessengruppen der Stadt, sofern sie über Besitz verfügten, zu reduzierten oder wenigstens gleichbleibenden Steuersätzen. Die verschiedenen Bezirksverbände der Hausherren, deren Reihen vielerorts von christlichsozialen Bezirkspolitikern strotzten, wussten das glückliche Zusammentreffen von steigenden Zinseinnahmen und steigenden Einnahmen der öffentlichen Hand als ein greifbares Ergebnis von Luegers Projekten besonders zu schätzen.

Sie wurden auch nicht enttäuscht, wenigstens was den wirtschaftlichen Erfolg der kommunalen Unternehmen betraf. Die liberalen und sozialistischen Gegner kritisierten zwar die Extravaganz und die Gegenwartsfixiertheit der Projekte – sie wurden alle über Großanleihen finanziert –, aber die Bilanz der kommunalen Betriebe nach dem ersten Jahrzehnt des Betriebs ließ diese Kritik als unfair erscheinen. Der wirtschaftliche Erfolg dieser Projekte war derart, dass sie nicht nur die Zinsen und die Amortisierung der Anleihen deckten, sondern darüber hinaus noch ein zusätzliches Einkommen für die Stadtkasse generierten. Das Straßenbahnnetz verbuchte in den ersten zehn Betriebsjahren bei 330 Millionen Kronen Umsatz einen Reingewinn von 104,5 Millionen. Davon wurden 22,6 Millionen Kronen als neues Einkommen an die Stadtkasse überwiesen.[5] Im Mai 1908 prüfte das Finanzministerium das Budget der Stadt und kam zum Schluss,

> es müsse übrigens mit Entschiedenheit betont werden, dass die finanzielle Lage der Gemeinde Wien trotz aller im letzten Dezennium an sie herangetretenen Erfordernisse noch immer eine günstige sei. Die ordentlichen Einnahmen der Gemeinde haben sich von 72 Millionen Kronen im Jahre 1897 auf 125 Millionen Kronen im Jahre 1906 vermehrt, wozu in nicht geringem Maße die städtischen Unternehmen beigetragen haben, die im Jahre 1906 einen Reingewinn von 11,6 Millionen Kronen und eine Abfuhr von 9 Millionen Kronen aufwiesen und deren Erträgnis für das Jahr 1907 noch erheblich höher veranschlagt werden konnte.

Diese Bewertung der finanziellen Situation der Stadt Wien von 1908 schloss mit den Worten: »Von einer Überschuldung der Gemeinde Wien durch das geplante Anlehen und von einer Schwierigkeit, für dasselbe aufzukommen, könne somit keine Rede sein.«[6] Ebenso wichtig waren die riesigen Budgets für den Bau der verschiedenen öffentlichen Versorgungsunternehmen als Arbeitsplatzbeschaffer für die Wiener Wirtschaft. Von den 120 Firmen und Handwerksbetrieben, die in den Jahren 1900–1902 am Bau des gemeindeeigenen E-Werks beteiligt waren, hatten fast alle ihren Sitz in Wien oder in der näheren Umgebung. Das Gesamtinvestitionsvolumen für Dienstleistungen und Materialbeschaffung für ein Projekt dieser Größenordnung – 36 Millionen Kronen – brachte fraglos eine signifikante Belebung der lokalen Wirtschaft.

Unter parteipolitischen Gesichtspunkten hatte der kommunale Sozialismus noch andere Vorteile. Dazu gehörte auch die werbewirksame Bilderwelt für den Teil der Öffentlichkeit, der Luegers Tatendrang in der Zeit nach dem angeblichen liberalen »Niedergang« herbeigesehnt hatte. Für Lueger selbst zeichneten den kommunalen Sozialismus drei Dinge aus. Erstens gab er der Partei einen naheliegenden, großdimensionierten Gegenstand an die Hand, auf den sich die öffentliche Aufmerksamkeit lenken ließ. So konnte sie demonstrieren, wie ganz anders sie die Stadtverwaltung angehe – ein unschätzbarer propagandistischer Vorteil. Zweitens schuf der kommunale Sozialismus ein großes Feld für Ämterpatronage und politische Protektion sowohl direkter wie indirekter Art und er sicherte mit der Zeit auch dringend benötigte Einkünfte, die dazu verwendet werden konnten, neue oder erweiterte Dienstleistungen – Wien stand permanent wachsenden demographischen Problemen gegenüber – zu finanzieren. Und drittens half das Programm des kommunalen Sozialismus der Partei, für sich selbst und gewissermaßen auf experimentellem Weg, durch »trial and error«, die Grenzen des Begriffs »sozial«, den sie ja in ihrem Namen führte, in der Praxis auszuloten.

Mit dem prall gefüllten Säckel der Stadt und den prätentiösen Versuchen ihrer Vertreter, sich ungeachtet der zynischen Herablassung, mit der man sie dort empfing, den Schichten des gehobenen Bürgertums und des Hofes anzubiedern, bietet das erste Jahrzehnt des 20. Jahrhunderts in Wien ein einzigartiges Beispiel für die normative Wiederaneignung und Assimilation älterer bürgerlicher Ideale durch Gruppen von sozialen Aufsteigern, die diese Ideale so lange umformten, bis sie zu den politischen Rechten passten, die sie sich erkämpft hatten. Die Christlichsozialen eiferten mit ihren kommunal-sozialistischen Projekten den architektonischen Leistungen der liberalen Großbürger im dritten Viertel des 19. Jahrhunderts auf ihre eigene Weise nach. Keines dieser Projekte hatten sie zu ihrer Selbstbestätigung realisiert oder in ihrer Eigenschaft als eine privilegierte »kapitalistische« Klasse, sondern alles geschah allein für ihre Stadt, die eine Bastion traditioneller bürgerlicher Moral und dynastisch orientierter gesellschaftlicher Stabilität war. Das war es, was Lueger im Sinn hatte, wenn er Wien wie ein spätmittelalterlicher Patrizier stolz »unsere Vaterstadt« nannte, wobei bei ihm ein gewisser Lokalstolz mit korporativen Besitzrechten verknüpft war. In diesem Stolz – übrigens ein durchgängiges Merkmal des ausgehenden 19. Jahrhunderts – verband sich aggressiver Lokalpatriotismus mit dem Besten, was die modernste Technik Wien zu bieten hatte.

Eine Bemerkung Luegers, die er in der Generalversammlung der Wiener Bürgervereinigung im November 1904 bei einem politischen Frontalangriff auf die Sozialdemokraten machte, exemplifiziert diese Werte in aller Offenheit.[7] Er verwies auf die Leistungen seiner Amtszeit – besonders die technologisch fortschrittlichen öffentlichen Versorgungsunternehmen und die Parks – und darauf, dass diese allen Einwohnern der Stadt zugute kämen. Er erinnerte seine Zuhörer auch daran, wer für deren Zustandekommen gesorgt habe und sie daher als ein Ruhmesblatt für sich beanspruchen dürfe, und dass »diejenigen, welche auf der Straße renommieren und krawallieren, nicht die Herren von Wien sind, sondern jene, welche die Steuern bezahlen, welche in Wien geboren sind, welche in Wien ihren Wohnsitz haben und an Wien mit ihrem ganzen Herzen hängen, das sind diejenigen, welche in Wien auch etwas zu reden haben.«

Zusätzlich zur gesetzlich konstituierten Bürgerschaft gab es auch die Jugend, junge Männer, die ebenfalls bei der Verteidigung der Stadt eine Rolle zu spielen hatten, die Bürgersöhne, »welche entschlossen sind, das Erbteil ihrer Väter zu übernehmen«. Luegers Diskurs kreist um den Begriff des Eigentümers und um verwandte Begriffe – um den *Herrn* (wie in Hausherr oder Vermieter), in dessen Besitz sich ein zwar grundsätzlich disponibles, aber heiliges *Erbteil* befand, das untrennbar verbunden war mit dem kulturellen Ganzen der Stadt – und um das Gefühl der Familienzugehörigkeit als Brücke zwischen den Generationen (und Klassen). Die Jugend an sich, losgelöst von starken Familienbindungen, konnte nicht erwarten, eine unabhängige oder natürliche Rolle innerhalb des Bürgertums spielen zu können; erst durch Kooptierung und familiäre Unterstützung erhielt man einen Platz im christlichsozialen Universum zugeteilt.

Luegers Zuhörerschaft bei dieser Gelegenheit, die *Bürgervereinigung,* war eine Erfindung christlichsozialer Publizisten im Gefolge der Wahlrechtsreform von 1900: ein Zusammenschluss von Männern, denen offiziell das Bürgerrecht der Stadt verliehen worden war und die deshalb eine privilegierte Stellung innerhalb der Zweiten Kurie innehatten. Das Bürgerrecht war in Wien mit korporatistischen, exkludierenden Konnotationen überfrachtet. In der Ära der Liberalen wurde dieses »Recht« sparsam und in erster Linie als Anerkennung für außerordentliche individuelle Leistungen gewährt. Unter Lueger behielt es sein soziales Prestige, wurde aber vor allem dazu benützt, besonders bewährte Parteigänger in die Zweite Kurie einzuschleusen. Dadurch wurde eine Institution, die ursprünglich mit Blick auf die Gesamtheit der Stadt konzipiert worden war, zu einer ganz offenkundig parteipolitischen umfunktioniert – ein Beweis mehr, wie fließend die Grenze zwischen Öffentlich und Privat für die Christlichsozialen war. Die Ernennung zum Bürger blieb eine begehrte Auszeichnung; und den nach 1900 auf diese Weise Geehrten stand es frei, Mitglieder in Luegers *Bürgervereinigung* zu werden. Diese Organisation verkörperte in nuce die symbolische Inanspruchnahme des kulturellen Erbes des Wiener Bürgertums durch die christlichsoziale Parteimaschinerie.[8] Lueger nannte diese Männer einmal seine »Grenadiere der Ordnung«. Seiner Ansicht nach bestand ihr Auftrag darin, »zielbewußt diejenigen zu unterstützen, die bestrebt sind, festzuhalten an der alten Ordnung, an der Väter Recht und Sitte.«[9] Die statistischen Zahlen zu den solchermaßen zwischen 1897 und 1910 Geehrten sind aufschlussreich. Von den 9.301 Männern, die das Bürgerrecht erhielten, waren 94 Prozent verheiratet und mehr als 97 Prozent eigener Angabe zufolge katholisch. Nur 6 Prozent Unverheiratete waren darunter, und auch Witwer waren offenkundig nur wenig gefragt. Unter den Geehrten befanden sich nur wenige Protestanten und kein einziger Jude. Die Alters- und Berufsstruktur bewegt sich ebenfalls in einem vorhersagbaren Rahmen – mehr als 56 Prozent waren zwischen 51 und 70 und weiter 33 Prozent zwischen 41 und 50. Fast 70 Prozent der Geehrten waren »Selbständige« (Unternehmer oder Haus- und Grundbesitzer) in Handwerk oder Industrie, der Rest Geschäftsleute in Handel und Gewerbe. Von den 7.017 der zwischen 1901 und 1910 Geehrten waren nur 8 Prozent Beamte.[10] Die meisten stammten aus dem unteren oder mittleren Bürgertum, waren finanziell mindestens gut gestellt oder sogar schon wohlhabend – für die Ernennung wurden 50 Kronen fällig, eine nicht unbeträchtliche Summe – und kulturell gut integriert; sie waren außerdem verheiratet und gehörten der korrekten Religion an: mit einem Wort, diese Leute waren Karl Luegers »Volk«.[11]

Sozusagen in demselben Atemzug, mit dem sie eine imaginäre Stadtbürger-Vergangenheit glorifizierten, ließen die Christlichsozialen ein zweites Thema anklingen, das dazu scheinbar im Widerspruch stand: die Modernität und Fortschrittlichkeit ihrer technischen Leistungen.[12] Überall in Europa und Amerika ließen sich die Städteplaner Ende des 19. Jahrhunderts von den scheinbar unbegrenzten Möglichkeiten technologischen und betriebswirtschaftlichen Fortschritts blenden.[13] Die Christlichsozialen stellten in dieser Hinsicht keine Ausnahme dar. In jeder Werbeaussage zu den Verbesserungsprojekten der Stadt beteuerte die Partei, ausschließlich die »modernsten« und technologisch innovativsten Instrumente des urbanen Managements und der technischen Dienstleistungen einsetzen zu wollen. Die Partei konnte keine zweite Ringstraße bauen und sich in einer Neuauflage der Strategie der Liberalen Partei in den 1870ern und 1880ern, die Carl Schorske brillant beschrieben hat, ihren Ruhm in Stein meißeln lassen.[14] Dies war jedoch nicht nur ein Nachteil, denn die wenigen Versuche der Christlichsozialen, große Repräsentationsbauten zu errichten, endeten in leidenschaftlichen Kontroversen, in denen unterschiedliche Auffassungen einzelner Parteiführer in Stil- und Geschmacksfragen unversöhnlich aufeinanderprallten. Zwar konnten Leopold Steiner, Victor Silberer und Robert Pattai im November 1903 ihren Kollegen im niederösterreichischen Landtag die widerwillige Zustimmung zu Otto Wagners Plan für die Kirche der Heilanstalt Am Steinhof abringen, aber es erwies sich als unmöglich, im Gemeinderat einen ähnlichen Konsens für einen der Entwürfe herbeizuführen, die Otto Wagner für ein monumentales städtisches Museum erstellt hatte.[15] Nachdem der Gemeinderat das Projekt als solches im Juli 1900 als Tribut zum 70. Geburtstag des Herrschers bewilligt hatte, erwies es sich in der Wiener Politik als Katalysator für die schlimmsten Pegelausschläge im Bereich Ästhetik und Wahlen. Wagners Entwurf von 1907 für ein Gebäude am Karlsplatz genoss zwar Karl Luegers persönliche Unterstützung, stieß aber auf Widerstand bei Luegers Kollegen im Gemeinderat (wie bei der Wiener Künstlergemeinde im Allgemeinen).[16] Als der Gemeinderat dann für das Museum einen Standort auf der Schmelz im 15. Bezirk vorschlug und den Wettbewerb noch einmal ausschrieb, gingen im Juni 1913 zwei jüngere Architekten, Karl Hofmann und Emil Tranquillini, als Sieger hervor. Ihr traditionell gehaltener Entwurf wurde ob des Umstands hoch gelobt, dass er dem »Schönheitsgefühle« Rechnung trage und zu »idealem gemütlichen Denken« anrege, und fand bei den Juroren mehr Zustimmung als Wagner, der eine revidierte Version eines seiner ursprünglichen Pläne eingereicht hatte.[17] In den Worten eines Parteiführers war der Wettbewerb zum Stadtmuseum zu »einem Schlachtfeld widersprüchlicher künstlerischer Auffassungen« geworden sowie zum Symbol der von Leon Botstein beschriebenen, »quer durch alle Lager gehenden Allianzen, Freundschaften, Streitereien und Verschiedenheiten im modernistischen Ferment Wiens zur Zeit des *fin de siècle*«.[18] Durch ihre geteilten Sympathien im Streit über modernistische Architektur bestätigten die christlichsozialen Politiker nicht zuletzt, wie schwierig es war, den Kategorien »traditionell« und »modern« in Wien nach 1900 feste und in sich widerspruchsfreie Koordinaten zuzuweisen.

Anstelle grandioser Bauten gelangen Lueger dynamischere und unmittelbar nützlichere Formen symbolischer Repräsentation – Straßenbahnen und E-Werke – ebenso wie traditionellere Ausformungen öffentlicher Ästhetik, wie der Grüngürtel rund um Wien, der die Erfüllung einer schon Generationen währenden österreichischen Idealisierung des »Gartens« darstellte. Allen diesen Formen war gemeinsam, dass sie ebenfalls monumental waren, überlebensgroß, und dass sie unmittelbar als Tribut an die Stadt als bedeutenden großstädtischen Lebensraum gedeutet wurden.[19] Es überrascht nicht, dass auch hier das *Vaterstadt*-Motiv in voller Stärke mitschwang. Heinrich Goldemund, der

Stadtplaner, der wesentlich an der Verwirklichung des »Wald- und Wiesengürtels« beteiligt war, konzipierte das Projekt (in den Worten seines späteren christlichsozialen Biographen) als einen »Hymnus der Liebe zur Vaterstadt«.[20] Für Goldemund war der Garten- und Wiesengürtel eine ästhetische Schöpfung, die durchaus den gleichen Rang einnahm wie monumentale Architektur, meinte er doch, »an landschaftlichen Reizen überrag[e] Wien wohl die meisten Weltstädte. Um diese der Stadt auch fernerhin zu bewahren, ist es vor allem nötig, daß jener Bautätigkeit, die, unbekümmert um das Wohl des Ganzen, stets nur das Interesse des einzelnen im Auge hat, Schranken gesetzt werden …«.[21] Auch andere, stärker institutionell orientierte Neuerungen waren nicht immun gegen diese Rhetorik. Eine Druckschrift der Stadt, die voll Stolz festhält, dass der Bau des neuen städtischen E-Werks in den Jahren 1901–2 in den Händen lokaler Lieferanten und Hersteller gelegen war, fasst den Sachverhalt mit den Worten zusammen, es seien »mit wenigen Ausnahmen … Wiener und Brünner Industrie und Wiener Gewerbsfleiß, die sich in dem städtischen Elektrizitätswerk ein schönes Denkmal geschaffen haben.«[22] Traditionelle bürgerliche Werte, wie z.B. der oft beschworene Wiener Handwerksfleiß, hatten im Verein mit technologischer Modernität die neuen öffentlichen Versorgungsunternehmen geschaffen.

Von einigen wenigen Kirchenbauten abgesehen, hatten also die Christlichsozialen wenig Gelegenheit, ihr Sendungsbewusstsein durch die Verwendung von Repräsentationsbauten als historisierende Metaphern zum Ausdruck zu bringen. Die Stadtverwaltung wandte sogar einige Mühe für die Erhaltung historischer Bausubstanz auf und widmete einen Teil der 360 Millionen Kronen Anleihe, die 1908 bewilligt wurde, dem Ankauf älterer Häuser als einer unverzichtbaren Komponente ordentlicher Stadtplanung.[23] Für die Christlichsozialen war die Stadt Wien sowohl Vergangenheit wie Zukunft, ein lebendiger, sich ständig erneuernder Organismus, der auch das Objekt besitzergreifender Zuwendung war. Als »Eigentümer« (da ja die Stadt ausschließlich dem sich selbst definierenden Bürgertum gehörte) hatten sie jedes Recht, zu bewahren und zu verbessern, zu verteidigen und zu adaptieren. Ihr Programm öffentlicher Bautätigkeit war ein Spiegelbild der Ideale, zu denen sie sich auch als private Bürger bekannten. Zu ihren unsicheren Versuchen, eine Balance zwischen Traditionalismus und Modernität zu finden, gab es viele Parallelen in den Versuchen, Harmonie herzustellen zwischen der einen – imaginierten – Vergangenheit Wiens und den vielen antizipierten künftigen Entwicklungen der Stadt. Karl Wächter bemerkte 1909, niemand könne den christlichsozialen

Stadtvätern vorwerfen, sie seien nicht auf der Höhe der Zeit in Bezug auf technologische Innovation. »Der Wiener Gemeindeverwaltung kann man in diesen Dingen viel eher vorwerfen, mit Neuerungen und kostpieligen Versuchen zu rasch bei der Hand zu sein, zu verschwenderisch dem technischen Fortschritt zu folgen.«[24]

Dieselbe Partei, die für die finanzielle Förderung einer neuen Ausgabe der Werke von Abraham a Sancta Clara stimmte und die sich die Pflege der romantischen Musik von Franz Schubert zur Aufgabe machte, war auch entschlossen, die Prosperität ihrer *Vaterstadt* durch die Ergebnisse des technischen Fortschritts zu sichern – durch ein Gaswerk, das Wasserversorgungssystem, sogar durch eine U-Bahn.[25] Diese Instrumente versöhnten noch dazu auf kongeniale und gut zu vermittelnde Weise traditionelle politische und soziale Werte mit Chancen zu wirtschaftlichem und demographischem Wachstum, die entschieden jüngeren Datums waren. Das Straßenbahnsystem ist in diesem Zusammenhang ein ausgezeichnetes Beispiel. Da es eine Verbindung zwischen dem Zentrum der Metropole und ihren gartenähnlichen Vorstädten herstellte, bot sich für die christlichsozialen Stadtplaner die Möglichkeit, modernen wirtschaftlichen Profit und traditionellen Kulturgenuss in vorteilhafter Weise miteinander zu verknüpfen. Das neue, elektrifizierte Straßenbahnsystem sollte Investoren dazu ermutigen, Wiens halb ländliche Peripherie, die für ihre »landschaftlich schöne und gesunde Lage« bekannt war, für neue Bauvorhaben in Betracht zu ziehen; die Straßenbahn würde durch die Stimulation der Bautätigkeit auch in diesen Gebieten die »Grundwerte heben«.[26]

Das Lob der »landschaftlich schönen und gesunden Lage« des Stadtrandes bezeugt, dass sich die Christlichsozialen sehr wohl der Folgen des massiven demographischen Wachstums bewusst waren, mit dem die meisten großen mitteleuropäischen Städte in den Jahrzehnten vor 1914 konfrontiert waren. Der Wald- und Wiesengürtel war nicht nur dekorativ, sondern stellte auch das Ergebnis ökosozialer Zielsetzungen dar.[27] Die Verbindung von Schönheit und Profit, der Gedanke, dass Schönheit den Wert von Besitz multiplizieren kann, bezeichnete auch die Grenzen der christlichsozialen Stadtplanung. Die Partei wollte keine Verantwortung übernehmen für die Umstände, unter denen sich Individuen oder Massen vermehrten, und ebenso wenig sah sich die Stadtverwaltung in der Pflicht, den Einwohnern Wiens zumutbaren Wohnraum zur Verfügung zu stellen.[28] Ungeachtet der Frustration einzelner Parteiführer über die Starrköpfigkeit der Wiener Grund- und Hauseigentümer, wie groß diese auch immer gewesen sein mag, blieben doch die Hausherren bis zum Jahr 1914 eine der mächtigsten Interessengruppen innerhalb der christlichsozialen Partei.[29]

In dem Ausmaß, in dem die neuen öffentlichen Versorgungsunternehmen tatsächlich die Steuersätze der direkten Besteuerung konstant hielten und neue Einnahmensquellen eröffneten, stellten sie den Versuch der Quadratur des Kreises durch die Stadtverwaltung dar. Wirtschaftlicher »Fortschritt« könnte sich ja unter Umständen mit älteren politischen Privilegien und kulturellen Werten verbünden, statt zu ihnen in Gegnerschaft zu treten. Der christlichsoziale Mittelstands-Jacobinismus mit seiner Behauptung, die Öffentlichkeit in ihrer Gesamtheit sei tugendhafter als jeder ihrer Teile, um dann die eigene Wählerschaft in den Rang der »Gesamtheit« zu erheben, war in Bezug auf den kommunalen Sozialismus das logische Substrat eines parteipolitischen Kalküls.

Die Wiener kommunalsozialistischen Initiativen müssen auch vor dem Hintergrund einer allgemeineren Entwicklung gesehen werden, die europäische und amerikanische Stadtverwaltungen dazu brachte, in kommunaler Eigentümerschaft einen Modus zu sehen, der Effizienz mit Moral verband. Das christlichsoziale Programm kommunaler Reformen unterschied sich jedoch vom amerikanischen »Progressive model« in gewichtiger doppelter Hinsicht. Anstatt den Einfluss der Parteipolitik in der Stadtverwaltung zu schwächen, bestätigte und stärkte der kommunale Sozialismus in Wien die Führungsrolle einer einzigen, dominanten politischen Partei, indem er ihr den Weg zu einem gewaltigen System der Ämterpatronage und der Filzokratie ebnete; und anstatt private Interessen durch die rationaleren und moralisch besser gerechtfertigten Interessen einer größeren Öffentlichkeit zu ersetzen, machte das christlichsoziale Modell die Interessen ausgewählter bürgerlicher Wählergruppen zu einem integrierenden Bestandteil der erneuerten moralischen Kraft der Stadt, die unter dem Aspekt des Eigentums gesehen wurde. Was gut für die Partei war, war auch gut für die Gesellschaft, da die Wähler der Partei in Personalunion auch die »Eigentümer« der Stadt waren.

Ihr Kommunalisierungsprogramm entschlüsselte also für die Christlichsozialen die wahre Bedeutung der Begriffe »Öffentlichkeit« und »Volk«. Für Karl Lueger und seine Kollegen waren die »Öffentlichkeit« und die Masse der Individuen, die in Wien vorhanden war, keine identischen oder einander überlappenden Größen. Die kommunalsozialistischen Unternehmen dienten beiden, aber auf verschiedene Weise. Die »Öffentlichkeit« war für Lueger die von den steuerzahlenden, gesetzesfürchtigen Staatsbürgern gebildete Menge, die sich im Wesentlichen aus dem Bürgertum und seinen mit ihm verbundenen Klientelgruppen (wie den Staatsdienern und den Beamten des Dienstleistungssektors) zusammensetzte. Es handelte sich hier um eine politisch-kulturelle wie auch um eine wirtschaftliche Entität, die nicht nur über das Recht »aktiver« Staatsbürgerschaft (im Sinne des Abbé Sieyès) verfügte, sondern auch über das gesellschaftliche Prestige, das für die Absicherung ihres auf die Stadt bezogenen Besitzanspruches erforderlich war. Lueger sprach oft vom *christlichen Volk*, ein Ausdruck, den er in einem restriktiven, moralisch-politischen Sinn gebrauchte, um seine Wählerschaft zu bezeichnen. Die Verbesserungen der gemeindeeigenen öffentlichen Versorgungsunternehmen, die Anstellungsmöglichkeiten boten und zusätzliche Einnahmen, mit denen wieder gezielte Hilfestellungen für verschiedene bürgerliche Berufsgruppen finanziert werden konnten – wie z.B. christlichsoziale Ausbildungs- und Subventionierungsprogramme, um die Handwerkerschaft zu fördern – kamen der christlichsozialen »Öffentlichkeit« in direkter und unmittelbarer Weise zugute.[30] Der Rest der Gesellschaft – eine viel weniger genau definierte Größe, die auch die sozialen Schichten miteinschloß, die für die Hauptgegner der Partei, die Sozialdemokraten, stimmten – konnte nicht mit einer solchen direkten Unterstützung rechnen. Kennzeichnend ist folgende unumwundene Aussage, die sich in einem christlichsozialen Bericht über soziale Dienste findet, zu denen die Stadt im Rahmen der Armenfürsorge bereit war: »Die Gemeindearmenpflege ist gesetzlich auf Gewährung des zum Lebensunterhalt unbedingt Notwendigen beschränkt, was darüber hinausgeht, ist der privaten Wohltätigkeit überlassen.«[31] Genauso unumwunden kritisierte Felix Hraba den Vorschlag, dass die Stadt mehr öffentliche Kindergärten bauen und betreiben sollte: »Ich verweise darauf, daß die Gemeinde keine Verpflichtung hat, dieses Gebiet zu bearbeiten und daß dasselbe bisher der privaten Wohltätigkeit überlassen war. Ich bitte es so zu belassen, da die Finanzlage der Gemeinde eine Mehrbelastung nicht erlaubt.«[32]

Die Christlichsozialen akzeptierten den Grundsatz, dass die Dienstleistungen der Stadt billigerweise für die gesamte Gesellschaft ohne Unterschied erbracht werden müssen – aber nur in dem eingeschränkten, passiven Sinn, dass allen, die sich im Stadtgebiet aufhielten, gegen Bezahlung einer Benutzungsgebühr der Zugang zu besseren Straßenbahnen, besserer Wasserversorgung und zu größeren und schöneren Parks offenstand. Die aufwendige politische Schaustellerei, die teilweise zu Lasten der Parteifinanzen ging, diente auch dazu, den Lokalstolz zu stärken, wenn auch die meisten Parteigranden überzeugt waren, dass nur *ihre* Wähler fähig waren, echte Gefühle für die Vaterstadt zu he-

Die christlichsoziale Vorherrschaft in Wien: Die städtische Revolution, 1897–1905 193

gen. Was die Christlichsozialen ganz entschieden nicht unter »Dienstleistung« verstanden, war Wohlfahrt, im sozialistischen Sinn einer Umverteilung großer öffentlicher Ressourcen zugunsten der weniger erfolgreichen Mitglieder der Gesellschaft. Genauso dezidiert lehnten sie die Auffassung ab, zu der sich ihre sozialistischen Mitbewerber schließlich durchgerungen hatten: dass es Sache der Regierung sei, in letzter Instanz die Verantwortung für privates Wohlergehen zu übernehmen. Von paternalistischer Sozialrhetorik einmal abgesehen, vertrauten Karl Lueger und seine Mitstreiter dem Markt und – letztlich und mit allen Konsequenzen – der Familie. Auf die Frage eines Parteijournalisten, ob ihm die Absicht der Hausherren, demnächst verschiedene Mieterhöhungen vorzunehmen, Sorgen bereite, zeigte sich Lueger 1907 unbeeindruckt und argumentierte, dass der Wohnungsmarkt den Gesetzen von Angebot und Nachfrage gehorche und dass es in jedem Fall eine große Zahl leerstehender Wohnungen in Wien gebe.[33] In ähnlicher Weise lehnte Hermann Bielohlawek den zusätzlichen Bau von Waschräumen an öffentlichen Schulen ab mit folgender Begründung: »Die Familie hat für die Kinder zu sorgen, und wenn sie noch so arm ist, so muß sie wissen, ob das Kind gebadet werden darf und wie es betreut werden soll.«[34] Die Grenzen christlichsozialer Fortschrittlichkeit waren sehr rasch und unwiderruflich erreicht, sobald es um Fragen individuellen Eigentums oder der traditionellen Familie ging. Die Parteipraxis war nicht unbedingt von der Katholischen Soziallehre beeinflusst, stellte aber ohne Zweifel eine Ergänzung zu einer solchen Theorie dar. Luegers Überzeugung zufolge war Regierungsintervention nur in Ausnahmefällen zulässig; wenn man zu diesem Mittel griff, dann musste es sich durch politische Dividenden bezahlt machen. Die am meisten publizierten Leistungen der Partei auf dem Gebiet sozialer Wohlfahrt betrafen folgerichtiger Weise die sehr Alten und die sehr Jungen, zwei Klientelgruppen, die nicht fähig waren, die geforderte Selbsthilfe zu leisten. In allen anderen Belangen bestand Lueger darauf, dass die Agenden der Stadt auf einer marktorientierten Basis abgewickelt wurden. Die arbeitsrechtlichen Bedingungen für die städtischen Dienstnehmer waren nicht großzügiger (aber auch nicht weniger großzügig) als die bei vergleichbaren größeren privaten Konzernen.[35] Alle kommunalen Betriebe mussten für die Stadt einen Profit abwerfen; es war ausgeschlossen, dass die Stadt deren Benützung durch Subventionen für die ärmeren Teile der Bevölkerung erschwinglicher machte. In diesem Sinn war die Gemeinde Wien konservativer als manche vergleichbare Städte in Deutschland, wo man durchaus darüber diskutierte, ob eine Subventionierung öffentlicher Dienstleistungen nicht angebracht sei.[36]

Das Spektrum der sozialen Werte, die im Rathaus bestimmend waren, trat klar zu Tage in der Verteilung der Ressourcen. Da war z.B. das umfangreiche Unterhaltungsprogramm (Empfänge, Rundfahrten, Bankette, Ausstellungen), das alljährlich vom Büro des Bürgermeisters veranstaltet oder wenigstens finanziell unterstützt wurde.[37] Beträchtliche Summen verschlangen die Verschönerungsprojekte in ganz Wien, wie z.B. die Anlage von Gärten und Springbrunnen, die man für besonders geeignet hielt, Ruhm und Glanz der kaiserlichen Vaterstadt zu mehren. Mit Fördermitteln für Vereine seitens der Stadt konnten Gruppen, die sich der Partei gegenüber loyal verhielten oder wenigstens zur Zeit nicht in Ungnade waren, eher rechnen als solche, die soziale Dienste für Arme oder in Unglück Geratene erbrachten.[38] Die kommunale Armenfürsorge verfügte über ein Personal von mehr als 2.000 ehrenamtlichen Armenräten, das sich aus den Reihen der mittelmäßig Wohlhabenden rekrutierte (meist Handwerksmeister, dienstältere Lehrer und viele Hausherren); ihre Auseinandersetzung mit den Armen erfolgte nach Methoden, die im besten Fall paternalistisch, im schlimmsten krass demütigend waren.[39] Zwar warben Lueger und viele seiner Kollegen oft und mit großem Erfolg um private Spenden für die Armen, ihre praktische Haltung stand aber häufig nicht im Einklang mit diesem Bekenntnis zur Wohltätigkeit. Als Felix Hraba, Luegers Finanzsprecher im Gemeinderat, vorschlug, die kommunalen Armenräte mit Uniformen und Peitschen auszurüsten, damit sie sich der Aggression gewisser nie zufriedener, immer mehr verlangender Bezieher von Armenhilfe erwehren konnten – die er außerdem als Angehörige einer sozialistischen Clique beschrieb –, sprach er nur offen aus, was viele seiner Kollegen insgeheim dachten.[40] Der Aufruhr, den Hrabas Bemerkungen auslösten – die Sozialdemokraten verweigerten ihre Zustimmung zum Gemeindebudget von 1909 – war nicht nur die Reaktion auf seine völlig mutwillige Beleidigung der Sozialistischen Partei. Hier spiegelten sich völlig unterschiedliche Vorstellungen wider, die zwei Fragen betrafen: einerseits die Frage der Legitimierung der Armut und andererseits das Recht, im Namen der Armen zu sprechen (und diese für sich zu reklamieren). Christlichsoziale Wohltätigkeit beruhte auf der Sicht, dass es hier um Unterstützung ging, die von oben nach unten gereicht wurde, von Menschen, die etwas »Besseres« waren, an solche auf einer niedrigeren Stufe, und dass es sich dabei jeweils um Akte von Barmherzigkeit handelte. Wie Kenneth Prewitt bemerkt hat, zielte karitatives Handeln am Ende des 19. Jahrhunderts, im Gegensatz zu philanthropischen Konzeptionen der Moderne, lediglich »auf Linderung der tatsächlich erlebten Schmerzen, die durch Armut, Krankheit oder

Analphabetismus verursacht wurden.«[41] In ihrer karitativen Praxis unternahmen bürgerliche Gruppen wie die Christlichsozialen nicht einmal den Versuch, strukturelle Lösungen zu suchen, um die »eigentlichen« Ursachen dieser Armut auszumerzen. Zwar war selbst diese Art der Wohltätigkeit, auch wenn sie unter dem Titel paternalistischer Barmherzigkeit angeboten wurde, ohne Zweifel für viele in Armut Geratene eine Hilfe, aber – wie die *Arbeiter-Zeitung* mit Bezug auf Lueger selbst insistierte – sie wurde immer dargeboten mit dem Gefühl, dass zwischen Geber und Empfänger eine gebührende soziale Distanz lag.[42] Und da die Armenräte – angesichts ihres Berufs und ihrer Stellung im sozialen Netzwerk wahrscheinlich loyale christlichsoziale Aktivisten mit mindestens einem gewissen politischen Bewusstsein – in ein derartiges Naheverhältnis mit Schutzfunktion zu Menschen eintraten, die von den Sozialdemokraten als ihre eigenen »natürlichen« Wähler angesehen wurden, war auch die karitative Rolle der Armenräte nicht rein »privater« Natur. Autoritätslastige Konfrontationen zwischen Christlichem Sozialismus und Sozialdemokratie waren also nicht auf Wahlen beschränkt, denn in den Instituten der Armenfürsorge übten Tag für Tag zweitausend christlichsoziale Parteigänger ihre beträchtliche Macht über zehntausende potentielle sozialdemokratische Wähler im Sinn einer sozialen Disziplinierung aus.[43]

Zwei christlichsoziale Initiativen – Versicherungspolicen für kleine Gruppen von Schulkindern und das Altersheim Lainz – beleuchten die Werte, die der Kulturpolitik der Partei zugrunde lagen. 1898 gründete die Stadt eine gemeindeeigene Lebensversicherung, die *Städtische Kaiser Franz Josef-Jubiläums-Lebens- und Rentenversicherungsanstalt*, die diesen ihren Namen anlässlich des kaiserlichen Krönungsjubiläums erhielt.[44] Um das soziale Gewissen der Partei zu plakatieren, beschloss die Stadt, jedes Jahr 84 arme Kinder mit Rentenpolicen zu beschenken – als Altersvorsorge für die Knaben, als kleines Zusatzeinkommen für die Mädchen, um ihre Aussteuer aufzubessern –, die aus den Zinsen des Gründungskapitals von 500.000 Gulden gespeist werden sollten. Ein kurzfristiges finanzielles Risiko für den Steuerzahler gab es nicht, da die Fälligkeit der Policen ja in ferner Zukunft lag. Diese an sich bescheidenen Transaktionen boten zwar den Empfängern und Empfängerinnen wenig unmittelbaren Nutzen, den Gebern hingegen die Gelegenheit zur politischen Selbstbestätigung. Die Rentenpolicen sollten den Kindern in einer »feierlichen öffentlichen Zeremonie« überreicht werden; diese sollte jedes Jahr an dem Sonntag, der auf den 2. Dezember, den Jahrestag der Thronbesteigung des Kaisers, folgte, stattfinden. Diese christlichsozialen *Kinderfeste* im Festsaal des Rathauses wuchsen sich im

Lauf der Jahre zu regelrechten Propagandaspektakeln aus und wurden nicht nur von der Parteielite besucht, sondern auch von hochrangigen Regierungsvertretern, kirchlichen Würdenträgern und Vertretern der lokalen Schulbehörde. Ein typisches Beispiel war die Feier vom Dezember 1905. Josef Porzer, der Vizebürgermeister, der auch Vorstandsvorsitzender des Versicherungsinstituts war, wies in seinen Begrüßungsworten die Gäste darauf hin, dass die Überreichung der Rentenpolicen an die armen Kinder eine ausgezeichnete Gelegenheit sei, die Arbeit des Instituts der Öffentlichkeit mit Nachdruck zur Kenntnis zu bringen: »Aber dieser Tag ist nicht nur ein Fest der Kinder, er ist auch ein Festtag jener städtischen Anstalt... Heute ist auch der Tag, wo diese Anstalt durch ihre Vertreter hintreten kann vor die große Öffentlichkeit und ... einige Worte spricht über ihr Wirken, ihre Tätigkeit und ihre Entwicklung.« Laut Porzer war der überragende Erfolg des Instituts das Ergebnis des Vertrauens, das die Bevölkerung zum Angebot des Instituts im Allgemeinen und zur christlichsozialen Stadtverwaltung und dem »mit zielbewußter Hand das Regiment der Gemeinde führenden Bürgermeister« im Besonderen empfand.

Lueger verteilte dann die Policen an die Kinder und sprach die Hoffnung aus, die Bevölkerung werde es sich zur »Ehrensache« machen, ihre Lebensversicherungen mit dem gemeindeeigenen Institut (statt mit einem privaten Versicherungsunternehmen) abzuschließen. Nach einem frommen »Kindesdank«, der eigens für diesen Anlass von einer christlichsozialen Volksschullehrerin verfasst und von einem kleinen Mädchen vorgetragen wurde, gab eine Gruppe von Kindern eine patriotische Darbietung zum Besten, »Die Spinnerin am Kreuz«, die ebenfalls aus der Feder einer Lehrerin stammte. Ihre Saga von Familienloyalität und heroischer Erlösung war auf dem Wienerberg im Jahr 1222 angesiedelt. Edeltraut und ihre Kinder erwarten voll Spannung die Rückkehr des Ehemanns und Vaters. Der edle Ritter Hermann ist auf der Rückkehr von einem Kreuzzug von Feinden der Christenheit gefangen genommen worden. Ungeachtet des Umstands, dass sie aus einem wohlhabenden Haus stammt, ist Edeltraut emsig am Spinnen: Mit dem Geld für die Wolle will sie das hölzerne Kreuz, das die neue Stadtgrenze markiert, durch ein steinernes ersetzen; sie erfüllt damit ein Gelübde, mit dem sie Gott dazu bewegen will, ihrem Ehemann beizustehen. In der Zwischenzeit haben die tapferen Bürger von Wien durch Erzherzog Leopold das Stadtrecht verliehen bekommen, und es gibt viel zu feiern. Während in Wien ein Zunftfest stattfindet, bei dem führende Zunftmeister und ihre Familien in Freude und Dankbarkeit die Prosperität der Stadt preisen, gelingt es Hermann zusammen mit seinem loyalen Freund Gottfried,

Die christlichsoziale Vorherrschaft in Wien: Die städtische Revolution, 1897–1905 197

seinen Kerkermeistern zu entkommen und zu seiner treuen Edeltraut zurückzukehren. Das Stück schließt mit der Segnung des wieder vereinten Paares durch den Genius des Glücks, und der Prophezeiung einer glücklichen Zukunft, die »in der Männer stolzer Heldenfreiheit / Und in der Frauen gläubig stiller Tugend« liegt.[45]

So war die Wiener christliche Familie also sicher vor feindlichen Mächten. Eine tugendhafte, mutige, fleißige Ehefrau und ihre vernünftigen Kinder waren mit der Rückkehr ihres heroischen Ehemannes und Vaters belohnt worden; die freien Bürger feierten loyal und im Stolz auf ihre städtischen Privilegien ihren Herrscher; und am Ende triumphierten die vage »christlich« konnotierten Kräfte des Guten über das Böse. Das Stück schloss, in den Worten eines Kritikers, mit »einer patriotischen Apotheose Österreichs und des Kaisers«, es war aber auch ein Lobpreis auf die moralische Stärke und Lebenskraft eines mythischen Wiener Patriziertums im Miniaturformat. Im stolzen Bewusstsein ihrer städtischen Freiheiten und ihrer eigenen moralischen und politischen Identität beschworen diese in der Vergangenheit angesiedelten Figuren für die bürgerlichen Österreicher des heraufziehenden zwanzigsten Jahrhunderts eine Version der besten aller möglichen Welten, eine Welt mit feststehenden Geschlechterrollen, in der die Frauen ihren Männern gehorchten, ohne dadurch an persönlichem und kulturellem Einfluss einzubüßen, und in der etablierte Hierarchien in Gesellschaft und Familie die Gewähr dafür boten, dass den Besitzern und Herren der Stadt von den Jungen und den Armen in gebührender Weise Respekt und Ehrerbietung entgegengebracht wurde. Die Armen standen nicht außerhalb der städtischen Gesellschaft und waren nicht unabhängig von ihr; sie waren sehr wohl ein Teil derselben und siedelten respektvoll und friedlich an ihrem Rand. Ein agnostischer Mediaevalismus, übertüncht mit einem schwer säkularisierten religiösen Anstrich, schuf sich so eine ideale Welt, in der es auch Armen – einschließlich der Inhaber einer von der Stadt geschenkten Rentenpolice – offen stand, ihren Weg zu machen, vorausgesetzt, sie taten es ohne viel Aufhebens und in respektvoller Haltung den Leuten über sich gegenüber.

Lueger nannte zum Abschluss das Stück eine »Huldigung für das Vaterland Österreich« und gab dem Kaiser ein feierliches Gelöbnis ab: »Wir versprechen ihm, wenn alle anderen untreu werden, wir Wiener bleiben treu. Wir versprechen ihm, daß wir seiner nie vergessen werden ...«. Das ganze Spektakel fand unmittelbar nach der großen sozialistischen Demonstration vom 28. November 1905 statt und war eine Huldigung an Lueger und die kulturellen Werte des Paternalismus, der sozialen Unterordnung und politischen Exklusivität, die er wie kein anderer verkörperte. Da es sich hier um einen barocken Paternalismus (mit imperialen und dynastischen Obertönen) handelte mit einer vorgeblich moralisch integren Klientel als Zielgruppe, bediente sich Luegers Rathaus oft, auch bei der Ausrichtung anderer politischer Veranstaltungen, des ästhetischen Motivs hingebungsvoller Kinder. Das solchermaßen inszenierte »Kind« verlieh der Partei den Anspruch, die Zukunft manipulieren und auf diese Weise überdeterminieren zu können. Der christlichsozialen Gegenwart musste um die christlichsoziale Zukunft nicht bange sein.

Wenn das *Kinderfest* demonstrierte, wie sich aus achtzig bescheidenen Versicherungspolicen die theatralische Kultur eines antisozialistischen Universums formen ließ, die dem Wiener Bürgertum Gelegenheit gab, nicht nur Patriotismus und soziale Solidarität zur Schau zu stellen, sondern auch sich selbst ob seiner finanziellen Probität auf die Schulter zu klopfen, dann bot das Lainzer *Versorgungsheim* ein noch reicheres ästhetisches Betätigungsfeld für eine Partei, die auf der Suche nach gesellschaftlicher Wertschätzung und materieller Sicherheit war. Das Heim in Lainz wurde im Juni 1904 mit großem Gepränge eröffnet, das auch eine pompöse und in erster Linie seinen eigenen Interessen dienende Rede Luegers mit einschloss – in Anwesenheit des Kaisers, der ihn nur acht Jahre zuvor wegen mangelnder Eignung für das Amt abgelehnt hatte.[46] Lueger erklärte, das Heim sei der »Stolz« der Stadt, die den riesigen Komplex in nur zwei Jahre fertiggestellt und »nach den Erfahrungen moderner Technik« eingerichtet habe. Seine bloße Existenz sei ein Beweis dafür, dass das Unternehmen unter dem »Schutz des Allerhöchsten« stehe, und passender Weise hatte sich die Stadt erkenntlich gezeigt durch den Bau einer Kirche als Mittelpunkt der ganzen Anlage, wo die Armen »ihren Christenpflichten … entsprechen« konnten. Franz Joseph antwortete, er habe jetzt, wie auch schon zu wiederholten Malen in der Vergangenheit, Anlass, »Mein Interesse und Mein Wohlgefallen an den mannigfachen Maßnahmen zu bekunden, welche die Vertretung Meiner Haupt- und Residenzstadt Wien zur Hebung der allgemeinen Wohlfahrt und zur Verbesserung der Existenz ihrer Angehörigen getroffen hat«.

Lainz wurde als eine umfassende Wohlfahrtsanstalt gepriesen. Es war ein riesiges Altersheim im Verbund mit einem Armenhaus, gedacht als Ersatz für ähnliche, über die ganze Stadt verstreute Einrichtungen, deren Betrieb einen hohen Kostenaufwand erforderte. 1907 waren mehr als 70 Prozent der Pfleglinge 60 Jahre oder älter, und die Zahl der Sterbefälle belief sich in diesem Jahr auf unglaubliche 1.402 Personen.[47] Seine Existenz ist ein hervorragendes

Beispiel für den Fiskalismus der Christlichsozialen. Laut dem städtischen Beamten, der für das Projekt verantwortlich war, wurde Lainz benötigt, um die direkten Zahlungen der Stadt für in Not geratene Individuen reduzieren und »unberechtigten Ansprüchen ... jederzeit entgegentreten zu können«.[48] In der Baugeschichte von Lainz spiegeln sich die Werte und wirtschaftlichen Interessen seiner Initiatoren. Das Projekt bestand aus 29 Gebäuden auf einem großen Stück Land in der Nähe von Hietzing, am südwestlichen Stadtrand. Die einzelnen Aufträge im Rahmen des Projekts wurden sorgfältig aufgeteilt unter Dutzenden politisch wohlgelittenen Bauunternehmern und Firmen und unter Hunderten christlichsozialen Handwerksmeistern. Lueger konnte zu Recht mit der Technik prahlen, denn Lainz war nicht nur völlig elektrifiziert, inklusive Beleuchtung und Liftanlagen, und hatte nicht nur das modernste Telefon- und Kommunikationssystem Wiens, sondern auch ein eigenes Schienenverkehrsnetz, das alle Gebäude des Komplexes mit einbezog und dem Transport von Essen und Gütern diente. Die meisten Gebäude waren Pflegestationen für Arme und Alte; es gab auch ein Leichenhaus. Das symbolische Zentrum, zugleich auch ein Kontrapunkt zu den Bildern moderner Technik, war die Kirche. Dem Hl. Karl Borromäus geweiht und in neuromanischem Stil gehalten, war ihr Innenraum zur Gänze aus Mitteln eingerichtet, die von privaten Spendern – und zwar in erster Linie von der Führungsriege der Christlichsozialen – zur Verfügung gestellt worden waren. Lueger und die drei Vizebürgermeister spendeten die Glasmalereien und die zwanzig christlichsozialen Bezirksvorsteher die Kreuzwegstationen. Die Stadt verlautbarte voll Stolz, die Ausschmückung der Kirche sei von Würdenträgern gespendet worden, die als Mitglieder respektabler Bürgerkreise für ihre bürgerfreundliche Einstellung bekannt seien. Die Kirche war mit zahlreichen Bildern geschmückt, einschließlich eines monumentalen Triptychons am Hochaltar, auf dem man Karl Lueger, »in altdeutscher Kleidung« vor der Jungfrau Maria kniend, bestaunen konnte. Die armen kranken Pfleglinge würden so angehalten werden, ein christliches Leben zu führen, und daran erinnert werden, wer diese spezielle Verabreichung christlicher Nächstenliebe berappt hatte.[49]

Auch die Handwerkszünfte wurden nicht vergessen. An den Innenwänden der Kirche waren die Wappen der verschiedenen, christlichsozial dominierten Zünfte angebracht, 130 an der Zahl, welche die alte geschlossene Bürgergemeinde darstellen sollten und die jetzt der Stadtverwaltung zwar private, aber doch nur kollektive Hilfestellung bei ihrer karitativen Aufgabe anboten.[50] Telefone und mittelalterliches Zunftwesen, elektrische Fahrstühle und Karl Lueger, der vor der Jungfrau Maria kniet: das Altersheim in Lainz bündelt wie ein Brennglas die disparate Allianz zwischen Archaismus und Moderne und zwischen Tradition und Fortschritt, welche die österreichischen Christlichsozialen in der Zeit vor 1918 so effektvoll zu gestalten wussten.

Institutionen wie Lainz waren unter karitativen Gesichtspunkten konzipiert und nicht nach solchen der Sozialwohlfahrt. Die Partei lehnte es sowohl aus politischen wie aus philosophischen Gründen kategorisch ab, öffentliche Gelder für arbeitsfähige Erwachsene, die voll in die Gesellschaft integriert waren, auszugeben; Geschenke für Schwache in sozialen Randsituationen waren etwas anderes. Wirtschaftlicher Protektionismus für Handwerksmeister stand wieder auf einem anderen Blatt, denn hier waren gesetzliche und politische Beschränkungen im Spiel zugunsten produktiver Gruppen, die als Wirtschaftstreibende Unterstützung verdienten. Es war nicht »etwas für nichts«, wie es die Christlichsozialen für das sozialistische Programm unterstellten.

Die christlichsozialen öffentlichen Bauvorhaben generierten zusätzliches Einkommen für die Stadt, reduzierten ihre Ausgaben, erhöhten vor allem den Bürgerstolz und verwiesen zugleich die »Anderen« in der Gesellschaft auf den für sie vorgesehenen Platz; sie legten außerdem Zeugnis ab für die langsame Aussöhnung der Partei mit der Bürokratie des Staates. Die Verwaltungsakte zu den Verhandlungen über die Organisation des Straßenbahnsystems und die Genehmigung der großen Anleihen, welche die Stadt für die Finanzierung des Kommunalisierungsprogramms (und anderer Großprojekte wie z.B. Lainz) benötigte, spiegeln die immer engere Zusammenarbeit auf technischem ebenso wie auf politischem Gebiet wider, die Karl Lueger und sein Nachfolger im Bürgermeisteramt, Richard Weiskirchner, mit verschiedenen Kabinetten im Lauf der Zeit praktizierten. In den Verhandlungen, die Anfang 1899 mit dem Eisenbahn- und Finanzministerium über das staatliche Entgegenkommen bei der Errichtung des neuen elektrischen Straßenbahnsystems geführt wurden – es ging um die Steuerbefreiung der Stadt Wien und der von Siemens & Halske kontrollierten Bau- und Betriebsgesellschaft sowie um Dauer und Umfang dieser Vergünstigungen –, nahm das Finanzministerium zunächst eine unnachgiebige Position ein, um Lueger zu Zugeständnissen zu bewegen. Das Verhandlungsteam des Ministeriums bot am 20. Jänner 1899 der Stadt zunächst nur eine 15-jährige Steuerbefreiung an, und auch das nur für die zuletzt gebauten Linien; für Siemens und Halske sollte es überhaupt keine Zugeständnisse geben.[51] Obwohl das Finanzministerium schließlich von seinen Einwänden abrückte, verließen die Unterhändler der Stadt das erste Zusammentreffen mit den Regierungsvertretern »völlig verblüfft« über die Unnachgiebigkeit der Regierung. Lueger erhielt letzten Endes weitestgehend, was er wollte, aber um den Preis, dass er sich auf ein Katz-und-Maus Spiel mit josephinischen Finanzbeamten einlassen musste. Es kam der Stadt Wien auch durchaus zupass, dass der Finanzminister des Jahres 1899 der jungtschechische Abgeordnete Josef Kaizl war, den ein Mitglied seines Beamtenstabs geflissentlich daran erinnerte, dass die Stadt Prag sich eben um ganz ähnliche Zugeständnisse bewarb.[52]

In der Art, wie das Kabinett die Anleihe von 1902 behandelte, wurde jedoch eine gewisse Anpassung an die institutionelle fiskalische Planung der Stadtverwaltung oder wenigstens Toleranz für dieselbe erkennbar. Obwohl er die fehlende Genauigkeit der geschätzten Kosten der geplanten Ausgaben bemängelte – 116 der 285 Millionen Kronen sollten für die Straßenbahnen aufgewendet werden, der Rest für kleinere Projekte – befürwortete Ernest von Koerber die kaiserliche Zustimmung zur Anleihe nicht nur aufgrund der Vorteile, die eine Verbesserung des Schienenverkehrs der Bevölkerung bringen würde, sondern auch aufgrund seiner Erwartungen, dass »der Ertrag, welchen sich die Gemeinde aus dem Betriebe der Straßenbahnen in eigener Regie verspricht, ... dann auch den wesentlichsten Factor für den Dienst der Verzinsung und Amortisierung des Gesammtanlehens [darstellen werde].«[53]

Spätestens 1914 war dann die Beziehung zwischen der Stadt und dem Finanzministerium so einverständlich geworden, dass Bürgermeister Weiskirchner um Zustimmung zu einer weiteren massiven Anleihe für den Bau eines U-Bahnsystems ansuchen konnte, obwohl die Stadtverwaltung ein Darlehen von 1908 noch gar nicht ausgeschöpft hatte und sich zudem weigerte, die genauen Bedingungen bekanntzugeben, unter denen die Anleihe aufgelegt werden würde. Weiskirchner gab einfach die Zusage, dass die Bedingungen zumutbar sein würden und dass er um Billigung derselben beim Finanzministerium ansuchen werde, sobald er dies für opportun erachte. Das Kabinett fand diese Vereinbarung akzeptabel und empfahl Zustimmung zu der Anleihe – ein Vertrauensbeweis, der 1897, als die Partei ihr Kommunalisierungsprogramm begann, undenkbar gewesen wäre.[54]

Luegers kommunaler Sozialismus, seine Projekte zur Stadtverschönerung und die Bereitschaft der Stadt, in bescheidenem Umfang und je nach Ermessenslage Sozialleistungen zu erbringen, trugen Wien internationale Anerkennung ein. Entwicklungen an einer anderen Front, der Neuordnung des Gemeindewahlrechts, waren dazu angetan, für die Christlichsozialen eine langfristige Dominanz bei den Wahlen in Wien sicherzustellen. Dieses Vorhaben verlangte eine Reform der Statuten der Stadt und des Wahlrechts von 1890. Verglichen mit den wahlgeometrischen und politischen Manipulationen, die Lueger und Co. dabei vornahmen, waren die einschlägigen Versuche der Liberalen von 1890 ein Kinderspiel gewesen.

Lueger brauchte 1899 aus mehreren Gründen ein neues Stadtrecht für Wien. Er hatte in früheren Wahlkämpfen in Aussicht gestellt, die Christlichsozialen würden den oligarchischen Stadtrat abschaffen und der Plenarversammlung des Gemeinderats mehr Mitsprache einräumen. Er fühlte sich daher verpflichtet, wenigstens seinen guten Willen zu zeigen, um den Stadtrat durch einen demokratischeren Mechanismus der Entscheidungsfindung zu ersetzen, obwohl sich bei den Verhandlungen mit der k.k. Regierung gezeigt hatte, dass dies ein Punkt war, dem der Kaiser seine Zustimmung verweigern würde.[55] Dazu kamen noch vier ausdrücklich politische Überlegungen, die ein neues Statut mitsamt dazugehörigem Wahlrecht sowohl wünschenswert wie unumgänglich machten. Erstens wurde im Jahr 1898 die Neuregelung einer progressiven Einkommensteuer wirksam. Tausende Männer, die vorher nicht steuerpflichtig gewesen waren, wurden jetzt von dieser Steuer in Wien erfasst und rechneten damit, auch in die Wählerliste aufgenommen zu werden. Zum Leidwesen der Christlichsozialen waren viele dieser neuen Wähler verhältnismäßig gut verdienende Arbeiter oder einfache Angestellte, noch dazu teilweise jüdisch, von denen keinesfalls anzunehmen war, dass sie antisemitisch wählen würden. Die Bedrohung, die sie darstellten, war nicht allzu groß, und ihre Präsenz würde in erster Linie in der traditionell antisemitischen Dritten und in der Zweiten Kurie fühlbar werden; die Christlichsozialen hatten jedoch nicht die Absicht, ohne zusätzliche Sicherungen, die ihnen auch in Zukunft die Vorherrschaft sichern würden, diese Leute in das bestehende Wahlsystem aufzunehmen. Gestützt auf Gutachten, die von wohlwollenden Rechtsexperten in der Gemeindeverwaltung erstellt worden waren, verstieg sich die Partei 1899 zu dem Antrag, dass alle, die unter die neue Einkommensteuer fielen, von den Wahlen ausgeschlossen bleiben sollten, da das ursprüngliche Wahlrecht von 1890 keine Bestimmungen für Wähler enthalte, die eine direkte Einkommensteuer bezahlten.[56] Zweitens hatten die Gemeinderatswahlen von 1898 (für die Erste Kurie) der Partei keine über den Stand von 1896 hinausgehenden Gewinne gebracht. Sie hatte zwar keine Sitze verloren, aber es war ihr auch nicht gelungen, die verbleibenden Liberalen aus den traditionellen Bastionen liberaler Vormacht, wie der Inneren Stadt und der Leopoldstadt, zu verdrängen. Eine Neufassung der Wahlordnung würde den Christlichsozialen die Gelegenheit bieten, die

Erste Kurie mit andern wohlhabenden Wählern vollzustopfen, wie z.B. hochrangigen Staatsbeamten und mittleren Hausherren, die aller Voraussicht nach die Erste Kurie im Sinne der Partei umpolen würden.[57] Drittens waren die Christlichsozialen in den Wahlen von 1895 und 1896 gezwungen gewesen, sich auf die Unterstützung einer Untergruppe deutschnationaler Politiker zu verlassen, von denen einige in der antisemitischen Koalition im Gemeinderat gelandet waren. Die überwiegende Mehrheit dieser Politiker hatte sich mit dem neuen Regime in einer bequemen, für beide Seiten vorteilhaften und nicht immer loyalen Haltung arrangiert; zwischen 1896 und 1900 waren sie einfach zu einem Teil des größeren christlichsozialen *Bürgerclubs* geworden. Einige, insbesondere Michael Gruber und Karl Fochler, blieben jedoch in ihrem politischen Verhalten unberechenbar. Elf dieser Politiker hatten im Oktober 1896 mit der antiliberalen Koalition gebrochen und einen eigenen Club im Gemeinderat gegründet. Nun bot sich für Lueger die Gelegenheit, ein neues Wahlrecht zu konzipieren und die Wählerregistrierung in der entscheidenden Zweiten Kurie, wo sich die Hauptmasse der Leute mit nationalistischer Gesinnung befand, dafür zu nutzen, den aufmüpfigen Nationalisten als Vorspiel zu ihrer endgültigen Verdrängung aus dem Gemeinderat einen Schuss vor den Bug zu verpassen.[58]

Zuletzt hatte Lueger immer darauf bestanden, die Christlichsozialen würden, sobald sie die Macht dazu hätten, auf ein faireres System der Gemeindewahlen hinarbeiten, vielleicht auf einer Grundlage, bei der die Kurien keine Rolle mehr spielten, um auch die Arbeiterklasse in irgendeiner Form an den Wahlen teilnehmen zu lassen. Der alte Demokrat in Lueger kollidierte hier mit dem Eigeninteresse seiner Partei. Lueger wusste, dass die beste Taktik darin bestand, den Arbeitern nicht tatsächlich die volle Teilnahme am kommunalen Wahlrecht zu ermöglichen, sondern lediglich den Anschein zu erwecken, er hege die Absicht, ihnen wenigstens einen begrenzten Anteil zu gewähren. Die schließlich von der Partei vorgeschlagene Lösung, nämlich die Schaffung einer alibimäßigen Vierten Kurie mit 20 Sitzen, die auf universeller Basis zur Wahl standen, erwies sich als die perfekte Antwort auf dieses Dilemma.

Die Verhandlungen zwischen der Partei und der staatlichen Bürokratie waren langwierig und heikel, aber für Lueger schließlich erfolgreich. Die Partei legte dem Gemeinderat im März 1899 einen ersten Entwurf der neuen Statuten vor, der von Richard Weiskirchner und Karl Lueger selbst ausgearbeitet worden war und ein allgemeines Wahlrecht für Männer in Wien einfach durch Abschaffung des Kurialsystems vorschlug; einzige Einschränkung war die Erfordernis von mindestens fünf Jahren Ortsansässigkeit. Dieser Entwurf war für niemand die erste Wahl und das Kabinett stufte ihn als völlig inakzeptabel ein.[59] Er wurde jedoch vom Gemeinderat gebilligt und an den niederösterreichischen Landtag weitergeleitet, vorgeblich zur endgültigen Bestätigung. Der Statthalter Erich Kielmansegg erkannte jedoch, dass die Christlichsozialen von ihm die Erklärung erwarteten, dass die Regierung den Entwurf ablehne, um diesen zurückzuziehen und der Regierung die Schuld an der Perpetuierung des undemokratischen Wahlrechts zu geben. Kielmansegg unterließ dementsprechend eine offizielle Stellungnahme während der ersten Debatten des Gesetzesvorschlags, obwohl nicht zu übersehen war, dass er dem Vorschlag nichts abgewinnen konnte. Es währte nicht lange und es meldeten sich kritische Stimmen aus der Partei selbst: Ernst Schneider und andere standen dem Entwurf offen ablehnend gegenüber. Schließlich erklärte Mitte April die christlichsoziale Mehrheit im Wahlreformkomitee des Landtags plötzlich, sie zögen ihre Unterstützung für den Vorschlag zurück, und führten als Grund die ablehnende Haltung der Regierung an.[60]

Die Parteiführung erarbeitete dann einen revidierten zweiten Vorschlag, der das Kuriensystem auf der Basis von Steuerleistung und Bildungskriterien beibehielt, es aber um eine Vierte Kurie und um die Erfordernis fünfjähriger Ortsansässigkeit erweiterte.[61] Zusätzlich gelang es Weiskirchner, der auch für die zweite Version verantwortlich war, substanzielle Verschiebungen in die Zusammensetzung der drei bestehenden Kurien hineinzureklamieren. So verschob er zum Beispiel mittlere Hausbesitzer und etwas höherrangige Staatsbeamte von der Zweiten in die Erste Kurie, was zu einer wesentlichen Vergrößerung derselben führte: dies in der Annahme, die Partei werde unter mittleren Hausherren (die ärmeren wurden in der Zweiten Kurie belassen) und nichtjüdischen Beamten eher eine solide Mehrheit finden als unter den wohlhabendsten Schichten der Haus- und Grundbesitzer, wo die Liberalen noch immer mit Unterstützung rechnen konnten. Männern mit dem Ehrentitel *Bürger von Wien* wurde jetzt gestattet, in der Zweiten Kurie zu wählen; dies gab der Partei ein zusätzliches Steuerungsinstrument an die Hand, für den Fall, dass die in der Zweiten Kurie verbliebenen Staatsbeamten unverlässlich oder rebellisch wurden. Gessmann und Lueger hielten beide die Staatsbeamten, die ihnen 1895–96 zum Sieg verholfen hatten, für weniger berechenbar als die Haus- und Grundbesitzer oder die Handwerker. Um die Auswirkungen möglicher politischer Turbulenzen unter den Handwerksmeistern, die in der Dritten Kurie abstimmten, möglichst gering zu halten, nahm die Partei verschiedene Kategorien von Hilfskräften (Diener) und anderen kleinen Angestellten in den Bürokratien des Staates, des Landes oder der Gemeinde in diese Kurie auf – Männer, die bis jetzt vom

Wahlrecht ausgeschlossen gewesen waren und die leicht dazu gebracht werden konnten, für die Partei zu stimmen. Mit der Zeit zeigte diese Umstrukturierung der traditionellen Parteibasis auch Auswirkungen auf die Strategien, deren man sich bediente, um an die Wählerschaft heranzukommen. Im Wahlkampf von 1914 beschrieb zum Beispiel ein für Wähler in der Dritten Kurie von Rudolfsheim bestimmter Handzettel die »Wählerschaft des III. Wahlkörpers« als zusammengesetzt »aus unseren braven Gewerbetreibenden, Angestellten unserer öffentlichen Ämter und Wiener Privatangestellten«; diese zusammen stellten »die stärksten Säulen unseres Staates« dar.[62] Mittlerweile konnten also die Gewerbetreibenden, Anfang der 90er noch *die* Protestgruppe schlechthin, selbst in ihrer ureigensten Kurie nicht mehr die Führerschaft für sich beanspruchen.[63]

Weiskirchner versuchte, innerhalb einer jeden Kurie ein Gleichgewicht der Kräfte herzustellen, so dass sich für die Partei ihre Gewinne (und Verluste) über eine größere Zahl von Interessengruppen verteilten und sie nie mehr von einem einzigen großen Stimmblock (wie zum Beispiel von den Staatsbeamten in der Zweiten Kurie) abhängig war. Das bedeutete keineswegs, dass die Partei bereit war, sich von ihrer traditionellen Wählerbasis loszusagen, es gab aber Lueger erhöhte Flexibilität im Umgang mit den verschiedenen Interessengruppen: er hatte ein Ohr für alle Gruppen, konnte aber von keiner in Geiselhaft genommen werden. Die Reform war nicht antibürgerlich, kam aber sehr wohl aber der Partei zugute. In einem Brief an Kielmansegg, in dem Lueger den revidierten Vorschlag verteidigte, gab er zu verstehen, dass seiner Meinung nach die Stadt jetzt endlich über ein Wahlsystem verfügte, das die sozialen und kulturellen Machtverhältnisse in Wien korrekt abbildete.[64] Das Kuriensystem diene nun nicht mehr dazu, der Bourgeoisie und der Intelligenz auf Kosten des Kleinbürgertums Vorteile zu verschaffen, da sich ja das Zentrum der Macht hin zur Mitte der bürgerlichen Gesellschaft verlagere, zu Gewerbe, Industrie, Staatsdienst und freie Berufe. Auch den Arbeitern werde eine begrenzte Rolle in der Stadtverwaltung eingeräumt, in Form der zwanzig Sitze der Vierten Kurie, die nach Luegers Ansicht das Maximum darstellten, was den Arbeitern fairerweise zustand. Das neue Wahlrecht war ein Spiegelbild der christlichsozialen Idealvorstellung von Wien als einer Bastion des rechtschaffenen, gottesfürchtigen, hausbesitzenden allgemeinen Bürgerstands, dessen Mitglieder jetzt in allen drei großen Kurien des Wahlsystems in der Überzahl waren. Die »mittleren« Schichten des Wiener Bürgertums wurden jetzt zu den exemplarischen Trägern politischen Handelns, während die sehr Armen und die sehr Reichen irgendwo in ihrer Randlage verharrten.[65]

Die Version, die am 27. Mai 1899 den niederösterreichischen Landtag passierte, sah noch die Abschaffung des Stadtrats vor. Sie enthielt auch eine noch viel gewagtere Herausforderung an die Regierung, indem sie denen, die nur Einkommensteuer zahlten – außer in der Vierten Kurie – glatt das Wahlrecht vorenthielt. Man kann darüber debattieren, ob Gessmann und Lueger tatsächlich erwarteten, die k.k. Zustimmung für diese Maßnahmen zu bekommen, sie waren aber bei den bald darauf einsetzenden Verhandlungen als Verhandlungsmasse nützlich, um die Zustimmung für den Rest des Gesetzesvorschlags sicherzustellen; dieser hatte bereits wütende sozialdemokratische Demonstrationen ausgelöst. Nach einer Serie von Geheimverhandlungen im Spätherbst und Winter 1899–1900 trat der Landtag Ende Februar 1900 zusammen und beschloss eine weitere Version dieses Gesetzes; darin wurde der Stadtrat beibehalten und das Kurialwahlrecht auch denen zugestanden, die nur die direkte Einkommensteuer zahlten.[66] In fast allen anderen Belangen zeigte sich die Partei mit dem Ergebnis zufrieden. Die einkommensteuerpflichtigen Wähler wurden über das ganze System in einer stärker oligarchischen Manier verteilt als dies bei den anderen Steuerzahlern der Fall war – der Mindestsatz für die Wahlberechtigung in der Dritten Kurie wurde zum Beispiel für Handwerksmeister mit 8 Kronen und für Einkommensteuer-Wähler mit 20 Kronen festgesetzt.[67] Weiskirchner erinnerte sich später an ein Treffen mit dem Hauptunterhändler der Regierung, Erasmus von Handel, an einem schönen Wintertag, bei dem sie die endgültige Version des Kompromissvorschlags formulierten, während die Parteigranden im Landtag auf das Verhandlungsergebnis warteten.[68]

Kaiser Franz Joseph billigte das Gesetz Ende März 1900 trotz des Protestgeheuls der Liberalen und der Sozialdemokraten. Ernest von Koerbers Bericht an den Kaiser, in dem er die Billigung des Gesetzes empfahl, macht deutlich, was die Regierung dazu bewegte, die christlichsozialen Abänderungen zu akzeptieren. Nach einem detaillierten Überblick über den Inhalt des Gesetzes und die Manöver, die der letzten Version des Entwurfs vorangegangen waren, musste Koerber eingestehen, dass das Kabinett jetzt Wien Lueger und seiner Partei überlasse; das neue Wahlrecht bedeute ein schweres Handicap für die Überreste der liberalen Bewegung in Wien und räume radikalen Nationalisten und Sozialdemokraten für die absehbare Zukunft bestenfalls Statistenrollen ein. Gerade diesen letzten Punkt fand Koerber jedoch sehr attraktiv. In seinen abschließenden Argumenten deutete er an, die politische Realität in der Stadt lasse dem Staat keine andere Wahl, als die christlichsoziale Dominanz zu akzeptieren; diese könnte »in der Herrschaft über die Massen nur durch soziale und wirtschaftliche Strömungen verdrängt werden ..., deren Förderung mit den Zielen einer conservativen Staatspolitik insolange nicht vereinbar ist, als diese Strömungen nicht eine wesentliche Läuterung und Eindämmung erfahren haben werden.« Aus den vom Kaiser mit Bleistift in das Original des Berichts hineingeschriebenen Anmerkungen geht eindeutig hervor, dass er mit Koerbers pointierter Kritik an den Sozialdemokraten einverstanden war.[69] Im Anschluss an die Billigung der Stadtverfassung empfing der Kaiser Lueger in Audienz, ein Umstand, den der Bürgermeister sofort zu einem Propagandacoup sowohl gegen Alldeutsche wie gegen Sozialdemokraten ausnützte. Nach dem Empfang wurde folgender Ausspruch des Kaisers kolportiert: »Es mag manches an dem Verhalten Dr. Luegers bedauerlich sein, aber man kann nicht leugnen, daß er sehr patriotisch denkt und das ist lobenswert.«[70]

Als das neue Wahlrecht in den Kommunalwahlen von 1900, 1902 und 1904 zur Anwendung kam, gab es den Christlichsozialen alles, was sie erwartet hatten, und noch mehr.[71] 1900 gewann z.B. die Partei alle in der Dritten Kurie ausgeschriebenen Sitze und auch 42 von 46 Sitzen in der Zweiten Kurie.[72] Die neuen Kader der Haus- und Grundbesitzer, die in die Erste Kurie gezwängt worden waren, ermöglichten es 1904 den Christlichsozialen, 30 der insgesamt 46 Sitze zu erobern; den Liberalen verblieben nur noch die Innere Stadt, die Leopoldstadt sowie Alsergrund und Döbling. 1904 hielten die Christlichsozialen 140 der 158 Sitze im Gemeinderat. Mit ihrer erdrückenden Vormacht in der Zweiten und Dritten Kurie und ihrem bemerkenswerten Erfolg in der Vierten Kurie – von den 20 Sitzen, die in der ersten Vierte-Kurie-Wahl im Mai 1900 zu vergeben waren, gewannen die Christlichsozialen 18, die Sozialdemokraten zwei – hielt die Partei die Politik der Stadt jetzt praktisch im Würgegriff, der erst durch die revolutionären Ereignisse von 1918–19 gelöst wurde.[73] Wenn politische Unsterblichkeit von der Zahl der Wählerstimmen abhinge, dann wäre Karl Lueger ein Platz im Pantheon der österreichischen Politik gewiss.

Ein drittes Merkmal von Luegers kommunaler Revolution komplementierte die ersten beiden, nämlich die moralische und politische Inbesitznahme der Bürokratien auf kommunaler und auf Landesebene und die Wirkung, die der Antisemitismus auf die Gemeindebeamten und auf die Partei als Ganzes ausübte. Neuere Forschungen zum Verhältnis zwischen Nationalsozialismus und deutschem Staat bzw. Öffentlicher Verwaltung haben das Ausmaß untersucht, in dem eine Massenbewegung, die der Gesellschaft in Deutschland einen antilegalen normativen Rahmen – den nationalistischen rassischen Antisemitismus – aufzwingen wollte, zu diesem Zweck einerseits den traditionellen deutschen Zivilstaat unterjochte und ihm andererseits doch paradoxerweise die Freiheit beließ. Die Spitzenriege der Christlichsozialen, Lueger, Weiskirchner, Gessmann, waren keine rassischen Antisemiten und sie hatten auch mit Theorie und Praxis politischer Gewalt nichts am Hut. Wer gelegentliche Straßenraufereien vor Wahllokalen in Wien mit Nazi-Pogromen vergleicht, missversteht die Verhältnisse, unter denen im Wien des 19. Jahrhunderts Wahlpolitik ablief.[74] Kontrafaktische Argumente der Art, dass die christlichsoziale Partei nur durch die k.k. Regierung gehindert worden sei, die Wiener jüdische Gemeinde administrativ und politisch auszuplündern, sind letztlich wenig überzeugend. Wenn es eine vorgestellte Kontinuität zwischen Wien vor 1914 und der Politik der Zwischenkriegszeit gibt, dann verläuft die Linie von Lueger zu Dollfuß und nicht zu Hitler, und selbst *diese* Verknüpfung laboriert an vielen Widersprüchen.[75] Karl Lueger war ein überzeugter, wenn auch passiver Anhänger des Begriffs des Rechtsstaates in der Form, wie er im 19. Jahrhundert geläufig war, und unternahm nie einen ernsthaften Versuch, die Wiener Juden ihrer Bürgerrechte zu berauben.[76] Selbst wenn es den Schutz des k.k. Staates nicht gegeben hätte, ist es fraglich, ob Lueger auch nur im Entferntesten daran gedacht hätte, die konstitutionellen und wirtschaftlichen Rechte, die die Gesetzgebung von 1867 den Juden garantierte, zu widerrufen. Zugleich muss man sagen, dass Lueger eine unverständliche, geradezu paranoide Empfindlichkeit gegenüber Kritik aus einer Zeitungslandschaft an den Tag legte, die zum großen Teil von liberalen Juden bevölkert war. Er konnte auch in Worten und Gesten seinen Abscheu über Aussehen und Benehmen zugewanderter Ostjuden ausdrücken – Gefühle, die übrigens auch von vielen assimilierten Wiener Juden geteilt wurden.[77] Die antisemitische Rhetorik, deren Lueger sich in der Öffentlichkeit bediente, war krud, beleidigend und nicht selten herzlos, und ihre emotionale Wirkung konnte jedenfalls von anderen, auch von Leuten innerhalb seiner eigenen Partei, für noch ruchlosere Ziele eingesetzt werden. Die Erinnerung an Luegers antisemitische Posen gab auch den Nazis in Österreich zwischen 1938 und 1945 äußerst brauchbare Propagandawaffen an die Hand.[78] Es steht auch völlig außer Zweifel, dass unter den Fußsoldaten der Partei der Hass sowohl gegen Juden als auch generell gegen ethnisch wie politisch »Andere« einfach ein Faktum war, genauso wie der latente Antisemitismus unter vielen sozialdemokratischen (und nicht-jüdischen liberalen) Wählern. Dieser Umstand war allen Parteien in Wien sehr wohl bewusst.[79] Am intensivsten und extremsten, wie Anton Pelinka bemerkt hat, war der Judenhass eingestandenermaßen innerhalb des kleinen »linken« Flügels der christlichsozialen Partei unter der Führung von Leopold Kunschak.⁸⁰ Für Lueger und die meisten Mitglieder der Führungsriege war das öffentliche Herumhacken auf den Juden vor allem eine politische Angelegenheit. Dass es eine abscheuliche Praxis war, dass sie unschuldigen Menschen eine psychologische Bürde auflegte, die weit über die Erfordernisse des politischen Wettbewerbs hinausging, und dass sie ein Vorbild für künftige Politiker abgab, die eine viel stärkere Neigung hatten, die Dinge wörtlich zu nehmen, und viel weniger »common sense« und Flexibilität als Lueger und seine Generation von Politikern, ist eine Last, die der österreichische Christliche Sozialismus auf ewige Zeiten mit sich herumschleppen muss.⁸¹

Arthur Schnitzler hatte also wahrscheinlich recht mit seiner dezidierten Behauptung, dass Lueger, »so unbedenklich er die niedrigsten Instinkte der Menge und die allgemeine politische Atmosphäre für seine Zwecke zu nützen wusste«, im Herzen, »auch auf der Höhe seiner Popularität, sowenig Antisemit [war] als zu der Zeit, da er im Hause des Dr. Ferdinand Mandl mit dessen Bruder Ignaz und anderen Juden Tarock spielte.«⁸² Als er im Rahmen eines Ehrenbeleidigungsprozesses 1912 als Zeuge aussagen musste, antwortete Alois Heilinger, ein christlichsozialer Gemeindebeamter und Parlamentsabgeordneter aus dem Umkreis von Albert Gessmann, der sich später mit dem Parteiapparat überwarf, aber das Wahldebakel vom Juni 1911 überlebt hatte, auf Fragen des christlichsozialen Anwalts Heinrich Mataja über Luegers Ansichten zu den Bürgerrechten der Juden wie folgt:

Mataja: Sie haben Ihr Programm entwickelt und darin ist auch als Punkt die sogenannte staatsgrundsätzlich gewährleistete Gleichberechtigung enthalten, die Sie als Beamter unbedingt zu halten sich verpflichtet erachten. Finden Sie zwischen dieser staatsgrundsätzlich gewährleisteten Gleichberechtigung und dem antisemitischen Programme der christlichsozialen Partei und dem antisemitischen Programme Dr. Luegers einen Gegensatz?

Heilinger: Die Partei hat viele Schattierungen. [Ernst] Schneider zum Beispiel hat ganz andere Ansichten als ich und als Vizebürgermeister Hierhammer. Die Differenzen innerhalb der Partei sind so groß, daß ich selbst Sie fragen möchte, was für eine Meinung Sie haben. Ich speziell war niemals ein extremer Mensch, sondern habe mich stets bemüht, ehrlich für das Volk zu arbeiten, ohne dafür einen Heller zu bekommen. Ich bin auch nichts geworden, habe hohe Stellungen, selbst eine Sektionschefstelle, die man mir angeboten hat, abgelehnt, und war nie für Gut und Geld zu haben.

[Mataja wiederholt seine Frage über Lueger.]

Heilinger: Dr. Lueger war ja gar nicht so antisemitisch gesinnt. Er war ein Mann, der für die allgemeine Eintracht war. Eine Gehässigkeit gegenüber den Juden habe ich bei ihm nicht bemerkt, im Gegenteile, ich habe gesehen, daß er im Parlamente stets mit ihnen verkehrte. Von einem praktischen Antisemitismus habe ich bei Dr. Lueger wenig bemerkt. Er war freilich gegen eine Vorherrschaft der Juden, das sind aber alle.

Mataja: Wie war sein politischer, sein programmatischer Antisemitismus?

Heilinger: Ich wiederhole, Dr. Lueger war eigentlich kein Antisemit. Er hat vielfach mit seinen Gegnern verkehrt, nicht in einer gehässigen Weise wie vielleicht Schneider, sondern vom Standpunkte der Gleichheit. Wie oft habe ich mit ihm über diese Frage gesprochen! Er war in seinem Innern kein Gegner der Juden, und das hat er offen zur Schau getragen. Was das Programm sagt, ist etwas anderes. Fakten entscheiden und nicht Worte.[83]

Heilinger wollte mit diesen Aussagen nicht Luegers Andenken dienen – es war eher zu erwarten, dass sie von gewissen Kreisen in der Partei zu Luegers Nachteil ausgelegt wurden. Er wollte nur auf Luegers Fähigkeit hinweisen, eine völlige Trennung zwischen Worten und Taten, zwischen objektorientierter Rhetorik und subjektorientierter Praxis dauerhaft aufrechtzuerhalten.

Obwohl Heilinger mit solchem Nachdruck behauptete, es sei nicht Luegers Absicht gewesen, den Juden Schaden zuzufügen, sprechen die Fakten doch eine andere Sprache. Die christlichsozialen Stadträte praktizierten höchstpersönlich die wirtschaftliche Diskriminierung von Juden, besonders bei der Erteilung öffentlicher Aufträge, und duldeten das gleiche Vorgehen bei anderen. Außerdem wurden Juden von ihnen offen benachteiligt, wenn es um Neueinstellungen von Beamten im kommunalen und Landesdienst ging. Warum war das so und welchen Zweck – abgesehen von Posten-Reservierung und deren Vergabe an politisch vertrauenswürdige Parteigänger – verfolgten sie damit? Ebenso wichtig ist die Frage, wie weit die Christlichsozialen die administrative Rationalität und Gesetzeskonformität der städtischen Bürokratie intakt ließen, einer Bürokratie zumal, die von liberalen Politikern, für die sie keine Sympathien hegten, eingerichtet und personell ausgestattet worden war.

Die Bürokratie, die Karl Lueger vorfand, bestand aus über zweitausend öffentlichen Bediensteten in der Stadtverwaltung, zu denen noch Hunderte weitere Angestellte in städtisch kontrollierten Unternehmen kamen. Dieser Sektor erfuhr unter christlichsozialer Herrschaft eine drastische Erweiterung.[84] Durch die vielen kommunal-sozialistischen Projekte konnte Lueger schließlich direkt oder indirekt über mehr als 30.000 Vollzeit-Beschäftigungen (inklusive Arbeiter und Diener) verfügen und war dadurch nach dem Kaiser der größte individuelle Arbeitgeber der Monarchie im öffentlichen Dienst. Lueger nahm nach seinem Amtsantritt keine großangelegte Säuberungsaktion in der Stadtverwaltung vor. Im Großen und Ganzen wurden interne Rationalität und strukturelle Organisation der städtischen Bürokratie belassen, wie sie waren, abgesehen von verschiedenen Reformen zur Verbesserung der Aufgabenverteilung und der Effizienz sowie zur Durchsetzung eines besser nachvollziehbaren Systems der Beförderung und Entlohnung. Beförderungen innerhalb des Magistrats waren nach wie vor in den Händen ranghoher Verwaltungsbeamter. Ihre Vorschläge, die sie gemeinsam im Magistrats-Gremium ausarbeiteten, wurden in der Regel ohne große Abänderungen vom Stadtrat und von Lueger bestätigt. Politische Direktiven wurden – wenigstens in schriftlicher Form – nur selten erlassen, mit Ausnahme von Fällen, wo die Partei fand, hier sei die Grenze zwischen Entwicklung und Umsetzung politischer Maßnahmen überschritten worden. Der Stadtrat, der sich aus den mächtigsten christlichsozialen Gemeindevertretern zusammensetzte, erließ zum Beispiel 1907 eine Direktive an die Adresse des Magistratsdirektors Richard Weiskirchner, in der tadelnd vermerkt wurde, dass gewisse Beamte öffentliche Aufträge an Firmen ihrer Wahl zu vergeben pflegten, obwohl der Stadtrat sich im Zuge der Genehmigung bereits anderweitig festgelegt hatte. Das Memorandum erinnerte den Magistrat daran, dass die Erteilung öffentlicher Aufträge ein Prärogativ des Stadtrats sei; die Rolle des Magistrats bestehe ausschließlich in der ordnungsgemäßen Umsetzung diesbezüglicher Anweisungen.[85] Angesichts des Naheverhältnisses der Partei zu ortsansässigen Händlern und Fabrikanten, die für Aufträge in Frage kamen und von denen im Gegenzug Spenden an den Wahlkampffonds der Partei erwartet wurden, ist die Empfindlichkeit des Stadtrats durchaus verständlich.[86] Wenn jedoch der Magistrat gegenüber den von der Stadt beschäftigten Arbeitern ein selbstherrliches Verhalten an den Tag legte, wie er dies auch schon in der liberalen Ära getan hatte, sah der Stadtrat weniger Grund, einzuschreiten. Die gesellschaftlichen Wertvorstellungen, welche die neueren Parteiprotegés motivierten, waren denen von langgedienten Beamten viel ähnlicher als oft angenommen worden ist.[87]

Das brachte Leopold Kunschaks Blatt auf den Punkt, als es im Jahr 1900 darüber Klage führte, dass der »Wiener Magistrat ... eher noch zu sehr in den Geleisen der alten liberalen Politik [steckt]. Er kann sich in den frischen, socialen Geist, der jetzt die Gemeindeverwaltung durchweht, nicht hineinfinden und bildet so für jede Reform zu Gunsten der Arbeiter ein schweres Hindernis.«[88]

Für die bürgerlichen Politiker im Stadtrat stellte sich diese Situation natürlich in einem positiven Licht dar. Da viele von ihnen ohnehin Kunschak und seiner Bewegung misstrauten, war ihre Bereitschaft, vormals liberale Beamte im Amt zu belassen, gut zu verstehen.[89] Die gesellschaftlichen Wertvorstellungen der alten Beamten und der neuen Herren unterschieden sich nur wenig. Man muss sogar sagen, dass die technischen Innovationen, die von den Christlichsozialen im Rahmen ihrer kommunal-sozialistischen Unternehmungen realisiert wurden, ohne die Unterstützung der vormals liberalen Beamten gar nicht möglich gewesen wären. Diese erfüllte ihre Arbeit mit Stolz und sie nahmen mit Begeisterung die Möglichkeit wahr, an dramatischen Entwicklungen teilzunehmen, die zwangsläufig zu einer Aufwertung ihrer beruflichen Stellung innerhalb der Bürokratie führen mussten. Die rasche Vermehrung der mit einem Gehalt dotierten Posten für Vertreter freier Berufe, die durch die neuen städtischen Sozialdienste bedingt war, hatte in Wien, ebenso wie in den größeren deutschen Städten, eine stärkere Professionalisierung und die Herausbildung eines entsprechenden Selbstbewusstseins unter den Gemeindebeamten zur Folge; dies bedeutete jedoch in den Augen der Christlichsozialen keine Gefährdung ihrer politischen Interessen.

Während des Großteils der bis 1918 andauernden christlichsozialen Epoche wurde die Gruppe der ranghohen Magistratsräte von Personen gestellt, deren Ämterlaufbahn vor 1896 begonnen hatte. Praktisch alle Spitzenbeamten in der Stadtverwaltung waren also während der gesamten Amtszeit Luegers Leute, die bereits unter dem liberalen Regime eingetreten waren und größtenteils auch noch in dieser Zeit ihre ersten wichtigen Beförderungen erhalten hatten. Und doch ist aus den erhaltenen Quellen ersichtlich, dass sie ihren Dienst unter Lueger nicht nur loyal und verantwortungsbewusst versahen, sondern noch dazu mit Herz, Verstand und echter Begeisterung. In Anbetracht der Tatsache, dass sie unkündbar waren – wenn sie auch nicht sicher sein konnten, weiter befördert zu werden – müsste man sich fragen, wie es der Partei gelang, ihre Loyalität so rasch und so leicht zu gewinnen, wie dies offensichtlich der Fall war.

Ein einigermaßen überraschender Faktor in diesem Prozess war der christlichsoziale Antisemitismus, der sowohl als disziplinierende Zwangsmaßnahme wie auch zu Zwecken der politischen Kooptierung eingesetzt wurde. Die in der Stadtverwaltung beschäftigte Anzahl von Juden (definiert nach Religionszugehörigkeit) war 1896–97 nicht eben groß. Vielleicht waren es zwei Dutzend in den höheren Rängen des Magistrats und noch weniger in untergeordneten Beamtenpositionen.[90] Die Beförderungslisten von 1897 markieren den Anfang ihres durch den Stadtrat herbeigeführten Beförderungs-Stopps. Als Lueger im Juni 1901 von dem liberalen Gemeindevertreter Alfred Mittler direkt auf dieses Thema angesprochen wurde, gab er in gewundenen Worten die Existenz einer derartigen Politik zu, rechtfertigte sich aber mit der Bemerkung, er sei schließlich nicht allmächtig und für Gemeindeanstellungen und Beförderungsentscheide seien seine Mitarbeiter im Stadtrat verantwortlich.[91] Ferdinand Klebinder, ein Liberaler im Gemeinderat und Mitglied der jüdischen Gemeinde, gab im Dezember 1908 an, Lueger habe sich bemüht, zugunsten einiger dieser Beamten zu intervenieren, sei aber am Widerstand seiner Kollegen gescheitert.[92] Aber ganz abgesehen davon, ob Lueger oder seine lauter krakeelenden Freunde im Stadtrat die Karrieren einiger Juden behinderten: es bleibt das Faktum, dass der Vorgang praktischer antisemitischer Diskriminierung die Mitwirkung nicht-jüdischer Beamter voraussetzte. Die Parteispitze muss diese hochrangigen Beamten, die noch von den Liberalen eingestellt worden waren, entweder gezwungen oder »ermutigt« haben, die jüdischen Kandidaten bei Beförderungen nicht mehr zu berücksichtigen – wurden doch die Namen einzelner Beamter manchmal schon aus den Listen gestrichen, bevor man die endgültigen Empfehlungen dem Stadtrat unterbreitete. Ob die Gemeinderäte einfach nur stur ausführten, was angeordnet worden war, oder ob auch Überzeugung mit im Spiel war, ist heute schwer zu entscheiden.[93]

Abgesehen davon, dass die Entfernung von Juden aus der Stadtverwaltung ein altes christlichsoziales Wahlkampfversprechen war, um zusätzliche Posten für Beamte zu schaffen, die dem neuen Regime loyal gegenüberstanden, verwendete der Stadtrat diese Maßnahmen geschickt für weitere Zwecke: als Instrument der allgemeinen Disziplinierung sowie als Regulativ für Neueinstellungen in der städtischen Bürokratie. Diskriminierung der Juden war sowohl politische Taktik wie Herrschaftsmittel. Sie sollte dem übrigen öffentlichen Dienst vor Augen führen, wozu die Partei gegenüber politischen Dissidenten entschlossen war – und wie leicht sich auch die ranghöchsten Gemeinderäte manipulieren ließen. Es war auch kein Zufall, dass Lueger, während der Stadtrat gegen die Juden vorging, Warnungen an die Adresse der christlichen Beamten richtete, die sich über Bezahlung und Arbeitsbedingungen beschwerten.[94]

Die Christlichsozialen hatten seinerzeit aus dem Beamten-Thema Munition gegen Bürgermeister Prix und die Liberalen geformt und waren nicht bereit, eine ähnliche Taktik, die sich gegen sie selbst richtete, hinzunehmen. Lueger gab den Gemeindebeamten zu verstehen, dass sie mit Gehältern und Vergünstigungen entlohnt würden, die jeweils über denen ihrer Kollegen im Staatsdienst lagen, dass er aber jede Art von Widerstand oder Mangel an Disziplin radikal unterdrücken werde. Die jüdischen Gemeindebeamten waren eine willkommene Pflichtübung. An ihnen wurde ein Exempel statuiert, nicht weil Lueger sie als Individuen bedrängen wollte, sondern weil der Stadtrat mit der Bestrafung der jüdischen Beamten dafür, was sie nach christlichsozialer politischer Logik fraglos waren, nämlich Liberale, ein nicht zu übersehendes Signal an ihre nichtjüdischen Kollegen senden wollte. In einem privaten Interview, das Lueger 1909 dem jüdischen Musikologen Guido Adler gab, scheint er sein Bedauern darüber auszusprechen, dass seine Partei die Karriere dieser Beamten hintertrieben hatte, obwohl er gleich hinzufügte, der Abschied aus dem Gemeindedienst sei ihnen mit großzügigen Abfindungen vergolten worden.[95] Der Fall von Ludwig Klaar, einem jüdischen Arzt, der schließlich Fürsprecher fand und nach Luegers Tod einen wichtigen Posten in der Gemeindeverwaltung erhielt, zeigt, dass es Ausnahmen gab. Diese forderten allerdings von den Kandidaten einen schweren psychischen Tribut und die Bereitschaft, Demütigungen in Kauf zu nehmen.[96]

Die Politik der (Nicht-)Beförderung jüdischer Magistratsbeamter wird am besten im Zusammenhang mit gezielten Versuchen der Partei gesehen, administrative Maßnahmen zu ihrem Vorteil umzufunktionieren. Auch die Liberalen hatten in der Vergangenheit ideologische Kohäsion und persönliche Protektion zur unabdingbaren Voraussetzung für eine Anstellung im Gemeindedienst gemacht, so dass der empörte Aufschrei ihrer nach 1897 übrig gebliebenen Gemeinderäte von Luegers Leuten mit dem Gegenvorwurf offenkundiger Heuchelei pariert werden konnte.[97] Die Christlichsozialen zerrten aber die Praxis der Liberalen aus dem Schatten privater Unter-der Hand-Entscheidungen in das indiskrete Rampenlicht der Öffentlichkeit. Als Leopold Tomola, der christlichsoziale Sprecher für das Erziehungswesen, auf die politische Streuwirkung der Anstellungs- und Beschäftigungspolitik des Stadtrats angesprochen wurde, ließ er keinen Zweifel daran, wessen Interessen er vertrat:

> Was speziell meine Stellung im Stadtrate betrifft, so muß ich schon sagen, ich wurde weder von meinen Wählern noch von meiner Partei in den Stadtrat ge-

Die christlichsoziale Vorherrschaft in Wien: Die städtische Revolution, 1897–1905   215

sendet, um die Ansichten des Herrn Gem.Rates Jordan [ein dissidenter liberaler Lehrer, Anm. d. Verf.] zu vertreten, sondern ich wurde in den Stadtrat entsendet, um im Interesse der christlichsozialen Partei, die mich gewählt hat, zu wirken. Ja, meine Herren, bilden Sie sich denn ein, daß eine Partei deswegen nach Macht strebt, um, wenn sie dieselbe erlangt hat, die Grundsätze der besiegten Partei zur Durchführung zu bringen? Das gibt es in der ganzen Welt nicht und Sie [die Liberalen, Anm. d. Verf.] haben es am allerwenigsten praktiziert.[98]

Die Christlichsozialen verwendeten explizit politische Kriterien für die Besetzung von Posten der Stadtverwaltung, und ihre Taktik, dies öffentlich in Abrede zu stellen, wurde durch ihre Überlegungen im kleinen Kreis widerlegt. Als sich z.B. die Partei 1907 gezwungen sah, der Regierung im Hinblick auf einen möglichen Krieg eine breitere Basis zu verschaffen und zu diesem Zweck zwei liberale Mitglieder des Gemeinderats in den Stadtrat wählte, von denen einer, Oskar Hein, Jude war – was das Ende der gemütlichen Abschirmung durch Schweigen bedeutete, hinter der die Christlichsozialen bis jetzt ihre Diskussionen über Postenvergaben hatten führen können – fühlte sich Tomola veranlasst, seine Kollegen zu warnen, dass die Opposition jetzt in diesen Belangen über ein Mitspracherecht verfüge und mitbestimmen werde. »Aus diesem Grunde sei es nicht mehr möglich wie früher bei Beförderungen und Ernennungen einzig und allein Partei-Gesichtspunkte gelten zu lassen, sondern es müsse auch das Dienstalter und die Befähigung der Bewerber für eine Beförderung maßgebend sein.«[99]

Unter Luegers Herrschaft musste ein Stellensuchender normalerweise einen Parteigranden oder eine andere Persönlichkeit von Rang namhaft machen, die ein Interesse daran hatte, dass er bei der Postenvergabe berücksichtigt wurde. Dies galt für die meisten Erstanstellungen, vom einfachen Bürodiener bis zum Universitätsabsolventen mit einem Juradiplom, der sich um einen höheren Verwaltungsposten bewarb. Schließlich entwickelte die Stadt sogar einen Umschlagbogen für Stellenbewerbungen mit einem speziellen Namensfeld auf der Frontseite, in das der Sponsor des Kandidaten einzutragen war.[100] Sponsoren waren gewöhnlich Parteipolitiker, gelegentlich auch reiche Wahlkampfspender aus der Welt der Wirtschaft oder Mitglieder des Adelsstandes. Oft half es, mehr als nur einen Sponsor zu haben, wie im Fall des rührigen Julius Hofbauer, der sich nicht nur von seinem Vater einen Empfehlungsbrief schreiben ließ (der Vater war ein Oberlehrer in einer städtischen Schule), sondern sich auch eine Empfehlung der Prinzessin Fanny Liechtenstein und zusätzlich noch – sicher ist sicher – Unterstützungsunterschriften von drei christlichsozialen Politikern im Stadtrat besorgte. (Es muss wohl kaum noch gesagt werden, dass er den Posten erhielt.) Auch väterlicher Stolz und väterliche Protektion spielten durchaus eine Rolle bei der Stellenvergabe. So im Fall des Friedrich Haimböck, dessen Vater, Johann Haimböck, einem Kaiserlichen Rat, das Kunststück gelang, Lueger persönlich seine Bitte um einen Posten für seinen Sohn vorzutragen. Obwohl sich diese politische Protektion in erster Linie auf die Erstanstellung bezog und später, besonders bei der Beförderung dienstälterer Beamter, offenbar nicht noch einmal zum Tragen kam, war das Phänomen als solches der Parteispitze sehr wohl bewusst.[101] Ebenso stand ihnen die große Zahl nepotistischer Stellenvergaben vor Augen, die für die oppositionelle Presse ein großes Feld für Enthüllungen darstellte, besonders wenn der Sohn oder Neffe oder Bruder bei der Veruntreuung öffentlicher Gelder ertappt wurde.[102] Nicht alle Antragsteller erhielten jedoch, was sie sich erhofften. Dies musste auch ein gewisser Franz Preinerstorfer erfahren. Er hatte Richard Weiskirchner gebeten, die Altersgrenze für Neuanstellungen in seinem Fall außer Kraft zu setzen, damit er seinen Beruf als Kohlenhändler zugunsten einer Anstellung bei den städtischen Elektrizitätswerken aufgeben konnte. Um den Erfolg seines Ansuchens sicherzustellen, spendete Preinerstorfer sogar 50 Kronen für den christlichsozialen Wahlkampffonds. Zu seinem Leidwesen wurde jedoch die Altergrenze in seinem Fall nicht aufgehoben und seine Spende wurde ihm rückerstattet.[103]

In seltenen Fällen genehmigte Lueger auch die Beförderung jüngerer Männer außerhalb der normalen Ordnung, um die Bedeutung hervorzuheben, die administrativer oder politischer Kompetenz in den Augen der Partei zukam. Das markanteste Beispiel, aber durchaus kein Einzelfall war der spätere Wiener Bürgermeister Richard Weiskirchner, der über die Köpfe dienstälterer Kollegen hinweg 1903 zum Magistratsdirektor bestellt wurde.[104] Das gleiche traf auch auf Karl Pawelka zu, der die Magistrats-Abteilung XIX, zuständig für die Überwachung der Gemeinderats- und Reichsratswahlen, übernahm – ein sehr sensibler Posten.[105] Solche Beförderungen, die immer Ausnahmen blieben, betonten die praktische Anerkennung, mit der man im Fall politischer Kooperation rechnen durfte. Akten im Parteiarchiv im Zusammenhang mit dem Gesetzesvorschlag von 1905-06 für ein allgemeines Wahlrecht machen nachvollziehbar, wie sehr Gessmann und Weiskirchner sich bei Verhandlungen mit dem Kabinett auf politische Analysen und praktische Ratschläge verschiedener ranghoher Magistratsbeamter verlassen konnten – obwohl diese Art von Tätigkeit wenig oder nichts mit dem »Berufsalltag« eines Bürokraten zu tun hatte.

Diese Leute waren kompetente Verwaltungsbeamte und in vielen Fällen noch dazu ausgebildete Juristen. Die Christlichsozialen wären schlecht beraten gewesen, sich ihrer Talente nicht zu bedienen. Auf der wesentlich bescheideneren und handfesteren Ebene der Wahlsprengelpolitik nutzten die Parteipolitiker die Ressourcen der Bezirkswahlbüros besonders in Wahlzeiten für die Zwecke ihrer Partei.[106] Auch blieben die Beamten im Rathaus keineswegs unbeeindruckt von den Belohnungen, welche die Partei in Aussicht stellen konnte. Im Jahr 1911 war z.B. der Stellvertretende Leiter der Magistratsabteilung, die für die Erstellung der Wählerlisten zuständig war, ein gewisser Karl Bader, ein ehemaliger Mitarbeiter in Robert Pattais Anwaltskanzlei. War es Zufall, dass Bader speziell diesen Posten erhalten hatte?[107]

Wenn man den kulturellen Konservatismus und den Antimarxismus der Christlichsozialen sowie den großen Umfang ihrer kommunal-sozialistischen Projekte in Betracht zieht, der für die städtischen Beamten eine enorme persönliche Bestätigung bedeutete – viele Verwaltungsposten waren zu Tätigkeitsbereichen mit entsprechendem Autoritätszuwachs aufgewertet worden –, dann verwundert es nicht, dass viele öffentliche Bedienstete aus wohlüberlegten persönlichen *und* ideologischen Gründen für das neue Regime in der Stadt optierten. Der Fall der Nationalsozialisten war anders gelagert als die Entwicklung in Wien zur Zeit von Lueger, sowohl was den Vorgang als solchen betraf als auch das zugrunde liegende Ethos. Die gesetzliche und moralische Kontinuität, welche die Christlichsozialen mit den Liberalen verband, war viel stärker als die zwischen Hitler und Brüning. Anstatt den Öffentlichen Dienst für Maßnahmen außerhalb des gesetzlichen Rahmens zu missbrauchen, benutzten ihn die Christlichsozialen, um ein neues kommunal-sozialistisches Refugium zu schaffen. Die Partei *hat* jüdische Beamte diskriminierend behandelt, sie hat sie aber nicht entlassen (und anschließend ermordet), sondern in den Ruhestand abgeschoben. Von dieser einen Serie von Maßnahmen abgesehen, die schändlich genug war, blieben die normativen und gesetzlichen Grundlagen der städtischen Bürokratie, die während der liberalen Ära begründet worden waren, weitgehend unangetastet. Von der Mehrheit der städtischen Beamten erwartete die Partei nicht mehr als passive Kooperation und erhielt diese auch in den allermeisten Fällen. Die Minderheit, die eine »politische« Aufgabe übernahm, besonders diejenigen, die Wahlangelegenheiten bearbeiteten, tat dies freiwillig und wurde zweifellos dafür entsprechend belohnt.

Für das Zusammenspiel zwischen Partei und Bürokratie gab es aber noch einen weiteren Grund. Das Archiv der Magistratsdirektion enthält faszinierende Memoranden ranghoher Magistratsbeamter aus dem Jahr 1905. Es waren Reaktionen auf die Kritik, die Ernest von Koerber und Guido von Haerdtl an den lokalen Verwaltungen innerhalb der Monarchie geübt hatten und die eingeflossen war in die allgemeine, im Dezember 1904 veröffentlichte Kritik des Ministerpräsidenten am österreichischen Verwaltungssystem. In ihren *Studien* behaupteten Koerber und Haerdtl (die für den ersten Entwurf dieses Dokuments verantwortlich zeichneten), dass lokale Verwaltungseliten – und das schloss auch die Eliten in Statutarstädten wie Wien mit ein – typischerweise »fehlende Objektivität« bei der Erledigung ihrer Aufgaben bewiesen, da sie durch Kontakt mit lokalen politischen Eliten ihrerseits politisiert worden seien.[108] Koerber und Haerdtl schlugen daher Änderungen in der Aufteilung der administrativen Aufgaben vor, die in den kleineren österreichischen Städten die Aktivitäten dieser Eliten reduzieren geholfen und die größeren Städte einer genaueren staatlichen Kontrolle bei Berufungen gegen Verwaltungsentscheide unterworfen hätten. Ranghohe Magistratsbeamte, die diesen Plan ablehnten, schickten ihre Stellungnahmen an Richard Weiskirchner. Sie bestritten darin die faktische Richtigkeit von Koerbers Kritik, bemängelten diverse Ungenauigkeiten und malten die Auswirkungen der vorgeschlagenen Reformen auf die österreichische Lokal- und Regionalverwaltung in den düstersten Farben.[109] Josef Harbich erklärte, vom Standpunkt des Magistrats sei zu bedenken, »dass seine im Lauf der Zeit herausgebildete, den mannigfaltigsten Bedürfnissen entsprechende, nach den verschiedensten Zweigen der Verwaltungstätigkeit gegliederte Organisation durch die Verwirklichung der Reformvorschläge geradezu überflüssig würde«. Als Hauptargument gegen Koerbers Kosten-Nutzen Rechnung und deren Ergebnis, das k.k. Beamtentum sei, gemessen nach Pro-Kopf Ausgaben in Kronen, doppelt so effektiv wie der Magistrat, beschwor Harbich die auf das Wohl der Mitbürger bedachte Großzügigkeit und den Weitblick der Gemeindepolitiker, die in diesem Fall Christlichsoziale waren, und behauptete, dass »die Stadt Wien keine Opfer gescheut ha[be], um die ihr nach den Gesetzen obliegenden Verwaltungsaufgaben durch Bereitstellung aller sachlichen Einrichtungen und Heranziehung eines den Anforderungen in jeder Hinsicht gewachsenen Personales musterhaft zu erfüllen«.[110] Wilhelm Hecke räumte zwar ein, dass Koerbers Kritik in manchen Punkten berechtigt war, bestand aber darauf, dass sie insgesamt auf Wien keine Anwendung finden könne und behauptete, die hauptsächliche Triebfeder der *Studien* sei Bewunderung für die preußische Zentralisierung gewesen, die schon in der Vergangenheit so manchem österreichischen Politiker zum Verhängnis geworden sei: »Die preußische

Gesetzgebung hat schon oft den Neid unserer Regierungen herausgefordert und zur Nachahmung verleitet, wo die Vorbedingungen und die Stimmung der Bevölkerung nicht den fruchtbaren Boden für die Saat gebildet hatten. Daher stammen manche unserer Gesetze, die sich nicht einleben konnten und ein papierenes Dasein führen.«[111]

Bemerkenswert war auch der etwas praktischer orientierte Standpunkt Heinrich Demels, der – in echt christlichsozialer Gesinnung – behauptete, die Regierung könne mit den kleineren Städten nach ihrem Gutdünken verfahren, sei aber gut beraten, die Finger von Wien zu lassen: »Wir sind, glaube ich, nicht berufen, uns die Köpfe für andere zu zerbrechen. Was interessieren uns die Landgemeinden? Wir haben uns nur zu wehren für unsere Plätzchen.« Statt eine Reduzierung kommunaler Vorrechte in Kauf zu nehmen, wollte Demel um mehr Autonomie kämpfen: auch die Polizei sollte in Wien den Behörden der Gemeinde unterstellt werden.[112]

Diese Vorgänge boten der Spitzenriege der christlichsozialen Partei Gelegenheit, sich in der Rolle des mitfühlenden Zuschauers zu ergehen, und man überbot sich gegenseitig in Zusicherungen an die städtischen Beamten, dass die Partei ihre Interessen gegen Veränderungen in der strukturellen Beziehung zwischen Staat und lokaler Verwaltung schützen werde. Solche Episoden führten allerdings auch den ranghöheren Gemeindebeamten drastisch vor Augen, wie eng ihr Schicksal als Berufsstand mit dem der Christlichsozialen verknüpft war. Ein Beamter, Wenzel Kienast, bestätigte ungewollt die seit 1905 bestehende, auf Prestige und Position gegründete Symbiose von Partei und städtischer Bürokratie, als er den Magistrat mit dem Hinweis auf den Erfolg von Luegers sozialen und wirtschaftlichen Programmen zu verteidigen suchte. Kienast prophezeite auch, dass Koerbers Reformen zweifellos hinausliefen auf »eine Beseitigung der Autonomie im bisherigen Sinne und eine Übernahme der betreffenden Geschäfte seitens staatlicher Organe«, und dies würde wiederum die politischen Prärogative der lokalen Verwaltungsbehörden schwächen und zum »entschiedensten Widerstande der autonomen Körperschaften« führen.[113] Wenn das k.k. Kabinett die Vorrechte der Stadtverwaltung zurückstutzte, um sie zu »entpolitisieren«, dann werde das nicht nur einen Machtverlust für die christlichsoziale Partei zur Folge haben, sondern auch eine Demütigung der Magistratsbeamten.[114]

Schließlich spielte im Denken vieler Beamter auch noch das Tauschgeschäft politische Loyalität gegen Gehaltserhöhung eine wichtige Rolle. 1898 reorganisierte der Gemeinderat das Stadtbauamt, was mit einer Aufstockung des

Personalstands verbunden war. Am 21. Dezember 1898 hielt Lueger in Anwesenheit vieler Lokalpolitiker in den Räumen des Gemeinderats eine Zeremonie der »Eideserinnerung« für die Beamten des Stadtbauamts ab, die aufgrund der Neuordnung befördert worden waren. Dabei erklärte Lueger abschließend: »Der Beamtenkörper der Stadt Wien hat es jederzeit als seine Pflicht erachtet, den Interessen der Stadt gerecht zu werden, und es ist eine Erfüllung dankbarer Anerkennung, wenn seitens des Gemeinderates es als Pflicht erachtet wurde, die Stellung der Beamten zu verbessern.«[115] Die formalistische Rhetorik verhüllte nur ansatzweise einen eindeutigen politischen Pakt: Wenn die Beamten die Christlichsozialen unterstützten, durften sie mit einer entsprechenden materiellen Gegenleistung rechnen. Und die Partei nahm ihren Teil dieses Paktes ernst. Die Gehälter und Pensionsansprüche der städtischen Beamten wurden in der Zeit zwischen 1898 und 1907 erhöht und ein neues Beförderungssystem trat in Kraft, das im Vergleich zum Staatsdienst ein schnelleres Avancement ermöglichte.[116] Zu einer Zeit, da die Staatsbeamten mit aller Macht um die Durchsetzung kollektiver Forderungen kämpften, herrschte zwischen dem Berufsverband der Wiener städtischen Beamten, dem *Verein der Beamten der Stadt Wien*, mit einer Mitgliedschaft von knapp 1.800 Männern und der Stadtregierung ein gutes Einvernehmen. Die Forderungen und Petitionen des Vereins wurden oft tatsächlich von der Regierung aufgegriffen, so dass den wenigen Rebellen, die den Verein in Konfrontationen mit der Parteispitze manövrieren wollten, die Gefolgschaft versagt blieb.[117]

Die Unterstützung, die der Partei von der ex-liberalen städtischen Beamtenschaft zuteil wurde, war von entscheidender Bedeutung für die christlichsoziale Verwaltung, die man, wenn man sie billig und fair bewerten will, nicht anders als effizient und verantwortungsbewusst bezeichnen kann. In seiner autoritätsbetonten, patriarchalischen Manier bezeichnete Karl Lueger die städtischen Beamten als »seine Beamten«, und sie enttäuschten ihn nicht.[118] Wien hatte unter Lueger und Richard Weiskirchner eine in technischer Hinsicht progressive Stadtregierung, die auch auf einigen politischen Gebieten Erfolge aufzuweisen hatte. Obwohl bis zu einem gewissen Maß beeinträchtigt von vielen, wenn auch geringfügigen Episoden von Korruption, gelang es den Christlichsozialen in ihrer Amtszeit, das Management der Stadt auf ein Niveau zu heben, das mit ähnlich großen Städten im Deutschen Reich vergleichbar war. Selbst die politischen Gegner der Partei gaben – widerwillig, aber doch – zu, dass die technische Umsetzung ihrer Politik in sich stimmig war, so sehr sie die spezifischen Inhalte dieser Politik ablehnten oder, wie im Fall der Sozialisten, das Fehlen spezifischer Inhalte bemängelten, besonders auf den sozialpolitischen Gebieten Wohnbau und Kinderfürsorge.[119]

Mit dem Stillhalteabkommen zwischen Partei und Beamten (und, in manchen Fällen, der Integration der letzteren in die erstere) nahm auch die Struktur des lokalen Parteiapparats in Wien komplexere Formen an. In den Magistratischen Bezirksämtern arbeiteten öffentliche Bedienstete notgedrungen nicht nur in unmittelbarer Nähe des lokalen christlichsozialen Bezirksvorstehers, der ein Verwaltungsbeamter der Stadtregierung und in den meisten Fällen auch ein Mitglied der Parteiführung der christlichsozialen Bezirksorganisation war;[120] sie arbeiteten sogar eng mit ihm zusammen. Dies bedeutete, dass Bezirks-Gemeindebeamte Tuchfühlung mit dem Auf und Ab der Politik in den Wahlbezirken hatten. Dieser informelle Zusammenschluss von Partei und Beamtenstab im Hinblick auf Interessen und Aufgaben sowohl auf der Ebene der Wahlsprengel wie auf der Ebene der Stadt bedeutete aber auch eine Verlagerung der Macht: weg von den verschiedenen christlichsozialen oder antisemitischen Vereinen und hin zu den Bezirksvorstehern und ihren Parteifreunden in der Bezirkswahlkommission. Lueger zog es vor, die christlichsozialen Bezirksvorsteher für seine Kontakte mit lokalen Subeliten zu benutzen, statt jeden der Vereine, die es in der Stadt zu Dutzenden gab, einzeln zu kontaktieren. Allmählich wurden aus diesen Männern kleine Potentaten mit enorm viel Einfluss und Patronage. Nur die Männer im Stadtrat hatten mehr Macht als sie.[121]

Erst nach 1907 begann die Partei einen regelrechten Beamtenstab aufzubauen. Lueger stand einem solchen Apparat misstrauisch gegenüber; er neigte dazu, seine Macht bedroht zu sehen, obwohl Albert Gessmann aus Mitgliedern der Gemeinde- und der Landesbürokratie zunächst nur einen informellen Stab von Mitarbeitern zusammenstellte, die der Partei während eines Teils ihrer Dienstzeit zur Verfügung stehen sollten. Die Reaktion Luegers und seiner Freunde auf den Aufbau eines Parteiapparats war »Die Organisation bin *ich*«.[122] Seine Vorrangstellung war aber nicht der einzige Grund, der den Aufbau eines internen Apparats verzögerte. Die effiziente Mithilfe des magistratischen Beamtenstabs ließ viele in der Parteispitze meinen, ein eigener Beamtenkader sei nicht erforderlich. Auf Bezirksebene benutzten die Parteigranden die Bezirksvertretungen und Bezirksämter als effektive Instrumente der Wählermobilisierung und Ämterpatronage. Bis zu Luegers Tod 1910 war die Partei ganz auf das persönliche Organisationstalent der verschiedenen Bezirksvorsteher und ihres nächsten Kreises angewiesen. Die Organisation war insgesamt so leger, dass nach Luegers Tod erst nach langem Suchen ein Exemplar der ursprünglichen Statuten des christlichsozialen *Bürgerclubs* aufgetrieben werden konnte.[123]

Auch die Struktur der Parteielite wurde mit der Zeit komplexer. Neue Männer zogen in den Gemeinderat, in den Niederösterreichischen Landtag und in das Abgeordnetenhaus ein und mehr und mehr Interessengruppen schlossen sich der christlichsozialen Koalition an. Das dreiteilige Schema der Parteielite in der Form, wie es Anfang der 1890er bestanden hatte, musste mehrfach modifiziert werden. Schon rein numerisch hatte sich die Anzahl derjenigen, die nach dem Sieg der Christlichsozialen in Wien am Leben der Partei teilnahmen, vervielfacht. In den Büros der Stadt- und der Landesregierung begannen prominente Parteimitglieder damit, Netzwerke aufzubauen, in denen ihre Autorität mehr zählte als die von Lueger, wie z.B. Julius Prochazka, der dem städtischen Personalbüro vorstand, und Leopold Steiner, der für die Armenfürsorge des Landes zuständig war. Die Bezirksvorsteher und die Mitglieder des Stadtrats, die mit Gehältern dotierte Posten in der Stadtregierung innehatten, den Großteil ihrer Zeit aber mit der Findung »politischer« Entscheidungen zubrachten, gewannen an Bedeutung innerhalb der städtischen Politik, da sie auf die Vergabe von Aufträgen Einfluss nehmen konnten. Dass die Mehrheit in beiden Gruppen aus den »unabhängigen«, besitzenden, gewerbetreibenden Schichten und aus den freien Berufen stammte und nicht aus dem Beamtentum oder dem Dienstleistungssektor, erklärt (und spiegelt wider) die konservative, besitzorientierte Haltung in der Parteiführung nach 1900.[124] Allmählich entwickelte die Partei ein informelles Repräsentationssystem in Form der Bezirkswahlkomitees mit dem Bezirksvorsteher als Vorsitzendem, in die jeder christlichsoziale, katholische, oder antisemitische Verein Delegierte entsandte. 1907 waren diese Komitees etwas größer als Anfang der 1890er, da auch mehr verschiedene Interessengruppen Anerkennung seitens des Rathauses begehrten. Mehrere Vereine und mit diesen affiliierte Verbände waren der Partei nach ihren Wahlerfolgen von 1896/97 beigetreten, was zu neuen Rivalitäten innerhalb der einzelnen Bezirke führte. Die Partei musste auch mit halb unabhängigen Organisationen zu Rande kommen, wie zum Beispiel mit Leopold Kunschaks Christlicher Arbeiterbewegung und Josef Stöcklers Niederösterreichischem Bauernbund; die Ansichten dieser Gruppen zu Patronage und sozialer Aktion waren nur schwer mit dem auf Wien zugeschnittenen älteren Paradigma vereinbar. Im Bauernbund stand der Partei überhaupt eine Organisation gegenüber, die praktisch selbst eine Partei war und nach 1908 die Basis der christlichsozialen Bewegung im ländlichen Niederösterreich bildete.

Über diesem komplexen Netzwerk aus Filz, Patronage und politischer Ranküne stand Karl Lueger. Eifersüchtig bedacht auf seine Stellung an der Spitze der Pyramide, war er zwar bereit, sich mit verschiedenen Figuren seines engsten Kreises über einzelne politische Probleme in Verhandlungen einzulassen, behielt aber auf jeden Fall die moralische Autorität des Herrn im Haus. Lueger war ein hervorragender politischer Showman (mindestens bis 1906), der viel mehr Bürgernähe zeigte als seine Vorgänger im Amt des Bürgermeisters. Eine Aufstellung der Hochzeiten und Begräbnisse, an denen er teilnahm; der Firmungen, bei denen er als Pate fungierte; der Schulen und Kirchen, die er mit einweihen half; und der gesellschaftlichen und philanthropischen Veranstaltungen, bei denen er die Rolle des Gastgebers übernahm, würde selbst einen gestandenen irisch-amerikanischen Politiker vor Neid erblassen lassen.[125] Aber dank seines energischen Auftretens in der Öffentlichkeit, an dem Lueger bewusst arbeitete, und seiner phänomenalen allgemeinen Beliebtheit (selbst in der Arbeiterklasse) war er in der Lage, Disziplin einzufordern und das parteipolitische Tagesgeschäft und die Wählermobilisierung in Wahlzeiten anderen zu überlassen.

Die Rolle des Ersten in der zweiten Reihe des Parteiapparats hatte Albert Gessmann inne, der seit den 1880ern der Bewegung als Cheftaktiker diente. Gessmann war lange Zeit Luegers loyaler Stellvertreter, und seine politische Karriere glich in vielen Punkten der von Lueger. Er entstammte einer bescheidenen bürgerlichen Familie in Neubau, dem Fünften Wiener Gemeindebezirk. Sein Vater war Staatsbeamter und bekleidete einen mittleren Posten im Verteidigungsministerium. An der Universität belegte Gessmann Geschichte und Geologie. Einer der Professoren, die auf ihn einen nachhaltigen Eindruck machten, war Eduard Suess, der bekannte Geologe, der sich auf nationaler Ebene bei den Liberalen politisch betätigte.[126] Wie Lueger begann Gessmann seine kommunalpolitische Laufbahn als liberaler Demokrat, wechselte dann aber Anfang der 1889er zu Luegers antisemitischer, antiliberaler Fronde. Er besaß durchaus literarische und journalistische Fähigkeiten, arbeitete bis 1906 als Bibliothekar in der Wiener Universitätsbibliothek und war Miteigentümer der *Reichspost*. Gessmann vermied auch nach dem Wahlsieg von 1897 jede Nähe zur städtischen Bürokratie und verzichtete sogar auf die angebotene Mitgliedschaft im Stadtrat. Stattdessen stützte er sich auf die Mehrheitsfraktion der Christlichsozialen im Niederösterreichischen Landtag und auf seine Position im dortigen Landesausschuss und baute sich so eine eigene Hausmacht auf.

In den letzten Jahrzehnten des Habsburgerreiches zeigten die autonomen Provinzregierungen deutlich mehr Aktivität auf Gebieten, die in besonderer Weise zu politischer Patronage und Vernetzung einluden, wie Finanzierung des öffentlichen Schulsystems, Förderung der landwirtschaftlichen und industriellen Entwicklung sowie Ausweitung des Gesundheits- und Wohlfahrtswesens. Das hatte im politischen System des Staates eine geradezu revolutionäre und dementsprechend umstrittene Aufwertung der Kronländer zur Folge.[127] Der deutsche Verfassungsexperte Georg Jellinek geht sogar so weit, die österreichischen Kronländer angesichts ihrer halb souveränen Ansprüche und Befugnisse als »Staatsfragmente« zu bezeichnen.[128] Die Autonomiebestrebungen waren schließlich in den einzelnen Ländern so stark, dass zu Beginn des Ersten Weltkriegs der Zusammenbruch des gesamten Staatsapparates drohte; sowohl die k.k. öffentliche Verwaltung wie das Armee-Oberkommando versuchten, den Handlungsspielraum provinzieller und kommunaler Autonomie wieder einzuschränken. Das Rad ließ sich jedoch nicht mehr zurückdrehen.

Angesichts der zunehmenden politischen Verantwortung der Kronländer und ihres steigenden finanziellen Einflusses – beides Entwicklungen, die in den Augen einiger Experten eine gefährliche Erosion der zentralstaatlichen Autorität verursachten – war Gessmanns Entscheidung, sich auf die Landespolitik zu konzentrieren, von weitreichender Bedeutung für die Zukunft der christlichsozialen Bewegung.[129] Zwar hatte jeder der sechs Deputierten im Landesausschuss seinen spezifischen Aufgabenbereich in der Verwaltung, Gessmann verstand es aber, seinen Bereich, das öffentliche Schulwesen, rasch zu einem der politisch bedeutsamsten auszubauen. Außerdem wurde er nach einer größeren Umstrukturierung im Jahr 1902 zum De-facto-Vorsitzenden des Ausschusses, da er mittlerweile alle Personalangelegenheiten an sich gezogen hatte. Der Personaldirektor Dr. Heinrich Misera war ihm direkt unterstellt.[130] Sein Intimus, Alois Prinz Liechtenstein, wurde in der Nachfolge von Abt Frigdian Schmolk 1906 Landmarschall von Niederösterreich, was Gessmanns Position noch weiter stärkte; zur treibenden Kraft in der Niederösterreichischen Landesregierung hatte er sich aber schon vorher gemausert.[131]

Obwohl Lueger zu einzelnen politischen Fragen regelmäßig auch andere bedeutende Persönlichkeiten zu Rate zog, gab es außer ihm nur Gessmann, der die Partei als Ganzes überblickte. Luegers und Gessmanns Schicksale waren untrennbar mit einander verbunden. Lueger wäre ohne Gessmanns taktisches Genie nie an die Macht gekommen und hätte sich ohne ihn auch nicht an der Macht halten können, aber Gessmann sah die Zukunft der Partei völlig anders als Lueger. Da uns zur Geschichte der Partei vor 1907 keine detaillierten Unterlagen vorliegen, ist es schwierig, die Anfangsdiskussionen zur Frage einer eventuellen Ausdehnung der Partei über Wien hinaus und die Bildung entsprechender Pro- und Contra-Fraktionen nachzuzeichnen. Es ist jedoch klar, dass Albert Gessmann einer der führenden Köpfe war, der schon früh auf diese Entscheidung drängte. Im Gegensatz zu dem vorsichtigeren und stärker auf Wien orientierten Lueger war er der Überzeugung, dass die Partei auch auf staatlicher, ministerialer Ebene politisch aktiv werden müsse, und zwar als vermittelnde Instanz im Nationalitätenkonflikt und als Kern eines Bollwerks gegen die österreichische Sozialdemokratie; dafür sei es unerlässlich, ihre Basis im riesigen ländlichen Hinterland auszubauen.[132] Bereits im Jänner 1901 hatte Gessmanns Blatt, die *Reichpost*, die Entwicklung »einer einheitlichen Reichsorganisation der christlich-socialen Partei« befürwortet, die, von Wien aus zentral gesteuert, alle Kronländer umspannen sollte. Gessmanns Gründung eines christlichsozialen Pressedienstes für Lokalzeitungen in allen deutschsprachigen Kronländern unter Friedrich Funders Leitung war ein erster bescheidener Schritt in diese Richtung.[133]

Gessmann hatte schon lange mit dem Gedanken gespielt, die niederösterreichischen Kleinbauern politisch zu organisieren. In seinem Bestreben, das Terrain zu sondieren, nutzte er schon in der Zeit vor 1896 seinen Sommerurlaub, um Bauerndörfer abzuklappern und auf Versammlungen, die von dort ansässigen katholischen Politikern einberufen wurden, politische Reden zu halten.[134] Nach 1896 stand Gessmann kraft seiner Stellung an der Spitze des niederösterreichischen Schulwesens nicht nur ein weitgespanntes Netzwerk ländlicher politischer Kontakte zu Gebote, sondern auch ungezählte Möglichkeiten, Parteigänger bei der Besetzung von Lehrerposten zu bevorzugen. Diese Erfahrungen blieben nicht ohne Folgen für Gessmanns Ansichten zur Zukunft der christlichsozialen Partei, die bei ihm notgedrungen eine andere Gestalt annahmen als bei Lueger. Seine Kontakte zu katholisch orientierten politischen Größen in Niederösterreich führten automatisch zu Kontakten mit ähnlichen Gruppen in den Alpenländern. Es überrascht daher nicht, dass Gessmann bereits 1904 mit alpenländisch-katholischen Konservativen über die Möglichkeit verhandelte, die beiden politischen Blöcke zu einer großen, deutsch-christlichen *Volkspartei* zu verschmelzen.[135] Diese Gespräche blieben zunächst ohne Auswirkungen; ihre Stunde schlug erst nach 1906.

Der Christliche Sozialismus und der Zusammenbruch des nationalen politischen Systems, 1897–1905

Der vorangegangene Abschnitt hat sich mit dem Prozess beschäftigt, durch den Karl Lueger und seine Mitstreiter eine verblüffende Konsolidierung der kommunalen Machtposition ihrer Partei zustande brachten. Dieser Prozess war an sich 1905 abgeschlossen. Zu ihrem Leidwesen war es jedoch den Christlichsozialen nicht möglich gewesen, alle ihre Probleme durch Manipulierung der Gemeindebeamten und Neuformulierung von Wahlordnungen zu lösen. Zwei wichtige kulturell-politische Rivalitäten machten sich in den Jahren nach 1897 bemerkbar, welche der Partei schicksalsträchtige Entscheidungen abverlangten: Georg von Schönerers Los von Rom-Bewegung und Victor Adlers österreichische Sozialdemokratie. Auch wenn der politische Liberalismus nach der Wahlrechtsreform von 1900 in Wien praktisch erledigt war, konnten die Christlichsozialen sich nicht auf ihren Lorbeeren ausruhen. Anstelle der Liberalen waren jetzt gleich zwei gefährliche Gegner in Gestalt des sektiererischen Radikalismus der Schönerianer und der aggressiven sozialdemokratischen Agitation erstanden.

Die sozialistischen und alldeutschen Angriffe auf den Christlichen Sozialismus wurden erleichtert durch das nationale politische System. Seine offenkundige Schwäche erwies sich als besonders nachteilig für eine Partei, die explizit bürgerliche Interessen vertrat und in erster Linie eine soziale und wirtschaftliche Gesetzgebung forderte, die dem österreichischen Mittelstand »Brot und Butter« sichern sollte. Die Polarisierung, die im Abgeordnetenhaus des Reichsrats eine Folge der Badeni-Krise von 1897 war, konnte bis 1900 überhaupt nicht beigelegt werden und auch dann nur vorübergehend und ohne Garantie für die Haltbarkeit der Regelung. Sie schuf eine nationalistisch vergiftete Atmosphäre, die von den Christlichsozialen als zutiefst verunsichernd empfunden wurde. Für sie hatte es in der Tat den Anschein, als würden sich staatliche und lokale Politik ab 1897 in gegenläufigen Richtungen entwickeln. Lueger legte zwar in Wien zu, aber seine bescheidene Vertretung im Abgeordnetenhaus (26 von insgesamt 425 Abgeordneten im Jahr 1898) trieb hilflos vor sich hin auf einem Ozean nationalistischer Verbitterung – zu groß, um völlig ignoriert zu werden, aber viel zu klein, um einen ernsthaften Beitrag zur Eindämmung des ethnisch motivierten Hasses leisten zu können. In einem bisher unveröffentlichten Abschnitt seiner Tagebücher beschreibt Joseph Baernreither[136] die offenkundige Verlegenheit, in der sich die christlichsoziale Fraktion 1897 befand, als verschiedene deutschnationale Gruppen Proteste gegen Badeni organisierten. Der Anblick der Wendungen und Windungen, zu denen sich die Christlichsozialen angesichts der Frage der Obstruktion des Parlaments gezwungen sahen, bereitete Baernreither ein geradezu sadistisches Vergnügen. Einerseits konnten die Christlichsozialen ihre deutschsprachigen Mitstreiter nicht im Stich lassen, andrerseits wollten sie unbedingt das parlamentarische System funktionsfähig erhalten.[137] Die missliche Lage Luegers, der Baernreithers Schadenfreude galt, war eine tatsächliche. Eine der wenigen politischen Überzeugungen, an denen Karl Lueger sein ganzes Leben lang festhielt, betraf die Aufgabe des österreichischen Parlaments, regelmäßig und berechenbar zu funktionieren, um nicht nur das »Volk« gegen den Staat, sondern auch den Staat gegen das »Volk« zu schützen. Lueger sah das Parlament als Partner an, der gleichberechtigt und Seite an Seite mit der öffentlichen Verwaltung die Aufrechterhaltung des österreichischen politischen Systems garantierte. Er sorgte sich weniger darum, ob ausreichende parlamentarische Kontrolle der öffentlichen Verwaltung gegeben war, als um die Bewahrung der Integrität des Parlaments als einer beratenden und politische Maßnahmen billigenden bzw. verwerfenden Körperschaft, die den Handlungsspielraum der öffentlichen Verwaltung absteckte. Ein funktionsfähiges und sich auf soziale und wirtschaftliche Reformen konzentrierendes Parlament war deshalb sowohl im Interesse der Regierung wie in dem der Parteien.[138]

Lueger gab schließlich dem Druck seiner stärker nationalistisch eingestellten Kollegen nach und schwenkte auf einen Oppositionskurs zu den tschechenfreundlichen Sprachenverordnungen ein.[139] Er unterzeichnete und unterstützte auch das sogenannte Pfingstprogramm vom Mai 1899.[140] Es war aber bei ihm weder Enthusiasmus noch doktrinäre Absicht im Spiel, wie die deutschen bürgerlichen Gruppen in Böhmen und Mähren dies für sich in Anspruch nahmen, sondern er wollte versuchen, die deutsche Position einzufrieren, und so eine weitere Radikalisierung verhindern. Lueger erwartete politische Führerschaft vom Kabinett und unterstützte das Programm sozialen Zuckerbrots (Kanäle, Wasserwege, Eisenbahn- und Straßenbau), mit dem Ernest von Koerber 1901–1902 die nationalistischen Parteien von ihren Konflikten ablenken wollte.[141] Lueger war zum Beispiel ein aktiver, begeisterter Teilnehmer an den Verhandlungen zum Bau des Donau-Oder-Kanals, wobei er Wiens Interessen mit jedem Winkelzug politischer Intrige, der ihm zu Gebote stand, zu verteidigen suchte.[142] Die Christlichsozialen befürworteten diese Initiative, weil sie ihrerseits Koerbers Unterstützung zu Hause brauchten, und weil ein Investitionsprogramm zum Ausbau der Infrastruktur der Monarchie ihrem Selbstbild als einer »sozialreformerischen« Bewegung entsprach.[143]

Koerbers Art, scheinbar »unpolitisch« zu regieren, wurde für die christlichsoziale Partei 1904 zur Herausforderung, als er und seine Berater Pläne erwogen, die für die Behörden in der lokalen und regionalen Verwaltung auf einen Machtverlust hinausgelaufen wären. Obwohl offiziell als Kritik an mangelnder Professionalität – und nicht am parteipolitischen Management als solchem – deklariert, hätten Koerbers Pläne de facto den Ermessensspielraum der lokalen und regionalen Behörden eingeschränkt.[144] Letztendlich versuchte Koerber, die Lokal- und Regionalpolitik in denselben beratenden, konsultativen Modus überzuführen, den die nationale Politik im Parlament in den besten Zeiten seit Mitte der 90er Jahre angenommen hatte, eine Entwicklung, der sich Lueger mit Entschiedenheit entgegenstemmte.

Für Koerbers Rücktritt spielten die Christlichsozialen eine allenfalls marginale Rolle. Dieser war völlig erschöpft und deprimiert angesichts der Hartnäckigkeit des Nationalitätenkonflikts und des Misstrauensvotums, das ihm am 9. Dezember 1904 im parlamentarischen Budgetausschuss ausgesprochen worden war.[145] In der Tat geißelte die christlichsoziale Presse eher die unversöhnlichen, selbstsüchtigen Nationalisten in allen Lagern, die jeden Kompromiss ablehnten und so das österreichische parlamentarische Leben zerstörten. Einige Christlichsoziale waren überzeugt, dass nach fünf Jahren die Zeit für Koerbers brillantes Taktieren und kalkuliertes Zurücklehnen ebenso wie für seine Manipulation (und Bestechung) des Parlaments abgelaufen war. Andere hatten ungeachtet der politischen Großzügigkeit Koerbers gegenüber der Stadt das Gefühl, dass ihre Partei mittlerweile der Beschränkung auf stadtpolitische Belange entwachsen und für sie jetzt die Zeit gekommen war, mit Nachdruck eine Rolle in der staatlichen Politik anzustreben.[146] Diese Entwicklung würde unter Umstand durch Koerbers Abgang und das Nachrücken einer konzilianteren Figur erleichtert. Eine solche stand in der Person von Paul von Gautsch bereit, der nicht nur mit der Unterstützung der Jung-Tschechen rechnen konnte, sondern sich in den ersten Monaten seiner Amtsführung auch um gute Beziehungen zu Lueger und Gessmann bemühte. Wenn man Karl Luegers Äußerungen bei einem Treffen Mitte November 1904, an dem die Führer der deutschsprachigen Parteien und Koerber teilnahmen, mit den Einlassungen deutschnationaler Politiker wie Julius Derschatta, Gustav Groß und Josef Baernreither vergleicht, werden zwei verschiedene Ansätze und zwei verschiedene Ziele deutlich. Während die deutschnationalen Politiker Koerber in gekränktem, ja anklagendem

Tonfall mit Fragen bezüglich möglicher Konzessionen an die Tschechen und andere nichtdeutsche Volksgruppen überhäuften, verhielt sich Lueger viel zurückhaltender und machte Vorschläge, wie der Friede wiederhergestellt und weitere öffentliche Konflikte mit den Deutschnationalen vermieden werden könnten. Nach dem Treffen bezeichnete Lueger die Sitzung als »jämmerlich«, wobei aber diese Charakterisierung nicht allein auf Koerber gemünzt war, wie Baernreither aus durchsichtigen Gründen vorgab.[147]

Da sie bei realistischer Einschätzung vor 1905 keine politische Rolle auf staatlicher Ebene ins Auge fassen konnten, sahen die Christlichsozialen ihre Beziehung zur Regierung und ihre Aufgaben innerhalb des Staates vor allem unter einer lokalen Perspektive. Wie würden sich Pressionen oder Probleme, die durch Tendenzen auf der Ebene des Staats entstanden oder ermutigt wurden, auf Wien auswirken? Als Nutznießerin der geschickten Patronage und Tolerierung durch den Ministerpräsidenten konnte die Partei an sich wenig Klage führen. Die Verknüpfung staatlicher und lokaler Politik war in erster Linie durch das Vorhandensein zweier politischer Bewegungen in Wien gegeben, die im Wettstreit miteinander staatliche Agenden im Kontext der Wiener Lokalpolitik verfolgten: die Alldeutschen und die Sozialdemokraten.

1898 hatte Georg von Schönerer beschlossen, die Welle radikal nationalistischer Gesinnung, die im Gefolge des Badeni-Regimes sich unter den bürgerlichen Wählern und auch unter den Arbeitern entwickelt hatte, auf seine Mühlen zu lenken und rief seine *Los von Rom* Kampagne aus. Diese Bewegung stellte einen Angriff auf den österreichischen Katholizismus und den Wiener Christlichen Sozialismus dar; beiden wurde vorgeworfen, sie besudelten die Reinheit der deutschen Kultur und untergrüben die Geschlossenheit, die Deutsch-Österreich brauche, um sich des tschechischen politischen Imperialismus zu erwehren.[148] Schönerers Strategie verschränkte extremen Nationalismus und extremen Antiklerikalismus zu einem in sich geschlossenen ideologischen Gebilde. Man ist versucht zu behaupten, dass die neue Welle radikalen Antiklerikalismus, die sich in der österreichischen Politik nach 1900 bemerkbar machte, mit der Los von Rom Bewegung einsetzte.

Obwohl die Bewegung sehr bald geschwächt wurde durch die Spaltung in zwei Lager – auf der einen Seite Leute wie Schönerer selbst, deren Interesse für Volksfrömmigkeit und evangelische Religion rein opportunistisch war, auf der anderen Pastor Paul Bräunlich und seine Gesinnungsfreunde, die *Los von Rom* als legitime Chance sahen, die österreichische protestantische Gemeinde auf Kosten der Katholiken zu vergrößern –, löste Schönerers Bewegung bei den Christlichsozialen tiefe Empörung aus. Vor 1898 war die christlichsoziale Partei nicht eine deklariert »klerikale« Partei gewesen, obwohl Mitglieder des niederen Klerus sich aktiv in Koalitionsbelange einbrachten. Lueger wurde jetzt nicht nur für einen behaupteten österreichischen »Ultramontanismus« verantwortlich gemacht, der sich schädlich für die Dynastie und die Monarchie auswirke, sondern auch für die feudal gesinnten Bischöfe, die doch Mitte der Neunzigerjahre erbitterte Gegner seiner Partei gewesen waren![149] Indem Schönerer die Christlichsozialen als »klerikal« und antinational stigmatisierte und sie zwang, die Kirche gegen eine Flut politischer Literatur zu verteidigen, die mit zur bösartigsten (und geschmacklosesten) gehört, die Österreich je gesehen hat, trug er ganz wesentlich zur Erschaffung des Objekts bei, das er zerstören wollte. Der katholische kircheninterne Widerstand gegen *Los von Rom* führte zur Bildung stärkerer – und stärker selbstbestimmter – katholischer Aktionskomitees in Österreich. Ein Beispiel auf politischer Ebene ist der *Piusverein*, der sich 1905 zur Unterstützung des katholischen Journalismus bildete; ein weiteres auf emotionaler Ebene ist der aggressivere, selbstbewusstere Geist der Teilnehmer an den Katholikentagen von 1907 und 1910.[150] Aber Stadt und Partei wurden genauso in die Pflicht genommen: Luegers in der Öffentlichkeit stark beachtete Initiative im Jahr 1899, die darin bestand, Darlehen zum Bau von Kirchen zu gewähren, war auch eine politische Antwort auf die Demagogie der Schönerianer, und dasselbe gilt für die Art, in der er letztendlich die finanzielle Unterstützung rechtfertigte: Kirchen seien für die Gesellschaft als Gebäude von Bedeutung, die zusätzlich zu ihrer religiösen auch zivilgesellschaftliche und patriotische Funktionen hätten.[151] Nachdem er – so ungewollt wie ungeschickt – zu einer Stärkung des Naheverhältnisses zwischen christlichsozialer Partei und Kirche beigetragen hatte, setzte Schönerer noch eins drauf: er zwang Lueger, eine Position zu beziehen, von der aus er die Kirche und seine Partei in einem verteidigen konnte.

Lueger war sich sehr wohl bewusst, dass die praktischen Auswirkungen von Schönerers Bekehrungskampagne nicht groß waren. Die Zahl der Personen, die in Wien pro Jahr zum Protestantismus konvertierten, belief sich auf weniger als 600, und selbst diese Zahl nahm nach 1905 rapide ab. Trotzdem widersprach *Los von Rom* Luegers Selbstverständnis und dem Bild, das er von »seiner« Stadt als Bollwerk des dynastischen Konservativismus hatte. Dass protestantisches Geld und protestantische Missionare von Preußen und Sachsen nach Österreich einströmten, war ein weiterer Punkt, der einem Politiker missfallen musste, dessen Loyalität zum *Dreibund* bestenfalls auf kleiner Flamme brannte.

Anfang 1902 trug Lueger zu einer weiteren Eskalation bei; er erklärte *Los von Rom* zu einem »internationalen Skandal« und fügte warnend hinzu: »Mit dem Deutschen Reiche wollen wir ... entschieden zusammengehen. Wir wünschen und verlangen jedoch dringendst, daß sich einzelne der deutschen Staaten aller Einmischungen in österreichische Verhältnisse enthalten.«[152] Noch wichtiger waren potentielle Auswirkungen auf das Wahlverhalten der Bevölkerung. Koerber hatte ganz offensichtlich die Attraktivität unterschätzt, die der neue alldeutsche Kreuzzug für Wähler außerhalb von Wien hatte. Die Parlamentswahlen im Jänner 1901 zeigten unerwartete Zugewinne der radikalen Deutschnationalen unter bürgerlichen Gruppen in Böhmen, Mähren und andern wichtigen Gebieten. In Wien unterlagen die Christlichsozialen zweimal knapp den Sozialdemokraten in der Fünften Kurie, und obwohl die Alldeutschen leer ausgingen, hatte Lueger kein Verlangen abzuwarten, ob es Schönerer gelingen würde, mit antiklerikalem Zündeln weitere Flächenbrände auszulösen.[153] Als Versuch, eine Welle massenhafter Kirchenübertritte zu organisieren, mochte *Los von Rom* bedeutungslos bleiben, aber konnte die Bewegung subtilere Nebenwirkungen auf Wähler der Beamtenschicht haben? Koerbers mangelnde Bereitschaft, das *Los von Rom*-Gezänk durch ein Fiat zu beenden – eine direkte Intervention der Regierung hätte seiner Einschätzung nach nur Schönerers Glaubwürdigkeit gestärkt –, wurde zum Zankapfel zwischen den Christlichsozialen und dem Ministerpräsidenten.[154]

Von viel größerer Bedeutung für die christlichsoziale Partei war die Konfrontation mit einer ungleich stärkeren Gegnerin: der österreichischen Sozialdemokratie. Hier stand sehr viel auf dem Spiel. Die Sozialdemokratie war, wie das Parteisekretariat auf dem Kongress der Sozialistischen Partei 1903 offen erklärte, als einzige Partei in Wien noch imstande, den Höhenflug von Luegers Leuten zu stoppen.[155] In der Wahlarena gewannen die Sozialdemokraten allerdings bei ihrem Ringen mit den Christlichsozialen, wenn überhaupt, nur langsam an Boden, da ihnen das oligarchische Wahlsystem, nach dem Gemeinderatswahlen abliefen, nicht mehr als eine symbolische Rolle im Gemeinderat zuwies. Selbst nach der Wahlrechtsreform von 1900, welche eine Vierte Kurie mit 20 Sitzen auf der Basis eines allgemeinen männlichen Stimmrechts schuf, gewannen die Sozialisten nur zwei Sitze von den Christlichsozialen, da diese weiter an Unterstützung zulegen konnten – nicht nur bei ihrer bürgerlichen Kernwählerschaft, sondern auch bei kleinen Angestellten, Kellnern, Dienstboten, Hauswarten und selbst bei den handwerklichen Arbeitern, deren Vorstellungen über ihre Klassenzugehörigkeit entweder verschwommen oder überhaupt nicht vorhanden waren.[156] Nur in den tiefroten Bastionen sozialistischer Loyalität, wie in Ottakring, Favoriten und später in Floridsdorf, durften die Sozialdemokraten hoffen, die christlichsoziale Dampfwalze zu überholen. In den Parlamentswahlen von 1901 zeigten Victor Adlers Leute beträchtlichen Biss, erhöhten ihren Anteil an den abgegebenen Stimmen über das Niveau der Wahlen von 1897 und sicherten sich zwei Sitze in der Wiener Fünften Kurie.[157] In beiden Fällen fiel ihr Sieg allerdings äußerst knapp aus.

Auch die Ergebnisse der heiß umkämpften Wahl zum Niederösterreichischen Landtag im Oktober und November 1902 verschafften den Sozialdemokraten noch keinen Hauch von Morgenluft. Da das Landtagswahlrecht in Wien sich nach dem Wahlrecht der am großzügigsten zusammengesetzten Komponente der damals gültigen Gemeindestatuten richtete, der neuen Vierten Kurie, die sich erstmals im Jahr 1900 formiert hatte, explodierte die Gesamtzahl der für die Landtagswahl von 1902 Wahlberechtigten von 89.811 im Jahr 1896 auf 251.348 – eine Zahl, die nur geringfügig kleiner war als die Gesamtzahl der Fünft-Kurien-Wahlberechtigten in der Parlamentswahl von 1901.[158] Obwohl sich den Sozialdemokraten hier die Möglichkeit bot, den Kampf gegen die Christlichsozialen auf der Grundlage einer stark vergrößerten Wählerschaft auszutragen, konnten sie keinen der ausgeschriebenen 21 Sitze gewinnen. Nur im Vorstadtbezirk Floridsdorf verhalf Karl Seitz den Sozialdemokraten zum Sieg. Die Hoffnung der Liberalen, das christlichsoziale Experiment könnte sich als Seifenblase erweisen, die nach den Ergebnissen der Parlamentswahlen vom Jänner 1901 nicht unbegründet erschien, brach in sich zusammen, als Luegers Leute 46 der insgesamt 55 Sitze, die in städtischen und ländlichen Wahlbezirken im gesamten Kronland ausgeschrieben waren, ergatterten.[159] Die *Neue Freie Presse* konnte sich vor Empörung kaum fassen und führte sogar bewegte Klage darüber, dass von den 70 Mitgliedern des christlichsozialen Wahlkomitees für den Ersten Bezirk kein einziger einen akademischen Titel hatte.

Es dauerte nicht lange und die Wahlkämpfe legten an Verbissenheit weiter zu. Alle Wiener Parteien waren zu unspektakulärem Wahlbetrug fähig, aber angesichts der Tatsache, dass unter den 115 Leute, die wegen versuchten Wahlbetrugs bei den Landtagswahlen von 1902 festgenommen wurden, 74 Sozialdemokraten waren, legt doch nahe, dass unter sozialistischen Aktivisten ein dringendes Bedürfnis herrschte, sich die schlechten Gewohnheiten ihrer christlichsozialen Mitbewerber zu eigen zu machen.[160] Ebenso auffällig war die Disziplinlosigkeit der sozialdemokratischen Massen in Favoriten Anfang November 1902 im Anschluss an Victor Adlers Niederlage in der Landtags-

Stichwahl gegen Julius Prochazka. Rhetorische Gewalttätigkeit und aggressive Akte vor Wahlkampflokalen gehörten hüben wie drüben zum Tagesgeschäft der Wahlorganisatoren, aber die Stein- und Flaschenwürfe in einer sozialistischen Versammlung im Arbeiterheim, die in diesem konkreten Fall bei 26 Arbeitern und 12 Polizeiagenten zu Verletzungen führten, machten deutlich, wie wenig Spielraum der sozialistischen Parteiführung bei ihrer Aufgabe blieb, die überzogenen Wählerhoffnungen, die sie geweckt hatte, auf den Boden der Realität zurückzuführen.[161] Man darf allerdings nicht einmal mit Hoffnung als einer gegebenen Größe rechnen, denn die Gewaltausbrüche waren ja nur ein Ventil für die tiefe Frustration, die bei vielen Aktivisten der Arbeiterklasse Platz gegriffen hatte. Wenn man die anhaltende offenkundige Pattstellung bezüglich des allgemeinen Wahlrechts berücksichtigt, wird verständlich, dass die verlorenen Wahlen in Wien die Richtigkeit und Weitsicht von Victor Adlers prozeduralem Legalismus in Frage stellten.

Wie erfolgversprechend war das gewissenhafte Insistieren der sozialdemokratischen Führung auf parlamentarischen Strategien zur Durchsetzung politisch glaubwürdiger Sozialreformen?[162] Zwar machte die Wiener sozialistische Partei in diesen Jahren große Fortschritte in der Entwicklung ihres »Häuser- und Straßenorganisationssystems«, das nach 1907 auch substantielle Dividenden einbrachte.[163] Oft genug aber machte sich zwischen 1900 und 1905, wie Hans Mommsen und andere Parteihistoriker bemerkt haben, innerhalb der nationalen Führung eine tiefe Niedergeschlagenheit breit. Viele führende Persönlichkeiten hatten, in den Worten des Sozialdemokraten Oswald Hillebrand, das Gefühl, »es lasse sich nicht leugnen, dass wir bei jeder Aktion auf eine Gleichgültigkeit stoßen, die uns geradezu zur Verzweiflung treiben könnte.«[164]

Die Sozialdemokraten stellten also im Hinblick auf die Wahlen für Karl Lueger keine unmittelbare Bedrohung dar. Der sozialistische Widerstand innerhalb des Schulsystems hingegen war ungleich stärker präsent und verursachte der Partei gehöriges Kopfzerbrechen. Die Bewegung der *Jungen* war vielleicht die größte kulturpolitische Herausforderung, mit der sich die christlichsoziale Partei in den ersten Jahren ihrer Herrschaft konfrontiert sah. Ihre Anhänger waren ein kleiner, aber äußerst artikulierter Kader sozialistischer Lehrer unter der Führung von Karl Seitz, der starken Zuspruch seitens der Unterlehrer im Schulsystem der 90er Jahre erhielt. Seitz und seine Kollegen versuchten nicht nur die »internen« sozialen und fiskalischen Ressourcen des Schulsystems zu verbessern, sondern auch der Schule eine Vorreiterfunktion beim moralischen Aufbau der Arbeiterklasse zuzuweisen.

Karl Lueger war stolz auf das, was er für die öffentliche Schule tat, aber seine Zuwendung bestand einerseits aus Ziegeln und Mörtel und andererseits aus konservativen sozialen Werten, die es aufrecht zu halten galt. Zwischen 1897 und 1908 wurden Dutzende neuer Schulen in Wien eröffnet. Die durchschnittliche Klassengröße lag 1908 noch immer bei 50 Schülern, die Stadtverwaltung bemühte sich aber – und dies war für Lueger ein vorrangiges Anliegen –, mit Wiens demographischem Wachstum (auf über 2 Millionen im Jahr 1910) Schritt zu halten. Trotz aller Anstrengungen blieben allerdings überfüllte Klassen ein Schwachpunkt des Schulsystems.[165] Lueger wollte, dass in der Schule einfache, fromme und nutzbringende Unterweisung geboten wurde, die das Erlernen von Grundkenntnissen mit einer doppelten Dosis moralischer Erziehung für den – auch für dynastische Loyalitätsgefühle – empfänglichen jungen Staatsbürger verband. Die Schulbildung in der Elementarstufe war nicht unbedingt darauf angelegt, soziale Mobilität oder wirtschaftlichen Erfolg zu fördern; das konnte sich, wenn es denn im Bereich des Erreichbaren lag, durch private Initiative ergeben, durch Förderung seitens der Familie, die eine spezialisierte Ausbildung jenseits der Elementarstufe ermöglichte, oder durch Protektion und Geschäftsbeziehungen innerhalb öffentlicher oder privater Hierarchien. Die Lebensgeschichten der Parteigranden Lueger, Gessmann und Weiskirchner galten offenbar ebenso wie die der zweiten Reihe (Heinrich Hierhammer, Hermann Bielohlawek) und die der jüngeren Protegés (Richard Schmitz, Eduard Heinl und sogar Ignaz Seipel) als mustergültig für eine Gesellschaft der Art, wie die Christlichsozialen sie in Zukunft reproduziert sehen wollten.[166] In ihnen allen verband sich kleinbürgerliche Herkunft mit individuellem Ehrgeiz, harter Arbeit und – wenigstens in einigen Fällen – akademischer Bildung. Volks- und Bürgerschule sollten ihre Zöglinge dazu bringen, sich mit ihrem eigenen Platz im Leben abzufinden und für die unter und die über ihnen Stehenden Toleranz aufzubringen. Das hatte Gessmann im Sinn, als er erklärte, »daß wir uns ein geordnetes gesellschaftliches Zusammenleben der Menschen ohne positiven Glauben überhaupt nicht vorstellen können«. Dies machte religiöse Erziehung in der Schule unumgänglich. Die *Jungen* viktimisierten jüngere Lehrer, indem sie, wie Gessmann sagte, vor allem auf eines hinarbeiteten: »einen ganz unglaublichen Classenhass, eine Classenherrschaft, eine Brutalität bezüglich des Verhältnisses der einzelnen Gesellschaftsstände, wie es im ärgsten Feudalstaate nicht gedacht werden kann«. Laut Gessmann wollten die Sozialisten vor allem »die Herzen der Jugend [vergiften] und ... das Pflichtgefühl der Lehrer [untergraben]«.[167]

Gessmann nahm in diesen Äußerungen vor allem auf die Anliegen seiner Wählerschaft Bezug. Status und Ansehen konnten in einer bürgerlichen Gesellschaft auf verschiedene Weise erworben werden: dadurch, dass die Familie ihrem Sohn die Mittelschule und sogar eine Universitätsausbildung ermöglichte, beides Voraussetzung für den Eintritt in die mittleren Ränge des Staatsdienstes; durch Erbschaft in der Familie (oft ein Faktor in den Familien, die über einen rentierlichen Besitz, wie z.B. ein Zinshaus verfügten); dadurch, dass der Sohn denselben Beruf ergriff wie sein Vater (wie dies manchmal bei christlichsozialen Zunftmeistern und Kaufleuten vorkam) oder dass sich ihm durch die Geschäftsbeziehungen seines Vaters der Zugang zu einem noch erstrebenswerteren Beruf erschloss; durch Anstellung in den unteren Rängen des öffentlichen Dienstes, wofür sich die richtigen gesellschaftlichen Kontakte oder ein abgeleisteter Militärdienst eher als förderlich erwiesen als Bildung.[168] Die Volksschule sollte Lesen, Schreiben, Rechnen vermitteln und dabei die naturgegebene pluralistische »Ordnung« in der Gesellschaft ebenso wenig in Frage stellen wie die kulturellen Werte des Gemeinwesens. Weit davon entfernt, als Werkzeug eines revolutionären gesellschaftlichen Umbaus zu dienen, sollte die Schule eine institutionalisierte Schutzherrin der moralischen Werte sein, die in der Vergangenheit Allgemeingut waren und in der Gegenwart den gleichen Platz einnehmen sollten. Es war Aufgabe der Schule, in Rudolf Hornichs Worten, in einer Gesellschaft, die am Abgrund kultureller Selbstzerstörung stand, ein Hort der Tradition und Autorität zu sein.[169] Das Schulsystem sollte die Disziplin fördern, die Loyalität gegenüber den Normen der Gesellschaft sowie die Bereitschaft zu harter Arbeit und individueller Leistung. Und in einer multiethnischen kulturellen Umgebung sollte sie auch für die friedliche Assimilation der Kinder an Sitte und Sprache der Wiener Vaterstadt sorgen. Die Armen waren Teil dieses Systems – und auch wieder nicht. Sie waren ein Teil, insofern sie gelehrt wurden, das christlichsoziale Gemeinwesen und seine städtische Kultur als allein legitim anzusehen; sie waren kein Teil, weil sie von der Regierung der Stadt und der Regulierung des Marktes ausgeschlossen waren und ihnen das Recht, ihr gesellschaftliches Leben zu verstehen, und, a fortiori, es zu gestalten, vorenthalten wurde.

In krassem Gegensatz zu dieser Wunschwelt der Ordnung unterrichteten die jungen sozialistischen Lehrer an Schulen, in denen Armut, Hunger, zerlumpte Kleidung und Verzweiflung als Symptome riesiger sozialer Probleme allgegenwärtig waren. Hier war von Ordnung keine Spur. Die Welt, die sich in ihren Schulen manifestierte, war eine der gesellschaftlichen Ausgegrenztheit, materieller Verarmung, familiärer Desorganisation und individueller Trostlosigkeit. In seinen unveröffentlichten Memoiren erinnert sich Karl Seitz an seine täglichen Begegnungen mit Dutzenden hungriger, verwahrloster Kinder:

> Da war ich ein junger Lehrer und habe in Favoriten gedient, in der Volksschule in der Quellenstraße 52 und habe dort einen schrecklichen Eindruck gewonnen über das proletarische Kind, ein Eindruck, der jeden Tag gleich stark war, wenn ich um zehn Uhr vormittag an die 40 bis 50 Kinder, die um Speisemarken für ein warmes Mittagessen gebeten hatten, diese Marken austeilen sollte. Ich hatte drei, im günstigen Falle fünf auszugeben, die anderen Kinder gingen leer aus. Das war 1888. Das hat mich angeregt, mich um das Proletariat, um das proletarische Kind zu kümmern.[170]

Otto Glöckel berichtet von ähnlichen Erfahrungen aus seiner Schule in Rudolfsheim, wo die meisten seiner zehnjährigen Schüler kein eigenes Bett hatten und viele während des Unterrichts einschliefen, weil sie gezwungen waren, frühmorgens vor oder spätabends nach dem Unterricht einer bezahlten Arbeit nachzugehen.[171] Für Seitz und Glöckel bedeuteten die christlichsozialen Lobgesänge auf das »Familienleben« kaum mehr als herzlose, pseudoromantische Rhetorik, die mit der Realität, die ihnen jeden Tag in ihren Klassenzimmern vor Augen stand, nichts zu tun hatte. Sie und ihre Mitstreiter kamen sehr bald zum Schluss, dass weder das Schulsystem noch die Lebensbedingungen der Kinder sich verbessern ließen ohne radikale Reformen der sozialen und politischen Machtverhältnisse. Diese fundamentale Einsicht machte viele von ihnen offen für die sozialdemokratische Partei und für eine unmittelbare, nicht theoretisch untermauerte Affinität zu marxistischer politischer Praxis.[172] Ihre eigene materielle Notlage als Unterlehrer gab ihnen eine Gruppenidentität und eine starke Motivation, für bessere Verhältnisse zu kämpfen. Ihre Verankerung in der Schule veranlasste sie, in ihre Sozialpädagogik konkrete Reformziele für die Gesellschaft ihrer Zeit aufzunehmen, statt sich mit bloßen Prophezeiungen, die irgendwann in Erfüllung gehen würden, zufriedenzugeben. Was sie als kulturelle Pädagogen – über ihre Rolle als Fürsprecher der sozialdemokratischen Sache hinaus – leisteten, sollte nicht unterschätzt werden. In der Umsetzung marxistischer Politik waren ihnen die Unvermeidbarkeit des Klassenkampfes und die materialistische Interpretation von Geschichte voll bewusst, aber als sozialistische Bildungspolitiker richteten sie ihre Aufmerksamkeit auf das Hier und Jetzt im Leben der Arbeiter. Der Beitrag, den Seitz und seine Kollegen für die sozialdemokratische Bewegung leisteten, schloss auch eine solide Wertschätzung von geistigen und kulturellen Produkte mit ein, da ja, wie Seitz es später ausdrückte,»verdummte, rückständige Arbeiter ... gegenüber den Existenzkämpfen der denkenden Arbeiterschaft ein Bleigewicht [sind], das hemmend im kulturellen Aufstieg wirkt.«[173] Der Antiklerikalismus war ein selbstverständlicher Teil ihrer Ideologie, nicht nur weil die *Jungen* die normative, den Sittenkodex regulierende Agenda der katholischen Kirche in der Kindererziehung ablehnten, sondern auch deshalb, weil der Antiklerikalismus den jungen Sozialisten die Möglichkeit bot, als Bewahrer eines wichtigen Erbteils aus dem liberalen Staatswesen aufzutreten. Dass das Reichsvolksschulgesetz von 1869 in strategischer Hinsicht für sie eine ganz andere Rolle spielte als die liberalen Verfasser ihm seinerzeit zugedacht hatten, war nur eine der unbeabsichtigten Konsequenzen beim Versuch der *Jungen*, einen Teil der liberalen Tradition für sich in Anspruch zu nehmen, um ihn einer postliberalen sozialistischen Ordnung einzuverleiben.

Das »Schulprogramm«, das der *Zentralverein der Wiener Lehrerschaft*, die Standesorganisation der *Jungen*, in Wien am 10. April 1898 beschloss, verknüpfte wirtschaftlichen und sozialen Fortschritt mit kultureller Emanzipation.[174] Seitz legte großes Gewicht auf die Macht der Bildung – den Begriff hatte er mit Bedacht gewählt wegen seiner reichen klassischen und idealistischen Konnotationen und weil sich darin schulische Erziehung mit persönlicher kultureller Entfaltung verband –, mit deren Hilfe sich unterdrückte Energien der Armen freisetzen ließen, und warf dem öffentlichen Schulsystem vor, in »moralistischen, religiösen und politischen Ansichten« befangen zu sein, die ausschließlich dem Interesse der besitzenden Klassen dienten. Diesen sei daran gelegen, unterwürfige, intellektuell reduzierte Kinder heranzuziehen, die als Erwachsene außerstande sein würden, ihre eigenen gesellschaftlichen Interessen wahrzunehmen. Die Erziehungsreform würde nicht nur dazu beitragen, gegenwärtigen und künftigen Generationen den Fundus menschlichen Wissens zu erschließen, sondern auch den Klassenkonflikt wenigstens teilweise zu entschärfen:

> Der Umstand, daß die Wissenschaft in den Dienst der herrschenden Klasse gestellt wird und daß unser Bildungswesen nur den Reichen die Erwerbung höherer Bildung ermöglicht, die große Masse der Armen aber zur Unbildung verurteilt, verstärkt den Klassengegensatz von Besitzenden und Nichtbesitzenden noch durch den Gegensatz der Bildung, was die Erbitterung des Klassenkampfes noch

steigert. Die Monopolisierung der Bildung durch die Reichen, sowie die erzwungene tendenziöse Erziehung trägt demnach zur Verschärfung der Gegensätze und der dadurch bedingten Steigerung des Klassenhasses bei: sie ist nicht bloß ungerecht gegen die Armen, sondern auch schädlich für Arme und Reiche. Will man die unserer Gesellschaft beschiedenen Klassenkämpfe, die einmal nicht zu vermeiden sind, nach Möglichkeit mildern, so muss das Bildungswesen für eine gleichmäßige, nur von den persönlichen Fähigkeiten des Individuums abhängige Bildung von arm und reich sorgen und darf nicht für Tendenz Partei ergreifen.[175]

Nicht alle dissidenten Lehrer wurden diesen hohen Idealen gerecht; einige wenige verstiegen sich zu Skurrilitäten, die sich kaum vom Schlimmsten unterschieden, wozu ein Josef Gregorig oder ein Ernst Schneider fähig waren. Eine Beispiel: Eduard Jordan, Lehrer an einer öffentlichen Schule im 1. Bezirk, hatte sich als Herausgeber der *Österreichischen Schulzeitung* einen Namen als antiklerikaler Feuerschlucker gemacht. 1900 erhielt er einen offiziellen Verweis nach Veröffentlichung eines Briefes, den vorgeblich der Präsident des *Deutsch-Österreichischen Lehrerbunds* an seine Mitglieder verschickt habe. Darin wurden die Lehrer aufgefordert, den ortsansässigen Geistlichen in ihren Pfarrhäusern nachzuspionieren und unter anderem besonders darauf zu achten, ob weibliche Bedienstete (Köchinnen, usw.) sich ungebührlich lang in der Gegenwart des geistlichen Herrn aufhielten und ob der geistliche Herr eine »Nichte« bei sich wohnen habe.[176] Seitz und die meisten seiner Kollegen waren großmütiger, aber auch ihre Kritik konservativer erzieherischer Werte geriet oft genug zu unfairen Karikaturen.[177]

Es wäre auch verfehlt, wollte man jeder Lehrkraft von vornherein eine gleichgültige oder apathische Haltung gegenüber dem intellektuellen Gedeihen der ihnen anvertrauten Jugend unterstellen, nur weil er oder sie mit der christlichsozialen Partei sympathisierte oder Mitglied des von den Christlichsozialen unterstützten *Vereins der Lehrer und Schulfreunde* war. Dieser Verein war Anfang 1899 von Gessmann als halboffizielle Interessengruppe der Partei gegründet worden; Lehrkräfte traten bei aus einer Vielzahl persönlicher oder beruflicher Motive.[178] Der Großteil der Wiener Lehrer, die noch lange nach 1897 im Dienst blieben, waren ja ursprünglich an liberal dominierten Lehrerbildungsanstalten ausgebildet worden. Man darf die fromme Rhetorik des *Katholischen Schulvereins* nach 1900 daher nicht mit den Ansichten der Lehrer gleichsetzen, die tatsächlich in den Klassen unterrichteten, und auch nicht mit den theoretischen Grundsätzen der Schulinspektoren. Lueger selbst ließ keinen Zweifel an seiner Ablehnung einer Rekonfessionalisierung des österreichischen öffentlichen Schulsystems. Als Kaspar Schwarz, der Vorsitzende des Katholischen Schulvereins, sich auf dem Fünften Österreichischen Katholikentag im November 1905 in Wien zum Fürsprecher der Rekonfessionalisierung der Schulen machte, drohte Lueger damit, die Abordnung des Katholikentags nicht im Rathaus zu empfangen.[179]

Wenn man die Entwicklung von 1914 oder gar von 1927 aus betrachtet, erkennt man die weitreichenden Konsequenzen, die sich daraus ergaben, dass die erste größere institutionelle Kollision zwischen Sozialdemokraten und Christlichsozialen in Wien auf dem Gebiet der öffentlichen Schule stattfand. Indem sie die christlichsoziale Vorherrschaft in der Schule attackierten, stellten die sozialistischen Lehrer nicht nur den Einfluss der Partei auf einem institutionell und auch im Hinblick auf Wahlen höchst bedeutsamen Gebiet in Frage, sie bedrohten die Christlichsozialen außerdem mit ideologischer Demütigung. Man muss beides in Evidenz halten, will man die Heftigkeit des Gegenangriffs von Lueger und Gessmann nach 1898 verstehen. Vierzig Jahre lang hatten die Liberalen die städtischen Schulen als Paradeobjekte gehandelt, an denen sich der Unterschied zwischen liberaler Kultur und ruchlosem »Klerikalismus« ablesen ließ. Die Christlichsozialen bestätigten einfach ihren Glauben an die politische Bedeutsamkeit des öffentlichen Schulsystems und wiederholten auf ihre Weise, d.h. wesentlich plumper und opportunistischer, die frühere Politisierung durch die Liberalen der Vergangenheit.[180] Als Lueger Josef Gregorig, den angriffslustigen Marxistenfresser aus Neubau, in den Stadtschulrat aufnahm, unterstrich er damit auf höchst nachdrückliche Weise, dass die Schulen in Wien, genauso wie alles andere, dem steuerzahlenden Bürgertum gehörten. Wer das Schulsystem in der Hand hatte, hatte die politische Loyalität der Lehrer in der Hand, einer sprachmächtigen, mitgliederstarken Gruppe, die, wenn sie sich auf die Seite des politischen Gegners schlug, für jede regierende Partei eine harte Nuss darstellen konnte. Dies war von besonderer Bedeutung in den niederösterreichischen Kleinstädten und Dörfern, wo die Lehrer (und die Pfarrer) oft die einzigen Notabeln waren, die als Leiter einer Wahlkommission und für andere halböffentliche Funktionen in Frage kamen.[181]

Eine unangefochtene Spitzenstellung in der Schule bedeutete auch eine sich selbst bestätigende Legitimierung der Parteiideologie. Diese bestand in einer Mischung aus mildem Klerikalismus und gemäßigtem Antisemitismus, beides in Verbindung mit einer starken Betonung der traditionellen Familie, des Arbeitsethos (oder wenigstens seiner weniger rigorosen österreichischen

Ausformung, die oft genug in einen krassen Antisozialismus abglitt) sowie der traditionellen Sozialstrukturen und gesellschaftlichen Beziehungen, besonders was die Akzeptanz einer vom Schicksal gegebenen und daher unabänderlichen Klassenzugehörigkeit des Einzelnen betraf. Von diesem Standpunkt aus war die Behauptung der Sozialdemokraten, die Christlichsozialen seien auf pädagogischem Gebiet reaktionär, weniger falsch als vielmehr irrelevant. Eine der Aufgaben des Schulsystems bestand darin, den Kindern Grundkenntnisse zu vermitteln; darin konnte sich seine politische Bedeutung jedoch nicht erschöpfen. Vielmehr wurde das ganze System als ein mächtiges Instrument kultureller Reproduktion angesehen, dessen Bedeutung ebenso sehr darin lag, die gegenwärtige Welt der Väter (und Mütter) zu bestätigen, wie die zukünftige Welt der Kinder zu konstruieren.

In ihrem Bestreben, die Möglichkeiten der Standesvertretung auszuschöpfen, die bereits Teil des österreichischen Erziehungssystems waren, kandidierten junge sozialistische Lehrer bei den Wahlen zur Vertretung der Lehrerschaft im Bezirksschulrat von Wien.[182] Eine derartige Vertretung war ein ungewöhnliches Vorrecht, das den meisten Lehrern im übrigen Mitteleuropa nicht offenstand. Mehrere *Junge* traten bei den Wahlen im Juni 1897 an und zwei – Seitz und Sonntag – setzten sich tatsächlich bei Stichwahlen im Oktober durch. Die Wiener und die niederösterreichische Schulbehörde blockierten ihren Einzug durch prozedurale Hindernisse, bis ein Entscheid des Verwaltungsgerichtshofs im April 1899 diesem Spiel ein Ende machte. Die Christlichsozialen versuchten darauf, den sozialistisch inspirierten Widerstand in den Reihen der Junglehrer sowohl mit gesetzlichen wie auch mit außergesetzlichen Mitteln zu brechen. Im September 1897 entließ Lueger fünf junge Lehrer, die noch keinen definitiven Dienstvertrag hatten, und die Stadt überzog in den kommenden Monaten und Jahren Lehrer wie Seitz, die nicht einfach gekündigt werden konnten, mit Disziplinarverfahren.[183] Dies war der Anfang einer Periode immer neu entfachter politischer Drangsalierung, die bis 1914 dauerte, mit Dutzenden von Verweisen, Gehaltskürzungen, nicht gewährten Vorrückungen im Gehaltsschema und anderen Akten administrativer Schikane, mit denen die verbliebenen *Jungen* rechnen mussten.[184] Diese Machenschaften blieben auch nicht auf den privaten Schauplatz administrativer Maßregelung beschränkt. Bei einer Begrüßungszeremonie für Junglehrer sprach Lueger die ernste Warnung aus, dass weder Sozialdemokraten noch Schönerianer auf der Gehaltsliste der Stadt etwas verloren hätten.[185] Mit dieser Taktik erwarb sich die Partei die Sympathie der kaiserlichen Regierung. Kielmansegg fand Luegers antisozialistisches

Anstellungsedikt im Hinblick auf die »extreme, unbotmäßige und das Ansehen des Lehrstandes gefährdende Haltung eines Theiles der jüngeren Lehrerschaft« verständlich, auch wenn es auf lange Sicht ebenfalls nichts fruchten werde.[186]

Innerhalb der Partei verließ sich Lueger auf Gessmann und dessen Repressionskampagne, der sich dieser mit großem Eifer widmete. Als 1903 die alle vier Jahre stattfindenden Wahlen für die Standesvertreter der Wiener Lehrer im Bezirksschulrat anstanden, gelang es Gessmann – mit der Drohung, im widrigen Fall lange überfällige Gehaltserhöhungen weiter zu verzögern –, genügend dienstältere Lehrer zur Unterstützung der christlichsozialen Liste zu bewegen. Die sozialistische Liste ging sang- und klanglos unter.[187] Zusätzlich warb Gessmann um die Unterstützung des ländlichen Klerus in Niederösterreich; seine Vertreter sollten als ein Netzwerk politischer Augen und Ohren dienen, um Dissidenten unter den Lehrern in den Dörfern und Kleinstädten aufzuspüren.[188] Ein sozialistischer Bericht aus dem Jahr 1908 über die Politisierung der Wiener Lehrerschaft hielt fest, dass fast 30 Prozent der Beförderungen von Lehrern an öffentlichen Schulen, die in Niederösterreich zwischen 1900 und 1908 vorgenommen worden waren, außerhalb der Reihe und ohne Berücksichtigung der Dienstjahre, einfach weil es der Partei ins politische Konzept passte, stattgefunden hatten.[189]

Viele dieser Anschuldigungen waren zweifellos berechtigt, ohne dass deshalb alle Lehrkräfte, denen Beförderungen oder Gehaltserhöhungen vorenthalten wurden, Opfer politischer Verfolgung waren. Die Behauptung der Sozialisten, *alle* christlichsozialen Personalentscheidungen trügen die Merkmale von Postenschacher und Mauschelei, war stark übertrieben. Selbst sein Status als antisemitischer Abgeordneter zum Gemeinderat bewahrte 1899 den Hernalser Schuldirektor Ferdinand Rauscher, der wegen der Delikte öffentlicher Trunkenheit und Ehrenbeleidigung verurteilt worden war, nicht davor, vom niederösterreichischen Landesschulrat seines Amtes enthoben und an eine andere Schule strafversetzt zu werden. Vielen beim Erziehungsministerium anhängigen Disziplinarverfahren lag tatsächlich mangelnde pädagogische Eignung zugrunde oder die Unfähigkeit, normalen beruflichen Verpflichtungen nachzukommen. Es ist ein merkwürdiger Zug dieser Zeit, dass dieselben christlichsozialen Amtsträger im Wiener Bezirksschulrat, die auf »Rot« so allergisch reagierten und mit großer Hingabe sozialistische Lehrer verfolgten, parallel dazu fähig waren, andere Disziplinarfälle verantwortungsvoll und gewissenhaft zu erledigen.[190] Der häufigste Grund für Disziplinarmaßnahmen waren Übergriffe auf Schüler und Schülerinnen, gewöhnlich in Form körperlicher Züchtigung oder sexueller

Belästigung. Es sagt viel über moralische Prioritäten aus, wenn ein Lehrer, der »schuldig« befunden worden war, der Sozialdemokratie nahezustehen, in den Augen der Behörde eine gleich schwere, wenn nicht sogar eine noch schwerere Verfehlung begangen hatte als einer, der physische Gewalttätigkeit auf dem Kerbholz hatte.[191]

Der Schulkonflikt erreichte im Oktober 1904 seinen Höhepunkt, als Albert Gessmann die christlichsoziale Kontrolle über das Schulsystem in Wien und in den ländlichen Gebieten Niederösterreichs mit einem Bündel von vier Gesetzen verschärfte, die eine einschneidende Revision des dortigen Erziehungssystems darstellten.[192] Gessmann legte seine Gesetzesentwürfe dem Landtag ohne weitere Vorbereitung am 18. Oktober 1904 vor und peitschte sie gegen die wütenden Einwände der wenigen verbliebenen Liberalen und des einsamen Sozialdemokraten, Karl Seitz, durch. Der Veröffentlichung von Gessmanns Entwürfen waren einmonatige Verhandlungen zwischen Gessmann, dem Erziehungsminister Wilhelm von Hartel und Erich Kielmansegg vorangegangen, so dass ihre Billigung von vornherein feststand.[193] Die Gesetze sahen großzügige Gehaltserhöhungen sowohl für die Lehrer in Wien wie in den ländlichen Gebieten Niederösterreichs vor, erlegten ihnen aber im Gegenzug eine ganze Reihe disziplinärer und politischer Einschränkungen auf: katholische Priester wurden ständige Mitglieder der Ortsschulausschüsse; die Mitglieder des Bezirksschulausschusses mussten einen Amtseid ablegen, der sie zur Verschwiegenheit verpflichtete; Lehrer der unteren Dienstgrade mit weniger als fünfjähriger ununterbrochener Dienstzeit waren von der Wahl der Standesvertretung beim Stadtschulrat ausgeschlossen; und die Lehrer mussten jetzt bei einem Disziplinarverfahren auch Rechenschaft über ihr privates Verhalten außerhalb der Schulzeit ablegen. Dies war ein Druckmittel, mit dem Gessmann Lehrer einzuschüchtern suchte, die es wagten, sich in ihrer freien Zeit mit oppositioneller Politik zu befassen. Die Verantwortung für Finanzen und Personalwesen des städtischen Pädagogiums, der berühmten, 1868 von den Liberalen gegründeten Anstalt für Lehrerfortbildung, wurde der Niederösterreichischen Landesregierung übertragen. Diese schuf eine Lehrerakademie für die Fortbildung von festangestellten Lehrern im Verbund mit einer Lehrerbildungsanstalt für Niederösterreich.[194] Die Pädagogen Rudolf Hornich und August Kemetter, die beide Gessmann politisch nahe standen, übernahmen die Leitung des Pädagogiums; diese Anstalt wurde bald zu einem Zentrum der Lehren von Otto Willmann, einem katholischen österreichischen Pädagogen und erklärten Herbartianer.[195] Gessmann vereinigte so alle Phasen der Lehrerbildung und -fortbildung unter einem Dach und unterstellte das Ganze dem Einfluss der Partei. Dass angehende und gestandene sozialdemokratische Lehrer und Lehrerinnen der neuen pädagogischen Akademie nichts Gutes abgewinnen konnten, war offensichtlich, aber ihre Unzufriedenheit sollte nicht darüber hinwegtäuschen, dass Leute wie Hornich und Kemetter durchaus ernstzunehmende Erzieher und keine tumben Bürokraten waren.[196]

Die Debatten im Gemeinderat und im Landtag über die Gesetzesvorschläge von 1904 enthielten auch für die Lehrer eine wichtige Botschaft: Die Steuerzahler waren der Agitationen der *Jungen* überdrüssig und würden Gehaltserhöhungen nur unter der Bedingung zustimmen, dass diese ein Ende fanden. Angesichts der großzügigen materiellen Besserstellung – das gesamte Paket bedeutete eine Mehrbelastung von über vier Millionen Kronen für das Land – war es verständlich, dass die meisten Lehrer ihren Frieden mit Gessmanns Politik machten. Am Ende einer zwei Tage dauernden Marathondebatte, in der Seitz von verlorenem Posten aus als einziger substantielle Kritik an der Gesetzesvorlage geübt hatte, gaben sich die christlichsozialen Abgeordneten besorgt, dass sich der arme Mann mit soviel unsinnigem Gerede völlig verausgabt haben müsse.[197]

Die sozialdemokratische Führung in Wien mag Gessmanns gegenkulturelle Hegemonie als bedrückend empfunden haben, fand aber bald Gelegenheit, sich in passender Weise zu revanchieren. Zwei Wochen davor, am 5. Oktober, hatte sich Lueger in einer hitzigen Debatte über die Einführung des Halbtagsunterrichts an Schulen in den ländlichen Gebieten Niederösterreichs mit Karl Seitz in ein Schimpfduell bezüglich der jeweiligen Wählerschaft eingelassen; Lueger behauptete, es sei ein offenes Geheimnis in Wien, dass arme sozialistische Eltern die Schuluniformen ihrer Kinder an Altkleiderhändler verkauften und ihre Kinder in Lumpen zur Schule schickten. Um deutlich zu machen, wo das Lumpenproletariat politisch zu Hause sei, erklärte Lueger, schließlich seien auch die sozialistischen Arbeiter, die am 1. Mai den Prater füllten, »lauter Lumpen«.[198]

Das war nun selbst für Wiener Verhältnisse zuviel, trotz der hier durchaus üblichen Schmierenrhetorik. Am 24. Oktober 1904 sollte Karl Lueger seinen 60. Geburtstag feiern. Die christlichsoziale Führung plante für diesen Anlass mehrere Massendemonstrationen, die eine Versammlung von Parteimitgliedern und ein Hochamt in der Votivkirche am 24., einem Sonntag, mit einschlossen; den Höhepunkt aber sollte eine Veranstaltung am Abend des 23. Oktober bilden, bei der die Anhänger der Christlichsozialen in direkter Herausforderung der Sozialdemokraten die symbolische Oberherrschaft über die Ringstraße für sich reklamieren sollten – in Form des berühmt-berüchtigten Lueger-Fackelzugs.

Offizieller Veranstalter war die *Bürgervereinigung*, die nicht nur die Festivität plante, sondern in guter kaufmännischer Tradition auch für die Finanzierung sorgte, indem sie Gedenkmedaillen mit Luegers Porträt prägen ließ; die Partei nötigte anschließend die städtischen Beamten, diese zu überhöhten Preisen zu verkaufen (und auch selbst zu erwerben).[199] Eine Festschrift zu Ehren Luegers (einschließlich einer hagiographischen Darstellung seines Lebens aus der Feder von Leopold Tomola) wurde in Druck gegeben – Kostenaufwand 33.000 Kronen – und vom Stadtschulrat gratis an alle Wiener Schulkinder verteilt. Die Parteifunktionäre sammelten bei den städtischen Beamten nicht nur Geldspenden ein – wobei sie detaillierte Listen darüber führten, wer dem Spendenaufruf folgte und wer nicht –, sie warben auch Freiwillige als Stimmungsmacher an, um der Parade die gewünschte Wirkung zu sichern.[200] Von der christlichsozialen Öffentlichkeit wurde auch die Unterstützung der karitativen *Karl Lueger-Stiftung* erwartet, die dem Mann und seinem Werk ein bleibendes Denkmal setzen sollte.[201] Ein Beamter des Stadtbauamts berichtete voll Stolz an Anton Baumann, Luegers Bezirksvorsteher in Währing, er habe 60 Kronen für die Stiftung gespendet und auch alle seine Kollegen im Amt hätten gleichermaßen ihr Scherflein beigetragen. Baumann organisierte eine Haussammlung, für die er seinen Bezirk in 76 Sektionen einteilte; dann beauftragte er seine Angestellten, in jeder Sektion zwischen 40 und 60 Häuser zu besuchen. Auch hatte er keine Skrupel, sich an wohlhabende potentielle Geber zu wenden – Julius Meinl spendete zum Beispiel 1.000 Kronen.[202] Die *Bürgervereinigung* gab insgesamt 20.000 Kronen und die Gesamtsumme der von Parteimitgliedern aufgebrachten Spenden belief sich auf knapp 400.000 Kronen. Die Höhe der Summe legt nahe, dass sich die Wählerbasis der christlichsozialen Partei langsam von der ursprünglich typischen Schicht kleiner Gewerbetreibender in einen komplexeren, durch Protektion, Klientelverhältnisse und Besitz gekennzeichneten Gesellschaftsbereich verlagerte. Doch die wichtigste Aufgabe, die Bezirksvorstehern wie Baumann im Moment zufiel, bestand darin, Teilnehmer für den Marsch über die Ringstraße zu mobilisieren. Bis Mitte Oktober hatten etwa 130 Vereine und Gruppen die Entsendung von Vertretern zugesagt, um am 23. des Monats in einem demonstrativen Akt den Ring für das Altwiener Bürgertum zurückzuerobern. Viel stand dabei auf dem Spiel, denn ein weniger als überwältigender Zulauf würde die Partei dem Spott der Sozialisten preisgeben.

Die sozialdemokratische Führung kam zum Schluss, es lasse sich kein wirkungsvollerer Schlag gegen Lueger führen, als diesen Festzug durch Störmanöver zur Farce zu machen und machte sich unverzüglich ans Werk.[203] In der Woche vor dem *Fackelzug* fanden christlichsoziale Führer plötzlich ihre Häuser oder Geschäftslokale umzingelt von aufgebrachten Arbeitern, die Schmährufe auf Lueger skandierten und den Antisemiten wie der Polizei einen Vorgeschmack darauf gaben, was sie am 23. Oktober erwartete.[204] Bei einem dieser Vorfälle versammelten sich 200 Sozialisten vor dem Wohnhaus von Josef Stary, dem christlichsozialen Bezirksvorsteher von Alsergrund; bei einem weiteren entrollten die Demonstranten zwei riesige rote Fahnen mit der Parole »Hoch die Lumpen, nieder mit Lueger!«[205]

Diese Einschüchterungstaktik ging voll auf und endete mit der Absage des Festzuges durch die Christlichsozialen, nachdem der Polizeipräsident am 19. Oktober auf Anweisung Koerbers im Interesse der öffentlichen Ordnung ein entsprechendes Verbot erlassen hatte. Schon in den Tagen davor, im Endspurt der Vorbereitungen, hatten die Bezirksvorstände der Partei erfahren müssen, wie schwierig es auf einmal war, bürgerliche Teilnehmer für den Fackelzug zu gewinnen.[206]

Das *Deutsche Volksblatt* beharrte zwar tapfer auf der Versicherung, Luegers Anhänger würden sich vom Gespenst des Roten Terrors nicht einschüchtern lassen, die Tatsachen redeten aber eine andere Sprache: bis zum Verbot waren insgesamt nur knapp 8000 Zusagen (Einzelpersonen und Gruppen) zusammengekommen, eine erbärmliche Zahl, verglichen mit den vielen Zehntausend Aktivisten, die von den Sozialdemokraten auf Knopfdruck auf die Ringstraße geworfen werden konnten.[207] Die christlichsoziale Partei hatte augenscheinlich wenig Probleme, große Geldsummen durch »freiwillige« politische Spenden aufzubringen, aber Zusagen für persönliches Auftreten angesichts einer Schmährufe skandierenden sozialistischen Menge waren viel schwerer zu bekommen.

Lueger mag sehr wohl empört gewesen sein darüber, dass die Polizei es gewagt hatte, sich in »seine« Geburtstagsfeier einzumischen; tatsächlich aber berichtete Wedel nach Berlin, die Polizeimaßnahme sei in Absprache mit mehreren »einflussreichen Parteiführer[n]« – darunter höchstwahrscheinlich Gessmann als *spiritus rector* – erfolgt; sie hätten auf ein Verbot des Fackelzugs gedrängt, als sie das Ausmaß der herannahenden Katastrophe erkannten.[208] Natürlich überhäufte die Partei in der nächsten Sitzung des Niederösterreichischen Landtags am 21. Oktober die Regierung mit wütenden Vorwürfen und stellte sich selbst als das Opfer eines feigen Staates und einer brutalen Sozialdemokratie dar. Was aber Lueger am meisten zu schaffen machte, war nicht seine persönliche Demütigung durch den verweigerten Fackelzug, sondern die passive Haltung der Polizei gegenüber den riesigen sozialdemokratischen Menschenmassen, die am Nachmittag und Abend des 23. Oktober auf der Ringstraße zusammenströmten, um ihn mit unflätigen Sprüchen zu schmähen und zu verhöhnen.[209]

Die Sozialdemokraten hatten nicht nur die Christlichsozialen in den Augen von Regierung und Öffentlichkeit gedemütigt und sie als Angsthasen und Stümper dastehen lassen, sie hatten auch demonstriert, dass, mochte Lueger auch Herr im Rathaus sein, der Ring noch immer in ihrer Hand war. Als im November 2005 die Sozialdemokraten 200.000 Anhänger auf die Ringstraße schickten, um für das allgemeine Wahlrecht zu demonstrieren, war die Erinnerung an die sozialistische Einschüchterungstaktik vom Oktober 1904 bei den Christlichsozialen noch immer schmerzlich präsent. Selbst Lueger wusste, dass es Grenzen für das Rollback riesiger roter Menschenmassen gab. Sollte jemand in der christlichsozialen Elite die Versuchung verspürt haben, in puncto Wahlrechtsreform auf die Bremse zu treten, dann sorgte die Verbindung antisemitischer Schwäche und sozialistischer Stärke, die sich auf der Ringstraße gezeigt hatte, dafür, dass der Realitätssinn bald wieder ins Rathaus einkehrte. Andererseits hielt Lueger einen wichtigen Trumpf in der Hand: auch wenn er nicht imstande war, harmlose Bürger zur Konfrontation mit sozialistischen Agitatoren auf die Straße zu schicken, so verfügte er immerhin über einen willfährigen Beamtenstab in der Stadtverwaltung und ein finanziell gut abgesichertes System von Vereinen, mit dem erprobten Know-how, öffentliche Meinung und Wählerlisten so zu manipulieren, dass man die Wahlen gewann.

Das Fiasko von Luegers Geburtstagsfest macht deutlich, dass von 1905 an der Hass zwischen den beiden Massenparteien und ihrer gesellschaftlichen Klientel ein Ausmaß erreichte, das sich jedem wirtschaftlichen und klassenmäßigen Kalkül entzog. Die Gegnerschaft zwischen Christlichsozialen und Sozialdemokraten hatte sich zu einer tiefen Kluft in der Wiener Gesellschaft vertieft, ohne Rücksicht auf Religion, Bildung, Gesetz und dynastisches Privileg. Gleichwohl waren den zwei Parteien charakteristische Merkmale gemeinsam, wie z.B die Art, in der sie ihre organisierte, maschinenähnliche Macht zelebrierten und ihre Verachtung für die zu Sekten degradierten politischen Minderheiten. Soweit sie beide versuchten, nationalistische Polemik und Emotionen den jeweiligen strategischen Erfordernissen für das Erreichen sozialpolitischer Ziele unterzuordnen, wird eine weitere Gemeinsamkeit deutlich: Sie suchten die Vergangenheit im Hinblick auf die Zukunft zu interpretieren, statt, wie Schönerer und andere rabiate Nationalisten, die Zukunft an die Ketten einer mythologischen Vergangenheit zu legen.

Nach dem Sturz der Regierung Koerber herrschte Anfang 1905 zwischen Christlichsozialen und Sozialdemokraten eine unsichere Pattstellung. Die Christlichsozialen hatten uneingeschränkte Verfügungsgewalt über den Apparat der Stadtverwaltung und konnten zuversichtlich sein, auch in Zukunft bei Wahlen als Sieger hervorzugehen; Sorgen bereitete ihnen allerdings die »Terrortaktik« der Sozialdemokraten. Diese trösteten sich über den vorübergehenden Verlust der Schule mit dem perversen Vergnügen, das sie bei der Verunglimpfung Luegers und der Veranstaltung von Massendemonstrationen empfanden. Nach 1905 kehrten viele jüngere sozialistische Pädagogen – darunter Seitz und Glöckel, um nur die prominentesten zu nennen – dem Schulbetrieb den Rücken, zum Teil auch nachdem sie entweder entlassen oder vom Dienst freigestellt worden waren, und wandten sich anderen, wichtigeren Aufgaben innerhalb der sozialdemokratischen Hierarchie zu. Ein neues Betätigungsfeld eröffnete sich für sie im Jahr 1907, als Karl Seitz und Otto Glöckel von Wien aus in das neue *Völkerparlament* gewählt wurden und Seitz zum geschäftsführenden Sekretär der sozialdemokratischen Parlamentsdelegation avancierte. Der Antiklerikalismus, den diese jungen Lehrer mit so wenig Erfolg in den niederösterreichischen Schulen gepredigt hatten, konnte jetzt wiederbelebt und im Interesse weiterreichender sozialer Anliegen eingebracht werden. Der pädagogische Antiklerikalismus der *Jungen* sollte in Verbindung mit dem mehr akademisch ausgerichteten Antiklerikalismus der jungen austromarxistischen Theoretiker wie Max Adler und Otto Bauer spätestens 1911 zu einem der bestimmenden Themen sozialdemokratischer Politik werden.

Alle diese Faktoren – die Sicherheit und Selbstzufriedenheit der christlichsozialen Partei nach fast einem Jahrzehnt absoluter Herrschaft in Wien; ihre Entschlossenheit, sich dem Wettbewerb mit den Sozialisten in einem entscheidenden Kampf um die Vormacht im Parlament zu stellen; und ihr tiefsitzender Hass auf die »jüdisch geführten Freidenker«, die die Vaterstadt ausplünderten unter wohlwollender Duldung einer »schwachen« Regierung (von deren »Schwäche« die Partei allerdings ebenfalls ordentlich profitierte) – gaben schließlich 1906 den Ausschlag für einen radikalen Kurswechsel. Die Parteiführung beschloss, für das allgemeine Wahlrecht zu stimmen.

Anfang 1905, als die untereinander zerstrittenen tschechischen und deutschen nationalistischen Politiker aus Böhmen ihren »Sieg« feierten – er bestand darin, dass sie Ernest von Koerber losgeworden waren – wies die christlichsoziale *Deutsche Zeitung* auf einen wichtigen, bislang unbeachteten Aspekt dieser Anti-Koerber-Allianz hin:

> Aber einen Punkt möchten wir dabei hervorheben, der bisher in der Presse so gut wie gar nicht berücksichtigt worden ist. Die [deutsche, Anm. d. Verf.] Linke wäre nicht in die falsche Richtung gedrängt worden, wäre der Einfluß Wiens in ihr genügend zur Geltung gekommen. Das ist nicht geschehen. Wien repräsentiert rund gerechnet fast 20 Prozent der deutschen Bevölkerung Österreichs, sein Einfluss entspricht dieser Verhältniszahl keineswegs. In der Aera der Auersperge [in den 1870ern, Anm. d. Verf.] war es das deutsche Kasino in Prag, das dem Deutschtum in Österreich kommandierte und dem vom Riesengebirge bis zur Adria sich jeder gehorsam zu fügen hatte, der nicht als »Verräter« an der deutschen Sache verschrien werden wollte. Das Kasino ist depossediert, dafür sind es Eger und Reichenberg und die Vorstädte von Graz, denen man gestattet, Wien zu majorisieren und das gesamte Deutschtum in Österreich zu terrorisieren. Ob das ein gesundes Verhältnis ist, bleibe dahingestellt. Sicher ist, daß, wenn Wiens Stimmung und Wiens Stimmen den Ausschlag gegeben hätten, Dr. Karel Kramar nicht als Triumphator herumginge.[210]

Die Reform von 1907, die zum allgemeinen Wahlrecht für Männer führte, hob die Welt der Wiener Gemeindepolitik auf die nationale Ebene und reagierte damit entschieden auf eine derartige Kritik. Die zwei größten Parteiblöcke im Parlament nach 1907 waren beide von der politischen Kultur Wiens geformt; und beide versuchten daher, dem Habsburgerstaat Wege zu politischer und sozialer Modernität zu öffnen, die sich radikal von den eingefahrenen Gleisen unterschieden, in denen sich die kurial-nationalen Parlamente der vergangenen vierzig Jahre bewegt hatten. Fast ein halbes Jahrhundert lang hatte die Politik des Staates Wien ausgegrenzt und links liegen lassen; jetzt erhob die Stadt Anspruch auf den Staat.

Fünftes Kapitel

Das Allgemeine Wahlrecht und die Gründung der Reichspartei

Die Christlichsoziale Partei und das Jahr 1905

Spätestens 1905 hatten die Christlichsozialen allen Grund, auf ihre politischen und verwaltungstechnischen Siege stolz zu sein, selbst wenn Vorfälle wie die im Zusammenhang mit Luegers Geburtstag ihnen die Grenzen ihres Ehrgeizes vor Augen führten. In weniger als einem Jahrzehnt hatten sie die Gemeindepolitik in Wien auf eine völlig neue Grundlage gestellt, indem sie sich des Verwaltungsapparates der Stadt bemächtigt und ehrgeizige Projekte initiiert hatten, die Wien Bewunderung in ganz Europa eintrugen. Lueger vertiefte sich in die Rolle des geachteten bürgerlichen Patriziers, eine Rolle, nach der er sich ein ganzes Leben lang gesehnt hatte und die er jetzt, da ihm nur mehr wenige Jahre gegeben waren, voll auskostete. Erich Kielmanseggs eifersüchtige Bemerkungen über Luegers augenfällige Eitelkeit bei öffentlichen Anlässen, an denen Lueger und der Kaiser oder Kielmannsegg gemeinsam teilnahmen, weisen auch auf Luegers Stolz auf seine Stadt hin und auf den Umstand, dass er nach eigener Einschätzung persönlich das christliche Volk verkörperte.[1] Ein Journalist aus dem Umkreis von Luegers Erzfeind Karl Hermann Wolf hatte für die altväterliche Rhetorik und den übersteigerten imperialen Pomp, die Luegers öffentliche Auftritte auszeichneten, nur beißenden Spott übrig:

> Wenn »Er« [Lueger] offizielle Akte vornimmt, muß alles beflaggt werden, weißgekleidete Mädchen werde[n] darauf dressiert ... Ihm unter Ansprachen Blumensträuße zu überreichen und nun das Neueste: Anlässlich der Grundsteinlegung der Laimgrubenkirche ging vom Stadtschulrat der Erlass aus, der Kaiser und der Herr Bürgermeister sind von den Schulkindern mit Hochrufen zu begrüßen. Aber wir sind noch nicht fertig. Das *Deutsche Volksblatt* vom 8. d. meldet: »Bei der Einweihung des neuen Amtsgebäudes im 20. Bezirke wurde Herrn Swoboda die Ehre zuteil, dem Bürgermeister Lueger vorgestellt zu werden.« Was unterscheidet

Dr. Lueger noch von einem Monarch? In seiner Einbildung fühlt er sich ohnehin schon als Herrscher und die von »Seinen Gnaden« leben sind viele.²

Luegers Geltungsbedürfnis als rein egoistisch darzustellen, trifft insofern nicht den Kern der Sache, als er sich mit einiger Berechtigung sagen konnte, dass seine immer länger werdende Liste von Titeln und Auszeichnungen auch seine Stellung gegenüber Hofbeamten und bürokratischen Federfuchsern aufwertete. So erklärt sich auch Luegers Freude anlässlich der Verleihung des Geheimrat-Titels; in Karl Seitz' Darstellung drückte er diese mit folgenden Worten aus:

»Wissen Sie, wenn wir zu Hof geladen werden, sitzt weit oben der Polizeipräsident der Stadt Wien, weil er der Baron Bresowsky ist. Wer ist aber für eine Stadt Wien von höherer Bedeutung, der Bürgermeister oder der Polizeipräsident? Ich habe es für Wien immer bitter empfunden, dass ich fast immer am Ende der Hoftafel sitzen muss. Jetzt ist das etwas anderes – ich bin Geheimer Rat Seiner Majestät und daher Excellenz und sitz hoch oben: ich der Bürgermeister von Wien und darum ist es eine Ehrung der Stadt Wien.«³

Die Annahme der Schulgesetze von 1904 und die Eingemeindung von Floridsdorf, die Lueger noch vor Jahresende durchsetzte, schienen zu signalisieren, dass die Partei auf dem Gipfel ihres Erfolgs angekommen war.⁴ Für einige in der Partei, besonders für die Ehrgeizigen, wie Albert Gessmann und Friedrich Funder, war dieser Erfolg jedoch nur ein erster Schritt auf der Leiter zur Macht im k.k. Staat, welche die Christlichsozialen jetzt beanspruchen durften. So lange sich die Partei als auf die Stadt beschränkt verstand und ihre bescheidene Abordnung im Parlament bloß zur Wahrnehmung städtischer Interessen nutzte, war ihr Potenzial auf der viel größeren Bühne habsburgischer Politik stark eingeschränkt. Lueger hatte Wien als seine politische Machtbasis mobilisiert, um von dort aus die k.k. Regierung teils zu umwerben, teils einzuschüchtern. Was würde geschehen, wenn die Partei unter Einsatz dieser höchst prestigeträchtigen Basis sich auch anderweitig nach Freunden und Verbündeten im deutschsprachigen Bürgertum umsah und nach einem größeren Anteil an der Macht auf staatlicher Ebene griff? Gessmanns wütende Angriffe auf Koerber wegen dessen Nachsicht mit den Sozialdemokraten im November 1904 waren eine weitere Bestätigung des Befunds, dass die Christlichsozialen ohne Vertretung im Kabinett keinen systematischen Einfluss auf die Regierung ausüben konnten. Und ohne diesen Einfluss konnten die Christlichsozialen unter Umständen Gefahr laufen, von ihren Wählern für eine Politik verantwortlich gemacht zu werden, die ohne ihre direkte Mitwirkung zustande gekommen war.

Diese Umtriebigkeit spiegelte den steigenden Erwartungsdruck wider, dem sich die christlichsoziale Führungsriege ab 1905 ausgesetzt fühlte. Kasimir Badeni hatte prophezeit, Lueger und seine Kollegen würden in der Verwaltung Wiens ein derartiges Chaos verursachen, dass entweder die k.k. Regierung oder der Wähler dem Spuk bald ein Ende setzen werde. In Wahrheit war das genaue Gegenteil eingetreten. Männer wie Leopold Steiner, Robert Pattai, Albert Gessmann und andere, die politische Spitzenpositionen in der Verwaltung der Stadt und im Land Niederösterreich bekleideten, genossen nicht nur die mit diesen Positionen verknüpfte Macht mit ihren vielfältigen Annehmlichkeiten, sie konnten sich auch mit einiger Berechtigung sagen, dass sie ihrer administrativen Verantwortung gerecht wurden. Mit Hilfe der Beamtenstäbe in den verschiedenen Bürokratien des öffentlichen Dienstes hatten die Christlichsozialen in der Verwaltung eine leidliche, wenn auch manchmal etwas plump wirkende Figur abgegeben.[5] Auch war der Gegensatz augenfällig zwischen dem einigermaßen stabilen politischen Milieu von Wien und Niederösterreich auf der einen Seite und dem heillosen Chaos im Reichsparlament und im böhmischen Landtag auf der anderen. Josef von Baechlé, ein wohlhabender Parteiführer im Ersten Bezirk, legte z.B. eine derartige Sicht der Dinge in einer Adresse an den Verein »*Christliche Familie*« im Dezember 1903 dar:

> Anstatt durch rastlose Arbeit das Volk politisch und wirtschaftlich zu heben und die Lösung der großen Probleme des modernen Lebens anzubahnen, wird das Vaterland ... an den Rand des Abgrundes gebracht ... Bloß in Wien und seit kurzem auch in Niederösterreich sehen wir eine Partei an der Herrschaft, die ihre politische Aufgabe nicht darin erblickt, das Volk zu verhetzen, sondern die produktive Kraft desselben zu stärken, die nicht schimärenhafte, auf den Untergang des Staates gerichtete Programme aufstellt, sondern an der Dynastie und dem österreichischen Staatsgedanken festhält, die nicht an dem Umsturz, sondern an dem Aufbau des Staates arbeitet.[6]

Mochten auch notorische Störenfriede wie Joseph Schöffel auf einzelne Beispiele christlichsozialer Misswirtschaft hinweisen, so stand doch fest, dass auch die Liberalen mit derartigen Vorwürfen hatten leben müssen; sie bereiteten daher auch den Christlichsozialen keine schlaflosen Nächte.[7] Die Sozialdemokraten kritisierten die Ämter- und Gehälterkumulierung im Allgemeinen und die Ämterverdoppelung und -verdreifachung in der Führungsriege der Partei im Besonderen. Für die Betroffenen jedoch blieb alles beim Alten. Als Albert Gessmann Anfang 1904 kühn eine »Neugestaltung des Staates« forderte, tat er dies ohne Zweifel in der Erwartung, dass seine Partei dabei ein gewichtiges Wort mitreden würde.[8]

Diese ehrgeizigen Pläne entsprachen einem langsamen Prozess kultureller Reifung, der wohl das zwangsläufige Ergebnis der führenden Rolle darstellte, welche die Partei in den zurückliegenden sechs Jahren von Luegers Regierung gespielt hatte. Nachdem die Christlichsozialen von den Oppositionsrängen auf die Regierungsbank gewechselt hatten, bestand Politik in Wien zwischen 1897 und 1904 vor allem in einer Serie dramatischer Provokationen: Luegers Versuch, öffentliche Mittel für den Bau katholischer Kirchen abzuzweigen, der zu Lucian Brunners Schlagabtausch mit der Stadtverwaltung vor dem Verwaltungsgerichtshof geführt hatte; die Kontroverse von 1898, als der Bezirksschulrat der Einteilung von jüdischen und katholischen Schulkindern in nach Konfessionen separierte Klassen an zehn öffentlichen Wiener Schulen zustimmen wollte (was auf den kategorischen Widerstand des Erziehungsministeriums stieß); das Debakel des Kaiser-Jubiläums-Stadttheaters – der nachmaligen Volksoper – das 1898 als »antisemitisches« Theater begann, um schließlich 1904 umzuschwenken zu einem konventionellen, marktorientierten Unternehmen; Hermann Bielohlaweks Volksposse im Dezember 1902, als er die »Ausmerzung der Juden« in Aussicht stellte; Ernst Schneiders Ritualmord-Fantasien; die diskursiven Ergüsse eines Josef Gregorig und eines Josef Scheicher: eine Bestandsaufnahme müsste überquellen von unflätiger Sprache und unqualifizierbarem Benehmen, selbst wenn man bereit ist, vieles als theatralisch übersteigert und überzeichnet anzusehen.[9] Und doch griffen allmählich Realismus und Nüchternheit Platz. Dies mag teilweise das steigende Selbstvertrauen der Partei widerspiegeln, das sich als Folge der Ausübung der Macht einstellte. Das Ergebnis der Gemeinderatswahlen in der Ersten Kurie vom Mai 1904, in der die Christlichsozialen alle Sitze mit Ausnahme des Ersten, Zweiten, Neunten und Neunzehnten Bezirks gewannen, war vom Standpunkt der Partei besonders erfreulich: Es bestätigte ihre Fähigkeit, nach wie vor die nichtjüdischen, vormals liberalen Wähler teils durch Überzeugungsarbeit, teils durch Einschüchterung bei der Stange zu halten. Der Antisemitismus hatte jetzt in funktionaler Hinsicht seinen Zenit erreicht. »Die vollständige politische Scheidung«, wie die *Reichspost* ihren Lesern beschied, »ist vollzogen und selbst Liberale beginnen es zu verschmähen, von Juden gewählt zu werden.«[10] Auch hier waren Ausnahmen möglich, war es doch ein gut gehütetes (und extrem sensibles) Geheimnis der Politik in Wien nach 1900, dass manche Juden für christlichsoziale Kandidaten stimmten.[11] Wir haben Beweise dafür, dass dies bei der Landtagswahl vom November 1902 in der Leopoldstadt der Fall war, als Lueger selbst gegen Eduard Jordan kandidierte, und in mindestens einem weiteren Fall anlässlich der Gemeinderatswahl vom April 1910, als der christlichsoziale Bezirksvorsteher der Josefstadt, Johann Bergauer, mit führenden jüdischen Vertretern des Bezirks verhandelte. Bergauer wollte sie dahingehend beeinflussen, dass ihre Wähler in der Ersten Kurie Karl Stahlich, den Kandidaten seiner Partei, gegen den abtrünnigen Journalisten Ernst Vergani unterstützten. Die jüdischen Wähler machten offensichtlich mit, wohl auch im Gefühl, es bleibe ihnen sowieso nur die Wahl des kleineren Übels.[12]

Als der stets angriffslustige jüdische Journalist Joseph Bloch sich 1904 über Lueger mokierte, da dieser ständig dem von ihm selbst propagierten Motto, »Kauft nur bei Christen«, zuwiderhandle, indem er lukrative städtische Aufträge an jüdische Lieferanten vergab, enthielt diese Beobachtung sowohl Ironie wie Wahrheit.[13] Auch für antisemitische Zeloten war es nicht einfach, die normalen Beziehungen, die den Austausch zwischen Juden und Nichtjuden auf dem Markt regelten, außer Kraft zu setzen, trotz des Boykotts, der von Alois Liechtenstein und anderen ausgerufen worden war; selbst im Jahr 1904 verwunderte sich der Präsident des Vereins »*Christliche Familie*« noch über den »sonderbaren Unterschied zwischen Reden und Handeln, zwischen Schimpfen gegen die Juden und trotzdem Kaufen bei den Juden.«[14] Spätestens 1907 war dieser Verein, der Anfang der 1890er zur Unterstützung lokaler Gewerbetreibender (unter anderem durch Herausgabe eines »Wegweisers«, der christlichsoziale Käuferinnen und Käufer dazu anleiten sollte, jüdische Kaufleute zu boykottieren und bei parteitreuen »christlichen« Kaufleuten einzukaufen) gegründet worden war, selbst in großen finanziellen und organisatorischen Nöten, so dass öffentlich Zweifel an der Wirksamkeit seiner Taktik geäußert wurden und einer seiner Anführer zugab, dass »[b]ei vielen Ortsgruppen ... sehr viel zu wünschen übrig [bleibe]. Gar manche Ortsgruppe müsste wieder geweckt werden.« Die frustrierten Funktionäre schoben aus naheliegenden Gründen die Schuld der christlichsozialen Parteiführung in die Schuhe, die, wie sie meinten, ihr »wirtschaftliches Programm« des Kleinhandels-Antisemitismus nur halbherzig unterstützte.[15] 1910 sagte Sigmund Mayer, ein Wiener jüdischer Kaufmann, der auch in der Gemeinde eine führende Rolle als politischer Aktivist spielte: »Nun begibt sich gerade die christlichsoziale Partei allmählich auf einen anderen Standpunkt; ihre Führer haben sich von der Unmöglichkeit überzeugt, die Juden wirtschaftlich zu vernichten; sie haben dieses Streben aufgegeben und denken nur an sich und ihre Leute; es ist gar kein Zweifel, über kurz oder lang wird die Partei den Kampf gegen die Juden ganz aufgeben.«[16]

Nachdem sie »die Juden« in ihrem Diskurs und in emotionaler Hinsicht dazu benutzt hatten, für alle andern in Wien ein neues politisches Universum zu definieren, betrachteten viele in den Führungsgremien der Partei private Arrangements mit einzelnen Juden oder auch mit ganzen Gruppen als machbar und innerhalb der Grenzen der Zumutbarkeit als politisch taxfrei, solange sie nicht die Wahlpolitik tangierten. Manche Beobachter erachteten die Zeit für gekommen, das Thema, welches insgesamt nur noch sekundäre Bedeutung besaß, überhaupt ad acta zu legen. Anton Bach argumentierte zum Beispiel im Jahr 1906 ganz offen wie folgt:

> Es wäre demnach endlich an der Zeit, dem Problem [des Antisemitismus, Anm. d. Verf.] seinen richtigen Platz in zweiter Linie anzuweisen und die ewige Antisemitenriecherei wie die ewige Judenriecherei aufzugeben. Speziell die Christlich-Sozialen führen den Judenhass fort und fort im Munde, für die Juden hinwiederum sind sie vor allem die bête noire, das rote Tuch. Dabei weiß jeder Kenner der Verhältnisse ganz genau, dass sich die Juden und Christlich-Soziale [sic], sowohl als Gruppen, wie der einzelne gegen den einzelnen, gegenseitig nicht wehe tun. Sie machen nicht nur die besten Geschäfte miteinander, sondern Lueger rühmt voll Stolz, dass seine Verwaltung keinen Unterschied nach Nation, Rasse und Konfession kenne und tatsächlich ist der erste Weg jedes armen Juden, dem irgend ein Stadtorgan vermeintlich Unrecht getan hat, zum Bürgermeister, der oft genug hilfreich [zu Gunsten des Klageführenden, Anm. d. Verf.] eingreift.[17]

Die langsame, aber sichere Marginalisierung der Altgläubigen wie Ernst Schneider und Josef Scheicher innerhalb der Parteiführung wurde ebenfalls bald offenkundig. In Scheichers Fall führte dies zu den bitteren persönlichen Angriffen auf Albert Gessmann, die sich in seiner voluminösen Autobiographie, *Erlebnisse und Erinnerungen*, finden.[18] Für Schneider gipfelte diese Entwicklung in einer Niederlage, als seine Wiederwahl ins Parlament im Mai 1907 anstand, und in der Ablehnung seiner Person durch die Mehrheit seiner Kollegen, als er im Jänner 1908 für den Niederösterreichischen Landesausschuss kandidieren wollte.[19] Bald darauf sollte Richard Weiskirchner sich bei Lueger beklagen, dass »leider ... auch Ernest Schneider in geradezu unverantwortlicher Weise herumschlägt und nach allen Richtungen Steine wirft.«[20] Auch der dramatische Ausschluss von Josef Gregorig durch den christlichsozialen Bürgerklub Anfang Februar 1904 war aufschlussreich: Gregorig hatte sich lautstark über die fehlende Echtheit des Antisemitismus vieler Leute in der Parteiführung beklagt wie auch darüber, dass manche Mitglieder des Stadtrates sich das Ausspielen ihrer guten Beziehungen mit klingender Münze entgelten ließen. Gregorig sah die Zeit für eine Wiederbelebung der politischen Korrektheit gekommen: »Bei den nächsten Wahlen werden wir die Herren genau fragen, ob sie Antisemiten sind oder nicht. Wenn uns der Betreffende sagen wird, er ist ein Christlichsozialer, so werden wir ihm erwidern: Das genügt nicht; denn unter diesem Deckmantel sind die größten Gaukler in die Partei gekommen. Er muss sich klipp und klar als Antisemit bekennen – sonst Kampf bis aufs Messer!«[21]

In der entgegengesetzten Richtung war die Beförderung von Hermann Bielohlawek auf wichtige Posten in der Verwaltung ebenso aufschlussreich für die Umwälzungen, die bevorstanden. Dies galt im besonderen für seine Beförderung zum Mitglied des Landesausschusses, wo ihm die gesamte Sozialwohlfahrt Niederösterreichs unterstand sowie die Förderung der wirtschaftlichen Entwicklung des Kleingewerbes. Bielohlawek hatte als Bezirkspolitiker begonnen; wegen seiner Schlagfertigkeit schwer unterzukriegen, suchte er die leidenschaftliche verbale politische Auseinandersetzung. Sobald er sich jedoch auf der Stufenleiter zur politischen Macht befand, verstand er es im Gegensatz zu Schneider und Gregorig sowohl als Politiker wie auch als Mensch, sich einem Reifungsprozess zu unterwerfen. Er zog 1897 erstmals ins Parlament ein, nachdem er zusammen mit Lueger von der demokratischen Fünften Kurie gewählt worden war. Er war für seinen frivolen Witz, seine derb zupackende Rhetorik, sein verbales Hauen und Stechen bekannt (und in der Partei geschätzt). Seine berüchtigte Rede im Gemeinderat vom Jahr 1902, in der er der jüdischen Gemeinde ihre Ausmerzung androhte, hat lange als Markierung des Pegelstandes des christlichsozialen Antisemitismus gegolten.[22] Bielohlaweks frühes populistisches Naheverhältnis zur Angestelltenbewegung verlor bald seinen Reiz für ihn. Als Protegé von Gessmann wurde er im Oktober 1901 in den Stadtrat und im Mai 1905 in den Niederösterreichischen Landesausschuss gewählt. Der Umstand, dass Bielohlawek auch Herausgeber der *Österreichischen Volkspresse* war, bedeutete für die Zeitung ein verstärktes Anzeigenaufkommen durch Geschäftsleute, die auf Aufträge seitens der öffentlichen Hand hofften. 1907 übersiedelte Bielohlawek auf einen wesentlich komfortableren Parlamentssitz im Ersten Bezirk. Zum Leidwesen seiner Kritiker legte er sich jetzt nicht nur eine elegante Garderobe zu, er fuhr in Wien auch in einer eleganten Kutsche vor, aß in den besten Restaurants, lernte passables Französisch und zitierte sogar Euripides. Er erwies sich noch dazu in der Verwaltung als geschickt und fähig.[23] Seine witzigen Spitzen gegen die Liberalen trugen ihm von Karl Kraus die Bezeichnung »Hanswurst des Liberalismus« ein. Man wird ihm attestieren müssen, dass seine Amtsführung im Bereich des niederösterreichischen Gesundheitswesens fair und ausgeglichen war, und auch seine Arbeit im Jugendschutz war effektiv. Dies war jedenfalls das Resümée, das am Ende seiner Karriere selbst von seinen politischen Feinden im Staatsdienst, der sozialdemokratischen Partei, und von der liberalen Presse mitgetragen wurde.[24] Wie das liberal-demokratische *Neue Wiener Tagblatt* anlässlich seines Todes 1918 bemerkte, war Bielohlawek jemand, »der im Laufe der Jahre seine ursprüngliche agitatorische Art abzuschleifen bestrebt war und durch Selbstbildung und Selbstzucht das erreichte, was er sich als Lebensziel gesteckt hatte: die errungenen Stellen sachlich und fachlich verwalten zu können.«[25] Während des Krieges spielte er eine wichtige Rolle bei der Aufrechterhaltung der öffentlichen Moral im Angesicht des Hungers und anderer Enbehrungen.[26] Nach seinem Tod waren selbst die Sozialdemokraten, seine erbittertsten Gegner, großzügig in ihrer Bewertung seiner späteren Laufbahn.[27]

Das Leben von Heinrich Hierhammer bietet ein weiteres Beispiel für die Aufstiegschancen, die ursprünglich randständigen, kleinbürgerlichen Individuen den Zugang zu Macht und Einfluss und die Übernahme gemäßigter, respektabler Rollen ermöglichten.[28] 1857 als Sohn einer bescheidenen kleinbürgerlichen Familie geboren, absolvierte Hierhammer die Unterrealschule und etablierte sich nach mehreren Posten im Angestelltenverhältnis als Inhaber einer kleinen Druckerei. In seiner Rolle als Amateurschauspieler und Unterhalter hatte er eine erste Begegnung mit Karl Lueger bei einer Wohltätigkeitsveranstaltung in der zweiten Hälfte der 1880er. Bald befand er sich in der antiliberalen Bewegung der frühen 1890er, zuerst im Gefolge von Schönerer und als Intimus von Ernst Vergani, später, nach dem Bruch mit Vergani, als Aktivist für Lueger und Pattai (Robert Pattai half ihm mit 100 fl. in den Parlamentswahlen von 1891 und verhalf dann Hierhammers Firma zu lukrativen Druckaufträgen). Hierhammers wirtschaftliche Situation nahm jetzt sehr rasch eine dramatische Wendung zum Besseren. Seine Familie war jetzt wohlsituiert, und mit einem Unternehmen, das einen »ordentlichen Gewinn« abwarf, fand Hierhammer die Zeit, sich 1898 von der wohlhabenden Ersten Kurie in Margareten in den Gemeinderat wählen zu lassen. In den 1880ern noch ein bescheidener Kleinbürger, hatte es Hierhammer bis 1900 bis ins wohlsituierte Mittelbürgertum geschafft. Hierhammer bedurfte nur mehr eines besonderen Gunsterweises von seiten Luegers, um 1905 zum Dritten Vizebürgermeister von Wien aufzusteigen. Später erinnerte er sich voll Stolz an die Ehrungen, mit denen er als Vizebürgermeister überhäuft worden war:

> Sie alle bildeten sozusagen eine Folie zu dem Stande, zu der Position, zu der gesellschaftlichen Höhe, die ich nunmehr im öffentlichen Leben einnahm. Der Schritt vom einfachen Geschäftsmann und schlichten Gemeinderat bis zum Vizebürgermeister der Hauptstadt der Monarchie, die Erhebung des ehemaligen Feuerwerkers in den Rang eines Generalmajors (ihn nahm ich fortan bei Veranstaltungen ein, an welchen der Kaiser oder der Hof teilnahm), war wohl ein gewaltiger Sprung nach aufwärts.[29]

An Hierhammers persönlichen Verhältnissen ist auch bemerkenswert, dass seine Frau Leopoldine Jüdin war und er selbst den lautstarken Antisemitismus mied, der andernorts in der Partei im Schwange war.[30] Es überrascht daher nicht, dass Wilhelm Stiassny, liberaler Gemeinderat und eine führende Persönlichkeit in der jüdischen Gemeinde, sich beim Begräbnis des Schauspielers und vormaligen Burgtheaterdirektors Adolf Sonnenthal im April 1909 an Sonnenthals Grab mit versöhnlichen Worten an Hierhammer wandte.[31]

Selbst die *Österreichische Wochenschrift* erkannte während der Gemeinderatswahlen von 1904, dass die antisemitische Rhetorik immer mehr zum gedankenlosen Ritual verkam. Die Klagen, die bekümmerte linientreue Antisemiten (von denen es noch immer eine erkleckliche Anzahl in der Partei gab) an die Parteizentrale richteten wegen städtischer Aufträge, die an jüdische Lieferanten und Kaufleute vergeben worden waren, legen nahe, dass die wirtschaftlichen Folgen des »offiziellen« Antisemitismus im Laufe der Zeit nachließen, selbst wenn man die Hetze gegen die Juden im Talon behielt für Zeiten großer Spannung, wie die dramatischen Ereignisse im Herbst 1905 zeigen sollten.[32] Richard Weiskirchner, der Lueger politisch immer sehr nahestand, ging sogar so weit, dass er 1907 einem Journalisten gegenüber in einem Interview betonte, seine Gerechtigkeit und Objektivität sei, als er das Armenreferat der Stadt Wien führte, auch von den Gegnern anerkannt worden und er »habe den armen, bedürftigen Juden ebenso geholfen wie den armen bedürftigen Christen; die Wohltätigkeit kennt, wie auch menschliches Elend, keinen Unterschied.«[33] Nun ist die Frage, ob Weiskirchner tatsächlich zu dem stand, was er sagte, zweifellos nicht ohne Bedeutung, aber was zunächst an seiner Behauptung auffällt, ist der Umstand, dass er überhaupt bereit war, sie in der Öffentlichkeit abzugeben. Im Jahr 1905 fühlte Lueger selbst sich schließlich stark genug, der Empörung standzuhalten, die seine Nominierung von Josef Porzer zum Zweiten Vizebürgermeister von Wien in rassenantisemitischen Zirkeln auslöste; Porzers Mutter war Jüdin und er selbst identifizierte sich mit katholisch-antisemitischen Tendenzen und nicht mit anderen, stärker säkular orientierten innerhalb der Partei.[34] Im Vergleich zum alldeutschen Geschrei über Treuebruch und Verrat bewahrte die christlichsoziale Presse eine eher untypische Ruhe.[35] Porzer war kein Einzelfall: Auch Heinrich Hierhammers Frau war, wie bereits gesagt worden ist, Jüdin, ebenso wie die Mutter des jungen christlichsozialen Anwalts und Politikers Victor Kienböck, der zu einer führenden politischen Figur in der österreichischen Politik der Zwischenkriegszeit wurde. Die Fälle von Hierhammer und Porzer veranlassten den achtbaren Sozialdemokraten Franz Schuhmeier dazu, die Christlichsozialen mit Spott zu überhäufen:

> Meine Herren! Im Wiener Gemeinderate ist ein Judenstämmling zweiter Vizebürgermeister geworden ... Es wird demnächst der Mann einer Jüdin dritter Vizebürgermeister werden ... und mir scheint, die Herren Pfarrer der Wiener Kirchen können gar nicht mehr Juden abwehren, die alle kommen, weil sie getauft werden wollen, weil sie glauben, im Wiener Gemeinderate unter der Ära Lueger es zu etwas zu bringen. Wenn auch nicht Vizebürgermeister, so hoffen sie doch Landtagsabgeordneter oder Landesausschuss oder Stadtrat zu werden.[36]

Lueger selbst bestand 1909 Guido Adler gegenüber darauf, dass er seine Partei »in den letzten drei Jahren« auf eine gemäßigtere Linie gebracht habe, von der sie auch in Zukunft nicht abweichen werde.[37] Nach Luegers Tod im Jahr 1910 gab die sozialistische *Arbeiter-Zeitung* offen zu, Lueger habe in der letzten Periode seines Lebens das deutliche Bemühen gezeigt, »Unrecht, zu dem ja seine Partei immer allzu gern bereit war, zu verhindern oder doch zu mildern.«[38]

Diese Aufweichung der antisemitischen Front war auch nicht der Freundlichkeit oder irgendwelchen moralischen Überzeugungen dieser Politiker zuzuschreiben. Sie war Teil eines umfassenderen Reifungsprozesses, der die christlichsoziale Partei den zuvor gehassten »Plutokraten« und »Kapitalisten« näher brachte und ihr umgekehrt substantielle, von der Regierung vermittelte Unterstützung seitens der Großindustrie und des Bankensektors eintrug. Ein deutliches Indiz für diese Tendenz war die Bereitschaft hochrangiger Parteifunktionäre, Positionen im Aufsichtsrat verschiedener Industrie- und Handelsunternehmen anzunehmen, wo sie oft Seite an Seite neben jüdischen Aufsichtsratsmitgliedern zu sitzen kamen.[39] Ein weiteres Indiz waren die unkomplizierten Beziehungen, welche die Stadtverwaltung jetzt zu den großen Wiener Banken entwickelte, in deren Chefetagen reiche Juden eine wichtige Rolle spielten. Als der antisemitische Stadtrat im Juni 1908 eine Stellungnahme abgab, in der man sich lobend zur Unterstützung äußerte, welche die Bodencreditanstalt und die Länderbank bei der Auflegung eines neuen Darlehens von 360 Millionen Kronen leistete, bemerkten die Wiener Sozialdemokraten unter Führung von Jakob Reumann, dies sei eine höchst ungewöhnliche Methode, das »jüdische Kapital« zu bekämpfen. Unbeeindruckt von diesen rhetorischen Spitzen antwortete Victor Silberer: »Dr. Lueger und die ganze antisemitische Partei haben nie einen größeren Triumph gehabt als den heutigen. ... Jetzt haben wir dieses Vertrauen, welches uns die Liberalen, die immer um 30 Jahre zurück sind, versagt haben und dieses Vertrauen drückt sich in dem glänzenden Kurse aus, den uns nun die Wiener, die jüdische Finanzwelt am Präsentierteller entgegenbringt.«[40]

Und schließlich waren da noch die alltäglichen Aufgaben der Stadtverwaltung, die ebenfalls für unauffällige Berührungspunkte zwischen dem christlichsozial dominierten Magistrat und der jüdischen Gemeinde sorgten. Alljährlich führten Beamte des städtischen Executionsamts die Einhebung der jährlichen Kultussteuer im Auftrag der Israelitischen Kultusgemeinde durch; dafür bezahlte die Kultusgemeinde eine Aufwandsentschädigung an Dutzende von Gemeindebediensteten. Man mag sich sehr wohl fragen, wie es kam, dass angeblich antisemitisch eingestellte Gemeindebedienstete die Kultusgemeinde in derart öffentlicher Form unterstützten und dann auch noch Geld dafür nahmen.[41]

Die Christlichsozialen konnten sich auch nach 1907 schwer der Attraktivität einer gegen die Sozialisten gerichteten Zusammenarbeit zwischen Juden und reichen Nichtjuden entziehen. War es überraschend, dass *Die Industrie*, das Organ des *Zentralverbandes der Industriellen Österreichs*, ihren Lesern Anfang 1908 versicherte, »der Umstand, dass der zukünftige Arbeitsminister Österreichs, Herr Dr. Gessmann, mit der Sozialdemokratie nicht sympathisiert, [sei] jedenfalls geeignet, ihm schon an und für sich das Vertrauen der österreichischen Produktion, der österreichischen Arbeitgeberschaft zu sichern«?[42]

Keine dieser Tendenzen bedeutete, dass sich die antisemitischen Einstellungen christlichsozialer Wähler änderten, obwohl die Wahlkampfliteratur, die eben diesen Wählern vor den Bezirkswahlen unmittelbar vor dem Krieg ins Haus flatterte, nur wenig oder überhaupt keine Spuren von Antisemitismus mehr enthielt, was einen bedeutenden Unterschied zu den 1880ern und 1890ern darstellte.[43] Es bedeutete auch nicht, dass sich die Wiener Juden mit ihrem marginalisierten politischen Status oder mit Luegers arroganter, kaltwarm-kalter Herablassung ihnen gegenüber angefreundet hatten oder mit der sozialen und psychischen Zwangssituation, in der sie sich immer wieder befanden.[44] Wie der erneute Ausbruch des Gossenantisemitismus in Wien während der mittleren und späteren Phase des Ersten Weltkriegs deutlich machte, standen sich hier tief eingewurzelte kulturelle Haltungen gegenüber, die immer wieder abgerufen werden konnten, wenn geänderte wirtschaftliche Umstände dies wünschenswert erscheinen ließen.[45] Man darf aber nicht übersehen, dass im letzten Jahrzehnt vor dem Krieg die christlichsoziale Partei insgesamt, eingebettet in eine unübersehbare Vielfalt operativer Normen, die ein großstädtischer Verwaltungsapparat erfordert, sich allmählich einer anderen und viel stärker differenzierten Agenda zuwandte. Dies bedeutete, wie Anton Bach bemerkte, auch eine gewisse Spannung zwischen Themen, die nur auf Wiener Gemeindeebene, und solchen, die auch außerhalb von Wien von Bedeutung waren. Oberösterreichische oder Tiroler Kleinbauern waren ebenso anfällig für einen reflexhaften Antisemitismus wie viele Wiener Wähler und teilten oft genug deren tief verwurzelte, dem katholischen Antijudaismus entstammende Vorurteile, aber das Problem hatte in ihrer sozioökonomischen Welt einfach nicht den gleichen Stellenwert. Aus diesem Grund war auch die Marginalisierung der Juden für sie kein Anliegen, für das sie bereit waren, nennenswertes politisches Kapital einzusetzen.[46]

Ein innerparteilicher Kampfplatz, auf dem Neuankömmlinge um Akzeptanz und gesellschaftlichen Einfluss ringen mussten, war auch die Gender-Front. Die erste christlichsoziale Frauenorganisation, der *Christliche Wiener Frauenbund,* war im März 1897 entstanden und war anfangs kaum mehr als eine einfache Interessengruppe zur Durchsetzung politischer Ziele mit lautstarken Mitteln.[47] Die Mitglieder des *Frauenbundes* hatten dann eine wichtige Rolle im Vorfeld von Luegers Bestätigung als Bürgermeister gespielt und führende christlichsoziale Parteifunktionäre darauf aufmerksam gemacht, wie groß unter Umständen der Einfluss war, den verheiratete Frauen aus dem unteren und mittleren Bürgertum in der Zeit vor 1914 auf die politischen Entscheidungen ihrer Ehemänner ausübten.[48] Der Diskurs, den der Frauenbund in seiner Wochenzeitschrift, der *Österreichischen Frauen-Zeitung,* und bei seinen öffentlichen Versammlungen und Treffen entwickelte, betonte die Rolle der Frau in der Kinderaufzucht, in der Führung bzw. Beaufsichtigung des Haushalts sowie in der Pflege zivilisierter Umgangsformen und der Werte des Anstands und der Religion.[49] Für das alltägliche Funktionieren des Vereins wurde allerdings auch stillschweigend vorausgesetzt, dass diese Frauen die Fähigkeit und die Möglichkeit hatten, sich eine Meinung über die politischen Anliegen des Tages zu bilden und dass es zu den Aufgaben der Partei – und in einem weiteren Sinn auch zu denen der Kirche – gehörte, diese Meinungsbildung zu steuern und am Leben zu erhalten. Das bedeutet noch nicht, dass die christlichsoziale Partei bereit war, sich für aktive politische Rechte der Frau einzusetzen, sehr wohl aber deutet es auf einen breiten Konsens hin, welcher der Frau eine unterstützende Rolle bei der Bestätigung gewisser politischer Optionen zubilligte.[50] Regelmäßige Auftritte von Parteifunktionären und Klerikern als Redner bei den Versammlungen dieser Frauen gaben diesen eine faktische, wenn auch schattenhafte, Existenz als eine legitime politische Zuhörerschaft; die regelmäßige Anwesenheit der Ehefrauen der lokalen Parteifunktionäre und anderer der Partei Nahestehender bei Parteiversammlungen hatte dieselbe Wirkung. Der Umstand, dass es sich hier lediglich um eine passive Rolle handelte, sollte uns nicht dazu verleiten, die Bedeutung eines Vorganges zu unterschätzen, durch den erwachsene Frauen allmählich an den politischen Diskurs und die politische Meinungsbildung herangeführt wurden, wie auch immer der konkrete Inhalt dieser Meinungsbildung beschaffen sein mochte. In dem Ausmaß, in dem »die Familie« von der christlichsozialen Propaganda auf ein idealisierendes Podest gehievt wurde und in dem die nachrückende Generation in vielen christlichsozialen Familien vom offiziellen oder inoffiziellen Nepotismus und von der durch ihre Väter und Mütter vermittelten Netzwerkprotektion profitierten, wurden auch die Familien zu halböffentlichen Haushalten, in denen die politischen Rollen zwar differenziert waren, die politischen Werte und die politische Konversation aber zweifellos gemeinschaftlich getragen wurden.

Vereine wie der *Christliche Wiener Frauenbund* und der *Verein »Christliche Familie«* organisierten auch bescheidene karitative Veranstaltungen zugunsten der Armen des jeweiligen Bezirks und wurden so zu Umschlagplätzen lokaler Nachbarschaftshilfe.[51] Die halböffentlichen »maternalistischen« Praktiken der christlichsozialen Frauen vollzogen sich in Bahnen, die parallel zum philanthropischen Paternalismus der Stadt verliefen. Beide suchten den Armen zu helfen, aber unter Bedingungen, die angetan waren, die psychologische Unantastbarkeit und die Statusüberlegenheit der Wohltäter sicherzustellen.[52] Besondere Beachtung verdient der Umstand, dass viele Ortsgruppen des *Frauenbundes* in der Lage waren, gesellschaftliche Veranstaltungen zu organisieren, die Freundes- und Bekanntengruppen beiderlei Geschlechts Gelegenheiten boten, sich regelmäßig zu treffen, gewöhnlich im Rahmen einer musikalischen Amateurdarbietung, eines Festessens oder eines Ausflugs – von Anlässen also, die kaum Spuren von »politischem« Verhalten im eigentlichen Sinn enthielten, aber trotzdem die Freizeit politisch strukturierten und legitimierten.[53] Je länger die Christlichsozialen an der Macht blieben, umso komplexer wurden diese Netzwerke halbprivater Geselligkeit; ihre Teilnehmer, viele ihrem Selbstverständnis nach Angehörige bescheidener bezirkspolitischer Eliten, verfügten ganz offenkundig über materielle und zeitmäßige Ressourcen im Rahmen ihrer Freizeit, durch die sie sich deutlich von ihren sozialdemokratischen GesprächspartnerInnen unterschieden.

Schließlich wurden geschlechtsspezifische Aktivitäten und Ressourcen ins Spiel gebracht, die noch vielschichtiger waren. Der *Ball der Stadt Wien*, zum Beispiel, war als klassisches performatives Ritual ein Anlass, bei dem die christlichsoziale politische Prominenz mitsamt ihren Ehefrauen sich unter die etablierten Akteure der feinen – oder wenigstens der feineren – Wiener Gesellschaft mischte und somit einen atemberaubenden, wenn auch illusionären, gesellschaftlichen Aufstieg erlebte. Der Erste-Mai-Korso im Prater, dem Luegers Stadtverwaltung substanzielle moralische Patronage zuteil werden ließ, war ein ähnlich integrativer Anlass noch größeren Maßstabs, bei dem Mitglieder des hohen und des höchsten Adels, reiche Vertreterinnen auch des jüdischen Großbürgertums und christlichsoziale Damen komplementäre, wenn auch ungleiche, Rollen spielten.[54] Die Klatschspalten der *Reichspost* und des *Deutschen Volksblattes*, die haarklein über Schnitt und Farbe der Roben berichteten, die von diesen Damen bei solchen halboffiziellen Gelegenheiten getragen wurden, zeichneten eine langsame Umwälzung im Status und im Prestige nach, die in gewisser Weise ebenso wichtig war wie die Resultate, die Luegers Mitstreiter bei den Wahlen zuwege brachten. Ab 1905 nahmen christlichsoziale Frauen Seite an Seite mit Vertreterinnen aristokratischer und großbürgerlicher Kreise an großen Wohltätigkeitsveranstaltungen teil, wie am *Wiener Kinderhilfstag*.[55] Bertha Weiskirchner, die Gattin des Magistratsdirektors, von dem man annahm, er werde Luegers Nachfolger werden, war für den rücksichtslosen Einsatz ihrer Ellbogen bekannt, mit denen sie sich in der Gesellschaft emporarbeitete, ebenso wie für ihren Traum, »Frau Ministerpräsident« zu werden.[56]

Hanna Liechtenstein, die zweite Frau von Alois Liechtenstein, die selbst einer bürgerlichen Wiener Familie entstammte, veranstaltete regelmäßig Treffen von Spitzenbeamten, hohen Offizieren und christlichsozialen Politikern im Familienpalais in der Valeriestraße (heute Böcklinstraße) 3 in der Leopoldstadt.[57] Heinrich Hierhammer hatte allen Grund, auf die Art und Weise stolz zu sein, mit der seine Frau ihre Rolle als Repräsentantin der Stadt spielte: »Mit größter Genugtuung und innerer Befriedigung nahm ich in den folgenden Tagen wahr, wie meine Frau in ihren neuen Stand als Gattin eines Vizebürgermeisters der Stadt Wien hineinwuchs und als solche zu repräsentieren verstand, wobei ihr ihre Bildung und ihre natürliche Veranlagung zustatten kam.«[58] Auch Eduard Heinl erinnerte sich später an die Überraschung und Genugtuung, die er als Niemand ohne familiären Rückhalt bei seinem Entrée in diesen Zirkeln empfand:

> Unter anderem erinnere ich mich der Vorstellung bei der Gemahlin des Statthalters von Niederösterreich Frau Anastasia Kielmansegg, die selbst unzähligen Wohltätigkeitsunternehmungen vorstand. Ich, der Sohn einer Hausmeisterin, lernte mich in diesem Kreis bewegen, ich glaube, es fiel mir gar nicht so schwer, ich hatte bald alle Scheu abgelegt, im übrigen empfand ich die Allüren dieser vornehmen Kreise gar nicht erschreckend, man musste ihnen nur mit einer entschiedenen Festigkeit gegenübertreten.[59]

Die miteinander wetteifernden gesellschaftlichen Zirkel des Hofs und der Hocharistokratie einerseits und des finanziellen und kulturellen Großbürgertums in Wien andererseits betrachteten die christlichsozialen Politiker und ihre Gattinnen als ungepflegte, ungeschliffene Außenseiter. Im ganzen Bereich des gesellschaftlichen Geltungsstrebens wurden die christlichsozialen Parvenüs ironischer Weise in die gleiche Rolle gedrängt, die sie ihrerseits den Wiener Juden aufzwingen wollten. Die eine dieser beiden Gruppen verband enorme, auf ihrer Massengefolgschaft beruhende Macht mit völliger Unbedarftheit in Fragen des »Geschmacks«; die andere konnte für sich ein großes intellektuelles und ein in Relation zur geringen Kopfzahl dieser Elite bedeutendes finanzielles Kapital in Anspruch nehmen, hatte aber jedenfalls nach 1897 keinen politischen Einfluss mehr. Beiden Gruppen war gemeinsam, dass sie zugleich toleriert *und* auf dem gesellschaftlichen Parkett geschnitten wurden.

Politische Modernität und ständischer Protektionismus im Jahr 1907

Drei größere gesetzgeberische Initiativen, die vom Parlament Anfang 1907 beschlossen wurden, beleuchten die neue Aggressivität der christlichsozialen Partei und die Anstrengungen, die sie unternahm, um sich in Angelegenheiten des Gesamtstaates eine größere Rolle zu sichern: das allgemeine männliche Wahlrecht, die Reform der Gewerbeordnung, und die Reform des Gehaltsschemas der Staatsbeamten. Alle drei Gesetze zeigen, wie weit der Weg war, den die Partei seit ihrer strikten Oppositionsrolle Anfang der 1890er Jahre zurückgelegt hatte und auch wie sehr das österreichische Parlament in der Lage war, sich von seinem Tiefststand in der Ära Koerber zu erholen. Während jedoch das erstgenannte Gesetz von kühnem politischem Modernismus zeugt und die Landschaft der österreichischen Wahlpolitik und indirekt auch die des öffentlichen Lebens im k.k. Staat neu gestaltete, zielten das zweite und dritte Gesetz viel enger auf bloß ständisch konzipierte Anliegen und sollten der Partei Wählerstimmen sichern in einer Situation, in der man sich auf einen allgemeinen Wettbewerb einrichten musste.

Die wichtigste gesetzgeberische Einzelaktion auf nationaler Ebene nach 1897, in der die Christlichsozialen eine tragende Rolle spielten, war die Einführung des allgemeinen männlichen Wahlrechts.[60] Die Geschichte der Einführung des allgemeinen Wahlrechts in Österreich ist zwar schon wiederholt erzählt worden, die zentrale Rolle, welche die christlichsoziale Partei dabei spielte, ist dabei jedoch meist zu kurz gekommen.[61] Das Dilemma des allgemeinen Wahlrechts zeigt sehr deutlich sowohl die Möglichkeiten wie die Sachzwänge auf, mit denen alle bürgerlichen politischen Bewegungen im Jahr 1905 konfrontiert waren. Seit acht Jahren war Österreich hilflos einem in sich verkeilten politischen System ausgeliefert, in dessen Zentrum ein Parlament stand, das ein Historiker der letzten Zeit eine »sterbende Institution« genannt hat.[62] Die Einführung des allgemeinen männlichen Wahlrechts in Österreich im Jahr 1906 wurde angepriesen als ein Allheilmittel. Die Einbeziehung neuer, sozial orientierter Wählerschichten sollte das Parlament wieder beleben und die sich hartnäckig jeder Lösung widersetzende Nationalitätenfrage entschärfen. Tatsächlich barg das Ganze aber auch enorme Risiken. Die Zeitgenossen sollten zwar spätestens 1914 zum Schluss kommen, diese Reform sei ein Fehler gewesen, vom heutigen Standpunkt aber scheint dieses Urteil doch etwas kurzsichtig: Soweit die Wahlrechtsreform zu mächtigeren Parteiapparaten und besser koordinierten nationalen Koalitionsgruppen führte, war sie tatsächlich erfolgreich. Ebenso folgenreich war das Gesetz in seiner Auswirkung auf das staatliche politische System, indem es die Mitwirkung jüngerer Politiker, wie Josef Redlich, Wilhelm Miklas, Michael Mayr, Leopold Kunschak, Karl Renner, Ferdinand Skaret und Otto Glöckel ermöglichte, die alle 1907 ins Parlament einzogen. Andere *homines novi*, die bereits altgediente Parlamentarier waren, übernahmen neue verantwortungsvolle Aufgaben, wie zum Beispiel Karl Seitz, der zum Sekretär der sozialdemokratischen Parlamentsfraktion avancierte. Die politischen Eliten der Ersten Republik verdienten sich ihre Sporen im Parlament des Jahres 1907. Und darüber hinaus gilt es auch eine spätere Nachwirkung zu bedenken: es war das demokratisch gewählte Parlament des Jahres 1911, das in reduzierter Form schließlich im November 1918 einen friedlichen Machtwechsel in Österreich ermöglichte – im Gegensatz zu Ungarn, das über kein derartiges öffentlich legitimiertes System verfügte und einen gewalttätigen Umsturz erlebte.

Trotzdem wurden die Strukturen der österreichischen Parteien durch die mit dem allgemeinen Wahlrecht verknüpften enormen Erwartungen und Möglichkeiten einer extremen Belastungsprobe ausgesetzt. Komplexere Formen politischer Parteinahme entwickelten sich, die nicht alle die Form »nationaler« Angriffigkeit annahmen. Informelle Koalitionsgruppen ländlich-agrarischer und urban-industrieller Interessenverbände bildeten sich zum Beispiel über nationale, ethnische, religiöse und fallweise sogar über Klassengrenzen hinweg. Ebenso bedeutungsvoll war der Umstand, dass die Reform das Parlament auch für Männer zugänglich machte, die aus neuen, oft in formaler Hinsicht wenig gebildeten Schichten kamen, für Individuen, denen von missgünstigen Kommentatoren von vornherein unterstellt wurde, sie würden eher ihrem Eigennutz als dem Gemeinnutz dienen.[63] Beide Tendenzen führten im Zeitraum zwischen 1907 und 1914 zu neuen Formen der Interaktion zwischen Parteien und Regierung, im besonderen zu neuen Formen der Vertretung des Parlaments innerhalb des Kabinetts.

Im Jahr 1905 war die konstitutionelle Krise in Ungarn ein Hauptthema für die öffentliche politische Meinung in Wien und besonders für die christlichsoziale Partei. Die Christlichsozialen begrüßten die vage Drohung Kaiser Franz Josephs, in Ungarn das allgemeine Wahlrecht einzuführen, um das Machtmonopol des Landadels zu brechen.[64] Bei einem Treffen der niederösterreichischen Parteifunktionäre im September 1905 in Eggenburg, einer Kleinstadt 60 Kilometer nordwestlich von Wien, zeigte sich kaum jemand überrascht, dass Albert Gessmann die »jüdisch-magyarische Clique« in Budapest attackierte und im gleichen Atemzug das Kabinett in Wien unter der Führung von Paul von Gautsch, da es das allgemeine Wahlrecht in Ungarn ablehne. Die Christlichsozialen hüteten sich indes, ein ähnliches Programm der Wahlreform für die westliche Reichshälfte anzusprechen.

Der erste ernsthafte Anstoß zu einer Reform des Wahlrechts kam von der Linken. Wie aus den Protokollen der sozialdemokratischen Führung ersichtlich, hatten Victor Adler und seine Leute allerdings erst nach dem Ausbruch der Revolution in Russland Ende Oktober des Jahres eine genauere Vorstellung von der politischen Ergiebigkeit der Thematik.[65] Als das Parlament am 26. September 1905 wieder zusammentrat, reichten mehrere Gruppen von Mandataren dringliche Anträge ein, in denen sie eine Wahlrechtsreform forderten. Karl Lueger erklärte am 2. Oktober im Namen seiner Partei, die Christlichsozialen seien bereit, diese Anträge zu unterstützen mit der Begründung, eine Wahlrechtsreform könne das Machtmonopol des magyarischen Landadels brechen und die Politik in Österreich vom nationalistischen Parteienzank im Parlament befreien.[66] In diesem Stadium war jedoch das Thema noch Gegenstand von Spekulationen, und Lueger knüpfte die Zustimmung der Christlichsozialen an zwei Auflagen: eine mindestens fünfjährige Ortsansässigkeit der Wahlberechtigten und eine gesetzlich verankerte Wahlpflicht. Die erste Auflage bedeutete den Ausschluss von zehntausenden Saisonarbeitern in Wien und die zweite sollte den Umstand ausgleichen, dass der Parteiapparat der Sozialisten viel effektiver war als der christlichsoziale; die Wahlpflicht würde bürgerliche Wähler vor die Alternative stellen, entweder ihr Stimmrecht auszuüben oder sich strafbar zu machen.

Bei einem Treffen des Gemeinsamen Ministerrates in Ischl im August 1905 hatte Paul von Gautsch ernsthafte Bedenken gegen General Fejérvárys Reformpläne für Ungarn angemeldet, da er ihre Auswirkungen auf Österreich fürchtete; Österreich sei »für die Einführung des allgemeinen Wahlrechtes noch nicht reif.«[67] Gautsch rückte von dieser Position Anfang November zwar ab, aber widerwillig und nur unter dem Druck der Revolution in Russland, der Straßenkämpfe, welche Sozialdemokraten der Polizei am Abend des 2. November lieferten, und einer Entscheidung des Kaisers; dieser hatte dem Kabinett am 3. November Order erteilt, das Thema Wahlreform aufzugreifen.[68] Die Christlichsozialen waren an diesen Ereignissen nicht direkt beteiligt, im Oktober bildete sich jedoch in der Parteiführung ein Konsens zur Unterstützung der Reform heraus. Bereits Mitte Oktober hatte die *Konservative Korrespondenz*, ein katholisch orientierter Nachrichtendienst, einen anonymen Appell veröffentlicht, Lueger möge – vermutlich auf der Basis des allgemeinen Wahlrechts – eine neue Partei schaffen, die nationalistische Themen hintansetzen und so eine Verbindung zwischen verschiedenen ethnischen Gruppierungen ermöglichen würde. Während das antisemitische *Deutsche Volksblatt* die Idee verwarf, äußerte sich Gessmanns Sprachrohr, die *Reichspost*, ausweichend mit positiven Obertönen.[69] Spätestens Anfang November hatten sich Albert Gessmann und andere, denen die Ausweitung der Partei über Wien hinaus ein Anliegen war, eindeutig zur Reformbewegung bekannt.[70]

Für Lueger waren es umgekehrt die absehbaren Auswirkungen der Reform auf die kurialen Traditionen Wiens, die seine Begeisterung eher dämpften. So sagte er in einem Interview am 20. Oktober:

> Was den Effekt einer Wahlreform in Österreich betrifft, so glaube ich, dass weder meine Partei noch die Liberalen irgendwelchen Gewinn davon haben werden. Hingegen bin ich der Meinung, dass die konservativen Parteien nach einer Wahlreform erstarkt aus dem Wahlkampfe hervorgehen würden. In jedem Falle würde eine Partei entstehen, welche sich ausschließlich auf der Basis von ökonomischen Reformen bewegen würde. Die jetzigen Parteien haben nur zum geringsten Teile ein wirtschaftliches Programm und verfolgen zumeist nationale Aspirationen.[71]

Es spricht für Lueger, dass er sich gegen diejenigen seiner Kollegen wandte, die dafür plädierten, die Partei möge die Reform vereiteln. Als aber die sozialdemokratische Dampfwalze immer mehr an Schwung gewann, hatten die Christlichsozialen so gut wie keine Chance, ähnliche Aufmerksamkeit auf sich zu ziehen. Stattdessen mussten Luegers Leute, so wie das übrige Wien, voll Neid und Groll tatenlos mitansehen, wie die Sozialdemokraten am 28. November 1905 die Ringstraße mit ihrer berühmten Parade in Beschlag nahmen. Lueger selbst räumte Erich Kielmansegg gegenüber ein, dass ein Verbot dieser Parade durch die Regierung zwangsläufig das Risiko gewalttätiger Ausschreitungen nach sich ziehen würde, und die Berichte aus Kielmanseggs Büro zeigen, dass die Parade in der Form, in der sie tatsächlich stattfand, das Produkt wochenlanger Verhandlungen zwischen Polizei, Statthalterei, den christlichsozialen städtischen Behörden und der sozialdemokratischen Parteiführung war.[72] Karl Luegers Realismus als oberstes städtisches Verwaltungsorgan konnte ihn mit der Notwendigkeit, seine Vaterstadt einem sozialistischen Spektakel auszuliefern, nicht versöhnen.[73] Victor Adlers Triumph muss bei ihm eine tiefsitzende Irritation hervorgerufen haben. Dass die Taktik der Sozialisten am 28. November die

Christlichsozialen aufs schwerste verunsicherte, war auch den Reden zu entnehmen, mit denen lokale Parteifunktionäre in den darauffolgenden Tagen den roten »Terrorismus« geißelten. Die Rhetorik der Politiker entsprach der Wut ihrer Wähler. Viele hatten ihre Schaufenster vernagelt und die Türen verriegelt und klagten, sie hätten zu diesen Maßnahmen gegriffen aus Angst vor steinewerfenden Arbeitern.

Es wäre ein Fehler, wollte man den Argwohn nicht zur Kenntnis nehmen, der in bürgerlichen Kreisen hinsichtlich der Wahlreform bestand. Ältere christlichsoziale antisemitische Politiker wie Robert Pattai und Ernst Schneider hegten große Zweifel, und dasselbe traf für den klerikalen »Demokraten« Joseph Scheicher zu.[74] Gegenüber dem national gesinnten Herrenhaus-Mitglied Fürst Karl Auersperg, der auch selbst ein entschiedener Gegner der Reform war, beklagte sich Pattai privat im Dezember 1906: »Unsere Partei, die bei ihrem Entstehen das Zeug zu einer wahrhaft nationalen und daher auch conservativen Richtung hatte, wird seither immer mehr in ein demokratisches Fahrwasser abgedrängt und tertius gaudet.«[75] Nicht nur musste diese »demokratische Richtung« der christlichsozialen Partei sich im Wettbewerb mit den aggressiven Sozialdemokraten behaupten – nicht mit den unbedarften Konservativen, mit denen Aemilian Schöpfer es in Tirol zu tun hatte –, sondern die Einführung des allgemeinen Wahlrechts würde aller Voraussicht nach die Ansprüche Leopold Kunschaks auf ein größeres Stück des Wiener Mandatekuchens stärken. Beides würde notgedrungen zu Lasten der bürgerlichen Parteiführer und ihrer Wähler gehen.

Was die von der Partei als »Frechheit« empfundene Demütigung durch die roten »Terroristen« noch verschlimmerte, war der Umstand, dass sich eine kleine Gruppe sozialistischer Universitätsstudenten, unter denen sich auch einige Juden befanden, der Parade der Arbeiter angeschlossen hatte und sich in Schimpfduelle verwickelte mit ihren antisemitischen, nationalistischen Kommilitonen, die sie von der Rampe der Universität herab beschimpften.[76] Das Ergebnis waren Handgreiflichkeiten, die von der Polizei zwar rasch beendet wurden, in der Berichterstattung der christlichsozialen Presse aber trotzdem einen breiten Raum einnahmen.[77] Christlichsoziale Bezirksfunktionäre und Journalisten verbreiteten wahre oder erfundene Geschichten über Juden, die sich auf die sozialdemokratische Parade besonders viel zugute hielten.[78] Für vigilante Antisemiten lag die Verbindung jetzt offen zu Tage: nicht nur leisteten die »Roten« dem Terrorismus Vorschub, sie wurden bei diesem Unternehmen auch noch von Juden tatkräftigst unterstützt! Dass die Journalisten der großen liberalen Tageszeitungen in ihrer Berichterstattung über die sozialdemokratische Parade sich des Lobes nicht genug tun konnten, bedeutete einfach noch mehr Salz in die Wunden der Christlichsozialen.

Karl Lueger beschloss, seinen Wählern in dieser Notlage zu Hilfe zu kommen. Am 31. Oktober traf in Wien die Nachricht von den konstitutionellen Zugeständnissen ein, zu denen sich der Zar gezwungen sah, und bewirkte ein Chaos. Mehrere prominente sozialdemokratische Redner griffen die russischen Vorgänge auf und schlachteten sie in ihrem Sinn aus. Im Zusammenhang mit der möglichen Ausrufung eines Generalstreiks erklärte z.B. Wilhelm Ellenbogen auf einem Treffen seiner Partei, dass, wenn »es darauf ankommt, das gemütliche und besonnene Proletariat Österreichs auch russisch reden können [wird]; denn wir haben kein Recht, die entflammte Leidenschaft unserer Brüder in den Werkstätten zurückzuhalten, wenn sie hervorbrechen wollen, um sich das gleiche Recht zu erringen.« Karl Seitz sagte in einer Ansprache vor Arbeitern, die sich vor dem Parlamentsgebäude am Ring versammelt hatten: »Keine Ruhe in Österreich, bevor nicht errungen ist das allgemeine, das gleiche Recht! Dies unser Gelöbnis zu halten, ist unsere erste Pflicht. Wir schulden sie unseren Brüdern im Zarenreich, wir schulden sie den Tausenden, die ihr Blut verspritzt haben in den Straßen von Petersburg und Moskau, wir werden anstürmen gegen dieses morsche Haus, bis es die einzige Aufgabe erfüllt, die ihm die Geschichte stellt: sich selbst zu töten und ablösen zu lassen durch das Parlament des Volkes, durch das Parlament des allgemeinen, gleichen Wahlrechtes.«[79] Karl Lueger skizzierte in seiner Rede vor der christlichsozialen Bezirksorganisation von Donaustadt am 5. Dezember die sozialdemokratische Taktik der Einschüchterung und fortgesetzten Missachtung der Gesetze und beklagte, dass die Behörden keine Anstrengungen unternahmen, friedfertige Steuerzahler gegen diese Bedrohung durch die Sozialdemokraten in Schutz zu nehmen. Hätte man rechtzeitig entsprechende Maßnahmen ergriffen, dann wären die Wiener Geschäftsleute nicht gezwungen gewesen, ihre Geschäfte am 28. November zu verrammeln, aber »die Behörden hatten an diesem Tag leider keine Zeit für den Schutz der friedlichen Geschäftsleute: sie mussten ja die roten Fahnen [auf der Ringstraße, Anm. d. Verf.] beschützen.« Lueger drehte dann geschickt die »Russian connection« gegen die Sozialdemokraten und fügte das immer wirkungsvolle Ingrediens des Antisemitismus hinzu. Wie ihre Gesinnungsgenossen in Russland verließen sich auch die Sozialdemokraten in Wien auf die Juden, und diese Zusammenarbeit sei in Russland mit antisemitischen Ausschreitungen quittiert worden. Die jüdische Gemeinde in

Wien möge wissen, dass es Grenzen der Belastbarkeit der Wiener gab, und diese Grenzen seien auch in Russland sichtbar geworden. Die Juden sollten sich daher hüten, die sozialdemokratischen »Revolutionäre« in Wien zu unterstützen, damit sich nicht in Wien das wiederhole, was eben in Russland geschah: »Wir in Wien sind Antisemiten, aber zu Mord und Tatschlag sind wir gewiss nicht geschaffen. Wenn aber die Juden unser Vaterland bedrohen sollten, dann werden auch wir keine Gnade kennen. Vor diesen traurigen Folgen will ich gewarnt haben. Wenn man uns Ruhe und Geduld predigt, so wollen wir diesen Lehren gerne folgen, aber nur dann, wenn diese Lehren auch von anderen befolgt werden.«[80]

Luegers Drohung führte zu einem Aufschrei in der liberalen Presse, und während er sich von seinen Aussagen langsam distanzierte, indem er darauf bestand, er führe gegen die Wiener jüdische Gemeinde nichts Übles im Schilde, nützte die christlichsoziale Presse die Situation aus, um die liberale Presse als geheime Verbündete der sozialdemokratischen Führung hinzustellen und die Sozialdemokraten auf diese Weise zu verunglimpfen. Luegers Kampfansage an die Wiener jüdische Gemeinde muss indes im Kontext mit der Frustration gesehen werden, die er und seine Wähler über die Inbesitznahme des Rings durch die Sozialisten empfanden, und im Hinblick auf die Ängste bezüglich der Auswirkungen des allgemeinen Wahlrechts. Die Zuhörerschaft, an die sich Luegers Rede tatsächlich richtete, waren seine eingeschüchterten und zornigen Wähler. Weit davon entfernt, zu einer Judenverfolgung aufhetzen zu wollen, waren Luegers Bemerkungen vielmehr eine wohlkalkulierte, wenn auch krass unverantwortliche Reaktion auf die politischen Risiken, die ihm sein Eintreten für das allgemeine Wahlrecht bescherte. Er versuchte, die Sozialdemokraten durch die Aktivierung antisemitischer Vorurteile zu diskreditieren – die wahre Bedrohung, die seine bürgerliche Gefolgschaft fürchten mussten, seien die »Juden« und nicht die Arbeiterschaft – und dabei gleich die Fähigkeit der Partei erneut zu bewähren, ihren Diskurs zum Schutz ihrer Gefolgsleuten einzusetzen. Zugleich warnte Lueger die jüdische Gemeinde, dass ihre Unterstützung für die Sozialdemokraten ein beträchtliches Risiko für sie darstelle. In einer Gemeinderatssitzung am 7. Dezember wies Lueger mit Nachdruck darauf hin, dass es nur selten eine politische Partei gebe, »in welcher der Sanfteste, der weitaus Sanfteste der Führer ist« und dass Juden von seiner Gemeindeverwaltung immer gleich und gerecht behandelt worden seien. Er wiederholte allerdings, »dass es nicht gut ist, wenn die Juden sich mit Revolutionären und Sozialdemokraten verbinden.«[81] Franz Schuhmeier, der Lueger ziemlich gut kannte, stellte rasch die Verbindung zwischen dem Aufmarsch auf der Ringstraße und Luegers Wiederbelebung des Antisemitismus her: »Durch die sozialdemokratische Demonstration ... sei die Luegerei bankrott geworden. Bis dahin konnte Lueger erklären: Ich bin der Herr von Wien. Seither geht das nicht mehr. Und so wendet er sich wieder seiner alten Beschäftigung zu: den Juden.«[82]

Luegers Hoffnung, eine Verbindung antimarxistischer, habsburgpatriotischer und antisemitischer Parolen werde es, obwohl die Kontrolle der Ringstraße de facto an die Sozialdemokraten gefallen war, den Christlichsozialen ermöglichen, ihre führende Stellung in der Stadt zu behaupten, wurde zwar von einigen seiner emotionaleren Kollegen nicht geteilt, nahm aber den späteren janusköpfigen Pragmatismus der Parteistrategie zur Wahlrechtsreform vorweg. Gesetzt den Fall, die Christlichsozialen würden in dieser Frage nicht auf den Kurs der Sozialdemokraten einschwenken – wobei ein Einschwenken verknüpft sein musste mit dem Herausschlagen von strukturellen Zugeständnissen seitens des Kabinetts in der Formulierung des neuen Wahlrechts, vor allem in Fragen der Wahlgeometrie und der Dauer der Ortsansässigkeit –, dann musste die Partei mit Vergeltungsmaßnahmen rechnen, sollte es dem Kabinett doch gelingen, das Gesetz gegen den Widerstand der Christlichsozialen durchzubringen. Außerdem hatten die Wahlergebnisse in der Vierten Kurie in der Vergangenheit gezeigt, dass die Christlichsozialen den Sozialdemokraten in Wien durchaus gewachsen waren. Das allgemeine männliche Wahlrecht eröffnete den Christlichsozialen auch ausgezeichnete Möglichkeiten, die meisten Sitze im ländlichen Niederösterreich und in Tirol zu erobern, was zu einer viel stärkeren Präsenz der Partei im Parlament führen musste. Zugleich würde der Umstand, dass sich die Partei auf Gedeih und Verderb der kleinbäuerlichen Wählerschaft Österreichs auslieferte, einen deutlichen Wendepunkt in der Geschichte der christlichsozialen Bewegung darstellen. Das allgemeine Wahlrecht in Wien hinzunehmen, um im Gegenzug dazu Gewinne auf dem offenen Land zu lukrieren, bedeutete, eine Form der Sicherheit gegen eine ganz andere auszutauschen und ebenso eine Verschiebung des Schwerpunkts der Souveränität innerhalb der Partei. Die städtischen Mandate würden aufhören, für die Partei die »sichersten« Sitze zu sein. Im Jahr 1907 schien diese Taktik trotz des inhärenten Risikos einen Versuch wert; spätestens 1911 stellte sich jedoch die Sache für viele städtische Christlichsoziale anders dar.

Dies waren also die Umstände, unter denen die Wiener christlichsoziale Fraktion den schicksalhaften Beschluss fasste, für die letzte Fassung der Gesetzgebung zu stimmen, die von Ministerpräsident Max Vladimir von Beck (der

Gautsch im April 1906 nachgefolgt war) eingebracht worden war. Neben den Sozialdemokraten und den tschechischen Parteien waren die Christlichsozialen der dritte der großen Blöcke, die im Dezember 1906 dieses Gesetz im Parlament mit Erfolg unterstützten, wobei es nicht an Versuchen fehlte, es durch Mehrfachstimmrechte, ständisch-berufsgebundene und andere obstruktionistische Zusätze abzuschwächen oder überhaupt seiner Wirksamkeit zu berauben.

Der neue, alpenländische Flügel der Christlichsozialen, der in Tirol und Vorarlberg in der zweiten Hälfte der 1890er Jahre unter Führung von Aemilian Schöpfer, Josef Schraffl und Jodok Fink entstanden war, sprach sich ebenfalls entschieden für das allgemeine Wahlrecht aus.[83] Diese Männer hatten um sich eine Koalition von niederen Klerikern, kleinen Bauern und Handwerkern geschart und unter Verwendung des ursprünglichen christlichsozialen Modells vom Ende der 1880er Jahre erste wesentliche Schritte gegen die traditionellen katholischen Eliten gesetzt. Sie waren 1905 zwar nur mit vier Abgeordneten im Parlament vertreten, aber der Umstand, dass Albert Gessmann mehrere wichtige Reden während der Debatte der Wahlrechtsreform an Schöpfer, Schraffl und Fink delegierte, zeigt, welchen Wert er ihren Ansichten beimaß.[84]

In seinen Memoiren räumt Erich Kielmansegg ein, dass Gessmann in den Verhandlungen mit dem Kabinett zu diesem Gesetzesentwurf die entscheidende Rolle spielte; unterstützt von Leopold Steiner und Jodok Fink, war er der wichtigste Vertreter der Christlichsozialen im parlamentarischen Wahlreformausschuss.[85] Seine Führungsrolle verdankte Gessmann einerseits seiner geschickten Taxierung der Machtverhältnisse im Kabinett, andererseits dem Umstand, dass Karl Luegers Gesundheitszustand, der schon seit Jahren durch Diabetes schwer beeinträchtigt war, 1906 eine weitere Wendung zum Schlechteren nahm und immer wieder lange Erholungsaufenthalte außerhalb von Wien erforderte. Die Erkrankung hatte zunehmend auch Luegers Sehkraft beeinträchtigt. Zwar wurden wichtige parteipolitische Entscheidungen mit ihm per Telegramm oder durch persönliche Emissäre abgestimmt, aber die tagtäglichen Verhandlungen zwischen Partei und Kabinett sowie die Abwicklung zahlloser routinemäßiger Parteiagenden blieben Gessmann überlassen, der bald fast ebenso viele Machtbefugnisse hatte wie Lueger selbst.

Gessmanns Einfluss im Innenministerium und seine Rolle im Wahlreformausschuss waren für den Erfolg des Gesetzesentwurfs von entscheidender Bedeutung.[86] Alois Liechtenstein hielt diesen Umstand in einem vertraulichen Brief an Beck fest und verband ihn mit dem Ersuchen, Gessmann in Anerkennung seiner in den Wahlrechtsverhandlungen geleisteten Dienste den – schon vorher in Aussicht gestellten – Hofratstitel zu verleihen.[87] Für die Erarbeitung wichtiger Positionspapiere, die in den Verhandlungen auf Ministerebene von entscheidender Bedeutung waren, konnte Gessmann auf die Expertise ranghoher Beamter im Wiener Magistrat zurückgreifen. Laut Kielmansegg gelang es Gessmann auch, den Innenminister Arthur Bylandt-Rheidt dazu zu bringen, auf den Rat verschiedener Staatsbeamter, die mit der Partei sympathisierten, zu hören.[88] Insgesamt waren die Christlichsozialen weniger interessiert an den Details der Aufteilung oder Zuteilung der Sitze nach Nationalitäten (was in Niederösterreich für sie ohnehin ohne Belang war); was sie beschäftigte, waren vielmehr die Durchführungsbestimmungen des eigentlichen Wahlvorgangs. Gessmann kämpfte zum Beispiel mit Entschiedenheit darum, die Wahlaufsicht in österreichischen Städten unter der Patronanz lokaler Regierungsbehörden zu belassen: er wusste, die Partei werde bei knappen Wahlentscheidungen glimpflich davonkommen, so lange in Wien die Wahlen in der Hand des Magistrats waren und der Magistrat in der Hand der Christlichsozialen.[89]

Gessmann unterstützte anfangs Luegers Forderung nach mindestens fünfjähriger Ansässigkeit als Vorbedingung für die Wahlberechtigung, rückte aber von dieser Maximalforderung ab, als Richard Bienerth, Becks Innenminister und Hauptunterhändler der Regierung, und Victor Adler sich mit der christlichsozialen Landkarte für die Sitzverteilung in Wien einverstanden erklärten und mit einer Bestimmung, die es den Landesparlamenten freistellte, die Wahlpflicht einzuführen; man einigte sich auf eine einjährige Ortsansässigkeit.[90] Die neue Sitzverteilung sah 33 Sitze für Wien vor, die sich auf die 21 Bezirke der Stadt verteilten. Kleinere Bezirke mit einer Bevölkerung, von der substanzielle Gruppen der unteren oder mittleren Mittelschicht angehörten, die eine lange Tradition christlichsozialen Wahlverhaltens in der Dritten und Vierten Kurie aufwiesen, wie Mariahilf (66.838 Einwohner im Jahr 1906) und Neubau (76.760), erhielten dieselbe Zahl von Mandaten zugewiesen – zwei pro Bezirk – wie traditionell sozialdemokratische Bastionen wie Ottakring (173.761) und Favoriten (145.530). Mit Bienerths verdeckter Unterstützung durfte Gessmann auch diktieren, wie und wo die Grenzen für die Wahl innerhalb eines jeden Bezirkes verliefen.

Die Wahlrechtsreform von 1906 stellte einen Testfall für das Überleben des österreichischen politischen Systems dar. Im Oktober 1905 hatte Karl Lueger die zynische Vorhersage abgegeben, das Parlament werde nicht fähig sein, irgendetwas zustande zu bringen, am allerwenigsten eine größere Wahlrechtsreform; die Verwaltung werde sich über die bestehende Verfassung hinwegsetzen und beide Hälften der Monarchie per Dekret reformieren müssen.[91] Lueger sagte das, weil er wusste, dass Gautsch sich nicht an diese Sache wagen würde; die Frustration aber, die in diesen Bemerkungen deutlich mitschwingt, war Ende 1905 mehr oder weniger allgegenwärtig in der österreichischen und ungarischen Politik.

Die christlichsoziale Partei lernte die Vor- und Nachteile einer Situation kennen, in der sie zwischen 1906 und 1908 mit Max von Becks Regierung eng zusammenarbeitete und zugleich ein Naheverhältnis zur Camarilla um Erzherzog Franz Ferdinand unterhielt. Als die Gegnerschaft zwischen diesen beiden Interessengruppen offen ausbrach, geriet die Partei zwischen die Fronten eines heftigen Machtkampfs. Beck, der sich wie kein zweiter seit Taaffe darauf verstand, virtuos auf dem Instrument des österreichischen politischen Systems zu spielen, suchte dem radikalen Pessimismus, den Franz Ferdinand und seine aristokratische Clique vertraten, den Boden zu entziehen. Der Umstand, dass Gessmann und Alfred Ebenhoch mit Beck zusammenarbeiteten, zeigt, dass die Partei neuerdings auch in konservativen Kreisen des Hofes Respekt genoss; zugleich versetzte eben diese Zusammenarbeit Franz Ferdinand in Rage, dessen maßlose Verachtung für alle, die ihm dienten, letztlich auch eine zynische Abwertung der christlichsozialen Führung einschloss. Für Karl Lueger empfand der Thronfolger jedoch echte Bewunderung und Respekt, und solange Lueger ihn auf Distanz hielt, waren Franz Ferdinands Möglichkeiten, die Partei zu manipulieren, gering.

Nachdem das neue nationale Wahlrecht das Abgeordnetenhaus im Dezember 1906 passiert hatte (das Herrenhaus folgte im Januar 1907), beeilten sich die Politiker aller Parteien, ihre politische Basis im Hinblick auf die für Mai 1907 angesetzten Parlamentswahlen nach Tunlichkeit zu verstärken. Für die Christlichsozialen bedeutete dies, sich vorrangig ihren größten und wichtigsten Wählergruppen zu widmen, den Handwerkern und den Staatsbediensteten, und ihre diesbezüglichen Anstrengungen brachten die Gewerbeordnung von 1907 und ein neues Gehaltsgesetz für Beamte als Ergebnisse hervor.

Seit Jahren hatten verschiedene Gruppen von Kleingewerbetreibenden Klage geführt über Unzulänglichkeiten und Mängel der Gewerbeordnung von 1883.[92] Obwohl zwischen 1897 und 1904 immer wieder diesbezügliche Initiativen im Parlament kursierten, führte keine zu einem Ergebnis, hauptsächlich deshalb, weil kein Konsens in der Frage erreicht werden konnte, in welchem Ausmaß zusätzlicher Protektionismus gerechtfertigt war.[93] An diesem Widerstand waren auch eigennützige Interessen beteiligt, aber großteils war er dadurch bedingt, dass in industriellen und akademischen Kreisen echte Unsicherheit herrschte, ob zusätzliche restriktive Gesetzgebung dem Kleingewerbe tatsächlich nützen würde. Selbst Anton Dipauli, der klerikal-katholische Handelsminister des Jahres 1899, plädierte dem Vernehmen nach für mehr kooperative Selbsthilfe seitens der Handwerker und weniger Abhängigkeit von protektionistischen Maßnahmen der Regierung.[94] Schließlich legte im Dezember 1904 das Handelsministerium eigene Vorschläge zu möglichen Abänderungen der Gewerbeordnung vor; das Handelskomitee des Abgeordnetenhauses hielt zu diesem Entwurf im Jahr 1905 laufend Anhörungen und schloss seine Arbeit im Februar 1906 ab.[95] Das Komitee hatte den Regierungsentwurf in mehreren wichtigen Punkten abgeändert, und das Haus nahm diese Version im Juli 1906 an. Im Oktober 1906 hatte dieser Entwurf noch immer nicht das Herrenhaus passiert, und Ernst Schneider stellte bei einem Treffen von Wiener Zunftvorstehern im November die Frage in den Raum, ob Gessmanns im Wahlreformprozess neu erworbene Prominenz nicht dazu benutzt werden könne, den Weg des Gesetzesentwurfs zur Abzeichnung durch den Kaiser zu beschleunigen.[96] Da vielerorts Zweifel geäußert wurden, ob ein demokratischeres Parlament sich überhaupt dazu bereit finden würde, ein derartiges, »reaktionäres« Handelsgesetz anzunehmen, erschien es geraten, dieses jetzt rasch durchzuboxen. Das Herrenhaus, das hauptsächlich damit beschäftigt war, sich ein Bild von den Auswirkungen des allgemeinen Wahlrechts zu machen, nahm Ende Dezember eine Version an, in der mehrere der radikaleren antiindustriellen Bestimmungen entschärft worden waren. Das Abgeordnetenhaus votierte am 17. Januar 1907 für diese Version, zwei Tage, bevor das Oberhaus Becks Wahlrechtsreform seine Zustimmung erteilte.

Die Novellierung der Gewerbeordnung von 1883 stellte eine Begleichung von politischen Schulden dar, auf welche die Christlichsozialen den österreichischen Gewerbestand zwei Jahrzehnte lang hatten warten lassen. Das neue Gesetz weitete mehrere Bestimmungen der Gewerbeordnung von 1883 aus.[97] Paragraph 38a des Codes, zum Beispiel, der die Erzeugung von maßgefertigten Kleidungsstücken und Schuhen regulierte, wurde so abgeändert, dass der Wettbewerbsdruck von seiten großer Kleidererzeuger und -händler auf die mit der Hand arbeitenden Kleingewerbetreibenden auf ein Minimum reduziert wurde; da das Gesetz jedoch erst mit 1. Januar 1907 wirksam werden sollte, hatte es wenig unmittelbare Auswirkung in der noch verbleibenden Zeit der Monarchie. Paragraph 104 schuf einen übersichtlicheren und empirisch leichter verifizierbaren Vorgang zur Überprüfung der Eignung von Gesellen, die sich als Meister selbständig machen wollten. Die Stärkung des politischen und legislativen Einflusses der antisemitischen Handwerkszünfte war eine weitere wichtige Folge der neuen Ordnung und bot führenden Kleingewerbetreibenden die Möglichkeit, offiziell als Berater der Regierung zu fungieren in Belangen, wo eine Zertifizierungs- und Lizenzierungspolitik erforderlich war.

Die christlichsozialen Spitzenpolitiker standen uneingeschränkt zu diesem Gesetzesentwurf und machten ihn sogar zu einer der Voraussetzungen für ihre Unterstützung Becks, als er Mitte 1906 Ministerpräsident wurde.[98] Und doch war es nicht ohne Ironie – oder war es sogar bewusst herbeigeführt? –, dass nur wenige Abgeordnete Mitte Januar an der abschließenden Abstimmung über die Herrenhaus-Kompromissvorlage teilnahmen. Der angebliche Grund war der Goodwill-Besuch einer rumänischen Politikerdelegation im Rathaus, aber aus der Reaktion in der Parteipresse lässt sich auch ablesen, dass die Führung meinte, sie sei den Forderungen Schneiders und seiner Truppe weitestgehend oder jedenfalls so weit, wie es wünschenswert war, entgegengekommen.[99] Das Gesetz vom Februar 1907 war, wie viele in der Parteiführung erkannten, das Ende des Protektionismus für das Kleingewerbe, in dem Sinn, dass das gesetzlich praktikable Maximum jetzt erreicht worden war. Wenn das Kleingewerbe weiter Probleme hatte, mussten andere Lösungen gefunden werden, die außerhalb der Reichweite einer Verbotsgesetzgebung lagen. Nicht nur waren allmählich die inhärenten »antikapitalistischen« Neigungen vieler Leute an der Parteispitze im Schwinden begriffen infolge ihrer Bekanntschaft mit den Sachzwängen, die mit der Verwaltung des modernen »industriellen« Systems in Wien einhergingen, die führenden christlichsozialen Politiker wie Gessmann und Weiskirchner erlebten außerdem zwischen 1907 und 1911 die Planung der staatlichen Wirtschaftspolitik im Kabinett aus nächster Nähe mit. Sie erkannten, dass zusätzlicher Protektionismus ein Luxus war, den sich weder die Partei noch die Stadt leisten konnte.[100] Im schlimmsten Fall hatte Österreich auf ausländischen Märkten mit Wettbewerbsnachteilen zu kämpfen, während zu Hause die Konsumenten unzufrieden waren, die Preise inflationär anstiegen und die Arbeitslosigkeit zunahm. Selbst Karl Lueger hörte man murren, man müsse »um den Gewerbetreibenden zu helfen, ... einen Berg von Gold haben«.[101] 1893 hatte sich Egbert Belcredi bitter über die »liberale Bürokratie« beklagt, die sich beharrlich dem Buchstaben und dem Geist der ursprünglichen Gewerbereform von 1883 widersetzte; jetzt waren – Ironie der Geschichte – die obersten Ebenen dieser Bürokratie, wenigstens in Wien, in der Hand der Christlichsozialen.[102] Zusätzlich zur Fortsetzung ihrer indirekten Subventionierung des Kleingewerbes durch Aufträge der Stadt und des Landes bündelten die Christlichsozialen nach 1907 ihre Energien auf Gewerbeförderungsprojekte, deren langfristiges Ziel die Hebung der Wettbewerbsfähigkeit des Kleingewerbes war.[103] Dieses Programm wurde großzügig und mit viel politischem Feingefühl von Hermann Bielohlawek verwaltet. Hilfe erhielt er dabei von Eduard Heinl, einem weiteren Protegé und zeitweiligem Sekretär Gessmanns, der sich ab 1910 in der Niederösterreichischen Landesregierung ganz der Förderung des Gewerbes widmete; in der Ersten Republik stieg Heinl dann zum Handelsminister auf.[104] Richard Weiskirchner bemühte sich während seiner Amtszeit als Handelsminister zwischen 1909 und 1911 darum, ein Gleichgewicht zwischen den Erfordernissen der Großindustrie und denen der Kleingewerbetreibenden herzustellen, statt, wie die Gegner der Christlichsozialen vorhergesagt hatten, die letzteren zu bevorzugen. Diese pragmatischere Position und die häufigen, auf symbolischer Ebene besonders wirkungsvollen Besuche von Vertretern der Parteispitze bei offiziellen Anlässen der Wiener Geschäftswelt legen eine eher konservative Entwicklung innerhalb der Parteiführung nahe.[105] Bei einem Auftritt in einer Fachmesse für Leder- und Schuhwaren im August 1908 riet Gessmann den Inhabern kleiner Firmen dringend, ihre Produktionsanlagen zu modernisieren, wenn sie auf dem Markt wettbewerbsfähig sein wollten.[106] Die *Reichspost* erklärte im Juli 1907 sogar, das Ziel der Christlichsozialen bestehe darin, »zwischen Mittelstand und Industriepolitik eine gemeinsame Plattform zu finden«, denn nichts sei nötiger als ein Wirtschaftsprogramm, welches geeignet war, den »bürgerlichen Solidaritätsgedanken lebendig zu machen«.[107] Eine ähnliche Neuorientierung zeigt sich darin, dass von den städtischen Gewerbeinspektoren, die für die Einhaltung von Gesetzen und Vorschriften in der handwerklichen Fertigung verantwortlich waren, die Teilnahme an technischen Nachschulungen erwartet wurde. Der Statthalter Erich Kielmannsegg ersuchte 1908 Richard Weiskirchner, er möge den städtischen Beamten die Teilnahme an diesen speziellen Fortbildungskursen ermöglichen, damit sie sich mit der »durchgreifenden Umgestaltung« und den fortschrittlichen technischen Methoden vertraut machen konnten, die in vielen Bereichen der handwerklichen Fertigung im letzten Jahrzehnt Platz gegriffen hatten. Weiskirchner war dazu sofort bereit und bemerkte, es sei jederzeit sein Bestreben gewesen, »die Verwaltung der Stadt Wien modern zu gestalten, den rechtskundigen Beamten einen Einblick in die Anforderungen des gegenwärtigen Wirtschaftsleben zu verschaffen«.[108] Spätestens 1914 hatte die christlichsoziale Partei einen langsamen Schwenk vollzogen, von extremem handwerklichem Protektionismus zu einem ausgewogeneren Programm, das auf Kooperation, Modernisierung des Handwerks und industrielle Selbsthilfe abstellte.

Die Kooptierung einflussreicher Führer der Handwerkerbewegung in prominente politische und soziale Positionen (wie zum Beispiel durch Berufung in die Funktion eines Handelskammerrates) hatte zur Folge, dass deren Neigung zu politischem Radikalismus abgeschwächt wurde.[109] Es war auch nicht überraschend, dass es der Parteiführung gelang, Ernst Schneider durch die nach 1907 einsetzende, schrittweise Entfernung aus seiner leitenden Stellung in der Zunftbewegung völlig unschädlich zu machen; parallel dazu wurde im Juli 1908 eine neue politische Interessenorganisation in Analogie zur Bauernbund-Bewegung ins Leben gerufen, der *Deutsch-Österreichische Gewerbebund*. Im Gegensatz zur dynamischen Präsenz des *Bauernbundes* schien jedoch die selbstgefällige Führung des *Gewerbebundes* den gleichen Widerwillen gegen weiteren Kleingewerbe-Extremismus zu verströmen, der auch in der Führungsebene der Partei spürbar war.[110] Hoch subventioniert durch das christlichsoziale Sekretariat, machte sich der *Gewerbebund* eine versöhnlichere Sicht der Belange des Handels zu eigen. So konnte später auch Eduard Heinl, der *spiritus rector* des *Gewerbebundes*, eine einigermaßen negative Einschätzung von Ernst Schneiders geliebten Handwerkszünften mit ihrer Zwangsmitgliedschaft vornehmen: »Die Gewerbegenossenschaften trugen Zwangscharakter, die Mitgliedschaft zu ihnen wurde vielfach lästig empfunden und es hat wenig Meister gegeben, die den Idealismus aufgebracht haben, diese Zwangsorganisationen auch als Instrument der gewerblichen Wirtschaftspolitik auszubauen und zu handhaben.«[111]

Mit ihrer Verschanzung im Rathaus setzten sich die Christlichsozialen einer Gefahr aus, die Parteien an der Macht nur schwer vermeiden können: Ihre Eliten entfernten sich langsam von den jeweiligen Interessengruppen, mit denen sie verbunden waren, bevor sie an die Macht kamen, und die Parteiführung entwickelte sowohl auf lokaler wie auf nationaler Ebene ihre eigene Logik und ihre eigene Geschichte. Die christlichsoziale Kandidatenliste in Wien für die Wahlen von 1907 bestätigt diese Regel. Die Kandidaten gehörten verschiedenen typisch bürgerlichen Berufsgruppen an, und es fanden sich nur sehr wenige auf der Liste, die nicht zusätzlich zu ihrem spezifischen beruflichen Profil eine präsentable lokalpolitische Identität vorweisen konnten. Wenn die Zunftvorsteher in einem so dynamischen Umfeld tatsächlich mit dem Löwenanteil an Mandaten gerechnet hatten, dann hatten sie sich geirrt.[112] Von 33 Sitzen in Wien erhielten die Zunftvertreter nur sieben, die weitaus überwiegende Mehrheit der anderen Kandidaten waren Leute aus dem soliden Mittelstand, von denen aber aufgrund ihrer Klassenzugehörigkeit durchaus anzunehmen war, dass sie für das Kleingewerbe wählbar waren. Die Reform der Gewerbeordnung vom Februar 1907 war ein letzter Versuch, das Loyalitätsverhältnis zwischen der Partei und den Handwerksmeistern mit neuem Leben zu erfüllen. Auch sie konnte jedoch nicht die Eifersüchteleien und persönlichen Animositäten entschärfen, die sich unter den führenden Persönlichkeiten einstellten, gerade auch im Hinblick darauf, dass die Zünfte nicht mehr der am stärksten leuchtende Stern am Himmel der christlichsozialen Politik waren.

Die größte Sorge bereitete den christlichsozialen Kleingewerbetreibenden der von ihnen gehasste Leopold Kunschak mit seiner Arbeiterbewegung. Das Wachstum der christlichsozialen Arbeiterfraktion führte notwendigerweise zu Konflikten zwischen den älteren wirtschaftsnahen Teilen der Partei und Kunschaks »Aufsteiger«-Organisation. Im Jahr 1900 verhalfen mehrere Gemeinderatssitze, die Kunschak und seine Leute in der Vierten Kurie gewonnen hatten, der Fraktion zu einem festen Platz in der christlichsozialen Organisation, und Kunschak wurde zu Luegers Leidwesen nicht müde, für seinen Klub eine stärkere Präsenz in den Parlaments- und Landtagsfraktionen zu fordern. Fehden, die zwischen Handwerksmeistern und Kunschaks Leuten über die Verteilung der Sitze bei den Parlamentswahlen von 1907 ausbrachen, verursachten rauchende Köpfe im Rathaus bei der endgültigen Erstellung der Kandidatenlisten in mehreren Bezirken der Stadt.[113]

Die zweite Interessengruppe in der Wählerschaft, der die Christlichsozialen 1907 besondere Beachtung zuwenden mussten, waren die Staatsbeamten. Der Umstand, dass diese von allen miteinander wetteifernden nationalen und sozialen Bewegungen umworben wurden, machte die Staatsbeamten zu einem wesentlichen Bindeglied zwischen dem älteren Kurialwahlsystem und den neuen, viel weniger leicht berechenbaren demokratischen Strukturen. Handwerksgesellen, die 1897 und 1901 in der Fünften Kurie für die Sozialdemokraten gestimmt hatten, würden höchstwahrscheinlich wenig Veranlassung haben, 1907 anders zu wählen; und genauso konnte man erwarten, dass Handwerksmeister in Wien, mochten sie auch manchmal das Gefühl haben, die Parteiführung habe auf sie vergessen, im christlichsozialen Lager bleiben oder sich nicht allzu weit davon entfernen würden. Aber Tausende Wähler der Staatsbeamtenschaft in Wien ebenso wie die wachsenden Massen von privaten Handelsangestellten bedeuteten für alle Parteien einen großen Unsicherheitsfaktor.

Im September 1898, als der Kaiser endlich die vom Parlament bereits 1896 angenommene Gesetzgebung billigte,[114] hatten die österreichischen Staatsbeamten eine umfassende Gehaltsregelung erreicht, der allerdings genau die entgegengesetzte Wirkung als die ursprünglich intendierte beschieden war. Statt auf den Radikalismus der Beamten dämpfend zu wirken, erzeugten die Reformen von 1898 nur noch höhere Erwartungen. Von noch größerer Wichtigkeit war, dass 1901 mehrere größere Beamtenvereine, allen voran der *Verein der Staatsbeamten*, sich zu einer breiten Koalition und Lobbygruppe zusammenschlossen, dem *Zentralverband der österreichischen Staatsbeamtenvereine*.[115] 1905/06 verlangten aufgebrachte Vertreter der Staatsbeamten in einer Reihe von Kongressen noch höhere Gehälter und Sozialleistungen und, was noch viel bedeutsamer war, auch grundlegende Änderungen in der strukturellen Organisation der staatlichen Diensthierarchie: insbesondere eine garantierte Beförderung, sobald man eine gewisse Zeit in einem bestimmten Rang gedient hatte (das sogenannte *Zeitavancement*), und einen modernen Code der Rechte und Pflichten von Beamten, die *Dienstpragmatik*.[116]

Albert Gessmann und anderen christlichsozialen Spitzenpolitikern war völlig klar, dass ihre Partei in Wien nicht überleben würde, wenn sich Tausende nicht-jüdischer Wähler auf allen Ebenen des öffentlichen Dienstes von ihr abwandten. In der Stadt und in Niederösterreich, wo die Partei direkten Einfluss auf die Anstellungsbedingungen hatte, konnten die Gehälter nach Maßgabe politischer Zweckmäßigkeit im Hinblick auf die bevorstehenden Wahlen angepasst werden. Karl Lueger benutzte das Missverhältnis für offene Prahlereien und erklärte Ende 1905 auf einer Versammlung von Staatsbeamten, die Angestellten der Stadt Wien seien bereits im Genuss der Zugeständnisse, um die seine Zuhörer noch mit der k.k. Regierung ringen müssten. Nach monatelangen Plädoyers zugunsten der Staatsbeamten – die Postbeamten hatten während dieser Zeit im Herbst 1906 Dienst nach Vorschrift angedroht – gelang es Gessmann schließlich, Ministerpräsident Beck zu überzeugen, dass man noch vor den Wahlen Taten setzen müsse, um die Staatsbeamten zu beruhigen.[117]

Während das Abgeordnetenhaus sich auf die Abstimmung über die Novellierung der Gewerbeordnung vorbereitete, gestattete Beck weniger als zwei Monate vor der Eröffnung des Wahlkampfes die bevorzugte Behandlung zweier Gesetzesvorschläge, die bescheidene Erhöhungen des Kostenzuschusses für die Lebenshaltung der Staatsbeamten vorsahen; außerdem waren darin vorgesehen eine neue, abgestufte Progression im Gehaltsschema der untersten sieben Dienstränge, eine Verkürzung der Zeit, die in den drei untersten Dienstgraden jeweils vor der Beförderung in den nächsthöheren Rang zugebracht werden musste, und eine Verkürzung der Gesamtdienstzeit vor Antritt der vollen Pension von 40 auf 35 Jahre.[118] Während die christlichsozialen Politiker bei der Debatte zur Gewerbeordnung am 17. Januar durch Abwesenheit glänzten, erschienen sie am 19. Januar in voller Zahl für die Beamten-Gesetzesvorschläge. Die Vorschläge wurden sogar durch einen Dringlichkeitsantrag im Namen von Leopold Steiner eingebracht, wobei Gessmann als Hauptreferent auftrat. Für ihn war das Gesetz deshalb so wichtig, weil »man den Beamten ordentlich zahlen muss. Er muss ein menschenwürdiges Dasein führen können, weil er sonst seinen Dienst nicht entsprechend versehen kann.«[119]

Diese Zugeständnisse an ganz bestimmte Stände waren ohne Zweifel mit ein Grund dafür, dass die Christlichsozialen im Mai 1907 in den bürgerlichen Wiener Bezirken so erfolgreich waren.[120] Aber es ist, einmal davon abgesehen, auch eine der tiefen Ironien der österreichischen parlamentarischen Geschichte, dass alle drei Gesetzesvorlagen – die Zugeständnisse an die Handwerker und an die Staatsbeamten und die endgültige Form der demokratischen Wahlrechtsreform – kurz hintereinander, in Abständen von jeweils nur einer Woche, beschlossen wurden.[121] Obwohl die beiden ständischen Initiativen kurzfristigen Gewinn brachten, machten sie zugleich deutlich, was die späte Ankunft der modernen Demokratie in Österreich – mehrere Jahrzehnte nach Frankreich und Deutschland – für Konsequenzen hatte: Das neue demokratische System war jetzt mit mächtigen und sofort abrufbaren korporatistischen Elementen versetzt, die à la longue den gesamten Verlauf der österreichischen Politik im 20. Jahrhundert überdeterminieren sollten.

Die Wahlen von 1907 und die Gründung der Reichspartei

Nach dieser sorgfältigen Vorbereitung fuhr die christlichsoziale Partei bei den Parlamentswahlen von 1907 einen großen Erfolg ein. Die Hauptwahlen am 14. Mai 1907 brachten 18 Siege in der Stadt und 21 auf dem offenen Land in Niederösterreich. Die Stichwahlen am 23. Mai erhöhten das Endergebnis in Wien auf 20 und hievten die Partei in Niederösterreich auf den ersten Platz. Die meisten christlichsozialen Siege in Wien kamen in den kleineren inneren Bezirken mit substanziellen bürgerlichen Mehrheiten zustande. Eine kürzlich vorgenommene Analyse dieses Wahlkampfs, die auch Parallelen zu Prag zieht, kommt zum Schluss, dass die Christlichsozialen in erster Linie von Geschäftsleuten und Hausbesitzern und in zweiter Linie von Staatsbeamten und anderen Gruppen aus dem Angestelltenmilieu und dem unteren Staatsdienst gewählt wurden, sowie von Randgruppen, die zwar von ihren materiellen Voraussetzungen her zur Arbeiterschicht gehörten, nicht aber in ihrem eigenen kulturellen und politischen Selbstverständnis (wie z.B. Hausbesorger, Briefträger, und die untersten Ränge der Gemeindebediensteten, wie die Diener). Der Anteil der Partei an männlichen Stimmen aus der »Arbeiterklasse« war sehr bescheiden.[122] Diese Interpretation passt zu dem, was wir über vorherige Orientierungen im Wahlverhalten in der Stadt, von der Parlamentswahl von 1897 an, wissen, und auch zu den qualitativen Daten, die sich auf die Struktur des Wahlkampfes beziehen.

Die Sozialdemokraten profitierten sehr von der Effizienz ihres Straßen- und Häuserwahlkampfs; außerdem verließen sozialistische Agitatoren gelegentlich ihr angestammtes Revier und traten bei christlichsozialen Wahlversammlung in Erscheinung. Die Christlichsozialen ihrerseits schlachteten mit großem Erfolg den extrem unpopulären Streik der Bäcker im April gegen die Gewerkschaften aus. Die traditionellen christlichsozialen Stimmenblöcke erwiesen sich letzten Endes als stabil. Eine gewisse Dissidenz manifestierte sich zwar bei einigen Handwerksmeistern, haupsächlich in der Form von Unzufriedenheit mit Kunschak und seinen Protegés, wie Adolf Anderle und Franz Spalowsky, aber sie konnte von Gessmann leicht unter Kontrolle gebracht werden. Obwohl der *Verein der Beamten und Angestellten Österreichs* in sieben Wahlkreisen eigene Kandidaten aufstellte, mit dem Argument, Staatsbeamte könnten nur durch Staatsbeamte angemessen vertreten werden, gewannen die Christlichsozialen in allen sieben Fällen mit solidem Vorsprung und mit starker Unterstützung seitens der Angestellten und Staatsbeamten.[123] Die Wahlbeteiligung war erstaunlich hoch – 91 Prozent der Wählerschaft hielt sich an die neue gesetzliche Wahlpflicht und ging zur Wahl. In der Einschätzung von Erich Kielmansegg wirkte sich die Wahlpflicht, wie Gessmann es vorhergesagt hatte, zum Vorteil der Christlichsozialen aus, da ihre Zuwachsrate bei den trägen bürgerlichen Wählern in manchen Bezirken bis zu 14 Prozent ausmachte, während die Sozialdemokraten, die bereits über eine hervorragende politische Organisation verfügten, weniger als 7 Prozent Zuwachs verzeichneten.[124]

Die Endergebnisse führten in eindrucksvoller Weise nicht nur die Logik von Gessmanns Wahlgeometrie vor Augen, sondern auch die latente Macht der Sozialdemokratie. Auch verglichen mit den 49 Prozent der allgemeinen Wählerstimmen für die Christlichsozialen waren die 39 Prozent für die Sozialisten immer noch respektabel.[125] Sie gewannen acht Sitze im ersten Durchgang in Wien und zwei weitere in Stichwahlen – alle in den großen Arbeiterbezirken wie Ottakring und Favoriten. Mehrere »sichere« bürgerliche Bezirke behaupteten die Christlichsozialen jeweils nur mit knappem Vorsprung. Die Wahl bestätigte, dass Wien eine Stadt mit zwei »legitimen« Weltsichten war – und aller Voraussicht nach bleiben würde. Jede der beiden Parteien hatte hier einen großen »Sockel« von Parteigängern, die sich nach verschiedenen (und wechselnden) Mischungen von klassenmäßigen, kulturellen oder beschäftigungsbezogenen Motiven definierten. Die Wahl legte aber ebenfalls nahe, dass kleine, von Wechselwählern – und hier insbesondere von den aufgescheuchten Staatsbeamten – ausgelöste Verschiebungen verheerende Folgen haben konnten.

Die dramatischsten Veränderungen fanden jedoch nicht in Wien statt. In den Wahlen von 1907 wurden in Niederösterreich die Führungspersönlichkeiten des *Niederösterreichischen Bauernbundes* in 21 Landbezirken im ersten Wahldurchgang mit riesigen Mehrheiten gewählt. Josef Stöckler, Karl Jukel, Karl List, Karl Fisslthaler, Alois Höher und andere zogen jetzt ins Parlament ein und erhielten einflussreiche Positionen in der christlichsozialen Parteihierarchie. Die Partei hatte in der Stadt, wie gesagt, einen Stimmenanteil von 49 Prozent. Die Anführer der Bauern, zu deren Kandidatur es keine glaubwürdige Alternative gab, erhielten 79 Prozent der allgemeinen Stimmen auf dem Land. Stöcklers Karriere kann als stellvertretend für die meisten dieser Männer gelten.[126] 1866 geboren – und somit 29, als Karl Lueger seinen Kampf um die Anerkennung als Bürgermeister von Wien begann –, arbeitete sich Stöckler die Stufenleiter der ländlichen Hierarchie empor, bis er 1898 Bürgermeister seines Heimatortes St. Valentin bei Amstetten wurde. Der ortsansässige Bezirkshauptmann beschrieb ihn 1907 als einen »reichen« Bauern mit stattlichem Besitz, ein Autodidakt, der zwar nur über eine Grundschulausbildung verfügte, aber mit großem Interesse die politische Berichterstattung in der Presse verfolgte. Seine Cleverness und sein Ehrgeiz hatten ihn im Verein mit seinem Interesse an landwirtschaftlicher Modernisierung – sein eigener Hof galt als Musterbetrieb fortschrittlicher Bewirtschaftung – mit Landwirtschaftsfunktionären auf Landesebene und schließlich mit Albert Gessmann in Berührung gebracht. Gessmann ermutigte Stöckler, 1902 für den Niederösterreichischen Landtag zu kandidieren und setzte 1906 seine Berufung zum Vizepräsidenten des Niederösterreichischen Landeskulturrates durch.[127] Im selben Jahr wurde Stöckler zum Vorsitzenden des *Niederösterreichischen Bauernbundes* gewählt. Seine Kollegen waren in der Mehrzahl ähnlich gut situiert. Vertrauliche Regierungsberichte über die christlichsozialen Wahlsieger vermerkten durchwegs, dass es sich bei ihnen um prosperierende Bauern handelte, die gewöhnlich über ein mittelgroßes Anwesen mit einer oder mehreren Baulichkeiten verfügten; manchmal betrieben sie auch ein Gasthaus, und in allen Fällen konnten sie auf Barreserven zurückgreifen. Sie waren durchwegs lokale Notabeln, typischerweise Bürgermeister ihres Heimatortes oder Vorsitzende eines Ortsausschusses. Sie konnten Reden halten und zeichneten sich durch bäuerliche Gerissenheit aus. Auf jeden einzelnen von ihnen waren die Worte anwendbar, mit denen Stöckler häufig charakterisiert wurde: »eine aufstrebende Persönlichkeit, die noch eine Rolle spielen wird.«[128]

Bei diesen Leuten handelte es sich jedenfalls um einen anderen Typus von Bauernführer, als die geplagten Kreaturen, denen Josef Scheicher in den 1870ern und 1880ern zu Hilfe gekommen war. Als Stöckler Scheicher 1909 als Mitglied des Niederösterreichischen Landesausschusses verdrängte, war klar, dass, wer nicht mehr vorzuweisen hatte als langjährigen Dienst in der Partei während der Kampfzeit ihrer Anfänge, nicht mehr viel zählte. Diese Bauernpolitiker waren in der Anfangszeit der christlichsozialen Bewegung in der Mehrzahl Jugendliche oder junge Erwachsene gewesen; mittlerweile waren sie in den Besitz von ansehnlichen Familienressourcen gekommen. Scheicher, der diesen neuen Führungspersönlichkeiten gegenüber sowohl Bewunderung wie Eifersucht verspürte, kam zum Schluss, staatliche Subventionen, neue Methoden der Bewirtschaftung und die landwirtschaftliche Genossenschaftsbewegung hätten »den Bauernstand zu einem selbstbewussten Stand umgeformt. Wer heute den Bauernbund mit seiner strammen Organisation kennen lernt, der wird sich gar nicht vorstellen können, dass vor zehn, zwanzig Jahren die Bauern nichts waren als die Hörigen, die von jedermann Gehudelten, Ausgenutzten, Rechtlosen.«[129] Als Vorsitzender des Niederösterreichischen Landesausschusses setzte Gessmann seine Patronage dazu ein, den Vertretern des Bauernstandes den Aufstieg von der Welt der Dorfpolitik in die der Landespolitik zu erleichtern. Fisslthaler wurde in internen Regierungsberichten als ein »Vertrauensmann Gessmanns« gehandelt, was ihm verständlicherweise verschiedene Vorteile brachte. Sein Sohn erhielt eine Stellung in der Niederösterreichischen Landesregierung und er selbst wurde in seinem Heimatort Vorsteher des Postamts.

Stöckler und seine Kollegen hatten hinter sich den 46.000 Mitglieder zählenden *Niederösterreichischen Bauernbund*. Dieser war im Juni 1906 nach dem Vorbild von Aemilian Schöpfers *Tiroler Bauernbund* gegründet worden und vereinigte lokale Gruppen niederösterreichischer Bauern, die sich in den 1890ern gebildet hatten, zu einer mächtigen (und finanzstarken) Interessengruppe.[130] Passenderweise war Albert Gessmann der Hauptredner bei der Gründungszeremonie und nahm die Gelegenheit wahr, um auf die weitreichende Bedeutung der Wahlreform für Österreichs ländliche Gebiete hinzuweisen. Die vorgeblichen »Vertreter« der Bauernschaft im 19. Jahrhundert hatten de facto einer ganz anderen gesellschaftlichen Schicht angehört, nämlich dem Adel des Großgrundbesitzes. Mit der Abschaffung dieser privilegierten Kurien im Jahr 1907 sei jetzt die Zeit gekommen, in der der Bauernstand sich politisch organisieren und seine Politik selbst gestalten könne. Um dies effektiv tun zu können, sei eine schlagkräftige organisatorische Infrastruktur erforderlich.[131] Die Bauern ließen sich das von Gessmann gesagt sein und machten sich mit der Hartnäckigkeit und Gruppendisziplin, die ihr gesamtes künftiges Vorgehen innerhalb des Parlamentsklubs kennzeichneten, daran, die effizienteste Einzelfraktion der christlichsozialen Partei zu schaffen. Für ihr Wahlprogramm im Mai 1907 akzeptierten sie zwar Gessmanns Parole von der wünschenswerten Stärkung der Harmonie zwischen der Landbevölkerung und der urbanen Mittelschicht, ihre detaillierten Forderungen – Steuerermäßigungen, Befreiung vom Militärdienst, mehr staatliche Investitionen für die Landwirtschaft, bessere Bedingungen für Lieferungen an das Militär und günstigere (d.h. stärker protektionistische) Einfuhrzölle – machten aber deutlich, dass sich die Bauern von niemandem mehr ohne weiteres manipulieren ließen. Sie versuchten, kulturelle Tradition und wirtschaftliche Entwicklung miteinander zu versöhnen und stellten so in gewisser Weise eine parallele Bewegung zur Mutterpartei in Wien dar.[132] Trotzdem sollten sich ihre partikularistischen, gegen Wien gerichteten politischen Einstellungen in der Zukunft noch sehr bemerkbar machen, besonders nach den Wahlen von 1911.

Für die Regierung waren die Wahlergebnisse einigermaßen zufriedenstellend, ja sogar »sehr günstig«, wie Ministerpräsident Beck an Statthalter Carl Coudenhove in Böhmen berichtete. Beck hatte das Glück, in Rudolf Sieghart einen mit Fortune und ohne Skrupel agierenden Assistenten zu finden, dessen Talent bei der Verteilung von Titeln und finanzieller Unterstützung bei den Zeitgenossen noch lange für Gerede (und Kritik) sorgte. Gessmann berichtete auf einer Sitzung der Parteiführung im Juni 1910, er benötige einen persönlichen Fonds von 150.000 Kronen im Jahr, um die Parteiagenden effektiv abwickeln zu können. Der finanzielle Aufwand für Wahlen sei noch höher. Ein Teil dieser Summen wurde von Privatleuten aufgebracht; so hatte Alois Liechtenstein im Zeitraum bis 1910 der Partei über eine halbe Million Kronen aus seinem Privatvermögen gespendet.[133] Finanzielle Unterstützung wurde auch direkt bei großen industriellen und kommerziellen Unternehmen eingeworben, denen daran gelegen war, die sozialdemokratischen Zugewinne so klein wie möglich zu halten; sie floss aber auch gelegentlich sozusagen unterirdisch, als führende Parteifunktionäre Verwaltungsratsposten in Großbanken und Kapitalgesellschaften erhielten.[134] Auch die Möglichkeiten des Büros des Ministerpräsidenten waren beträchtlich. Wedel berichtete nach Berlin, dass Beck 1907 große Summen von deutsch-österreichischen Industriellen erhalten hatte und diese Mittel an christlichsoziale Wahlkampfkomitees in Nieder- und Oberösterreich weitergeleitet habe.[135] Alfred Ebenhoch gab Franz Ferdinand gegenüber zu, Sieghart habe »aus den Mitteln, welche der Regierung ordnungsgemäß zur Verfügung stehen, unsere Partei in Wien, Niederösterreich und anderen Kronländern stets reichlich bedacht.«[136]

Angesichts der ausnehmend positiven Ergebnisse argumentierten Gessmann, Liechtenstein und andere, der Umstand, dass die Christlichsozialen in Vorarlberg und Tirol so gut abgeschnitten hätten, lege nahe, dass die Partei ein echte *Reichspartei* werden, ihre Wählerbasis verbreitern und mit verwandten Parteien fusionieren müsse. Dass die Partei in den ländlichen Gebieten Niederösterreichs einen größeren Stimmenanteil eingefahren habe als in der Hauptstadt, war ein weiterer Grund, ihr ländliches Potential in den Vordergrund zu rücken. Gessmanns Gegner in Wien mochten immerhin argumentieren, dass sich ihre schlimmsten Befürchtungen bestätigt hätten und dass Becks Wahlrecht ein Frankenstein-Ungeheuer hervorgebracht habe, aber diese Ansicht war zum damaligen Zeitpunkt noch auf eine Minderheit innerhalb der Wiener Parteiführung beschränkt.

Im neuen Abgeordnetenhaus hielten die Christlichsozialen 66 Sitze und waren damit die zweitgrößte Fraktion nach den Sozialdemokraten. Karl Lueger selbst misstraute der neuen Prominenz der Partei. In einem offenherzigen Interview, das er der *Reichspost* im Mai 1907 gab, äußerte er seine Überzeugung, dass es für die Partei vor allem wichtig sei, sich ihre politische Unabhängigkeit dadurch zu bewahren, dass sie nicht in das Kabinett eintrat: »So lange ich etwas zu reden habe, bleibt die Partei unabhängig, und so wie sie Minister hat, ist sie abhängig.«[137] Einige Monate lang schien eine derartige Politik vertretbar, aber Alfred Ebenhochs Ankündigung im Juni 1907, er und andere deutsch-klerikale Konservative aus Oberösterreich, Salzburg und der Steiermark hätten sich in einer Abstimmung darauf verständigt, mit den Christlichsozialen gemeinsame Sache zu machen, ließ die Zukunft in einem völlig neuen Licht erscheinen. In einer Regelung, die von Gessmann und Ebenhoch entworfen und von Lueger toleriert wurde, traten 30 alpenländische Klerikale der christlichsozialen Parlamentsfraktion bei; das Ergebnis war die größte Parlamentsfraktion der cisleithanischen politischen Bühne. Mit 96 Sitzen im Parlament war jetzt fast ein Fünftel des Abgeordnetenhauses in Karl Luegers – mittlerweile unsicherer – Hand.

Die Geschichte dieser Vereinigung war komplex und umspannt zehn stürmische Jahre katholischer Politik in Österreich zwischen 1897 und 1907. Im November 1897 hatte Karl Lueger entschieden, mit den Christlichsozialen in Opposition gegen Kasimir Badeni zu gehen und war einer Koalition deutscher Parteien beigetreten, die alle Badenis Sprachenverordnungen ablehnten. Die Entscheidung war Lueger schwer gefallen. Sobald sich aber die Christlichsozialen mit den nominell »antiklerikalen« deutschen bürgerlichen Parteien gegen das Kabinett verbündeten, war ein Bruch mit den alpenländischen Konservativen unvermeidbar. Die katholisch konservative Fraktion unter Anton Dipauli aus Tirol und Alfred Ebenhoch aus Oberösterreich hatte sich in langen, zähen Verhandlungen im Parteiausschuss im Oktober 1897, nachdem Dipauli dicht davor gewesen war, sich mit seiner Ansicht, dass die alpenländischen Konservativen dem Kabinett ihre Unterstützung entziehen sollten, durchzusetzen, doch zur Loyalität zu Badeni und seinem slawisch-klerikalen Eisernen Ring durchgerungen.[138] In einer Rede, die er am 19. November 1897 als Vertreter der Christlichsozialen im Abgeordnetenhaus hielt, kritisierte Leopold Steiner die alpenländischen Katholiken für ihre Weigerung, der Opposition beizutreten, und erinnerte sie daran, dass die Christlichsozialen sehr wohl einen Versuch unternehmen könnten, die Stellungen der Katholiken zu stürmen.[139] Als Joseph Baernreither im Herbst 1898 als Handelsminister zurücktrat, und zwar aus Protest gegen die mangelnde Bereitschaft des Kabinetts, auf die Anliegen der Deutschen in entsprechender Weise zu reagieren, machte Franz Graf Thun Dipauli zu seinem Nachfolger und gab damit den klerikalen Konservativen einen Vertreter im Kabinett. Die Deutschen aus Böhmen betrachteten diese Entscheidung als gleichbedeutend mit nationalem Hochverrat. Das Nationalitätenproblem stellte sich allerdings von Innsbruck oder Linz aus betrachtet anders dar als von Reichenberg und Brünn, und die Konservativen wussten die praktischen Vorteile ihres Verbleibs innerhalb der Kabinettskoalition zu schätzen.[140]

Solange das Kabinett Thun überlebte (bis Oktober 1899), dauerten die Spannungen zwischen den beiden Gruppen an. Sie wurden noch verstärkt, als mehrere jüngere Tiroler Konservative unter der Führung von Aemilian Schöpfer im März 1898 beschlossen, sich von der *Katholischen Volkspartei* abzuspalten.[141] Als ehrgeiziger junger Priester, der sich den Radikalismus seiner geistlichen

Mitbrüder in Wien zum Vorbild nahm, gründete Schöpfer in Innsbruck im April 1898 einen christlichsozialen Verein. Dies war der Anfang des berüchtigten *Bruderstreits*, der die Tiroler Katholiken bis zum Schlussakt nach den Parlamentswahlen von 1907 entzweite.[142] Anfangs waren Schöpfer und die kleine Gruppe seiner Anhänger (besonders Josef Schraffl und Martin Thurnher) ein willkommener, wenig beachteter Zuwachs für die Wiener Partei; aber als diese anfingen, ihre konservativen Gegner in regionalen und nationalen Wahlen vernichtend zu schlagen, wie dies Schraffl gegen Dipauli in den Parlamentswahlen von 1901 brillant vorexerzierte, entdeckten Lueger und Gessmann, dass sie mit dieser Bewegung ein Pferd in ihrem Stall hatten, dessen Erfolge ihnen jetzt sehr am Herzen lagen. Schöpfer war kein »Katholik« nach dem Wiener Modell, denn seine kulturellen Glaubenssätze waren ebenso orthodox und konservativ wie die der gegnerischen Konservativen. Was ihn mit der Wiener Partei verband, war seine Abneigung gegen einen erzkonservativen und manipulativen Episkopat; dazu kam noch ein nahezu fanatisches Vertrauen auf den Mechanismus demokratischer Wahlen in einem Land mit einer solide katholischen *und* überwiegend ländlichen Wählerbasis. Wie Josef Wackernell, der Führer der Tiroler Konservativen, 1903 bedauernd feststellte, galt für die Partei Schöpfers »der Volkswille als Norm, nicht die kirchliche Autorität«.[143] Durch seine lebenslängliche Verbundenheit mit der österreichischen Bauernschaft und durch seine (und Schraffls) Organisation des Tiroler Bauernbundes als volkstümliche Basis für seine antikonservative Fronde machte sich Schöpfers Auftreten bald auch außerhalb seines Landes bemerkbar. So kam es, dass die Christlichsozialen schon vor ihrer Fusion mit anderen alpenländischen Katholiken eine einflussreiche ländliche Basis hatten. Mehr als die Hälfte der 66 Sitze, welche die Partei 1907 gewann, stammte von ländlichen Wahlbezirken.[144]

Nach dem Zusammenbruch der Regierung Thun trat in den Beziehungen der beiden Parteien eine gewisse Ernüchterung ein. Auch ohne besondere freundschaftliche Note nahm man doch Punkte gemeinsamen Interesses wahr, besonders da keine von beiden Parteien Anteil am status quo der Machtverhältnisse im Kabinett hatte. Diese zweite Periode ihrer Geschichte spiegelt die Zwänge und Probleme wider, die sich infolge der *Los von Rom* Bewegung sowohl in Wien wie in den alpenländischen Gebieten bemerkbar machten. Eine Annahme von großer Bedeutung, auf der auch die Strategie der alpenländischen Katholiken bei ihrer Zusammenarbeit mit Badeni und Thun basierte, war die Überzeugung, es werde ihnen in ihren jeweiligen Heimatländern gelingen, das nationale Thema nicht aufkommen zu lassen. Die Ergebnisse der Parlamentswahlen von 1901 wiesen dies jedoch als eine krasse Fehleinschätzung aus: Ebenhoch und mehrere seiner Kollegen zogen den Kürzeren, als eine Welle deutschnationaler Begeisterung durch die alpenländischen Gebiete schwappte.[145] Ebenhoch selbst schaffte die Rückkehr ins Parlament erst 1903 über eine Nachwahl; er war mittlerweile ein sehr viel nüchternerer Politiker geworden, ängstlich darauf erpicht, sein Fähnchen nach dem politischen Wind zu hängen.[146] Ab 1904 begannen die progressiveren unter den alpenländischen Politikern, die sich jetzt eine politische Zusammenarbeit mit den Christlichsozialen vorstellen konnten, vorsichtige diesbezügliche Signale nach Wien zu senden. Nach dem Erdrutschsieg der Christlichsozialen in den Gemeinderatswahlen im Frühling 1904 erklärte die *Reichspost*, die hier stellvertretend für Gessmann sprach, stolz:

> Die christlich-soziale Partei darf ... bei dem Besitze Wiens nicht stehen bleiben. Sie kann sich wie keine andere darauf berufen, dass sie die Befähigung zur kommunalen Verwaltung besitzt und auf ihrem Wege die Zukunft des Städtewesens in Österreich liegt. ... Die christlich-soziale Partei muss deshalb hinaus in die Kronländer, die Ansätze sind bereits da, sie zu jener Reichspartei zu machen, zu der sie durch ihr weitausschauendes, völkerversöhnendes Wirtschaftsprogramm und die leuchtende Tüchtigkeit ihrer Führer bestimmt ist.[147]

Zusätzliche Anreize wurden 1905/06 sichtbar während des Ringens um das allgemeine männliche Wahlrecht. Die katholischen Konservativen waren gespalten in eine uneinsichtige Mehrheit und eine Minderheit, die begriff, dass sie insgesamt für ihre Wahlen in kleinen Städten und auf dem Land vom allgemeinen Wahlrecht wenig zu fürchten hatte. Als Alfred Ebenhoch verkündete, er beabsichtige im Februar 1906 für das allgemeine Wahlrecht zu stimmen, machte er, wie im Rückblick deutlich wird, den ersten Schritt in Richtung einer Parteienfusion.[148] Die Ablehnung des zusätzlich beantragten Mehrfachwahlrechts, das von dem Tiroler Johann Tollinger, einem von Schöpfers Rivalen, am 21. November 1906 eingebracht worden war, veranlasste Ebenhoch, gegen den hartnäckigen Druck des konservativen oberösterreichischen Adels mit den Christlichsozialen zu stimmen und so das Ende der herkömmlichen alpenländischen Politik einzuläuten.[149] In einer Rede vor dem Oberösterreichischen Volksverein in Wels am 12. November forderte Ebenhoch, der nächste Wahlkampf müsse die »christlichen Heerlager geeint finden«.[150] Diese Bemerkung war zwar nicht unbedingt als Ruf nach einer dauerhaften Fusionierung der beiden Parteien zu verstehen – vielleicht sollte sie auch bloß eine Wahlkoalition anregen –, aber diverse Wiener Politiker stellten bereits ähnliche Spekulationen über die langfristigen Folgen des modernisierten Wahlrechts an.[151]

Das Endergebnis der Wahlen – in Oberösterreich waren 17 Konservative gewählt worden, in Salzburg 4, in der Steiermark 9, – sprach für sich, und veranlasste Ebenhoch, eine Fusionierung anzustreben. Die Christlichsozialen hatten 13 der 15 deutschsprachigen Tiroler Sitze gewonnen, inklusive aller ländlichen Sitze, was gleichbedeutend war mit dem Verschwinden der Tiroler Konservativen von der politischen Bühne. Der *Bruderstreit* konnte nicht mehr herhalten als Hindernis für Fusionsgespräche. Im Gefolge der Stichwahlen ließ die *Reichspost* verlauten, dass Ebenhoch mit seiner 17-Mann-Fraktion noch vor Beginn der neuen Sitzungsperiode des Parlaments Mitte Juni zu den Christlichsozialen überwechsle.[152] Am 1. Juni führte schließlich der Salzburger Victor von Fuchs den Vorsitz bei einem Treffen aller klerikalen Abgeordneten, bei dem Ebenhoch und die Oberösterreicher erklärten, sie seien entschlossen, mit den Christlichsozialen zusammenzugehen, selbst wenn die anderen nicht mitziehen wollten. Fuchs meldete Bedenken gegen die Fusionierung an und plädierte für eine losere Form der Zusammenarbeit zwischen den bürgerlichen deutschen Parteien.[153] Die Steirer unter der Führung von Franz Morsey und Franz Hagenhofer hatten ebenfalls Einwände, und die Berichte, die über die Konferenz an die Öffentlichkeit gelangten, konnten nicht verhehlen, dass sich Ebenhoch erst nach mehrstündigen Debatten durchgesetzt hatte.[154]

Unmittelbar danach begannen Verhandlungen zwischen den alpenländischen Parteiführern und Karl Lueger und Albert Gessmann. Da seine eigene Sicht auf die österreichische Politik eine auf Wien zentrierte war, hatte Lueger mit regionalistischen Zwangsvorstellungen anderer kein Problem. Viel mehr Gewicht hatte der Umstand, dass eine Partei ohne zentralisierte und bürokratisierte Führungsstruktur weitgehend mit seiner persönlichen, charismatischen Führerrolle stehen und fallen musste.[155] Gessmann versuchte im Gegenzug, der Partei eine stärker zentralistische Struktur zu geben, so dass sie mehr war als bloß eine parlamentarische Fraktion. Gegen Luegers Widerstand konnte er allerdings nicht mehr erreichen als die Einrichtung eines kleinen Parteisekretariats am Hamerlingplatz 9 in der Josefstadt, wo jüngere Kräfte wie Eduard Heinl, Konrad Rumpf, Richard Wollek, und sein Sohn Albert Gessmann werkten.[156] Was sich also Ende Mai 1907 abzeichnete, war eine christlichsoziale parlamentarische *Vereinigung* und nicht die organisatorisch zentralisierte Partei, die Gessmann wollte, auch wenn das neue Sekretariat eine gewisse allgemeine

Die Wahlen von 1907 und die Gründung der Reichspartei

politische Koordination zu leisten imstande war. Neue Klubstatuten wurden von Gessmann, Weiskirchner und Jodok Fink aufgesetzt, die den ländlichen Delegierten die Aufgabe der Revision der Agrarpolitik im Rahmen eines eigenen Unterausschusses übertrugen. Man einigte sich auch darauf, dass sowohl die städtischen wie die ländlichen Abgeordneten das Recht haben würden, in Fällen, bei denen keine strikte Parteidisziplin verordnet war, im Sinne der Präferenz der jeweiligen Wahlkreise zu stimmen.[157]

Die Wiener Parteiführung billigte diese Vereinbarung, und am 10. Juni erteilten ihr nach einer kurzen begeisterten Rede von Alois Liechtenstein beide Parlamentsfraktionen ihre offizielle Zustimmung. Während des Nachbebens nach Luegers Tod 1910 erinnerten verschiedene Gegner Gessmanns daran, Lueger habe nur mit Vorbehalt einer Parteiaufnahme der extremeren Klerikalen wie Franz Morsey zugestimmt. Dies wird bestätigt durch einen Brief an Baron Beck vom 2. Juni, in dem Morsey darüber Klage führt, dass Ebenhoch vom »alten Programm« der Konservativen abweiche und die Wiener sich jetzt weigerten, ihn, Morsey, in die Partei aufzunehmen.[158] Gessmann selbst gab später zu, Lueger habe die Agrarpolitiker stets mit Argwohn betrachtet, und Leopold Steiner gestand 1910, dass Lueger oft abschätzige, sarkastische Kommentare über die Niederösterreichische Landesregierung gemacht habe.[159] Aber wenn Karl Lueger Zweifel hatte, so blieben sie jedenfalls ohne Einfluss auf sein Handeln.

Am 18. Juni 1907 fand die formelle Konstituierung dieses neuen Bündnisses von Abgeordneten der *Reichspartei* statt. Karl Lueger wurde zum Vorsitzenden gewählt, Gessmann und Liechtenstein aus Wien und Schraffl, Ebenhoch und Fuchs aus den alpenländischen Ländern zu Stellvertretern. Alfred Ebenhoch zog seine Nominierung für den Posten des Präsidenten des Abgeordnetenhauses von sich aus zurück und machte so den Weg frei für Luegers Wunschkandidaten, Richard Weiskirchner. Ebenhoch hatte diese Position für sich gewollt und vielleicht sogar erwartet und hatte auch in diesem Sinn am 3. Juni an Lueger geschrieben. Lueger bestand jedoch auf Weiskirchner, den er auch im Februar zu seinem Nachfolger als Bürgermeister von Wien ernannt hatte, als ein Zeichen, dass der Mittelpunkt der Macht – wenn auch nicht unbedingt der ideologische Mittelpunkt – noch immer das Rathaus war.[160]

Analog zu den Skrupeln, mit denen sich glühende Alpenländler wie Franz Morsey abplagten angesichts der Frage, ob sie ihre Unabhängigkeit aufgeben und den Christlichsozialen beitreten sollten, stieß die Fusionierung auf wenig Gegenliebe bei den stärker kleinbürgerlich und nationalistisch orientierten

Schichten der Wiener Partei. Erwartungsgemäß lag das Epizentrum des Widerstands im *Deutschen Volksblatt*, in dem Ernst Vergani in einem Leitartikel befand, die Fusion müsse zwangsläufig zu einer Verwässerung des Antisemitismus der Christlichsozialen und zu einem Ausgreifen des alpenländischen Klerikalismus auf Wien führen. Ein Korrespondent argumentierte in einem offenen Brief an das *Volksblatt,* es werde den Christlichsozialen, die nie eine klerikale Partei gewesen seien, in Zukunft schwer fallen, ihre Rolle als Vermittler zwischen freiheitlichen bürgerlichen Parteien und ländlichen Klerikalen zu spielen, wenn sie selbst als Instrument der Klerikalen wahrgenommen würden.[161]

Die Fusion hatte erwartungsgemäß ein Medley einander widersprechender Rechtfertigungen zur Folge. Alfred Ebenhoch bestand darauf, dass die Geschichte der beiden Parteien den Gedanken der *Reichspartei* folgerichtig nahegelegt habe und dass es auf ideologischem Gebiet wenig Trennendes gab.[162] Gessmann argumentierte mit größerer Schlüssigkeit, die neue Partei sei der einzige Akteur, der in der Lage war, eine sozialdemokratische Hegemonie im neuen Parlament hintanzuhalten: es war »eines der Hauptargumente für diesen Anschluss der Konservativen an die Christlichsozialen …, dass wir um jeden Preis verhindern mussten, dass die sozialdemokratische Partei die stärkste des Hauses werde.«[163] Drei Jahre später sagte Ebenhoch in einem privaten Brief an Bischof Joseph Altenweisel von Brixen ebenfalls, dass die Schaffung einer großen antisozialistischen Partei für ihn im Vordergrund gestanden war.[164] Laut anderen Kommentatoren war an der Entscheidung maßgeblich die Angst beteiligt, die bürgerlichen Parteien in Böhmen und Mähren könnten nach einer ähnlichen Fusion die zwei österreichischen »christlichen« Fraktionen überstimmen und isolieren; zudem habe es das persönliche Interesse Ministerpräsident Becks und verdeckte Unterstützung seitens des Kabinetts gegeben. Die Führer der Deutschen Volkspartei, der Deutschen Fortschrittspartei, der Deutschen Agrarpartei und der Deutschradikalen – zusammen stellten diese Parteien mehr als 80 Parlamentssitze – hatten tatsächlich Anfang Juni ein Treffen in Wien abgehalten, dessen Hauptthema die Gründung eines *Deutschen Nationalverbands* war. Die oben angeführte Interpretation hat also chronologische Plausibilität, ob sie ganz zutreffend ist, bleibt indes fraglich.[165] Karl Lueger war überzeugt, dass die deutschen Fraktionen selbst ihre eigenen schlimmsten Feinde waren und dass jede Einigung, die sie unter Umständen zustande brachten, bestenfalls von kurzer Dauer sein würde. Was den Druck seitens der Regierung betrifft, so befürwortete Beck die Vereinigung uneingeschränkt, und zwar aus parlamentarischen wie aus ideologischen Überlegungen. Die *Reichspost* wurde nicht müde, zu betonen, dass im neuen Parlament nur große Parteien in der Lage sein würden, eine nennenswerte Rolle zu spielen, und dies war eindeutig auch die Ansicht des Kabinetts.

Politische Sensibilitäten und taktischer Opportunismus spielten eine gewisse Rolle, größere strategische Ziele waren aber bei der Parteienfusion ebenfalls involviert. Abgesehen von der unterschiedlichen Gewichtung von Katholizismus und Antisemitismus in den beiden Parteien stand auf programmatischem Gebiet einer Fusion nur wenig entgegen. Beide hatten immer die unteren und mittleren Schichten des Bürgertums als ihre eigentliche Basis angesehen; beide waren intensiv patriotisch und dynastisch eingestellt, woran die antiaristokratischen Ausfälle, die beide sich gelegentlich gestatteten, nichts änderten. Beide waren militant antisozialistisch, und zwar nicht nur aus wirtschaftlichen, sondern ebenso sehr aus kulturellen Gründen. Beiden war auch eine Wahrnehmung der Nationalitätenfrage gemeinsam, die sich fundamental von den deutschen Parteien in Böhmen und Mähren unterschied. Auf beiden Seiten hatten die Hauptunterhändler – Gessmann and Ebenhoch – für sich Kabinettsposten im Visier (Rudolf Sieghart sprach in einem Brief an Beck vom Sommer 1907 zynisch vom »Portefeuille-Drang« der Partei),[166] nicht nur aus persönlichen Karriereerwägungen, sondern auch in der Überzeugung, dass die Christlichsozialen jene Gebiete staatlicher Politik kontrollieren mussten, für die sie von ihren Wählern zur Verantwortung gezogen werden würden (wie, in Ebenhochs Fall, für die agrarischen Einfuhrzölle). Karl Lueger hatte nicht mehr die Kraft, diesem Druck zu widerstehen.[167]

Vereinzelte Inseln von Verbitterung bestanden in beiden Lagern auch noch lange nach 1907. Diese kamen 1912 zum Vorschein in den Verhandlungen zur Fusionierung von *Vaterland* und *Reichspost* zwischen Friedrich Funder und diversen katholischen Aristokraten und in privaten Kommentaren einzelner älterer Bischöfe, die sich von den Christlichsozialen um jede Rolle in der Politik gebracht sahen. Bei den privilegierten adeligen Eliten sorgte ihre politische Ausschaltung ebenfalls für hartnäckige Ressentiments. Als Erzherzog Franz Ferdinand Alfred Ebenhoch als Landwirtschaftsminister 1908 beschuldigte, die Bauern auf Kollisionskurs mit den traditionellen Autoritäten zu bringen, war dies einfach ein Ausdruck der Abscheu, die er und der übrige Adel für eben die Wahlrechtsreform empfanden, der Ebenhoch seinen Platz im Kabinett verdankte.[168]

Hauptverantwortlich für die neue Ordnung war Albert Gessmann und Friedrich Funder ihr hauptsächlicher journalistischer Fürsprecher. In einer Reihe von Wahlkampfreden Ende 1906 und Anfang 1907 sprach Gessmann seine Überzeugung aus, dass die bevorstehenden Wahlen eine gewaltige Umwälzung in der österreichischen politischen Landschaft zur Folge haben würden. Er war schwerlich so naiv zu glauben, dass sich das Nationalitätenproblem in Luft auflösen würde, trotzdem behauptete er, dass alle bürgerlichen Parteien, unbeschadet ihrer nationalen Identität, jetzt mit einer viel größeren Bedrohung konfrontiert würden. Die massive Kaderorganisation der österreichischen Sozialdemokratie stelle eine Gefahr nicht nur für das private Eigentum und für kapitalistische Investitionen in Österreich dar, sie bedrohe die traditionelle österreichische Kultur insgesamt. Gessmann war nicht der einzige christlichsoziale Politiker, der zu einer solchen Bürgerfront-Rhetorik griff. Bereits im November 1905 hatte die *Deutsche Zeitung* argumentiert, das Gespenst des allgemeinen Wahlrechts mache Zusammenarbeit unter den verschiedenen bürgerlichen Gruppen zum Gebot der Stunde: »Die gebildeten und besitzenden Klassen der Tschechen, Polen, Italiener oder Südslawen dürften gerade so wenig geneigt sein, die politische Macht in die Hände des heimatlosen Proletariats gelangen zu lassen, als die Deutschen. In dieser Hinsicht muss eine ungeschriebene Allianz zwischen den gesitteten und staatstreuen Elementen aller Nationalitäten bestehen.«[169] Aber während diese Zeitung sich in undifferenzierter Feindseligkeit gegen die Wähler der Arbeiterschicht erging, konzentrierte Gessmann sein Feuer kluger Weise auf die politischen Spitzenfunktionäre der Arbeiterbewegung. Hierbei handelte es sich auch nicht um ein Novum in seiner Karriere. Bereits im »Sozialen Vortragskurs« der *Leo Gesellschaft* im August 1894 hatte Gessmann auf die Sozialdemokratie und ihr furchtbares Potenzial zur Zerrüttung der österreichischen Zivilgesellschaft hingewiesen.[170] Und doch bedurfte es ironischer Weise gerade des Anti-Marxismus, um sicherzustellen, dass die wahren Interessen der Deutschen wahrgenommen wurden:

> Wir waren und sind Deutsche und müssen es daher auch als eine der wichtigsten und bedeutsamsten Aufgaben betrachten, dafür einzustehen, dass dem deutschen Volke aus dieser Neuordnung der staatspolitischen und verfassungsmäßigen Verhältnisse kein Schaden erwachse! Es ist ja … eine notorische Tatsache, dass ich den Kampf gegen die Sozialdemokratie als meine Lebensaufgabe betrachte und auch in Zukunft als meine Lebensaufgabe betrachten werde, weil ich von der innersten Überzeugung durchdrungen bin, dass das Endziel des sozialdemokratischen Programmes, von manchen berechtigten Einzelforderungen abgesehen, den Untergang unseres Volkstums und unserer ganzen gesellschaftlichen Ordnung zur Folge haben musste.[171]

Deutsche bürgerliche Politiker in Böhmen und Mähren, die in Verkennung der Realität sich darauf einließen, bei Stichwahlen gemeinsame Sache mit den Sozialdemokraten gegen die Christlichsozialen zu machen, stellten Gessman zufolge eine Gefahr für sich selbst und für die nationale Sache dar.

Beim Christlichsozialen Parteikongress am 11. März 1907 in Wien entwickelte Gessmann diese Ideen weiter. Die Christlichsoziale Partei sei, betonte er, eine echte klassenübergreifende Partei, die Bauern, städtisches Bürgertum und Arbeiter umfasse, und nur eine solche Partei könne eine funktionierende Alternative zur Sozialdemokratie bieten.[172] Die Partei habe auch Anspruch darauf, sich eine nationale Partei zu nennen, wenn auch ihre Politik sich nicht dazu hergebe, die legitime kulturelle Entwicklung anderer Sprachgruppen beeinträchtigen zu wollen. Und die Christlichsozialen seien eine *Reichspartei*, da sie imstande seien, bei Wahlen in der gesamten Monarchie zu kandidieren. Gessmann verlas dann das Wahlmanifest der Partei, das jedenfalls aus seiner Feder stammt. Dieses Dokument verlieh dem Begriff der *Reichspartei* insofern zusätzliche Bedeutung, als es die sozialistische Bedrohung und den Nationalitätenkonflikt in einen Zusammenhang mit dem Problem Ungarn stellte und geschickt den Antimagyarismus in einen verdeckten Pro-Slawismus und Pro-Germanismus mutieren ließ. Die Christlichsozialen plädierten für ein Gesamtreich mit Wien als Mittelpunkt und für ein Reich, das jedem seiner Völker »Freiheit und Gerechtigkeit« gewährte. Die demütigende Schwächung Österreichs sei nur durch die – vermutlich ebenfalls von den Ungarn gestiftete – Feindschaft zwischen den einzelnen Nationen möglich geworden. Die Christlichsozialen verurteilten »eine künstliche Schürung des nationalen Kampfes«, waren aber entschlossen, die »Güter und Interessen« des deutschen Volkes hochzuhalten.

Gessmanns Reden enthielten zwar kaum eine überzeugende oder auch nur irgendwie umsetzbare Politik für den Umgang mit Ungarn (das für ihn zu einem Schlagwort wurde für alles, was an der modernen Politik verkehrt war), sie tranportierten aber eine zweifache Botschaft für das heimische Publikum. Die deutschen bürgerlichen Politiker mussten zur Einsicht gelangen, dass die Sozialdemokraten der Hauptgegner waren; und die Ideologie, die in Zukunft das österreichische politische Universum prägen musste, baute nicht auf dem ererbten liberalen Antiklerikalismus auf, sondern auf dem Klassenkonflikt. Aus dieser Logik ergaben sich freilich noch andere Konsequenzen: Die deutschen bürgerlichen Parteien mussten ihre Situation sowie die der Tschechen und Südslawen vor dem Hintergrund des gesamten Reiches sehen. Eine solche Sicht rechtfertigte nicht nur die schon seit langem bestehende Unterstützung der

Christlichsozialen für die unterdrückten slawischen Minderheiten in Ungarn und eine vorsichtige Befürwortung des Trialismus (immer verknüpft mit der Vorrangstellung Wiens); sie war auch als Basis für eine versöhnlichere Politik gegenüber den Tschechen geeignet. Da der politische Hauptgegner ja die Sozialdemokraten waren (und nicht die Tschechen), musste die Verteidigung des k.k. Staates auf sozialer – und nicht nationaler – Grundlage erfolgen.

Während des Wahlkampfs und danach veröffentlichte die von Gessmann beherrschte *Reichspost* verschiedentlich programmatische Essays, um die neue Zukunft der österreichischen Parlamentspolitik deutlich zu machen. Gessmanns Kollegen Josef Schraffl und Victor Kienböck sahen die Zukunft des österreichischen Christlichen Sozialismus in einem ehrgeizigeren, größer konzipierten Programm, das die Möglichkeiten der politischen Demokratie offensiv einsetzte, statt ihr Widerstand zu leisten, wie es für die deutschen bürgerlichen Parteien Österreichs zur Gewohnheit geworden war. In einem Essay, der durchaus auch aus einer prominenten sozialdemokratischen Feder hätte kommen können, argumentierte Schraffl, die Demokratie würde den massenhaft artikulierten Ausdruck wirtschaftlicher Interessenlagen ermöglichen und den innerösterreichischen nationalen Konflikt reduzieren. Kienböck seinerseits prophezeite einen »Wiederaufbau« der gesamten Monarchie, deren im Westen neu eingeführte Massendemokratie eine starke Anziehungskraft auf die »geknechteten« Nationalitäten in Ungarn ausüben werde. Von noch größerer Bedeutung war das Lob, das mehrere Essays dem *Zentrum* in Deutschland[173] aussprachen als einer Partei, die den österreichischen Christlichsozialen eindringlich zur Nachahmung empfohlen wurde. Das *Zentrum* war vorbildlich als »Volkspartei«, da es, wie Funder argumentierte, seine Wähler dazu brachte, sich über den Partikularismus der Interessengruppen zu erheben, und katholische Mittelschichtwähler in Deutschland bei passender Gelegenheit sogar zur Unterstützung von Kandidaten der Arbeiterklasse motivierte.[174]

Diese Interpretation gewann nach den Wahlen stark an Attraktivität. Drei Tage vor Ebenhochs Ankündigung zur Fusionierung veröffentlichte die *Reichspost* prominent platziert eine Besprechung von Martin Spahns eben erschienener Broschüre über die Geschichte des *Zentrum*.[175] Noch mehr als vom katholischen Erscheinungsbild des *Zentrum* zeigte sich der Rezensent von dessen organisatorischem und politischem Einfluss auf die nationale politische Prioritätensetzung beeindruckt, einer Fähigkeit, wie die *Reichspost* argumentierte, die das *Zentrum* seiner Weiterentwicklung von einer spezifisch konfessionellen Partei zu einer auf soziale und wirtschaftliche Gesetzgebung spezialisierten Massenvolkspartei verdankte. Die Österreicher bräuchten ebenso eine »einheitliche, starke, sozialreformerische christlich-deutsche Partei«. Dass hier die Betonung des spezifisch katholischen Aspekts des *Zentrums* so stark heruntergespielt wurde, war kein Zufall: Gessmann wollte nicht die Christlichsozialen mit einem stark ausgeprägten »katholischen« Image belasten. Er wollte eine disziplinierte gesamtstaatliche Partei, die sich in wohldifferenzierter Weise sozialen und wirtschaftlichen Reformen verpflichtet fühlte, sich dem kleinlichen nationalistischen Gezänk entwand und den Deutschösterreichern eine Alternative zur herkömmlichen Parteientypologie bot. Duncan Gregory von der Britischen Botschaft sah diesen subtilen Unterschied sehr wohl, als er feststellte, es sei Gessmanns Taktik »zwischen den Bezeichnungen ›christlich‹ und ›katholisch‹ zu unterscheiden ... und den Gedanken gar nicht erst aufkommen zu lassen, [die Christlichsozialen, Anm. d. Verf.] seien eine klerikale Partei nach dem Muster der deutschen Zentrumspartei«.[176]

Es passt gut in dieses Bild, dass Gessmanns ehrgeizige Pläne für seine Partei einen letzten Schritt miteinschlossen, den das deutsche *Zentrum* nie zu unternehmen wagte (oder nicht unternehmen durfte): die Übernahme ministerieller Macht. Dies erwies sich als der bedeutendste Unterschied zwischen den beiden mitteleuropäischen christlichen Parteien vor 1914. Dass Albert Gessmann dauerhaften Respekt für das *Zentrum* empfand, ergibt sich aus seiner und Funders langfristiger Zusammenarbeit mit Matthias Erzberger, der bis 1907 für die *Reichspost* schrieb und für verschiedene Friedensbemühungen während des Ersten Weltkriegs auf seine Wiener Beziehungen zurückgriff. Gessmann war auch mit Martin Spahn bekannte, der ihn im Frühherbst 1908 anlässlich eines internationalen Mittelstandskongresses in Wien besuchte.[177] Schließlich hatte Gessmann auch eine persönliche Beziehung zum *Zentrum*. Einer seiner engsten politischen Kontakte war Friedrich Gaertner, ein junger Wiener Ökonom, der bei Eugen Schwiedland an der Technischen Hochschule in Wien und bei Alfred Weber an der Universität Heidelberg studiert hatte. Gaertners Arbeiten auf verschiedenen Gebieten der Wirtschaftspolitik, wie der Sozialversicherung und der Vergabe von Krediten an kleine Betriebe, wiesen Parallelen zu Gessmanns Ansichten auf. Er begann seine Karriere als informeller politischer Mitarbeiter Gessmanns während seiner Tätigkeit als Wiener Korrespondent der *Germania* und anderer Zentrumsblätter. Im Verein mit Gessmanns Privatsekretär Eduard Heinl setzte Gaertner die gesetzlichen Statuten des *Niederösterreichischen Bauernbund* auf und fungierte laut Kielmansegg als Gessmanns Beauftragter in der Anlaufphase des Ministeriums für öffentliche Arbeiten Anfang 1908. Seine aufschlussreichen Analysen staatlicher Politik und seine Sensibilität dafür, wie weit wirtschaftliche Maßnahmen in Deutschland vorbildlich für Österreich sein konnten, machten ihn zum idealen Gesprächspartner für Gessmann. Auf Gessmanns Empfehlung wurde Gaertner im November 1907 in den Staatsdienst aufgenommen; er arbeitete zunächst im Arbeitsstatistischen Amt des Handelsministeriums, von wo er 1910 in das mächtige Ministerratspräsidium wechselte. Dort wurde er mit 33 Jahren zum Sektionsrat ernannt. Während des Ersten Weltkriegs wuchs sein Einfluss rapide als Leiter der Kommission für Lebensmittelverteilung in der Kriegsgetreideanstalt. Hier erwies er sich als so fähig, dass er mit der Aufgabe betraut wurde, im Namen der Monarchie mit hochrangigen deutschen Politikern Verhandlungen zur Sicherung der Grundversorgung der Bevölkerung zu führen.[178]

Gaertner zeichnete sich durch Begabung, Diskretion und Urteilsvermögen aus und verband die beste Tradition österreichischer Verwaltungsexpertise mit einem sicheren Instinkt für politische Macht. Er war nicht der einzige junge katholische Intellektuelle mit Universitätsbildung, über den Gessmann seine schützende Hand hielt – auch Richard Schmitz, Josef Sigmund, Richard Wollek, Wilhelm Miklas, Alfred Schappacher und August Kemetter machten mit Gessmanns Hilfe in der Partei Karriere – aber aufgrund seiner Bewunderung für das *Zentrum* und seiner maßvollen, reformorientierten Ansichten zur Sozialfürsorge-Gesetzgebung, die auch ein dem *Zentrum* nachempfundenes politisches Programm zur Subventionierung des Mittelstandes mitumfasste, stand Gaertner Gessmann besonders nahe.[179] In mehreren scharfsichtigen Artikeln für die *Germania* zwischen 1905 und 1907 führte Gaertner aus, dass der Fortschritt in der österreichischen Politik in Zukunft auf Gedeih und Verderb mit einer revolutionären Umgestaltung der Wahlordnung verknüpft sei, weg vom segmentierten, auf Interessengruppen fixierten Kurialismus und hin zum – wie er hoffte – wettbewerbsintensiveren, wirtschaftlich orientierten freien Markt eines allgemeinen Wahlrechts. Gaertner war überzeugt, dass das österreichische parlamentarische Leben in naher Zukunft von zwei großen Blöcken beherrscht werden würde, der eine geführt von den Christlichsozialen, der andere von den Sozialdemokraten. Innerhalb der ersteren Gruppe würden die anderen deutschen bürgerlichen Parteien wie auch die slawischen bürgerlichen Spitzenfunktionäre sich zur Zusammenarbeit bequemen müssen. In einer derartigen Atmosphäre binnenbürgerlicher wirtschaftlicher Zusammenarbeit erscheine ein »Kulturkampf ... so gut wie ausgeschlossen«.[180] Der Nationalitätenkonflikt würde zwar Gaertner zufolge nicht verschwinden, aber möglicherweise durch eine Agenda anderer, wichtigerer politischer Themen in den Hintergrund gedrängt; die neuen demokratischen Parteien hätten unter Umständen bessere Voraussetzungen, in nationalen Fragen Kompromisse zu finden.[181] Er bestätigte auch, dass sich die christlichsoziale *Reichspartei* bewusst das deutsche *Zentrum* zum Vorbild nahm: »Die Christlichsozialen, jetzt mehr denn je dem deutschen Centrum ähnlich, beabsichtigen, Socialpolitik im großen Stil zu inaugurieren.«[182]

Die Vision der christlichsozialen Partei als einer gesamtstaatlichen *Volkspartei,* die – frei von Beschränkungen durch regionale und klassenbedingte Interessen und gestützt auf die Mittelschicht in Stadt und Land – die Deutschen einigen und zugleich die Slawen versöhnen würde, war ehrgeizig und kühn. Für Ernst Vergani wurde Gaertner zwangsläufig zum roten Tuch schlechthin; er hatte für ihn nur Verachtung übrig und versuchte, Gessmann auf dem Höhepunkt seiner Kampagne gegen ihn dadurch zu diskreditieren, dass er Gaertner als seinen, Gessmanns, hauptsächlichen politischen Berater bezeichnete.[183]

Auf dem Papier war Gaertners Strategie jedenfalls logisch. Sie hatte die regionalen Proportionen zur Grundlage, die zwischen den österreichischen Wahlbezirken bestanden in der vom Wahlrecht von 1906 für die deutschsprachigen Wahlkreise festgelegten Form. Von den 152 Parlamentssitzen, die für die sechs vorwiegend deutschsprachigen Kronländer – Niederösterreich, Oberösterreich, Tirol, Salzburg, Steiermark und Vorarlberg – ausgeschrieben waren, entfielen 44 auf große, urbane Gebiete (inklusive Wien); 28 auf Kleinstädte und Orte; und 80 auf ländliche Gebiete.[184] Im Endergebnis der Wahlen im Mai 1907 wurde eine Christlichsoziale Partei sichtbar, die in groben Umrissen die erste und die dritte dieser Komponenten widerspiegelte: 21 Mandatare für die großen urbanen Gebiete (hauptsächlich Wien) und 38 für die Landgemeinden. Der Schwachpunkt der Partei lag in der zweiten Komponente, den Kleinstädten und Orten, wo sie nur fünf Sitze erhielt. Eine Verankerung der Partei in urbanen Wahlkreisen war fast ausschließlich in Wien gegeben. In den anderen großen deutschsprachigen Städten, wie Linz, Graz, Salzburg, und in kleineren Industriestädten wie Wiener Neustadt, war die Partei sehr viel weniger erfolgreich und verlor laufend Sitze entweder an die Sozialdemokraten oder an deutschnationale Gruppierungen wie die *Volkspartei.* Die Fusionierung verstärkte den agrarischen Charakter der Partei noch mehr: 27 städtische Sitze gegen 69 ländliche. Das rein numerische Stimmenverhältnis war an sich weniger extrem (252.623 städtische Wähler gegen 466.756 auf dem Land), aber infolge der Besonderheiten der Gesetzgebung von 1906 und des Fehlens eines Proportionalwahlrechts oder einer proportionalen Aufteilung der Sitze aufgrund von Bevölkerungszahlen ließ das Endergebnis die *Reichspartei* fälschlicherweise als eine vorwiegend ländliche Partei erscheinen.[185] De facto war die *Reichspartei* einerseits stark in Wien verankert in der von Lueger vorgegebenen Façon und andererseits war sie eine stark ländlich-agrarische Partei; eine dritte Komponente war so gut wie nicht vorhanden.

Das Vabanque-Spiel der *Reichspartei* lief also auf eine einzige Frage hinaus: Würden urbane und ländliche Interessen konfliktfrei und harmonisch innerhalb der Partei zusammenleben können? Dem deutschen *Zentrum* war es gelungen, ein Gleichgewicht zwischen urbanen und ländlichen Interessen innerhalb seiner Partei herzustellen, trotz der starken zentrifugalen und regionalistischen Bestrebungen, die es auch hier gab. Das *Zentrum* war freilich ein Sonderfall insofern, als die kulturelle Isolation der deutschen Katholiken innerhalb der protestantischen Gesellschaft Deutschlands eine starke zusätzliche Klammer darstellte. Selbst wenn die fortschrittliche rheinländische Fraktion darauf bestand, das *Zentrum* sei eine politische Partei und keine konfessionelle Organisation, spielte doch für die Mehrheit seiner Wähler ein religiöses Selbstverständnis eine wesentliche Rolle bei der Entwicklung ihrer eigenen und ihrer Gruppenidentität. Standen auch in Österreich solche integrativen Bindemittel zur Verfügung?

Die Beschreibungen des *Zentrums* in der *Reichspost* und die Kritik der Gruppe um Ernst Vergani ließen an Deutlichkeit nichts zu wünschen übrig: Diese Bindemittel fehlten in Österreich. Selbst ein alter Hetzkaplan wie Josef Dittrich, jetzt ein ausnehmend populärer Seelsorger (und Vorsitzender des Bezirkswahlkomitees) in der Leopoldstadt, war sich der Wiener Sensibilitäten durchaus bewusst. Er lehnte 1907 seine Nominierung für einen Parlamentssitz mit der Begründung ab, dass »die Christlichsozialen ... ihrem Gegner nicht Anlass zur Behauptung geben [dürfen], dass sie schon durch ihre äußere Zusammensetzung sich als eine klerikale Partei deklarieren.«[186] Statt die Funktion einer Brücke oder eines Bindeglieds zu erfüllen, konnte der Klerikalismus angesichts der Verschiedenheit der Haltungen der Wiener Politiker und der Ruralisten aus dem alpenländischen Bereich leicht zum Keil werden, der die Partei spaltete.

Ein weiterer »Dauerbrenner« bürgerlicher Politik in Österreich war natürlich auch der Nationalismus. Dies war ja der Grund, weshalb die *Reichspartei* für die *Reichspost* nicht nur eine urban-rurale »Volkspartei«, sondern auch eine »deutsche« Partei war. Aber auch diese Formel war nicht ungefährlich, wenn man sie zu sehr betonte. Die Umwandlung der Partei in eine völkische Kaderorganisation drohte die Unterschiede zu verwischen, die sie von anderen deutsch-nationalen Parteien trennten. Außerdem konnte eine solche Strategie leicht die Wählbarkeit der Partei für österreichische Slawen im Allgemeinen und für assimilierte tschechische Wähler im Besonderen konterkarieren.

Eine letzte Möglichkeit war der Antisozialismus. Angesichts der Einschränkungen, die für andere integrative Themen bestanden, nimmt es nicht wunder, dass Albert Gessman in erster Linie darauf setzte. Der Antisozialismus hatte zudem den Vorteil, dass damit in Wien am meisten zu holen war, und Gessmann war schließlich ebenso sehr *Wiener* Politiker wie Karl Lueger. Im Unterschied zu Lueger, der die Zukunft der Partei durch ihre Konsolidierung unter seiner Führung in erster Linie in Wien sah, hatte Gessmann eine ehrgeizigere Vision vor Augen, in der die Partei durch Ausdehnung und Koalitionen innerhalb der gleichen Gesellschaftsschicht über Wien hinaus griff. In einer seine eigene Person involvierenden Demonstration dieses urban-ruralen Habitus ließ sich Gessmann in zwei Bezirken ins Parlament wählen – in Neubau in Wien und im niederösterreichischen Landbezirk Mistelbach – und nahm dann den letzteren an in einer Geste der Solidarität mit dem *Niederösterreichischen Bauernbund*.

In einem Artikel in der *Reichspost* im Januar 1904 argumentierte der Prager Theologe Karl Hilgenreiner, da ja die Kirche und Staat betreffenden Fragen in Österreich einigermaßen zufriedenstellend beantwortet seien und die öffentliche Aufmerksamkeit sich jetzt auf andere Probleme, wie die Nationalitätenfrage, richte, mache eine einheitliche und geeinte katholische Partei wenig Sinn: »Eine Konzentration der katholisch-politischen Parteien wurde selbst zu einer Zeit [in den 1870ern, Anm. d. Verf.] nicht erreicht, da Katholisch Trumpf sein konnte und sollte, umsoweniger später und jetzt, da seit langem kirchenpolitische Vorlagen nicht auf dem Programm der Gesetzgebung stehen.«[187] Der Unterschied zwischen Januar 1904 und Juni 1907 war das explosive Eindringen der österreichischen Sozialdemokratie und ihrer kulturellen und wirtschaftlichen Agenden in die Matrix staatlicher Politik in Österreich. In Hilgenreiners Welt – der Welt der Deutschen in Prag und des böhmischen Katholizismus – ging man nach wie vor von der Selbstverständlichkeit des ausschließlichen Vorrangs nationaler Spannungen und binnenbürgerlicher Rivalitäten im Fahrplan der österreichischen Politik aus. All das war spätestens 1907 anders geworden und die beiden auf Wien konzentrierten sozialen Massenbewegung befanden sich jetzt auf Kollisionskurs in ihrem Kampf um das Sagen auf politischer Ebene und, letzten Endes, um kulturelle Hegemonie.

Ernst Vergani sollte später behaupten, die neue Partei sei in Wien zu dem Zweck geschaffen worden, die Interessen der ländlichen »Klerikalen« zu bedienen. Dies traf nicht den Kern der Sache. Genau genommen war diese Partei aus dem Stoff des bürgerlichen Wiener Antisozialismus geschaffen worden in einem Versuch, den Geltungsbereich ihrer Grundsätze dadurch zu verallgemeinern, dass sie sich zusätzlich den moralischen und territorialen Gehalt der Adjektive »christlich« und »deutsch« zu eigen machte. Martin Spahn, der diese geschickte, flexible Kombination von Rollen und Werten 1908 in einem Essay in *Hochland* kommentierte, griff zum höchsten Kompliment, das er zu vergeben hatte, indem er die Hoffnung aussprach, das deutsche *Zentrum* werde sich bemühen, der *Reichspartei* ähnlicher zu werden.[188] Die Übersendung einer Kopie dieses Artikels an Albert Gessmann durch Spahn hatte begreiflicherweise eine herzliche und dankbare Antwort zur Folge.[189]

Gessmanns Bewunderung für Spahn und das *Zentrum* stärkte sein Vertrauen darauf, dass eine Volkspartei mit einer entsprechend breiten Basis – in Wien verankert, aber auch weit in entferntere Teile des Reichs hinaus ausgreifend – in der Lage sein werde, ihre führende Rolle in der österreichischen Politik zu behaupten. Die Art, wie die Christlichsozialen sich innerhalb des k.k. Staates politisch positionierten, indem sie Wien als Probebühne für ihre reichsumspannende Strategie benutzten, stellt eine bemerkenswerte Parallele zu ihren unversöhnlichen Gegnern dar: Die Wiener Sozialdemokraten sahen die politische Welt des Habsburgerreiches ebenfalls fast ausschließlich durch die ideologische Brille, die ihnen die Reichs- und Residenzstadt angepasst hatte.

Sechstes Kapitel

Luegers Tod. Interregnum

Luegers Tod

Am 10. März 1910 starb Karl Lueger. Er hatte Jahre qualvollen Leidens hinter sich; chronischer Diabetes, eine Nierenerkrankung und andere Komplikationen hatten ihn am Ende seines Lebens fast gänzlich erblinden lassen. Seine gesundheitlichen Probleme hatten fast unmittelbar nach seinem Amtsantritt als Bürgermeister im Jahr 1897 begonnen und waren bereits 1906 erstmals lebensbedrohlich geworden.[1] Im darauffolgenden Jahr war sein Zustand derart bedenklich, dass er auf jede aktive Rolle im Wahlkampf von 1907 verzichten musste. Er übertrug die gesamte strategische Planung und den Großteil der Agenden des parteipolitischen Alltags an Albert Gessmann und, in einer bedeutsamen Arbeitsteilung, die Leitung der Stadtverwaltung an Richard Weiskirchner. In den letzten Lebensjahren schwankte Luegers Rolle in der Führung der Geschäfte der Partei und der Stadtverwaltung sehr stark, obwohl er Ende 1909 und Anfang 1910 noch einmal in der Lage war, seine Tätigkeit voll aufzunehmen und den Vorsitz der Parlaments- und Landtagsfraktion zu führen.

Bei einem seiner letzten Auftritte in der Öffentlichkeit im Januar 1910 hielt Karl Lueger eine bemerkenswerte Rede beim Begräbnis von Ferdinand Klebinder, einem liberalen Gemeinderat aus der Leopoldstadt, der auch ein aktives Mitglied der Wiener jüdischen Gemeinde war. Seinen Zuhörern, liberale Politiker und Vertreter der jüdischen Gemeinde, sagte Lueger folgendes:

> Es wird Jedermann mit mir übereinstimmen, wenn ich sage, daß derjenige, der von Seiten der Bevölkerung an die Spitze der Gemeinde gestellt worden ist, der mit der höchsten Würde, die Bürger verleihen, bekleidet wurde, verpflichtet ist, angesichts der Majestät des Todes abzusehen von jedem Parteiunterschiede, und den Mann zu ehren, der seine Pflicht getreu und redlich erfüllt hat. Ferdinand Klebinder war ein Gemeinderat im vollsten Sinne des Wortes. Er hat seine Pflicht voll und ganz erfaßt. Er war stets bei Sache, und wenn ich auch mit ihm nicht

immer einverstanden war, ich habe immer gerne seinen Rat gehört und ihn auch oft befolgt. ... So glaube ich verpflichtet zu sein, ihm hier Worte der Dankbarkeit und der Verehrung zu weihen.[2]

Der Anlass mochte ungewohnt sein, Luegers Worte und Gefühle waren es nicht. Empfand er jetzt, angesichts seines eigenen nahenden Endes, etwas wie Bedauern über die Verleumdungen, die er an die Adresse der Führung der Wiener jüdischen Gemeinde gerichtet hatte? Selbst wenn wir die Beteuerungen der *Arbeiter-Zeitung* für bare Münze nehmen, dass Karl Lueger sich in seinen letzten Jahren bemüht habe, Ungerechtigkeiten zu verhindern und Kompromisse zu erreichen, bliebe eine derartige Annahme noch immer höchst zweifelhaft und würde dem widersprechen, was wir sonst über diesen Mann wissen. Es steht außer Zweifel, dass Lueger für einen Politikerkollegen wie Klebinder Freundschaft und kameradschaftliche Gefühle empfand; umgekehrt war für ihn ebenfalls selbstverständlich, dass normale mitbürgerliche Beziehungen und Parteipolitik in zwei völlig verschiedenen Sphären zuhause waren und nichts miteinander zu tun hatten. Trotzdem war Klebinder nicht nur Liberaler und Jude, sondern auch Berufspolitiker und Bürger der *Vaterstadt*. Innerhalb des Paradigmas Krieg galt es Spielregeln des Kampfes zu beachten und ausgewiesene professionelle Expertise zu respektieren. So wie er es auch mit Wilhelm Stiassny gehalten hatte und mit anderen prominenten Juden, die in verschiedenen kommunalpolitischen Belangen Experten waren, wusste Lueger Klebinders Rat während seiner ganzen Amtszeit eindeutig, wenn auch unausgesprochen zu schätzen und zu nutzen. Wenn dieser politische Manichäismus – dies sei zu Luegers Gunsten gesagt – die Kommunikationskanäle zur jüdischen Gemeinde die ganze Zeit hindurch offenhielt, dann muss auch – erschwerend und zu seinen Ungunsten – gesagt werden, dass er sich offenbar nicht bewusst war, vielleicht sich auch gar nicht bewusst sein konnte, welche Zurücksetzung und Kränkung für einzelne Juden seine Konfrontationspolitik verursachte. Das Klebinder-Begräbnis sagt ebenso viel aus über die integrativen Kontakte wie über die desintegrative Kontaktlosigkeit zwischen Juden und Nichtjuden in Wien. Nach Luegers Tod stellte sich die *Israelitische Kultusgemeinde* mit einer unspektakulären, aber aufrichtigen Beileidsbezeugung ein. Arthur Schnitzler empfand sie freilich als würdelos und überlegte, »ob etwas dagegen zu thun sei«.[3]

Luegers Tod bedeutete eine Wendemarke in der Geschichte des Christlichen Sozialismus und der österreichischen Politik im allgemeinen. Zwei der erhel-

Abb. 1: Wahlplakat für eine Wählerversammlung für Karl Lueger in der Landstraßer Hauptstraße, März 1887 (Wienbibliothek)

Abb. 2: Karl von Vogelsang (1818–1890) (ÖNB)

Abb. 3: Josef Scheicher (1842–1924) (ÖNB)

Abb. 4: Franz M. Schindler (1847–1922) (ÖNB)

Abb. 5: Erich Graf Kielmansegg (1847–1923) (ÖNB)    *Abb. 6: Ernst Schneider (1845–1913) (ÖNB)*

Abb. 7: Karl Lueger mit Joseph Strobach (1852–1905) und Josef Neumayer (1844–1923) (ÖNB)

Abb. 8a: Gesamtansicht des Altars in der St. Karl
Borromäus-Kirche (Foto Leopold Kögler)

Abb. 8b: Altarbild in der St. Karl Borromäus-Kirche
Wien 13, das Karl Lueger vor der Muttergottes
kniend darstellt (Foto Leopold Kögler)

Abb. 9: Albert Gessmann (1852–1920) (ÖNB)

Abb. 10: Karl Lueger mit den Mitgliedern der christlichsozialen Vereinigung des Reichsrates 1907–1911 (ÖNB)

Abb. 11 (l.o.): Richard Weiskirchner (1861–1926) (ÖNB)

Abb. 12 (r.o.): Leopold Kunschak (1871–1953) (ÖNB)

Abb. 13: Heinrich Hierhammer (1857–1936) (ÖNB)

Abb. 14 (l.o.): Hermann Bielohlawek (1861–1918) (ÖNB)

Abb. 15 (r.o.): Heinrich Mataja (1877–1937) (ÖNB)

Abb. 16: Richard Schmitz (1885–1954) (ÖNB)

Abb. 17: Wahlplakat der Christlichsozialen Partei aus dem Jahr 1923 (Wienbibliothek)

Abb. 18: Ignaz Seipel (1876–1932) während einer Predigt vor deutschen Katholiken in der Hildegard-Kapelle in Bingen am Rhein anlässlich des 750. Todestages Hildegard von Bingens 1929 (Digitales Bildarchiv des Bundesarchivs Bonn)

lendsten Nachrufe zu diesem Anlass erschienen respektive in der *Arbeiter-Zeitung* in Wien und in der sozialdemokratischen Zeitschrift *Kommunale Praxis* in Berlin. Für den Leitartikler der österreichischen sozialistischen Tageszeitung lag der Schlüssel zum Verständnis Luegers in erster Linie in seinem einzigartigen und erfolgreichen »Willen zur Macht«. Dieser hatte ihn etwas erreichen lassen, was sich im übrigen Mitteleuropa als praktisch unrealisierbar erwiesen hatte: »das Kleinbürgertum politisch zu organisieren und als selbständige Partei zu konstituieren«. Lueger war vielleicht der erste bürgerliche Politiker, der »mit Massen rechnete, Massen bewegte, der die Wurzeln seiner Macht tief ins Erdreich senkte«. Die Folge war eine »tiefgreifende Umwälzung«, denn er

> raffte alles zusammen, was unterhalb der Großbourgeoisie und oberhalb des Proletariats nach Befreiung rang und befähigt schien, ihn als Befreier zu betrachten. Diese disparaten Schichten, die keine Gleichartigkeit ökonomischer oder kultureller Interessen verband, die bedrängten Handwerker und Kleinkaufleute, die kleinen Beamten, die Handlungsgehilfen schmolz er zusammen zu seiner Partei, er organisierte und disziplinierte sie, er machte aus dem von den liberalen Protzen hochmütig verachteten »kleinen Mann« den Herrn dieser Stadt.[4]

Der sozialistische Kommentar aus Österreich stellt in erster Linie auf Luegers Willen zur Macht über die Massen ab. Lueger erscheint hier als Politiker, der eine neue, antisozialistische Gesellschaft konstituierte und heranzog, eine Gesellschaft, die weit mächtiger und daher auch weit gefährlicher war als das liberale Vorgängerregime. Im Gegensatz dazu stellt der Berliner sozialistische Journalist Luegers Beziehung zum Staat in den Vordergrund und zeichnet Lueger als kraftvollen Berufspolitiker, der sich, anders als die meisten Bürgermeister deutscher Großstädte, nicht mit der Rolle des »ordentlichen und rechtlichen Verwaltungsbeamten« begnügte. Lueger habe dem österreichischen Staatsbeamtentum und, wenn erforderlich, sogar der Krone seinen Willen aufgezwungen. Weit davon entfernt, dies als Pose zu kritisieren, meinte der Verfasser, der Umstand, dass Lueger das Amt des Bürgermeisters politisiert habe, sei de facto »sein höchster Ruhm« – nicht weil die Politik der Christlichsozialen moralisch in Ordnung war oder dem Wiener Sozialismus entgegenkam (was beides in den Augen des Journalisten nicht der Fall war), sondern weil das österreichische Staatsbeamtentum die Uhren nicht mehr würde zurückdrehen können in eine Zeit, in der die politischen Werte und Probleme der Willkür professioneller Bürokraten ausgeliefert waren.[5] Die Implikationen des Artikels lagen auf der Hand: Die österreichischen Sozialdemokraten konnten von Glück reden. Nicht nur hatten sie in Lueger einen Feind von geradezu heroischer Dimension gefunden, mit dem es sich lohnte, in einen politischen Wettkampf einzutreten, sondern einen, der ihnen selbst nicht ganz unähnlich war. Lueger hatte nämlich ein Modell geliefert, das ebenso für politische Leistung stand wie für einen bürgerlich-strukturellen Reformprozess; auf ihm konnten die Sozialdemokraten aufbauen, um *ihr* Recht auf politische Teilhabe und Herrschaft anzumelden. Der Autor konnte es nicht lassen, sich auszumalen, wie Lueger mit den arroganten Beamten Preußens verfahren wäre, welche die Kommunalpolitik im Deutschen Reich lahmlegten:

> Setzen wir einmal den Fall, Lueger wäre bei seinem Plane, Wien mit einem Wald- und Wiesengürtel zu umgeben, auf den Widerstand eines Ministers von den Qualitäten des preußischen Herrn von Arnim und seiner beiden Büchsenspanner Wrobel und Wesener gestoßen, hätte zu kämpfen gehabt gegen Männer, die, ohne Einsicht in die Notwendigkeit städtischer Entwickelung, ohne Sorge um die Gesundheit kommender Generationen, mit brutaler Geschmacklosigkeit und verbissener Herrschsucht gewagt hätten, die schönsten Stücke der Umgebung zu verkaufen. ... Was glaubt man wohl, hätte er mit diesen aufgepusteten Herrschaften gemacht? Er hätte ihnen einen – bildlich gesprochen –Tritt versetzt, daß sie Kopf über Kopf unter aus dem Parlament und Amt hinausgeflogen und günstigstenfalls im gesegneten Pensionopolis die Erde wieder berührt hätten!

Unbeschadet solcher Ausflüge ins Wunschdenken stellt jedoch der *Kommunale Praxis*-Beitrag eine klarsichtige Würdigung Luegers und seiner Amtsführung dar.

Genau besehen, erweisen sich die beiden sozialistischen Perspektiven als komplementär. Karl Lueger und seinen Stellvertretern war es gelungen, die bürgerliche öffentliche Meinung in Wien zu mobilisieren. Dabei machten sie sich ältere politische Traditionen der Liberalen zunutze, dehnten aber die Klientel, die für diese Traditionen in Frage kam, auf die untere und mittlere Mittelschicht aus und versetzten sie in die Lage, eine Politik zu gestalten, die ihren sozialen und wirtschaftlichen Interessen entsprach. Lueger und seine Leute erzwangen auch eine Neugestaltung der Machtverhältnisse im Regierungssystem nicht nur in Wien, sondern auch in den anderen deutschsprachigen Kronländern. Unter geschickter Ausnutzung der Mechanismen der Selbstverwaltung, die der regionalen und großstädtischen Verwaltung durch die Verfassungsgesetze von 1860 eingeräumt worden waren, hatte Lueger eine zweite Ebene von »Räumen« geschaffen, in denen sich die Parteien in den Ländern und in Wien betätigen konnten und die eine Alternative zum gescheiterten parlamentarischen Leben auf der Ebene des k.k. Staates darstellten. Diese Räume boten der administrativ-politischen Interaktion neue Möglichkeiten, die flexibler waren als alles, was bis dahin in Österreich oder auch in Preußen vorhanden gewesen war.[6]

Dass Karl Lueger sich mit solchem Nachdruck und in einer ganz auf seine Person zugeschnittenen Weise in den Besitz der Macht gesetzt hatte, stürzte seine Partei bei seinem Tod in ein zweifaches Dilemma. Einerseits gab es keine Einzelpersönlichkeit in der christlichsozialen Elite, die Lueger ohne weiteres ersetzen konnte; wie die Leute an der Spitze der Parteiapparate in amerikanischen Großstädten hatte Lueger bewusst darauf verzichtet, einen Nachfolger aufzubauen, solange er selbst in der Lage war, sein Amt auszuüben. Und andererseits hatte Lueger kraft seiner Persönlichkeit die verschiedenen Bezirksbosse im Zaum gehalten und voreinander geschützt; ein Führer mit weniger Charisma würde die Ressourcen eines professionellen Stabs von Parteifunktionären brauchen, um die Dispute rivalisierender Vereine und dissidenter Einzelpersonen zu steuern, die ein unvermeidlicher Bestandteil jeder großstädtischen politischen Organisation waren (und sind). Die Partei sah sich daher jetzt mit der Aufgabe konfrontiert, einen regelkonformen Apparat zur Aufrechterhaltung der Disziplin und zur Koordination der politischen Planung aufzubauen.

Lueger hatte in der Partei viele verschiedene Rollen gespielt: er war Vorsitzender der Parlamentsfraktion der *Reichspartei* und somit auch Vorsitzender der gesamten Partei gewesen; Bürgermeister von Wien; offizieller Führer der Landtagsfraktion; Vorsitzender der Partei in der Hauptstadt; und charismatischer Sprecher und Repräsentant der Partei gegenüber der österreichischen Öffentlichkeit. In mancherlei Hinsicht war er ein »Parteiboss« im amerikanischen Sinn des Wortes, obwohl seine politischen Ansichten und die Grundsätze seiner Verwaltung Züge aufwiesen, die man eher der progressiven Einstellung zuordnen würde, die Ende des 19. Jahrhunderts immer wieder als Gegenpol zum unausrottbaren »Bossismus« beschworen wurde. Unterschiedliche Interpretationen von Luegers Amtsführung würden zu völlig verschiedenen Platzierungen auf dem Kontinuum Bossismus – Fortschrittlichkeit führen, je nachdem, welche Merkmale man akzentuiert. Man könnte z.B. ohne weiteres behaupten, Lueger sei ein »Boss« in Reinkultur gewesen. Er regierte die Stadt autokratisch, nach Maßgabe seiner Willkür und berief sich zur Rechtfertigung seiner Entscheidungen unablässig auf sein Interesse am »Volk« und auf seinen Respekt vor dem »Volk«. In den letzten Jahren seiner Amtsführung, als seine Popularität den Höhepunkt erreichte, stand seine Autokratie aber zweifellos auf einer echten »demokratischen« Basis. Lueger spielte auch die Rolle des patriarchalischen Herrn im Haus, tolerierte und vertuschte oft genug Korruption innerhalb seiner eigenen Partei und bediente sich eines geschlossenen Systems der Vetternwirtschaft, um die Partei auf Bezirksebene bei der Stange zu halten. Ebensogut könnte man aber umgekehrt sagen, Luegers Regierung sei auch gegen Big Business aufgetreten, soweit er kommunalen Rechten den Vorzug gegenüber privatem »Kapitalismus« gab.

Von einem amerikanischen Standpunkt aus könnte man Luegers kommunalen Sozialismus auch in der progressiven Politik verorten, da seine profitorientierte Sicht auf kommunale Industrie- und Serviceunternehmen, die es nach Grundsätzen rationalen Managements zu führen galt, auch von progressiven Reformern, die James Weinstein »corporate liberals« genannt hat, gebilligt worden wäre.[7] Lueger war nicht nur gewählter Bürgermeister, sondern auch oberster Verwaltungsbeamter der Stadt und trug in Anbetracht der Doppelrolle von Wiens Verwaltung auch politische Mitverantwortung auf der Ebene des k.k. Staates. Lueger hatte so die einzigartige Gelegenheit, sowohl die Rolle als »Boss« als auch die des »dezentralisierenden Reformbürokraten« zu spielen, eine Kombination, für die es in der Geschichte amerikanischer Großstädte so gut wie keine Parallelen gibt.

Karl Lueger teilte mit seinen Kollegen in den Parteiapparaten Amerikas die Erfahrung, dass es manchmal nötig ist, die Verwaltung im Sinne der Parteipolitik zu manipulieren und umgekehrt den Ehrgeiz der Partei in Bahnen zu lenken, wo er einer effizienten Verwaltung nicht im Wege steht – zwei Kategorien, die sich durchaus nicht gegenseitig ausschließen. Es bestehen aber auch grundlegende Unterschiede vor allem in der Taktik, die mit der Verschiedenheit des gesetzlichen und kulturellen Hintergrunds zu tun haben, vor dem Lueger bzw. seine amerikanische Kollegen agierten. Wie viele große amerikanische Städte war auch Wien eine Einwandererstadt, und Rücksichtnahme der Partei auf ihre »tschechische« Wählerklientel war eine wichtige, wenn auch unauffällig durchgehaltene Variable in ihren Wahlerfolgen. Aber weder war die christlichsoziale Partei speziell von diesen Leuten abhängig noch verstieg sie sich zur Rolle einer Vorkämpferin für deren Anliegen und Vorrechte. Im Gegenteil: Diese Partei war in besonderem Maße der *Heimat* verpflichtet und sie verteidigte ein Kurialwahlsystem in der Gemeinde, das für »demokratische« Praxis nicht den mindesten Spielraum bot, so sehr auch Lueger und seine Kollegen sich auf das *Volk* beriefen. Wenn Lueger das Wort *Volk* in den Mund nahm, meinte er gewöhnlich die in der korporatistischen Tradition Wiens stehenden und in ihr verwurzelten Menschen, die auch der Konzeption Wiens als kaiserliche *Vaterstadt* unverrückbar positiv gegenüberstanden. Klassenbezogene ideologische Konflikte waren für eine Reihe von Zwängen verantwortlich, die so in amerikanischen Städten nicht gegeben waren, und machten das städtische politische System Wiens sowohl schwerfällig wie auch wenig offen. Als Lueger in seinem politischen Testament seine Partei nachdrücklich dazu aufforderte, sich weiterhin die Interessen der beamteten gebildeten Schichten angelegen sein zu lassen, offenbarte er wieder seine persönliche Zuneigung zum wahrhaft christlichsozialen *Volk*.

Die Partei der zur Unterschicht gehörenden »Immigranten« (im Sinn amerikanischer Städte) in Wien war die Sozialdemokratische Partei, nicht die Christlichsoziale. Spätestens 1910 war Luegers Partei die der Hausherrn, der Besitzenden, der industriellen Interessen, der Staatsbeamten sowie der wohlhabenden steuerzahlenden Handwerker und Kaufleute (inklusive derjenigen, die in erster oder zweiter Generation aus Böhmen oder anderswoher eingewandert waren). Hätte man Wien als Ganzes in die Vereinigten Staaten transferiert, dann ist – angesichts des Umstands, dass die Bürgermeister-»Bosse« in Amerika gewöhnlich bei Unterschichtseinwanderern um Stimmen warben – anzunehmen, dass die christlichsoziale Wählerschaft die Basis für eine potentiell fruchtbare progressive Reformbewegung *gegen* den Bossismus abgegeben hätte. Luegers Forderung, dass sich Neuankömmlinge einer »Germanisierung« unterziehen müssen, stand ebenfalls der von den amerikanischen Progressiven vertretenen Anregung einer »Amerikanisierung« näher als der Haltung der amerikanischen Parteiapparate, die ohne weiteres bereit waren, die Einwanderer kulturell so zu akzeptieren, wie sie waren. Ebenso erinnert die hohe Wertschätzung, die Luegers Partei für die Autonomie der Kronländer empfand, und ihre Ablehnung des »Zentralismus« an amerikanische Strömungen des ausgehenden 19. Jahrhunderts, wo, in Barry Karls treffender Formulierung, »die Worte ›lokale Autonomie‹ zu einem chiffrierten Signal geworden waren, das nicht Demokratie für alle, sondern Demokratie für einige bedeutete«.[8] Was die Christlichsozialen von städtischen amerikanischen Reformern unterschied, war ihr völliges Desinteresse an positiven Assimilierungsmaßnahmen für Immigranten, wie sie z.B. die Settlement-Bewegung vertrat. Den Christlichsozialen lag eine Art sozialdarwinistischer Ansatz viel näher: diejenigen Einwanderer, die überlebten und es aus eigener Kraft wirtschaftlich zu etwas brachten, würden zu guter Letzt die Christlichsozialen wählen; diejenigen, denen das nicht gelang, würden sowieso den Sozialdemokraten in den Schoß fallen.

Das bedeutete natürlich nicht, dass nicht auch Neuankömmlinge in Wien Lust verspüren konnten, christlichsozial zu wählen; bei Gemeinderatswahlen hatten aber nur wenige von ihnen die Möglichkeit, überhaupt zur Wahl zu gehen, bevor sie sozial und wirtschaftlich einigermaßen Fuß gefasst und auch beträchtliche soziale Mobilität bewiesen hatten. Zu sehr war das Kurialwahlsystem zugunsten etablierter besitzender Eliten gewichtet. Für demokratische Konzepte boten die Parlamentswahlen ein größeres Betätigungsfeld, aber hier steckte die Partei in der Zwangsjacke von Albert Gessmanns paradoxalem Modernismus. Damit die Partei eine in sich stimmige demokratische Rolle in Wien spielen konnte, wäre es erforderlich gewesen, einen Großteil ihrer Autorität an den christlichsozialen Arbeiterflügel abzutreten, genauso wie die demokratische *Reichspartei* die Bauern gegenüber dem urbanen Mittelstand privilegierte. Für die wohlhabenden Handwerker und Hausherren war ersteres völlig, und letzteres großteils unzumutbar. Es war kein Zufall, dass die erste erfolgreiche Initiative für ein modernes Proportionalwahlrecht 1914 von Josef Stöcklers agrarischer Fraktion für die Landgemeinden Niederösterreichs eingebracht wurde. Nach dem Urteil Richard Weiskirchners und der Wiener Parteiführung stellte das Proportionalwahlrecht eine »bedeutende Gefahr« dar.[9] Stöckler und seine Kollegen durften sich bezüglich des Wahlverhaltens von Leuten mit bescheidenen materiellen Mitteln in Niederösterreich in größerer Sicherheit wiegen als dies der Fall sein konnte bei christlichsozialen Kaufleuten oder Handwerkern mit Haus- und Grundbesitz; für die letztere Gruppe waren schließlich Auseinandersetzungen mit Gewerkschaften sowie Arbeitsniederlegungen, die von den Sozialdemokraten in Wien organisiert wurden, an der Tagesordnung.

Die Christlichsozialen wiesen de facto in ihren paternalistischen und korporatistischen Ansichten große Ähnlichkeiten mit den älteren liberalen Eliten auf, die sie erst besiegt und dann kooptiert hatten. Auch sie waren Besitzende, auch sie waren zuerst und zuvorderst *Stadtbürger* im Gegensatz zu *Staatsbürgern*. Nur aufgrund seines Besitzanspruches auf die Stadt konnte Lueger die führende Rolle seiner Partei im Kurialwahlsystem rechtfertigen. Wien stand genau so im *Eigentum* der traditionellen Besitzer der Stadt – des steuerzahlenden Bürgertums – wie seine Häuser im Eigentum der christlichsozialen Hausherren standen, die sich im innersten Sanctum der Partei eingerichtet hatten. In dieser

Sicht erschien die Stadt als ein nach Außen geschlossener Stand und die Partei als das Abbild dieser privaten Welt. Parallel dazu erschien Wien als eine Bollwerk, das sich gegen »Andere« richtet, nicht als ein Mekka für »Andere«. Es ist bemerkenswert, wie sehr diese Abwehrhaltung sich in der literarischen Hagiographie Wiens gleich bleibt, gleichgültig, ob die Stadtgeschichten aus liberaler, christlichsozialer, nationalsozialistischer oder sozialdemokratischer Feder stammen. Nicht die Möglichkeiten, die Wien Einwanderern bot, überwiegen in der Literatur und auch nicht der Pluralismus der Gesellschaft, die sie willkommen heißen würde – Wien war tatsächlich zugleich offen und pluralistisch, trotz seiner Regierenden –, sondern das den Neuankömmlingen entgegengebrachte Misstrauen und die Forderung nach ihrer Bereitschaft zu kulturellem und ideologischem Konformismus. Dies war die Schattenseite von Karl Luegers kultureller Parteinahme: Tschechen waren willkommen, aber erst mussten sie zu Wienern werden; Juden konnten mit Toleranz rechnen, aber erst mussten sie ihr Judentum ablegen. Trotz seiner Antipathie gegen Lueger ist Albert Shaws[10] Vision autonomer, korporatistischer Gemeinden, die Michael Frisch mit dem Ausdruck »dairy democracies« charakterisiert hat, den christlichsozialen Vorstellungen von Wien nicht unähnlich.[11]

Schließlich war Wien nicht nur eine Stadt mit einem eigenen politischen »Apparat«, sondern auch eine Hauptstadt, die in einen schon lange bestehenden josephinischen Zusammenhang eingebettet war und darin funktionierte. Gemeindeautonomie bedeutete in Österreich nicht Autonomie gegenüber Parteien des politischen Establishments im Rathaus, sondern Autonomie gegenüber mächtigen, lästigen, um ihren Einfluss besorgten Beamtenstäben, die in den – nur ein paar Häuser entfernten – Ministerien ihre Basis hatten. Sie war das genaue Gegenteil dessen, was die amerikanischen Reformer zu erreichen suchten. Als Lueger 1897 an die Regierung kam, fand er eine einigermaßen effiziente städtische Bürokratie vor und er hatte nicht die mindesten Probleme, die Kompetenz der Beamtenschaft, die er von den Liberalen erbte, anzuerkennen. Er sah seine Aufgabe als Reformer nicht darin, der öffentlichen Verwaltung mehr Autonomie zu verschaffen: er brauchte sie fügsamer, und er war auch in diesem Punkt bemerkenswert erfolgreich. Allen ihren Bemühungen zum Trotz aber waren die Christlichsozialen gezwungen, sich an die Regeln eines größeren politisch-bürokratischen Systems zu halten, die sie nicht selbst geschrieben hatten. Die Aufsicht, welche die imperiale Bürokratie ausübte, zeigte Wirkung. Mochten die Christlichsozialen junge Anwärter auf Stellen in der Stadtverwaltung aufgrund ihrer Beziehungen zur Partei und aufgrund persönlicher Protektion auswählen und anstellen, so mussten diese immerhin eine Vorbildung aufweisen, die mit der für den Staatsdienst erforderlichen vergleichbar war. Auf der höheren Ebene des Magistrats mussten neu eingetretene Beamte innerhalb von drei Jahren die Aufnahmeprüfung ablegen, die auch für k.k. Staatsbeamten verpflichtend war. Das bedeutete nicht, dass die Christlichsozialen blind den Vorgaben der kaiserlichen Bürokratie folgten. Im Gegenteil, die enorme Stärke der Partei in Wien beeindruckte für gewöhnlich die ministeriellen Bürokraten auf der Ebene des Staates und der Kronländer und sie bemühten sich, Karl Lueger möglichst weit entgegenzukommen.[12]

In diesem Sinn lag *Kommunale Praxis* ganz richtig: Von einem mitteleuropäischen Standpunkt aus gesehen, hatten sich die Christlichsozialen eine enorme antibürokratische politische Basis verschafft, die sie unverzüglich nutzten, um die staatliche Verwaltung unter Druck zu setzen, ebenso wie die slawischen Parteien, insbesondere die Polen und Tschechen, die zentralen Ministerien in Sachen kommunaler Home Rule bedrängten. Aber bei der Ausübung der Macht, die ihr die Wähler gegeben hatten, akzeptierte die Partei das gesetzliche Rahmenwerk für die kommunale Verwaltung, das durch die österreichische Verfassung von 1860 vorgegeben war. Das bedeutete, dass die Partei mit einer Stadtverwaltung von Berufsbeamten zusammenarbeitete und dieser vorstand, von denen viele weiterhin ihre »Wertfreiheit« und politische Neutralität beteuerten, um dann in der Praxis, wie das Beispiel des jungen Richard Weiskirchner zeigt, sehr gerne die politische Partei zu unterstützen, die de facto ihr Arbeitgeber war. In einem Bericht von Josef Dworak, einem führenden Funktionär der Wiener Verwaltungsbeamten, an Weiskirchner vom Jahr 1914 findet sich der Hinweis, dass etwa ein Achtel der Landes- und Gemeindebediensteten in Wien eine aktive Rolle in politischen Organisationen spielten, die den Christlichsozialen nahestanden.[13] Die meisten anderen waren wahrscheinlich verlässliche Wähler der Partei und sympathisierten mit deren politischen Anliegen. Dworak hätte gerne einen höheren Anteil an Aktivisten gesehen, der Parteiführung aber kam die gegenwärtige Verteilung von aktiver und passiver Unterstützung ganz gelegen. Ein Zuviel an professionellem politischem Aktivismus hätte womöglich die Gemeindebeamten dazu verleitet, Ansprüche auf eine unabhängige Rolle in der Partei und Gemeindeverwaltung anzumelden, wie dies im 20. Jahrhundert in der amerikanischen Stadtverwaltung häufig der Fall war. Es war auch so möglich, eine genügende Anzahl von Parteigängern – Eduard Heinl und Konrad Rumpf, beide Mitarbeiter in Gessmanns *Reichspartei*-Sekretariat, kamen z.B. ursprünglich aus der Gemeinde- und Landesbürokratie – aus den lokalen Beamtenstäben zu rekrutieren; auf diese Weise konnten die Christlichsozialen, falls erforderlich, eine Bürokratie gegen die andere auszuspielen: die der Stadt gegen die des Staates.

Indem sie zunächst den »Professionalismus« akzeptierten und anschließend auf Konformismus drängten, gelang es den Österreichern, ein schlagkräftigeres Modell städtischer Politik zu etablieren, als dies in Amerika möglich war. Dort fehlte in den einschlägigen Konflikten jede strikt ideologische Dimension, und Strukturreform wurde zum Fetisch erhoben. Als der Magistratsdirektor Karl Appel bei Luegers Begräbnis erklärte, die Beamtenschaft der Gemeinde habe den Bürgermeister gesehen »als einen Sendling, den eine höhere Macht auserkoren, die Sünden einer vergangenen Zeit zu tilgen, das Vertrauen der christlichen Bevölkerung Wiens zu heben«, hatten die Christlichsozialen allen Grund, auf die von ihnen herbeigeführte politische Assimilation der Wiener Stadtverwaltung stolz zu sein.[14]

Die administrative Kontrolle der Wiener Gemeindeverwaltung durch die niederösterreichische Statthalterei, besonders auf Gebieten, auf denen die Stadt gemäß der vom Staat an sie delegierten Autorität tätig wurde – im sogenannten *übertragenen Wirkungskreis* – wurde durch ein Netzwerk von Inspektoren und Spitzeln des Polizeipräsidiums unterstützt. Dadurch hielt sich Korruption in einem überschaubaren Rahmen und das reibungslose Funktionieren der kommunalen Dienste blieb sichergestellt.[15] Die Gegner der Christlichsozialen liefen in selbstgerechter Wichtigtuerei zu ihrer Höchstform auf, als nach Luegers Tod, im Frühling und Sommer 1910, Korruptionsskandale innerhalb der Partei zutage traten. Vieles von dem, was Luegers Kritiker als Korruption bezeichneten, war tatsächlich Gewährung von Vorteilen im Austausch für politischen Gewinn: Posten, Pfründe und andere Vorteile für Freunde und der Partei Nahestehende, für die im Gegenzug Loyalität und Unterstützung in Wahlzeiten erwartet wurde. Diese Art der Vorteilsgewährung war unter den Politikern aller bürgerlichen Parteien gang und gäbe, und den liberalen Journalisten und Politikern, die Lueger dafür postum an den Pranger stellten, waren die Zustände in ihrem eigenen Lager zweifelsohne ebenfalls hinlänglich bekannt. Daher auch der offene Zynismus in der christlichsozialen Reaktion auf liberale Moralpredigten, besonders wenn »Vorzeigemenschen« wie Gustav Märzet für ähnliche Praktiken bekannt waren.[16] Rudolf Sieghart verdankte als bürokratischer Manager der österreichischen Parlamentspolitik seinen Handlungsspielraum ganz wesentlich seiner Fähigkeit, durch die Vergabe von Titeln und anderen, substantielleren Auszeichnungen, wie z.B. Verwaltungsratspositionen, politische

Willfährigkeit einzuhandeln. Geld war kein Thema; Sieghart zog offenbar aus diesen Transaktionen keinen persönlichen Gewinn, aber es ist klar, dass diese Art von Kungelei überall in der österreichischen Verwaltung und im österreichischen politischen Leben ein Faktum war. Wie Josef Redlich später bemerkte, machte dieser Umstand im konkreten Fall Siegharts Ministerratspräsidium zu einer »Art von Überministerium«, das die obersten Ränge des österreichischen Beamtentums nach 1900 in die Lage versetzte, die verschiedenen politischen Parteien in Zaum zu halten.[17]

Eine Vetternwirtschaft dieser Art bildet zwangsläufig das Herzstück eines jeden Parteiapparats, nur praktizierten die Christlichsozialen sie in größerem Maßstab und mit wesentlich weniger Feingefühl als die liberalen Anwälte und Universitätsprofessoren. So gut wie niemand erreichte in der Spätzeit der Monarchie eine irgendwie herausragende Stellung im öffentlichen Leben ohne irgendeine Form der Protektion: eine Situation, die – wie Kritiker, die mit den Verhältnissen vertraut sind, behaupten – sich bis auf den heutigen Tag in Wien nur wenig geändert hat. In einer Kultur, in der die Bereitschaft zu Unterordnung und Einordnung als notwendige Ergänzung zur Leistungsfähigkeit galt, überrascht es nicht, dass persönliche Protektion für öffentliche Beamte zu einem unverzichtbaren Bestandteil des *cursus honorum* wurde. Verlässlichkeit und Verantwortungsgefühl konnten am besten über ein System subtiler gesellschaftlicher Garantien etabliert werden, das auf sozialer und kultureller Patronage aufbaute. Wenn es einen Überschuss an talentierten, hochgebildeten jungen Männern gab, wie dies Ende des 19. Jahrhundert in Deutschland und Österreich der Fall war, waren zusätzlich zu den bildungsmäßigen Kriterien noch weitere erforderlich, um eine Auswahl nachvollziehbar zu machen. Ohne die subjektiven Urteile, die sich aus persönlicher Nähe und Abhängigkeit ergaben, war es schwierig, sich ein Bild von der potentiellen Loyalität eines neuen Untergebenen zu machen. Diesen Sachverhalt fasste einer der bunteren Vögel unter den Bezirkspolitikern von Chicago in den Worten zusammen: »We don't want nobody that nobody sent.«[18] Lueger hätte dem ohne weiteres zugestimmt, denn er schätzte persönliche Vertrauenswürdigkeit als eine der wertvollsten Eigenschaften eines Menschen. So sagte er 1907 in einer Lobrede auf seinen Landstraßer Politikerkollegen Karl Hörmann, mit dem ihn eine dreißigjährige Freundschaft verband: »Du bist einer der Männer, auf deren Wort volles Gewicht gelegt wird, denen man volles Vertrauen entgegenbringt.«[19]

Bei einer zweiten, leichter zu definierenden Spielart der Korruption ist auch Geld für persönlichen Nutzen mit im Spiel. Hier fällt das Register der christlichsozialen Partei zwar hinter die schlimmsten Exzesse der amerikanischen Parteipolitik zurück, aber es ist immer noch schlimm genug. Abermals muss man zwischen Anschein und Tatsachen unterscheiden. Der Fall Axmann, von Wiener Spöttern als »christlichsoziales Panama«[20] bezeichnet, war wahrscheinlich das augenfälligste Beispiel finanzieller Korruption in der Partei.[21] Julius Axmann war in den 1890ern der Vorsitzende des Vereins christlichsozialer Handlungsgehilfen und des Gehilfenausschusses seiner Zunft. Als er unter Druck geriet von seiten der Handlungsgehilfen, die sich der sozialdemokratischen Kandidatenliste unter der Führung Karl Picks anschließen wollten, zweigte Axmann insgeheim 34.000 Kronen für seinen persönlichen Wahlkampffonds ab; Geld, das für den Bau eines Erholungsheims für Angestellte gesammelt worden war. Wäre Axmann erfolgreich gewesen, dann hätte er seine Unterschlagung vertuschen können, aber er unterlag Pick und seinen Leuten in der Wahl im April 1902 und die Sozialdemokraten konnten in die Finanzen der Organisation Einblick nehmen. Karl Lueger intervenierte, deckte den Verlust in voller Höhe ab (aus Quellen, die nie genannt wurden) und zwang Axmann und dessen Kollegen Hermann Frass, ihre Ämter in dem Kuratorium, das den Fonds verwaltete, zurückzulegen. Die Geschichte wurde erst acht Jahre später ruchbar, als Felix Hraba und Ernst Vergani sich zusammentaten, um Gessmann und Axmann im Sommer 1910 durch Veröffentlichung der Details in Bedrängnis zu bringen. Gessmann setzte den Fall bei einem Treffen des Parlamentsklubs im Juli 1910 auf die Tagesordnung und erklärte, mehreren Mitgliedern der Parteiführung seien Axmanns Verfehlungen bekannt gewesen; man habe jedoch geschwiegen aus Respekt vor Lueger.[22] Axmann wurde dann gezwungen, aus dem Parlamentsklub und der Partei auszutreten und verschwand aus dem öffentlichen Leben.

Nicht alle Fälle lokaler Korruption waren so idiosynkratisch. Die beherrschende Rolle der Partei im Stadtrat und Landesausschuss, beides Körperschaften, die über Angebote von Gütern und Dienstleistungen in letzter Instanz entschieden, führte zwangsläufig auch zu dubiosen Zuschlägen und fallweise sogar zu Skandalen.[23] Selbst der Parlamentsklub befasste sich mit Spekulationen, die Unregelmäßigkeiten zum Gegenstand hatten. Franz Morsey berichtete im Juni 1910, er habe sich im Namen der Firma, die er als Mitglied des Aufsichtsrates vertrat, vergeblich um einen Auftrag des Magistrats für Papierprodukte bemüht, obwohl seine Firma das günstigste Anbot vorgelegt hatte. Funktionierende Protektion hatte sich als ein unüberwindbares Hindernis entpuppt.[24] Es ist heute schwer, das Ausmaß dieser Korruption abzuschätzen, da das Justizministerium und das Innenministerium offensichtlich in bester paternalistischer Manier einen Schleier der Nachsicht über die finanziellen Verfehlungen der Partei in Wien und Niederösterreich breiteten. Dies könnte zweierlei bedeuten: Entweder hielt sich die Korruption in einem bescheidenen Rahmen und die Ministerien meinten, einige wenige »Deals« zu verhindern stehe in keinem Verhältnis zu den politischen Kosten, welche die Partei dafür einfordern würde, dass sie in flagranti ertappt worden war. Oder die Korruption war exorbitant, und man konnte es sich im Hinblick auf den zu erwartenden Schaden für das Image des Staates nicht leisten, auch nur daran anzustreifen. Die *Arbeiter-Zeitung* war eine besonders wachsame Beobachterin von christlichsozialen Aufträgen und Patronagemanipulationen; ihre immer gleiche Behauptung – »Die Wiener Stadtverwaltung steht in ihren unbegrenzten Korruptionsmöglichkeiten unter allen Kommunalverwaltungen einzig da« – war zwar übertrieben, hatte aber doch einen wahren Kern.[25] Jedenfalls profitierte der Wahlkampffonds der Partei ordentlich von regelmäßigen Geldspenden, die Industriellen und Großkaufleuten nahegelegt wurden, wenn sie Verträge mit der Gemeinde bekommen (oder behalten) wollten.

Lueger selbst nahm nie auch nur eine Krone Bestechungsgeld, und einigermaßen objektive Beurteilungen anderer Spitzenfunktionäre wie Gessmann und Weiskirchner bescheinigen diesen dasselbe.[26] Der Grund dafür war möglicherweise, dass sie es nicht nötig hatten in Anbetracht der zahlreichen Ämter, in die sie sich hatten wählen oder zu denen sie sich hatten überreden lassen. Dieser Umstand erklärt vielleicht auch bis zu einem gewissen Grad den paradoxen Unterschied in den moralischen Werten der verhältnismäßig integren christlichsozialen Elite und der von Neid und Maßlosigkeit geplagten Subelite, die sich mit Luegers und Gessmanns Billigung in relativ bedeutungslosen, aber immer noch lukrativen Positionen der lokalen Verwaltung eingenistet hatte.

Eine dritte Form der Korruption, die der Partei vielfach angelastet wurde, war Wahlmanipulation. Als lokale Verwaltungsbehörde zuständig für das Abhalten von Wahlen und die Auszählung der Stimmen wurde der Magistrat von den Sozialdemokraten als eine Art Reservekader der christlichsozialen Partei angesehen, dessen Aufgabe es war, Stimmen zu stehlen und Handicaps an die Oppositionsparteien zu verteilen, indem verschiedenen Gruppen ihrer Wähler das Wahlrecht aberkannt wurde.[27] Da die Überwachungsfunktion des Magistrats bei Landtags- und Parlamentswahlen einen Teil des ihm vom Staat »übertragenen Wirkungskreises« bildete, war die k.k. Regierung berechtigt, sozialistischen Beschwerden wegen Wahlbetrugs bei den Parlamentswahlen von

1907 und den Landtagswahlen von 1908 auf den Grund zu gehen. Von der Niederösterreichischen Statthalterei angestellte Überprüfungen ergaben, dass auf Bezirksebene ein gewisses Ausmaß an Korruption gegeben war, dass sich aber eine aktive Verwicklung des Magistrats nicht zweifelsfrei nachweisen ließ. Erich Kielmansegg kam zum Schluss, dass mangelhafte administrative Organisation und lückenhafte Dokumentation im Verein mit Unklarheiten bei der kurzfristigen Erstellung umfangreicher Wählerlisten aufgrund des neuen allgemeinen Wahlrechts in einem weitaus größeren Ausmaß für Fehler in diesen Listen verantwortlich waren als eine gezielte Manipulation durch lokale Behörden.[28] Eine zweite Überprüfung im März 1914 durch Richard Bienerth (der Kielmansegg 1911 als Statthalter nachgefolgt war) führte zu einer ähnlichen Entlastung der städtischen Bürokratie.[29] Umgekehrt ist es zwar schwierig, das Ausmaß zu beurteilen, in dem diese Verwaltungsbeamten selbst von den Anschuldigungen mitbetroffen und dementsprechend versucht waren, Unregelmäßigkeiten herunterzuspielen; man sollte aber auch diese Möglichkeit nicht von vornherein in Abrede stellen. Die Sozialdemokraten waren jedenfalls der Ansicht, dass auch Kielmansegg und sein Stab mit involviert waren.

Wahlbetrug im Wahllokal: Hier hatten die Christlichsozialen mindestens den ihnen zustehenden Anteil. Das christlichsoziale Parteiarchiv enthält z.B. die nicht unvergnügliche Geschichte des Stanislaus Wagner, eines Wahlhelfers, der 1914 einen Bittbrief an das Parteisekretariat richtete, in dem er die Partei um finanzielle Unterstützung ersuchte.[30] Wagner erzählte seine Vorgeschichte, um sein ungewöhnliches Anliegen zu untermauern. Von Beruf Handlungsgehilfe, hatte er nach Verbüßung einer einmonatigen Haftstrafe wegen Wahlbetrugs Schwierigkeiten, wieder eine Anstellung zu finden. Während der Stichwahl von 1913 in der Leopoldstadt hatte er, unter Verwendung verschiedener gefälschter Wahlregisterkarten, sieben Mal im selben Bezirk seine Stimme abgegeben. Beim achten Versuch – Wagner war offenbar jemand, den seine Arbeit mit einem gewissen Stolz erfüllte – hatte er das Pech, sich beim Verlassen des Wahllokals in einen Faustkampf mit sozialistischen Aufpassern einzulassen, die einen Polizisten herbeiriefen. Dieser entdeckte bei Wagner eine Wahlkarte, die auf den Namen Josef Schimmel ausgestellt war, was für ihn das jähe Ende seiner Karriere als christlichsozialer Wahlhelfer bedeutete. Wagner bot keine Erklärung dafür an, wie die Magistratsbeamten, die vorgeblich für die Wahlaufsicht verantwortlich waren, es hatten zulassen können, dass ein und derselben Person acht verschiedene Wahl-Identitätskarten ausgestellt wurden. Angesichts solchen Beweismaterials muss man zum Schluss kommen, dass – ungeachtet der Ablenkungsmanöver Kielmanseggs – die von den Sozialisten unterstellte Politisierung der Gemeindebürokratie eine solide Entsprechung in der Realität hatte. Dabei wäre es freilich naiv zu meinen, die Liberalen und die Sozialdemokraten hätten sich nicht ähnlicher Methoden bedient, wenn vielleicht auch mit geringerem Erfolg. Die Zahl der sozialdemokratischen Wahlagitatoren, die von der Polizei bei Wiener Wahlen nach 1900 verhaftet wurden, war hoch genug, um nahezulegen, dass sie sich nicht nur polizeilichem Übereifer verdankte. Nach den Gemeinderatswahlen von 1912 wurde auch der liberale Gemeinderat Alois Moissl wegen Bestechung verurteilt.[31] Wenn Korruption bei Wahlen in Wien auftrat, so war sie Teil des Systems und auf keine ideologische Gruppe beschränkt.

Das Thema Korruption zieht komplexe Fragen der Selbstwahrnehmung und der Selbstdefinition nach sich: Was bedeutete »korrupt« im Hinblick auf parteiinterne Standards, was bedeutete das Wort im Hinblick auf das zeitgenössische politische Moralgefühl? Am 21. Juni 1910 sorgte z.B. das Thema, wie weit es für christlichsoziale Parlamentarier zulässig war, gutbezahlte Posten in Industrie- oder Finanzaufsichtsräten anzunehmen, für eine außerordentlich hitzige Diskussion in der Partei.[32] Die Partei hatte ja ihr politisches Leben in den 1880ern als eine »antikapitalistische« Plattform begonnen. Der Umstand, dass so viele ihrer Funktionäre mittlerweile als Mitglieder industrieller Aufsichtsräte (oder als Bankiers) auftraten, konnte als dem öffentlichen Vertrauen zuwiderlaufend, ja als Verrat gedeutet werden. Mehrere reformorientierte Politiker wie August Kemetter und Leopold Kunschak forderten Beschränkungen für diese Posten, und zwar derart, dass es sich bei den Aufsichtsratsposten nicht um solche in einem öffentlichen Versorgungsunternehmen handelte und die Posten nicht einen entsprechenden persönlichen Aktienbesitz als Voraussetzung hatten. Wie nicht anders zu erwarten, begann die Diskussion mit einer Aufzählung der Beziehungen, welche die Partei mit Rudolf Sieghart und seinen Intimfreunden in der Wiener Bankenszene verband. Kemetter zeigte sich überzeugt, dass Siegharts Machenschaften sinistrer Natur waren. Er hatte im März 1910 einen kleineren Skandal losgetreten, als er im Parlament einen Deal enthüllte, durch den mit offenkundiger Beteiligung Siegharts ein Beamter des Eisenbahnministeriums namens Siegmund Sonnenschein an der Spitze eines mächtigen neuen Büros installiert werden sollte. Kemetter wollte jetzt durchsetzen, dass die Partei ihre Unabhängigkeit von Sieghart unter Beweis stelle. Alois Liechtenstein erinnerte daraufhin seine Kollegen, dass »Sieghart der Partei durch fünf Ministerien viel genützt habe«. Gessmann sekundierte ihm, indem er hinzufügte, man könne Sieghart nicht tadeln; er sei diskret und habe stets Wort gehalten (eine Reihe von Vorzügen, die im Wien der Kaiserzeit offenbar selten waren); außerdem fresse der Teufel in der Not auch Fliegen: »Eine Partei, die nichts aus sich selbst herausbringe, brauche Hilfsquellen, die Spenden der Parteimitglieder reichten eben nicht hin.« Diese knallharte pragmatische Feststellung hätte das Ende der Diskussion bedeuten können. Jetzt meldeten sich aber auch andere in der Prinzipiendebatte zu Wort und erklärten glattweg, der Antikapitalismus sei für die Christlichsozialen als Position nicht mehr haltbar. Mehrere führende alpenländische Abgeordnete legten erstaunliche Bekenntnisse ab dazu, dass sie nunmehr gelernt hätten, die moralische Vertretbarkeit und die Effektivität des kapitalistischen Systems anzuerkennen. Aemilian Schöpfer befand, die Partei könne nicht ihr Überleben einfach an ihre alte antikapitalistische Rhetorik knüpfen. Der industrielle Kapitalismus sei nicht an sich unmoralisch; die Partei müsse sich darum bemühen, Zugang zu kapitalistischen Zirkeln zu gewinnen, um an einer Reform von innen mitzuarbeiten, statt den Kapitalismus von außen zu attackieren. Schöpfer fügte eine Bemerkung hinzu, die so heikel war, dass Gessmann es für geraten ansah, alle Anwesenden an ihre Verschwiegenheitspflicht zu erinnern: »Der Antisemitismus sei nur bei Völkern mit wenig Geschäftssinn zu konstatieren« und der Partei stehe eine »erzieherische Tätigkeit« bevor, wenn sie die Überzeugungen ihrer Wähler beeinflussen wolle: möglicherweise müsse man den Antikapitalismus und vielleicht sogar den Antisemitismus über Bord werfen, um eine Modernisierung der Partei herbeizuführen. Um seine Meinung zu deponieren, dass die Präsenz der Partei in den Eliten der Industrie und der Banken auch ihrer kleinbürgerlichen Wählerschaft letzten Endes nur nützen könne, erklärte der Salzburger Victor Fuchs: »Wir müssen auf dem Geldmarkte auch eine Rolle spielen.« Gessmann hatte schon bei einem Treffen Mitte Mai 1910 darauf bestanden, dass die Partei verstärkt die Nähe des industriellen Kapitalismus suchen müsse, wenn sie sich gegen die Sozialdemokraten behaupten wolle. »Heute [hätte] sie den Kapitalismus notwendig, besonders für ein Parteiblatt. ... Unsere Gewerbepolitik mit dem Befähigungsnachweis als Schlagwort ha[t] Schiffbruch erlitten, es [ist] notwendig, kapitalistische Kreise zur Organisation beizuziehen.«[33] Selbst der dem christlichsozialen Arbeiterflügel nahestehende Kemetter erklärte, er glaube jetzt – mit dem liberalen katholischen Theologen Franz Martin Schindler –, dass manche Formen der Investition und der Teilnahme am industriellen Kapitalismus akzeptabel und moralisch vertretbar seien.

Zusammenfassend kann man sagen: Die Treffen im Mai und Juni 1910 stellten eine formelle Absage an die ideologischen Ursprünge der Partei in den 1880er Jahren dar. Für Schöpfer konnte die Nähe zum Großkapitalismus oder zur Hochfinanz nicht an sich ein Hinweis auf Korruption sein, da ja das kapitalistische System nicht an sich unmoralisch war. Das Problem laute nicht, ob Politiker Aufsichtsräten angehören sollten oder nicht, sondern welche moralischen Entscheidungen sie in diesen Positionen trafen. Wie weit also ihr diesbezügliches Engagement vertretbar war, könne nur von Fall zu Fall beurteilt werden und nicht durch verallgemeinernde Erlässe. Schöpfers Ansatz war jedoch zweifach problematisch. Erstens war nicht abschätzbar, wie tragfähig er in politischer Hinsicht war, so lange die Partei nach wie vor vom Kurienwahlsystem abhing – wäre Gessmanns Kritik am Kleingewerbe an die Öffentlichkeit gedrungen, die Partei wäre durch sie innerhalb ihrer kleingewerblichen Wählerbasis kompromittiert worden. Indem er, zweitens, der Partei den Rat gab, ein Naheverhältnis zur Großindustrie zu suchen, empfahl er ihr zugleich, sich im Dunstkreis der Korruption anzusiedeln, die Ende des 19. und Anfang des 20. Jahrhunderts in diesem Milieu endemisch war. Dass die Partei sich schließlich unter Seipel in den 20er-Jahren zu diesem Kurs entschloss und prokapitalistische Sympathien für Big Business zeigte, ist allgemein bekannt. Diese Entwicklung fand zwar erst statt, als die Partei aufgehört hatte, vom Wiener Kleinbürgertum abhängig zu sein als der Wählerschaft, der sie in erster Linie ihre Identität und ihre institutionelle Macht verdankte, sie begann aber bereits geraume Zeit vor dem Ersten Weltkrieg. Ausgelöst wurde sie, wie die Debatten vom Juni 1910 nahelegen, von einer bewussten Änderung der Strategie der Parteielite, deren Anfänge vor Luegers Tod zu datieren sind.

Die Krise der Lueger-Nachfolge, 1910–1911

Unmittelbar nach Karl Luegers Tod kam es zu einer krisenhaften Zuspitzung der Lage im Zusammenhang mit seiner Nachfolge im Amt des Bürgermeisters, deren Nachwirkungen auf die Partei die nächsten acht Jahre überschatteten. Als eine schwere Attacke von Luegers Diabetes und seinem Nierenleiden Anfang 1907 sein baldiges Ableben wahrscheinlich machte, hatte Lueger im Beisein einiger seiner engsten Freunde, wie Gessmann und Liechtenstein, sein sogenanntes »Politisches Testament« diktiert, in dem er Richard Weiskirchner als seinen Wunschnachfolger für das Amt des Bürgermeisters von Wien und implizit auch als Führer der Wiener Parteiorganisation bezeichnete.[34] Das Testament war auch insofern von Bedeutung, als Lueger darin seinen Kollegen ans Herz legte, dafür zu sorgen, dass die Partei sich die reibungslose Verwaltung Wiens als Mittelpunkt christlichsozialer Politik besonders angelegen sein ließ, auf ein ausgewogenes Verhältnis zwischen den verschiedenen Interessengruppen in der Partei achtete und insbesondere der Wählerschaft aus dem Wiener Angestelltenmilieu die gleiche Bedeutung einräumte wie der aus dem ländlich-bäuerlichen Bereich. Hier wurde Luegers Sorge sichtbar, die Partei könnte zu einer ausschließlich agrarischen Bewegung mutieren. In Luegers Augen bestand für die Partei die sehr reale Gefahr, bei Wegfall des zentripetalen Gewichts von Wien zu einem losen Bund einander befehdender Duodezfürstentümer zu verkommen; für den Fall, dass Wien verloren ging, würde der Rest – Bauern und Kleinstädter – wenig geneigt sein, Wiens Interessen zu verteidigen. Deshalb auch der nicht eben subtile Seitenhieb auf Albert Gessmann: Das Amt des Wiener Bürgermeisters sollte an einen Wiener Beamten gehen, an einen Politiker, dessen Urteil auf urbanen und säkularen Kriterien gründete und der aller Voraussicht nach sicherstellen würde, dass Wien weiterhin in dem ihm zustehenden Umfang an der Macht innerhalb der Bewegung beteiligt blieb.

Die Beziehung zwischen Gessmann und Lueger war jedenfalls nach 1907 nicht frei von schweren Spannungen.[35] Nach Luegers Tod bemerkte Victor Silberer: »Wenn wir unseren Bismarck verloren haben, unseren Moltke haben wir noch und das ist Gessmann.«[36] Die Analogie war nicht ganz passend, traf aber, was die unterschiedlichen Rollen der beiden Spitzenpolitiker angeht, den Nagel auf den Kopf. Gessmann lehnte die Bonhomie von Luegers Regierungsstil ab, die Art, wie er alles auf seine Person zuspitzte, und seine starke Betonung Wiens zu Lasten anderer Interessen auf der Ebene des Gesamtstaates. Funder gegenüber beschwerte er sich, dass »wir ... alle, dank der unglücklichen Charakterveranlagung unseres ›großen‹ Lueger u. der von ihm gezüchteten Charakterlosigkeit bei seinen Mitarbeitern, abgetan [sic] [sind].« Für Gessmann war Wien der Dreh- und Angelpunkt für die »Sammlung der bürgerlichen Parteien« gegen die österreichischen Sozialisten, ein Ausdruck, den er ebenfalls Funder gegenüber gebrauchte.[37] Die zwei Sichtweisen waren nicht gänzlich unvereinbar und bei vielen Themen, wie Nationalismus und Angst vor dem Sozialismus, gab es zwischen Lueger und Gessmann auch große Übereinstimmungen. Aber während für Gessmann Wien Instrument und Mittel zu einer Erneuerung des Staatsganzen war, betrachtete Lueger die Stadt als einen politischen Organismus sui generis. Das Endziel – die Stabilisierung der bürgerlichen Gesellschaft in Österreich – war für beide gleich, aber die Wege, auf denen sie dieses Ziel zu erreichen trachteten, waren verschieden. Sich selbst überlassen, ohne Druck von Gessmann und Ebenhoch, wäre Lueger möglicherweise mit dem status quo von 1905 zufrieden gewesen: Die Christlichsozialen würden mit der alpenländischen Partei auf einer für jeden Anlass neu zu bewertenden Grundlage paktieren, ohne deshalb gleich eine neue Bewegung zu lancieren. Dies wurde Ende 1909 deutlich. Als die christlichsoziale Parlamentsdelegation vor der Aufgabe stand, die verschiedenartigen Reaktionen ihrer Mitglieder auf die Handelsverträge mit den Balkanstaaten auf einen Nenner zu bringen, argumentierte Karl Drexel, »der Klub [möge] die großen agrarischen Fragen einmal gründlich durchberaten. Das fehlt uns. Dann müssen auch unsere Wähler erzogen werden, wie das deutsche Zentrum selbst [seine] Wähler erzogen hat. Unsere Partei hat eine Geschäftsstelle notwendig, wo man ernst arbeitet.« Luegers Reaktion ließ nicht lange auf sich warten und auch nichts zu wünschen an Deutlichkeit: »Zu einer solchen Geschäftsstelle gehört viel Geld, und das haben wir nicht. Der eigentliche Grund liegt in unserer Verarmung und in der Agitation. ... Es besteht ein Unterschied zwischen unserer Partei und dem Centrum. Wir müssen uns gedulden.«[38] Für den alternden Lueger, der nur mehr vier Monate zu leben hatte, war Gessmanns Vision der Christlichsozialen als eine habsburgische Version des deutschen *Zentrum* gegenstandslos geworden.

Gessmann fand auch Luegers Toleranz für die Schwächen der lokalen Parteieliten schwer erträglich, nicht weil er zu Korruption eine andere, strengere Haltung einnahm als Lueger, sondern weil er die Ineffizienz und die persönlichen Idiosynkrasien der Bezirkspolitik abstoßend fand.[39]

Lueger seinerseits missgönnte Gessmann seine Macht und fürchtete sie. Felix Hrabas Feinde befanden, Lueger habe diesen lanciert, um Gessmanns Einfluss auf die finanzielle Gebarung der Niederösterreichischen Landesregierung zurückzustutzen.[40] Die Reform des Wahlrechts für den Niederösterreichischen Landtag im Jahr 1907 fiel in die Zeit von Luegers krankheitsbedingter Abwesenheit und war fast ausschließlich Gessmanns Werk: Es war kein Zufall, dass sich die agrarischen Interessen mehr Sitze sichern konnten als die Stadt Wien. Man wird ingesamt sagen müssen, dass der Konflikt zwischen den beiden Männern eher im persönlichen Bereich seine Wurzeln hatte als im ideologischen, aber gerade das machte ihn noch intraktabler. Lueger war in seinem Stolz verletzt, als er sich von einem ehemals beflissenen Assistenten auf das Altenteil abgeschoben fühlte. Erschwerend kam für ihn wohl noch hinzu, dass Gessmann über körperliche Gesundheit und unverminderte politische

Angriffslust verfügte; beides war ihm, Lueger, 1908/09 mittlerweile abhanden gekommen.[41]

Im Parlamentsklub traf Gessmann nach Karl Luegers Tod unverzüglich die erforderlichen Maßnahmen. Am 15. März wurde Alois Prinz Liechtenstein als Landmarschall von Niederösterreich zum Nachfolger Luegers an der Spitze der Reichspartei und der Wiener Parteileitung ernannt. Liechtenstein seinerseits schlug unter Hinweis auf sein fortgeschrittenes Alter und seinen schlechten Gesundheitszustand Gessmann für die Position des Führers des Parlamentsklubs vor.[42] Gessmann setzte dann eine weniger zwanglose Struktur kollektiver Kontrolle durch, an deren Spitze er selbst als neuer Vorsitzender des Parlamentsklubs stand.[43] Unter Lueger war die Führung der *Reichspartei* eine unstrukturierte, informelle Angelegenheit; er pflegte führende Funktionäre in wechselnden Besetzungen zu Sitzungen einzuladen, und dieselbe beiläufige Unverbindlichkeit herrschte in der Führung der Wiener Partei und des Zentralwahlkomitees, das über die Kandidatennominierung entschied.[44] Im Mai 1910 setzte der Parlamentsklub offiziell eine Reichsparteileitung ein, der als ständige Mitglieder folgende Funktionäre angehörten: der Parteiführer; die Parteimitglieder, die Posten als k.k. Minister bekleideten; die vierzehn Mitglieder der parlamentarischen Kommission; die Vorsitzenden der Landesparteiorganisationen; die christlichsozialen Landeshauptleute; der Bürgermeister und die drei Vizebürgermeister von Wien sowie verschiedene Parteisekretäre. In Übereinstimmung mit Luegers Testament behielt Wien die führende Rolle mit fast der Hälfte der 33 Sitze. Ein aus fünf Mitgliedern bestehendes Exekutivkomitee (Liechtenstein, Gessmann, Ebenhoch, Weiskirchner, Neumayer) übernahm die Führung der Parteiagenden in der Nachfolge Luegers; dies war eine Übergangslösung bis zur Etablierung einer ständigen Parteiführung.[45] Alfred Ebenhoch stellte dieses vorläufige Arrangement auf dem für Juni 1910 einberufenen Parteitag vor.[46] Der Plan sah zusätzlich vor, die Kompetenzen des Parteisekretariats auszuweiten und sie zur leichteren Administration auf zwei zusammenhängende Bereiche aufzuteilen: ein Teil des Sekretariats, bestehend aus einem der Parlamentsfraktion entstammenden »wissenschaftlichen Konsulenten« und einem administrativen Vorstand, sollte dem Parlamentsklub vorbehalten bleiben; ersterer war Karl Drexel, ein Mandatar aus Vorarlberg, letzterer der ebenfalls aus Vorarlberg stammende Josef Sigmund. Sigmunds Rolle gewann in der Verwaltung zunehmend an Bedeutung, besonders während des Ersten Weltkriegs. Sowohl Drexel als auch Sigmund standen Albert Gessmann nahe. Im andern Teil, dem eigentlichen Parteisekretariat, waren Eduard Heinl, Konrad Rumpf, Richard

Wollek und andere tätig; sie waren nicht nur für die eigentliche Parteiarbeit verantwortlich, sondern auch für die Tätigkeiten des Niederösterreichischen Bauernbundes und anderer der Partei nahestehender Organisationen.[47] Als der Christlichsoziale Club im Niederösterreichischen Landtag am 16. März zusammentrat, wurde Gessmann auch hier zum Vorsitzenden gewählt. Sowohl auf nationaler wie auf regionaler Ebene waren Gessmanns Absichten deutlich erkennbar: Liechtenstein sollte die Rolle einer Galionsfigur spielen, während er selbst die Geschicke der Partei bestimmte.[48]

Im Gegensatz zum reibungslosen Übergang auf der Staats- und Landesebene geriet die Nachfolgeregelung im Rathaus zum politischen Desaster. Gessmann begann mit der Durchsetzung seines Planes, Weiskirchner als Kandidat der Partei für den Posten des Wiener Bürgermeisters abzulösen, schon vor Luegers Ableben. So erwähnte er Josef Redlich gegenüber mehrere Tage vor diesem Ereignis, dass er damit rechne, der nächste Bürgermeister zu werden.[49] Im Lauf der Jahre 1910 und 1911 sickerten Details der schwer durchschaubaren Vorgänge im unmittelbaren Anschluss an Luegers Tod in sporadischen Schüben durch, deren Wahrheitsgehalt, schon damals schwer überprüfbar, heute erst recht nicht geklärt werden kann. Anhand der Aufzeichnungen der Parteiführung läßt sich das Drama jedoch zumindest in groben Umrissen rekonstruieren. Weiskirchner besuchte Gessmann Ende Februar 1910 und schlug ihm einen Pakt vor: Er betrachte sich nicht mehr Luegers Wünschen verpflichtet und Luegers »Testament« sei, soweit es ihn betreffe, jedenfalls durch seinen Kabinettseintritt im Februar 1909 außer Kraft gesetzt. Er ziehe es vor, an der Spitze des Handelsministeriums zu bleiben, von wo er, wie er erwarte, demnächst als Bieneths Nachfolger in das Amt des Ministerpräsidenten wechseln werde. Weiskirchner bot Gessmann seine Unterstützung für dessen Bewerbung um den Rathausposten an.[50] Nach einigem Zögern griff Gessmann diesen Vorschlag auf und machte sich daran, Luegers Testament aus den Angeln zu heben. Am Tag von Luegers Tod versammelte sich eine Gruppe von Spitzenfunktionären im Palais Liechtenstein; Weiskirchner erklärte dezidiert, er strebe das Bürgermeisteramt nicht an und er rate ausdrücklich von einem »Provisorium« ab. Er ließ sich auch durch Leopold Kunschak nicht umstimmen, der ihn beschwor, das Amt anzunehmen. Am Ende des Treffens erklärte Gessmann, er sei Weiskirchner für seine Erklärung dankbar, denn »ohne dieselbe hätte ich mich geweigert, überhaupt von der Kandidatur [für das Amt des Bürgermeisters, Anm. d. Verf.] zu sprechen.«[51]

Es folgte eine Reihe zum Teil von Gessman verschuldeter schwerer Fehler, die diese Pläne letztlich vereitelten. Gessmann hoffte, eine Veröffentlichung von Luegers politischem Testament verhindern zu können und lancierte seine Kampagne für das Bürgermeisteramt zwei Wochen vor Luegers Tod mit einem Bericht in der *Reichspost* über ein Gespräch in kleinstem Kreis, in dem Lueger ihm mit den Worten »Hörst, halt meine Leut' z'samm'!« – eine Aussage, die von den anderen Anwesenden später nicht bestätigt wurde – die Partei in besonderer Weise ans Herz gelegt habe.[52] Kurz nach Veröffentlichung dieses Interviews spielte Heinrich Hierhammer Ernst Vergani ein Exemplar von Luegers Testament zu. Vergani posaunte die Nachricht von dessen Existenz in seinem Blatt in die Welt hinaus, noch ehe Lueger gestorben war, und verhinderte so eine Hofübergabe unter Ausschluss der Öffentlichkeit.[53] Gessmanns Versuche, mit Vergani direkt zu verhandeln – er stattete ihm tatsächlich einen Besuch ab – blieben ohne Ergebnis.[54] Seine Pläne sahen eine Runde von Belohnungen oder Trostpreisen für diejenigen vor, die jetzt bei der Besetzung des Bürgermeisterpostens nicht zum Zug kamen. Josef Neumayer z.B. sollte durch Erhebung in den Adelsstand und einen Sitz im Herrenhaus überhaupt aus der Stadtverwaltung hinauskomplimentiert werden. Für andere Mitglieder der alten Garde waren Posten in der zweiten Reihe vorgesehen; Leopold Steiner war z.B. für das Amt des Zweiten Vizebürgermeisters vorgesehen. Der Stadtrat sollte erweitert werden um Mitglieder von Kunschaks Arbeiterflügel und möglicherweise sogar um Mitglieder der kleinen bürgerlichen liberalen Opposition, die vermutlich gegen Betonköpfe in der Partei mobilisiert werden sollten, wenn es bei der Bürgermeisterwahl hart auf hart ging. Einer der potentiellen Nutznießer dieser Gunsterweise sollte Julius Axmann sein, der ehemalige Führer der Handlungsgehilfen, dem Gessmann seinen Sitz im Niederösterreichischen Landesausschuss überlassen wollte.[55]

Gessmann war extrem unpopulär bei vielen in der Wiener Parteifraktion, die das allgemeine Wahlrecht von 1906 ablehnten, die Reichspartei als Bedrohung ansahen und ihm seine Ämterhäufung neideten. Lueger hatte die Bezirksbosse in Ruhe gelassen und sie sogar gegen Gessmanns ehrgeizig Pläne, eine zentrale Parteibürokratie aus dem Boden zu stampfen, in Schutz genommen.[56] Eduard Heinl, ein junger Gemeindebeamter, den Gessmann dann, wie gesagt, zur Arbeit für die Partei gewann, hält in seiner Autobiographie eine peinliche Szene fest: Ein leitender Bezirksfunktionär, außer sich wegen vermeintlicher Übergriffe von Gessmanns Protegés, brüllte, die Partei brauche keine Beamten; schließlich seien Männer wie er dazu da, ihre Anliegen wahrzunehmen![57] Während Luegers Gesundheitszustand ihn von der politischen Bühne fernhielt, hatten die Bezirksfunktionäre die Disziplinierung, die ihnen der Magistrat auferlegte, und die politische Kontrolle durch den Stadtrat sehr übel vermerkt und wehrten sich gegen die Einmischungen der Rathaus-»Bürokratie« in ihrem Amtsbezirk. Ende 1909 schufen sich die christlichsozialen Bezirksfunktionäre ein eigenes Forum in Gestalt des *Bürgerclub*, wo sie sich regelmäßig trafen, um ihre Beschwerden über »das Rathaus« zu deponieren.[58] Ein Bürgermeister Gessmann würde für diese Politiker ohne Zweifel noch mehr Druck bedeuten, nicht nur von Seiten der Gemeindebürokratie, sondern zusätzlich auch noch von einer neuen Parteibürokratie. Das waren keine erfreulichen Aussichten.

Nachdem Vergani den Coup mit Luegers Testament gelandet hatte – dieses war spätestens in der Morgenausgabe vom 11. März von allen Wiener Zeitungen nachgedruckt worden –, lancierte er geschickt eine Reihe von Anti-Gessmann-Artikeln, die andere dazu ermutigen sollten, gegen den Deal aufzutreten. Der Widerstand nahm in einer Gruppe von Parteigranden im Stadtrat konkrete Gestalt an unter der Führung von Heinrich Hierhammer, einem von Luegers Vizebürgermeistern, und Vincenz Wessely, dem einflussreichen Vorsitzenden des christlichsozialen Bürgerclubs.[59] Da das Kabinett Gessmanns Kandidatur unterstützte, drängte Ministerpräsident Bienerth, die Bürgermeisterwahl rasch über die Bühne zu bringen, am besten in einer Gemeinderatssitzung am 19. März. Die Anti-Gessmann-Fraktion im Stadtrat und im Bürgerklub konterte jedoch mit dem Beschluss, mit der Wahl sechs Wochen zuzuwarten; als Grund führten sie ihre Hochachtung vor Lueger an, sie wollten aber auch der Opposition Gelegenheit geben, sich zu sammeln.[60]

Spätestens am 13. März musste Gessmann sich eingestehen, dass es um seinen Versuch, Luegers Testament zu umgehen, nicht gut stand. Bestenfalls konnte er bei einer offenen Abstimmung im Gemeinderat mit 70 bis 80 Stimmen rechnen. Dies stellte zwar immer noch eine geringfügige Mehrheit dar, Gessmann kam aber zum Schluss, das Ganze beschädige ihn persönlich und sei der Einheit der Partei abträglich.[61] Sein Rückzug – von der *Reichspost* als Nicht-Ereignis dargestellt: Gessmann sei ja nie offiziell Kandidat gewesen – wurde von vielen seiner Gefolgsleute, wie Victor Silberer, als weiterer schwerer Fehler angesehen. Sie waren der Meinung, es wäre besser gewesen, Gessmann hätte die ganze Sache bis zum bitteren Ende durchgestanden.[62]

Weiskirchners Benehmen während der Krise brachte Gessmann zur Weißglut. Statt sich voll hinter ihn zu stellen, verlegte sich Weiskirchner auf eine quijoteske, betont staatsmännische Pose und lieferte am 14. März ein Communiqué ab, in dem er zum »gegenwärtigen« Zeitpunkt das Bürgermeisteramt ausschlug und zugleich versicherte, er werde es gerne annehmen, sobald die

Krone seine Dienste nicht mehr brauche.[63] Ende März ließ Weiskirchner dann Gessmann völlig im Stich, indem er nach Brioni fuhr, um Urlaub zu machen; dass es ihm dort gelang, ein Gespräch mit dem Thronfolger zu führen, fand dann allgemeine Beachtung.[64]

Gessmanns Entscheidung, sich selbst aus dem Rennen zu nehmen, machte jetzt die Frage vordringlich, wer als Ersatz für Weiskirchner in Frage komme. Ein privates Treffen am Sonntag, den 13. März, an dem auch Gessmann und Weiskirchner teilnahmen, gipfelte in dem Beschluss, dass der Zweite Vizebürgermeister, Josef Porzer, ein glühender Katholik und, wie schon erwähnt, jüdischer Abstammung in der mütterlichen Linie, zum interimistischen Bürgermeister ernannt werden sollte, wobei Weiskirchner sich verpflichtete, das Amt spätestens in zwei Jahren zu übernehmen. Diese Nachricht rief sofort starken Widerstand von Gessmanns Feinden im Bürgerclub auf den Plan. Als die Parteinotabeln am 14. März zusammenkamen, um den Übergang vorzubereiten, enthüllte Leopold Steiner, maßlos erbost darüber, dass die Flüsterpropaganda seine Person mit der Verschwörung in Zusammenhang brachte, die Details des Paktes, den Gessmann und Weiskirchner geschlossen hatten, inklusive der neuesten, Porzer betreffenden Entwicklung. Nicht genug damit, dass Gessmann gezwungen war, in der Öffentlichkeit seine Kandidatur in Abrede zu stellen; jetzt wand sich auch Weiskirchner und erklärte, er sei bereit, Porzer zu unterstützen, sollte dieser der Kandidat des Bürgerclubs sein; man dürfe aber nicht übersehen, dass auch Josef Neumayer als ranghöchster Vizebürgermeister ein starkes Anrecht auf den Posten des interimistischen Bürgermeisters habe. Ein Nationalist der alten Schule aus der Inneren Stadt und einer der Anführer der Anti-Gessmann-Fraktion im Stadtrat, war Neumayer vor allem für die Agrarier in der Partei persona non grata.

Der Stadtrat wurde beherrscht von der alten Garde des christlichsozialen Bürgerclubs – von den 27 Sitzen im Stadtrat, die aufgrund der Wahlergebnisse vergeben wurden, waren im Jahr 1908 18 in der Hand von Politikern, deren erste Wahl in den Gemeinderat in die Frühzeit der christlichsozialen Bewegung vor 1896 fiel.[65] Viele dieser Politiker – Männer wie Leopold Tomola, Vincenz Wessely, Felix Hraba, Sebastian Grünbeck – hatten ihre Sitze im Stadtrat als Sinekuren erhalten für ihre Leistungen in ihrem Bezirk während der politischen Kämpfe von 1891–97. Diese Männer lehnten Porzer fast ebenso sehr ab wie Gessmann und bestanden auf der Wahl von Neumayer.[66] Porzers potentielle Unterstützung kam von Gemeinderäten, die keine Mitglieder des Stadtrates waren: von solchen, die erst nach Luegers Aufstieg zur Macht, besonders mit

Kunschaks Arbeiterflügel in den Gemeinderat gekommen waren, und von solchen, die als gleichzeitige Mitglieder der Parlamentsabordnung zu einer weniger beschränkten Sicht auf die Partei fähig waren. Bei einer Sitzung der Wiener Parteiführung am 21. März zog Porzer schließlich angesichts des unüberwindlichen Widerstandes des Stadtrats seinen Namen zurück; daraufhin erklärte Neumayer, er sei bereit, das Amt unter den Bedingungen, die Weiskircher gestellt hatte, zu übernehmen.[67]

Neumayers Sieg signalisierte das politische Übergewicht des Stadtrats innerhalb des Bürgerclubs und die Übernahme einer Rolle durch seine Mitglieder, die mit einer Art Kronrat innerhalb der Partei zu vergleichen ist. Fast noch wichtiger erscheint ein anderer Aspekt: Der Sieg ging auf das Konto der konservativsten Politiker, von Männern, die nicht nur die Sozialdemokratie, sondern jede Demokratie hassten. Dementsprechend brachten sie auch Leopold Kunschak während der nächsten acht Jahre nur wenig Sympathie entgegen. Der Sieg war auch kein gutes Vorzeichen für das Zusammenwachsen der ruralen und urbanen Interessen in der Partei. Als Neumayer am 3. Mai seinen Amtseid als Bürgermeister ablegte, enthielt die einzige etwas lebendigere Passage in einer sonst uninspirierten Rede eine Verurteilung der »Preistreiberei« der österreichischen Bauernschaft. Diese Bemerkung führte zu einer Protestversammlung wütender Bauern am 23. Mai in Wolkersdorf, wo prominente christlichsoziale Agrarier unter der Führung von Johann Mayer dem neuen Bürgermeister die Gefolgschaft aufkündigten.[68]

Neumayers Wahl Ende März war ein Skandal vorausgegangen, den einer der Hauptsprecher der Anti-Gessmann-Fraktion im Stadtrat, Felix Hraba, ausgelöst hatte.[69] Fachmann in den Finanzangelegenheiten der Gemeinde, hatte Hraba schon in der Vergangenheit eine ganze Reihe von Sträußen mit Gessmann und anderen Mitgliedern der Parteispitze ausgefochten. Was jetzt Hrabas besonderes Missfallen weckte, war Gessmanns exorbitanter Ehrgeiz und besonders seine Idee, den Stadtrat zu vergrößern. Da Porzer immerhin eine gewisse, wenn auch nur kleine Chance hatte, Neumayer zu schlagen – Heinrich Hierhammer hielt es selbst am 18. März noch für möglich, dass Gessmann das Bürgermeisteramt für sich selbst wollte und Porzer nur als Strohmann benutze – entschied sich Hraba zum Angriff. Am 19. März feuerte er bei einer Rede in Hietzing eine Breitseite ab, mit der er Gessmann und die Reichspartei massiv attackierte. Er behauptete, die Reichspartei sei ein rein agrarisches, gegen Wien gerichtetes Werkzeug, das sich jetzt in die Vorrechte des Bürgerclubs einmische. Ebenso behauptete er, dass viele, die sich jetzt als engste Gefolgsleute Luegers ausgaben, seit langem bei Lueger in Ungnade gestanden hätten; Lueger selbst habe bedauert, die Idee der Reichspartei gebilligt zu haben. Er verwarf Gessmanns Pläne für ein neues Patronagesystem von Gemeindeposten, eine Anspielung auf die geplanten zehn neuen Sitze im Stadtrat und verschiedene andere Neuregelungen.

Nach einigen Seitenhieben auf die Dreistigkeit und Pietätlosigkeit der Geier, die sich erdreisteten, Luegers Erbe noch vor dessen Tod unter sich aufzuteilen, warf Hraba einige wirkliche Brandbomben. Er stellte in den Raum, dass es bei Parteifunktionären in der Gemeinde und in der Niederösterreichischen Landesregierung zu Fällen von unstatthaftem oder sogar kriminellem Verhalten gekommen sei. Er nannte weder Namen noch konkrete Beispiele von Amtsmissbrauch, deutete aber an, dass es bei einem Budget wie dem der Stadt Wien immer möglich sei, etwas abzuschöpfen, vorausgesetzt, man hatte die Macht und den Vorsatz dazu. Besonders kritisch fiel sein Urteil über finanzielle Praktiken des Niederösterreichischen Landesausschusses aus, da es hier, wie er ausführte, anders als in Wien kein unabhängiges Kontrollamt gab, das über die Verwaltung öffentlicher Mittel wachte. Er schloss mit der Drohung, der Bürgerclub werde diese »Wölfe im Schafspelz« zur Verantwortung ziehen, die der Ruin der Partei seien und in Wahrheit nur einem Gott dienten, dem »Gott ›Nimm‹«.[70]

Obwohl voller Ungereimtheiten, die Hraba selbst in ein schiefes Licht rückten – wenn er von finanziellen Unregelmäßigkeiten wusste, warum hatte er dann so lange geschwiegen? – enthielt seine Rede doch deutlich mehr als nur einen Kern Wahrheit, der die politische Explosion, die nicht auf sich warten ließ, rechtfertigte. Sie löste denn auch eine Kettenreaktion von Angst und Rache aus, die sehr rasch ihre eigene Gesetzmäßigkeit entwickelte: Als der christlichsoziale *Bürgerclub* am 16. April 1910 zusammentrat, um Neumayers Kandidatur für das Bürgermeisteramt zu ratifizieren, wurde aus der Rede Hrabas die Affäre Hraba. Im Gefühl, dass es sich hier um eine Thematik handle, mit der er alle bürgerlichen Fraktionen vor sich hertreiben könne, forderte Leopold Kunschak eine offene Diskussion der Anschuldigungen und den Parteiausschluss Hrabas, sollte dieser sich weigern, Namen und Details zu nennen.[71] Gefolgsleute von Gessmann meldeten sich zu Wort und selbst Hrabas vormalige Verbündete im Stadtrat sahen wenig Grund, seinen Bruch der Schweigepflicht zu rechtfertigen (obwohl immerhin vier gegen seinen Ausschluss stimmten).[72] Die meisten Anwesenden schienen sich weniger um den Wahrheitsgehalt von Hrabas Anschuldigungen zu kümmern als um den in ihren Augen mutwillig herbeigeführten Skandal. Hraba weigerte sich anfangs, auf Kunschaks Forderungen einzugehen und riet dem Klub dringend, ihn nicht zu zwingen, seine Karten öffentlich auf den Tisch zu legen. Stattdessen bot er an, seine Beschuldigungen einem Parteigericht bestehend aus zwölf Funktionären vorzulegen, die sein Beweismaterial in camera würdigen sollten. Nach Attacken von Kunschak, Gessmann, Victor Silberer, Hermann Bielohlawek und anderen, die mit Beschimpfungen nicht sparten, entschloss Hraba sich zur Nennung von Namen und erwähnte Julius Axmann und Hermann Bielohlawek als zwei der Delinquenten, auf die sich seine Rede vom 19. März bezog. Daraufhin schritt der Klub zu Abstimmung und schloß Hraba aus der Partei aus.

Sowohl der Gemeinderat wie der Niederösterreichische Landtag richteten Untersuchungsausschüsse ein, um Hrabas Beschuldigungen nachzugehen. Die christlichsoziale Mehrheit im Untersuchungsausschuss des Gemeinderats einigte sich darauf, die Untersuchung auf die Teile von Hrabas Rede zu beschränken, die mit der Gemeinde zu tun hatten. Hraba schlug eine Aufforderung, vor dem Ausschuss auszusagen, aus und schrieb stattdessen einen langen Brief an den Vorsitzenden des Ausschusses, Josef Porzer. Darin ließ er noch einmal in peinlichen Details Gessmanns Versuche Revue passieren, sich das Bürgermeisteramt zu sichern, und wiederholte seine Anschuldigungen bezüglich lockerer finanzieller Praktiken im Landesausschuss, ohne allerdings hieb- und stichfeste Beweise für finanzielle Malversationen vorzulegen.[73]

Franz Schuhmeier, der die Sozialdemokraten in dem Ausschuss vertrat, schlug eine Ausweitung des Untersuchungsbereichs auf die gesamte Auftragsvergabe vor, die der christlichsoziale Stadtrat zu verantworten hatte. Keine der sich in den Haaren liegenden Fraktionen im Rathaus war jedoch selbstmörderisch genug gestimmt, um den Vorschlag aufzugreifen. Die Mehrheit weigerte sich stramm, von ihrem ursprünglichen Mandat abzuweichen und erklärte unverzüglich die Tätigkeit des Ausschusses für beendet, mit dem Schlussbefund, Hraba habe für die Anschuldigungen, die er »in so leichtfertiger Weise« erhoben habe, kein Beweismaterial vorlegen können.[74] Im Schlussbericht, den der Ausschuss dem Gemeinderat am 18. Oktober vorlegte, nahm die Mehrheit insofern implizit zu Hrabas Enthüllungen im Zusammenhang mit Gessmanns geplantem Patronagesystem Stellung, als sie solche Praktiken für »vom Standpunkte der Verwaltung einem Gemeinderate nicht wünschenswert« erklärte, auch wenn sie in keiner Weise ungesetzlich seien. Der Bericht zeigte auch Verständnis für die Verbindungen der Stadt zur Länderbank, indem festgehalten wurde, diese gingen noch auf Lueger zurück, der August Lohnstein zu tiefem Dank verpflichtet war für dessen Unterstützung der kommunal-sozialistischen

Projekte Ende der 1890er Jahre, als alle anderen Wiener Großbanken ihre Mitarbeit verweigerten.[75] Die Partei war wieder einmal in der Zwangslage, sich zur Sanierung ihrer Legitimität auf Lueger berufen zu müssen; ihre Beteuerungen, keine Gesetze gebrochen zu haben, änderten nichts an dem Umstand, dass sie in der Grauzone zwischen Legalität und Kriminalität ertappt worden war, in der sich Patronage zwangsläufig bewegt.

Der Untersuchungsausschuss des Landtags, der sich im Oktober 1910 konstituierte, ging nach ähnlichen Grundsätzen vor; das Ergebnis war hier allerdings vom Standpunkt der Partei noch unerfreulicher. Im Gegensatz zum Untersuchungsausschuss des Gemeinderats stand hier nicht politische Patronage als solche im Mittelpunkt, sondern die Umstände, unter denen die öffentliche Hand Aufträge für Bauvorhaben des Landes vergeben hatte.[76] Als der Bericht des Untersuchungsausschusses am 20. Oktober dem Plenum des Landtags vorgelegt wurde, enthielt er Karl Seitz' Forderung, die Landesregierung möge den Untersuchungsausschuss Einsicht nehmen lassen in die Unterlagen zu öffentlichen Bauvorhaben der letzten Zeit, besonders in diejenigen, die sich auf das Projekt der Heilanstalt Am Steinhof bezogen, wo es zu markanten Kostenüberschreitungen gekommen war, und in andere Unterlagen.[77] Baubeginn in der Heilanstalt am Steinhof war 1904, als Leopold Steiner das Portefeuille für Öffentliche Wohlfahrt im Niederösterreichischen Landesausschuss innehatte; die Fertigstellung des Sanatoriums verzögerte sich bis 1907. Da Hermann Bielohlawek im Mai 1905 Steiner nachgefolgt war, wurde er zur bevorzugten Zielscheibe der Sozialdemokraten. Bielohlawek war außerdem Mitte September 1910 in einen peinlichen Verleumdungsprozess verwickelt: Sein Gegner, Franz Zipperer, ein Freund Hrabas, hatte ihn bei einer politischen Versammlung am 5. August der Korruption bezichtigt.[78] Obwohl eine Überprüfung der Unterlagen zum Sanatorium Steinhof unter Umständen mit einem ähnlichen Befund geendet hätte, wie ihn Kielmanseggs Ausschuss nach der Untersuchung zur Gemeindewahl vorlegte – ein Überwiegen von Desorganisation und Schlendrian gegenüber tatsächlicher Korruption –, war es den Sozialisten unmöglich, von ihrer großangelegten Aufdeckungskampagne mit leeren Händen zurückzukehren. Als die Herausgabe der Unterlagen durch einen Mehrheitsbeschluss verweigert wurde, verglich Karl Renner die gegenwärtigen Inhaber des Landhauses in puncto Korruption mit dem alten liberalen Regime: »Diejenigen, die Sie hingestellt haben als den Ausbund der Korruption, die alten Liberalen, waren reine Waisenknaben Ihnen gegenüber. Unter dem liberalen Regime ist mit den öffentlichen Geldern niemals so gewirtschaftet worden, wie unter Ihnen.«[79]

Der Hraba-Skandal wurde also in der Öffentlichkeit breitgetreten bis zu seinem banalen Schlusspunkt im Oktober 1910. Er hatte Wien den denkwürdigen Anblick einer Partei geboten, die sich mehr als sieben Monate lang coram publico selbst zerfleischte in einem erbitterten Gerangel über geringfügige Korruption und Mängel in der Verwaltung. An der Spitze im Rathaus stand jetzt ein bejahrter Nationalist (Neumayer war 66), dessen Liste von Fauxpas mit der Zeit immer länger wurde. Er hatte es, wie schon erwähnt, geschafft, sich gleich am Tag seiner Amtseinführung den mächtigen Bauernbund zum Feind zu machen. Im Oktober 1910 unternahm Neumayer dann unter starker publizistischer Resonanz eine Reise nach Ungarn, um den Bürgermeister von Budapest zu besuchen. Als Reisegrund wurde die Erörterung gemeinsamer Interessen angegeben; unter dieser vagen Bezeichnung verbarg sich die Abstimmung einer gemeinsamen Strategie, die den Import von Billigfleisch aus dem Ausland ermöglich sollte. Die liberale Presse fand die Reise faszinierend; für die Presse der eigenen Partei war sie vor allem peinlich; und für die agrarische Mehrheit in der *Reichspartei* war sie Anlass zu heller Empörung. Sollten die Magyaren, lange Zeit Luegers bête noire, jetzt in den Genuss christlichsozialer Patronage und Werbemanöver kommen? Bei einem Diner, das ihm zu Ehren gegeben wurde, brachte Neumayer einen Trinkspruch auf seine Gastgeber aus. Darin versicherte er, dass seit der Zeit, in der er als Student an der Universität viele Ungarn als Freunde gewonnen hatte, seine »freundschaftlichen Gefühle« für Ungarn nie erkaltet seien.[80] Engere Kontakte zwischen deutschösterreichischen und ungarischen Städten seien wünschenswert als Netzwerk zur Beförderung beidseitiger politischer Interessen. Der Besuch hinterließ den Eindruck eines Manövers, das sich ganz offen gegen die agrarischen Interessen in Österreich richtete. Weniger deutlich, aber auch nicht zu übersehen waren die antislawischen Konnotationen: Deutsche und Magyaren Hand in Hand gegen österreichische Bauern und Slawen. Mit seiner Wiederbelebung eines gemäßigten Deutschnationalismus und seinen Ausfällen gegen die Bauernschaft bezweckte Neumayer einen Doppelschlag gegen Gessmanns Reichspartei. Der zunehmend antitschechische Ton, der sich in der Stadtverwaltung zwischen April 1910 und Weiskirchners Übernahme der Amtsgeschäfte als Bürgermeister Anfang 1913 bemerkbar machte, war eine der unmittelbaren Folgen von Neumayers Amtsführung.[81]

Während der Hraba-Skandal noch vor sich hinköchelte und zum Abschluss von Neumayers »Freundschafts«-Besuch bei den Magyaren fand ein weiteres öffentliches Spektakel statt, das im Verein mit der Selbstgeißelung der Christlichsozialen für die kommenden Monate nichts Gutes versprach. Am 2. Oktober 1910 marschierten über hunderttausend von den Sozialdemokraten organisierte Demonstranten die Ringstraße entlang vom Schwarzenbergplatz zum Rathaus, um gegen den Anstieg der Verbraucherpreise zu protestieren.[82] Es war ein sonniger, milder Tag, die Masse war guter Dinge, die Parade bot durch bunte Fahnen und Plakate, auf denen der Handelsminister Richard Weiskirchner als willfähriges Werkzeug der Agrarier attackiert wurde, einen farbenprächtigen Anblick. Im Gegensatz zu manch anderen von den Sozialisten unterstützten Demonstrationen auf der Ringstraße kamen diesmal die Polizisten nur als Beobachter zum Einsatz. Aber das Thema des Aufmarschs und seine enorme Popularität waren nicht geeignet, den im Rathaus regierenden Eliten ein Ruhekissen zu bieten. Nicht nur hatte der Aufmarsch selbst unter der gemeinsamen Schirmherrschaft der Sozialdemokraten und der Wiener Liberalen stattgefunden: der Ring war bei diesem Spektakel zusätzlich von Tausenden Männern und Frauen gesäumt, die lautstark ihre Unterstützung für die Demonstranten bekundeten. Wie die *Neue Freie Presse* ganz richtig bemerkte, handelte es sich hier um einen Aufmarsch der Konsumenten, nicht der Ideologen, und deren Unzufriedenheit über exorbitante Fleisch- und Brotpreise stieg weiter, bis im darauffolgenden Juni der Druck auf Luegers Partei so groß war, dass die Partei selbst in ihren besten Zeiten nur mit Mühe hätte standhalten können. Diese zwei Herbstbilder – die Christlichsozialen, die sich in wechselseitigen Beschuldigungen und in Skandalgeschichten ergingen und das »Volk«, das gegen unerträgliche Lebensbedingungen protestierte, bildeten den Hintergrund für die Wahlen von 1911.

Die Wahlen von 1911

Ministerpräsident Richard Bienerth setzte für Anfang Frühjahr 1911, drei Jahre vor dem regulären Termin, vorgezogene Parlamentswahlen an, in der Hoffnung, es werde ihm gelingen, den von mehreren Parlamentsfraktionen laufend praktizierten Obstruktionismus durch eine Ausweitung der Wählerbasis für eine neuerliche deutsch-polnische Koalition unter Einschluss der Christlichsozialen zu schwächen. Albert Gessmann versuchte, Bienerth von diesem Vorhaben mit dem Argument abzubringen, die Wahlen würden für die Christlichsozialen in Wien zur Katastrophe werden, aber Bienerth stand vor allem die Lähmung seiner Regierung durch nationale Spannungen vor Augen und er sah in Wahlen die letzte Möglichkeit, eine Neuordnung der Parteifraktionen im Parlament und eine stärkere Regierungskoalition herbeizuführen.

Trotz seiner Vorahnungen übernahm Gessmann die Organisation des christlichsozialen Wahlkampfs, indem er darauf verwies, das Einzige, was in der Politik zähle, sei der Erfolg und der sei ihm in der Vergangenheit treu gewesen.[83] Um sich die Kontrolle der Wiener Parteiorganisation zu sichern, berief er einen Sonderparteitag am 19. März ein, der das Gründungsstatut einer neuen, 27 Mitglieder umfassenden Wiener Parteileitung billigen sollte.[84] Paradoxerweise sollte Gessmanns Charakter zum eigentlich Thema des Wahlkampfs werden. Ernst Vergani publizierte in seinem *Deutschen Volksblatt* weitere ehrenrührige und verleumderische Artikel, die den Anführer der Christlichsozialen aufs Korn nahmen. Vergani förderte weiteren »Schlamm« von der Lueger-Nachfolgekrise des Vorjahrs zu Tage und setzte im Lauf des Wahlkampfs immer neue Gerüchte in Umlauf; Anfang Juni gipfelte dies in einer Darstellung Gessmanns als »Reptil«, das in dem Schlangennest agrarischer und klerikaler Korruption hauste, zu dem die Reichspartei verkommen sei. Gessmann wehrte sich zwar mit offenen Briefen in der *Reichspost*, in denen er seiner Empörung Luft verschaffte und Verganis Lügen und zweifelhafte Aktien- und Immobiliengeschäfte offenlegte, aber dass die Wahrheit zum Großteil auf Gessmanns und nicht auf Verganis Seite lag, kümmerte im Moment niemand.[85] Der Wählerschaft, die einen draufgängerischen, ja sogar dreisten Gessmann gewohnt war, signalisierte dieser wiederholte Schlagabtausch vor allem eines: Gessmann war nicht mehr der alte. Der Architekt der Reichspartei war jetzt zu ihrer größten Belastung geworden. Bestellt wirkende Bezeugungen von »Einigkeit« zwischen Gessmann und seinen Rivalen im Bürgerclub, wie Vizebürgermeister Heinrich Hierhammer, waren kaum dazu angetan, die Wähler zu überzeugen. Gegen Ende des Wahlkampfs wurde Gessmann von den Wiener Bezirksfunktionären wie ein Paria behandelt – keiner wollte sich mehr mit ihm auf einer Rednerbühne sehen lassen.[86]

Der Partei fehlte es nicht an Geld; Bienerth wollte sie in ihrer gegenwärtigen Stärke wiedergewählt sehen und ermutigte Österreichs industrielle Kreise zu großzügigen Parteispenden. Diesmal konnte der Partei jedoch weder Geld noch Albert Gessmanns legendäres Organisationstalent zum Sieg verhelfen. Wie nicht anders zu erwarten, waren die Ergebnisse in den Ländern gut. Im ländlichen Niederösterreich fielen den Christlichsozialen wieder alle 21 Sitze zu, wenn auch die Gesamtzahl der für sie abgegebenen Stimmen kleiner war als 1907.[87] In Tirol und in der Steiermark verlor die Partei ein Mandat, aber in Salzburg und in Oberösterreich blieb sie nicht nur gleich stark, sie gewann sogar einen zweiten städtischen Wahlkreis in Oberösterreich dazu. Nach den Stichwahlen am 20. Juni hatten die Christlichsozialen 73 Sitze außerhalb von Wien behauptet. In Wien hingegen war das Ergebnis katastrophal. Im Rathaus lag sich die Elite in den Haaren, und in unschöner Analogie dazu gingen auf Bezirksebene die Funktionäre aufeinander los. In den meisten Wahlsprengeln der Stadt brachen Streitereien zwischen rivalisierenden Klubs und Organisationen aus, die alle für sich das Recht in Anspruch nahmen, den offiziellen Kandidaten des Bezirks zu stellen. In Neubau wollten z.B. Mitte April gleich neun verschiedene Lokalgranden von der Partei nominiert werden. Bei einer Sitzung der Wiener Parteileitung am 12. April, bei dem die Zuteilung der Kandidaturen besprochen werden sollte, gab es ernsthafte Meinungsverschiedenheiten zwischen der bürgerlichen Mehrheit und Kunschaks Leuten. Das Engagement war im besten Fall halbherzig. Gessmann erinnerte seine Kollegen daran, dass »eine Partei, die auf die Arbeiter verzichtet, ... beim allgemeinen Wahlrecht nichts mehr zu suchen [hat]«.[88] In der ersten Maiwoche hatte die Partei noch immer keine offizielle Liste der von ihr empfohlenen Kandidaten und selbst eine Woche vor der Wahl war sie noch damit beschäftigt, sezessionistische Kandidaturen in einigen wichtigen Wahlsprengeln zu unterbinden.[89] Bis zum Wahltag hatte Gessmann nur für drei Vertreter des Arbeiterflügels (Kunschak, Anderle, Hemala) offizielle Kandidaturen sichern können, wobei gegen die zwei letzteren in ihren Sprengeln dissidente bürgerliche Gegenkandidaten antraten; drei weiteren Vertretern des Arbeiterflügels (Görner, Spalowsky, Krikawa) wurde erlaubt, gegen die regulären Kandidaten der Partei anzutreten – mit dem Ergebnis, dass alle sechs Sitze an die Sozialdemokraten gingen.

Die schlimmsten Einbrüche in der Wahldisziplin waren bei den Handwerkern und Staatsbeamten festzustellen. Kleine Gruppen dissidenter christlichsozialer Handwerker, die sich die »Missachtung« nicht gefallen lassen wollten, der sie seitens des Rathauses und des parteinahen *Deutsch-österreichischen Gewerbebundes* ausgesetzt waren, stellten in acht Wahlbezirken unabhängige Kandidaten auf. Einige dieser Renegaten erhielten für ihre Kandidatur Unterstützung von einem ad hoc gegründeten *Gewerblichen Zentralausschuss*, dessen Werbematerial von einem Liberalen Wahlkomitee finanziert und gedruckt wurde; das Wahlkomitee seinerseits wurde mindestens teilweise von jüdischen Industriellen finanziert.[90] Neid war eine ganz wesentliche Triebfeder in diesen Fehden. Dass diese »Antisemiten« die Aufwendungen für ihre Bruderkriege u.a. mit Hilfe jüdischer Financiers bestritten, kümmerte sie offenbar nicht im mindesten; Konsequenz hatte in der Wiener Politik immer einen geringen Stellenwert. In den meisten Fällen kandidierten die Renegaten zunächst als unabhängige Christlichsoziale, und in den entscheidenden Stichwahlen zwischen Christlichsozialen und Sozialdemokraten kehrten sie und ihre Anhänger für gewöhnlich in ihren Stall zurück. Wie sehr sie auch mit dem Rathaus hadern mochten: den Sozialdemokraten wollten diese immerhin schon den Besitzenden zuzuzählenden Figuren denn doch nicht ihre Stimme geben.

Bei den Staatsbeamten und anderen Angestellten hatte jedoch ein weitergehender Wandel stattgefunden. Wie 1907 gab es auch diesmal mehrere Kandidaten aus dem Staatsdienst (Leopold Waber, Wilhelm Pollauf, Karl Neugebauer), aber diesmal boten diese vielfach eine Kombination aus Versprechungen des Deutschnationalismus oder des Liberalismus mit solchen, die speziell auf den Staatsdienst abgestimmt waren. In anderen Bezirken wandten sich konventionelle Liberale oder, wie im Fall von Ernst Victor Zenker und Paul von Hock, Kulturkampf-Radikale den Anliegen der Beamten in besonderer Weise zu. Das taten übrigens auch die Sozialdemokraten, die sich jetzt als die wahren Freunde des Beamtentums in einem Parlament präsentierten, das für die Beamten so gut wie nichts unternommen habe.[91] Der Wahlkampf wurde zusätzlich belebt von Dutzenden turbulenter Versammlungen von Staatsbeamten, in denen die Christlichsozialen im allgemeinen und Gessmann im besonderen heruntergemacht wurden für ihr Versäumnis, Bienerth zur Annahme der Dienstpragmatik und einer damit zusammenhängenden Gehaltserhöhung zu zwingen. In den maßgeblichen Vereinen der Staatsbeamten zeichnete sich ein sehr starker Stimmungsumschwung ab: weg von den Christlichsozialen und hin zu deutschnationalen oder sogar liberalen Kandidaten.[92]

In der Zwangslage, einen Zweifrontenkrieg gegen Vergani *und* gegen Liberal und Rot führen zu müssen, verfielen die Christlichsozialen auf die erneute Einnahme ihrer Pose als staatstragende Partei. Gessmann ließ ein eigenes Wahlpamphlet drucken, *Der Reichsratwähler*, in dem er Verganis Anschuldigungen eine Litanei kommunaler Verbesserungen für die »Weltstadt Wien« entgegensetzte, welche die Partei erreicht hatte. Was allerdings daran besonders auffiel, war der uninspirierte, gekränkte Ton. Das Thema Korruption kam so gut wie nicht vor – was hätte Gessmann auch dazu sagen können? – und das neue Gaswerk und die II. Wiener Hochquellenwasserleitung waren als Wahlkampfthemen bei Angestellten nicht eben ergiebig. In seiner Not sah sich Gessmann sogar gezwungen, eine kleine jüdisch-liberale Zeitschrift, *Das Forum*, zu zitieren, in der Gustav Morgenstern seinen Lesern, jüdisch-bürgerlichen Wählern, nahegelegt hatte, ihre Stimmen nicht den Sozialdemokraten zu geben. Als es mit der allmächtigen christlichsozialen Wahlkampfmaschine soweit gekommen war, dass sie die Hilfe eines jüdischen Pamphlets brauchte, um ein einigermaßen kohärentes Bild für die Wahlen zu liefern, mussten auch die letzten Wähler allmählich wittern, dass die Dinge in Luegers Vaterstadt grundsätzlich falsch liefen.[93]

Die erste Wahlrunde am 13. Juni endete dementsprechend. Von 33 Bezirken gingen nur zwei an die Christlichsozialen; sieben votierten für die Sozialisten und einer für die Liberalen. In den Stichwahlen am 20. Juni rettete die Partei ein zusätzliches Mandat; sie verlor 22 an Sozialdemokraten und Quasi-Liberale (von denen die meisten deswegen gewählt wurden, weil die Sozialdemokraten sie in den Stichwahlen geschlossen unterstützten). Alle Spitzenfunktionäre der Partei – Gessmann, Weiskirchner, Pattai, Liechtenstein, Steiner, Bielohlawek und der Rest – mussten demütigende Niederlagen einstecken. Bezeichnenderweise waren zwei der drei Christlichsozialen, die das Juni-Massaker überlebten, Wenzel Kuhn and Franz Rienössl, Lokalpolitiker mit besonders engen Beziehungen zu ihren Bezirken, die sich deswegen von den Parteibonzen distanzieren konnten.

Statistisch gesehen verlor die Partei im ersten Durchgang in Wien mehr als 30.000 Stimmen gegenüber ihrem besten Ergebnis vom Jahr 1907; sie fiel von 159.000 auf 128.000 zurück.[94] Ein weiterer Anhaltspunkt für die Unzufriedenheit der Wähler war die enorm hohe Zahl leerer Stimmzettel: über 16.000, doppelt so viele wie 1907. Die Christlichsozialen verloren an kleine Interessengruppen; weitere Tausende Wähler stimmten für »unabhängige« Kandidaten aus dem Handwerksstand; und am stärksten, wenn auch unterschiedlich, profitierten von den Verlusten der Christlichsozialen die Sozialdemokraten und die bunte Truppe der Liberalen.[95] Die Sozialdemokraten erhöhten ihren Anteil an den Stimmen um 18 Prozent (von 125.000 auf 146.000), während das kleinere bürgerliche Lager, das aus zusammengewürfelten Gruppen von »Liberalen« oder »Nationalen« bestand, etwa 25 Prozent dazu gewann (von 30.000 im Jahr 1907 auf 38.000 1911). Dieses Lager zerfiel in drei Hauptgruppen: antiklerikale Progressive, mittlerweile mit einem nicht unbedeutenden Block jüdischer Wähler, die vor allem in der Inneren Stadt, in der Leopoldstadt und im Alsergrund zu Hause waren; Deutschnationale und Wähler von Beamtengruppen, die über die ganze Stadt verteilt waren mit Schwerpunkten in Landstraße, Hernals und Währing; und die Anhänger von Zenkers *Wirtschaftspolitischer Reichspartei*, die ganz auf den Parteiführer zugeschnitten war und sich in Wieden hauptsächlich an Wähler aus dem Beamtenmilieu wandte. Die verschiedenen Gruppen nicht-christlichsozialer Bürgerlicher, deren jeweilige Bezeichnungen oft nicht viel über ihre spezielle Wählerschaft oder ideologische Heimat aussagten, gewannen in knappen Stichwahlen zwischen Christlichsozialen und Sozialdemokraten eine neue Bedeutung. Es ist in diesem Zusammenhang im Hinblick auf die künftige christlichsoziale Strategie in Wien wichtig festzuhalten, dass das Gros des Zugewinns von 8.000 Stimmen im kleineren bürgerlichen Lager auf die Deutschnationalen und nicht auf die antiklerikalen Progressiven entfiel.

Diejenigen Wähler, die 1907 noch christlichsozial und 1911 entweder für die Sozialisten oder eine der liberalen oder nationalen Gruppierungen gestimmt hatten, waren allem Anschein nach haupsächlich Staatsbeamte, kleinere Angestellte, Angestellte im Dienstleistungssektor und ehemals sakrosankte Gemeindebedienstete.[96] Umgekehrt tendierten Handwerksmeister eher dazu, eigene Kandidaten oder einen der Strohmänner zu unterstützen, die Vergani aufgestellt hatte. Was die jüdische Gemeinde betraf, war der Wahlkampf nicht ohne ironische Schlaglichter: Die Christlichsozialen waren ihnen so verhasst, dass jüdische Wähler sich bereit fanden, in Währing für Leopold Waber zu stimmen, der in seinem Programm Anliegen der Beamtenschaft mit nationalistischem Antisemitismus verband.[97]

Die Wahlen von 1911 waren in mehrfacher Hinsicht atypisch. In den Gemeinderatswahlen in der Vierten Kurie im Jahr 1912 gewannen die Christlichsozialen erstaunliche 11 von 21 Sitzen, ein viel besseres Ergebnis als im Jahr zuvor. In der Parlamentsnachwahl in der Leopoldstadt vom Oktober 1913 holte sich die Partei ein wichtiges Mandat von den Sozialdemokraten zurück – wichtig deshalb, weil dieser Bezirk überwiegend von Juden und Arbeitern bewohnt war und somit keineswegs optimale Bedingungen für die Partei gegeben waren. Heinrich Mataja gelang dieses Kunststück, indem er einen Teil der Beamtenschaft, die 1911 den Christlichsozialen abhanden gekommen war, zurückholte und mit lokalen Deutschnationalen einen Pakt aushandelte, der ihm ihre Unterstützung sicherte. Matajas Sieg ließ die Möglichkeit offen, dass die Christlichsozialen noch immer mit beträchtlicher Unterstützung seitens des mittleren und unteren Mittelstandes rechnen konnten, vorausgesetzt, es gelang, die Konsumentenpreise zu stabilisieren und die Wiener Partei unter der Führung von Richard Weiskirchner zu reorganisieren. Hätte Bienerth nicht vorzeitig Wahlen angesetzt und wäre die Funktionsperiode des Abgeordnetenhauses erst im Mai 1913 ausgelaufen, dann ist es sehr wohl denkbar, dass die christlichsoziale Partei bei Wahlen, die dann in einem stabileren Umfeld stattgefunden hätten, eine knappe Mehrheit der Parlamentssitze für Wien hätte behaupten können.⁹⁸

In den sozialdemokratischen Interpretationen des Siegs bildeten sich verschiedene Schwerpunkte heraus. Themen, die von jüngeren sozialistischen Kommentatoren bevorzugt angesprochen wurden, waren die neue Hegemonie einer antiklerikalen Kultur und der unerbittliche Hass auf die Christlichsozialen. Victor Adler mochte z.B. bei einer sozialistischen Wahlversammlung in Währing den Arbeitern empfehlen, ihre Stimmen Leopold Waber und Wilhelm Pollauf als Kompromisskandidaten zu geben, ohne dass er sich tatsächlich mit dieser Empfehlung identifizierte. Er machte keinerlei Zusicherungen bezüglich der persönlichen Ehrenhaftigkeit oder Verlässlichkeit dieser Männer. Sie hatten nur einen Vorzug: sie waren keine Christlichsozialen. Einigen seiner jüngeren Kollegen standen offenbar andere und anspruchsvollere Aussichten vor Augen. In einer Rede zur Stichwahl in der Josefstadt argumentierte Ludo Moritz Hartmann, den Sozialdemokraten und den Liberalnationalen seien zwei wichtige Werte gemeinsam: beiden lag an der Aufrechterhaltung der nationalen Identität und an moderner Bildung. Unter Verweis auf Erfahrungen, die man in Deutschland gemacht habe, riet Hartmann den Bürgerlichen, den sozialistischen Beitrag zur Bildungsarbeit zu erkennen und zu würdigen: »Dass die Sozialdemokratie im Volke eine Bildungsmission erfüllt, das haben im Deutschen Reiche die hervorragendsten Gelehrten zugestanden.« Im Anschluss an seine Ausführungen sprach der Fabier Michael Hainisch, der hier auch als Vertreter der österreichischen Intelligenz auftrat, Hartmann in besonders emphatischer Weise sein Lob aus: »In einer Reihe von Kulturproblemen marschiert durch ihn allein Österreich an der Spitze. ... Jeder ernste Mensch, dem es in Wahrheit um das Wohl des Volkes zu tun ist, muss mit allen zehn Fingern arbeiten, dass Hartmann ins Parlament kommt.« Der Antiklerikalismus schuf nicht nur einen gemeinsamen Feind, sondern implizierte auch ein gemeinsames Werteprogramm.⁹⁹

Ähnliche Ansichten finden sich auch in einer Analyse wieder, die ein anderer junger Sozialist, Karl Leuthner, vornahm – er hatte Robert Pattai in der Stichwahl in Mariahilf aus dem Rennen geworfen. Ungeachtet der zusätzlichen Rolle, welche Korruption und Inflation auch Leuthners Ansicht nach spielten, glaubte er, den Schlüssel zur Zusammenarbeit zwischen Sozialdemokraten und Progressiven im kulturellen Ressentiment gefunden zu haben. Dass Tausende jüdischer Wähler gegen die Christlichsozialen votierten, sei kaum überraschend. Warum aber verließen ehemals christlichsoziale antisemitische Wähler ihre Partei in hellen Scharen? Wie erklärte sich dieses Phänomen? Leuthner glaubte, eine Antwort gefunden zu haben:

> Alles dieses [die Dissidenz, Anm. d. Verf.] aber noch genährt aus einer tiefern Quelle. Es gibt eine Schärfe des Hasses, die sich nur im politischen Leben katholischer Länder entwickelt, wo eine klerikale oder klerikal gefärbte Partei die Obmacht hat. Das Klerikale übt auf alle geistig reicheren, kulturell interessierten Kreise eine Abstoßungskraft aus. Sogar in den Tagen des höchsten Triumphs hielten sich von den Christlichsozialen die Intelligenzen fern.[100]

Leuthner und Hartmann waren nicht die einzigen, die den Juni 1911 als einen Sieg des Antiklerikalismus über den Klerikalismus und des kulturellen Fortschritts über die kulturelle Reaktion sahen. In der *Arbeiter-Zeitung* erklärte Friedrich Austerlitz, »so viel auch Bürger und Arbeiter trennt, so wurzeln doch beide im modernen Wirtschaftsleben, beide in städtischer Kultur, beide im Geistesleben unserer Zeit«.[101] Für beide Gruppen war der Klerikalismus ein gemeinsames Feindbild, ein Überbleibsel der Gegenreformation, das dem modernen Menschen eine veraltete Form von Autorität aufoktroyierte. 1908 hatte Friedrich Austerlitz ein vernichtend negatives, aber brillantes Porträt Gessmanns in *Der Kampf* veröffentlicht, in dem er zu Recht Gessmann als einen Repräsentanten der zweiten Phase der christlichsozialen Bewegung ansah, in der sich diese bereits von Luegers Lokalismus ab- und dem Klassenkonflikt auf staatlicher Ebene zugewandt hatte.[102] Gessmanns politischer »Tod« im Jahr 1911 und das angeblich bevorstehende Ableben seiner Partei schienen jetzt den Beginn einer dritten Phase zu signalisieren, in dem die Sozialdemokratie, unter Einsatz kultureller Waffen ebenso wie solcher des Klassenkampfes, zur Offensive gegen ein verwirrtes und entmutigtes Bürgertum übergehen konnte.

Es ist eher anzunehmen, dass die sozialistischen Siege des Jahres 1911 sich der inflationsbedingten Unzufriedenheit der Konsumenten verdankten und ihrem mangelnden Verständnis für die innerparteilichen Fehden der Christlichsozialen als dem Interesse der Wähler an der Aussicht auf einen neuen, einerseits antiklerikalen und andererseits doch wieder merkwürdig »religiösen« Typus des Wieners. Heinrich von Tschirschky[103] diagnostizierte sehr treffend die »Anti«-Stoßrichtung des Wahlkampfs, indem er sagte:

> Das Resultat ist bisher aber ein sehr negatives: nämlich die Niederringung der christlichsozialen Machthaber. Die Wähler haben sich aber nicht den Kopf dar-

über zerbrochen, was und wer nun an die Stelle der besiegten Partei und deren Führer zu stellen sein wird, und ob man nicht durch die Wahl so vieler Sozialisten den Teufel durch Beelzbub ausgetrieben hat. Der mehr dem Gefühle als politischer Überlegung folgenden Masse schwebte nur ein Ziel vor Augen: nieder mit den reichgewordenen christlichsozialen Partei-Häuptern.[104]

Das Wahlergebnis bedeutete auch nicht das Ende der christlichsozialen Partei in Wien. Unter den denkbar schlechtesten Bedingungen, ohne effektive Führung auf der Gemeinde- und der Staatsebene, hatten die Bezirksorganisationen immerhin 128.000 Stimmen eingefahren. Indem allerdings die Wähler im Juni 1911 die Partei ihres Wiener Kontingents im Parlament beraubten, brachten sie einen Prozess radikaler Reform in der Wiener Partei ins Rollen ebenso wie eine entschiedene Verlagerung der Macht innerhalb der Reichspartei in Richtung der alpenländischen Gebiete im Westen des Landes.

Versuche einer Reorganisation der Christlichsozialen Partei: 1912–1914

Die Verluste vom Juni 1911 hatten unmittelbare Auswirkungen auf die Führungsspitze der christlichsozialen Partei. Gessmann hatte darauf bestanden, dass er im Wahlkampf Regie führen werde, und so wurde ihm auch jetzt die Hauptverantwortung für das Wahldebakel angelastet. Zutiefst erschöpft nach Jahren des politischen Kampfes legte er jetzt die meisten Parteiämter zurück; er übertrug Funder sogar seine Anteile an der *Reichspost* und gelobte, nie wieder eine Führungsposition in der Partei anzunehmen. Max von Beck gegenüber, dessen politische Karriere er drei Jahre zuvor untergraben geholfen hatte, beklagte Gessmann jetzt die Ungerechtigkeit und die Unberechenbarkeit des Lebens in der Politik, das in Österreich »den Charakter verdirbt«. Er betonte, die Ergebnisse der Wahlen seien keine Überraschung gewesen und er habe sie schon Monate davor Bienerth gegenüber vorhergesagt.[105] Fortan herrschte bis zum Zusammenbruch der Monarchie 1918 zwischen Gessmann und Weiskirchner ein Klima gespannter Feindseligkeit, welches während des Ersten Weltkriegs nachteilige Folgen auf die Regenerationsfähigkeit der Partei hatte.[106]

Eine zweite unmittelbare Folge des Debakels war, dass Richard Weiskirchner seinen Kabinettsposten in der Regierung Bienerth niederlegte, die sich selbst nur mehr bis zum 28. Juni 1911 im Amt halten konnte. In den nächsten zwölf

Monaten widmete sich Weiskirchner ausschließlich dem Wiederaufbau der in Wien darniederliegenden politischen Organisation. Er stand dabei vor einer ungeheuer schwierigen Aufgabe, denn im Juli 1911 wurde der schwelende Bürgerkrieg zwischen der Fraktion Gessmanns und derjenigen von Hraba und Vergani in die Straßen und Versammlungslokale Wiens getragen und führte zu offenen Zusammenstößen zwischen den Kräften Kunschaks und der stärker national orientierten Fraktion unter Robert Pattai, Adolf Gussenbauer und Anton Nagler. Sollte es sich als unmöglich erweisen, in der Partei wieder Ordnung herzustellen, dann drohte ihr 1912 ein sicheres Desaster bei den Gemeinderatswahlen. Weiskirchner zeigte sich indes der Herausforderung gewachsen und übernahm die Rolle des Vermittlers und Schlichters.

Mitte Juli 1911 beschloss der Bürgerclub, den von Gessman im März ad hoc vorgestellten Plan zur Reorganisation der Wiener Partei nicht umzusetzen und schuf stattdessen ein neunköpfiges Komitee, das Pläne für die Zukunft der Wiener Partei ausarbeiten sollte. Das Komitee, das nur einen Vertreter des Arbeiterflügels – Kunschak – aufwies, beauftragte seinerseits Weiskirchner und Steiner mit der Abfassung eines neuen Parteistatuts, das vom ganzen Bürgerclub im Oktober 1911 gebilligt wurde und eine klare Trennung der Einflussbereiche innerhalb der Partei zwischen der Parteizentrale und den Bezirken vorsah. Weiskirchner richtete auch ein eigenes Sekretariat für die Wiener Partei ein, das mit mehreren fähigen und ihm ergebenen jungen Beamten besetzt wurde. Liechtenstein blieb nominell der Vorsitzende, Weiskirchner hatte das Sagen. Dem Sekretariat war beim Neuaufbau der Wahlkampfmaschine der Partei eine koordinierende Rolle zugedacht. Auf dem Parteitag, der für Januar 1912 zur Ratifizierung der Parteistatuten einberufen wurde – der Bürgerclub und die Niederösterreichische Landtagsdelegation hatten sie bereits Ende 1911 angenommen –, ließ Weiskirchner seine Absicht durchblicken, jetzt das Amt in Anspruch zu nehmen, das Lueger ihm hinterlassen hatte.[107] Angesichts einer drohenden Revolte im *Bürgerclub* wegen seiner Unfähigkeit und unter schwerem Beschuss seitens der sozialdemokratischen Delegation im Gemeinderat, sah Josef Neumayer sich gezwungen, sein Amt als Bürgermeister im Dezember 1912 zurückzulegen; Weiskirchner wurde sofort als sein Nachfolger bestätigt und trat sein Amt Anfang Januar 1913 an.[108] Weiskirchners beherrschende Stellung in der Partei, die er mit seinem alten Verbündeten Leopold Steiner teilte – Steiner führte jetzt den Vorsitz im Bürgerclub – stellte eine Situation wieder her, die an Luegers Verbindung der Positionen von Parteichef und Bürgermeister in seiner Person denken ließ.

Das Statut, welches der Parteitag von 1912 annahm, führte in der Partei drei Vertretungsebenen ein.[109] Die unterste Einheit waren weiterhin die politischen Bezirksvereine, und die Parteimitgliedschaft war jetzt mit der offiziellen Mitgliedschaft in einem der Vereine im jeweiligen Wohnbezirk gegeben. Jeder Verein hatte gemäß den Statuten das Recht, in das *Bezirkswahlkomitee* eine bestimmte Zahl von Delegierten zu entsenden; die Zahl wurde aufgrund der Mitgliederzahl jedes Vereins im Verhältnis zu den anderen Vereinen in diesem Bezirk berechnet. Das Bezirkswahlkomitee seinerseits war jetzt als permanente Körperschaft organisiert; den Vorsitz führte dabei in jedem Bezirk der lokale Bezirksvorsteher. Zu seinen Aufgaben gehörte die Empfehlung von Leuten, die bei Wahlen als Kandidaten für Posten auf Bezirksebene in Frage kamen. Die 21 Bezirkswahlkomitees in Wien wählten dann je drei Delegierte zum *Weiteren Beirat*, eine Art Parteirat mit 63 Mitgliedern, in dem Fragen der offiziellen Parteilinie und -strategie behandelt wurden und der auch als zentrales Wahlkomitee fungierte. Der *Weitere Beirat* wählte seinerseits einen neun Mitglieder umfassenden *Engeren Beirat*, dessen Aufgabe die eigentlichen Amtsgeschäfte der Partei waren. Der Bürgermeister von Wien und der Niederösterreichische Landmarschall – 1913 waren dies Weiskirchner und Liechtenstein – waren Mitglieder des *Engeren Beirats* ex officio.

Zu Luegers Zeiten tendierte die Parteiführung dazu, sich auf seine Person zu konzentrieren sowie auf eine kleine Gruppe von Kollegen, denen Lueger kraft seiner Machtvollkommenheit einen gewissen Macht- und Autoritätsanteil überließ. Das neue Statut schuf, mindestens auf dem Papier, einen geordneteren und stärker repräsentativen Autoritätsrahmen. Dass das Bezirkswahlkomitee alle Delegierten der Bezirksvereine und alle lokalen Notabeln auf einer permanenten, durch Wahlen beeinflussbaren Basis umfasste, musste dazu führen, dass die Macht der Bezirksvorsteher innerhalb eines weiteren Kreises von vereinsmäßigen Interessen institutionalisiert und legitimiert wurde. Sie würden um nichts weniger mächtig sein, aber es würde für die Öffentlichkeit leichter sein, sie für ihre Taten zur Verantwortung zu ziehen.

In der Theorie war so Vorsorge getroffen, dass jede berufsmäßige oder gesellschaftliche Gruppe im jeweiligen Bezirk wenigstens bis zu einem gewissen Grad im Bezirkswahlkomitee vertreten war. In der Praxis zeigte sich aber in fast allen Bezirken, dass die älteren bürgerlichen Gruppen die Komitees nicht aus ihrem Würgegriff entließen, indem sie sich einfach weigerten, genaue Mitgliederzahlen zu veröffentlichen – oft genug waren sie kleiner als Kunschaks Arbeitervereine und hatten mehr Doppel- und Mehrfachmitgliedschaften; als Platzhirsche nahmen sie trotzdem für sich das Recht in Anspruch, in den Komitees die Mehrheit zu stellen. Da niemand im Rathaus die Möglichkeit oder auch nur die Motivation hatte, die Veröffentlichung der Mitgliederzahlen zu erzwingen, blieb der status quo häufig unverändert erhalten.[110] Kunschaks Anhänger in der Leopoldstadt fragten gekränkt im Dezember 1912 an, wie es denn möglich sei, »dass der *Bund der deutschen Antisemiten* [ein Verein von Nationalen, der sich der Partei angeschlossen hatte, Anm. d. Verf.], der am Papier eine Mitgliederzahl von circa 600 ausweist, 17 Vertreter im Wahlkomitee hat, und die christlich-sociale Arbeiter Bezirksorganisation, welche zusammen gegen 4000 tatsächlich zahlender Mitglieder aufweist und aus 24 Vereinen zusammengesetzt ist, blos [sic] 12 Vertreter im Wahlkomitee besitzen [sic]?«[111] Weiskirchner wusste darauf keine befriedigende Antwort.

Das neue Sekretariat der Stadtpartei in der Josefstädter Straße übernahm eine breite Palette scheinbar banaler Aufgaben; in Wahrheit jedoch waren sie für die Reorganisation der Partei von entscheidender Bedeutung, um sie auf künftige Auseinandersetzungen mit den Sozialisten vorzubereiten. Ein Großteil des Werbematerials für Wahlen zum Gemeinderat, Landtag und Parlament wurde fortan in diesem Sekretariat geschrieben, auf Parteikosten gedruckt und erst dann an die Bezirksvorsteher und ihre Wahlkomitees oder an die Parteipresse verteilt.[112] Das Sekretariat übernahm auch die Zuteilung politischer Wahlhelfer und Agitatoren vor Wahlen, die Anmietung von Räumlichkeiten als lokale Wahlhauptquartiere, die Verteilung von Parteianhängern auf die verschiedenen Bezirke je nach Bedarf und die Anmietung einer Flotte von Kraftfahrzeugen, die den Bezirksorganisationen am Wahltag zur Verfügung gestellt wurden.[113] Das Büro verwaltete auch den Parteifonds und führte regelmäßig (und erfolgreich) Spendenaktionen durch, um den Wahlkampffonds der Partei aufzufüllen; bevorzugte Ansprechpartner dafür waren große Firmen, die mit der Stadtverwaltung in Geschäftsbeziehung standen und mit weiteren städtischen Aufträgen rechneten. Das Sekretariat war auch zuständig für die Terminvergabe für Auftritte von Gemeinde- und Landespolitikern bei Wahlkampfveranstaltungen und für eine entsprechende Bewerbung der Auftritte lokaler Kandidaten in der Presseberichterstattung. Weiskirchner ermutigte auch die Gründung christlichsozialer Bezirksblätter durch die Bezirksorganisationen und verhalf diesen Blättern sowohl zu direkten Subventionen wie auch zu Werbeeinschaltungen durch die kommunalen Betriebe.[114] Weiters wurden Treffen der Herausgeber von Stadt- und Bezirkszeitungen organisiert, bei denen die Parteipolitik und bestimmte, von der Parteiführung gewünschte Artikel zur

Sprache kamen. Eine wesentliche Quelle parteiinterner Streitigkeiten war von dem Augenblick an beseitigt, da Ernst Vergani die Herausgeberschaft des *Deutschen Volksblatts* an ein neues Investorenkonsortium abtrat und sich selbst von der Zeitung zurückzog. Anfang 1914 stellte das Sekretariat mit Befriedigung fest, dass sich das Blatt jetzt loyal an die vom Bürgermeister vorgegebene Linie hielt. Weiskirchner gelang es somit, einen zunächst probeweisen, aber immerhin funktionierenden Zustand herzustellen, in dem die Christlichsozialen in Wien wieder mit einer Zunge sprachen. Die Zeit der internen »Stinkbomben der Verleumdung« – Friedrich Funders Ausdruck –, welche die kollektive Präsenz der Partei 1911 so unerträglich gemacht hatten, war vorbei.

Weiskirchner setzte das Sekretariat auch und in besonders wirkungsvoller Weise als eine neutrale Schlichtungsstelle ein, die bereit stand, um in örtlich begrenzten Bezirksfehden zu vermitteln und sie beizulegen; diese Unruheherde waren in der post-Lueger Ära zu einem chronischen Problem ausgeartet. Die Wirksamkeit des neuen organisatorischen Netzwerks war bereits bei den Gemeinderatswahlen von 1912 sichtbar, als die Reihe an die alles entscheidende Zweite und Vierte Kurie kam. Liberale und sozialdemokratische Blätter schwelgten in Visionen einer zweiten christlichsozialen Katastrophe von derselben Größenordnung wie im Juni 1911, die vielleicht sogar die Kontrolle der Partei im Rathaus zum Wanken brachte. Beide Gruppen bedienten sich in ihrer Wahlpropaganda ähnlicher Vorwürfe wie 1911 – Korruption, Klerikalismus, Inflation – aber das Resultat blieb weit unter ihren Erwartungen.[115] Die alteingesessenen Bezirksvorsteher standen der Disziplin, die das Sekretariat von oben zu erzwingen suchte und die für sie neu war, zunächst ablehnend gegenüber und setzten auf Zeit. Dann aber kam Leben in den neuen Parteiapparat und es zeigte sich, dass die Arbeit des Winters nicht umsonst gewesen war. In der Stadt waren Hunderte bezahlter Agitatoren flächendeckend aktiv; Wähler wurden in eigenen Fahrzeugen zum Wahllokal gebracht; spezielle Stützpunkte für die Wahlagitation wurden an neuralgischen Punkten eingerichtet, um den Wahlkampf Straße für Straße zu organisieren. Das Sekretariat leistete Unterstützung bei über 400 Wahlversammlungen in den Wochen unmittelbar vor der Wahl.[116] Die Partei behauptete erfolgreich ihre 11 (von insgesamt 21) Sitzen in der allgemeinen Vierten Kurie und gewann turmhoch in der Zweiten Kurie (39 von 46 Sitzen); sie hatte den Gemeinderat somit weiter fest in der Hand.[117] Im Frühjahr 1914 fuhr sie noch bessere Ergebnisse in der Dritten Kurie ein – sie gewann alle 46 Sitze, die es zu gewinnen gab, und radierte die Opposition praktisch aus. In einem privaten Brief an Weiskirchner im März 1914 fand selbst Albert Gessmann Worte der Anerkennung für dessen Leistung; es war Weiskirchner tatsächlich gelungen, die Partei aus den chaotischen Zuständen herauszuführen.[118]

Weiskirchners Siege in den Jahren 1912–14 verdankten sich zum Teil der Stabilisierung der Lebensmittelpreise, die zur Neutralisierung der Preisinflation beitrug; der Bürgermeister hatte nichts dazu getan, um diese Entwicklung herbeizuführen, profitierte aber beträchtlich von ihr.[119] Ein weiterer wichtiger Faktor war auch seine Bereitschaft, sich in ein gutes Einvernehmen mit deutschnationalen Politikern in Wien und ihren nationalistischen Mentoren außerhalb Wiens zu setzen und mit ihnen zusammenzuarbeiten. Wahlbündnisse zwischen der Partei und verschiedenen kleinen nationalen Gruppen, die 1912–13 ausgehandelt worden waren, brachten der Partei diejenigen Wechselwähler aus der Beamtenschaft zurück, die willens waren, Weiskirchner die Chance zu geben, der Partei ein zentristisches, antiagrarisches, säkulares Profil zu verschaffen.[120] Im Gegensatz zu den ländlich-bäuerlichen Niederösterreichern unter Josef Stöckler, die den Deutschnationalen in ihren Wahlbezirken den Krieg erklärt hatten, entschied sich Weiskirchner für die genau gegenteilige Politik.[121] Heinrich Mataja, der 1913 bei seiner Nachwahl in der Leopoldstadt in den Genuss der Früchte dieser Kompromisse kam, musste jedoch einräumen, in manchen Parteikreisen bestünden Bedenken, dass »durch diese Annäherung unsere Parteigrundsätze leiden könnten«.[122]

Das negative Echo, das die auf Ottakring, Josefstadt, Neubau und die Innere Stadt konzentrierten Septemberunruhen zur Folge hatten, war ein weiterer Faktor, der Weiskirchner half, die im Juni verlorenen bürgerlichen Stimmen zurückzugewinnen. Mitte September wollten die Sozialdemokraten einen ihrer schon bekannten Protestaufmärsche gegen die Inflation und gegen die Entscheidung der Regierung organisieren, den Import von Fleisch aus Argentinien zu verbieten; dabei gerieten die Massen außer Kontrolle und am Ende der zweitägigen Krawalle waren 263 Protestierer in Haft, 52 verletzt und 4 tot. Die Altersverteilung bei den Arrestanten – mindestens 152 waren unter 25 und 197 noch unverheiratet – legt nahe, dass hier, wie bei ähnlichen Gelegenheiten, Arbeitslose und *Junge* die Hauptrolle spielten und nicht reguläre Gewerkschafts- oder Parteimitglieder; aber die hohen Sachschäden – 350 Geschäfte wurden verwüstet und zum Teil geplündert – machten es den Sozialisten sehr schwer, jede Verantwortung von sich zu weisen. Die Ausschreitungen vom September 1911 versetzten harmlose Kleinbürger in Angst und Schrecken und widerlegten Karl Leuthners Prophezeiung, der Antiklerikalismus werde das neue, alles beherrschende Thema der Wiener Politik sein. Obwohl Weiskirchner die Ausschreitungen verurteilte, kamen sie ihm andererseits zweifellos höchst gelegen, denn sie lenkten die Aufmerksamkeit der Öffentlichkeit ab von Themen wie »Rathauskultur« und Korruption und stellten die Wirtschaft wieder in den Mittelpunkt – noch dazu in einer Weise, welche die Sozialdemokraten in die Defensive trieb. Die deutsche Botschaft berichtete nach Berlin: »So brachte der 17. September den Wiener Sozialisten-Führern einen politischen Misserfolg und – sicherlich nicht zum Schaden der christlichsozialen Partei – dem Wiener kleinen und mittleren Bürgertum den zwischen ihm und der Sozialdemokratie bestehenden Gegensatz wieder zum Bewusstsein.«[123]

In der Verwaltung der Stadt änderte sich verglichen mit der Luegerära unter Weiskirchner in der Zeit unmittelbar vor dem Krieg 1913–14 nur wenig. Die fehlende Bereitschaft der Partei, ernsthafte Schritte zur Lösung wichtiger Aufgaben zu unternehmen, wie z.B. einer Reform des Wohnwesens, die für die überwiegende Mehrheit ihrer wohlhabenden Wähler tabu war, sorgte weiterhin für Spannungen zwischen Weiskirchner und Kunschak und ihren jeweiligen Anhängern.[124] Wenn sich Weiskirchners Verwaltung nicht wesentlich von der seines Mentors unterschied, so galt dies nicht auch für sein Auftreten in der Öffentlichkeit. Er stellte sich dar als derjenige, der allein in der Lage war, verfeindeten bürgerlichen Eliten wieder die Zusammenarbeit mit dem Christlichen Sozialismus zu ermöglichen, um die Ergebnisse vom Juni 1911 bei der nächsten Wahl rückgängig zu machen. Es gab immer wieder Grußadressen aus dem Rathaus an prominente liberale Politiker, einschließlich Eduard Suess and Ernst von Plener; und Weiskirchner achtete besonders darauf, seiner Führung einen industrie- und außenwirtschaftsfreundlichen Anstrich zu geben; er tat, was er konnte, um immer wieder Treffen von Großindustriellen nach Wien zu holen, indem er die freundliche Haltung der Stadt (und der Partei) gegenüber derartigen Gruppen bei jeder Gelegenheit herausstrich.[125] Die Umsetzung der antisemitischen Politik in der öffentlichen Auftragsvergabe durch die Partei blieb weiterhin inkonsequent. So lange Frieden und Wohlstand währten, wurde diese »Laxheit« toleriert; gleich nach Kriegsbeginn sollte Weiskirchner für seinen taktischen »Liberalismus« in dieser Hinsicht abgestraft werden. Zugleich wurden die traditionellen Wähler der Partei aus dem Handwerksstand nicht vergessen. Weiskirchner kündigte ostentativ Anfang März 1913 im Gemeinderat an, er habe die Niederösterreichische Finanzlandesdirektion aufgefordert, Geschäftsleuten, die mit ihrer Steuerzahlung im Rückstand waren, Schonung zu gewähren aufgrund des wirtschaftlichen Abschwungs während der letzten Jahre.

Auf diese Weise schlüpfte er in die Rolle eines »Freundes« des Klein- und Mittelbesitzes in der Stadt.[126] Die Ergebnisse bei den Wahlen von 1914 in der Dritten Kurie, als viele Handwerker, die sich im Jahr 1911 als Dissidenten abgewandt hatten, wieder in den Schoß der Partei zurückkehrten, schienen dieser Politik zunächst recht zu geben. Weiskirchner bemüht sich auch, die städtischen Beamten günstig zu stimmen, indem er ihnen im Dezember 1911 im Zusammenhang mit einem neuen Rangordnungssystem Gehaltsaufbesserungen anbot.[127]

Zu seinen Nachbarn in Niederösterreich hielt sich Weiskirchner auf Distanz. Als eine Gruppe christlichsozialer Aktivisten, die von den Gemeinden und Kleinstädten der Provinz aus agierten, Ende 1912 vorschlug, die Wiener Parteileitung solle sich an einem Koordinationskomitee mit ihnen and Stöcklers Niederösterreichischem Bauernbund beteiligen, spielte Weiskirchner auf Zeit – unter Verweis (durch das Sekretariat) auf die »wohlbekannten derzeitigen politischen Verhältnisse«, die dagegen sprächen. Die Teilnahme der Wiener Parteileitung würde »den ohnehin gerade genug heftigen Kampf der Wiener christlichsozialen Partei mit den vereinigten Gegnern nur noch erschweren.«[128] Der Kirche gegenüber nahm Weiskirchner einen freundlichen, aber leicht distanzierten Standpunkt ein. Subventionen an kirchliche Organisationen wurden weiter sehr großzügig gewährt, die Eröffnungsansprache beim Katholikentag von 1913 in Linz hielt jedoch nicht Richard Weiskirchner, sondern Josef Porzer.

Schließlich gewann Weiskirchner noch einen wichtigen Verbündeten in der Person Richard Bienerths, als dieser Mitte 1911 in der Nachfolge Erich Kielmanseggs Statthalter wurde. Bienerth bewies als Statthalter ebenso wenig Tatkraft wie als Ministerpräsident, aber er suchte mit großem Eifer Weiskirchners Rat zu heiklen politischen Themen. Laut Kielmansegg schickte Bienerth sogar wichtige Dokumente ans Rathaus zur Begutachtung durch Weiskirchner. Derartige Einflussmöglichkeiten, die 1914 noch größer wurden, als Weiskirchner sich zu Liechtensteins Landmarschallstellvertreter küren ließ, verbesserten natürlich die Stellung Wiens innerhalb der Niederösterreichischen Landesregierung.[129]

Der Status Quo kommt unter Druck

Am Vorabend des Ersten Weltkriegs schien die Zukunft für die Stadt Wien und ihre politischen Führer nur Gutes zu versprechen. Zwar hatte die Stadt während der zwei Balkankriege und durch die Teuerung von 1910–11 wirtschaftlich gelitten, aber sie gewann schnell ihre alte Stärke zurück und stand aller Voraussicht nach vor langfristigem Wachstum. Immer noch floss immenser Reichtum nach Wien und jedes Jahr brachte neue, erfolgversprechende industrielle und kommerzielle Projekte; nie zuvor war verfügbarer Reichtum für die mittleren und oberen Schichten der Wiener Gesellschaft in größerem Ausmaß vorhanden gewesen. Die Infrastruktur der Stadt wurde kontinuierlich weiterentwickelt und zugleich verbessert, wobei mehr Wohnbauten errichtet oder umgebaut wurden (zwischen 1901 und 1912 stieg die Zahl der Häuser und Zinshäuser von 33.600 auf mehr als 42.000 und die Zahl der Wohnungen von 379.750 auf fast 500.000). Außerdem wurden die Straßen verbreitert und erneuert; das eben elektrifizierte Straßenbahnnetz wurde ständig erweitert, u.a. durch Linien in Bezirke am Rand der Großstadt, wie Mauer, Lainz, Kagran, Freudenau, Stammersdorf; und zusätzliche neue Schulen wurden ihrer Bestimmung übergeben – 70 an der Zahl zwischen 1902 und 1912.[130] Richard Weiskirchner stand einer gewaltigen Gemeindebürokratie vor, die Wien im allgemeinen effektiv verwaltete und durchaus auch ein Ohr für darüber hinausgehende Anliegen der Öffentlichkeit hatte.

Trotzdem war die Vorstellung von Wien als langfristige politische Heimat der christlichsozialen Partei illusionäres Wunschdenken. Die gesamte Struktur christlichsozialen Regierens baute auf der expliziten Entrechtung und Marginalisierung großer Massem von teils katholischen, teils nicht katholischen Erwachsenen der Unterschicht auf. Die Jahre 1911 bis 1914 waren noch dazu für diejenigen, die sich sowohl von der Ideologie wie auch von der politischen Selbsteinschätzung her als Katholiken betrachteten, besonders frustrierend. Es gab kaum eine Möglichkeit, sich dem Streit zu entziehen; insbesondere bestanden Spannungen zwischen dem Arbeiterflügel Leopold Kunschaks und der Mutterpartei, die vom Rathaus aus gesteuert wurde. In seiner Verbitterung, die bei ihm nach dem Juni 1911 einsetzte, schob Gessmann sogar die Schuld auf Lueger, indem er auf dessen »wahrhaft parteifeindliche Haltung« verwies – er meinte damit Luegers Ablehnung einer Parteiorganisation –, auf Luegers in seinen Augen wenig glückliche Auswahl der Personen für Führungspositionen und auf dessen angebliche »herostratische Tendenz«, die ihn habe wünschen lassen, dass »die Partei mit ihm aus sein solle«.[131] Ohne diese Vorwürfe im einzelnen zu bewerten, soll hier nur festgehalten werden, dass sie gut zu Gessmanns eigener *Reichspartei*-Rhetorik passten. Von den verschiedenen Gruppen der Wiener Partei hegten offenbar nur mehr Leopold Kunschak und die jüngeren Mitglieder des Arbeiterflügels die Vision einer universalen Politik und einer klassenübergreifenden sozialen Aussöhnung.[132]

Es ist nicht überraschend, dass viele jüngere und – relativ gesprochen – fortschrittlichere Parteimitglieder Albert Gessmann recht gaben, dass die Partei jetzt dringend einer tiefgreifenden Reform und Neubelebung bedürfe. Die Christlichsozialen standen, so hatte es den Anschein, zwischen zwei Welten und waren außerstande, sich zu entscheiden, in welcher von beiden sie leben wollten: Würden sie für die Beibehaltung des alten Kurialwahlrechts in Wien kämpfen und versuchen, einen Zustand aufrecht zu erhalten, in dem sie auf bürgerliche Interessengruppen angewiesen waren, oder würden sie alle derartigen künstlichen Machwerke des 19. Jahrhunderts aufgeben, sich hinter ein Verhältniswahlrecht werfen und den Sozialdemokraten mit einer neuen, auf die Massenwahlrechts-Demokratie abgestimmten, sozialen Strategie die Stirne bieten?[133]

Von entscheidender Bedeutung für die christlichsoziale Bewegung und für den Konservativismus in Österreich im allgemeinen war das Auftauchen einer Riege junger Politiker und religiöser Aktivisten nach 1907, die sich von der Politik ganz andere Dinge erwarteten als die christlichsozialen Funktionäre der Lueger-Generation. In einem Beitrag zu den *Sozialistischen Monatsheften* im Juli 1911 hatte Karl Leuthner behauptet, bei den Christlichsozialen fehle es an ernsthafter Beschäftigung mit Ideen. Als diese jungen Aktivisten 1914 in der Partei Fuß gefasst hatten, traf das nicht mehr zu.[134] Leopold Kunschak und seine Anhänger waren Teil dieser jüngeren christlichsozialen Vorhut. Kunschaks Arbeiterflügel war für das christlichsoziale Debakel vom Juni 1911 am allerwenigsten verantwortlich; schließlich hatte ihm die Parteiführung nur drei der 33 Wiener Mandate überlassen, wogegen Kunschak durch die Aufstellung von drei weiteren Kandidaten seiner Arbeiterbewegung als Unabhängige protestierte. Nach der verheerenden Niederlage bemühte er sich in einer heftigen Auseinandersetzung um substantielle Veränderungen; sie betrafen die Zuteilung von politischen Ressourcen durch die Parteizentrale, eine striktere Disziplin in der Wahlpolitik, mehr Mitspracherecht für seine Fraktion bei der Auswahl der Kandidaten und eine Neuorientierung der Partei, in der katholische und soziale Schwerpunkte stärker berücksichtigt wurden.[135] Sein Dilemma blieb jedoch gegenüber 1911 weitgehend das gleiche – er unterstellte potentielle Heerscharen christlichsozialer Wähler in der Wiener Arbeiterschaft, aber niemand wusste genau zu sagen, wie hoch ihre Zahl tatsächlich war und wie widerstandsfähig sie sich gegenüber sozialistischen Abwerbeversuchen erweisen würden.

Wichtiger für den langfristigen Wiederaufbau der Partei als Kunschaks Arbeiterflügel war jedoch eine Gruppe jüngerer katholischer Intellektueller und

Verwaltungsbeamter, die sich in Wien nach 1907 der Christlichsozialen Partei anschloss, um eine zunehmend wichtigere Rolle und ein größeres Maß an Verantwortung zu beanspruchen. Viele dieser Aktivisten waren von Franz M. Schindler inspiriert, der von 1888 bis 1917 eine Professur für Theologie an der Universität Wien innehatte. Er war Vorsitzender des Vorstands der *Reichspost*, und beeinflusste in dieser Eigenschaft sowohl Gessmanns Ansichten zu sozialen Fragen wie Funders Politik als Herausgeber. In seiner Arbeit als Gründer und Generalsekretär der *Leo-Gesellschaft*, eines katholischen Vereins zur Förderung von Wissenschaft und Kunst, organisierte Schindler, wie Franz Zehentbauer später feststellte, das gesamte katholische Laientum der Wiener Intelligenz.[136] Schindlers größter Beitrag zum Konservativismus in Österreich war wohl der Einfluss, den er durch seine Vorlesungen und Seminare zur Moraltheologie und christlichen Gesellschaftslehre auf junge Kleriker ausübte. Der prominenteste unter ihnen war Ignaz Seipel; aber ihre Zahl war groß und schloss auch eine Reihe anderer katholisch-klerikaler Intellektueller der Zwischenkriegszeit mit ein, wie Jakob Fried und August Schaurhofer.[137] Schindlers Studenten waren die Nachfolger der *Hetzkapläne* der 1880er Jahre, aber ihr Selbstverständnis war ein ganz anderes als das der bedrängten Pfarrer, die sich in Wien der antiklerikalen Beleidigungen zu erwehren suchten. Sie hatten ein abgeschlossenes Universitätsstudium und waren sich der übergreifenden intellektuellen und politischen Themen bewusst, mit denen sich der Christliche Sozialismus auseinanderzusetzen hatte; sie waren auch, wie das Leben von August Schaurhofer zeigte, viel eher bereit, unterschiedliche Lösungen für die Arbeiterfrage in Betracht zu ziehen.

Das Interesse für die soziale Frage in katholischen Kreisen der Wiener Universität war aber nicht auf Schindlers angehende Theologen beschränkt; es wurde auch von katholischen Laien geteilt, die oft mit Klerikern aus Schindlers Kreis zusammenarbeiteten und nicht selten einer der katholischen Studentenverbindungen angehörten, die sich nach 1900 durch besonderen Glaubenseifer und ihr in Auseinandersetzungen offen zur Schau getragenes Selbstbewusstsein auszeichneten. Nicht wenige dieser jungen Laien, wie z.B. Friedrich Funder, der Herausgeber der *Reichspost*, und Franz Hemala, der Herausgeber der *Christlichsozialen Arbeiterzeitung*, waren von Schindler geprägt. Zu diesem Kreis gehört auch Richard Schmitz, der auf die Rolle der Ideologie und der Parteizugehörigkeit in der Ersten Republik entscheidenden Einfluss ausübte. Die erste Hälfte seiner öffentlichen Karriere veranschaulicht beispielhaft den von Selbstbewusstsein getragenen intellektuellen Reifungsprozess dieser Generation junger Katholiken, deren Blick auf die Wiener Politik ein ganz anderer war, als der von Lueger, Gessmann u.a.

Schmitz wurde 1885, dem Jahr, in dem Lueger zum ersten Mal ins Parlament gewählt wurde, in Mähren geboren; vier Jahre später übersiedelte seine Familie nach Wien. Sein Vater, zunächst arbeitsloser Handwerker, dann Angestellter der Stadt Wien, vermittelte ihm seine glühende Bewunderung für Karl Lueger. Als Schüler des Elisabeth-Gymnasiums in Wien trat Schmitz der Marianischen Kongregation bei und wurde so Teil der neuen Welle öffentlich dokumentierter Religiosität, die auf die Tätigkeit Heinrich Abels in mittelständisch katholischen Kreisen ab 1890 zurückgeht.[138] An der Universität Wien trat er 1905 der katholischen Studentenverbindung Norica bei, wo er die für seine spätere Karriere entscheidenden professionellen und intellektuellen Kontakte knüpfte. Schmitz' Interessen lenkten ihn in Richtung Journalismus und radikale politische Agitation; 1905/06 hatte er seine ersten Auftritte bei lokalen Wahlkampfveranstaltungen im Zusammenhang mit dem allgemeinen männlichen Wahlrecht. Er fiel Albert Gessmann auf, der ihn 1906 mit dem Auftrag nach Böhmen schickte, an der Organisation des Wahlkampfes für den Landtag mitzuarbeiten. Schmitz war auch mit Kunschak und Hemala befreundet und arbeitete kurz als Redakteur für ihre Zeitung; dadurch hatte er die Möglichkeit, Kontakte innerhalb des christlichsozialen Arbeiterflügels zu knüpfen. Es folgte ein kurzer Aufenthalt in Tirol, wo Schmitz auf dem Höhepunkt der Wahrmund Affäre wesentlich an Gründung und Herausgabe einer katholischen Zeitung beteiligt war.[139] Er war tief beeindruckt von der Intensität und emotionalen Kraft des alpenländischen Katholizismus und dieser Typus von Frömmigkeit hinterließ bei ihm einen bleibenden Eindruck. Seine spätere »unwienerische« Prinzipientreue in Belangen der staatlichen Religionspolitik kann man sehr wohl als Folge dieser Begegnung mit dem Tiroler Puritanismus verstehen.

1910 holte Friedrich Funder Schmitz nach Wien zurück und bot ihm eine Stelle als Wirtschaftsredakteur der *Reichspost* an. »Wir [die *Reichspost*, Anm. d. Verf.] haben bereits sehr wertvolle Verbindungen zu Finanzkreisen, welche nur ausgenützt werden brauchen, um große redaktionelle Vorteile uns zu sichern.«[140] Diese Verbindungen machten es Funder auch möglich, Schmitz zur Mitarbeit einzuladen. Im Sommer 1911 wurde Schmitz dann Mitglied im reorganisierten *Volksbund der Katholiken Österreichs*. Diese Organisation – sie hieß ursprünglich *Nichtpolitische Zentralorganisation der österreichischen Katholiken* – war 1905 gegründet worden als Teil der Bemühungen österreichischer Katholiken, für ihre Bewegung entsprechende Institutionen zu schaffen. Eine Gruppe klerikaler Aktivisten unter Führung von Schmitz' Freund Gregor Gasser und einem von Franz Schindlers ehemaligen Studenten, August Schaurhofer, die sich den deutschen *Volksverein für das katholische Deutschland* zum Vorbild nahmen, hatte dann den vor sich hindümpelnden Verein zu einer schlagkräftigen Kaderorganisation umgebaut, ein Prozess, der im Juni 1910 zum Abschluss gekommen war. Der *Volksbund der Katholiken Österreichs* war jetzt bereit, den Kampf gegen die Gegner des Katholizismus, insbesondere gegen die österreichische Sozialdemokratie, aufzunehmen.[141]

Schmitz vermutete anfangs, der *Volksbund* sei bloß ein weiteres feudales Vehikel, um die katholische Aristokratie bei Laune zu halten; er überzeugte sich aber bald, dass hier sehr wohl das Potenzial vorhanden war, um den Katholizismus in Wien und zugleich damit auch den Christlichen Sozialismus wiederzubeleben. Er erkannte auch, dass eine intellektuelle Erneuerung die unabdingbare Voraussetzung für den Erfolg der Partei war: um die Verluste von Juni 1911 auszugleichen, bedurfte es der Formulierung eines klassenübergreifenden Sozialprogramms und militanter katholischer Werte. Im Juli 1911 wurde Schmitz administrativer Leiter des *Volksbunds* und erhielt auch eine führende redaktionelle Rolle in dessen Publikation *Volkswohl*. 1913, als sich August Schaurhofer vorzeitig zurückzog, übernahm Schmitz die Gesamtleitung des *Volksbunds*.

Nach 1900, als die Christlichsoziale Partei binnen kurzem ihren Platz in der Landschaft etablierter Parteien fand und zunehmend attraktiv für potentielle Geldgeber wurde, gewann sie im Zug des Generationenwechsels einen jungen Kader urbaner, hoch artikulierter Anhänger mit Gymnasiums- und Universitätsausbildung, von denen die Mehrzahl katholischen Studentenverbindungen angehörte.[142] Nicht wenige dieser Hochschulabsolventen kamen in der Beamtenschaft der Stadt-, Landes- oder Staatsbürokratie unter oder in Anwaltsbüros; nachdem sie dort Einfluss und Macht erlangt hatten, waren sie in der Lage, der Partei nach 1919 in ihren kulturellen und finanziellen Auseinandersetzungen mit den Sozialdemokraten zu helfen. Der christlichsoziale Anwalt und Finanzexperte Victor Kienböck ist ein gutes Beispiel für diese Art Laufbahn.[143] Andere – Schmitz, Funder, Hemala – wirkten in katholischen Vereinen und journalistischen Unternehmungen und gelangten auf diesem Weg zu politisch prominenten Positionen in der Ersten Republik. Josef Scheicher notierte in seinen Memoiren, dass Albert Gessmann sich regelmäßig um Nachwuchs in diesen katholischen Studentenkreisen umsah.[144] Sie fühlten sich persönlich einem stark reformerisch ausgerichteten, ideologisch aggressiven sozialen Katholizismus verbunden und sahen die Christlichsoziale Partei nicht als ein Sammelbecken von Anti-Gruppen, sondern als Bollwerk einer ganz spezifischen katholischen Mentalität, die von den älteren Parteigranden wie Lueger und sogar von Gessmann selbst als doktrinelastig abgelehnt worden wäre.[145] Es war kein Zufall, dass der *Volksbund* sich selbst als eine zum *Volksverein* analoge Organisation verstand und seine Anführer zur Eröffnung der *Sozialen Woche* jemand wie Heinrich Brauns aus Mönchengladbach einluden. Der *Volksbund* inszenierte diese Veranstaltung in Wien im September 1911 als seine intellektuelle Unabhängigkeitserklärung von der christlichsozialen Vergangenheit.[146]

Unter Schmitz' Führung wuchs die Mitgliederzahl des *Volksbunds* von 4.200 im Jahr 1910 auf über 28.000 im Jahr 1914; in dieser Zeit entwickelte die Gruppe ein breit angelegtes Programm organisatorischer und erzieherischer Aktivitäten überall im deutschsprachigen Österreich. Schmitz legte großen Wert auf Organisation und auf genau geführte Mitgliederkarteien, was viel eher den Gepflogenheiten der Sozialdemokraten als seiner christlichsozialen Vorgänger entsprach. Nach dem Muster des *Volksvereins* definierte sich der *Volksbund* als eine Massenorganisation, die auf der direkten Mitgliedschaft Einzelner aufbaute, nicht als Dachorganisation anderer, untergeordneter Vereine und Organisationen.[147] Ein Profil der Berufszugehörigkeit der Vereinsmitglieder gibt Aufschluss über die gesellschaftliche Zusammensetzung: von den 14.547 regulären Mitgliedern (11.350 in Wien und Niederösterreich) waren 3.850 Arbeiter, 2.751 waren Angestellte, 2.661 waren Handwerksmeister und 1.549 waren in der Landwirtschaft tätig. Die übrigen Mitglieder, die in dieser Aufstellung nicht aufscheinen, waren wohl entweder Studenten oder Frauen.[148] Selbst diese grobe Übersicht macht die Verlagerung weg vom traditionellen sozialen Profil der christlichsozialen Wählerschaft sichtbar: das Kleingewerbe, das Urgestein, von dem die Mutterpartei in dem noch bestehenden Kurialwahlsystem in Wien auf Gedeih und Verderb abhing, war hier unterrepräsentiert. Und dies galt sowohl für das Kontingent aus dem Arbeitermilieu wie für das der Angestellten.

Schmitz sah in seiner Arbeit beim *Volksbund* eine Möglichkeit, zur Verdichtung des programmatischen Inhalts der christlichsozialen Partei beizutragen; einer Partei, die sich bis jetzt in erster Linie demagogische Führer geleistet hatte, deren Stärke in einer gewissen rhetorischen Wendigkeit und der Bereitschaft lag, Grundsätze zugunsten kurzfristiger Vorteile über Bord zu werfen. Der Katholizismus war in Wien, wie Schmitz in seinem privaten Tagebuch vermerkte, einer apokalyptischen Bedrohung ausgesetzt: »Der tausendjährige Kampf der Feinde Christi gegen seine heilige Kirche lodert besonders in unseren Tagen mit erschreckender Heftigkeit auf.«[149] Es galt, ein Programm zu schmieden, das Waffen für eine erfolgreiche Auseinandersetzung mit den Sozialdemokraten lieferte; der *Volksbund* konnte einen entscheidenden Beitrag zur Heranbildung einer neuen, ideologisch versierten Parteielite spielen. Die Zwanglosigkeit der Ära Lueger musste abgelöst werden durch eine systematische soziale und kulturelle Erziehung, welche die Partei von sich aus nicht leisten konnte. Der *Volksbund* hingegen verfügte über die intellektuellen Ressourcen, die nötig waren, um ein solches Training effektiv zu gestalten, genauso wie der *Volksverein* für das deutsche *Zentrum* eine verlässliche Ressource für »Aufklärung und Schulung« darstellte.[150] Zur politischen Konsolidierung einer Partei brauchte es, wie Otto Maresch sich in seiner Beschreibung der Ziele der neuen Organisation ausdrückte, mehr als bloße Änderungen in der Parteitaktik. Effektive politische Arbeit hatte ideologische Erziehung und kulturelle Sattelfestigkeit zur Voraussetzung. »Dass auf die Dauer die Parteibewegung nur der äußere Ausdruck einer tieferliegenden Entwicklung sein darf, dass nicht der äußere politische Erfolg, sondern die sozialpädagogische Beeinflussung der Massen die Stärke einer Weltanschauungsgruppe verbürgt, ist nicht genügend zu Bewusstsein gekommen.«[151] Vor allem die christlichsozialen Arbeiterorganisationen verdienten dabei ungeteilte Aufmerksamkeit. Der Arbeiterflügel der Partei müsse sein atavistisches Selbstbild abstreifen und aufhören, sich in seiner Alibirolle von (erfolglosem) politischem Aktivismus zu gefallen; er müsse sich einem viel weiteren Horizont wirtschaftlicher, erzieherischer und ideologischer Probleme öffnen.[152] In einem Brief an Friedrich Funder vom Februar 1912 kam auch Albert Gessmann nach Aufenthalten in Frankreich und der Schweiz zu einem ganz ähnlichen Schluss. Er war jetzt überzeugt, dass »für die wirklich großen Leistungen, die wir auf landwirtschaftlichem Gebiet unleugbar vollbracht, ... dieses kopflose, selbstmörderische Kleinbürgertum kein Verständnis [hat]. Übrigens müsste unser Wirtschafts-Programm eine gründliche Reformierung nach der Seite der christlichen Arbeiterschaft und damit auch eines zu reformierenden Manchestertums erfahren.«[153]

Der *Volksbund* war für Traditionalisten in der Partei und in der Kirche ein Stein des Anstoßes. In den Ohren älterer Mittelstands-Parteifunktionäre müssen Richard Schmitz' respektlose Bemerkungen über ihre Versuche, in den Jahren 1912–14 Bündnisse mit deutschnationalen Gruppen zu schmieden, wie blanker Hohn geklungen haben. Umgekehrt waren bis zum Ausbruch des Krieges die tatsächlichen Auswirkungen des *Volksbund* auf die christlichsoziale politische Praxis gering, was freilich an den Befürchtungen Ernst Verganis und anderer Nationalisten, die in der Organisation einen mächtigen Geheimbund zur Kerikalisierung der Wiener Partei sahen, nichts änderte. Vergani behauptete im Oktober 1911, dass die »nicht-klerikalen bürgerlichen Elemente« in Wien von Kunschaks Arbeitervertretern terrorisiert würden; dahinter stehe »der *Katholische Volksbund* unter der Leitung des Erzbischofs Nagl, der die Wiener christlichsoziale Partei nunmehr ganz in seine Hand bekommen will«.[154]

Schmitz und seine Kollegen setzten ihre Offensive in den Jahren 1913–14 fort. Schmitz, Alfred Schappacher und Franz Sommeregger unternahmen 1913 eine ausgedehnte Tournee, bei der sie Vorträge in deutsch-böhmischen und alpenländischen Städten hielten. Dem *Volksbund* verhalfen sie auf diese Weise zu einem gewissen Renommee, den Sozialdemokraten vor Ort zu Ratlosigkeit. In einem nordböhmischen Industrieort organisierte Schmitz die erste katholische Veranstaltung, die dort je stattgefunden hatte, und stellte sich einem Auditorium von buhrufenden Nationalisten und Sozialdemokraten.[155] Bei diesen Gelegenheiten erwies sich Schmitz' Botschaft als aus einem Guss mit seinen früheren Thesen: dem *Volksbund* ging es nicht darum, andere katholische Organisationen zu ersetzen; sein Ziel war vielmehr, eine kohärente, wissenschaftlich fundierte soziale Orientierung anzubieten und eine ideologische Richtung, die bis dato nicht existiert hatte. Im Gegensatz zu den Katholiken in Deutschland, die numerisch in der Unterzahl waren, waren die österreichischen Katholiken zwar potentiell eine erdrückende Mehrheit, aber ihre Feinde waren »die Laxheit, das Abgestandensein und der offene Unglaube«.[156]

Dass Schmitz die wissenschaftliche Objektivität der neuen katholischen Avantgarde so stark hervorkehrte, diente sowohl der Selbstrechtfertigung wie der Selbstdefinition. Die Sozialreform würde einerseits mit Werten der katholischen Ideologie ein enges Bündnis eingehen und andererseits sich von ihnen leiten lassen. Statt die moderne Sozialwissenschaft abzulehnen, sollten Katholiken dankbar die Waffen aufgreifen, die sie zu bieten hatte. Was Schmitz in seinen Vorträgen zur Wirtschaftspolitik sagte, schien zunächst seiner Behauptung zu widersprechen, dass der *Volksbund* dem deutschen katholischen *Volksverein* lediglich in einem Punkt zu Dank verpflichtet sei, nämlich in seinem funktionalen Aufbau: seine Themen fanden sich nämlich in ganz ähnlicher Form in den Werken deutscher Katholikenführer wie Heinrich Brauns und August Pieper. Mit der modernen industriellen Entwicklung müsse man sich abfinden. Das Prinzip, das dem industriellen Kapitalismus zugrunde lag, sei im Wesentlichen profaner Natur und könne nur aufgrund seiner funktionalen Vorteile bewertet werden. Eine Kritik des modernen kapitalistischen Systems sei von sekundärer Bedeutung im Vergleich zu der Anstrengung, seine spezifischen Auswüchse zu beschneiden und seinen systemimmanenten Gefahren zu begegnen. Die größten Bedrohungen, mit denen die Katholiken konfrontiert würden, seien der materialistische und rationalistische Tenor der Zeit und der Zwang, Besitz erwerben und Profit maximieren zu müssen; diese zwei Grundzüge kennzeichneten das neue System. Individuen – und dies gelte besonders für die wirtschaftlich Schwachen – seien der Ungewissheit und Marginalisierung ausgesetzt. Deshalb sei auch die Entwicklung von Masseninteressenvertretungen – Gewerkschaften z.B. oder landwirtschaftliche Genossenschaften – von so entscheidender Bedeutung, da Individuen, die sich als Kollektive organisieren, eine gerechtere Verteilung der Ressourcen durchsetzen können. Ihr Erfolg ziehe freilich eine andere Gefahr nach sich: die Möglichkeit des Klassenkonflikts. Wie war es möglich, die Vertretung wirtschaftlicher Interessen und soziale Gerechtigkeit aufrecht zu erhalten, ohne den klassenorientierten Sirenentönen der Sozialdemokratie auf dem Leim zu gehen? Für Schmitz kam nur eine doppelte Strategie in Betracht: einerseits würde die »intensive Pflege des religiösen Lebens« den Katholiken die moralische Verantwortung für eine bewusste Zusammenarbeit aller Mitglieder der Gesellschaft unabweisbar nahe legen; und andererseits würden die Sozialpädagogik und die Organisation der Massen ein »Gefühl der Solidarität« schaffen und eine »Erkenntnis der großen Zusammenhänge im sozialen und wirtschaftlichen Leben«, die er für unverzichtbare Bestandteile einer katholischen Interpretation der modernen Gesellschaft hielt.[157]

Fast könnte man meinen, diese Argumente seien einfach den kurz davor geäußerten Mahnworten Gessmanns und anderer nachempfunden, die auf die Notwendigkeit hingewiesen hatten, das Parteiprogramm gehaltvoller zu machen, wenn nicht *ein* Unterschied in Schmitz' politischen Absichten sofort ins Auge stechen würde. Er versuchte nicht, Wiener nationalistischen oder sudetendeutschen bürgerlichen Gruppen eine Zusammenarbeit mit den Christlichsozialen schmackhaft zu machen; im Gegenteil, er machte die Unterschiede deutlich, die zwischen diesen und ähnlichen Gruppen und dem Katholizismus bestanden. Die moderne Kultur des Katholizismus sollte eine exklusive, normative Bastion politischer und moralischer Tugend sein. Schmitz' Weigerung, im Umgang mit den Deutschnationalen zu einer Bürgerfront-Taktik zu greifen und seine Subsumierung des Liberalismus und der Sozialdemokratie unter *ein* Feindbild signalisierte eine neue katholische Militanz, die mit der kulturellen Welt Gessmanns oder auch Weiskirchners nichts mehr zu tun hatte.[158] Schmitz lehnte den wirtschaftlichen Integralismus ab – sowohl er wie der *Volksbund* insgesamt waren hier anderer Meinung als die Neoromantiker der Zwischenkriegszeit – und er brachte eine kulturelle und politische Agenda ein, die sich sowohl von Gessmanns antisozialistischem Koalitionswerben wie von Weiskirchners Tuchfühlung mit den Nationalisten unterschied. Sein Denken enthielt sowohl partikularistische wie einigende Züge und eine große latente Spannung zwischen politischer Demokratie und wirtschaftlicher Fortschrittlichkeit einerseits und rigidem kulturellen Konservativismus andererseits. Ob Richard Schmitz' prekäre Fusion von politischem Pluralismus und kulturellem Antipluralismus sich letztlich als haltbar erweisen würde, war in der Endphase der Monarchie noch nicht absehbar. In der Ersten Republik, besonders nach 1930, wurde diese Art des Denkens zu einer Gefahr für das Überleben einer demokratischen politischen Ordnung.

Anfang 1914 schrieb Schmitz einen Artikel für die Zeitschrift *Volkswohl*, der dem kurz zuvor verstorbenen Adam Trabert gewidmet war, einem katholischen Schriftsteller und Verbündeten der christlichsozialen Bewegung seit ihren Anfängen in den 1890er Jahren. Was er dabei ausführte, demonstriert die exklusivistische Haltung, die für seine Generation kennzeichnend war: wie sich Tabert aus der Betäubung durch die leerlaufende liberale Demokratie hatte befreien müssen, ehe er wieder Zugang zu seinem katholischen Glauben fand, in den er ja hineingeboren worden war, so müsse das deutschsprachige Österreich den liberalen Antiklerikalismus abschütteln, für den der Josephinismus den Boden bereitet habe:

> Nur ist die Arbeit heute noch mehr als zu Zeiten des tätigen Trabert nach zwei Seiten zu leisten; das gewaltige Anschwellen der christlichen Volksbewegung in den letzten zwanzig Jahren hat deren grundsätzliche Fundamentierung zur unerläßlichen Voraussetzung des weiteren Bestandes und Erfolges gemacht; aus den Ruinen des morschen Liberalismus ist dessen verderbliche Saat, in den besitzenden Kreisen als Kulturkämpfertum, in der Arbeiterschaft als Sozialdemokratie, in die Halme geschossen. Anders der Feind, anders die Waffen. ... Was uns mit der Vergangenheit verbindet, ist die Gemeinsamkeit der Grundsätze, der Weltanschauung, der Ziele. Uns Jungen, die wir das Erbe der alt gewordenen Vorkämpfer mit scheuer Ehrfurcht, aber auch mit Kampfesfreude und der ungebrochenen Schaffenskraft der jungen Jahre übernehmen, wird Adam Trabert stets voranleuchten als Vorbild.[159]

Dieser generationsbedingte Wandel in der kulturellen Perspektive, der sich bei den jüngeren Parteiaktivisten manifestierte, stellt ein epochales Ereignis in der Geschichte des österreichischen Christlichen Sozialismus dar. Luegers Generation von Parteiführern hatte eine bewusst opportunistische Beziehung zur Religion unterhalten: es gab für sie nicht notwendigerweise in allen Bereichen der Parteipolitik und des öffentlichen Lebens einen Platz, und wo man ihr einen Platz einräumte, dort musste sie den säkularen Interessen der Partei dienen. Selbstzweck war sie jedenfalls nie. Im Gegensatz dazu spielten religiöse Werte für die junge Generation eine zentrale Rolle; sie stellte damit die Logik und die Argumentation, welche die Arbeit ihrer Vorgänger bestimmt hatte, auf den Kopf. Die jüngeren Christlichsozialen statteten somit den Austro-Marxisten das höchste Kompliment ab, das zu vergeben war: sie eiferten diesen nicht nur organisatorisch, sondern auch erkenntnistheoretisch nach. Kulturelle Werte waren auch für sie äußerst wirksame Waffen. Diese Werte waren imstande, sich rein praktischer Probleme, die sich im Zusammenhang mit wirtschaftlichen Interessen stellten, zu bemächtigen und sie in einem völlig neuen Licht erscheinen zu lassen.

Richard Weiskirchner und andere ältere Semester im christlichsozialen *Bürgerclub* erfüllte diese Sicht der Dinge mit tiefem Misstrauen und Unbehagen. Warum sollte die Partei das sichere Land gegen die aufwühlte See der katholischen Soziallehre vertauschen, und dies just zu einem Zeitpunkt, da die Angst vor modernistischen Häresien den Vatikan in Atem hielt? Dazu kam noch ein weiterer, ebenso bedeutungsvoller Umstand: Für die Männer des *Bürgerclubs* war der Erwerb politischer Fähigkeiten ein Nebenprodukt ihrer Berufsausbildung als Anwälte oder Geschäftsleute und ihrer Teilnahme am Leben der eigentlichen christlichsozialen Polis. Die Verwaltung der Stadt war eine Art Geschäftsunternehmen, und die Wähler waren vergleichbar den Aktionären eines Konzerns. Das Handwerk der Politik lernte man nebenher und durch persönliche Erfahrung; Auskunft über Fortschritt erhielt man durch die unspektakuläre, aber höchst bedeutungsvolle Billigung, die einem von Vorbildern und Vorgesetzten zuteil wurde. Beförderung hatte persönliche Protektion zur Voraussetzung, und so näherte man sich schrittweise Positionen, die mit wirklicher Macht verbunden waren. Die Partei hatte eine Doktrin als Programm nicht nötig. War das nicht ein Teil der Botschaft Luegers gewesen? Daher förderte die Partei auch Klubs und Vereine für den Nachwuchs, die den Parteiapparat aktiv unterstützten oder wenigstens mit ihm sympathisierten: die *Verbände der Bürgersöhne*, verschiedene nationalistische *Jungherrenklubs*, *Meistersöhnevereini-*

gungen. Auch wenn es nicht möglich war, die zwei Quellen zukünftiger Führerschaft der Partei fein säuberlich voneinander abzugrenzen, so blieb doch eine Frage im Raum: Was versprach dauerhaften Vorteil für die Partei: eine neue Generation, die aus der alten Parteielite und den parteinahen kommerziellen und bürgerlichen Interessengruppen hervorging, oder eine aus der Welt der katholischen Freiwilligenorganisationen? Im Jahr 1914 gab es keine eindeutige Antwort auf diese Frage, und es war innerhalb der christlichsozialen Partei absolut ungeklärt, wie weit der nassforsche, respektlose politische Katholizismus à la Richard Schmitz und *Volksbund* ein Modell für die Zukunft der Partei abgeben konnte.[160]

Zu Beginn des Krieges war der *Volksbund* in der Partei eine Stimme unter vielen; als der Krieg 1918 zu Ende ging, hatte er wesentlich an Prestige dazugewonnen. Die Führer von Österreichs konservativer Bewegung der Zwischenkriegszeit kamen denn auch aus den Reihen des *Volksbunds*, und seine hauptsächlichen Rivalen innerhalb der Wiener Christlichsozialen Partei hatten mit dem letzten Kriegsjahr den Großteil ihrer Autorität und ihrer politischen Attraktivität eingebüßt. Die Krise von 1918/19 bot der jungen Generation katholischer Politiker neue Chancen und binnen kurzem hatten sie sich einen prominenten Platz innerhalb der Wiener Partei gesichert.

Siebtes Kapitel

Der Weltkrieg und die Revolution

Der Krieg und seine Folgen für die Massenpolitik

Der Erste Weltkrieg beendete nicht nur schlagartig den aufkeimenden Prozess innerer Erneuerung, den Richard Weiskirchner nach 1912 in der Wiener Christlichsozialen Partei in Gang gebracht hatte; er sprengte die gesamte politische Kultur, die den Rahmen für die österreichischen Parteien abgegeben hatte. Nach der Verpuffung der Anfangseuphorie war der Krieg so wenig ein christlichsozialer wie ein sozialdemokratischer: trotzdem zahlten beide Parteien den bitteren Preis, den ihnen der vom Krieg verursachte moralische und wirtschaftliche Niedergang abverlangte. In Österreich – und Ähnliches gilt wohl für alle Länder Europas – verschärfte der Erste Weltkrieg die Probleme, die im Gemeinwesen bereits vor seinem Ausbruch bestanden hatten: den Generationenkonflikt, die Spannungen zwischen administrativer und politischer Reform, das Kreuzfeuer militanter nationalistischer Erwartungen. Der Krieg diskreditierte massiv die staatliche Verwaltung, die bis 1914 das Fundament politischer Ordnung und des dazugehörigen kulturellen Regelwerks gebildet hatte, und zerstörte das labile Gleichgewicht des wirtschaftlichen Fortschritts, das den Habsburgerstaat zuvor in die Lage versetzt hatte, sowohl den politischen Parteien als auch den sozialen Bewegungen die Beachtung dieser Rahmenbedingungen schmackhaft zu machen. In der veränderten Situation eröffnete sich auch die Möglichkeit, ja sogar die Notwendigkeit zu radikaler Neuerung; diese war aber so gefährlich und so schwer zu beherrschen, dass stabile politische und gesellschaftliche Institutionen in Österreich während der nächsten dreißig Jahre sich praktisch nicht entfalten konnten.

Der Druck der materiellen Entbehrung und des 1916 einsetzenden Hungers sowie die Folgen der Massenmobilisierung und der sich rapide ändernden demographischen Strukturen der Stadt zogen die zwei großen Wiener Parteien in ähnlicher Weise in Mitleidenschaft: die zentralen Hierarchien lösten sich langsam, aber stetig auf, und das autokratische Vorgehen der Regierung –

ihrerseits ein willfähriges Opfer für das rücksichtslose Eindringen militärischer Forderungen in zivile Angelegenheiten – verursachte bei den Stammwählern eine wachsende Entfremdung. Beide Parteien litten während des Krieges unter erbitterten Flügelkämpfen. Diese entzündeten sich an Fragen der Parteiführung und der Kontrolle über ideologische Inhalte sowie deren Vermittlung. Die Spannungen, die diesen Konflikten zugrundelagen, waren in latenter Form schon vor 1914 vorhanden gewesen; jetzt traten sie infolge der Kriegsexzesse klar zutage. In beiden Parteien hatten die Eliten mit ernsten Problemen bei der Kontrolle ihrer Kadergruppen zu kämpfen, da die traditionellen Quellen für Patronage und Finanzierung versiegt waren. Sie mussten tatenlos zusehen, wie ihre regulären Bezirksorganisationen in Untätigkeit verfielen: Immer mehr junge Aktivisten wurden zum Dienst an der Front eingezogen; die älteren Parteifunktionäre verloren durch Krankheit, Todesfälle und eigene Unfähigkeit zunehmend an Schlagkraft. Abgeschnitten von ihrer Wählerschaft, außerstande, sich ein genaues Bild von der öffentlichen Meinung zu verschaffen, und ohne Möglichkeit, herkömmliche Versammlungen oder andere Parteiveranstaltungen zu organisieren, verkümmerten die Parteiorganisationen soweit, dass ihr Verhalten tatsächlich den *Burgfrieden* widerzuspiegeln schien, den das Kabinett als einzig mögliche loyale Verhaltensform in der Öffentlichkeit verordnet hatte. Da ihre Parteiorganisation schon in der Vergangenheit außerhalb der Netzwerke staatlicher Patronage und staatlichen Einflusses gestanden war, hatten die Sozialdemokraten verhältnismäßig geringere kriegsbedingte Einbußen zu verzeichnen als die Christlichsozialen; aber spätestens ab 1917 manifestiert sich auch hier in Polizeiberichten über die Stimmungslage in der Wiener Arbeiterschaft die starke Unzufriedenheit der Basis mit der Ideenlosigkeit und Unentschlossenheit ihrer Führung.[1] Die Gewerkschaftsbewegung war in Österreich seit jeher auf der Führungsebene stärker mit der sozialistischen Partei verbunden als in Deutschland. Der Umstand, dass die Kriegsregierung bis zu einem gewissen Grad die Mithilfe der Gewerkschaften in Anspruch nahm, um die Toleranz der Arbeiterschaft für die Erfordernisse der Kriegswirtschaft auf einer Adhoc-Basis sicherzustellen, stellte somit auch für die Sozialdemokraten ein größeres Risiko dar.[2]

Die Kriegserklärung an Serbien am 28. Juli 1914 und der Beginn der Kriegshandlungen sechs Tage später kam für beide Wiener Großparteien überraschend. In beiden Parteien wich die Begeisterung des Augenblicks sehr bald der ernüchterten Feststellung, wie schwierig das Geschäft der Politik in Zeiten des Krieges wurde. Den österreichischen Sozialdemokraten machten Friedrich

Austerlitz' übermäßig patriotische, ja geradezu chauvinistische Leitartikel in der *Arbeiter-Zeitung* schwer zu schaffen; Friedrich Funder erinnerte sich später nicht ohne Ironie, dass sie sich in ihrem Ton nicht nennenswert von dem unterschieden, was er für die *Reichspost* schrieb.³ Im sozialdemokratischen Vorstand entbrannte eine erbitterte Debatte über den Chauvinismus, der sich in der Zeitung breit machte, wobei Karl Seitz und Friedrich Adler grundsätzlich die Befugnis von Austerlitz in Frage stellten, im Namen der Partei zu sprechen.

Im Laufe der ersten Kriegsjahre definierten Victor Adler und jüngere Mitte-Rechts-Politiker wie Karl Renner und Karl Leuthner die »offizielle« Parteilinie gegenüber Regierung und Militär. Renners Essays aus der Kriegszeit plädierten für eine mit erweiterter nationaler Demokratie verknüpfte Verwaltungsreform und verbanden eine realpolitische Anerkennung der österreichischen zentralisierten Verwaltung mit einer kaum verhohlenen Würdigung der Rolle, die dem Krieg bei der Durchsetzung der Demokratie zukam.⁴ In Josef Redlichs treffender Formulierung stellte Karl Renner eine »Legierung von Karl Marx mit Alexander Bach« dar.⁵ Wenn es auch ein Missverständnis von Renners Position wäre, diese entweder als militaristisch oder als imperialistisch zu deuten, stellte der Krieg für Renner doch einen nicht nur konstitutionell vertretbaren, sondern sogar potentiell transformatorischen Vorgang dar, der unter Umständen ein neues, demokratisches Großösterreich hervorbringen würde und territoriale Berichtigungen im Osten und auch allfällige Mitteleuropa-Projekte als durchaus möglich erscheinen ließ.

Obwohl die sozialistische Linke im Parteivorstand in der Minderheit war, gewannen ihre Ansichten an Bedeutung nicht zuletzt im Gefolge von Friedrich Adlers Attentat auf Ministerpräsident Karl Stürgkh im Oktober 1916 und der Krise im Oberkommando nach dem Tod Kaiser Franz Josephs einen Monat später. Fritz Adler, der sich unmittelbar nach dem Mord gestellt hatte, wurde im Mai 1917 vor Gericht gestellt. So wie Karel Kramář seinen politischen Prozess 16 Monate zuvor zu einer groß angelegten Attacke auf nationale Unterdrückung benutzt hatte, so benutzte Adler seinen Prozess, der ohne Geschworene vor einem Ausnahmegericht stattfand, zu einer Verurteilung der konstitutionellen Illegalität und der Brutalität der Gerichtsbarkeit während des Kriegs. Es erwies sich auch, dass Karl Stürgkh und seine Kriegsregierung nicht Adlers Hauptziele gewesen waren. Indem er über seine Parteifreunde den Stab brach, da sie nicht den Mut hatten, Widerstand gegen den Krieg zu leisten, und sich opportunistischen Illusionen über die Zukunft des Kaiserreiches hingaben, denen jede moralische Würde fehlte – Karl Renner war »ein Lueger in der sozialdemokratischen Partei« –, schob Adler seiner eigenen Partei ein gerütteltes Maß an Schuld zu. Er bestand in der Öffentlichkeit darauf, dass »eine Revolution in Österreich immer nur gegen den Parteivorstand stattfinden wird, dass der Parteivorstand ein Hemmungsorgan revolutionärer Bewegung ist«. Engelbert Pernerstorfer bemerkte zu seinen Kollegen im Parteivorstand, Adler habe in seinem Prozess der Partei »die schwersten Wunden seit ihrem Bestande zugefügt«.[6] Fürst Wedel, der Tschirschky Ende 1916 als deutscher Botschafter ablöste, berichtete im Juni 1917 nach Berlin, dass »nicht Victor Adler, Renner, Seitz, Leuthner, Smeral ... das Vertrauen der breiten Schichten« genossen, sondern »der zum Tode verurteilte Friedrich Adler, der Ministermörder, ist der Held des Tages, ist der Mann des Volkes«.[7]

Der Wendepunkt – wenn man denn versuchen will, ein spezifisches Ereignis herauszugreifen, um daran diesen sowohl im Hinblick auf die beteiligten Personen wie auf die ganze Organisation komplexen Prozess festzumachen – kam bei einem Parteikongress in Wien im Oktober 1917, auf dem die Spannungen, die schon lange zwischen den Gemäßigten wie Renner und der pazifistischen Linken bestanden hatten, sich Bahn brachen. Eine kleine Gruppe linker Radikaler, vertreten durch Gabriele Proft, deren berühmte *Erklärung der Linken* tatsächlich von Otto Bauer verfasst worden war, ging zum offenen Angriff auf die Taktik der Partei während des Krieges über.[8] Der entschiedenen Verteidigung der zentristischen Strategie der Sozialisten zum Trotz, die von Seitz, Ellenbogen, Austerlitz und Victor Adler selbst vorgetragen wurde, zeichnete sich ironischerweise eine allgemeine Übereinstimmung in der Kriegsfrage ab: es ändere sich allmählich das Umfeld, von dem die Parteistrategie der Vermittlung und des Instrumentalismus bis jetzt geprägt worden sei, und ganz abgesehen von den Argumenten der einen oder anderen Fraktion mache schon der bloße bisherige Verlauf des Krieges eine stärkere Gegnerschaft notwendig. Das bedeutete freilich nicht, dass die Sozialisten jetzt plötzlich die ambivalente Zusammenarbeit mit den regierenden Behörden aufgaben, die Renner und Adler bereits Einladungen zum Eintritt in das Kabinett beschert hatte, die von beiden Männern ausgeschlagen worden waren. Aber die von Otto Bauer geführte österreichische Linke trat nicht, wie befürchtet, aus der Mutterpartei aus, und zwar hauptsächlich deshalb, weil ihre Ansichten innerhalb der Partei jetzt zusehends mehr Beachtung fanden; eine gewisse Rolle spielte dabei auch Victor Adlers bemerkenswertes Talent zur Vermittlung und zur Bewahrung der Einheit.[9]

Im Gegensatz zu ihren marxistischen Gegnern fühlten sich die Christlichsozialen durch den Kriegsausbruch nicht grundsätzlich verunsichert. Viele in der

Führungsriege der Partei sahen in der Ermordung des Thronfolgers den schwer widerlegbaren Beweis der erbärmlich verfehlten österreichischen Außenpolitik seit 1909. Heinrich Mataja beklagte am 2. Juli 1914, Österreich habe »bisher eine Politik der Nachsicht und der Milde walten lassen, und dieser Politik ist die Autorität des Staates und das Leben des Erzherzogs zum Opfer gefallen«.[10] Den ganzen Juli über verfolgte die *Reichspost* einen Kreuzzug mit dem Ziel, die Morde von Sarajevo zu rächen, und argumentierte, dass die »Schuldfrage« sowohl einen auswärtigen Anteil in der Schuldhaftigkeit Serbiens wie auch eine interne Manifestation in der Schwäche der österreichischen Führung habe. Wollten Friedrich Funder und andere führende Funktionäre tatsächlich den Krieg? Oder war ihre aggressive, auf Österreichs innere Verhältnisse zielende Sprache, die jedenfalls Graf Berchtold in schwerste Bedrängnis brachte, einfach unüberlegtes Imponiergehabe? Wenn sie Krieg wollten, welchen Krieg wollten sie dann? Wann dämmerte ihnen mit furchtbarer Klarheit, dass ein Krieg mit Serbien gleichbedeutend war mit einem Krieg mit Russland – und somit mit einem Weltkrieg? Auf diese Fragen, die ganz wesentlich mit den beabsichtigten wie mit den unbeabsichtigten Folgen schwerwiegender Entscheidungen zusammenhängen, gibt es wahrscheinlich keine eindeutigen Antworten. Als aber Ende Juli sich ein europaweiter Krieg als unvermeidlich abzeichnete, begrüßte Funder ihn im Namen eines Bewusstseins, in dem vor allem die historische Dimension des Reiches bedeutsam war: Österreich war geeint im Kampf für Vaterland und Heimat; mochten die Völker des Reichs auch vielen verschiedenen Nationen angehören und viele verschiedene Sprachen sprechen, so gab es doch eine Sprache, die ihnen gemeinsam war, nämlich die »Sprache der begeisterten Angehörigkeit an dieses alte Reich, für das ihre Väter geblutet haben in tausend Schlachten, und das zu lieben aus innigster Seele auch wir, auch die Geschlechter von heute, nicht aufgehört haben.«[11] Der Wiener katholische Schriftsteller Richard Kralik äußerte in ähnlicher Weise seine Zuversicht, dass der Krieg ein spezifisch österreichisches Staatsbewustein erneuern und stärken werde: »Der erste Erfolg [des Kriegs, Anm. d. Verf.] wird die Befestigung des österreichischen Staatsgedankens bleiben. Österreich hat sich in Lust und Leid als unzerstörbar bewährt, als eine notwendige, höchst lebendige, wirkungsvolle politische Gestalt, als ein Individuum von einzigartiger Bedeutung für die Gesamtheit der Nationen.«[12]

Wie um ihre Unbekümmertheit bezüglich möglicher langfristiger Auswirkungen zu demonstrieren, verzichtete die christlichsoziale Parteiführung auf eine Zusammenkunft, um den Ausbruch der Feindseligkeiten zu diskutieren.

Als der Parlamentsklub im Dezember 1914 kurz zusammentrat, fehlten konkrete Agenden, da sich Ministerpräsident Karl Stürgkh – wie auch während der nächsten zweieinhalb Jahre – eisern weigerte, das Parlament einzuberufen. Auf Statthalter Richard Bienerths Rat lehnte das Kabinett es auch ab, auf die Appelle zur Einberufung des Niederösterreichischen Landtags einzugehen.[13] Stürgkhs Umwandlung des Reichsratsgebäudes am Ring in ein Militärspital für verwundete Offiziere fasst in prägnanter Weise seine Trivialisierung des parlamentarischen Lebens zusammen. Mit der Einführung der strikten Pressezensur im August 1914 fielen praktisch alle herkömmlichen Arenen für die »öffentliche« politische Debatte weg.[14]

Für den Krieg – das war Ende 1914 klar – war, entgegen dem deutschen Kurzkrieg-Szenario, ein Ende nicht absehbar. Dieser Umstand hatte für die Christlichsozialen, die für die Verwaltung der größten Stadt in der gesamten Monarchie verantwortlich waren, verheerende Konsequenzen. Not und militärische Übergriffe auf das zivile Leben nahmen ständig zu, und die Partei, Verkörperung des städtischen Verwaltungsapparates schlechthin, wurde in eben dieser Funktion gezwungen, eine Reihe extrem unpopulärer Maßnahmen – Mobilisierung, Reduzierung der sozialen Dienste, restriktive Wohnpolitik und Rationierung von Lebensmitteln – durchzusetzen; sie machte sich so zur Zielscheibe wütender Proteste. Was sich zuvor in einzigartiger Weise zum Vorteil der Partei ausgewirkt hatte – dass sie nämlich die riesige Bürokratie Wiens in der Hand hatte – erwies sich jetzt als Fluch. Wie in Deutschland hatte man auch in Österreich erwartet, der Ausbruch des Kriegs würde das »Ende« des Parteienzanks bedeuten. Das Gegenteil war der Fall. Der Krieg verstärkte die konspirativen und geheimnistuerischen Dimensionen im politischen Leben der Parteien, indem er zugleich Unzufriedenheit und Langeweile schürte.

Infolge der kriegsbedingten Beschränkungen war es den christlichsozialen Führern aus den Ländern nur selten möglich, nach Wien zu kommen. Der Krieg unterstützte so gleichsam automatisch die schon vorher bestehende Tendenz in Richtung einer Föderalisierung und »Provinzialisierung« der Christlichsozialen durch eine weitere Schwächung der moralischen Autorität des Wiener Zentrums – ein Prozess, der noch dazu Hand in Hand ging mit dem Druck, dem das gesamte Staatssystem ausgesetzt war. Das relative Fehlen starker politischer Führerschaft im Staat verlieh Richard Weiskirchner als Quasi-Sprecher der christlichsozialen *Reichspartei* in der Hauptstadt zusätzliche Bedeutung, auch wenn seine Kollegen im Parlamentsklub sich mit seinem Anspruch, für die gesamte Partei zu sprechen, nicht abfinden konnten.[15] Als Bürgermeister und oberster Beamter der größten Stadt der Monarchie spielte Weiskirchner eine wichtige Rolle in der Kriegsverwaltung – nicht qua Eigenständigkeit seiner Position, sondern infolge seiner Regierungsnähe, ja seiner impliziten Teilhabe an der Regierung. Weiskirchner war als einziger Führer einer größeren Partei in der Lage, einen halbautonomen Bereich von Öffentlichkeit und politischer Identität aufrechtzuerhalten. Wenige Wochen nach Kriegsbeginn wandte er sich an den *Bürgerclub* mit dem Ersuchen, ihm eine Notstandsvollmacht zu erteilen; diese sollte es ihm ermöglichen, ohne formale legislative Zustimmung des Gemeinderats im Namen der Stadt Entscheidungen in einer Reihe von finanziellen und politischen Belangen zu treffen, für die er sich rückwirkend Genehmigung »erst nach Kriegsschluss«[16] verschaffen würde. Er verlangte anschließend sowohl Stürgkhs wie Bienerths Zustimmung zu dieser Konstruktion, die der erstere wenig überlegt als »eine Art Generalvollmacht« für die Stadt bezeichnete. Beide erteilten ihre Zustimmung nur zu gern im September 1914, obwohl Beamte im Innenministerium darauf hinwiesen, dass dieser Akt durch keinen Passus in der Gemeindeordnung gedeckt sei.[17] Weiskirchner spielte hinfort die Rolle eines Autokraten, die derjenigen Stürgkhs auf der Ebene des Staates nicht unähnlich war. Er wachte über einen unsicheren lokalen Burgfrieden, musste sich privat von dissidenten Mitgliedern des christlichsozialen *Bürgerclubs* bittere Vorwürfe gefallen lassen und wurde in der Öffentlichkeit immer unpopulärer.[18]

Josef Redlich wies nicht ohne Ironie auf Weiskirchners neues Image als alles vorausahnender Kriegsbürgermeister hin. Weiskirchners Name erschien tatsächlich auf Hunderten wichtiger und weniger wichtiger Verordnungen im Zusammenhang mit der Kriegswirtschaft in der Stadt, in der Mehrzahl in seiner Eigenschaft als Chef des Magistrats.[19] Weiskirchner musste auch nicht aufgefordert werden, seine neue Rolle aktiv anzulegen. Auf seine Weisung hin verfasste das christlichsoziale Parteisekretariat eine Propagandabroschüre, *Die Gemeinde Wien während der ersten Kriegswochen*, und verteilte davon im Herbst 1914 mehr als 60.000 Gratisexemplare in der Stadt und in Niederösterreich. Die Broschüre berichtete über die Mobilisierungsmaßnahmen in der Stadt im Zeitraum zwischen 1. August und 22. September 1914. Obwohl die angeführten Maßnahmen nicht über das hinausgingen, was von Staats- und Gemeindebeamtenstäben in einer solchen Situation routinemäßig zu erwarten ist, eignete sich Weiskirchner in der Art der Darstellung die Leistungen anderer dadurch an, dass er sie als Ausflüsse seines eigenen überlegenen administrativen Wollens hinstellte. Eine Pressemitteilung des Parteisekretariats hielt mit unverhohlenem Stolz fest, dass »es wohl kein Gebiet der öffentlichen Verwaltung und der privaten Obsorge gibt, welches nicht in irgend einer Form der fürsorglichen Beachtung unseres Stadtoberhauptes und seiner getreuen Mitarbeiter unterzogen worden wäre. Nach der Lektüre dieses Schriftchens findet man es erst begreiflich, daß wir in Wien beinahe nichts vom Krieg und seinen unangenehmen Begleiterscheinungen verspüren.«[20]

Der letzte Satz sollte den Christlichsozialen immer wieder um die Ohren geschlagen werden. Als im weiteren Verlauf des Krieges die Lebensumstände in der Stadt immer verzweifelter wurden, entwickelte sich die Verantwortung für Wien, die Weiskirchner persönlich und die Partei kollektiv trugen, immer mehr zu einem Mühlstein um den Hals der Betroffenen. Worauf Weiskirchner sich 1914 soviel zugute gehalten hatte, als die Zeiten noch erträglich waren – nämlich dass er persönlich die Wohlfahrt der christlichsozialen Polis garantiere – das konnte er nicht ohne weiteres von sich weisen, als zwei Jahre später Hungerrevolten ausbrachen. 1915–16 formierte sich unter den Öffentlich-Bediensteten eine Bewegung, die eine bevorzugte Behandlung der Beamten bei der Lebensmittelverteilung sowie Notstands-Gehaltserhöhungen forderte. Für diese Bewegung übernahm der parlamentarische *Deutsche Nationalverband*, dessen Mitglieder mehrheitlich aus den deutschsprachigen Gebieten Böhmens und Mährens kamen, eine Art Schutzfunktion. Da keiner der führenden Funktionäre des *Verbandes* eine vergleichbare administrative Verantwortung unter den schwierigen Bedingungen des Krieges tragen musste, bot der *Verband* insgesamt kein so provokantes Ziel für Beamtenunruhen wie die Christlichsozialen mit ihrer beherrschenden Stellung in Wien und in den Kronländern. Unter den Christlichsozialen wurden umgekehrt ab Mitte 1916 kritische Stimmen laut gegen die angeblich überzogenen Forderungen der Staatsbediensteten, die allerdings, angesichts der kriegsbedingten Inflation, so unberechtigt nicht waren. Wenn Gessmann und andere im Parlamentsausschuss 1916 eher geneigt waren, die *Kongrua*-Sätze für den niederen Klerus anzuheben als die Saläre der Beamtenschaft, dann lag das möglicherweise am Misstrauen, das viele im Club Weiskirchners Vorhersagen entgegenbrachten, die Partei würde imstande sein, die im Jahr 1911 verlorengegangenen Stimmen der Beamten zurückzugewinnen. Es war deshalb wichtiger, sich der Unterstützung des Klerus zu versichern, um den Wahlapparat der Partei in ländlichen Gebieten zu stärken.[21]

Als eine Art Ersatz für die regelmäßigen Sitzungen des Gemeinderats etablierte Weiskirchner ein Treffen des politischen Führungspersonals, die *Obmänner-Konferenz*. Sie umfasste christlichsoziale, liberale und sozialdemokratische Vertreter und tagte regelmäßig, um Verordnungen zur Versorgung mit

Lebensmitteln und Verbrauchsgütern zu besprechen, welche die städtischen Beamten entweder von sich aus erlassen wollten oder deren Erlass von der Regierung gefordert wurde, und um Vorschläge verwaltungstechnischer Art einzubringen.[22] Weiskirchner ging in Belangen der Lebensmittelversorgung und der öffentlichen Wohlfahrt gelegentlich auch auf Anliegen oder Vorschläge der Opposition ein, wenn dies auch manchmal über die Zusage nicht hinausging, er werde die Angelegenheit Stürgkh oder einem Kabinettsmitglied gegenüber zur Sprache bringen. Bei politisch bedeutsamen Fragen, wie z.B. der Reform des Gemeindewahlrechts und bei der Mitgliedschaft im Stadtrat, herrschte in der Konferenz infolge der Ablehnung ernsthafter struktureller Zugeständnisse durch den christlichsozialen Bürgerclub Stillstand. Weiskirchner und Leopold Steiner überredeten ihre Kollegen im Herbst 1916, den Sozialdemokraten und Liberalen mindestens ein scheinbares Zugeständnis zu machen, indem sie ihnen drei Sitze im Stadtrat anboten. Die sozialistische Delegation weigerte sich allerdings, sich kooptieren zu lassen. Zum Leidwesen der Christlichsozialen durchschauten sie Weiskirchners Angebot als Versuch, der sozialdemokratischen Partei Mitverantwortung an unpopulären Maßnahmen aufzubürden.[23]

Der Bürgerclub seinerseits trat regelmäßig zusammen, um Weiskirchner auf informelle Art seine Zustimmung und seinen Rat zu geben; bis 1918 lag der Wert dieser Treffen allerdings eher im therapeutischen als im substanziellen Bereich. Die älteren Mitglieder der Partei starben oder fielen durch Krankheit aus; in Wien wurden während des Krieges keine Wahlen angesetzt und Bienerth sprach sich auch gegen Gemeinderatswahlen aus. Dementsprechend wurde auch der Bürgerclub zu einer immer kleineren und immer defensiver agierenden Körperschaft, deren Sorge hauptsächlich einer Verbesserung der Lebensmittelversorgung galt; daneben gab es nur noch zaghafte Versuche, die Bezirksparteien vor allzu großem politischen Schaden zu bewahren.

Die Haltung der Christlichsozialen zum Krieg hing naturgemäß davon ab, wie weit der Konflikt von der Zivilbevölkerung gutgeheißen oder wenigstens toleriert wurde. Auch in diesem Punkt waren sie den Sozialdemokraten weitgehend ähnlich: beide Parteien neigten dazu, den Krieg weniger durch die Brille eines engen ideologischen Narzissmus zu sehen als dies bei ihren deutschnationalen Rivalen der Fall war; sie unterwarfen ihn einem theoretischen Kalkül, das sich in der Praxis bewähren musste. Ignaz Seipel fand, dass beim typischen christlichsozialen Politiker Talent und Geduld für konstitutionelles Theoretisieren überraschend unterentwickelt waren.[24] Dies war zweifellos der Fall, und zwar aus einem einfachen Grund: Die Partei hatte sich bislang einer komfortablen und profitablen Beziehung zum k.k. Staat erfreut. Was die Parteiführung jetzt vor fast unlösbare Probleme stellte, waren die Entbehrungen, die der Staat ihren Wählern auferlegte. Die anfängliche Begeisterung der Christlichsozialen für den Krieg machte abrupten Pendelausschlägen zwischen Pessimismus und Optimismus Platz, während die Führung versuchte, die unberechenbare Stimmung der Wiener Bevölkerung mit Instrumenten zu ermitteln, die weit weniger verlässlich waren, als die früher verwendeten.[25] Bereits im Januar 1915 hörte der Parteiclub einen äußerst beunruhigenden Bericht von Albert Gessmann über die akute Lebensmittelknappheit.[26] Es wurde immer schwieriger, die Tatsache zu ignorieren, dass das Schicksal der Partei während des Krieges ganz wesentlich vom Lebensmittelangebot abhing.

Sobald klar war, dass der Krieg sich in die Länge ziehen würde, brachen zwischen den Christlichsozialen und den Sozialdemokraten Debatten über konstitutionelle Fragen los, die nur vor dem Hintergrund ideologischer und generationsübergreifender Spannungen der Vorkriegszeit verständlich werden. Die konstitutionellen Debatten der Kriegszeit entwickelten sich in einem Umfeld, das bestimmt war von parteiinternen Autoritätskrisen, von den Kriegszielen im weitesten Sinn und von der Unsicherheit bezüglich der zukünftigen Staatsform. Wenn man von Österreichs »Kriegszielen« spricht, kommen ganz andere Themen auf das Tapet als dies für Deutschland der Fall war. Der radikale Nationalist Karl Hermann Wolf hatte recht, als er erklärte, seine Hauptsorge gelte den »inneren Kriegszielen.«[27] Die meisten Wiener Politiker verbanden mit den »Zielen« des Krieges weit eher Maßnahmen wie die überfällige innere Reorganisation des Staates und die Neuordnung des Kräfteverhältnisses zwischen den Wählergruppen als territoriale Zugewinne oder mitteleuropäische imperiale Projekte. Dies war auch ein Ausdruck ihrer gemeinsamen Skepsis gegenüber dem Nationalitätenproblem. Keine der beiden Wiener Massenparteien sah sich in der Lage, die Nationalitätenfrage als dominantes Thema in der losbrechenden Verfassungsdebatte für sich zu nutzen, da die Voraussetzung dafür die Existenz einer hegemonialen Nation innerhalb des österreichischen politischen Systems war. Für beide Parteien wurde der April 1917 zum entscheidenden Datum, als Ministerpräsident Heinrich Clam-Martinic von Außenminister Ottokar Graf Czernin und dem jungen Kaiser Karl zum Nachgeben gezwungen wurde, den alldeutschen Plan eines *Octroi* aufgab[28] und den Reichsrat zum ersten Mal seit über drei Jahren einberief.

Für die Christlichsozialen war das erste Jahr des Krieges eine Zeit ideologischer Unsicherheit. Richard Weiskirchners offizielle Position machte es ihm unmöglich, bei öffentlichen Anlässen Zweifel an seiner Zustimmung zum Krieg und seiner prodeutschen Begeisterung aufkommen zu lassen; die generelle Tendenz ging bei ihm in Richtung Zusammenarbeit mit deutschnationalen Gruppen, um extrakonstitutionelle Reformen zur Sicherung der kulturellen und politischen Vorherrschaft der Deutschen innerhalb der Monarchie durchsetzen zu können, bevor das Parlament das nächste Mal zusammentrat.[29] Aber selbst Weiskirchner war klar, dass seine Strategie der Zusammenarbeit Grenzen hatte. Vergleichbar mit Karl Stürgkh und seinem sorgfältigen Balanceakt zwischen Toleranz für alldeutsche Wandlungen und vorsichtiger Duldung den Slawen gegenüber, die in seinem Verhalten während Kramářs Hochverratsprozess 1915/16 deutlich wurde, war Weiskirchners Strategie eher auf die Bewahrung seiner (und des Bürgerclubs) autokratischen Befugnisse innerhalb der Partei und des Landes gerichtet als auf abstrakte ideologische Formeln.[30] Er setzte sich z.B. energisch gegen Vorschläge zur Wehr, die Autonomie der Stadt für die Dauer des Krieges einzuschränken und dagegen, dass künftige Bürgermeister bestellt und nicht gewählt werden sollten. Erst allmählich entwickelte sich in katholischen Kreisen und unter prominenten Persönlichkeiten (z.B. Gessmann und Seipel, sobald dieser nach Wien gekommen war) eine Gegenbewegung zu dieser verdeckten Kollaboration, die Josef Redlich abschätzig Weiskirchners »fades Alldeutschtum von 1914–18« nannte.[31]

Der Krieg bescherte auch Albert Gessmann wieder eine zumindest bescheidene und kurzfristige Rolle innerhalb des alpenländisch dominierten Parlamentsklubs.[32] Im März 1915 unterstützten Gessmann und Alois Liechtenstein inoffiziell Matthias Erzberger, der den österreichischen Außenminister Graf Burián zu Konzessionen bewegen wollte, um Italien von einem Kriegseintritt abzuhalten, obwohl sich die Tiroler Fraktion im Parlamentsklub allen territorialen Lösungen widersetzte, die Südtirol betrafen.[33] Es ist zweifelhaft, ob ihre informelle Intervention tatsächlich irgendwelche praktischen Auswirkungen hatte; der Beschluss des Kronrats vom 8. März, in Verhandlungen bezüglich der Abtretung des Trentino einzutreten, kam aufgrund wesentlich stärkerer Faktoren zustande, inklusive Druck aus Berlin. Aber die Bereitschaft der Wiener, auf Tiroler Gebiet zu verzichten, um Italien vom Kriegseintritt abzuhalten, zeigt, wie nüchtern die Partei bereits 1915 den Kriegsverlauf einschätzte. Selbst ein so unverbesserlicher Nationalist wie Robert Pattai fand sich bereit, Weiskirchner schriftlich zu ersuchen, er möge Druck auf Burián ausüben, damit die entsprechenden territorialen Zugeständnisse gemacht würden.[34]

Eine solche Initiative zeigt, wie sehr die Partei insgeheim daran interessiert war, eine zusätzliche Ausweitung des Krieges zu verhindern. Gessmann wurde eingeladen, bei einer Sondersitzung des Parlamentsklubs im Januar 1915 über die internationale Lage zu referieren. Sein Bericht, der eine Kritik der preußischen Diplomatie gegenüber den Neutralen einschloss, war insgesamt tief pessimistisch. Heinrich Mataja schlug einen Monat später im selben Rahmen eine ähnlichen Ton an. Seine Stellungnahme beeindruckte nicht nur durch die Unverblümtheit, mit der er eine territoriale Lösung der italienischen Frage für akzeptabel hielt, sondern auch dadurch, dass er damit generell die Führung der auswärtigen Angelegenheiten Österreichs in Frage stellte.[35] Die informellen Beratungen der Partei zeichneten sich durch ein erfrischendes Fehlen von Säbelrasseln ebenso aus wie durch eine beispielhafte Ablehnung der Militarisierungsversuche des Verwaltungsbetriebs vor 1917. Im Februar 1916 bemerkte Gessmann Redlich gegenüber im vertraulichen Gespräch, dass ein rascher Friedensschluss mit Italien höchst wünschenswert und um den Preis von nur »drei Bezirkshauptmannschaften« wohlfeil zu haben sei.[36] Dass überhaupt solche Berechnungen angestellt wurden, illustriert ungeachtet ihrer geringen Plausibilität die wachsende Sorge der Parteielite über die Auswirkungen des Krieges auf ihr eigenes politisches Schicksal.

Die Christlichsozialen sahen ebenso wie die Sozialdemokraten konstitutionelle und moralische Dilemmata hinsichtlich des Neuaufbaus nach dem Krieg auf sich zukommen; der Rahmen dieses Neuaufbaus allerdings erfuhr insgesamt eine radikale Veränderung, je weiter der Staat aus der naiven Ahnungslosigkeit von 1914 in die brutale Katastrophe von 1918 hineinschlitterte. Am Ende hatten die Führungsriegen in beiden Bewegungen gelernt, das Undenkbare zu denken: einen Staat ohne supranationale Dynastie und eine Nation ohne multinationalen Staat.

Politik wurde jetzt rapide zur Privatangelegenheit, in der kleine verschworene Gruppen jede für sich versuchten, Vorkriegskontakte und -beziehungen dafür einzusetzen, irgendwelche unbedeutende Vergünstigungen von diesem oder jenem Ministerium oder vom Armeeoberkommando zu erwirken. Dadurch, dass der Krieg diesen privaten Deals Raum zur Entfaltung bot, wurden in der Folge die schlimmsten Auswüchse der Vorkriegszeit in den Beziehungen des österreichischen Parteiensystems zum Staatsbeamtentum weit übertroffen. Was in Deutschland der Burgfriede war, wurde in seiner österreichischen Ausformung zum Verwaltungssumpf. Das erste Aufflammen innerparteilicher Grabenkämpfe im Gefolge von Karl Luegers Tod war kaum vorüber, als der Erste

Weltkrieg eine zweite, langdauernde Phase erbitterter Auseinandersetzungen innerhalb der Partei einläutete, welche die Christlichsozialen als nationale Partei nur mit Mühe überlebten; Wien als das kulturelle und politische Zentrum der christlichsozialen Bewegung wurde dadurch ausgelöscht.

Bis heute hat keine Geschichte der Monarchie das Ausmaß nachgezeichnet, in dem die Sozialgeschichte des Großen Krieges tatsächlich die urbane Geschichte des Krieges war, was sich umgekehrt darstellt als das Wesen dieses Krieges als ein sozialrevolutionäres Ereignis, das seinen Ausdruck in den Städten fand. Nicht auf dem Gebiet der Demographie, aber auf dem der Vorstellungskraft und der Symbolik wurde Österreich erst nach 1914 »urban«. Paradoxerweise wurde das »Rote Wien« der Zwanzigerjahre als ein totalisierendes Instrument revolutionärer Hoffnung und – für seine Gegner – als universelle Metapher der konservativen Krise erst in der Epoche nach dem Krieg möglich, nachdem die moralische Ökonomie von Luegers patriarchaler Politik diskreditiert worden war. Unter dem enormen sozialen und psychologischen Druck des Krieges fand eine revolutionäre Umgestaltung der Gesellschaft statt, für die der Umsturz von 1918/19 nur der abschließende Ausdruck war.

Die Partei und die Heimatfront

Für diejenigen, die Wien nicht verlassen hatten, war die Erfahrung des Krieges ebenso desorientierend und traumatisch wie für die Soldaten an der Front, wenn auch auf eine weniger gewalttätig, schleichende Weise. Während sich die Front draußen durch Angst, Erschöpfung und den Pendelschlag zwischen Langeweile und Tod definierte, war die »Heimatfront« gekennzeichnet von gesellschaftlichem Absturz, Mangelernährung, Hunger, und von großen Statusängsten in der Mittelschicht. Die ersten Kriegsmonate hatten den Christlichsozialen gezeigt, dass ihr Schicksal entscheidend von der Versorgungslage der Bevölkerung mit Lebensmitteln abhing, und in einem sehr vordergründigen Sinn war die Geschichte des Krieges eine Geschichte des Lebensmittelmarktes in Wien und seiner Lenkung durch die Gemeinde. Dazu kamen aber bald weitere Formen der Entbehrung, die sich als ebenso demoralisierend erwiesen wie die Lebensmittelverknappung. An den vormals stabilen, prosperierenden Wählerschaften der Christlichsozialen nagten auch noch andere Formen des sozialen Wandels, so dass spätestens im Jahr 1918 niemand mehr – und die Parteiführung am allerwenigsten – mit Sicherheit sagen konnte, ob das »Bürgertum« der Luegerära in diskursmäßiger, wirtschaftlicher und politischer Hinsicht nach dem Krieg überhaupt noch vorhanden sein würde.

Die Versorgung der Stadt mit Lebensmitteln wurde schwer beeinträchtigt durch Desorganisation, Misswirtschaft und Fehlplanung, durch die weite Bereiche der österreichischen Kriegswirtschaft zu Hause gekennzeichnet waren. Da man anfänglich mit einem kurzen Krieg rechnete, gab es 1914 keine langfristige Planung für eine großangelegte Lebensmittelbeschaffung und -verteilung. Ende November 1914 wurden zwar für Getreide und Mehl amtliche Preiskontrollen eingeführt, aber erst 1915 gab das Kabinett seine Zustimmung zu härteren Regulierungsmaßnahmen, um die Produktion von Grundnahrungsmitteln flächendeckend zu steuern. Als solche kriegswirtschaftliche Maßnahmen unabweisbar wurden – was sich aus dem Ansturm auf die Geschäfte Anfang 1915 und den regelmäßig unzureichenden Getreide- und Fleischlieferungen aus Ungarn und Galizien ergab –, reagierten die Behörden mit einem komplexen Rationierungssystem und der Einrichtung von Kontrollkommissionen, den sogenannten *Zentralen,* in denen mit staatlicher Vollmacht ausgestattete Privatpersonen über die Beschaffung von Lebensmitteln und anderen lebenswichtigen Konsumgütern und deren Verteilung an den Großhandel wachen sollten. Das Ganze stellte ein derart unüberlegt zusammengewürfeltes und improvisiertes System dar, dass die Medizin vielfach als noch schlimmer erlebt wurde als die Krankheit. Dass einige Mitglieder dieser *Zentralen* reiche jüdische Kaufleute und Bankiers waren, machte sie für die Bösartigeren unter den Christlichsozialen zu perfekten Zielscheiben rassistischer Verunglimpfung und spätestens 1917 nannte sie der Wiener Volksmund »Judenschulen«.[37] Erst nach der Beilegung virulenter politischer Rivalitäten zwischen einzelnen Ministerien konnte ein zentrale Koordinationsstelle für Lebensmittelbeschaffung und Preispolitik, das *Amt für Volksernährung,* geschaffen werden.[38] Dieses Amt wurde zum politischen Spielball; es hatte in weniger als zwei Jahren drei Direktoren und laborierte an mangelnder organisatorischer Unabhängigkeit, da es bezüglich seiner Befugnisse dem Amt des Ministerpräsidenten unterstellt war. Während das *Kriegsernährungsamt* in Deutschland diktatorische Vollmachten hatte, führte das österreichische *Ernährungsamt* eine zweifelhafte Existenz und musste in einem fort seine Legitimität gegen eifersüchtige Staatsdiener aus älteren Ministerien und gegen fordernde Stabsoffiziere aus dem Oberkommando behaupten.[39] Die Stadtverwaltung fand sich ihrerseits dazu verhalten, die wachsende Zahl staatlicher Verordnungen und verwaltungstechnischer Interventionen in der Lebensmittelbeschaffung und -verteilung durchzusetzen, obwohl Weiskirchner nur zu gut wusste, wie teuer dies der Partei in der öffentlichen Meinung zu stehen kam. In der *Reichspost* versuchte Funder, die Stadt gegen Kritiker in Schutz zu nehmen, indem er gegen die des Verrats an der vaterländischen Sache verdächtigen Preistreiber wetterte; das Thema war aber bald erschöpft und politisch weder attraktiv noch erfolgreich.[40]

Von ebenso großer Bedeutung war der Umstand, dass keine dieser Kontrollinstanzen in Ungarn Geltung beanspruchen konnten; das Land hielt unbeirrt an seiner eigenen kriegswirtschaftlichen Verwaltung fest. Österreich war schon seit langem von Ungarn und Galizien zur Überbrückung seines eigenen Nettodefizits in der heimischen Lebensmittelproduktion abhängig. Nicht nur kamen gleich zu Kriegsbeginn die Lieferungen aus Galizien zum Erliegen, Anfang 1915 gingen auch die ungarischen Getreidelieferungen an österreichische Städte zurück. Dies veranlasste Richard Weiskirchner, sich Ende März 1915 in einer Rede vor der Landstraßer *Eintracht* über die ungarische Widerspenstigkeit zu beklagen.[41] Auch die Lieferungen von Fleisch, Milchprodukten und Kartoffeln zeigten ähnlich katastrophale Rückgänge.[42] Offiziell begründeten die Ungarn den Einbruch mit dem Druck der Heeresversorgung und dem Rückgang der heimischen Produktion. Das war nicht unzutreffend, denn die Bedingungen im eigenen Land hatten sich, bedingt durch Missernten aufgrund ungünstiger Witterungsverhältnisse in den Jahren 1916 und 1917 und dem chronischen Mangel an Landarbeitern, derart verschlechtert, dass auch viele Ungarn – sowohl in Budapest wie auch auf dem Land – darunter zu leiden hatten.[43] Für viele Wiener war trotzdem der »Feind« nicht im Westen oder im Süden zu finden, sondern flussabwärts in Budapest. Als der ungarische Ernährungsminister im Juli 1917 verlauten ließ, die große Lebensmittelknappheit in Wien sei der Unfähigkeit der Stadtverwaltung zuzuschreiben, reagierten die christlichsozialen Stadtväter mit Empörung. Ende 1917 hatte Weiskirchner es sich bereits zur Gewohnheit gemacht, den volkstümlichen Anti-Magyarismus zu nutzen, um die triste Versorgungslage zu erklären:

> Unser unhaltbares Verhältnis mit Ungarn [ist] schon durch die Gestalt der beiden Ernährungsminister gekennzeichnet. Der Transleithanier [Johann Hadik, Anm. d. Verf.] [ist] ein bäuchiger, wohlgenährter Mann, der Minister Höfer ein zaundürres Mandel. 15 Milliarden soll Ungarn im Kriege an Österreich verdient haben, und trotzdem [will] es uns ärger aushungern, als es die Engländer tun. Für einen Hasen verlangen sie 16 Kronen, also um 10 Kronen mehr, als er bei uns kostet. Da [ist] es an der Zeit, ein ernstes Wort über die Leitha zu rufen, welches da lautet: »Warnung für die Zukunft! Der Krieg wird nicht ewig dauern!«[44]

Die Preise für Grundnahrungsmittel, wie Brot, Kartoffeln, Milch, stiegen im Einzelhandel im Lauf des Krieges auf mehr als das Vierfache. Manche Produkte waren einfach nicht mehr erhältlich. Offiziell verfolgte die Stadt eine Politik von »zwei fleischlosen Tage« pro Woche, aber für viele Einwohner Wiens bestand die Woche aus sieben fleischlosen Tagen. Bis Mitte 1916 deckten Lieferungen aus Rumänien einen Teil der ungarischen Ausfälle, aber mit der Kriegserklärung Österreichs an Rumänien versiegte auch diese Nachschubquelle. 1917 und 1918 wurden so zu Jahren des Hungerns bis an die Grenze zum Verhungern. Auf Basis der offiziellen Lebensmittelrationen für Erwachsene wurde die durchschnittliche tägliche Nahrungsaufnahme Mitte 1918 in Wien offiziell auf zwei Drittel der entsprechenden Menge in Budapest geschätzt. Diese Rationen konnten nicht einmal den Mindestbedarf von 2.500 Kalorien am Tag decken, die ein normal arbeitender Erwachsener braucht. Arnold Durigs Untersuchungen Ende 1918 legen als Höchstwert an Kalorien, den die Lebensmittelkarten ermöglichen – zu einer Zeit, da die meisten verfügbaren Lebensmittel rationiert waren – 716 Kalorien am Tag nahe. In Berlin und München bekam man für dieselben Lebensmittelkarten im Gegensatz dazu fast 1.400 Kalorien.[45] 1918 waren die einzigen zugänglichen Methoden, diese Hungerkost aufzubessern, illegal: über den Schwarzmarkt oder durch andere, ebenso zwielichtige Transaktionen, wie z.B. eine langwierige Reise aufs Land, wo Gemüsebauern, die sich trotz der Strafandrohung weigerten, ihre Waren an einen der Märkte zu liefern, Lebensmittel an Leute verkauften, die bereit waren, »jeden Preis zu zahlen«.[46] In einem Bericht zur Lebensmittelkrise, der im November 1917 der Militärkanzlei vorlag, heißt es:

> Die allgemeine Stimmung ist schlecht, nein, sie ist miserabel! Und sie ist nicht allein miserabel unter den Arbeitern, sie ist es insbesondere unter dem Mittelstande, ja sogar unter dem Militär des Hinterlandes. Es sind alle Anzeichen einer trostlosen Resignation erkennbar, der geringste Anlaß, ein zufälliges Stocken in der Kohlen- oder in der Kartoffelversorgung kann dem Faß den Boden ausschlagen und einen Brand erzeugen, der auch mit Gewalt nicht eingedämmt werden kann, weil Gewalt Gegengewalt erzeugt.[47]

Ein Polizeibericht zum Lebensmittelangebot im Frühjahr 1918 kommt zum Schluss, »ein großer Teil der Bevölkerung hunger[e] tatsächlich und [sehe] sich den größten Entbehrungen preisgegeben«.[48] Unruhen und zuletzt von der Lebensmittelknappheit ausgelöste schwere Tumulte bilden ein Leitmotiv der Geheimberichte der Polizei über die Stimmung in der Bevölkerung. Weitere Engpässe und sich häufende Panikeinkäufe im Februar und März 1915 machten die Einführung der Rationierung von Brot und Mehl unumgänglich. Ab Januar 1916 häufen sich Polizeiberichte über Zusammenstöße zwischen Käufern auf Märkten und in Geschäften. Die Leute begannen, sich trotz der Winterkälte schon um 2 und 3 Uhr früh vor Ankerbrotfilialen anzustellen, um zu warten, bis die Geschäfte aufsperrten. Fleisch war für die meisten Leute unerschwinglich; sie lebten hauptsächlich von Gemüse und grobem Brot. Die Polizei hielt fest – dies sollte sich für die Christlichsozialen als ominös erweisen – dass infolge dieser Zustände eine große Unzufriedenheit herrsche »über die angebliche Untätigkeit der Gemeindefunktionäre und der Reichsratsabgeordneten; auch scheut die Bevölkerung vor scharfer Kritik der Regierungsmaßnahmen nicht zurück.«[49] Im Frühjahr 1916 kam es zu schweren Tumulten auf Märkten in Favoriten, Rudolfsheim und anderen Arbeiterbezirken, als wütende Frauen gegen die rapiden Preissteigerungen und das unzulängliche Angebot protestierten. Ähnliche Tumulte wiederholten sich im September, als tausende Menschen täglich mit leeren Händen von ihren Einkaufstouren zurückkehrten und keine Möglichkeiten sahen, sich und ihre Familien mit Grundnahrungsmitteln zu versorgen. Fabriksarbeiter begannen in dieser Situation mit wilden Streiks, was den Polizeipräsidenten zu der Einschätzung veranlasste, »bei der nun vorhandenen Stimmung der breiten Bevölkerungsschichten wäre es, falls die ungünstigen Approvisierungsverhältnisse fortdauern sollten, nicht ausgeschlossen, dass es zu ernsten Unruhen und größeren Demonstrationen kommen könnte«.[50] Ein Bericht von Mitte März 1917 hielt fest, dass als weiteres erschwerendes Moment zur verzweifelten Versorgungslage Gerüchte kämen, die behaupteten, der Stadt stehe eine Hungertyphusepidemie bevor. Mit Beginn des Frühjahrs 1917 wies sogar die Polizei auf Parallelen zwischen der Entwicklung in Wien und der in St. Petersburg hin.[51] Bei einem Hungertumult in Favoriten wurde gerufen, »Wir wollen keinen Krieg! Wir haben Hunger, wir wollen essen!«[52] Als ein Trupp russischer Kriegsgefangener Mitte Mai durch Meidling eskortiert wurde, fingen Passanten an, den Gefangenen Geld zuzustecken, und als die Wachen intervenierten, um sie daran zu hindern, schrie die Menge: »Pfui – aufhören mit dem Krieg, wenn nichts zu fressen da ist!«[53] Selbst der Kaiser blieb von dem Aufruhr nicht verschont. Eine Schar von 60 Frauen versuchte Anfang 1917, sich Zutritt zu seiner Residenz in Schloss Laxenburg zu verschaffen, um ihm ihr Leid zu klagen. Als Karl daraufhin kleine Gaben von Lebensmitteln in den Dörfern in der Nähe des Schlosses verteilen ließ, sah die Polizei darin einen gefährlichen Präzedenzfall, der auch an anderen Orten Frauen dazu verleiten könnte, um Essen zu betteln.[54]

Die massiven Arbeiterproteste Mitte Januar 1918, bei denen 110.000 Arbeiter spontan einen Generalstreik auslösten, markierten den Höhepunkt öffentlicher Empörung wegen der Lebensmittelverknappung und der fehlgeschlagenen Friedensinitiativen, wenn sich auch in Wien schon früher vereinzelt eine radikale Ablehnung des Krieges manifestierte. Die gewerkschaftlichen Massenstreiks im Januar, die sich ohne – und in vielen Fällen sogar ausdrücklich gegen – die sozialistische Führung formiert hatten, stellten sowohl für die Führungsriege der Sozialisten wie für die der Christlichsozialen eine enorme Herausforderung dar. Für die ersteren unterstrichen sie in höchst dramatischer Form die unbedingte Notwendigkeit eines Friedensschlusses, ganz gleichgültig, zu welchen Bedingungen; für die letzteren signalisierten sie, dass die *Vaterstadt* nicht mehr ihnen gehörte.[55] Selbst die Präsenz der Armee in Wien machte sich im öffentliche Bewusstsein auf schockierend neue Art und Weise bemerkbar. Des Kaisers einstmals stolzes Paradigma dynastischer Integrität wurde jetzt, im Frühjahr 1918, von verarmten Rekruten »repräsentiert«, die auf Heimaturlaub in der Stadt waren, vor öffentlichen Kriegsausspeisungslokalen herumlungerten, sich abfällig über ihre Offiziere äußerten und von Tür zu Tür betteln gingen.[56]

Die rücksichtslose Vorgangsweise des Oberkommandos bei der Beschaffung von Lebensmitteln und Material verschärfte die Krise. Militärische Beschaffungsagenturen kauften riesige Mengen von Konsumgütern ohne effektive Koordination mit ihren zivilen Widerparts auf heimischen Großhandelsmärkten auf. Vor dem Krieg waren keine Pläne für eine derartige Koordination erstellt worden und es wurden auch im Lauf des Konflikts keine entwickelt. Stattdessen spielte sich um den Zugriff auf knappe Konsumgüter ein veritabler administrativer Guerillakrieg zwischen den Militärs und dem *Amt für Volksernährung* ab.[57] Zwangsläufig behielt das Militär dabei immer die Oberhand.[58] Durig kam zum Schluss, dass die Verwundeten und Kranken in den österreichischen Militärspitälern einen besseren Ernährungszustand aufwiesen als die durchschnittliche erwachsene österreichische Stadtbevölkerung.[59] Und Polizeiberichte zeigen, dass die Drohung, streikende Arbeiter zum Dienst an der Front einzuziehen, kontraproduktiv waren, da viele »Agitatoren« die verhältnismäßig gute Versorgung des Militärs den völlig unlänglichen Rationen, die für die Zivilbevölkerung zur Verfügung standen, vorzogen. Lebensmittel waren auch nicht der einzige Streitpunkt. Richard Weiskirchner musste 1917 das Oberkommando dringend bitten, dem Wiener Markt einen kleinen Teil der vom

Heer requirierten Lederbestände wieder zu überlassen, um zu verhindern, dass die Wiener Schuhmacher scharenweise in den Bankrott getrieben wurden.[60]

Der Krieg bedeutete eine schwere Zerrüttung des konventionellen Detailhandels sowie der Konsumgüterindustrie und des Immobilienmarktes. Dass der Staat verschiedene Konsumentenorganisationen, wie vor allem die sozialdemokratischen Einkaufskooperativen und hunderte Kriegsküchen, als legale Umschlagplätze für Lebensmittel akzeptierte und Ende 1916 die wohnortbezogene Lebensmittelzuteilung, die sogenannten *Rayonierung*, durch spezielle Detailverschleißstellen einführte, hatte die Verelendung und vielfach die Zahlungsunfähigkeit kleiner Detailkaufleute zur Folge, die vor 1914 zur verlässlichsten Klientel der Christlichsozialen gehört hatten.[61] Das System der Rationierung, das im März 1915 eingeführt worden war, war anfänglich auf Brot und Mehl beschränkt, wurde aber bald auf Fleisch, Milch, Kartoffeln, Zucker, Kaffee, Fette und andere wichtige Lebensmittel ausgedehnt. Die Rationierung konnte die Ausbildung eines riesigen Netzwerks illegaler Straßenhändler und Schwarzmarkthändler nicht verhindern, die den Geschäften weitere Kunden entzogen.[62] Schwindende Lebensmittelvorräte, verbunden mit ständigem Qualitätsverlust, führten zu Streit zwischen den Christlichsozialen und ihren traditionellen Klientengruppen in der lebensmittelverarbeitenden Industrie. Brotmehl wurde routinemäßig durch Beimischung von Mais und anderen, praktisch ungenießbaren Substanzen entwertet, bis im Jahr 1918 Reisende das Brot in Wien als »ekelerregend« beschrieben.[63] Als Weiskirchner 1915 die Wiener Bäcker öffentlich rügte und meinte, das von ihnen hergestellte Brot gefährde »das alte Renommee der Wiener Bäcker«, wies ein Vertreter der Zunft der Bäcker diese Kritik des Bürgermeisters als überflüssig zurück und ließ durchblicken, Weiskirchner könne besseres Brot nur dann erwarten, wenn er den Bäckern besseres Mehl zur Verfügung stelle.[64] Auch der Partei blieb die regionalpolitische Dimension der Lebensmittelkrise nicht erspart. Als die Niederösterreichische Statthalterei 1916 strikte Durchsetzungsbestimmungen ankündigte, mit denen die Bauern gezwungen werden sollten, ihr gehortetes Getreide herauszugeben, erwiesen sich die urbanen und die ruralen Interessen innerhalb der christlichsozialen Partei als völlig unvereinbar. Die härteste Kritik, der sich der k.k. Verwaltungsstaat (und die Dynastie hinter diesem Verwaltungsstaat) im Jahr 1918 ausgesetzt sah, hatte wenigstens zum Teil ihren Ursprung im christlichsozialen agrarischen Bereich.[65]

Verknappungen bei Holz, Textilien und Leder führten zu Unterbeschäftigung oder völligem Produktionsstopp in anderen Bereichen der Wirtschaft, wo ebenso viele vormals loyale Parteigänger der Christlichsozialen verwurzelt waren. Das Handwerk und die kleinen Ladeninhaber waren besonders betroffen. Die Preise für Bekleidung stiegen proportional zum Schwinden der Textillager; der Preis eines Herrenanzugs stieg zwischen 1914 und 1917 auf das Fünffache. Die Ledervorräte näherten sich 1917 einem bedrohlichen Tiefstand, und neue Schuhe waren in Wien, ganz abgesehen vom Preis, so gut wie nicht zu haben – außer in Regierungsämtern, wo ranghohe Beamte ihren Untergebenen zu Einkaufsmöglichkeiten verhelfen konnten.[66] Da die Beamten der militärischen Beschaffungsämter der Standardisierung ebenso wie dem Volumen der Massen- oder Fabriksproduktion den Vorzug gaben, erwiesen sich selbst die von der Kriegswirtschaft gebotenen »Gelegenheiten« letzten Endes als höchst nachteilig für das ältere Handwerk. Viele kleine und mittlere Detailgeschäfte erhielten von den Banken keine Kredite mehr und konnten keine ausreichende Aufstockung ihres Lagers finanzieren, selbst wenn entsprechende Konsumgüter verfügbar waren.[67] Die Handwerker waren zudem nicht die einzigen Opfer der Kriegsmobilisierung in der mittleren und unteren Mittelschicht. Im Januar 1917 hatte die Regierung für bestimmte Zinshäuser eine Mietpreisbindung mit fürsorglicher Zielsetzung eingeführt: Sie wollte der Angst vor massiven Delogierungen entgegenwirken, die in der Arbeiter- und unteren Mittelschicht grassierte, und den Druck rapide steigender Mietforderungen begrenzen. Darüberhinaus sollte eine Geste des guten Willens gegenüber den Zehntausenden Wiener Soldatenfamilien gesetzt werden, deren Väter und Söhne im Feld standen. Das Gesetz hatte einen Stimmungsumschwung unter den christlichsozialen Hausherren zur Folge.[68]

Für die Notlage der Beamten, die mit ihren fixen Gehältern den inflationären Preissteigerungen bei Lebensmitteln, Kleidung und – bis 1917 – bei Mieten ausgesetzt waren, konnte direkte Abhilfe geschaffen werden: Die meisten staatlichen Behörden gewährten ihren Angestellten Gehaltsaufbesserung in Form von *Kriegszulagen*. Stürgkh, der anfänglich allgemeine Gehaltszulagen generell ablehnte, suchte diese später mindestens zu verschleppen. Dann erhielten die Staatsbediensteten jedoch sechs solche Zulagen (August 1915; Februar 1916; Dezember 1916; Juni 1917; Dezember 1917; und Juli 1918), und eine ähnliche Regelung wurde für die Gemeindebediensteten getroffen.[69] Trotzdem hielt sich hartnäckige Unzufriedenheit wegen der »Vorzugsstellung«, welche die Regierung der Arbeiterschaft einräumte, besonders in Bezug auf die Ad-hoc Bewilligung von Lohnerhöhungen und von Lebensmittelzuteilungen an Arbeiter in kriegsnotwendigen Industriebetrieben.

Selbst die Bedeutung des Geldes wandelte sich, als die Krone rasch an Wert verlor und das Paradigma wirtschaftlicher Betätigung, das bis Kriegsausbruch gegolten hatte, abgelöst wurde durch neue, unberechenbare und auf »Privilegien« beruhende Schemata. Ein Arbeiter, dem weniger Geld zur Verfügung stand, war unter Umständen in der Lage, an mehr Lebensmittel oder andere Güter zu kommen als eine bürgerliche Familie, die stundenlang vor einem Marktstand anstehen musste – sei es wegen der organisatorischen Probleme im System der Lebensmittelverteilung oder aufgrund der 1917 eingeführten besonderen Zuteilungen an die ärmsten Schichten, die *Mindestbemittelten*.[70] Spätestens im April 1918 stellte die Polizei fest, dass die Stimmung in der Mittelklasse noch schlechter war als unter der ärmeren Bevölkerung:

> Die bittersten Klagen erhebt der Mittelstand. Insbesondere die Festbesoldeten weisen immer wieder darauf hin, dass auf sie die schwerste Last überwälzt werde. Die Wohlhabenden seien in der Lage, sich – wenn auch zu übermäßigen Preisen – Lebensmittel in beliebiger Menge zu beschaffen, für die Arbeiter, deren Löhne fortgesetzt erhöht, und für welche auch Lebensmittel aller Art bereitgestellt würden, sei nach Möglichkeit gesorgt; nur der Mittelstand finde nirgends Hilfe. Drückende Not reicht bereits in die sogenannten besseren Kreise hinauf und der Unmut über die unerträglich gewordenen Verhältnisse greift immer weiter um sich.[71]

Aber die Auswirkungen des Krieges gingen noch tiefer, da sie auch Statuserwartungen und Statusansprüche untergruben oder mindestens in Frage stellten. Es wurde für die bürgerlichen Schichten viel schwerer, die den Vorkriegsverhältnissen entsprechende »geziemende« gesellschaftliche Distanz zur Arbeiterklasse aufrechtzuerhalten, und zwar sowohl in emotionaler wie sogar in elementarer physischer Hinsicht. Ein bitterer gemeinsamer Protest verschiedener christlichsozialer Organisationen von Wiener Staatsbeamten an das Innenministerium im April 1918 betreffend die »schwere Ungerechtigkeit« der Lebensmittelzuteilung an Konsumentenorganisationen beklagte sich nicht nur darüber, dass die Merkmale dieses »privilegierten« Systems »Ungleichheit und Ungerechtigkeit« seien; die Beamten beharrten auch darauf, dass ihre Standesautorität und ihre berufliche Würde es ihnen und den Mitgliedern ihrer Familie unmöglich machten, »den Lebensmitteleinkauf durch ›Anstellen‹ zu besorgen. Dienstboten zu diesem Zwecke zu halten, sind wir infolge der Not nicht imstande.«[72]

Solche Proteste waren außerdem Signale eines klasseninternen Bürgerkriegs, der verängstigte, neiderfüllte Mittelstandsgruppen gegeneinander ausspielte und einzelne Mitglieder des Mittelstands gegen das wachsende Netz der korporatistischen Organisation der Zivilgesellschaft stellte. Als die Regierung den Klagen der Staatsbediensteten schließlich nachgab und ihnen gestattete, ihre eigene Einkaufs- und Vertriebsorganisation aufzubauen, wurde dies von der Gruppe der Kaufleute mit äußerster Empörung quittiert. Die Handelskammer in Brünn protestierte gegen die »neuerliche Ausschaltung eines großen Personenkreises aus dem allgemeinen Versorgungsplan«; dies bedeute eine weitere Einbuße für die Kaufleute vor Ort, die bereits ihre proletarischen Kunden verloren hatten und jetzt für ihr Überleben auf Kunden aus der Mittelschicht angewiesen waren. Nicht weniger wichtig war, dass die Handwerker, kleinen Ladeninhaber und Privatangestellten sich benachteiligt gefühlt hätten, wenn anderen Schichten des Mittelstandes Privilegien zugesprochen worden wären, die ihnen versagt blieben.[73] Mit der zunehmenden Verknappung von Lebensmitteln und Kleidung in den Jahren 1917/18 fand jede bürgerliche Interessengruppe Rechtfertigungsgründe für an sich geringfügige Privilegien, die ihnen gewährt und ihren früheren Klassennachbarn versagt werden sollten. Indem sie auf die Selbstdarstellung der anderen Beamten noch eins drauf setzten, verfiel die Polizei in Wien auf ein besonders effektives Druckmittel: Ihnen stünden, so behaupteten sie, extra Lebensmittelrationen zu, und zwar deshalb, weil zu ihren Pflichten auch die Inspektion der Detailmärkte gehörte, wo sie sicherstellen sollten, dass überall die gleichen Preise herrschten, und wo sie illegale Geschäfte verhindern sollten. Man könne nicht von ihnen erwarten, dass sie diesen Aufgaben verantwortungsvoll nachkamen, wenn sie nicht von vornherein extra Rationen erhielten.[74]

Scheinbar kleine Ereignisse illustrieren den Wegfall interner gesellschaftlicher Trennungslinien in der Metropole. Als z. B. Anfang 1917 die Verkehrsbetriebe aufgrund akuten Kohlenmangels und fehlender Ersatzteile gezwungen waren, den Straßenbahnbetrieb auf einige Stunden am Tag zu reduzieren und nicht mehr alle Haltestellen anzufahren, sahen sich nicht nur Arm und Reich in gleicher Weise in ihrer Mobilität beeinträchtigt: Private Kutschen und Autos waren mittlerweile die Ausnahme und so fanden sich immer wieder völlig verschiedene soziale Gruppen zusammengepfercht in überfüllten öffentlichen Verkehrsmitteln. Selbst Opernbesucher mussten die Straßenbahn benützen und saßen in Abendrobe und Frack neben Putzfrauen und Taglöhnern.[75] Ironischerweise bestand die Alternative zur Vermengung mit der Arbeiterschicht darin, ihre Verhaltensmuster nachzuahmen. Im Januar 1917 organisierte eine Gruppe von Damen aus dem Mittelstand einen gemeinsamen Mittagstisch, die *Gemeinschaftsküche des gebildeten Mittelstandes,* da sie nicht bereit waren, die

Kriegsausspeisungen in Anspruch zu nehmen, die von Frauen aus der Arbeiterschicht benützt wurden.[76]

In Wien, wie auch andernorts in Europa, war jedoch das Bürgertum nicht nur in klassenmäßiger Hinsicht bedroht. Während männliche Angestellte zum Frontdienst eingezogen wurden, füllten sich die Zeitungen in Wien mit Annoncen, in denen Arbeitgeber »anständiges« Personal für Geschäfte und Betriebe suchten. Der Personalmangel in den Fabriken sowie in Gewerbe und Handel wurde durch weibliche Arbeitskräfte gedeckt, was sowohl zu Irritationen und sogar zu offener Feindschaft bei den traditionellen Arbeitnehmergruppen und politischen Organisationen führte.[77] Der Umstand, dass Frauen entweder offiziell in den Arbeitsprozess eingegliedert wurden oder »inoffiziell« arbeiteten, indem sie stundenlang für magere Lebensmittelrationen Schlange standen, führte dazu, dass sich die Haltung dieser Frauen den ihnen gesellschaftlich »Überlegenen« gegenüber änderte. Verbreitete Anfeindungen gegen aristokratische Familien und Kriegsgewinnler in Wien, die sich über das Rationierungssystem hinwegsetzen konnten, waren keineswegs das Produkt des Wunschdenkens englischer Agenten.[78] Die Polizei stellte in Wien eine heftige Abneigung gegen reiche Frauen fest, die weiterhin mit Schmuck und extravaganter Kleidung protzten.[79]

Wo keine Frauen aus dem Milieu der Armen verfügbar waren, stand es Arbeitgebern frei, Schulkinder heranzuziehen. Nachdem die Stadt mehr als ein Drittel ihrer Arbeitnehmer an das Militär verloren hatte, war sie Anfang Februar 1917 gezwungen, Schulkinder auf die Straße zu schicken, um die Straßenbahnschienen von Schnee zu säubern. Mochte die *Neue Freie Presse* immerhin argumentieren, dass solche Arbeiten sich förderlich für den Charakter auswirkten, sie waren doch ein Zeichen gesellschaftlichen Notstands. Die Preise für Bekleidung erreichten ab 1917 schwindelnde Höhen; viele Familien waren, wie die Polizei feststellte, nicht mehr in der Lage, ihre Kinder so weit auszustatten, dass sie in die Schule geschickt werden konnten.[80] Vertrauliche Berichte an das Kabinett zeichneten ein Bild der »Verrohung der Jugend« – hohe Anfälligkeit für Kriminalität, von der Norm abweichendes sexuelles Verhalten (Homosexualität, Prostitution u.dgl.) und Akte von Vandalismus bei Halbwüchsigen und sogar bei Kindern – und boten einen realistischen Eindruck von den Auswirkungen des Krieges auf das Familienleben in Wien.[81] Dass man mit derartigem kriminellen Verhalten auch beim Nachwuchs »Gutbürgerlicher« rechnen musste, war ein weiteres Zeichen dafür, dass der moralische Habitus der Vorkriegsgesellschaft in Auflösung war.[82]

Die Regierung erließ zwar Verordnungen, mit denen sie versuchte, Höchstpreise festzusetzen, die nicht überschritten werden durften, aber diese verfehlten völlig ihre Wirkung auf das tatsächliche Funktionieren des Marktes. Im Verein mit dem übermäßig komplizierten System der Lebensmittelkarten verschlimmerten sie nur den öffentlichen Zynismus über die Ineffektivität der Verwaltungsmaßnahmen. Sie trugen zusätzlich zur Etablierung eines Kriegsgewinnlertums im Miniaturformat des Lebensmittelkleinhandel bei, das die christlichsozialen Zeitungen nur allzugern den jüdischen Flüchtlingen, die 1914–15 aus dem Osten in Wien Zuflucht gesucht hatten, anlasteten.[83] Die Anwesenheit von Zehntausenden dieser unfreiwilligen Immigranten, denen die einheimische Bevölkerung mit immer gleichbleibender Feindseligkeit begegnete, und die einander wechselseitig stützenden Mythen von Preistreiberei und Schwarzmarktwirtschaft, die ja oft genug der Realität entsprachen, waren perfekte Stimulantien für den allgegenwärtigen Antisemitismus, der ein Teil der Kultur des kleinen und mittleren Wiener Bürgertums war.[84] Auch reformorientierte Christlichsoziale wie Leopold Kunschak gaben dem volkstümlichen Antisemitismus nach und nützten ihn für sich aus. Kunschak behauptete, »der Antisemitismus [sei] heute berechtigter als jemals. Wucher, Kettenhandel und Preistreiberei würden nahezu nur von Juden betrieben ...«[85] Profitgier im Lebensmittelhandel kann allerdings nicht ausschließlich armen Juden angelastet werden. Sogar die streng zensurierten Wiener Zeitungen berichteten regelmäßig über Betrugsfälle im System der Lebensmittelrationierung. Es war ein offenes Geheimnis, dass die Reichen in Wien – noch mehr als selbst in Berlin – immer genug nahrhaftes Essen für ihre durch den Krieg entwerteten Kronen finden konnten. Auch dem Staatsbeamtentum war dieser Morast nicht gänzlich fremd. Im Oktober 1918 wurde bekannt, dass Johann Brejčka, ein Hofrat im Eisenbahnministerium, zwei Waggons mit Mehl von Mähren nach Wien »überstellt« hatte; er hatte die Absicht, das Mehl um 25 Kronen pro Kilo zu verkaufen.[86]

Die Hauptleidtragenden waren die sehr Jungen und die sehr Alten. Obwohl das Studium der kriegsbedingten Fehl- und Unterernährung und der Kinderkrankheiten die kollektive therapeutische Rolle der Wiener Medizinischen Schule für die Gesellschaft stärkte – ein Programm, das dann von den Sozialdemokraten in der zweiten Hälfte der 20er Jahre weiter gefördert wurde –, war dieser wissenschaftliche Lernprozess nur aufgrund der intensiven Entbehrungen, denen Kinder, Halbwüchsige und Alte zwischen 1915 und 1919 ausgesetzt waren, möglich und erforderlich.[87] Der Krieg stellte insgesamt eine biologische

Katastrophe für die Bevölkerung Wiens dar. Schon 1915 begann die Geburtenrate stark zu fallen, während die Sterberate auch unter der Zivilbevölkerung rasant anstieg. Das Geburtendefizit von 7.761 im Jahr 1915 stieg 1917 auf 25.443 und auf 32.240 im Jahr 1918.[88] Unterernährung hatte verschiedene Erkrankungen im Gefolge, vor allem Tuberkulose und Rachitis. Die Kindersterblichkeit infolge Tuberkulose stieg zwischen 1914 und 1918 auf mehr als das Doppelte; an der Wiener Kinderklinik war 1918 Tuberkulose in 69 Prozent der Fälle die Todesursache. Neun Zehntel der Neuzugänge in der Klinik wurden 1918 offiziell als schwerst unterernährt eingestuft.[89] Die »Hungerjahre« 1917 und 1918 hinterließen eine Spur sozialer Degeneration. Clemens von Pirquets Untersuchungen des Gesundheitszustands von 114.947 Wiener Schulkindern, die er in Zusammenarbeit mit der *American Relief Administration* vornahm, enthüllte das wahre Ausmaß der Katastrophe: fast 80 Prozent der untersuchten Kinder waren stark unterernährt, viele davon am Rand akuter Erkrankung infolge chronischer Defizite. Zu diesen schweren Einbrüchen in der Volksgesundheit kamen noch die massiven psychologischen Traumen und in vielen Fällen die furchtbaren körperlichen Verletzungen von Zehntausenden Soldaten, die von der Front nach Wien heimkehrten. Hans-Georg Hofer hat vor kurzem geschätzt, dass bis Ende 1918 insgesamt rund 120.000 Soldaten in Wien wegen verschiedener kriegsbedingter Neurosen und psychischer Traumen in Behandlung waren.[90]

Die innere Geschichte der christlichsozialen Partei war in Wien eng verknüpft mit diesen radikal veränderten Bedeutungsmustern, die den kulturellen Hintergrund für das städtische Leben bildeten. 1914–15 noch übermäßig selbstsicher, wurde die Partei mit jedem Monat, den sich der Krieg in die Länge zog, anfälliger für Spaltungen und Schamgefühle. Weiskirchner war sehr präsent in den Beratungen der Partei, aber ab Ende 1915 wurden die Auswirkungen der nicht endenwollenden Lebensmittelknappheit auch an ihm sichtbar. Seine öffentlichen Aussagen wurden immer widersprüchlicher und immer weniger glaubwürdig und er fand sich immer stärker in die Defensive gedrängt.

Die Ereignisse von 1915 spitzten die Zwangslage, in der die Partei in Wien steckte, auf dramatische Weise zu: Welche Haltung sollte die Partei einem äußerst unpopulären Krieg gegenüber einnehmen, den sie ursprünglich als gerechtfertigt bezeichnet hatte und für den sie weiterhin administrative Verantwortung trug? Leopold Kunschak und dem Arbeiterflügel der Christlichsozialen, die weniger zu verlieren hatten sowohl an Stolz wie an Prestige, fiel hier eine Kehrtwendung viel leichter: Kunschak, der sich einmal in anmaßender

Weise über Österreichs Kriegserfolge ausgelassen hatte, scheute sich im Herbst 1917 nicht, einem ehrenhaften, gerechten, vor allem aber einem schnellen Frieden das Wort zu reden.[91] Richard Weiskirchner war jedoch im Netz der Erwartungen, das er selbst für sich zu Beginn des Krieges gesponnen hatte, gefangen. Im April 1915 konnte er noch öffentlich Stürgkh gegenüber seine Loyalität und »seinen innigen Dank« beteuern.[92] Ende 1915 begann auch er, sich kritisch über die Regierung zu äußern, und versuchte, eine Mittelposition zwischen Stürghk und dem Volk einzunehmen, ohne die Legitimität des Krieges als solche in Frage zu stellen.[93] Das wieder führte zu einem Vertrauensverlust führender Kabinettsmitglieder gegenüber dem Bürgermeister; Burián bemerkte zu Stürgkh, »Weiskirchner getraue sich eben nicht gegen seine Parteigenossen (Fleischer, Bäcker, Greißler etc.) aufzutreten«.[94]

Weiskirchner griff zunächst, wie mancher andere bürgerliche Politiker auch, nach den Juden als bequeme Sündenböcke, aber er fand in seinen Ansichten zur Kriegspolitik insgesamt zu keiner einheitlichen Linie. Seine Gegner in der Partei ziehen ihn der Heuchelei in der jüdischen Frage: einerseits beschuldige er die Juden der Profitmacherei, andererseits verkehre er privat mit reichen Juden. Er beharrte immer wieder darauf, wie er sich 1916 in einer Versammlung christlichsozialer Frauen ausdrückte, »er vertrage gegenwärtig im Innern keinen Parteikampf«. Die Politik hatte 1914 ein Ende gefunden.[95] Das war bei ihm keine leere Burgfriedenrhetorik, sondern beschreibt geradezu das Wesen seiner politischen Identität. Zu seinem Atout wurde jetzt sein Status als integrer Beamter, der die Dankbarkeit, ja sogar das Mitgefühl der Öffentlichkeit verdiene angesichts der Art und Weise, wie er von Mächten jenseits seines Einflusses und des Einflusses der Stadt traktiert wurde.[96] Eine schwache, entschlussunfähige Regierung, die einen Bürgermeister voll guter Absichten aufs Abstellgleis schiebe und, wie jemand aus Weiskirchners nächster Umgebung meinte, die Stadt »wie irgendeine obskure Gemeinde« behandle, war die wahre Ursache von Wiens Misere.[97]

Parteiintern setzte Weiskirchner auf »wie gehabt«, nur mehr davon: an den gegebenen Institutionen festhalten und nur keine radikalen Veränderungen. Daher auch seine defensive Einstellung zur Wahlreform. Sowohl die demokratische Aura des Krieges wie die Botschaft der Wähler vom Juni 1911 ließen eine Ausweitung des allgemeinen Wahlrechts auf die Stadtgemeinden und die Einführung proportionaler Repräsentation durch Listenwahlen geraten erscheinen. Als jedoch Albert Gessmann und Alois Liechtenstein 1917 die Einführung des proportionalen Wahlrechts vorschlugen, stimmten Weiskirchner und die Wiener Fraktion widerstrebend und nur unter der Bedingung zu, dass das Wiener Gemeindewahlrecht oberhalb der Vierten Kurie davon ausgenommen bleiben müsse. Nichts durfte das alte Kurialwahlrecht stören, obwohl seine sozioökonomischen Grundlagen – ein wirtschaftlich stabiles und kulturell selbstbewusstes Bürgertum – rapide dahinschwanden. Spätere Verhandlungen zur Wahlrechtsreform zwischen dem Bürgerclub und der sozialistischen Fraktion im Gemeinderat blieben ergebnislos, wie es angesichts der kompromisslosen Haltung der christlichsozialen Unterhändler von vornherein zu erwarten war.[98]

Unter einem bestimmten Blickwinkel waren Weiskirchners Ansichten durchaus nachvollziehbar, hatten doch, wie die Polizei bemerkte, die meisten Menschen längst ihre offensichtlich illusionären Hoffnungen auf die Parteien aufgegeben, um sich ihr Überleben selbst zu sichern. Die Polizei berichtete im November 1917, der größte Teil der Bevölkerung habe »kein Interesse für das Parlament. Das Volk sieht in den Abgeordneten nur mehr Leute, die die gewohnten Streitigkeiten fortsetzen, die die Kriegszeit verschlafen haben, die sich vom unseligen Streit um parteipolitische Dogmen nicht losmachen können und wollen.« Die Verkündung der großen Amnestie durch den Kaiser im Juli 1917 – Kramář, Schönerer und mehr als 1.400 andere Verurteilte waren die Nutznießer – wurde in der Stadt weitgehend ignoriert: »Lediglich in den deutschgesinnten, intelligenteren Kreisen Wiens hat der Amnestieerlass eine erregte, ja sogar erbitterte Stimmung ausgelöst.«[99] Der niederösterreichische Statthalter berichtete im August 1917, das Interesse an den Geschehnissen des Krieges sei »sehr stark in den Hintergrund getreten. ... Die Stimmung wird durchwegs von der [gegenwärtigen, Anm. d. Verf.] wirtschaftlichen Not beherrscht.«[100] Die fortgesetzten Angriffe der sozialdemokratischen und der liberalen Presse auf die Partei nahmen Mitte 1917, nachdem die Polizei die Kontrolle politischer Versammlungen sowie die Pressezensur gelockert hatte, dramatische Ausmaße an; diese Entwicklung bestärkte viele Mitglieder der Führungsriege in der Einschätzung, dass der *Burgfriede* zu einer Farce verkommen war.[101]

1917 setzte dann eine Entwicklung ein, die Weiskirchners innerparteiliche Stellung schwer auf die Probe stellte. Bei einem Treffen aller gewählten Parteifunktionäre, das im Januar einberufen worden war, um den Zustand der Parteiorganisation zu erörtern, lieferte der Kunschak nahestehende Franz Spalowsky eine vernichtende Kritik am Verfall der Partei.[102] Spalowsky räumte zwar ein, dass eine Reihe objektiver Umstände an den gegenwärtigen Schwierigkeiten mitbeteiligt waren: Viele Parteiaktivisten waren zum Dienst an der Front eingezogen worden, was auf eine Schwächung der lokalen Parteiorganisationen hinauslief. Die gewählten Funktionäre waren überlastet und erschöpft von dem, was ihnen das bloße Überleben im Krieg abverlangte, und hatten weder Zeit noch Interesse für Angelegenheiten der Partei. Die Partei wurde jetzt für die Fehler der staatlichen Politik in der Lebensmittelversorgung und auf anderen Gebieten der Kriegswirtschaft haftbar gemacht. Dies bescherte der Partei – darauf wies Spalowsky mit besonderem Nachdruck hin – einen massiven Vertrauensverlust bei der Wählerschaft. Das alles reichte aber in Spalowskys Augen nicht aus, um den gegenwärtigen Zustand tatenlos hinnehmen zu müssen. Im Gegenteil. Der jetzige Zustand sei für alle »eine deutliche Mahnung, daß wir der Parteiarbeit ein größeres Augenmerk zuwenden müssen, als es in den letzten Zeiten der Fall war«. Er beschrieb dann die zerrüttete Lage, in die die Partei unter Weiskirchners Führung während des Krieges geraten war. Die Partei müsse aufhören, sich vom »Schlagwort des Burgfriedens« in die Irre führen zu lassen und sich selbst in diesem Punkt in die Tasche zu lügen. Eine gezielte programmatische Ausrichtung sei nötig, um der sozialistischen Propaganda begegnen zu können, und das bedeute vor allem eines: eine stärkere Betonung des Antisemitismus. Dies sei die effektivste Art, die Sozialdemokraten in den Augen ihrer eigenen Wählerschaft zu diskreditieren: »Sogar die Sozialdemokraten, die Schleppträger des Judentums, sind nicht im Stande, ihren Parteigenossen gegenüber den Antisemitismus wieder zu Paaren zu treiben [d.h. zurückzudrängen, in die Schranken zu weisen, Anm. d. Übers.].« Der Antisemitismus werde sich als die Zauberformel erweisen, mit der sich die infolge der wirtschaftlichen Misere verlorengegangene Wählergunst wiedergewinnen lasse.[103]

Weiskirchners Reaktion auf Spalowskys Kritik beschränkte sich auf einige nichtssagende Bemerkungen, in denen er darauf verwies, wie wichtig es sei, in der Partei Einheit, Loyalität und Freundschaft zu bewahren. Wäre eine derartige Kritik allein aus den Reihen des christlichsozialen Arbeiterflügels gekommen, wo eine notorische Bereitschaft für Strukturreformen vorhanden war – die Zusammenlegung aller Klubs auf der Wahlbezirksebene hätte z.B. eine Schwächung der traditionellen bürgerlichen Eliten bedeutet, die in den kleineren Organisationen nach wie vor den Ton angaben –, dann wäre wahrscheinlich alles beim Alten geblieben. Im Frühjahr 1917 erklärte sich aber mit Heinrich Mataja ein weiteres und prominenteres Mitglied der Wiener Partei für eine grundlegende Reform.[104] Mataja war ein zu diesem Zeitpunkt 38jähriger Anwalt, dessen erste politische Kontakte auf das Jahr 1906 zurückgingen, als er mehrere christlichsoziale Lokalpolitiker in Ehrenbeleidigungsprozessen verteidigte. Er wurde 1910 von der Landstraße aus in den Gemeinderat gewählt, hatte sich nach dem Tod Josef Porzers 1914, ehrgeizig wie er war, um das Amt des Vizebürgermeisters beworben und war dabei ohne Erfolg geblieben. Er stand ursprünglich deutschnationalen Kreisen nahe und gehörte an der Universität einer nationalen (und nicht einer der sonst in christlichsozialen Kreisen üblichen katholischen Studentenverbindung an); trotzdem erweckte er das Interesse von Albert Gessmann. Dieser bot ihm, gemäß seiner Strategie, junge Talente von der Universität weg zu fördern, die Möglichkeit, bei den Parlamentswahlen von 1911 in einem steirischen Bezirk zu kandidieren. Obwohl Mataja bei dieser Gelegenheit sang- und klanglos unterging, verschafften ihm sein feines Gespür für politische Intrigen (Seipel bescheinigte ihm bei einer Gelegenheit eine gute »Nase für die Politik«) und seine enorme Energie eine zweite Chance. Sein Sieg bei der parlamentarischen Nachwahl in der Leopoldstadt im Oktober 1913 wurde dann auch als Beweis für den anfänglichen Erfolg von Weiskirchners Erneuerungsprogramm für die Partei gewertet und für Matajas Eignung, als durchsetzungsfähiger, dynamischer Sprecher der Wiener Partei in nationalen Belangen aufzutreten.[105] Von Kunschak zunächst beargwöhnt als ein weiterer bürgerlicher Rivale, erwies sich Mataja als ein Politiker von viel größerer ideologischer Wandlungsfähigkeit, als dies viele auf dem Arbeiterflügel für möglich gehalten hatten. Er war tief gläubig, und der Ausbruch des Krieges veranlasste ihn, sich auch politisch verstärkt dem Katholizismus zuzuwenden, den er allerdings mit scharfer antisemitischer Rhetorik zu verbinden verstand. Er nahm an beiden Treffen der Internationalen Katholischen Union in Zürich teil; bei dem zweiten machte er die Bekanntschaft Ignaz Seipels. Ab Frühjahr 1917 plädierte er für ein maßvolleres, versöhnlicheres Kriegsprogramm gegenüber der slawischen Bevölkerung Österreichs.[106] Mataja setzte sich auch für die Verbindung mit den alpenländischen Parteien und mit dem Parlamentsklub ein und liefert somit den Beweis, dass nicht sämtliche Mitglieder der Wiener Partei von der »Rathaus«-Mentalität infiziert waren: nicht alle wollten oder erwarteten, dass die Partei von der Mitte aus gesteuert wurde.[107] Auf seine ganz spezifische Weise war Mataja also ein »Progressiver« – und somit der logische Nachfolger Albert Gessmanns –, der entschlossen war, sich mit den immer unzufriedenen öffentlichen Bediensteten anzulegen, die der Partei während des Kriegs so stark zusetzten. Mit seiner programmatischen Auffassung von Politik, einschließlich seines unbedingten Antisemitismus, setzte er sich jedoch deutlich sowohl von Weiskirchner ab wie von Gessmann.

Matajas Eintreten für eine Parteireform hatte eine lange Vorgeschichte. Schon 1913 hatte er eine Streitschrift veröffentlicht, die auf seinen Zeitungsartikeln über die Notwendigkeit eines Neuanfangs nach den Wahlen von 1911 basierte; darin plädierte er für eine umfassendere und effektivere Organisation als die von Lueger ererbte.[108] Im Februar 1916 trug er auf einem Parteikongress, der hinter verschlossenen Türen stattfand, seine Kritik an den strukturellen Mängeln der Wiener Partei vor und nahm damit Spalowskys Thesen vorweg, die dann noch schärfer und aggressiver waren. Wie Spalowsky war auch Mataja der Überzeugung, dass den Vereinen eine Konsolidierung not tue, ging aber gleich einen Schritt weiter und forderte, dass die Partei in der ganzen Stadt durch eine einzige Organisation vertreten sein sollte.[109] Er hatte auch eine größere, umfassendere Vision davon, was Politik bedeutet. Wie die Sozialdemokraten (und Richard Schmitz) war auch Mataja überzeugt, dass die Partei schlecht beraten war, indem sie das Potential diverser nichtpolitischer Organisationen ignorierte, denen ihre Wähler angehörten. Er war schon lang der Meinung gewesen, dass die Mitgliederbasis der Partei infolge der Einschränkung, welche die formelle Mitgliedschaft in einem politischen Verein bedeutete, zu schmal war.[110] Mataja drängte auch auf die Einführung eines »Haussystems«, das für jeden Wohnblock einen namentlich benannten christlichsozialen politischen Aktivisten vorsah, der an die Parteizentrale berichten und dieser Rede und Antwort stehen sollte; dies würde die Exklusivität der Vereine vor Ort weiter reduzieren. Wie nicht anders zu erwarten, kamen die lautesten Wortmeldungen zur Unterstützung von Matajas Ansichten von christlichsozialen Führern des Arbeiterflügels sowie von denen des *Volksbundes*. Hier bahnte sich eine natürliche Allianz von »demokratischen« und »katholischen« Interessen an.

Als das politische Leben sich nach der Ermordung Karl Stürgkhs allmählich im Januar 1917 wieder zu regen begann, schrieb Mataja an den nominellen Führer der Wiener Partei, Alois Liechtenstein, einen Brief mit der dringenden Bitte, unverzüglich mit den Vorarbeiten für die nötigen Reformen zu beginnen; während »unsere Gegner eine versteckte aber umso mehr aktive Agitation von Mann zu Mann entfalten ..., fehlt seitens der christlichsozialen Partei die energische Betonung und Betätigung unserer Prinzipien«.[111] Weder Liechtenstein noch Weiskirchner fühlten jedoch den Beruf zu unverzüglicher Tätigkeit, und im Juni 1917 initiierte Mataja seine eigene Reformbewegung: er lud dissidente Parteifunktionäre ein, um bei einem gemeinsamen Treffen die Möglichkeiten auszuloten, die Führung von unten her zu überholen. Zwischen 23. Juni und 18. Juli fanden fünf Sitzungen dieser Gruppe statt, die hauptsächlich aus politischen Randfiguren bestand; von den vierzehn Teilnehmern der ersten Sitzung gehörte außer Mataja selbst nur einer dem Stadtrat an und nur drei der

Anwesenden waren Gemeinderäte.[112] Ihr hochtrabender »programmatischer« Diskurs konnte nicht darüber hinwegtäuschen, dass die treibenden Kräften hauptsächlich Ehrgeiz und Eitelkeit waren. Die verhältnismäßig prominentesten Renegaten gehörten zum Arbeiterflügel der Christlichsozialen; seine Führer, Kunschak und Hemala, waren bei mehreren Treffen anwesend. In ihren Diskussionen ging es vor allem um Ressentiments, die offenkundig von großen Teilen der Partei geteilt wurden, ohne indes für die Parteiführung ein Thema zu sein. Weiskirchner und der *Engere Parteirat* waren bei allen Zusammenkünften Gegenstand massiver Kritik. Mataja selbst erklärte z.B. am 11. Juli unumwunden, sein Standpunkt habe sich seit dem Jänner 1917 geändert:

> Damals habe ich noch geglaubt, dass mit der Parteileitung, wie sie heute zusammengesetzt ist, etwas anzufangen ist. Seither habe ich die Überzeugung gewonnen, dass unter den führenden Personen solche sind, die an der Partei nicht mehr das geringste Interesse haben. Man darf es daher bei einer Eingabe nicht mehr bewenden lassen, sondern muss auf eine andere Zusammensetzung der Parteileitung hinarbeiten.

Diese sezessionistische Einstellung wurde von der Mehrheit nicht mitgetragen – selbst Kunschak ruderte von einer derartigen Politik am Rand des Abgrunds zurück –, aber die Ablehnung, die Weiskirchner und dem Stadtrat entgegenschlug, sprach Bände. Schwarz aus Mariahilf beklagte am 23. Juni, dass die Art, wie »gegenwärtig geleitet werde, ... eine Misswirtschaft [ist] und ... zum Verfall [führt]. Vom *Parteirat* hört man überhaupt nichts.« Rosenkranz aus dem Dritten Bezirk äußerte sich verächtlich über die gelegentlichen Funktionärstreffen, die Weiskirchner einberief: »Die größte Komödie sind unsere Parteitage. Wir brauchen einen Mann, der den Mut hat, mit dem Antisemitismus hervorzutreten, die Massen werden ihm folgen. Weiskirchner steht auf dem Standpunkt: Nach mir die Sintflut!« Binder aus Landstraße argumentierte, die gegenwärtig eingeschlagene Richtung sei »eigentümlich«, und erinnerte »an das Anerkennungsschreiben des Bezirksvorstehers Blasel [ein Liberaler aus der Leopoldstadt, Anm. d. Verf.] an Weiskirchner, das sehr zu denken gebe«.[113] Wie auch dieses Beispiel zeigt, war das Ressentiment gegen Weiskirchners Nachgiebigkeit gegenüber reichen jüdischen Kreisen in Wien die wichtigste Triebfeder der Verschwörung, die noch ergänzt wurde durch die Forderung nach Wiederbelebung des »alten Programms« der Partei in Gestalt des Antisemitismus.[114]

Dass der Antisemitismus aufs neue bemüht wurde, war auch insofern bemerkenswert, als dadurch die katholischen Radikalen gezwungen wurden, gegen ihre eigene Geschichte Stellung zu beziehen und sie somit zu verbiegen. Bei dem abschließenden Treffen fasste Franz Hemala die inneren Widersprüche dieser Argumentationslinie zusammen. In seiner Einschätzung hatten die Christlichsozialen überhaupt nie ein eigentliches Programm gehabt (und somit auch keines, das auf Antisemitismus aufgebaut war). Alles, was sie je hatten, war die Person Luegers:

> Die Situation, in der wir uns befinden, ist die logische Entwicklung der Verhältnisse. Die Partei hat kein Programm, so dass ein Kandidat sagen konnte »Mein Programm ist Dr. Karl Lueger«. Hätte die Partei nach dem Tode Luegers statt persönlicher Streitigkeiten ein Programm ausgearbeitet, so hätte es so weit nicht kommen können. Die Parteitage sind eine Augenauswischerei, die maßgebenden Personen haben keine Zeit, da wird nur gedrängt, die Debatte abgeschnitten. In der Partei bedeutet nur der etwas, der ein Mandat hat; die Organisationen sind zurückgedrängt. Wie der Bürgermeister über die Stimmung in der Bevölkerung getäuscht wird, ist unerhört. Sagt ihm aber einmal einer die Wahrheit, so hält er ihn für seinen Feind. Wir sollten eine Zusammenkunft einberufen und die Herren dazu einladen. Die Partei muss zu allen Fragen Stellung nehmen, nicht dass heute ein Parteimann eine Erklärung abgibt, morgen ein anderer die entgegengesetzte. Die Parteiführer müssen mehr Fühlung nehmen mit den politischen Organisation. Wenn sie sich aber zu matt und schwach fühlen, dann sollen sie abtreten.[115]

Matajas antisemitische Fronde war eine Mischung aus Opportunismus und Überzeugung. Die Behauptung, Weiskirchner sei zu wenig antisemitisch, kam einem Angriff auf Lueger gleich, da sein Nachfolger ja nur Luegers Strategie der Nichtfestlegung weiterverfolgte. Zugleich traf diese Anschuldigung Weiskirchner an seiner politischen Achillesferse und leistete dem massiven Ausbruch von Judenhass beim Wiener Mittelstand in den Jahren 1917 und 1918 Vorschub. Dieser Antisemitismus wurde von Ehrgeiz und Skrupellosigkeit, aber offenbar auch von der Überzeugung genährt, dass eine stärkere Betonung des Katholizismus im christlichsozialen Programm sich widerspruchslos mit einem verschärften Judenhass vereinbaren ließ. Dies sollte sich als schweres Erbe für die politische Kultur der Ersten Republik erweisen.[116]

Matajas Strategie bei diesen Zusammenkünften verknüpfte persönliche Rachsucht mit substantiellen Reformvorschlägen. Der Antrag, dem er am Ende zustimmte, stammte von Kunschak und befand, die Dissidenten sollten sich auf herkömmlichen Wegen der Partei Gehör verschaffen. Die Gruppe setzte daraufhin ein Protestschreiben auf, das Anfang September an Liechtenstein übermittelt wurde.[117] Dieses Memorandum, das von den Anführern von 14 Organisationen ebenso wie von Kunschak unterzeichnet war, verurteilte das Fehlen des Antisemitismus in der Parteiführung (»Gerade im Rathaus genießen Juden und jüdische Organisationen den größten Einfluss«) und die »Untätigkeit der Parteileitung« und drängte auf Reformen (»Das Parteileben ist der Parteileitung vollkommen fremd geworden. Was da in den fünfundzwanzig Bezirksparteien, was in den politischen Vereinen vor sich geht, was die kulturellen und gewerkschaftlichen Organisationen zu leisten und zu ertragen haben, die Parteileitung kümmert sich nicht darum.«). Die in diesem Papier geäußerten Thesen war bald in aller Munde, sobald sie unter Mithilfe von Leopold Blasel, Matajas Erzfeind in der Leopoldstädter politischen Szene, in die Redaktion eines liberalen Blattes, der *Wiener Allgemeinen Zeitung*, gelangt waren. Innerhalb von Tagen spekulierte ganz Wien über die Eröffnung einer weiteren Runde des Cliquenkriegs innerhalb der Partei ähnlich dem Hraba-Vergani Skandal vor sieben Jahren.[118] Selbst Weiskirchner und dem alternden Liechtenstein war mittlerweile klar, dass sie die Situation nicht mehr unter Kontrolle hatten. Das Plenum der Parteiführung beschloss am 11. September, für Januar 1918 einen Allgemeinen Parteitag einzuberufen; auf der Tagesordnung würde eine Diskussion zur Neufassung der Parteistatuten sowie zur Abfassung einer regelkonformen Formulierung der Parteigrundsätze stehen.[119] Mataja sicherte sich die redaktionelle Kontrolle der Endfassung. Er beauftragte Franz Schindler mit einem Entwurf der Parteigrundsätze, während er selbst eine Neufassung der Parteistatuten vornahm, wofür er noch im Spätherbst 1917 Vorschläge von verschiedenen Parteivereinen und -organisationen einholte. Es stellte sich allerdings heraus, dass diese Vorschläge so breitgefächert, ja zum Teil so unvereinbar waren, dass der lauthals angekündigte Kongress nicht wie vorgesehen stattfinden konnte. Die Arbeiten kamen erst Ende Februar 1918 zum Abschluss.

Matajas neues Parteistatut suchte die bestehenden Unzulänglichkeiten dadurch zu beseitigen, dass es Autoritarismus und Demokratie zu einer einheitlichen Führungsstruktur verschmolz – ein Ansatz, der, wie Mataja selbst erkannte, in der Partei nicht unwidersprochen bleiben würde: Diese »straffere Form der Organisation wird auf vielen, möglicherweise auf sehr vielen Seiten starkem Widerspruch begegnen«.[120] Mit einem geschickten Schachzug ließ er die bestehende Vereinsbasis der Wahlkomitees unangetastet, verpflichtete aber die Vereine zur öffentlichen Registrierung ihrer Mitglieder und zur

Weiterleitung dieses »Mitgliederkatasters« an die Parteizentrale. Erstmals in ihrer Geschichte würde die christlichsoziale Partei auf diese Weise – anstelle der fehlerhaften und oft bewusst doppelbödigen »Aufzeichnungen«, die von den einzelnen Vereinen eifersüchtig gehütet wurden – einen genauen Überblick über ihren Mitgliederstand haben. Die Vertretung in den Bezirkswahlkomitees sollte jetzt den tatsächlichen Kräfteverhältnissen im Bezirk entsprechen, was sich vorteilhaft für Kunschak und seine Leute auswirken würde. Noch mehr zählte der Umstand, dass es Mataja gelang, die Vorrechte sowohl der Vereine wie der Wahlkomitees entschieden zurückzustutzen zugunsten der zentralen Lenkung der Partei vom Rathaus aus. Vereine, die auf Abwege gerieten oder sich störrisch zeigten, konnten jetzt aus der Partei ausgeschlossen werden; und die Arbeit der Wahlkomitees wurde der Aufsicht und Überprüfung durch das Rathaus unterstellt, das zur Intervention berechtigt war, falls ein Komitee den Erwartungen nicht entsprach. Auch am bestehenden dualen System des *Weiteren* and *Engeren Parteirats* nahm Mataja Änderungen vor: Er reduzierte die Kompetenzen des ersteren und an die Stelle des letzteren setzte er eine einzige *Parteileitung*, bestehend aus 15 vom Parteitag gewählten Vertretern. Der *Parteitag* seinerseits setzte sich zusammen aus den Delegationen sämtlicher Bezirkswahlkomitees, deren Größe von der Mitgliederzahl des jeweiligen Bezirks abhängig war. Der Parteileitung wurden praktisch diktatorische Vollmachten zur Gestaltung der Parteipolitik und Aufrechterhaltung der Disziplin in den ihr untergeordneten Vereinen und Komitees zugebilligt. Das Resultat werde, Mataja zufolge, »die Zusammenfassung der Parteikräfte ermöglichen …, deren wir in den bevorstehenden schweren Kämpfen dringend bedürfen«.

Im Gegensatz zum Innovationspotential von Matajas Reformen blieb, wie zu erwarten, Schindlers Grundsatzprogramm eine Mischung aus verschiedenen Platitüden, die den Christlichsozialen schon während der letzten 30 Jahre gute Dienste geleistet hatten. So wurde auf Betreiben des Arbeiterflügels die Notwendigkeit beteuert, den Frauen die Teilnahme am politischen System zu ermöglichen; es gab einen Passus zum Antisemitismus, der dem Druck des Mobs während der Kriegsjahre Rechnung tragen sollte, mit der generellen Forderung nach Reduktion des jüdischen Einflusses – allerdings mit der Einschränkung, dass dies mit »gesetzlichen Mitteln« zu erfolgen habe, was die Forderung als unverbindlich abstempelte.

Im übrigen enthielten Schindlers Grundsätze nichts Neues.[121] Obwohl er einer ganzen Reihe radikaler programmatischer Denker als intellektuelle Vaterfigur gedient hatte, stand der Prälat Franz Schindler, 1918 mittlerweile 70 Jahre alt, noch ganz in der Tradition von Luegers Konsens- und Interessenkoalitionismus. Vor die Notwendigkeit gestellt, seinen politischen Offenbarungseid zu leisten, griff er auf Überlebtes zurück.

Die Reformvorschläge wurden Anfang März im *Engeren* und *Weiteren Parteirat* diskutiert, was zu Verzögerungen führte. Im Juni wurden dann Matajas und Schindlers Entwürfe freigegeben zur Verteilung an die Bezirkswahlkomitees. Diese reagierten, wie voraussehbar, mit Unschlüssigkeit oder indem sie auf Zeit setzten, was besonders beim Frauenwahlrecht der Fall war. Erst Ende August 1918 fühlte sich die Parteiführung in der Lage, die nächste Etappe einzuleiten.[122] In der Zwischenzeit hatte Mataja Weiskirchner so weit bearbeitet, dass dieser bereit war, weitere kleinere Reformen zu unterstützen, wie die Einrichtung einer Parteikommission zur Anhörung von Beschwerden über Verwaltungsmissstände, die zu Lasten des Magistrats gingen, und die Einführung einer Funktionärssteuer, um die Ebbe in der Kriegskasse der Partei zu beenden (was den Widerstand des *Bürgerclubs* herausforderte).[123] Weiskirchner gab Mataja gegenüber schrittweise nach. In einem bemerkenswerten Zwischenfall musste er von Mataja sogar einen öffentlichen Rüffel einstecken, weil er sich unterstanden hatte, zwei Artikel in einem »jüdischen« Blatt, dem *Neuen Wiener Tagblatt* zu veröffentlichen.[124] Mataja hatte eine Reihe von Treffen geplant zur Bestätigung seiner neuen Statuten und einen Parteitag für Ende September, auf dem sie in Kraft treten sollten; dann kamen der Zusammenbruch der militärischen Front und das Oktoberchaos dazwischen und machten alle parteiinternen Reformanstrengungen hinfällig. Mataja wurde Ende Oktober Staatssekretär für Innere Angelegenheiten in der Revolutionsregierung und war in dieser Eigenschaft von der Staatskrise völlig in Anspruch genommen.

Die Wiener Partei stand somit am Ende des Krieges mit denselben höchst unbefriedigenden politischen Strukturen da wie vor 1914. Ihre Mitverantwortung für die Katastrophe hatte ihr – und das wog noch viel schwerer – Ablehnung, wo nicht blanken Hass seitens der Bevölkerungsmehrheit in Wien eingetragen. Das war die große Illusion, in deren Bann Heinrich Mataja und seine Mitverschwörer standen: Organisatorische Reformen, wie überzeugend auch immer sie ausfallen mochten, reichten 1918 einfach nicht mehr aus, um die Flut der allgemeinen Verzweiflung einzudämmen, die der Krieg verursacht hatte.

Ignaz Seipel und der Volksbund

Ignaz Seipel verbrachte die ersten Jahre des Großen Krieges in Salzburg. Nach seiner dauerhaften Rückkehr nach Wien im Oktober 1917 nahm er wieder Kontakt zu kleinen Kreisen pazifistischer und liberaler Verfassungstheoretiker auf, deren erklärtes Ziel es war, eine Richtungsänderung in der österreichisch-deutschen Politik herbeizuführen. Durch seine enge Freundschaft mit Heinrich Lammasch und Hermann Bahr und seine herzliche Beziehung zu Josef Redlich und anderen Mitgliedern der Meinl Gruppe stand er dem bemerkenswerten »Dritten Weg« habsburgischer Politik in den Jahren 1917–18 nahe, deren Geschichte noch darauf wartet, in einer umfassenden Darstellung gewürdigt zu werden.[125] Ernst Karl Winter hat sie als rechts stehend, aber links denkend beschrieben.[126] Seipels Haupttätigkeit lag jedoch innerhalb der Kirche und der christlichsozialen Partei. Er unterstützte Schindler als Mitglied des Redaktionsteams der *Reichspost* und entwickelte eine enge politische Freundschaft mit Heinrich Mataja. Ende Januar 1918 reiste Seipel mit Lammasch, Mataja und dem jungen *Volksbund* Aktivisten Franz Sommeregger zum Treffen der Zweiten Internationalen Katholischen Union nach Zürich, wo er mit Karl Muth, Matthias Erzberger und anderen fortschrittlichen deutschen Katholiken zusammentraf, die ebenfalls auf der Suche nach einem Weg waren, das Völkermorden zu beenden. Ende 1917 wurde Seipel auch – und das war im Hinblick auf das Folgende überaus wichtig – zu einer einflussreichen Stimme im *Volksbund* und nahm an Diskussionen im kleinen Kreis der dort führenden Persönlichkeiten teil, auch an den sogenannten »Pucher Abenden« zusammen mit Hildegard Burian, Jakob Fried, Oskar Katann, Victor Kienböck, August Schaurhofer, Richard Schmitz, Alma Seitz und Franz Sommeregger.

Seipel sah im *Volksbund* eine Möglichkeit, die christlichsoziale Parteihierarchie über Krieg und Frieden aufzuklären. Ende Dezember 1917 schrieb er an Lammasch und teilte ihm seine Absicht mit, eine Vorlesungsreihe im *Volksbund* zu halten über »Weltfriede und Staatenorganisation«. Als Publikum hatte er im Auge »christlichsoziale Abgeordnete, Journalisten und Vertrauensmänner. Der Zweck wäre, unsere Leute, die noch immer nicht wahrhaft auf dem Boden der päpstlichen Friedensnote stehen, einmal gründlich darüber zu belehren, worum es sich dabei eigentlich handelt.«[127] Ende Januar 1918 konstatierte Seipel eine »ziemliche Erschütterung der Ansichten« in christlichsozialen Kreisen, wo die führenden Persönlichkeiten zwar fühlten, dass »eine Neuorientierung notwendig sei«, die fälligen Konsquenzen aber entweder tatsächlich nicht verstanden oder nicht den Mut hatten, sie in ihrer vollen Tragweite zu akzeptieren. Selbst Funder, dessen leidenschaftliches Engagement für die katholische Sache außer Zweifel stand, trage noch immer die Scheuklappen der Vergangenheit:

> Auch Funder lässt mit sich reden. Ich war erstaunt. Wie vernünftig er über Wilson und den Weltfrieden neulich sprach, auch war er bereit, nun derartigen Darlegungen ... mehr Raum zu gewähren. Im tiefsten Herzen hält er freilich an dem [fest, Anm. d. Übers.], was er allein für patriotisch ansieht. Er hat sicher guten Willen, müsste aber innerlich umlernen, wird daran durch die Partei gehindert, mehr noch aber durch das ständige Aussehen danach, was bei Hof gefällt.[128]

Als unverbesserlicher Rationalist war Seipel auf Fragen gestoßen, auf die er keine Antworten finden konnte. Traditionelle Anhänglichkeit an die Dynastie und sozialer Konservativismus hatten so manchen Anführer der Partei im Niemandsland stranden lassen; sie waren sich zwar bewusst, dass die deutschnationalen *Octroi*-Pläne nicht zum Erfolg geführt hatten, befanden sich aber im Ungewissen über die Absichten des Kaisers und auch hinsichtlich der Formulierung ihrer eigenen Ansichten. Bereits im Oktober 1917 war Seipel informell zu Themen der institutionellen Reform zu Rate gezogen worden, und als auf der Höhe der Budgetkrise und vor dem anscheinend bevorstehenden Zusammenbruch des Parlaments im Februar 1918 der Parlamentsklub ein fünfzehnköpfiges Komitee einsetzte, das die Vorschläge zur Verfassungsreform bewerten sollte, war es selbstverständlich, dass Seipel dazugehörte.[129]

Ende Februar legte Seipel ein zwei Seiten umfassendes Memorandum vor, *Grundgedanken zur Verfassungsreform*, das, wie er hoffte, die Grundlage für eine endgültige konstitutionelle Neufassung der Monarchie abgeben würde.[130] Unter Zugrundelegung des Konzepts nationaler Autonomie bestand Seipel auf sechs Grundannahmen: (1) Alle administrativen und repräsentativen Institutionen sollten, soweit dies von den Siedlungsgegebenheiten und der wirtschaftlichen Rationalität her möglich war, nach nationalen Gesichtspunkten entflochten werden, wobei dieser Prozess bei den örtlichen Gemeinden beginnen sollte. (2) Die Gemeinden würden zu größeren administrativen Einheiten verschmolzen, den sogenannten *Obergemeinden*, die ihrerseits mit den Behörden auf Kronlandebene in einer besonderen administrativen Wechselbeziehung stehen konnten, je nach ethnischer Zusammensetzung des Kronlandes. Seipel ließ die Möglichkeit offen, in einigen Kronländern je nach wirtschaftlichen und administrativen Erfordernissen auch sogenannte *Kreise* einzuführen. (3) In Verwaltungsgebieten mit einer gemischten Bevölkerung, wo eine entsprechende Entflechtung nicht möglich war, würde das Persönlichkeitsprinzip in Kraft treten (Selbstzuordnung nach Nationalität in einem Nationalitätenregister). Diese nach Nationalitäten geordneten Wählergruppen würden nationale Kurien in den Landtag wählen, denen eine substanzielle Verantwortung für die kulturellen Angelegenheit einschließlich des Unterrichtswesens jeder Volksgruppe zukäme. (4) Diese nationalen Körperschaften sollten das Recht haben, Arbeitsbeziehungen mit ähnlichen nationalen Körperschaften in anderen Gebieten zu unterhalten, um gemeinsame politische Ziele zu verfolgen. (5) Das zentrale Parlament sollte bestehen bleiben, das *Herrenhaus* aber so umgestaltet werden, dass es die Interessen der verschiedenen Nationalitäten repräsentiere. (6) Die strukturellen Änderungen sollten Hand in Hand gehen mit einer umfassenden Verwaltungsreform, in der die Zweigleisigkeit der österreichischen Verwaltung aufgehoben würde durch die Schaffung »gemischter Kollegien«, in denen Beamte des Staates und der autonomen Kronländer zusammen mit Berufspolitikern an der Gestaltung der die Gesamtheit betreffenden Politik arbeiteten.

Seipels *Grundgedanken* erschienen in überarbeiteter und ausführlicher Form im Werk seines Freundes und Kollegen Franz Sommeregger.[131] Ende 1917 erhielt dieser von der Partei den Auftrag, ein Memorandum zur Verfassungs- und Verwaltungsreform mit umfassenden Vorschlägen zur Staatsreform zum Gebrauch im kleinen Kreis auszuarbeiten. Laut Seipels privatem Tagebuch legte ihm Sommeregger den ersten Entwurf seines Vorschlags zur Begutachtung vor, und die beiden Männer hatten regelmäßige Treffen im Winter 1917/18, bei denen sie konstitutionelle und andere politische Themen besprachen.[132] Im Februar 1918 veröffentlichte Sommeregger vier große Artikel in der *Reichspost* zu den Problemen einer Verfassungs- und Verwaltungsreform der Monarchie, die als Glossen und zusätzliche Erklärungen seines Entwurfes dienten.[133] Er entwarf darin die Grundzüge eines fein austarierten Systems, das in gleicher Weise die Extreme alldeutscher Hegemonie und des tschechischen *Staatsrechts* vermied. Im Sinn der Christlichsozialen ließ er die traditionellen Vorrechte der deutschsprachigen Kronländer unangetastet. Für die Sudetendeutschen stellte er zwar ihre seit langem erwartete Nationalitätenabtrennung von Böhmen in Aussicht, aber auf einer Basis, die weniger großzügig war als die von den Deutschnationalen vertretene, um es nicht Tschechen von vornherein unmöglich zu machen, den Vorschlag zu akzeptieren; der *Landtag* als Plenarversammlung würde den Großteil seiner bereits bestehenden finanziellen und administrativen Kompetenzen beibehalten; für deutschsprachige Mittelschüler würde Unterricht in einer zweiten Sprache – vermutlich Tschechisch – verpflichtend eingeführt werden, und Minderheitenschulen in gemischtsprachigen Gebieten waren wenigstens im Prinzip gesetzlich garantiert, um die Möglichkeit einer *Lex Kolisko* auszuschließen.[134] Der Umbau des *Herrenhauses* zu einer Institution, in der die nationalen und korporatistischen Interessen vertreten waren, würde unter Umständen auch den Slawen eine prominentere Rolle in der nationalen legislativen Entwicklung sichern. Sommereggers Vorschlag war, kurz gesagt, zwar den tschechischen Forderungen nach Wiedereinführung des böhmischen Staatsrechts diametral entgegengesetzt, er widersprach aber ebenso dem deutschnationalen Extremismus.

Sommereggers (und Seipels) Entwürfe sind bemerkenswerte Reforminstrumente, wenn sie auch verschiedene logische und inhaltliche Unzulänglichkeiten aufweisen: so weicht Sommeregger z.B. der Frage der inneren Amtssprache in öffentlichen Bürokratien auf der Ebene der Kronländer aus, was seine Ausführungen zum offiziellen Status der verschiedenen Sprachen merkwürdig unvollständig erscheinen lässt. Die Arbeit der beiden im Rahmen des *Konstitutionellen Komitees* der Partei blieb letztendlich folgenlos. Das Komitee kam zwar gegen Ende des Winters und im Frühjahr regelmäßig zu Sitzungen zusammen, blieb aber im Sommer 1918, während die Partei auf Ergebnisse wartete, weitgehend untätig, da es an grundsätzlichem Willen fehlte, lang gehegte Vorurteile zugunsten der von Seipel vorgeschlagenen neuen Ideen aufzugeben. Selbst Mataja, den so viele Interessen mit Seipel verbanden, hatte Schwierigkeiten, die Implikationen von Seipels politischem Pazifismus vollinhaltlich zu akzeptieren.[135] Zu Seipels Entsetzen nahmen mehrere führende Wiener Christlichsoziale unter Weiskirchners Führung an Karl Hermann Wolfs deutschem *Volkstag* gegen Österreichs Slawen teil; bei einer Versammlung am 16. Juni donnerte Weiskirchner gegen diejenigen, die »Untreue und Hochverrat« übten.[136] Einige Tage zuvor hatte Weiskirchner verlauten lassen, das jüngst stattgefundene Treffen der zwei Kaiser im deutschen Hauptquartier werde den Deutschösterreichern eine »führende Rolle« im Reich zuweisen.[137] In dieser Rhetorik spiegelt sich der irreführende Glanz der militärischen Erfolge der Mittelmächte von Anfang Juni 1918, der sich im Fall der österreichischen Front in Italien nur allzu bald als Chimäre erweisen sollte, und Seipel wies im *Volkswohl* auch einen derartigen Kollaborationismus in schneidenden Tönen zurück; er schalt die Deutschen dafür, dass sie sich einen nationalistischen Chauvinismus gestatteten, den sie bei den Slawen immer abgelehnt hatten und dass sie die Interessen ihres behaupteten Volkes über die Einheit des Gesamtstaates stellten.[138] Lammasch gegenüber beklagte er sich ganz offen über das moralische Versagen der deutschösterreichischen politischen Führer – unter denen sich viele Mitglieder seiner eigenen Partei befanden –, das sie unfähig mache, der verzweifelten Lage ins Auge zu sehen: »Wie notwendig es ist, dass man jetzt mit allen Mitteln für den Kaiser und damit für Österreich eintritt, sahen wir gestern wieder bei dem ganz grässlichen Volkstag.«[139]

Im August 1919 entwarf Ignaz Seipel ein privates Memorandum, in dem er das Scheitern der Bemühungen um eine Verfassungsreform im Jahr 1918 analysierte. Die deutschsprachigen Parteien traf dabei seiner Meinung nach die größte Schuld und unter den Christlichsozialen bezeichnete er den Parteiobmann Johann Hauser als besonderes Hindernis.[140] Laut Seipel leistete Hauser dem Verfassungskomitee »passiven Widerstand«, und als Seipel Hauser dringend um seine Mithilfe ersuchte, um zu erreichen, dass der Kaiser den nächsten Schritt unternahm, weigerte sich Hauser und erklärte, die Sache solle ruhen bis nach dem Krieg oder wenigstens bis das Kabinett dazu bereit sei. Da Weiskirchner sich ähnlich zwiespältig verhielt, war das Komitee zum Scheitern verurteilt. Danach, ab April 1918, wurden von den Christlichsozialen und den Deutschnationalen gemeinsame Komiteesitzungen zur Verfassungsreform anberaumt, aber der Besuch ließ auf beiden Seiten zu wünschen übrig; Seipel versuchte weiter, seine Parteikollegen von der Unvermeidbarkeit der Gewährung nationaler Autonomie zu überzeugen; als es ihm schließlich gelang, stand der Fall der Monarchie unmittelbar bevor.

Manche Vertreter der Christlichsozialen, wie z.B. Leopold Kunschak, profitierten von den Erfahrungen, die sie im Krieg gemacht hatten. In offenem Widerspruch zu Weiskirchners Deutschnationalismus erklärte Kunschak im Juni 1918:

> Die Deutschösterreicher müssen zunächst ihren Lieblingsgedanken, die beherrschende Nationalität zu sein, aufgeben, und ihre Aufgabe darin erblicken, die führende Nation zu bleiben; denn heute [ist] Österreich demokratisiert und parlamentarisiert, daher komm[t] nur die »Zahl« zur Geltung; vor dem Gesetze der Zahl können die Deutschösterreicher aber nicht bestehen; die Mehrzahl der Wähler ist nicht deutsch.[141]

Wie immer blieb er mit seinen Ansichten und Forderungen in der Minderheit. Seipel und seine Verbündeten im *Volksbund* waren nicht untätig und hielten zusammen mit Heinrich Mataja im Sommer und Herbst 1918 Treffen ab, bei denen die Diskussion um das einzige große Thema kreiste, auf das sie noch hoffen konnten, Einfluss zu nehmen: die innere Neuordnung der christlichsozialen Partei.[142] Bis zu dem Zeitpunkt, als Weiskirchner und der *Bürgerclub* im revolutionären Herbstchaos jeden Kredit verloren, konnte auch hier zunächst nichts Konkretes erreicht werden; aber der neue Elan und die Zuversicht, die sich während des ganzen Jahres 1918 im *Volkswohl* artikulierten, machen deutlich, dass die Jungtürken der Meinung waren, der Tag ihrer politischen und intellektuellen Anerkennung stehe unmittelbar bevor.

Was für die sozialdemokratische Linke galt – dass ihr nämlich jede neue Katastrophe nach dem Jänner 1918 mehr Schwung gab –, traf auch für die christlichsoziale »Linke« zu, mag es auch ironisch anmuten, Seipel und Mataja überhaupt mit dieser Kategorie in Verbindung zu bringen. In Otto Bauers Fall hatte diese neugewonnene Energie unmittelbare Auswirkungen innerhalb der sozialdemokratischen Parteihierarchie, während es Seipel und seinen *Volkswohl*-Freunden erst gegen Ende des Jahres 1918 gelang, in das innere Heiligtum der Parteimacht einzudringen. Ihre »Linke« war sich der Bedeutung des geschichtlichen Augenblicks zutiefst bewusst und zeigte dies auch um etliches früher als ihre austromarxistischen Gesinnungsgenossen in ihrem nüchternen Tonfall, der neu war und sich von der gesellschaftlichen Militanz der Vorkriegszeit deutlich unterschied. Diese Wandlung war unumgänglich, denn schließlich unternahmen Seipel, Sommeregger und Mataja den Versuch, intellektuelle Vorarbeit für die Neuorganisation nach dem Krieg zu leisten, indem sie eine normative Kontinuität anstelle einer revolutionären Diskontinuität in den Vordergrund stellten. Ein neuer Geist eines progressiven sozialpolitischen Zentrismus im Verein mit rigorosem Katholizismus *und* ideologischem Antisemitismus sollte den Kern der bürgerlichen Strategie in der Auseinandersetzung mit dem Austro-Marxismus darstellen. Kardinal Piffl las die Zeichen der Zeit völlig richtig, als er Ende 1917, in seiner Reaktion auf das Ersuchen der Christlichsozialen um finanzielle Hilfestellung antwortete, das ließe sich nur dann rechtfertigen, wenn es »eine stärkere Betonung des positiven katholischen Programmes« gäbe.[143]

Richard Schmitz, der wie Otto Bauer die meiste Zeit des Kriegs im Heeresdienst außerhalb von Wien zugebracht hatte, kehrte im April 1918 zurück und nahm wieder seinen Platz an der Spitze des *Volksbunds* ein. Im Mai 1918 entwarf er ein neues Programm für die Gruppe, das er auch der christlichsozialen Mutterpartei nahezubringen hoffte.[144] Es sah ein großzügiges Programm von Schutzmaßnahmen für Arbeitnehmer vor, ein Sozialhilfeprogramm, ein

Bodenreform- und Wohnbauprogramm und eine Steuerreform. Darüber hinaus fasste Schmitz durchaus modern wirkende Programme ins Auge, wie staatliche Kredite, Investitionen für den Mittelstand und Subventionen für kleinbäuerliche Betriebe. Die Konzentration des *Volksbunds* auf die Arbeiter- und Angestelltenklasse, die früher bestanden hatte, wurde jetzt aufgegeben zugunsten des ganzen Spektrums, das in Luegers Koalition vertreten gewesen war.

Schmitz' Rhetorik, mit ihrer Betonung von bürgerlich-korporatistischen und »organischen« Aspekten, zeigte jetzt Ähnlichkeiten mit Seipels Konstitutionalismus. Für Schmitz werde sich der Staat der Nachkriegszeit vor allem durch sein Wesen als »organischer Gemeinschaftsgedanke« auszeichnen – ganz anders, als der Klassenkampf der Sozialisten oder der anarchische Individualismus der Liberalen sich das vorstellten. Weder Individuum noch Klasse, sondern die Institution der Familie und der supranationale Staat zusammengehöriger Völker seien Maßstab und Garant menschlicher Würde und menschlichen Fortschritts. Obwohl Schmitz für sein Konzept den Anspruch erhob, dass es sich auch als Lösung des Nationalitätenproblems bewähren werde, war es doch unmittelbar für einen Staat mit einheitlicher ethnischer Zusammensetzung konzipiert, in dem am einen Ende der Hauptkonfliktachse die Christlichsozialen und am anderen die Sozialdemokraten standen. Die nationalen Grundannahmen des Programms gaben die größten Rätsel auf. Schmitz räumte ein, dass kein *Volkstum* das Rechte habe, ein anderes auszubeuten oder sich kulturell anzuverwandeln – woraus sich der Ausschluss einer rein sprachlich definierten Gesellschaft ergibt – und dass der Reichtum des supraethnischen Staates (um mit Seipel zu sprechen) sich seiner ethnischen Vielfalt verdanke. Trotzdem konnte Schmitz der Versuchung nicht widerstehen, den Deutschen die Führerschaft in ebendiesem Staat zuzusprechen. Er zögerte auch keinen Augenblick, den »neuen Reichtum« der Kriegsprofiteure zu attackieren, die seiner Meinung nach mehrheitlich Juden waren. Der zunehmende Antisemitismus stellte eine offensichtliche Abkehr von der früheren Praxis des *Volksbunds* dar, die den Judenhass heruntergespielt hatte, und war ein Zeichen dafür, dass die Gruppe jetzt auf ein entmutigtes und bereits stark von Verarmung betroffenes Publikum setzte.

Franz Sommeregger lotete in seiner Analyse des Begriffs »Kriegssozialismus« ebenfalls die Entwicklungsmöglichkeiten aus, die der Nachkriegsgesellschaft offenstanden. In einer Differenzierung, die sich z.B. auch bei Rudolf Hilferding findet, bezeichnete Sommeregger einerseits die evolutionäre Entwicklung des Sozialismus (und ihre Beschleunigung durch den Krieg) hin zu einem »gemäßigten, relativen Staatssozialismus« (im Gegensatz zu einem Sozialismus, der den »sozialistischen utopischen Staat« befürwortete) als gegeben, betonte aber zugleich die Bedeutung der »Realpolitik des Lebens«, durch die »eine sehr gestärkte sozialistische Partei« in die Lage kommen werde, »nach eigenen Rezepten am Zukunftsstaate herum[zu]kurieren«: dieser Herausforderung müssten sich die Katholiken stellen. Wenn »politische Machtfaktoren«, wie die neue sozialistische Partei, der Gesellschaft ihre Visionen aufzwingen wollten, dann sei es für christliche Sozialtheoretiker dringend geboten, ihre Vision des »Solidarismus« als einer höheren »Synthese aus Individualismus und Sozialismus« in die soziale Planung der Nachkriegsordnung einzubringen.[145]

Was hier am Ansatz von Schmitz und Sommeregger auf uns zutiefst befremdend wirkt, ist (wenn man von ihrer organistischen Theorie absieht) die Verwandtschaft auf taktischem Gebiet, die zu gewissen marxistischen Denkrichtungen in Mitteleuropa besteht. Ganz wie die Austro-Marxisten wählten sie als Maßstab für die neue Gesellschaft nicht bloß Einkommensniveau, Steuerleistung oder ähnliche Parameter, sondern sahen diese als ein Subjekt, das es mit ganz bestimmten ethischen Werten auszustatten galt. Das gab dem Zusammenstoß zwischen dem *Volksbund* und den Marxisten zusätzliche Sprengkraft und unterstrich, dass das Trennende zwischen ihnen weniger auf dem Gebiet der »gesellschaftlichen Planung« oder der Sozialpolitik zu finden war, obwohl es auch hier offensichtlich unüberbrückbare Differenzen gab, als vielmehr auf dem Gebiet der Kultur, des Rechts und der politischen Wertvorstellungen bzw. – im Kontext des kurzlebigen Symbolismus vom November 1918 – der Alternative: Monarchie oder Republik.

Die Novemberrevolution und die Christlichsoziale Partei

Die politische Geschichte des Jahres 1918 in Österreich verlief gleichermaßen planlos wie für den Staat erniedrigend; eine Katastrophe folgte auf die andere. Der Zusammenbruch Bulgariens am 26. September 1918 war das Signal für den Ausbruch der Revolution. Wenige Tage später berief Karel Kramář das Tschechische Nationalkomitee nach Prag ein; die Sitzung endete mit einem offiziellen Aufruf zur Sezession aus dem Reich. Als der Reichsrat in Wien am 2. Oktober wieder zusammentrat, nutzten die tschechischen und südslawischen Abordnungen die Gelegenheit zu brutalen Abrechnungen mit dem Kaiserreich und sahen ihre bevorstehende Unabhängigkeit als selbstverständlich an. František Staněk sprach seinen Landsleuten aus dem Herzen, als er erklärte,

»die deutsche und magyarische Hegemonie und Gewaltherrschaft, die uns so lange niedergedrückt haben, bef[i]nden sich bereits im Verfall. ... Wir aber wollen frei sein von dem Schmutz der österreichisch-ungarischen Nationalitätenpolitik. Wir wollen uns und unsere Stammesgenossen aus der Versumpfung heraus retten. Wir fühlen in uns die jugendliche Kraft der wieder auflebenden Kulturvölker, die schöpferische Macht zur Schaffung neuer Lebensformen. Die Energien unseres Volkstums wollen wir in unserer eigenen politischen Organisation konsolidieren.«[146]

Der Zerfall des Reiches schien bereits jetzt unabwendbar. Am 3. Oktober versammelten sich die bürgerlichen und sozialdemokratischen Abgeordneten beider Häuser des Parlaments zur Debatte eines sozialistischen Antrags, der das Recht zur Selbstbestimmung für alle nationalen Gruppen, einschließlich der Forderung, »dass alle deutschen Gebiete Österreichs zu einem deutschösterreichischen Staate vereinigt werden« zum Inhalt hatte.[147] Am 9. Oktober gab die christlichsoziale Führung eine ähnlich lautende Erklärung ab, allerdings mit dem Zusatz, dass »die Christlichsoziale Partei selbstverständlich an ihrer unverbrüchlichen religiösen und dynastischen Überzeugung festhalte«. Es zeigte sich allerdings in den Klubdebatten, dass die Mehrheit der Parlamentsdelegation einen deutsch-österreichischen Staat entschieden als eine Notlösung ansah und dass sie sich in diese »Eigenstaatlichkeit« nur unter dem Druck äußerer Ereignisse fügen würde.[148] Auch die Sozialisten hielten sich eher bedeckt. Als bei einem Treffen des Parteiausschusses am 11. Oktober Otto Bauer darauf drängte, es sei nötig, »dass die Partei nunmehr klar und deutlich sage, wie sie die Neuordnung des zerfallenden Österreichs vorstelle«, antwortete ihm Karl Renner, »weite Kreise der Partei würden einen solchen bindenden Beschluss kaum verstehen. Wir müssen deshalb abwarten, wie sich die Entwicklung in den nächsten Wochen gestaltet.«[149]

Der letzte Versuch der Krone, den Zusammenbruch abzuwenden, fand am 16. Oktober statt, als der Kaiser sein Friedensmanifest verkündete.[150] Obwohl Ungarn in diesem Dokument nicht erwähnt war, erklärte Budapest unverzüglich, die gesetzliche Grundlage des Ausgleichs von 1867 sei damit weggefallen.[151] Die Reaktionen in der Presse und in gebildeten deutschösterreichischen Kreisen waren dezidiert negativ, und Wedel berichtete nach Berlin, viele Wiener seien eher ratlos und Witzbolde hätten das »Manifest« abschätzig »Manischwach« getauft.[152]

Im Anschluss an das Manifest des Kaisers veröffentlichte am 18. Oktober der Tschechoslowakische Nationalrat in Paris Masaryks Unabhängigkeitserklärung.

Schon vor diesem Todesstoß für das Reich hatten sich die Deutschösterreicher zu einer eigenen Initiative aufgerafft.[153] Am 21. Oktober konstituierten sich die verbliebenen deutschsprachigen Mandatare des Abgeordnetenhauses als provisorische Nationalversammlung, und richteten einen zwanzig Mitglieder umfassenden *Vollzugsausschuss* ein, der Empfehlungen für eine künftige Verfassung des Rumpfstaates ausarbeiten sollte. Am 30. Oktober empfahl dieser Ausschuss die Einrichtung eines dauerhaften deutschösterreichischen *Staatsrates* durch die Nationalversammlung. Diese Körperschaft wiederum nominierte die Staatssekretäre von vierzehn »Staatsämtern«, von denen die meisten vormaligen k.k. Ministerien entsprachen. Deutschösterreich hatte nun de facto zwei souveräne Regierungen.

Die Reaktion der christlichsozialen Führung auf die Ereignisse Ende Oktober, Anfang November 1918 war dementsprechend vorsichtig.[154] Die Partei verfolgte eine Doppelstrategie, indem sie einerseits die Demokratie begrüßte und andererseits die Republik zu verhindern suchte. Sie beteiligte sich an der neuen provisorischen demokratischen Regierung und nominierte vier Personen – Heinrich Mataja, Karl Jukel, Josef Stöckler und Johann Zerdik – als Staatssekretäre im neu geschaffenen *Staatsrat* mit der Begründung, dass das Manifest des Kaisers vom 16. Oktober die Schaffung provisorischer Nationalversammlungen sanktioniere.[155] Andererseits verteidigte die Führung das monarchische Prinzip hartnäckig als die beste, wenn nicht sogar die einzige Form legitimer Herrschaft und bestand darauf, eine Anerkennung der Republik davon abhängig zu machen, dass der neue Staat zuvor vom Volk in Form einer Volksabstimmung oder durch eine demokratisch gewählte Konstituante bestätigt worden war. Bei der Eröffnungssitzung der provisorischen Nationalversammlung am 21. Oktober verlas Josef Schraffl angesichts der Forderung Victor Adlers nach einer demokratischen Republik eine offizielle Erklärung der Christlichsozialen, in der sich seine Partei zum Festhalten an »der monarchischen Regierungsform« bekannte.[156] Noch am Vormittag des 10. November versicherte Johann Hauser Kardinal Piffl, dass seine Partei nicht für eine Republik zu haben sein werde.[157]

Das, was Kardinal Piffl und der *Volksbund* jedoch mit aller Kraft anstrebten – die Erhaltung der katholischen Monarchie oder sogar eines katholischen Reiches – lag nicht mehr im Bereich des Möglichen. Während der schicksalshaften Tage vor der Quasi-Abdankung des Kaisers am 11. November siegte die normative Kraft des Faktischen über nostalgische Erinnerungen. Die Ereignisse in Deutschland und der Umsturz der öffentlichen Meinung in den österreichischen Kronländern und auf den Straßen Wiens trugen das Ihre bei. Sobald klar war, dass das Reich als verfassungsmäßige Entität nicht zu retten war, ließ der Zwang, das dynastische Prinzip zu verteidigen, den viele in der Parteiführung eben noch verspürt hatten, rapide nach. Es bildeten sich verschiedene Fraktionen, wobei die Landespolitiker der christlichsozialen Partei, und unter diesen besonders die Agrarpolitiker, sich unverzüglich daran machten, ihre Eigeninteressen abzuwägen und sich auch der Ausbeutung erinnerten, der sie und ihre Wähler während des Kriegs seitens der Armee ausgesetzt gewesen waren.[158] Am 22. Oktober kamen die Anführer oder Vertreter der Provinzregierungen, die gerade in Wien waren, im Niederösterreichischen Landhaus zusammen, um ihren Anspruch auf die Teilnahme am Übergang vom Krieg zum Frieden zu bekräftigen, was ihnen angesichts der »Auflösung des zentralen Verwaltungsapparates« höchst notwendig erschien.[159] Wie Anton Staudinger schon angemerkt hat, drehten sich die Debatten im Christlichsozialen Klub während der ersten Novemberwochen nicht nur um die Entscheidung für oder gegen die Republik; es ging auch um den auf Wien orientierten Zentralismus.[160] Die Verteidigung der Provinzautonomie gegen die Rezentralisierungsgelüste, die den Sozialdemokraten unterstellt wurden, versetzte die Vertreter der Bauern in die Lage, die Spannungen, die von Anbeginn in der *Reichspartei* angelegt waren, offen auszutragen.

Obwohl der Amtseid der neuen Staatssekretäre am 31. Oktober »im Namen des Staates Deutschösterreich« abgelegt worden war, konnte dies in einem demokratischen und nicht unbedingt in einem republikanischen Sinn verstanden werden. Reinhard Owerdieck hat vor kurzem daran erinnert, dass sich Christlichsoziale und Sozialdemokraten darauf verständigt hatten, mit einer endgültigen Regelung der Verfassungsproblematik bis zur Einberufung einer konstitutiven Versammlung zu warten.[161] Das k.k. Kabinett befand, dass die Beschlüsse vom 30. Oktober geeignet seien, »im allgemeinen einen guten Eindruck zu machen« und »dass der Versuch verschiedener Fraktionen, einen Beschluss auf Einführung der republikanischen Staatsform zu erreichen, nicht durchgedrungen, dass vielmehr die Frage der Staatsform offen geblieben sei und dass mithin die Hoffnung auf Erhaltung der Monarchie keine Einbuße erlitten habe.«[162] Allerdings bedeutete allein der Umstand nichts Gutes für die habsburgische Dynastie, dass einer der Hauptredner der Christlichsozialen am 30. Oktober Josef Stöckler war, der wortreich die Vorteile pries, die von der neuen Demokratie bei der »Aufräumung mit alten Privilegien« zu erwarten seien, unter denen die Bauern zu leiden gehabt hatten.[163]

Im unmittelbaren Anschluss an die Abdankung von Kaiser Wilhelm II. und die Proklamierung der Republik am 9. November in Berlin, beschloss der Staatsrat am Vormittag des 11. November, der Provisorischen Nationalversammlung einen Gesetzesentwurf zuzuleiten, der Österreich zu einer demokratischen Republik als Bestandteil der neuen Deutschen Republik machen sollte.[164] Der historische Beschluss des Staatsrates (und seine unmittelbar bevorstehende Billigung durch die Versammlung am 12. November) bedeutete, dass die Frage nach dem persönlichen Status des Kaisers und seiner Stellung innerhalb der Verfassung keinen Aufschub mehr duldete. Ein wichtiger Faktor für die anstehenden Entscheidungen war der fast vollständige Absturz von Karls Ansehen in der Öffentlichkeit. Wedel berichtete nach Berlin, dass »er ... so wenig Ansehen und Vertrauen [genießt], dass sie das [Karls Schicksal, Anm. d. Verf.] doch nur als Frage zweiter Ordnung betrachten«.[165]

Ignaz Seipel war noch am 9. November zuversichtlich, dass die Frage der Staatsform und das Schicksal der Dynastie noch offen seien, aber die Stimmung sowohl in den sozialdemokratischen wie den deutschnationalen Gruppen schwenkte von Tag zu Tag stärker auf einen Kurs zugunsten der Republik.[166] Wenn es auch unmöglich ist, die Entwicklung in allen Einzelheiten zu rekonstruieren, so scheint es doch wahrscheinlich, dass mittlerweile die öffentliche Meinung in Wien, besonders unter den abgemusterten Soldaten und in der Arbeiterschaft, die Republik stark favorisierte.[167] Bereits am 7. November hatte Victor Adler im sozialdemokratischen Parteivorstand erklärt, es sei unbedingt nötig, jetzt die Frage der Republik zu entscheiden; am Vormittag des 11. November fasste die sozialdemokratische Führung den Beschluss, ein allfälliges Veto der bürgerlichen Parteien im Staatsrat mit dem geschlossenen Rücktritt der sozialdemokratischen Mandatare zu beantworten, was zu einer Krise führen musste.[168] Als Emissäre der Sozialisten warnten Karl Renner und Karl Seitz das k.k. Kabinett am Abend des 10. November, dass die provisorische Regierung nicht in der Lage sei, irgendwelche Garantien für die persönliche Sicherheit des Kaisers abzugeben, falls er den Rücktritt verweigern sollte.[169] Anstelle einer förmlichen Abdankung gaben sich jedoch die Sozialdemokraten mit einer freiwilligen Verzichtserklärung Karls zufrieden, der sich von den Staatsgeschäften zurückzog: ein etwas unbeholfener Versuch, dem Schicksal zu entgehen, das Wilhelm II., Karls Kollege auf dem deutschen Thron, einen Tag zuvor erlitten hatte.

Es folgte die denkwürdige Vormittagssitzung des Staatsrates am 11. November, bei der Karl Renner den Kaiser benützte, um die christlichsoziale Partei auszuhebeln. Noch ehe die endgültige Entscheidung des Staatsrates Schönbrunn erreicht hatte, bedrängte Ministerpräsident Heinrich Lammasch bereits den

Kaiser, das Dokument zu akzeptieren.¹⁷⁰ Renner wusste, dass die Entscheidung im Kabinett zugunsten der »Abdankung« des Kaisers gefallen war und dass Karl den Entwurf des Kabinetts annehmen würde; »es wäre«, argumentierte er, »für uns eine unerträgliche Situation, wir wären vor dem Volke in die unhaltbarste Lage gebracht, wenn wir mit unserer Erklärung hinter jener des Hofes zurückblieben.«¹⁷¹ Der Staatsrat musste dem Kaiser zuvorkommen.

Renners Taktik ging brillant auf. Obwohl drei der sechs christlichsozialen Mitglieder des Staatsrates gegen Renners ersten Antrag stimmten – Billigung der Republik – enthielt sich der christlichsoziale Vorsitzende des Staatsrats, Johann Hauser, seiner Stimme. Da alle bis auf einen christlichsozialen Delegierten für Renners zweiten Antrag stimmten – die Erklärung Deutschösterreichs zu einem »Bestandteil der Deutschen Republik« – war klar, dass man sich in der christlichsozialen Delegation bereits still und leise von der Monarchie verabschiedet hatte.¹⁷² Richard Wollek zufolge trugen die nach Wien gelangenden Berichte über eine stark republikanische Stimmung, die sich in Oberösterreich und in Tirol abzeichne, zu einem Gesinnungswandel bei den politischen Funktionären vom Land bei. Als die neuen provisorischen Regierungen in Kärnten und Tirol am 11. November für die Republik votierten, waren die Würfel endgültig gefallen.¹⁷³

Bis zu diesem Tag waren die Anführer des *Volksbunds*, besonders Ignaz Seipel und Friedrich Funder und der mit ihnen verbündete Kardinal Gustav Piffl die letzten, die in der Führung der Christlichsozialen noch die Monarchie verteidigten. Während christlichsoziale Bauernführer wie Fink, Stöckler und Schraffl sich den Forderungen der Sozialdemokraten nach einer Republik beugten (und ihnen im Fall von Fink und Stöckler heimlich applaudierten), waren die Wiener Katholiken zunächst unbeugsam.¹⁷⁴ Der *Siebener Ausschuss*, Mitte Oktober von Schmitz, Funder, Seipel, Mataja und anderen organisiert, funktionierte (laut Funder) wie ein »Divisionsstab« für die Partei in Wien. Die Gruppe traf sich im Büro des *Volksbunds*, koordinierte Versammlungs- und Organisationsarbeit und bot ein Forum für Debatten künftiger Politik und Sozialpolitik im deutschösterreichischen Staat.¹⁷⁵ Seipel sollte später Alfred Missong gegenüber dezidiert behaupten, der *Volksbund* sei im Oktober 1918 die einzige effektive Präsenz in der »so gut wie nicht mehr existenten politischen Organisation der Christlichsozialen Partei« gewesen, aber das zählte nicht mehr, als sich die Parteiführung am 11. und 12. November versammelte, um das Abstimmungsverhalten bezüglich der Vorschläge des Staatsrates zu beraten.¹⁷⁶ Mochte Funder immerhin am Morgen des 12. November in einem Leitartikel in der *Reichspost* noch für Zurückhaltung plädieren, Johann Hauser erklärte klipp und klar, die Zustimmung der Partei zur Republik sei in Anbetracht der Revolution in Deutschland unumgänglich. Selbst wenn es der Partei möglich wäre, die Ausrufung der Republik in Wien zu verhindern, würde das nur zu einem Bürgerkrieg führen.[177]

Dieser abschließende Sieg der Provinzen über Wien stellte die politische Logik, die das Handeln der *Reichspartei* zwischen 1907 und 1914 bestimmt hatte, auf den Kopf. Aber die Intransigenz der Wiener Katholiken war kein Nebenprodukt der Sentimentalität oder der Fixierung auf Wien. Sie resultierte aus der Sorge über den Verlust der einzigen vermittelnden Instanz, die der Kultur des Katholizismus in ihren Auseinandersetzungen mit dem urbanen Antiklerikalismus einen Vorteil verschaffen konnte, und die zugleich auch aus ihrer Sicht die einzige war, um in einer Phase des revolutionären Umbruchs sowohl umfassende Solidarität wie auch demokratische Gleichheit herbeizuführen. Eine Demokratie ohne Dynastie – der sogenannte Republikanismus – war bloß dem Namen nach demokratisch; sie hatte weder eine authentische Beziehung zur österreichischen Vergangenheit noch konnte sie eine legitime Führerin in die kulturelle Zukunft des Landes abgeben.

Und doch: Wie Ignaz Seipels eigene intellektuelle Kompromisse zur Frage des Republikanismus sehr bald zeigten, waren die Wiener nicht ohne realistischen Kern. Vier Artikel aus Seipels Feder, von Friedrich Funder in Auftrag gegeben und ab 17. November in der *Reichspost* publiziert, wiesen den Weg.[178] Heinrich Mataja hatte allerdings seine Partei schon zuvor, in einem Mitte Oktober 1918 publizierten Artikel auf die langfristigen Konsequenzen eines derartigen Pragmatismus hingewiesen. Indem er den Strauß, den er mit dem »bürokratischen« Weiskirchner auf lokaler Ebene ausfocht, auf die Ebene des Staates hob, stellte er fest, dass »die Entscheidung über die großen Fragen, die die Interessen des deutschen Volkes in Österreich betreffen, die Sache der politischen Parteien [sind]. Die im administrativen Geschäftskreis herangebildeten Ämter sind nicht berufen und nicht geeignet, in dieser großen politischen Umwälzung die Führung zu übernehmen.«[179] Als Heinrich Mataja diese Wort schrieb, hoffte er noch immer, es würde möglich sein, die Monarchie zu retten. Doch seine Bemerkungen nahmen bald eine andere Bedeutung an, implizierten sie doch, dass die Entscheidung über Form und Funktion des Staates – ungeachtet der Antworten auf die konstitutionellen und diplomatischen Rätsel, die das Ende des Jahres 1918 aufgab – letzten Endes bei den Massenparteien lag und nicht bei der Dynastie oder ihren Beamten. Die aus kleinen Anfängen kommende bürgerliche Protestbewegung, die es dereinst gewagt hatte, die Krone herauszufordern, hielt jetzt (im Verein mit den Sozialdemokraten) das Schicksal eben dieser Krone in der Hand.

Die Revolution hatte wesentliche Auswirkungen auf die Fähigkeit der christlichsozialen Partei, in Wien weiter die Zügel in der Hand zu behalten. Als Teil des revolutionären Verfassungskonzepts vom 12. November 1918 verfügte die Provisorische Nationalversammlung, dass das allgemeine Wahlrecht bei allen künftigen Wahlen auf der Ebene des Staates, der Länder und der Gemeinden die Norm zu sein hatte. In der Zwischenzeit mussten die Gemeinden eine entsprechende Anzahl von Vertretern der Arbeiterschaft in die bestehenden Gemeinderäte aufnehmen. In Wien schloss Richard Weiskirchner im Namen der Christlichsozialen mit den Sozialdemokraten eine zeitlich befristete Vereinbarung ab, die den Sozialisten 60 Sitze im Gemeinderat sowie einen zusätzlichen Vizebürgermeisterposten sicherte. Zum Vergleich: die Christlichsozialen hatten 84 Sitze inne, die Deutschfreiheitlichen 19 und die Alldeutschen zwei. Beide Parteien waren mit dieser Regelung einverstanden: die Christlichsozialen aus Angst, die neue provisorische Regierung Deutschösterreichs könnte in Ermangelung einer Verhandlungslösung zu einer viel drastischeren und noch unangenehmeren Reform greifen; die Sozialisten, weil ihnen diese Lösung strategisch zupass kam. Die neue sozialdemokratische Minorität konnte bei Bedarf jede wesentliche politische Initiative der Christlichsozialen blockieren, bis neue Wahlen aufgrund des allgemeinen Wahlrechts angesetzt wurden; dann, so waren die Sozialisten überzeugt, würden sie, auf dem Boden der Verfassung stehend, eine riesige Mehrheit im Gemeinderat einfahren.[180] Diese Entscheidung der Wiener Sozialisten zugunsten einer Politik der Gesetzestreue im unmittelbaren Anschluss an die Revolution war auch ein Verweis auf das künftige Verhalten der Partei, mit dem sie versuchte, ein Gleichgewicht zwischen politischer Verfassungstreue und einem radikalen Umbau der Gesellschaft zu finden. Dass die Christlichsozialen mittlerweile allein mit der Verantwortung für das Chaos der unmittelbaren Nachkriegszeit dastanden, mag durchaus auch im Kalkül der sozialdemokratischen Strategen gelegen sein.

Am 6. März 1919 verordnete sich die Gemeinde ein neues Wahlrecht, welches das alte korporatistische Wahlsystem durch ein allgemeines Wahlrecht ersetzte. Der offizielle Machtwechsel fand nach der Gemeinderatswahl im Mai 1919 statt. Am 16. November 1918 hatte Weiskirchner ein Führungstreffen der Wiener christlichsozialen Partei einberufen, bei dem es um die Zukunft gehen sollte; die Hauptredner waren er und der christlichsoziale Arbeiterführer

Franz Spalowsky. Weiskirchner gab Karl Stürgkh die Schuld an der misslichen Lebensmittelversorgung Wiens während des Krieges und erklärte mit großem Aplomb, wobei er sich Heinrich Matajas vormaligen reformerischen Enthusiasmus zu eigen machte: »Unsere erste Pflicht ist es, die Bezirkswahlkomitees zu konstituieren. In diese muss auch die Jugend hineinkommen. Tatkräftige junge Leute müssen in erhöhter Zahl mitarbeiten, es gilt einerseits die Existenz der Partei, andererseits die Existenz der christlichen Weltanschauung.« Der Traditionalist in ihm gewann allerdings wieder die Oberhand, als er darauf bestand, dass die Christlichsozialen sich in der nächsten Wahl auf ihre Leistungen in der Vergangenheit berufen sollten: »Wir bleiben christlichsozial auch jetzt. Wir werden mit der alten Fahne auf den Plan treten, kämpfen und mit Gottes Hilfe auch siegen.«

Franz Spalowsky wählte ein nüchternes Register für seine Rede. Er stellte fest, dass der Eintritt der Frauen in die Wählerschaft weitreichende Folgen haben werde und dass die Partei »organisatorisch ... mit den Frauen fast gar keine Verbindung [hat]. ... Männer haben auf sie keinen Einfluss [was ihre politischen Präferenzen bei der Wahl betrifft, Anm. d. Verf.], während umgekehrt sehr viele Frauen auf die Männer bedeutenden Einfluss haben.« Auch im Hinblick auf den übrigen Parteiapparat war Spalowsky kein Jota zuversichtlicher und seine Bemerkungen zum Jugendproblem hatten bei ihm eine andere Gewichtung als bei Weiskirchner: »Weg mit den alten Herren, die nicht mehr agil sind. [Unseren] Organisationen müssen neue Kräfte, neues Blut zugeführt werden.« Die Christlichsozialen müssten jetzt das angehen, wovor sie sich so lange gedrückt hatten: »Wir müssen es jetzt nur verstehen, unseren Wahlapparat entsprechend den Erfordernissen der Zeit so einzurichten, dass wir Männer und Frauen, die breiten Schichten der Bevölkerung, in den Bannkreis unserer Ideen ziehen.«[181]

Zum Leidwesen der Christlichsozialen war Spalowsky in seinen Worten an die Partei eher auf der Höhe der Zeit als Weiskirchner. Die Wahlen im Mai 1919 gaben den Sozialdemokraten einen klaren Sieg: ihnen fielen 100 der 165 Sitze im neuen Wiener Gemeinderat zu. Die Sozialdemokraten hatten jetzt Wien in einem Würgegriff, den sie bis 1934 beibehielten (und den sie, mit der »Ausnahme« von 1934–45 auch heute noch ausüben). Am 22. Mai 1919 wählte der Gemeinderat Weiskirchners alten sozialdemokratischen Erzfeind in der Obmänner-Konferenz, Jakob Reumann, zu seinem Nachfolger. Die Unterstützung der Wählerschaft für die Sozialdemokraten ging in Wien noch über das Wahlkreisergebnis vom Juni 1911 hinaus. Die Christlichsozialen mussten festellen, dass sie nicht nur von Männern und Frauen der Arbeiterschicht abgelehnt wurden, sondern auch von vielen verarmten bürgerlichen Wählern und Wählerinnen. Der Antisemitismus hatte, im Gegensatz zu den Hoffnungen einiger christlichsozialer Parteiführer in den Jahren 1917–18, nicht mehr die magische Kraft, der sozialen Verbitterung und dem moralischen Defätismus entgegenzuwirken.

Die lange erwarteten Strukturreformen der Partei kamen zu spät und waren zu halbherzig, um einen messbaren Effekt zu erzeugen. In der Republik insgesamt standen allerdings den Sozialdemokraten die Christlichsozialen mit ihren mächtigen Wählerschaften in den Agrargebieten und in den kleinen Städten in etwa gleichwertig gegenüber: Das Auf und Ab der ersten Parlamentswahlen im Februar 1919 (Sozialdemokratische Arbeiterpartei 41 Prozent; Christlichsoziale Partei 36 Prozent) und der nächsten im Oktober 1920 (SDAP 36 Prozent; CSP 42 Prozent) legte die Vermutung nahe, dass auch in Zukunft keine der beiden Parteien in der Lage sein würde, zugleich im Besitz der ideologischen Führerschaft und der politischen Mehrheit zu sein.

ACHTES KAPITEL

Ignaz Seipel und die Neuordnung der Christlichsozialen Partei

Ignaz Seipel war in seiner Rolle als Anführer der Christlichsozialen Partei zweifellos *die* herausragende Gestalt unter den Nachfolgern Karl Luegers; sein Anspruch, auch Luegers politischer Erbe zu sein, ist viel weniger eindeutig. Luegers Profil war das eines äußerst erfolgreichen »urban boss« ganz im Sinn der amerikanischen politischen Verhältnisse dieser Zeit, Seipel hingegen war ein professoraler Intellektueller, den es in die Politik verschlagen hatte. Mochte er auch im Lauf der 20er Jahre unverdrossen zu endlosen Wiener Wahlkampfveranstaltungen pilgern, wirklich heimisch wurde Seipel nie in der großstädtischen »Wahlzuckerl«-Politik. Ebenso wenig war er allerdings ein überzeugter Verfechter des politischen Agrariertums. Seine Rolle innerhalb der christlichsozialen Bewegung bestand in den 20er Jahren ursprünglich darin, die pragmatischeren alpenländischen Führer vom Schlag eines Johann Hauser aus Oberösterreich und eines Jodok Fink aus Vorarlberg abzulösen und den Katholiken in Wien wieder zu einer führenden Rolle zu verhelfen.[1] Dass Seipel klerikal war, konnte man ihm schwerlich vorwerfen – er war schließlich katholischer Priester – aber sein Selbstbewusstsein als *homo politicus* und seine Einschätzung der Rolle, die dem Katholizismus in öffentlichen Dingen zukam, waren ungleich anspruchsvoller und kampfbetonter, als man es von den behutsam taktierenden katholischen Politikern der 1870er und 1880er Jahre gewohnt war. Diese hatten sich von den Anmaßungen der josephinischen Bürokratie einschüchtern lassen. Voll Zuversicht, dass der nach 1918 gedemütigte Staat sich zu einer wahrhaft christlichen Polis würde umgestalten lassen, versuchte Seipel seinerseits im Gegensatz dazu, diese Bürokratie einzuschüchtern, und zwar auf moralischer ebenso wie auf finanzieller und professioneller Ebene. Seipel gehörte also, von der Warte des 19. Jahrhunderts aus gesehen, zu einer äußerst seltenen Form des *homo politicus*: er war ein Wiener Konservativer, der seine intellektuelle Logik und kulturelle Energie aus den (zentralisierenden) Traditionen der großen Kaiserstadt bezog, wobei er zugleich diese Traditionen mit dem stolzen Bewusstsein des in seinen Augen völlig unbestreitbaren katholischen Anspruchs verband, die staatsbürgerliche Kultur Österreichs im 20. Jahrhundert zu gestalten. Er brachte es nicht nur über sich, ein Lob auf den starken Staat zu singen, er beherrschte und sanierte diesen Staat sogar.

Was der diesem Befund innewohnenden Ironie noch zusätzliche Schärfe verleiht, ist der Umstand, dass Seipel ein aggressiver Historizist war, der sich ohne Skrupel der Geschichte bediente, um die Bedeutung einer kohärenten, legitimen Zentralregierung hervorzuheben. Seipels dynamischer, zentralisierender Etatismus passte schlecht zu seinen starken katholischen Impulsen, da ja politischer Katholizismus vor 1914 in erster Linie im Zusammenhang mit dem Föderalismus der alpenländischen Konservativen gedacht wurde, also einer politischen Tradition, die letzten Endes einer zentralen staatlichen Kontrolle entgegen lief. Drei Dinge änderten sich jedoch im Jahr 1918 infolge des von der Revolution ausgelösten Erdbebens. Erstens stürzte das Mehrparteiensystem der Vorkriegszeit in sich zusammen; der Nationalismus hatte in den Augen der meisten Österreicher als größte eigenständige politische Variable ausgespielt, und das »Rote« Wien rückte anstelle des »tschechischen« Böhmens nach als Hauptaustragungsort des cisleithanischen politischen Konflikts. Zweitens bedeutete die Revolution von 1918 im Verständnis der Sozialdemokraten nicht nur die Garantie, dass sie vollwertige politische Mitglieder der städtischen Polis geworden waren, sondern legitimierte für sie auch ihr Recht, soziale, wirtschaftliche und kulturelle Ansprüche ihrer Wähler umzusetzen, ohne Rücksicht darauf, wie bedrohlich sich diese Ansprüche in den Augen der besitzenden Klassen ausnahmen. Drittens schuf der Zusammenbruch christlich bürgerlicher Politik alten Stils in Wien angesichts der roten Flut, von der die Stadt in den Gemeindewahlen vom Mai 1919 überschwemmt wurde, eine Betätigungsmöglichkeit für jüngere militante Katholiken wie Seipel und seine Freunde und Protegés (Richard Schmitz, Friedrich Funder, Victor Kienböck, Heinrich Mataja und andere); diesen Leuten standen jetzt radikalere Ausformungen konservativen Denkens offen als dies im größeren, stabileren und berechenbareren politischen System der Monarchie der Fall gewesen war. Hand in Hand mit dieser Entwicklung ging die nach 1920 einsetzende gezielte Marginalisierung der älteren, zentristischen Christlichsozialen, die sich noch als Wahrer des Erbes der Großstadtpolitik der Vorkriegszeit verstanden, wie z.B. Richard Weiskirchner. Dieser war ja der Substanz nach in vieler Hinsicht der wahre Erbe Luegers. Man kann die Geschichte des Christlichen Sozialismus in der Zwischenkriegszeit nur verstehen, wenn man sich den intensiven, ans Irrationale grenzenden viszeralen Hass vergegenwärtigt, den diese jungen Wiener Katholiken für die Sozialdemokraten empfanden, die ihrer Überzeugung nach *ihr* Wien systematisch zugrunde richteten. Engelbert Dollfuß verfiel, obwohl er kein Wiener war, ebenfalls dieser ideologischen Aggressivität, was zu den bekannten, zutiefst unheilvollen Entscheidungen führte, die er 1933 und 1934 traf.

Ignaz Seipel wurde am 19. Juli 1876 in Wien geboren.[2] Sein Familienhintergrund war kleinbürgerlich und bescheiden, aber nicht arm. Seipels Vater war Fiaker, später Theaterportier, heiratete nach dem Tod von Seipels Mutter 1879 noch zwei Mal und kümmerte sich wenig um seinen Sohn. Der Halbwaise wurde von einer Tante in Fünfhaus aufgezogen und besuchte dort auch die Schule. Als ausgezeichneter Schüler erhielt er einen Platz am Staats-Gymnasium in Unter-Meidling, das er 1895 abschloss. Seipel scheint als Kind ein Einzelgänger gewesen zu sein, wusste früh, was er wollte und wie es zu erreichen war, und gehörte auch als junger Mensch keineswegs dem Typus des umgänglichen und gemütlichen Wieners an. Er war höflich, aber distanziert und schloss offenbar keine tiefen Freundschaften.

Nachdem Seipel sich für die Priesterlaufbahn entschieden hatte, immatrikulierte er am Diözesanseminar und besuchte darüber hinaus Vorlesungen an der Theologischen Fakultät der Universität Wien. Dort lernte er auch bald Professor Franz Schindler kennen, der sein Mentor und sein intellektueller und politischer Lehrmeister wurde. Schindler führte Seipel auch in die Leo-Gesellschaft ein, die als Treffpunkt für katholische Intellektuelle Wiens und der ganzen Monarchie diente. Im Juli 1899 wurde Seipel zum Priester geweiht und verbrachte mehrere Jahre als Pfarrer in zwei niederösterreichischen Städten. Im Juni 1902 wurde er nach Wien versetzt, wo er seine theologischen Studien fortsetzte und im Dezember 1903 mit dem Doktorat abschloss. Schindler scheint auch die Verbindung zur *Reichspost* hergestellt zu haben, in der Seipel schon seit 1899 gelegentlich Artikel veröffentlichte. Außerdem schrieb er Beiträge für das *Korrespondenzblatt für den katholischen Klerus Österreichs*, das, wie wir gesehen haben, Josef Scheicher und anderen christlichsozialen Klerikern Ende der 1880er, Anfang der 1890er Jahre als Sprungbrett gedient hatte. Seitdem er 1903 zum Religionsprofessor an einer Mädchenschule in der Josefstadt ernannt worden war, begann Seipel auch im Rahmen der Wiener Katechetenbewegung aktiv zu werden, die ihrerseits Ausdruck des gestärkten Selbstbewusstseins des katholischen Klerus nach der Jahrhundertwende war.[3] In der Christlichsozialen Partei selbst scheint Seipel sich nicht engagiert zu haben – er kam eine

Generation zu spät, um einer der berüchtigten christlichsozialen Hetzkapläne unter der Führung von Scheicher und Schindler zu werden, aber das neue politische Umfeld, das Lueger mit der Eroberung des Wiener Rathauses 1895/96 geschaffen hatte, war ihm jedenfalls bewusst – und behagte ihm. Seipels erste Jahre als junger Priester im »christlichen« Wien der Jahre 1902 bis 1909 waren entscheidend für seine spätere Überzeugung, die Stadt vor den Anschlägen der Sozialdemokratie bewahren zu müssen.

Seipel habilitierte sich 1907 mit einer Arbeit über die Ethik und die Wirtschaftslehren der frühen Kirchenväter, was ihm im April 1909 eine Professur für Moraltheologie an der theologischen Fakultät in Salzburg eintrug. Im Oktober 1917 kehrte er als Nachfolger Franz Schindlers an die Universität Wien zurück, zu einem Zeitpunkt, der interessant, ja vielversprechend war. Die Hauptstadt war damals, ein Jahr vor Kriegsende, voll von Spekulationen über Verfassungsreformen, von denen freilich keine mehr tatsächlich zustande kommen sollte. Seipels Publikationen, besonders sein Buch über Nation und Staat, welches 1916 erschienen war, hatte ihm zu einem gewissen Grad an Bekanntheit verholfen, so dass er bald von der Führung der Wiener Christlichsozialen als Berater in Fragen der Verfassungsreform hinzugezogen wurde. Als der Parlamentsklub der christlichsozialen Reichspartei im Februar 1918 einen Ausschuss für Verfassungsfragen einberief, war Seipel eines der 15 Mitglieder. Noch in Salzburg hatte er Heinrich Lammasch kennengelernt, der Kontakte zu anderen Persönlichkeiten herstellte, die sich für eine Beendigung des Krieges einsetzten (wie z.B. Julius Meinl), und der ihn im Februar 1918 auch Kaiser Karl vorstellte.[4] Im letzten kaiserlichen Kabinett Lammasch im Oktober 1918 erhielt Seipel dann das Ressort Soziale Fürsorge. Seine Hauptaktivität während dieser kurzen, tragischen Episode war sein zäher Widerstand gegen die Forderung der Sozialdemokraten, der Kaiser möge abdanken. Seipel war (zusammen mit Josef Redlich) auch für die schillernden Formulierungen verantwortlich, die Kaiser Karl am 12. November unterzeichnete, als er auf seinen Anteil an den Regierungsgeschäften verzichtete, die Frage einer Abdankung aber bewusst offen hielt.[5]

Seipel gehörte der provisorischen Nationalversammlung nicht an; insofern genoss er während der »Revolution« Beobachterstatus. Sein Einfluss auf die Christlichsoziale Partei machte sich jedoch umgehend geltend, als er Mitte November in einer Serie von vier Artikeln in der *Reichspost* erklärte, warum Katholiken die neue Republik akzeptieren sollten. Später, im September 1931, hat Seipel dem französischen Jesuiten Victor Dillard erklärt, dass es die Erin-

nerung an die Spaltung innerhalb der französischen Kirche während der Dritten Republik war, die ihn dazu bewog, für die Bejahung der Republik einzutreten, weil er die Gefahr sah, dass auch die österreichischen Katholiken sich heillos zerstreiten würden, sobald sie sich einem aussichtslosen Legitimismus verschrieben.[6] Seipels Einfluss ging dabei anfangs auch auf seine Mitarbeit im *Katholischen Volksbund* zurück, wo eine Gruppe junger katholischer Aktivisten, Kleriker und Laien, die Gelegenheit des ungeliebten Umbruchs nutzen wollte, um zumindest aus der christlichsozialen Partei eine dezidiert katholische Bewegung zu machen.[7] Der Salzburger Viktor von Fuchs, ein schon älterer klerikaler Politiker der Monarchie, schrieb über diese Entwicklung im Dezember 1918:
»In Wien regt sich sehr tatkräftig und energisch echt katholisches Leben, das dem verschwommenen christlichen Parteiprogramme ein prinzipienfestes unverwaschenes Programm des Katholizismus entgegensetzt. ... Es sind dies die Kreise um Professor Seipel, nämlich der Jahre vor Kriegsbeginn entstandene ›katholische Volksbund‹, der sich der besonderen und hingebenden Förderung des Kardinal Piffl erfreut.«[8]

Man konsultierte Seipel regelmäßig zu Fragen der Wahlstrategie und der Ideologie der Christlichsozialen. Als er im Februar 1919 ins Parlament gewählt wurde, war Seipel bereits eine Größe, mit der zu rechnen war, mochte er auch einstweilen noch vor allem hinter der Szene tätig sein. Georg Schmitz hat in seiner Studie über Renners Politik in der unmittelbaren Nachkriegszeit auf Seipels Kalkül hingewiesen, die kompromissbereiten Führer der alpenländischen Christlichsozialen, Johann Hauser und Jodok Fink, durch eine Konfrontationsstrategie den Sozialdemokraten gegenüber zu diskreditieren.[9] Im November 1920 wurde Seipel zum Obmann des christlichsozialen Parlamentsklubs ernannt und im Juni 1921 auch zum Parteivorsitzenden gewählt, eine Funktion, die er bis April 1930 beibehielt.[10] Als Parteivorsitzender wurde er zum Verfechter einer breit angelegten Zusammenarbeit mit den Großdeutschen, um die Sozialdemokraten zu zähmen und zu isolieren, auch wenn viele der traditionell antiklerikalen Deutschnationalen dem Priester Seipel mit großem Misstrauen begegneten.[11] Nach dem Sturz des Kabinetts Schober Ende Mai 1922 übernahm Seipel erstmals 1922–24 selbst die Kanzlerschaft, dann noch ein zweites Mal 1926–29. Seipels erste Amtszeit muss man bei Abwägung aller Faktoren als erfolgreicher ansehen als seine zweite. Konfrontiert mit der existentiellen wirtschaftlichen und institutionellen Krise des Staates, gelang es Seipel mit einer Serie wohlinszenierter Besuche in Prag, Berlin und Verona im August, gefolgt von einem brillanten Auftritt vor der Vollversammlung des Völkerbundes Anfang September, die Garantie einer internationalen Anleihe an Österreich durchzusetzen. Seipels Genfer Rede, würdig, durchdacht, zwischen einem Hilfeschrei und der Artikulation berechtiger Forderungen balancierend, traf ganz offensichtlich den richtigen Ton.[12]

Sobald der Kredit gesichert war, musste Seipel in einem schwierigen politischen Manöver dem Nationalrat die Zustimmung abringen, seine wichtigsten finanziellen Befugnisse für zwei Jahr an einen Völkerbundkommissar, bzw. – im Rahmen eines Kompromisses mit den Sozialdemokraten – an einen Außerordentlichen Kabinettsrat abzutreten. Die Debatten im Nationalrat über die vom Völkerbund gestellten Bedingungen zeigten den geringen Spielraum der österreichischen Politik auf. Den Vorwürfen, er würde den Völkerbund nur vorschieben, um drastische Budgetkürzungen durchzusetzen, die seine Hintermänner in Industrie und Finanzwelt immer schon angestrebt hatten, begegnete Seipel mit einem Plädoyer für eine umfassende Sanierung nicht nur der Währung und der Wirtschaft, sondern auch des Staates und seiner Verwaltung.[13] Die Sozialdemokraten verbanden ätzende Rhetorik mit einem Minimum an konstruktiven Vorschlägen, weil die Partei so gut wie keine Alternativen zur Seipelschen Deflationspolitik sah.[14]

Die fünfzehn Monate nach seinem Genfer Erfolg wurden von der Umsetzung der Sparprogramme in Anspruch genommen, die schließlich zum Abbau von fast 100.000 Staatsbeamten and Bundesbahnbediensteten führten. Die Reaktion der Öffentlichkeit auf Seipels Reformkurs war oft (verständlicher Weise) ablehnend.[15] Anfang 1924 bildete sich Widerstand dagegen innerhalb seiner eigenen Partei, wo viele vor den härtesten Brocken des Reformwerks zurückschreckten, insbesondere vor einer Kontrolle der Zentrale über die Finanzen der Länder. Angesichts einer Fronde christlichsozialer Landespolitiker, die eine Aushöhlung ihrer Autonomie fürchteten, trat Seipel Anfang November 1924 zurück. Dass das Rote Wien, das ja nach 1922 verfassungsmäßig den Rang eines eigenen Bundeslandes einnahm, vermutlich das Hauptziel von Seipels fiskalischen Disziplinierungsmaßnahmen war, machte in den Augen seiner christlichsozialen Landeskollegen keinen Unterschied; sie standen der Anmaßung der Wiener Katholiken grundsätzlich skeptisch gegenüber und setzten lieber auf Abmachungen mit ihren sozialistischen Gegenspielern vor Ort.[16]

Seipel hat unzweifelhaft eine couragierte Schlüsselrolle bei der Stabilisierung der Währung gespielt, besonders durch die Kürzung nicht lebensnotwendiger Staatsausgaben und durch die Einführung der neuen Schilling-Währung. Das allein stellt, bei allen Mängeln, die sonst seiner Kanzlerschaft anhaften, eine eindrucksvolle Leistung dar. Sein Ruhm verbreitete sich rasch, wenigstens in katholischen Kreisen im Ausland, und als Seipel anlässlich des Internationalen Eucharistischen Kongresses im Juni 1926 Chicago besuchte, wurde er öffentlich als »der Retter Österreichs« tituliert, »dem es gelungen war, schwerste Zerwürfnisse beizulegen und nach fast aussichtslosem Chaos die Ordnung wieder herzustellen, indem er alle Parteien seines Vaterlandes für die großen Aufgaben des Wiederaufbaus nach dem Krieg zu gewinnen verstand.«[17]

Nach zwei Jahren weniger entschlossen geführter Kabinette wurde Seipel im Oktober 1926 erneut an die Spitze der Regierung gerufen. Die wichtigste Zäsur seiner zweiten Amtszeit war die Krise im Juli 1927. Hier war Seipels Beitrag kein gestaltender, sondern bestand notwendigerweise nur im Reagieren auf die Ereignisse. Nachdem ein Schwurgericht am 4. Juli 1927 im Landesgericht in der Alserstraße in Wien drei Mitglieder des Frontkämpferbundes freigesprochen hatte, die angeklagt waren, ein halbes Jahr zuvor im burgenländischen Schattendorf einen Veteranen und ein Kind durch in die Menge abgefeuerte Schüsse getötet zu haben, brachen in Wien am Tag darauf Unruhen aus, wie die Stadt sie seit dem März 1848 nicht mehr erlebt hatte, weit blutiger, als alles, was während der Revolutionsjahre 1918/19 geschehen war.[18] Seipels Rede in der Nationalratsdebatte vom 26. Juli 1927, mit der Betonung der Notwendigkeit, Ruhe und Ordnung unter allen Umständen aufrecht zu erhalten, und einer kompromisslosen Haltung, die ihm vielfach als Kälte und Arroganz ausgelegt wurde, war der Auftakt für eine Welle der Bitterkeit.[19] Man mag Seipels unbeugsame Haltung bewundern oder verachten; jedenfalls kann man sagen, dass sie Österreichs Prestige im Ausland vermutlich hob, die innenpolitische Situation hingegen ohne Zweifel dramatisch verschärfte.[20] Wichtiger als die berühmt-berüchtigte Parlamentsrede des »Prälaten ohne Milde« war seine Strategie, den »Druck der Straße« auf die Sozialdemokraten aufrecht zu erhalten, wenn nötig mit Hilfe der Heimwehr, wie das z.B. die beiden Aufmärsche in Wiener Neustadt Anfang Oktober 1928 illustrierten.[21] Statt zu versuchen, eine gefährliche Polarisierung des politischen Systems zu entschärfen, goss Seipel weiter Öl ins Feuer und hoffte, mit seiner konfrontativen Politik die Sozialdemokraten weiter zu isolieren und ihre noch verbliebene Macht zu brechen.

Als die Spannungen innerhalb der Christlichsozialen infolge seiner Heimwehrstrategie zunahmen und auch die Großdeutschen immer weniger als verlässliche Partner erschienen, trat Seipel im April 1929 plötzlich zurück. Die letzten Jahre seines Lebens verbrachte er damit, eine Verfassungsreform zu propagieren, um die Sozialdemokratie zu entmachten, der er die Hauptschuld an Österreichs Übeln beimaß. Seine Forderung nach einer grundlegenden Revision der Verfassung war eines der Hauptthemen in einem vierstündigen Gespräch, das er mit dem Heimwehrführer Richard Steidle Ende 1929 führte.[22] Die tatsächlichen einschlägigen Reformen, auf die sich sein Nachfolger Johann Schober in Geheimverhandlungen im November 1929 mit den Sozialdemokraten einigte, waren Seipel nicht annähernd weitreichend genug. In seinen Augen wichtige Forderungen, wie die Aufhebung der Budgethoheit der Gemeinde Wien oder die Einführung ständestaatlicher Elemente in der Legislative konnten begreiflicherweise in den von Schober erzielten Kompromissen nicht berücksichtigt werden.[23] In einer Rede vor der christlichsozialen Führung im Oktober 1931 bedauerte Seipel, dass es ihm nicht gelungen sei, seine Partei weiter nach rechts zu rücken. Jüngere katholische Parteifunktionäre wie Richard Schmitz und Kurt Schuschnigg nahmen, wie Anton Staudinger belegt hat, Seipels antiparlamentarische und ständestaatliche Rhetorik begierig auf. Die intellektuellen Ursprünge des autoritären Weges, der in Österreich zwischen 1931 und 1934 beschritten wurde, lassen sich nicht nachzeichnen ohne eine angemessene Berücksichtigung von Seipels Einfluss auf diese jüngeren Katholiken, die sich einstweilen noch sehr unsicher in Richtung des späteren Ständestaates bewegten.[24]

Was an diesen jüngeren Katholiken besonders auffiel, war ihre tief sitzende Überzeugung, dass der geschichtsträchtige christliche Charakter Wiens, der Stadt Karl Luegers, von roten Häretikern zerstört werde. Derartige Überzeugungen sollten in der Gestaltung der politischen Ästhetik, mit der sich der Ständestaat unter der Führung von Richard Schmitz im Februar und März 1934 der Kontrolle über die Stadt bemächtigte, eine wichtige Rolle spielen. Diese autoritaristisch eingestellten Katholiken nahmen somit wieder Besitz von der Stadt, die verloren gegangen war durch die Auswirkungen der demokratischen Prinzipien, denen das allgemeine männliche Wahlrecht von 1907 zum Durchbruch verholfen hatte. Es gehört zu den großen Ironien der österreichischen Geschichte, dass 1907 natürlich niemand in der christlichsozialen Führung – das gilt auch und ganz besonders für Albert Gessmann und Richard Weiskirchner – auch nur im Entferntesten daran dachte, dass Wien der Kontrolle ihrer Partei entgleiten könnte.

Seipel machte sich im Herbst 1931 Hoffnungen auf eine Nominierung durch seine Partei für das Amt des nunmehr direkt gewählten Bundespräsidenten, aber die Partei entschied sich stattdessen für den konzilianteren (und schwächeren) Wilhelm Miklas. Dies war freilich alles andere als überraschend in Anbetracht der bescheidenen intellektuellen Fähigkeiten einer ganzen Reihe christlichsozialer Führungsleute, die Seipel selbst in einem Gespräch mit Friedrich Funder im Oktober 1929 als »jämmerlich« einstufte. Diese Leute waren in Seipels Augen selbst ein Teil der Probleme des Landes; aus selbstsüchtigen Interessen widersetzten sie sich den notwendigen Reformen und konnten keinem Vorschlag, der von ihm kam, etwas Gutes abgewinnen.[25]

Seipel starb am 2. August 1932 mit nur 56 Jahren in Pernitz im Wienerwald an Diabetes und Tuberkulose und wurde auf dem Zentralfriedhof beigesetzt. Im September 1934 wurden seine sterblichen Überreste zusammen mit denen von Engelbert Dollfuß in der neuen »Dr. Seipel-Dr. Dollfuß-Gedächtniskirche« am Kriemhildplatz im 15. Bezirk bestattet, die sich (in Karl Renners Worten) zur »vornehmsten Kultstätte der Vaterländischen Front« entwickelte.[26] Dieses Arrangement, das nach der NS-Machtübernahme 1938 wieder aufgelöst wurde, verknüpfte Seipels politisches Andenken bewusst mit dem von Dollfuß und beschwor eine Kontinuität zwischen Seipels entschlossenem Etatismus und Dollfuß' heillosen faschistischen Experimenten. Dennoch gab es, wie Gerhard Jagschitz betont hat, wichtige Unterschiede zwischen den beiden katholischen »Helden«, Unterschiede stilistischer, aber auch substantieller Natur: Seipel besaß ein größeres Maß an politischer Phantasie und schärfere intellektuelle Fähigkeiten, während Dollfuß' Auffassung von Religion bestenfalls als »mystischer, fast archaischer Kult« zu bezeichnen war; Dollfuß war auch, im Gegensatz zu Seipel, die längste Zeit ein ausgesprochener Anschluss-Befürworter.[27] Würden Seipels starke Nerven ihn ebenfalls auf verfassungswidrige Abwege geführt haben, oder wäre er, wie Ernst Karl Winter annimmt, vor einem Staatsstreich zurückgeschreckt?[28]

Seipel, der durchaus den Eindruck eines entschlossenen Führers erwecken wollte, provozierte heftige Reaktionen.[29] Das Urteil seiner Zeitgenossen über seinen Charakter hätte kaum unterschiedlicher ausfallen können. Michael Hainisch hielt ihn für zu rationalistisch und nicht rücksichtslos genug.[30] Richard Schüller bewunderte ihn und griff für seine Charakterisierung zum Englischen: »the most capable and imposing statesman of the Republic«; besonders angetan war er von Seipels Scharfsinn und seiner Fähigkeit, mühelos große Mengen komplexer Informationen zu verarbeiten.[31] Karl Renner dagegen sah Seipel als sturen, kompromissunfähigen Fanatiker, der selbst dem Hass ausgeliefert war, den er für die Sozialdemokratie empfand, und der die Revolution von 1918 rückgängig machen wollte.[32] Mochte er auch immer wieder die Überparteilichkeit des Staatsführers im Munde führen, konnte Seipel doch völlig unnachsichtig gegenüber Menschen sein, welche die Sache, für die er stand, verraten hatten oder ihr feindlich gegenüber standen. Als Hans Loewenfeld-Russ, der unmittelbar nach dem Krieg Staatssekretär für Volksernährung gewesen war, ihn einmal fragte, warum die Christlichsozialen seine Wiederverwendung im Staatsdienst verhindert hatten – Seipel verdächtigte ihn, an einer von den Sozialdemokraten angezettelten Intrige beteiligt gewesen zu sein –, antwortete Seipel kalt: »In der Politik bin ich ein Nichtvergesser, und ich habe mir damals vorgenommen, dafür zu sorgen, dass Sie nie wieder die Gelegenheit haben, uns eine ähnliche Unannehmlichkeit zu bereiten.«[33] Renners Kollege und Freund Wilhelm Ellenbogen, der Seipel gut kannte, hielt ihn für einen Zerrissenen zwischen den priesterlichen Idealen, denen er existentiell verpflichtet war, und seinen Aufgaben als politischer Führer, der keine Rücksicht nehmen kann: ein Gegensatz, der sein priesterliches Ethos ebenso beschädigte wie seinen politischen Willen.[34] Josef Klaus, damals noch eine junger katholischer Studentenführer, erinnerte sich an Seipel als an eine brillante, sphinxhafte Persönlichkeit, die viel von einem Fuchs an sich hatte, eine Kombination von Erzengel und Mephistopheles.[35]

Seipels Konservativismus war vielschichtig und verdankte sich verschiedenen historischen Traditionen, kirchlichen wie weltlichen. Als Priester wuchs Seipel in einer für Katholiken faszinierenden Zeit auf. Das herkömmliche Bild der Kirche am Ende des 19. Jahrhunderts, das uns von den bittern, schwer enttäuschenden Erfahrungen der französischen Kirche und vom Modernismusstreit nahegelegt wird, einer Kirche, die sich Angriffen von allen Seiten ausgesetzt sah, erweist sich hier als irreführend. Die Jahre von 1890 bis 1914 waren in Wahrheit eine Zeit zunehmenden Selbstvertrauens und politischer Reife der Kirche in ganz Europa, gekennzeichnet von einem höheren Maß an Einigkeit, neu definierten Ansprüchen und klareren Zielen. Seipel gehörte einer Generation katholischer Priester an, die sich von dieser in der Kirche nach 1890 vorhandenen kulturellen Energie inspirieren ließen. In diesem Sinn war er ein Kind von Leo XIII., und der Umstand, dass Franz Martin Schindler sein intellektueller Ziehvater wurde, ließ schon früh ein starkes soziales Engagement auch in seinen wissenschaftlichen Arbeiten erwarten.

Das wichtigste Erbteil der Ära Leo des XIII. war nicht so sehr eine gewisse vorsichtige Flexibilität, sondern ein neues politisches Selbstvertrauen und ein kulturelles Sendungsbewusstsein der Kirche. Klemens von Klemperer und andere haben zu Recht bemerkt, dass Seipel in theologischen Fragen beinahe ein Liberaler war, der sich gegen die rigiden, integralistischen Ansichten des

Gralkreises um Franz Eichert und Richard von Kralik wandte. Seipels Opposition gegen den engstirnigen Integralismus war dabei nicht ein Plädoyer für einen Wertepluralismus innerhalb der Kirche, sondern eher eine wohlüberlegte Strategie, die darauf abzielte, die Kirche auf »die gemeinsame Zukunftsarbeit« vorzubereiten: Zuerst müsse die Kirche die Welt verstehen, um all die Kräfte begreifen zu können, die in der Welt gegen sie bereit standen.[36] Als er 1914 Eichert kritisierte, warf er ihm ausdrücklich »parteimäßigen Fanatismus« vor. Es sollte nicht das letzte Mal sein, dass Seipel diesen Begriff verwendete, um seinen Unwillen gegen Personen zu bekunden, die Zwietracht säten, wo er Einigkeit sehen wollte, sei es im Staat oder in der Kirche.[37]

Seipels frühe intellektuelle Offenheit ist bemerkenswert, weil er in einer Zeit aufwuchs, als nicht bloß die grundlegenden Annahmen des josephinischen Katholizismus längst überwunden, sondern auch die Ängste des Kulturkampfes weitgehend überstanden waren und die Kirche erste Formen der Koexistenz mit dem (post-)liberalen Staat fand, die von jüngeren Klerikern wie Seipel als positiv und vielversprechend akzeptiert wurden.[38] Daher war es nur natürlich, dass Seipel eine selbstbewusstere und selbständigere Rolle für die Kirche anpeilte, was sich notgedrungen auch auf seine Sicht auf das Verhältnis von Kirche und Staat nach 1918 auswirkte. Er war in dem Sinn Etatist, als er bereit war, dem Staat eine hohe moralische Autorität zuzugestehen, aber dieser Staat hatte der Kirche zu dienen und nicht umgekehrt.[39]

Seipel hatte einen stark ausgeprägten Sinn für historische Zusammenhänge, auch wenn sich das oft nur in sehr abstrakter Weise niederschlug. Als Kirchenhistoriker faszinierte Seipel das Römische Reich, und hier wieder besonders das vierte Jahrhundert. Seine besondere Vorliebe galt dem Hl. Ambrosius, einem Kirchenvater, den er 1913 ausführlich würdigte.[40] Seipels Interesse an Ambrosius erwachte im Zusammenhang mit seiner Habilitation über die Sozial- und Wirtschaftslehren der frühen Kirche.[41] Er bewunderte am Kirchenfürsten Ambrosius die Fähigkeit, völlig disparate Elemente, wie die Interessen von Staat und Kirche, theologische Normen und die Erfordernisse politischer Macht, miteinander zu versöhnen. Als Patrizier gehörte Ambrosius zur Oberschicht der römischen Gesellschaft; er bewährte sich aber ebenso als Theologe und Kirchenfürst – eine Synthese, die Seipel veranlasste, ihn gegen Ende seines Lebens noch einmal als den ersten Staatsmann unter den Kirchenvätern zu bezeichnen, aus Seipels Mund ein großes Lob.[42] Das vierte Jahrhundert, Ambrosius' Jahrhundert, war für Seipel aber auch aus einem anderen Grund bedeutsam. Für ihn war das Mailänder Dekret des Jahres 313 unmittelbar relevant für Europa, weil es das Tor aufstieß, durch das christliche Ideen, christliche Kultur und christliche Werte in das römische Reich einströmten. Seipel sah diesen Prozess als providentiell und unumkehrbar, als ein Zeichen des göttlichen Willens, Europas politische Institutionen und Kulturen mit christlichen Ideen zu verbinden. Die europäische Kultur war insgesamt das Produkt einer »großen Synthese zwischen Christentum und Antike.«[43] Es ist nicht unwahrscheinlich, dass der junge Seipel in der Habsburgermonarchie, mit ihrer Jahrhunderte alten dynastischen Tradition und ihrer durchgehenden Verbindung mit der Kirche, eine zeitgenössische Verkörperung des christlichen Reiches des vierten Jahrhunderts sah. Das Römische Reich konnte auch als Beweis dafür dienen, wie wichtig der Gesichtspunkt der Übernationalität in der europäischen Geschichte war. Das Christentum verstärkte und bereicherte diese supranationale Dimension, und auch das Heilige Römische Reich war eine solche übernationale Gemeinschaft, wenn es sich auch auflöste, ohne seine eigentliche Bestimmung erfüllt zu haben.[44]

Seipel war Priester mit Leib und Seele; seine religiösen Überzeugungen bestimmten sein öffentliches Wirken. Auch darauf stand ein Preis. Wilhelm Ellenbogen fand, dieses dauernde Gespaltensein zwischen priesterlicher Frömmigkeit und den Erfordernissen der Realpolitik habe Seipels Effektivität letzten Endes in beiden Bereichen beeinträchtigt.[45] Ernst Karl Winter geht sogar noch weiter, wenn er meint, Seipels Unbeugsamkeit und Schärfe hätten für die katholische Kirche politisch desaströse Folgen gehabt.[46] Seine militante Verteidigung religiöser Werte machte ihn zu einer bevorzugten Zielscheibe für linke Kritiker, und der Umstand, dass er Priester war, verschärfte nur die Angriffe auf seine Person. Seipel selbst machte sich nichts vor darüber, dass er zumindest im Zeitraum seines öffentlichen Wirkens den Anforderungen des Priestertums nicht wirklich entsprechen konnte. Wie Friedrich Rennhofer gezeigt hat, war das Grübeln über seine Unvollkommenheit als Priester eine Konstante in Seipels Leben, was man nicht unbedingt als Zeichen der Schwäche oder der Heuchelei deuten muss. Eher scheint es, dass das, was er als eigene Schwäche ansah, ihn zu noch größerer Härte im politischen Leben anstachelte.[47] Wenn er sich selbst in seinen Tagebucheintragungen zu mehr Disziplin und Selbstbeherrschung mahnt, entsteht der Eindruck eines Perfektionisten, der hart an sich arbeitet. Sein Selbstvertrauen auch als politischer Führer stammte bei Seipel aus seiner Überzeugung, dass er ein Werkzeug Gottes war und wenigstens mit Gottes Duldung, wenn nicht gar mit seinem ausdrücklichen Segen agierte.[48]

Seipels politische Überzeugungen wurden in den letzten Jahrzehnten der Monarchie geformt; im Zentrum standen dabei die Monarchie und der Staat als Vielvölkergemisch. Seipel hatte eine starke emotionale Bindung an diese alte Monarchie, und seine ersten politischen Schriften können als Bestätigung des kosmopolitischen Milieus im Wien der Vorkriegszeit aus klerikaler Sicht gelesen werden.[49] Sein Buch *Nation und Staat*, das 1916 inmitten nationalistischer Kontroversen und wechselseitiger Schuldzuweisungen entstand, ist Seipels Versuch, den Nationalitätenkonflikt durch eine begriffliche Trennung von Nation und Staat einzugrenzen. *Nation und Staat* ist eine systematische Analyse über den Wert und die Grenzen nationaler Identität. Hier unternimmt Seipel den Versuch, das zeitgenössische Axiom zu entkräften, das einen unbedingten Konnex zwischen Nationalbewusstsein und Staatenbildung herstellt und, im Umkehrschluss, ethnisch homogenen Staaten einen legitimationsmäßig oder funktionell höherwertigen Status zuspricht als multinationalen politischen Gebilden.[50] Der Staat stand für Seipel als politisches Gestaltungsprinzip und moralische Instanz über der Nation. Er billigte dem Nationalbewusstsein eine positive Rolle auf einer bestimmten Ebene des sozialen und kulturellen Lebens zu, aber keinen exklusiven Anspruch zur Legitimation souveräner staatlicher Gewalt. Diese Auffassung vom Primat des Staates fand ihren Ausdruck auch in verschiedenen Artikeln, die er 1916/17 in Salzburg dem Thema Verfassungsreform widmete. Eine knapp gehaltene Zusammenfassung der möglichen Varianten einer Reform mit dem Titel *Gedanken zur österreichischen Verfassungsreform*, die er im August 1917 fertigstellte, erwies sich als besonders folgenreich für seine eigene Rolle in der Partei, da sie ihn auch in den Augen der Parteiführung als Experten für Verfassungsfragen auswies.[51]

Seipels Auffassung von der Autorität des Staates vertrug sich gut mit seiner Sicht der römischen wie auch der habsburgischen Geschichte: beide waren Vielvölkerstaaten, die von einer Elite regiert wurden. Dies stellte einen bemerkenswerten Bruch mit älteren katholisch-konservativen Anschauungen dar. Diese hatten auf einer Fülle von regionalen Sonderrechten beharrt, die weit über das hinausgingen, was für den Wiener Seipel noch akzeptabel war. Seipels Respekt für die Autorität des Staates war ein Thema, das sich durchgängig in seinem Denken findet. Vor 1914, unter imperialen und dynastischen Vorzeichen, hatte diese Loyalität mit Seipels persönlichen Präferenzen übereingestimmt. Nach dem Zusammenbruch der Monarchie übertrug er diese Überzeugung von der Notwendigkeit einer starken staatlichen Autorität nahtlos auf die Republik, wie ganz eindeutig aus seinen Artikeln in der *Reichspost* vom November 1918 hervorgeht. Freilich, was als angemessen oder sogar »fortschrittlich« galt, solange es sich – wie 1917/18 – gegen die Gefahren eines überbordenden

Nationalismus wandte, nahm jetzt sehr schnell autoritäre und antidemokratische Obertöne an, sobald es sich gegen die Sozialdemokraten richtete, die in der Republik ihren Anspruch auf Teilhabe am Staat einforderten. Vor 1918 hatten die »Reichsfeinde« an der Peripherie gesiedelt; nach 1918 war der Feind über die Mechanismen der Massendemokratie sogar bis ins geheiligte Zentrum Wien vorgedrungen. Der Sozialdemokratie aber sprach Seipel durchgehend die Legitimation als staatstragende Partei ab, indem er ihr vorwarf, den Staat zum Zweck der Durchsetzung ihrer eigenen selbstsüchtigen und letzten Endes privaten Ziele in Besitz nehmen zu wollen.[52]

Seipel sprach oft von der Republik Österreich als *Vaterland*. Er beschwor die Österreicher, dieses ihr Vaterland zu bedenken und zu lieben und zugleich in diese Liebe viel von dem, was an ihrer (imperialen) Vergangenheit wertvoll und mit dieser untrennbar verbunden war, einzubeziehen.[53] Der Begriff *Vaterland* umfasste ein geographisches Territorium und zugleich eine geistige Landschaft mit allmählich erworbenen und geteilten Werten, die im dichten Gewebe der kulturellen Beziehungen aus der Vergangenheit verwurzelt waren. Der Begriff *Volk* wurde von ihm in einem ähnlichen, historisch geprägten Sinne verwendet, der eine Welt beschwor, die noch nicht in Klassen im Marxschen Sinn gespalten und daher harmonisch und im wesentlichen apolitisch war. Das Reich war untergegangen, das *Volk* hatte überlebt. Dieses Volk stellte die unmittelbare Verbindung zur Zeit der Monarchie dar, und Seipel engagierte sich in der Republik und für die Republik, weil sie nunmehr das Werkzeug zum Schutz des seiner gewohnten Ordnung beraubten Volkes war.[54] 1918 markierte zwar einen tiefen Einschnitt in der staatsrechtlichen Kontinuität, aber das historische Bewusstsein des Volkes und die kulturellen Werte des *Vaterlandes* hatten die Revolution überlebt und mussten gewürdigt und beschützt werden.

Karl Seitz warf Seipel einmal vor, Vaterland zu sagen, um nicht das Wort Republik in den Mund nehmen zu müssen.[55] Aber die Berufung auf das Vaterland war für Seipel auch ein Weg, den Enthusiasmus der Anschlussbefürworter zu dämpfen, die das Aufgehen in Deutschland als einzige Option für »Rest-Österreich« betrachteten. Seine Ansichten über den Anschluss sind schwer auf einen einfachen Nenner zu bringen, aber prinzipiell sah er in einer Vereinigung mit Deutschland nicht die großen Vorteile, die sich viele erwarteten. Seipels Beschäftigung mit der Nationalitätenfrage und sein Glaube an eine besondere Sendung des kaiserlichen Österreich machen seine Skepsis gegenüber dem Anschluss verständlich. Da er zwischen Staat und Nation unterschied, war es plausibel, wenn Österreich ein eigener Staat blieb, ohne deshalb seine Teilhabe an der deutschen Nation zu verlieren. Die besondere Sendung Österreichs, dem Osten Kultur zu vermitteln und ihn in die europäische Zivilisation zu integrieren, indem es den Donauraum zusammenfasste,[56] kam den schon 1848 geäußerten Ideen Heinrich von Gagerns von einem engeren und einem weiteren Bund recht nahe.[57] Diese neue Aufgabe Österreichs entsprach seiner alten als Mark des mittelalterlichen Reiches, als Bollwerk christlich-westlicher Kultur im Zentrum Europas, wo es keine natürlichen Grenzen gab und diese Kultur daher ständig Bedrohungen aus dem Osten ausgesetzt war. Seipels mangelnde Begeisterung für den Anschluss war auch logisch im Sinne seiner Überlegungen zur europäischen Ordnung. Europa litt unter seiner Fragmentierung, unter der Abschottung seiner Märkte und Wirtschaftsräume. Wenn schon Nation und Staat nicht übereinstimmen mussten, so galt das noch viel mehr für Wirtschaftseinheiten. Europa bedurfte einer ökonomischen Neuordnung, die aus internationaler Zusammenarbeit erwuchs.[58] Die Österreicher sollten nicht zu einer sinnlosen Wahl zwischen ihren Bindungen an Deutschland und ihren Bindungen zu den Völkern des östlichen Mitteleuropa gezwungen werden, sondern beide pflegen; schließlich hatte die Monarchie beide Beziehungen als Facetten gehabt. Letzten Endes sollten sich die Österreicher für beide Rollen entscheiden, aber beide in ein »großes europäisches System« einbringen.[59]

Michael Hainisch meinte in seinen Memoiren, Seipels idealer Staat wäre wohl die Monarchie des Mittelalters gewesen.[60] Das ist so nicht richtig. Wenn Seipel von irgendeiner historischen Epoche begeistert war, dann war es das Römische Reich in seiner Spätphase, der Gegenstand seines ersten Buches. Mit dieser Vision der römisch-christlichen Welt verbunden war auch seine Wertschätzung der Habsburgermonarchie, das Thema seines zweiten Buches, die er in dieser Tradition sah. In beiden Fällen hob er die Leistung und die Rolle von Persönlichkeiten hervor, die es verstanden, staatliche Autorität mit gesellschaftlicher Notwendigkeit in Einklang zu bringen. Der Wert der staatlichen Autorität hing ganz wesentlich von solchen »führenden Männern« ab. In einem Vortrag über »Staat und Gesellschaft« im Dezember 1923 bezog sich Seipel ausdrücklich auf das Beispiel des Römischen Reiches, wo hervorragende Bürger zum Wohl der Gemeinschaft beigetragen hatten, und er sprach die Hoffnung aus, dass sich auch in Österreich solche »Senatoren« finden würden. Der Staat, so schloss er, »muss fürderhin von führenden Menschen getragen werden, denen die Parteien nicht der Zweck, sondern nur Mittel zum Zwecke sind«.[61]

Wie die Verbindung zwischen dem Staat und seiner Führung und den verschiedenen Sektoren der Gesellschaft tatsächlich zu gewährleisten war, stellte ein Problem dar, das Seipel während der Zwanzigerjahre beschäftigte. Die Revolution von 1918 hatte den Staat demokratisiert. Was aber Seipel seit der Mitte der Zwanzigerjahre immer mehr als eigentliches Ergebnis dieses Prozesses empfand, war der Umstand, dass die Parteien den Staat untereinander aufgeteilt hatten. Die Sozialdemokraten, so befand er, behandelten ihren Anteil als einen Staat im Staate, den sie ohne Rücksicht auf das Gemeinwohl ausbeuteten. Im zweiten seiner berühmten *Reichspost*-Artikel vom November 1918 hatte Seipel ausgeführt:

> Deutschösterreich muss ein freier, demokratischer Staat werden. Dieser ist das Gegenteil eines Herrschaftsstaates. Er schließt sowohl die Beherrschung des Staatsvolkes durch einen oder mehrere, die es nicht selbst zur Herrschaft berufen hat, als die Beherrschung einer Nation, einer Bevölkerungsgruppe, einer Klasse und in letzter Vollendung auch einer Partei durch eine andere aus. Beherrschung heißt hier freilich nicht schon jedes Übergewicht, das die größere Zahl, die stärkere Leistung, die höhere Bildung, die bedeutende Wichtigkeit eines Staats- oder Volksteiles vor den anderen verleiht. Aber die vollkommene Demokratie verträgt sich nicht mit gewaltsamer Verdrängung einer Minderheit von jenem Anteil an der Bildung des Staatswillens und den Staatsgeschäften, den diese ohne Schädigung des Ganzen ausüben könnte.[62]

Man kann diese Aussage selbstverständlich als eine Bekräftigung demokratischer Ideen interpretieren, wie Adolf Markl dies 1933 tat.[63] Aber sie enthielt auch eine Warnung, dass der Staat die Interessen der Gesamtheit zu vertreten habe, und keine Partei sich anmaßen dürfe, diese Interessen in einer willkürlichen Art und Weise zu verzerren oder zu untergraben. Im Jahr 1918, als der Linken angesichts des revolutionären Potentials eine moralische, wenn schon keine numerische Überlegenheit zugefallen war, legte Seipel ganz besonderen Wert darauf, dass keine einzelne Partei (und damit meinte er auch und ganz besonders die Sozialdemokraten) im Staat eine hegemoniale Rolle spielen dürfe. Mitte der 20er Jahre, konfrontiert mit der Opposition der Sozialdemokraten, der seitens der bürgerlichen Mehrheitsparteien schwer beizukommen war, betonte er wieder den Primat des Gemeinwohls und der Konsensbildung, den die Sozialdemokraten in seiner Sicht missachteten und aus egoistischen Beweggründen sabotierten. 1918 hatte es zumindest den Anschein, dass Seipel die Pluralität politischer Stimmen und politischer Standpunkte verteidigte, weil er sie als unentbehrlich für die Stabilität der jungen Republik ansah und verhindern wollte, dass die Sozialdemokraten als einzige das Sagen haben. Mitte der 20er Jahre hingegen, als die Christlichsozialen mit ihren großdeutschen Koalitionspartnern an der Macht waren, aber von der starken sozialdemokratischen Opposition auf Schritt und Tritt behindert wurden, behauptete er, diese benehme sich dem Staat gegenüber illoyal und benütze ihre großes oppositionelles Potential vor allem dazu, den Staat zu schädigen.

Für Seipel war der Staat, die *res publica*, ein Bereich, in dem eine Privatisierung oder Delegation von Kompetenzen nicht möglich war. Staatliche Interessen hatten Vorrang vor allen Einzelinteressen, und Vorrechte des Staates konnten nicht so gehandhabt werden, als wären sie eine *res privata*.[64] Deshalb konnte Seipel auch den Beamten, die von seinem Genfer Austerity-Programm betroffen waren, erklären, dass sie sich als Diener des Staates nicht einerseits als privilegierten Stand betrachten und andererseits wie eine Parteiformation oder Gewerkschaftsbewegung agieren könnten. Wenn sich die Staatsbeamten wie Privatangestellte benähmen, würden sie die Sicherheit und das Prestige in Frage stellen, das ihnen zukam; sie konnten nicht für sich das Beste aus beiden Welten beanspruchen.[65]

Dass das Ziel einer starken politischen Führung die Einheit des Volkes sein müsse, war schon früh ein Thema in Seipels Denken. Schon im Dezember 1911, nach der vernichtenden Niederlage der Wiener Christlichsozialen, hatte er einen Anführer der österreichischen Katholiken herbeigesehnt, der kraft seiner Autorität und seines Ansehens das Volk hinter sich scharen und in den Kampf führen könne. Dabei dachte er freilich nicht an einen herkömmlichen Parteichef, sondern an eine charismatische, volkstümliche Figur: »Ein Parteihaupt, einen Parteichef kann man wählen, ein Führer des Volkes aber muss erstehen.«[66] Später sah er sich offensichtlich selbst in dieser Rolle. So schrieb er im März 1929, am Vorabend seines Rücktritts als Bundeskanzler: »Meine Aufgabe ist es, eine größere Gemeinschaft zusammenzuhalten und ihr immer wieder ins Gewissen zu reden, dass sie zusammengehört. Es ist die Gemeinschaft des ganzen Volkes, das unser liebes Vaterland Österreich bewohnt.«[67]

Die gefährlichsten Gegner dieser Gemeinschaft und des Staates waren die Sozialdemokraten, die seiner Ansicht nach den Zusammenhalt der Gesellschaft zerstört hatten. Ein Interview mit den *Münchner Neuesten Nachrichten* im Mai 1928, in dem er der sozialistischen Führung ihr angebliches Streben nach totaler Macht und ihr verantwortungsloses Agieren in der Öffentlichkeit vorwarf, spricht diese seine Überzeugungen offen aus.[68] Sozialpolitik, so Seipel 1927, sei keine Sache der Parteien, sondern ein Anliegen des Staates, der sich um das ganze Volk kümmern müsse. In der künftigen Entwicklung der Sozialpolitik dürfe der Parteienkampf keine Rolle mehr spielen.[69] Parteien trügen bloß zur »parteipolitischen Ausschrotung« staatlicher Institutionen bei.[70]

Einer der Gründe seiner Verachtung für die Sozialdemokraten war die Art, wie sie sich in *seinem* Wien selbst bedienten, die Kirchenaustrittsbewegung förderten und das Sakrament der Ehe durch Dispensehen untergruben. Seipels wiederholte Versuche, die kriegsbedingten Mieterschutzregelungen zu reformieren, sind ebenso in diesem Zusammenhang zu sehen wie seine Ablehnung sozialistischer Wohnbaupolitik, die privaten Hausbesitz unrentabel machte und den Wohnungsmarkt verzerrte. Es war ihm zutiefst zuwider, Wien in ein »Experimentierfeld für sozialistische Doktrinäre«[71] verwandelt zu sehen.

Konnte Seipel unter solchen Voraussetzungen überhaupt ein Demokrat sein? Hatte er sich tatsächlich, wenn auch widerstrebend, zur Idee der Massendemokratie bekehrt? Oder war er bloß ein zynischer Vernunftsrepublikaner, der mit dem demokratischen Republikanismus so lange vorlieb nahm, bis bessere Alternativen, wie z.B. der Korporatismus, zur Verfügung standen? Seipels Gedanken zur Demokratie waren zweifellos gewissen Wandlungen unterworfen. Anfang der 20er Jahre, als sein Einfluss nach seinen Genfer Erfolgen am größten war, schien er sich mit der Unvermeidbarkeit des auf demokratischen Massenparteien beruhenden parlamentarischen Systems abgefunden zu haben.[72] Noch 1928, in einem Artikel zum Stichwort »Politik« für das *Katholische Staatslexikon* unterschied Seipel zwischen seriöser Parteipolitik und »Biertisch-Politik«: »Die Parteipolitik kann beides sein; im Ernst gemeint und geübt, ist sie in demokratischen Staaten unentbehrlich.«[73] Als Reaktion auf den Juli 1927 und besonders nach dem Ende seiner zweiten Amtsperiode 1929 kam jedoch auch eine härtere, weniger einfühlsame, unversöhnlichere Physiognomie zum Vorschein, als Seipel das grundlegende institutionelle Gerüst der Demokratie in Zweifel zog und immer wieder seine Kritik an den politischen Parteien und ihren negativen Auswirkungen auf den Parlamentarismus artikulierte.[74] Sein Vortrag in Tübingen im Juli 1929 macht dies besonders deutlich, mit dem Ruf nach der »wahren Demokratie«, die jede einseitige institutionelle und ideologische Parteilichkeit ausschließe.[75]

Seipels Reputation als Demokrat hat besonders durch seine umfassende Sympathie für die Heimwehr gelitten, die selbst von vielen Ländervertreter in der eigenen Partei nicht geteilt wurden. Wiederum im Gegensatz zu den meisten Leuten in der Führungsriege der Christlichsozialen hat er es weitgehend vermieden, aus politischem Antisemitismus Kapital zu schlagen. Ob man Seipels Flirt mit der Heimwehr als raffiniert-zynische Instrumentalisierung oder als irrationale Verblendung sehen will, auf alle Fälle widersprach seine Standardrechtfertigung – dass nämlich private Wehrverbände wie die Heimwehr als Gegengewicht zu den Parteien und insbesondere zur Sozialdemokratie notwendig seien – dem Geist und der Logik der Verfassung von 1920, die er mitgeschaffen hatte, und seinen eigenen Vorstellungen von staatlicher Autorität.[76]

Seipel war ein verlässlicher, wenn auch vorsichtiger »Europäer«. Ihm stand klar vor Augen, dass die Epoche unmittelbar vor 1914 auf den Gebieten der Wissenschaft, des intellektuellen Lebens, der Technik, ja sogar der Ideologie, von geschichtsmächtigen Tendenzen und Bewegungen geformt worden war, die allesamt einen integrativen, übernationalen, ja internationalen Charakter aufwiesen. Der Kriegsausbruch und der Umstand, dass sich der Westen auf die Seite Russlands und Serbiens stellte, hatte einem engstirnigen Nationalismus zum Sieg verholfen.[77] Seipel bedauerte dies, wie sein Werk über Nation und Staat beweist.

In der Nachkriegszeit bewegten sich seine Gedanken auf diesem Gebiet zwischen einer Verzögerungstaktik in Richtung Anschluss einerseits und andererseits der stillen Hoffnung, dass sich aus dem Wirken des Völkerbundes neue Formen internationaler Zusammenarbeit ergeben würden, die sich positiv auf den Neuaufbau Mitteleuropas auswirkten.[78] Sein Engagement für den Völkerbund, der ihn im September 1928 zu seinem Vizepräsidenten wählte, war von den Umständen bestimmt, aber als Kanzler eines nunmehr kleinen, verarmten Staates mit einer großen ruhmreichen Geschichte dürfte Seipel die Ideale internationaler Zusammenarbeit, wie der Völkerbund sie vertrat, sehr wohl als Zeichen einer für die Zukunft erhofften Entwicklung gesehen haben.[79]

Seipel ging auch von der – im Kontext der 20er Jahre wenig überzeugend wirkenden – Einsicht aus, dass weder Nation und Staat noch Staat und Wirtschaftsraum identisch sein müssen. Seine Anmerkungen zu transnationaler Politik erscheinen infolgedessen überraschend aktuell im Hinblick auf die Zukunft der europäischen Politik. In einem Vortrag in Köln im März 1925 über die »Neugestaltung Europas« beschrieb er das 19. Jahrhundert als eine Periode des Wandels und eines langsamen, schrittweisen Weges zur Demokratie, den jede Nation in dem ihr eigenen Tempo beschritten habe. Es sei auch ein Jahrhundert mit einem funktionierenden Gleichgewicht der Mächte gewesen. Die Revolution hatte all das unwiederbringlich zerstört. Die große Herausforderung, der sich Europa in den 20er Jahren gegenüber sah, war die Fragmentierung der Märkte und Wirtschaften, die ihrerseits die Folge der politischen

Zerschlagung nach 1918 war. Der offenbare Sieg des Nationalismus gehe zu Lasten der wirtschaftlichen Zusamenarbeit; Europa bedürfe einer wirtschaftlichen Neuordnung. Das Ziel müsse ein vereintes, friedliches Europa sein.[80] Auch in einem wichtigen Vortrag zur Anschlussfrage kam er 1926 auf diesen Gedanken zurück: »Wenn rasch genug der Friede in Europa, auch der wirtschaftliche, in die Tat umgesetzt wird und wenn dazu die Minderheitenfragen rasch genug befriedigend gelöst werden, dann ist die Frage der Staatsgrenzen nicht mehr so wichtig und so interessant. Wenn man das nicht verstehen will, dann kann es sein, dass schließlich das ganze deutsche Volk den westlerischen Staatsbegriff sich zu eigen macht.«[81]

Seipels Erbe für Österreich ist kompliziert und reich an Widersprüchen. Gegen Ende seines Lebens fasste Seipel vor einer Zuhörerschaft katholischer Studenten in Heiligenkreuz im Juni 1930 seine Gedanken zum Wesen der Politik noch einmal zusammen. Zum einen wies er darauf hin, dass sich in der internationalen Politik eine eindeutige Tendenz in Richtung Transnationalität abzeichne und erwähnte als Beispiel die Arbeit des Völkerbundes: »Immer größere Gemeinschaften werden gebildet werden müssen und damit erweitert sich der Inhalt der Politik.«[82] Zum andern – und im Gegensatz zu derart großzügigen Visionen der internationalen Ordnung – sah Seipel nach wie vor den österreichischen Staat als moralische Instanz den verantwortungslosen Angriffen der Sozialdemokraten ausgesetzt. Unter Berufung auf das römische Modell der *res publica* zeigte sich Seipel überzeugt, dass politische Parteien dann den größten Schaden anrichten, wenn sie versuchen, die *res publica* zu einer *res privata* zu machen. Das schlagendste Beispiel dafür waren für ihn die Sozialdemokraten, deren Anliegen es ja war, den Staat für die Ziele einer einzigen Klasse zu exploitieren, statt sich dem Wohl der Gesamtheit zuzuwenden. Alle Parteien müssten sich dem Staat und seinem Bemühen um das allgemeine Wohlergehen unterordnen und es müsse mit allen Mitteln verhindert werden, dass der Staat zur *res privata* einer Klasse oder eines Berufsstandes absinke. In dieser Weltsicht hörte Politik notgedrungen auf, ein pragmatischer Prozess zur Verteilung der Ressourcen und zur Bestandsaufnahme und Bearbeitung einander widersprechender Interessen zu sein und wurde stattdessen zu einem direkten moralischen Imperativ, der von einer kleinen Gruppe über Sonderinteressen vermeintlich erhabener führender Männer – vermutlich unter Seipels Führung – formuliert wurde und das Wohl der ganzen Gesellschaft zum Thema hatte. Als Priester und Intellektueller bewies Seipel ein Einfühlungsvermögen und eine Aufgeschlossenheit, die er sich als Politiker nicht gestatten konnte, und gerade dieser Mangel an Toleranz und Verständnis für gesellschaftliche Komplexität beeinträchtigte seine Fähigkeit, den tatsächlichen Interessen seines idealisierten Staates zu dienen.

Die heikelste Frage bei jeder Würdigung Seipels als konservativer Staatsmann bleibt die manipulative Art und Weise, wie er, besonders nach 1927, seine quasi-bonapartistischen Visionen vom Gemeinwohl durchsetzen wollte. Karl Renner unterzog im Parlament diese Strategie Seipels einer fundamentalen Kritik. Renner hatte schon während der Revolution den Gedanken geäußert, die neue Republik beruhe auf einem Dreiklang von Bürgern, Bauern und Arbeitern; das politische System werde, als eine Art sich selbst regulierendes Milieu mit dem Akzent auf Fortschritt,[83] auf Kompromissen zwischen diesen Schichten und Bewegungen aufbauen müssen, entweder in Form von Koalitionen oder in einem regelmäßigen Wechsel von Regierung und Opposition, wobei gewisse Grenzen von allen respektiert werden müssten. Renner glaubte, das freie allgemeine Wahlrecht innerhalb eines stabilen parlamentarischen Rahmens garantiere am ehesten den Ausgleich zwischen den verschiedenen wirtschaftlichen, sozialen und kulturellen Interessen, der für ihn eine Grundvoraussetzung der Stabilität in einem modernen Staat darstellte. Es ist nicht überraschend, dass Renner in seiner bemerkenswerten Analyse des Problems der österreichischen Verfassung von 1918 James Madisons Zehntes Federalist Paper zitiert: »Die Regelung dieser mannigfachen, einander widerstreitenden Interessen bildet daher die Hauptaufgabe der modernen Legislatur und unterzieht somit den Parteien- und Fraktionsgeist den notwendigen und regelmäßigen Maßnahmen der Regierung.«[84] Renners Ansicht zufolge hatte Seipel alles getan, dieses Spiel der Kräfte im parlamentarischen System zu untergraben und unmöglich zu machen. Seipels Unterstützung für die Heimwehr war ein flagrantes Eintreten für ein Sonderinteresse, ein zutiefst privater Akt; dafür wurden noch dazu »die in der Weltgeschichte politisch Gestrandeten« benutzt, in Renners Augen weder verantwortliche Bürger, Bauern oder Arbeiter.[85] Seipel hatte auf eine Vergrößerung der Reichweite der Christlichsozialen durch den Einsatz der rabaukenhaften *Heimwehr* gesetzt. Eine derartige Strategie musste, so meinte Renner, schließlich zu Lasten der Interessen der kleinbäuerlichen Anhänger der Christlichsozialen gehen und damit die triadische soziale Basis schwächen, auf der die Republik 1918 gegründet worden war.[86]

Man könnte argumentieren, alle diese Kontroversen seien letzten Endes irrelevant gewesen und das Schicksal Österreichs als kleines (und armes) deutschsprachiges Land sei in dem Augenblick entschieden worden, als die Nationalsozialisten 1933 in Berlin die Macht übernahmen. Renners pragmatische

Haltung, die für Koalitionen mit mehreren Parteien offen war, war zudem in seiner eigenen Partei so sehr umstritten, dass er in den 20er Jahren größteils isoliert war.[87] Wenn man aber solche gewichtige Argumente des historischen Hintergrunds einen Augenblick ausblendet, bleibt die faszinierende Frage, ob Österreich sich zu einer stabilen Demokratie hätte entwickeln können, wenn man nur Wege gefunden hätte, den Dialog zwischen den christlichsozialen und den sozialdemokratischen Eliten in Gang zu halten, etwa nach dem Vorbild des Fink-Hauser Teams, das 1918/19 mit Renner verhandelte und zusammenarbeitete.

Viel hängt davon ab, wo man in der österreichischen Geschichte von 1918–45 die Zäsuren und die Verbindungslinien sieht. Wir kennen den Anfang und das Ende der Geschichte – die Konzentrationsregierung der Jahre 1918–20 und die bemerkenswerte Gelegenheit, die sich Renner im April 1945 bot, noch einmal bei 1918 anzufangen, eine Gelegenheit, die er und seine Kollegen in der SPÖ und ÖVP dazu nutzten, eine stabile, demokratische Republik zu schaffen. Verglichen mit Renner, dem viele ein Übermaß an Opportunismus und eine übertriebene Bereitschaft zur Anpassung unterstellt haben, erscheint Seipel als der Gradlinigere, Entschlossenere, der noch dazu Anspruch darauf erhob, zweitausend Jahre Geschichte auf seiner Seite zu haben. Das machte ihn kurzfristig gesehen zu einem effektiven, mitreißenden, gefährlichen Politiker; auf lange Sicht hat freilich sein Widerstand gegen eine ernsthafte Verständigung wesentlich zur tiefen Polarisierung beigetragen, die spätestens 1928 nicht mehr zu übersehen war.

Der Tragödie Seipels lag, wie bei vielen anderen politischen Aktivisten der Zwischenkriegsgeneration, seine Unfähigkeit zugrunde, die Möglichkeit einer pluralistischen Gesellschaft mit vielfältigen sozialen Werten und kulturellen Perspektiven zu akzeptieren oder auch nur ins Auge zu fassen. Dies hatte Auswirkungen besonders für diejenigen, die den religiösen Kern seines Wertsystems in Frage stellten. Wenn er ein begnadeter »Hasser« war, wie seine Feinde meinten, dann vor allem aufgrund seiner unerschütterlichen Überzeugung, dass die Gesellschaft Österreichs einer moralischen Erneuerung bedurfte und dass nur die Kirche dazu den Weg weisen konnte. Angesichts dieses unantastbaren a priori, das sich mit seiner persönlichen Neigung verband, seine Feinde als Abstrakta und dogmatische Schemen zu denken, waren Seipels Zusammenstöße mit anderen, die radikal andere Haltungen vertraten, gleichsam vorprogrammiert. Die Krise war unvermeidlich, sobald Seipel zum Schluss kam, der neue demokratische Staat müsse, unabhängig davon, wie er im Einzelnen verfasst sei, der moralischen Vision, die er und seine politischen Verbündeten von der politischen Welt hatten, eine privilegierte Rolle einräumen.

Seine führende Rolle in der Partei und in der Republik verdankte er ganz anderen Eigenschaften, nämlich seiner Brillanz als Stratege, seiner hervorragenden Menschenkenntnis und seinem scharfen, disziplinierten Intellekt, der im nicht-sozialistischen Lager ohne Konkurrenz war. Der amerikanische Gesandte in Wien, Albert Washburn, urteilte nach Seipels Rücktritt 1929: »Man darf nicht vergessen, dass der Ex-Kanzler über Eigenschaften eines echten Staatsmannes verfügt und dass er als intellektuelle Potenz im österreichischen öffentlichen Leben einzigartig ist.«[88] Otto Bauers berühmte Würdigung Seipels in der *Arbeiter-Zeitung* im August 1932, als er Seipel die seltene Ehre erwies, diesen als einen ihm ebenbürtigen Politiker zu behandeln, legt die Möglichkeit nahe, dass Seipel unter anderen Umständen, in einer anderen Welt, auch einen hervorragenden Austro-Marxisten hätte abgeben können.[89] Dass seine eigene Partei ihn zu ihrem Führer wählte, mag mit einem ähnlichen, wenn auch nur vage wahrgenommenen Gefühl zusammenhängen, dass sie in Seipel einen Führer gefunden hatte, der es an intellektueller Energie und schierer Intelligenz mit den besten sozialistischen Dialektikern aufnehmen konnte. Wilhelm Ellenbogen überliefert eine denkwürdige Bemerkung Seipels, die dieser einer Gruppe sozialistischer Führer gegenüber gemacht habe: »Das Beste für Österreich wäre, wenn wir beide [Seipel und Bauer, Anm. d. Verf.] aus der Politik ausschieden. Aber das lassen leider unsere beiden Parteien nicht zu.«[90] Wenn diese Bemerkung authentisch ist (und es gibt keinen Grund, anzunehmen, dass Ellenbogen, der sie im New Yorker Exil niederschrieb, sie erfunden hat), belegt sie Seipels eigene Einsicht in seine Grenzen als konservativer politischer Führer. Noch aufschlussreicher ist sie allerdings als Hinweis auf die verzweifelte, klaustrophobische politische Atmosphäre der Ersten Republik.

Der Christliche Sozialismus und sein Erbe

Ignaz Seipels Aufstieg zu einer führenden Rolle auf der gesamtstaatlichen (bundesstaatlichen) Ebene nach 1920 war für die Christlichsozialen nur ein schwacher Trost verglichen mit dem Verlust von Wien im Jahr davor. Mit dem Jahr 1919 hatte sich der Kreis in der Geschichte der Partei geschlossen, eine Tatsache, die von der *Arbeiter-Zeitung* vollmundig gefeiert wurde: »Seit dreiundzwanzig Jahren sitzt auf dem Wiener Bürgermeisterstuhl der Christlichsoziale: Strobach, Lueger, Neumayer, Weiskirchner. Nun ist die Herrschaft zu Ende, vollständig und für immer zu Ende.«[91]

Ursprünglich, in den 1880ern, eine bunt zusammengewürfelte Gruppe politischer Outcasts, waren die Christlichsozialen Mitte der 90er Jahre zu Ansehen und politischer Macht gekommen, als sie sich erdreisteten, die mächtige Liberale Partei in Wien zu attackieren; jetzt waren sie in ihrer geliebten Vaterstadt deloiert und mit Schimpf und Schande weggewiesen worden. Ein Vierteljahrhundert politischer Hegemonie in Wien hatte es den Christlichsozialen ermöglicht, vormals liberale bürgerliche Wählerschaften und Herrschaftstechniken zu übernehmen, hatte aber die Partei zugleich anfällig gemacht für dieselben Gefahren der einsetzenden Demokratisierung, die sie selbst gegen die Liberalen ausgenützt hatten. Für die Art und Weise, wie die Christlichsozialen die Vision der älteren Liberalen von Wien als einer mächtigen, freien Gemeinde übernahmen und weiter ausbauten, und für die Ironie, die in diesem Vorgang liegt, gibt es nur eine Parallele: das dialektische Verhältnis von Gleichheit und Opposition, welches *das* große Gegensatzpaar der österreichischen Geschichte des 20. Jahrhunderts auszeichnet: den Christlichen Sozialismus und die Sozialdemokratie. Als Nachfolger der Liberalen sowohl auf der Ebene der Klasse wie auf politischer Ebene stand den Christlichsozialen kein anderes Verhalten als das einer staatserhaltenden Partei offen. Das war auch Albert Gessmanns ausdrückliches Ziel. Er wollte seine Partei als treibende Kraft in eine große antisozialistische Koalition eingebettet sehen, die ihr den Weg zur Macht in Parlament und Regierung eröffnen würde. Karl Lueger sah die Kirche immer als Bestandteil der politischen Legitimität der Habsburgerdynastie und der Wiener Residenzstadt an, somit auch als einen wesentlichen Stein im Mosaik nicht nur des kaiserlichen, sondern auch des bürgerlichen Wien. Indem Gessmann und seine Kollegen eine gemäßigte christliche Rhetorik als eine Art bürgerliche Ersatzreligion für ihre Partei akzeptierten und zwischen 1901 und 1907 in der Partei Platz schufen für das riesige agrarische Hinterland, verschoben sie die Identität der Partei in Richtung einer modernen christlich-konservativen Partei vom Schlag der politischen Gruppierungen, die nach 1945 in Europa wieder Konjunktur hatten. Als die Parteielite sich 1910/11 eingestehen musste, dass an einer Aussöhnung mit dem Kapitalismus kein Weg vorbeiführte und sie sich die Unterstützung industrieller Kreise sichern mussten, war dies nur mehr der letzte Schritt zur Bildung einer Allianz der Besitzenden gegen die Nicht-Besitzenden mit »christlichem« ideologischem Firnis. Nach 1905 entdeckte die Partei, dass sie eine explizit antisemitische Fassade immer weniger nötig hatte, und auch die Bedeutung, die man dem »Christentum« als Gegengewicht gab, welches bei Bedarf zur Zähmung des Antisemitismus bereit stand, wäre wohl schließlich geringer geworden.[92] In einer Rede im Dezember 1926 anlässlich einer Gedenkfeier zu Ehren des Wiener Katholikenführers P. Heinrich Abel blickte Jakob Fried auf das Jahr 1896 zurück und verglich das Auf und Ab der damaligen Haltung der Christlichsozialen zur Religion mit der Berechenbarkeit und Verlässlichkeit von Ignaz Seipels Partei:

> Wenn die Christlichsoziale Partei heute der Idee nach eine Partei von ganz anderer Struktur ist als etwa vor dreißig Jahren, dann ist sie das geworden durch die Männer, die in dieser Partei arbeiten, und das Verdienst dafür, dass die Christlichsoziale Partei heute nicht mehr bloß eine aus christlichen politischen Schein- und Zweckgründen zusammengesetzte Partei, sondern eine Partei ist, die der christlichen Idee dienen will, darf P. Abel für sich viel mehr in Anspruch nehmen als die Männer, die damals die politischen Führer waren.[93]

Allerdings meldeten sich sowohl innerhalb der Christlichsozialen Partei wie innerhalb der österreichischen Sozialdemokratie spätestens 1910/11 jüngere Eliten zu Wort, die mit der Routinisierung des parlamentarischen Klassenkampfes unzufrieden waren. Bei den Austro-Marxisten nahm dies die Form einer verstärkten Beschäftigung mit dem Endziel der revolutionären Utopie an, wie auch die eines neuen Gewahrwerdens der transformatorischen Kraft des Antiklerikalismus, sowohl als Wahlkampfthema wie als Instrument der revolutionären Erziehung. Die Mitglieder der katholischen akademischen Intelligenz, die, beflügelt von einem Ethos, das sich ganz wesentlich von dem der Generation Luegers unterschied, ab 1919 unter Führung von Ignaz Seipel in wichtige Positionen nachrückten, machten sich in ganz ähnlicher Weise Gedanken über den Mangel ideologischer Disziplin und sozialer Kohärenz in ihrer Partei. Für diese Kreise musste sich der Christliche Sozialismus in eine Richtung bewegen, gegen die sich die abtretenden Parteiführer immer gesperrt hatten, nämlich sowohl *christlich* als auch *sozial*.

Um die Bedeutung Karl Luegers und der christlichsozialen Bewegung bis zum Jahr 1918 und darüber hinaus in den Blick zu bekommen, müssen wir zwei verschiedene, aber eng zusammenhängende Themen betrachten – die Bedeutung des Christlichen Sozialismus in Wien und seine Auswirkungen auf das österreichische politische Universum insgesamt. Das Entstehen großer Städte in Europa und in den Vereinigten Staaten am Ende des 19. und am Anfang des

20. Jahrhunderts fällt zeitlich zusammen mit der Konzeption und Praxis moderner Massenpolitik auf der Ebene des Staates. Das Verhältnis zwischen der Stadtpolitik neuen Stils in den Großstädten und der Wirkungsweise moderner Demokratiepolitik gibt aber immer noch Fragen auf.

Bereits 1938 behauptete der Stadtsoziologe Louis Wirth, Professor an der Universität Chicago, die großen Städte hätten eine Art Vorreiterrolle bei emanzipatorischen Prozessen innerhalb moderner sozialer und politischer Gefüge inne. Laut Wirth ist die Großstadt »das auslösende und im Folgenden beherrschende Zentrum des wirtschaftlichen, politischen und kulturellen Lebens; sie hat die entferntesten Teile der Welt in ihren Bannkreis gezogen und verschiedenste Gebiete, Völker und Tätigkeiten zu einem Kosmos verwoben.«[94] Wenn wir annehmen, dass auch für Österreich am Ende des 19. Jahrhunderts zutrifft, was Margaret L. Anderson in Bezug auf das Deutsche Kaiserreich festgestellt hat, dass nämlich die Wähler demokratiepolitische Praxis erst lernen mussten: Waren dann die spezifischen Institutionen des urbanen politischen Lebens in Wien dazu angetan, den Reifungsprozess des Wählers innerhalb der Ökologie der Großstadt zu fördern und zu festigen?[95]

Wien war im 19. Jahrhundert ein Zentrum eindrucksvollen wirtschaftlichen Wachstums und kultureller Energie. Die Stadt rechnete mit einem Ansteigen der Bevölkerung bis zur Jahrhundertmitte auf fast vier Millionen und plante, dieser demographischen Entwicklung mit entsprechend großzügigen Bauprojekten Rechnung zu tragen. Dass Wien ab 1890 seine Vorherrschaft in der österreichischen Politik und Kultur ständig weiter ausbaute, könnte man als Gegenargument gegen die klassische Sonderwegthese der habsburgischen Geschichte ins Treffen führen, laut der die Monarchie von vornherein zum Zusammenbruch verurteilt war. Vor 1914 machte Wien jedenfalls nicht den Eindruck, die Hauptstadt eines vom Zusammenbruch bedrohten Reiches zu sein, und es ist bemerkenswert, dass die Monarchie erst (im November 1918) auseinander fiel, nachdem die Dynastie, ihr staatsbürokratischer Apparat und ihre Armee alles nur Erdenkliche getan hatten, um die administrative, politische und wirtschaftliche Funktionsfähigkeit der Gemeindeverwaltung zu schwächen und zu beschädigen. So lange die Städte stabil und gut organisiert waren und florierten, konnten die Staaten, zu denen sie gehörten, mit ähnlicher Stabilität und ähnlichem Wohlstand rechnen.[96] Der Ruin der Städte war der erste Schritt zum Ruin der Monarchie.

Der bedeutende französische Politologe Pierre Rosanvallon hat vor kurzem angeregt, die politische Geschichte Frankreichs als eine jahrhundertlange Auseinandersetzung zwischen Staatsräson und demokratischer Volkssouveränität zu sehen.[97] Frankreich schuf eine »revolutionäre Demokratie« innerhalb der gesellschaftlichen Welt des 18. Jahrhunderts, zu einem Zeitpunkt, als das Land dringend einer grundlegenden Verwaltungsreform und einheitlicher, durchsetzbarer Gesetze bedurfte. Dies führte spätestens 1793 zu einer lähmenden Überbelastung, als das Land versuchte, zugleich die gesetzlich-institutionellen Strukturen des ancien régime zu reformieren und einer vormodernen, ständischen Gesellschaft demokratiepolitische Werte aufzuzwingen, obwohl diese für eine derartige Praxis noch kaum reif war. Das daraus resultierende Ringen, das ein nachvollziehbares, auf gleichem Recht für alle basierendes Funktionieren der Regierung einerseits und demokratische Gerechtigkeit und Fairness andererseits miteinander in Einklang zu bringen sucht, bestimmt seit damals die politische Kultur des Landes.

In Österreich übertrug im Gegensatz dazu der Staat dem Volk seine Souveränität in Raten, als Ende des 19. Jahrhunderts die Zivilgesellschaft allmählich eine immer tiefer gehende soziale Komplexität entwickelte. Nicht nur kam die Demokratie hier erst zu einem späteren Zeitpunkt, sie kam – und das ist bedeutsam – in voneinander deutlich abgesetzten Schüben und vermittelt durch die Autonomie der österreichischen Städte und Kronländer. Da die Städte im Habsburgerreich eine gegenüber ihren französischen Pendants größere und besser definierte Verwaltungshoheit besaßen, hatten ihre lokalen politischen Kulturen das Potential, in signifikanter Weise als Versuchslabors für die Ausübung sozialer Rechte zu dienen. Die aggressivste und erfolgreichste »demokratische Spontaneität der Massen«, wie Rosanvallon sich ausdrückt, hatte die Großstädte und größeren Städte der Monarchie zum Schauplatz. Sobald sich die an der großstädtischen Wirtschaft beteiligten Klassen und die gehobenen Berufen zuzuordnenden Gruppen – Gesellschaftssektoren, die es entweder im 18. Jahrhundert überhaupt noch nicht gab oder deren sozialer Kontext ein radikal anderer gewesen war – mobilisierten und in den Städten von dem ausgeweiteten Wahlrecht Gebrauch machten, gewann das urbane politische Leben unmittelbare Bedeutung für die Zukunft der größeren politischen Kultur der Monarchie. Und da die Verteilung der politischen Macht in Schüben erfolgte, befand sich das untere und mittlere Bürgertum in der privilegierten Situation, ihre ganz spezifische politische Identität und ihre Position gegenüber dem josephinischen Staat zu etablieren, ohne sofort in offenen freien Wahlen in den Wettbewerb mit der Arbeiterklasse eintreten zu müssen.

Die Auswirkungen des städtischen Wahlrechts auf die urbanen politischen Strukturen Wiens werden unmittelbar sichtbar durch einen Vergleich mit Berlin oder Köln, den beiden Hauptvertretern der zwei Varianten der preußischen Städteordnung. In Wien war die Steuerordnung der Kurien flexibler und weniger plutokratisch als z.B. in Berlin; vor allem gab es hier aufgrund von Ausnahmeregelungen eine stärkere Vermischung verschiedener Bürgergruppen; auf diese Weise wurden politische Rechte zu ganz realen, aussagekräftigen Indices des sozialen Aufstiegs und des Zugewinns an Prestige. Dieser Unterschied in der Wahlordnung erklärt, warum die progressiven Liberalen in Berlin bis 1918 an der Regierung blieben, während die Liberalen in Wien schmählich unterlagen. Wien wurde zum Nährboden einer energischeren Art der Parteipolitik, eben weil diese politische Kultur mehr Management und mehr Richtungsvorgabe erforderte, da sie politischen Privilegien eine weniger homogene Basis bot.

Diese beiden Faktoren – die in Richtung Autonomie tendierenden Vorrechte der Wiener Gemeindeverwaltung und die trichterförmige Ausweitung des Wahlrechts, die aufeinanderfolgende Wellen von immer radikalerer Stadtpolitik auslöste – verliehen der Massenpolitik in Wien ein gewaltiges Momentum, das umso größer ausfiel, als der »Nutzwert« der Zugehörigkeit zur Wiener Bürgerschaft stieg, während zur gleichen Zeit das größere österreichische Staatswesen unablässigen Angriffen seitens ethnisch-nationalistischer Sonderinteressen ausgesetzt war. Es war besonders wichtig, dass sich die neue Massenpolitik in einer großen, kosmopolitischen Stadt herausbildete, wo enge ethnische Etikettierungen wenig zugkräftig waren und wo man vor allem »Wiener« war, und erst dann »Deutscher« oder »Tscheche«, »Pole« oder »Jude«. Wien war hervorragend geeignet, solche »demokratischen« Selbsteinschätzungen zu unterstützen, und zwar nicht nur aus verfassungsmäßigen, sondern auch aus sozialen und kulturellen Gründen. Im ausgehenden 19. Jahrhundert waren Großstädte nicht einfach dichte Populationsanhäufungen bisher ungekannten Ausmaßes, sie waren strukturierte Gemeinschaften, die neue organisatorische Normen vorgaben für große Gruppen von Menschen, die sich hinsichtlich ihres ethnischen, kulturellen, sprachlichen und religiösen Hintergrundes voneinander unterschieden und füreinander Fremde waren. Wien zwang diese Individuen, im Rahmen der täglichen Lebenspraxis miteinander zu interagieren, und befähigte sie, sobald sie politisch »alphabetisiert« waren, ihre wirtschaftlichen und kulturellen Erwartungen zu formulieren, die dann leicht in Wahlkämpfen vor Ort thematisiert werden konnten. Mit seinen Dutzenden Tages- und Wochenzeitungen und seiner Tradition vereinszentrierter Bezirkspolitik bot Wien außerdem leistungsfähige journalistische Kanäle für die politische Kommunikation und topographisch eingegrenzte Möglichkeiten zum Meinungsaustausch unter ähnlich denkenden Leuten, die nicht notwendig untereinander bekannt waren; der Nutznießer war der Wiener Bürger, da er sich auf diese Weise aktiv über den politischen Prozess informieren konnte.

Unter Karl Luegers Führung florierte die Christlichsoziale Partei inmitten dieser komplexen, an Tumulten reichen politischen Kultur. Er trug wesentlich dazu bei, dass Wien als riesige multiethnische Metropole, die von hochqualifizierten Berufsbeamten verwaltet wurde, politisch sehr stark präsent war, was auch den Sozialdemokraten nach 1918 sehr zugute kam. Dabei war Luegers Partei von Anfang an nicht gerade arm an geschichtlichen Ironien und gefährlichen Widersprüchen. Obwohl der Konservativismus der Partei im politischen Diskurs oft rückständig wirkte, war dieser nicht in erster Linie reaktionär als vielmehr ein Ausdruck der Suche nach sozialer Stabilität für die mäßig privilegierte bürgerliche Klientel, die den Kernstock ihrer Wählerschaft bildete. Hier lag auch das kritische Dilemma der Partei: Wieviel von der liberalen politischen Vergangenheit Wiens musste (oder konnte) herübergerettet werden, während man sich neuen sozialen und wirtschaftlichen Problemen stellte? Wie weit konnte sich die Partei auf ein »Spiel« mit der politischen Demokratie in Wien einlassen, ohne vom entfesselten Sturm der Erwartungen der Sozialdemokratie weggefegt zu werden? Die Christlichsozialen hatten das Wahlpotential einer »Massenpartei«, zugleich aber eine Klientel, die von dieser Bezeichnung nichts hören wollte. Ihre Kohabitation mit katholischen Institutionen in der Stadt war – mindestens in der ersten Generation ihrer Führer – ebenso sehr eine Funktion ihres tiefwurzelnden Verlangens nach sozialer und kultureller Stabilität wie eine explizite Privilegierung religiöser Normen. Der Katholizismus von Lueger & Co ist exemplarisch dargestellt in dem politischen Besitzanspruch, der seinen denkwürdigen Ausdruck in der Kirche des Lainzer Versorgungsheims findet: Für den Bau und die Ausstattung der Kirche leisteten Handwerkszünfte und andere parteinahe Organisationen und Vereine sowie zahlreiche Einzelpersönlichkeiten Beiträge an die Gemeinde, die sie sich handfest politisch entgelten ließen; Lueger selbst ließ sich in altdeutscher Tracht auf dem Triptychon über dem Altar verewigen.

Die Wiener Christlichsozialen waren nicht »liberal« in ihrer kulturellen Prägung. Um das zu verstehen, genügt es, sich daran zu erinnern, dass der Antiklerikalismus eine zentrale, bestimmende Rolle in der Genese des österreichischen Liberalismus spielte. Die Partei blickte voll Verachtung auf das Ethos des Wiener Freisinns, auf seinen Utopismus ebenso wie auf seinen schrillen Antiklerikalismus. Auch steht dem Anspruch der Christlichsozialen auf die Rolle des Verwalters eines echten liberalen Erbes ihre opportunistische Beschwörung und Ausbeutung des Antisemitismus im Weg: mehr als alles andere war diese Collage diskriminatorischer Rhetorik völlig unvereinbar mit den Normen individualisierter Menschlichkeit, als deren Vorkämpfer der Liberalismus im 19. Jahrhundert auftrat. Zugleich darf man aber auch nicht übersehen, dass die Christlichsozialen sich die Grundbegriffe der Liberalen zu eigen machten in Bezug auf das Verhältnis des Verwaltungsstaates zu großen Statutarstädten wie Wien. Dies entsprach dem Vorgehen, mit dem die Christlichsozialen ihre Wähler aus den mittleren und unteren bürgerlichen Schichten rekrutierten, die in der Vergangenheit liberal gewählt hatten und es in der Zukunft unter Umständen wieder taten. Die Unzulänglichkeit der herkömmlichen politischen Sprache bei der Beschreibung der seitlichen und vorderen Grenzziehungen der Partei wird deutlich angesichts der Vielfalt der Gruppen, welche der christlichsozialen Koalition angehörten. Man kann sie zwar generell als »bürgerlich« bezeichnen, dies wird aber in keiner Weise den Kategorien ihres Selbstverständnisses gerecht, die sich einer eindeutigen Einteilung nach Klasse oder kultureller Identität entziehen oder sich ihr verweigern. In der Partei fanden sich in einem bunten Gemisch Kalküle des Nativismus, des ästhetischen Radikalismus, eines vulgären (und opportunistischen) Antisemitismus neben Appellen an Konstitutionalismus, Gleichheit vor dem Gesetz, Respekt für die Dynastie und an die Unantastbarkeit des Privatbesitzes.

Die Grundüberzeugung der Partei, dass der liberale Rechtsstaat erhalten werden könne, dass dazu aber neue Formen gesellschaftlicher Repräsentation, neue Formen politischer Patronage und eine neue politische Sprache erforderlich seien, wiesen sie als ein typisches Phänomen des frühen 20. Jahrhunderts aus: Sie setzte sich zwar für demokratische kulturelle Integration ein, aber unter einer reduktionistischen Perspektive, die wesentliche »demokratische« Komponenten – die Juden, die Sozialdemokraten, die Armen, usw. – innerhalb der christlichsozialen Metropole Wien in eine marginale Rolle drängte.

Trotz dieser Einschränkungen wurden Lueger und seine Gefolgsleute zu Trägern eines tiefgreifenden sozialen Wandels, indem sie das beeindruckende institutionelle Rahmenwerk der Stadt für die Zwecke ihrer eigenen Partei ausnutzten. Die administrativen Leistungen der Christlichsozialen bewiesen, dass eine in einer harten politischen Auseinandersetzung vom Volk gewählte Stadtverwaltung in der Lage war, eine ihrer Jurisdiktion unterstellte große, multiethnische und sozial vielschichtige Stadt effizient zu regieren. Die Gesetze der Massenpolitik sorgten dafür, dass Wiens Gemeindeverwaltung sich nicht nur als ein unpolitischer Akteur darstellte, sondern eine direkte, unmittelbare Verantwortung wahrnahm, die darin bestand, dass sie auf relativ viele Wähler zuging und sich ihrer Anliegen annahm, jedenfalls auf so viele Wähler, wie für das Zustandekommen einer funktionierenden Mehrheit erforderlich waren. Mochten die Sozialdemokraten Lueger und seine Kollegen noch so sehr verachten, auch sie konnten sich der Verlockung des Machtpotentials, das dieser besonderen Großstadt zu eigen war, nicht entziehen.

Es war von entscheidender Bedeutung, dass Wien nach 1895 nicht von einer Elite liberaler Notabeln regiert wurde, sondern von einer großen Volkspartei, welche die unteren und mittleren bürgerlichen Schichten repräsentierte und dass diese Schichten, so sehr ihnen die sehr Reichen ein Dorn im Auge waren, einen noch größeren Argwohn und eine noch schärfere Gegnerschaft gegen die Vertreter der Arbeiterklasse empfanden. Die Christlichsozialen waren eine Massenpartei, aber eine Massenpartei mit einem besonders aggressiven kleinbürgerlichen Anstrich; und dass sie es verstanden, an der Macht zu bleiben, machte sie für die im Entstehen begriffene Sozialdemokratie sowohl zur Zielscheibe wie zu einem attraktiven Vorbild.

Die kompetitive politische Kultur der Stadt funktionierte so im großen Maßstab als eine Schule für die Ausübung der bürgerlichen Rechte und die Herausbildung politischer Identitäten, indem sie ein intensives, dynamisches Netzwerk vorgab mit unzähligen Kollisionspunkten, an denen sich jeweils das Ringen der rivalisierenden Gruppen um die Vormacht entfaltete. Walter Cooling, ein progressiver Chicagoer Politiker, der sich u.a. für die Kommunalisierung der Versorgungsbetriebe einsetzte, sprach diesen exemplarischen Grundzug urbanen Lebens an, als er 1899 Großstädte als »Speicher von nervöser Energie und Lebenskraft, welche das Tätigsein des großen Körpers der Nation steuern« bezeichnete. Die Lokalpolitik in Chicago war für Cooling »die Vorschule zur Politik auf nationaler Ebene. Sie ist die Vorhalle, durch die wir die eigentliche Arena betreten, in welcher der große Kampf um die Menschenrechte ausgetragen wird.«[98] Die christlichsoziale (und die sozialdemokratische) Politik diente in Wien ähnlichen Zwecken, indem sie konkrete Gelegenheiten bot für die Fähigkeit von Politikern – die keine Berufsbeamten, keine Angehörigen einer Schicht reicher Geschäftsleute waren, sondern ihr Amt der freien Wahl des Volkes verdankten –, ihre politische Autorität in wegweisende politische Entscheidungen umzumünzen, die Antworten auf die materiellen und kulturellen Bedürfnisse ihrer Wähler gaben.

Ob nun die politischen Kampagnen zur Erreichung dieser Autoritätspositionen Muster an Transparenz und Korrektheit waren, und ob die politischen Entscheidungen, die diese Funktionäre trafen, immer weise waren: das steht auf einem anderen Blatt. Österreichs Neo-Josephinisten des beginnenden 20. Jahrhunderts, wie Ernest von Koerber, nahmen wohl an den krasseren Zügen des städtischen politischen Lebens Anstoß, kamen zum Schluss (wie Charles Merriam es einmal ironisch ausgedrückt hat), »dass viele ignorant, dass viele unfähig sind, ... dass die Vielen zugunsten einiger Weniger abdanken und den Stab küssen sollten, der sich herablässt, über sie zu regieren, und dass sie Gott danken sollten dafür, dass sie am Leben sind und dass Leute, die ihnen in jeder Weise überlegen sind, für sie sorgen«, und hätten lieber unpolitische, rein technokratische Regime gesehen, mit einem entsprechenden Machtzuwachs auf Seiten der Zentralregierung.[99] Allen ihren Unzulänglichkeiten zum Trotz hat sich jedoch die Massenpolitik in Wien auf das Ringen um Demokratie im 20. Jahrhundert positiv ausgewirkt, indem sie eine große Zahl von Wählern in den mittleren und unteren Schichten des Bürgertums veranlasste, ihre politischen Rechte ernst zu nehmen, und ihnen die Mittel an die Hand gab, ihre gesellschaftlichen Ambitionen umzusetzen – auch wenn der Prozess an sich unordentlich, ineffizient, und zeitweise zutiefst korrupt und nicht ohne krasse Ungerechtigkeiten ablief.

Die Christlichsozialen unter Karl Lueger standen im Mittelpunkt dieses Vorgangs der Selbsterziehung einer Wählerschaft, der demokratische Praxis ebenso wenig von vornherein in die Wiege gelegt worden war wie den Einwohnern von Chicago, als diese von der politischen »Maschine« der Demokraten regiert wurden. Die Prozesse, durch die sich diese europäischen und amerikanischen Wählerschaften schließlich selbst in die Lage versetzten, demokratisches Verständnis und demokratische Praxis zu entwickeln, waren schwierig und reich an Umwegen und Hindernissen. Die kompetitive Großstadtpolitik, in der sich diese Bestrebungen in Form sozialer Konflikte in verständlicher Weise artikulieren konnten, war ein erster wichtiger Schritt vorwärts in der Lernkurve der europäischen und amerikanischen politischen Vorstellungskraft. Dies war umso mehr der Fall, als Großstädte wie Wien das Potential hatten, der Zivilgesellschaft als faktisch staatsfreie Domänen zu dienen. Josef Redlich argumentierte in diesem Sinn, als er 1908 für seine Behauptung, die österreichischen Städte seien »staatsfreie« Domänen der Zivilgesellschaft, die Art und Weise, in der Karl Lueger den Kaiser gezwungen hatte, ihn 1896 in seiner Rolle als Bürgermeister zu bestätigen, als vornehmstes Beispiel für die Fähigkeit einer

Stadt anführte, dem k.k. Staat durch Beharren auf dem Home-Rule-Prinzip Widerstand zu leisten.[100]

Wiens Fähigkeit, dem Staat Widerstand zu leisten, die Josef Redlich soviel Bewunderung abnötigte, war Teil eines Machtpotentials, das freilich in den Händen eines schillernden Taktikers wie Karl Lueger auch dazu verwendet werden konnte, die lokale Opposition, im konkreten Fall die machtvolle österreichische Sozialdemokratie, zu verhöhnen, zu provozieren und zur Weißglut zu bringen. Ab 1905, dem Beginn des Ringens um das allgemeine Wahlrecht, nahm der Hass zwischen diesen beiden Parteien und ihrer gesellschaftlichen Klientel in Wien eine Intensität an, die weit über wirtschaftliche oder klassenbedingte Dimensionen hinausging. Die Kluft zwischen christlichsozialen und sozialdemokratischen Loyalisten in der Wiener Gesellschaft wurde zu einem Abgrund, der Religion, Bildungshintergrund und die Haltung zur Dynastie verschlang. Aber – und dies ist ein gewichtiges Aber – in der Art, wie beide Parteien die Macht, eine »maschinenmäßig« organisierte politische Macht, zelebrierten, in ihrer Wertschätzung der Kultur als unabhängige politische Variable, in ihrer Verachtung für politische Minderheiten, die sie zu Sekten hinabstuften, und in ihren unaufhörlichen Versuchen, sich selbst jeweils als einzig legitime Vertretung der gesamten Polis von Wien darzustellen, wiesen die zwei Parteien bedeutende Gemeinsamkeiten auf. In dem Ausmaß, in dem sie beide versuchten, Rhetorik und Emotionen des »Nationalismus« den strategischen Erfordernissen der sozialpolitischen Vorrechte und Klassenziele ihrer jeweiligen Wählerschaft unterzuordnen, deuteten sie die Vergangenheit in Hinblick auf die Zukunft, die sie anpeilten. Sie standen somit im Gegensatz zu Georg von Schönerer und anderen rabiaten Nationalisten, die die Zukunft an die Ketten abgelebter Mythologien legen wollten. Beide gaben dem modernen urbanen Spektakel den Vorzug vor historischen Mythen. Ihr von Ideologie angetriebener Habitus erwies sich mit seiner Verwurzelung im Milieu der kosmopolitischen Großstadt als außerordentlich langlebig. Das Ergebnis war, dass diese große Metropole im weiteren Verlauf des 20. Jahrhunderts ein Objekt der Begierde und der Einflussnahme für Vorfeldorganisationen wurde, die viele Bereiche des bürgerlichen und vereinsmäßigen Lebens überwucherten.

Der historische Beitrag, den die Christlichsoziale Partei vor 1914 zur gesamtstaatlichen österreichischen Politik leistete, war ebenfalls bedeutend. Karl Luegers Machtübernahme in Wien war ein entscheidender Schritt im Aufbau eines modernen, auf freiem Wettbewerb basierenden Parteiensystems in Österreich, da sie eine Forderung an den Staat darstellte, den neuen sozialen Strömungen mehr Platz einzuräumen. Diese neuen Strömungen stellten schließlich das in Frage, was man als den »liberalen Absolutismus« von 1867 bezeichnen kann. Das bedeutet, dass man die Christlichsozialen nicht einseitig als eine anti-liberale Bewegung sehen darf; sie hatten auch eine starke anti-absolutistische Stoßrichtung – ungeachtet ihrer Vorliebe für eine romantische dynastische Rhetorik. Zugleich wurde die Partei zum letzten und vielleicht »besten« Hoffnungsträger des österreichischen Bürgertums angesichts seiner Bedrohung durch die enorm attraktive Bewegung der österreichischen Sozialdemokratie. Noch schwerer wog, dass Lueger und seine Kollegen durch die Machtübernahme auch wertvolle Vorrechte in der Verwaltung der Kronländer erwarben, die sie zu unwillkommenen und misstrauisch beäugten Teilhabern am eigentlichen Staatsapparat machten. Indem sie die unternehmerische Dimension der Stadt Wien stärker hervorkehrte – die Partei spielte hier die Rolle des Produzenten und Arbeitgebers – und die halbautonomen wirtschaftlichen und fiskalischen Vorrechte des Kronlandes Niederösterreich verteidigte, nahm die Partei in struktureller Hinsicht den organisierten Kapitalismus vorweg, der dann die Basis für die soziale Revolution des Roten Wien in den 20er Jahren abgab. Wenn allem Anschein nach die Partei eine zweifelhafte und eher einfallslose Rolle in den nicht endenwollenden Diskussionen über die inneren Kriegsziele spielte, die während des Ersten Weltkriegs in und zwischen verschiedenen deutschen bürgerliche Gruppen geführt wurden – Diskussionen, welche die Einrichtungen regionaler und lokaler Autonomie in ihrem Bestand bedrohten: dann zeigt das in erster Linie, wie wichtig diese Einrichtungen für die Christlichsozialen schon 1914 waren.

Schließlich trugen die Christlichsozialen in den Jahren 1905/06 mit ihrer entschiedenen Parteinahme für das allgemeine männliche Wahlrecht nicht nur zur Auflösung des Kompromisses zwischen dynastisch-bürokratischem Absolutismus und Liberalismus bei, der das System von 1867 geprägt hatte; sie leisteten auch einen fundamentalen, wenn auch unbeabsichtigten Beitrag zur Schaffung einer unabhängigen Sphäre öffentlicher Machtausübung jenseits der Beschränkung und Einflussnahme durch privaten Reichtum. Dies hatte nicht nur in institutionell-struktureller, sondern auch in politisch-anthropologischer Hinsicht Auswirkungen auf den modernen Staat. Der große Beitrag der Christlichsozialen in der Schaffung und Legitimierung einer Welt bipolaren sozialen und kulturellen Hasses, die zwischen 1918 und 1938 bestand, muss gegenübergestellt werden der Leistung ihrer Nachfolgepartei unmittelbar nach 1945, die wesentlich zum Erfolg des demokratischen Parlamentarismus und des wirtschaftlichen Neokorporatismus beigetragen und geholfen hat, das neue Regime zu stabilisieren und die Folgen des gehässigen Klimas der Zwischenkriegszeit zu überwinden. Im Verlauf der ersten Hälfte des 20. Jahrhunderts hatte sich die Christlichsoziale Partei mit ihren Nachfolgeorganisationen in einer von ideologischem Opportunismus und funktionalem Eigeninteresse bestimmten Rolle gefallen, die sie schon zur Zeit der Monarchie einstudiert hatte.

Die Christlichsozialen präsidierten über eine bemerkenswerte Epoche der Wohlstandsmehrung durch den Wiener Mittelstand nach 1896 und profitierten davon. Indem sie sich die Ansprüche verschiedener bürgerlicher Interessengruppen zu eigen machten, die sich in den 1890ern und auch noch nach 1900 zurückgesetzt gefühlt und einen größeren Anteil an der sozialen und wirtschaftlichen Prosperität der Stadt für sich reklamiert hatten, schufen die Christlichsozialen ein Netzwerk positiver Erwartungen auf den Gebieten des wirtschaftlichen Konsums, des gesellschaftlichen Aufstiegs und der Statussicherheit; Voraussetzung dafür war ihre Überzeugung, dass Eigeninitiative und individuelle Leistung auf der einen und von der Regierung getragene soziale Interventionen und (dem Mittelstand zugute kommende) protektionistische Maßnahmen auf der andern Seite miteinander in Einklang gebracht werden konnten. War nicht Karl Lueger selbst der prototpyische »self-made man«? Als diese Welt mittelständischer Sicherheit im Verlauf des Ersten Weltkriegs immer brüchiger wurde, brach dieses positive Gleichgewicht zwischen individueller Wohlstandsmehrung und gesellschaftlich garantierter »Respektabilität« in sich zusammen. Die ursprünglichen Zielscheiben für Statusressentiments, die in den 1880ern hatten herhalten müssen: die Juden, wurden auch 1914–1918 wieder aufs Korn genommen und in noch viel schlimmerer Weise zwischen 1934 und 1945. Ressentiments und von starker individueller Autonomie ausgelöste Neidgefühle endeten jedoch nicht mit der Zerstörung der jüdischen Gemeinde. Die oft zitierte Neigung mancher Wiener, auf bedeutenden Wohlstand anderer sauer zu reagieren, ist nicht erst im östlichen Mitteleuropa als lokal begrenzte menschliche Eigenschaft entstanden. Negative Reaktionen auf ungebremste individuelle wirtschaftliche Entfaltung sind nur allzu geläufig auch aus der Zeit vor der Etablierung des modernen Wohlfahrtsstaates. Sie wären nicht in dem Ausmaß signifikant geworden, wenn sie sich nicht schon lange vorher in der politischen Mentalität der mittleren und unteren Schichten in Wien eingenistet hätten. Die eigentümliche Struktur der Politik in Wien vor 1918, die sozial und ständisch definierte Mittelschichtsgruppen gegenüber den sehr Armen und den sehr Reichen privilegierte, und die toxischen Auswirkungen des Ersten Weltkriegs und der auf diesen folgenden Inflations- und Depressionsschübe in den 20er und 30er Jahren summierten sich in ihrer Wirkung und zerstörten fast gänzlich die soziale Kohärenz der städtischen Mittelstandskultur des ausgehenden 19. Jahrhunderts; sie bildeten die Brutkästen, in denen die sozialen Normen einer stark mit Feindbildern arbeitenden Welt heranreiften, in der sich jede ungebremste wirtschaftliche Entfaltung als gefährlich und chaotisch ausnahm.

Als mächtige Wählerbewegung zunächst in der prosperierenden Metropole, dann auch in den alpenländischen Gebieten wies der Christliche Sozialismus auch bemerkenswerte Parallelen (und Unterschiede) auf zur Stadt- und Regionalpolitik, wie sie an anderen Orten Mitteleuropas am Ende des 19. Jahrhunderts betrieben wurde. Das spätere 19. Jahrhundert erlebte sowohl die Neudefinition wie die Neuerfindung lokaler und regionaler Regierungsformen überall in Mitteleuropa, als verschiedene politische und administrative Einheiten unterhalb der staatlichen Ebene sich an die konstitutionellen Regime, die in den 1860ern geschaffen worden waren, gewöhnten und gleich daran gingen, ihren Einflussbereich zu verteidigen und auf wichtige Bereiche der Wohlfahrtspolitik auszudehnen. Wenn sich in Mitteleuropa in der zweiten Hälfte des 19. Jahrhunderts eine »bürgerliche Öffentlichkeit« bildete, dann geschah das am nachdrücklichsten in den großen Städten. Protoliberale Gemeinden existierten überall in Mitteleuropa schon vor dem liberalen Staat, und innerhalb ihrer Gemeindeinstitutionen und Verwaltungseinrichtungen entwickelten sich mit dem Einsetzen des konstitutionellen Absolutismus neue politische Wertsysteme und neue bürgerliche Bewegungen, die diesen Gemeinden die Möglichkeit gaben, mit politischen, dem Wettbewerb ausgesetzten Identitäten zu experimentieren und ihre Handhabung der öffentlichen Verwaltung weiter zu verfeinern. Manche dieser Bewegungen waren der Ausdruck einer utopischen Zukunft, andere die einer erinnerten Vergangenheit, aber alle waren sich einig, dass es sowohl möglich wie geboten war, die bestehenden sozialen und kulturellen Verhältnisse zu verbessern.

Die Christlichsoziale Partei vereinte in sich kulturelle Ansprüche und interessenbezogene Vorrechte und war damit anderen regionalen und großstädtischen Bewegungen ähnlich, die ebenfalls in einer fruchtbaren Beziehung zu etablierten nationalstaatlichen Institutionen standen. Die Geschichte des Christlichen Sozialismus ist ein Beweis dafür, dass es für eine bürgerliche Protestbewegung möglich war, innerhalb der Grenzen des Rechtsstaats des ausgehenden 19. Jahrhunderts sowohl radikal emanzipatorisch aufzutreten wie entschieden konservativ. Die christlichsoziale Bewegung hat das historische Dilemma deutlich gemacht, das im Mittelpunkt einer inzwischen berühmt gewordenen Debatte steht zwischen einer Gruppe junger englischer Historiker, deren Interesse den lokalen und regionalen Dimensionen der modernen deutschen Geschichte gilt, und Vertretern der sogenannten Bielefelder Schule, für die der Verwaltungsstaat und die mit ihm zusammenhängenden »prämodernen« Eliten historische Akteure sind mit einem immensen Einfluss auf das Zustandekommen des ganz spezifischen, beschädigten Gewebes der deutschen Geschichte. Wenn man diese Debatte auf das Gebiet der Habsburger überträgt, lässt sich überzeugend und vielleicht viel einfacher als für das Wilhelminische Deutschland darstellen, dass es hier Traditionen administrativer Manipulation und hegemonialer Lenkung durch den liberal-absolutistischen Zentralstaat gab. Österreich hatte schließlich eine Dynastie, die über ein enormes kulturelles Potential und über großen Respekt in der Öffentlichkeit gebot, und eine staatliche Bürokratie, der ein dementsprechendes Maß politischer Legitimität zur Verfügung stand. Das österreichische Bürgertum war trotz seiner differenzierten Werte und Fähigkeiten von diesem Verwaltungsstaat abhängig und erwartete von ihm die moralischen und institutionellen Grundregeln für seine politische Kultur: für die Art und Weise, wie dieses Bürgertum über sein eigenes politisches Leben dachte und wie es sich in der Sphäre öffentlicher Macht verhielt.[101] Daher beschäftigten sich auch so viele talentierte österreichische Politiker und politische Theoretiker um die Jahrhundertwende vorzugsweise mit Fragen der Verwaltungsreform, in der sie nicht nur eine mögliche, sondern auch eine wünschenswerte Alternative für eine Verfassungsreform sahen.

Die politische Geschichte der späten Monarchie brachte jedoch auch den offenkundigen Zusammenbruch des politischen Liberalismus mit sich, der weit dramatischere Folgen hatte als in Deutschland – ein Zusammenbruch, der die Fortdauer des hybriden, liberal-absolutistischen Staates von 1867, der auf liberalen Traditionen aufbaute, in Frage stellte. Diese Entwicklung war an sich nicht auf Österreich beschränkt, wurde doch der traditionelle bürgerlich-dynastische Staat zwischen 1890 und 1930 überall in Europa einem Härtetest unterzogen. Was aber im Falle Österreichs so stark fasziniert, ist der Umstand, dass die Krise des politischen Liberalismus das Ergebnis des Eindringens emanzipatorischer Bewegungen waren, wie z.B. der Christlichsozialen und der Jungtschechen, die ihrerseits repräsentativ für die mittleren bürgerlichen Schichten in der Gesellschaft Mitteleuropas gegen Ende des 19. Jahrhunderts waren.[102] Beide Parteien basierten auf sozialen *und* nationalen Bewegungen mit starken lokalen und regionalen Vernetzungen innerhalb des von mir so genannten *Mittelbürgertums*. Beide hatten tragfähige politische Organisationen und starken Wählerzuspruch. Es fällt schwer, ihre Anhänger in Verbindung zu bringen mit Schilderungen, in denen die Ängstlichkeit und Passivität des mitteleuropäischen Bürgertums herausgestrichen wird. Obwohl beide Parteien den Verwaltungsstaat zunächst herausforderten und lähmten, wurde eine jede letztlich doch von ihm kooptiert; beide bedienten sich der Einrichtungen der regionalen und städtischen Verwaltung, um ihre neu gewonnene soziale Autorität darzustellen und auszubauen. Der hartnäckige Widerstand, den die Christlichsozialen dem Verwaltungsstaat in den 1890ern boten, und die Partnerschaft, die sie schließlich mit diesem Staat eingingen, könnten als Bestätigung dafür angesehen werden, dass es in Mitteleuropa möglich war, bürgerliche Macht »von unten« zu etablieren, um anschließend Einlass in die Welt der großen Politik zu begehren, wobei sich administrative Dominanz und politischer Machzuwachs zu einer außergewöhnlichen, wenn auch sehr instabilen Herrschaftsform verbanden.

Die moderne politische Geschichte Österreichs stellt sich über weite Strecken als ein ganz besonderes Modell der Interaktion zwischen Staat und Gesellschaft dar. Da in dieser Geschichte zu einem Grundgemisch aus anti-liberaler, anti-absolutistischer und sozialer Emanzipation eine alles entscheidende unabhängige Variable dazukam – das Element der politisierten Nationalität –, entstanden neue Formen bürgerlicher Macht *innerhalb* des Zusammenhanges eines dynastischen Staatssystems. »Deutscher« oder »Tscheche« oder »Pole« zu sein gab einem in Österreich nach 1900 die besondere »ethnische« politische Vollmacht, sich nicht nur auf die konstitutionellen und administrativen Vorrechte der 1860er Jahre zu berufen, sondern diese privilegierten Identitäten auch mit den neuen materiellen und klassenmäßigen Interessen der 90er Jahre zu vermischen. Karl Luegers Bewegung hatte in einem Punkt die Nase vorn gegenüber vergleichbaren bürgerlichen Protestbewegungen im Bismarck-Reich – sie empfand sich, wenn auch eher passiv, als »deutsch« in einer Monarchie, in der die Berufung auf Ethnizität im Kalkül der staatlichen Macht der verfassungsmäßigen Stellung des Einzelnen und der politischen Autorität einer Gruppe nur Vorteile bringen konnte. Gleichzeitig war diese Bewegung aber auch betont a-national (oder vielleicht besser: post-national) in einer multi-ethnischen Hauptstadt, die sowohl regionale *Vaterstadt* wie kaiserliche *Residenzstadt* war, eine Stadt, die von privilegierten *Stadtbürgern* im Namen aller habsburgischen *Staatsbürger* dominiert wurde. Der Nationalitätenkonflikt in Österreich war nicht nur der zerstörerische, zentrifugale Prozess, wie wir ihn aus den meisten Darstellungen kennen. Er war ebenso ein emanzipatorischer zentripetaler Prozess, der den Staat von 1867 umbaute in einer Art und Weise, die es allen bürgerlichen Gruppen möglich machte, sowohl Gestalter wie auch Gegenstand ihres politischen Schicksals zu sein. Es bleibt unbestritten, dass einige deutsch-österreichische Extremisten vor und während des Ersten Weltkrieges diese Kultur des konstitutionellen Wettkampfes ablehnten und versuchten, die eindeutige Vorherrschaft der Deutschen über die anderen Völker der Monarchie wiederherzustellen. Dies war aber nie mehr als eine unter mehreren Möglichkeiten der Verfassungsgestaltung in der späten Kaiserzeit. Die Christlichsozialen boten ein weiteres (zugegebenermaßen unstabiles, nur teilweise erfolgreiches) Modell an, indem sie versuchten, einen Ausgleich der klassenmäßigen und nationalen Interessen zu schaffen, der den multinationalen Charakter der Monarchie erhalten sollte, statt ihn zu beseitigen.

Der Weg, den Karl Lueger bzw. seine Partei vor 1914 zurücklegten, zwingt uns auch zur regionalen Differenzierung hinsichtlich der moralischen Dimension in der Diskussion über einen deutschen (bzw. österreichischen) Sonderweg. Es ist z.B. zum österreichischen Anteil am nationalsozialistischen Regime mit Nachdruck gesagt worden, dass die Jahre 1938 bis 1945 sowohl »als Teil der deutschen wie der österreichischen Geschichte« gesehen werden müssen.[103] Das Adjektiv »deutsch« hat hier eine moralische Dimension zusätzlich zu seinem auf Ethnizität bezogenen Gehalt – es ist keine Frage, Österreich und viele seiner Bürger und Bürgerinnen waren zutiefst mitverantwortlich für das NS-Terrorregime. Aber trotz des Elends und der Mitverantwortung für die Nazi-Katastrophe und, im weiteren, trotz der Verantwortung für das autoritäre, quasi-faschistische Vorgängerregime sind die Grundfragen, die man an die österreichische Geschichte des späten 19. und des 20. Jahrhunderts stellen muss, doch deutlich andere als diejenigen, die wir gewöhnlich in Bezug auf die kleindeutsche Geschichte formulieren. Schuld ist ein vorgängiges wie auch durchgängiges Thema der österreichischen Geschichte. Wenn man die österreichische Geschichte 1918 »enden« lässt (und nicht 1934 oder 1938), dann sind die Implikationen nicht nur andere, sondern möglicherweise noch schwerwiegendere. Wenn die deutsche Geschichte ein Narrativ von Macht ist, die auf Abwege gerät, dann ist die österreichische Geschichte das Narrativ von Macht, die verloren geht. Gerade weil sich die Monarchie 1917/18 als so schwach erwies, muss es unser Anliegen sein, zu verstehen, was das Wesen dieses Staates ausmachte, was es ihm ermöglichte zu funktionieren, solange er funktionierte, was zu seiner Stabilität beitrug angesichts des bemerkenswerten wirtschaftlichen

Wachstums und der ebenso bemerkenswerten politischen Krisen der Endzeit der Monarchie und welche Folgen seine Zerstörung für Massenbewegungen wie den Christlichen Sozialismus und die Sozialdemokratie hatte, für deren Gedeihen er die Voraussetzungen geboten hatte.

Die Geschichte der Christlichsozialen Partei ist also nicht nur ein nicht wegzudenkender Teil der Geschichte der Spätzeit der Monarchie, sie ist auch beispielhaft im Hinblick auf andere, halb marginalisierte, halb hegemoniale bürgerliche politische Bewegungen in Mitteleuropa, die in den zwei Jahrzehnten vor und nach dem Ersten Weltkrieg eine gefährliche Gratwanderung unternahmen zwischen lautstarker Stabilität und stiller Revolution. Gibt uns ihre Geschichte nur einen »schwarzen« Faden politischer Verantwortungslosigkeit an die Hand, der uns vom Vorkriegsantisemitismus zur Katastrophe des Austrofaschismus führt? Oder muss unser Augenmerk gleichermaßen auch auf die demokratischen und genuin emanzipatorischen Traditionen dieser Partei gerichtet sein? Wie haben wir einen Seipel oder Dollfuß im Zusammenhang mit einem Lueger oder Gessmann zu sehen? Wie stark waren die autoritären Traditionen innerhalb der Partei, und wie sehr unterschieden sich diese Traditionen von denen ihrer diversen Mitbewerber?[104]

Zu guter Letzt: Die Beschäftigung mit dem Mittelstand im Zusammenhang mit der jüngeren deutschen Geschichte hat eine Fülle faszinierender Forschungsergebnisse zu Tage gefördert. Eine Anwendung dieser Erkenntnisse auf Österreich ist äußerst lehrreich.[105] Fragen nach kultureller Identität sowohl in materieller wie intellektueller Hinsicht ebenso wie Fragen nach politischer Autorität müssen zwangsläufig nach Antworten in der Beschäftigung mit dem mitteleuropäischen Bürgertum suchen. Als Akteure und Förderer einer radikalen bürgerlichen Politik waren die Christlichsozialen abhängig von einem Fundus an sozialem und wirtschaftlichem Wohlergehen, der im österreichischen Bürgertum bis zur Krise von 1914 in scheinbar unerschöpflichem Ausmaß vorhanden war. Wohlergehen in diesem Sinn ist etwas anderes als die bloße Zufriedenheit von Wählerschaften, die oft in ganz verschiedenen, ja oft in diametral entgegengesetzten gesellschaftlichen Schichten beheimatet waren und deren materielle Prosperität und stabiles Verhalten verhältnismäßig berechenbare Wahlergebnisse garantierte. Karl Lueger unternahm es ja auch, ein hohes Maß an kultureller Sicherheit und moralischer Autorität aufrechtzuerhalten, zu welchem Zweck er sich eine enge Entsprechung zwischen der Sozialpolitik seiner Partei und den Bedürfnissen und Erwartungen ihrer Wählerschaften angelegen sein ließ. Einer der überraschenden und verblüffend »modernen« Grundzüge von Luegers Partei war die Einsicht, dass sich die Arbeit einer effektiven Parteiorganisation nicht darin erschöpfen könne, dass sie auf die Erwartungen des Wahlvolks reagierte, sondern dass es ausdrücklich galt, diese zu formen. Die Christlichsozialen suchten die materiellen Interessen der fortlaufend komplexer werdenden »mittleren« Schichten der urbanen und ländlichen Zivilgesellschaft zu vertreten; mit Hilfe ihrer politischen Ästhetik und verschiedener kulturpolitischer Zielsetzungen versuchte die Partei auch, für Konstanz in der politischen Sozialisation und kulturellen Reproduktion ihrer Wählerschaften zu sorgen.

Die Prosperität dieses Bürgertums und die Fortschritte, die es erzielte, hingen nicht so sehr damit zusammen, dass das 19. Jahrhundert in habsburgischen Landen ein »langes«, als dass es ein »zielbewusstes« Jahrhundert war: zielbewusst in dem Sinn, dass das Niveau des Wohlstands, der Bildung und der Zuversicht der Wähler hinsichtlich der Zukunft ständig, wenn auch undramatisch im Steigen begriffen schien, sich mit der Kultur der Stadt und ihres großstädtischen Umfelds verquickte und einer Bewegung des mittleren und unteren Bürgertums, wie den Christlichsozialen, eine solide, verteidigbare Quelle der Loyalität und Identifikationsmöglichkeit für ihre Wählerschaft an die Hand gab. Zwar scheint es aus der Perspektive späterer Generationen, als wäre das Hineinschlittern der Partei in die soziale Katastrophe, die der Krieg brachte, unabwendbar gewesen, aber aus der Perspektive der zwei Jahrzehnte vor 1914 verbanden sich Wohlstand, Bildung und technischer Fortschritt zu einem Schild, unter dessen Schutz sich ein langsamer Umbau zu komplexeren Solidargemeinschaften vollzog. Diese hätten, wäre der Krieg erst zu einem späteren Zeitpunkt losgebrochen, es unter Umständen einem demokratischen Schwarzen Wien ermöglicht, eine achtbare, möglicherweise sogar inhaltsgleiche Konkurrenz darzustellen, mit der die Proponenten eines zukünftigen demokratischen Roten Wiens hätten weiter rechnen müssen.[106]

Materielle Stabilität und kulturelle Wahrnehmung hängen freilich auch mit einem Bewusstsein für soziale Beziehungen zusammen, denn Ansprüche oder Erwartungen, die mit einer bestimmten Art von Identität verknüpft sind, implizieren auch Gegenansprüche und die Erwartung, sich andere Identitäten zu versagen. Die politische Sozial- und Kulturgeschichte Wiens nach 1897 zeigt zur Genüge, dass die Entwicklung des christlichsozialen Bürgertums nur in dynamischer Verbindung mit der Entwicklung anderer, rivalisierender Schichten der Zivilgesellschaft verstanden werden kann, besonders im ständigen Hinblick auf Führer und Fußvolk der Sozialdemokraten. Innerhalb des mythenumwobenen kosmopolitischen und in ethnischer Hinsicht »universalistischen«, zugleich aber hermetisch abgeriegelten *fin-de-siècle* Wien wäre es schwer gewesen, die

Lagermentalität, die in der weiteren Geschichte Österreichs so wichtig wurde, aufzubauen, geschweige denn zu perpetuieren.

In *Politik als Beruf* weist Max Weber darauf hin, dass allen modernen Massenparteien und politischen Organisationen wichtige strukturelle Merkmale gemeinsam sind; er sagt: »In der Vergangenheit waren Lehen, Bodenschenkungen, Pfründen aller Art ... der typische Entgelt von Fürsten, siegreichen Eroberern oder erfolgreichen Parteihäuptern für ihre Gefolgschaft; heute sind es Ämter aller Art in Parteien, Zeitungen, Genossenschaften, Krankenkassen, Gemeinden und Staaten, welche von den Parteiführern für treue Dienste vergeben werden. *Alle* Parteikämpfe sind nicht nur Kämpfe um sachliche Ziele, sondern vor allem auch: um Ämterpatronage.«[107] Ein ausgezeichnetes Beispiel für Webers Einsicht ist die robuste politische Kultur des späten kaiserlichen Wien, die sowohl den Christlichsozialen wie den Sozialdemokraten bedeutende Möglichkeiten an die Hand gab, hochfliegende ideologische Begeisterung in ganz pragmatische Stellenbeschaffungsprogramme einmünden zu lassen.

Hier handelte es sich jedenfalls um eine Metropole, die unablässig Gelegenheiten bot zu kulturellen Konfrontationen zwischen miteinander interagierenden Klassen und ethnischen Gruppen, wo alle Gegensätze in Richtung ihrer Auflösung drifteten, trotz der heroischen Anstrengungen der Parteien, dies zu verhindern. Karl Lueger machte sich die Ressourcen dieser Welt virtuos zunutze und wurde zu einer der mächtigsten politischen Figuren der letzten Jahrzehnte der Monarchie. Als hervorragender Großstadtpolitiker, der das Glück hatte, dass sein Wirken mit einem ungeheuren Wachstumsschub der wirtschaftlichen und kulturellen Ressourcen Wiens zusammenfiel, kannte Lueger sowohl die Gefahren wie die Chancen enthemmter Parteilichkeit. Er liebte seine Stadt und scheint nie daran gezweifelt zu haben, dass der pragmatische, patriarchale Stil, dessen er sich nach 1897 mit zunehmender Meisterschaft bediente, die besten Interessen der loyalen Mitglieder des christlichsozialen Bürgertums wahrte.

Doch die mit Karl Lueger assoziierte Art städtischer Führung starb eines unbetrauerten Todes im November 1918, als sie im Gefolge der Revolution durch das von Ignaz Seipel und der *Volksbund*-Tradition vertretene betont religiöse politische Milieu ersetzt wurde. Der Bruch wurde anlässlich des Ablebens des früheren Bürgermeisters Richard Weiskirchner Ende April 1926 deutlich. Sowohl die liberalen wie die sozialdemokratischen Blätter veröffentlichten einfühlsame Darstellungen von Weiskirchners Leben; die *Arbeiter-Zeitung* berichtete, dass der sozialdemokratische Bürgermeister des Roten Wien, Karl Seitz, im Gemeinderat Person und Leistungen Weiskirchners in großzügiger Weise gewürdigt und auch an seinem Begräbnis teilgenommen habe. Der liberale Gemeindepolitiker Rudolf Schwarz-Hiller fand Worte der Anerkennung für die Überparteilichkeit, die Weiskirchner in der Verwaltung Wiens in der Zeit des Ersten Weltkriegs bewiesen hatte, und zeigte sich sicher, dass dieser in gegenteiligen Fällen nach 1920 unter dem Druck der radikaleren Kräfte innerhalb seiner Partei gestanden war. In ähnlicher Weise nahm die *Arbeiter-Zeitung* Weiskirchners Ableben zum Anlass, den Unterschied zwischen der Politik der Christlichsozialen vor dem Krieg und nach dem Krieg zu betonen: »In der Christlichsozialen Vereinigung, die nun schon unter Seipels Führung stand, wuchsen die Gegnerschaften gegen ihn [Weiskirchner, Anm. d. Verf.]. Der alte Parteiführer war nicht der Mann, sich blind dem Diktat Seipels zu unterwerfen. Die einen verübelten ihm, dass er einmal ein Hoch auf die Republik ausgebracht, die andern, dass seine Familie klerikalen Dogmen nicht immer genug Reverenz geleistet habe. Ein alter, kranker Mann, nahm er bei den letzten Wahlen kein Mandat mehr an.«[108]

Obwohl Ignaz Seipel in den 20er-Jahren getreulich seine Verbundenheit mit Karl Luegers Leistungen beteuerte, bestand er auch ganz offen darauf, dass die Christlichsozialen jetzt eine *Weltanschauungspartei* waren, noch dazu eine, deren kulturelles Programm in enger Übereinstimmung mit der katholischen Kirche definiert wurde. Wie Seipel auf dem Christlichsozialen Parteikongress im Februar 1926 betonte, ließ sich die Partei nicht ausschließlich vom politischen Tagesgeschäft und von rein politischen Erwägungen leiten, sondern hatte immer auch »höhere Rücksichten« im Auge, die das Schulwesen, die Ehegesetzgebung und das Verhältnis Kirche-Staat betrafen.[109]

Karl Luegers politischer Stil hatte mit dem konservativen Pragmatismus eines Julius Raab und eines Leopold Figl nach dem Zweiten Weltkrieg mehr gemeinsam als mit der hyperkatholischen Ideologiepolitik, wie Ignaz Seipel sie praktizierte.[110] Die bloße Erwähnung möglicher Parallelen zwischen Lueger auf der einen und Raab und Figl auf der andren Seite unterstreicht jedoch die ungeheure historische Distanz, die diese Männer trennt. Karl Lueger regierte die immens reiche Hauptstadt eines großen Reiches mit populistischer Energie, mit leicht durchschaubaren antisemitischen Attitüden und mit souveräner Missachtung für seine sozialdemokratischen Gegner; dabei durfte er aber den festen gesetzlichen Rahmen nicht verlassen, dessen Garant der habsburgische Rechtsstaat war. Julius Raab und Leopold Figl waren im Gegensatz dazu Geiseln der Proporzpolitik des Kalten Krieges in einer kleinen Republik Österreich, deren jetzt geschrumpfte Hauptstadt weiter fest in der Hand der Sozialdemokraten war und in der Überparteilichkeit – in Abwesenheit irgendwelcher plausibler Alternativen – das einzige Mittel war, das zur Verteidigung des republikanischen Rechtsstaates bereit stand.

Auch das war ein Teil des Erbes der chaotischen, aber trotzdem eindrucksvollen Art, in der sich die von Christlichsozialen und Sozialdemokraten getragene Massendemokratie in den 1890ern Bahn brach, und es muss als eine der großen Ironien der österreichischen Geschichte gelten, dass der Staat, der in Gestalt der Zweiten Republik den Österreichern und Österreicherinnen Zugang zu echt demokratischen Praktiken eröffnete, von 1946 bis 1966 von einer Koalition des roten und schwarzen Lagers regiert werden musste, die alle Züge einer Zwangsehe an sich trug. Die katholischen and sozialistischen »Internationalen« – um Hermann Brochs Ausdruck für die beiden wichtigsten nicht-nationalistischen Strömungen des *fin de siècle*-Wien zu gebrauchen – die einst miteinander um die beherrschende Rolle in einem Riesenreich rangen, waren jetzt gezwungen, sich ein Einfamilienhaus mit abgewohntem Mobiliar zu teilen.[111]

Karl Lueger hätte diese Welt als zu einengend erlebt, nicht nur wegen ihres Mangels an imperialer Lebensart, sondern auch weil die Möglichkeiten zur Ausübung purer politischer Macht zu knapp bemessen waren. Felix Salten, der nicht eben zu Luegers Bewunderern zählte, hat diese Beimischung von Macht und Stolz gut auf den Punkt gebracht:

> Nun hat er Wien aufgerichtet als eine Art von Königreich mitten in Österreich … Die Stadt, die so viele Betriebe in ihrer Hand hält, herrscht über eine Armee von Dienern, Arbeitern, Beamten, Lehrern, Ärzten und Professoren, herrscht durch tausendfach verknüpfte Interessen weithin über die Gesinnungen, und allen ist der Bürgermeister, von dem sie abhängen, wie ein Monarch.[112]

Karl Luegers Leben war doch insgesamt ein politisches Abenteuer, dessen eigentlicher Schauplatz die letzten Jahrzehnte des 19. Jahrhunderts waren, mit ihrem unbedingten Streben nach Modernisierung, mit ihrer Großstadtpolitik, in deren Rauhbeinigkeit die Grenzen zwischen Spiel und Ernst immer wieder verschwammen, und mit dem für diese Zeit typischen Selbstvertrauen, das, getragen vom Wohlstand und der materiellen Prosperität der Spätzeit der Monarchie, sich mit enormem persönlichem Stolz, starker Ichbezogenheit und aggressivem Durchsetzungsvermögen verband. Lueger regierte Wien in der Tat so, wie ein Monarch sein Reich regiert, und es fällt schwer, sich vorzustellen, wie er in der dünneren, egalitäreren Luft der Ersten Republik überlebt hätte.

Abkürzungen

AB	Amtsblatt der k.k. Reichshaupt- und Residenzstadt Wien
AHR	American Historical Review
AHY	Austrian History Yearbook
AJS	American Journal of Sociology
AKBMS	Archiv für Kirchengeschichte von Böhmen-Mähren-Schlesien
AÖG	Archiv für österreichische Geschichte
AÖZ	Allgemeine Österreichische Zeitung
ASGSS	Archiv für Soziale Gesetzgebung und Statistik
ASSP	Archiv für Sozialwissenschaft und Sozialpolitik
AT	Alldeutsches Tagblatt
AVA	Allgemeines Verwaltungsarchiv
AZ	Arbeiter-Zeitung
BDFA	British Documents on Foreign Affairs
BHGK	Berichte der Handels- und Gewerbekammer, Wien
BHSA	Bayerisches Hauptstaatsarchiv
BSWG	Berichte der öffentlichen Sitzungen des Gemeinderathes der k.k. Reichshaupt- und Residenzstadt Wien
BZ	Beamten-Zeitung
CB	Correspondenzblatt für den katholischen Clerus Österreichs
CD	Christliche Demokratie
CEH	Central European History
CON	Die Constitution
CPK	Christlichsoziale Partei, Parlamentsklub
CPW	Christlichsoziale Partei, Wien
CSAZ	Christlich-soziale Arbeiter-Zeitung
DEZ	Demokratische Zeitung
DGZ	Deutsche Gewerbe-Zeitung
DNR	Das Neue Reich
DÖLZ	Deutsch-Österreichische Lehrer-Zeitung

DSZ	Deutsche Schulzeitung
DV	Deutsches Volksblatt
DZ	Deutsche Zeitung
EBDA	Erzbischöfliches Diözesanarchiv
F	Fortschritt
FB	Fremdenblatt
FLS	Freie Lehrerstimme
FM	Finanzministerium
FR	Der Freimüthige
GA	Gerad' aus
HHSA	Haus-, Hof-, und Staatsarchiv
HHZ	Hausherren-Zeitung
HJ	Historisches Jahrbuch
HPB	Historisch-politische Blätter
HS	Handschriftensammlung
JGVV	Jahrbuch für Gesetzgebung, Verwaltung und Volkswirtschaft
JIDG	Jahrbuch des Instituts für Deutsche Geschichte
JLG	Jahrbuch der Österreichischen Leogesellschaft
JMH	Journal of Modern History
JZ	Jahrbuch für Zeitgeschichte
JNS	Jahrbücher für Nationalökonomie und Statistik
K	Der Kampf
KVZ	Konstitutionelle Vorstadt-Zeitung
LV	Linzer Volksblatt
MCSR	Monatsschrift für christliche Sozialreform
MD	Magistrats-Direktion
MI	Ministerium des Innern
MKFF	Militärkanzlei des Generalinspektors der gesamten bewaffneten Macht (Franz Ferdinand)
MKSM	Militärkanzlei Seiner Majestät des Kaisers
MÖIU	Mitteilungen der Oesterreichisch-Israelitischen Union
MÖSTA	Mitteilungen des Österreichischen Staatsarchivs
MP	Morgenpost
NFP	Neue Freie Presse
NÖLA	Niederösterreichisches Landesarchiv
NWT (A)	Neues Wiener Tagblatt (Abendblatt)
ODP	Ost-Deutsche Post

ODR	Ostdeutsche Rundschau
ÖFZ	Österreichische Frauen-Zeitung
ÖGL	Österreich in Geschichte und Literatur
ÖPZ	Österreichische Postbeamten-Zeitung
ÖZÖR	Österreichische Zeitschrift für öffentliches Recht
ÖR	Oesterreichischer Reformer
ÖRD	Österreichische Rundschau
ÖSBZ	Oesterreichische Staatsbeamten-Zeitung
ÖSZ	Österreichische Schul-Zeitung
ÖV	Oesterreichischer Volksfreund
ÖW	Oesterreichische Wochenschrift
PA	Politisches Archiv
PAAA	Politisches Archiv des Auswärtigen Amtes
PAPS	Proceedings of the American Philosophical Society
PP	Past and Present
PR	Die Presse
PRO	Public Record Office
PSQ	Political Science Quarterly
PSWG	Protokolle der öffentlichen Sitzungen des Gemeinderathes der k.k. Reichshaupt- und Residenzstadt Wien
RGBl	Reichsgesetzblatt
RHM	Römische Historische Mitteilungen
Rp	Reichspost
RQ	Römische Quartalschrift für christliche Altertumskunde und Kirchengeschichte
SB	Der Staatsbeamte
SJ	Statistisches Jahrbuch der Stadt Wien
SM	Statistische Monatschrift
SP	Stenographische Protokolle über die Sitzungen des Hauses der Abgeordneten
SPB	Sprechsaal des Beamtentages
SPN	Stenographische Protokolle über die Sitzungen des Nationalrates
SPNÖ	Stenographische Protokolle des Niederösterreichischen Landtages
SVSP	Schriften des Vereins für Sozialpolitik
TH	Tiroler Heimat

TPQS	Theologisch-praktische Quartalschrift
ÜW	Über den Wassern
UDW	Unverfälschte Deutsche Worte
UM	Ministerium für Kultus und Unterricht
V	Vaterland
VGAB	Verein für Geschichte der Arbeiterbewegung
VW	Volkswohl
WD	Wiener Diözesanblatt
WF	Wiener Familienfreund
WFFZ	Wiener Fleischhauer- und Fleischselcher Zeitung
WG	Wiener Geschichtsblätter
WGGT	Wiener Gewerbe Genossenschaftstag
WKK	Wiener Kommunal-Kalendar und Städtisches Jahrbuch
WSLA	Wiener Stadt- und Landesarchiv
WKW	Wiener Klinische Wochenschrift
WMW	Wiener Medizinische Wochenschrift
WPB	Wiener Politische Blätter
WZ	Wiener Zeitung
Z	Die Zeit
ZSSR	Zeitschrift der Savigny-Stiftung für Rechtsgeschichte, Kanonistische Abteilung
ZVSV	Zeitschrift für Volkswirtschaft, Sozialpolitik und Verwaltung
ZWN	Zeitung für die Wiener Nationalgarde

Anmerkungen

Der österreichische Liberalismus und der Aufstieg der Mittelstandspolitik

1 Max Weber, *Politik als Beruf* (München 1919).
2 Eine aufschlussreicher Überblick über diese zwei Tendenzen in der Geschichtsschreibung findet sich bei Gary B. Cohen, »Neither Absolutism Nor Anarchy: New Narratives on Society and Government in Late Imperial Austria«, *Austrian History Yearbook*, 29 (1998): 37–61; und ders., »Nationalist Politics and the Dynamics of State and Civil Society in the Habsburg Monarchy 1867–1914«, *Central European History*, 40 (2007): 241–278. Siehe auch Helmut Rumplers wichtige Anmerkungen in der Einleitung zu Rumpler, Helmut, und Peter Urbanitsch (Hgg.). *Die Habsburger Monarchie 1949–1918. Politische Öffentlichkeit und Zivilgesellschaft. 1. Teilband. Vereine, Parteien und Interessenverbände als Träger politischer Partizipation* (Wien 2006), S. 1–14.
3 Cohen, »Neither Absolutism Nor Anarchy: New Narratives on Society and Government in Late Imperial Austria«, S. 59, 61.
4 *ZWN*, 1. Juni 1848, S. 2; 10. Juni 1848, S. 30; 17. Juni 1848, S. 50–51; 6. Juli 1848, S. 88–94; 22. August 1848, S. 204; 31. August 1848, S. 219–20.
5 Siehe *Amtliche Verhandlungs-Protokolle*, bes. S. 22ff., 39ff., und 43–56.
6 Johann Michael Häusle, *Die Majorität im gegenwärtigen Wiener Gemeinderath* (Wien 1849), S. 9–10, 16–20; Franz Müller, *Die Wahlkörper des Wiener Gemeinderathes* (Wien 1849), S. 9–10. Einen ausgezeichneten Überblick über die politischen Entwicklungen in Wien bieten Pieter M. Judson, *Exclusive Revolutionaries. Liberal Politics, Social Experience, and National Identity in the Austrian Empire, 1848–1914*, (Ann Arbor, Michigan, 1996), S. 29–68, und Maren Seliger und Karl Ucakar, *Wahlrecht und Wahlverhalten in Wien 1848–1932. Privilegien, Partizipationsdruck und Sozialstruktur* (Wien 1984), S. 13–31.
7 Vgl. z.B. *CON*, 28. März 1848, S. 50–51; 22. August 1848, S. 1269; 25. August 1848, S. 1293–94; 27. August 1848, S. 1309; 2. September 1848, S. 1349; 3. September 1848, S. 1360; *FR*, 21. April 1848, S. 1–2; 23. April 1848, S. 86, 88; 28. April 1848, S. 97–98; 2. Mai 1848, S. 111; 12. Mai 1848, S. 145; 5. September 1848, S. 530; 27. August 1848, S. 501; 6. September 1848, S. 536; *AÖZ*, 23. August 1848, S. 1; *GA*, 14. Mai 1848, S. 1; 16. Mai 1848, S. 3; 13. Juni 1848, S. 2–3; 11. Juli 1848, S. 1. Eine klassische Kritik aus dem demokratischen Lager an der Nationalgarde findet sich in Andreas v. Stifts Kommentaren, die bei Wolfgang Häusler zitiert sind in »Hermann Jellinek (1823–1848). Ein Demokrat in der Wiener Revolution«, *JIDG 5* (1976): 135–36.
8 *ZWN*, 22. August 1848, S. 204; 24. August 1848, S. 205–6; 31. August 1848, S. 219–20; *PR*, 23. August 1848, S. 193, 29. August 1848, S. 213; *Amtliche Verhandlungs-Protokolle*, S. 39–40, 63ff.; Heinrich Reschauer und Moritz Smets, *Das Jahr 1848. Geschichte der Wiener Revolution*. (2 Bde., Wien 1876), 2: 494–96.

9 Wolfgang Häusler, *Von der Massenarmut zur Arbeiterbewegung. Demokratie und soziale Frage in der Wiener Revolution von 1848* (Wien 1979), S. 416.
10 Siehe Leopold Engländer, *Offener Brief an jene Hausherren, welche unerschwingliche Zinsen verlangen* (Wien 1848); *CON*, 18. April 1848, S. 372–73; 25. April 1848, S. 449–50; 3. Mai 1848, S. 578; Herbert Steiner, *Karl Marx in Wien: Die Arbeiterbewegung zwischen Revolution und Restauration 1848,* (Wien 1978), S. 48, 50.
11 Reschauer und Smets, *Das Jahr 1848,* 2:88–89; Ernst Violand, *Die sociale Geschichte der Revolution in Österreich.* (Leipzig 1850), S. 88–90; Ernst Victor Zenker, *Die Wiener Revolution 1848 in ihren socialen Voraussetzungen und Beziehungen.* (Wien 1897), S. 129–31.
12 Steiner, *Karl Marx in Wien* S. 21, 31, 53; Violand, *Die sociale Geschichte,* S. 142–43.
13 Siehe Rudolf Till, »Die Mitglieder der ersten Wiener Gemeindevertretung im Jahre 1848«, *WG* 5 (1950): 61–72. Vgl. auch die Kommentare in *Amtliche Verhandlungs Protokolle,* S. 62–64, und *ZWN,* 14. September 1848, S. 247–48.
14 Für Details zum städtischen Wahlrecht vom Mai 1848 siehe Reschauer und Smets, *Das Jahr 1848,* 2:248–50, und die Kritik in *CON,* 27. August 1848, S. 1309.
15 Zum Text der Wahlordnung vom August 1848 siehe *Amtliche Verhandlungs-Protokolle,* S. 43–47. Zur Kritik aus dem Lager der Demokraten vgl. *FR,* 5. September 1848, S. 530, und *CON,* 3. September 1848, S. 1360.
16 *Amtliche Verhandlungs-Protokolle,* S. 43.
17 a.a.O., S. 42–43. Dr. Glickh fasste die Mentalität dieses allgemeinen Bürgertums mit den Worten zusammen »Wer die Lasten trägt, muss auch an den Rechten Theil nehmen können …« Da das Proletariat ja keine direkten Steuern entrichtete, konnte es auch keinen Anspruch auf die Rechte des Bürgertums erheben. Glickh betonte jedoch umgekehrt ausdrücklich, dass alle, die direkte Steuern entrichteten, »nur eine Klasse von Individuen in der Gemeinde« bildeten, die alle »gleiche Rechte« hatten. Dies war das totale allgemeine Bürgertum – unter Einschluss der Kleingewerbetreibenden. a.a.O., S. 55.
18 a.a.O., S. 52–53.
19 Häusle, *Die Majorität,* S. 6–7; Wolfgang Häusler, »Nachwort«, in Steiner, *Karl Marx in Wien* S. 202–4.
20 Siehe Karl Weiss, *Entwicklung der Gemeinde-Verfassung der Stadt Wien (1221–1850)* (Wien 1867), S. 100–101; Judson, *Exclusive Revolutionaries,* S. 53–56.
21 [Die -ss/ß-Schreibung der zeitgenössischen Quellen ist den heute gültigen Regeln entsprechend vereinheitlicht, alle anderen Schreibweisen wurden beibehalten. Anm. d. Übers.]
22 *PR,* 10. Juli 1849, S. 1. Für die diametral entgegengesetzte Ansicht des demokratischen Lagers siehe *ODP,* 14. Juni 1849, S. 1; 15. Juni 1849, S. 1 (Angriff auf den proprietären Aspekt, laut dem sich die Gemeinde im »Besitz« der Steuerzahler befindet). Die *Post* verortet die Genese der Kurienidee in der Reaktion der höheren Bourgeoisie auf das revolutionäre Verhalten der unteren Schichten des Bürgertums im Oktober 1848. Siehe a.a.O., 17. Juni 1849, S. 1.
23 Siehe Weiss, *Entwicklung,* S. 125–29.
24 Siehe »Ministerrat, Olmütz, 11. Februar 1849«, in Thomas Kletečka, ed., *Die Protokolle des Österreichischen Ministerrates 1848–1867. II. Abteilung. Das Ministerium Schwarzenberg. Band 1. 5. Dezember 1848–7. Jänner 1850* (Wien 2002), S. 106.
25 »Ministerrat, Wien 29. Jänner 1850«, in Thomas Kletecka und Anatol Schmied-Kowarzik (Hg.), *Die Protokolle des Österreichischen Ministerrates 1848–1867. II. Abteilung. Das Ministerium Schwarzenberg. Band 2. 8. Jänner 1850–30. April 1850* (Wien 2005), S. 76.

26 Siehe *PR*, 29 März 1850, S. 1; Weiss, *Entwicklung*, S. 130; und Gustav Strakosch-Grassmann, *Das allgemeine Wahlrecht in Österreich seit 1848* (Leipzig und Wien 1906), S. 11.
27 Anton von Schmerling war 1848 tief beeindruckt von der Zurückhaltung und bürgerlichen Mäßigung des Wiener Bürgerausschusses. Siehe Paul Molisch, »Anton von Schmerling und der Liberalismus in Österreich«, *AÖG* 116 (1943): 11–12.
28 Karl Ucakar, *Demokratie und Wahlrecht in Österreich. Zur Entwicklung von politischer Partizipation und staatlicher Legitimationspolitik* (Wien 1985), S. 156.
29 Zu Kronawetter siehe Gertrud Sakrawa, »Ferdinand Kronawetter. Ein Wiener Demokrat.« Dissertation, Universität Wien, 1947.
30 *SJ*, 1883, S. 269, 274.
31 *SJ*, 1883, S. 133. Zum System der Besteuerung des Handels in Österreich siehe Emil von Fürth, *Die Einkommensteuer in Österreich und ihre Reform* (Leipzig 1892), Kap. 1. Für Statistiken zur Industrie der Epoche siehe Eugen Schwiedland, *Kleingewerbe und Hausindustrie in Oesterreich* (2 Bde., Leipzig 1894), 1:188–89; Ludwig Schüller, »Die Wiener Enquete über Frauenarbeit«, *ASGSS* 10 (1897): 408–9; und Walter Schiff, »Die ältere Gewerbestatistik in Oesterreich und die Entstehung der Betriebszählung vom Jahre 1902«, *SM* 33 (1907): 501ff., 613ff.
32 Die Literatur zum Problem des Handwerksstandes ist außerordentlich umfangreich. Wichtige Erörterungen aus der Zeit finden sich bei Schwiedland, *Kleingewerbe*; Heinrich Waentig, *Gewerbliche Mittelstandspolitik* (Leipzig 1898); und bei Emanuel Adler, *Über die Lage des Handwerks in Oesterreich* (Freiburg i. B. 1898).
33 Siehe *Entwicklung von Industrie und Gewerbe in Österreich in den Jahren 1848–1888* (Wien 1888), S. 74–75.
34 Zur Industrialisierung der Textilindustrie siehe Schwiedland, *Kleingewerbe*, 1:127–28, und Herbert Matis, *Österreichs Wirtschaft 1848–1913* (Berlin 1972), S. 182–83; zur Metall-, Eisen- und Maschinenindustrie siehe *a.a.O.*, S. 179–80, und Philippovichs »Referat« in *Verhandlungen der am 23., 24., 25. September 1897 in Köln abgehaltenen Generalversammlung des Vereines für Sozialpolitik* (Leipzig 1898), S. 77. Zur Expansion der großen Groß- und Einzelhandelsfirmen in der Bekleidungsindustrie in Wien siehe Friedrich Leiter, »Die Männerkleider-Erzeugung in Wien«, *Untersuchungen über die Lage des Handwerks in Österreich*, *SVSP*, 71 (1896), S. 491–593, sowie Sigmund Maier, *Die Wiener Juden* (Wien und Berlin 1918), S. 338–40, 414–27.
35 Gustav Schmoller, *Zur Geschichte der deutschen Kleingewerbe im 19. Jahrhundert* (Halle 1870), S. 660.
36 Matis, *Österreichs Wirtschaft*, S. 368.
37 Zu Klagen über niedrige Umsätze im Einzel- und Großhandel siehe *BHGK* der Jahre 1874–95. Matis kommt aufgrund der Forschungsergebnisse von Heinrich Rauchberg und Th. Drapala zum Schluss, dass der Preis- und Lohnverfall die Produzenten härter traf als die Konsumenten, in diesem Fall das städtische Proletariat und die Gehaltsempfänger, d.h. Angestellte und Beamte. Tatsächlich stiegen die Reallöhne während der Depression, ein Trend, von dem die Handwerksmeister als unabhängige Unternehmer jedoch nicht notwendig profitierten. Siehe Matis, *Österreichs Wirtschaft*, S. 289 und S. 426.
38 Siehe *Stenographisches Protokoll der im k. k. Arbeitsstatistischen Amte durchgeführten Vernehmung von Auskunftspersonen über die Verhältnisse im Schuhmachergewerbe* (Wien 1904), S. 402–26. Einen empfindlichen Rückschlag für Fränkels Exportunternehmen bedeutete der Umstand, dass

sich der französische Zoll weigerte, seine Produkte abzufertigen, nachdem sich herausgestellt hatte, dass sie ein irreführendes Etikett trugen mit der Aufschrift »Made in Paris.« Hauptsächlich infolge der verfehlten Zollpolitik gingen die österreichischen Schuhexporte laufend zurück, bis sie 1891 weniger als 50% des Volumens von vor 1886 ausmachten. Siehe Richard Schüller, »Die Schuhmacherei in Wien«, *Untersuchungen*, 1896, S. 52. In einer Studie zu einer weiteren großen Wiener Industrie, der Bekleidungsindustrie, die 25.000 Arbeiter und Arbeiterinnen beschäftigte, beschreibt Friedrich Leiter einen ähnlichen Konflikt zwischen Exporteuren, die ebenfalls auf dem heimischen Markt Fuß zu fassen suchten, und den kleinen Schneiderwerkstätten. Siehe Leiter, »Die Männerkleider-Erzeugung«, S. 498. Eugen Schwiedland, »Die Entstehung der Hausindustrie mit Rücksicht auf Oesterreich«, *ZVSV* 1 (1892):146–70.

39 Schwiedland, *Kleingewerbe*, 1:126–55. Eine detaillierte Beschreibung der Bedrohung, die von der Mechanisierung ausging, bei V. Kienböck, »Die Gürtler und Bronzearbeiter in Wien«, *Untersuchungen*, 1896, S. 620, 633; R. Weiskirchner, »Das Hutmachergewerbe in Wien«, a.a.O., S. 38; ders., »Die Zuckerbäckerei und die mit derselben verwandten Gewerbe in Wien«, a.a.O., S. 4–8. Die Mechanisierung war auch in der Leinen- und Bekleidungsindustrie weit fortgeschritten. Siehe *Die Verhältnisse in der Kleider- und Wäschekonfektion* (Wien 1906), S. 5–58.

40 Zur Geschichte der Heimarbeit in Österreich siehe Schwiedland, *Kleingewerbe*, 1:1–121; Fritz Winter, »Die Heimarbeit in der österreichischen Konfektionsindustrie«, *ASGSS* 15 (1900): 725–39; Stephan Bauer, »Die Heimarbeit und ihre geplante Regelung in Oesterreich«, a.a.O., 10 (1897): 239–67; Schwiedland, »Die Heimarbeit und ihre staatliche Regelung«, *Das Leben* 1 (1897): 123–34; ders., »Die Entstehung der Hausindustrie«, passim.

41 Rudolf Kobatsch, »Das österreichische Gewerberecht und seine bevorstehende Reform«, *JNS*, 66 (1896): 802, 805, 812. Einige der von Kobatsch als Kaufleute eingestuften Bekleidungs- und Schuhwarenhändler waren in Wahrheit *Konfektionäre*.

42 Schwiedland, *Kleingewerbe*, 1:158–59: »Heute ist Wien mehr eine Stadt der Zwischenhändler denn der Erzeuger... Der Kundenverkehr ist dem Handwerk zum namhaftesten Teile entwunden; das Publikum befriedigt seinen Bedarf zumeist in Verkaufsläden, welche alle Gegenstände führen, seien diese von Fabriken hergestellt, von Handwerkern fertig gekauft oder direkt im Lohne des Magazines angefertigt.«

43 Philippovich, »Referat«, S. 78–79.

44 Emanuel Adler, *Über die Lage des Handwerks*, S. 21–25.

45 *Verhältnisse im Schuhmachergewerbe*, S. 71.

46 Philippovich, »Referat«, S. 79.

47 *BHGK*, 1872–74, S. XIX. Für eine repräsentative Zusammenfassung dieser Ansicht aus dem Lager der Liberalen siehe Wilhelm Frankl, *Zur Reform der Gewerbegesetzgebung* (Wien 1876).

48 Harm-Hinrich Brandt, *Der österreichische Neoabsolutismus. Staatsfinanzen und Politik, 1848–1860* (2 Bde., Göttingen 1978), 2: 872–74.

49 Waentig, *Mittelstandspolitik*, S. 40–62.

50 *RGBl*, 1859, Nr. 227. Vgl. auch Kobatsch, »Das österreichische Gewerberecht«, S. 794–95.

51 Zu den Zünften der Zeit vor 1859 siehe Heinrich Reschauer, *Geschichte des Kampfes der Handwerkerzünfte und der Kaufmannsgremien mit der österreichischen Bureaucratie* (Wien 1882), S. 1–201; Heinz Zatschek, *Handwerk und Gewerbe in Wien* (Wien 1949), bes. S. 49–90; ders., *550 Jahre Jung Sein. Die Geschichte eines Handwerks* (Wien 1958).

52 Wenn jemand mehrere Handwerke zugleich ausübte, hatte er auch das Recht, gleichzeitig mehreren Zünften anzugehören (Abschnitt 107).

53 Schwiedland, *Kleingewerbe*, Bd. 1; Kobatsch, »Das österreichische Gewerberecht«, S. 797.
54 Maier, *Wiener Juden*, S. 333, 408–14. Der Finanzminister Baron Karl Friedrich von Bruck benützte 1859 den Umstand, dass »das neue Gewerbegesetz ... ihnen [den Juden, Anm. d. Verf.] freie Ausübung der Gewerbe wie Christen« gestattet, für ein Plädoyer, den Juden auch das Recht auf Grundbesitz einzuräumen. Siehe »Ministerkonferenz, 31. Dezember 1859«, in Stefan Malfèr (Hg.), *Die Protokolle des Österreichischen Ministerrates 1848–1867. IV. Abteilung. Das Ministerium Rechberg. Band 1. 19. Mai 1859–2./3. März 1860* (Wien 2003), S. 352.
55 Zur Geschichte des *Tages* vor 1880 siehe *V*, 25. November 1887, S. 2; *DGZ*, 18. Dezember 1887, S. 2; Sigmund Maiers Erinnerungen in *Z*, 27. August 1897, S. 131ff.; und *WGGT*, 23. März 1894, S. 1.
56 Waentig, *Mittelstandspolitik*, S. 101; *WZ*, 30. September 1879, S. 5.
57 Siehe Josef Kaizl, »Der Regierungsentwurf eines Gesetzes zur Abänderung und Ergänzung der Gewerbeordnung in Oesterreich«, *JNS*, 34 (1879): 294–309.
58 Zu Handwerkerprotesten siehe *SP*, 1879–82, S. 328, 910–13, 1416, 2000, 3457, 3878, 4334, 6730, 7047, 7560, 7697, 7725, 7738, 7740, 8079, 8281, 8384. Kronawetters Kommentar, a.a.O., 1880, S. 897–98.
59 *SP*, 1880, Beilage Nr. 124; auch S. 1191–92.
60 Zum politischen Taktieren innerhalb der Kommission und zur beherrschenden Stellung Belcredis und Zallingers siehe Ebert, *Die Anfänge der modernen Sozialpolitik in Österreich (Wien 1975)*, S. 138–45; *KVZ*, 4. März 1880, S. 2.
61 Privates *Tagebuch* von Egbert Graf Belcredi, Eintrag vom 17. November 1882, *Moravsky zemsky Muzeum*, Brünn. Zu Belcredi siehe Ralph Melville, »Der mährische Politiker Graf Egbert Belcredi (1816–1894) und die postfeudale Neuordnung Österreich«, in Ralph Melville et al. (Hgg.), *Deutschland und Europa. Festschrift für Karl Otmar Freiherr von Aretin zum 65. Geburtstag* (2 Bde., Mainz 1988), 2: 599–612.
62 *KVZ*, 28. September 1880, S. 2–3; 3. Oktober 1880, S. 2; 10. Oktober 1880, S. 3.
63 Zu Buschenhagen siehe seine Aussagen vor der Enquête von 1883 *Stenographisches Protokoll über die im Gewerbeausschuss des Abgeordnetenhauses stattgehabte Enquete über die Arbeitergesetzgebung* (Wien 1883), S. 311–16. Das *DV* veröffentlichte eine apokryphe Geschichte bezüglich der Motive Buschenhagens bei der Organisation der antisemitischen Demonstrationen von 1880. Siehe 12. Oktober 1890, Beilage I, S. 5–6.
64 *KVZ*, 12. Oktober 1880, S. 4.
65 *KVZ*, 26. Oktober 1880, S. 3.
66 *KVZ*, 14. November 1881, S. 1; 15. November 1881, S. 2, 4; 16. November 1881, S. 1; *ÖV*, 12. November 1881, S. 1–2; 19. November 1881, S. 2, 4.
67 Zu den Vorschlägen des Kongress siehe *KVZ*, 16. November 1881, S. 1; *JGVV*, 6 (1882): 346–50.
68 *RGBl*, 1882, Nr. 142. Das Gesetz wurde vom Parlament im März 1882 verabschiedet. Ein Artikel in der *Gemeinde-Zeitung* im Jahr 1884 unternahm eine Aufschlüsselung eines Teils der neuen Wähler in der Stadt: 7.591 waren Handwerksmeister, 2.833 waren Beamte oder Angestellte, 472 waren Lehrer, und 358 städtische Bedienstete. Siehe Gertrud Stöger, »Die politischen Anfänge Luegers«, Dissertation, Universität Wien 1941, S. 106.
69 *RGBl*, 1883, Nr. 39. Belcredis taktische Leistung ist umso höher einzuschätzen angesichts des Umstands, dass seine liberalen Gegner »wohldiszipliniert« waren im Gegensatz zu seinen kon-

servativen Verbündeten, die er als »unwissend, undisziplinierbar und eigenwillig« beschrieb. *Tagebuch*, Eintrag 19. März 1883.
70 *Tagebuch*, Eintragungen vom 20. Dezember 1882, 26. Mai 1882, 31. Mai 1884, 18. Juni 1884.
71 a.a.O., Eintragungen vom 12. November 1884, 4. Jänner 1885, 19. September 1886, 31. Jänner 1887, 2. Februar 1893, 11. August 1893.
72 Zur allgemeinen Geschichte des österreichischen Antisemitismus siehe Peter G. J. Pulzer, *The Rise of Political Anti-Semitism in Germany and Austria* (2. Auflage Cambridge, Mass., 1988); Dirk van Arkel, *Anti-Semitism in Austria* (Leiden 1966); und Bruce F. Pauley, *From Prejudice to Persecution. A History of Austrian Anti-Semitism* (Chapel Hill 1992). Zum großdeutschen Antisemitismus siehe Andrew Whiteside, *The Socialism of Fools. Georg Ritter von Schönerer and Austrian Pan-Germanism* (Berkeley and Los Angeles 1975). Zur Reaktion der jüdischen Gemeinde siehe das wichtige Werk von Steven Beller, *Vienna and the Jews 1867–1938. A Cultural History* (Cambridge 1989).
73 Eulenburg an Hohenlohe, A5972, 31. Mai 1895, Öst. 86/Bd. 8, *PAAA*.
74 *MÖIU*, Nr. 58, Feb. 1894.
75 Vgl. z.B. Eugen von Mühlfelds Aussagen im Juli 1867 in *SP*, 1867, S. 318–320.
76 Selbst Sozialliberale wie Michael Hainisch hegten eindeutige antisemitische Ansichten, obwohl er offen mit Wiener Juden verkehrte. Siehe Friedrich Weissensteiner, »Michael Hainisch – Persönlichkeit und Werk«, in Michael Hainisch, *75 Jahre aus bewegter Zeit. Lebenserinnerungen eines österreichischen Staatsmannes* (Wien 1978), S. 13–14.
77 Siehe *MÖIU*, Nr. 60, April 1894; Nr. 69, März 1895; Nr. 71, Mai 1895. Dasselbe Thema findet sich auch in Blochs *ÖW*.
78 Siehe Austriacus, *Oesterreich ein Juwel in jüdischer Fassung* (Berlin 1880), S. 5–12, 15–17, 21–24. Für eine frühe Verteidigung der Juden siehe J. W-m-r, *Der Judenhass* (Wien 1873). Ebenso Heinrich Jacques, *Denkschrift über die Stellung der Juden in Oesterreich* (Wien 1859).
79 Ernst Vergani, *Die Judenfrage in Oesterreich* (Leipzig 1892), S. 5–9, 34–41.
80 Dies kam in den verschiedenen Ehrenbeleidigungsklagen zu Tage, die Vergani und seine Redakteure Anfang und Mitte der 90er Jahre auszufechten hatten. Siehe *ÖW*, 7. April 1893, S. 260–61.
81 *SP*, 1890, S. 13400; Joseph S. Bloch, *Erinnerungen aus meinem Leben* (Wien 1922), passim.
82 Paul Molisch, *Die deutschen Hochschulen in Oesterreich* (München 1922), S. 118; Whiteside, *Socialism of Fools*, S. 43–63; Michael Wladika, *Hitlers Vätergeneration. Die Ursprünge des Nationalsozialismus in der k. u. k. Monarchie* (Wien 2005), S. 113–144.
83 Carl Lent, »Die deutsche und die österreichische Burschenschaft«, *Burschenschaftliche Blätter*, 5 (1890/91): 97.
84 Eduard Pichl, *Georg Schönerer* (6 Bde., Oldenburg, 1938), 2: 1–16; Whiteside, *Socialism of Fools*, S. 43–63; Molisch, *Hochschulen*, S. 123–24.
85 Zu Zerboni siehe *NWT*, 28. Feb. 1886, S. 4–5; Bloch, *Erinnerungen*, S. 21–22; Karl Hron, *Wiens antisemitische Bewegung* (Wien 1890), S. 51.
86 Die ersten Mitglieder des *Vereins* waren arme Handwerker, aber ebenso einige besser gestellte Wähler. *ÖV*, 19. Feb. 1882, S. 1–4; 5. März 1882, S. 10. Auch Pichl, *Schönerer*, 2:25–43; Rudolf Kuppe, *Karl Lueger und seine Zeit* (Wien 1933), S. 93–97; Hron, *Bewegung*, S. 51–52; und die Polizeiberichte P3 ad 1009/1882 und P3 ad 1728/1882, *NÖLA*.
87 Pattais Vater war ein gemäßigter Liberaler, der 1848 von der Steiermark zur Frankfurter Nationalversammlung entsandt worden war. Pattai selbst studierte in den 70er Jahren an der Grazer

Universität und ließ sich dann in Wien nieder, wo er versuchte, in der Politik auf der Seite der Liberalen Fuß zu fassen, indem er dem örtlichen Liberalen Club beitrat. Siehe *KVZ*, 4. Dezember 1880, S. 2–3; 12. Dezember 1880, S. 3; und die Aussagen im Hron-Pattai Ehrenbeleidigungsprozess im April 1890 in *WZ*, 25. April 1890, S. 5–6, und *NWT*, 25. April 1890, S. 8, 25. April 1890 (A), S. 1–2, 26. April 1890, S. 7–8. Eine Pattai und insbesondere seinen Opportunismus abwertende Einschätzung findet sich bei Pichl, *Schönerer*, 2: 43–56.

88 *KVZ*, 21. März 1882, S. 2; *ÖV*, 26. März 1882, S. 1–2; *Fremdenblatt*, 22. März 1882, S.1; *V*, 21. März 1882, S. 9–10; *NWT*, 21. März 1882, S. 4.

89 Siehe den Kommentar in der *KVZ*, 7. März 1880, S. 2, und 13. März 1880, S. 4, zum radikalen Stil der Vereinigten Linken unter Lueger im Jahr 1880. Mandls Verein *Eintracht* war berüchtigt für seine lautstarken Versammlungen.

90 *NWB*, 6. April 1882, S. 4; *ÖV*, 9. April 1882, S. 1–3; *KVZ*, 5. April 1882, S. 3–4; *MP*, 5. April 1882, S. 2; *NFP*, 5. April 1882 (M), S. 6.

91 Zu Holubeks Programm siehe *KVZ*, 6. April 1882, S. 1. Holubek versuchte, eine dritte antisemitische Kundgebung am 24. April zu organisieren, aber die Polizei schritt ein und verbot sie wegen Störung der öffentlichen Ordnung. Siehe Polizeibericht P3 ad 2730/1882, *NÖLA*.

92 Zu Holubeks späterer Laufbahn, siehe Pichl, *Schönerer*, 2: 38.

93 Buschenhagen versicherte, dass Lueger wiederholt öffentlich erklärt habe, »er sei kein Antisemit.« *UDW*, 1. April 1884, S. 12–13.

94 Zu Schönerers Rede siehe Pichl, *Schönerer*, 2: 33ff.

95 Der *Deutschnationale Verein* fasste im Juli 1882 den Beschluss, in Zukunft Juden von seinen Versammlungen auszuschließen; a.a.O., S. 73. Der Bruch mit Engelbert Pernerstorfer, der langfristige Folgen für die Entwicklung der Sozialdemokratie in Wien haben sollte, erfolgte im Juni 1883. Siehe Whiteside, *Socialism of Fools*, S. 101–2; Pichl, *Schönerer*, 2: 74–75, 161–63.

96 Die Regierung verfolgte besonders auf Landesebene die Verbreitung des antisemitischen Materials mit Aufmerksamkeit und großer Besorgnis. Siehe die Anweisungen der Statthalterei im Jahr 1882 an lokale Beamte und Beamte der Landesregierung in Niederösterreich, P11 ad 4363, 4366, 6860/1882, und die Rückmeldungen an den *Statthalter*, Nr. 4463, 6723, 8148, *NÖLA*.

97 Schneider an Vogelsang, 14. März 1883, Mappe 12, Nr. 164, *NL Vogelsang*; Paul Molisch, *Geschichte der deutsch-nationalen Bewegung* (Jena 1926), S. 143.

98 Zu Schneiders Wahlkampfrede in Hernals siehe *MP*, 5. April 1882, S. 1–2, mit der Charakterisierung der Rede als die »eines ehrlichen Bürgers und tüchtigen Gewerbemannes. Solche Männer brauchen wir im Parlamente«. Für Schneiders biographische Daten siehe *ÖV*, 12. Feb. 1893, S. 1–2. Schneider behauptete, sein Interesse für den Antisemitismus verdanke er einem ausgedehnten Aufenthalt in Paris. Er ließ sich seine verschiedenen Intrigen und Machenschaften von katholischen Aristokraten finanzieren. Siehe Gustav Blome an Vogelsang, 15. September 1889, in Wiard v. Klopp (Hg.), »Briefe des Grafen Gustav Blome an den Freiherrn Karl von Vogelsang«, *JLG*, 1928, S. 294–295 (»Schneider ist keine unbedenkliche Persönlichkeit. Die reichen Geldmittel unseres Freundes [Alois Liechtenstein, Anm. d. Verf.] fänden wahrlich angemessenere Verwendung als für hochfliegende Pläne unter solchem Einflusse«). Siehe auch Bloch, *Erinnerungen*, S. 289–95. Nach der Machtübernahme der Christlichsozialen Partei 1896 besserte sich Schneiders Finanzlage, seine Position blieb aber weiterhin marginal, schon aufgrund seines chronischen Alkoholismus und seines aggressiven Auftretens.

99 Vgl. Schneiders Briefe an Schönerer, 4. April 1882 u. 16. Juni 1882, *NL Pichl*, Karton 40.
100 Siehe Leopold Hollomay, *Der Mechaniker Schneider und sein Anti-Semitismus* (Wien 1886), S. 12–14. Lueger sagte angeblich Ähnliches: »Man muss in Gegenwart Schneiders sehr vorsichtig sein; denn man weiß nicht ob dieser Mann nicht ein Agent der ›Vaterland‹-Partei oder ein agent provocateur der Polizei oder möglicherweise beides ist.« Bloch, *Erinnerungen*, S. 289–90. Lueger teilte Vogelsang mit, er [Vogelsang] sei der Einzige, auf den Schneider höre und bat ihn um seine Mithilfe dabei, Schneider unter Kontrolle zu halten. Lueger an Vogelsang, 12. Oktober 1888, Mappe 22, Nr. 271, *NL Vogelsang*.
101 Schneider an Vogelsang, 14. März 1883, Nr. 164, und 22. März 1883, Nr. 166, Mappe 12, a.a.O.
102 Schneider an Vogelsang, 7. Juni 1884, Nr. 43, und 8. August 1884, Nr. 174, a.a.O.
103 Schneider prahlte Vogelsang gegenüber mit seinem Talent, finanziell weniger gut gestellte Handwerker zu einem Beitritt zum Verein zu bewegen. Schneider an Vogelsang, 7. Juni 1884, Nr. 43, a.a.O., besonders S. 6, wo er behauptet, er habe 107 neue Mitglieder für den Reformverein angeworben.
104 Siehe *Tribüne*, 14. November 1882, S. 2. Zum Status und der Organisation der Wiener Tschechen als Handwerksmeister siehe Monika Glettler, *Die Wiener Tschechen um 1900. Strukturanalyse einer nationalen Minderheit in der Großstadt* (München und Wien 1972), S. 64–68, 182–224, 486–87. Glettler stellt fest, dass die bürgerlichen Tschechen in den wirtschaftlich unabhängigen Kategorien sehr lange zur Schaffung spezifisch tschechischer beruflicher und politischer Organisationen brauchten (S. 127, 206–7).
105 *ÖV*, 9. März 1884, S. 4–5; 16. März 1884, S. 4–5; 23. März 1884, S. 4; 30. März 1884, S. 4; *KVZ*, 11. März 1884, S. 3 (wo Lueger sich selbst als »Antikorruptionist« bezeichnet); 13. März 1884, S. 4. Zu Schneiders Verhandlungen siehe Schneider an Vogelsang, 8. April 1884, Mappe 12, Nr. 39, *NL Vogelsang*.
106 Als Pattai 1885 ins Parlament einzog, weigerte er sich, Schönerers Klub beizutreten, was ihm heftige Anschuldigungen seitens der Großdeutschen wegen »Verrats« eintrug. Pattai seinerseits bestand darauf, dass das Versprechen von 1884 im Jahr 1885 keine Geltung mehr habe. *ÖR*, 10. Jänner 1886, S. 1–2; *ÖV*, 22. November 1885, S. 7–8; *UDW*, Nr. 22, 1885, S. x.
107 *UDW*, Nr. 2, 1885, S. VI-VII.
108 Pichl, *Schönerer*, 2: 45–46; Hron, *Bewegung*, S. 54–55; *V*, 8. Februar 1885, S. 5.
109 *UDW*, Nr. 10, 1885, S. vii-viii; Nr. 10, 1886, S. C-CI: Schneider an Vogelsang, 9. Februar 1885, Mappe 12, Nr. 177, *NL Vogelsang*.
110 Siehe *ÖR*, 10. Jänner 1886, S. 1; 25. April 1886, S. 1–2; *DV*, 25. April 1890 (M), S. 4.
111 Die letzte Szene des Satyrspiels *Reformverein* fand im April 1886 statt, als die meisten Mitglieder der Pattai-Fraktion aus dem Verein austraten. Anlass dazu war eine stürmische Sitzung, in der Hollomay Schneider Betrug und andere Verfehlungen vorwarf. Mit diesem Aderlass war der Verein tot. Siehe *ÖR*, 25. April 1886, S. 2; Cornelius Vetter, *Nur für Mechaniker Schneider. Eine Erwiderung* (Wien 1886), S. 4–18.
112 *ÖR*, 31. Oktober 1886, S. 1. Ein weiterer, dritter, wurde in Alsergrund im Mai 1887 ins Leben gerufen. *V*, 29. Mai 1887, S. 9–10.
113 Schneider an Vogelsang, 2. September 1885, Nr. 177, *NL Vogelsang*. Ein Bericht der Wiener Handelskammer von 1892 kommentierte die Situation der Tischler wie folgt: »Die kleinen Meister leiden überaus schwer unter dem Druck der Großtischlereien mit maschinellem Betriebe, und wird neuerlich erklärt, dass sie mit denselben, wenn ihnen nicht in irgend

einer Weise Schutz oder Hilfe geboten wird, nicht concurrieren können.« *BHGK*, 1892, S. 354.
114 *BHGK*, 1890, S. xxvii.
115 Die rapide Zunahme in der Zahl der Handwerksbetriebe, die für die Jahre 1883–84 in vielen Gewerben festzustellen ist, geht wohl auf das Bestreben der Gesellen zurück, sich als Meister eintragen zu lassen, bevor die Vorschriften der Gewerbeordnung von 1883 in Kraft traten.
116 Weiskirchner, »Das Hutmachergewerbe«, S. 38.
117 *SJ*, 1894, S. 502.
118 Philippovich, »Referat«, S. 81; Waentig, *Mittelstandspolitik*, S. 401–19.
119 *AZ*, 10. September 1896, S. 2.
120 *BHGK*, 1895, S. xlviii.
121 *SJ*, 1891, S. 451.
122 *AZ*, 5 Juli 1896, S. 5. Viele Zunftvorsteher kamen aus bescheidenen wirtschaftlichen Verhältnissen; für sie bot sich die Zunftadministration als idealer Weg zu sozialer Mobilität und mindestens lokalem Prestige an. Siehe Schwiedland, *Kleingewerbe*, 2: 89.
123 Im Jahr 1890 hatten vier Zünfte ihre eigene Zeitung; bis 1900 war diese Zahl auf sechzehn angewachsen und schloss alle größeren Zünfte mit ein, wie die Schneider, die Bäcker und die Klempner.
124 *BHGK*, 1895, S. xlvii; 1896, S. lxi.
125 Schneider an Vogelsang, 8. August 1884, Mappe 12, Nr. 174, *NL Vogelsang*.
126 Diese Entscheidung wurde von Schneider 1889 ausdrücklich gutgeheißen: *DV*, 8. März 1889 (A), S. 3. Siehe auch Schneider an Vogelsang, 21. Jänner 1889, Nr. 192–93, *NL Vogelsang*: »Ich habe weiter gearbeitet, habe meine Thätigkeit in anderer Weise entfaltet ... und im Stillen eine neue gewerbliche Organisation geschaffen.«
127 Schneider an Vogelsang, 22. Juni 1890, Nr. 208, *NL Vogelsang*.
128 *MP*, 9. April 1873, S. 2.
129 *AZ*, 27. September 1889, S. 7; 3. Jänner 1890, S. 9; 10. Jänner 1890, S. 1–2. Ursprünglich war die Reaktion auf die Zunftordnung von 1883 eine negative gewesen, und viele Arbeiter weigerten sich, den Gehilfenversammlungen beizutreten. Gegen Ende der 1880er erkannten jedoch die Sozialisten, dass diese Vereine ein wertvolles Terrain für Werbezwecke und die Rekrutierung von Wählern darstellten. Das Misstrauen, das den Gehilfenversammlungen entgegengebracht wurde, konnte zwar nie gänzlich ausgemerzt werden, die Handwerksarbeiter begannen aber doch, die offenkundigen Möglichkeiten, die sie ihnen hinsichtlich ihrer Organisation boten, auszunützen. Schwiedland, *Kleingewerbe*, 2:89–93.
130 Schwiedland, *Kleingewerbe*, 2:92. Mit guten Gründen, berichtet Franz Juraschek doch, dass die Zahl der Tuberkulosefälle – und überhaupt die Sterblichkeit in den handwerklichen Werkstätten – oft viel höher war als in den Fabriken. Siehe seinen Artikel »Zur Statistik der Sterblichkeit der arbeitenden Classen«, *SM* 19 (1893): 425–26, 433.
131 *AZ*, 17. April 1891, S. 3
132 *AZ*, 8. Juli 1896, S. 6; *DZ*, 5. Juli 1896, S. 5.
133 *DZ*, 24. Juli 1896, S. 3.
134 *Tagebuch*, Eintragungen vom 30. Dezember 1884 und 2. August 1886. In einer weiteren Eintragung vom 6. August 1887 notierte Belcredi, dass »Freimaurer und Juden ... den armen Mann schon fast um alle Kunden gebracht [haben] und ... ihn noch zum Bettler machen [werden]. Ihre Macht und Rachsucht ist schrecklich, und ihr Einfluss auf die Regierung zeigt

sich dadurch, dass ihm die Kundschaft fürs militär-geographische Institut schon im vorigen Jahre gekündigt wurde und Ähnliches jetzt vom Kriegs-Ministerium geschah.«

135 Franz Joseph Rudigier (1811–1884) wurde 1853 zum Bischof von Linz geweiht. Im September 1868 legte er Protest gegen die von den Liberalen eingebrachte Gesetzgebung zur Schulpolitik, zur Ehe und zu den Beziehungen zwischen den Konfessionen ein und rief zum Widerstand gegen diese sogenannten Maigesetze auf. Rudigier wurde im Juli 1869 wegen des Verbrechens der Störung der öffentlichen Ruhe zu 14 Tage Gefängnis verurteilt, von Kaiser Franz Joseph allerdings sofort pardoniert.

136 Zum Rückgang bei den Anmeldungen für die Priesterseminare in dieser Zeit siehe F. Franke, »Der Säcular Clerus Oesterreichs im Jahre 1875«, *SM* 3 (1877): 277. Die Zahl der Anmeldungen fiel von 2.669 im Jahr 1870 auf 1.754 im Jahr 1875, ein Rückgang von 35% in fünf Jahren. Für einen guten allgemeinen Überblick zum Wiener Klerus siehe Johann Weissensteiner, »Vom josephinischen Staatsbeamten zum Seelsorger der lebendigen Pfarrgemeinde. Zur Geschichte des Wiener Diözesanklerus von der josephinischen Pfarrregulierung bis zur Diözesansynode von 1937«, *RQ*, 87 (1992): 295–331; und William D. Bowman, *Priest and Parish in Vienna, 1780 to 1880* (Boston 1999).

137 Anton Erdingers Kommentar in *TPQS*, 29 (1876): 283.

138 Eine Auflagenstatistik findet sich im *CB*, 1884, Literaturblatt, Nr. 1, S. 1; 1886, S. 778; 1887, S. 781.

139 Scheichers Autobiographie, *Erlebnisse und Erinnerungen* (6 Bde., Wien 1907–12) illustriert die Offenheit und relative Flexibilität der Priesterseminare nach 1855 verglichen mit den Zuständen im System des Vormärz.

140 Zu Scheicher siehe seine *Erlebnisse*; Hedwig David, »Joseph Scheicher als Sozialpolitiker«, Dissertation, Universität Wien 1946; Josef Kendl, »Joseph Scheicher«, Dissertation, Universität Salzburg, 1967; und Josef Wagner, »Joseph Scheicher«, *Hochland* 24 (1926–27): 406–16. Der General des Ordens der Jesuiten in Rom stellte 1940 fest, dass Scheicher zu seinen Lebzeiten der einflussreichste Priester in der Monarchie gewesen war. (David, »Scheicher«, S. 115).

141 Zum »Frintaneum« siehe Walter Goldenits, »Das höhere Priesterbildungsinstitut für Weltpriester zum heiligen Augustin in Wien oder das ›Frintaneum‹ bzw. das ›Augustineum‹.« Dissertation, Universität Wien, 1969.

142 *SPNÖ*, I, 1890, S. 498.

143 *Erlebnisse*, 1:151; 2:9–16.

144 Zu den politischen Aspekten der Bischofsernennungen siehe Edith Sauer, *Die politischen Aspekte der österreichischen Bischofsernennungen, 1867–1918* (Wien 1968).

145 Selbst während der Periode des Konkordats gab es latente Unzufriedenheit mit der Politik des Episkopats. Siehe Erika Weinzierl-Fischer, *Die österreichischen Konkordate von 1855 und 1933* (Wien 1960), S. 97–98.

146 Friedrich Engel-Janosi, *Österreich und der Vatikan, 1846–1918* (2 Bde., Graz 1958–60), 1: 276.

147 Zur Lage in Tirol siehe Richard Schober, »Die Tiroler Konservativen in der Ära Taaffe«, *MÖSTA* 29 (1976): 258–314.

148 Siehe Julius Bombiero-Kremanać, »Die Entwicklung der staatlichen Kongrua-Gesetzgebung in Österreich«, *ZSSR*, Kanonistische Abteilung, 12 (1922): 110–67; und die Artikel »Kongrua« und »Religionsfonds« in *Österreichisches Staatswörterbuch* (4 Bde., Wien 1905–9).

149 *CB*, 1884, Beilage, im Anschluss an S. 408.
150 *CB*, 1884, S. 441–42, 457–58.
151 *CB*, 1884, S. 293–94.
152 *CB*, 1885, S. 52; 1884, S. 427; 1883, S. 347, 436.
153 *CB*, 1883, S. 269–70; 1888, S. 679–80; 1894, S. 161–63; 1896, S. 733.
154 *SP*, 1882, S. 1261–63.
155 *CB*, 1892, S. 583; 1887, S. 254; 1894, S. 812, 206.
156 *CB*, 1894, S. 162; 1896, S. 179.
157 *CB*, 1896, S. 734, 865; 1897, S. 18.
158 *CB*, 1896, S. 734, 865. Zu dem Gefühl der Unsicherheit, das viele Kleriker angesichts der städtischen Arbeiterklasse überkam, siehe Heinrich Swoboda, *Großstadtseelsorge* (Regensburg 1909), S. 11.
159 *CB*, 1893, S. 341–42.
160 *CB*, 1894, S. 11–15.
161 *CB*, 1890, S. 3, 531–32.
162 Scheicher bestätigte die Bedeutung der Rolle Schönerers, der bei vielen Klerikern das Interesse am Antisemitismus stimulierte. *Erlebnisse*, 4: 167–72.
163 Hans Schmitz, »Aus S. Abels Erinnerungen an die christlichsoziale Frühzeit«, *VW* 14 (1923): 342–43. Zu Abel siehe Ernst Karl Winter, »Abel«, in *Staatslexikon* (5 Bde., Freiburg i. B., 1926), 1:1; *Die Fackel*, Nr. 22, 1899, S. 10–20.
164 Zu Deckert siehe J. W. Boyer, »Catholic Priests in Lower Austria: Anti-Liberalism, Occupational Anxiety, and Radical Political Action in Late Nineteenth Century Vienna«, *PAPS* 118 (1974): 337ff. Die meisten von Deckerts Pamphleten erschienen zuerst in seinem Journal, *Der Sendbote des heiligen Joseph*.
165 Siehe Joseph Deckert, *Türkennoth und Judenherrschaft* (Wien 1894), S. 10–17.
166 A.a.O., S. 23. Siehe auch ders., *Kann ein Katholik Anti-Semite sein?* (Dresden 1893), S. 30–40.
167 *CB*, 1891, S. 310; 1896, S. 1–3; 1888, S. 522–23.
168 *Erlebnisse*, 4:47; ders., »Kirchliche Zeitläufe«, *TPQS* 38 (1885): 687; Johann Prammer, »Konservative und christlichsoziale Politik im Viertel ob dem Wienerwald.« Dissertation, Universität Wien, 1973, S. 140–46.
169 *CB*, 1890, S. 2.
170 *CB*, 1890, S. 629; 1891, S. 310.
171 *CB*, 1888, S. 3–4.
172 *Rp*, 24. Oktober 1894, S. 5.
173 Siehe J6 ad 7723/1895 (Nr. 8096 und 8396) und B2 ad 7831/1895, *NÖLA*.
174 Siehe Friedrich Gustav Piffl, »Tagebuch, 1894–1901«, Eintrag vom 27. Oktober 1894, *EBDA*. Ein ähnliche Aussage bei Karl Hilgenreiner, »Lebenserinnerungen«, *KK*, 32 (1938): 160, zitiert in Barbara Schmid-Egger, *Klerus und Politik in Böhmen um 1900* (München 1974), S. 69.
175 *ÖV*, 21. September 1890, S. 2. Vergleiche auch Josef Dittrichs Entlastungsangriffe in seiner Wahlwerbung, als er im Wahlkreis Leopoldstadt 1897 für den Reichsrat kandidierte: *Das Echo*, 20. März 1897, S. 1.
176 Gustav Kolmer, *Parlament und Verfassung in Österreich* (8 Bde., Wien 1902–14), 5: 6.
177 *WD*, 1891, S. 37–41.

178 *WD*, 1892, S. 97; 1893, S. 48.
179 Die Jednota katolického duchovenstva war eine 1895 gegründete Berufsorganisation des tschechischen katholischen Klerus. 1907 wurde sie vom Prager Erzbischof Kardinal Leo Skrbensky wieder aufgelöst. Siehe Ludvik Nemec, »The Czech Jednota, the Avant-Garde of Modern Clerical Progressivism and Unionism«, *PAPS*, 112 (1968): 74–100.
180 A8131, 6. September 1894, Öst.75/Bd. 5, *PAAA*. Erich Kielmansegg, der 1895 zunächst Innenminister und dann Ministerpräsident Österreichs war, behielt die Radikalisierung des Klerus sorgsam im Auge; die Polizei desgleichen. Aber ohne Kooperation seitens der kirchlichen Behörden der Erzdiözese konnten sie nur wenig tun. Siehe J6 ad 7723/1895 (Nr. 8096 und 8396); B2 ad 7831/1895, *NÖLA*.
181 Saurer, *Die politischen Aspekte*, S. 39–40 (zu Rösslers Ernennung zum Bischof 1894); A8131, 6. September 1894, PAAA (zu Puzynas Ernennung zum Erzbischof 1894).
182 Pichl, *Schönerer*, 3: 100, 104, 353. Das »praktische Christentum« blieb Teil des antisemitischen Vokabulars bis lange nach 1900.
183 Johannes Moritz, »Dr. Ludwig Psenner – von der antisemitischen Volksbewegung zur christlichsozialen Reform«, Dissertation, Universität Wien, 1962, S. 57–59.
184 a.a.O., S. 70: »War Psenner überzeugt, dass dem Antisemitismus ein positiver Grund, ein sittliches Ziel gesetzt werden müsste.«
185 *ÖV*, 20. Oktober 1889, S. 1–4.
186 *V*, 30. April 1887, Beiblatt, S. 3; *ÖV*, 13. März 1887, S. 1; 1. Mai 1887, S. 4–5.
187 *V*, 12. Mai 1887, S. 6.
188 Pattai an Schneider, 28. Mai 1884, Mappe 21, Nr. 220, *NL Vogelsang*.
189 Schneider an Vogelsang, 14. März 1883, Nr. 164; 28. Mai 1887, Nr. 181 (»liberale und liberalste Pfaffen«); 31. Dezember 1886, Nr. 24; 9. Jänner 1888, Nr. 185, a.a.O. Siehe auch den Brief im *ÖV*, 3. April 1887, S. 5–6, mit Kritik an Priestern, die mit Juden verkehren.
190 Siehe Stefan Grossmanns Interview mit Bielohlawek in *Z*, 19. Februar 1898, S. 124. Grossmann versuchte, Bielohlawek mit Fangfragen in Verlegenheit zu bringen, aber Bielohlaweks angeborener politischer Verstand und seine Geistesgegenwart standen ihm stets zu Gebote.
191 Siehe Franz Eichert, »Mein Lebenslauf«, in *Sänger und Prophet. Gedenkblätter zum 70. Geburtstage des Dichters Franz Eichert* (Innsbruck 1927), S. 41. Eichert war ein Protegé von Heinrich Abel und später Mitarbeiter von Richard von Kralik in der Gralsbewegung.
192 Waentig, *Mittelstandspolitik*, S. 115.
193 *ÖV*, 13. Juli 1890, S. 1. Eine ähnliche Sicht der Handwerkerbewegung findet sich im *WGGT*, 26. Feb. 1895, S. 2.
194 Wiard von Klopp, *Leben und Wirken des Sozialpolitikers Karl Freiherrn von Vogelsang* (Wien 1930), S. 196. [Für den Abschnitt über Karl von Vogelsang stand mir mit freundlicher Erlaubnis von Prof. Thomas Grischany seine Übersetzung zur Verfügung. Anm. d. Übers.]
195 a.a.O., S. 230.
196 a.a.O., S. 293. Egbert Graf Belcredis privates *Tagebuch* ist voller Klagen über die fehlende Bereitschaft des Hochadels, das *Vaterland* zu unterstützen, und über die Angst des Hochadels vor allem, was nur entfernt nach radikaler Sozialpolitik aussah. Siehe die Eintragungen vom 8. Juni 1890 und 8. Oktober 1890 (»Jeder Sozialreformer gilt ihnen als höchst bedenkliches Individuum«). Ab September 1890 leisteten nur 7 der 34 österreichischen Bischöfe und nur 65 Aristokraten (von insgesamt Tausenden) finanzielle Beiträge. Eintrag vom 24. September 1890.

197 Gessmann an Vogelsang, ohne Datum [zwischen 1884 und 1886], Mappe XXII/89, *NL Vogelsang*.
198 Egbert Graf Belcredi, *Tagebuch*, Eintrag vom 28. April 1890.
199 Siehe *AZ*, 14. November 1890, S. 4; Victor Adler, *Aufsätze, Reden und Briefe* (8 Bde., Wien 1924–1928), 8: 352ff; *MCSR*, 11 (1889): 352–358.
200 Otto Bauer, »Das Ende des christlichen Sozialismus«, in Otto Bauer, *Werkausgabe* (9 Bde., Wien 1975–80) 8: 519–520.

KARL LUEGER UND DIE RADIKALISIERUNG DER WIENER DEMOKRATIEBEWEGUNG

1 Die Literatur über Lueger ist riesig. Für die Grunddaten seiner Biografie, siehe Rudolf Kuppe, *Karl Lueger und seine Zeit* (Wien 1933); Kurt Skalnik, *Dr. Karl Lueger. Der Mann zwischen den Zeiten* (Wien 1954); Heinrich Schnee, *Karl Lueger* (Berlin 1960); ders., »Die politische Entwicklung des Wiener Bürgermeisters Dr. Karl Lueger«, *HJ* 76 (1956); Benno Ninkov, »Die politischen Anfänge Dr. Karl Luegers im Lichte der Wiener Presse«, Dissertation, Universität Wien, 1946; Gertrud Stöger, »Die politischen Anfänge Luegers«, Dissertation, Universität Wien, 1941; Gertrud Schmitz, »Die Entwicklungsgeschichte der christlichen Volksbewegung in Österreich«, Dissertation, Universität Wien, 1938; Margot Kunze, »Dr. Karl Lueger als Gemeinderat von 1875-1896«, Dissertation, Universität Wien, 1968; Karen B. Brown, *Karl Lueger, the Liberal Years: Democracy, Municipal Reform, and the Struggle for Power in the Vienna City Council, 1875-1882* (New York 1982); und Richard S. Geehr, *Karl Lueger: Mayor of fin de siècle Vienna* (Detroit 1990).
2 Siehe Harold Lasswell, *Power and Personality* (New York 1948), S. 47.
3 Lueger ehrte einmal Josef Nikola mit Worten, die den hohen Wert, der für ihn mit sozialem Aufstieg verbunden war, deutlich machen: »Er ist einer der Wenigen, denen es gegönnt war, durch eigene Kraft und Tüchtigkeit sich beinahe auf allen Gebieten des menschlichen Lebens eine Achtung gebietende Stellung zu erringen.« *KVZ*, 17. Juli 1880, S.3.
4 Franz Stauracz, *Dr. Karl Lueger. Zehn Jahre Bürgermeister* (Wien 1907), S. 16–18.
5 Kuppe, *Lueger*, S. 15. Im Dezember 1870 gehörte Lueger zur österreichischen Fraktion der Universitätsstudenten in den Diskussionen über die Rolle Österreichs im Französisch-Preußischen Krieg. Siehe Eduard Leisching, *Ein Leben für Kunst und Volksbildung, 1858–1938* (Wien 1978), S. 28. Ein ehemaliger Studienkollege Luegers erinnerte sich 1895 daran, wie Lueger ein deutschnationale Versammlung der Burschenschaft *Silesia* im Jahr 1871 störte und die deutsche Fahne ein Produkt »despotischer Willkür« nannte. *NFP*, 18. April 1895 (M), S. 3.
6 *Rp*, 10. März 1910, Beilage, S. 2; Kuppe, *Lueger*, S.18.
7 Kuppe, *Lueger*, S. 10; *Rp*, 10. März 1910, Beilage, S. 3–8.
8 Kuppe, *Lueger*, S. 71; Harold D. Lasswell, *Power and Personality* (New York 1948), S. 50–51.
9 Erich Kielmansegg, *Kaiserhaus, Staatsmänner, und Politiker. Aufzeichnungen des k.k. Statthalters*. Walter Goldinger (Hg.), (Wien 1966), S. 384, 389–91, 404, 407.
10 Zur Geschichte Wiens zwischen 1861 und 1890 siehe Maren Seliger und Karl Ucakar, *Wien. Politische Geschichte 1740–1934* (2 Bde., Wien 1985), 1: 339–630; und Wolfgang Maderthaners behutsamer Überblick in Peter Csendes und Ferdinand Opll, (Hg.), *Wien. Geschichte einer Stadt* (3 Bde., Wien 2001–2006), 3: 175–207; auch Felix Czeike, *Wien und seine Bür-*

germeister. 7 Jahrhunderte Wiener Stadtgeschichte (Wien 1974), S. 301–337; Rudolf Till, *Geschichte der Wiener Stadtverwaltung in den letzten zweihundert Jahren* (Wien 1957), S. 66–101; Gertrude Hahnkamper, »Der Wiener Gemeinderat zwischen 1861 und 1864«, Dissertation Universität Wien, 1973; und Brigitte Fiala, »Der Wiener Gemeinderat in den Jahren 1879 bis 1883«, Dissertation, Universität Wien, 1975.

11 Siehe Cajetan Felder, *Erinnerungen eines Wiener Bürgermeisters*. Hg. Felix Czeike (Wien 1964), S. 282ff.; Till, *Geschichte*, S. 72ff.

12 Siehe Seliger und Ucakar, *Wien 1*: 594–97, 603–10. Das intellektuelle Niveau der liberalen Mitglieder des Gemeinderats sank im Lauf der Zeit, als es weniger attraktiv wurde, dieser Körperschaft anzugehören. Siehe Felder, *Erinnerungen*, S. 174; Sigmund Mayer, *Ein jüdischer Kaufmann, 1831 bis 1911* (Leipzig, 1911), S. 249; Kielmansegg, *Kaiserhaus*, S. 381.

13 1874 hatte die *Äusserste Linke* dreißig Mitglieder, von denen zwanzig Gewerbetreibende waren; der Rest waren Freiberufler oder Beamte. *DEZ*, 2. Mai 1874, S. 3. Zur Geschichte der demokratischen Bewegung siehe a.a.O., 3. Jänner 1874, S. 3; 13. Juni 1874, S. 2; 30. Jänner 1875, S. 1f. Der Vorsitzende der Demokratischen Gesellschaft war Johann Schrank, Lehrer an einer Handelsschule.

14 *F*, 19. März 1882, S. 1–2; vgl. auch die Berichte lokaler liberaler Vereine wie z.B. den *Bericht über die Thätigkeit des politischen Vereins »Eintracht« im VIII. Bezirke in den Jahren 1873–1884* (Wien 1884) und *Der Verein der Verfassungsfreunde im VII. Bezirke von 1873–1888. Eine Vereins-Chronik* (Wien 1888).

15 Zum Programm der Demokraten siehe *MP*, 27. April 1873; S. 2–3. Zur demokratischen Bewegung als Nachlassverwalterin des März 1848, siehe *DEZ*, 14. März 1874, S.1; 11. April 1874, S. 2. Der Antiklerikalismus der Wiener Demokraten war ungewöhnlich scharf, möglicherweise weil sie sich herausgefordert fühlten, auch in dieser Hinsicht das Gros der Liberalen zu übertrumpfen. Siehe z.B. *KVZ*, 17. April 1872, S. 2 (gegen die Jesuiten).

16 Für Beispiele von Konfrontationen zwischen Meistern und Gesellen, auf die die Demokraten, die es beiden Seiten recht machen wollten, keine Antwort wussten, siehe *MP*, 9. April 1873, S. 2–3; 20. April 1873, S. 3. Siehe auch Klausjürgen Miersch, *Die Arbeiterpresse der Jahre 1869 bis 1889 als Kampfmittel der österreichischen Sozialdemokratie* (Wien 1969), S. 13–22.

17 Siehe *DEZ*, 3. Jänner 1874, S.2; *KVZ*, 13. April 1873, S. 2–3.

18 *MP*, 5. April 1873, S. 2; 9. April 1873, S. 4–5.

19 Felder, *Erinnerungen*, S. 214. Zu den organisatorischen Problemen der Partei, siehe *MP*, 6. März 1873, S. 2; 12. März 1873, S. 1–2; *F*, 23. Jänner 1881, S. 1–3; 19. März 1882, S. 1. Zur Wahlbeteiligung in den 1870ern siehe *KVZ*, 29. September 1880, S. 2 (»Statistisches über die Wiener Gemeinderaths-Wahlen«).

20 *DEZ*, 29. Mai 1875, S. 3–4; *NWT*, 22. April 1875, S. 2–3. In der Gemeinderatswahl von 1875 gewannen die Demokraten 9 von den 13 Mandaten, um die sie sich bewarben.

21 *NWT*, 3. Jänner 1874, S. 3; *NWT*, 22. April 1876, S. 4; (A), S. 2–3.

22 *Statistik der Wahlen für den Gemeinderath der Reichshaupt- und Residenzstadt Wien in den Jahren 1861 bis 1880* (Wien 1880), S. 15.

23 Siehe das *Gedenkblatt zum vierzigjährigen Bestande des politischen Fortschritts-Vereins ›Eintracht‹ im 3. Bezirke, 1872–1912* (Wien 1912), S. 1–2.

24 Kuppe, *Lueger*, S. 28, 100, 190–92.

25 Siehe den Kommentar zu Luegers Verhalten in *NWT*, 7. September 1876, S. 3, und Felder, *Erinnerungen*, S. 152, 215–16, 296–300.

26 *NWT*, 15. Oktober 1875, S. 2; 29. Oktober 1875, S. 2–3; 30. Oktober 1875, S. 3–4; Kunze, »Lueger«, S. 19–20.
27 Felder, *Erinnerungen*, S. 222ff., 294ff.; *PSWG*, 1875, S. 399–401, 451–453; *BSWG*, 1876, S. 1155–1179; und die breit angelegte Kritik in *F*, 20. Mai 1877, S. 1–2.
28 Der *Fortschritt* veröffentliche eine Serie von dreizehn Artikeln, die sich mit den Stilmitteln des Aufdeckungsjournalismus mit dem Zentralfriedhof-Debakel beschäftigte und vom 8. Oktober 1876 bis zum 4. Februar 1877 lief. Zu Luegers diesbezüglicher Attacke auf Felder siehe *MP*, 14. Oktober 1876, S. 2–3.
29 *MP*, 30. Dezember 1875, S. 2; *NWT*, 30. Dezember 1875, S. 3; *BSWG*, 1875, S. 1373–1378 (Mandl) und S. 1380–1382 (Lueger).
30 Felder, *Erinnerungen,* S. 296–97.
31 *BSWG*, 1876, S. 956–958; *NWT*, 6. September 1876, S. 2–3; Felder, *Erinnerungen*, S. 297.
32 *NFP*, 10. Oktober 1875 (M), S. 5; 17. Oktober 1875 (M), S. 5–6; *NWT*, 17. Oktober 1876, S. 2–3; 21. Oktober 1876, S. 3; *PSWG*, 1876, S. 341–342, 416.
33 *MP*, 5. März 1878, S. 2.
34 Mayer, *Ein jüdischer Kaufmann*, S. 253–55.
35 Zu Neuraths Werk siehe Wilhelm Neurath, *Volkswirtschaftliche und Socialphilosophische Essays* (Wien 1880).
36 *MP*, 4. März 1878, S.3.
37 Siehe Mandls eigene Darstellung der Anfänge seiner Laufbahn in *F*, 22. Februar 1885, S. 3–6, bes. S. 4; Mayer, *Ein jüdischer Kaufmann*, S. 254.
38 Siehe *F*, 6. März 1881, S. 2. Lueger kritisierte auch bereits 1878 die in englischem Eigentum befindliche Gasgesellschaft scharf, verlangte aber erst 1884 ihre Überführung in das Eigentum der Stadt. Siehe Kunze, *Lueger*, S. 147–154.
39 *BSWG*, 1876, S.1165.
40 Seliger und Ucakar, *Wien* 1: 614–16.
41 Siehe Felder, *Erinnerungen*, S. 202, 218–29; *MP*, 6. März 1875, S. 2. Die Munizipalisierung des Gaswerks stieß nach 1873 auf beträchtliche Skepsis. Ein Kommentar in der *MP* 1875 war typisch: »Wir haben nie ein Hehl daraus gemacht, dass wir die Erbauung und den Betrieb städtischer Gasanstalten für die allerunglücklichste Lösung unserer Beleuchtungsfrage halten, und werden im Interesse der bedrohten Steuerträger nicht aufhören, gegen die fixe Idee des Herrn Julius Hirsch Front zu machen.« 13. März 1875, S. 2.
42 Felder, *Erinnerungen,* S. 175–76, 191–93, 228, 287–89.
43 *MP*, 14. März 1878, S.2; *F*, 31. Dezember 1876, S. 2.
44 Siehe »Felder's Dictatur«, *DEZ*, 23. Jänner 1875, S. 3.
45 *NWT*, 17. März 1878, S. 2; *MP*, 12. April 1878, S. 2; Cajetan Felder, »Die Infamien des Dr. Johann Nep. Prix: Meine Rechtfertigung«, *HS*, I.N. 244.956, S. 11.
46 *NWT*, 10. Februar 1878, S. 3.
47 Zu Newald siehe Czeike, *Wien und seine Bürgermeister,* S. 321–28, und Helmut Kretschmer, »Dr. Julius Newald. Bürgermeister von Wien«, Dissertation, Universität Wien, 1971.
48 Siehe Seliger und Ucakar, *Wien* 1: 596–97. Der erste Vorsitzende war Johann Schrank. Lueger war anfangs einer der stellvertretenden Vorsitzenden.
49 Zu Luegers Programm, das im August 1880 abgeändert wurde, siehe *KVZ*, 12. September 1880, S. 1–2; *F*, 12. September 1880, S. 3–4; Kuppe, *Lueger*, S. 51–52, 56–57.
50 *KVZ*, 26. Mai 1880, S.2.

51 Siehe Klagschrift gegen Löblich in »Dürbeck contra Löblich«, *F*, 23. Jänner 1881, S. 2–3.
52 *KVZ*, 6. März 1883, S. 3; 7. März 1883, S. 3–4; 8. März 1883, S. 3–4; *F*, 23. Jänner 1881, S. 1–3.
53 Siehe den Kommentar in der *KVZ*, 7. März 1880, S. 2.
54 a.a.O., 24. September 1880, S. 2; 25. September 1889, S. 4; 1. Oktober 1880, S. 4.
55 *KVZ*, 3. Juli 1881, S. 2; Kuppe, *Lueger*, S. 61.
56 *F*, 23. Jänner 1881, S. 1–2; 30. Jänner 1881, S. 1; Kuppe, *Lueger*, S. 59–60.
57 Zum Feuer und seinen Auswirkungen im Allgemeinen siehe Fiala, »Gemeinderat«, S. 211ff., und Czeike, *Wien und seine Bürgermeister*, S. 327ff.
58 *NFP*, 15. Dezember 1881, S. 7.
59 *PSWG*, 1881, S. 625, 648–649, 670–671.
60 *WZ*, 5. Jänner 1881, S. 1.
61 *BSWG*, 1882, S. 79–83, 129–133; *PSWG*, 1882, S. 43–47, 65–69.
62 Siehe *F*, 15. Jänner 1882, S. 1.
63 *KVZ*, 23. Jänner 1882, S. 1; 31. Jänner 1882, S. 2.
64 Siehe Kuppe, *Lueger*, S. 60–61, 65–66. Zu Luegers Zorn, siehe Mayer, *Ein jüdischer Kaufmann*, S. 256, und Scheicher, *Erlebnisse*, 4: 416.
65 *KVZ*, 7. Februar 1882, S. 1.
66 *KVZ*, 6. Februar 1882, S. 1; 8. Februar 1882, S. 3; *F*, 12. Februar 1882, S. 1–4; *V*, 6. Februar 1882, S. 4.
67 Kielmansegg, *Kaiserhaus*, S. 365–66, 374. Vgl. auch die Debatte in *F*, 25. September 1881, S. 2–3.
68 Zur Geschichte der Konstruktion und Finanzierung der Stadtbahn siehe Gustav Gerstel, *Der Betrieb der Wiener Stadtbahn* (Wien 1898), und Hugo Koestler, »Die Wiener Stadtbahn«, in *Geschichte der Eisenbahnen der oesterreichisch-ungarischen Monarchie* (4 Bde., Wien 1898–1919), 1/2: 429–66; und Seliger und Ucakar, *Wien* 1: 555–60. Die Pläne für die Stadtbahn wurden schließlich 1892 vom Gemeinderat gebilligt.
69 Im Prozess wurden die Aussagen Luegers für unglaubwürdig erklärte; trotzdem ist die Bezeichnung »Vertuschung« vielleicht zu stark. Er wurde zu einer Geldstrafe von 100 fl. verurteilt. Das Gericht der nächsthöheren Instanz verwarf das Urteil einen Monat später. *KVZ*, 2. März 1882, S. 1–2; 3. März 1882, S. 2–3; 2. April 1882, S. 7.
70 Stöger, »Die politischen Anfänge Luegers«, S. 79.
71 *KVZ*, 7. März 1882, S. 2–3; Kuppe, *Lueger*, S. 71–72.
72 *KVZ*, 12. Oktober 1880, S. 4; 26. November 1880, S. 3.
73 *F*, 12. Februar 1882, S. 2.
74 Karl Renner, *An der Wende zweier Zeiten. Lebenserinnerungen* (2. Aufl., Wien 1946) S. 233; Bloch, *Erinnerungen*, S. 243, 246.
75 Die beste Quelle für Luegers Reden vor 1890 ist *V*, danach *DV* und *Rp*. Die *AZ* ist wichtig als Korrektiv zu den christlichsozialen Blättern, da die Reden der Parteiführer immer wieder von den parteieigenen Zeitungen »lektoriert« wurden.
76 *SP*, 1887, S.5766.
77 Karl Renner bemerkte 1947, dass »Kronawetter ... kein politischer Streber [war] oder das, was man gern einen bürgerlichen Staatsmann nennt, der sich von populären Schlagworten emportragen lässt, ohne von ihnen überzeugt zu sein«. Zitiert bei Sakrawa, »Ferdinand Kronawetter«, S. 68.

78 Bloch, *Erinnerungen*, S. 243.
79 Kielmansegg, *Kaiserhaus*, S. 366, 382, 385–86.
80 *KVZ*, 8. April 1882, S. 2–3; 20. April 1882, S. 2; 21. April 1882, S. 2; *NWT*, 22. April 1882, S. 3.
81 *KVZ*, 13. März 1883, S. 1–2.
82 Zitiert in Sakrawa, »Ferdinand Kronawetter«, S. 74.
83 Gessmann brachte diese Strategie Graf Egbert Belcredi gegenüber bereits im Dezember 1888 zur Sprache. Siehe Belcredis *Tagebuch*, Eintrag vom 16. Dezember 1888.
84 Siehe Mandls historischen Überblick über die demokratische Bewegung in *F*, 22. Februar 1885, S. 1–6. Zu Gessmanns früher Karriere, siehe Edeltrude Binder, »Doktor Albert Gessmann«, Dissertation, Universität Wien, 1950, S. 12–23, 39.
85 Adolf Fischhof (1816–1893) war ein Wiener Arzt, der in der Revolution von 1848 in Wien eine wichtige Rolle spielte. Nach dem Zusammenbruch der Revolution wurde er zu neun Monaten Haftstrafe verurteilt; danach nahm er seinen Beruf wieder auf. In seinen zahlreichen Schriften setzte Fischhof sich für eine föderale Neuordnung des Habsburgerreiches ein sowie für die Schaffung konstitutioneller Strukturen zum Schutz der Rechte der Minderheiten. Siehe Richard Charmatz, *Adolf Fischhof. Das Lebensbild eines österreichischen Politikers* (Stuttgart 1910), S. 377–99; und die klerikal konservative Kritik an Fischhof, die seine verdeckte Unterstützung durch Taaffe ventiliert, in Paul Molisch (Hg.), *Briefe zur deutschen Politik in Österreich von 1848 bis 1918* (Wien 1934), S. 277–80.
86 Zum Programm der *Volkspartei*, siehe Charmatz, *Adolf Fischhof*, S. 388–89; *KVZ*, 24. Mai 1882, S. 1–2.
87 Siehe die Angriffe auf die neue Partei in *ÖV*, 23. Juli 1882, S. 1–2, und *NFP*, 18. Juli 1882 (M), S. 1.
88 *KVZ*, 18. April 1882, S. 3–4; 20. April 1882, S. 3–4; 7. November 1882, S. 3; Sakrawa, »Ferdinand Kronawetter«, S. 110–113. Eine Verteidigung Kronawetters findet sich im *NWB*, 1. März 1882, S. 1.
89 Joseph S. Bloch, *Erinnerungen*, S. 88.
90 *KVZ*, 16. Juni 1883, S. 3; *F*, 8. Mai 1883, S. 1–2. Mandl glaubte, Lueger werden von einem »blinden Hass« gegen die Liberalen getrieben.
91 *F*, 27. Juli 1883, S. 1–2; und der Kommentar der *NFP* am 29. Juli 1883, S. 4.
92 *ÖV*, 9. März 1884, S. 4–5; 16. März 1884, S. 4–5.
93 *SJ*, 1885, S. 38.
94 Im Juli 1884 hatte Lueger sich darüber beschwert, dass Cornelius Vetter sich in die Landstraßer Politik einmische. Siehe *MP*, 4. Juli 1884, S. 3; Stöger, »Die politischen Anfänge Luegers«, S. 95.
95 *KVZ*, 2. Juni 1885, S. 1–3.
96 Pattai an Vogelsang, 21. September 1885, Mappe 21, Nr. 213, *NL Vogelsang*.
97 Zu dieser Rede siehe *KVZ*, 28. April 1885, S. 3; Kuppe, *Lueger*, S. 123–26.
98 *UDW*, Nr. 15, 1885, S.V.
99 Kuppe, *Lueger*, S.128.
100 Kunze, »Lueger«, S. 95–96.
101 Vgl. Mandls lange Wahlkampfrede in *F*, 31. Mai 1885, S. 1–8, in der er indirekt auf das Thema anspielt.

102 *SJ*, 1885, S. 38. Lueger kandidierte in dieser Wahl in Margareten.
103 Siehe den *Bericht über die Thätigkeit des politischen Vereins »Eintracht« im VIII. Bezirke in den Jahren 1873–1884*, S. 13–14; *Der Verein der Verfassungsfreunde im VII. Bezirke von 1873–1888. Eine Vereins-Chronik*, S. 2–6.
104 *KVZ*, 4. März 1885, S. 2.
105 *SP*, 1886, S. 830.
106 Moritz Benedikt, *Aus meinem Leben. Erinnerungen und Erörterungen* (Wien 1906), S. 287.
107 Benedikt erinnerte sich, dass Lueger, als er, Benedikt, ihm 1885 zu seinem Wahlsieg gratulierte und seiner Hoffnung Ausdruck gab, sein Sieg werde ihn in ruhigere Gewässer segeln lassen, antwortete, »zum politischen Leben müsse man vor allem reüssieren«; a.a.O., S. 281.
108 *SP*, S. 3374–76, 4410–12, 4413, 4415–16.
109 a.a.O., S. 4292.
110 a.a.O., S. 831, 2537.
111 a.a.O., S. 2532–37, 2733–35, 2737–38.
112 a.a.O., S. 2662ff.
113 a.a.O., S. 2906–16, 2950–51; Kuppe, *Lueger*, S. 156.
114 *SP*, 1886, S. 3899–3901, auch S. 5087; *KVZ*, 19. Oktober 1886, S. 3.
115 Schneider an Vogelsang, 7. Juni 1884, Mappe 12, Nr. 43, *NL Vogelsang*.
116 *ÖR*, 28. März 1886, S. 1–2; 11. April 1886, S. 1–2; *WZ*, 30. März 1886, S. 5.
117 Kuppe, *Lueger*, S. 142.
118 *NFP*, 30. März 1886 (M), S. 6–7; *V*, 30. März 1886, S. 6–76.
119 *KVZ*, 30. März 1886, S. 2–3.
120 *UDW* nannte sie abschätzig eine »Wiener Wurstkesselpartei«. Nr. 8, 1886, S. 81.
121 *V*, 15. Juni 1887, S. 4–5.
122 *V*, 25. September 1887, Beiblatt, S. 1–2.
123 a.a.O., 11. Oktober 1887, S. 5.
124 a.a.O., 24. November 1887, S. 5–6.
125 Zu Ursins Wahl, siehe *ÖR*, 9. Oktober 1887, S. 1–3; *V*, 15. Oktober 1887, S. 1; und die amtlichen Berichte des St. Pöltner Bezirkshauptmanns an Kielmansegg, 14. Oktober 1887, P2 ad 121, Nr. 5622/1887, *NÖLA*. Ursin war Kaufmann und, laut dem amtlichen Bericht, ein vom Glück nicht eben verfolgter Mensch, der sich völlig der autoritären Persönlichkeit Schönerers untergeordnet hatte. Siehe B3 ad 4873/1887, *NÖLA*; und Erhard Unterberger, »Liberalismus in St. Pölten (1870–1918)«, Dissertation Universität Wien, 1966, S. 59–64.
126 *V*, 15. Oktober 1887, S. 1; 26. November 1887, S. 1.
127 *Erlebnisse*, 4: 167–72.
128 *V*, 30. November 1887, S. 5.
129 *V*, 19. Jänner 1888, *Beiblatt*, S. 3.
130 *ÖR*, 8. Jänner 1888, S. 4; 8. April 1888, S. 2. Der Name *Bürgerclub* sollte vielleicht auf eine ältere Bezeichnung anspielen, die liberalen *Bürgervereine*, die Bürgermeister Cajetan Felder organisiert hatte.
131 *ÖV*, 12. Februar 1888, S. 5–6; *V*, 9. Februar 1888, S. 1–2, 4–6.
132 Siehe *Gedenkblatt*, S. 7–11.
133 Zur Geschichte dieses Vorfalls siehe Hellwig Valentin, »Der Prozess Schönerer und seine Auswirkungen auf die parteipolitischen Verhältnisse in Österreich«, *ÖGL* 16 (1972): 81–97; Whiteside, *Socialism of Fools*, S. 132–44; und Wladika, *Hitlers Vätergeneration*, S. 208–216.

134 Vogelsang bewunderte Luegers Bereitschaft, eine Position in der Schulfrage einzunehmen, die nicht klerikal, aber doch dezidiert antiliberal war. Siehe *V*, 22. Juni 1888, S. 4.
135 »Nachmittag in Hietzing zu Gräfin Melanie Zichy-Metternich. Dort mit Monsignore Scheicher, P. Eichhorn O.Sct. A., P. Weiss O.P., P. Costa-Rosetti S.J., Baron Vogelsang und Tochter, Dr. Lueger, Dr. Gessmann den ›Aufruf zur Bildung einer christlichen sozialen Allianz‹ beraten.« Egbert Graf Belcredi, *Tagebuch*, Eintrag vom 19. Oktober 1887.
136 Siehe Franz M. Schindler, »Neun Jahre ›Enten-Abende‹«, *VW* 14 (1923): 306; Vogelsang an Pergen, 30. November 1887, abgedruckt in Erika Weinzierl-Fischer, »Aus den Anfängen der christlichsozialen Bewegung in Österreich. Nach der Korrespondenz des Grafen Anton Pergen.« *MÖSTA* 14 (1961): 483–84.
137 Siehe Marie von Vogelsang, »Aus dem Leben des Sozialpolitikers Frh. Karl von Vogelsang.« *DNR* 7 (1924): 65, und Scheichers Kommentar in *CB*, 1904, S. 733–36. Vogelsangs Tochter betont den nicht-ideologischen Charakter dieses frühen Treffens; sein Zweck sei eine »Verständigung über gemeinsames Vorgehen in politisch-gemeinnützigen Dingen« gewesen. Dies war offenbar das Treffen, zu dem Lueger und Gessmann in Verkleidung kamen und das sie in derselben Aufmachung wieder verließen.
138 Hans Schmitz, »Aus P. Abels Erinnerungen an die christlichsoziale Frühzeit«, *VW* 14 (1923): 342.
139 Lueger an Vogelsang, 30. August 1888, Mappe 22, Nr. 268, *NL Vogelsang*.
140 Lueger an Vogelsang, 5. Oktober 1889, Mappe 22, Nr. 281, a.a.O.
141 Vogelsang an Lueger, 10. Dezember 1888, *HS*, I.N. 40959. Vogelsang notierte auch, wie leicht es für ihn sei, sich über Sozialtheorie auszulassen in der Geborgenheit seiner Bibliothek, während Lueger in öffentlichen Konfrontationen »seine Brust dem Feind entgegengeworfen hat« (11. Dezember 1890, I.N. 40960).
142 Siehe Piffl, »Tagebuch 1894–1901«, Eintrag vom 17. Oktober 1894, *EBDA*. Lueger bemerkte Joseph Scheicher gegenüber im Scherz, dass Laien keine Veranlassung hätten, sich über religiöse Probleme den Kopf zu zerbrechen: »… denkt's nicht nach, spintisiert nicht! Da kommen wir Laien nie auf einen grünen Zweig. Lieben wir den Herrgott und vertrauen wir auf ihn und es wird uns nicht schlecht ergehen.« *Erlebnisse*, 5: 406–7.
143 Klopp, *Leben und Wirken*, S. 346, Anmerkung 13, die einen Artikel von Abel im *Neuigkeits-Weltblatt* vom 19. September 1926 zitiert.
144 *Tagebuch*, Eintrag vom 27. Dezember 1888.
145 *ÖV*, 25. November 1888, S. 1.
146 *UDW*, Nr. 9, 1890, S. 99–100; Nr. 17, 1890, S. 200; Nr. 21, 1890, S. 241–42.
147 Zu Vergani siehe Adelmaier, »Ernst Vergani«, Dissertation, Universität Wien, 1969, passim; Pichl, *Schönerer*, 2: 106–7, 152–60, 4:315–28; Friedrich Funder, *Vom Gestern ins Heute. Aus dem Kaiserreich in die Republik* (Wien 1953), S. 96–97, 349–57; und die Zeugenaussagen im Hron-Pattai Ehrenbeleidigungsprozess im April 1890.
148 Siehe die Polizeiberichte zu den Wahlen von 1888, P10 ad 1185, Nr. 2055/1888, *NÖLA*.
149 Kuppe, *Lueger*, S. 190–92; *DV*, 20. Februar 1889 (M), S. 5. Zur geheimen Planung vor diesem Treffen siehe die späteren Erinnerungen von Leopold Hollomay an die Versammlung des (alldeutschen) *Deutschen Volksvereins* am 23. September 1890 in *DV*, 25. September 1890 (M), S.v3; *UDW*, Nr. 19, 1890, S. 222–24.
150 Schneider an Vogelsang, 21. Jänner 1889, Mappe 12, Nr. 192, *NL Vogelsang*.
151 *V*, 27. Februar 1889, S. 5; 18. März 1889, S. 3–4; Pichl, *Schönerer*, 2: 107–8, 136.

152 Zu den Wahlergebnissen siehe *V*, 19. März 1889, S. 5; 22. März 1889, S. 5; 27. März 1889, S. 6; und P10, Nr. 2187/1889, *NÖLA*.
153 *Tagebuch*, Eintrag vom 19. März 1889.
154 *Verhandlungen des II. Allgemeinen österreichischen Katholikentages* (Wien 1889), S. 39–42. Lueger hielt auch vor dem Sozialkomitee des Kongresses eine Ansprache (a.a.O., S. 148–53, 169–78), in der er sich für eine gesetzgeberische Initiative zum Schutz der Arbeiter in der Großindustrie aussprach und die Lehrlinge und Gesellen in den kleinen Handwerksbetrieben stillschweigend überging. Er warnte auch die Katholiken vor utopischen Erwartungen, womit er indirekt Kritik an Vogelsangs Neigung zum Theoretisieren übte.
155 Kuppe, *Lueger*, S. 197–98; und *Die Bedeutung der Candidatur des Fürsten Alois Liechtenstein für den Antisemitismus und die christlich-soziale Reform in Österreich* (Wien 1891).
156 Schnee, *Lueger*, S. 50; Valentin, »Der Prozess Schönerer«, S. 84.
157 Kielmansegg an Taaffe, 8. August 1890, Nr. 5538/1890, *MI Präs*.
158 *WZ*, 3. Oktober 1890, S. 3.
159 Siehe Polizeibericht J12 ad 2627, Nr. 7458/1893 (12. November 1893), *NÖLA*.
160 Kielmansegg an Taaffe, 6. Oktober 1890. Nr. 4231/1890, *MI Präs*.
161 Ernst von Plener, *Erinnerungen* (3 Bde., Stuttgart 1911–1921), 2: 234, 359; 455–456; A10931, 3. Oktober 1890, Öst. 70/Bd. 24, *PAAA*.
162 Plener, *Erinnerungen*, 2: 322.
163 Albert Gessmann, immer zur Hand mit scharfsichtigen Analysen, wenn es darum ging, den Liberalen zu Leibe zu rücken, erklärte Egbert Belcredi, die Jungtschechen hätten »eine vortreffliche Organisation«. *Tagebuch*, Eintrag vom 19. März 1889.
164 William A. Jenks, *Austria under the Iron Ring, 1879–1893* (Charlottesville, Va, 1965), S. 239–40, 274–75.
165 *Tagebuch*, Eintrag vom 26. August 1889.
166 Funder, *Vom Gestern*, S. 65–66; Jenks, *Iron Ring*, S. 235; Kielmansegg, *Kaiserhaus*, S. 239.
167 Schneider an Vogelsang, 19. Februar 1890, Mappe 12, Nr. 3, *NL Vogelsang*. Belcredi berichtete im November 1889: »Vom Ministerium erging neuerdings der Auftrag an alle Behörden, dass dem Antisemitismus schärfstens entgegenzutreten.« *Tagebuch*, Eintrag vom 1. November 1889.
168 Taaffe an Kielmansegg, 7. November 1890, J2 ad 8047, Nr. 8047/1890, *NÖLA*. Diese neue Dringlichkeit war möglicherweise eine Reaktion auf den Druck, den der Kaiser ausübte. Siehe Kielmansegg, *Kaiserhaus*, S. 40–41.
169 Siehe Lueger an Vogelsang, 5. Oktober 1889, *NL Vogelsang*; *V*, 23. November 1889, Beiblatt, S. 3.
170 *SP*, 1890, S. 13384.
171 Ich verwende den allgemeinen Ausdruck »deutsch-national« für die ehemals liberalen deutsch-österreichischen Fraktionen, die sich nach 1907 unter dem Schirm des *Deutschen Nationalverbandes* zusammenschlossen – die Volkspartei, die Agrarier, und die Progressiven. Zu verschiedenen Zeiten und unter gewissen Bedingungen waren auch die deutschen Radikalen Mitglieder. Wenn nicht anders angegeben, verwende ich den Ausdruck »alldeutsch« entweder für Georg Schönerers und Karl Hermann Wolfs Fraktionen vor 1907 und für Wolfs und Pachers Radikale nach 1907 oder für politische Klubs, die mit den extremen Ansichten dieser Gruppen sympathisierten. Zur Geschichte des *Verbandes*, der sich in verschiedenen Formen mehrfach neu konstituierte, siehe Lothar Höbelt, *Kornblume und Kaiseradler. Die*

deutschfreiheitlichen Parteien Altösterreichs 1882–1918 (Wien 1993), eine ausgezeichnete, autoritative Darstellung der Geschichte dieser Gruppen.
172 Pichl, *Schönerer*, 4: 241–44.
173 a.a.O., S. 235–40.
174 a.a.O., S. 52.
175 Für repräsentative Listen der Mitglieder mehrerer christlichsozialer *Wahlcomités* in den Reichsratswahlen von 1891 siehe *DV*, 4. März 1891 (M), S. 3–4.
176 Siehe Thomas Nipperdey, »Die Organisation der bürgerlichen Parteien in Deutschland vor 1918«, in Nipperdey, *Gesellschaft, Kultur, Theorie. Gesammelte Aufsätze zur neueren Geschichte* (Göttingen 1976), S. 293–94. Aus den Polizeiberichten, die Ende 1896 und Anfang 1896 Kielmansegg vorgelegt wurden, ergibt sich eindeutig, dass die Christlichsozialen ebenso wenig über einen zentralen parteibürokratischen Apparat verfügten wie die Liberalen. Siehe zum Beispiel Stejskal an Kielmansegg, 14. Februar 1896, B2 ad 452, Nr. 1108, *NÖLA*.
177 *DV*, 1. März 1891 (M), S. 9.
178 *UDW*, Nr. 13, 1895, S. 155.
179 *DV*, 3. September 1895 (M), S. 6.
180 B2 ad 452, Nr. 1773/1896, *NÖLA*.
181 Zum *Zentralwahlfonds* siehe Stejskal an Kielmansegg, B2 ad 452, N. 1108/1896, *NÖLA*.
182 Diese persönlichen Beziehungen zu liberalen Politikern kamen im Lueger – Scharf Ehrenbeleidigungsprozess im Jahr 1890 deutlich zum Vorschein. Siehe *NFP*, 27. November 1890 (A), S. 2; 28. November 1890 (M), S. 6–8.
183 Schneider an Vogelsang, 22. Juni 1890, Mappe 12, Nr. 208, *NL Vogelsang*.
184 *Erlebnisse*, 5: 265–68; 6:373–74.
185 Die unten stehenden Angaben zu Berufen und Gesellschaftsschicht der Gemeinderäte stammen aus einer Vielzahl von Quellen, inklusive der Polizeiberichte über neu gewählte Kandidaten für den *Gemeinderat* aus den Jahren 1887 bis 1891 (Statt. Präs., *NÖLA*), Lehmann›s *Allgemeinem Wohnungs-Anzeiger* 1888 bis 1891, der HHZ der Jahre 1889 bis 1891, und der Dissertation von Martha Helmle, »Die Tätigkeit des Wiener Gemeinderates von 1889–1892«, Universität Wien, 1974. Zu meinen Daten bin ich großteils unabhängig von Helmbe gelangt, aber wir sind uns in den meisten Fällen einig, was Beruf und gesellschaftliche Zugehörigkeit und Stellung betrifft.
186 Für Gesamtzahlen zum Alter der Gemeinderatsmitglieder in der Zeit 1884–88 ohne Rücksicht auf Parteizugehörigkeit siehe Eduard Hausner, »Die Tätigkeit des Wiener Gemeinderates in den Jahren 1884–1888«, Dissertation, Universität Wien, 1974, S. 436–43. Das Durchschnittsalter des Gemeinderates insgesamt betrug im Jahr 1887 52 Jahre, so dass die Liberalen als Gruppe etwas älter gewesen sein müssen als die Antisemiten.
187 B2, Nr. 2490/1890, *NÖLA*.
188 Schindler, »Neun Jahre Entenabende«, S. 305.

DAS ENDE DER LIBERALEN UND DIE EROBERUNG WIENS DURCH DIE ANTISEMITEN

1 A4358, 22. März 1889, Öst.70/Bd. 24, *PAAA*.
2 Zu den Vororten vor ihrer Eingemeindung siehe J. Franz-Ferron, *Neu-Wien. Rückblick auf die Geschichte der am 21. Dezember 1891 zur Commune Wien einverleibten Vororte-Gemeinden*

(Korneuburg 1892); und Fred Deters, »The Role of the Suburbs in the Modernization of Wien«, Dissertation, Universität von Chicago, 1974. Ein Bevölkerungsprofil findet sich in G. A. Schimmer, *Die Bevölkerung von Wien und seiner Umgebung nach dem Berufe und der Beschäftigung* (Wien 1874).

3 Leopold Berg, *Wien und die Vereinigung der Vororte* (Wien 1876), S. 1–15.

4 Die *Verzehrungssteuer* war eine Verbrauchssteuer, die auf Waren inklusive einiger Grundnahrungsmittel bei deren Einfuhr nach Wien eingehoben wurde. Ein guter Überblick über diese Steuer und die Rolle, die sie bei der Vergrößerung der Stadt spielte, findet sich bei Seliger und Ucakar, *Wien* 1: 390–411.

5 Erich Kielmansegg, *Beiträge zur Geschichte der Vereinigung der Vororte mit Wien 1890*, handschriftliche Aufzeichnungen, 1891, M1889–90, Stadterweiterungsakten, 2962a, S. 3–4, *NÖLA*.

6 Siehe Felder, *Erinnerungen*, S. 199–200; Elisabeth Uhl, »Eduard Uhl. Bürgermeister der Stadt Wien 1882–1889«, Dissertation, Universität Wien, 1950, S. 48–53; zu Prix und seiner Amtsführung siehe Birgit Harden, »Das Amt des Bürgermeisters der Stadt Wien in der Liberalen Ära, 1861–1895«, Dissertation, Universität Wien, 1967, and Czeike, *Wien und seine Bürgermeister*, S. 328–37.

7 Siehe die Bemerkungen des Kaisers über die Jungtschechen, in A4731, 28. Mai 1891, Öst. 86/ Bd. 5, *PAAA*; Kolmer, *Parlament und Verfassung*, 5: 319.

8 Kielmansegg, *Beiträge*, S. 5–6.

9 *WZ*, 8. Juli 1890, S. 4–5; 24. Juli 1890, S. 4; *NFP*, 8. Juli 1890 (M), S. 6.

10 Siehe seine Stellungnahme in der *NFP*, 10. Juli 1890 (M), S. 6.

11 1890 gab es in der Josefstadt 1.397 Beamte oder Lehrer, die auf der Ebene des Staates, des Landes oder der Stadt tätig waren. Weiters gab es 420 Personen, die vom Zensus in der Kategorie »Andere freie Berufe« geführt wurden, und 1.920, die als Angestellte industrieller oder kaufmännischer Betriebe registriert waren. Auf diese letztere Gruppe entfielen auch die *Commis*, die als solche nicht wahlberechtigt waren. Die Mehrheit der anderen Gruppen war aufgrund des besonderen Wahlrechts wahlberechtigt. *SJ*, 1892, S. 58; vgl. auch die Daten zur Berufszugehörigkeit im *NWT*, 8. April 1891 (A), S. 2.

12 *SPB*, 13. Dezember 1885, S. 198. Diese Schätzung beruht zwar auf den Wählerregistrierungsdaten von 1885–86 und schließt die Lehrer mit ein, der relative Anteil von Beamten an der Wiener Wählerschaft hatte sich aber zwischen 1886 und 1890 nicht wesentlich geändert.

13 a.a.O., 4. Jänner 1891, S. 1–2.

14 *DV*, 24. Februar 1889 (M), S. 5.

15 Victor Schidl, »Die österreichische Staatsbeamtenorganisation. Ihre Ziele und Methoden«, *Dokumente des Fortschritts* 4 (1911): 92–96.

16 Die allmähliche Verlagerung der Wählerzustimmung unter den Beamten weg von den Liberalen, die nach 1889 einsetzte, lässt sich möglicherweise mit dem Umstand erklären, dass Leute, die in der Vorstadt wohnten, aber in der Stadt arbeiteten, in zunehmendem Maße eher willens waren, bei Gemeinderatswahlen zur Wahl zu gehen. Diese Männer waren in dem Bezirk wahlberechtigt, wo sich ihr Arbeitsplatz befand; es gelang aber den Antisemiten kaum, sie dazu zu bringen, ihre Apathie zu überwinden und zur Wahl zu gehen. Viele waren laut einem Bericht im DV überzeugt, die Wiener Gemeinderatswahlen hätten keinen Einfluss auf ihre Situation, und nahmen sie deshalb nicht wahr. 1891 waren diese Männer aber zu Bürgern der Stadt geworden und nahmen deshalb einen größeren Anteil an lokalpolitischen Angelegenheiten. *DV*, 7. Februar 1889 (M), S. 4; 16. Februar 1889 (M), S. 5.

17 *BSWG*, 1890, S. 1108–10, 1113, 1121–22.
18 *DV*, 25. September 1890 (M), S. 7.
19 a.a.O., 28. September 1890 (M), S. 4. Die Besorgtheit der Lehrer manifestierte sich in einer Petition mit der Forderung nach dem passiven Wahlrecht, die sie aufsetzten und Kielmansegg vorlegten, 27. September 1890, B2 ad 4110, Nr. 7116, *NÖLA*.
20 *NFP*, 17. September 1890 (M), S. 5.
21 *SPB*, 29. März 1891, S. 1.
22 A10931, Nr. 292, 3. Oktober 1890, Öst.70/Bd. 24, *PAAA*. Die *NFP* lieferte die Bestätigung für Reuß' Analyse, indem sie darüber Klage führte, wie wenig Vorbereitungsarbeit die Liberalen selbst zwei Wochen vor der Wahl leisteten. Siehe *NFP*, 18. September 1890 (M), S. 1.
23 Till, *Stadtverwaltung*, S. 86, 96, 98. Adolf Daum, *Zur Reform der Wiener Gemeindeordnung* (Wien 1890).
24 Till, *Stadtverwaltung*, S. 99; Daum, *Zur Reform*, S. 10–15. Die im Magistrat angestellten Berufsbeamten reagierten verständlicherweise ablehnend auf diesen Versuch, sie politisch stärker an die Kandare zu nehmen. Mitte Oktober 1890 stimmte der *Club der Conceptsbeamten* für die Entsendung einer Abordnung an Kielmansegg, um gegen die Befugnisse zu protestieren, die das neue Statut dem Stadtrat verlieh, und zu fordern, dass die Kontrolle über den Magistrat beim Büro des Bürgermeisters verbleibe. Später im selben Monat nahmen sie von diesem Beschluss wieder Abstand, da sie Angst hatten, Prix und die Liberalen könnten zu Disziplinarmaßnahmen greifen. Siehe *BZ*, 21(1890): 519, 587–88.
25 Till, *Stadtverwaltung*, S. 98ff.
26 Johann Prix hatte so wie Lueger seine politische Karriere in den 1870ern als Gegner von Felders politischer Hegemonie begonnen. Er reagierte auf die Newald-Katastrophe, indem er seinen politischen Standpunkt innerhalb des Spektrums des Wiener Liberalismus weiter nach rechts verschob. Siehe *Z*, 1. Juni 1895, S. 130, und Felder, *Erinnerungen*, S. 199–200.
27 Lueger äußerte sich ganz unbefangen über die Bedeutung, die den alljährlichen Wahlen in seinen Augen zukam: »Die alljährigen Ergänzungswahlen sind ein Glück, weil der Gemeinderath doch wenigstens sich einmal im Jahr gelegentlich der Wahlen mit den Wählern ins Einvernehmen setzen kann, und die Wähler wenigstens einmal im Jahr das Glück haben, ihre Gewählten von Angesicht zu Angesicht sehen zu können.« *BSWG*, 1890, S. 1182.
28 Die Bevölkerung der inneren Bezirke belief sich auf 817.299, die der Vorstädte auf 524.598. Auf Basis einer exakten proportionalen Vertretung hätten die Vorstädte 53 statt der tatsächlichen 45 erhalten müssen. Die Liberalen gaben auch dem Ersten und Zweiten Bezirk eine überproportionale Zahl von Vertretern, da sie diese Bezirke für besonders verlässlich hielten.
29 Die Bezirke Eins bis Neun hatten 1890 eine jüdische Bevölkerung von 99.441, verglichen mit 18.387 in den Vorstädten.
30 Der Text der Gemeindeordnung für Wien von 1850 findet sich in der *WZ*, 23. März 1850, S. 1–3. Eine Analyse des frühen Wahlsystems bei Hahnkamper, »Der Wiener Gemeinderat«, bes. S. 123–97.
31 *Landes-Gesetz- und Verordnungsblatt für das Erzherzogthum Österreich unter der Enns*, 1886, S. 1–2; *SJ*, 1886, S. 51; *DV*, 7. Februar 1889 (M), S. 4.
32 *SPB*, 13. Dezember 1885, S. 198; 4. April 1886, S. 53–54.
33 *SP*, 1891, S. 2144–52, und Kolmer, *Parlament und Verfassung*, 5: 137. Im Februar 1891 warnte ein hochrangiger Jurist des Oberlandesgerichts in der Steiermark die Richter dieser Provinz vor einer antisemitischen Einstellung. Siehe *NFP*, 24. Februar 1891 (M), S. 1.

34 A3841, 11. April 1895 Öst. 70/Bd. 28, *PAAA* (»Graf Kalnoky sagte mir dass die Beamten seines Ressorts ohne Ausnahme für die Anti-Semiten gestimmt hatten«).
35 *Protokolle der Enquête über Personalcredit und Wucher* (Wien 1904), VII, S. 6.
36 Hier lag eine klare Parallele vor zwischen der katholischen Priesterschaft, die voll Ressentiment auf die mangelnde Anerkennung ihres Bildungsvorsprungs seitens der säkularen bürgerlichen Gesellschaft reagierte, und den mittleren Rängen des Beamtentums, die entdecken mussten, dass ihnen ihre Zeugnisse wenig nützten.
37 *SPB*, 4. Jänner 1891, S. 2.
38 Die Polizei berichtete an Kielmansegg: »Das Gros der mit den Anti-Semiten gehenden Staatsbeamten ist wohl noch jetzt nicht ganz als antisemitisch zu betrachten.« B2, Nr. 7831/1895, *NÖLA*.
39 Siehe das *Allgemeine Beamten Programm* im *SPB*, 15. Februar 1891, S. 1, wo sich eine übersichtliche Zusammenfassung der damaligen Beschwerdepunkte findet.
40 Die relative Größe dieser beiden Komponenten ist nur schwer einschätzbar. Manche Bezirke hatten einen großen Anteil an niedrigrangigen Staats- und Kommunalbeamten; Währing, wo fast zwei Drittel der Zweiten Kurie auf diese Ränge entfielen, war ein solcher Bezirk.
41 »Wiener Patriot« an Erich Kielmansegg, 5. November 1890, M1889–90, Stadterweiterungsakten, *NÖLA*.
42 Die *NFP* bemerkte, Sommaruga und seine Helfer hätten in ihrer Landstraßer Kampagne »seltene Bravour« an den Tag gelegt. *NFP*, 6. März 1891 (M), S. 2. Baron Guido Sommaruga, damals schon lange in Landstraße ansässig und seit den 1870ern ein prominentes Mitglied der Wiener Liberalen Partei, hatte es verstanden, sich in seiner Rhetorik und Taktik auf die Attraktivität der Antisemiten einzustellen. Hätten die Liberalen 1895 mehr Kandidaten gehabt wie ihn, dann wäre es Lueger wohl unmöglich gewesen, die Kontrolle über die Stadt zu erlangen.
43 *SPB*, 29. März 1891, S. 1–2. Die *NFP,* 6. März 1891 (M), S. 2, bemerkte, dass bei den Gemeinderatswahlen viele Lehrer und kleine Beamte für die Liberalen gestimmt hatten, im Gegensatz zu ihrem Wahlverhalten im Oktober 1890.
44 *DV*, 8. April 1891 (A), S. 2–3.
45 Diese Berufsangaben und die Zahlen der Hausbesitzer stammen aus einer Reihe von Quellen, inklusive *Lehmann›s Allgemeiner Wohnungsanzeiger* für 1890 und 1891; dem *DV*; der *NFP*; der *HHZ*; der Dissertation von Martha Helmle, »Die Tätigkeit des Wiener Gemeinderates von 1889–1892« und folgenden Polizeiberichten im *NÖLA*: Präs. Akten, P10 ad 1287, Nr. 1748/1887; P10 ad 1185, Nr. 2055/1888; P10, Nr. 2187/1889; B2, Nr. 2490/1890; and B3 ad 2536, Nr. 2800/1891.
46 *SPB*, 29. März 1891, S. 1; A4358, 22. März 1889, Öst.70/Bd. 24, *PAAA*.
47 *NWT*, 4. April 1891, S. 9; 7. April 1891, S. 6–7; und die politische Berichterstattung in der *NFP* in der Woche 2. bis 9. April.
48 Siehe *SPB*, 29. März 1891, S. 1–2, und *NFP*, 3. März 1891 (M), S. 5.
49 *SPB*, 5. April 1891, S. 1–2.
50 Siehe die Reden von Sommaruga und Plener in der *NFP*, 3. März 1891 (M), S. 5.
51 Ich folge dem Sprachgebrauch der meisten österreichischen Sozialwissenschaftler und Historiker, indem ich den Begriff *Mittelstand* weiter fasse als bloß in Bezug auf die untersten Schichten des Beamtentums und Kleingewerbes; vgl. die Definition von Bobek und Lichtenberger: »Der Mittelstand setzte sich einerseits aus der breiten Schicht der Gewerbetreibenden, ... anderseits aus der Masse der Angehörigen der freien Berufe sowie dem mittleren Beamtentum zu-

sammen.« Hans Bobek und Elisabeth Lichtenberger, *Wien. Bauliche Gestalt und Entwicklung seit der Mitte des 19. Jahrhunderts* (Graz 1966), S. 38. Weniger als 8% der vollzeitbeschäftigten Bevölkerung der Stadt Wien verdienten mehr als 3.600 fl. an zu versteuernden Einkünften. Weniger als 4% hatten ein Jahreseinkommen von mehr als 6.000 fl. Selbst wenn man eine gewisse Diskrepanz zwischen dem steuerlich angegebenen und dem tatsächlichen Einkommen annimmt, ist dennoch offenkundig, wie schmal die Elite an der Spitze der Einkommenspyramide war. Siehe Friedrich Leiter, *Die Verteilung des Einkommens in Österreich*. (Wien 1907), S. 177–84.

52 Die Polizei kommentierte die antiliberale Koalition mit folgenden Worten: »Von dieser Strömung ist nicht nur der sogenannte kleine Mann, der Gewerbestand, erfasst, sondern sie hat auch in weiteren Kreisen, in dem mittleren Bürgerstande sowie insbesondere auch in dem Beamtenstande platzgegriffen.« B2, Nr. 7831/1895, *NÖLA*.

53 *DV*, 11. April 1891 (M), S. 1–2.

54 Zur Uneinigkeit der Liberalen in Wien siehe *V*, 23. April 1892, S. 5; 16. Mai 1892, S. 4; *NFP*, 25. Oktober 1893 (A), S. 1; 3. Oktober 1893 (M), S. 6.

55 *Die Gemeinde-Verwaltung der Stadt Wien in den Jahren 1889–1893*, S. 50–51; *V*, 5. Jänner 1892, S. 5.

56 *ÖW*, 29. März 1895, S. 235–37; 5. April 1895, S. 249; 2. Oktober 1896, S. 785–88. Zu Ofners Wahlkampf gegen einen anderen Liberalen, Konstantin Noske, bei dem es um den vormaligen Sitz von Heinrich Jacques ging, siehe *NFP*, 16. März 1894 (M), S. 3; 30. März 1894 (M), S. 2–3.

57 *NFP*, 21. Oktober 1893 (M), S. 6–7.

58 a.a.O., 23. Oktober 1893 (A), S. 4; 24. Oktober 1893 (M), S. 7 und (A), S. 2–3; 25. Oktober 1893 (M), S. 2 und (A), S. 1; Plener, *Erinnerungen*, 3: 117–18.

59 Für eine Zusammenfassung der institutionellen Entwicklungen in der Stadt während der Amtszeit von Prix siehe *NFP*, 26. Februar 1894 (M), S. 5, und 1. März 1895 (M), S. 6, und auch Czeike, *Wien und seine Bürgermeister*, S. 335–36.

60 Siehe Alfred Stern, »Der Haushalt der Commune Wien«, *NFP*, 26. Februar 1894 (M), S. 5–6.

61 *SPB*, 10. Mai 1891, S. 1.

62 Die vier großen Petitionen wurden in den *SP* veröffentlicht: XI, S. 405–6, 5497–5500, 5501–2, 11148–52.

63 Schidl, »Die österreichische Staatsbeamtenorganisation«, S. 92–93.

64 Zur späteren Geschichte der Staatsbeamtenbewegung in Österreich siehe Emil Lederers Artikel im *ASSP* 31 (1910): 681–709; 33 (1911): 975–84; 35 (1912): 895–913. Lederer betonte – ohne allerdings eine ausreichende Erklärung dafür zu liefern – den im Vergleich zum Deutschen Reich radikaleren Charakter der österreichischen Beamtenbewegung. Dieser Charakter lässt sich nur zum Teil durch das erfolgreiche Agieren der Sozialdemokraten in der Beamtenschaft nach 1900 erklären. Er war auch mitverursacht durch die starke Protektion, die diese Beamten von den Liberalen und auch von anderen politischen Gruppen auf nationaler Ebene lange erfahren hatten. Lederer bemerkte, dass selbst der konservative Beamten-Verein in Wien unabhängiger und mit mehr Aplomb auftrat als vergleichbare Vereine in Deutschland. Keine nationale Gruppe, inklusive der Deutschösterreicher, war bereit, Schikanen und Druck gegen ihre Beamten hinzunehmen. Da in einer vertrackten, aber trotzdem effektiven Weise der Nationalitätenkonflikt im alten Österreich dazu führte, dass die k. k. Regierung

für Anliegen, die nationale Sprengkraft hatten, außerordentlich sensibilisiert war, hatten die österreichischen Beamten als *soziales* Kollektiv mehr Spielraum und mehr Flexibilität in ihrem kollektiven öffentlichen Auftreten als ihre Kollegen in Preußen.

65 *SB*, 1 (1896): 287–88.
66 *NFP*, 11. Dezember 1891 (M), S. 6; *BZ*, 23 (1892): 251.
67 *BZ*, 23 (1892), S. 278, 460–61; *SPB*, 18. Oktober 1891, S. 1.
68 Karl Sigmund Graf Hohenwart (1824–1899) war ein konservativer Politiker, der für eine stark föderalistische österreichische Regierung eintrat. 1891 gründete er den »Hohenwart Club« im Abgeordnetenhaus, dem böhmische Aristokraten, katholische Klerikale und kroatische, slowenische und ruthenische Abgeordnete beitraten.
69 *Bericht über den 3. allgemeinen österreichischen Katholikentag in Linz* (Wels, 1892); *V*, 9. August 1892, S. 2.
70 Zu Schindler, siehe Friedrich Funder, *Aufbruch zur christlichen Sozialreform* (Wien 1953) and ders., *Vom Gestern*, S. 44, 53–54, und 73. Schindler war ein geachteter Moraltheologe, dessen intellektuelle Orientierung im Unterschied zu Vogelsang eine neo-scholastische war. Siehe Rudolf Weiler, »Katholische Soziallehre unterwegs«, in: *Festschrift Franz Loidl zum 65. Geburtstag*. Victor Flieder (Hg.), (3 Bde., Wien 1970), 2: 354, 368. Siehe auch Augustin K. Huber (Hg.), »Franz Kordačs Briefe ins Germanikum«, *AKBMS* 1 (1967): 98, 176.
71 Schindler an Vogelsang, 26. Jänner 1889, Nr. 25, und 8. Februar 1889, Nr. 31, Mappe 23, *NL Vogelsang*; und Schindlers Vorschlag, das *Vaterland* dem Einfluss Leo Thuns zu entziehen: (»Vertraulich«) 15. Februar 1889, *HS*, I.N. 63526. Die Bischöfe mussten für das Defizit des Blattes aufkommen; dieses belief sich 1892 auf fast 40.000 fl. im Jahr. Siehe das »Schreiben der ›Vaterland‹ Gesellschaft« in *Protokoll der bischöflichen Versammlung in Wien vom 2. bis zum 10. April 1894*, S. 92–96.
72 Siehe Belcredi, *Tagebuch*, Eintragungen vom 9. November 1890, 19. November 1890, 15. August 1892 und 24. Juni 1893. Belcredi, der ursprünglich die Wiener Antisemiten unterstützt hatte, war nachhaltig empört über ihre schamlosen Versuche, das *Vaterland* für ihre Zwecke zu instrumentalisieren, und ebenso über ihre nachfolgenden »unwürdigen Angriffe«.
73 *NFP*, 23. Oktober 1892 (M), S. 3; 24. Oktober 1892 (A), S. 2; *V*, 22. Oktober 1892, S. 1; *ÖW*, 20. Dezember 1895, S. 939–40.
74 *V*, 23. Oktober 1892, S. 1–2; *NFP*, 24. Oktober 1892 (A), S. 2. Die Polizei stellte fest, Lueger habe, obwohl er Schneiders Vulgarität als zutiefst irritierend empfand, nur wenig Möglichkeiten, Einfluss auf diesen zu nehmen. Siehe Stejskal an Bacquehem, 10. Februar 1894, Nr. 575/793, *MI Präs*.
75 Zu Agliardi siehe Christoph Weber, *Quellen und Studien zur Kurie und zur Vatikanischen Politik unter Leo XIII.* (Tübingen 1973), S. 152–59, 401–5, S. 46–47, Anm. 100. Vgl. auch Francesco Vistalli, »Il cardinale Antonio Agliardi«, *La Scuola Cattolica* 43 (1915): 139–54, 272–91. Philipp Eulenburg hatte mit Agliardi verkehrt, als beide Anfang der 90er Jahre in München stationiert waren, und mit Erschrecken zur Kenntnis genommen, dass der Nuntius die Christlichsozialen unterstützte. Siehe A1657, 10. Februar 1895, Öst. 75/Bd. 5, *PAAA*.
76 Funder, *Aufbruch*, S. 103.
77 A5085, 9. Mai 1895, Öst. 75/Bd. 6, *PAAA*.
78 Funder, *Aufbruch*, S. 105. Agliardi scheint dies eigenmächtig initiiert zu haben. Er rechnete möglicherweise damit, dass die österreichischen Bischöfe im Frühjahr 1894 eine Initiative gegen die Christlichsozialen starten würden.

79 Das Programm ist erhalten geblieben im *Nachlass Funder*. Es findet sich auszugsweise abgedruckt in Funder, *Vom Gestern*, S. 104–8.
80 Rampollas Antwort findet sich mit dem Datum 17. März 1894 in Funder, *Vom Gestern*, S. 109–11. Zu Toniolo und der Italienischen Union, siehe Fernand Mourret, *L'église contemporaine* (Paris 1925), 9: 431–32; Eduardo Soderini, *Il Pontificato di Leone XIII* (Milan, 1932), 1:383–84. Für Toniolos Antwort siehe Toniolo an Agliardi, 24. Mai 1894, in Giuseppe Toniolo, *Lettere I, 1871- 1895*, Guido Anichini und Nello Vian (Hgg.), (Città del Vaticano 1952), S. 328–31.
81 Zu Rampolla siehe Weber, *Quellen und Studien*, S. 156–59, 411–14, 477–78. Als Agliardi den Posten in Wien erhielt, erwartete Rampolla, er, Agliardi, würde eine Haltung einnehmen, die eher im Einklang mit seinen, Rampollas, diplomatischen Zielen stand.
82 Agliardi machte kein Geheimnis aus seiner Missbilligung von Hohenwarts Koalition mit den Liberalen. Siehe A4077, 19. April 1895, Öst. 98/Bd. 2; A1657, 10. Februar 1895, Öst. 75/ Bd. 5, *PAAA*. Vgl. auch Albert M. Weiss, *Lebensweg und Lebenswerk* (Freiburg i. B. 1925), S. 418–19.
83 A 1816, 15. Februar 1895, Öst. 75/Bd. 5, *PAAA*; Funder, *Aufbruch*, S. 107–10; ders., *Vom Gestern*, S. 81–82.
84 Vgl. Kálnoky an Revertera, 2. Februar 1895, *HHSA*, pol. Archiv, 1X1262, Rome-Varia, abgedruckt in Norbert Miko (Hg.), »Zur Mission des Kardinals Schönborn, des Bischofs Bauer, und des Pater Albert Maria Weiss OP im Jahre 1895«, *RHM* 5 (1961/62): 190–191. Vgl auch *Rp*, 14. November 1894, S. 1–3; 15. November 1894, S. 4–5.
85 *Protokoll der Conferenz des bischöflichen Comités, 20. November bis 1. Dezember 1894*, S. 8–9; Weiss an Aichner, 24. Jänner 1895, in Miko (Hg.), »Zur Mission«, S. 188.
86 Vgl. die Hinweise auf Schönborns Energiemangel in A1657, 2. Februar 1895; A2377, 6. März 1895, Öst. 75/Bd. 5; A5281, 13. Mai 1895, Öst. 75/Bd. 6, *PAAA*,
87 Franz Joseph hielt mit seiner Kritik am Wiener Klerus nicht hinter dem Berg. Siehe Eulenburgs Bericht, A8131, 6. September 1894, Öst. 75/Bd. 5
88 Vgl. das private Tagebuch Bischof Rösslers im *Rössler Nachlass*, zitiert von Kendl, »Scheicher«, S. 76–77.
89 *SP*, 1894, S. 16363–65.
90 *SP*, 1894, S. 16422–23. Zu Madeyski, siehe Joanna Radzyner, *Stanislaw Madeyski 1841–1910. Ein austro-polnischer Staatsmann im Spannungsfeld der Nationalitätenfrage in der Habsburgermonarchie* (Wien 1983), bes. S. 167–171.
91 *SP*, 1894, S. 16453; *Erlebnisse*, 5:223–46.
92 *Rp*, 20. Jänner 1895, S. 1; 25. Jänner 1895, S. 1.
93 Zum Zweck der Mission siehe den detaillierten und informativen Bericht in A2892, 18. März 1895, Öst. 75/Bd. 5, *PAAA*; und Kálnoky an Revertera, 2. Februar 1895, in Miko (Hg.), »Zur Mission«, S. 190–92. Zu den Dokumenten, die von der Delegation überbracht werden sollten, siehe Albert M. Weiss, *Lebensweg*, S. 420–21; *AZ*, 29. Jänner 1895, S. 1–2 (eine edierte Version des Hirtenbriefes); und *VT*, 10. Februar 1895, S. 5–6. Zur Entstehung dieser Dokumente siehe *NPZ*, 3. Februar 1895 (M), S. 2.
94 Eulenburg erfuhr von dieser Audienz im Mai (A5281, 13. Mai 1895, Öst. 75/Bd. 6, *PAAA*). Wahrscheinlich war Schönborn der Drahtzieher hinter der Idee einer Regierungsdemarche in Rom, da ihm klar war, dass die Bischöfe, wenn sie allein auf sich gestellt waren, nicht viel erreichen würden. Siehe *NPZ*, 3. Februar 1895 (M), S. 2.

95 »Memorandum der österreichischen Regierung an den Heiligen Stuhl«, Februar 1895, *HHSA*, pol. Archiv, IX/262, Rome-Varia, abgedruckt in Miko (Hg.), »Zur Mission«, S. 192–94.
96 Revertera an Kálnoky, 25. Februar 1895, in Miko (Hg.), »Zur Mission«, S. 202–4; Weiss an Gruscha, 20./21. Februar 1895, *NL Kardinal Gruscha*.
97 Funder, *Aufbruch*, S. 111–12. Der komplette Text von Schindlers Verteidigung ist abgedruckt in Friedrich Funder, »Aus den Anfängen christlichsozialer Programmarbeit«, *VW* 14 (1923): 7–10.
98 A2892, 18. März 1895, Öst. 75/Bd. 5, *PAAA*; Revertera an Kálnoky, 20. März 1895 und 30. März 1895, in Miko (Hg.), »Zur Mission«, S. 216–19; Weiss an Gruscha, 16. März 1895, *Nachlass Kardinal Gruscha*.
99 Prinz Philipp zu Eulenburg (1847–1921) war deutscher Botschafter in Wien 1894 bis 1902 und ein enger Vertrauter von Kaiser Wilhelm II.
100 A5281, 13. Mai 1895, Öst. 75/Bd. 6, *PAAA*,; Weiss, *Lebensweg*, S. 433. Weiss gab im Juli offen zu, dass die Schönborn-Mission ein Fehlschlag gewesen war. Siehe seine »Persönliche Glossen über die gegenwärtige Lage«, *TPQS* 49 (1895): 978–91.
101 »Mit Leuten aber wie selbst Richard Clam, der einmal sagte, Louis Liechtenstein würde schon erfahren, wohin ihn der Verkehr mit Democraten und Antisemiten führn werde (!) und mein alter edler seliger H. Salm, der mir bestimmt aussprach, er müsse mich warnen, denn ich sei auf dem Wege, ein Demagog zu werden.« Egbert Belcredi, *Tagebuch*, Eintrag vom 30. Dezember 1888.
102 *Rp*, 18. Mai 1895, S. 1–2; Funder, »Aus den Anfängen«, S. 10–11.
103 *NWT*, 8. April 1891 (A), S. 2. Unter den 873 Wählern in Hietzing waren 450 Staatsbediensteten und 100 Lehrer. *NFP*, 24. September 1895 (M), S. 5, 7.
104 *DV*, 21. März 1895 (M), S. 4.
105 *NFP*, 2. April 1895 (M), S. 5; *AZ*, 2. April 1895, S. 1–5; 4. April 1895, S. 4.
106 Für Polizeiberichte zu den Wahlen siehe B2 ad 1349 (Nr. 1781, 2195, 2402), *NÖLA*, 1895. Siehe auch *NFP*, 2. April 1895 (M), S. 1–2, 5, über die bei den Wahlen ausschlaggebenden Lehrer und Beamten. Siehe auch Seliger und Ucakar, *Wahlrecht und Wahlverhalten in Wien*, S. 97, 109.
107 *NFP*, 1. Oktober 1895 (M), S. 5.
108 *ÖSBZ*, 1. Februar 1895, S. 3–4; 1. März 1895, S. 8; 15. September 1895, S. 6–8; *BZ*, 26 (1895): 99–100, 152–53.
109 Zu Pattais Antrag siehe *SP*, 1894, S. 16178–79.
110 a.a.O., S. 16182–84.
111 *ÖSBZ*, 1. März 1895, S. 3; 15. März 1895, S. 3; *ÖSZ*, 1. Jänner 1895, S. 3–10. Die Gehaltserhöhungen sollten rückwirkend ab 1. Jänner wirksam werden, aber Versprechen auf dem Papier reichen gewöhnlich nicht aus, um Wahlen zu gewinnen. *BZ*, 26 (1895): 99–101; *DV*, 17. März 1895 (M), S. 1–2; *DZ*, 17. März 1895, S. 1–2.
112 Eine Liste antisemitischer Kandidaten, die bei dieser Wahl antraten, mit Anmerkungen betreffend nationalistische Punkte in ihrem Programm (13 von insgesamt 46 und auf die ganze Stadt aufgeteilt) findet sich in der *DZ*, 27. März 1895, S. 4–5.
113 Zum Überlaufen der Lehrer zu den Antisemiten siehe *DZ*, 6. April 1895, S. I; *ÖSZ*, 10. April 1895, S. 236–37 (»Die große Mehrheit der Lehrer hat für die Partei Lueger-Liechtenstein gestimmt«); *DÖLZ*, 15. März 1896, S. 61–62.
114 Für einen Vergleich der Lehrergehälter vor und nach dem Gesetz von 1891 siehe *DV*, 1. März 1895 (M), S. 4. Siehe auch *PJ*, 44 (1891): 227–29; *NFP*, 26. November 1891 (M), S. 7.

115 Zu Noskes Beleidigung der Lehrer siehe *BZ* 23 (1892): 113; *ÖSZ*, 24. März 1892, S. 193–94.
116 Für Klagen, dass die Loyalität der Lehrer als selbstverständlich hingenommen werde, siehe *ÖSZ*, 24. März 1892, S. 185–86; 3. Jänner 1895, S. 11–12.
117 Befristet angestellte Unterlehrer in Wien bezogen ein Gehalt, das sich auf etwa 33 Gulden pro Monat tatsächlichen Unterrichts belief. Sie hatten so gut wie keine Arbeitsplatzsicherheit, erhielten die schwierigsten Klassen zugewiesen und unterrichteten oft in Arbeiterbezirken an Schulen mit extrem unterstützungsbedürftigen Kindern. Es überrascht nicht, dass in diesem Milieu eine sozialdemokratische Lehrerbewegung rasch Fuß fassen konnte. Vgl. die Beschreibung von Otto Glöckels Lehrverpflichtung als Unterlehrer in Oskar Achs und Albert Krassnigg, *Drillschule-Lernschule-Arbeitsschule. Otto Glöckel und die österreichische Schulreform in der Ersten Republik* (Wien und München 1974), S. 47–49.
118 Zur Taktik von Seitz siehe *ÖSZ*, 3. Jänner 1895, S. 10–11; 6. März 1895, S. 160; Otto Glöckel, *Selbstbiographie* (Zürich 1939), S. 40–47; *FLS*, 1. Juli 1895, S. 1–3.
119 Zu Grübls Optionen siehe *NFP*, 2. April 1895 (M), S. 2.
120 Albert Richter war ein prominenter liberaler Anwalt, der zwischen 1886 und 1896 für die Innere Stadt im Gemeinderat saß. Als Protegé von Bürgermeister Johann Prix wurde Prix 1891 zum Vizebürgermeister von Wien gewählt.
121 Zu dieser Ansicht siehe a.a.O., 4. April 1895 (A), S. 2; 5. April 1895 (M), S. 6–7.
122 Plener, *Erinnerungen*, 3:256–57.
123 *NFP*, 14. April 1895 (M), S. 1; 18. April 1895 (M), S. 1, und der Kommentar von Alfred Lenz auf S. 3.
124 B2 ad 3131/1895, *NÖLA*.
125 Siehe *NFP*, 2. April 1895 (M), S. 2; 4. April 1895 (A), S. 2; 15. Mai 1895, S. 1, 6; A5393, Öst. 70/Bd. 28, *PAAA*.
126 Zu den Manövern am 29. Mai siehe *DZ*, 30. Mai 1895, S. 1–2; *AZ*, 30. Mai 1895, S. 1, 3–4; *NFP*, 30. Mai 1895 (M), S. 1, 5.
127 Kielmanseggs Bericht an den Ministerrat findet sich in B2 ad 6847, Nr. 6967/1895, *NÖLA*.
128 *DV*, 4. September 1895 (A), S. 2. Stejskal an Kielmansegg, B2 ad 5936, Nr. 6008, *NÖLA*, 15. September 1895; *AZ*, 15. September 1895, S. 1.
129 *NFP*, 5. September 1895 (M), S. 6.
130 a.a.O., 9. Oktober 1895 (A), S. 2; 15. Oktober 1895 (A), S. 2.
131 *NFP*, 3. September 1895 (M), S. 5; 6. September 1895 (M), S. 6; 10. September 1895 (M), S. 7; und die klugen Kommentare in *AZ*, 6. September 1895, S. 2–3; 7. September 1895, S. 2.
132 *DV*, 13. September 1895 (A), S. 2, 4; 20. September 1895 (A), S. 1–2; *Rp*, 13. September 1895, S. 1; 22. September 1895, S. 9.
133 Kielmansegg, *Kaiserhaus*, S. 47–48.
134 *DZ*, 11. August 1895, S. 3; Kolmer, *Parlament und Verfassung*, 5: 537.
135 *DÖLZ*, 15. Jänner 1896, S. 15–16; 1. April 1896, S. 73–74.
136 *NFP*, 3, Dezember 1895 (M), S. 5; und die Rechtfertigung in der *ÖSBZ*, 1. Dezember 1895, S. 8. Die Polizei befragte Beamte, die im Verdacht standen, bei einer Versammlung das Lied »Lueger März« abgesungen zu haben, aber die Beamten wollten davon nichts wissen. Was hätte Kielmansegg tun sollen? J12 ad 1416, Nr. 2193/1895. Vgl. auch B2 ad 1225, Nr. 1471/1895, und J12, Nr. 5868/1895, *NÖLA*.

137 Siehe bes. *DV,* 25. September 1895 (A), S. 1; *Rp,* 26. September 1895, S. 1.
138 *DV,* 25. September 1895 (A), S. 4.
139 *DV,* 13. September 1895 (M), S. 3; 14. September 1895 (M), S. 7. Die Liberale Partei verwendete dieselbe Rhetorik und stellte sich selbst in leuchtenden Farben als der einzig wahre Hort des historischen Bürgertums dar. Siehe *NFP,* 13. September 1895 (M), S. 7; 18. September 1895 (M), S. 1; 19. September 1895 (M), S. 5.
140 B2 ad 6847, Nr. 6967/1895, *NÖLA.*
141 J6 ad 7723, Nr. 8396/1895; B2 ad 452, Nr. 452/18%; B2, Nr. 7831/1895, *NÖLA.*
142 *DZ,* 2. Juni 1895, S. 2–3.
143 *NFP,* 13. September 1895 (M), S. 8.
144 J6 ad 7723, Nr. 8396/1895, *NÖLA.*
145 J6, Nr. 7723/1895, *NÖLA.* Vgl. auch Funder, *Vom Gestern,* S. 62.
146 *NFP,* 18. September 1895 (M), S. 6; 23. September 1895 (A), S. 5.
147 Vgl. A12159, 13. November 1895, Öst. 70/Bd. 29, *PAAA; NFP,* 24. September 1895 (A), S. 1; B2 ad 452, Nr. 452/1896, *NÖLA.*
148 Eine Beschreibung eines typischen gesellschaftlichen Anlasses zu Ehren Luegers findet sich in B2 ad 452, Nr. 777/1896, *NÖLA.*
149 B2 ad 452, Nr. 1773/1896, *NÖLA.*
150 Zu den Wahlergebnissen siehe *NFP,* 18. September 1895 (M), S. 6; *ÖW,* 2. Oktober 1895, S. 721–22; B2 ad 5936, Nr. 6069/1895, *NÖLA.*
151 *NFP,* 24. September 1895 (M), S. 5–7; *AZ,* 24. September 1895, S. 4. Die Christlichsozialen gewannen 32 der insgesamt 46 Sitze der Zweiten Kurie.
152 B2, Nr. 7831 (datiert mit 5. Dezember 1895), *NÖLA; NFP,* 12. September 1895 (M), S. 5; 19. Dezember 1895 (M), S. 6–7; *ÖSBZ,* 1. Oktober 1895, S. 3.
153 *NFP,* 27. September 1895 (M), S. 5–6; *AZ,* 27. September 1895, S. 1.
154 Die Antisemiten erhielten 1894–95 auch einige Unterstützung von der mächtigen Fleischerzunft; unter den Hausherren waren wohl auch nicht wenige Fleischer, da diese oft zu den wohlhabendsten Handwerkern gehörten. Vgl. Kielmansegg, *Kaiserhaus,* S. 371–72, und *WFFZ,* 5. April 1895, S. 1.
155 Ein Beispiel dieser Verwendung findet sich in den Kommentaren Joseph Schlesingers im Polizeibericht B2, Nr. 25541/1895, mit Bezug auf eine Versammlung, die am 11. November 1895 stattfand, *NÖLA.*
156 Zum Hintergrund dieser Kontroverse siehe Erwin Burger, »Die Frage der Bestätigung der Wahl Dr. Karl Luegers zum Bürgermeister von Wien«, Dissertation, Universität Wien, 1952.
157 B2 ad 6847, Nr. 6967 (datiert mit 1. November 1895), *NÖLA.*
158 B2 ad 6847, Nr. 7210/1895, und die beigefügte, von Kielmansegg verfasste *Erinnerung.*
159 Kielmansegg, *Kaiserhaus,* S. 377–78; Leon Bilinski, *Wspomnienia i dokumenty* (2 Bde., Warschau 1924–25), 1: 91–93.
160 Kielmansegg, *Kaiserhaus,* S. 62.
161 a.a.O., S. 377.
162 a.a.O., S. 62–64, 377–78.
163 A12159, 13. November 1895, Öst. 70/Bd. 29, *PAAA.*
164 *SP,* 1895, S. 21380–81, 21382–83.
165 a.a.O., S. 21381–82.

166 Kielmansegg, *Kaiserhaus*, S. 63–64; und Kielmanseggs Bericht, B2 ad 6847, Nr. 7266/1895, *NÖLA*.
167 B2 ad 6847 (Nr. 5801 and 5696), *NÖLA; NFP*, 13. November 1897 (A), S. 2–3.
168 J6, Nr. 7723, *NÖLA*, 4. Dezember 1895; und J6 ad 7723, Nr. 7630, *NÖLA*, 16. Dezember 1895.
169 Zur Neuheit dieser Strategie siehe B2 ad 452, Nr. 64/1896, *NÖLA*.
170 B2, Nr. 7831/1895, *NÖLA*.
171 *ÖW*, 10. Jänner 1896, S. 35–36.
172 *NFP*, 3. Dezember 1895 (M), S. 6; 4. Dezember 1895 (M), S. 6; *ÖW*, 6. Dezember 1895, S. 901. Die Polizeiberichte über die Frauenveranstaltungen finden sich in J12 ad 7425 (Nr. 7633, 7593, 7700, 7752, 7776, 7857, 7858, 7945, 7993, 7994, 8025, 8098), *NÖLA*, 1895.
173 Siehe zum Beispiel, B2 ad 6847, Nr. 7281/1895; B2, Nr. 7831/1895; B2 ad 452, Nr. 64/1896; Nr. 777/1896, *NÖLA*.
174 A13204, 7. Dezember 1895, Öst. 70/Bd. 29, *PAAA*.
175 Kielmansegg, *Kaiserhaus*, S. 64–65.
176 A2209, 28. Februar 1896, Öst. 70/Bd. 29, *PAAA*; B2 ad 452, Nr. 1108/1896, *NÖLA*. Laut Polizeiberichten drängten Alfred Ebenhoch und alpenländische Konservative Lueger, einen Ausweg aus dem Dilemma zu finden.
177 A4734, 1. Mai 1896, Öst. 70/Bd. 29, *PAAA*.
178 Kielmansegg, *Kaiserhaus*, S. 65. Eulenburg hatte das Gefühl, Badeni habe der Mut verlassen, als er begriff, wie populär Lueger in der Stadt war. A4546, 28. April 1896, Öst. 70/Bd. 29, *PAAA*.
179 *AZ*, 2. Februar 1896, S. 1–2.
180 z.B. a.a.O., 30. Jänner 1896, S. 7.
181 B2 ad 452 (Nr. 1108, 2140, 2504), *NÖLA*, 1896.
182 B2 ad 2104, Nr. 2870/1896, *NÖLA*.
183 a.a.O., Nr. 2921/1896, *NÖLA*.
184 a.a.O., Nr. 2952/1896, *NÖLA*.
185 B2 ad 2104, Nr. 3156/1896, *NÖLA*. Zu Strobach siehe den Polizeibericht B2 ad 2104, Nr. 2176/1896.
186 B2 ad 2104, Nr. 3156 und 3460/1896, *NÖLA*.
187 Zu den Wahlen siehe *NFP*, 5. November 1896 (M), S. 1–4; *Rp*, 5. November 1896, S. 7; 6. November 1896, S. 3; *DZ*, 6. November 1896, S. 3–4.
188 *AZ*, 11. April 1897, S. 2. Der *Landesausschuss* wurde von den Mitgliedern des Landtags gewählt. Er bestand aus sechs Mitgliedern, die im wesentlichen das permanente Führungsgremium des Kronlandes darstellten.
189 Dieser Schluss drängt sich aufgrund der Polizeiberichte über die beiden Bewegungen aus den Jahren 1896–97 förmlich auf. Siehe zum Beispiel E5 ad 872 (Nr. 1325, 1005), *NÖLA*, 1897. Ebenso B2 ad 452, Nr. 1108/1896.
190 Badeni an Kielmansegg, E5 ad 1098, Nr. 1309/1897, *NÖLA*. Zu den sozialdemokratischen Beschwerden über Wahlbetrug und Regelverstößen bei der Registrierung siehe *AZ*, 8. März 1897, S. 1–2; 12. März 1897, S. 4–5; 13. März 1897, S. 4–5. Die *AZ* behauptete auch, die Antisemiten hätten den Hausherren dringend nahe gelegt, Mieter aus dem Arbeitermilieu mit Delogierung zu bedrohen, für den Fall, dass sie sozialistisch wählten.
191 Der fünfte Kandidat war Karl Lueger, der durch seine Kandidatur in der Fünften Kurie seinen Ruf aufs Spiel setzte.

192 B2, Nr. 2653/1897, *NÖLA*.
193 B2 ad 2653, Nr. 2834/1897, *NÖLA*. Zu Badenis Berichterstattung an den Kaiser siehe *HHSA*, Kabinettskanzlei, Vortrag Nr. 1503, 15. April 1897.
194 Eine schriftliche Fassung der Rede, die Lueger bei diesem Anlass hielt, findet sich in der *NFP*, 20. April 1897 (A), S. 2–3.

Die Christlichsozialen konsolidieren ihre Macht in Wien

1 Siehe Carl Johannes Fuchs, »Die Entwicklung der Gemeindebetriebe in Deutschland und im Ausland«, *Verhandlungen des Vereins für Sozialpolitik in Wien* 132 (1909): 65. Ein Überblick über die Entwicklung der Kommunalisierungsprojekte und auch eine objektive Bewertung ihres finanziellen Erfolgs findet sich bei Felix Czeike, *Liberale, christlichsoziale und sozialdemokratische Kommunalpolitik (1861–1934)* (Wien 1962), und bei Seliger und Ucakar, *Wien,* 2: 783–917.
2 Das gemeindeeigene Gaswerk wurde am 31. Oktober 1899 eröffnet. Die Kommunalisierung der Straßenbahn fand in zwei Etappen statt. Die ältere *Wiener Tramway Gesellschaft* wurde Ende 1899 durch die *Bau- und Betriebsgesellschaft* von Siemens ersetzt, einem Unternehmen der Deutschen Bank in Berlin. Zu diesen Vereinbarungen siehe *Vertrag welcher am 28. November 1898 ... zwischen der Gemeinde Wien einerseits und der Firma Siemens & Halske andererseits abgeschlossen wurde* (Wien 1898). Dies war jedoch nur eine Zwischenlösung, und mit April 1902 war eine Vereinbarung ausgehandelt worden, laut der die Eigentumsrechte an die Stadt fielen, die die Straßenbahn in Hinkunft selbst betreiben würde. Der reguläre Betrieb begann am 1. Juli 1903. Das gemeindeeigene Gaswerk nahm am 1. August 1902 den Betrieb auf. Zum Problem der städtischen Anleihen siehe »Die Wiener Gasanleihe,« *Z*, 8. Jänner 1898, S. 29–30, 29. Jänner 1898, S. 71–72.
3 Lueger verließ sich durchgehend auf August Lohnsteins finanziellen Rat und seine Unterstützung; Lohnstein war Generaldirektor der Länderbank. Siehe z.B. die Bewertung des Plans eines neuen Stadtbahnsystems für Wien, die Lohnstein am 24. März 1908 an Lueger sandte, *HS*, I.N. 41544.
4 Siehe Stephan Koren, »Die Industrialisierung Österreichs – vom Protektionismus zur Integration. Entwicklung und Stand von Industrie, Gewerbe, Handel und Verkehr«, in: *Österreichs Wirtschaftsstruktur. Gestern-Heute-Morgen,* Wilhelm Weber (Hg.) (2 Bde. Berlin 1961), 1: 367–68.
5 *Die Entwicklung der städtischen Strassenbahnen im zehnjährigen Eigenbetriebe der Gemeinde Wien* (Wien 1913), S. 147.
6 Siehe die Bewertung von Ministerialrat Dr. Pöschl in Z. 22051, 21. Mai 1908, *FM Präs*. Lueger selbst wies mit Nachdruck darauf hin, dass das Straßenbahnnetz »auch für die Zukunft eine reiche Quelle von Einnahmen eröffnet, durch welche wieder andere dringende Bedürfnisse der Großstadt befriedigt werden können«. *Bericht des Referenten betreffend die Aufnahme eines Investitions-Anlehens von 285 Millionen Kronen,* Z. 15. 142, ad Beil. Nr. 342 ex 1901, *Gemeinderat der Stadt Wien*, S. 9. Zu einem ähnlichen Schluss kommt auch ein Experte, der nicht mit den Christlichsozialen sympathisierte; siehe K. T. Wächter, »Die Gemeindebetriebe der Stadt Wien«, in *SVSP*, 130/1 (1909): 213–18.
7 *Rp*, 29. November 1904, S. 9.

8 Eine Abschrift der Vereinsstatuten befindet sich in *H.A. Akten. Kleine Bestände*, Schachtel 1–4, WSLA. Die gesetzlichen und politischen Konsequenzen des *Bürgerrechts* sind beschrieben im *SJ*, 1900, S. 98–99.
9 »Generalversammlung der Wiener Bürgervereinigung«, *DZ*, 4. Dezember 1905 (M), S. 2.
10 Vgl. die Berichte im *SJ,* 1901, S. 188; *SJ,* 1905, S. 114–15; *SJ,* 1910, S. 120–21. Anfang 1910 wies Karl Lueger den Magistrat an, Kandidaten für das Bürgerrecht eine »freiwillige« Spenden in der Höhen von mindestens 200 Kronen an den Bürgerspitalfonds nahezulegen, in Anerkennung der Tatsache, dass viele von ihnen und ihren Familienangehörigen dereinst von den karitativen Diensten profitieren würden, die diese Stiftung älteren Bürgern angedeihen ließ. Siehe Lueger an Karl Appel, Z. 299, 18. Jänner 1910, Carton 139, *MD*.
11 Ein hochrangiger Beamter im Präsidialbüro des Magistrats, Robert Jiresch, erzählte später, dass die Zeremonie, bei der die neuen Bürger ihren Eid leisteten, Familienfeste gewesen seien, da die Kandidaten ihre Ehefrauen und ihre (zumeist erwachsenen) Kinder mitbrachten. Laut Jiresch gehörten diese Anlässe zu den Auftritten, die Lueger selbst besonders genoss. (»Da war Dr. Lueger in seinem Element und es gab ebensoviele feierliche wie heitere Szenen«), *Rp*, 9. März 1930, S. 3. Vgl. auch den Kommentar von Marianne Beskiba, *Aus meinen Erinnerungen an Dr. Karl Lueger* (Wien, o.J.), S. 88: »Bezeichnend für Lueger war es, dass seine intimen ›Freunde‹ sich ausschließlich aus sehr bemittelten Leuten rekrutierten; arme Teufel, und wenn dieselben von noch so hingebungsvoller Treue und Selbstlosigkeit waren, hielt er sich vom Leibe.«
12 Die Gas- und E-Werke waren »Meisterwerk der fortgeschrittensten Technik.« *Rp*, 20. Juli 1904, S. 1. Vgl. auch die Lobeshymnen auf die Fortschrittlichkeit des Gaswerks im offiziellen Führer, *Die Erbauung des Wiener städtischen Gaswerkes. Im Auftrage des Herrn Bürgermeister Dr. Karl Lueger bearbeitet* (Wien 1901); und die Kommentare zum Straßenbahnnetz in »40 jähriger Bestand der Straßenbahnen in Wien,« *Zeitschrift für Elektrotechnik*, Heft 42, 1905, S. 3: »So hat denn die technische Welt alle Ursache, sich des außerordentlichen Aufschwunges zu erfreuen, welchen die Straßenbahnen in Wien genommen haben, was sie insbesondere dem zielbewussten Streben der jetzigen Gemeindeverwaltung und ihres gegenwärtigen Bürgermeisters Dr. Karl Lueger zu verdanken haben…«. Ebenso typisch auch der zweibändige Wien-Führer, der 1905 vom *Österreichischen Ingenieur- und Architekten-Verein* mit substanzieller Förderung durch die Stadt herausgegeben wurde, *Wien am Anfang des XX. Jahrhunderts*. Im Untertitel wurde das Werk als *Ein Führer in technischer und künstlerischer Richtung* bezeichnet, der Großteil des ersten Bandes bezog sich aber auf den ersteren Themenkreis, nämlich die technologische Fortschrittlichkeit der städtischen Vorhaben.
13 Lueger behauptete 1901, der technische Fortschritt habe erst mit ihm in Wien Einzug gehalten: »Erst der jetzigen Gemeindeverwaltung war es vorbehalten, auf allen Gebieten des öffentlichen Lebens Wandel zu schaffen«; dies galt auch für das Gaswerk, ein Gegenstand der »Bewunderung der ganzen Welt.« *Bericht des Referenten,* S. 1.
14 Carl E. Schorske, *Fin de siècle Vienna. Politics and Culture* (New York 1980), S. 24–115.
15 Siehe die Debatten im *SPNÖ,* 1903, S. 1251–65. Zum Hintergrund siehe Elisabeth Koller-Glück, *Otto Wagners Kirche am Steinhof* (Wien 1984). Siehe auch Günther Berger, *Bürgermeister Dr. Karl Lueger und seine Beziehungen zur Kunst* (Frankfurt am Main 1998).
16 Siehe Luegers Kommentare in *Rp,* 20. Oktober 1907, S. 4; Peter Haiko und Renata Kassal-Mikula (Hg.), *Otto Wagner und das Kaiser Franz Josef-Stadtmuseum. Das Scheitern der Moderne in Wien* (Wien 1988), S. 74–75.

17 *AB*, 1913, S. 1838–39; Haiko und Kassal-Mikula (Hgg.), *Otto Wagner*, S. 90–102.
18 *AB*, 1913, S. 1820; Leon Botstein, »Music and Its Public. Habits of Listening and the Crisis of Musical Modernism in Vienna, 1870–1914.« Dissertation, Harvard University, 1985, S. 1082. Zur Stadtmuseum Kontroverse vgl. Ludwig Hevesis Kommentar, »Otto Wagners Stadtmuseum«, in *Altkunst-Neukunst. Wien 1894–1908* (Wien 1909), S. 254–59.
19 Siehe *Der Wald- und Wiesengürtel und die Höhenstraße der Stadt Wien* (Wien 1905). Diese Druckschrift wurde von der Stadtverwaltung auf Anweisung Luegers veröffentlicht. Der Verfasser weist mit Nachdruck darauf hin, dass der Grüngürtel von Parks und Gärten besonders einer Stadt gute anstehe, deren »eigentümlicher Zauber ja gerade in der Verbindung landschaftlicher Reize mit der baulichen Großartigkeit einer modernen Millionenstadt besteht« (S. 4). Nicht nur beschworen die Gärten Vergangenheit und Zukunft und ihre Verbindung, sie führten den Reisenden auch hin zu den Sternstunden der Geschichte, in denen Wien als Ganzes auf dem Spiel gestanden war; der Kahlenberg erinnerte an die »welthistorische Sendung« der Stadt (S. 25).
20 *Festschrift herausgegeben anlässlich der Hundertjahrfeier des Wiener Stadtbauamtes* (Wien 1935), S. 50.
21 Heinrich Goldemund, *Generalprojekt eines Wald- und Wiesengürtels und einer Höhenstraße für die Reichshaupt- und Residenzstadt Wien* (Wien 1905), S. 3–4.
22 *Die städtischen Elektrizitäts-Werke und Strassenbahnen in Wien* (Wien 1903), S. 82.
23 Siehe Z. 245, 17. Jänner 1908, Carton 116, *MD*. Heinrich Goldemund erinnerte sich im Jahr 1935 voll Stolz, dass die christlichsoziale Stadtverwaltung exzessive Bautätigkeit in der Inneren Stadt unterbunden habe, indem sie auf einer ausgeglichenen wirtschaftlichen Entwicklung beharrte. Siehe Heinrich Goldemund, »Der städtebauliche Werdegang Wiens«, in *Festschrift*, S. 74ff. Vgl. auch *Die Gemeindeverwaltung der Stadt Wien in der Zeit vom 1. Jänner 1914 bis 30. Juni 1919* (Wien 1923), S. 73.
24 Wächter, »Die Gemeindebetriebe,« S. 218. In »Music and Its Public« bietet Leon Botstein viele Beispiele ähnlicher Projekte zur Überbrückung der Kluft zwischen vormodernen und modernen Werten im Wiener Musikleben nach 1890. Vgl. bes. S. 1410ff.
25 Zum Verhältnis der Partei zu Abraham a Sancta Clara siehe Johannes Eckardt, »Zum fünfundzwanzigjährigen Bestande der österreichischen Leo-Gesellschaft«, *Das Neue Österreich* (Februar 1917), S. 57, und Robert A. Kann, *A Study in Austrian Intellectual History. From Late Baroque to Romanticism* (New York 1960), S. 109–13. Zur enthusiastischen Förderung von Schuberts Musik durch die Stadt siehe Botstein, »Music and Its Public«, S. 1033–34.
26 *Die städtischen Elektrizitäts-Werke und Straßenbahnen in Wien*, S. 135–36.
27 Deutsche Parallelen finden sich bei Brian Ladd, *Urban Planning and Civic Order in Germany, 1860–1914* (Cambridge, Mass., 1990), S. 67–73.
28 Siehe Michael John, *Hausherrenmacht und Mieterelend: Wohnverhältnisse und Wohnerfahrung der Unterschichten in Wien 1890–1923* (Wien 1982); Albert Lichtblau, *Wiener Wohnungspolitik 1892–1919* (Wien 1984); Peter Feldbauer, *Stadtwachstum und Wohnungsnot. Determinanten unzureichender Wohnungsversorgung in Wien 1848 bis 1914* (Wien 1977); und Wolfgang Hösl und Gottfried Pirhofer, *Wohnen in Wien 1814–1938. Studien zur Konstitution des Massenwohnens* (Wien 1988).
29 1907 waren 82 von 163 Gemeinderatsmitgliedern Haus- und Grundbesitzer. Der Prozentsatz im Stadtrat war noch höher; alle Mitglieder des Stadtrats waren Christlichsoziale und 20 der 31 Mitglieder waren Haus- und Grundbesitzer. Hausherreninteressen in (und außerhalb) der

Partei bildeten die Speerspitze im Kampf gegen eine neue Bauordung, die bei Kriegsausbruch 1914 noch immer nicht vom Gemeinderat gebilligt worden war. Siehe die Debatten im *AB*, 1909, S. 2583–86; ebenso die Kommentare in der *AZ*, 30. Oktober 1909, S. 9; 10. November 1909, S. 8; und 12. November 1909, S. 7–8.
30 Siehe Kuppe, *Karl Lueger*, S. 400–401.
31 Siehe *Die Gemeinde-Verwaltung der Stadt Wien im Jahre 1904* (Wien 1906), S. 310.
32 *AB*, 1908, S. 2988.
33 »Ein Interview mit Dr. Lueger«, *Rp*, 1. Dezember 1907 (M), S. 4.
34 *AB*, 1908, S. 3082.
35 Zu den Unzulänglichkeiten des städtischen Arbeitsrechts und der sozialen Wohlfahrtsbestimmungen für städtische Arbeitnehmer ist die beste zeitgenössische Quelle die Zeitung des christlichsozialen Arbeitnehmerflügels: *CSAZ*, 23. Juni 1900, S. 1; 20. Oktober 1900, S. 6; 8. September 1900, S. 3; 27. Oktober 1900, S. 6; 9. März 1901, S. 5; 20. September 1901, S. 1–2; 14. Dezember 1901, S. 1–2; 31. Mai 1902, S. 5; 10. Jänner 1903, S. 5; 9. Mai 1903, S. 4; 23. Mai 1903, S. 5; 20. Juni 1903, S. 5. Siehe auch den Kommentar in der *AZ,* 31. Juli 1907, S. 6–7; und Luegers Ausführungen darüber, wie er mit unbotmäßigen städtischen Arbeitnehmern umgehen würde, in der *AZ*, 4. Juli 1908, S. 5. Eine moderne Bewertung, welche die Kontinuitäten zwischen liberalen und christlichsozialen Konzepten in der Wohlfahrts- und Sozialpolitik unterstreicht, findet sich bei Seliger und Ucakar, *Wien*, 2: 867, 911ff.
36 Siehe zum Beispiel Ladd, *Urban Planning*, S. 201ff.
37 *Die Gemeinde-Verwaltung der Stadt Wien im Jahre 1904*, S. 75–79, wie auch Karl Seitz' kaustische Bemerkungen im *SPNÖ*, 1904, S. 86–92, 96–98. Das *AB*, 1908, S. 582–83, veröffentlichte eine Aufzählung sieben großer Subventionen, insgesamt mehr als 98.000 Kronen, die verschiedene in Wien stattfindende Kongresse von der Partei erhielten. Der Katholische Kongress von 1907 allein erhielt 20.000 Kronen.
38 Siehe Robert A. Kann und Peter Leisching (Hgg.), *Ein Leben für Kunst und Bildung. Eduard Leisching 1858–1938. Erinnerungen* (Wien 1978), S. 65–67, 112, zur Schikanierung des *Volksbildungsvereines* durch die Christlichsozialen.
39 Zur Organisation der Armenfürsorge im Wien dieser Zeit siehe *Die Gemeinde-Verwaltung der Stadt Wien im Jahre 1902* (Wien 1904), S. 315–19. Zum Versuch einer christlichsozialen Bezirksvertretung, sich durch die Verlegung eines Obdachlosenasyls von Landstraße an den Stadtrand überhaupt die Armen vom Hals zu schaffen, siehe *AZ*, 13. Februar 1908, S. 7. Michael John hat hingewiesen auf die Fälle von Eigennutz unter Hausherrn, die auch Armenräte waren: sie konnten ihren Mietern Hilfe zuschanzen, so dass diese ihre Mieten zahlen konnten. Michael John, »Obdachlosigkeit – Massenerscheinung und Unruheherd im Wien der Spätgründerzeit«, in Hubert Ch. Ehalt, Gernot Heiss und Hannes Stekl (Hgg.), *Glücklich ist, wer vergisst...? Das andere Wien um 1900* (Wien 1986), S. 184–85, und die Illustration vor der S. 177.
40 *AB*, 1908, S. 3192; *AZ*, 20. Dezember 1908, S. 9.
41 Kenneth Prewitt, »Social Sciences and Private Philanthropy: The Quest for Social Relevance«, *The Aspen Institute Quarterly*, 4 (1992), S. 117.
42 *AZ*, 11. März 1910, S. 2.
43 Die Zahlen der Betroffenen waren beträchtlich. 1907 wandten sich z.B. 42.136 Personen an die öffentliche Armenfürsorge mit der Bitte um vorübergehende finanzielle Unterstützung. Viele zusätzliche Tausende wurden von privaten Vereinen betreut, in denen ebenfalls christ-

lichsoziale Mittelstandswähler das Sagen hatten. Die Aufteilung der Fälle auf die einzelnen Bezirke zeigt, dass die Mehrzahl in Bezirken wie Ottakring, Favoriten und Brigittenau anfiel, klassischen Domänen der Sozialisten. *SJ*, 1907, S. 826.

44 *AB*, 1898, S. 1575–87.

45 *DZ*, 5. Dezember 1905, S. 4; und Mathilde Melkus, *Die Spinnerin am Kreuz. Ein Singspiel für die Jugend in einem Aufzuge. Musik von Josef Wenzl* (Leipzig, o.J.), Wiener Stadtbibliothek.

46 Die Rede ist zu finden in *Die Gemeinde-Verwaltung der Stadt Wien im Jahre 1904*, S. 303, und Jakob Dont, *Das Wiener Versorgungsheim. Eine Gedenkschrift zur Eröffnung im Auftrage der Gemeinde Wien* (Wien 1904).

47 *SJ*, 1907, S. 863–64. Lainz war die zentrale Anlaufstelle für alle Armen, die institutionelle Fürsorge brauchten. Die über Siebzigjährigen und alle, für die ein besonderer Grund bestand, in Wien bleiben zu wollen, wurden im Allgemeinen in Lainz behalten; die anderen wurden in andere Institutionen transferiert. Siehe *Die Gemeinde-Verwaltung der Stadt Wien im Jahre 1912*, S. 328.

48 Dont, *Das Wiener Versorgungsheim*, S. 11, 15. Zum allgemeinen sozialpolitischen Hintergrund siehe Seliger und Ucakar, *Wien*, 2: 850–68, und Gerhard Melinz und Susan Zimmermann, *Über die Grenzen der Armenhilfe. Kommunale und staatliche Sozialpolitik in Wien und Budapest in der Doppelmonarchie* (Wien 1991).

49 Eine detaillierte Beschreibung des Lainzer Altersheims findet sich bei Dont, S. 18–72. Das Altarbild stammt von Hans Zatzka, dem Bruder eines gewissen Ludwig Zatzka, der ein führender christlichsozialer Politiker im Stadtrat war. Für ein ähnlich gelagertes, vielleicht etwas weniger krasses Beispiel für die »Verbürgerlichung« der sakralen Kunst siehe Floridus Röhrigs Kommentar zu Tom von Dregers *Letztes Abendmahl* von 1916 (»wo die Apostel fast wie eine bürgerliche Stammtischrunde wirken«), in »Kirche und Staat in Österreich 1804–1918«, in *Gott erhalte Österreich. Religion und Staat in der Kunst des 19. Jahrhunderts* (Eisenstadt, o.J. [1990]), S. 19.

50 Siehe Jakob Dont (Hg.), *Der heraldische Schmuck der Kirche des Wiener Versorgungsheims* (Wien 1911).

51 Siehe die Grundsätze der ministeriellen Verhandlungsstrategien in Z. 445, 14. Jänner 1899; und ihre Umsetzung in Z. 650, 20. Jänner 1899, *FM Präs*.

52 Z. 650, 20. Jänner 1899; Z. 2788, 24. März 1899, a.a.O.

53 Abschrift des Vortrags, datiert mit 16. Februar 1902, Z. 12142, a.a.O.

54 Siehe Weiskirchner an das Finanzministerium, 20. Mai 1914, Z. 39092/1914; und die endgültige Regelung in Z. 46961, 19. Juni 1914, und Z. 57686, 27. Juli 1914, a.a.O. In ihrer Begründung für die Anleihe von 1908 in der Höhe von 360 Millionen Kronen stellte die städtische Behörde stolz fest: »Wie aus dieser Darstellung entnommen werden wolle, ist der weitaus größte Teil der Investitionen unmittelbar produktiven Zwecke gewidmet.« Z. 245, 17. Jänner 1908, Carton 116, *MD*.

55 Zu Luegers vorhergehenden und oft widersprüchlichen Aussagen zum Gemeindewahlrecht siehe *AZ*, 11. Juni 1899, S. 2–3.

56 Meine Einschätzung der Verhandlungen für das neue Wahlrecht von 1900 stützt sich auf die Dokumente in B2 ad 415/1899–1900, *Statt. Präs.*, *NÖLA*; und Carton 1567, 11/1, *MI Präs*. Zum allgemeinen Hintergrund siehe den ausgezeichneten Überblick in Seliger und Ucakar, *Wahlrecht und Wählerverhalten in Wien 1848–1932*, ebenso wie dies., *Wien*, 2: 753–66.

57 Es überrascht nicht, dass die Hausherren, die bereits in der Ersten Kurie waren, sich grund-

sätzlich sowohl gegen die erste Version aussprachen, die ihre Kurie abgeschafft, wie gegen die zweite, die sie vergrößert hätte. Siehe die Petition des Hausbesitzerverbandes, datiert mit 11. April 1899, B2 ad 415, *NÖLA*.

58 Clemens Weber, »Karl Hermann Wolf (1862–1941)«. Dissertation, Universität Wien, 1975, S. 105–7; Pichl, *Schönerer*, 5: 404–5; und Karl Fertl, »Die Deutschnationalen in Wien im Gegensatz zu den Christlichsozialen bis 1914«. Dissertation, Universität Wien, 1973, S. 143–63.

59 Der erste Entwurf von 1899 findet sich in *H.A. Akten. Kleine Bestände* (»Gemeindeverfassung«), Mappe l, *WSLA*. Zu Luegers Verteidigung dieses Entwurfs siehe *AB*, 1899, S. 698, 740–43. Verschiedene an die Regierung gerichtete liberale Proteste finden sich in B2 ad 415, 1900, *NÖLA*.

60 *AZ*, 28. März 1899, S. 2; 30. März 1899, S. 1–2; 15. April 1899, S. 1; 21. April 1899, S. l. Lueger optierte für entrüstete Unschuld und machte die Regierung für den Schwenk verantwortlich. *AB*, 1899, S. 1082–83.

61 Siehe *SPNÖ*, 1899, *Beilage* 115, und die Debatten vom 27 Mai. 1899 in a.a.O., S. 280–382. Der Gemeinderat unterstützte die neue Version in *AB*, S. 1639–63.

62 Siehe das Wahlkampfflugblatt in Z. 807, Carton 72, *CPW*.

63 Eine spätere, von der Partei selbst vorgenommene Analyse der Dritt-Kurien-Wähler in Landstraße, Wieden, Neubau, Alsergrund, Hietzing, Hernals und Währing von 1913 hinsichtlich der Berufsgruppen demonstriert die Ausgewogenheit der Kräfte im Endresultat. Von den in Landstraße eingetragenen 6.089 Wählern waren zum Beispiel 1.562 Handwerksmeister, 2.704 niedere Beamte oder Diener im öffentlichen Dienst, 1.085 Privatangestellte und 664 Arbeiter. In Wieden stellten die Handwerker einen größeren Prozentsatz (901 Wähler, verglichen mit 588 Dienern, 630 Privatangestellten, und 156 Arbeitern), aber selbst hier waren sie nicht mehr in der Lage, die Politik des Wahlbezirks völlig zu beherrschen. Siehe Z. 512, Carton 72, *CPW*.

64 Siehe Lueger an Kielmansegg, 27. Juni 1899, *NÖLA*. Lueger rechtfertigte seine Diskriminierung der Steuerzahler, die unter die neue, progressive Einkommensteuer fielen: »Wenn Pflichten auch Rechte entsprechen sollen, würde daher diesen Steuerpflichtigen kein Gemeindewahlrecht gebühren.«

65 In seinem Nachruf auf Lueger stellte Alfred Ebenhoch auf die Zugehörigkeit des Bürgermeisters zur Mittelschicht des Bürgertums ab, als er bemerkte: »Er starb in durchaus mittelbürgerlichen Verhältnissen, obwohl er in der Lage gewesen wäre, sich zu bereichern.« *Hochland*, 7 (1910): 231.

66 *SPNÖ*, 1900, S. 53–127, 130–215, 218–65; *AB*, 1900, S. 468–79. Die Abänderungen am Entwurf von Mai 1899, die Koerber und Kielmansegg forderten, finden sich B2 ad 415, 18. Jänner 1900, *NÖLA*.

67 Zum politischen Endspiel siehe *AZ*, 23. Februar 1900, S. 5; 25. Februar 1900, S. 3. In der abschließenden Fassung beließen die Christlichsozialen die Lehrer in der Zweiten Kurie; in der Fassung von 1899 waren sie in die Dritte Kurie geschoben worden. Das Wahlrecht brachte auch die Erfordernis einer dreijährigen Ortsansässigkeit, was die Disqualifikation vieler potentiell sozialistischer Wähler bedeutete. Die Wähler der drei privilegierten Kurien hatten ein doppeltes Wahlrecht, da ihnen auch zugestanden wurde, in der allgemeinen Vierten Kurie zu wählen. Die Gesamtzahl der Mitglieder des Gemeinderats betrug jetzt 158, eine Erhöhung um 20 gegenüber 1890.

68 Weiskirchner an Handel, 13. August 1919, Carton 2, *NL Handel.*
69 Koerbers *Vortrag*, mit den Anmerkungen des Kaisers, findet sich in Z. 1751, 16. März 1900, 11/1, Carton 1567, *MI Präs.* Koerber teilte auch die Ansicht der Christlichsozialen, dass die ärmeren Elemente der Bevölkerung nicht mehr als eine bescheidene Vertretung im Gemeinderat verdienten, da sie, ohne direkte Steuer zu zahlen, wesentlich mehr an sozialen Leistungen in Anspruch nahmen als die bürgerlichen Wähler.
70 Kolmer, *Parlament und Verfassung*, 8: 46.
71 Um das neue System zum Laufen zu bringen, wurden die Zweite und die Vierte Kurie 1900 einer kompletten Erneuerung unterzogen und Nachwahlen abgehalten, um vakante Sitze in der Ersten und der Dritten Kurie zu füllen. Die Dritte Kurie wählte dann als Ganzes im Jahr 1902, die Erste als Ganzes im Jahr 1904. Zu diesen Wahlen siehe *SJ*, 1900, S. 104–7; *SJ*, 1902, S. 210–12; *SJ*, 1904, S. 118–20.
72 Kein unabhängiger alldeutscher Politiker überlebte die Wahl in der Zweiten Kurie im Jahr 1900: »Jetzt sind im II. Wahlkörper die Wolf-Schönerer Männer und die Juden ganz hinausgefegt.« *Rp*, 27. Mai 1900, S. 2; *DV*, 26. Mai 1900 (M), S. 2.
73 Für eine Überblick über statistische Daten zu den Kommunalwahlen vor 1914 siehe Seliger und Ucakar, *Wien*, 2: 923–63.
74 »Die heutige Generation hat keinen Begriff, mit welchen terroristischen Mitteln damals der Wahlkampf geführt wurde.« Eduard Heinl, *Über ein halbes Jahrhundert. Zeit und Wirtschaft* (Wien 1948), S. 42. In seinem Buch *50 Jahre erlebte Geschichte* (Wien 1959), S. 49–50, 63–68, liefert Oskar Helmer ein ähnliches Bild von Wahlkonflikten der Vorkriegszeit aus einer sozialdemokratischen Perspektive.
75 Für jüdische Einstellungen dem Ständestaat gegenüber siehe die ausgewogene Bewertung in Harriet Pass Freidenreich, *Jewish Politics in Vienna, 1918–1938* (Philadelphia, 1991), S. 180–203.
76 Richard Geehrs Biographie *Karl Lueger. Mayor of fin de siècle Vienna* (Detroit, 1990) präsentiert die Kehrseite des Themas der Beziehung Luegers zur jüdischen Gemeinde. Abgesehen von der Erwähnung einzelner Beispiele von Luegers antisemitischer Rhetorik gelingt es (jedenfalls meinem Dafürhalten nach) Geehr nicht, zu zeigen, dass Lueger die Juden in Wien systematisch delegalisieren wollte. Es ist außerordentlich verlockend, Analogien zwischen Luegers Habitus und dem von Hitler aufzuzeigen, aber das erscheint mir nicht ausreichend, um die sehr komplizierte Geschichte der christlichsozialen Partei verständlich zu machen. Für Antisemitismus kann es keine Entschuldigung geben, und Lueger ist für das, was er getan hat, selbstverständlich verantwortlich zu machen. Was aber eine Sicht wie die von Geehr maßgeblich schwächt, ist der Umstand, dass sie es verabsäumt, Lueger in den Kontext der Geschichte der christlichsozialen Partei zu integrieren, die als ein komplexer sozialer Organismus zu sehen ist, der sich langsam entwickelte und sich im Lauf der Zeit ständig weiter veränderte.
77 Luegers Hader mit der liberalen Presse, die er ganz bewusst als in jüdischen Händen befindlich bezeichnete, war besonders Ende der 1880er, Anfang der 1890er spürbar. Siehe das Zitat in Robert S. Wistrich, *The Jews of Vienna in the Age of Franz Joseph* (New York 1989), S. 222.
78 Luegers Image als unerschütterlicher Vorkämpfer von Österreichs Integrität gegen Deutschland erwies sich jedoch ab 1943 als Problem für die Nazis. Siehe Richard Geehr, John Heineman, and Gerald Herman, »*Wien 1910*: An Example of Nazi Anti-Semitism,« *Film and History*, 15 (1985): 50–64, bes. S. 63.
79 Siehe Helmut Gruber, *Red Vienna: Experiment in Working-Class Culture, 1919–1934* (New

York 1991), S. 25–27, und Robert S. Wistrich, *Socialism and the Jews: The Dilemmas of Assimilation in Germany and Austria-Hungary* (Rutherford, N.J., 1982), S. 225–61. Jacques Kornbergs Herzl-Biographie, *Theodor Herzl. From Assimilation to Zionism* (Bloomington 1993), bietet überzeugendes Beweismaterial für den unter der liberalen Prominenz im Wien der Jahrhundertwende vorherrschenden Antisemitismus. Als Hermann Bielohlawek mit Vorwürfen christlichsozialer Diskriminierung von jüdischen Beamten konfrontiert wurde, bemerkte er lakonisch: »Ein bisschen Antisemitismus muss auch schon in der Ära Prix gesteckt sein, weil eigentlich verhältnissmäßig wenig Juden im Rathhause angestellt waren, und soviel ich von einigen liberalen Gemeinderäten erfahren habe, so ganz frei von dieser Krankheit war Prix auch nicht.« *AB*, 1908, S. 3078. Vgl. auch Karl Kraus' ironischen Kommentar von Anfang 1901: »Die Zeit, da der Antisemitismus in Deutschösterreich parteibildend war, ist vorüber, seit der Antisemitismus so sehr Gemeingut aller deutschen Parteien geworden ist, dass ein Noske nirgends mehr Unterschlupf finden kann.« *Die Fackel*, Nr. 64, Jänner 1901, S. 2.

80 Anton Pelinka, *Stand oder Klasse? Die Christliche Arbeiterbewegung Österreichs 1933 bis 1938* (Wien 1972), S. 215, 217; ebenso die beinharte, aber faire Bewertung Kunschaks in Pauley, *From Prejudice to Persecution*, S. 158–63.

81 Meiner Meinung nach unterstützt Pauley in *From Prejudice to Persecution*, S. 45–49, diese Argumentationslinie: obwohl dem Wesen nach opportunistisch und an und für sich außerstande, der jüdischen Gemeinde großen materiellen Schaden zuzufügen, bot Luegers Einsatz antisemitischer Rhetorik ein denkbar schlechtes Vorbild.

82 Arthur Schnitzler, *Jugend in Wien. Eine Autobiographie* (Wien 1968), S. 146. Schnitzlers Bewertung wird von fast allen bedeutenderen und weniger bedeutenden Zeitgenossen, die Lueger kannten, geteilt. Sie reichen von Feinden auf der Linken und Rechten bis zu ehemaligen Mitarbeitern in der Mitte. Siehe zum Beispiel Wilhelm Ellenbogen, *Menschen und Prinzipien. Erinnerungen, Urteile und Reflexionen eines kritischen Sozialdemokraten,* hg. Friedrich Weissensteiner (Wien 1981), S. 65–66; Pichl, *Schönerer*, 5: 381–85; Rudolf Sieghart, *Die letzten Jahrzehnte einer Grossmacht. Menschen, Völker, Probleme des Habsburger-Reichs* (Berlin 1932), S. 315–16; Ernst Victor Zenker, *Ein Mann im sterbenden Österreich. Erinnerungen aus meinem Leben* (Reichenberg 1935), S. 73–74; und Alexander Spitzmüller, *»…Und hat auch Ursach, es zu lieben«* (Wien 1955), S. 74. Vgl. insbesondere die Beobachtung des jüdischen Gemeindeoberhauptes Sigmund Mayer (der Lueger gut kannte, aber seine Politik kategorisch ablehnte): »Seine antisemitische Gesinnung war stets ganz und gar Heuchelei. Vor allem war bei ihm von dem physischen Rassenhass gegen die Juden gar keine Rede.« Sigmund Mayer, *Ein jüdischer Kaufmann 1831 bis 1911*, S. 296; und eine Bemerkung von Adalbert Graf Sternberg: »Ich habe mit Lueger oft über die Judenfrage gesprochen und kann daher bekräftigen, dass er nur ein Scheinantisemit war. Das haben die Juden auch bald erkannt und ihn selbst gewählt.« In Hans Rochelt (Hg.), *Adalbert Graf Sternberg 1868–1930. Aus den Memoiren eines konservativen Rebellen* (Wien 1997), S. 111. Vgl. auch die ausgewogenen Urteile in Peter Pulzer, *The Rise of Political Anti-Semitism in Germany and Austria*, S. 198–203; Robert S. Wistrich, *Between Redemption and Perdition. Modern Antisemitism and Jewish Identity* (London 1990), S. 43–54; Sigurd Paul Scheichl, »The Contexts and Nuances of Anti-Jewish Language: Were All ›Antisemites‹ Antisemites?«, in Ivar Oxaal, Michael Pollak, and Gerhard Botz, (eds.), *Jews, Antisemitism and Culture in Vienna* (London 1987), S. 89–110; Leon Botstein, *Judentum und Modernität. Essays zur Rolle der Juden in der deutschen und österreichischen Kultur 1848 bis 1938* (Wien 1991); und Kornberg, *Herzl*, S. 89–111.

83 *AT*, 17. Februar 1912, S. 1–2; und *AZ,* 15. Februar 1912, S. 9; *DV*, 15. Februar 1912 (M), S. 9; *NFP*, 15. Februar 1912 (M), S. 14; *NWT*, 15. Februar 1912 (M), S. 18–19. Mataja befragte Heilinger zu Luegers Antisemitismus, um ihn dazu zu bringen, dass er sich in Widersprüche verwickelte; er war ja für Mataja ein Zeuge der Gegenseite.

84 Eine Aufstellung der Posten in der Stadtverwaltung findet sich in Z. 943, Carton 73, *CPW*. Siehe auch den »Personalstand in den einzelnen Ämtern am 1. März 1902«, Z. 968, 1902, Carton 66, *MD*.

85 Siehe Hierhammer an Weiskirchner, 11. April 1907, Z. 1506, Carton 107, *MD*. Sozialistische Kritik am Stadtrat findet sich in der *AZ*, 10. Oktober 1908, S. 9–10, 11. Oktober 1908, S. 1; 15. Oktober 1908, S. 8; 22. Oktober 1908, S. 1; 22. November 1908, S. 10; 17. Dezember 1908, S. 8–10. Für eine informative Beschreibung des Systems der Verwaltung unter Lueger siehe Karl Renner, »Ein Zerrbild der Autonomie«, *K*, 5 (1911/12): 200–205.

86 Belege dafür, wie reiche Bauunternehmer und andere Geschäftsleute die Partei im Wahlkampf unterstützten, sind zum Beispiel die Briefe im Zusammenhang mit Spenden für den Gemeinderats-Wahlkampf von 1914 in Z. 861, Carton 73, *CPW*. Der Koordinator des Wahlkampffonds war Heinrich Schmid, der, wie nicht anders zu erwarten, auch im Stadtrat saß. Ungewöhnlich direkte Kommentare zu Walkampfspenden wurden publik im Zusammenhang mit dem Niederösterreichischen Landtag im Jänner 1912, wobei auch behauptet wurde, es seien enorme Summen in Erwartung entsprechender Aufträge geboten worden. Siehe *SPNÖ*, 1912, S. 672–74.

87 Ein gutes Beispiel für derartige Kontinuität war Luegers Präsidialvorstand, Rudolf Bibl, der noch unter Bürgermeister Prix in den Präsidialdienst eingetreten war, aber auch Lueger loyal und hingebungsvoll diente. Siehe Bibls »Erinnerungen an Dr. Lueger«, *NWT,* 24. Februar 1935. Siehe auch *AZ*, 9. Jänner 1900, S. 7, und 27. Mai 1903, S. 7, über Luegers mangelnde Bereitschaft, Delegationen von Stadtarbeitern, die ihm ihre Forderungen direkt übergeben wollten, in seinen Amtsräumen zu empfangen.

88 *CSAZ*, 23. Juni 1900, S. 2.

89 Ein typisches Beispiel ist der wütende Bericht in der Reichspost über eine Protestveranstaltung der Arbeitervertreter in Margareten gegen Sebastian Grünbeck. Der mächtige Führer der Hausherren, der auch im Stadtrat saß, hatte offen ein Veto gegen die Ausdehnung des Wahlrechts auf die Arbeiterklasse eingelegt. *Rp*, 26. Februar 1899, S. 1–2; auch *AZ*, 17. Februar 1899, S. 3; 23. Februar 1899, S. 4–5.

90 Gleich nach der Regierungsübernahme begannen die Christlichsozialen, den religiösen Hintergrund aller in der Stadtverwaltung beschäftigten Beamten, die um Beförderung einkamen oder dafür in Betracht gezogen wurden, zu erheben, zusammen mit Informationen über Alter und Dienstjahre. Diese Listen sind erhalten im *WSLA*. Siehe zum Beispiel Z. 590, 1898, Carton 48 and Z. 2863, 1898, Carton 50, *MD*. Vgl. auch Karl Kraus' Kommentar zu diesem Thema in *Die Fackel*, Nr. 147, 21. November 1903, S. 25–26. Kraus identifizierte sieben Juden unter 225 Konzeptsbeamten, und einen Juden unter 159 Stadtbauamtbeamten. Für verschiedene Maßnahmen gegen jüdische Beamte, vgl. Z. 768, 1897, Carton 43; Z. 590 15. März 1898, Carton 48; Z. 470, 1902, Carton 66; Z. 736, 1903, Carton 74; Z. 826, 1905, Carton 88; Z. 1974, 1907, Carton 110, *MD*.

91 *AB*, 1901, S. 1099–1100.

92 »Einige dieser Beamten der Gemeinde, die vorzüglich qualifiziert waren und gegen die nichts vorgelegen ist, sind ja befördert worden, allerdings durch den Impuls des Herrn Bürgermeisters.« a.a.O., 1908, S. 3095–96.

93 Ich habe einen Fall gefunden, in dem ein langdienender Gemeindevertreter die stillschweigende Zustimmung thematisierte, mit der seine Kollegen auf den beruflichen Antisemitismus reagierten. Dieser Politiker (der alternde Ferdinand Kronawetter, lange Luegers Intimfeind) wurde niedergestimmt. Z. 3012, 21. Dezember 1897, Carton 43, *MD*. Es gab zweifellos weitere derartige Fälle, und es ist gut möglich, dass wenigstens manche nichtjüdische Beamte Mitgefühl mit ihren jüdischen Kollegen empfanden.

94 Siehe *Mitteilungen des Vereines der Beamten der Stadt Wien*, 27. November 1899, S. 33–39.

95 Adler: »Werden nicht in Ihrem Rathaus die jüdischen Magistratsbeamten unverdient zurückgesetzt?« Lueger: »Es sind keine mehr da. Sie wurden alle – man kann sagen – in nobler Weise entschädigt. Nur einen der tüchtigsten Arbeiter unter meinen Beamten traf das Schicksal sehr hart und ich empfinde es heute noch als schwarzen Punkt, wenn ich an ihn und an sein Schicksal denke. Es gibt Trauriges, viel Trauriges in der Politik!« Das Interview findet sich in »Eine Erinnerung an Bürgermeister Dr. Lueger«, S. 5 (1909), MS 769, Box 4, *Guido Adler Papers*, University of Georgia. Zum Hintergrund dieses faszinierenden Dokuments siehe Guido Adler, *Wollen und Wirken. Aus dem Leben eines Musikhistorikers* (Wien 1935), S. 108-09. Ich verdanke Leon Botstein die Kenntnis dieses Dokuments. Karl Kraus berichtet auch über die Pensionsregelungen für mehrere Betroffene. *Die Fackel*, 21. November 1903, S. 26.

96 George Clare, *Last Waltz in Vienna. The Rise and Destruction of a Family 1842–1942* (New York 1982), S. 23.

97 Die Politisierung der Anstellungen im Schuldienst unter der liberalen Herrschaft war zum Beispiel in weiten Kreisen kein Geheimnis. Karl Seitz und Otto Glöckel verdankten beide ihre Karrieren im Lehrberuf liberaler politischer Protektion.

98 *AB*, 1908, S. 3037.

99 »Verhandlungsschrift über die Sitzung des *Bürgerclubs* vom 18. Juli 1917«, Carton 37, *CPW*.

100 Ein Exemplar eines solchen Umschlagbogens findet sich in Z. 1353, 1907, Carton 108, *MD*. Die Belege für die zitierten Fälle befinden sich auch in Carton 108.

101 Rudolf Bibl berichtet, Lueger habe gewöhnlich neu eingestellte Beamte bei der Vereidigung gefragt: »Wer hat denn Sie zum Magistrat gebracht?« Bibl, »Erinnerungen an Dr. Lueger«. Aber selbst Lueger fand das Ausmaß des christlichsozialen Nepotismus gelegentlich abstoßend, wenn es bloß darum ging, nahe Familienangehörige auf die Liste der Gehaltsempfänger zu hieven. Siehe Heinrich Hierhammers Erinnerungen in Herta Hafner, »Heinrich Hierhammer. Vizebürgermeister von Wien 1905–1918. Ein bürgerlicher Aufsteiger«. Diplomarbeit, Universität Wien, 1988, S. 96.

102 Vgl. den Fall des Ferdinand Adam-Wessely, Sohn des Zunftvorstehers und Gemeinderats Vinzenz Wessely. Wessely Junior hatte einen Posten in dem Amt erhalten, das für die Erstellung der städtischen Wählerlisten zuständig war, und war außerdem Sekretär einer Handwerkszunft. Er wurde der Veruntreuung von 6.000 Kronen an Zunftgeldern überführt und entlassen. *DR*, 29. November 1906, S. 5. Oder den Fall des Emmerich Miklas, des Bruders von Wilhelm Miklas, ein Lehrer, der selbst vom christlichsozial dominierten Bezirksschulrat erst nach vielen anderen zur Beförderung vorgesehen war, sie aber trotzdem erhielt. *AZ*, 20. Juni 1908, S. 8.

103 Siehe Preinerstorfers Brief vom 30. Juni 1914, Z. 992, Carton 73, *CPW*.

104 Zu Weiskirchner siehe die ausgezeichnete Studie von Christian Mertens, *Richard Weiskirchner (1861–1926). Der unbekannte Bürgermeister* (Wien 2006). Weiskirchner trat 1883 in den Gemeindedienst ein und wurde zunächst dem Marktamt zugeteilt. Seine nächsten Stationen

waren die Abteilung für Statistik, die Abteilung Gesundheitsfürsorge und schließlich die Armenfürsorge. Dann wurde er 1901 zum Stellvertretenden Magistratsdirektor bestellt. 1889 war er zur informellen antiliberalen Diskussionsrunde gestoßen, die sich unter Franz Schindlers Vorsitz regelmäßig im Hotel »Zur goldenen Ente« traf. Er war einer der ersten Magistratsbeamten, der offen der christlichsozialen Bewegung beitrat; dies muss im Zusammenhang mit dem Umstand gesehen werden, dass er 1897 für einen Sitz im Parlament vorgesehen war.

105 Pawelka wurde 1907 mit der vorgezogenen Ernennung zum Magistratsrat für seine »geradezu ausgezeichnete Dienstleistung« belohnt. Er wurde dabei als ein »überaus verwendbarer Beamter« charakterisiert. Ob das als Kompliment zu werten ist, hängt davon ab, wie man Pawelkas Arbeit im städtischen Wahlbüro sieht. Z. 845, 23. Februar 1907, Carton 107, *MD*.

106 Einige besonders auffällige Besipiele aus 1908 in der *AZ*, 18. Dezember 1908, S. 8.

107 a.a.O., 20. Juni 1911, S. 4, wo behauptet wird, Pattai habe mehreren seiner ehemaligen Mitarbeiter Posten in der Stadt oder im Land zugeschanzt.

108 Zu Koerbers Memorandum siehe Alois Czedik, *Zur Geschichte der k.k. österreichischen Ministerien 1861–1916* (4 Bde., Teschen 1917–20), 2: 419–51, bes. S. 421–22; Kielmansegg, *Kaiserhaus*, S. 294–296; und Frederik Lindström, »Ernest von Koerber and the Austrian State Idea: A Reinterpretation of the Koerber Plan (1900–1904)«, *AHY*, 35 (2004): 176–181. Zeitgenössische Reaktionen finden sich besonders in der *NFP*, 19. Dezember 1904 (A), S. 1–2, wie auch in »Die autonomen Finanzen (Diskussion in der Gesellschaft Oesterreichischer Volkswirte)«, *Volkswirthschaftliche Wochenschrift*, 2. Februar 1905, S. 81–87; und Rudolf von Herrnritt, »Zur Reform der inneren Verwaltung in Österreich«, *ORD*, 1 (1904–5): 645–49.

109 Kielmansegg übermittelte Koerbers Bericht an Lueger am 20. Dezember 1904. Z. 26, Carton 87, *MD*.

110 Josef Harbich, »Studien über die Reform der inneren Verwaltung«, 4. November 1905, S. 6–7, Carton 87, *MD*. Georg Schmitz hat darauf hingewiesen, dass die Beamten in den Wiener Ministerien immer eine gewisse Eifersucht gegen regionale und lokale Behörden hegten; dies zeigte sich am deutlichsten 1918–1920, als sie »nunmehr angesichts des Erstarkens der Landesverwaltungen um ihre berufliche Existenz fürchtete[n]«. Georg Schmitz, *Der Landesamtsdirektor. Entstehung und Entwicklung* (Wien 1978), S. 24.

111 Wilhelm Hecke, »Referat über die ›Studien zur Reform der inneren Verwaltung‹«, 28. Juni 1905, Carton 87, *MD*.

112 *Mitteilungen des Klubs der rechtskundigen Beamten der Stadt Wien*, Bd. 3, Nr. 7, Juni, 1905, S. 4.

113 Wenzel Kienast, »Denkschrift ›Studien über die Reform der inneren Verwaltung‹«, 29. April 1905, Carton 87, *MD*.

114 Ernst von Plener, kein Freund der Christlichsozialen, gab sich keinen Illusionen hin über die zu erwartenden Reaktionen von Regionalpolitikern wie Lueger auf eine mögliche Minderung ihrer Vorrechte. Solche Politiker vermieden misstrauisch jede Rolle auf der Ebene der Staatsregierung, auf der Ebene des Landes hingegen, fuhr er fort, »dort begreifen sie und üben sie die Empfindungen und Instinkte einer Regierungspartei vollkommen aus, haben den Mut und die Verantwortlichkeit, selbst für unpopuläre Maßregeln einzutreten, welche sie im Interesse des Landes, seiner Verwaltung und seiner Finanzen für notwendig erachten«. »Die autonomen Finanzen (Diskussion in der Gesellschaft Oesterreichischer Volkswirte)«, *Volkswirthschaftliche Wochenschrift*, 2. Februar 1905, S. 82.

115 *Festschrift herausgegeben anlässlich der Hundertjahrfeier des Wiener Stadtbauamtes*, S. 27.
116 1906 beschloss der *Gemeinderat* die Einführung der »Zeitbeförderung«, die ein regelmäßiges Vorrücken brachte, das von außerordentlicher Beförderung unabhängig war; auch wurde die für die Pensionierung erforderliche Dienstzeit auf 35 Jahre herabgesetzt. 1907 fanden substanzielle Gehaltserhöhungen statt. Siehe *Die Gemeinde-Verwaltung der Stadt Wien im Jahre 1906* (Wien 1908), S. 24–29; und *Die Gemeinde-Verwaltung der Stadt Wien im Jahre 1907* (Wien 1909), S. 24–26; und Z. 2390, 1907, Carton 110, *MD*. In den *Mitteilungen des Vereines der Beamten der Stadt Wien* finden sich detaillierte Berichte zu den verschiedenen Reformen, die zwischen 1898 und 1914 stattfanden.
117 Die Vorgänge, die in *Mitteilungen des Vereines der Beamten der Stadt Wien*, 7 (1902): 43–45, und 13 (1908): 42 beschrieben werden, sind einschlägige Beispiele.
118 Bibl, »Erinnerungen an Dr. Lueger«.
119 *Kommunale Praxis*, 10 (1910): 321–23; Wächter, »Die Gemeindebetriebe«, S. 213–21; und Fuchs, »Die Entwicklung«, S. 65–72.
120 Der Bezirksvorsteher wurde von der Bezirksvertretung normalerweise für eine sechsjährige Amtszeit gewählt. Die Bezirksvertretung bestand aus zwischen 18 und 30 Männern, gewählt von den Wählern des Bezirks, ebenfalls für ein sechsjährige Amtszeit. Diese Körperschaft war nicht identisch mit dem Bezirkswahlkomitee, welches eine der Partei – und nicht der Stadt – zuarbeitende Körperschaft war und im Regelfall über mehr Mitglieder verfügte. Viele in die Bezirksvertretung Gewählten waren auch prominente Mitglieder des Bezirkswahlkomitees.
121 Heinl erzählt folgende entwaffnende Geschichte: Er unternahm den Versuch, die versammelten Bezirksvorsteher von der Notwendigkeit zu überzeugen, die Partei straffer zu organisieren. Franz Rienössl, der Vorsteher des Vierten Bezirks, antwortete: »Was wollen Sie denn da, junger Mann. Wir wissen, wie es im Bezirk aussieht, wir sind da, das genügt!« Heinl, *Über ein halbes Jahrhundert*, S. 18.
122 a.a.O. Siehe auch Heinrich Matajas Anspielung auf Luegers ablehnende Haltung zu einer Parteireform in seinem Brief an Ignaz Seipel, 3. April 1928, *NL Seipel*.
123 Vgl. Victor Silberers Aussagen beim Prozess Hierhammer-Stahlich, *AZ*, 16. Februar 1912, S. 9, und Heinls Überlegungen allgemeiner Art in Heinl, *Über ein halbes Jahrhundert*, S. 15–18.
124 Zur Zusammensetzung des Stadtrates, siehe Seliger und Ucakar, *Wien*, 2: 969. Eine ähnliche Zusammensetzung lässt sich für die Bezirksräte aus Daten in *SJ*, 1907, S. 128 errechnen.
125 Kuppe, *Karl Lueger*, S. 428–36, ist zwar nicht ganz verlässlich im Detail, bietet aber viele Beispiele dieser politischen Netzwerke.
126 Aus den Vorlesungen, die Gessmann besuchte, ist ersichtlich, dass er Suess' Vorlesungen besonders interessant fand. Gessmann Akten, *Universitätsarchiv*, Wien. Siehe auch Eduard Suess, *Erinnerungen* (Leipzig, 1916), S. 286.
127 Siehe Leopold Kammerhofer, *Niederösterreich zwischen den Kriegen. Wirtschaftliche, politische, soziale und kulturelle Entwicklung von 1918 bis 1938* (Baden 1987), und Georg Schmitz, *Die Anfänge des Parlamentarismus in Niederösterreich. Landesordnung und Selbstregierung 1861–1873* (Wien 1985).
128 Georg Jellinek, *Allgemeine Staatslehre*, 3. Aufl. (Bad Homburg 1966), S. 492, 647–60.
129 Zur Aufwertung des politischen Status der Regierungen der Kronländer, die zwischen 1897 und 1914 zu einer intensiven Diskussion und zu Debatten in juristischen und Regierungskreisen führte, siehe Ferdinand Schmid, *Finanzreform in Oesterreich* (Tübingen 1911), bes. S. 3–41; Ernst Mischler, »Der Haushalt der österreichischen Landschaften«, *JÖRG*, 3

(1909) : 579–601 ; und die Debatten im *Stenographischen Protokoll der Enquete über die Landesfinanzen. 7. bis 12. März 1908* (Wien 1908). Zum weiteren Verlauf der Kontroverse über den Status der Kronländer während des Ersten Weltkriegs siehe das Gutachten von 14 führenden Universitätsexperten zur »Länderautonomie« in der *ÖZÖR*, 3 (1916): 3–199.

130 Gessmanns persönlicher Stab war daher wesentlich größer als der der anderen Mitglieder des Ausschusses. In vielen Belangen der Verwaltung *war* er der Ausschuss. Siehe den detaillierten Bericht bezüglich der neuen »Referats-Einteilung«, Nr. 75.700/1902, *N. Öst. Landes-Ausschuss, NÖLA*. Zur Schaffung des Präsidialbüros siehe Schmitz, *Der Landesamtsdirektor*, S. 10–12, 16.

131 »Der leitende Geist im Landesausschuss war damals und ist heute noch in der christlichsozialen Partei überhaupt Dr. Albert Gessmann«. Scheicher, *Erlebnisse*, 5: 105, ein Urteil, das von Schmitz, *Der Landesamtsdirektor*, S.18, bestätigt wird.

132 Die *Arbeiter-Zeitung* bemerkte anlässlich von Luegers Tod im Jahr 1910, dass der Bürgermeister Wien nur selten für Wahlkampfveranstaltungen außerhalb der Hauptstadt verlassen hatte, selbst wenn sie im niederösterreichischen Umland stattfanden. Er blieb zeit seines Lebens eine Kreatur der Stadt. Siehe *AZ*, 11. März 1910, S. 1.

133 »Christlich-Sociale, auf zur Organisation!« *Rp*, 18. Jänner 1901, S. 1 ; Funder, *Vom Gestern*, S. 272–73.

134 Binder, »Doktor Albert Gessmann,« S. 49–50 ; Scheicher, *Erlebnisse*, 5: 107–8.

135 Siehe *Rp*, 6. September 1904, S. 2 ; 13. September 1904, S. 1 ; 18. September 1904, S. 2 ; 23. September 1904, S. 1–2 ; 13. Oktober 1904, S. 1–2 ; 22. Oktober 1904, S. 1–2.

136 Joseph Maria Baernreither (1845–1925) war eine der führenden Figuren des deutschliberalen verfassungstreuen Großgrundbesitzes im böhmischen Landtag in Prag, im Abgeordnetenhaus und (nach 1907) im Herrenhaus in Vienna. 1898 diente er im k.k. Kabinett als Handelsminister und 1916–17 als Minister ohne Portefeuille.

137 Baernreither Tagebuch, Nr. 1, f. 54, Carton 4, *NL Baernreither*; zur Ablehnung Badenis durch die Christlichsozialen im November 1897 siehe A 13864, 27. November 1897; A 13960, 29. November 1897; A 13969, 28. November 1897, Öst. 70/Bd. 31, *PAAA*. Zum Verhalten der Christlichsozialen während der Badeni-Krise siehe Fritz Csoklich, »Das Nationalitätenproblem in Österreich-Ungarn und die christlichsoziale Partei«. Dissertation, Universität Wien, 1952, S. 56–80 ; und Berthold Sutter, *Die Badenischen Sprachenverordnungen von 1897* (2 Bde., Graz 1960–65), 2: 51, 126, 376–81.

138 Im Februar 1901 erklärte Lueger, »es gibt gar keine fruchtbringende Tätigkeit und keine Möglichkeit einer gegenseitigen Annäherung, als bis wir uns wieder mit wirtschaftlichen Angelegenheiten befassen... Wenn wir auf die wirkliche Brotfrage des Volkes zu sprechen kommen, wird es keinen Unterschied geben, ob jemand der einen oder der anderen Nationalität angehört, sondern jeder ist bestrebt, das möglichst Beste für das Volk zu finden.« *SP*, 1901, S. 294.

139 Funder, *Vom Gestern*, S. 200–203, und *Rp*, 1. Februar 1914, S. 5. Zum Hintergrund siehe Sutter, *Sprachenverordnungen*, 2: 124–26, 376–81.

140 Zum Pfingstprogramm vom 20. Mai 1899 siehe Czedik, *Zur Geschichte*, 2: 180ff., 453–64.

141 Zu Koerbers Regierung siehe Frederik Lindström, *Empire and Identity. Biographies of the Austrian State Problem in the Late Habsburg Empire* (Lafayette, Indiana, 2008); und Alfred Ableitinger, *Ernest von Koerber und das Verfassungsproblem im Jahre 1900. Österreichische Nationalitäten- und Innenpolitik zwischen Konstitutionalismus, Parlamentarismus und oktroyiertem*

allgemeinen Wahlrecht (Wien 1973). Zu seinen geplanten Investititionen vgl. den Bericht in A 7269, 15. Mai 1901, Öst. 86/1/Bd. 13, *PAAA*; und die moderne Einschätzung in Alexander Gerschenkron, *An Economic Spurt That Failed. Four Lectures in Austrian History* (Princeton 1977), S. 76–110; and David F. Good, *The Economic Rise of the Habsburg Empire, 1750–1914* (Berkeley 1984).

142 Zu Luegers Ansichten bezüglich der Kanäle siehe seine Kommentare in den *Stenographischen Protokollen. Wasserstrassenbeirath, III. Plenarversammlung am 31. Jänner 1903*, S. 10–12, und seine Rede in den *SP*, 1901, S. 4496–4501.

143 Zeitgenössische Beobachter wiesen auch darauf hin, dass Lueger der Stadt einen besseren Zugang zu billiger Kohle aus dem Mährischen Becken verschaffen wollte und dass der Bau dieses Kanals das Monopol, welches die Nordbahn für den Transport dieser Kohle nach Wien hatte, gebrochen und den Kohlenpreis einem stärkeren Wettbewerb ausgesetzt hätte.

144 Frederik Lindström hat nachgewiesen, dass der erste Entwurf von Koerbers *Studien* aus der Feder von Guido von Haerdtl stammt. Siehe Frederik Lindström, »Ernest von Koerber and the Austrian State Idea: A Reinterpretation of the Koerber Plan (1900–1904)«, *Austrian History Yearbook*, 35 (2004): 176–181.

145 Czedik, *Zur Geschichte*, 2: 346–52; Kolmer, *Parlament*, 8: 613–17. Siehe auch Tuchers Bericht über den Zusammenbruch der Regierung, Nr. 667, 28. Dezember 1904, MAIII/ 2472, *BHSA*. Zur Haltung der Christlichsozialen und Koerbers zum *Los von Rom* Problem siehe Czedik, 2: 344, und 347–48 zur Rolle Karel Kramářs in Koerbers Sturz.

146 Siehe »Nach Hause…! Die christlichsoziale Partei und die Lage«, *Rp*, 11. Dezember 1904, S. 1–2; »Dr. v. Koerber und die Stadt Wien«, *DZ*, 3, Jänner 1905, S. 6.

147 Siehe das »Resume der am 19. November 1904 abgehaltenen Besprechung«, ff. 43–86, *NL Baernreither*.

148 Zur *Los von Rom* Bewegung siehe Lothar Albertin, »Nationalismus und Protestantismus in der österreichischen Los-von-Rom Bewegung um 1900«. Dissertation, Universität Köln, 1953; und Whiteside, *The Socialism of Fools*, S. 243–62. Vgl. auch die Akten »Los von Rom 1900–1910« in Carton 2146, 25, *MI Präs*.

149 Diese geschickte Taktik verfolgte Karl Hron, *Habsburgische »Los von Rom« Kaiser. Eine Studie über die antiösterreichischen Tendenzen des ultramontanen Klerikalismus* (Wien 1901).

150 Zum *Piusverein*, der am Fünften Katholikentag in Wien im November 1905 gegründet wurde, siehe Funder, *Vom Gestern*, S. 314–21.

151 Zu Lueger und der Kirchenbau-Kontroverse siehe *Rp*, 10. März 1899, S. 1–2; 17. Mai 1899, S. 1–2; 20. Dezember 1899, S. 1–3; *AZ*, 1. Februar 1899, S. 6, und Alexander Täubler, »Christlichsoziale Kirche- und Klosterfürsorge«, *K*, 5 (1911–12): 205–9. Der Gemeinderat hatte im Dezember 1896 eine Subvention von 30.000 Gulden für das Projekt der St. Laurentiuskirche beschlossen ebenso wie im Februar 1898 einen Zuschuss von 100.000 Kronen für die Jubiläumskirche auf dem Erzherzog Karl-Platz, die sich bereits in Bau befand. Der Gemeinderat beschloss außerdem im Februar 1899, sich zu 40 Prozent an einem Darlehensfonds von 10 Millionen Kronen zu beteiligen, der dem Kirchenbau allgemein zugute kommen sollte. Lucian Brunner, ein liberaler Abgeordneter zum Gemeinderat, brachte beim Verwaltungsgerichtshof eine Klage auf Stornierung dieser Zuschüsse ein, mit der Begründung, dass dadurch nichtchristliche Steuerzahler in die Lage gebracht würden, katholisch-konfessionelle Projekte mitzufinanzieren. In zwei Erkenntnissen vom März 1899 und Dezember 1899 entschied das Gericht zu Brunners Gunsten. Siehe *Sammlung der Er-*

kenntnisse des k.k. Verwaltungsgerichtshofes, 23 (1899), S. 315–18, 1289–97. Die öffentliche Empörung über diese Erkenntnisse war jedoch so groß, dass Lueger (laut Funder) durch Druck auf den Gerichtshof eine Aufweichung von dessen doktrinärer Position zum Thema Zuschüsse durchsetzte. Nach einem weiteren Erkenntnis des Gerichtshofes vom November 1906 (a.a.O, 30 [1906], S. 1140–46), konnte die Stadt die Auszahlung ihrer Zuschüsse für kirchliche Bauvorhaben wieder aufnehmen, vorausgesetzt, es ließ sich darstellen, dass diesen eine substanzielle öffentlich-ästhetische und patriotische Bedeutung zukam. Siehe auch Funder, *Vom Gestern,* S. 234–37, und Robert Ehrhart, *Im Dienst des alten Österreich* (Wien 1958), S. 102–4.

152 *Rp,* 8. Jänner 1902, S. 9.

153 Zu den Parlamentswahlen von 1901 siehe *SJ,* 1901, S. 190–91; *CSAZ,* 5. Jänner 1901, S. 1–2; und die Polizeiberichte in E5 ad 94/1901, *Statt. Präs., NÖLA.* Die Zahl der in Wien in der Fünften Kurie eingetragenen Wähler belief sich auf 307.741.

154 Zu Koerbers offizieller Position vgl. seine Stellungnahme am 3. Juni 1901 in *SP,* 1901, S. 4873–74. Die österreichischen Verwaltungsbehörden kannten diskretere Möglichkeiten, den Protestanten das Leben schwer zu machen. Zwischen 1899 und 1901 nahm die Zahl der ausländischen (= deutschen) protestantischen Pfarrer, denen von den Behörden erlaubt wurde, zeitlich unbefristet in Österreich tätig zu sein, rapide ab. Siehe Gustav Reingrabner, »Der Evangelische Bund und die Los-von-Rom Bewegung in Österreich«, in Gottfried Maron (Hg.), *Evangelisch und Ökumenisch. Beiträge zum 100jährigen Bestehen des Evangelischen Bundes* (Göttingen 1986), S. 264.

155 »Dass die Sozialdemokratie sich als der einzige Gegner der Christlich-Sozialen erwiesen hat, der bis auf weiteres überhaupt politisch ernstlich in Frage kommt. Der Kampf gegen den Klerikalismus liegt im wesentlichen auf den Schultern unserer Partei.« *Protokoll über die Verhandlungen des Gesamtparteitages der Sozialdemokratischen Arbeiterpartei in Oesterreich. Abgehalten zu Wien vom 9. bis zum 13. November 1903* (Wien 1903), S. 14.

156 Franz Patzer, »Die Entwicklungsgeschichte der Wiener Sozialdemokratischen Gemeinderatsfraktion. Von ihren Anfängen bis zum Ausbruch des ersten Weltkrieges«. Dissertation, Universität Wien, 1949, S. 35–40. 1900 erhielten die Sozialdemokraten 56.720 Stimmen und die Christlichsozialen 77. 608. 1906 waren die respektiven Zahlen 98.112 und 110.936. Die Sozialdemokraten stockten in den Wahlen von 1906 ihren Anteil an Sitzen der Vierte Kurie auf sieben auf.

157 1901 verloren die Christlichsozialen fast 10.000 Stimmen verglichen mit den Wahlen in der Fünften Kurie von 1897 (1897=117.141 Stimmen; 1901=107.162 Stimmen) und sahen die Ursache in der Frustration der Wähler infolge des offenkundigen Zusammenbruchs des staatlichen politischen Systems. Im Fall des Sitzes, um den sich der christlichsoziale Arbeiterpolitiker Josef Mender bewarb, boykottierten zusätzlich die christlichsozialen bürgerlichen Wähler die Wahl. Siehe *Rp,* 5. Jänner 1901, S. 1; 16. Jänner 1901, S. 1–2; *CSAZ,* 5. Jänner 1901, S. 1; und die Berichte in E5 ad 5573/1901, *NÖLA.*

158 Die Verknüpfung des Wahlrechts in den Gemeinden mit dem in den Kronländern basierte auf der Folgerung, dass jemand, der für die eine steuerfestsetzende autonome Körperschaft wahlberechtigt war – für den Gemeinderat – auch für die parallele steuerfestsetzende autonome Körperschaft – den Landtag – wahlberechtigt sein müsse. In der Diskrepanz zwischen der Zahl der Wahlberechtigten in den Jahren 1901 und 1902 spiegelt sich die Erfordernis dreijähriger Ortsansässigkeit wider.

159 Für einen erhellenden Kommentar zur Bedeutung der Wahlen von 1902 siehe »Die Landtagswahlen in Oesterreich und die christlichsoziale Partei«, *HPB*, 130 (1902): 824–35.
160 E2 ad 6065, Polizeibericht vom 5. November 1902, Statt Präs., NÖLA.
161 Die Polizeiberichte über die Ausschreitungen machen deutlich, dass sie stattfanden trotz angestrengter Versuche der lokalen sozialdemokratischen Führung, die Situation wieder in die Hand zu bekommen, hielten aber auch fest, dass die Arbeiter durch ihre Flaschenwürfe den Polizeieinsatz provoziert hatten. a.a.O., Bericht vom 10. November 1902. Im Gegensatz dazu gaben die Sozialdemokraten der Polizei die Schuld an den Zusammenstößen und behaupteten, der Polizeieinsatz im Favoritner Arbeiterheim sei nicht zu rechtfertigen gewesen. Siehe Adler, *Aufsätze, Reden, Briefe*, 11: 178–84.
162 Zur Instrumentalisierung des Parlaments im Denken des frühen Austromarxismus siehe Alfred Pfabigan, »Das ideologische Profil der österreichischen Sozialdemokratie vor dem Ersten Weltkrieg«, in Erich Fröschl, Maria Mesner und Helge Zoitl (Hgg.), *Die Bewegung. Hundert Jahre Sozialdemokratie in Österreich* (Wien 1990), S. 49–51. Siehe auch Brigitte Perfahl, »Zum Marxismus-Defizit der österreichischen Sozialdemokratie 1889–1901«, in *Geschichte als demokratischer Auftrag. Karl Stadler zum 70. Geburtstag* (Wien 1983), S. 143–51.
163 Wolfgang Maderthaner, »Die Entwicklung der Organisationsstruktur der deutschen Sozialdemokratie in Österreich 1889 bis 1913«, in: ders. (Hg.), *Sozialdemokratie und Habsburgerstaat* (Wien 1988), S. 47–51.
164 *Protokoll über die Verhandlungen des Parteitages der deutschen sozialdemokratischen Arbeiterpartei in Oesterreich. Abgehalten zu Salzburg vom 26. bis zum 29. September 1904* (Wien 1904), S. 96; Hans Mommsen, *Die Sozialdemokratie und die Nationalitätenfrage im habsburgischen Vielvölkerstaat* (Wien 1963), S. 349ff., 364; Julius Braunthal, *Victor und Friedrich Adler. Zwei Generationen Arbeiterbewegung* (Wien 1965), S. 148–50.
165 Siehe den Bericht vom 1. September 1910, Z. 38228, Carton 4471, 18, *UM Präs*.
166 Luegers Vater war Laborassistent, Gessmann Senior war ein mittlerer Staatsbeamter und Weiskirchner der Ältere war Lehrer (und hatte als Junglehrer Karl Lueger unterrichtet). Hierhammer und Bielohlawek werden ausführlicher in Kapitel 5 besprochen; beide kamen aus sehr bescheidenen, kleinbürgerlichen Verhältnissen. Richard Schmitz' Vater war ein Fleischer, der dann eine Stelle als kleiner Gemeindebediensteter annahm. Heinls Eltern ware Bediente und Hauswarte; und Seipels Vater war Fiaker und später Theaterportier.
167 Für Gessmanns Ansichten zur Schule, siehe *SP*, 1902, S. 11308–25.
168 Es ist wahrscheinlich, dass der eiserne Konservativismus der christlichsozialen Parteispitze in Belangen der Elementarerziehung sich auf den Umstand gründete, dass die Wiener Schulen nicht nur bezirksweise, sondern auch innerhalb der einzelnen Bezirke die Trennung nach gesellschaftlichen Klassen widerspiegelte. Statistiken der Gemeinde, in denen der Berufsstand der Väter mit Schülerzahlen in Beziehung gesetzt wird, zeigen, dass in wohlhabenderen Bezirken wie Neubau und Josefstadt Kinder aus bürgerlichen Familien gegenüber Arbeiterkindern überrepräsentiert waren, während in ärmeren Bezirken wie Favoriten und Ottakring das Gegenteil der Fall war. Siehe die Reihung der Berufe im *SJ*, 1912, S. 447. J. Robert Wegs hat außerdem gezeigt, dass Familien der unteren Mittelklasse, die oft im selben Bezirk, ja in derselben Straße wie Arbeiterfamilien lebten, viel eher als diese ihre Kinder eine weiterführende Schule besuchen ließen, wie z.B. ein humanistisches Gymnasium oder eine Realschule. Siehe *Growing Up Working Class: Continuity and Change among Viennese Youth, 1890–1938* (University Park, Pa., 1989), S. 28. Dies wird durch Gary B. Cohen bestätigt, der nachwies, dass an

der Universität Wien die Immatrikulationszahlen von Studenten aus kleinbürgerlichem Milieu während der letzten Jahrzehnte des 19. Jahrhunderts unverändert hoch blieben und sogar höher waren als an manchen deutschen Universitäten. Siehe sein Buch *Education and Middle-Class Society in Imperial Austria, 1848–1918* (West Lafayette, Indiana, 1996), S. 175–194. Jedenfalls ergeben die Interventionen von Albert Gessmann und Robert Pattai Anfang 1908 bezüglich der Reform der österreichischen Mittelschule nur dann Sinn, wenn man annimmt, dass diese Schulform von potentiellem Interesse für die Wählerschaft der Partei war. Siehe Robert Pattai, *Das klassische Gymnasium und die Vorbereitung zu unseren Hochschulen. Reden und Gedanken* (Wien 1908); und Albert Gessmann, *Zur Mittelschulreform. Vortrag in der Versammlung des ›Vereins für Schulreform‹ am 12. Jänner 1908* (Wien 1908). Gessmann schlug die Schaffung einer neuen, moderneren Sekundarstufe vor, die Züge des Gymnasiums mit solchen der Realschule verbinden sollte; Pattais Ansatz war traditioneller und konservativer.

169 Rudolf Hornich, »Autorität als Fundamentalbegriff der Gesellschafts- und der Erziehungswissenschaft«, *Erstes Jahrbuch des Vereines für christl. Erziehungswissenschaft* (Kempten 1908), S. 49–76.

170 Karl Seitz, »Persönliche Erinnerungen«, Carton 77, f. 85, *NL Seitz, WSLA*. Seitz selbst wurde von seiner völlig verarmten Mutter, als sie außerstande war, für den Unterhalt ihres Kindes aufzukommen, in einem Waisenhaus untergebracht. Seine Erfahrung sozialer und emotionaler Zerrüttung war daher nicht nur das Ergebnis der Beobachtung anderer. Josef Enslein, Seitz' Kollege bei den *Jungen* und einer der führenden Köpfe in der Bewegung *Freie Schule*, wuchs ebenso in einem Waisenhaus auf wie der sozialdemokratische Erziehungsreformer Otto Felix Kanitz.

171 Glöckel, *Selbstbiographie*, S. 36–37. Im Jahr 1900 führte ein anderer sozialistischer Lehrer, Siegmund Kraus, eine informelle Untersuchung durch, mit dem Ziel zu ermitteln, wie häufig Kinder vor oder nach der Schule für Lohn arbeiteten. Die Christlichsozialen versuchten diese Untersuchung zu unterbinden, es gelang Kraus aber dennoch, genügend Datenmaterial zusammenzutragen, aus dem sich ergab, dass dieses Phänomen tatsächlich weitverbreitet war (und höchst verderbliche Auswirkungen zeitigte). Eine Zusammenfassung seiner *Enquete* findet sich bei Gertrude Langer-Ostrawsky, »Wiener Schulwesen um 1900«, in Ehalt u.a. (Hgg.), *Glücklich ist*, S. 97–102.

172 Seitz galt innerhalb der sozialistischen Bewegung als »Praktiker«, nicht als Ideologe.

173 *Volksbote*, 1. März 1912, S. 3, zitiert in Wondratsch, »Karl Seitz«, S. 82. Eine Zusammenfassung der Ansichten der *Jungen* findet sich in dem Pamphlet *Österreichische Volksschulzustände. Ein Wort an das Volk und seine Lehrer* (Wien 1897), das Alexander Täubler unter dem Pseudonym Adolf Mössler veröffentlichte.

174 Bei seiner Gründung Mitte 1896 war der *Zentralverein* eine Koalition, die von Lehrern, die mit den Deutschnationalen sympathisierten, und den sozialistischen *Jungen* gebildet wurde. Im Frühling 1898 kam es wegen der Frage der Loyalität gegenüber »deutschen« Werten zu einer Abspaltung der Deutschnationalen, und der *Zentralverein* wurde zu einer Bastion der Sozialdemokratie.

175 *FLS*, S. 152. Helmut Engelbrechts Versuch [*Geschichte des österreichischen Bildungswesens. Erziehung und Unterricht auf dem Boden Österreichs* (5 Bde. Wien 1982–88), 4: 127], die Bedeutung dieses Programms durch Verquickung mit bürgerlicher Pädagogik zu relativieren, sollte nicht unwidersprochen bleiben. Das Programm zeichnet sich zwar noch nicht durch die radikale Eindeutigkeit der späteren pädagogischen Theorien von Enslein und Glöckel aus, aber es muss fairer-

weise gesagt werden, dass diese jedenfalls durch das Programm vorbereitet wurden. Wie Achs und Tesar gezeigt haben, glaubte Täubler (und dasselbe gilt, wie ich meine, für Seitz) bereits 1897, dass die Schule weder ein »neutraler« und »freier« Ort für die individuelle kindliche Entwicklung war noch sein konnte, sondern dass sie notwendig in eine Matrix tieferliegender »politischer« Machtverhältnisse eingebettet war und dass die Schule der Zukunft diese Verhältnisse erkennen und bearbeiten müsse. Oskar Achs und Eva Tesar, »Aspekte sozialistischer Schulpolitik am Beispiel Täublers und Furtmüllers«, in Helmut Konrad und Wolfgang Maderthaner (Hg.), *Neuere Studien zur Arbeitergeschichte. Zum fünfundzwanzigjährigen Bestehen des Vereins für Geschichte der Arbeiterbewegung* (3 Bde.,Wien 1984), 3: 569, und Hajime Tezuka, »Die Junglehrer-Bewegung. Vorgeschichte der Schulreform Glöckels«, Dissertation, Universität Wien, 1981, S. 144–54.

176 Siehe »Was du nicht willst«, *ÖSZ*, 25. Oktober 1899, und den Erlass des Niederösterreichischen Landesschulrats, 5. November 1900, in Z. 2267, 18, *UM Präs.* Jordans Verweis wurde vom Unterrichts- und Erziehungsministerium bestätigt. Seine agitatorischen Umtriebe hatten bereits 1894 das Missfallen des damals noch in liberaler Hand befindlichen Bezirksschulrats erregt, der ihn wegen der Herabsetzung des Ansehens der Lehrerschaft tadelte. Seine eigene Darstellung seiner Karriere findet sich in Eduard Jordan, *Aus meinem Leben. Erinnerungen eines Achtzigjährigen* (Wien, o.J.).

177 Ein Beispiel ist Seitz' Auslegung des katholischen Handbuchs zur Lehrerausbildung von Fr. S. Rudolf Hassmann, die er im Dezember 1904 im Landtag vortrug; dabei korrigierte er bewusst die Sorge des Autors um das schulische Wohlergehen der Kinder im Klassenzimmer nach unten. Vergleiche Seitz' Kommentar im *SPNÖ*, 1904, S. 54–55, mit Hassmanns Originaltext, *Allgemeine Erziehungslehre für Lehrer- und Lehrerinnen-Bildungsanstalten* (Wien 1907).

178 Der *Verein der Lehrer und Schulfreunde* war immer als Zielscheibe gut für Ausfälle seitens der Sozialdemokraten, die ihn als ein Produkt des vollendeten Opportunismus brandmarkten. Das Blatt des Vereins, die *Deutsche Schulzeitung*, veröffentlichte jedoch gelegentlich intelligente Essays. 1904 zählte die Gruppe etwa 1.000 Mitglieder aus der Lehrerschaft und weitere 800 Mitglieder aus bürgerlich politischen Kreisen. Siehe *DSZ*, 1904, S. 270.

179 Johann Schmidt, *Entwicklung der katholischen Schule in Österreich* (Wien 1958), S. 136.

180 Es verdient festgehalten zu werden, dass das liberale Regime in Wien in den frühen 1890ern ebenfalls wenig Sympathien für die *Jungen* hatte. Als der junge Josef Enslein es wagte, in einem Artikel in der *Österreichischen Schulzeitung* die Anstellungspraxis des liberal dominierten Stadtschulrates zu kritisieren, wurde er strafweise an eine wenig begehrte Schule in einem Randbezirk versetzt. Siehe Josef Enslein, »Vom Unterlehrer zum Unterstaatssekretär«, *AZ*, 7. März 1948, S. 3.

181 Siehe die Begründung des Bezirkshauptmanns von Floridsdorf, mit der er Erich Kielmansegg gegenüber im Jahr 1902 erklärte, warum er 24 von 30 Stellen als Mitglieder von Wahlkommissionen an Lehrkräfte vergeben hatte: Dies sei unumgänglich, »da sich Wirtschaftsbesitzer zu diesem Amte wenig eignen, andere Personen aber in den kleineren Landgemeinden erfahrungsgemäß überhaupt nicht vorhanden sind«. Selbst wenn sich Kleinbauern fanden, die eine Funktion in diesen Kommissionen übernahmen, stellte sich heraus, dass »dieselben dringend eines Beraters von größerer allgemeiner Bildung bedürfen«. Nr. 6820, E 2 ad 3459, *Statt. Präs., NÖLA*.

182 Der Bezirksschulrat hatte 34 Mitglieder; 21 saßen auf politischen Posten, die durch Wahlen im Gemeinderat vergeben wurden. Vier Sitze waren Lehrern vorbehalten, die von ihren Kollegen gewählt wurden.

183 Tezuka, »Die Junglehrer-Bewegung«, S. 93–119.
184 Detaillierte Auflistungen mit vielen derartigen Beispielen von Schikanierung finden sich in der *Festschrift zum 25-jährigen Bestande des Zentralvereines der Wiener Lehrerschaft*, S. 13–22; und bei Tezuka, »Die Jung-Lehrerbewegung,« S. 164–222.
185 Zu Luegers Antisozialismus bei der Einstellung von Lehrkräften siehe seine Bemerkungen zu einer Gruppe von 20 Unterlehrern im März 1901 in den *SP*, 1901, S. 2173: »Ich muss Ihnen sagen, dass ich niemanden anstelle, der mit den Sozialdemokraten oder Schönerianern in Verbindung steht oder gar diesen Richtungen angehört hat, beziehungsweise noch angehört.« Eine vorzügliche Primärquelle zum Thema Politik in der Schule ist Karl Seitz' leidenschaftliche Attacke auf Lueger und Gessmann vom 11. April 1902, a.a.O., S. 11231–64. Seitz bemerkte, das Gesetze sehe vor, dass über die Einstellung von Lehrern ein Kollegium in den Schulausschüssen zu befinden habe; die Christlichsozialen hingegen missachteten regelmäßig diese Bestimmung und boxten einfach Einstellungen en masse durch. Zu Gessmanns autokratischer Amtsführung sagte Seitz: »Im Landesschulrathe kann es ja – das sieht man einem Decret, das man in der Hand hat, nicht an – präsidial gemacht worden sein, oder collegialisch: das aber bleibt sich ganz gleich: Section, Collegium oder Präsidium, der niederösterreichische Landesschulrath heißt immer Dr. Albert Gessmann.« (S. 11251)
186 Kielmanseggs Begleitschreiben zum Entwurf einer parlamentarischen Antwort an Hartel, 30. Oktober 1901, Z. 2402, *UM Präs*.
187 *Rp*, 6. Juni 1903, S. 10–11; 9. Juni 1903, S. 3; 17. Juni 1903, S. 9. 21. Juni 1903, S. 6; 23. Juni 1903, S. 3; und 26. Juni 1903, S. 6. Die pro-christlichsoziale Lehrerliste machte in ihrer Öffentlichkeitsarbeit kein Hehl aus ihrem Opportunismus und erklärte ihren Kollegen, die Partei würde sich im Landtag für ein neues Gehaltsgesetz nur einsetzen, »wenn sie die Überzeugung gewinnen kann, dass sich die Lehrerschaft ihren Bestrebungen für das Volkswohl nicht mehr feindlich gegenüberstellt.« 20. Juni 1903, S. 2. Vgl. auch die Warnung Leopold Tomolas: »Solange Seitz oder die von ihm empfohlenen Genossen die Vertreter der Wiener Lehrerschaft sind, solange wird die Bürgerschaft den Wünschen unseres Standes taube Ohren schenken.« *DSZ*, 5 (1903): 223.
188 Als die Presse eine Kopie des Briefs erhielt, den Gessmann zum Thema Verlässlichkeit der Lehrer vor Ort an die Pfarrer verschickt hatte, erregte dies auch tiefen Unmut bei Lehrern, die gewöhnlich den Christlichsozialen wohlwollend gegenüberstanden. Siehe Oskar Achs (Hg.), *Otto Glöckel. Ausgewählte Schriften und Reden* (Wien 1985), S. 70. Heinrich Giese, der Direktor einer katholischen Lehrerbildungsanstalt in Wien, erinnerte sich im Jahr 1909, er habe »2 Jahre lang arbeiten müssen, um die Lehrer ruhig zu bringen.« Siehe den Akt »Bösbauer Angelegenheit«, Carton 69, *CPW*.
189 *AZ*, 22. Oktober 1908, S. 8. Seitz notierte im Jahr 1902, dass die städtischen Behörden freie Stellen trotz vorhandener Bewerber erst dann besetzten, bis sie sich der politischen Loyalität der Kandidaten versichert hatten. *SP*, 1902, S. 11260. Auch war Nepotismus durchaus ein Faktor bei diesen Entscheidungen. Siehe zum Beispiel den Fall des Sohns von Josef Gregorig, der mehrere Anläufe brauchte, bis er schließlich 1898 – unter zweifelhaften Umständen – die Beförderung zum Bürgerschullehrer schaffte. *FLS*, 1898, S. 436–37.
190 Die Akten des *UM* sind voll mit solchen Fällen. Siehe zum Beispiel den Fall von Franz Kubicek, der bei der Beförderung übergangen wurde, da er laut dem Urteil der Bezirksschulinspektoren die Kinder zu grob behandelte, zu leichtfertig zu Strafmaßnahmen griff und langweilig vortrug. Oder der Fall eines Franz Klein, der bei einer Gehaltserhöhung mit der

Begründung übergangen wurde, er sei unfähig, den Lehrstoff interessant zu vermitteln und in seinem Unterricht Disziplin zu halten. Z. 27264, 22./23. Juni 1910, Carton 4471.
191 Siehe Kielmanseggs summarischen Bericht an das Erziehungsministerium vom 29. Oktober 1901 bezüglich Disziplinarverfahren gegen Lehrer in Niederösterreich. Z. 2485, Carton 297.
192 Es handelte sich dabei um insgesamt vier verschiedene Gesetze. Eines brachte eine Neuordnung der Finanzierung von Neubauten und Instandhaltung von Schulgebäuden, wobei die Rolle der Kronländerregierung gestärkt wurde; ein zweites bezog sich auf die Schulverwaltung und brachte einen systematischen Machtzuwachs für gewählte Amtsträger gegenüber Staatsbeamten und Lehrerschaft; ein weiteres revidierte die Vorgangsweise bei der Stellenvergabe an Lehrer, die Bedingungen für ihre Arbeit und die Disziplinierungsmaßnahmen; und ein letztes brachte eine Gehaltserhöhung von durchschnittlich etwa 10 Prozent. Siehe *SPNÖ*, 1904, S. 292–95, und Seitz' Kritik auf S. 316–30. Eine übersichtliche Zusammenfassung findet sich bei Oskar Goldbach, »Die neuen Landesschulgesetze für Niederösterreich verglichen mit den bisher geltenden n.ö. Landesgesetzen«, *DSZ*, 6 (1904): 304–17. Siehe auch *AZ*, 19. Oktober 1904, S. 4–5, und 21. Oktober 1904, S. 1–2.
193 Siehe Hartel an Kielmansegg, 17. September 1904, und die »Ergebnisse der am 12. September 1904 im k.k. Ministerium für Kultus und Unterricht über den Entwurf des Landes-Ausschusses Regierungsrates Dr. Gessmann … abgehaltenen Beratung,« I/3d Nr. 2393, 1904, *Statt. Präs., NÖLA*. In diesem Akt finden sich auch massive Proteste von Liberalen und Sozialdemokraten gegen die Gesetzesvorlagen.
194 *Die Gemeinde-Verwaltung der Stadt Wien im Jahre 1905* (Wien 1907), S. 401.
195 Ludwig Battista, »Die pädagogische Entwicklung des Pflichtschulwesens und der Lehrerbildung von 1848–1948«, in *100 Jahre Unterrichtsministerium 1848–1948. Festschrift des Bundesministeriums für Unterricht in Wien* (Wien 1948), S. 152; Rudolf Hornich, »Die Bedeutung Willmanns für unsere Zeit«, *Österreichische Pädagogische Warte*, 14 (1919): 67–70; Josef Zeif, »Was verdankt die Pädagogik der Lebensarbeit Willmanns?« a.a.O., S. 70–77.
196 Hornich promovierte 1890 in Philosophie an der Universität Wien. 1905 übernahm er die Leitung der Lehrerbildungsanstalt in St. Pölten. Während des Kriegs war er Herausgeber der Monatsschrift *Das neue Österreich*. Dabei handelte es sich um ein Gemeinschaftsprodukt von Ignaz Seipel, Heinrich Lammasch und Albert Gessmann, das eine besonnene Alternative zu den deutschfreundlichen Tendenzen anderer Gruppen innerhalb der Christlichsozialen darstellte.
197 Gessmanns abschließender Kommentar findet sich in *SPNÖ*, S. 415. Der Kaiser zeichnete die Gesetze am 25. Dezember 1904 ab, nachdem die Christlichsozialen gezwungen worden waren, einige – ihrer Darstellung zufolge geringfügige – Änderungen an der Vorlage vorzunehmen.
198 a.a.O., S. 104, 106. Der deutsche Botschafter Wedel, der in Kontakt mit Koerber stand, bemerkte, »verschiedene seiner einflussreichen Anhänger machten kein Hehl daraus, dass er eine sehr grosse Dummheit begangen habe«. A 16885, 24. Oktober 1904, Öst. 70/Bd. 42, *PAAA*.
199 Die mit der Feier zusammenhängenden Akten befinden sich in *H.A. Akten, Kleine Bestände*, Schachtel 1–4 (Mappe 8/9), 1904, *WSLA*.
200 Siehe Weiskirchners Memorandum an alle Gemeindebediensteten, 7. Oktober 1904, a.a.O.
201 *Die Gemeinde-Verwaltung der Stadt Wien im Jahre 1905* (Wien 1907), S. 82.

202 Die Gelder, die für die Stiftung gesammelt wurden, wurden beim Bankhaus Th. Plewa & Sohn hinterlegt, wo man Weiskirchner gegenüber argumentierte: »Infolge des Umstandes, dass der größte Theil unserer ausgebreiteten Clientele der christlichsozialen Partei angehört, glauben wir mit bestem Erfolge wirken zu können.« Brief an Weiskirchner, 28. Juli 1904, *H.A. Akten, Kleine Bestände*, Schachtel 1–4 (Mappe 8/9), 1904.

203 Vgl. »Gemeinsame Sitzung der deutschen Executive mit dem n.ö. Landesausschusse«, 11. Oktober 1904, *VGAB*. Diese Debatten lassen es als unbezweifelbar erscheinen, dass die Kampagne gegen Lueger zentral von der Sozialistischen Partei gesteuert wurde.

204 Siehe die Polizeiberichte an Kielmansegg, 20. Oktober 1904, XIV/219, Z. 2652/2689, 1904, *Statt. Präs.*, *NÖLA*; und *AZ*, 8. Oktober 1904, S. 2–3; 10. Oktober 1904, S. 1–2; 16. Oktober 1904, S. 1.

205 Bericht vom 22. Oktober 1904, *Statt. Präs.*

206 Vgl. die Stellungnahme, in der es heißt, dass »… in einem Teile der Bevölkerung eine sichtlich zunehmende Erregung Platz gegriffen hat, welche eine die öffentliche Ruhe und Ordnung gefährdende Störung dieses Teiles der geplanten Festlichkeiten besorgen liess.« Habrda an das Exekutivkomitee des Festes, 19. Oktober 1904. *H.A. Akten, Kleine Bestände*.

207 Dies ergibt sich aus der Liste von Danksagungen in den *H.A. Akten*. Vgl. diese mit den Behauptungen im *DV*, 16. Oktober 1904 (M), S. 7. So gesehen, erwies Koerber der Partei einen Dienst, indem er den Umzug verbot.

208 Dies geschah in der Form eines Antrags, in dem die Partei Koerber und Kielmansegg den »schärfsten Tadel« aussprach. Siehe *SPNÖ*, 1904, S. 253–72, 274–86, und auch Wedels Bericht, inklusive seiner Erwähnung der »Entrüstungskomödie« im Landtag, A 16885, 24. Oktober 1904.

209 *DV*, 24. Oktober 1904 (M), S. 1–3; *AZ*, 24. Oktober 1904, S. 1–3; und der Polizeibericht vom 23. Oktober 1904, XIV/219, *NÖLA*. Kielmansegg versuchte, der Frage auszuweichen, warum die Regierung die christlichsoziale Parade verboten habe, nicht aber auch den sozialistischen Marsch, indem er argumentierte, der sozialistische Aufmarsch sei keine Parade im engeren Wortsinn gewesen. *SPNÖ*, 1904, S. 427.

210 »Ein Nach- und Abschiedswort«, *DZ*, l. Jänner 1905, S. 2.

Das Allgemeine Wahlrecht und die Gründung der Reichspartei

1 Siehe Kielmansegg, *Kaiserhaus*, S. 400–407; und Wedels Bericht in A 16650, 19. September 1905, Öst. 70/Bd. 43, *PAAA*. Lueger wurde immer unersättlicher in seinem Verlangen nach öffentlichen Auszeichnungen und öffentlicher Ehrerbietung. Siehe z.B. Beskiba, *Aus meinen Erinnerungen*, S. 25, 109; und Scheicher, *Erlebnisse*, 4: 414-15.

2 *DR*, 10. Mai 1906, S. 4. Für einen ähnlichen Kommentar zu Luegers »herrscherlichen« Allüren siehe Jakob Reumanns Beschreibung von Luegers »kleine[m] Hofstaat«, in dem der Bürgermeister als »kleiner Potentat« waltete. *AB*, 1908, S. 3019.

3 Karl Seitz, »Persönliche Erinnerungen«, S. 66–67.

4 Zur Eingemeindung von Floridsdorf siehe *Die Gemeinde-Verwaltung der Stadt Wien im Jahre 1904* (Wien 1906), S. 2–8; vgl. auch Kielmanseggs Bericht in Z. 8364, 27. November 1904 und den *Vortrag* (Entwurf), den er für Franz Joseph vorbereitet hatte, datiert mit 30. November 1904, Z. 8364, Carton 1569, 11/1, *MI Präs.*

5 Das Lob, mit dem Michael Hainisch Weiskirchners Amtsführung in Wien bedenkt, gilt vielleicht nicht in gleichem Umfang auch für Niederösterreich, aber man kann schwerlich behaupten, dieser Provinz sei es unter den Christlichsozialen weniger gut gegangen als unter den Liberalen. Siehe Michael Hainisch, *75 Jahre aus bewegter Zeit*, S. 224–25, und auch Felix Oppenheimer, *Die Wiener Gemeindeverwaltung und der Fall des liberalen Regimes in Staat und Kommune* (Wien 1905), S. 72–95.
6 *WF*, 5. Jänner 1904, S. 1–2.
7 Joseph Schöffel, *Erinnerungen aus meinem Leben* (Wien 1905), bes. S. 281–86, 317–34; und »Meine Antwort«, *Die Fackel*, Nr. 189, 30. November 1905, S. 1–17.
8 Albert Gessmann, »Die politische Lage in Österreich«, *Rp*, 1. Januar 1904, S. 2. Eine interessante Analyse der Möglichkeiten, die den Christlichsozialen zum Ausbau ihrer Stellung offen standen, findet sich bei Anton Bach, *Österreichs Zukunft und die Christlich-Sozialen. Eine Stimme zur Wahlreform* (Wien 1906), bes. S. 57–60; das Pamphlet hat möglicherweise Gessmanns Überlegungen beeinflusst oder gibt diese wieder. Siehe auch Friedrich Austerlitz' brillante, gegen Gessmann gerichtete Schmähschrift, die dessen stärker ehrgeiziges Naturell im Vergleich der Visionen, welche Gessmann und Lueger jeweils von den Zielen ihrer Partei hatten, gut herausgearbeitet, »Gessmann als Erzieher«, *K*, 2 (1908–9): 97–101.
9 Zum Versuch vom September 1898, konfessionell separarierte Klassen zu ermöglichen, siehe die Akten in Nr. 3838, 7. Februar 1899, Carton 4470, *UM Präs*. Es handelte sich dabei um einen Versuch in zehn von insgesamt 399 öffentlichen Schulen, einen parallelen Unterricht für katholische und jüdische Kinder einzurichten, obwohl es an keiner der zehn Schulen eine generelle Separierung der Kinder gab. Das heißt, in allen zehn Schulen besuchten die Kinder auch Unterricht, der nicht nach konfessionellen Trennungslinien organisiert war. Das Unterrichtsministerium entschied, derartige Trennungen seien nur statthaft, wenn »sich in Ansehung des Religionsunterrichtes bei Entwurf des Stundenplanes technische Schwierigkeiten ergeben«.
10 »Wiener Wahlen«, *Rp*, 8. Mai 1904, S. 1.
11 Siehe Franz Schuhmeiers Kommentare über das politische Verhalten der Juden in *Volkstribüne*, 13. Dezember 1905, S. 2. Zu Schuhmeier siehe Wolfgang Maderthaner und Lutz Musner, *Die Anarchie der Vorstadt. Das andere Wien um 1900* (Frankfurt 1999).
12 Zur Wahl in der Leopoldstadt im Jahr 1902 vgl. Jordans eigenes Geständnis in *Aus meinem Leben*, S. 105–9. Zu den Ereignissen das Jahres 1910 siehe die Aussage Johann Bergauers, die er im Hierhammer-Stahlich Ehrenbeleidigungsprozess machte, in *AZ*, 15. Februar 1912, S. 9 und *NFP*, 15. Februar 1912 (M), S. 12, und auch *DV*, 1. Mai 1910 (M), S. 3. Siehe auch den Bericht in Mayer, *Ein jüdischer Kaufmann*, S. 357–58, der sich auf Verhandlungen des Jahres 1908 über einen »Pakt« zwischen Christlichsozialen und Juden bezieht.
13 »Unser Bürgermeister!« *ÖW*, 21 (1904): 197–98.
14 *WF*, 5. Mai 1904, S. 2.
15 »Sonderbar ist, dass gerade der Verein ›Christliche Familie‹ am wenigsten unterstützt und gefördert wird ... Obwohl der Verein seit 15 Jahren eifrig kämpft, findet er doch noch immer keine Anerkennung, keine Unterstützung.« a.a.O., 5. Mai 1907, S. 1. Die Zahl der Mitglieder in dieser Gruppe schwankte im Durchschnitt zwischen 100 und 400 pro Bezirk. Die Mehrzahl waren Gewerbetreibende (darunter eine erkleckliche Anzahl von Frauen), gelegentlich traten aber auch Beamte und vermögende Privatleute ein. Vgl. die als Beispiel gedachte Mitgliederliste aus 1904 des Josefstädter Zweigs in Walter Sauer, *Katholisches Vereinswesen in Wien*.

Zur Geschichte des christlichsozial-konservativen Lagers vor 1914 (Salzburg 1980), S. 119. Die tatsächlichen Folgen des Boykotts jüdischer Läden sind nie in ausreichender Weise untersucht worden. Sigmund Mayer berichtet in *Die Wiener Juden*, S. 474, dass die Boykotte anfänglich vielen kleinen jüdischen Händlern schadeten, dass sie aber sehr bald nachließen und in Wien weniger Folgen zeitigten als in Böhmen und Mähren.

16 Mayer, *Ein jüdischer Kaufmann*, S. 357. Siehe auch Wächter, »Die Gemeindebetriebe«, S. 220, wo es in Bezug auf das Jahr 1909 heißt: »Das Schicksal will es, dass trotz alledem viele Lieferungen nichtarischer Provenienz durch Strohmänner, Zwischenhändler an die Gemeinde kommen, sehr zum Ärger der eifrigen Antisemiten in der Partei. Bemerkt muss werden, dass die Parteiführer in den letzten Jahren sehr viel Wasser in ihren Wein gegossen haben ...«.

17 Bach, *Österreichs Zukunft*, S. 51–52.

18 Scheicher, *Erlebnisse*, 4: 359: »Der Antisemitismus der Partei ist den Juden nicht besonders gefährlich geworden.« Für eine moderne Einschätzung siehe Pauley, *From Prejudice to Persecution*, S. 45–49.

19 Lueger, Gessmann und Weiskirchner stimmten für Josef Sturm, der mit 9 zu 5 Stimmen gewann. *AZ*, 11. Januar 1908, S. 3. Ferdinand Skaret behauptete im Mai 1907, dass die christlichsoziale Parteiführung Schneider schon lange hatte los werden wollen, dieser aber zu viel über Parteiinterna wusste. Siehe *AZ*, 18. Mai 1907, S. 5.

20 Weiskirchner an Lueger, 21. März 1908, I.N. 40883, *HS*.

21 Siehe *NFP*, 5. Februar 1904 (M), S. 9; *Rp*, 6. Februar 1904, S. 5; *ÖW*, 21 (1904): 298, 316: der letztere Kommentator sah Albert Gessmann als letztverantwortlich für Gregorigs Ausschluss. Gregorig hatte seinen Angriff bei der Versammlung einer Randgruppe, dem *Bund der Antisemiten*, vorgetragen.

22 Die Rede stand im Zusammenhang mit den alljährlichen Budgetdebatten und findet sich im *AB*, 1902, S. 2298–2301. Sie war eine Replik auf beinharte kritische Tiraden gegen die christlichsoziale Regierung von Donath Zifferer (S. 2271–80), Franz Schuhmeier (S. 2280–87) und Jakob Reumann (S. 2290–95). Diese beschuldigten die Christlichsozialen finanzieller Misswirtschaft, wenn nicht gar des Betrugs; ihre Budgetgebarung sei eine »Komödie« und ein »Skandal«; die Kritiker ließen ihrer Verachtung für ihre christlichsozialen Gegner freien Lauf. Jede billige Interpretation seiner Rede müsste diese im Kontext der hitzigen Debatte belassen; es geht nicht an, sie aus dem Zusammenhang zu reißen. Zu behaupten, Bielohlawek habe den Juden Wiens persönlich Schaden an Leib und Leben angedroht, wäre eine Fehlinterpretation seiner Aussage und eine Fehleinschätzung des Mannes. Was er ihnen sehr wohl in aller Klarheit und Dreistigkeit in Aussicht stellte, war ein politisches Desaster, obwohl er auch hier, ähnlich wie Lueger, als hauptsächliche Zielscheibe das seiner Meinung nach beleidigende und herablassende Verhalten des liberalen Pressecorps wählte, allen voran das der *Neuen Freien Presse*. Bielohlawek und Zifferer prallten noch einmal in einem Ehrenbeleidigungsverfahren zwei Jahre später aufeinander; auslösendes Moment war eine sarkastische Bemerkung Zifferers bei einer politischen Versammlung über Bielohlaweks angebliche Vorliebe für Champagner. Siehe *NFP*, 31. Mai 1904 (M), S. 10–11.

23 *AZ*, 30. März 1909, S. 6; 10. Juni 1911, S. 1. Als Ottokar von Trnka, der Minister für Öffentliche Arbeiten, im Jänner 1914 Bielohlawek für eine hohe kaiserliche Auszeichnung für dessen Förderung des Handwerks vorschlug, war die einzige Gegenstimme die des Justizministers Victor von Hochenburger, der die Frage stellte, ob eine »Persönlichkeit« mit Bielohlaweks sozialem Hintergrund für eine solche Ehrung überhaupt in Frage komme. Der Rest des Kabinetts

Das Allgemeine Wahlrecht und die Gründung der Reichspartei 515

überging diesen Einwand und stimmte für Bielohlawek und die Medaille. »Ministerratsprotokoll«, 26. Januar 1914, *AVA*.

24 Aus Anlass von Bielohlaweks Tod schrieb Paul von Vittorelli, Präsident des Oberlandesgerichts für Niederösterreich und letzter k.k. Justizminister, an Alois Liechtenstein: »In langjähriger enger Fühlung auf dem Gebiete des Kinderschutzes und der Jugendfürsorge hatte ich Gelegenheit, die vortrefflichen seltenen Eigenschaften des Verewigten kennen und schätzen zu lernen und haben mich die schönen Erfolge, die er auch auf diesem Gebiete dank seinem klaren Erfassen der Verhältnisse und wahren Bedürfnisse, durch rastlosen Eifer, weit vorausblickende Umsicht und große Tatkraft erzielte, stets mit wahrer Freude und Genugtuung erfüllt.« *DV*, 4. Juli 1918 (M), S. 5.

25 *NWT*, 1. Juli 1918, S. 5–6. Siehe also *NFP*, 1. Juli 1918 (M), S. 6.

26 Vgl. seine wohldurchdachten Ansichten zum Krieg, die er im Oktober 1917 bei der 4. Mandataren-Konferenz der Partei vortrug, Z. 1338, Carton 75, *CPW*. Eine Würdigung seiner Laufbahn findet sich in Heinl, *Über ein halbes Jahrhundert*, S. 107–8.

27 »Landesausschuss Bielohlawek gestorben«, *AZ*, 1. Juli 1918, S. 3.

28 Siehe Herta Hafner, »Vizebürgermeister Heinrich Hierhammer – ein bürgerlicher Aufsteiger«, in *CD*, 6 (1988): 185–96; und dies., »Heinrich Hierhammer. Vizebürgermeister von Wien 1905–1918. Ein bürgerlicher Aufsteiger.« Diplomarbeit, Universität Wien, 1988.

29 Zitiert nach Hafner, »Heinrich Hierhammer«, S. 13.

30 a.a.O., S. 27, 50–51.

31 »›Ein Spruch unserer Weisen lautet: Der Tod des Gerechten versöhnt. Möge Dein Tod – und (zu Vizebürgermeister Hierhammer gewendet) es sind ja die Anzeichen dafür vorhanden – die Morgenröte einer Versöhnung zwischen sämtlichen Bürgern unserer Stadt bedeuten. Sei gesegnet Sonnenthal.‹ Herr Hierhammer hat hierauf Herrn Stiassny warm die Hand gedrückt.« *AZ*, 9. April 1909, S. 2, 7. Adolf Sonnenthal war ein berühmter Schauspieler, der von 1887 bis 1890 dem Burgtheater als Direktor vorstand.

32 Ernst Schneider beklagte häufig den Rückgang antisemitischer Praktiken in der Partei nach 1900, ebenso wie Felix Hraba und Josef Scheicher. Siehe *Rp*, 14. März 1908, S. 8; 11. März 1908, S. 7; und das eher allgemein gehaltene Nörgeln in *Erlebnisse*, 3/2: 289–90; 5: 181, 183; 6: 361–63, 373, 400-01. Klagen von Parteifunktionären der unteren Ebene des Inhalts, dass das Rathaus sich nicht an eine strikte antijüdische Wirtschaftspolitik halte, legen nahe, dass ihre Unzufriedenheit eine Entsprechung in der Realität hatte. Siehe zum Beispiel den Brief an Josef Strassgraber aus Währing, in dem die Faktoren beschrieben werden, die bei der Vergabe von öffentlichen Aufträgen Berücksichtigung finden müssen; der Brief antwortet auf eine Beschwerde des Adressaten über die Vergabe von Aufträgen an Juden. Z. 273, 23. Juli 1912, Carton 71, *CPW*.

33 *NWT*, 14. Juli 1907, S. 3.

34 Der Posten des Zweiten Vizebürgermeisters wurde mit dem Tod von Joseph Strobach im Mai 1905 vakant. Josef Neumayer wurde Strobachs Nachfolger als Erster Vizebürgermeister, so dass Neumayers Posten neu besetzt werden musste. Ursprünglich war Leopold Steiner vom christlichsozialen *Bürgerclub* für diesen Posten ausgewählt worden, er zog aber seinen Namen unvermutet zurück und führte gesundheitliche Gründe als Erklärung an, die ihm in Wien niemand abnahm. In Wahrheit bestand Lueger darauf, dass Steiner seinen gut bezahlten Posten als Oberkurator der Niederösterreichischen Hypothekenbank aufgab, was Steiner verweigerte. Siehe *DV*, 22. Mai 1905 (A), S. 6; und Hafner, »Heinrich Hierhammer«, S. 11.

35 Vgl. »Das betrogene Wien«, *AT*, 26. Mai 1905, S. 1–2; »Das Schweigen der Rassenantisemiten Wiens«, a.a.O., 27. Mai 1905, S. 2; und »Der jüdische Vizebürgermeister von Wien«, a.a.O., 7. Juni 1905, S. 1, mit der untypisch zahmen Reportage im *DV*, 24. Mai 1905 (A), S. 2, die bloß die überraschten und keineswegs ausschließlich negativen Reaktionen der Presse in Wien und Berlin nachdruckte. – Josef Porzer, geboren 1847, stammte aus Wien und studierte zugleich mit Lueger an der Universität Wien. Ein ruhiger, bescheidener, aber hochgradig kompetenter Anwalt, erwies er sich Lueger gegenüber als absolut loyal und war auch ein Gessmann-Intimus, was vielleicht der Hauptgrund dafür war, dass er zum Vizebürgermeister avancierte. Die Herausgeber des *Fremdenblattes* betrachteten die Nominierung Porzers als Zeichen dafür, dass »Dr. Lueger stark genug ist, um sich über gewisse vordem harschende [sic] Geschmacksrichtungen, vor denen er sich widerstrebend vertragen musste, hinwegzusetzen«. *FB*, 24. Mai 1905 (M), S. 1. Eine andere Deutung findet sich bei Beskiba, *Aus meinen Erinnerungen*, S. 27–29.

36 *SP*, 1905, S. 30002.

37 Lueger: »Sie werden als ein, wie ich sehe, ruhig und scharf Beobachtender bemerkt haben, dass ich in den letzten drei Jahren meinen ganzen Einfluss aufgeboten habe, um die Bewegung in ein ruhigeres Fahrwasser zu bringen«; und »Sie können darob beruhigt sein. Ich werde das seit drei Jahren eingeschlagene Verfahren nicht mehr verlassen.« So in Adler, »Eine Erinnerung an Bürgermeister Dr. Lueger,« S. 4, 5. Sigmund Mayer berichtet Ähnliches im Jahr 1910: »Inzwischen ist diese Tendenz [in Richtung Mäßigung, Anm. d. Verf.] innerhalb der Christlichsozialen noch deutlicher hervorgetreten. Nur selten fällt im Abgeordnetenhaus ein Wort gegen die Juden, die Boykottierungen haben aufgehört. Statt der antisemitischen werden wir neben der ›Agrar-Partei‹ eine klerikale des Mittelstandes oder vielleicht gar nur eine Art ›Tammany Hall‹ vor uns haben, die um ihre Existenz kämpft.« *Ein jüdischer Kaufmann*, S. 359. Diese Tendenz blieb nicht unbemerkt in vigilanten antisemitischen Kreisen. Ein deutschnationaler Wähler beklagte bei einer Versammlung in der Josefstadt im Jahr 1910 an den Christlichsozialen, »in ihren Reihen herrsche nicht mehr der alte antisemitische Geist und die alte Frische, die er früher bei ihren Wählerversammlungen wahrgenommen habe.« *DV*, 27 April 1910 (M), S. 5.

38 *AZ*, 11. März 1910, S. 3. Siehe auch Wilhelm Stiassnys eigene Erinnerungen an Lueger im *Neuen Wiener Abendblatt*, 10. März 1910, S. 2, wo Stiassny zugibt, Lueger sei der jüdischen Gemeinde gegenüber mit den Jahren konzilianter geworden, er habe versucht, seine Partei auf einen gemäßigteren Kurs zu bringen und habe auch auf Forderungen der Anführer der *Israelitischen Kultusgemeinde* positiv reagiert. Josef Scheicher bemerkte, Lueger sei mit der Zeit konzilianter geworden, ließ aber durchblicken, dies gehe wohl auf das Konto seines angeschlagenen Gesundheitszustandes und seines Alters. *Erlebnisse*, 4: 301. Abschließend sei noch auf Robert Scheus Bemerkung verwiesen: »Es war des Volkes unendliches Ergötzen, als er schließlich sogar die Juden bezauberte und mit sich versöhnte.« »Karl Lueger«, *Die Fackel*, Nr. 301/02, 6. Mai 1910, S. 45.

39 Mit dem Jahr 1910 hatten zum Beispiel Gessmann, Ebenhoch, Hierhammer, Morsey, Fink, Fuchs, Schraffl, Baumgartner und Hagenhofer Posten als Verwaltungsräte inne. Morseys Unternehmen, die Leykam-Josefstal Aktiengesellschaft, war in jüdischem Besitz. Siehe »Klubsitzung«, 21. und 22. Juni 1910, Carton 90, *CPK*. Siehe auch die Anschuldigungen, die wegen privater und offizieller Geschäfte mit Juden gegen christlichsoziale Funktionäre vorgebracht wurden, in *DR*, 3. Mai 1906, S. 4.

40 Siehe *AZ*, 21. Juni 1908, S. 9–10; 24. Juni 1908, S. 9; *AB*, 1908, S. 1545.

41 Siehe zum Beispiel Z. 1589, 19. April 1907, Carton 108; Z. 222, 12. Januar 1911, Carton 152, *MD*.
42 *Arbeitgeber-Zeitung*, 18. Januar 1908, S. 1. Die klassische Interpretation dieses Wandels findet sich z.b. bei Otto Bauer, »Das Ende des christlichen Sozialismus«, *Werkausgabe*, 8: 515–24.
43 Siehe Z. 290, 806, Carton 71, *CPW*.
44 Zum komplexen Spektrum jüdischer Reaktionen auf den politischen Antisemitismus siehe die wichtigen Arbeiten von McCagg, Jr., *A History of the Habsburg Jews 1670–1918*, (Bloomington, Indiana, 1989), S. 196–98; Steven Beller, *Vienna and the Jews 1867–1938. A Cultural History* (Cambridge 1989), bes. S. 201–6; Marsha L. Rozenblit, *The Jews of Vienna, 1867–1914: Assimilation and Identity* (Albany 1983), S. 175–93; Hannah S. Decker, *Freud, Dora, and Vienna 1900* (New York 1991), S. 15, 30–31; und Robert S. Wistrich, *The Jews of Vienna in the Age of Franz Joseph* (Oxford 1989), S. 205–343.
45 Das *Alldeutsche Tagblatt* war ehrlicher als die meisten Blätter, als es feststellte, dass selbst in der liberalen Ära kein Jude von den politisch Verantwortlichen für ein hohes Amt in der Stadt nominiert worden wäre. Der Grund war »der latente, trotz aller judenliberalen Phrasen immer vorhandene Antisemitismus der Wiener.« 25. Mai 1905, S. 2.
46 Für Oberösterreich vgl. z.B. Harry Slapnicka: »Es fehlt allerdings gleichzeitig der starke Antisemitismus der Wiener Christlichsozialen. Dieser tritt eigentlich nur vorübergehend bei [Alfred] Ebenhoch deutlich in Erscheinung.« *Christlichsoziale in Oberösterreich. Vom Katholikenverein 1848 bis zum Ende der Christlichsozialen 1934* (Linz 1984), S. 153; und ders., *Oberösterreich unter Kaiser Franz Joseph (1861 bis 1918)* (Linz 1982), S. 199. Anders die Lage in Salzburg, wo Hanns Haas ein stärkeres Auftreten des Antisemitismus konstatiert: Heinz Dopsch und Hans Spatzenegger (Hgg.), *Geschichte Salzburgs. Stadt und Land. Band II. Neuzeit und Zeitgeschichte. 2. Teil* (Salzburg 1988), S. 823, 933.
47 *Christliche Wiener Frauen-Zeitung*, 5. April 1897, S. 7–8.
48 Siehe Heinrich Hierhammers Betonung der politischen Nützlichkeit der Frau in Hafner, »Heinrich Hierhammer«, S. 100.
49 Dieses Wochenblatt brachte eine Melange kurzer politischer Artikel, frommer erbaulicher Aufsätze, Predigten, Auszüge aus dem Sonntagsevangelium, etc. und enthielt einmal im Monat Schnittmuster und Anleitungen zum Nähen sowie Ratschläge gesundheitlicher und hygienischer Natur und zum Kampf gegen den Alkoholismus.
50 Eine interessante politische Rede der Präsidentin des Brünner Frauenbund-Ortsverbandes, Wilhelmine Novak, in der »häusliche« und politische Anliegen mit einem Plädoyer für die Koexistenz zwischen Tschechen und Deutschen verknüpft werden, findet sich in der *ÖFZ*, 5. November 1905, S. 4–5.
51 Eine Besprechung der Aktivitäten des *Bundes* findet sich in »Zehn Jahre Christlicher Wiener Frauenbund,« *DV*, 1 Juli 1907 (M), S. 3–4. Sekretär und Herausgeber der Zeitung des *Bundes* war ein Mann, Franz Klier, der Beskiba zufolge auf wenig Gegenliebe bei seinen mutmaßlichen Schutzbefohlenen stieß. Siehe *Aus meinen Erinnerungen*, S. 31ff. Die Themen wurden bei diesen Anlässen gewöhnlich nach Geschlechtszugehörigkeit vergeben: männliche Gastredner sprachen zu politischen, Frauen zu religiösen und »häuslichen« Themen. Gelegentlich sprach allerdings auch eine Frau über ein eindeutig politisches Thema, die Trennlinie war also keine absolute.
52 Dies wird besonders deutlich in der Betonung, die der *Bund* auf die Notwendigkeit der Hilfeleistung für »arme, mittellose Familien« legte. Die Mitglieder wurden zu Geldspenden mit der

Begründung ermutigt, »das Herz könnte einem oft brechen darüber«, dass es in Wien soviel Armut gab. »An mildtätige Menschenfreunde!« *ÖFZ*, 30. April 1905, S. 6.

53 Dies ist der Schluss, den eine systematische Lektüre der wöchentlichen Ortsgruppen-Verlautbarungen in der *Österreichischen Frauen-Zeitung* nahe legt. Die Mitgliederzahl des *Frauenbundes* lässt sich schwer exakt eruieren, da die veröffentlichten Zahlen höchstwahrscheinlich übertrieben sind, sie lag aber etwas über der des *Vereins »Christliche Familie«*. Letzterer hatte zwischen 2.000 und 3.000 aktive Mitglieder, zu denen weitere je nach Anlass hinzukamen. Marianne Hainisch schätzte die Mitgliederzahl 1901 auf 13.000 (Marianne Hainisch, »Die Geschichte der Frauenbewegung in Österreich«, in *Handbuch der Frauenbewegung*. Bd. 1 [Berlin 1901], S. 179). Laut Walter Sauer hatte der *Frauenbund* 1905 eigener Aussage zufolge 20.000 Mitglieder (Sauer, *Katholisches Vereinswesen in Wien*, S. 114). Seine Mitglieder waren vornehmlich »Bürgerfrauen«, die es sich leisten konnten, Hauspersonal zu beschäftigen. Siehe »Wo junge Dienstmädchen zuerst dienen sollen?«, *ÖFZ*, 21. Februar 1904, S. 6.

54 Siehe Hans Plecher, *Victor Silberer. Ein Lebensbild* (Wien 1916), S. 12. Es ist sehr aufschlussreich, die Berichterstattung über diesen Anlass zu vergleichen. Siehe zum Beispiel *DV*, 7. Mai 1907 (M), S. 5; 28. Mai 1907 (M), S. 6–7; und *NFP*, 7. Mai 1907 (M), S. 9; 28. Mai 1907 (M), S. 9–11.

55 Siehe *FB*, 21. Mai 1905 (M), S. 23–28; 22. Mai 1905 (M), S. 8–12. Diese Veranstaltung erbrachte ein Spendenaufkommen von 200.000 Kronen an einem einzigen Tag.

56 Hafner, »Heinrich Hierhammer«, S. 95.

57 Egon Berger-Waldenegg erinnerte sich später an diese sonntagnachmittäglichen Versammlungen Ende der 1890er, die für ihn in seiner Jugend entscheidende Begegnungen mit Figuren der Wiener Politik brachten. Siehe Georg Christoph Berger Waldenegg (Hg.), *Egon und Heinrich Berger Waldenegg, Biographie im Spiegel. Die Memoiren zweier Generationen.* (Wien 1998), S. 191–193.

58 Hafner, »Heinrich Hierhammer«, S. 94.

59 Heinl, *Über ein halbes Jahrhundert*, S. 24. Siehe auch Hainisch, *75 Jahre aus bewegter Zeit*, S. 235.

60 Das Standardwerk schlechthin ist William A. Jenks, *The Austrian Electoral Reform of 1907* (New York 1950).

61 Frühe Historiker der sozialdemokratischen Partei bemühten sich mit Erfolg, den Beitrag zu übersehen, den ihre meistgehassten Rivalen zum Zustandekommen dieser Reform geleistet hatten. Siehe zum Beispiel Ludwig Brügel, *Geschichte der österreichischen Sozialdemokratie* (5 Bde., Wien 1922–25), 4: 370–72, ebenso wie Braunthal, *Victor und Friedrich Adler*, S. 160–61.

62 Whiteside, *The Socialism of Fools*, S. 242.

63 Zum Bildungsniveau der 1911 gewählten Abgeordneten siehe »Die Wirkung des allgemeinen Stimmrechtes auf das Bildungsniveau des österreichischen Abgeordnetenhaus,« Carton 19, *Kabinettskanzlei, Geheimakten*. Laut diesem Überblick hatte nur die Hälfte der Mandatare einen Universitäts- oder anderen höheren Studienabschluss, unter den deutschen und tschechischen Abgeordneten waren es noch weniger. Auch ist der Umstand aufschlussreich, dass von den 187 Abgeordneten, die in der Armee gedient hatten, nur 70 Offiziere gewesen waren; 61 hatten als Unteroffiziere und 56 als einfache Fußsoldaten gedient.

64 *Rp*, 1. Februar 1905, S. 1; 16. Februar 1905, S. 6–7; 22. März 1905, S. 1; 20. Juni 1905, S. 1; 29. Juli 1905, S. 1; 12. September 1905, S. 1; 13. September 1905, S. 1.

65 Siehe die Vorstandsprotokolle vom 16., 21., 29. und 30. September 1905, und vom 21., 23., 26., 28., 29. und 31. Oktober 1905, *VGAB*. Das Innenministerium vermerkte in einem vertraulichen Bericht an Kielmansegg vom 12. November, dass das Einsetzen gewalttätiger Ausschreitungen seitens der Wahlrechts-Reformbewegung und eine radikale Verschlechterung der Stimmung unter den Arbeitern mit dem Einlangen der Nachricht von der Revolution in Russland zu datieren sei, XIV/220, Nr. 2784, *Statt. Präs.*, *NÖLA*. Zu diesen Ereignissen siehe auch William J. McGrath, *Dionysian Art and Populist Politics in Austria* (New Haven 1974), S. 226–31; und Mommsen, *Die Sozialdemokratie und die Nationalitätenfrage*, S. 362–88.

66 *SP*, 1905, S. 31777–84. Siehe auch Luegers vage Zusage in der *Rp*, 28. September 1905, S. 9.

67 Éva Somogyi (Hg.), *Die Protokolle des gemeinsamen Ministerrates der österreichisch-ungarischen Monarchie 1896–1907* (Budapest 1991), S. 456.

68 Brügel, *Geschichte*, 4: 365. Zur Rolle des Kaisers in der endgültigen Beschlussfassung siehe Kielmansegg, *Kaiserhaus*, S. 325, und Sieghart, *Die letzten Jahrzehnte einer Großmacht*, S. 83–84. Zur weiteren Einbindung des Kaisers siehe Max von Beck, »Der Kaiser und die Wahlreform«, in Eduard von Steinitz (Hg.), *Erinnerungen an Franz Joseph I. Kaiser von Österreich. Apostolischer König von Ungarn* (Berlin 1931), S. 199–224. Die gewalttätigen Ausschreitungen am 2. November beschreibt ein Polizeibericht vom 3. November 1905 in XIV/220, *Statt. Präs.*, *NÖLA*.

69 Siehe »Ein Appell an Doktor Lueger«, *Vaterland*, 15. Oktober 1905, S. 2. Vgl. die Antwort im *DV*, 15. Oktober 1905 (M), S. 3, mit der *Rp*, 17. Oktober 1905, S. 2.

70 Die *Reichspost* deklarierte am 3. November ihre Unterstützung der Reform. Kunschaks Arbeiterfraktion hatte sich schon am 25. Oktober mit überwältigender Mehrheit dafür ausgesprochen.

71 *DV*, 20. Oktober 1905 (M), S. 2.

72 Adler, Bretschneider und Winarsky statteten Polizeipräsident Habrda am 18. November einen Besuch ab, bei dem sie ein vollständiges Programm des geplanten Marsches vorlegten. Adler übernahm persönlich die Verantwortung für einen ordnungsgemäßen Verlauf. Er signalisierte auch die Bereitschaft der Partei, einen eigenen Ordnungsdienst einzurichten und den Straßenbahnverkehr nicht zu blockieren. Habrda versuchte Adler das Zugeständnis abzuringen, dass man vom Schwenken roter Fahnen absehen würde; Adler bezeichnete dieses Anliegen jedoch als gesetzwidrig und als politisch undurchführbar, da seine Anhänger sich das nicht würden nehmen lassen. Bericht vom 18. November 1905. Ein weiterer Bericht an Kielmansegg vom 18. hielt fest, die Polizei sei mittlerweile zur Überzeugung gelangt, die Parade werde nicht das Signal für einen Generalstreik sein; die Parteiführung unterdrücke bei den untergeordneten Kadern diesbezügliche Parolen. Dieser Stimmungs- und Haltungsumschwung stellte sich allerdings erst ein, *nachdem* Adler zum Schluss gekommen war, dass das Kabinett tatsächlich Schritte in Richtung allgemeines Wahlrecht setzen werde. Die Parade am 28. November muss daher als eine Bestätigung und Selbstrechtfertigung gesehen werden und nicht als die Drohgebärde, als die sie oft dargestellt wird. Zu Luegers Interview mit Kielmansegg siehe dessen Bericht an *MI Präs.*, 20. November 1905, in XIV/220, Nr. 2357, 1905, *Statt. Präs.*, *NÖLA*. Lueger forderte allerdings zusätzlichen Polizeischutz für das städtische Gaswerk und erklärte, er werde den Straßenbahnbetrieb auf der Ringstraße nicht einstellen.

73 Die Sozialdemokraten ersuchten Lueger in seiner Eigenschaft als Bürgermeister, ihnen die Benützung der Volkshalle im Rathaus für eine Pro-Reform-Veranstaltung zu gestatten. Ludwig Wutschel berichtete bei einem Treffen der Parteiführung am 9. November 1905, Lueger habe

diesem Ersuchen stattgegeben; die Versammlung könne daher stattfinden. »Executivkomitee u. Parteivertretung«, 9. November 1905, *VGAB.*

74 »Ich habe früher nie ein Hehl daraus gemacht und verberge meine Überzeugung heute schon gar nicht; die Gessmann-Gautsch Form des Wahlrechtes hat mir nie gepasst.« *Erlebnisse,* 6: 274–75. Scheichers Ablehnung des Gesetzes wurde von Josef Schraffl kritisiert, vgl. *Rp,* 19. Oktober 1906, S. 1.

75 Pattai an Auersperg, C/51/22a, *NL Auersperg, HHSA.* Ich bin Professor Lothar Höbelt zu Dank verpflichtet dafür, dass er mich auf dieses Zitat aufmerksam gemacht hat. Zu Schneiders Opposition siehe *CSAZ,* 7. April 1906, S. 3; and *WGGT,* XII (1906): Nr. 154/55, S. 4.

76 Siehe Z. 3832, Bericht vom 28. November 1905, *Statt. Präs., NÖLA.*

77 *DV,* 29. November 1905 (M), S. 8; *DZ,* 29. November 1905, S. 5; *Rp,* 29. November 1905, S. 4.

78 Siehe zum Beispiel die Geschichte in der *ÖFZ,* 3. Dezember 1905, S. 4, und den Kommentar dazu in der *DZ,* 29. November 1905 (A), S. 2.

79 *Protokoll über die Verhandlungen des Gesamtparteitages der sozialdemokratischen Arbeiterpartei in Österreich. Abgehalten zu Wien vom 29. Oktober bis 2. November 1905,* (Wien 1905), S. 121; Brügel, *Geschichte,* 4: 356, 358; *AZ,* 1. November 1905, S. 9.

80 *DZ,* 6. Dezember 1905, S. 6; *DV,* 6. Dezember 1905 (M), S. 5–6.

81 *AB,* 1905, S. 2610.

82 *FB,* 8. Dezember 1905 (M), S. 6. Victor Adler präsentierte eine ähnliche Interpretation von Luegers Motiven am 10. Dezember. *NFP,* 11. Dezember 1905 (M), S. 5. Auch Alois Liechtenstein sagte Ähnliches, wenn auch weniger direkt: Bei einer Versammlung des *Christlichen Wiener Frauenbundes* sagte er, es sei in seinen Augen notwendig, dass »auch die christlichsoziale Partei demonstrierende Versammlungen abhalte, um der Regierung zu zeigen, dass diese Partei nicht weniger mächtig sei als die Sozialdemokratie… Es müsse darum auch die alte agitatorische Kraft der Christlichsozialen wieder zum Leben erweckt werden.« *ÖFZ,* 3. Dezember 1905, S. 4.

83 Der Tiroler *Bauernverein,* ein Sammelbecken christlichsozialer Agitation, fasste am 7. Oktober einen einstimmigen Beschluss zugunsten des allgemeinen Wahlrechts. *DV,* 11. Oktober 1905 (A), S. 2. Siehe auch Richard Schober, *Geschichte des Tiroler Landtages im 19. und 20. Jahrhundert* (Innsbruck 1984), S.199–214.

84 Siehe *SP,* Sitzung 17: Schöpfer: 1905, S. 32262–64; 1906, S. 39552–54, 40231–32; Schraffl: 1905, S. 32011–20; 1906, S. 35150–59, 35645–46, 39444–47, 40151–53, 40328–34, 40445–49; Jodok Fink: 1906, S. 34909–11, 40065–70, 40153–54, 40485–86.

85 *Kaiserhaus,* S. 326–27. Die Debatten des Komitees finden sich in *SP,* 1906, *Beilage* 2727. Sie rechtfertigen nicht Braunthals späteres Resümee, Victor Adler habe »in diesen dreiundsechzig Sitzungen allein den Kampf zu führen« gehabt (S. 161). Wenn es für das allgemeine Wahlrecht so etwas wie eine Vaterschaft gibt, dann ist der Anspruch Albert Gessmanns darauf ebenso groß wie der von Victor Adler.

86 Ernst Vergani behauptete später, Gessmann habe Lueger dazu zwingen müssen, die letzte Fassung des Wahlrechtsgesetzes zu akzeptieren, und ging sogar soweit zu behaupten, hinter dem gesamten Wahlrechts-Reformprojekt stecke niemand anderer als Gessmann. Siehe *CSAZ,* 16. Juli 1910, S. l; *NFP,* 16. Februar 1912 (M), S. 14.

87 Liechtenstein an Beck, 23. Juli 1906, Carton 36, *NL Beck.*

88 Siehe die Akten des *CPK,* Carton 36, die einen Entwurf für Gessmann und Weiskirchner enthalten, aufgesetzt von Magistratssekretär Karl Pawelka, den die Sozialdemokraten regelmäßig bezichtigten, ebenso korrupt zu sein wie seine politischen Hintermänner. 1907 war er Leiter der Magistratsabteilung, die für die Erstellung der Wählerlisten und für die Wahlaufsicht verantwortlich war. Siehe auch Kielmansegg, *Kaiserhaus,* S. 327, 410–11.

89 Siehe Pawelkas Kritik der Vorschläge der Wiener Liberalen, die eine Stärkung der staatlichen Kontrolle der Wahlen in Wien bezwecken sollten: *Abänderungsvorschläge der Wiener freiheitlichen Parteien zu den Regierungsvorlagen betreffend die Wahlreform und den Schutz der Wahlfreiheit,* besonders seine Bemerkungen zu den Paragraphen 9 bis 20, vom 6. Juni 1906, Carton 36, *CPK.*

90 Siehe Pawelkas *Bericht über die Mandatsverteilung für Wien,* der als Rahmen für Gessmanns endgültige Mandatsverteilung in ganz Wien diente. Gessmanns Rechtfertigung der Wahlpflicht findet sich im *Landesausschuss Bericht - Niederösterreich,* V. Sitzung, Beilage Nr. 1905, Dezember 1906, in Carton 36, *CPK.*

91 *SP,* 1905, S. 31783–84.

92 Victor Mataja, »Gewerbeverfassung«, *Österreichisches Staatswörterbuch,* 2. Aufl. (4 Bde., Wien 1905-9), 2: 463–74 bietet einen Überblick über die Gewerbegesetzgebung mit dem Stand von 1905.

93 Der *Wiener Gewerbe-Genossenschaftstag* sah den Regierungsentwurf von 1901 als »einen Versuch zur totalen Entmündigung des Gewerbestandes.« 8 (Oktober 1901): 1.

94 In seiner Aussage vor dem parlamentarischen Gewerbekomitee im Januar 1899 argumentierte Dipauli, dass »das Gewerbe nicht immer Schutz und Patronanz von der Regierung erwarten solle, sondern dass die Selbstthätigkeit und Mithilfe der Gewerbetreibenden der erste Faktor sei, an welchen appelliert werden müsse«. *Rp,* 29. Januar 1899, S. 5.

95 Die Debatten des parlamentarischen Komitees sind abgedruckt in *WGGT,* 12 (1905): Nr. 137–42.

96 a.a.O., 13 (Dezember 1906/Januar 1907): 5.

97 Der Text ist zu finden im *RGBl,* 1907, Nr. 26. Für brauchbare Zusammenfassungen der Reform der Gewerbeordnung von 1907 siehe *Die Gemeinde-Verwaltung der Stadt Wien im Jahre 1907,* S. 371–78; und *Die Gemeinde-Verwaltung der Stadt Wien im Jahre 1908,* S. 369–74. Ein feindseliger, aber intelligenter Kommentar bei Rudolf Kobatsch, »Die Gewerbegesetznovelle vom 5. Februar 1907«, *ZVSV,* 17 (1908): 276–315.

98 *Rp,* 2. Juni 1906. S. 2.

99 Schneider selbst war der Meinung, das Gesetz sei trotz der Modifikationen, die das Herrenhaus vorgenommen hatte, ein »riesiger Erfolg.« *WGGT,* 13 (Dezember 1906/Januar 1907), S. 2.

100 Die Sozialdemokraten gehörten zu den ersten, die diesen Schwenk bemerkten. Siehe zum Beispiel die Berichterstattung der *AZ* zu einer Rede Gessmanns, die er vor Exportgroßkaufleuten in Prag hielt, 16. Juni 1908, S. 5.

101 *Rp,* 20. Februar 1908, S. 10.

102 Belcredi, *Tagebuch,* Eintrag vom 11. August 1893.

103 Die Projekte schlossen ein Programm mit ein zur Förderung des Exports von Wiener Mode, die Schaffung handwerklicher Musterlager in Wien, Präsentationen bei der Leipziger Messe, Musterausstellungen von Wiener Handwerkserzeugnissen in verschiedenen größeren europäischen Städten und die Schaffung von Erwerbs- und Wirtschaftsgenossenschaften für diverse Handwerke.

104 Siehe Heinl, *Über ein halbes Jahrhundert*, S. 26–32; und *DV*, 3. Juli 1918, S.11.
105 Siehe zum Beispiel die Berichte über die Einweihung des neuen Handelskammergebäudes in der *Rp*, 13. Oktober 1907, S. 6; und über die Zehn-Jahres-Feier des *Bundes österreichischer Industrieller* in *DV*, 16. November 1907 (M), S. 7.
106 *Rp*, 23. August 1908, S. 9. Vgl. auch seine Rede beim *I. Reichshandwerkertag* in Graz im September 1908, in der er mit Nachdruck die überragende Bedeutung der technischen Modernisierung für die Lösung der Probleme des Handwerksstandes unterstrich. a.a.O., 21. September 1908, S. 5.
107 »Größere Ziele«, a.a.O., 3. Juli 1907, S. 1–2.
108 Siehe die Korrespondenz in Z. 3098, 27. Februar 1908, Carton 123, und Z. 1260, 26. April 1908, Carton 120, *MD*.
109 Die Karriere des christlichsozialen Politikers Johann Pabst kann hier als typisch gelten. 1860 geboren und in frühester Kindheit verwaist, war Pabst, der nur die Volksschule besuchen konnte, ein Autodidakt. Nach seinen Anfängen in einem pharmazeutischen Labor machte er sich mit Ehrgeiz und Energie als Einzelhändler selbständig. Er hatte wirtschaftlich und politisch Erfolg und wurde 1894 zum Vorsteher der Zunft der Einzelhändler gewählt. In 1897 wurde Pabst zum Handelskammerrat in der Wiener Handelskammer gewählt. 1905 wurde er in den Arbeitsbeirat berufen, 1907 ins Parlament gewählt und 1909 wurde er ein Mitglied des Gewerberates.
110 Vgl. das Journal des Gewerbebundes, *Der Gewerbefreund*, und *Beiträge zur Geschichte des deutschösterreichischen Gewerbebundes* (Wien 1928). Zu seinem Programm siehe »Organisation«, *Der Gewerbefreund*, 1. Januar 1909, S. 1–2. Die tatsächliche Finanzlage des Gewerbebundes wird ersichtlich aus den Berichten in Z. 937–38, 986, 1018, Carton 73; Z. 1482 und Z. 1505, Carton 76, *CPW*.
111 Heinl, *Über ein halbes Jahrhundert*, S. 36–37. Siehe auch Karl Renners Kommentar zur Wandlung der älteren protektionistischen Mentalitäten in »Politische Windstille,« *K,* 4 (1910–11): 193–200.
112 Ein Führer der Handwerkerbewegung, Josef Schlechter, protestierte gegen den Umstand, dass »in Wien ein politisches Strebertum sich breit macht, dass eine Anzahl Leute alle bezahlten Mandate an sich zu reißen bestrebt sind« – und auf diese Weise ehrlichen Handwerkern den Zugang zu einem politischen Amt verbauten. *WGGT*, 14 (Februar/März, 1907): 5. Ähnliche öffentliche Kritik an der Parteiführung findet sich im *WF*, 5. Mai 1907, S. 1–2.
113 Zur problematischen Beziehung zwischen dieser Gruppe und der Mutterpartei siehe *CSAZ*, 30. Januar 1904, S. 1–2 (»Durch Dick und Dünn?«); zu der ihrer Meinung nach zu geringen Mandatszahl im Jahr 1907 siehe *CSAZ*, 5. Oktober 1907, S. 2. In den Landtagswahlen von 1908 erhielt Kunschak 7 von 48 Kandidaturen.
114 Karl Megner, *Beamte. Wirtschafts- und sozialgeschichtliche Aspekte des k.k. Beamtentums* (Wien 1985), S. 128–31, erörtert die Gründe, die diese Verzögerung verursachten.
115 Megner, *Beamte*, S. 207-08; *SB*, 1906, S. 169–73.
116 *SB*, 1906, S. 4–11, 21–29, 37–41, 53, 73, 137–39, 153, 170, 190–91. Zur Vorgeschichte der Dienstpragmatik-Kontroverse siehe Emil Lederer, »Angestellten- und Beamtensozialpolitik«. *ASSP*, 33 (1911): 975–83.
117 »Mögen Sie das erreichen, was die Wiener Stadtbeamten schon haben.« *DZ*, 10. Dezember 1905, S. 7. Zur Agitation unter den Postangestellten Ende 1906, Anfang 1907 siehe die Akten in Z. 246, XIV/220, *Statt. Pras., NÖLA*.

118 *SP*, 1907, *Beilagen* 2776–77. Siehe auch *Rp*, 23. Januar 1907, S. 6; 29. Januar 1907, S. 1; Megner, *Beamte*, S. 133–34. Das endgültige Gesetz findet sich im *RGBl*, 1907, Nr. 34.
119 *SP*, 1907, S. 41908.
120 Die Parteipropaganda legte 1907 im Wahlkampf besonderes Gewicht auf den Beitrag, den die Christlichsozialen zum Erfolg dieser Gesetzgebung geleistet hätten. Siehe »Die Christlichsozialen und die Beamtenfrage«, *Der Reichsratswähler*, 12. April 1907, S. 2.
121 Zu dieser Gruppe gehört auch noch ein Gesetz, das eine zusätzliche Erhöhung der Congrua für den österreichischen niederen Klerus vorsah; es wurde ebenfalls von der christlichsozialen Fraktion uneingeschränkt unterstützt. Alle drei Elemente der alten antisemitischen Koalition von 1891–95 – Handwerker, beamtete Angestellte, niederer Klerus – waren wieder vertreten. *Rp*, 24. Januar 1907. S. 6, 9–10; 25. Januar 1907, S. 9.
122 Zum Wahlkampf siehe Z. 3037, 6. April 1907; Z. 3290, 13. April 1907; Z. 3460, 20. April 1907; Z. 3297, 4. Mai 1907; Z. 4092, 9. Mai 1907, Carton 2242, 34/2, *MI Präs*. Siehe also Jan Havránek, »Soziale Struktur und politisches Verhalten der großstädtischen Wählerschaft im Mai 1907 – Wien und Prag im Vergleich«, in Isabella Ackerl, Walter Hummelberger und Hans Mommsen (Hgg.), *Politik und Gesellschaft im Alten und Neuen Österreich. Festschrift für Rudolf Neck zum 60. Geburtstag* (2 Bde., Wien 1981), 1: 150–66, bes. 160–61.
123 Siehe die Polizeiberichte in Z. 3460, 20. April 1907, Carton 2242, 34/2, *MI Präs*; und I/2B2, Nr. 138, 1907: 22. März 1907, 19. April 1907, 25. April 1907, *Statt. Präs., NÖLA*. Die Christlichsozialen hatten in weiser Voraussicht für die städtischen Beamten ein neues Besoldungs- und Beförderungsschema basierend auf *Zeitavancement* eingeführt und Ende 1906 auch ein großzügig bemessenes Weihnachtsgeld bewilligt, das Weisgerber dazu benutzte, um den Umgang der Partei mit dem städtischen Beamtentum in ein gutes Licht zu stellen. *DV*, 1. Januar 1907 (M), S. 4. Die Christlichsozialen sahen es immer als erwiesen an, dass ihre Attraktivität für Wähler aus der Beamtenschaft und dem Angestelltenmilieu in der Luegerzeit ihren Höhepunkt erreichte. Siehe Christian Fischer, »Die Christlichsozialen und die Festbesoldeten-Bewegung«, *VW*, 9 (1918): 158–63; und Robert Danneberg, »Wer sind die Wiener Wähler?« *K*, 6 (1912–13): 397–410.
124 Zu Kielmanseggs Berechnungen siehe Z. 9664, 2. Oktober 1907, Carton 2194, 31, *MI Präs*.
125 Zur sozialistischen Strategie und Organisation siehe den Bericht in I/2B2, Nr. 138, 30. Januar 1907, *Statt. Präs., NÖLA*; und die »Instruktion für die Bezirks- und Lokalvertrauensmänner«, die dem Bericht vom 14. Januar 1907 beiliegt. Die Sozialisten hatten ebenfalls Probleme, eine akzeptable Kandidatenliste zustande zu bringen, da die Tschechen in Favoriten einen der beiden Sitze im Bezirk für sich beanspruchten, was von Victor Adler kategorisch abgelehnt wurde. Siehe »Gesamtexecutive«, 12. Januar 1907, *VGAB*; und den Polizeibericht vom 14. Februar 1907, Z. 181/7, *NÖLA*.
126 Zu den Ergebnissen im ländlichen Niederösterreich, siehe *Der Bauernbündler*, Nr. 8 (1907), S. 1–5. Zu Stöckler siehe den vertraulichen Bericht des Bezirkshauptmanns von Amstetten an Kielmansegg, 16. Mai 1907, I/2B2, Nr. 1444, *Statt. Präs., NÖLA*. Details zu seinem Weg nach oben in Prammer, »Konservative und Christlichsoziale Politik im Viertel ob dem Wienerwald 1848–1918«, bes. S. 310–17, 373ff.
127 Der Landeskulturrat war eine regionale Körperschaft, deren Aufgabe die landwirtschaftliche und allgemeine wirtschaftliche Entwicklung des Kronlandes war. Er bestand aus 32 Mitgliedern, in der Mehrzahl christlichsoziale Politiker aus ländlichen Wahlbezirken. In der Ersten

Republik wurden diese Aufgaben von der Niederösterreichischen Landwirtschaftskammer wahrgenommen, die im Februar 1922 geschaffen wurde.

128 Siehe die Berichte der Behörden in Mistelbach, 15. Mai 1907; Baden, 19. Mai 1907; Gänserndorf, 15. Mai 1907; Neunkirchen, 15. Mai 1907; Pöggstall, 15. Mai 1907; Tulln, 16. Mai 1907; Waidhofen/Th., 15. Mai 1907; Zwettl, 16. Mai 1907; und Baden, 29. August 1907, in I/2B2, Nr. 1444, *Statt. Präs., NÖLA.*

129 *Erlebnisse*, 5: 163–64. Eine ähnliche Bewertung findet sich bei Karl Renner, »Die Wandlungen der Christlichsozialen«, *K*, 2 (1908–9): 8–9, und bei Karl Gutkas, *Geschichte des Landes Niederösterreich* (3 Bde., Wien, 1959–62), 3: 160, wo der politische Reifungsprozess des *Bauernbundes* als Beginn des »entscheidende[n] Gesundungsprozess[es] des Bauernstandes« gesehen wird.

130 Zur Gründung des Bundes siehe *Der Bauernbündler,* Nr. l, 1906, S. 1–4. Zu seinem Hintergrund siehe Therese Kraus, »Die Entstehung des ›Niederösterreichischen Bauernbundes‹«. Dissertation, Universität Wien, 1950.

131 Zum Programm siehe *Der Bauernbündler*, Nr. 4 (1907), S. 2–3. Die Statuten des Vereins wurden von Gessmanns jüngeren Kollegen Friedrich Gaertner und Eduard Heinl aufgesetzt. Siehe Heinl, *Über ein halbes Jahrhundert*, S. 17.

132 Siehe besonders Ernst Bruckmüller, *Landwirtschaftliche Organisationen und gesellschaftliche Modernisierung* (Salzburg 1977); und Gavin Lewis, »The Peasantry, Rural Change and Conservative Agrarianism«. Lower Austria at the Turn of the Century«, *PP*, 81 (November 1978): 119–43.

133 Siehe »Klubsitzung«, 21./22. Juni 1910, Carton 90, *CPK*. Gessmanns Schätzung unterschied sich wenig von den Zahlen der Konkurrenz, denn Wilhelm Ellenbogen berichtete, dass die Sozialisten für die Parlamentswahl im Juli 1911 225.000 Kronen ausgaben. »Parteivertretung und Kontrolle 23. Juni 1911«, *VGAB*.

134 Siehe Josef Redlich, *Österreichische Regierung und Verwaltung im Weltkriege* (Wien 1925), S. 76–77.

135 A 8562, 25. Mai 1907, Öst. 91/Bd. 14, *PAAA.*

136 Ebenhoch an Franz Ferdinand, 2. Februar 1910, Carton 14, *NL Franz Ferdinand*. Ebenhoch unterstützte Siegharts Bewerbung Anfang 1910 um den Gouverneursposten in der Bodenkreditanstalt, was Franz Ferdinand bedauerte. Andere Mitglieder der Parteiführung waren Sieghart gegenüber ebenso positiv eingestellt (und zu Dank verpflichtet): Brosch berichtete Franz Ferdinand über Alois Liechtenstein, »so wie Gessmann ist er von Sieghart ganz entzückt, nennt ihn den größten Freund der Christlichsozialen«. 16. Dezember 1909, C 73, a.a.O., Carton 10.

137 »Bürgermeister Dr. Lueger über die Wahlen,« *Rp*, 17. Mai 1907, S. 1.

138 Zu den Verhandlungen zwischen Baernreither und Dipauli im Oktober 1897, die Dipauli als skrupellosen Opportunisten erscheinen lassen, siehe Baernreithers detaillierte Darstellung in einem unveröffentlichten Teil seines Tagebuches, Nr. 2, ff. 10–22, *NL Baernreither*, Carton 4; und Sutter, *Sprachenverordnungen,* 2: 113.

139 *SP*, 1897, S. 1625.

140 Zu Baernreithers Rücktritt und dem Regierungseintritt Dipaulis siehe Lichnowskys klarsichtige Berichte in A 11498, 5. Oktober 1898, and A 11550, 6. Oktober 1898, Öst. 70/ Bd. 33; und A 11397, 3. Oktober 1898, Öst. 88/Bd. 3, *PAAA*. Ein moderner Überblick über die klerikal-konservative Politik, der trotz hauptsächlicher Konzentration auf Tirol auch für die anderen Kronländer gültig ist, findet sich bei Richard Schober, »Das Verhältnis der Katho-

lisch-Konservativen zu den Christlichsozialen in Tirol bis zu den Reichsratswahlen von 1907«, *TH*, 38 (1974): 139–73 und 39 (1975): 155–93; und ders., »Ein Bischof im Kreuzfeuer der Tiroler Christlichsozialen und Konservativen. Der Rücktritt des Fürstbischofs von Brixen Dr. Simon Aichner (1904)«, *ÖGL*, 20 (1976): 387–405. Siehe auch Josef Fontana, *Geschichte des Landes Tirol. Band 3. Vom Neubau bis zum Untergang der Habsburgermonarchie (1848–1918)* (Bozen 1987), S. 281–309. Für die politische Situation in Salzburg gibt es seit kurzem eine ausgezeichnete Darstellung von Hanns Haas in *Geschichte Salzburgs*, S. 901–34.

141 Siehe Schober, »Ein Bischof im Kreuzfeuer«, S. 389; und Eulenburgs Analyse in A 5161, 27. April 1898, Öst. 86/2/Bd. 11, *PAAA*.

142 Zu Schöpfer siehe Anton Klotz, *Dr. Aemilian Schöpfer. Priester und Volksmann* (Innsbruck 1936) und Josef Stifter, »Dr. Aemilian Schöpfer und der Bruderstreit in Tyrol«. Dissertation, Universität Wien, 1949. Schöpfer war Professor der Theologie am Priesterseminar in Brixen und ab 1888 in der Regionalpolitik tätig.

143 Aus dem Entwurf eines Briefs an den Papst, in dem die Christlichsozialen verurteilt werden, 1. Juni 1903; abgedruckt in Molisch (Hg.), *Briefe zur deutschen Politik*, S. 370–74.

144 Schöpfer half bei der Organisation des ersten Tiroler Bauerntags im Januar 1897. Er lehnte das Angebot von führenden Männern unter den Tiroler Bauern ab, eine politische Bauernbewegung außerhalb der bestehenden Parteistruktur zu schaffen und organisierte zusammen mit Josef Schraffl im November 1904 den Tiroler Bauernbund. Siehe Stifter, »Aemilian Schöpfer«, S. 75–79; Fontana, *Geschichte des Landes Tirols*, S. 287–88, 314–15; und den detaillierten Überblick in Benedikt Erhard, *Bauernstand und Politik. Zur Geschichte des Tiroler Bauernbundes* (Wien 1981), S. 52–135.

145 Nach den konservativen Niederlagen von 1901 fanden die Überreste der Katholischen Volkspartei und andere Bruchstücke des alten Hohenwart-Clubs zueinander und bildeten den *Zentrumsklub*. Siehe Kolmer, *Parlament*, 8: 142.

146 Ebenhoch war 1898 zum Landeshauptmann von Oberösterreich gewählt worden. Ein detaillierter Überblick über Ebenhochs politische Karriere findet sich bei Susanne Gipp, »Dr. Alfred Ebenhoch (1855–1912)«. Dissertation, Universität Wien, 1974. Siehe auch Slapnicka, *Christlichsoziale*, S. 126–82.

147 *Rp*, 8. Mai 1904, S. 1.

148 *Rp*, 25. Februar 1906, S.6; 24. März 1906, S. 1; und seine Parlamentsrede am 22. März, *SP*, 1906, S. 35581–93.

149 *SP*, 1906, S. 40179. Zum Hintergrund siehe Jenks, *The Austrian Electoral Reform of 1907*, S. 79–87.

150 *Rp*, 13. November 1906, S. 7.

151 Siehe Alois Liechtensteins Bemerkungen zur Notwendigkeit der Einigkeit in der *Rp*, 30. Oktober 1906, S. 7.

152 *V*, 25. Mai 1907, S. 1; *Rp*, 24. Mai 1907, S. 6.

153 Zur politischen Situation in Salzburg im Jahr 1907 siehe *Geschichte Salzburgs*, S. 931–33.

154 *Rp*, 2. Juni 1907, S. 6; *V*, 2. Juni 1907, S. 1–2; *LV*, 4. Juni 1907, S. 1–2. Scheicher erwähnt indirekt den klubinternen Widerstand innerhalb der Klerikalen in *Erlebnisse*, 5: 296–97.

155 Die *Reichspost*, die bei dieser Gelegenheit ohne Zweifel wieder als Sprachrohr Gessmanns fungierte, argumentierte gegen Ebenhochs Idee einer losen parlamentarischen Vereinigung und für eine stärker integrierte Parteistruktur: »Doktor Ebenhoch scheint an ein gemeinsames Exekutivkomitee seiner Gruppe und der christlich-sozialen Partei zu denken. Das eine

ist sicher, dass der Zusammenschluss umso dauernder und aussichtsvoller sein wird, je mehr ein Zweiseelenleben unmöglich gemacht und ... eine wirkliche Einheit geschaffen wird, die nicht nur zeitweise taktisch, sondern auch innerlich geschlossen operiert.« 26. Mai 1907, S. 1.

156 Zur Einrichtung dieses Büros griff Gessmann sehr stark auf Mittel zurück, über die er als Vorsitzender des *Landesaussschusses* verfügen konnte. Der offizielle Titel des Sekretariats war *Sekretariat der christlichsozialen Parteileitung Österreichs (Sektion Wien)*. Siehe Heinl, *Über ein halbes Jahrhundert*, S. 17; *Eduard Heinl. Ein Leben für Österreich* (Wien 1955), S. 31–32; und die detaillierten Attacken im *DV*, 7. Juni 1911 (Mi), S. 1, und 9. Juni 1911 (Mi), S. 1. Beispiele für die Interventionen des Sekretariats finden sich in Nr. 1089, 20. Oktober 1908, M. Abt. 119, Carton 4/3, *WSLA*.

157 Zum Statut des neuen Parlamentsklubs siehe *Rp*, 19. Juni 1907, S. 6, und *LV*, 19. Juni 1907, S. 2.

158 Morsey an Beck, 2 Juni 1907, *NL Beck,* Carton 36; und Funders Erinnerungen in Miko, »Vereinigung«, S. 346–47.

159 Gessmann an Funder, 4. Januar 1912, *NL Funder*. Zu Steiners Kommentar siehe »Klubsitzung«, 18. Mai 1910, Carton 90, *CPK*. Scheicher deutet auch Luegers Mangel an Begeisterung für die Fusion an in *Erlebnisse*, 5: 296.

160 Ebenhoch an Lueger, 3. Juni 1907, I.N. 40958 und 13. Juni 1907, I.N. 40942, *HS*. Siehe auch Beck an Franz Ferdinand, 15. Juni 1907, Carton 9, *NL Franz Ferdinand,* wo Beck Weiskirchner als den Kandidaten der Regierung bezeichnet.

161 *DV*, 5. Juni 1907 (M), S. 2–2.

162 *Rp*, 9. Juni 1907, S. 1–2.

163 *DV*, 20. Juni 1907 (A), S. 1.

164 Ebenhoch an Altenweisel, 2. März 1910, zitiert in Miko, »Vereinigung«, S. 337.

165 Zum Hintergrund siehe Diethild Harrington-Müller, *Der Fortschrittsklub im Abgeordnetenhaus des österreichischen Reichsrats 1873–1910* (Wien 1972), S. 53–56, 64. Zu den Auswirkungen der Wahlen von 1907 auf die einzelnen deutschnationalen Parteien und die geographische Verteilung ihrer Wahlsiege siehe Höbelt, *Kornblume und Kaiseradler*, S. 256–264.

166 Sieghart an Beck, 13. August 1907, *NL Beck*.

167 »Der Portefeuille-Drang ist stark genug, um allein zu wirken.« Sieghart an Beck, 12. August 1907, a.a.O.

168 Franz Ferdinand an Alexander Brosch von Aarenau, 3. Februar 1909, abgedruckt in Leopold von Chlumecky, *Erzherzog Franz Ferdinands Wirken und Wollen* (Berlin 1929), S. 324.

169 *DZ*, 28. November 1905, S. 1.

170 Siehe »Stand der socialdemokratischen Bewegung in Österreich und deren Bekämpfung«, in Franz M. Schindler (Hg.), *Sociale Vorträge gehalten bei dem Wiener socialen Vortrags-Curse 1894* (Wien 1895), S. 110–18; ebenso auch die Antworten der *AZ* am 14. August 1894, S. 1; 31. August 1894, S. 2; und 7. September 1894, S. 2.

171 *Rp*, 16. Februar 1907, S. 5.

172 »Wahlmanifest der christlich-sozialen Reichspartei«, *Rp*, 12. März 1907, S. 10–11.

173 Das *Zentrum* wurde 1871 als politische Partei gegründete, welche die Interessen der Katholiken im deutschen Kaiserreich wahrnehmen sollte; es spielte nach 1880 eine zunehmend wichtige Rolle in der deutschen parlamentarischen Politik. An seiner Spitze stand von 1874 bis 1891 Ludwig Windthorst (1812–1891). Durch seinen strategischen Weitblick und seinen Mut erwies dieser sich als würdiger Gegner Otto von Bismarcks im »Kulturkampf«.

174 *Rp*, 30. Dezember 1906, S. 1; 9. Januar 1907, S. 1; 26. Januar 1907, S. 1–2. Gessmann betonte später das allumfassende Wesen der neuen Partei. So nannte er im März 1910 die Christlichsozialen ausdrücklich eine »allumfassende Volkspartei«, deren Anliegen es sei, »die Gesamtheit des Volkes« zusammenzubringen. Siehe »Klubsitzung«, 10. März 1910, Carton 96, *CPK*.
175 *Rp*, 28. Mai 1907, S. l–2.
176 Es sei Gessmanns Taktik »to distinguish between the appellation ›Christian‹ and ›Catholic‹ … and to repudiate the notion that [the Christian Socials] are a Clerical party on the lines of the German Centre party.« Siehe Gregorys Analyse im »Annual Report on Austria-Hungary for the Year 1907«, S. 51, FO 371/398, *PRO*.
177 Siehe Gessmanns Einladung an Spahn, ihn auf einer Fahrt durch die Wiener Vororte zu begleiten und den Abend mit ihm in der Staatsoper zu verbringen, 7. September 1908, Nr. 79, *NL Spahn*.
178 »Seine Vertrautheit mit den Problemen der Lebensmittelversorgung, seine Initiative und vielfach erprobte Gewandtheit waren auch dafür bestimmend, dass er wiederholt zu einschlägigen Verhandlungen nach Deutschland entsendet und zur Mitwirkung an der Organisation der rumänischen Cerealienbezüge herangezogen wurde, welche Aufgaben er in der erfolgreichsten Weise durchführte.« K. K. Ministerrats-Präsidium, Z. 5003, 3. August 1917.
179 Zu Gaertner siehe Ehrhart, *Im Dienste des alten Österreich*, S. 156; Josef Redlich, *Schicksalsjahre Österreichs 1908–1919. Das politische Tagebuch Josef Redlichs*, Fritz Fellner (Hg.) (2 Bde., Graz 1953–54), 1: 12, 47, 54; Kielmansegg, *Kaiserhaus*, S. 358; *NÖB*, 1: 398; und die Nachrufe in der *NFP* und *Rp* am 7. und 8. Februar 1931.
180 *Germania*, 26. Mai 1907, S.1. Der Artikel ist zwar nicht gezeichnet, aber als Verfasser kommt vor allem Gaertner in Frage.
181 »Vielleicht ist heute doch schon der Zeitpunkt für Wandlungen gekommen, vielleicht hat der Nationalitätenkampf in den sieben mageren Jahren der Obstruktion seinen Höhepunkt erreicht. Vielleicht ist das allseits bewiesene Prinzip, dass man wohl Parteien, nicht aber Nationen niederstimmen kann, tiefer in das Volk gedrungen. Dann könnten wirtschaftliche und sociale Probleme über dem Sprachenkampf heraufsteigen. Schon müssen nationale Parteien strengster Observanz wirtschaftliche Fragen in ihr Programm aufnehmen. Neue Gestaltungen werfen ihre Schatten, und Abg. Ebenhoch sagte die Schlagworte des Kampfes der Zukunft voraus: ›Hie Christentum! Hie Sozialdemokratie!‹« »Alte und neue Probleme in Oesterreich«, *Germania*, 15. Oktober 1905, S. 1.
182 a.a.O., 26. Mai 1907, S. 1.
183 Vergani bezeichnete Gaertner abwechselnd als Gessmanns »spiritus rector« und als seinen »politischen Ratgeber.« *DV*, 12. Juni 1910 (M), S. 2; 21. Juli 1910 (Mi), S. 1; 7. Juni 1911 (M), S. 1. Er warf Gaertner auch vor, Jude zu sein. Gaertners Personalakte führen ihn als römisch-katholisch, und in der Universitätsmatrikel ist ein Dr. Julius Bondy, ein Wiener Rechtsanwalt, als sein Vormund vermerkt.
184 Berechnet nach den Listen in den *SP*, 1907, S. 17–50.
185 Siehe »Vergleichende Darstellung der bei den Reichsratswahlen der Jahre 1907 und 1911 für die Christlichsozialen abgegebenen Stimmen«, Carton 96, *CPK*.
186 I/2B2, Nr. 138, Polizeibericht vom 21. Februar 1907, *Statt. Präs.*, NÖLA.
187 Karl Hilgenreiner, »Vorwärts? Eine kirchenpolitische Studie«, *Rp*, 1. Januar 1904, S. 5–6.
188 »Die christlich-soziale Partei der österreichischen Deutschen ist in trefflicher Verwirklichung

das, was das deutsche Zentrum sein möchte: eine große deutsche christliche Reichspartei.« Martin Spahn, »Die christlich-soziale Partei der Deutschen Österreichs«, *Hochland*, 5 (1908): 544–59, hier 544.
189 Gessmann an Spahn, 12. August 1908, Nr. 79, *NL Spahn*.

Luegers Tod. Interregnum

1 Zum Verlauf von Luegers Erkrankung siehe *NFP*, 10. März 1910 (A), S. 4-5; *NWT*, 10. März 1910, S. 8; Skalnik, *Dr. Karl Lueger*, S. 159-62.
2 *ÖW*, 27 (1910): 92–93; *NWT*, 31. Januar 1910, S. 9; *Rp*, 31. Januar 1910, S. 4.
3 Arthur Schnitzler, *Tagebuch 1909–1912* (Wien 1981), S. 133.
4 »Karl Lueger,« *AZ*, 11. März 1910, S. 1–2.
5 »Ein Bürgermeister,« *Kommunale Praxis*, 10 (1910): 321–24.
6 Vgl. die aufschlussreichen Kommentare in Redlich, *Österreichische Regierung*, S. 74–75.
7 James Weinstein, *The Corporate Ideal in the Liberal State: 1900–1918* (Boston 1968).
8 »The words ›local autonomy‹ had become a code signal, not of democracy for all, but of democracy for some.« Siehe Barry D. Karl, *The Uneasy State. The United States from 1915 to 1945* (Chicago 1983), S. 233.
9 Siehe Weiskirchners und Steiners Antwort Ende 1913 auf eine Anfrage Alexander Sögners, eines Christlichsozialen aus Niederösterreich, in der dieser die Wiener bedrängte, ihre Position zum Thema Proportionales Wahlrecht zu überdenken. Die Wiener Führung verwarf die Idee am 10. November 1913 einstimmig und Weiskirchner richtete an Sögner das dringende Ersuchen, das Rathaus damit nicht weiter zu belästigen, da »die Aufrollung dieser Frage eine bedeutende Gefahr für die Wiener Parteibewegung in sich birgt.« 12. November 1913, Z. 624, Carton 72, *CPW*. Im Gegensatz dazu befürwortete Wilhelm Miklas die Idee in einer Weise, die für junge Niederösterreicher typisch war. Miklas empfand Weiskirchners geheime, gegen die Proportionalwahlrechts-Reform gerichtete Allianz mit regionalen Deutschnationalen als anstößig. Miklas an Weiskirchner, 19. November 1913, Z. 640, a.a.O.
10 Albert Shaw (1857–1947) war der einflussreiche Herausgeber der *American Review of Reviews*. Er studierte an der Johns Hopkins University, wo er 1884 seinen Ph.D. erhielt; sein Doktorvater war Richard T. Ely und Woodrow Wilson war einer seiner Studienkollegen. Shaw war ein führender progressiver Journalist und politischer Kommentator, dessen besonderes Interesse der Reform der Stadtverwaltung in Amerika galt.
11 Michael H. Frisch, »Urban Theorists, Urban Reform, and American Political Culture in the Progressive Period«, *PSQ* 97 (1982): 305.
12 Siehe Spitzmüllers unterwürfigen Kommentar in »…*Und hat auch Ursach, es zu lieben*«, S. 74–75.
13 Siehe Josef Dworak an Weiskirchner, 16. Februar 1914, Z. 911, Carton 73, *CPW*.
14 Zu Appels Ausführungen siehe *NFP*, 15. März 1910 (M), S. 4. Zum amerikanischen Kontext vgl. Martin J. Schiesl, *The Politics of Efficiency. Municipal Administration and Reform in America, 1880–1920* (Berkeley, 1977), S. 189–98.
15 Eine offizielle Auflistung der Verantwortungsbereiche des *Magistrats* als eines Handlungsbevollmächtigten der Zentralregierung, im Gegensatz zu seinem *selbständigen Wirkungskreis*, für den er der Gemeinde Wien rechenschaftspflichtig war, findet sich in Z. 20, 2. Januar 1911, Carton 152, *MD*.

16 Albert Gessmann, der als Vertreter der Opposition in der Schulsektion des Gemeinderates Gelegenheit gehabt hatte zu beobachten, wie die Liberalen ihre Protektion praktizierten, lieferte im März 1899 eine flammende Attacke gegen die Heuchelei, mit der die Liberalen die Christlichsozialen der Korruption bezichtigten. Siehe *Rp*, 19. März 1899, S. 11.
17 Redlich, *Österreichische Regierung*, S. 66–68. Vgl. Redlichs Kommentar zu Siegharts »Korruption« in *Schicksalsjahre*, 1: 37–38 und 2: 23, mit seinem Geständnis, er selbst habe seine Professur in Wien nur der persönlichen Fürsprache Albert Gessmanns zu verdanken. Was dem einen recht, ist dem andern offenbar noch lang nicht billig. Siehe a.a.O., 1: 13, und Redlich an Bahr, 19. Februar 1916 und 16. November 1920, in Fritz Fellner, (Hg.), *Dichter und Gelehrter. Hermann Bahr und Josef Redlich in ihren Briefen 1896–1934* (Salzburg, 1980), S. 157, 435.
18 Siehe Milton Rakove, *We Don't Want Nobody Nobody Sent. An Oral History of the Daley Years* (Bloomington, Ind., 1979).
19 »Eine Auszeichnung für Stadtrat Hörmann«, *DV*, 7. Juni 1907 (M), S. 4.
20 Dies ist wahrscheinlich eine Anspielung auf den sogenannten Panama Skandal, der Frankreich Anfang der 1890er Jahre beschäftigte. Im Zentrum des Skandals standen massive Schmiergeldzahlungen an Schlüsselfiguren in Presse und Politik, mit denen der Erbauer des Suez Kanals, Ferdinand de Lesseps, die finanzielle Misswirtschaft vertuschen wollte, die sein Nachfolgeprojekt, den Panama-Kanal, gefährdeten. Die Schmiergeldzahlungen flogen 1892 auf.
21 *SMZ*, 18. Juli 1910, S. 2; *NFP*, 8. Juli 1910 (M), S. 1, 3; *DV*, 8. Juli 1910 (M), S. 1–2; *AZ*, 24. November 1910, S. 8. Siehe auch Scheicher, *Erlebnisse*, 5: 310–12.
22 »Klubsitzung«, 7. Juli 1910, *CPK*, Carton 90. Zum sozialistischen Sieg siehe *CSAZ*, 12. April 1902, S. 1–2; *Rp*, 30. April 1902, S. 1; und *AZ*, 9. März 1914, S. 1–2.
23 Joseph Schöffel spielt in seinen *Erinnerungen* auf mehrere dieser Vorfälle an, stellt aber zugleich klar, dass die Christlichsozialen in ihrem Benehmen großteils ehemaligen liberalen Praktiken nacheiferten, die sie freilich fallweise übertrafen.
24 »Klubsitzung«, 21. und 22. Juni 1910, *CPK*, Carton 90.
25 »Korruption«, *AZ*, 11. Oktober 1908, S. 1–2.
26 Zu Lueger siehe Redlich, *Schicksalsjahre,* 1: 56; und Schöffel, *Erinnerungen*, S. 317. Zu Gessmann siehe Eugen Schwiedlands Kommentar, den Carl Bardolff an Erzherzog Franz Ferdinand weiterkolportierte, Nr. 45–2/5, Carton 146, *MKFF*.
27 Zu den Parlamentswahlen von 1907 siehe *AZ*, 4. April 1907, S. 2–3; 30. April 1907, S. 3. Zu den Landtagswahlen von 1908 siehe die außerordentlich detaillierte Übersicht über die sozialistischen Anschuldigungen, die dem Parlament am 12. März 1909 von Karl Seitz vorgelegt und im vollen Wortlaut abgedruckt wurden in *SP*, 1909, Anhang I, 52/I, S. 922–85.
28 Siehe Kielmanseggs Bericht vom 11. Mai 1907 in Carton 2243, 34/2, *MI Präs.*
29 Z. 2748, 12. März 1914, Carton 2197, 31, a.a.O.
30 Wagner an das Parteisekretariat, 16. April 1914, Carton 73, *CPW*.
31 Er wurde im Juli 1913 wegen Wahlbetrugs verurteilt, sehr zum Leidwesen der *Arbeiter-Zeitung*: *AZ*, 18. Oktober 1913, S. 12.
32 Siehe »Klubsitzung«, 21. und 22. Juni 1910, Carton 90, CPK.
33 »Klubsitzung«, 18. Mai 1910, Carton 90, *CPK*.
34 Eine Kopie des Testaments, datiert mit 8. Februar 1907, befindet sich in Mappe II/2, Carton 96, *CPK*. Zur Entstehungsgeschichte dieses Dokuments siehe Kuppe, *Karl Lueger*, S. 505; und Gessmanns Kommentar dazu in »Klubsitzung«, 18. Mai 1910, Carton 90, *CPK*.

35 Siehe besonders die Briefe vom 11. Oktober 1911, 4. Januar 1912 und 13. Februar 1912, *NL Funder*. Erich Kielmansegg bemerkte bezüglich der beiden: »Eigentlich mochten beide einander nicht. Der verschlagene Charakter Gessmanns war Lueger zuwider, aber er brauchte ihn.« *Kaiserhaus*, S. 416. Gessmann seinerseits nannte Lueger gelegentlich einen »alten Esel«. a.a.O., S. 398.
36 »Klubsitzung«, 17. März 1910, Cartoon 96.
37 Briefe vom 13. Februar und 15. Januar 1912, *NL Funder*. Vgl. auch Gessmanns Kommentar zur »Notwendigkeit einer energischen Organisation der bürgerlichen Gesellschaftsklassen« in *DZ*, 20. November 1906 (M), p, 2.
38 »Klubsitzung«, 22. Dezember 1909, Carton 96.
39 Siehe Gessmanns Aussage in »Klubsitzung«, 21 und 22. Juni 1910, Carton 90.
40 Siehe Hrabas autobiographische Bemerkungen, abgedruckt in *AZ*, 8. Oktober 1910, S. 6–7.
41 Siehe Leopold Steiners Kommentar in »Klubsitzung«, 18. Mai 1910.
42 »Klubsitzung«, 17. März 1910.
43 Siehe *NFP*, 15. März 1910 (M), S. 2; »Parteisitzung«, 15. März 1910, Mappe XVI, Carton 96, *CPK*.
44 *AZ*, 11. Juni 1910, S. 4. Eine spätere Einladung an führende Persönlichkeiten innerhalb der Wiener Partei im Januar 1911 hielt fest, dass »die Zusammensetzung der Wiener Parteileitung unter Dr. Lueger nicht festgelegt war, sondern dass einmal die und einmal wiederum andere Herren als Wiener Parteileitung zusammenberufen wurden«. Mappe IV/1, Carton 96, *CPK*. Zur Bestellung des Zentralwahlkomitees unter Lueger siehe Appendix zum Akt »Wiener Parteileitung«, 9. April 1910, a.a.O.
45 Zur Planung bezüglich einer neuen Reichsparteileitung siehe die Materialien zur Sitzung der »Parlamentarischen Kommission«, 28. April 1910, Mappe II/1, Carton 96; und »Klubsitzung«, 12. Mai 1910, Carton 90.
46 Siehe *NFP*, 11. Juni 1910 (M), S. 3–4.
47 Rumpf wurde dem Parlamentsklub erstmals im März 1909 als neuer Sekretär vorgestellt. Siehe »Klubsitzung«, 16. März 1909, Carton 96, *CPK*. Die Mitgliedschaft des eigentlichen Parteisekretariats und die Kompetenzen der einzelnen Funktionäre sind beschrieben in »Das Klub-Sekretariat der christlichsozialen Vereinigung«, als Teil des Protokolls der »Parlamentarischen Kommission«, 28. April 1910. Das Sekretariat befand sich in unmittelbarer Nähe des Niederösterreichischen Bauernbundes am Hamerlingplatz 9 in der Josefstadt. Siehe auch *AZ*, 27. März 1910, S. 3–4, wo die Vermischung von Regierungs- und Parteiagenden in den Büros am Hamerlingplatz scharf kritisiert wird; und Heinl, *Über ein halbes Jahrhundert*.
48 Die Sozialdemokraten durchschauten sofort die Tragweite von Gessmanns Manöver. Siehe »Liechtenstein abgesetzt – Gessmann Parteiführer«, *AZ*, 18. März 1910, S. 4.
49 *Schicksalsjahre*, 1: 52. Pattai hatte Redlich gegenüber bereits im Dezember 1909 die Bemerkung fallen lassen, Weiskirchner erachte das Bürgermeisteramt als unter seiner Würde. a,a,O., S. 38.
50 Gessmanns eigene Version, die von Weiskirchner bestätigt wurde, findet sich in »Klubsitzung«, 18. Mai 1910, Carton 90, *CPK*. Vgl. auch Kielmanseggs Kommentar in *Kaiserhaus*, S. 399–400.
51 »Parteileitung«, 10. März 1910, Carton 96, *CPK*.
52 Vgl. *Rp*, 26. Februar 1910, S. 7 mit *DV*, 29. Mai 1910 (M), S. 1–3.
53 Siehe die Zeugenaussage von Robert Gruber, dem Anwalt Hrabas, in *der AZ*, 24. November

1910, S. 8. Vergani veröffentlichte Luegers Testament in der Morgenausgabe des *DV* am 10. März (S. 16). Das Testament musste dann am selben Tag bei zwei Parteisitzungen laut verlesen werden, einmal vor der Parlamentsfraktion, einmal vor dem Stadtrat.

54 »Noch etwas mehr Klarheit,« *DV*, 12. Juni 1910 (M), S. 2.

55 Siehe »Die Verteilung der Beute«, *AZ* 12. März 1910, S. 2; »Intimes aus der christlichsozialen Häuslichkeit«, a.a.O., 27. März 1910, S. 3–4. Hraba bestätigte später Gessmanns Machenschaften in seinem zweiten Brief an Josef Porzer, einem Mitglied der Kommission des Gemeinderats, die Hrabas Korruptionsvorwürfe untersuchen sollte. Text abgedruckt in *AZ*, 8. Oktober 1910, S. 6–7; und die Zusammenfassung in der *NFP*, 8. Oktober 1910 (M), S. 12–13.

56 Die *AZ* brachte Gessmanns ambivalente Beziehung zu seinen Wiener Kollegen in »Nur nicht Gessmann!« auf den Punkt, 15. März 1910, S. 1.

57 Heinl, *Über ein halbes Jahrhundert*, S. 18: »Wir hatten große Schwierigkeiten, vor allem bei Lueger selbst, der vermeinte, der Organisation Genüge getan zu haben, indem er in jedem Bezirk seinen Bezirksvorsteher am Platze wusste. Im übrigen stand er auf dem Standpunkt: Die Organisation bin ich. Die Bezirksvorsteher, die autoritär walteten, wussten jeden Versuch zu einer organisatorischen Gliederung zu hintertreiben. ›Was brauchen wir ein Sekretariat?‹ Auch jeder Einzelne erklärte: ›Ich bin der Mann der Alles macht‹.«

58 *NFP*, 3. Oktober 1909 (M), S. 12 (darin lehnen die Hietzinger Bezirksvertreter die Art ab, in der sie vom Magistrat als »Hausknechte des Magistrats« behandelt werden) und a.a.O., 14. Dezember 1909 (M), S. 8. Siehe auch 12. Mai 1910 (M), S. 12.

59 Hierhammer gab am 15. März 1910 dem *Illustrierten Wiener Extrablatt* (A), S. 1, ein Interview, in dem er seine Missbilligung von Gessmanns Taktik andeutete und versprach, seinen Einfluss zur Wahl von Josef Neumayer zum Wiener Bürgermeister einzusetzen. Vergani behauptete später, eine Delegation von leitenden Funktionären des Stadtrates sei bei ihm vorstellig geworden und hätte ihn um Hilfe gegen Gessmann gebeten; dieser Umstand habe ihn zu seinem Präventivschlag motiviert. Siehe *DV*, 12. Juni 1910 (M), S. 1–3.

60 *NFP*, 11. März 1910 (A), S. 1. Zu Bienerths persönlicher Unterstützung für Gessmann siehe Tschirschkys Bericht in A 4393, 11. März 1910, Öst. 86/2/Bd. 18, *PAAA*.

61 Siehe *Rp*, 15. März 1910, S. 1.

62 Siehe Silberers Kritik an Gessmanns offensichtlichem Mangel an Courage in »Klubsitzung«, 18. Mai 1910, Carton 90, *CPK*. Gessmann antwortete, »sein Rücktritt sei nicht Inkonsequenz, sondern richtige Erkenntnis des Parteiinteresses gewesen«. Er fügte warnend hinzu, »um Vergani eventuell erfolgreich bekämpfen zu können, sei es auch nötig, dass er nicht vom Rathause unterstützt werde.«

63 Siehe die in der *NFP* veröffentlichte Aussage, 14. März 1910 (N), S. 1. Victor Silberer sorgte Ende Dezember 1911 für einen kleineren Skandal, als er aus der Sicht des Eingeweihten eine Darstellung von Weiskirchners doppelgleisiger und für Gessmann ruinöser Taktik veröffentlichte. Siehe *NWJ*, 31. Dezember 1911, S. 2–3, und Gessmanns bitteren Kommentar zu Funder, mit dem er die Richtigkeit von Silberers Darstellung bestätigte: Gessmann an Funder, 4. Januar 1912, *NL Funder*: »Was Silberer da gesagt, ist ja, soweit es Weiskirchner betrifft, absolut wahr.«

64 *Schicksalsjahre*, 1: 54–56 (Weiskirchner »ist bei ihm [Franz Ferdinand, Anm. d. Verf.] jetzt in großer Gnade. Weiskirchner bezeichnet mich [Redlich] als den heiligen Sebastian, der das Unterrichtsportefeuille wird ertragen müssen«).

65 Vergleiche die Liste der Mitglieder des Stadtrats im Jahr 1908 in *WKK*, 1908, S. 159, mit

den Zahlen in Oswald Knauer, »Der Wiener *Gemeinderat* von 1861–1918. Parteibildung und Wahlen«, *WG*, 19 (1964) : 366–77.
66 Laut Hrabas Darstellung in der *AZ*, 8. Oktober 1910, S. 7.
67 *AZ*, 22. März 1910, S. 4.
68 *AZ*, 23. Mai 1910 (M), S. 6. Siehe auch die Debatten in »Klubsitzung«, 27. Mai 1910, Carton 90, *CPK*.
69 Zu Hraba siehe *AZ*, 19. Dezember 1908, S. 8.
70 Der Text von Hrabas Rede ist abgedruckt in *AZ*, 23. März 1910, S. 2–3.
71 *NFP*, 7. April 1910 (M), S. 2–3 ; 8. April 1910 (M), S. 11. Kunschak war während der ganzen Affäre die Speerspitze von Gessmanns Rachetaktik.
72 Der Stadtrat Sebastian Grünbeck trat als hauptsächlicher Verteidiger Hrabas auf, aber selbst Heinrich Hierhammer zeigte sich dem Vernehmen nach angewidert von der Schmutzkübelkampagne, bei der auch zwangsläufig einige Mitglieder der Anti-Gessmann Fronde ihr Teil abbekamen. Siehe *NFP*, 11. Juni 1910 (M), S. 4.
73 *NFP*, 8. Oktober 1910 (M), S. 12–13.
74 Siehe den beißenden Kommentar der *Arbeiter-Zeitung* zu diesen Vorgängen, 8. Oktober 1910, S. 6.
75 Zum Bericht der Untersuchungskommission an den Gemeinderat siehe *NFP*, 15. Oktober 1910 (M), S. 12 ; 19. Oktober 1910 (M), S. 12–13. Gessmann sagte am 21/22. Juni 1910, vor 1896 habe »die Partei ... die Auswüchse des Großkapitals bekämpft und sofort nach der Eroberung Wiens nach Witkowitz gehen müssen. Luegers einziger Freund [in der Wiener Bankenwelt, Anm. d. Verf.] sei Lohnstein gewesen, der ihm allerdings viel geleistet habe. Es brauche Courage, den Dingen ins Gesicht zu leuchten.« Im mährischen Witkowitz befanden sich die riesigen Eisenhüttenwerke der Rothschilds. Er wollte damit sagen, Lueger habe keine andere Wahl gehabt, als mit den jüdischen Bankinteressen einen Kompromiss einzugehen, um seine Anleihen unterbringen und auflegen zu können.
76 *AZ*, 14. Oktober 1910, S. 2–3. Zur Reaktion der Partei auf Hrabas Auftreten siehe »Klubsitzung«, 18. Oktober 1910, Carton 1, *CS Partei : NÖ Landtag*. Anton Baumanns Kommentar (»Da er [Hraba] frech geworden sei, hat die Kommission die bekannte Resolution beschlossen«) legt nahe, dass der Zorn der Mehrheit ebenso persönliche wie politische Gründe hatte.
77 *SPNÖ*, 1910, S. 222–26. Zum Steinhof siehe Elisabeth Koller-Glück, *Otto Wagners Kirche am Steinhof* (Vienna, 1984) ; und Peter Haiko, Harald Leupold-Löwenthal und Mara Reissberger, »Die weiße Stadt – Der Steinhof in Wien«, *Kritische Berichte*, 6 (1981).
78 Bielohlawek gewann zwar den Prozess, da das Gericht befand, Zipperer sei den Beweis für seine Behauptung schuldig geblieben, Bielohlawek habe sein Amt zur Erlangung persönlicher Vorteile missbraucht, die Durchleuchtung seiner weiter zurückliegenden Karriere versetzte aber seiner neu gefundenen Würde einen gewissen Dämpfer. Der Prozess bot auch einen höchst aufschlussreichen Blick auf die Patronagepraktiken des Stadtrats und machte deutlich, ein wie großes Betätigungsfeld für tatkräftige christlichsoziale Politiker die Vergabe von Aufträgen eröffnete. Siehe die detaillierten Prozessprotokolle in der *NFP*: 15. September 1910 (A), S. 3–5 ; 16. September (A), S. 3–5 ; 17. September (M), S. 11–15 ; 17. September (A), S. 3–5 ; 18. September (M), S. 14–16 ; 19. September (M), S. 10–11 ; 20. September (M), S. 10–14 ; 20. September (A), S. 3–4 ; 21. September (A), S. 4–5. Das Urteil des Gerichts mit einer detaillierten Bewertung findet sich in *NFP*, 22. September (M), S. 15–16.
79 *SPNÖ*, 1910, S. 237.

80 *NFP*, 2. Oktober 1910 (M), S. 6.
81 Zu den Folgen, die diese Entwicklung für diejenigen Tschechen hatte, die in Wien ihre unabhängige (d.h. nicht-assimilierte) Identität bewahren wollten, siehe Glettler, *Die Wiener Tschechen*, S. 347ff., 368–71; und Neumayers Brief an die Führung des *Nationalverbands*, 22. Oktober 1912, in dem er die Unterstützung des *Verbands* einfordert für sein Bemühen, Wien »deutsch« zu erhalten, Carton 2, *NL Gross*.
82 *NFP*, 3. Oktober 1910 (N). S. 1–2; *AZ*, 3. Oktober 1910, S. 1–3.
83 Siehe »Klubsitzung«, 29. März 1911, Carton 90, *CPK*; und Tschirschkys klarsichtigen Kommentar zur Wahl in A9953, 22. Juni 1911, Öst. 91/Bd. 16, *PAAA*.
84 Siehe *DV*, 20. März 1911 (M), S. 3, wo der Plan als in erster Linie dem »klerikalen Flügel« der Partei dienlich verworfen wird; und die Akten in Mappe IV/1, Carton 96, *CPK*. Der Arbeiterflügel erhielt zur Empörung Kunschaks nur 3 der 27 Sitze.
85 Höhepunkte finden sich in *DV*, 6. Juni 1911 (M), S. 1; 9. Juni 1911 (M), S. 3; 11. Juni 1911 (M), S. 1–2; *Rp*, 7. Juni 1911, S. 2; 8. Juni 1911, S. 1–2; und 10. Juni 1911, S. 3; und der äußerst aggressive Essay »Gessmann, Vergani und Friedmann« in *AZ*, 9. Juni 1911, S. 1–2.
86 *Rp*, 11. Juni 1911, S. 6; *AZ*, 18. Juni 1911, S. 2.
87 Zu den Ergebnissen siehe die offiziellen Berichte der Polizei und der Bezirkshauptmannschaft in I/2b2, Nr. 2045, 1911, *Statt. Präs.*, *NÖLA*; und die »Vergleichende Darstellung der bei den Reichsratswahlen der Jahre 1907 und 1911 für die Christlichsozialen abgegebenen Stimmen«, in Carton 96, *CPK*.
88 »Wiener Parteileitung«, 12. April 1911, Carton 96, *CPK*.
89 Siehe die Berichte in Z. 3639, 29. April 1911; 6. Mai 1911; 13. Mai 1911; 20. Mai 1911; 27. Mai 1911; 10. Juni 1911, in Carton 2252, 34/2, *MI Präs.*; and I/2b2, Nr. 2045, 27. April 1911, 30. Mai 1911, 7. Juni 1911, *Statt. Präs.*, *NÖLA*.
90 a.a.O., Polizeibericht vom 11. Mai 1911; *Rp*, 1. Juni 1911, S. 3; 6. Juni 1911, S. 1; 9. Juni 1911, S. 1; 10. Juni 1911, S. 1.
91 *AZ*, 10. Juni 1911, S. 4; 11. Juni 1911, S. 5; 12. Juni 1911, S. 2; *Rp*, 2. Juni 1911, S. 2.
92 Siehe *DSZ*, 1911, S. 92–93, 106–7, 121–29, 136–41, 170–75, 193–95; *ÖPZ*, 1911, S. 117–19; *AÖSB*, 1911, S. 153–54, 173, 213–15, 229–32.
93 Siehe *Der Reichsratswähler*, 11. Mai 1911.
94 Hier sind die Stimmen für die Parteirenegaten nicht berücksichtigt, die im ersten Durchgang insgesamt 10.299 Stimmen erhielten.
95 Die genauen Ergebnisse der Wiener Wahlen sind zu finden in *SJ*, 1911, S. 126–27, und in Friedrich Adler, »Fünfzehn Jahre allgemeines Wahlrecht in Wien und Niederösterreich,« *K*, 5 (1911–12): 303–11. Hier sind sie auf die jeweils nächste Tausenderzahl gerundet.
96 Vereine verschiedener Rangklassen von Gemeindebediensteten hatten Ende 1910 bei der Stadtverwaltung Petitionen eingereicht, in denen sie eine Gehaltsaufbesserung in Form einer Teuerungszulage forderten. Obwohl solche Zugeständnisse im Kompetenzbereich der Stadt lagen und der kaiserlichen Zustimmung nicht bedurften, reagierten die Christlichsozialen erst knapp vor der Wahl im Juni. Am 2. Juni 1911 bewilligte der Gemeinderat Zulagen im Umfang von 2 Million Kronen, aber diese großzügige Geste kam in den Augen dieser Wähler offensichtlich zu spät. Siehe Z. 1019, 1911, Carton 154; Z. 2094, 1911, Carton 156, *MD*; *Rp*, 3. Juni 1911, S. 8–9.
97 *Rp*, 21. Juni 1911, S. 2. Für jüdische Ansichten zu diesem Wahlkampf siehe *ÖW*, 28 (1911): 310, 346–47, 361, 381, 409–10.

98 Während des Kriegs stellte Josef Sigmund Berechnungen an zu den Auswirkungen des proportionalen Wahlrechts in Wien und benützte dazu die für die Christlichsozialen unvorteilhaften Verhältniszahlen von 1911. Er kam zum Schluss, dass die Christlichsozialen noch immer 14 Sitze erhalten hätten, statt der 17, die an die Sozialdemokraten, und der zwei, die an die Liberalen gingen. Siehe seine statistischen Tabellen in Carton 36, *CPK*. Wenn man die Verhältniszahlen des Wahlgangs in der Vierten Kurie von 1912 zugrunde legt, wäre das Ergebnis gewesen Christlichsoziale 15, Sozialdemokraten 14, Liberale 3, Tschechische Nationalisten 1. Tschirschkys kluger, für Berlin gedachter Kommentar zu dem für das Rathaus besseren Ergebnis von 1912 lautet: »Gerade durch seinen übermäßigen Lärm und durch die Übertreibungen der ihm nahe stehenden Wiener Blätter hatte aber der Freisinn selbst solche Wähler, die für die christlichsoziale Partei [1911, Anm. d. Verf.] unzuverlässig geworden waren, dieser wieder näher gebracht. Das freisinnige Bündnis mit der Sozialdemokratie behagte den Wiener Bürgern gleichfalls nicht... Auch die deutschnationalen Wählerschaften versagten dem Freisinn die Gefolgschaft und gaben, namentlich bei den Stichwahlen, für die Christlichsozialen den Ausschlag.« A 8077, 6. Mai 1912, Öst. 70/Bd. 48, *PAAA*.

99 *AZ*, 18. Juni 1911, S. 6.

100 Karl Leuthner, »Der Niedergang einer Parteidespotie«, *Sozialistische Monatshefte*, 13. Juli 1911, S 875–78.

101 »Gegen den Klerikalismus,« *AZ*, 17. Juni 1911, S. 2; und »Großstädtischer Klerikalismus«, 18. Juni 1911, S. 1–2.

102 Austerlitz, »Gessmann als Erzieher«, S. 97–101.

103 Heinrich Graf Tschirschky (1858–1916) war ein hochrangiger deutscher Diplomat und 1906 Staatssekretär im Auswärtigen Amt. Er war deutscher Botschafter in Wien zwischen 1907 und 1916.

104 A 9953, 22. Juni 1911, Öst. 91/Bd. 16, *PAAA*. Die Christlichsozialen ihrerseits ließen im kleinen Kreis kein gutes Haar an Bienerth und schoben die Schuld für ihr Unglück auf seine Unfähigkeit. Siehe Tuchers Bericht vom 30. Juni 1911 in *BHSA*.

105 Gessmann an Beck, 27. Juni 1911, Carton 35, *NL Beck*; und Gessmanns an Funder gerichtete Bemerkung in *Vom Gestern*, S. 459–60. Funders Darstellung von Gessmanns außerordentlicher Aktivität im Jahr 1911 findet sich in der *Rp*, 11. Januar 1912, S. 1–2. Dieser Artikel stellt eindeutig einen Versuch Funders dar, Gessmanns Ruf in der Partei wieder herzustellen.

106 Siehe Gessmann an Funder, 22. September 1911; 12. Februar 1912, *NL Funder*.

107 *Rp*, 8. Januar 1912, S. 1–2; 9. Januar 1912, S. 8–9. Gessmann zufolge begann Weiskirchner unmittelbar nach seinem Ausscheiden aus dem Kabinett, die Weichen zur Verdrängung Neumayers zu stellen. Die Intrigen, die er dazu spann, schlossen auch den Plan mit ein, den Vorsitz des *Bürgerclubs* von Steiner durch dessen Abschiebung auf einen Vizebürgermeisterposten zu übernehmen. Gessmann an Funder, 22. September 1911.

108 »Neumayers Sturz«, *AZ*, 20. Dezember 1912, S. 1.

109 Eine Abschrift des »Parteistatuts der Wiener christlichsozialen Partei« befindet sich in *CPW*, Carton 76.

110 In der Landstraße z.B. wies der Verein des Arbeiterflügels (der *Christlichsoziale Arbeiter-Wählerverein*) 2.200 Mitglieder aus, während der traditionelle Mittelpunkt bürgerlicher Macht, die *Eintracht* unter Paul Spitaler, es nur auf 524 brachte. Trotzdem hatte dieser Verein das Bezirkswahlkomitee fest in seiner Hand und Spitaler herrschte über den Sprengel als

Bezirksvorsteher. Von den 13 Gemeinderatssitzen der Landstraße hielt Spitalers *Eintracht* 8, der Arbeiterflügel null. Z. 345, Carton 71; und Z. 762, Carton 72, *CPW*.
111 Josef Jünger und Ignaz Ludikowsky in einem Brief an das Parteisekretariat, 2. Dezember 1912, Z. 420, a.a.O.
112 Das Archiv des *Sekretariats* befindet sich jetzt bei der *CPW*, Carton 70–77. Zu seiner Organisation siehe Z. 251, Carton 71. Eine übersichtliche Auflistung seiner Aktivitäten im ersten Arbeitsjahr findet sich in seinem »Tätigkeits-Bericht für 1912«, Z. 379, Carton 71.
113 Siehe z.B. die Akten in Carton 70 (1911–12), Z. 32, 35, 123, 132; Carton 71 (1912–13): Z. 208, 226.
114 Siehe das Protokoll des Erweiterten Parteirats, 23. Mai 1912, Z. 226; und Z. 330, 357, 371 und 481.
115 Zur liberalen Wahlagitation im Jahr 1912 siehe Z. 2386, Carton 2130, 22, *MI Präs*.
116 Zu den Vorbereitungen der Christlichsozialen siehe »Tätigkeits-Bericht für 1912«, S. 6–17; Z. 206 und 226, Carton 71, *CPW*; und Z. 3467, Carton 2130, 22, *MI Präs*.
117 Siehe Pö 53, 1912, Carton 76, *MKFF*.
118 Gessmann an Weiskirchner, 20. März 1914, Z. 855, Carton 73, *CPW*.
119 Zu den sinkenden Preisen für Lebensmittel, die durch gute Ernten in den Jahren 1912–13 möglich wurden, und zur allgemeinen wirtschaftlichen Erholung siehe *SJ*, 1914, S. 590–606; »Report on the Foreign Trade of Austria-Hungary for the Year 1912«, *Diplomatic and Consular Reports*, No. 5205 (London, 1913), S. 2–7; »Commercial Review of Austria«, *Daily Consular and Trade Reports*, 9. Mai 1913, No. 108, S. 705–7; 28. Juli 1914, No. 175, S. 529–44.
120 Beispiele für Koalitionsverhandlungen finden sich in Z. 67, Carton 70; Z. 607, 650–51, 654, Carton 72; Z. 895 und 917, Carton 73. Die Bündnisse enthielten meist Patronagezusagen der Christlichsozialen an die Deutschnationalen bei Postenbewerbungen und bei Ämtern der untersten Ränge. Es gab klare Limits, bis zu denen die Parteiführung zu gehen bereit war. So weigerte sie sich, Bezirksvereinbarungen als bindend für Strategien anzusehen, die für die Stadt als Ganzes von Bedeutung waren, und sie wollte auch die Vergabe von Landtags- oder Reichsratssitzen nicht in Betracht ziehen.
121 Siehe Stöckler an Weiskirchner, 10. Dezember 1913, Z. 682, Carton 72, *CPW*. Spätestens 1913 war das Einvernehmen zwischen Weiskirchner und Karl Hermann Wolf, dem Führer der Deutschen Radikalen, so gut, dass dieser den Bürgermeister um Posten für seine Freunde bitten konnte. Siehe Wolf an Weiskirchner, 22. August 1913, Z. 667, Carton 72.
122 *Christlichsoziale Landstraßer Zeitung*, 5. November 1913, S. 1.
123 Z. 12293/1912, Carton 2130, 22, *MI Präs.*; A 15073, 22. September 1911, Öst. 70/Bd. 48, *PAAA*. Die Parteiführung hatte Ende August mit der Planung der Demonstrationen begonnen. Siehe »Parteivertretung u. nied. österr. Landesparteivertretung 24. August 1911«, *VGAB*, und Rudolf G. Ardelt, *Friedrich Adler. Probleme einer Persönlichkeitsentwicklung um die Jahrhundertwende* (Wien, 1984), S. 217–20.
124 Siehe Weiskirchners Brief an Josef Grünbeck, den Präsidenten des Hausbesitzerverbandes, in dem er diesem die Zusage macht, die Bauordnung werde nichts enthalten, das den Interessen der Haus- und Grundbesitzer zuwider laufe. 26. Januar 1914, Z. 726, Carton 72, *CPW*.
125 Siehe auch die Antworten wie z.B. Suess an Weiskirchner, 18. Oktober 1913, I.N. 24731; und Baernreither an Weiskirchner, 10. April 1915, I.N. 29078, *HS*. Siehe auch die Inszenierung von Weiskirchners Audienz beim Kaiser, wo er Franz Josephs Danksagung für die »Leis-

tungen« der neuen Stadtverwaltung entgegennahm. *Rp*, 8. Januar 1914, S. 1. Zwei der drei christlichsozialen Vizebürgermeister nahmen 1914 am Industriellenball teil. *Rp*, 3. Februar 1914, S. 7.

126 Das wurde unverzüglich der Stadt mittels eines eigenen Flugblatts kundgetan. Ironischerweise hatte die Finanzdirektion bereits zuvor den Beschluss gefasst, säumige Zahler mit Nachsicht zu behandeln, und der Direktor, Oskar Kokstein, informierte Weiskirchner, dass es seiner Aufforderung nicht bedurft hätte. Für dieses Detail fand sich jedoch in der Propaganda kein Platz. Siehe Z. 439, 14. Februar 1913, Carton 72, *CPW*. Die Partei stellte auch ihr Licht nicht unter den Scheffel bezüglich der Aufträge der Stadt an Lieferanten aus dem Handwerkerstand. Siehe »Gemeindelieferungen durch Genossenschaften 1902–1912,« Z. 516, a.a.O.

127 Z. 2094, 1911, Carton 156, *MD*.

128 Z. 435, Carton 71, *CPW*.

129 Kielmansegg, *Kaiserhaus*, S. 363.

130 Ein erschöpfender Überblick über Investitionen und Aktivitäten der Stadtverwaltung zwischen 1901 und 1911 findet sich in Z. 4359, 1911, Carton 161, *MD*.

131 Siehe Gessmann an Funder, 12. Oktober 1911, *NL Funder*.

132 In einem späteren Brief erwähnt Gessmann die »Borniertheit unserer Kleingewerbetreibenden u. Kleinhandelsleute«, ein unerwarteter Kommentar aus dem Mund eines Mannes, der seine ganze Karriere in den Dienst der Vertretung des kleinen Gewerbetreibenden gestellt hatte. Gessmann an Funder, 4. Januar 1912, a.a.O. Siehe auch seinen Kommentar zu Redlich in *Schicksalsjahre*, 1: 150–51.

133 Karl Renner unternahm eine scharfsinnige Analyse des Dilemmas, in das sich die Wiener Christlichsozialen manövriert hatten, indem sie sich hauptsächlich auf die Manipulation des Kurialwahlrechtssystems verließen, in *SPNÖ*, 1914, S. 336–38.

134 »Der Niedergang einer Parteidespotie«, *Sozialistische Monatshefte*, 13. Juli 1911, S. 875–78.

135 *CSAZ*, 15. Juli 1911, S. 1–2, und 6; Funder, *Vom Gestern*, S. 461–62; und *Rp*, 28. Juni 1911, S. 3; 12. Juli 1911, S. 3; 18. Juli 1911, S. 7; 24. Juli 1911, S. 2–3; 28. Juli 1911, S. 2.

136 Franz Zehentbauer, »Franz Martin Schindler und die Leo-Gesellschaft«, *Jahrbuch der österreichischen Leo-Gesellschaft* (Wien, 1924): 173–182. Es gibt keine moderne Geschichte der Leo-Gesellschaft, aber einen Überblick bietet Johannes Eckardt, »Zum fünfundzwanzigjährigen Bestande der österreichischen Leo-Gesellschaft«, *Das Neue Österreich*, Februar 1917, S. 52–58, und März 1917, S. 52–59; und Anton Übleis, »Österreichische Leogesellschaft,« *Academia*, 26 (1913–14): 457–60.

137 *Rp*, 29. Oktober 1922, S. 2. Zu Schindlers Einfluss als Lehrer siehe Funder, *Aufbruch*, S. 146–51; Alfred Missong, *August Schaurhofer: Ein Wiener Sozialapostel* (Wien 1936), S. 20–23; Ernst Karl Winter, *Ignaz Seipel als dialektisches Problem. Ein Beitrag zur Scholastikforschung* (Wien 1966), S. 164–65; und Jakob Fried, *Erinnerungen aus meinem Leben (1885–1936)*. Hg. Franz Loidl (Wien 1977), S. 35 (»Besonders die Bücher von Biederlack S.J. und Prälat Schindler sowie die Vorlesungen des letzteren und des Privatdozenten Dr. Seipel haben uns viele Anregungen gegeben«).

138 Zu Schmitz siehe Fritz Braun, »Der politische Lebensweg des Bürgermeisters Richard Schmitz.« Dissertation, Universität Wien, 1968.

139 Schmitz war einer der Redner bei der gegen Wahrmund gerichteten Demonstration, die am 15. März 1908 von Studenten der Universität Innsbruck organisiert wurde. Siehe Gerhard

Hartmann. *Im Gestern bewährt, im Heute bereit. 100 Jahre Carolina. Zur Geschichte des Verbandskatholizismus* (Graz 1988), S. 107.
140 Funder an Schmitz, 5. April 1910, *NL Schmitz*.
141 Zur frühen Geschichte des *Volksbund*s siehe Sigmund Guggenberger, »Der Katholische Volksbund und die Männervereinsbewegung«, in Alois Hudal, (Hg.), *Der Katholizismus in Österreich: Sein Wirken, Kämpfen und Hoffen* (Innsbruck 1931), S. 280–91; Gerhard Schultes, »Das ›Katholische Aktionskomitee für Niederösterreich‹. Ein Beitrag zur Vorgeschichte der Katholischen Aktion in Wien«, in *Festschrift Franz Loidl*, 1: 340–78; und Louis Bosmans, *August Schaurhofer 1872–1928. Ein Leben im Dienst der christlichen Sozialarbeit* (Wien 1978), S. 30–39. Zu seiner Langzeitwirkung siehe Gerhard Silberbauer, *Österreichs Katholiken und die Arbeiterfrage* (Graz 1966), bes. S. 181–88, 222ff. Die Erinnerungen eines wichtigen Mitglieds finden sich bei Fried, *Erinnerungen*.
142 Zur politischen Wirksamkeit katholischer Studentenverbindungen siehe Friedrich Funder, *Das weiß-blau-goldene Band:* »*Norica.*« *Fünfzig Jahre Wiener katholischen deutschen Farbstudententums* (Innsbruck 1933); Gerhard Popp, *CV in Österreich 1864–1938: Organisation, Binnenstruktur und politische Funktion* (Wien 1984), bes. S. 153–61; und Hartmann, *Im Gestern bewährt*, S. 135–213.
143 Zu Kienböck siehe Gertrude Enderle-Burcel (Hg.), *Christlich-Ständisch-Autoritär. Mandatare im Ständestaat 1934–1938* (Wien 1991), S. 122–23.
144 Scheicher, *Erlebnisse*, 5: 431.
145 Das intellektuelle Programm, das von den jungen Aktivisten des *Volksbunds* entwickelt wurde, weist starke Parallelen zu dem von Ehrhard skizzierten auf. Siehe Albert Ehrhard, *Der katholische Student und seine Ideale. Eine Programmrede* (Wien 1899).
146 *VW*, 3 (1912): 346–47; und »Soziale Studentenarbeit in Oesterreich«, in *Der soziale Student. Blätter für soziale Studentenarbeit in Österreich*, Nr. 1, Supplement zu *VW*, 5 (1914): 1–3.
147 Hartmann, *Im Gestern bewährt*, S. 183.
148 Zu diesen Mitgliederzahl-Statistiken siehe *VW*, 3 (1912): 346–47.
149 Siehe das Fragment eines Tagebuchs in Carton 16 des *NL Schmitz*. Zu Schmitz' Überzeugung, dass ein Neubeginn des ideologischen Diskurses vonnöten ist, siehe Braun, S. 24–25.
150 *Rp*, 10. Januar 1914, S. 1. Siehe auch Schmitz' Artikel über »Die Wiener Märzwahlen« in *VW*, 5 (1914): 78–85.
151 Otto Maresch, »Eine österreichische ›Soziale Woche‹«, *Hochland*, 9 (1912): 252.
152 Siehe Schmitz, »Kritische Gedanken über die christliche Gewerkschaftsbewegung,« *VW*, 3 (1912): 225–30; und ders., »Die soziale Organisation der christlichen Arbeiterschaft Österreichs«, *Rp*, 11. September 1912, S. 27–28.
153 Gessmann an Funder, 13. Februar 1912, *NL Funder*.
154 *DV*, 8. Oktober 1911 (M), S. 4.
155 *Rp*, 24. September 1913, S. 8.
156 *Deutsche Rundschau*, 2. August 1913, S. 6, und *Allgemeiner Tiroler Anzeiger*, 15. November 1913, S. 7. Schmitz' Rede über die Notwendigkeit »christlicher Gesetzgebung« ist abgedruckt in *Lienzer Nachrichten*, 21. November 1913, S. 1.
157 a.a.O., 6. Februar 1912, S. 6–7.
158 Siehe Schmitz' Abrechnung mit den »sogenannten deutschnationalen Parteien« in *Rp*, 21. März 1914, S. 8, und seine offene Ablehnung der »Kompromisslereien« mit Wiener Nationalisten beim Christlichsozialen Arbeiterkongress im Dezember 1913, *CSAZ*, 13. Dezember

1913, S. 1. Die Wiener Deutschnationalen ihrerseits schoben die Schuld für eine fehlgeschlagene Wahlvereinbarung im Februar 1914 der »klerikalen« Fraktion der Christlichsozialen in die Schuhe. Siehe *AZ*, 22. Februar 1914, S. 10.
159 *VW*, 5 (1914): 8–9.
160 Vgl. *Egerland*, 30. Oktober 1912, S. 3, mit der dort hergestellten Beziehung zwischen Wiener Freisinn und Sozialdemokratie. Siehe auch Schmitz, »Die Wiener Märzwahlen«, *VW*, 5 (1914): 78–85; und den Kommentar zu diesem Essay in der *AZ*, 26. April 1914, S. 5, wo Schmitz' Ruf nach einem Umbau der Partei mit der rhetorischen Frage quittiert werden: »Was sagen die Weiskirchner und Funder dazu?« Heinrich Mataja gab 1916 zu, die Parteiroutiniers hätten sich geweigert, den *Volksbund* und andere »klerikale« Organisationen ernst zu nehmen und hätten sich stattdessen über sie mokiert. Siehe seine Bemerkungen auf dem Parteitag im Februar 1916, S. 20, in Carton 19, *CPK*.

Der Weltkrieg und die Revolution

1 Siehe z.B. die Polizeiberichte in Z. 3102, 19. Februar 1917, Carton 2066, 22; Z. 19014, 25. September 1917, Carton 1646, 15/3; Z. 4884, 17. März 1917, Z. 4934, 23. März 1917, und Z. 8448, 19. Mai 1917, Carton 2131, 22, *MI Präs*. Aufschlussreich sind auch die Debatten über den Verlust an Glaubwürdigkeit der Parteihierarchie im Anschluss an den Prozess von Friedrich Adler im »Protokoll über die gemeinsame Sitzung der Parteivertretung, der Gewerkschaftskommission und des Wiener Vorstandes am 1. Juni 1917.« *VGAB*. Diese Tendenzen waren der christlichsozialen Führung bekannt. Siehe Seipel an Lammasch, 21. Januar 1918, *NL Seipel* (»Die Sozialdemokratie ist aufs äußerste zerklüftet. Das wissen wir von den Vertrauensmännern aus den Versammlungen«).

2 Zu den österreichischen Gewerkschaften und der Kriegsregierung siehe J. Robert Wegs, *Die österreichische Kriegswirtschaft 1914–1918* (Wien 1979), S. 93–105; und Margarete Grandner, *Kooperative Gewerkschaftspolitik in der Kriegswirtschaft. Die freien Gewerkschaften Österreichs im ersten Weltkrieg* (Wien 1992).

3 Funder, *Vom Gestern*, S. 521–22.

4 Siehe Renners Essays in *Marxismus, Krieg und Internationale. Kritische Studien über offene Probleme des wissenschaftlichen und des praktischen Sozialismus in und nach dem Weltkrieg* (2.Aufl.), Wien 1918) und *Oesterreichs Erneuerung. Politisch-programmatische Aufsätze* (Wien 1916); und die Anmerkungen dazu in Peter Broucek, (Hg.), *Ein General im Zwielicht. Die Erinnerungen Edmund Glaises von Horstenau* (3 Bde., Wien 1980–88), 1: 498–99. Siehe auch Hans Mommsen, »Victor Adler und die Politik der österreichischen Sozialdemokratie im ersten Weltkrieg«, in *Politik und Gesellschaft im Alten und Neuen Österreich*, 1: 378–408, bes. S. 395–96; Berthold Unfried, »Positionen der ›Linken‹ innerhalb der österreichischen Sozialdemokratie während des 1. Weltkrieges«, *Neuere Studien zur Arbeitergeschichte*, 2: 319–60; und John W. Boyer, »Silent War and Bitter Peace. The Austrian Revolution of 1918«, *AHY*, 34 (2003): 1–56.

5 Redlich an Bahr, 24. Februar 1916, in *Dichter und Gelehrter*, S. 159. Alexander Bach (1813–1893) war in den 50er Jahren österreichischer Innenminister. Er war ein herausragender Vertreter des bürokratischen Absolutismus und einer zentralisierten Verwaltung. Redlichs Anspielung stellt einen Bezug her zwischen Renners Sozialismus und seinen Vorschlägen zur

Verfassungsreform während der Kriegszeit, indem er Parallelen zu Bachs Verwaltungszentralismus auch bei Renner ortete.
6 *Friedrich Adler vor dem Ausnahmegericht* (Berlin 1919), S. 44, 68; und das »Protokoll über die gemeinsame Sitzung der Parteivertretung, der Gewerkschaftskommission und des Wiener Vorstandes am 1. Juni 1917«, *VGAB*.
7 A 19461, 12. Juni 1917, Öst. 70/Bd. 51, *PAAA*.
8 »Die Erklärung der ›Linken‹«, in *Protokoll der Verhandlungen des Parteitages der deutschen sozialdemokratischen Arbeiterpartei in Oesterreich. Abgehalten in Wien vom 19. bis 24. Oktober 1917* (Wien 1917), S. 113–17.
9 Victor Adler fasste diese gewandelte Sichtweise gut zusammen, als er auf dem Parteitag von 1917 zugab, »Ja, heute leben wir in einer anderen Luft, als wir in den Jahren 1914, 1915, und 1916 gelebt haben. Dass wir uns den Verhältnissen anpassen müssen, das wird wohl jeder zugeben.« *Protokoll*, S. 172.
10 »Österreichs Pflicht«, *Rp*, 2. Juli 1914 (M), S. 1. Zu Matajas anfänglichem Chauvinismus siehe auch Heinrich Kanner, *Kaiserliche Katastrophenpolitik. Ein Stück zeitgenössischer Geschichte* (Leipzig 1922), S. 422–43. Ein Überblick über die Aktivitäten der Christlichsozialen während des Kriegs findet sich bei Heinz Meier, »Die österreichischen Christlichsozialen während des ersten Weltkrieges.« Dissertation, Universität Wien, 1966.
11 »Die Entscheidung«, *Rp*, 26. Juli 1914 (M), S. 1–2.
12 Richard v. Kralik, *Die Entscheidung im Weltkrieg. Drei Reden* (Wien 1914), S. 30.
13 Z. 18206, 15. Dezember 1914, Carton 2197, 31, *MI Präs*.
14 Zur Zensur während des Kriegs siehe Gustav Spann, »Zensur in Österreich während des 1. Weltkrieges 1914–1918.« Dissertation, Universität Wien, 1972.
15 Es fehlte während des Krieges nicht an Versuchen, die Spannungen zwischen Wien und den Ländern durch Vermittlung zu mindern oder wenigstens die Gesprächskanäle offen zu halten, eine tragfähige Vertrauensbasis war aber nicht herzustellen. Siehe z.B. Johann Hausers Ärger im August 1917 über die Anmaßung von Weiskirchner und seinen Kollegen im Rathaus: »Die Herren in den Kopf gesetzt, sie wollen den Klub führen; das Recht erreichen durch uns, die Gedanken von Ihnen. Sie haben sich geärgert, dass wir einen Beschluss ohne sie gefasst haben.« »Klubsitzung«, 28. August 1917.
16 »Verhandlungsschrift über die Sitzung des *Bürgerclub*s vom 21. September 1914«, Carton 37, *CPW*.
17 Z. 13663, 23. September 1914, Carton 1572, 11/1, *MI Präs*.
18 Im Mai 1915 richtete Leopold Steiner eine Anfrage an Weiskirchner bezüglich einer Einberufung des Gemeinderats. Der Bürgermeister weigerte sich, diese ins Auge zu fassen, da die sozialdemokratische und die liberale Fraktion keine verlässlichen Zusagen abgeben wollten, dass sie den Burgfrieden einhalten und auf politische Themen in der Diskussion verzichten würden. Siehe »Verhandlungsschrift über die Sitzung des Bürgerclubs vom 3. Mai 1915«.
19 *Schicksalsjahre*, 2: 115.
20 Die Presseerklärung, datiert mit 4. November 1914, und der Bericht des Sekretariats an Weiskirchner vom 9. November 1914 befinden sich im Akt »Die Gemeinde Wien während der ersten Kriegswochen«, Z. 1040, Carton 73, *CPW*.
21 Siehe »Vorstandssitzung«, 13. April 1916, Carton 91, *CPK*. Zur Beamtenagitation während des Krieges siehe die Materialien im *NL Gross*, Carton 2, besonders den Brief Friedrich Grabscheids, des Führers des *Zentralverbandes der österreichischen Staatsbeamtenvereine*, an Gross

vom 23. September 1915, der auch ein Memorandum mit den Forderungen des *Verbandes* enthält.

22 Kurze Zusammenfassungen der Sitzungen der *Obmänner-Konferenz* erschienen im *AB*. Siehe auch »Beschlüsse der Obmännerkonferenz 1914–1918«, Carton 25, *CPW,* und *Die Tätigkeit der Wiener Gemeindeverwaltung in der Obmänner-Konferenz während des Weltkrieges* (Wien, 1917).

23 Die Sozialisten nahmen Anstoß an der Art, wie die neuen Sitze zustande kommen sollten. Statt Parteifreunden bestehende Mandate wegzunehmen, hatte Weiskirchner vor, von der Regierung durch kaiserlichen Erlass drei neue Mandate kreieren zu lassen (was die Gesamtzahl von 27 auf 30 erhöht hätte). Die kleine liberale Fraktion griff bereitwillig zu, aber die Sozialdemokraten wollten dem Stadtrat nur beitreten, wenn sie mindestens eines (noch besser zwei) der »legalen« Mandate aus vormals christlichsozialem Besitz bekamen. Zum gesetzlichen Hintergrund siehe *Die Gemeindeverwaltung der Stadt Wien in der Zeit vom 1. Jänner 1914 bis 30. Juni 1919* (Wien, 1923), S. 12–13.

24 Siehe seine Bemerkungen Lammasch gegenüber am 24. Dezember 1917 und am 21. Januar 1918, *NL Seipel.*

25 Dies ist auch evident in den Bemerkungen in Z. 15129, 28. Oktober 1914, Carton 2130, 22, *MI Präs.*

26 »Klubsitzung«, 27. Januar 1915, Carton 91, *CPK.*

27 *SP*, 1917, S. 296.

28 Unter Octroi sind hier die von verschiedenen deutschnationalen österreichischen Politikern zwischen 1915 und 1918 formulierten drakonischen Änderungen in der Verfassung der Monarchie zu verstehen, mit denen das politische und soziale Übergewicht der deutschsprachigen Bevölkerungen gegenüber den slawischen Nachbarn festgeschrieben werden sollte. Dies bedingte im Wesentlichen einen Planungsvorgang, der die »inneren Kriegsziele« tangierte und der parallel verlief zur deutschen und österreichischen Planung der Umgestaltung der europäischen internationalen Beziehungen nach einem erfolgreichen Kriegsabschluss. Für Details vgl. Boyer, *Culture and Political Crisis in Vienna*, S. 380–408.

29 Siehe seine patriotische Rede am 26. Oktober 1915, abgedruckt im *WKK*, 1917, S. 945–48. Zur alldeutschen Billigung dieses Kurses siehe Karl Hermann Wolfs Brief an Weiskirchner, 27. Oktober 1915, in dem er diesem für seine Befürwortung der wirtschaftlichen und politischen Integration von Deutschland und Österreich dankt. I.N. 29250, *HS.*

30 Zu Stürgkhs Haltung zu Kramář siehe Christoph Führ, *Das K.u.K. Armeeoberkommando und die Innenpolitik in Österreich 1914–1917* (Graz, 1968), S. 58–63, und die Akten in *MKSM*, 57-3/11-7, wo sich auch die 629 Seiten lange Anklageschrift (inklusive Beweismaterial) gegen Kramář befindet. Siehe auch Redlichs Bericht über ein Gespräch mit Stürgkh im März 1916: »Er erzählte mir über seine dreistündige Aussage im Kramarz-Prozess, sprach sehr kaustisch über die Weltfremdheit unserer Militärs aus und sprach sehr vernünftig über die Tschechen.«, *Schicksalsjahre*, 2: 104, und 41. Berchtold gegenüber äußerte Stürgkh, er empfinde den Kramář Hochverratsprozess als eine »ungeheure Verlegenheit.« Berchtold Tagebuch, Eintragung vom 23. Januar 1916, Carton 5, *NL Berchtold.*

31 Redlich an Bahr, 15. November 1920, in *Dichter und Gelehrter*, S. 431. Dieser Brief ist auch bemerkenswert wegen Redlichs Feststellung, es habe den Christlichsozialen der Vorkriegszeit an »Katholizismus« gefehlt.

32 Als der Vorstand des Parlamentsklubs seine regelmäßigen Sitzungen im Januar 1915 wieder aufnahm, wurde Gessmann eingeladen, als Sprecher für politische und wirtschaftliche Ange-

legenheiten zu fungieren, obwohl er keinen Parlamentssitz hatte. Auch Weiskirchner war fallweise bei den Klubsitzungen anwesend. Siehe »Vorstandssitzung«, 10. Oktober 1916, Carton 91, *CPK*.

33 »Klubsitzung«, 23. März 1915.
34 Pattai an Weiskirchner, 9. März 1915, I.N. 173.475, *HS*. Das Protokoll des Kronrats am 8. März 1915 ist abgedruckt in Miklós Komjáthy (Hg.), *Protokolle des Gemeinsamen Ministerrates der Österreichisch-Ungarischen Monarchie (1914–1918)* (Budapest 1966), S. 215–33.
35 »Klubsitzung«, 27. Januar 1915; und Matajas »Referat über die äußere Lage« als Anhang zur »Klubsitzung« vom 23. März 1915, Carton 91, *CPK*.
36 *Schicksalsjahre*, 2: 98.
37 Zur Kriegswirtschaft siehe Max-Stephan Schulze, »Austria-Hungary's Economy in World War I«, in Stephen Broadberry und Mark Harrison (Hgg.), *The Economics of World War I* (Cambridge 2005), S. 77–111, bes. 91–97. Zu den *Zentralen* siehe Heinrich Wittek, »Die kriegswirtschaftlichen Organisationen und Zentralen in Österreich,« *ZVSV*, N.S. 2 (1922): 24–90, 226–47; Hans Loewenfeld-Russ, *Die Regelung der Volksernährung im Kriege* (Wien 1926), S. 71–84; ders., *Im Kampf gegen den Hunger. Aus den Erinnerungen des Staatssekretärs für Volksernährung 1918–1920*. Hg. v. Isabella Ackerl (Wien 1986), S. 29–31; und Wegs, *Die österreichische Kriegswirtschaft*, S. 25–30.
38 Das *Amt für Volksernährung* wurde an sich im Oktober 1916 geschaffen, aber Stürgkh unterstellte es zunächst der Kontrolle durch das Innenministerium und gab ihm wenig explizite Vollmachten. Koerber übernahm dann selbst als Ministerpräsident die Aufsicht über das *Amt* und stattete es mit (wenigstens in der Theorie) sehr weitreichenden Befugnissen aus. Siehe *BDFA*, Bd. 10, S. 361, 398; Loewenfeld-Russ, *Im Kampf*, S. 43–44.
39 Zum *Ernährungsamt* siehe Loewenfeld-Russ, *Die Regelung*, S. 292–96, und ders., *Im Kampf*, S. 57–102. Der Präsident des Ernährungsamtes hatte den Status eines Kabinettsmitglieds, genoss aber nicht alle Vorrechte eines Ministers.
40 Siehe *Rp*, 14. Oktober 1915, S. 7, und 22. Oktober 1915, S. 8, wo sich zwei Beispiele solcher Artikel finden.
41 Weiskirchner gab anschließend die Rede zur Veröffentlichung frei, was Tisza in Rage versetzte. Siehe Tisza an Stürgkh, 2. April 1915, Carton 20, *Kabinettskanzlei, Geheimakten*; und *BDFA*, Bd. 9, S. 177.
42 Zur ungarischen Lebensmittelpolitik gegenüber Österreich siehe Loewenfeld-Russ, *Die Regelung*, S. 60–65, 133, 305–6. Siehe auch die Debatten im Ministerrat vom 12. Dezember 1915, 16. Oktober 1916, 22. März 1917, 29. Juni 1917, und 24. September 1917 in Komjáthy, *Protokolle*, S. 315–51, 410–24, 471–81, 510–20, 585–99.
43 Zur Lebensmittelknappheit in ungarischen Städten und Dörfern siehe József Galántai, *Hungary in the First World War* (Budapest 1989), S. 194–95. Die Zensurbehörde der französischen Post verfügte über ein Konvolut von 20.000 ungarischen Briefen, von denen etwa die Hälfte aus Ungarn selbst stammte. Eine grobe Analyse ihres Inhalts legt nahe, dass die Versorgung mit Lebensmittel äußerst mangelhaft war. *BDFA*, Bd. 11, S. 96.
44 Z. 24621, 12. Dezember 1917, Carton 1646, 15/3, *MI Präs*. Dieser Kommentar verblüffte die Polizei so sehr, dass ein eigener Bericht für das Innenministerium über diese Rede verfasst wurde.
45 Arnold Durig, »Physiologie als Unterrichtsgegenstand. Erhebungen über die Ernährung der Wiener Bevölkerung«, *WMW*, 2. November 1918, S. 1939–41.

46 Z. 4884, 17. März 1917, Carton 2131, 22, *MI Präs.*
47 »Die Stimmung im Hinterlande und die Nahrungssorgen«, 17. November 1917, Z. 93–2/68, *MKSM*.
48 Z. 9832, 27. April 1918, S. 4., Carton 2131, 22, *MI Präs.*
49 Z. 607, 5. Januar 1916, Carton 2130.
50 Z. 11397/[Mai] 1916 and Z. 23460, 12. Oktober 1916, a.a.O.
51 Z. 11397, 11. Mai 1916; Z. 21327, 21. September 1916; Z. 23460, 12. Oktober, 1916, Carton 2030; Z. 1028, 17. Januar 1917; Z. 1893, 31. Januar 1917; Z. 3911, 7. März 1917; Z. 4884, 17. März 1917, Carton 2131.
52 Z. 3911, 7. März 1917, a.a.O.
53 Z. 8449, 19. Mai 1917, a.a.O.
54 Z. 5995, 11. April 1917, and Z. 6608, 21. April 1917, a.a.O.
55 *Schicksalsjahre*, 2: 255, Eintrag vom 17. Januar 1918 (»Die Kürzung der Kopfquote von Mehl bringt langsam aber sicher die soziale Bewegung und die Bewegung für den Frieden ins Rollen«). Detaillierte offizielle Berichte über den Januar 1918 finden sich in Rudolf Neck, (Hg.), *Arbeiterschaft und Staat im Ersten Weltkrieg 1914–1918*. (2 Bde., Wien 1964–68), 2: 185–338. Zu den Lebensbedingungen der Arbeiterklasse im Allgemeinen siehe Wegs, *Die österreichische Kriegswirtschaft*, S. 93–105; und Grandner, *Kooperative Gewerkschaftspolitik*, passim.
56 Z. 6356, 16. März 1918, Carton 2131.
57 Loewenfeld-Russ, *Die Regelung*, S. 301. Siehe z.B. das wütende Memorandum, das von Höfer, dem Direktor des Ernährungsamtes, am 3. Februar 1917 an das Kriegsministerium erging: er verlangte, die Armee möge entweder aufhören, Hafer, der für den zivilen Sektor bestimmt war, zu konfiszieren oder einen ausreichenden Ersatz aus ihren eigenen Quellen bereitstellen. Hafer wurde von der Armee als Futter für die Pferde benötigt. Z. 93–2/16–2, *MKSM*.
58 Allerdings deckte sich das keineswegs mit der Einschätzung der einfachen Soldaten an der Front. Siehe Mark Cornwall, »Morale and Patriotism in the Austro-Hungarian Army, 1914–1918«, in John Horne (Hg.), *State, Society, and Mobilization in Europe during the First World War* (Cambridge 1997), S. 173–191; und Mark Cornwall, *The Undermining of Austria-Hungary. The Battle for Hearts and Minds* (New York 2000).
59 Durig, »Physiologie als Unterrichtsgegenstand«, S. 1936.
60 *NFP*, 7. Februar 1917 (M), S. 11.
61 Loewenfeld-Russ zufolge gab es im Wien der Vorkriegszeit etwa 8.000 Läden, die Mehl verkauften; nur 800 davon wurden als offizielle *Abgabestellen* ausgewählt. Das bedeutete, dass mehr als 7.000 Läden ihre Kunden verloren. *Die Regelung*, S. 357.
62 Siehe Franz Hoss' Kommentar zum Niedergang der traditionellen Geschäfte und zum Überhandnehmen des illegalen Straßen- und Schwarzmarkthandels, *NFP*, 21. Januar 1917 (M), S. 15–16. Siehe auch Z. 8416, 20. April 1915, Carton 1645, 15/3, *MI Präs.*; und das Gesuch des *Gewerbevereins Ottakring-Neulerchenfeld*, 23. September 1915, Z. 1149, Carton 74, *CPW*. Von Interesse ist auch Kerners Einschätzung im April 1918, dass »unter der derzeitigen Klubleitung das Verhältnis zwischen der christlichsozialen Partei und dem Gewerbestande eine Lockerung erlitten habe«. »Verhandlungsschrift über die Hauptversammlung des *Bürgerclubs* vom 9. April 1918«, Carton 37, *CPW*.
63 Laut Einschätzung der *Arbeiter-Zeitung* enthielt Brot weniger als 10 Prozent von tatsächlich genießbarem Mehl. »Unser Brot«, *AZ*, 17. Mai 1918, S. 6–7. Siehe auch *BDFA*, Bd. 12, S. 261.
64 Z. 8416, 20. April 1915, Carton 1645, 15/3, *MI Präs.*

65 Andere Lebensmittel waren ebenso betroffen. Als typisch kann ein Erlass des Niederösterreichischen Statthalters Ende 1916 gelten, in dem verfügt wird, dass Bauern höchstens 8 Kilo Erbsen und Bohnen pro Person und Jahr zurückbehalten dürfen. Der Rest musste zum Verkauf freigegeben werden. *BDFA*, Bd. 10, S. 363, 402.
66 Z. 1258, 16. Januar 1918, Carton 1588, 11/6, *MI Präs*. Derartige Praktiken wurden unweigerlich allgemein bekannt und erhöhten die Unbeliebtheit des Staatsbeamtentums.
67 Auch blieb kleineren Herstellern im Wesentlichen der Zugang zu Heeresaufträgen verwehrt, die meist an größere Firmen gingen. Siehe Wilhelm Winkler, *Die Einkommensverschiebungen in Österreich während des Weltkrieges* (Wien 1930), S. 186.
68 Zur Mietpreisbindung siehe *NFP*, 28. Januar 1917 (M), S. 16–17; Grandner, *Kooperative Gewerkschaftspoliitk*, S. 257–64; und Wolfgang Hösl and Gottfried Pirhofer, *Wohnen in Wien 1814–1938*, S. 91–95. Siehe auch Wilhelm Ellenbogens aufschlussreiche Bemerkungen in *Menschen und Prinzipien. Erinnerungen, Urteile und Reflexionen eines kritischen Sozialdemokraten*. Hg. Friedrich Weissensteiner (Wien 1981), S. 70.
69 Zu den Gehaltszulagen für die Beamten in der Wiener Stadtverwaltung siehe *Die Gemeindeverwaltung*, S. 24–30. Stürgkhs Widerstand gegen Zulagen für die Staatsbeamten bot im Sommer 1915 dem Kriegsministerium und dem Oberkommando die Möglichkeit, sich die Wohlfahrt der Eisenbahnbediensteten »angelegen sein zu lassen«, und diesen ihre Unterstützung in Sachen Gehaltsaufbesserung anzubieten. Dies führte zu einem Zusammenstoß zwischen dem Ministerpräsidenten und Kriegsminister Krobatin. Weder zum ersten noch zum letzten Mal mischte sich hier die Armee in politische Belange, die Stürgkh als den ihm allein vorbehaltenen Bereich ansah. Vgl. *Arbeiterschaft*, 1: 32–41, und auch die Akten zu einer ähnlichen Offensive des Armeeoberkommandos gegen Stürgkh im Oktober 1915; diese veranlasste Stürgkh, das Innenministerium zu ersuchen, eine (14 Seiten lange) Rechtfertigung der Lebensmittel-Vorsorgepolitik der Regierung abzugeben, datiert mit 24. November 1915, Nr. 69–22/8, *MKSM*. Das Ministerium versuchte, einiges an Schuld den autonomen Städten und den Kronländern zuzuschieben: »Nicht zu übersehen ist übrigens auch das in der bisherigen Gestaltung unserer öffentlichen Einrichtungen begründete, gewiss viele Mängel aufweisende, aber nicht ohne weiteres beseitigbare System der Doppelverwaltung, vermöge dessen den autonomen Vertretungen weitgehende Verwaltungsbefugnisse zustehen, mit denen die Regierung zu rechnen hat. Gerade die Vertretungen großer Städte verfolgen nun mitunter wirtschaftliche Sonderinteressen bestimmter Wählerkreise. Sie bringen oft den Bemühungen der Regierung kein Verständnis und keine Bereitwilligkeit entgegen und trachten zuweilen die Regierungsmaßnahmen zu umgehen.«
70 Siehe *Die Gemeinde-Verwaltung der Stadt Wien vom 1. Jänner 1914 bis 30. Juni 1919* (Wien, 1923), S. 165–66.
71 Z. 9832, 27. April 1918, S. 4, Carton 2131, 22, *MI Präs.*
72 Z. 9660, 12. April 1918, Carton 1588, 11/6, a.a.O.
73 Z. 9549, 22. April 1918, a.a.O., als Protest gegen den Erlass vom 14. April 1918, *RGBl.*, 1918, Nr. 142.
74 Z. 15530, 3. Juli 1918, a.a.O.
75 Die Einschränkungen wurden im Frühjahr 1917 zeitweise wieder aufgehoben, um 1918 wieder eingeführt zu werden. *Schicksalsjahre*, 2: 190; *Verwaltungsbericht der Gemeinde Wien – Städtische Straßenbahnen – für das Jahr 1916/17* (Wien 1918), S. 1–2, 16–21; *Die Gemeinde-Verwaltung*, S. 637–56. In nur einem Jahr (1916–17) stieg die Zahl der Straßenbahnfahrgäste

um fast 15 Prozent. Zum Druck, den das Militär auf das zivile Transportwesen ausübte, siehe Bruno Enderes, Emil Ratzenhofer und Paul Höger, *Verkehrswesen im Kriege* (Wien, 1931), S. 147–48, und 151–201. Wegs zufolge (S. 110–11) kam das militärische und das zivile Transportwesen ab Ende 1917 allmählich zum Erliegen.

76 *NFP*, 18. Januar 1917 (M), S. 9.

77 Zu den Erfahrungen von Frauen und Kindern im Allgemeinen siehe die ausgezeichnete Studie von Maureen Healy, *Vienna and the Fall of the Habsburg Empire. Total War and Everyday Life in World War I* (Cambridge 2004). Zur Beschäftigung von Frauen während des Krieges siehe Emmy Freundlich, »Die Frauenarbeit im Krieg«, in Ferdinand Hanusch und Emanuel Adler (Hg.), *Die Regelung der Arbeitsverhältnisse im Kriege* (Wien 1927), S. 397–418, und S. 79–83, 178–80, 249–50. Von 12.700 Bediensteten der Wiener Straßenbahnen im Jahr 1914 wurden 6.000 sofort zum Heeresdienst eingezogen. 1917 standen 12.000 an der Front, und die Verkehrsbetriebe hatten mehr als 8.000 Frauen als Angestellte für die Dauer des Krieges aufgenommen. *Die Gemeinde-Verwaltung*, S. 647, und Enderes, *Verkehrswesen*, S. 141.

78 Dieses Thema zieht sich als roter Faden durch die in den *BDFA* veröffentlichten Confidential Print-Berichte.

79 Z. 12123, 25. Mai 1918, Carton 2131, 22, *MI Präs.*

80 Z. 4884, 17. März 1917, a.a.O.

81 Z. 9681, 2. März 1916; Z. 9602, 2. Mai 1916, Carton 2130, a.a.O.

82 Erwin Lazar, »Der Krieg und die Verwahrlosung von Kindern und Jugendlichen. Heilpädagogische Rück- und Ausblicke«, in Clemens Pirquet (Hg.), *Volksgesundheit im Krieg* (2 Bde. Wien 1926), 1: 251–72. Zum Problem der Jugendkriminalität während des Kriegs siehe Franz Exner, *Krieg und Kriminalität in Österreich* (Wien 1927), S. 167–96.

83 Zu den Flüchtlingen siehe Beatrix Hoffmann-Holter, *»Abreisendmachung«: Jüdische Kriegsflüchtlinge in Wien 1914–1923* (Wien, 1995); David Rechter, *The Jews of Vienna and the First World War* (London, 2001); Marsha L. Rozenblit, *Reconstructing a National Identity: The Jews of Habsburg Austria during World War I* (New York, 2001).

84 Zur äußerst negativen Reaktion der Öffentlichkeit auf die jüdischen Flüchtlinge siehe Z. 8318, 12482, 13241 und 22597/1915, Carton 2130, 22, *MI Präs.*, sowie *ÖW*, 35 (1918): 505–6, 609–10. Im Juni 1915 beklagte sogar das Kriegsministerium, dass die Wiener Behörden zu wenig unternähmen, um die Flüchtlinge aus Galizien gegen öffentliche Anfeindungen in Schutz zu nehmen.

85 Z. 24621, 11. Dezember 1917, Carton 1646, 15/3, *MI Präs.* Zum Thema jüdischer Preistreiberei siehe auch die Argumente in Z. 1365 (»Rufe und Gegenrufe«), Z. 1552 und Z. 1591; sowie in Z. 1553, 18. September 1918, Carton 76, *CPW*, wo darauf hingewiesen wird, dass jüdische Profiteure auf den von Nichtjuden dominierten Immobilienmarkt drängten und die Häuser verarmter Christen erwarben.

86 Z. 23140, 11. Oktober 1918, Carton 1588, 11/6, *MI Präs.* Zur Wirtschaftskriminalität und zur Kriminalität im Staatsdienst siehe Exner, *Krieg und Kriminalität*, S. 40–41, 43–59. Exner behauptet, dass Österreich eine höhere Kriminalitätsrate unter Einschluss von Diebstahl und wirtschaftlichen Malversationen erlebte als Deutschland (S. 59).

87 Zu Pirquet siehe Richard Wagner, *Clemens von Pirquet. His Life and Work* (Baltimore 1968), bes. S. 18–19, 118–51; Erna Lesky, »Clemens von Pirquet«, *WKW*, 67 (1955): 638–39. Die autobiografischen Berichte in Christa Hämmerle (Hg.), *Kindheit im Ersten Weltkrieg* (Wien

1993), enthalten zahllose Hinweise auf die Entbehrungen, unter denen Kinder mit ganz verschiedenem gesellschaftlichem Hintergrund während des Kriegs litten.
88 Siehe Erna Lesky, »Der erste Weltkrieg: eine biologische Katastrophe Wiens«, *Österreichische Ärzte-Zeitung*, 25. Juni 1975.
89 Siehe Clemens Pirquet, »Ernährungszustand der Kinder in Österreich während des Krieges und der Nachkriegszeit«, in *Volksgesundheit im Krieg*, 1: 151–79; und Heinrich Thausing, »Ueber eine Voraussetzung aller Tuberkulosebekämpfung«, *WKW*, 7. November 1918, S. 1197–99.
90 Hans-Georg Hofer, »War Neurosis and Viennese Psychiatry in World War One«, in Jenny Macleod und Pierre Purseigle (Hg.), *Uncovered Fields. Perspectives in First World War Studies* (Leiden 2004), S. 243–260.
91 Ein Vergleich ist lehrreich zwischen seiner Rede vom 7. Oktober 1915, Z. 21682, Carton 1645, mit seinen Bemerkungen am 7. Oktober 1917, Z. 19949, Carton 1646.
92 Z. 7487, 11. April 1915, Carton 1645.
93 Z. 21469, 5. Oktober 1915; Z. 21682, 8. Oktober 1915, a.a.O.
94 Baron Schiessls handschriftliche Aufzeichnung eines Gesprächs zwischen Stürgkh und Burián, 24. Oktober 1915, Carton 20, *Kabinettskanzlei, Geheimakten*.
95 Z. 673, 7. Januar 1916, Carton 1645. Adolf Anderle klagte 1917: »Spreche man mit dem Bürgermeister, so werde seine Ausrede sein, dass er als Bürgermeister objektiv vorgehen müsse«. »Protokoll über die 5. Juli 1917 ... abgehaltene Besprechung«, *Brieforder I, NL Mataja*.
96 Siehe seine Bemerkungen in Z. 21682, 8. Oktober 1915; und in Z. 1115, 5. August 1915, Carton 1645, 15/3, *MI Präs.*; und Z. 1180, 26. Juni 1916, Carton 74, *CPW*.
97 Z. 15784, 26. Juni 1918, Carton 1648, 15/3, *MI Präs.*.
98 Siehe Weiskirchners Kommentare in Z. 1587, Carton 76, *CPW*; und in »Verhandlungsschrift über die Sitzung des *Bürgerclubs* vom 12. April 1917«, Carton 37, *CPW*; für die Sozialisten siehe das Protokoll ihres niederösterreichischen Parteitags in Z. 3057, 4. Februar 1918, 22, *MI Präs.*, und die Debatten im Vorstand am 31. Januar, 18. April, 11. Juli und 16. September 1918 in den »Vorstandsprotokollen«, *VGAB*. Anfang 1918 war Weiskirchner bereit, ein Zwei-Kuriensystem in Betracht zu ziehen, mit einer Kurie für die Steuerzahler und Hausbesitzer, und einer allgemeinen. Es kam jedoch zu keiner Einigung, da die Christlichsozialen auf einer Steuer zahlenden Kurie bestanden, die fast so groß war wie die allgemeine, während die Sozialdemokraten, die an sich den ganzen Kurialismus abschaffen wollten, nur bereit waren, eine privilegierte Kurie zu akzeptieren, die nicht größer war als die damalige Vierte Kurie. Ebenso bestanden sie darauf, dass die allgemeine Kurie auch Wählerinnen offen stehen müsse. Ein Entwurf dieses Vorschlags, datiert mit 2. September 1918, befindet sich in *SD-Parteistellen*, Carton 23.
99 Z. 15066, 1. August 1917, Carton 2131, 22, *MI Präs.*
100 *Arbeiterschaft*, 2: 28.
101 Zu Lockerung der Überwachung durch die Polizei, die vom Kabinett in Anbetracht der Exzesse der Parteien Mitte 1918 wieder rückgängig gemacht wurde, siehe Z. 13886, 13. Juli 1917, Carton 1646 ; and Z. 10327, 15. Mai 1918, Carton 1647.
102 Siehe das Typoskript des Sitzungsberichts der Dritten Tagung der Parteifunktionäre am 22. Januar 1917, Carton 69, *CPW*.
103 Äußerungen von glühendem Antisemitismus seitens der Parteiklubs finden sich in den Memoranden in Z. 1427 (Josefstadt); Z. 1432 (Landstraße); Z. 1446 (Leopoldstadt), alle von Anfang 1918. Carton 76, *CPW*.

Anmerkungen

104 Zu Mataja siehe Elisabeth Jelinek, »Der politische Lebensweg Dr. Heinrich Matajas«. Dissertation, Universität Wien, 1970; und Rudolf Ebneth, *Die österreichische Wochenschrift »Der christliche Ständestaat«. Deutsche Emigration in Österreich 1933–1938* (Mainz 1976), S. 47–48.
105 Seipel an Mataja, 4. Juli 1930, *NL Seipel*. Zu Matajas früher Verbindung zu Gessmann siehe Cornelius Vetters Bemerkungen in *DV*, 19. April 1910 (M), S. 1–2.
106 Siehe Matajas »Vertraulicher Bericht über die bisherige Entwicklung der Internationalen Katholischen Union«, in *Briefordner* II, *NL Mataja*. Mataja war bei diesen Zusammenkünften mit Erzberger in Kontakt. Siehe auch Anton Staudinger, *Aspekte christlichsozialer Politik 1917 bis 1920*. Habilitationsschrift, Universität Wien, 1979, S. 21. Schon im September 1916 äußerte Mataja implizite Kritik an der deutschen Kriegszielplanung, indem er erklärte, Ansprüche der Mittelmächte auf französisches oder belgisches Territorium seien verfehlt; diese müssten sich auf die Front im Osten konzentrieren, wo man dem russischen Expansionismus entgegentreten müsse. Siehe das »Expose über die aussenpolitische Lage von Reichsratsabgeordneten Stadtrat Dr. Heinrich Mataja«, der Kabinettskanzlei vorgelegt am 19. Oktober 1916, *Geheimakten*, Carton 20.
107 Siehe Matajas Kommentar beim Parteitag von 1916, Carton 19, S. 13–14, *CPK*; und seine kritische Bewertung seiner Wiener Mitbürger 1917 in »Klubsitzung«, 28. August 1917.
108 Heinrich Mataja, *Zehn politische Aufsätze aus den Jahren 1911–1913* (Wien 1913).
109 Eine Zusammenfassung seiner Wortmeldungen befindet sich in Carton 19, *CPK*, ebenso wie 22 Seiten des Entwurfs einer Rede zur Parteiorganisation, die Mataja irgendwann nach dem Parteikongress vom Februar 1916 gehalten haben muss; darin werden dieselben Themen ausführlicher behandelt. Mataja schrieb auch an Spalowsky unmittelbar nach dessen Rede bei der 3. Mandataren-Konferenz im Januar 1917 und signalisierte seine Bereitschaft, mit Spalowsky über Reformideen zu sprechen. Siehe den Brief vom 27. Januar 1917, *Briefordner* II, *NL Mataja*.
110 Jelinek, »Mataja«, S. 20.
111 Mataja an Liechtenstein, 8. Januar 1917, *Briefordner* II.
112 »Protokoll über die am 23. Juli 1917 in Wien I. Landhaus abgehaltene Besprechung christlichsozialer politischer Vereine«, *Briefordner* I.
113 a.a.O., und »Protokoll über die am 11. Juli 1917 in Wien I. Landhaus abgehaltene Besprechung christlichsozialer politischer Vereine.«
114 Hans Preyer verknüpfte am 5. Juli persönliches Ressentiment und Antisemitismus: »Die Parteileute, die 20 und 30 Jahre für die Partei gearbeitet und gelitten haben, die haben das Spiel satt, das heute getrieben wird. Unverlässliche Elemente werden begünstigt, parteitreue zurückgesetzt, die antisemitischen Grundsätze verraten. Die parteitreuen Elemente müssen sich zusammenschließen.«
115 »Protokoll über die am 18. Juli 1917 in Wien, I. Landhaus abgehaltene Besprechung christlichsozialer politischer Vereine.«
116 Zum christlichsozialen Antisemitismus in der Ersten Republik siehe Anton Staudinger, »Christlichsoziale Judenpolitik in der Gründungsphase der österreichischen Republik«, in *JZ*, 1979, S. 11–48.
117 Die »Eingabe«, datiert mit 29. August 1917, befindet sich in *Briefordner* I.
118 Mataja verteilte dieses Dokument an alle Mitglieder des Weiteren Beirats; auf diese Weise konnte es leicht einem der vielen Feinde Matajas in der Partei in die Hände fallen.

Der Weltkrieg und die Revolution 547

119 Liechtenstein an Mataja, 6. September 1917, *Briefordner* I; und *Rp*, 12. September 1917, S. 6.
120 Matajas Entwurf und seine erklärenden Anmerkungen dazu befinden sich in Z. 1407, Carton 76, *CPW*.
121 Der Programmentwurf, dessen Wirtschaftsteil das gemeinsame Werk von Franz Hemala und Heinrich Schmid war, befindet sich in Z. 1420, a.a.O. Die Idee des Frauenwahlrechts scheint von Spalowsky gekommen zu sein, der sie mit Vertreterinnen mehrerer kleiner katholischer Frauenvereine im Januar 1918 der Parteiführung vorschlug: Z. 1391, 2. Januar 1918, a.a.O.
122 Siehe z.B. die negativen und zögerlichen Reaktionen in Z. 1499, Z. 1517, und Z. 1527, Carton 76, *CPW*.
123 Mataja an den Engeren Parteirat, 13. April 1918; und Mataja an Weiskirchner, 19. Mai 1918, Z. 1455 und Z. 1478, a.a.O. Die Beschwerdekommission der Partei wurde am 21. Mai 1918 eingerichtet. Die Parteisteuer wurde erst am 14. Oktober 1918 mit einer knappen Mehrheit im *Bürgerclub* eingeführt. Z. 1481 und Z. 1563, a.a.O.
124 Mataja an den Engeren Parteirat, Z. 1428, 3. März 1918. Mataja wollte eine Rüge Weiskirchners erreichen; ein Brief an den Bürgermeister vom 8. April 1918, in dem er sich über die mangelnde Bereitschaft des Parteirats beklagt, die Beschwerde auch nur auf die Tagesordnung ihres Treffens zu setzen, legt allerdings nahe, dass Mataja den Vorfall vor allem dazu benützte, um Weiskirchner zu veranlassen, das größere Problem der Strukturreform bevorzugt anzugehen.
125 *Schicksalsjahre*, 2: 259, 277, 291, 295; Redlich an Bahr, 10. Juni 1918 (»Mit P. Augustin speiste ich vor einigen Tagen bei Meinl zusammen mit dem wirklich sehr *gescheiten* und sympathischen Professor Seipel«). *Dichter und Gelehrter*, S. 346–47. Tucher charakterisierte den Lammasch-Meinl Kreis als »Hofpazifisten.« Tucher an Hertling, 25. August 1917.
126 Zitiert nach Ernst Karl Winter, *Seipel*, S. 148.
127 Seipel an Lammasch, 24. Dezember 1917, *NL Seipel*. Zu den »Pucher-Abenden« siehe Missong, *August Schaurhofer*, S. 36; und Richard Schmitz' Anmerkungen zur Geschichte des *Volksbundes* in Carton 12, *NL Funder*.
128 Seipel an Lammasch, 21. Januar 1918.
129 Seipel, *Tagebuch*, Eintrag 5. Oktober 1917: »Über Einladung Funders einer vertraulichen Besprechung über die Verfassungsreform im Beratungszimmer der RP. [= *Reichspost*, Anm. d. Verf.] beigewohnt«; anwesend waren u.a. Wilhelm Schmidt, Richard Wollek, Aemilian Schöpfer, Victor Kienböck. Der Anlass für das Komitee vom Februar 1918 ist unklar. Anton Staudinger vermutet, es habe sich um eine verspätete Reaktion auf Wilsons Vierzehn Punkte-Rede vom 8. Januar 1918 gehandelt, was nicht von der Hand zu weisen ist. Staudinger, *Aspekte*, S. 24. Es ist auch wahrscheinlich, dass die Streiks Mitte Januar 1918 und die Tumulte, die Anfang Februar das Parlament zu sprengen drohten und bei denen Tschechen und Deutschböhmen handgemein wurden, ebenfalls eine Rolle spielten. Siehe »Klubsitzung« and »Klubsitzung n.m.«, 19. Februar 1918.
130 Die *Grundgedanken* sind abgedruckt in Ignaz Seipel, *Der Kampf um die österreichische Verfassung* (Wien, 1930), S. 38–41. Siehe auch Seipel, *Tagebuch*, Eintragungen vom 20. und 25. Februar 1918.
131 Franz Sommeregger (1882–1919) war ein österreichischer Kleriker, der nach einem Theologie- und Philosophiestudium in Klagenfurt und Rom in Berlin bei Sering und Schmoller Iura und Sozialwissenschaften studiert hatte. Seine Dissertation trägt den Titel *Agrarverfassung*

der Landgemeinde und Landeskulturpolitik in Oesterreich seit der Grundentlastung (Klagenfurt 1912). 1919 wurde er ein Opfer der Grippeepidemie.

132 Seipel, *Tagebuch*, Eintrag 20. November 1917 (»Prof. Sommeregger überbringt den ersten Entwurf einer Arbeit über die Verfassungsreform für die Partei zur Durchsicht«), und die Eintragungen vom 25., 28., 30. November 1917; 2., 3., 5., 8., 11., 22., 25., 28., 31. Dezember 1917; 1., 7., 13., 15., 17., 18., 23., 28. Januar 1918; 2., 10., 13., 15., 16., 17., 19., 21., 22., 23., 25., 26., und 28. Februar 1918; 2. und 14. März 1918.

133 »Vor der innenpolitischen Neuordnung«, 19. Februar 1918, S. 1–2; »Um die Verfassungsreform«, 22. Februar 1918, S. 1–2; »Die nationale Autonomie als Grundlage des Ausgleichswerkes«, 23. Februar 1918, S. 1–2; und »Verwaltungsreform«, 28. Februar 1918, S. 1–2.

134 Die Lex Kolisko war ein Gesetzesentwurf, mit dem Deutsch als Unterrichtssprache in allen niederösterreichischen und Wiener Schulen verpflichtend gemacht werden sollte. Der Gesetzesentwurf wurde vom niederösterreichischen Landtag im Dezember 1898 angenommen, fand aber weder die Zustimmung einer der k.k. Regierungen von Thun bis Beck noch die Billigung des Kaisers, da die Regierungsjuristen darauf beharrten, dass der Entwurf im Gegensatz stand zu Paragraph 19 des »Staatsgrundgesetzes vom 21. December 1867, über die allgemeinen Rechte der Staatsbürger für die im Reichsrathe vertretenen Königreiche und Länder«. Dieser Paragraph sicherte jedem Bürger das Recht auf eine ihm verständliche Unterrichtssprache zu, so lange diese in dem betreffenden Landesteil als landesüblich eingestuft werden konnte. Der Gesetzesentwurf stellte in den Augen der verschiedenen Kabinette außerdem den Versuch der Legislatur eines Kronlandes dar, sich in die administrativen Vorrechte der kaiserlichen Beamtenschaft einzumischen.

135 »Lange Unterredung mit Mataja. Jeder Versuch, ihn jetzt zu einer prinzipiellen Stellungnahme an der Friedenssache zu bringen, gescheitert. Bin sehr deprimiert.« *Tagebuch*, Eintrag vom 16. September 1918.

136 Zum *Volkstag*, wo Wolf, Pacher und Weiskirchner die Hauptredner waren, siehe *NFP*, 17. Juni 1918 (N), S. 5; *ODR*, 18. Juni 1918, S. 1–2; Z. 14094, 16. Juni 1918, Carton 2131, 22, *MI Präs.*; und Z. 1497 in Carton 76, *CPW*. In Weiskirchners Fall waren die kriegerischen Töne möglicherweise taktisch motiviert, um von der bevorstehenden Reduzierung der Brotrationen um 50 Prozent abzulenken.

137 »Ein Lichtpunkt in dieser Zeit ist nur die Zusammenkunft der Monarchen im deutschen Hauptquartier; die dort getroffene Vereinbarung ist ein Rückhalt für die Deutschen in Oesterreich, welche ihnen eine führende Rolle zuweisen wird.« Polizeibericht, Z. 14099, 13. Juni 1918, Carton 1648, 15/3, *MI Präs.*

138 Ignaz Seipel, »Volk und Staat«, VW, 9 (1918): 97–103. Richard Schmitz, der unter dem Pseudonym »Elmar« schrieb, kam zu ähnlichen Schlüssen in »Die Fehlbilanz des Parlamentes und die Deutschnationalen«, a.a.O., S. 150–55, bes. 154.

139 Seipel an Lammasch, 17. Juni 1918, *NL Seipel*.

140 Ignaz Seipel, »Frage zur Verfassungsreform«, 31. August 1919. *NL Seipel*. Abgedruckt in Josef Honeder, »Prälat Johann Nepomuk Hauser (1866–1927)«, Dissertation, Universität Wien, 1964, Anhang, S. 67–68. Siehe auch Banhans' Kommentar zu den Differenzen zwischen Seipel und Hauser in Banhans, *Tagebuch*, 2: 139, *HHSA*.

141 Z. 13461, 5. Juni 1918, Carton 1648, 15/3, *MI Präs.*

142 Seipel, *Tagebuch*, Eintragungen vom 4., 5., 8., 9. und 20. August 1918, und vom 5., 9., 11., 12., 14., 16. und 21. September 1918.

Der Weltkrieg und die Revolution 549

143 Piffl an Mataja, 11. November 1917, zitiert in Maximilian Liebmann, »Die Rolle Kardinal Piffls in der österreichischen Kirchenpolitik seiner Zeit«, Dissertation, Universität Graz, 1960, S. 116.
144 Richard Schmitz, »Ziele der Volksbundarbeit. Ein Programm«, *VW*, 9 (1918): 103–11.
145 Franz Sommeregger, »Zur Charakteristik des Kriegssozialismus«, *VW*, 9 (1918): 210–17; Rudolf Hilferding, »Arbeitsgemeinschaft der Klassen?« *K*, 8 (1915): 321–29.
146 *SP*, 1918, S. 4314–21.
147 Siehe Wedels Zusammenfassung der Einschätzung der politischen Lage in Wien, Telegramm vom 11. Oktober 1918, Öst. 95/ Bd.25, *PAAA*; und Nostitz› Bericht vom 6. Oktober 1918 in Alfred Opitz and Franz Adlgasser (Hg.), »*Der Zerfall der europäischen Mitte.« Staatenrevolution im Donauraum. Berichte der Sächsischen Gesandschaft in Wien 1917–1919* (Graz 1990), S. 178–79.
148 Siehe Staudingers Analyse dieses Beschlusses in *Aspekte*, S. 47–61.
149 Sowohl Austerlitz wie Seitz sekundierten Renner; Victor Adler schlug daraufhin einen Kompromiss vor: Bauer möge seine Gedanken in Form von Zeitungsartikeln formulieren. »Protokoll der Sitzung des deutschen Parteivorstandes am 11. Oktober 1918«, *VGAB*.
150 Die Deutschen erfuhren von Karls Absichten Mitte August durch General Arz von Straußenburg. Siehe A 35638, 20. August 1918, Oest. 103/Bd. 8; vgl. auch Arz' Bemerkungen in *Zur Geschichte des großen Krieges 1914–1918* (Wien 1924), S. 313–23.
151 András Siklós, *Revolution in Hungary and the Dissolution of the Multinational State, 1918* (Budapest 1988), S. 31; Galántai, *Hungary*, S. 314–16.
152 A 42228, 9. Oktober 1918; A 44539, 21. Oktober 1918, Öst. 103/Bd. 8, *PAAA*. Nostitz berichtete am 6. Oktober nach Dresden: »Der Pessimismus auch der deutschnationalen Kreise kennt jetzt hier kaum noch Grenzen.« *Der Zerfall*, S. 178.
153 Sie traten am 17. Oktober zusammen, um die Provisorische Nationalversammlung einzuberufen.
154 Für den allgemeinen Hintergrund siehe Georg Schmitz, *Die Vorentwürfe Hans Kelsens für die österreichische Bundesverfassung* (Wien 1981), S.11–26; Staudinger, *Aspekte*, S. 33–95; Reinhard Owerdieck, *Parteien und Verfassungsfrage in Österreich. Die Entstehung des Verfassungsprovisoriums der Ersten Republik 1918–1920* (München 1987), S. 41–60.
155 Anton Staudinger, »Zur Entscheidung der christlichsozialen Abgeordneten für die Republik«, in *Österreich November 1918. Die Entstehung der Ersten Republik* (Wien 1986), S. 171.
156 *Stenographische Protokolle über die Sitzungen der Provisorischen Nationalversammlung für Deutschösterreich. 1918 und 1919*, Bd. 1 (Wien 1919), S. 8.
157 Karl Werkmann, *Der Tote auf Madeira* (München 1923), S. 15–16; »Untersuchung der christlich-sozialen Partei über die Umsturztage. November 1918«, abgedruckt als Anhang in Honeder, »Hauser«, S. 62–66. Hausers Position, die sowohl schwierig wie ambivalent war, machte ihn zur Zielscheibe innerparteilicher Angriffe im Jahr 1923; der Tenor war, er habe zu wenig getan, um den Kaiser zu verteidigen. Siehe Staudingers Kommentar in *Österreich November 1918*, S. 272; und Slapnicka, *Christlichsoziale in Oberösterreich*, S. 188–90. Noch 1932 erinnerte sich Seipel Funder gegenüber an die Spannungen, die es zwischen Hauser und ihm gegeben habe, als Hauser ihn ersuchte, Karl in Eckartsau zu besuchen, und er sich standhaft weigerte. Seipel an Funder, 15. Februar 1932, *NL Funder*.
158 Owerdieck, *Parteien*, S. 47–51; Staudinger, *Aspekte*, S. 96–97. Friedrich von Wieser notierte in seinem unveröffentlichten *Tagebuch* am 10. November 10: »Selbst die konservativen Ab-

geordneten sind für die Republik. Auch die Christlichsozialen wollen sich fügen.« *Tagebuch*, S. 1154, *HHSA*.
159 *Stenographische Protokolle über die Sitzungen der Provisorische Nationalversammlung für Deutschösterreich*, S. 17.
160 *Aspekte*, S. 107–16.
161 Owerdieck, *Parteien*, S. 46–48.
162 »Protokoll des zu Wien am 31. Oktober 1918 abgehaltenen Ministerrates«, *AVA*; eine ähnlich überoptimistische Einschätzung wurde beim Ministerrat am 7. November sichtbar, wo Seipel »diese Nationalversammlung nicht für so gefährlich« erklärte.
163 *Stenographische Protokolle über die Sitzungen der Provisorischen Nationalversammlung für Deutschösterreich*, S. 37. Bereits am 21. Oktober hatte Stöckler seine Kollegen gewarnt: »Wir können nicht mehr tun, wie wir wollen. Die Monarchie gehört hier nicht ins Spiel. Wir haben keine freie Hand mehr. Alle werden die Wurzen sein und alles übernehmen! Die Bauern kommen als Anarchisten nach Hause.« »Klubsitzung«, 21. Oktober 1918. Am 30. Oktober sagte er dann u.a.: »Wir würden es als ein großes Glück betrachten, wenn neben dieser Aufräumung mit alten Privilegien auch die geist- und nerventötende Bureaukratie in Österreich reformiert würde, und die größte Errungenschaft, glauben wir, wäre es, wenn es durch diesen neuen Staat, durch die demokratische Grundlage der österreichischen Staaten ermöglicht würde, dass nicht die gesamte Volkskraft wieder verschleudert und vernichtet würde durch ein sinnloses Militärsystem.«
164 Siehe Brügel, *Geschichte*, 5: 393–96. Die originalen Tagungsberichte des Staatsrats befinden sich im Archiv der Republik.
165 Berichte vom 22. Oktober 1918 und 26. Oktober 1918, Öst. 103/Bd. 9, *PAAA*; siehe auch den Polizeibericht vom 13. November, abgedruckt in Rudolf Neck (Hg.), *Österreich im Jahre 1918* (München 1968) S. 154–55, wo es heißt, in der Öffentlichkeit sei zwar verschiedentlich Mitgefühl für Karls persönliches Schicksal geäußert worden, sein Verhalten insgesamt habe aber »die Zahl der Anhänger monarchistischer Institutionen im Volke fast ganz zum Verschwinden« gebracht.
166 Mir scheint dies die einzige Möglichkeit, Seipels Kommentar in seinem Bericht an Lammasch vom 9. November zu verstehen. Siehe Seipel an Lammasch, 9. November 1918, abgedruckt in Stephan Verosta, »Ignaz Seipels Weg von der Monarchie zur Republik (1917–1919)«, in Rudolf Neck und Adam Wandruska (Hg.), *Die österreichische Verfassung von 1918 bis 1938. Protokoll des Symposiums in Wien am 19. Oktober 1977* (Wien 1980), S. 2–23.
167 Polizeiberichte vom 13. November zeigen, dass die Ausrufung der Republik auf weitverbreitete Akzeptanz, wenn nicht Befriedigung stieß. Siehe *Österreich im Jahre 1918*, S. 151–57. Trotzdem muss man in Anbetracht von Erschöpfung und Hunger auch den Faktor »Apathie« in Rechnung stellen. Karl Niedrist berührte dieses Thema, als er festhielt: »90% der Bevölkerung kümmert sich nicht um Republik oder Monarchie.« »Klubsitzung«, 30. Oktober 1918.
168 »Protokoll der Sitzung des Parteivorstandes ... am 11. November 1918«, *VGAB*. Als der sächsische Abgesandte Benndorf Victor Adler am 8. November einen Besuch abstattete, sagte Adler zu ihm, dass alle Versuche, in letzter Minute föderalistische Pläne (die Benndorf mit Lammasch und Redlich in Verbindung brachte) aufzuwärmen, zu nichts führen würden und dass er den »Anschluss Deutsch-Österreichs als einer Republik an das Deutsche Reich« wollte. *Der Zerfall*, S. 200–201.
169 Erwin Matsch (Hg.), *November 1918 auf dem Ballhausplatz. Erinnerungen Ludwigs Freiherrn*

von Flotow, des letzten Chefs des Österreichisch-Ungarischen Auswärtigen Dienstes 1895–1920 (Wien 1982), S. 331; »Abends Ministerrat bis 1 Uhr nachts. Seitz und Renner drängen zur Proklamierung der Republik und zur Abdankung des Kaisers. Ich im schlechten Verzögerungskampf.« Seipel, *Tagebuch*, Eintrag vom 10. November 1918.

170 Siehe Banhans, *Tagebuch*, 2: 135–40. Zur Urheberschaft des Dokuments siehe Klemens von Klemperer, *Ignaz Seipel: Christian Statesman in a Time of Crisis* (Princeton 1972), S. 90. Dem Dokument liegt ein Teilentwurf von Karl Renner und anderen zugrunde, mit Zusätzen und Abänderungen von Seipel und Redlich. *Schicksalsjahre*, 2: 317; Wieser, *Tagebuch*, S. 1157–59.

171 Brügel, *Geschichte*, 5: 393–96. Renner meinte auch, dass ein offener Appell an die Selbstbestimmung eine gewisse Sicherheit für die Zukunft Österreichs gegenüber den Alliierten darstellen könnte. Deshalb argumentierte er: »Wir müssen deshalb, was für die Ententebourgeoisie ideologischer Vorwand wäre, die Republik und das Nationalitätenprinzip in unseren Lebensinteressen vollziehen.« a.a.O., S. 395.

172 Friedrich von Wieser bemerkte mit großer Scharfsicht am Abend des 10. November: »Die Christlichsozialen sind ›versteift‹, sie sind entschlossen, im Staatsrat und in der Nationalversammlung sich auf den Standpunkt des geschlossenen Pakts zu stellen, dass die Entscheidung über die Staatsform erst durch die Konstituante getroffen werden soll. Allerdings wollen sie sich ohne Protest überstimmen lassen, und dann das Weitere tun.« *Tagebuch*, S. 1155.

173 *Politische Chronik*, 1918, S. 600; Schober, *Geschichte des Tiroler Landtages*, S. 360.

174 Seipel beschrieb später die Umstände, unter denen, wie er meinte, Jodok Fink sich gegen den Kaiser gestellt hatte, in »Die Stellung Hausers und Finks in den Umsturztagen 1918«, abgedruckt als Anhang in Honeder, »Hauser«, S. 69–72.

175 Die offiziellen Mitglieder des Ausschusses waren Schmitz, Funder, Kienböck, Hemala, Dr. Alma Motzko (geborene Seitz) und Dr. Hildegard Burjan, aber Mataja und Seipel waren ebenfalls bei einigen Treffen anwesend. Die Anwesenheit von Motzko und Burjan, die energisch für das Wahlrecht der Frauen argumentierten – sie gehörten dann auch zu den ersten christlichsozialen Frauen, die in den Gemeinderat gewählt wurden –, ist ein Beweis für die neuen, aggressiveren Ansichten von politischer Organisation, die der Volksbund und die christlichsozialen Arbeiter der Wiener Partei aufzwangen. Die wichtigsten Quellen für den Siebener-Ausschuss sind Schmitz' *Notizbücher* A und B, Carton 16, *NL Schmitz*. Siehe auch Funder, *Vom Gestern*, S. 583–90, und Jelinek, »Heinrich Mataja«, S. 34–38.

176 Seipel an Missong, 31. März 1932, *NL Seipel*.

177 Vgl. *Rp*, 12. November 1918, S. 1, mit den Bemerkungen, die Hauser später an diesem Tag in einer Parlamentarischen Klubsitzung machte: »Wir stehen vor ernster entscheidender Sitzung des Nat. Rates. Bisher alle bis ins Innerste kaisertreu gewesen. Seit 14 Tagen Ereignisse überstürzt. Bis zum Manifest noch möglich über Staatsform zu reden. Möglich wird dies der definitiven Nat. Versammlung überlassen. Deutschland heute verloren, weil Wilhelm nicht rechtzeitig abgedankt hat. Der Zusammenbruch Deutschlands auf Österreich selbstverständlich Rückwirkung. Tiroler N. Rat. beschlossen jetzt schon Republik zu verkünden; fallen seh ich Zweig auf Zweig! Jetzt gibt es nur eines, wenn wir imstande die Republik aufzuhalten, könnten wir dies nicht tun, weil es furchtbaren Bürgerkrieg provozieren würde.« »Klubsitzung«, 12. November 1918. Siehe auch Funder, *Vom Gestern*, S. 592–93.

178 »Funder wünscht von mir die Entwicklung eines Programmes in einer Reihe von Artikeln, die ich zusagte.« Seipel Tagebuch, Eintragung vom 14. November 1918. Diese Artikel er-

schienen als »Das Recht des Volkes«, *Rp*, 19. November 1918; »Das Wesen des demokratischen Staates«, 20. November 1918; »Die demokratische Verfassung«, 21. November 1918; und »Das Volk und die künftige Staatsform«, 23. November 1918. Klemperer, *Ignaz Seipel*, S. 104–9 bietet eine elegante Zusammenfassung dieser Artikel. Siehe auch Verosta, »Ignaz Seipels Weg«, S. 30–33.
179 Heinrich Mataja, »Das Selbstbestimmungsrecht der Völker«, *Rp*, 11. Oktober 1918, S. 1–2. Vgl. auch seine Rede am 2. Oktober 1918 in *SP*, 1918, S. 4342–43, und seine Bemerkungen im Parlamentsklub am 1. Oktober: »Es ist ganz ausgeschlossen, dass die Ämter Frieden machen. Das Schwergewicht liegt in den politischen Parteien. Müssen es als innere Aufgabe betrachten, sonst keine vernünftigen Verhandlungen. Von sämtlichen Parteien ist unsere Partei berufen entscheidend einzugreifen und darauf zu drängen, dass das auch entscheidend ausgeführt wird. Politische Parteien entscheidend eingreifen!« »Klubsitzung«, 1. Oktober 1918.
180 Siehe Weiskirchners Ausführungen am 3. Dezember 1918, in *AB*, 1918, S. 2334, und seine Bemerkungen in der »Verhandlungsschrift über die Sitzung des *Bürgerclubs* vom 13. November 1918«, Carton 37, *CPW*.
181 Z. 1587, 16. November 1918, Carton 76, *CPW*.

Ignaz Seipel und die Neuordnung der Christlichsozialen Partei

1 Eine Bevorzugung für pragmatische Politik im Gegensatz zu religiösem Eifertum zeichnete sich auch unter den etwas gestandeneren niederösterreichischen Bauernpolitikern ab, von denen viele konkrete wirtschaftliche Leistung höher einschätzten als religiöse Orthodoxie. Kardinal Gustav Piffl räumte gegenüber einem Mitbruder in der kirchlichen Hierarchie, dem Prälaten Johannes Gföllner, im Jahr 1919 ein: »Leider stehen viele Abgeordnete persönlich gar nicht auf dem [Standpunkt] eines positiven Katholizismus, es stehen vielen z.B. die agrarischen Interessen höher als die großen religiösen Kulturfragen.« Brief vom 24. August 1919, zitiert bei Liebmann, »Die Rolle Kardinal Piffls«, S. 117–118.
2 Die umfassendste Quelle zu Seipels Anfängen und seiner Karriere ist Friedrich Rennhofer, *Ignaz Seipel. Mensch und Staatsmann. Eine biographische Dokumentation* (Wien 1978), S. 1–25. Die beste allgemeine Biographie ist Klemperer, *Ignaz Seipel. Christian Statesman in a Time of Crisis*, Princeton 1972. Meine eigene Bewertung von Ignaz Seipel ist in einer ersten Fassung abgedruckt in Ulrich E. Zellenberg (Hg.), *Konservative Profile. Ideen und Praxis in der Politik zwischen FM Radetzky, Karl Kraus und Alois Mock* (Graz 2003). [»Ignaz Seipel und die Neuordnung der Christlichsozialen Partei« liegt in einer Übersetzung von Prof. Lothar Höbelt vor, die ich einsehen und benutzen durfte. Desgleichen stand mir für den 2. Teil des 8. Kapitels Prof. Thomas Grischanys Übersetzung zur Verfügung, der ich wertvolle Hinweise verdanke. Anm. d. Übers.]
3 Siehe Seipels Bericht »Der Unterricht in der Sittenlehre«, in Emerich Holzhausen (Hg.), *Bericht über die Verhandlungen des Kongresses für Katechetik. Wien 1912* (2 Bde., Wien 1913), 2: 420–428.
4 Siehe Birgitt Morgenbrod, *Wiener Grossbürgertum im Ersten Weltkrieg. Die Geschichte der 'Österreichischen Politischen Gesellschaft' (1916–1918)* (Wien 1994), S. 163, 177–178, 203–205; und Heinrich Benedikt, *Die Friedensaktion der Meinlgruppe 1917/18. Die Bemühungen um einen Verständigungsfrieden nach Dokumenten, Aktenstücken und Briefen* (Graz 1962).

5 Peter Broucek (Hg.), *Ein General im Zwielicht*. 1, S. 518; Stephan Verosta, »Ignaz Seipels Weg von der Monarchie zur Republik (1917–1919)«, S. 24–27; *Schicksalsjahre*, 2: 317.
6 «Eine Stunde mit Msgr. Seipel«, *ÖGL*, 6 (1962): 448. Seipels Bemerkungen in der *Reichspost* aus Anlass des Todes Kaiser Karls hatten eine vergleichbare Stoßrichtung. Siehe *Rp*, April 3, 1922, S. 1. Vgl. auch das kolportierte Zitat Seipels gegenüber dem katholischen *enfant terrible*, Anton Orel, über den Zusammenbruch der Monarchie: »Er äußerte sich sehr zuversichtlich über die Republik. Sie werde wohl eine Advokatenrepublik sein; aber dass es mit der Republik ausgezeichnet gehen werde, zeige das Beispiel Nordamerikas. Mit der Monarchie sei bei uns nichts mehr zu machen gewesen.« Ernst Joseph Görlich, »Ein Katholik gegen Dollfuß-Österreich. Das Tagebuch des Sozialreformers Anton Orel«, *MÖSTA*, 26 (1973): 384.
7 Siehe Fried, *Erinnerungen*, S. 77–86.
8 Fuchs zu Otto Graf Harrach, 5. Dezember 1918, *Familienarchiv Harrach*, Karton 861, *AdR*. Ich bin Lothar Höbelt für eine Kopie dieses Briefes zu Dank verpflichtet.
9 Georg Schmitz, *Karl Renners Briefe aus Saint Germain und ihre rechtspolitischen Folgen* (Wien 1991), S. 65–68, 70–75, 102; und Rennhofer, *Seipel*, S. 174, 182, 185, 188–189, 194–197, 199, 202–203, 209–210, und 729. Seipels Konflikt mit den Sozialdemokraten reicht somit weit vor den Bruch der Koalition von 1920 und jedenfalls vor den Beginn seiner Kanzlerschaft 1922 zurück. Wer den »guten, demokratischen« Seipel der frühen Zwanzigerjahre gegen den »bösen Heimwehr-Seipel« der späten Zwanzigerjahre ausspielen will, sollte dabei nicht übersehen, dass Seipel auch ganz am Anfang seiner politischen Laufbahn schon ein militanter Gegner der Sozialdemokraten gewesen war.
10 «Interessant mag sein, dass es im Jänner 1919 sehr schwer war, den Minister Dr. Seipel als Kandidaten aufzustellen. Dr. Weiskirchner wehrte sich: Dr. Seipel ist Priester, Universitätsprofessor, kaiserlicher Minister. Wir [die Funktionäre des *Volksbundes*, Anm. d. Verf.] gaben nicht nach – da man uns brauchte, hat man nach vielen Sitzungen endlich Dr. Seipel an zweiter Stelle nach Dr. Weiskirchner gereiht.« Jakob Fried, *Erinnerungen*, S. 85.
11 Noch im November 1920 äußerte sich im Zuge der Verhandlungen über einen Nachfolger für Staatskanzler Michael Mair der Deutschnationale Franz Dinghofer ablehnend zu der Aussicht, einem Priester eine derart hohe Position einzuräumen: »Die [Christlichsozialen] dachten zuerst an ein Kabinett Seipel. Ich empfahl, diese Kandidatur nicht festzuhalten, da es nicht gut angehe, einen Priester als Ministerpräsidenten aufzustellen und weil auch bei uns gegen Seipel Misstrauen herrsche wegen seiner Stellung in der Anschlussfrage und als Freund der Habsburger.« Verhandlungsschrift. V. Sitzung des Verb. d. Abg. der Großdeutschen Volkspartei am 20. November 1920, *Großdeutsche Volkspartei*, Karton 1, *AdR*.
12 Josef Gessl (Hg.), *Seipels Reden in Österreich und anderwärts. Ein Auswahl zu seinem 50. Geburtstage* (Wien 1926), S. 25–32. Allgemeiner Überblick bei Gottlieb Ladner, *Seipel als Überwinder der Staatskrise vom Sommer 1922. Zur Geschichte der Entstehung der Genfer Protokolle vom 4. Oktober 1922* (Graz 1964).
13 Am 14. September 1922 wies Otto Bauer auf angebliche konspirative Bestrebungen von Leuten hin, die eine von der Liga aufoktroyierte Disziplin herbeisehnten, indem er sagte: »Ich weiß, es gibt in Deutschösterreich Leute, deren Hass gegen die Arbeiterschaft so groß ist and deren Gefühl der Ohnmacht gegenüber der Arbeiterschaft so brennend ist, dass sie eine solche Kontrolle geradezu herbeisehen ... weil sie glauben, dass der ausländische Kontrollor den österreichischen Arbeitern die Dinge diktieren, die Dinge aufzwingen könnte, die sie selber ihnen aufzuzwingen zu schwach sind.« Bauer, *Werkausgabe*, 5: 835.

14 Die Sozialdemokraten schlugen im Gegenzug verschiedene Formen der Selbsthilfe vor, die aber unrealistisch waren. Siehe Otto Bauer, »Der Genfer Knechtungsvertrag und die Sozialdemokratie«, in *Werkausgabe*, 2: 459–87; ebenso Walter Rauscher, *Karl Renner. Ein österreichischer Mythos* (Wien 1995), S. 235–40; und Jacques Hannak, *Karl Renner und seine Zeit. Versuch einer Biographie* (Wien 1965) S. 442–450.

15 Oral History Interviews mit Österreichern, die die Auswirkungen von Seipels Sparpolitik noch selbst erlebt hatten, finden sich bei Heinrich Dosedla, *Von Habsburg bis Hitler. Österreich vor dem Anschluss* (Wien 2008), S. 113–116, 122–130.

16 Peter Berger, *Im Schatten der Diktatur. Die Finanzdiplomatie des Vertreters des Völkerbundes in Österreich, Meinoud Marinus Rost van Tonningen 1931–1936* (Wien 2000), S. 64, 87, 90, 91, 226.

17 C. F. Donovan (Hg.), *The Story of the Twenty-Eighth International Eucharistic Congress, held at Chicago, Illinois, United States of America from Juni 20–24, 1926* (Chicago 1927), S. 191. Seipel wurde als Retter Österreichs bezeichnet, »who succeeded in dispelling serious discord, and brought order out of near-chaos by uniting all parties of his native land in the great tasks of reconstruction following the war«.

18 Seipel selbst stellte den Vergleich mit 1848 an. Siehe Klemperer, *Seipel*, S. 263.

19 *SPN*, 1927, S. 129–133.

20 Ausländische Diplomaten waren rasch mit Lob für Seipels Taktik zur Hand. Der amerikanische Gesandte in Wien, Albert H. Washburn, berichtete nach Washington: »I deem it proper to acquaint the Department with the fact that early in the current week I took occasion, in alluding to the deplorable incidents arising out of the recent rioting in the City of Vienna, to express to the Chancellor the sympathy of the Government of the United States and to congratulate the Austrian Government upon its success in speedily restoring order. Similar statements, I have the honor to report, were made by most of my colleagues in the name of their respective governments and I assumed that such action on my part would meet with the approval of the Department.« [Ich erachte es für angezeigt, das Department von dem Umstand in Kenntnis zu setzen, dass ich Anfang der laufenden Woche anlässlich der bedauernswerten Vorfälle im Zusammenhang mit den unlängst stattgefundenen Krawallen in Wien dem Kanzler das Mitgefühl der Regierung der Vereinigten Staaten und der österreichischen Regierung unsere Anerkennung für ihren Erfolg bei der raschen Wiederherstellung geordneter Verhältnisse ausgedrückt habe. Es ist mir eine Ehre zu berichten, dass die meisten meiner Kollegen im Namen ihrer Regierungen ähnliche Erklärungen abgegeben haben; ich habe in der Annahme gehandelt, dass dieses mein Vorgehen die Zustimmung des Department finden wird.] Washburn an den Secretary of State, 23. Juli 1927, Nr. 863.00/607, *Records of the Department of State Relating to the Internal Affairs of Austria-Hungary and Austria, 1910–1929. National Archives*. Der amtsführende Secretary of State teilte Washburn am 13. August 1927 mit, dass er mit dessen Vorgehen einverstanden war.

21 C. Earl Edmondson, *The Heimwehr and Austrian Politics 1918–1936* (Athens Georgia, 1978), S. 63–68; Klemperer, *Seipel*, S. 277–281, 288–290.

22 Edmondson, *Heimwehr*, S. 72; Lajos Kerekes, *Abenddämmerung einer Demokratie. Mussolini, Gömbös und die Heimwehr* (Wien 1966), S. 34–35. Siehe auch von Klemperer, *Seipel*, S. 360–368.

23 Wien war für solche Maßnahmen ein besonders verlockendes Ziel, da die internationale Einschätzung der Finanzgebarung und Kreditwürdigkeit der Stadt wahrscheinlich solider war als das für die Republik der Fall war.

24 Anton Staudinger, »Christlichsoziale Partei und Errichtung des ›Autoritären Ständestaates‹ in Österreich«, in Ludwig Jedlička und Rudolf Neck (Hgg.), *Vom Justizpalast zum Heldenplatz. Studien und Dokumentationen 1927 bis 1938* (Wien 1975), S. 65–81, bes. 66–67.
25 Zitiert bei Rennhofer, *Seipel*, S. 640–41.
26 Siehe die Akten zu »Dr. Ignaz Seipel. Aufbahrung der Kanzlersärge (Seipel/Dollfuß) im Wiener Stefansdom«, Archiv der Bundespolizeidirektion, Wien. Siehe auch Karl Renner, *Österreich von der Ersten zur Zweiten Republik* (Wien, 1953), S. 142. Auf Anweisung des Naziregimes wurden Seipels sterbliche Überreste nach 1938 wieder auf dem Zentralfriedhof bestattet.
27 Gerhard Jagschitz, »Bundeskanzler Engelbert Dollfuß und der Juli 1934«, in *Vom Justizpalast*, S. 237.
28 Winter, *Seipel*, S. 173. Klemens von Klemperer schwankt zwischen dem Befund, dass Seipel eine autoritäre Regierung wollte (*Seipel*, S. 360–64, 372–74, 380–381), und der Vermutung, dass er es nie über sich gebracht hätte, sie durchzusetzen (S. 413, 423–25, 438–439). Anspielungen auf die Möglichkeit, dass Seipel der Idee eines Staatsstreichs etwas abgewinnen habe können, finden sich bei Kerekes, *Abenddämmerung*, S. 86–87; Edmondson, *Heimwehr*, S. 72, 82.
29 Rennhofer, *Seipel*, S. 566, 569–570, 584, 601.
30 Hainisch, *75 Jahre aus bewegter Zeit*, S. 260–61.
31 Jürgen Nautz (Hg.), *Unterhändler des Vertrauens. Aus den nachgelassenen Schriften von Sektionschef Dr. Richard Schüller* (Wien 1990), S. 133–36, 225–26, hier 226.
32 Renner, *Österreich*, S. 42 («Bei aller menschlichen Güte und priesterlichen Würde vereinigte er mit dem dogmatischen Denken die Gabe des nachtragenden, nie vergebenden Hasses. Nun ist der Hass sicherlich eine starke Triebfeder der politischen Massenbewegung, aber ein schlechter Ratgeber der politischen Führung. Er geht immer zu weit.«), und auch S. 80.
33 Loewenfeld-Russ, *Im Kampf gegen den Hunger*, S. 347.
34 Ellenbogen, *Menschen und Prinzipien*, S. 108.
35 »Auch hinter diesem politischen Adlerkopf blickte manchmal wie aushelfend ein schlauer Fuchs hervor, auch an dieser politischen Erzengelgestalt hatte Mephisto seinen verborgenen Anteil.« Josef Klaus, *Macht und Ohnmacht in Österreich. Konfrontationen und Versuche* (Wien 1971), S. 23.
36 In einem Vortrag, den Seipel 1912 vor Priestern hielt, die auch als Religionslehrer an Schulen tätig waren, betonte er, wie wichtig es für diese war, gegnerische Kulturtheorien und Denkschulen direkt anzusprechen, damit ihre Schüler und Schülerinnen nicht zum Schluss kämen, sie, die Kleriker, wüssten nicht, was die Gegenseite dachte: »In gewissen Punkten muss direkt apologetisch hervorgetreten werden, weil sonst ein gewisser Schein entweder der Unwissenheit oder der Unehrlichkeit entsteht. Wenn von der Sittenlehre Nietzsches, wenn von den Bestrebungen der Gesellschaft für ethische Kultur, wenn von alledem gar nicht gesprochen wird, so müssen die Schüler, die ja doch davon hören, entweder glauben, der Religionslehrer wisse das nicht und sei in seinem theologischen Gesichtskreis ganz eingeengt, oder aber, er sagt es uns nicht, weil er sich fürchtet, weil er das nicht widerlegen könnte.« *Bericht über die Verhandlungen des Kongresses für Katechetik*, 2: 425.
37 Siehe Ignaz Seipel, »Literarische Polemik und katholische Moral«, *ÜW*, 7 (1914): 697.
38 Siehe John W. Boyer, »Religion and Political Development in Central Europe around 1900: A View from Vienna«, *AHY*, 25 (1994): 13–57.
39 »Die gesamte Staats- und Wirtschaftspolitik Seipels stand unter dem Gesichtspunkt der festen

Überzeugung, dass das wahre Interesse des Staates identisch sei mit dem wahren Interesse der Kirche.« Winter, *Seipel*, S. 155.
40 Siehe Ignaz Seipel, »Der heilige Ambrosius von Mailand. Ein literarisches Charakterbild«, *ÜW*, 6 (1913): 436–451.
41 Ignaz Seipel, *Die wirtschaftsethischen Lehren der Kirchenväter* (Wien, 1907). Zur Entstehung von Seipels Buch siehe August M. Knoll, »Ignaz Seipel«, *Neue österreichische Biographie*, Band 9, 1956, S. 117. Otto Bauer charakterisierte später Seipels Buch als einen Versuch, die Kirchenväter zu »verbürgerlichen«, indem es diese durch »einen dicken Strich« gegenüber sozialistischen Erwägungen abgrenzte. Siehe Otto Bauer, »Ignaz Seipel«, *Werkausgabe*, 7: 466–467.
42 Siehe Ignaz Seipel, *Der christliche Staatsmann* (Augsburg, 1931), bes. S. 8.
43 «Wenn es heute eine gemeinsame europäische Kultur gibt, von der die Kulturen der verschiedenen Völker nur verschieden getönte Abschattierungen sind; eine bevorzugte Kultur, die immer mehr auf die anderen Weltteile übergreift und selbst die ältesten Kulturvölker, die eine andere Entwicklung durchgemacht haben, zwingt umzulernen, wenn sie im Weltgeschehen Bedeutung gewinnen wollen – dann verdanken wir das einzig und allein der großen Synthese zwischen Christentum und Antike, die sich in den ersten Jahrhunderten unserer Zeitrechnung im römischen Reiche vollzogen hat. Von ihr stammt alle moderne europaeische Kultur in direkter Linie ab.« Ignaz Seipel, »Das Edikt von Mailand in seiner Bedeutung für die europäische Kultur«, *Salzburger Chronik*, 5. Juli 1913, S. 1–3; 6./7. Juli 1913, S. 1–4, hier S. 3.
44 *Rp*, 6. Juni 1925, S. 2.
45 Ellenbogen, *Menschen und Prinzipien*, S. 108.
46 Winter, *Seipel*, S. 156–57. Julius Tandler, der Seipel seit den Revolutionsjahren kannte, bemerkte ein Jahr nach dessen Tod, dass Angriffe auf den Katholizismus das einzige Thema waren, das Seipel an den Rand seiner Selbstbeherrschung brachten: »Sein Gesicht war unbeweglich, er hatte gleichsam Stechschrittaugen, in denen es nur aufflammte, wenn er den Katholizismus in Gefahr glaubte.« Siehe Julius Tandler, »Seipel«, *WPB*, 27. August 1933, S. 183.
47 Rennhofer, *Seipel*, S. 517–18, 532–533, 548–549, 574. Siehe auch Rudolf Blüml (Hg.), *Ignaz Seipel. Mensch, Christ, Priester in seinem Tagebuch* (Wien 1933), bes. S. 107ff., 119ff., 141ff.
48 In »Religion und Politik«, in *VW* 14 (1923): 178–80, besteht Seipel auf der prinzipiellen Untrennbarkeit von Religion und Politik. Der religiöse Mensch bleibe auch in weltlichen Dingen jederzeit und unter allen Umständen an religiöse Werte gebunden.
49 Siehe Malachi Haim Hacohen, *Karl Popper. The Formative Years, 1902–1945. Politics and Philosophy in Interwar Vienna* (Cambridge 2000), S. 46–53; und ders., »Dilemmas of Cosmopolitanism: Karl Popper, Jewish Identity, and ›Central European Culture‹«, *JMH*, 71 (1999): 105–149.
50 *Nation und Staat* (Wien 1916).
51 *Nationalitätsprinzip und Staatsgedanke* (München-Gladbach, o.J. [1915]); *Gedanken zur österreichischen Verfassungsreform* (Innsbruck 1917). Für Seipel bestand eine Analogie zwischen dem Status der verschiedenen Ethnien und dem der verschiedenen Religionsgemeinschaften. So wie Staat und Kirche im Lauf der Jahrzehnte einen lebbaren Ausgleich erzielt hatten, mussten auch die verschiedenen Ethnien zu ihrer Rolle finden, allerdings unter der allgemeinen Souveränität des Staates. Siehe Seipel, *Der Kampf um die österreichische Verfassung*, S. 21, 23, 24; und Winter, *Seipel*, S. 149.
52 Zum Thema des Privaten siehe *Der Kampf*, S. 33, 155, 178–79, 187. Siehe auch S. 219, wo sich eine entschiedene Verurteilung der Parteienherrschaft findet, die durch nichts in der Verfassung gedeckt ist.

53 «Unser Bekenntnis zum Vaterland«, *Rp*, 29. Mai 1925, S. 2–3.
54 «Mein Bekenntnis zur Republik hat daher den Sinn eines Bekenntnisses zur Arbeit für das Volk in der Republik.« Gessl (Hg.), *Seipels Reden*, S. 19.
55 *SPN*, 1922, S. 4433.
56 Rennhofer, *Seipel*, S. 442; *Rp*, 26. Juni 1925, S. 2.
57 Rennhofer, *Seipel*, S. 442. Siehe auch Heinrich von Gagerns Rede zum Thema Deutsche Einheit, gehalten am 26. Oktober 1848 vor der Frankfurter Nationalversammlung, in *Stenographischer Bericht über die Verhandlungen der deutschen constituirenden Nationalversammlung zu Frankfurt am Main*. (9 Bde., Leipzig 1848–1849), 4: 2896–2900.
58 «Die Neugestaltung Europas,« *Rp*, 3. März 1925, S. 1–3; Rennhofer, *Seipel*, S. 433; auch S. 447. In einer Rede vor dem *Deutschen Katholikentag* in Stuttgart argumentierte er, man müsse zwischen »Nation« und Staat unterscheiden. Die Katholiken in Österreich und Deutschland waren sich nach 1866 bewusst, dass sie Teil einer größeren kulturellen Gemeinschaft waren, und profitierten auch weiter von ihrem wechselseitigen Austausch. Seipel blickte erwartungsvoll auf ein Zeit, in der alle Deutschen *eine* Einheit in kulturellem Sinn darstellen würden, ohne sich allzu viel Gedanken über territoriale Grenzen zu machen, da sie ja wussten, dass »Nation und Staat nicht notwendig zusammenfallen müssen, ja dass die beiderseitigen Grenzen kaum je sich völlig decken können.« *Rp*, 28. August 1925, S. 2; und Gessl (Hg.), *Seipels Reden*, S. 234–244.
59 «Die Aufgabe der österreichischen Deutschen«, *Volk und Reich*, 2 (1926): 4–9, hier 8. Ähnliche Ansichten finden sich in Seipels »Das wahre Antlitz Österreichs«, in Gessl (Hg.), *Seipels Reden*, S. 290–299.
60 Hainisch, *75 Jahre*, S. 259.
61 *Rp*, 14. Dezember 1923, S. 6; *NFP*, 14. Dezember 1923 (M), S. 5.
62 *Rp,* 20. November 1918, S. 1.
63 Adolf Merkl, »Seipel und die Demokratie«, *Der österreichische Volkswirt*, 12. August 1933, S. 1005–1008.
64 Siehe die Rede, die Seipel am 10. November 1928 aus Anlass des 10. Jahrestages der Gründung der Republik in der Wiener Universität hielt, in *Rp*, 11. November 1928, S. 2–3; ebenso Rennhofer, *Seipel*, S. 593.
65 *Rp*, 6. November 1925, S. 4; Rennhofer, *Seipel*, S. 367, 376–77, 452; »Staat und Beamtentum«, in Gessl (Hg.), *Seipels Reden*, S. 116–126.
66 Rennhofer, *Seipel*, S. 36–37.
67 *NFP*, 12. März 1929 (A), S. 1.
68 *Rp*, 7. Mai 1928, S. 1–2.
69 *Rp*, 15. September 1927, S. 3.
70 *Rp*, 11. Oktober 1927, S. 1.
71 *Rp*, 24. Januar 1925, S. 7–8.
72 Seipel verteidigte das parlamentarische System in seiner Eröffnungsrede im Nationalrat im November 1923 (*SPN*, 1923, S. 12), in der er den Österreichern riet, sich zu hüten, das Kind mit dem Bad auszuschütten: »Aber wir bilden uns ein, die Erfahrungen, die unser Volk mit seinem Parlament gemacht hat, sind nicht so schlimm, als sie anderwärts gewesen sein mögen.«
73 *Staatslexikon* (4 Bde., Freiburg i. B. 1926–1931), 4: 253.
74 Siehe besonders die tiefschürfende und faire Analyse von Seipels späterem Autoritarismus in

Helmut Wohnout, *Regierungsdiktatur oder Ständeparlament. Gesetzgebung im autoritären Österreich* (Wien 1993), S. 22, 44–48, 428.
75 Seipel, *Der Kampf*, S. 177–188.
76 Zu Seipels Haltung zum Antisemitismus, die gemäßigter war als die vieler seiner Kollegen im Wien der Zwanzigerjahre, siehe Pauley, *From Prejudice to Persecution*, S. 163–64; Viktor Reimann, *Zu Gross für Österreich. Seipel und Bauer im Kampf um die Erste Republik* (Wien, 1968), S. 224–234; und von Klemperer, *Seipel*, S. 255–257. Zu Seipel im Zusammenhang mit der *Heimwehr*, siehe (u.a.) Kerekes, *Abenddämmerung*, S. 34, 44–45, 65, 68, 86–87; Edmondson, *Heimwehr*, S. 47, 51–52, 55, 65–69, 72, 81, 82, 91, 95, 116; und Anton Staudinger, »Christlichsoziale Partei und Heimwehren bis 1927«, in Rudolf Neck und Adam Wandruszka (Hg.), *Die Ereignisse des 15. Juli 1927. Protokoll des Symposiums in Wien am 15. Juni 1977* (Wien 1979), S. 125, 130, 134–35. Seipel meinte, er könne aus der Sicherheit, mit der er selbst die Heimwehr im Griff habe, Handlungsanweisungen ableiten für den Umgang mit den sich formierenden Nationalsozialisten. In seiner Autobiographie beschreibt der österreichische Diplomat Clemens Wildner eine unerquickliche Szene zwischen dem (katholischen) deutschen Kanzler Wilhelm Marx und Seipel im Jahr 1927, in der Marx den Rat, den ihm Seipel unaufgefordert angeboten hatte, dass nämlich die traditionellen deutschen Parteien die Nationalsozialisten zur Teilnahme an der Regierung einladen sollten, um sie zu zähmen, schroff zurückwies. Siehe Wildner, *Von Wien nach Wien* (Wien 1961), S. 152–154.
77 *Nation und Staat*, S. 145–155.
78 Siehe die ausgezeichnete Analyse von Seipels außenpolitischen Zielen bei von Klemperer, *Seipel*, S. 295–344.
79 Siehe seine Rede vor dem Völkerbund am 8. September 1928, in *Verbatim Record of the Ninth Ordinary Assembly of the League of Nations. Eighth Plenary Meeting*, S. 3–5.
80 »Die Neugestaltung Europas«, *Rp*, 3. März 1925, S. 1–3; »Fragen der europäischen Wirtschaft«, in Gessl (Hg.), *Seipels Reden*, S. 301–306.
81 »Das wahre Antlitz Österreichs«, a.a.O., S. 296.
82 Ignaz Seipel, *Wesen und Aufgaben der Politik* (Innsbruck 1930), S. 11.
83 Siehe Boyer, »Silent War and Bitter Peace: The Austrian Revolution of 1918«, S. 17–26, 55.
84 Karl Renner, *Das Selbstbestimmungsrecht der Nationen in besonderer Anwendung auf Oesterreich* (Leipzig 1918), S. 275.
85 Siehe Renners Verurteilung der *Heimwehr* in *SPN*, 1928, S. 1610–1625, bes. S. 1612, 1618. Seipels Antwort (S. 1625–1628) war bewusst mehrdeutig und ging auf die meisten der von Renner angesprochenen Themen überhaupt nicht ein.
86 Siehe Karl Renner, »Bedrohung und Verteidigung der Republik in Österreich«, in Siegfried Nasko (Hg.), *Karl Renner in Dokumenten und Erinnerungen* (Wien 1982), S. 112–19, bes. S. 115–19; ders., *Österreich*, S. 41. Eine klassische Formulierung seines klassenübergreifenden, pro-koalitionären Standpunkts trug Renner auf dem Sozialdemokratischen Parteitag im Oktober 1927 vor. Siehe Hannak, *Renner*, S. 490–498.
87 Siehe z.B. Rudolf Necks unenthusiastische Bewertung von Renners Position beim Parteitag 1930 in »Karl Seitz – Mensch und Politiker (Eine biographische Skizze)«, in *Vom Justizpalast*, S. 207. Siehe auch Hannak, *Renner*, S. 414–17, 451, 477–78, 485–98, 513–15, 540–43, und passim; Rauscher, *Renner*, (Wien 1995), S. 240–41, 245–46, 249, 255–59, und passim.
88 Washburn an den Secretary of State, 12. August 1929, Nr. 863.00/665, *Records of the Department of State Relating to the Internal Affairs of Austria-Hungary and Austria, 1910–1929*.

National Archives: «It is not to be forgotten that the former Chancellor has attributes of real statesmanship and that in sheer brain power he is without a peer in Austria public life today.« Peter Berger bemerkt, Seipel habe »im Ausland, aber besonders unter den Spitzenfunktionären des Völkerbundes und beim Finanzkomitee […] einfach als verlässlicher Partner und als Staatsmann mit Sinn für die Erfordernisse der Zeit« gegolten. Berger, *Im Schatten der Diktatur*, S. 61.

89 Ignaz Seipel, *Werkausgabe*, 7: 466–470.
90 Ellenbogen, *Menschen und Prinzipien*, S. 109.
91 »Glück und Ende der Christlichsozialen«, *AZ*, 6. Mai 1919, S. l.
92 Wie schon im Kapitel 5 erwähnt, führten viele profilierte Figuren aus der Frühzeit der antiliberalen Bewegung der 80er und frühen 90er Jahre, wie Ernst Schneider, Josef Scheicher und Josef Gregorig, bewegte Klage über das Nachlassen antisemitischer Rhetorik und Praxis in der Christlichsozialen Partei nach 1900.
93 *Rp*, 6. Dezember 1926, S. 3. Ebenso wie Luegers Andenken später von den Nazis hervorgeholt wurde, nur um manipuliert zu werden – sie machten aus ihm einen Vorkämpfer des rassischen Antisemitismus –, wurde er von Katholiken der Zwischenkriegszeit fälschlicherweise als Erzkatholik dargestellt und gefeiert. Jakob Frieds Freimütigkeit war in diesem Fall ausgesprochen erfrischend.
94 Louis Wirth, »Urbanism as a Way of Life« *AJS*, 44 (1938): 1. Die Großstadt ist »the initiating and controlling center of economic, political and cultural life that has drawn the most remote parts of the word into its orbit and woven diverse areas, peoples, and activities into a cosmos.«
95 Margaret L Anderson, »Voter, Junker, *Landrat*, Priest: The Old Authorities and the New Franchise in Imperial Germany«, *AHR*, 98 (1993): 1448–1474; und dies., *Practicing Democracy. Elections and Political Culture in Imperial Germany* (Princeton 2003), S. 419. (»Der Wettbewerbscharakter der Wahlen zwingt politische Gegner, sich jeweils demokratischerer Formen des Verhaltens und der Argumentation zu bedienen«).
96 »Am Vorabend des Ersten Weltkriegs zeigte sich die Wiener Wirtschaft als leistungsfähige und wachsende metropolitane Ökonomie, deren Strukturen trotz aller Brüche in den kommenden Jahrzehnten noch bis in die zweite Jahrhunderthälfte des 20. Jahrhunderts bestimmend bleiben sollten.« Franz X. Eder, Peter Eigner, Andreas Resch, und Andreas Weigl, *Wien im 20. Jahrhundert. Wirtschaft, Bevölkerung, Konsum* (Innsbruck 2003), S. 78.
97 Pierre Rosanvallon, *Democracy. Past and Future*. Translated by Samuel Moyn (New York 2006), S. 138–143.
98 Walter F. Cooling, *The Chicago Democracy. A History of Recent Municipal Politics* (Chicago 1899), S. 12–13. Großstädte waren für ihn »reservoirs of nervous force and vital energy which direct the activities of the great body of the nation«. Die Lokalpolitik in Chicago bezeichnete Cooling als »the kindergarten school of national politics. It is the vestibule through which we enter in the greater arena, within which will be fought out the great battle of human rights.«
99 Siehe Charles E. Merriam und Louise Overlacker, *Primary Elections* (Chicago 1928), S. 355. Charles Merriam unterstellt derartigen zur Bevormundung des Volkes neigenden Persönlichkeiten die Meinung, »that many are ignorant, that many are incompetent, … that the mass should abdicate in favour of the few and kiss the rod that condescends to rule them, thanking God that they are allowed to live and be cared for by their betters«.

100 Josef Redlich, *Das Wesen der österreichischen Kommunal-Verfassung* (Leipzig 1910), S. 49, 52.
101 Siehe besonders Waltraud Heindl, *Gehorsame Rebellen. Bürokratie und Beamte in Österreich 1780 bis 1848* (Wien 1991), S. 329–33.
102 Siehe Robert Luft, »Politischer Pluralismus und Nationalismus. Zu Parteienwesen und politischer Kultur in der tschechischen Nation vor dem ersten Weltkrieg«, *Österreichische Zeitschrift für Geschichtswissenschaften*, 2/3 (1991): 72–87, und Bruce M. Garver, *The Young Czech Party 1874–1901 and the Emergence of a Multi-Party System* (New Haven 1978); Cathleen M. Giustino, *Tearing Down Prague's Jewish Town. Ghetto Clearance and the Legacy of Middle-Class Ethnic Politics around 1900* (New York 2003); Jeremy King, *Budweisers into Czechs and Germans. A Local History of Bohemian Politics, 1848–1948* (Princeton 2002); Pieter M. Judson, *Guardians of the Nation: Activists on the Language Frontiers of Imperial Austria* (Cambridge, Mass., 2006); und Gary B. Cohen, *The Politics of Ethnic Survival. Germans in Prague, 1861–1914* (2. durchgesehen Aufl., West Lafayette, Ind., 2006). Eine besonders aufschlussreiche Erörterung der oft durchlässigen Abgrenzungen zwischen Tschechen und Deutschen findet sich bei Tara Zahra, *Kidnapped Souls. National Indifference and the Battle for Children in the Bohemian Lands, 1900–1948* (Ithaca 2008).
103 Emmerich Tálos, Ernst Hanisch und Wolfgang Neugebauer (Hg.), *NS-Herrschaft in Österreich 1938–1945* (Wien 1988), S. ix.
104 Höchst aufschlussreiche Versuche, Gemeinsamkeiten zwischen den Epochen vor und nach 1918 herauszuarbeiten, sind Donald L. Niewyk, »Solving the ›Jewish Problem‹: Continuity and Change in German Antisemitism, 1871–1945«, *Year Book of the Leo Baeck Institute*, 35 (1990): 335–70; und Robert Wohl, »French Fascism, Both Right and Left: Reflections on the Sternhell Controversy«, *JMH*, 63 (1991): 91–98.
105 Für Österreich liegen mittlerweile zehn Bände der Reihe *Bürgertum in der Habsburger-Monarchie* (Wien 1990–2003) vor.
106 Zur Hebung des Bildungsniveaus im unteren und mittleren Mittelstand in Österreich in der zweiten Hälfte des 19. Jahrhunderts siehe Gary B. Cohen, *Education and Middle-Class Society in Imperial Austria, 1848–1918*, bes. S. 249–270. Zur Akkumulation von Reichtum und zur wirtschaftlichen Entwicklung generell siehe David F. Good, *The Economic Rise of the Habsburg Empire, 1750–1914*, bes. S. 162–185, 253–256, und ders., »The State and Economic Development in Central and Eastern Europe«, in Alice Teichova und Herbert Matis (Hgg.), *Nation, State, and the Economy in History* (Cambridge 2003), S. 133–158, bes. S. 146.
107 Weber, *Politik als Beruf*, S. 15.
108 Rudolf Schwarz-Hiller, »Dr. Richard Weiskirchner. Worte des Gedenkens«, *NFP*, 5. Mai 1926 (M), S. 3; »Dr. Richard Weiskirchner gestorben«, *AZ*, 1. Mai 1926, S. 5.
109 *Rp*. 3. Februar 1926, S. 3.
110 Siehe das Porträt von Raab als einem mit allen Wassern gewaschenen Pragmatiker, das vor kurzem von Helmut Wohnout und Johannes Schönner vorgelegt worden ist: »Das politische Tagebuch von Julius Raab 1953/1954. Neue Erkenntnisse zu den ersten Jahren seiner Kanzlerschaft«, *Demokratie und Geschichte. Jahrbuch des Karl von Vogelsang-Instituts zur Erforschung der Geschichte der christlichen Demokratie in Österreich*, 7/8 (2003–2004): 15–71.
111 Hermann Broch, *Hofmannsthal und seine Zeit. Eine Studie* (München 1964), S. 71.
112 Felix Salten, *Das österreichische Antlitz* (Berlin 1909), S. 137–138.

Bibliographie

Archivalische Quellen

1. *Haus-, Hof- und Staatsarchiv*

Nachlass Karl Auersperg
Nachlass Gustav Gross
Nachlass Friedrich Funder
Nachlass Franz Martin Schindler
Nachlass Franz Ferdinand
Nachlass Richard Schmitz
Nachlass Heinrich Mataja
Nachlass Joseph Maria Baernreither
Nachlass Leopold Berchtold
Nachlass Erasmus von Handel
Nachlass Karl von Banhans
Nachlass Friedrich von Wieser
Akten des Politischen Archivs, Rome-Rapports, and Rome-Expeditions-Varia, 1895
Akten der Kabinettskanzlei, Vorträge
Kabinettskanzlei, Geheimakten, 1907–1914

2. *Finanzarchiv*

Präsidialakten, Finanzministerium, 1898–1914

3. *Allgemeines Verwaltungsarchiv*

Nachlass Eduard Pichl
Nachlass Max Vladimir von Beck
Nachlass Karl Seitz
Familienarchiv Harrach
Großdeutsche Volkspartei, Allgemein
Ministerratsprotokolle, 1912–1918
Präsidialakten, Ministerium des Innern, 1880–1918
Präsidialakten, Ministerium für Kultus und Unterricht, 1887–1918

4. *Kriegsarchiv*

Militärkanzlei des Generalinspektors der gesamten bewaffneten Macht (Franz Ferdinand)

Militärkanzlei Seiner Majestät des Kaisers

5. Wiener Stadt- und Landesarchiv
Magistrats-Direktionsakten
H.A. Akten, Kleine Bestände
Nachlass Karl Seitz

6. Niederösterreichisches Landesarchiv
Statthalterei, Präsidialakten, 1885–1918
Stadterweiterungsakten, 1888–91
N. Öst. Landes-Ausschuss, 1897–1905

7. Handschriftensammlung, Wien Bibliothek
Nachlass Karl Lueger
Nachlass Richard Weiskirchner

8. Erzbischöfliches Diözesanarchiv
Nachlass Kardinal Gruscha
Nachlass Kardinal Piffl
Nachlass Ignaz Seipel
Protokolle der bischöflichen Versammlungen, 1891–1907
Protokolle der Conferenzen des bischöflichen Comités, 1891–1907

9. Karl von Vogelsang Institut
Nachlass Karl von Vogelsang
Christlichsoziale Partei, Parlamentsklub
Christlichsoziale Partei, Wien
Christlichsoziale Partei, NÖ Landtag

10. Verein für Geschichte der Arbeiterbewegung
Vorstands-Protokolle, 1898–1919
SD Parteistellen
Nachlass Victor Adler

11. Universitätsarchiv
Personalakten Albert Gessmann

12. Politisches Archiv des Auswärtigen Amtes, Berlin
Österreich 70, 72, 73, 74, 75, 86, 86/2, 86/6, 88, 90, 91, 95, 97, 103, 1887–1918
Deutschland 125, Nr. 1
Päpstlicher Stuhl 1, 2, 5

13. *Archiv der Bundespolizeidirektion Wien*
Stimmungsberichte

14. *Bundesarchiv,* Koblenz
Nachlass Martin Spahn

15. *Public Record Office,* London
FO 371 series for Austria-Hungary, 1908–1914
FO 881 series for Austria-Hungary, 1908–1914

16. *National Archives,* Washington, D.C.
Records of the Department of State Relating to the Internal Affairs of Austria-Hungary and Austria, 1910–1929.

17. *Moravské zemské muzeum,* Brünn
Tagebuch, Graf Egbert Belcredi

AMTLICHE VERÖFFENTLICHUNGEN

Amtliche Verhandlungs-Protokolle des Gemeinde-Ausschusses der Stadt Wien vom 25. Mai bis 5. Oktober 1848. Wien 1848.
Amtsblatt der k.k. Reichshaupt- und Residenzstadt Wien. Wien 1897–1918.
Berichte der öffentlichen Sitzungen des Gemeinderathes der k.k. Reichshaupt- und Residenzstadt Wien. Wien 1867–1890.
Bourne, Kenneth, and D. Cameron Watt, (eds.). *British Documents on Foreign Affairs. Reports and Papers from the Foreign Office Confidential Print.* Part II. Series H. *The First World War, 1914–1918.* Vols. 9–12. *The Central Powers.* Washington D. C. 1989.
Die Erbauung des Wiener städtischen Gaswerkes. Im Auftrage des Herrn Bürgermeisters Dr. Karl Lueger bearbeitet. Wien 1901.
Festschrift herausgegeben anlässlich der Hundertjahrfeier des Wiener Stadtbauamtes. Wien 1935.
Die Entwicklung der städtischen Straßenbahnen im zehnjährigen Eigenbetriebe der Gemeinde Wien. Wien 1913.
Die Gemeinde-Verwaltung der k.k. Reichshaupt- und Residenzstadt Wien. Wien 1883–1913.
Die Gemeinde-Verwaltung der Stadt Wien vom 1. Jänner 1914 bis 30. Juni 1919. Wien 1923.
Mitteilungen des Vereines der Beamten der Stadt Wien. Wien 1899–1911.
Protokolle der öffentlichen Sitzungen des Gemeinderathes der k.k. Reichshaupt- und Residenzstadt Wien, Wien 1867–1890.

Protokolle der Enquete über Personalkredit und Wucher. Wien 1904.
Die städtischen Elektrizitäts-Werke und Straßenbahnen in Wien. Wien 1903.
Statistik der Wahlen für den Gemeinderath der Reichshaupt- und Residenzstadt Wien in den Jahren 1861 his 1880. Wien 1880.
Statistisches Jahrbuch der Stadt Wien. Wien 1883–1914.
Stenographisches Protokoll der im k. k. Arbeitsstatistischen Amt durchgeführten Vernehmung von Auskunftspersonen über die Verhältnisse im Schuhmachergewerbe. Wien 1904.
Stenographisches Protokoll über die im Gewerbeausschuss des Abgeordnetenhauses stattgehabte Enquete über die Arbeitergesetzgebung. Wien 1883.
Stenographisches Protokoll der Enquete über die Landesfinanzen. 7. bis 12. März 1908 Wien 1908.
Stenographische Protokolle. Wasserstraßenbeirath, III. Plenarversammlung am 31. Jänner 1903. Wien 1903
Stenographische Protokolle über die Sitzungen des Hauses der Abgeordneten. Wien 1867–1918.
Stenographische Protokolle über die Sitzungen des Nationalrates. Wien 1920–1934.
Stenographische Protokolle des Niederösterreichischen Landtages. Wien 1897–1914.
Stenographische Protokolle über die Sitzungen der Provisorischen Nationalversammlung für Deutschösterreich. Wien 1918–19.
Stenographischer Bericht über die Verhandlungen der deutschen constituirenden Nationalversammlung zu Frankfurt am Main. 9 Bde., Leipzig 1848–1849.
Die Tätigkeit der Wiener Gemeindeverwaltung in der Obmänner-Konferenz während des Weltkrieges. Wien 1917.
Die Verhältnisse in der Kleider- und Wäschekonfektion. Wien 1906.

Zeitgenössische Druckschriften und Memoiren

Adler, Guido. *Wollen und Wirken. Aus dem Leben eines Musikhistorikers* (Wien 1935).
Adler, Victor. *Aufsätze, Reden, Briefe.* 11 Bde. (Wien 1922–29).
Schnitzler, Arthur. *Jugend in Wien. Eine Autobiographie* (Wien 1968).
–, *Tagebuch 1909–1912* (Wien 1981).
Arz von Straussenburg, Arthur. *Zur Geschichte des großen Krieges 1914–1918* (Wien 1924).
Austriacus. *Oesterreich ein Juwel in jüdischer Fassung* (Berlin 1880).
Bach, Anton. *Österreichs Zukunft und die Christlich-Sozialen. Eine Stimme zur Wahlreform* (Wien 1906).
Bauer, Otto. *Werkausgabe* 9 Bde. (Wien 1975–80).
Beck, Max von. »Der Kaiser und die Wahlreform«, in: Eduard von Steinitz (Hg.), *Erinnerungen an Franz Joseph I. Kaiser von Österreich. Apostolischer König von Ungarn* (Berlin 1931).

Die Bedeutung der Candidatur des Fürsten Alois Liechtenstein für den Antisemitismus und die christlich-soziale Reform in Österreich (Wien 1891).
Benedikt, Moritz. *Aus meinem Leben. Erinnerungen und Erörterungen* (Wien 1906).
Berg, Leopold. *Wien und die Vereinigung der Vororte* (Wien 1876).
Berger-Waldenegg, Egon und Heinrich. *Biographie im Spiegel. Die Memoiren zweier Generationen.* Georg Christoph Berger-Waldenegg (Hg.) (Wien 1998).
Bericht über den 3. allgemeinen österreichischen Katholikentag in Linz (Wels 1892).
Bericht über die Thätigkeit des politischen Vereins »Eintracht« im VIII. Bezirke in den Jahren 1873–1884 (Wien 1884).
Bermann, Moriz, und Franz Evenbach. *Die neuen Väter der Großkommune Wien, hervorgegangen aus der freien Wahl und dem Vertrauen ihrer Mitbürger im Jahre 1861* (Wien 1861).
Beskiba, Marianne. *Aus meinen Erinnerungen an Dr. Karl Lueger* (Wien, o.J.).
Bilinski, Leon. *Wspomnienia i dokumenty*. 2 Bde. (Warschau 1924–25).
Bloch, Joseph. *Erinnerungen aus meinem Leben* (Wien 1922).
Blüml, Rudolf (Hg.). *Ignaz Seipel. Mensch, Christ, Priester in seinem Tagebuch* (Wien 1933).
Brügel, Ludwig. *Geschichte der österreichischen Sozialdemokratie.* 5 Bde. (Wien 1922–25).
Cooling, Walter F. *The Chicago Democracy. A History of Recent Municipal Politics* (Chicago 1899).
Daum, Adolf. *Zur Reform der Wiener Gemeindeordnung* (Wien 1890).
Deckert, Joseph. *Kann ein Katholik Antisemite sein?* (Dresden 1893).
–, *Türkennoth und Judenherrschaft* (Wien 1894).
Donovan, C. F. (Hg.). *The Story of the Twenty-Eighth International Eucharistic Congress, held at Chicago, Illinois, United States of America from June 20–24, 1926.* (Chicago 1927).
Dont, Jakob (Hg.). *Der heraldische Schmuck der Kirche des Wiener Versorgungsheims.* (Wien 1911).
–, *Das Wiener Versorgungsheim. Eine Gedenkschrift zur Eröffnung im Auftrage der Gemeinde Wien.* (Wien 1904).
Eckardt, Johannes. »Zum fünfundzwanzigjährigen Bestande der österreichischen Leo-Gesellschaft«. *Das Neue Österreich*, Februar 1917: 52–58; März 1917: 52–59.
Ehrhard, Albert. *Der katholische Student und seine Ideale. Eine Programmrede* (Wien 1899).
Ehrhart, Robert. *Im Dienste des alten Österreich* (Wien 1958).
Eichert, Franz. »Mein Lebenslauf«, in: *Sänger und Prophet. Gedenkblätter zum 70. Geburtstage des Dichters Franz Eichert* (Innsbruck 1927).
Ellenbogen, Wilhelm. *Menschen und Prinzipien. Erinnerungen, Urteile und Reflexionen eines kritischen Sozialdemokraten.* Friedrich Weissensteiner (Hg.) (Wien 1981).

Engländer, Leopold. *Offener Brief an jene Hausherren, welche unerschwingliche Zinsen verlangen* (Wien 1848).
Felder, Cajetan. *Erinnerungen eines Wiener Bürgermeisters.* Felix Czeike (Hg.) (Wien 1964).
Festschrift zum 25-jährigen Bestande des Zentralvereines der Wiener Lehrerschaft 1896–1921 (Wien 1921).
Fried, Jakob. *Erinnerungen aus meinem Leben (1885–1936).* Franz Loidl (Hg.) (Wien 1977).
Friedrich Adler vor dem Ausnahmegericht (Berlin 1919).
Funder, Friedrich. *Aufbruch zur christlichen Sozialreform* (Wien 1953).
–, »Aus den Anfängen christlichsozialer Programmarbeit«. *VW* 14 (1923): 3–12.
–, *Vom Gestern ins Heute. Aus dem Kaiserreich in die Republik* (Wien 1953).
–, *Das weiß-blau-goldene Band: »Norica«. Fünfzig Jahre Wiener katholischen deutschen Farbstudententums* (Innsbruck 1933).
Gedenkblatt zum vierzigjährigen Bestande des politischen Fortschritts-Vereins »Eintracht« im 3. Bezirke, 1872–1912 (Wien 1912).
Gerstel, Gustav. *Der Betrieb der Wiener Stadtbahn* (Wien 1898).
Gessl, Josef (Hg.). *Seipels Reden in Österreich und anderwärts. Ein Auswahl zu seinem 50. Geburtstage* (Wien 1926).
Gessmann, Albert. *Zur Mittelschulreform. Vortrag in der Versammlung des ›Vereins für Schulreform‹ am 12. Jänner 1908* (Wien 1908).
Glöckel, Otto. *Selbstbiographie* (Zürich 1939).
Goldemund, Heinrich. *Generalprojekt eines Wald- und Wiesengürtels und einer Höhenstraße für die Reichshaupt- und Residenzstadt Wien* (Wien 1905).
Hainisch, Michael. *75 Jahre aus bewegter Zeit. Lebenserinnerungen eines österreichischen Staatsmannes.* Friedrich Weissensteiner (Hg.) (Wien 1978).
Hassmann, Rudolf. *Allgemeine Erziehungslehre für Lehrer- und Lehrerinnen-Bildungsanstalten* (Wien 1907).
Häusle, Johann Michael. *Die Majorität im gegenwärtigen Wiener Gemeinderath* (Wien 1849).
Heinl, Eduard. *Über ein halbes Jahrhundert. Zeit und Wirtschaft* (Wien 1948).
Helmer, Oskar. *50 Jahre Erlebte Geschichte* (Wien 1959).
Hevesi, Ludwig. »Otto Wagners Stadtmuseum«, in: *Altkunst-Neukunst. Wien 1894–1908* (Wien 1909).
Hollomay, Leopold. *Der Mechaniker Ernst Schneider und sein Antisemitismus* (Wien 1886).
Holzhausen, Emerich (Hg.). *Bericht über die Verhandlungen des Kongresses für Katechetik, Wien 1912* (Wien 1913).
Hornich, Rudolf. »Autorität als Fundamentalbegriff der Gesellschafts- und der Erziehungswissenschaft.« *Erstes Jahrbuch des Vereines für christl. Erziehungswissenschaft.* (Kempten 1908).

Hron, Karl. *Habsburgische »Los von Rom« Kaiser. Eine Studie über die antiösterreichischen Tendenzen des ultramontanen Klerikalismus.* (Wien 1901).
—, *Wiens antisemitische Bewegung.* (Wien 1890).
Jacques, Heinrich. *Denkschrift über die Stellung der Juden in Oesterreich.* (Wien 1859).
Jordan, Eduard. *Aus meinem Leben. Erinnerungen eines Achtzigjährigen* (Wien, o.J.).
Kann, Robert A., und Peter Leisching (Hgg.). *Ein Leben für Kunst und Bildung. Eduard Leisching 1858–1938. Erinnerungen.* (Wien 1978).
Kanner, Heinrich. *Kaiserliche Katastrophenpolitik. Ein Stück zeitgenössischer Geschichte.* (Leipzig 1922).
Kielmansegg, Erich. *Kaiserhaus, Staatsmänner und Politiker. Aufzeichnungen des k. k. Statthalters Erich Graf Kielmansegg.* Walter Goldinger (Hg.) (Wien 1966).
Klopp, Wiard von (Hg.). »Briefe des Grafen Gustav Blome an den Freiherrn Karl von Vogelsang«. *JLG*, 1928, pp. 142–302.
—, *Leben und Wirken des Sozialpolitikers Karl Freiherr von Vogelsang.* (Wien 1930).
—, »Eine sozialpolitische Gesellschaft vor dreißig Jahren in der ›Goldenen Ente‹«. *DNR* 7 (1924): 1183–86.
Knoll, August M. »Ignaz Seipel«. *Neue österreichische Biographie.* Band 9, 1956.
Kordač, Franz. »Franz Kordačs Briefe ins Germanikum«. Augustin K. Huber (Hg.). *AKBMS* 1 (1967).
Kralik, Richard von. *Die Entscheidung im Weltkrieg. Drei Reden.* (Wien 1914).
Kunschak, Leopold. »Aus dem Werden der christlichen Arbeiterbewegung Österreichs«. *VW*,14 (1923): 246–53, 279–84.
Kuppe, Rudolf. *Karl Lueger und seine Zeit.* (Wien 1933).
Lent, Carl. »Die deutsche und die österreichische Burschenschaft«. *Burschenschaftliche Blätter* 5 (1890/91).
Loewenfeld-Russ, Hans. *Im Kampf gegen den Hunger. Aus den Erinnerungen des Staatssekretärs für Volksernährung 1918–1920.* Isabella Ackerl (Hg.) (Wien 1986).
Maresch, Otto. »Eine österreichische ›Soziale Woche‹«. *Hochland* 9 (1911–12): 250–52.
Mataja, Heinrich. *Zehn politische Aufsätze aus den Jahren 1911–1913* (Wien 1913).
Matsch, Erwin (Hg.). *November 1918 auf dem Ballhausplatz. Erinnerungen Ludwigs Freiherrn von Flotow, des letzten Chefs des Österreichisch-Ungarischen Auswärtigen Dienstes 1895–1920* (Wien 1982).
Mayer, Sigmund. *Ein jüdischer Kaufmann 1831 bis 1911. Lebenserinnerungen* (Leipzig 1911).
Missong, Alfred. *August Schaurhofer: Ein Wiener Sozialapostel* (Wien 1936).
Müller, Franz. *Die Wahlkörper des Wiener Gemeinderathes* (Wien, 1849).
Neurath, Wilhelm. *Volkswirtschaftliche und Socialphilosophische Essays* (Wien 1880).
Oppenheimer, Felix. *Die Wiener Gemeindeverwaltung und der Fall des liberalen Regimes in Staat und Kommune* (Wien 1905).
Pattai, Robert. *Das klassische Gymnasium und die Vorbereitung zu unseren Hochschulen. Reden und Gedanken* (Wien, 1908).

Plener, Ernst von. *Erinnerungen.* 3 Bde. (Stuttgart and Leipzig 1911–21).
Plecher, Hans. *Victor Silberer. Ein Lebensbild* (Wien 1916).
Protokoll über die Verhandlungen des Gesamtparteitages der sozialdemokratischen Arbeiterpartei in Oesterreich. Abgehalten zu Wien vom 9. bis zum 13. November 1903 (Wien 1903).
Protokoll über die Verhandlungen des Parteitages der deutschen sozialdemokratischen Arbeiterpartei in Oesterreich. Abgehalten zu Salzburg vom 26. bis zum 29. September 1904 (Wien 1904).
Protokoll über die Verhandlungen des Gesamtparteitages der sozialdemokratischen Arbeiterpartei in Oesterreich. Abgehalten zu Wien vom 29. Oktober bis 2. November 1905 (Wien 1905).
Protokoll der Verhandlungen des Parteitages der deutschen sozialdemokratischen Arbeiterpartei in Oesterreich. Abgehalten in Wien vom 19. bis 24. Oktober 1917 (Wien 1917).
Pultar, Josef K. »Erwägungen zum Statut der Wiener christlich-sozialen Partei«. *VW* 9 (1918): 70–76.
Redlich, Josef. *Schicksalsjahre Österreichs 1908–1919. Das politische Tagebuch Josef Redlichs.* Fritz Fellner (Hg.). 2 Bde. (Graz 1953–54).
Renner, Karl. *An der Wende zweier Zeiten. Lebenserinnerungen von Karl Renner.* 2. Aufl. (Wien 1946).
–, »Bedrohung und Verteidigung der Republik in Österreich«, in: Siegfried Nasko, (Hg.), *Karl Renner in Dokumenten und Erinnerungen* (Wien 1982).
–, *Marxismus, Krieg und Internationale. Kritische Studien über offene Probleme des wissenschaftlichen und des praktischen Sozialismus in und nach dem Weltkrieg.* 2. Aufl. (Wien 1918).
–, *Österreich von der Ersten zur Zweiten Republik* (Wien 1953).
–, *Oesterreichs Erneuerung. Politisch-programmatische Aufsätze* (Wien 1916).
Reschauer, Heinrich. *Geschichte des Kampfes der Handwerkerzünfte und der Kaufmannsgremien mit der österreichischen Bureaukratie* (Wien 1882).
–, und Moritz Smets. *Das Jahr 1848. Geschichte der Wiener Revolution.* 2 Bde. (Wien 1876).
Rosanvallon, Pierre. *Democracy. Past and Future.* Trans. by Samuel Moyn (New York 2006).
Salten, Felix. *Das österreichische Antlitz* (Berlin 1909).
Scheicher, Josef. *Erlebnisse und Erinnerungen.* 6 Bde. (Wien 1907–12).
Schindler, Franz M. »Neun Jahre Entenabende«. *VW* 14 (1923): 304–11.
Schmid, Ferdinand. *Finanzreform in Oesterreich* (Tübingen 1911).
Schmied-Kowarzik, Walter. »Friedrich Jodl«. *Archiv für Geschichte der Philosophie* 27 (1912): 474–89.Schmitz, Hans. »Aus P. Abels Erinnerungen an die christlichsoziale Frühzeit«. *VW* 14 (1923): 341–46.
Schmitz, Richard. »Die Bestimmung der christlichsozialen Partei«. *VW* 9 (1918): 1–4.

–, »Die Fehlbilanz des Parlamentes und die Deutschnationalen«. *VW* 9 (1918): 150–155.
–, »Kritische Gedanken über die christliche Gewerkschaftsbewegung«. *VW* 3 (1912): 225–30
–, »Vom Parteienstaat zum autoritären Staat«. *Kalasantiner Blätter* 46 (1933): 200-01.
–, »Die Wiener Märzwahlen«. *VW* 5 (1914): 78–85.
–, »Ziele der Volksbundarbeit. Ein Programm«. *VW* 9 (1918): 103–11.
Schöffel, Joseph. *Erinnerungen aus meinem Leben* (Wien 1905).
Schöpfer, Aemilian. »Ein Bahnbrecher religiöser Volksbewegung in der Grossstadt. Zum Tode des P. Heinrich Abel S.J.«. *DNR* 9 (1926): 189–90.
Seipel, Ignaz. *Der christliche Staatsmann* (Augsburg 1931).
–, *Gedanken zur österreichischen Verfassungsreform* (Innsbruck 1917).
–, »Der heilige Ambrosius von Mailand. Ein literarisches Charakterbild«. *ÜW*, 6 (1913): 436–451.
–, *Der Kampf um die österreichische Verfassung* (Wien 1930).
–, *Nation und Staat* (Wien 1916).
–, *Nationalitätsprinzip und Staatsgedanke* (Mönchen-Gladbach o.J. [1915]).
–, »Pädagogischer Kurs in Wien«. *Christliche Pädagogische Blätter* 28 (1905): 67–72.
–, »Der Unterricht in der Sittenlehre«, in: Emerich Holzhausen (Hg.). *Bericht über die Verhandlungen des Kongresses für Katechetik. Wien 1912.* 2 Bde. (Wien 1913).
–, *Wesen und Aufgaben der Politik* (Innsbruck 1930).
–, *Die wirtschaftsethischen Lehren der Kirchenväter* (Wien 1907).
Spahn, Martin. »Die christlich-soziale Partei der Deutschen Österreichs«. *Hochland* 5 (1908): 544–59.
Spitzmüller, Alexander. »*... Und hat auch Ursach es zu lieben*« (Wien 1955).
Sociale Vorträge gehalten bei dem Wiener socialen Vortrags-Curse 1894. Franz M. Schindler (Hg.) (Wien 1895).
Stauracz, Franz. *Dr. Karl Lueger. Zehn Jahre Bürgermeister* (Wien 1907).
Suess, Eduard. *Erinnerungen* (Leipzig 1916).
Täubler, Alexander. *Österreichische Volksschulzustände. Ein Wort an das Volk und seine Lehrer* (Wien 1897).
Toniolo, Giuseppe. *Lettere. Vol. 1.1871–1895*, Guido Anichini und Nello Vian (Hg.). (Città del Vaticano 1952).
Der Verein der Verfassungsfreunde im VII. Bezirke von 1873–1888. Eine Vereins-Chronik (Wien 1888).
Vergani, Ernst. *Die Judenfrage in Oesterreich.* (Leipzig 1892).
Verhandlungen der am 23., 24., 25, September 1897 in Köln abgehaltenen Generalversammlung des Vereins für Sozialpolitik (Leipzig 1898).
Verhandlungen des II. Allgemeinen österreichischen Katholikentages (Wien 1889).
Der Verleumdungsfeldzug gegen Dr. Gessmann. Vergani, ›Deutsches Volksblatt‹ und Baukreditbank (Wien 1911).

Vetter, Cornelius. *Nur für Mechaniker Schneider. Eine Erwiderung*. (Wien 1886).
Violand, Ernst. *Die sociale Geschichte der Revolution in Österreich*. (Leipzig 1850).
Vogelsang, Marie Freiin von. »Aus dem Leben des Sozialpolitikers Frh. Karl von Vogelsang«. *DNR* 7 (1924): 43–46, 64–66.
Wagner, Josef. »Joseph Scheicher«. *Hochland* 24 (1926–27).
Walcher, Konrad. *Die Politik der Christlichsozialen im neuen Reichsrate. Eine Übersicht über die Tätigkeit der christlichsozialen Vereinigung in dem ersten Sessionsabschnitt der XVIII. Legislaturperiode vom 17. Juni–24. Juli 1907*. (Wien 1908).
Der Wald- und Wiesengürtel und die Höhenstraße der Stadt Wien. (Wien 1905).
Weiß, Albert Maria. *Lebensweg und Lebenswerk. Ein modernes Prophetenleben*. (Freiburg 1925).
–, »Persönliche Glossen über die gegenwärtige Lage.« *TPQS* 49 (1895): 978–91.
Weiss, Carl. *Entwicklung der Gemeinde-Verfassung der Stadt Wien, 1221–1850* (Wien 1867).
Werkmann, Karl. *Der Tote auf Madeira* (München 1923).
Wien am Anfang des XX. Jahrhunderts. Ein Führer in technischer und künstlerischer Richtung (Wien 1905).
W-m-r, J. *Der Judenhass* (Wien 1873).
Zeif, Josef. »Was verdankt die Pädagogik der Lebensarbeit Willmanns?« *Österreichische Pädagogische Warte* 14 (1919): 70–77.
Zenker, Ernst Victor. *Ein Mann im sterbenden Österreich. Erinnerungen aus meinem Leben* (Reichenberg 1935).
–, *Die Wiener Revolution 1848 in ihren socialen Voraussetzungen und Beziehungen* (Wien und Leipzig 1897).

Sekundärliteratur

Ableitinger, Alfred. *Ernest von Koerber und das Verfassungsproblem im Jahre 1900. Österreichische Nationalitäten- und Innenpolitik zwischen Konstitutionalismus, Parlamentarismus und oktroyiertem allgemeinem Wahlrecht* (Wien 1973).
Achs, Oskar (Hg.) *Otto Glöckel. Ausgewählte Schriften und Reden* (Wien 1985).
Achs, Oskar, und Eva Tesar. »Aspekte sozialistischer Schulpolitik am Beispiel Täublers und Furtmüllers«, in: *Neuere Studien zur Arbeitergeschichte*.
Achs, Oskar, und Albert Krassnigg. *Drillschule-Lernschule-Arbeitsschule. Otto Glöckel und die österreichische Schulreform in der Ersten Republik* (Wien 1974).
Ackerl, Isabella, Walter Hummelberger und Hans Mommsen (Hgg.). *Politik und Gesellschaft im Alten und Neuen Österreich. Festschrift für Rudolf Neck zum 60. Geburtstag*. 2 Bde. (Wien 1981).
Adler, Emanuel. *Über die Lage des Handwerks in Österreich* (Freiburg i. B. 1898).

Allmayer-Beck, Johann Christoph. *Ministerpräsident Baron Beck. Ein Staatsmann des alten Österreich* (Wien 1956).
Anderson, Margaret Lavinia. *Practicing Democracy. Elections and Political Culture in Imperial Germany* (Princeton 2003).
–, »Voter, Junker, *Landrat*, Priest: The Old Authorities and the New Franchise in Imperial Germany.« *AHR*, 98 (1993): 1448–1474.
Ardelt, Rudolf G. *Friedrich Adler. Probleme einer Persönlichkeitsentwicklung um die Jahrhundertwende* (Wien 1984).
Arkel, Dirk van. *Antisemitism in Austria* (Leiden 1966).
Bauer, Stephan. »Die Heimarbeit und ihre geplante Regelung in Österreich«, *ASGSP,* 10 (1897): 239–71.
Beller, Steven. *Vienna and the Jews 1867–1938. A Cultural History* (Cambridge 1989).
Benedikt, Heinrich. *Die Friedensaktion der Meinlgruppe 1917/18. Die Bemühungen um einen Verständigungsfrieden nach Dokumenten, Aktenstücken und Briefen* (Graz 1962).
Berger, Günther. *Bürgermeister Dr. Karl Lueger und seine Beziehungen zur Kunst* (Frankfurt am Main 1998).
Berger, Peter. *Im Schatten der Diktatur. Die Finanzdiplomatie des Vertreters des Völkerbundes in Österreich, Meinoud Marinus Rost van Tonningen 1931–1936* (Wien 2000).
Bobek, Hans, und Lichtenberger, Elisabeth. *Wien. Bauliche Gestalt und Entwicklung seit der Mitte des 19. Jahrhunderts* (Graz 1966).
Bombiero-Kremanać, Julius. »Die Entwicklung der staatlichen Kongruagesetzgebung in Österreich«, *ZSSR,* 12 (1922): 110–67.
Bosmans, Louis. *August Schaurhofer 1872–1928. Ein Leben im Dienst der christlichen Sozialarbeit* (Wien 1978).
Botstein, Leon. *Judentum und Modernität. Essays zur Rolle der Juden in der deutschen und österreichischen Kultur 1848 bis 1938* (Wien 1991).
Boyer, John W. »Catholic Priests in Lower Austria: Anti-Liberalism, Occupational Anxiety, and Radical Political Action in Late Nineteenth Century Vienna«, *PAPS,* 118 (1974): 377–369.
–, *Culture and Political Crisis in Vienna: Christian Socialism in Power, 1897–1918* (Chicago 1995).
–, »Freud, Marriage and Late Viennese Liberalism: A Commentary from 1905«, *JMH,* 50 (1978): 72–102.
–, *Political Radicalism in Late Imperial Vienna: The Origins of the Christian Social Movement, 1848–1897* (Chicago 1981).
–, »Religion and Political Development in Central Europe around 1900: A View from Vienna«, *AHY,* 25 (1994): 13–57.
–, »Silent War and Bitter Peace. The Austrian Revolution of 1918«, *AHY,* 34 (2003): 1–56.

–, »Some Reflections on the Problem of Austria, Germany, and Mitteleuropa«, *CEH*, 22 (1989): 301–15.
Bowman, William D. *Priest and Parish in Vienna, 1780 to 1880* (Boston 1999).
Brandt, Harm-Hinrich. *Der österreichische Neoabsolutismus. Staatsfinanzen und Politik, 1848–1860*. 2 Bde. (Göttingen 1978).
Braunthal, Julius. *Victor und Friedrich Adler. Zwei Generationen Arbeiterbewegung.* (Wien 1965).
Broch, Hermann. *Hofmannsthal und seine Zeit. Eine Studie* (München 1964).
Broucek, Peter (Hg.). *Ein General im Zwielicht. Die Erinnerungen Edmund Glaises von Horstenau*. 3 Bde. (Wien 1980–88).
Brown, Karen B. *Karl Lueger, the Liberal Years: Democracy, Municipal Reform, and the Struggle for Power in the Vienna City Council, 1875–1882* (New York 1982).
Bruckmüller, Ernst. *Landwirtschaftliche Organisationen und gesellschaftliche Modernisierung* (Salzburg 1977).
Bürgertum in der Habsburger-Monarchie. 10 Bde. (Wien 1990–2003).
Charmatz, Richard. *Adolf Fischhof. Das Lebensbild eines österreichischen Politikers* (Stuttgart und Berlin 1910).
Chlumecky, Leopold von. *Erzherzog Franz Ferdinands Wirken und Wollen* (Berlin 1929).
Clare, George. *Last Waltz in Vienna. The Rise and Destruction of a Family, 1842–1942* (New York 1982).
Cohen, Gary B. *Education and Middle-Class Society in Imperial Austria, 1848–1918* (West Lafayette, Indiana, 1996).
–, *The Politics of Ethnic Survival. Germans in Prague, 1861–1914*. 2nd Edition (West Lafayette, Indiana, 2006).
–, »Nationalist Politics and the Dynamics of State and Civil Society in the Habsburg Monarchy 1867–1914«, *CEH*, 40 (2007): 241–78.
–, »Neither Absolutism Nor Anarchy: New Narratives on Society and Government in Late Imperial Austria«, *AHY*, 29 (1998): 37–61.
Cornwall, Mark. »Morale and Patriotism in the Austro-Hungarian Army, 1914–1918.« In: John Horne (Hg,). *State, Society, and Mobilization in Europe during the First World War* (Cambridge 1997).
–, *The Undermining of Austria-Hungary. The Battle for Hearts and Minds* (New York 2000).
Csendes, Peter und Ferdinand Opll (Hgg.). *Wien. Geschichte einer Stadt*. 3 Bde., (Wien 2001–2006).
Czedik, Alois. *Zur Geschichte der k.k. österreichischen Ministerien 1861–1916*. 4 Bde. (Teschen 1917–20).
Czeike, Felix. *Liberale, christlichsoziale und sozialdemokratische Kommunalpolitik (1861–1934)* (Wien 1962).
–, *Wien und seine Bürgermeister. Sieben Jahrhunderte Wiener Stadtgeschichte* (Wien und München 1974).
Decker, Hannah S. *Freud, Dora, and Vienna 1900* (New York 1991).

Dillard, Victor. »Eine Stunde mit Msgr. Seipel«, *ÖGL*, 6 (1962): 447–454.
Dopsch, Heinz, und Hans Spatzenegger (Hgg.). *Geschichte Salzburgs. Stadt und Land. Band II. Neuzeit und Zeitgeschichte. 2. Teil* (Salzburg 1988).
Dosedla, Heinrich. *Von Habsburg bis Hitler. Österreich vor dem Anschluss* (Wien 2008).
Durig, Arnold. »Physiologie als Unterrichtsgegenstand. Erhebungen über die Ernährung der Wiener Bevölkerung«, *WMW*, 68 (1918): 1917–49.
Ebert, Kurt. *Die Anfänge der modernen Sozialpolitik in Österreich. Die Taaffesche Sozialgesetzgebung für die Arbeiter im Rahmen der Gewerbeordnungsreform (1879–1885)* (Wien 1975).
Ebneth, Rudolf. *Die österreichische Wochenschrift »Der christliche Ständestaat«. Deutsche Emigration in Österreich 1933–1938* (Mainz 1976).
Eder, Franz X., Peter Eigner, Andreas Resch und Andreas Weigl. *Wien im 20. Jahrhundert. Wirtschaft, Bevölkerung, Konsum* (Innsbruck 2003).
Edmondson, C. Earl. *The Heimwehr and Austrian Politics, 1918–1936* (Athens, Georgia, 1978).
Ehalt, Hubert Ch., Gernot Heiss und Hannes Stekl (Hgg.). *Glücklich ist, wer vergisst…? Das andere Wien um 1900* (Wien 1986).
Enderes, Bruno, Emil Ratzenhofer und Paul Höger. *Verkehrswesen im Kriege* (Wien 1931).
Enderle-Burcel, Gertrude (Hg.). *Christlich-Ständisch-Autoritär. Mandatare im Ständestaat 1934–1938* (Wien 1991).
Engelbrecht, Helmut. *Geschichte des österreichischen Bildungswesens. Erziehung und Unterricht auf dem Boden Österreichs.* 5 Bde. (Wien 1982–88).
Engel-Janosi, Friedrich. *Österreich und der Vatican 1846–1918.* 2 Bde. (Graz 1958–60).
Erhard, Benedikt. *Bauernstand und Politik. Zur Geschichte des Tiroler Bauernbundes.* (Wien 1981).
Exner, Franz. *Krieg und Kriminalität in Österreich* (Wien 1927).
Feldbauer, Peter. *Stadtwachstum und Wohnungsnot. Determinanten unzureichender Wohnungsversorgung in Wien 1848 bis 1914* (Wien 1977).
Fellner, Fritz (Hg.). *Dichter und Gelehrter. Hermann Bahr und Josef Redlich in ihren Briefen 1896–1934* (Salzburg 1980).
Flieder, Victor (Hg.). *Festschrift Franz Loidl zum 65. Geburtstag.* 3 Bde. (Wien 1970).
Fontana, Josef. *Geschichte des Landes Tirol. Band 3. Vom Neubau bis zum Untergang der Habsburgermonarchie (1848–1918)* (Bozen 1987).
Franke, F. »Der Säcular-Clerus Österreichs im Jahre 1875«, *SM*, 3 (1877): 275–78.
Frankl, Wilhelm. *Zur Reform der Gewerbegesetzgebung* (Wien 1876).
Franz-Ferron, J. *Neu-Wien. Rückblick auf die Geschichte der am 21. December 1891 zur Commune Wien einverleibten Vororte-Gemeinden* (Korneuburg 1892).
Freidenreich, Harriet Pass. *Jewish Politics in Vienna, 1918–1938* (Philadelphia 1991).

Freundlich, Emmy. »Die Frauenarbeit im Krieg«, in: Ferdinand Hanusch und Emanuel Adler (Hgg.). *Die Regelung der Arbeitsverhältnisse im Kriege* (Wien 1927).
Frisch, Michael H. »Urban Theorists, Urban Reform, and American Political Culture in the Progressive Period«, *PSQ,* 97 (1982): 295–315.
Fröschl, Erich, Maria Mesner und Helge Zoitl (Hgg.). *Die Bewegung. Hundert Jahre Sozialdemokratie in Österreich* (Wien 1990).
Fuchs, Carl Johannes. »Die Entwicklung der Gemeindebetriebe in Deutschland und im Ausland«, *SVSP* 132 (1909): 29–110.
Führ, Christoph. *Das K.u.K. Armeeoberkommando und die Innenpolitik in Österreich 1914–1917* (Graz 1968).
Fürth, Emil von. *Die Einkommensteuer in Österreich und ihre Reform* (Leipzig 1892).
Galántai, József. *Hungary in the First World War* (Budapest 1989).
Garver, Bruce M. *The Young Czech Party, 1874–1901, and the Emergence of a Multi-Party System* (New Haven 1978).
Geehr, Richard S. *Karl Lueger. Mayor of fin de siècle Vienna* (Detroit 1990).
–, John Heineman, and Gerald Herman. »*Wien 1910*: An Example of Nazi Anti-Semitism«, *Film and History,* 15 (1985): 50–64.
Gerschenkron, Alexander. *An Economic Spurt That Failed. Four Lectures in Austrian History* (Princeton 1977).
Giustino, Cathleen M. *Tearing Down Prague's Jewish Town. Ghetto Clearance and the Legacy of Middle-Class Ethnic Politics around 1900* (New York 2003).
Glettler, Monika. *Die Wiener Tschechen um 1900. Strukturanalyse einer nationalen Minderheit in der Großstadt* (München 1972).
Good, David F. *The Economic Rise of the Habsburg Empire, 1750–1914* (Berkeley 1984).
–, »The State and Economic Development in Central and Eastern Europe.« In: Alice Teichova and Herbert Matis (Hgg.). *Nation, State, and the Economy in History.* (Cambridge 2003).
Görlich, Ernst Joseph. »Ein Katholik gegen Dollfuß-Österreich. Das Tagebuch des Sozialreformers Anton Orel«, *MÖSTA,* 26 (1973): 375–415.
Gott erhalte Österreich. Religion und Staat in der Kunst des 19. Jahrhunderts (Eisenstadt o.J. [1990]).
Grandner, Margarete. *Kooperative Gewerkschaftspolitik in der Kriegswirtschaft. Die freien Gewerkschaften Österreichs im ersten Weltkrieg* (Wien 1992).
Gruber, Helmut. *Red Vienna: Experiment in Working-Class Culture, 1919–1934* (New York 1991).
Gutkas, Karl. *Geschichte des Landes Niederösterreich.* 3 Bde. (Wien 1959–62).
Hacohen, Malachi Haim. »Dilemmas of Cosmopolitanism: Karl Popper, Jewish Identity, and ›Central European Culture‹«, *JMH,* 71 (1999): 105–49.
–, *Karl Popper. The Formative Years, 1902–1945. Politics and Philosophy in Interwar Vienna* (Cambridge 2000).

Hafner, Herta. »Vizebürgermeister Heinrich Hierhammer – ein bürgerlicher Aufsteiger«, *CD,* 6 (1988): 185–96.
Haiko, Peter und Renata Kassal-Mikula (Hgg.), *Otto Wagner und das Kaiser Franz Josef-Stadtmuseum. Das Scheitern der Moderne in Wien* (Wien 1988).
Haiko, Peter, Harald Leupold-Löwenthal und Mara Reissberger. »›Die weiße Stadt‹ – Der ›Steinhof‹ in Wien. Architektur als Reflex der Einstellung zur Geisteskrankheit«, *Kritische Berichte,* 9 (1981): 3–37.
Hämmerle, Christa (Hg.). *Kindheit im Ersten Weltkrieg* (Wien 1993).
Hannak, Jacques. *Karl Renner und seine Zeit. Versuch einer Biographie* (Wien 1965).
Harrington-Müller, Diethild. *Der Fortschrittsklub im Abgeordnetenhaus des österreichischen Reichsrats 1873–1910* (Wien 1972).
Hartmann, Gerhard. *Im Gestern bewährt, im Heute bereit. 100 Jahre Carolina. Zur Geschichte des Verbandskatholizismus* (Graz 1988).
Häusler, Wolfgang. »Ernst von Violand (1818–1875). Der Lebensweg eines österreichischen Demokraten«, *JIDG,* 6 (1977): 182–213.
–, »Hermann Jellinek (1823–1848). Ein Demokrat in der Wiener Revolution«, *JIDG,* 5 (1976): 125–75.
–, »Hermann Jellinek im Vormärz. Seine Entwicklung zum revolutionären Demokraten«, in: *Beiträge zur neueren Geschichte Österreichs,* Heinrich Fichtenau und Erich Zöllner (Hgg.) (Wien 1974).
–, »Konfessionelle Probleme in der Wiener Revolution von 1848«, in: *Studia Judaica Austriaca. Vol. 1. Das Judentum im Revolutionsjahr 1848.* (Wien und München 1974).
–, *Von der Massenarmut zur Arbeiterbewegung. Demokratie und soziale Frage in der Wiener Revolution von 1848* (Wien 1979).
Havránek, Jan. »Soziale Struktur und politisches Verhalten der gross-städtischen Wählerschaft im Mai 1907 – Wien und Prag im Vergleich«, in: *Politik und Gesellschaft im Alten und Neuen Österreich.*
Hawlik, Johannes. *Der Bürgerkaiser. Karl Lueger und seine Zeit* (Wien 1985).
Healy, Maureen. *Vienna and the Fall of the Habsburg Empire. Total War and Everyday Life in World War I* (Cambridge 2004).
Heindl, Waltraud. *Gehorsame Rebellen. Bürokratie und Beamte in Österreich 1780 bis 1848* (Wien 1991).
Heinl, Eduard. *Ein Leben für Österreich* (Wien 1955).
Herrnritt, Rudolf von. »Zur Reform der inneren Verwaltung in Österreich«, *ÖRD,* 1 (1904–5): 645–49.
Höbelt, Lothar. *Kornblume und Kaiseradler. Die deutschfreiheitlichen Parteien Altösterreichs 1882–1918* (Wien 1993).
Hofer, Hans-Georg. »War Neurosis and Viennese Psychiatry in World War One.« In: Jenny Macleod and Pierre Purseigle (Hgg.), *Uncovered Fields. Perspectives in First World War Studies* (Leiden 2004).

Hoffmann-Holter, Beatrix. *»Abreisendmachung«: Jüdische Kriegsflüchtlinge in Wien 1914–1923* (Wien 1995).
Hösl, Wolfgang, und Gottfried Pirhofer. *Wohnen in Wien 1814–1938. Studien zur Konstitution des Massenwohnens* (Wien 1988).
Huber, Augustin K. (Hg.). »Franz Kordačs Briefe ins Germanikum (1879–1816)«, *Archiv für Kirchengeschichte von Böhmen-Mähren-Schlesien* 1 (1967): 62–184.
Hudal, Alois (Hg.). *Der Katholizismus in Österreich: Sein Wirken, Kämpfen und Hoffen* (Innsbruck 1931).
100 Jahre Unterrichtsministerium 1848–1948. Festschrift des Bundesministeriums für Unterricht in Wien (Wien 1948).
Jagschitz, Gerhard. »Bundeskanzler Engelbert Dollfuß und der Juli 1934«, in: *Vom Justizpalast zum Heldenplatz. Studien und Dokumentationen 1927 bis 1938.*
Jedlička, Ludwig, und Rudolf Neck (Hgg.), *Vom Justizpalast zum Heldenplatz. Studien und Dokumentationen 1927 bis 1938* (Wien 1975).
Jellinek, Georg. *Allgemeine Staatslehre.* 3. Aufl. (Bad Homburg 1966).
Jenks, William A. *Austria under the Iron Ring, 1879–1893* (Charlottesville, Va., 1965).
–, *The Austrian Electoral Reform of 1907* (New York 1950).
John, Michael. *Hausherrenmacht und Mieterelend: Wohnverhältnisse und Wohnerfahrung der Unterschichten in Wien, 1890–1923* (Wien 1982).
Judson, Pieter M. *Exclusive Revolutionaries. Liberal Politics, Social Experience, and National Identity in the Austrian Empire, 1848–1914* (Ann Arbor, Michigan, 1996).
–, *Guardians of the Nation: Activists on the Language Frontiers of Imperial Austria* (Cambridge, Mass., 2006).
Kaizl, Josef. »Die Reform des Gewerberechts in Österreich vom Jahre 1883«, *JNS,* 42 (1884): 593–605.
Kammerhofer, Leopold. *Niederösterreich zwischen den Kriegen. Wirtschaftliche, politische, soziale und kulturelle Entwicklung von 1918 bis 1938* (Baden 1987).
Kane, Leon. *Robert Danneberg. Ein pragmatischer Idealist* (Wien 1980).
Kann, Robert A. *A Study in Austrian Intellectual History. From Late Baroque to Romanticism* (New York, 1960).
Karl, Barry D. *The Uneasy State. The United States from 1915 to 1945* (Chicago 1983).
Kerekes, Lajos. *Abenddämmerung einer Demokratie. Mussolini, Gömbös und die Heimwehr* (Wien 1966).
Kienböck, Victor. »Die Gürtler und Bronzearbeiter in Wien«, in: *Untersuchungen über die Lage des Handwerks,* SVSP, 71 (1896): 595–634.
King, Jeremy. *Budweisers into Czechs and Germans. A Local History of Bohemian Politics, 1848–1948* (Princeton 2002).
Klaus, Josef. *Macht und Ohnmacht in Österreich. Konfrontationen und Versuche* (Wien 1971).
Klečka, Thomas (Hg.). *Die Protokolle des Österreichischen Ministerrates 1848–1867. II.*

Abteilung. Das Ministerium Schwarzenberg. Band 1, 5. Dezember 1848–7. Jänner 1850 (Wien 2002).

–, und Anatol Schmied-Kowarzik (Hgg.), *Die Protokolle des Österreichischen Ministerrates 1848–1867. II. Abteilung. Das Ministerium Schwarzenberg. Band 2, 8. Jänner 1850–30. April 1850* (Wien 2005).

Klemperer, Klemens von. *Ignaz Seipel: Christian Statesman in a Time of Crisis* (Princeton 1972).

Klotz, Anton. *Dr. Aemilian Schöpfer. Priester und Volksmann* (Innsbruck 1936).

Knauer, Oswald. »Der Wiener Gemeinderat von 1861–1918. Parteibildung und Wahlen«, *Wiener Geschichtsblätter,* 19 (1964): 298–303, 366–77.

Kobatsch, Rudolf. »Das österreichische Gewerberecht und seine bevorstehende Reform«, *JNS,* 66 (1896): 785–847.

Koestler, Hugo. »Die Wiener Stadtbahn«, in: *Geschichte der Eisenbahnen der oesterreichisch-ungarischen Monarchie.* 4 Bde. (Wien 1898–1919).

Köhler, Peter A. and Hans F. Zacher (Hgg.). *The Evolution of Social Insurance, 1881–1981* (London 1982).

Koller-Glück, Elisabeth. *Otto Wagners Kirche am Steinhof* (Wien 1984).

Kolmer, Gustav. *Parlament und Verfassung in Österreich.* 8 Bde. (Wien 1902–14).

Komjáthy, Miklós (Hg.). *Protokolle des Gemeinsamen Ministerrates der Österreichisch-Ungarischen Monarchie (1914–1918)* (Budapest 1966).

Konrad, Helmut, und Wolfgang Maderthaner (Hgg.). *Neuere Studien zur Arbeitergeschichte. Zum fünfundzwanzigjährigen Bestehen des Vereins für Geschichte der Arbeiterbewegung.* 3 Bde. (Wien 1984).

Koren, Stephan. »Die Industrialisierung Österreichs – vom Protektionismus zur Integration. Entwicklung und Stand von Industrie, Gewerbe, Handel und Verkehr«, in: Wilhelm Weber (Hg.), *Österreichs Wirtschaftsstruktur. Gestern-Heute-Morgen.* 2 Bde. (Berlin 1961).

Kornberg, Jacques. *Theodor Herzl. From Assimilation to Zionism* (Bloomington 1993).

Ladd, Brian. *Urban Planning and Civic Order in Germany, 1860–1914* (Cambridge, Mass., 1990).

Ladner, Gottlieb. *Seipel als Überwinder der Staatskrise vom Sommer 1922. Zur Geschichte der Entstehung der Genfer Protokolle vom 4. Oktober 1922* (Graz 1964).

Langer-Ostrawsky, Gertrude. »Wiener Schulwesen um 1900«, in: Ehalt, Hubert Ch, Gernot Heiß, Hannes Stekl (Hgg.). *Glücklich ist, wer vergisst ...?* (Wien, Köln, Graz 1986).

Lasswell, Harold. *Power and Personality* (New York 1948).

Lazar, Erwin. »Der Krieg und die Verwahrlosung von Kindern und Jugendlichen. Heilpädagogische Rück- und Ausblicke«, in: *Volksgesundheit im Krieg.*

Lederer, Emil. »Die Angestelltenbewegung und Sozialpolitik in Oesterreich«, *ASSP,* 44 (1917–18): 896–905.

–, »Angestellten- und Beamtensozialpolitik«, *ASSP,* 33 (1911): 940–84.

–, »Die Bewegung der öffentlichen Beamten«, *ASSP*, 31 (1910): 660–709.
–, »Bewegung der öffentlichen Beamten und Beamtensozialpolitik«, *ASSP,* 35 (1912): 882–913; 37 (1913): 650–69.
–, »Mittelstandsbewegung«, *ASSP,* 31 (1910): 970–1026.
–, »Privatbeamtenbewegung«, *ASSP,* 31 (1910): 215–54.
Leiter, Friedrich. »Die Männerkleider-Erzeugung in Wien«, in: *Untersuchungen über die Lage des Handwerks, SVSP,* 71 (1896): 491–593.
–, *Die Verteilung des Einkommens in Österreich* (Wien 1907).
Lesky, Erna. »Clemens von Pirquet«, *WKW,* 67 (1955): 638–39.
–, »Der erste Weltkrieg: eine biologische Katastrophe Wiens«, *Österreichische Ärzte-Zeitung,* 25. Juni 1975.
Lewis, Gavin. »The Peasantry, Rural Change and Conservative Agrarianism. Lower Austria at the Turn of the Century«, *PP,* 81(November 1978): 119–43.
Lichtblau, Albert. *Wiener Wohnungspolitik 1892–1919* (Wien 1984).
Lindström, Frederik. *Empire and Identity: Biographies of the Austrian State Problem in the Late Habsburg Empire* (West Lafayette, Indiana, 2008).
–, »Ernest von Koerber and the Austrian State Idea: A Reinterpretation of the Koerber Plan (1900–1904)«, *AHY,* 35 (2004): 143–84.
Loewenfeld-Russ, Hans. *Die Regelung der Volksernährung im Kriege* (Wien 1926).
Luft, Robert. »Politischer Pluralismus und Nationalismus. Zu Parteiwesen und politischer Kultur in der tschechischen Nation vor dem ersten Weltkrieg«, *Österreichische Zeitschrift für Geschichtswissenschaften,* 2 (1991): 72–87.
Maderthaner, Wolfgang. »Die Entwicklung der Organisationstruktur der deutschen Sozialdemokratie in Österreich 1889 bis 1913«, in: *Sozialdemokratie und Habsburgerstaat.*
–, »Kirche und Sozialdemokratie. Aspekte des Verhältnisses von politischem Klerikalismus und sozialistischer Arbeiterschaft bis zum Jahre 1938«, in: *Neuere Studien zur Arbeitergeschichte.*
–, (Hg.). *Sozialdemokratie und Habsburgerstaat* (Wien 1988).
–, und Lutz Musner. *Die Anarchie der Vorstadt. Das andere Wien um 1900* (Frankfurt 1999).
Malfèr, Stefan (Hg.). *Die Protokolle des Österreichischen Ministerrates 1848–1867. IV. Abteilung. Das Ministerium Rechberg. Band 1, 19. Mai 1859 - 2/3 März 1860* (Wien 2003).
Matis, Herbert. *Österreichs Wirtschaft, 1848–1913* (Berlin 1972).
Mayer, Sigmund. *Die Wiener Juden. Kommerz, Kultur, Politik 1700–1900* (Wien 1918).
McCagg, William O., Jr. *A History of the Habsburg Jews, 1670–1918* (Bloomington, Indiana, 1989).
McGrath, William J. *Dionysian Art and Populist Politics in Austria* (New Haven 1974).
Megner, Karl. *Beamte. Wirtschafts- und sozialgeschichtliche Aspekte des k.k. Beamtentums* (Wien 1985).
Melinz, Gerhard, und Susan Zimmermann. *Über die Grenzen der Armenhilfe: Kommu-*

nale und staatliche Sozialpolitik in Wien und Budapest in der Doppelmonarchie (Wien 1991).

Melville, Ralph. »Der mährische Politiker Graf Egbert Belcredi (1816–1894) und die postfeudale Neuordnung Österreich«, in: *Deutschland und Europa. Festschrift für Karl Otmar Freiherr von Aretin zum 65. Geburtstag.* 2 Bde. (Mainz 1988).

Merkl, Adolf. »Seipel und die Demokratie«, *Der österreichische Volkswirt*, 12. August 1933, 1005–1008.

Merriam, Charles E., and Louise Overlacker, *Primary Elections* (Chicago 1928).

Mertens, Christian *Richard Weiskirchner (1861–1926). Der unbekannte Bürgermeister* (Wien 2006).

Miersch, Klausjürgen. *Die Arbeiterpresse der Jahre 1869 bis 1889 als Kampfmittel der österreichischen Sozialdemokratie* (Wien 1969).

Miko, Norbert. »Zur Mission des Kardinals Schönborn, des Bischofs Bauer und des Pater Albert Maria Weiss OP im Jahre 1895«, *RHM*, 5 (1961/62): 181–224.

Missong, Alfred. *August Schaurhofer: Ein Wiener Sozialapostel* (Wien 1936).

Molisch, Paul. »Anton v. Schmerling und der Liberalismus in Österreich«, *AÖG*, 116 (1943): 3–59.

–, *Die deutschen Hochschulen in Oesterreich* (München 1922).

–, *Geschichte der deutschnationalen Bewegung in Oesterreich von ihren Anfängen bis zum Zerfall der Monarchie* (Jena 1926).

–, *Politische Geschichte der deutschen Hochschulen in Oesterreich von 1848 bis 1918.* 2. Aufl. (Wien 1939).

–, (Hg.). *Briefe zur deutschen Politik in Österreich von 1848 bis 1918* (Wien 1934).

Mommsen, Hans. »Otto Bauer, Karl Renner und die sozialdemokratische Nationalitätenpolitik in Österreich, 1905–1914«, in: *Arbeiterbewegung und Nationale Frage* (Göttingen 1979).

–, *Die Sozialdemokratie und die Nationalitätenfrage im habsburgischen Vielvölkerstaat* (Wien 1963).

–, »Victor Adler und die Politik der österreichischen Sozialdemokratie im Ersten Weltkrieg«, in: *Politik und Gesellschaft im Alten und Neuen Österreich.*

Morgenbrod, Birgitt. *Wiener Grossbürgertum im Ersten Weltkrieg. Die Geschichte der ›Österreichischen Politischen Gesellschaft‹ (1916–1918)* (Wien 1994).

Mourret, Fernand. *L›église contemporaine.* Bd. 9 (Paris 1925).

Nautz, Jürgen (Hg.). *Unterhändler des Vertrauens. Aus den nachgelassenen Schriften von Sektionschef Dr. Richard Schüller.* (Wien 1990).

Neck, Rudolf (Hg.). *Arbeiterschaft und Staat im Ersten Weltkrieg 1914–1918.* 2 Bde. (Wien 1964–68).

–, »Karl Seitz – Mensch und Politiker. (Eine biographische Skizze)«, in: *Vom Justizpalast zum Heldenplatz. Studien und Dokumentationen 1927 bis 1938.*

–, (Hg.), *Österreich im Jahre 1918* (München 1968).

Nemec, Ludvik. »The Czech Jednota, the Avant-Garde of Modern Clerical Progressivism and Unionism«, *PAPS,* 112 (1968): 74–100.

Niewyk, Donald L. »Solving the ›Jewish Problem‹: Continuity and Change in German Antisemitism, 1871–1945.« *Year Book of the Leo Baeck Institute,* 35 (1990): 335–70.

Nipperdey, Thomas. »Die Organisation der bürgerlichen Parteien in Deutschland vor 1918«, in: *Gesellschaft, Kultur, Theorie. Gesammelte Aufsätze zur neueren Geschichte.*

Opitz, Alfred, und Franz Adlgasser (Hgg.). »*Der Zerfall der europäischen Mitte«. Staatenrevolution im Donauraum. Berichte der Sächsischen Gesandtschaft in Wien 1917–1919* (Graz 1990).

Österreichisches Staatswörterbuch. 2. Aufl., 4 Bde. (Wien 1905–9).

Owerdieck, Reinhard. *Parteien und Verfassungsfrage in Österreich. Die Entstehung des Verfassungsprovisoriums der Ersten Republik 1918–1920* (München 1987).

Pauley, Bruce F. *From Prejudice to Persecution. A History of Austrian Anti-Semitism* (Chapel Hill 1992).

Pelinka, Anton. *Stand oder Klasse? Die Christliche Arbeiterbewegung Österreichs 1933 bis 1938* (Wien 1972).

Perfahl, Brigitte. »Zum Marxismus-Defizit der österreichischen Sozialdemokratie 1889–1901«, in: *Geschichte als demokratischer Auftrag. Karl Stadler zum 70. Geburtstag* (Wien 1983).

Pfabigan, Alfred. »Das ideologische Profil der österreichischen Sozialdemokratie vor dem Ersten Weltkrieg«, in: *Die Bewegung.*

Pfarrhofer, Hedwig. *Friedrich Funder. Ein Mann zwischen Gestern und Morgen* (Graz 1978).

Philippovich, Eugen von. »Referat«, *SVSP,* 76 (1898): 72–84.

Pichl, Eduard. *Georg Schönerer und die Entwicklung des Alldeutschtums in der Ostmark.* 3. Aufl., 6 Bde. (Oldenburg 1938).

Pirquet, Clemens. »Ernährungszustand der Kinder in Österreich während des Krieges und der Nachkriegszeit«, in: *Volksgesundheit im Krieg.*

Popp, Gerhard. *CV in Österreich 1864–1938: Organisation, Binnenstruktur und politische Funktion* (Wien 1984).

Prewitt, Kenneth. »Social Sciences and Private Philanthropy: The Quest for Social Relevance«, *Aspen Institute Quarterly,* 1992: 109–41.

Pulzer, Peter. *The Rise of Political Anti-Semitism in Germany and Austria.* Revised Edition (Cambridge, Mass., 1988).

Radzyner, Joanna. *Stanislaw Madeyski 1841–1910. Ein austro-polnischer Staatsmann im Spannungsfeld der Nationalitätenfrage in der Habsburgermonarchie* (Wien 1983).

Rauscher, Walter. *Karl Renner. Ein österreichischer Mythos* (Wien 1995).

Rechter, David. *The Jews of Vienna and the First World War* (London 2001).

Redlich, Josef. *Österreichische Regierung und Verwaltung im Weltkriege* (Wien 1925).

–, *Das Wesen der österreichischen Kommunal-Verfassung* (Leipzig 1910).

Reingrabner, Gustav. »Der Evangelische Bund und die Los-von-Rom Bewegung in

Österreich«, in: Gottfried Maron (Hg.), *Evangelisch und Ökumenisch. Beiträge zum 100jährigen Bestehen des Evangelischen Bundes* (Göttingen 1986).

Rennhofer, Friedrich. *Ignaz Seipel. Mensch und Staatsmann. Eine biographische Dokumentation* (Wien 1978).

Reimann, Viktor. *Zu groß für Österreich. Seipel und Bauer im Kampf um die Erste Republik* (Wien 1968).

Rochelt, Hans (Hg.). *Adalbert Graf Sternberg 1868–1930. Aus den Memoiren eines konservativen Rebellen* (Wien 1997).

Rozenblit, Marsha L. *The Jews of Vienna, 1867–1914: Assimilation and Identity* (Albany 1983).

—, *Reconstructing a National Identity: The Jews of Habsburg Austria during World War I* (New York 2001).

Rumpler, Helmut, und Peter Urbanitsch (Hgg.). *Die Habsburger Monarchie 1949–1918. Politische Öffentlichkeit und Zivilgesellschaft. 1. Teilband. Vereine, Parteien und Interessenverbände als Träger politischer Partizipation.* Wien 2006.

Sauer, Walter. *Katholisches Vereinswesen in Wien. Zur Geschichte des christlichsozial-konservativen Lagers vor 1914* (Salzburg 1980).

Saurer, Edith. *Die politischen Aspekte der österreichischen Bischofsernennungen 1867–1903* (Wien 1968).

Sax, Emil. »Die österreichische Gewerbenovelle von 1883«, *JGVV*, 7 (1883): 867–908.

Scheichl, Sigurd Paul. »The Contexts and Nuances of Anti-Jewish Language: Were All ›Antisemites‹ Antisemites?« In: Ivar Oxaal, Michael Pollak, and Gerhard Botz (Hgg.), *Jews, Antisemitism and Culture in Wien* (London 1987).

Schidl, Victor. »Die österreichische Staatsbeamtenorganisation. Ihre Ziele und Methoden«, *Dokumente des Fortschritts*, 4 (1911): 92–96.

Schiesl, Martin J. *The Politics of Efficiency. Municipal Administration and Reform in America, 1880–1920* (Berkeley 1977).

Schiff, Walter. »Die ältere Gewerbestatistik in Österreich und die Entstehung der Betriebszählung vom Jahre 1902«, *SM*, 33 (1907): 613–39.

Schimmer, Gustav Adolf. *Die Bevölkerung von Wien und seiner Umgehung nach dem Beruf und der Beschäftigung* (Wien 1874).

Schmid-Egger, Barbara. *Klerus und Politik in Böhmen um 1900* (München 1974).

Schmidt, Johann. *Entwicklung der katholischen Schule in Österreich* (Wien 1958).

Schmitz, Georg. *Die Anfänge des Parlamentarismus in Niederösterreich. Landesordnung und Selbstregierung 1861–1873* (Wien 1985).

—, *Karl Renners Briefe aus Saint Germain und ihre rechtspolitischen Folgen* (Wien 1991).

—, *Der Landesamtsdirektor. Entstehung und Entwicklung* (Wien 1978).

—, *Die Vorentwürfe Hans Kelsens für die österreichische Bundesverfassung* (Wien 1981).

Schmoller, Gustav. *Zur Geschichte der deutschen Kleingewerbe im 19. Jahrhundert* (Halle 1870).

Schnee, Heinrich. *Karl Lueger* (Berlin 1960).

–, »Die politische Entwicklung des Wiener Bürgermeisters Dr. Karl Lueger. Vom liberalen Politiker zum christlichsozialen Führer«, *HJ* 76 (1956): 64–78.

Schober, Richard. »Ein Bischof im Kreuzfeuer der Tiroler Christlichsozialen und Konservativen. Der Rücktritt des Fürstbischofs von Brixen Dr. Simon Aichner (1904)«, *ÖGL*, 20 (1976): 387–405.

–, *Geschichte des Tiroler Landtages im 19. und 20. Jahrhundert* (Innsbruck 1984).

–, »Die Tiroler Konservativen in der Ära Taaffe«, *MÖSTA*, 29 (1976): 258–314.

–, »Das Verhältnis der Katholisch-Konservativen zu den Christlichsozialen in Tirol bis zu den Reichsratswahlen von 1907«, *TH*, 38 (1974): 139–73, und 39 (1975): 155–93.

Schorske, Carl E. *Fin de siècle Vienna. Politics and Culture* (New York 1980).

Schulze, Max-Stephan. »Austria-Hungary's Economy in World War I«, in: Stephen Broadberry and Mark Harrison (eds.), *The Economics of World War I* (Cambridge 2005).

Schüller, Ludwig. »Die Wiener Enquete über Frauenarbeit«, *ASGSS* 10 (1897): 379–416.

Schüller, Richard. »Die Schuhmacherei in Wien«, in: *Untersuchungen über die Lage des Handwerks, SVSP*, 71 (1896): 39–71.

Schultes, Gerhard. »Das ›Katholische Aktionskomitee für Niederösterreich.‹ Ein Beitrag zur Vorgeschichte der Katholischen Aktion in Wien«, in: *Festschrift Franz Loidl zum 65. Geburtstag*.

Schwiedland, Eugen. »Die Entstehung der Hausindustrie mit Rücksicht auf Österreich«, *ZVSV* 1 (1892): 146–70.

–, »Die Heimarbeit und ihre staatliche Regelung«, *Das Leben*, 1 (1897): 123–34.

–, *Kleingewerbe und Hausindustrie in Österreich*. 2 Bde. (Leipzig 1894).

–, *Der Reichsbund der katholischen deutschen Jugend Österreichs: Entstehung und Geschichte* (Wien 1967).

Seliger, Maren, und Karl Ucakar. *Wahlrecht und Wählerverhalten in Wien 1848–1932. Privilegien, Partizipationsdruck und Sozialstruktur* (Wien 1984).

–, *Wien, Politische Geschichte 1740–1934. Entwicklung und Bestimmungskräfte großstädtischer Politik*. 2 Bde. (Wien 1985).

Sieghart, Rudolf. *Die letzten Jahrzehnte einer Großmacht. Menschen, Völker, Probleme des Habsburger-Reichs* (Berlin 1932).

Siklós, András. *Revolution in Hungary and the Dissolution of the Multinational State, 1918* (Budapest 1988).

Silberbauer, Gerhard. *Österreichs Katholiken und die Arbeiterfrage* (Graz 1966).

Skalnik, Kurt. *Dr. Karl Lueger. Der Mann zwischen den Zeiten* (Wien 1954).

Slapnicka, Harry. *Christlichsoziale in Oberösterreich. Vom Katholikenverein 1848 bis zum Ende der Christlichsozialen 1934* (Linz 1984).

–, *Oberösterreich unter Kaiser Franz Joseph (1861 bis 1918)* (Linz 1982).

Soderini, Eduardo. *Il Pontificato di Leone XIII*. Vol. 1 (Milano 1932).

Somogyi, Éva (Hg.), *Die Protokolle des gemeinsamen Ministerrates der österreichisch-ungarischen Monarchie 1896–1907* (Budapest 1991).
Spitzer, Rudolf. *Des Bürgermeisters Lueger Lumpen und Steuerträger* (Wien 1988).
Staudinger, Anton. *Aspekte christlichsozialer Politik 1917 bis 1920*. Habilitationsschrift, Universität Wien, 1979.
–, »Christlichsoziale Judenpolitik in der Gründungsphase der österreichischen Republik«, in: *Jahrbuch für Zeitgeschichte*, (Wien 1979): 11–48.
–, »Christlichsoziale Partei und Errichtung des ›Autoritären Ständestaates‹ in Österreich«, in: *Vom Justizpalast zum Heldenplatz. Studien und Dokumentationen 1927 bis 1938.*
–, »Christlichsoziale Partei und Heimwehren bis 1927«, in: Rudolf Neck und Adam Wandruszka (Hgg.), *Die Ereignisse des 15. Juli 1927. Protokoll des Symposiums in Wien am 15. Juni 1977* (Wien 1979).
–, »Zur Entscheidung der christlichsozialen Abgeordneten für die Republik«, in: Isabella Ackerl und Rudolf Neck (Hgg.), *Österreich November 1918. Die Entstehung der Ersten Republik. Protokoll des Symposiums in Wien am 24. und 25. Oktober 1978* (Wien 1986).
Steiner, Herbert. *Karl Marx in Wien: Die Arbeiterbewegung zwischen Revolution und Restauration 1848* (Wien 1978).
Stourzh, Gerald. *Vom Reich zur Republik – Studien zum Österreichbewusstsein* (Wien 1990).
Strakosch-Grassmann, Gustav. *Das allgemeine Wahlrecht in Österreich seit 1848* (Leipzig und Wien 1906).
Studien zur Zeitgeschichte der österreichischen Länder. Band 1: Demokratisierung und Verfassung in den Ländern 1918–1920 (St. Pölten 1983).
Sutter, Berthold. *Die Badenischen Sprachenverordnungen von 1897. Ihre Genesis und ihre Auswirkungen vornehmlich auf die innerösterreichischen Alpenländer*. 2 Bde. (Graz 1960–65).
Swoboda, Heinrich. *Großstadtseelsorge* (Regensburg 1909).
Tálos, Emmerich, Ernst Hanisch und Wolfgang Neugebauer (Hgg.). *NS-Herrschaft in Österreich 1938–1945* (Wien 1988).
Till, Rudolf. *Geschichte der Wiener Stadtverwaltung in den letzten 200 Jahren* (Wien 1957).
–, »Die Mitglieder der ersten Wiener Gemeindevertretung im Jahre 1848«, *WG*, 5 (1950): 61–72.
Übleis, Anton. »Österreichische Leogesellschaft«, *Academia*, 26 (1913–14): 457–60.
Ucakar, Karl. *Demokratie und Wahlrecht in Österreich. Zur Entwicklung von politischer Partizipation und staatlicher Legitimationspolitik* (Wien 1985).
–, »Politische Legitimation und Parlamentarismus«, *ÖZP*, 9 (1980): 421–41.
Unfried, Berthold. »Entwicklungsebenen der Arbeiterbewegung in Österreich während des Ersten Weltkrieges«, in: *Die Bewegung.*

–, »Positionen der ›Linken‹ innerhalb der österreichischen Sozialdemokratie während des 1. Weltkrieges«, in: *Neuere Studien zur Arbeitergeschichte*.
Untersuchungen über die Lage des Handwerks in Österreich. SVSP, 71 (1896).
Valentin, Hellwig. »Der Prozess Schönerer und seine Auswirkungen auf die parteipolitischen Verhältnisse in Osterreich«, *ÖGL*, 16 (1972): 81–97.
Verosta, Stephan. »Ignaz Seipels Weg von der Monarchie zur Republik (1917–1919)«, in: *Die österreichische Verfassung von 1918 bis 1938* (München 1980).
Vistalli, Francesco. »Il Cardinale Antonio Agliardi. Una grande attività a servizio della Chiesa«, *La Scuola Cattolica*, 43 (1915): 139–154, 272–291.
Wächter, Karl T. »Die Gemeindebetriebe der Stadt Wien«, *SVSP*, 130 (1909): 95–222.
Waentig, Heinrich. *Gewerbliche Mittelstandspolitik* (Leipzig 1898).
Wagner, Richard. *Clemens von Pirquet. His Life and Work* (Baltimore 1968).
Weber, Christoph. *Quellen und Studien zur Kurie und zur Vatikanischen Politik unter Leo XIII.* (Tübingen 1973).
Wegs, J. Robert. *Growing Up Working Class: Continuity and Change among Viennese Youth, 1890–1938* (University Park 1989).
–, *Die österreichische Kriegswirtschaft 1914–1918* (Wien 1979).
Weidenholzer, Josef. *Auf dem Weg zum ›Neuen Menschen‹. Bildungs- und Kulturarbeit der österreichischen Sozialdemokratie in der Ersten Republik* (Wien 1981).
Weiler, Rudolf. »Katholische Soziallehre unterwegs«, in: *Festschrift Franz Loidl zum 65. Geburtstag*.
Weinstein, James. *The Corporate Ideal in the Liberal State: 1900–1918* (Boston 1968).
Weinzierl, Erika. »Aus den Anfängen der christlichsozialen Bewegung in Österreich. Nach der Korrespondenz des Grafen Anton Pergen«, *MÖSTA*, 14 (1961): 465–86.
–, »Aus den Anfängen der ›Österreichischen Monatsschrift für Gesellschaftswissenschaft und christliche Sozialreform‹„, in: *Im Dienst der Sozialreform. Festschrift für Karl Kummer* (Wien 1965).
–, *Die österreichischen Konkordate von 1855 und 1933* (Wien 1960).
Weiskirchner, Richard. »Das Hutmachergewerbe in Wien«, in: *Untersuchungen über die Lage des Handwerks*, SVSP, 71 (1896): 21–38.
–, »Die Zuckerbäckerei und die mit derselben verwandten Gewerbe in Wien«, in: *Untersuchungen über die Lage des Handwerks*, SVSP, 71 (1896): 1–19.
Weissensteiner, Johann. »Vom josephinischen Staatsbeamten zum Seelsorger der lebendigen Pfarrgemeinde. Zur Geschichte des Wiener Diözesanklerus von der josephinischen Pfarrregulierung bis zur Diözesansynode von 1937«, *RQ*, 87 (1992): 295–331.
Whiteside, Andrew G. *The Socialism of Fools. Georg Ritter von Schönerer and Austrian Pan-Germanism* (Berkeley 1975).
Wildner, Christian. *Von Wien nach Wien* (Wien 1961).
Winkler, Wilhelm. *Die Einkommensverschiebungen in Österreich während des Weltkrieges* (Wien 1930).
Winter, Ernst Karl. »Abel«, in: *Staatslexikon*, Bd 1 (Freiburg i. B. 1926).

—, *Ignaz Seipel als dialektisches Problem. Ein Beitrag zur Scholastikforschung* (Wien 1966).
Winter, Fritz. »Die Heimarbeit in der österreichischen Konfektionsindustrie«, *ASGSS,* 15 (1900): 725–39.
Wirth, Louis. »Urbanism as a Way of Life«, *AJS,* 44 (1938): 1–24.
Wistrich, Robert S. *Between Redemption and Perdition. Modern Antisemitism and Jewish Identity* (London 1990).
—, *The Jews of Vienna in the Age of Franz Joseph* (Oxford 1989).
—, *Socialism and the Jews. The Dilemmas of Assimilation in Germany and Austria-Hungary.* (Rutherford, N. J., 1982).
Wittek, Heinrich. »Die kriegswirtschaftlichen Organisationen und Zentralen in Österreich«, *ZVSV,* N.S. 2 (1922): 24–90, 226–47.
Wladika, Michael. *Hitlers Vätergeneration. Die Ursprünge des Nationalsozialismus in der k. u. k. Monarchie* (Wien 2005).
Wohl, Robert. »French Fascism, Both Right and Left: Reflections on the Sternhell Controversy«, *JMH,* 63 (1991): 91–98.
Wohnout, Helmut. *Regierungsdiktatur oder Ständeparlament. Gesetzgebung im autoritären Österreich* (Wien 1993).
—, und Johannes Schönner. »Das politische Tagebuch von Julius Raab 1953/1954. Neue Erkenntnisse zu den ersten Jahren seiner Kanzlerschaft«, in: *Demokratie und Geschichte. Jahrbuch des Karl von Vogelsang-Instituts zur Erforschung der Geschichte der christlichen Demokratie in Österreich,* 7/8 (2003–2004): 15–71.
Zahra, Tara. *Kidnapped Souls. National Indifference and the Battle for Children in the Bohemian Lands, 1900–1948* (Ithaca 2008).
Zatschek, Heinz. *Handwerk und Gewerbe in Wien* (Wien 1949).
—, *550 Jahre jung sein. Die Geschichte eines Handwerks* (Wien 1958).

Dissertationen

Adelmeier, Werner. »Ernst Vergani«. Dissertation, Universität Wien, 1969.
Albertin, Lothar. »Nationalismus und Protestantismus in der österreichischen Los-von-Rom Bewegung um 1900«. Dissertation, Universität Köln, 1953.
Binder, Edeltrude. »Doktor Albert Gessmann«. Dissertation, Universität Wien, 1950.
Botstein, Leon. »Music and Its Public. Habits of Listening and the Crisis of Musical Modernism in Vienna, 1870–1914«. Dissertation, Harvard University, 1985.
Braun, Fritz. »Der politische Lebensweg des Bürgermeisters Richard Schmitz«. Dissertation, Universität Wien, 1968.
Burger, Erwin. »Die Frage der Bestätigung der Wahl Dr. Karl Luegers zum Bürgermeister von Wien«. Dissertation, Universität Wien, 1952
Csoklich, Fritz. »Das Nationalitätenproblem in Österreich-Ungarn und die christlichsoziale Partei«. Dissertation, Universität Wien, 1952.

David, Hedwig. »Joseph Scheicher als Sozialpolitiker«. Dissertation, Universität Wien, 1946.
Deters, Fred. »The Role of the Suburbs in the Modernization of Vienna«. Dissertation, University of Chicago, 1974.
Fertl, Karl. »Die Deutschnationalen in Wien im Gegensatz zu den Christlichsozialen bis 1914«. Dissertation, Universität Wien, 1973.
Fiala, Brigitte. »Der Wiener Gemeinderat in den Jahren 1879 his 1883«. Dissertation, Universität Wien, 1974.
Gipp, Susanne. »Dr. Alfred Ebenhoch (1855–1912)«. Dissertation, Universität Wien, 1974.
Hafner, Herta. »Heinrich Hierhammer. Vizebürgermeister von Wien, 1905–1918. Ein bürgerlicher Aufsteiger«. Diplomarbeit, Universität Wien, 1988.
Hahnkamper, Gertrude. »Der Wiener Gemeinderat zwischen 1861 und 1864«. Dissertation, Universität Wien, 1973.
Harden, Birgit. »Das Amt des Bürgermeisters der Stadt Wien in der Liberalen Ära, 1861–1895«. Dissertation, Universität Wien, 1967
Harrer, Karl. »Dr. Richard Weiskirchner«. Dissertation, Universität Wien, 1950.
Helmle, Martha. »Die Tätigkeit des Wiener Gemeinderates von 1889–1892«. Dissertation, Universität Wien, 1974
Honeder, Josef. »Prälat Johann Nepomuk Hauser (1866–1927)«. Dissertation, Universität Wien, 1964.
Jelinek, Elisabeth. »Der politische Lebensweg Dr. Heinrich Matajas«. Dissertation, Universität Wien, 1970.
Kendl, Joseph. »Joseph Scheicher«. Dissertation, Universität Salzburg, 1967.
Kraus, Therese. »Die Entstehung des ›Niederösterreichischen Bauernbunds‹«. Dissertation, Universität Wien, 1950.
Kretschmer, Helmut. »Dr. Julius Newald. Bürgermeister von Wien«. Dissertation, Universität Wien, 1971.
Kunze, Margot. »Dr. Karl Lueger als Gemeinderat von 1875–1896«. Dissertation, Universität Wien, 1968.
Liebmann, Maximilian. »Die Rolle Kardinal Piffls in der österreichischen Kirchenpolitik seiner Zeit«. Dissertation, Universität Graz, 1960.
Meier, Heinz. »Die österreichischen Christlichsozialen während des ersten Weltkrieges«. Dissertation, Universität Wien, 1966.
Miko, Norbert. »Die Vereinigung der Christlichsozialen Reichspartei und des Katholisch-Konservativen Zentrums im Jahre 1907«. Dissertation, Universität Wien, 1949.
Moritz, Johannes. »Dr. Ludwig Psenner – von der antisemitischen Volksbewegung zur christlichsozialen Reform«. Dissertation, Universität Wien, 1962.
Ninkov, Benno. »Die politischen Anfänge Dr. Karl Luegers im Lichte der Wiener Presse«. Dissertation, Universität Wien, 1946.
Patzer, Franz. »Die Entwicklungsgeschichte der Wiener Sozialdemokratischen Gemein-

deratsfraktion. Von ihren Anfängen bis zum Ausbruch des ersten Weltkrieges«. Dissertation, Universität Wien, 1949.

Prammer, Johann. »Konservative und Christlichsoziale Politik im Viertel ob dem Wienerwald 1848–1918«. Dissertation, Universität Wien, 1973.

Sakrawa, Gertrud. »Ferdinand Kronawetter. Ein Wiener Demokrat«. Dissertation, Universität Wien, 1947.

Schmitz, Gertrud. »Die Entwicklungsgeschichte der christlichen Volksbewegung in Österreich«. Dissertation, Universität Wien, 1938.

Spann, Gustav. »Zensur in Österreich während des 1. Weltkrieges 1914–1918«. Dissertation, Universität Wien, 1972.

Stöger, Gertrud. »Die politischen Anfänge Luegers«. Dissertation, Universität Wien, 1941.

Tezuka, Hajime. »Die Junglehrer-Bewegung. Vorgeschichte der Schulreform Glöckels«. Dissertation, Universität Wien, 1981.

Uhl, Elisabeth. »Eduard Uhl. Bürgermeister der Stadt Wien, 1882–1889«. Dissertation, Universität Wien, 1950.

Weber, Clemens. »Karl Hermann Wolf (1862–1941)«. Dissertation, Universität Wien, 1975.

Wondratsch, Gerda. »Karl Seitz als Schulpolitiker. Die Zeit bis zum Ersten Weltkrieg«. Dissertation, Universität Wien, 1978.

Register

A

Abel, Heinrich 60, 66, 106, 107, 352, 437
Abraham a Sancta Clara 190
Adler, Friedrich 363f.
Adler, Guido 214, 258
Adler, Max 247
Adler, Victor 71, 100, 112, 118, 172, 175, 226, 232f., 266f., 273, 339, 363f., 405, 407
Agliardi, Antonio 149, 150–155
Altenweisel, Joseph 292
Ambrosius von Mailand 423
Anderle, Adolf 282, 335
Anderson, Margaret L. 438
Appel, Karl 313
Auersperg, Fürst Karl 268
Austerlitz, Friedrich 340, 363f.
Austriacus 39
Axmann, Julius 176, 315, 325, 330

B

Bach, Alexander 20f.
Bach, Anton 254, 260
Badeni, Kasimir Graf 51,118, 164, 168–173, 175f., 182, 227, 229, 251, 287f.
Badeni, Louis Graf 171
Bader, Karl 217
Baechlé. Josef von 251
Baernreither, Joseph 226–229, 287
Bahr, Hermann 396
Bánffy, Deszö Baron 169
Bauchinger, Matthäus 59, 148
Bauer, Franz von Sales 153
Bauer, Otto 71f., 247, 364, 401, 404, 435
Baumann, Anton 113f., 117f., 163, 244
Beck, Max Vladimir von 271–276, 280, 285f., 291–293, 341
Belcredi, Egbert Graf 32, 34f., 52, 65, 107, 109, 111, 155, 177, 276

Benedikt, Moritz 99
Berchtold, Leopold Graf 365
Bergauer, Johann 253
Bielohlawek, Hermann 67, 176, 193, 234, 252, 255f., 277, 330f., 337
Bienerth, Richard 273, 317, 324, 326, 333f., 336, 338, 341, 348, 366–369
Billroth, Theodor 41
Binder, Matthäus 56, 152
Bismarck, Otto Fürst 108
Blaschek, Joseph 51
Blasel, Leopold 391, 393
Bloch, Joseph 91, 94, 253
Blome, Gustav 111
Boschan, Georg 143
Botstein, Leon 188
Bräunlich, Paul 229
Brauns, Heinrich 354, 356
Brejčka, Johann 384
Broch, Hermann 456
Brüning, Heinrich 217
Brunner, Lucian 252
Bunten, James 89
Burian, Hildegard 396
Burián, Stephan Graf 371, 386
Buschenhagen, Josef 32f., 42f., 90
Bylandt-Rheidt, Arthur 273

C

Cavagnis, Felice 154
Chlumecky, Johann Baron 169
Clam-Martinic, Heinrich 370
Clary-Aldringen, Manfred von 182
Cohen, Gary 13
Cooling, Walter 443
Coudenhove, Carl 285
Czernin, Ottokar Graf 370

Register

D
Dalberg, Friedrich Graf 149
Daum, Adolf 143
Deckert, Joseph 60
Demel, Heinrich 219
Derschatta, Julius 228
Dillard, Victor 416
Dipauli, Anton 275, 287, 288
Dittrich, Josef 63, 300
Dollfuß, Engelbert 208, 415, 421, 452
Dotzauer, Ludwig 105
Drexel, Karl 322f.
Durig, Arnold 376
Dworak, Josef 312

E
Ebenhoch, Alfred 274, 286–289, 290–293, 296, 322, 323
Egger, Berthold 55
Eichert, Franz 68, 423
Eichhorn, Rudolf 55
Einert, Wenzel 164
Ellenbogen, Wilhelm 269, 364, 422, 424, 435
Erdinger, Anton 54
Erzberger, Matthias 297, 371, 396
Eulenburg, Prinz Philipp zu 37, 135, 154, 171, 172

F
Fejérváry, Geza 266
Felder, Cajetan 76–81, 83, 84–86
Fessler, Josef 55
Figl, Leopold 455
Fink, Jodok 272, 291, 408, 413, 417, 434
Fischhof, Adolf 16, 93, 94
Fisslthaler, Karl 283
Fochler, Karl 203
Fogerty, Joseph 89
Fränkel, Alfred 25, 26
Franz Ferdinand, Erzherzog 169, 274, 286, 293
Franz Joseph I., Kaiser 37f., 64, 111, 125f., 152, 164, 169, 172f., 198, 206, 265, 363
Frass, Hermann 315

Frassl, Franz 118
Friebeis, Hans von 162, 170, 173
Fried, Jakob 351, 396, 437
Friedjung, Heinrich 143
Frisch, Michael 311
Fuchs, Victor von 290f., 319, 417
Funder, Friedrich 37, 225, 250, 293, 296f., 321, 341, 345, 351–353, 355, 363, 365, 375, 397, 408f., 414, 421

G
Gaertner, Friedrich 297f., 298f.
Gagern, Heinrich von 427
Ganglbauer, Cölestin 56
Gasser, Gregor 353
Gautsch, Paul Baron 169, 182, 228, 266, 272, 274
Gessmann, Albert 36f., 47, 62, 71, 92–94, 104–108, 114–116, 120, 146, 149, 151–153, 163, 166, 173–175, 177, 181f., 204, 206, 208f., 216, 221, 223–225, 228, 234f., 238f., 241–243, 245, 250–252, 254f., 259, 265, 267, 272–277, 280–286, 288–299, 301–303, 310, 312, 315f., 318–330, 332–337, 340–342, 346, 349–355, 357f., 368, 370–372, 386, 389, 420, 436, 452
Gessmann, Albert junior 290
Glöckel, Otto 236, 247, 265
Goldemund, Heinrich 188f.
Goldmark, Joseph 16
Goldschmidt, Theodor von 89
Görner, Karl 335
Granitsch, Georg 103
Gregorig, Josef 37, 42, 238f., 252, 255
Gregory, Duncan 297
Groß, Gustav 228
Gruber, Michael 203
Grübl, Raimund 86f., 119, 145, 160–162
Grünbeck, Sebastian 327
Gruscha, Anton 63f., 74, 149–151
Gunesch, Rudolf von 89
Gussenbauer, Adolf 342

H
Hadik, Johann 375

Haerdtl, Guido von 218
Hagenhofer, Franz 290
Haimböck, Friedrich 216
Hainisch, Michael 339, 421, 427
Handel, Erasmus von 205f.
Harbich, Josef 218
Hartel, Wilhelm von 242
Hartmann, Ludo Moritz 339f.
Hauck, Wilhelm Philipp 113
Hauser, Johann 400, 405, 408f., 413, 417, 434
Häusle, Johann Michael 16, 19
Hecke, Wilhelm 218
Heilinger, Alois 209f.
Hein, Oskar 215
Heinl, Eduard 234, 263, 277f., 290, 297, 312, 323, 325
Heitzler, Karl 103
Hemala, Franz 335, 351–353, 391f.
Hierhammer, Heinrich 209, 234, 256–258, 263, 325f., 328, 334
Hierhammer, Leopoldine 257
Hilferding, Rudolf 402
Hilgenreiner, Karl 301
Hillebrand, Oswald 233
Himmelbauer, Roman 36, 55, 149
Hitler, Adolf 208, 217
Hock, Paul von 336
Hofbauer, Julius 215
Höfer, Anton 375
Hofer, Hans-Georg 385
Hofmann, Karl 188
Höher, Alois 283
Hollomay, Leopold 46, 47, 109
Holubek, Franz 42, 43, 90
Hornich, Rudolf 235, 242f.
Hraba, Felix 127, 192, 194, 315, 322, 327, 328–332, 342
Hügel, Eduard 78, 88

J
Jagschitz, Gerhard 421
Jedlička, Johann 49, 51, 118
Jellinek, Georg 224
Jordan, Eduard 215, 238, 253

Joseph II., Kaiser 37, 64
Jukel, Karl 283, 405

K
Kaizl, Josef 201
Kálnoky, Gustav Graf 135, 151, 153f.
Karl, Barry 309
Karl, Kaiser 370, 377, 407, 408, 416
Katann, Oskar 396
Kemetter, August 242f., 298, 318, 319
Khunn, Franz von 79
Kielmansegg, Anastasia Gräfin 263
Kielmansegg, Erich Graf 75, 89, 110–112, 124–126, 128, 130, 136f., 145, 162–165, 167–173, 175f., 182, 204f., 240, 242, 249, 267, 272f., 282, 297, 317f., 331, 348
Kienast, Wenzel 219
Kienböck, Victor 258, 296, 353, 396, 414
Klaar, Ludwig 214
Klaus, Josef 422
Klebinder, Ferdinand 213, 303, 304
Klemperer, Klemens von 422
Koerber, Ernest von 182, 201, 206f., 218f., 227–229, 231, 245, 247, 248
Kohn, Salo 40
Kopp, Josef 45, 88, 125
Koren, Stephan 183
Kralik, Richard von 365, 423
Kramář, Karel 363, 371, 387, 403
Kraus, Karl 256
Krawani, Ignaz 78, 79
Kreuzig, Anton 99
Krikawa, Ferdinand 335
Kronawetter, Ferdinand 21, 23, 31, 78, 82, 91–94, 96, 99, 100, 104, 118
Kuhn, Wenzel 337
Kunschak, Leopold 108, 117, 209, 212, 222, 265, 268, 279, 282, 318, 324f., 328–330, 335, 342–344, 347, 349, 350, 352, 356, 384f., 389, 391–394, 400
Kupka, August 114, 174
Kutschker, Johann 56

L
Lammasch, Heinrich 396, 400, 407, 416

Lasser, Josef 21
Lasswell, Harold 74
Latschka, Adam 65
Lederer, Moritz 143
Leiter, Friedrich 27
Leo XIII., Papst 104, 106, 152, 153–155, 422
Leuthner, Karl 339f., 346, 350, 363f.
Lichnowsky, Carl Fürst 150, 169
Liechtenstein, Alois Prinz 36f., 68, 99, 110, 112, 117f., 149–151, 153, 165, 224, 253, 263, 272, 285f., 291, 318, 320, 323f., 337, 342f., 348, 371, 386, 390, 393
Liechtenstein, Hanna Prinzessin 263
Liechtenstein, Fanny Prinzessin 215
List, Karl 283
Löblich, Franz 31–33, 49, 77, 83, 85f., 93
Loewenfeld-Russ, Hans 422
Lohnstein, August 183, 330
Lueger, Karl 12, 14, 21, 23, 32f., 36f., 45–47, 49, 62–64, 67, 71, 73–76, 79–112, 114–120, 123–125, 127–130, 132, 135, 142–145, 148–153, 155, 157, 161–163, 165–177, 179–188, 191–217, 219–234, 238–241, 243–247, 249–260, 262, 266f., 269 270 –274, 276, 279f., 283, 286–288, 290–293, 300f., 303–316, 320–334, 337, 340, 342f., 349, 352, 354f., 359, 363, 372f., 390, 392, 395, 402, 413f., 416, 420, 436f., 441–447, 450–456
Lustkandl, Wenzel 159

M
Madeyski, Stanislaus 152f.
Madison, James 433
Maier, Ferdinand 50
Mandl, Ferdinand 209
Mandl, Ignaz 33, 46, 79, 80–86, 92f., 95f., 98, 108f., 209
Maresch, Otto 355
Maria Theresia, Kaiserin 37
Markl, Adolf 428
Märzet, Gustav 313
Masaryk, Tomáš Garrigue 404
Mataja, Heinrich 209f., 338, 346, 365, 372, 388–396, 399, 400f., 405, 408f., 411, 414

Mayer, Sigmund 253
Mayr, Michael 265
Meinl, Julius 244, 416
Menger, Max 157
Merriam, Charles 444
Miklas, Wilhelm 265, 298, 420
Misera, Heinrich 224
Missong, Alfred 408
Mittermayer, Karl 176
Mittler, Alfred 213
Moissl, Alois 318
Mommsen, Hans 233
Morsey, Franz 290, 315
Muth, Karl 396

N
Nagl, Franz Xaver 356
Nagler, Anton 342
Neugebauer, Karl 336
Neumann, Leopold 19
Neumayer, Josef 323, 325, 327–329, 332, 342
Neurath, Wilhelm 82f.
Newald, Julius von 85–88, 90, 92f.
Nikola, Josef 88
Noske, Constantine 159

O
Ofner, Johann 103
Ofner, Julius 144
Owerdieck, Reinhard 406

P
Pacher, Paul von 173
Pattai, Robert 36f., 41–46, 51, 64, 66, 95f., 102f., 114, 117, 157, 169, 188, 217, 251, 256, 268, 337, 339, 342, 371
Pawelka, Karl 216
Pelinka, Anton 208
Pernerstorfer, Engelbert 100, 364
Perthaler, Johann 21
Pick, Karl 315
Pieper, August 356
Piffl, Gustav 55, 63, 106, 401, 405, 408, 417
Pillersdorf, Franz Freiherr von 15, 18

Pirquet, Clemens von 385
Plener, Ernst von 140f., 145, 147, 155, 157, 347
Pollauf, Wilhelm 336, 339
Polzhofer, Rudolf 114, 128, 129
Porzer, Josef 196, 258, 327f., 330, 348, 389
Possinger, Heinrich von 87
Preinerstorfer, Franz 216
Prewitt, Kenneth 194
Prix, Johann 88, 124f., 136, 140–145, 147, 214
Prochazka, Julius 176, 222, 233
Proft, Gabriele 364
Psenner, Ludwig 37, 47, 63, 65, 66, 93, 107

R
Raab, Julius 455
Radetzky, Josef Wenzel Graf 74
Rampolla, Mariano 150f., 153, 154
Rauscher, Ferdinand 241
Redlich, Josef 265, 314, 324, 363, 367, 371, 372, 396, 416, 444, 445
Renner, Karl 90, 265, 331, 363, 364, 404, 407f., 417, 421f., 433f.
Rennhofer, Friedrich 424
Reumann, Jakob 259, 411
Reuß, Heinrich Prinz 123, 129
Revertera, Nikolaus Graf 153, 154
Richter, Albert 161
Rienössl, Franz 337
Rohling, August 101
Rosanvallon, Pierre 438f.
Roscher, Wilhelm 82
Rössler, Johann 152
Rudigier, Franz 53
Rumpf, Konrad 290, 312, 323

S
Salten, Felix 456
Schallaböck, Franz 46
Schappacher, Alfred 298, 356
Schaurhofer, August 351, 353, 396
Scheicher, Joseph 36, 53, 55f., 59, 61f., 64, 103, 120, 152, 252, 254, 268, 284, 353, 415, 416

Schindler, Franz M. 36f., 122, 148–152, 154, 177, 319, 351, 393–396, 415f., 422
Schlechter, Joseph 143
Schmerling, Anton Ritter von 21
Schmitz, Georg 417
Schmitz, Richard 234, 298, 351–358, 360, 390, 396, 401–403, 408, 414, 420
Schmolk, Frigdian 224
Schmoller, Gustav 25, 31
Schnabl, Josef 61, 62
Schnarf, Anton 46
Schneider, Ernst 33, 37, 42–47, 49–52, 66, 91, 93, 95, 100, 109, 112, 118, 120, 149, 204, 209, 210, 238, 252, 254f., 268, 275f., 278
Schnitzler, Arthur 209, 304
Schober, Johann 417, 420
Schöffel, Joseph 82, 251
Schönborn, Franziskus von Paula Graf 150–155
Schönerer, Georg Ritter von 32, 41–46, 52, 61, 64, 96, 100f., 103–107, 109–113, 226, 229–231, 247, 256, 387, 445
Schöpfer, Aemilian 268, 272, 284, 287–289, 319, 320
Schorske, Carl 187
Schraffl, Josef 272, 288, 291, 296, 405, 408
Schrank, Johann 78, 85f., 88
Schubert, Franz 190
Schuhmeier, Franz 175, 258, 270, 330
Schüller, Richard 421
Schuschnigg, Kurt 420
Schwarz, Kaspar 239
Schwarz-Hiller, Rudolf 455
Schwiedland, Eugen 27, 297
Seipel, Ignaz 234, 320, 351, 369, 371, 389, 396–402, 407–409, 413–435, 437, 452, 454f.
Seitz, Alma 396
Seitz, Karl 159f., 232f., 236–238, 240, 242f., 247, 250, 265, 269, 331, 363, 364, 407, 426, 454
Shaw, Albert 311
Sieghart, Rudolf 285f., 293, 313f., 318f.
Sieyès, Emmanuel Joseph 192

Sigmund, Josef 298, 323
Silberer, Victor 188, 259, 321, 326, 330
Skaret, Ferdinand 265
Smeral, Bohumil 364
Sommaruga, Guido 86f., 98, 138, 140, 158
Sommeregger, Franz 396, 398f., 401–403
Sonnenschein, Siegmund 318
Sonnenthal, Adolf 257
Spahn, Martin 296, 297, 302
Spalowsky, Franz 282, 335, 387f., 390, 411
Stahlich, Karl 253
Stanek, František 403
Stary, Josef 245
Staudinger, Anton 406, 420
Steidle, Richard 420
Steiner, Leopold 114, 188, 222, 251, 272, 281, 287, 291, 325, 327, 331, 337, 342 369
Stejskal, Franz 171
Steudel, Johann 77f., 80, 83, 85f., 93, 98
Stiassny, Wilhelm 143, 257, 304
Stöckler, Josef 222, 283f., 310, 346, 348, 405f., 408
Strobach, Joseph 37, 62, 172–174, 176, 436
Stubenrauch, Moriz 19
Stürgkh, Karl Graf 363, 366f., 369, 371, 380, 386, 390, 411
Sturm, Eduard 111
Suess, Eduard 157, 223, 347

T

Taaffe, Eduard Graf 23, 31f., 34f., 87–89, 93, 97–99, 111f., 124f., 145, 147, 274
Thun, Franz Graf 182, 287f.
Thun, Leo Graf 70
Thurnher, Martin 288
Tollinger, Johann 289
Tomola, Leopold 114, 214f, 244, 327
Toniolo, Giuseppe 150
Trabert, Adam 358
Tranquillini, Emil 188
Tschirschky, Friedrich von 340, 364

U

Umlauft, Johann 21, 78

Ursin, Joseph 61, 103

V

Vergani, Ernst 37, 40, 59, 108, 112, 142, 148f., 253, 256, 292, 299, 300, 302, 315, 325f., 334, 336, 338, 342, 345, 356
Vetter, Cornelius 37, 40, 46, 47, 109
Violand, Ernst 16
Vittinghof-Schell, Maximilian Baron 149
Vogelsang, Karl Freiherr von 32, 44, 47, 49, 50, 65f., 69–73, 96, 102f., 105–110, 112, 120, 148–150, 155
Vogelsang, Marie von 106
Vogler, Ludwig 119

W

Waber, Leopold 336, 338f.
Wächter, Karl 189
Wackernell, Josef 288
Wagner, Adolf 82
Wagner, Otto 188
Wagner, Stanislaus 317
Wähner, Theodor 114
Washburn, Albert 435
Weber, Alfred 297
Weber, Max 12, 454
Wedel, Karl Fürst 245, 286, 364, 404, 407
Weinstein, James 308
Weiskirchner, Bertha 262
Weiskirchner, Richard 37, 48, 200f., 203–206, 208, 211, 216, 218, 220, 234, 254, 257, 276, 277, 291, 303, 310, 312, 316, 320, 323f., 326f., 332f., 337f., 341–349, 358f., 361, 366–371, 375, 378f., 385–393, 395, 399–401, 409–411, 414, 420, 436, 454f.
Weiss, Albert M. 151, 153
Welsersheimb, Zeno 169
Wessely, Vincenz 326f.
Wilhelm I., deutscher Kaiser 105
Willmann, Otto 242
Wimmer, Leopold 103
Windisch-Graetz, Alfred Fürst 151
Windthorst, Ludwig 71
Winter, Ernst Karl 396, 421, 424

Wirth, Louis 438
Wolf, Karl Hermann 249, 370, 399
Wollek, Richard 290, 298, 324, 408

Z
Zacherl, Johann 171
Zallinger, Franz 32

Zehentbauer, Franz 351
Zelinka, Andreas 76, 83, 85
Zenker, Ernst Victor 336f.
Zerboni, Karl von 41, 65, 90
Zerdik, Johann 405
Zichy-Metternich, Melanie Gräfin 105
Zipperer, Franz 331

MICHAEL WLADIKA
HITLERS VÄTERGENERATION
DIE URSPRÜNGE DES
NATIONALSOZIALISMUS IN DER K.U.K.
MONARCHIE

Wenn man den Nationalsozialismus aus dem Lauf der Geschichte löst, ist eine Sichtweise auf die gesellschaftlichen Umwälzungen des 19. Jahrhunderts weitgehend versperrt. Es wird dabei übersehen, dass der „Gemeinwille" des Volkes sich eine mit nationalen Mythen und Kulten aufgeladene Ersatzreligion schuf, die dazu beitrug, den Folgen einer überhitzten Industrialisierung eine „heile Welt" entgegenzusetzen. Dieser neue alte politische Stil ließ aber den unentbehrlichen Hintergrund für den Nationalsozialismus entstehen. Der Nationalsozialismus österreichischer Provenienz nahm lange vor Hitler im vom Nationalitätenkampf erschütterten Nordböhmen des Jahres 1903 seinen geistigen Ursprung und stellte mit dem im NS-Staat hochdekorierten Theoretiker Rudolf Jung in dessen 1919 erschienenem Hauptwerk „Der nationale Sozialismus" schon früh ein demokratisches System gegenüber einem charismatischen Führerstaat in Frage.

2005. XII, 675 S. 34 S/W-ABB. GB. M. SU. 170 X 240 MM.
ISBN 978-3-205-77337-5

BÖHLAU VERLAG, WIESINGERSTRASSE 1, 1010 WIEN. T: +43(0)1 330 24 27-0
BOEHLAU@BOEHLAU.AT, WWW.BOEHLAU.AT | WIEN KÖLN WEIMAR

FERDINAND OPLL, PETER CSENDES (HG.)
WIEN. GESCHICHTE EINER STADT
VON 1790 BIS ZUR GEGENWART

Der dritte und abschließende Band einer auf drei Bände konzipierten Stadtgeschichte beschäftigt sich mit dem Zeitraum von 1790 bis zur Gegenwart. Diese Epoche der Wiener Stadtentwicklung zählt für die gestaltenden Kräfte in der Stadt wie auch für deren Bewohnerinnen und Bewohner zweifellos zu den besonders dramatischen, von vielen regelrechten Brüchen charakterisierten Zeitspannen.

Napoleonische Besetzung, die Revolution des Jahres 1848, die konstitutionellen wie die wirtschaftlichen und sozialen Veränderungen ab der Mitte des 19. Jahrhunderts, das Ende der Stellung als Reichshaupt- und Residenzstadt mit dem Ende des Ersten Weltkrieges, die schwierige Epoche der Zwischenkriegszeit, die Geschicke Wiens unter der NS-Herrschaft, die Bombenjahre des Zweiten Weltkrieges und dessen Ende wie natürlich auch die bislang noch niemals derart umfassend behandelten Jahre seit 1945 – all das bildet die Zeitfolie, vor der die Darstellung abläuft.

2006. 900 S. 159 S/W- U. FARB.-ABB. GB. M. SU. 170 X 240 MM.
ISBN 978-3-205-99268-4

BÖHLAU VERLAG, WIESINGERSTRASSE 1, 1010 WIEN. T: +43(0)1 330 24 27-0
BOEHLAU@BOEHLAU.AT, WWW.BOEHLAU.AT | WIEN KÖLN WEIMAR

KARL BRUNNER, PETRA SCHNEIDER (HG.)
UMWELT STADT
GESCHICHTE DES NATUR- UND
LEBENSRAUMES WIEN

Die alte Metropole Wien im Herzen Europas scheint die meisten ihrer drängendsten Umweltprobleme bereits in der Vergangenheit gelöst zu haben. Ist dieser Eindruck zutreffend? Wie sind die Wiener und Wienerinnen im Laufe der Geschichte mit ihrer „Umwelt Stadt" umgegangen? Auf welche Weise haben sie den einstigen Naturraum zwischen Donau und Wienerwald in eine Stadtlandschaft verwandelt? Welche ihrer Umweltmaßnahmen waren kurzlebig, welche von Dauer und zukunftsweisend?

Mit Fragen solcher Art beschäftigen sich die neunzig Autorinnen und Autoren aus Wissenschaft und Praxis, die der vorliegende Band zu einer „Geschichte des Natur- und Lebensraumes Wien" versammelt hat. Wie so oft beim Rückblick auf die Vergangenheit geht es im Grunde darum, die Gegenwart besser verstehen zu lernen und über die Zukunft nachzudenken.

2005. 659 S. 990 S/W- U. FARB.-ABB. GB. M. SU. 215 X 280 MM.
ISBN 978-3-205-77400-6

BÖHLAU VERLAG, WIESINGERSTRASSE 1, 1010 WIEN. T: +43(0)1 330 24 27-0
BOEHLAU@BOEHLAU.AT, WWW.BOEHLAU.AT | WIEN KÖLN WEIMAR

WERNER TELESKO
KULTURRAUM ÖSTERREICH
DIE IDENTITÄT DER REGIONEN
IN DER BILDENDEN KUNST DES
19. JAHRHUNDERTS

Der vorliegende Band beschäftigt sich erstmals in umfassender Weise mit der Kunstproduktion der österreichischen Kronländer im 19. Jahrhundert und zeigt, wie sich das Selbstverständnis der Regionen aus einer kontinuierlichen Auseinandersetzung mit dem habsburgischen ¬Gesamtstaat¬ und der eigenen Vergangenheit entwickelte. Auf dieser Grundlage wird ein wichtiger Beitrag zum Verständnis der föderalen Struktur Österreichs geleistet.

DER AUTOR: Werner Telesko ist Universitätsdozent für Kunstgeschichte und Mitglied der Kommission für Kunstgeschichte der Österreichischen Akademie der Wissenschaften.

2008. 632 S. 244 S/W-ABB. GB. M. SU. 170 X 240 MM.
ISBN 978-3-205-77720-5

BÖHLAU VERLAG, WIESINGERSTRASSE 1, 1010 WIEN. T: +43(0)1 330 24 27-0
BOEHLAU@BOEHLAU.AT, WWW.BOEHLAU.AT | WIEN KÖLN WEIMAR

WILLIAM M. JOHNSTON
ÖSTERREICHISCHE KULTUR- UND GEISTESGESCHICHTE
GESELLSCHAFT UND IDEEN IM DONAURAUM 1848 BIS 1938

Wer erinnert sich heute noch daran, dass etwa die moderne Sprachphilosophie, die Psychoanalyse, die Soziologie des Wissens, der Feuilletonismus, der Ästhetizismus Hofmannsthalscher Prägung, die Reine Rechtslehre, die Zwölftonmusik von Österreich aus ihren Weg angetreten haben? Viele der Persönlichkeiten, die dieses Buch behandelt, sind weltbekannt geworden und geblieben, andere wieder sind so gut wie vergessen, aber ihr Beitrag zu einem neuen Weltbild verdient es sehr wohl, sich mit ihnen auseinander zu setzen.

DER AUTOR: William M. Johnston, geb. 1936; war Professor für Geschichte an der University of Massachusetts, seit 2001 lehrt er am College of Divinity in Melbourne. Sein Klassiker „The Austrian Mind" erschien in deutscher Übersetzung unter dem Titel „Österreichische Kultur- und Geistesgeschichte" 1974 im Böhlau Verlag und erhielt dafür den Austrian History Award.

2006. 4. ERG. AUFL. XXXV, 506 S. GB. M. SU. 170 X 240 MM.
ISBN 978-3-205-77498-3

böhlau

ROBERT S. WISTRICH
DIE JUDEN WIENS IM ZEITALTER KAISER FRANZ JOSEPHS I.
AUS DEM ENGLISCHEN ÜBERS.
VON MARIE-THERESE PITNER UND
SUSANNE GRABMAYR
ANTON GINDELY REIHE ZUR GESCHICHTE DER DONAUMONARCHIE
UND MITTELEUROPAS BAND 4

„Ein künftiges Standardwerk ... stilistisch meisterhaft", so Peter Pulzer in der London Review of Books beim Erscheinen der englischen Originalausgabe dieses Werkes, das nunmehr in Übersetzung vorliegt. Robert Wistrich untersucht in diesem vielbeachteten Buch das „Goldene Zeitalter" des Wiener Judentums während der Regierungszeit Kaiser Franz Josephs.
Basierend auf umfangreichem, akribischem Quellenstudium bietet die Darstellung eine Vielzahl neuer Erkenntnisse über die Fakten, die diese Blütezeit ermöglichten, aber ebenso über die ideologischen Konflikte, die den Beginn des 20. Jahrhunderts kennzeichneten. Dem Beitrag von Persönlichkeiten wie Sigmund Freud, Ludwig Wittgenstein, Gustav Mahler, Arnold Schönberg und Theodor Herzl zum geistigen und kulturellen Klima der Zeit wird kenntnisreich nachgegangen.

1999. 731 S. 3 S/W-ABB., 1 KARTE GB. M. SU. 170 X 240 MM.
ISBN 978-3-205-98342-2

BÖHLAU VERLAG, WIESINGERSTRASSE 1, 1010 WIEN. T: +43(0)1 330 24 27-0
BOEHLAU@BOEHLAU.AT, WWW.BOEHLAU.AT | WIEN KÖLN WEIMAR

Studien zu Politik und Verwaltung
Herausgegeben von Christian Brünner, Wolfgang Mantl, Manfried Welan

1 **Korruption und Kontrolle.** Hg. v. Christian Brünner. 1981. 726 S. mit 8 Tab.
i. Text. Brosch. ISBN 3-205-08457-8 (vergriffen)
2 **Unbehagen im Parteienstaat.** Jugend und Politik in Österreich.
Von Fritz Plasser und Peter A. Ulram. 1982. 208 S., Tab. u. Graph. i. Text. Brosch.
ISBN 3-205-08458-6 (vergriffen)
3 **Landesverfassungsreform.** Hg. v. Reinhard Rack. 1982. 255 S. Brosch.
ISBN 3-205-08459-4 (vergriffen)
4 **Nation Österreich.** Kulturelles Bewußtsein und gesellschaftlich-politische
Prozesse. Von Ernst Bruckmüller. 2. erweiterte Aufl. 1996. 472 S., zahlr. Graph.
i. Text. Brosch. ISBN 3-205-98000-X
5 **Krise des Fortschritts.** Hg. v. Grete Klingenstein. 1984. 172 S., Graph. i. Text.
Brosch. ISBN 3-205-08461-6 (vergriffen)
6 **Parteiengesellschaft im Umbruch.** Partizipationsprobleme v. Großparteien.
Von Anton Kofler. 1985. 132 S., 58 Tab. Brosch. ISBN 3-205-08463-2 (vergriffen)
7 **Grundrechtsreform.** Hg. v. Reinhard Rack. 1985. 302 S. Brosch.
ISBN 3-205-08462-4 (vergriffen)
8 **Aufgabenplanung.** Ansätze für rationale Verwaltungsreform.
Von Helmut Schattovits. 1988. 220 S. Brosch. ISBN 3-205-08464-0 (vergriffen)
9 **Demokratierituale.** Zur politischen Kultur der Informationsgesellschaft.
Hg. v. Fritz Plasser, Peter A. Ulram u. Manfried Welan. 1985. 291 S., 91 Tab.
i. Text. Brosch. ISBN 3-205-08467-5
10 **Politik in Österreich.** Die Zweite Republik: Bestand und Wandel.
Hg. v. Wolfgang Mantl. 1992. XV, 1084 S. Geb. ISBN 3-205-05379-6 (vergriffen)
11 **Flexible Arbeitszeiten.** Eine fixe Idee. Von Rudolf Bretschneider,
Rupert Dollinger, Joachim Lamel u. Peter A. Ulram. 1985. 133 S., 33 Tab. i. Text.
Brosch. ISBN 3-205-08469-1 (vergriffen)
12 **Verfassungspolitik.** Dokumentation Steiermark. Von Christian Brünner,
Wolfgang Mantl, Dietmar Pauger und Reinhard Rack. 1985. 294 S. Brosch.
ISBN 3-205-08465-9 (vergriffen)
13 **Krisen.** Eine soziologische Untersuchung. Von Manfred Prisching. 1986.
730 S., zahlr. Tab. u. Graph. i. Text. Brosch. ISBN 3-205-08468-3
14 **Schweiz – Österreich.** Ähnlichkeiten und Kontraste. Hg. v. Friedrich Koja u.
Gerald Stourzh. 1986. 279 S. Brosch. ISBN 3-205-08902-2 (vergriffen)
15 **Was die Kanzler sagten.** Regierungserklärungen der Zweiten Republik 1945–
1987. Von Maximilian Gottschlich, Oswald Panagl u. Manfried Welan. 1989. VI,
325 S. Brosch. ISBN 3-205-08900-6 (vergriffen)
16 **Technikskepsis und neue Parteien.** Politische Folgen eines „alternativen"
Technikbildes. Von Erich Reiter. 1987. 167 S. Brosch. ISBN 3-205-08904-9
(vergriffen)
17 **Demokratie und Wirtschaft.** Hg. v. Joseph Marko u. Armin Stolz. 1987.
367 S. Brosch. ISBN 3-205-08905-7 (vergriffen)
18 **Society, Politics and Constitutions.** Western and East European Views. Von
Antal Adam u. Hans G. Heinrich. 1987. 212 S. Brosch. ISBN 3-205-08907-3
(vergriffen)

Studien zu Politik und Verwaltung
Herausgegeben von Christian Brünner, Wolfgang Mantl, Manfried Welan

19 **USA: Verfassung und Politik.** Von Francis H. Heller. 1987. 120 S. Brosch.
ISBN 3-205-08906-5 (vergriffen)
20 **Umweltschutzrecht.** Von Bernhard Raschauer. 2. Aufl. 1988. 304 S. Brosch.
ISBN 3-205-05143-2 (vergriffen)
21 **Verfall und Fortschritt im Denken der frühen römischen Kaiserzeit.**
Studien zum Zeitgefühl und Geschichtsbewußtsein des Jahrhunderts nach
Augustus. Von Karl Dietrich Bracher. 1987. 348 S. Brosch. ISBN 3-205-08909-X
(vergriffen)
22 **Das österreichische Parteiensystem.** Hg. v. Anton Pelinka u. Fritz Plasser.
1988. 800 S. Brosch. ISBN 3-205-08910-3 (vergriffen)
23 **Parteien unter Streß.** Zur Dynamik der Parteiensysteme in Österreich, der
Bundesrepublik Deutschland und den Vereinigten Staaten. Von Fritz Plasser. 1987.
344 S. Brosch. ISBN 3-205-08911-1 (vergriffen)
24 **Ideologie und Aufklärung.** Weltanschauungstheorie und Politik.
Von Kurt Salamun. 1988. 142 S. Brosch. ISBN 3-205-05126-2 (vergriffen)
25 **Die neue Architektur Europas.** Reflexionen in einer bedrohten Welt.
Hg. v. Wolfgang Mantl. 1991. 332 S. Ln. m. SU. ISBN 3-205-05412-1
26 **Die große Krise in einem kleinen Land.** Österreichische Finanz- und
Wirtschaftspolitik 1929–1938. Von Dieter Stiefel. 1989. X, 428 S. Brosch.
ISBN 3-205-05132-7 (vergriffen)
27 **Das Recht der Massenmedien.** Ein Lehr- und Handbuch für Studium und
Praxis. Von Walter Berka. 1989. II, 356 S. Brosch. ISBN 3-205-05194-7 (vergriffen)
28 **Staat und Wirtschaft.** Am Beispiel der österreichischen Forstgesetzgebung
von 1950–1987. Von Werner Pleschberger. 1989. 579 S. Brosch.
ISBN 3-205-05204-8 (vergriffen)
29 **Wege zur Grundrechtsdemokratie.** Studien zur Begriffs- und Institutionen-
geschichte des liberalen Verfassungsstaates. Von Gerald Stourzh. 1989.
XXII, 427 S. Brosch. ISBN 3-205-05218-8 (vergriffen)
30 **Geist und Wissenschaft im politischen Aufbruch Mitteleuropas.**
Beiträge zum Österreichischen Wissenschaftstag 1990.
Hg. v. Meinrad Peterlik und Werner Waldhäusl. 1991. 268 S. Brosch.
ISBN 3-205-05464-4
31 **Finanzkraft und Finanzbedarf von Gebietskörperschaften.** Analysen und
Vorschläge zum Gemeindefinanzausgleich in Österreich. Hg. v. Christian Smekal
u. Engelbert Theurl. 1990. 307 S. Brosch. ISBN 3-205-05237-4 (vergriffen)
32 **Regionale Ungleichheit.** Von Michael Steiner. 1990. 258 S. Brosch.
ISBN 3-205-05281-1
33 **Bürokratische Anarchie.** Der Niedergang des polnischen „Realsozialismus".
Von August Pradetto. 1992. 156 S. Brosch. ISBN 3-205-05421-0
34 **Vor der Wende.** Politisches System, Gesellschaft und politische Reformen im
Ungarn der achtziger Jahre. Hg. v. Sándor Kurtán. Aus d. Ungar.
v. Alexander Klemm. 1993. 272 S. Brosch. ISBN 3-205-05381-8

Studien zu Politik und Verwaltung
Herausgegeben von Christian Brünner, Wolfgang Mantl, Manfried Welan

35 **Hegemonie und Erosion.** Politische Kultur und politischer Wandel in Österreich. Von Peter A. Ulram. 1990. 366 S. Brosch. ISBN 3-205-05346-X (vergriffen)
36 **Gehorsame Rebellen.** Bürokratie und Beamte in Österreich 1780–1848. Von Waltraud Heindl. 1991. 388 S., 12 SW-Abb. Geb.
ISBN 3-205-05370-2
37 **Kultur und Politik – Politik und Kunst.** Von Manfred Wagner.
1991. 367 S. Brosch. ISBN 3-205-05396-6
38 **Revolution und Völkerrecht.** Völkerrechtsdogmatische Grundlegung der Voraussetzungen und des Inhalts eines Wahlrechts in bezug auf vorrevolutionäre völkerrechtliche Rechte und Pflichten. Von Michael Geistlinger.
1991. 554 S. Brosch. ISBN 3-205-05414-8 (vergriffen)
39 **Slowenien – Kroatien – Serbien.** Die neuen Verfassungen. Hg. v. Joseph Marko und Tomislav Boric. 1994. 467 S. Brosch. ISBN 3-205-98283-5 (vergriffen)
40 **Der Bundespräsident.** Kein Kaiser in der Republik. Von Manfried Welan.
1992. 119 S. Brosch. ISBN 3-205-05529-2
41 **Wege zur besseren Finanzkontrolle.** Von Herbert Kraus und Walter Schwab.
1992. 167 S. Brosch. ISBN 3-205-05530-6
42 **Bruchlinie Eiserner Vorhang.** Regionalentwicklung im österreichisch-ungarischen Grenzraum. Von Martin Seger u. Pal Beluszky. 1993. XII, 304 S.,
16 S. Farbabb. Geb. ISBN 3-205-98048-4
43 **Regierungsdiktatur oder Ständeparlament?** Gesetzgebung im autoritären Österreich. Von Helmut Wohnout. 1993. 473 S. Brosch. ISBN 3-205-05547-0
44 **Die österreichische Handelspolitik der Nachkriegszeit 1918 bis 1923.**
Die Handelsvertragsbeziehungen zu den Nachfolgestaaten. Von Jürgen Nautz.
1994. 601 S. Brosch. ISBN 3-205-98118-9 (vergriffen)
45 **Regimewechsel.** Demokratisierung u. politische Kultur in Ost-Mitteleuropa.
Hg. v. Peter Gerlich, Fritz Plasser u. Peter A. Ulram. 1992. 483 S., zahlr. Tab.
u. Graph. Brosch. ISBN 3-205-98014-X
46 **Die Wiener Jahrhundertwende.** Hg. v. Jürgen Nautz und Richard Vahrenkamp. 2. Aufl. 1996. 968 S., 32 S. SW-Abb. Geb. ISBN 3-205-98536-2
47 **Ausweg EG?** Innenpolitische Motive einer außenpolitischen Umorientierung.
Von Anton Pelinka, Christian Schaller und Paul Luif. 1994. 309 S. Brosch.
ISBN 3-205-98051-4
48 **Die kleine Koalition in Österreich: SPÖ – FPÖ (1983–1986).**
Von Anton Pelinka. 1993. 129 S. Brosch. ISBN 3-205-98052-2 (vergriffen)
49 **Management vernetzter Umweltforschung.** Wissenschaftspolitisches Lehrstück Waldsterben. Von Max Krott. 1994. 325 S. Brosch.
ISBN 3-205-98129-4
50 **Politikanalysen.** Untersuchungen zur pluralistischen Demokratie. Von Wolfgang Mantl. 2007. 345 S. Brosch. ISBN 978-3-205-98459-7
51 **Autonomie und Integration.** Rechtsinstitute des Nationalitätenrechts im funktionalen Vergleich. Von Joseph Marko. 1995. XIV, 550 S. + LXVIII. Brosch.
ISBN 3-205-98274-6

Studien zu Politik und Verwaltung
Herausgegeben von Christian Brünner, Wolfgang Mantl, Manfried Welan

52 Grundzüge fremder Privatrechtssysteme. Ein Studienbuch. Von Willibald Posch. 1995. XXVIII, 205 S. Brosch. ISBN 32-205-98387-4
53 Identität und Nachbarschaft. Die Vielfalt der Alpen-Adria-Länder. Hg. v. Manfred Prisching. 1994. 424 S. Brosch. ISBN 3-205-98307-6
54 Parlamentarische Kontrolle. Das Interpellations-, Resolutions- u. Untersuchungsrecht. Eine rechtsdogmatische Darstellung mit historischem Abriß u. empirischer Analyse. Von Andreas Nödl. 1995. 198 S. Brosch. ISBN 3-205-98161-8
55 Alfred Missong. Christentum und Politik in Österreich. Ausgewählte Schriften 1924–1950. Hg. Alfred Missong jr. in Verbindung mit Cornelia Hoffmann und Gerald Stourzh. 2006. 476 S. Geb. ISBN 3-205-77385-3
56 Staat und Gesundheitswesen. Analysen historischer Fallbeispiele aus der Sicht der Neuen Institutionellen Ökonomik. Von Engelbert Theurl. 1996. 302 S. Brosch. ISBN 3-205-98461-7
57 Eliten in Österreich. 1848–1970. Von Gernot Stimmer. 1997. 2 Bde., zus. 1140 S. 38 SW-Abb. Geb. ISBN 3-205-98587-7
58 Frankreich – Österreich. Wechselseitige Wahrnehmung und wechselseitiger Einfluß seit 1918. Hg. v. Friedrich Koja u. Otto Pfersmann. 1994. 307 S., 19 SW-Abb. Brosch. ISBN 3-205-98295-9
59 Fahnenwörter der Politik. Kontinuitäten und Brüche. Hg. v. Oswald Panagl. 1998. 351 S. Brosch. m. SU. ISBN 3-205-98867-1
60 Avantgarde des Widerstands. Modellfälle militärischer Auflehnung in Ostmittel- und Osteuropa im 19. und 20. Jahrhundert. Von Richard G. Plaschka. 1999. 2 Bde., 630 + 432 S. 32 SW-Abb. Geb. ISBN 3-205-98390-4
61 Bernard Bolzano. Staat, Nation und Religion als Herausforderung für die Philosophie im Kontext von Spätaufklärung, Frühnationalismus und Restauration. Hg. v. Helmut Rumpler. 2000. 423 S. Brosch. ISBN 3-205-99327-6
62 Um Einheit und Freiheit. Staatsvertrag, Neutralität und das Ende der Ost-West-Besetzung Österreichs 1945–1955. Von Gerald Stourzh. 5., durchgesehene Aufl. 2005. II, 848 S., 19 SW-Abb. Geb. ISBN 3-205-77333-0
63 Österreich unter alliierter Besatzung 1945–1955. Hg. v. Alfred Ableitinger, Siegfried Beer und Eduard G. Staudinger. 1998. 600 S. ISBN 3-205-98588-5
64 Evaluation im öffentlichen Sektor. Von Evert Vedung. 1999. XVIII, 274 S. 47 Graphiken u. Tabellen. Brosch. ISBN 3-205-98448-X.
65 Liberalismus. Interpretationen und Perspektiven. Hg. v. Emil Brix u. Wolfgang Mantl. 1996. 320 S. Geb. ISBN 3-205-98447-1 (vergriffen)
66 Herbert Stourzh – Gegen den Strom. Ausgwählte Schriften gegen Rassismus, Faschismus und Nationalsozialismus 1924–1938. Hg. Gerald Stourzh. 2008. 186 S. Br. ISBN 978-3-205-77875-2
67 Die Universität als Organisation. Die Kunst, Experten zu managen. Von Ada Pellert. 1999. 346 S. m. 5 S. SW-Abb. Brosch. ISBN 3-205-99080-3
68 Gemeinden in Österreich im Spannungsfeld von staatlichem System und lokaler Lebenswelt. Hg. v. Doris Wastl-Walter. 2000. 248 S. 18 Graph. 17 Karten. 71 Tab. 1 Faltk. Brosch. ISBN 3-205-99212-1

Studien zu Politik und Verwaltung
Herausgegeben von Christian Brünner, Wolfgang Mantl, Manfried Welan

69 Noch einmal Dichtung und Politik. Vom Text zum politisch-sozialen Kontext, und zurück. Hg. v. Oswald Panagl und Walter Weiss. 2000. 462 S. Brosch. ISBN 3-205-99289-X

70 Politik, Staat und Recht im Zeitenbruch. Symposion aus Anlaß des 60. Geburtstags von Wolfgang Mantl. Hg. v. Joseph Marko und Klaus Poier. 2001. 197 S. mit 3 SW-Abb. Geb. ISBN 3-205-99259-8

71 Qualitätssicherung und Rechenschaftslegung an Universitäten. Evaluierung universitärer Leistungen aus rechts- und sozialwissenschaftlicher Sicht. Von Eva Patricia Stifter. 2002. 410 S. Brosch. ISBN 3-205-99317-9

72 Kulturgeschichte des Heiligen Römischen Reiches 1648 bis 1806. Verfassung, Religion und Kultur. Von Peter Claus Hartmann. 2001. 510 S. mit zahlr. SW-Abb. Geb. ISBN 3-205-99308-X

73 Minderheitenfreundliches Mehrheitswahlrecht. Rechts- und politikwissenschaftliche Überlegungen zu Fragen des Wahlrechts und der Wahlsystematik. Von Klaus Poier. 2001. 379 S. 18 Tab. 8 Graph. Brosch. ISBN 3-205-99338-1

74 Rechtsentwicklung im Bannkreis der europäischen Integration. Von Hubert Isak. Brosch. ISBN 3-205-99326-8. In Vorbereitung.

75 Gigatrends. Erkundungen der Zukunft unserer Lebenswelt. Hg. v. Franz Kreuzer, Wolfgang Mantl und Maria Schaumayer. 2003. XII + 339 S. m. 13 SW-Abb. und 2 Tab. Geb. ISBN 3-205-98962-7

76 Autonomie im Bildungswesen. Zur Topographie eines bildungspolitischen Schlüsselbegriffs. Von Walter Berka. 2002. 213 S. Brosch. ISBN 3-205-99309-8

77 Hochschulzugang in Europa. Ein Ländervergleich zwischen Österreich, Deutschland, England und der Schweiz. Von Elisabeth Hödl. 2002. 227 S. Brosch. ISBN 3-205-99421-3

78 Forschung und Lehre. Die Idee der Universität bei Humboldt, Jaspers, Schelsky und Mittelstraß. Von Hedwig Kopetz. 2002. 137 S. m. 4 SW-Abb. Brosch. ISBN 3-205-99422-1

79 Europäische Kulturgeschichte: gelebt, gedacht, vermittelt. Von Manfred Wagner. 2009. Ca. 690 S. Geb. ISBN 978-3-205-77754-0

80 Kultur der Demokratie. Festschrift für Manfried Welan zum 65. Geburtstag. Hg. von Christian Brünner, Wolfgang Mantl, Alfred J. Noll und Werner Pleschberger. 2002. 383 S. m. zahlr. Tab. und 1 SW-Abb. Geb. ISBN 3-205-77005-6

81 Okkupation und Revolution in Slowenien (1941–1946). Eine völkerrechtliche Untersuchung. Von Dieter Blumenwitz. 2005. 162 S. Brosch. ISBN 3-205-77250-4

82 Der Konvent zur Zukunft der Europäischen Union. Hg. von Wolfgang Mantl, Sonja Puntscher Riekmann und Michael Schweitzer. 2005. 185 S. Brosch. ISBN 3-205-77127-3

83 Art goes law. Dialoge zum Wechselspiel zwischen Kunst und Recht. Hg. von Dietmar Pauger. 2005. 269 S. mit 9 SW-Abb. Brosch. ISBN 3-205-77128-1

84 Direkte Demokratie. Von Klaus Poier. In Vorbereitung

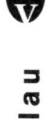

Studien zu Politik und Verwaltung
Herausgegeben von Christian Brünner, Wolfgang Mantl, Manfried Welan

85 **Hochschulrecht – Hochschulmanagement – Hochschulpolitik.** Symposion aus Anlass des 60. Geburtstages von Christian Brünner. Hg. von Gerhard Schnedl und Silvia Ulrich. 2003. 258 S. m. 7 Graph. und 5 Tab. Geb. ISBN 3-205-99468-X

86 **Das zerrissene Volk. Slowenien 1941–1946.** Okkupation, Kollaboration, Bürgerkrieg, Revolution. Von Tamara Griesser-Pečar. 2003. 583 S. Geb. ISBN 3-205-77062-5

87 **Zur Qualität der britischen und österreichischen Demokratie.** Empirische Befunde und Anregungen für Demokratiereform. Von E. Robert A. Beck und Christian Schaller. 2003. XXII + 620 S. mit zahlr. Tab. Brosch. ISBN 3-205-77071-4

88 **Die Österreichische Akademie der Wissenschaften.** Aufgaben, Rechtsstellung, Organisation. Von Hedwig Kopetz. 2006. XX + 457 S. mit 8 SW-Abb. Brosch. ISBN 3-205-77534-1

89 **Raumfahrt und Recht.** Faszination Weltraum. Regeln zwischen Himmel und Erde. Hg. von Christian Brünner, Alexander Soucek und Edith Walter. 2007. 200 S. mit zahlreichen Abb. in SW und Farbe. Brosch. ISBN 978-3-205-77627-7

90 **Soziokultureller Wandel im Verfassungsstaat.** Phänomene politischer Transformation. Festschrift für Wolfgang Mantl zum 65. Geburtstag. Hg. von Hedwig Kopetz, Joseph Marko und Klaus Poier. 2004. XXIV + 700 S., X + 1000 S. mit zahlr. Tab., Graph. und Abb. 2 Bde. Geb. im Schuber. ISBN 3-205-77211-3

91 **Nationales Weltraumrecht. National Space Law.** Development in Europe – Challenges for Small Countries. Hg. von Christian Brünner und Edith Walter. 2008. 231 S. mit zahlreichen Abb. Brosch. ISBN 978-3-205-77760-1

93 **Karl Lueger (1884–1910).** Christlichsoziale Politik als Beruf. Von John W. Boyer. Aus dem Englischen übersetzt von Otmar Binder. 2009. 595 S. mit 16 Abb. Geb. ISBN 978-3-205-78366-4

94 **Der österreichische Mensch.** Kulturgeschichte der Eigenart Österreichs. Von William M. Johnston. Bearbeitet von Josef Schiffer. 2009. 384 S. Geb. ISBN 978-3-205-78298-8

95 **Funktionen des Rechts in der pluralistischen Wissensgesellschaft.** Festschrift für Christian Brünner zum 65. Geburtstag. Hg. von Silvia Ulrich, Gerhard Schnedl und Renate Pirstner-Ebner. Gesamtredaktion: Andrea Lauer. 2007. XXIV + 696 S. Geb. ISBN 3-205-77513-9

97 **Demokratie im Umbruch.** Perspektiven einer Wahlrechtsreform. Hg. von Klaus Poier. 2009. 329 S. mit zahlreichen Tab. Brosch. ISBN 978-3-205-78434-0